益阳市税务志

（1990—2022）

益阳市税务志编纂委员会　编

（上册）

方志出版社
Publishing House of Local Records

图书在版编目（CIP）数据

益阳市税务志：1990—2022 / 益阳市税务志编纂委员会编. -- 北京：方志出版社，2024. 11. -- ISBN 978-7-5144-6530-3

Ⅰ. F812.764.342

中国国家版本馆 CIP 数据核字第 2024209V9K 号

责任编辑：李丝雨
责任校对：张玉霞
责任印制：梅中英
出 版 者：方志出版社
地　　址：北京市朝阳区潘家园东里 9 号（国家方志馆 4 层）
邮　　编：100021
网　　址：http://www.zgfzcb.cn
发　　行：方志出版社图书营销中心（010-67110500）
印　　刷：长沙市雅高彩印有限公司
开　　本：889 毫米 ×1194 毫米　1/16
印　　张：34.75　彩页：15
字　　数：1347 千字
版　　次：2024 年 11 月第 1 版
印　　次：2024 年 11 月第 1 次印刷
定　　价：498.00 元

益阳市税务志编纂委员会

主　任　陈有权

副主任　莫国云　罗广宇　谢　剑　刘　正　任冀蓉

胡　闵　李　出　肖　健　张旺欣　彭　润

委　员　王庆尧　王凯波　龙建新　朱玉清　汤常青

汤朝晖　李　宁　李　敏　李立辉　李岱兰

李跃华　李朝华　杨桂平　肖　炜　肖志芳

何　琳　何学军　沈智海　宋壮波　张激光

陈　波　陈明霞　陈雪宇　罗松柏　金志雄

周　权　周国兵　孟春华　赵　政　柳志权

秦　宾　袁晓艳　夏胜阳　徐　丹　唐　艳

唐志康　彭乐仁　鄢跃武　雷　萍　雷兰花

蔡　敏　戴启元

《益阳市税务志（1990—2022）》编纂人员

主　编　曾国华

总　纂　周雷奕

编　纂　杨　婧　项智洪　夏艳红　漆鄂华　戴　强

摄　影　文国光　李　微　李聪敏　周慧慧　项智洪

胡　卫　莫卫平　夏艳红　黄　球　黄菊香

曹　军　曾国华　谢　琳　漆鄂华　谭吉松

《益阳市税务志（1990—2022）》校审人员

校　对　方　刚　夏艳红

终　审　宁　娟　匡剑波　袁　芳　戴隆军

序　言

修志存史，功在千秋。在举国上下庆祝中华人民共和国七十五周岁华诞之际，国家税务总局益阳市税务局历时3年、精心编修的《益阳市税务志（1990—2022）》（以下简称《税务志》），终于付梓面世。这是益阳税收事业发展进程中的一件大事，也是益阳税务文化建设的一部力作，更是广大益阳税务人向祖国生日敬献的一份厚礼。在此，特别感谢税务志编委会全体成员的辛勤工作和无私奉献，由衷感谢省税务局、地方志部门、出版单位的精心指导和大力支持。展阅这套皇皇两大卷、洋洋百万言的税务志书，字里行间散发出浓郁的益税气息、益税气质、益税气派，涌动着忠诚担当、崇法守纪、兴税强国的感人力量。

这是一部感怀益阳税务历史、讴歌伟大时代的志书。党的十八大以来，习近平总书记高度重视史志工作，多次强调要“修史修志”“以史为鉴、开创未来”。益阳市税务局党委对标对表，从“为党立言、为国存史、为民修志”的高度，于2022年5月启动了《税务志》编修工作。《税务志》记载的时间范围为1990—2022年。33年弹指一挥间，中国改革开放不断深化，经济社会快速发展，治理体系日臻完善，阔步迈向强国建设、民族复兴的新时代新征程。益阳税务部门伴随着时代浪潮，走过了“独立—分设—合并”3个历史阶段，历经沧桑初心不改，栉风沐雨激情不变，始终坚定履行为国聚财、为民收税的使命。《税务志》全面呈现益阳税务33年的发展改革历史，述史背景明、始末详、脉络清，是一本可读、可信、可鉴的好书。

这是一部诠释益阳税务精神、传承奋斗基因的志书。益阳背倚雪峰山、怀抱洞庭湖，自秦代置县以来从未更名，梅山文化、茶文化、竹文化源远流长，沉淀了千年绵延的文明，养育了勤劳质朴的人民，是湖湘文化中经世致用思想的重要发源地，形成了“崇文尚义、通达超越”的益阳精神。扎根银城广袤沃土，吮吸丰厚文化养分，益阳税务部门在漫长的奋斗历程中，形成了以

"益心向党 税务担当"为底色的益阳税务精神。《税务志》记载了益阳税务部门33年来，不断克服困难与挑战、从胜利走向胜利的奋斗历程。特别是其专设的"人物和荣誉"一篇，其中记载了荣获全国、省部级先进工作者（劳动模范）的感人事迹，以及荣获全国、全省、全市先进集体和个人名录，充分反映了几代益阳税务人艰苦奋斗、守正创新、昂扬向上、追求卓越的精神风貌，为后辈树立了标杆、指引了方向，很好地起到了"存史、资政、育人"的作用。

这是一部传唱益阳税务故事、激荡家国情怀的志书。家是最小国，国是千万家。在国家治理体系中，税收发挥基础性、支柱性、保障性作用，联结千家万户，关乎国计民生。33年来，益阳税务部门始终坚持扎根益阳、服务益阳、奉献益阳，为推动经济社会高质量发展贡献澎湃税务力量。《税务志》从各个历史时期的税收重点工作落笔，客观生动记录了益阳税务部门服务经济发展、服务民生改善，在产业建设、结构调整、脱贫攻坚、乡村振兴等各个领域的措施和成效。值得一提的是，《税务志》创新采用文字和图片相结合的编修方式，征集了各个时期的珍贵照片，原汁原味地反映了几代益阳税务人的工作与生活，图文并茂地记载了税收工作方式的传承与变迁，融税务"小家"于"大国"之中，传唱税务好声音，激昂家国大情怀。

凡是过往，皆为序章。《税务志》的出版，必将有力地激励广大益阳税务干部知史鉴今、继往开来，奉献新时代、奋进新征程，高质量推进中国式现代化的益阳税务实践，为加快实现新时代益阳山乡巨变贡献税务力量。

是为序。

国家税务总局益阳市税务局党委书记、局长 陈旗权

2024年10月

凡 例

一、本志以马克思列宁主义、毛泽东思想、邓小平理论、“三个代表”重要思想、科学发展观、习近平新时代中国特色社会主义思想为指导，坚持辩证唯物主义和历史唯物主义的立场、观点和方法，全面、客观地记述益阳市税务系统机构设置、党的建设、队伍建设、税费种类、纳税服务、税收执法、税收管理、综合管理等方面的历史、现状与成果。

二、本志为《益阳地区税务志》续编，上限起自1990年，下迄2022年，个别事项适当上溯下延。内容分上、下两册，上册为文字篇，下册为影像篇，分别以文字和图片形式展现益阳税务33年的发展变化。

三、上册志书设篇、章、节、目四级层次，个别处设有子目，前设序言、凡例，主体部分先设概述、大事记，后按事务类别分设五篇，书后设附录；下册志书收录历年拍摄的照片，按所涉税务事件分若干篇章，并作图片志序和后记。

四、本志综合使用述、记、志、图、表、录等体裁，按主题式编排方式选择和组织若干主题关联排序。

五、本志采用规范的现代语体文记述，力求严谨、朴实、简洁、流畅，以第三人称记述。

六、本志使用规范汉字，数字用法、标点符号用法分别采用国家标准《出版物上数字用法》（GB/T 15835—2011）、《标点符号用法》（GB/T 15834—2011），计量单位采用国家技术监督局1993年12月发布的《量和单位》系列国家标准。

七、本志记述内容属于税务机构分设时期国税、地税两局共性的工作，主要以发生时间先后为序，再按先“国税”后“地税”为序，属于国税、地税两局特有的工作，分别在相关章节中记述。

八、本志所载人物简介只收录获得全国、省部级先进工作者（劳动模范）；人物名录只收录市局机关正科级以上领导干部和县市区局班子成员，以及地市级以上党代表、人大代表、政协委员；先进集体、先进个人只收录地市级以上表彰的先进集体和先进个人。

九、本志记述机构名称、职务、地名均采用当时称谓。

十、本志文字资料来源于国家税务总局湖南省税务局、益阳市税务局及县市区税务局档案室、各职能科（股）室，益阳市档案馆、部分县市档案馆，以及历史文献、口碑资料和社会调查、走访行业部门等提供的材料。本志所采用的图片，由相关单位和个人提供，部分图片作者不详，为翻拍或扫描后制作，均经考证核实，一般不注明出处。

目 录

（上册）

第一篇 机构 党群 队伍

第二篇 税费种类

第三篇 税收管理

第四篇　内部管理

第五篇 人物和荣誉

附 录

（下册）

概　述

（一）

益阳市位于湘中偏北，北拥南洞庭湖，背倚雪峰山，跨越资水中下游，处沅水、澧水尾间，环洞庭湖西南，居雪峰山的东端及其余脉，湘中丘陵向洞庭湖平原过渡的倾斜地带。益阳市地形西高东低，呈狭长状。辖赫山区、资阳区、安化县、桃江县、沅江市、南县6个县市区和国家级益阳高新技术产业开发区、大通湖管理区。其中，赫山区辖9个镇、1个乡、5个街道，资阳区辖5个镇、1个乡、2个街道，南县辖11个镇、1个乡，桃江县辖13个镇、2个乡，安化县辖19个镇、4个乡，沅江市辖10个镇、2个街道，大通湖区辖4个镇，益阳高新区辖1个镇、2个街道。益阳市辖区面积1.23万平方千米，常住人口375.92万人。益阳自秦代置县以来从未更名，是楚文化和湖湘文化的重要发祥地，也是三国时期著名古战场，梅山文化、茶文化、竹文化源远流长，素有“中国诗歌之乡”“花鼓戏窝子”等美誉。益阳产业集聚，特色鲜明，基本建成了以电子信息、食品加工、装备制造、新材料、新能源等为主的现代产业体系，基本形成了“世界电容器之都”、区域性先进碳基复合材料“碳谷”、中国印制电路板（PCB）“第三极”的制造业高精尖领域“一都一谷一极”。2022年，益阳市实现地区生产总值2108.02亿元，全市三次产业结构为16.5 ：44.9 ：38.6，全市工业增加值占地区生产总值的比重为37.8%。

（二）

税务部门是党和国家重要的经济部门，税收工作是国家治理体系的重要一环。1990—2022年，益阳税务机构经历了“独立—分设—合并”等阶段，领导体制经历了以地方领导为主的双重领导，国税垂直管理与地税省级以下垂直管理，以国家税务总局为主、与省（自治区、直辖市）政府双重领导管理体制等模式，税务机构职能日趋优化统一高效。1993年12月之前，益阳地区税务局设有办公室、流转税科、所得税科、地方税科、征管科、计划会计科、涉外税科、人事科、宣传教育科、监察科、纪律检查组、税务学会、工会，另设农垦税务分局直属益阳地区税务局，下设益阳市税务局（县级局）、益阳县税务局、桃江县税务局、沅江市税务局、安化县税务局、南县税务局。1994年7月，益阳地区税务局更名为益阳市税务局，原益阳市税务局和益阳县税务局改设为三个城市税务分局，即资阳分局、朝阳分局和赫山分局。1994年8月，湖南省税务局批复同意益阳市组建两个税务机构的实施方案，分别组建益阳市国家税务局、益阳市地方税务局。益阳市国家税务局实行国家税务总局垂直管理的领导体制，内设行政科（室）和党群部门12个，下设4个分局和4个县市国家税务局。至2009年，益阳市国家税务局机关共内设机构11个，直属机构3个、事业单位2个，下设8个县市区国家税务局。益阳市地方税务局实行由上级地方税务局与地方政府双重管理，以上级地方税务局垂直领导为主的管理体制，内设行政科（室）7个，下设4个分局和4个县市地方税务局。1998年，益阳市地税系统撤销57个税务所，6个城市征收科，组建27个农村征收分局和3个城市征收分局。至2011年，益阳市地税局机关共设行政科（室）12个，省局派驻机构2个，直属行政机构2个，直属事业单位3个。2018年3月，中共中央印发《深化党和国家机构改革方案》，改革国税地税征管体制，将省级和省级以下国税地税机构合并，具体承担税收及社会保险费、有关非税收入的征收管理责任。国税地税机构合并后，实行以国家税务总局为主、与省（自治区、直辖市）政府双重领导管理体制。2018年8月，湖南省税务局批准《国家税务总局益阳市税务局职能配置、机构设置和人员编制暂行规定》，国家税务总局益阳市税务局设15个内设机构、5个派出机构、3个事业单位。另设机关党委、老干部科、党建工作科、纪检组。2018年

9月，湖南省税务局批准《国家税务总局益阳市税务局所属县级税务局职能配置、机构设置和人员编制暂行规定》，益阳市税务局设置所属县级税务局8个，税务分局17个，税务所19个。

（三）

现代税制的建立完善，为更好发挥税收在国家治理中的基础性、支柱性、保障性作用提供了坚强支撑。1990—2022年，益阳市（地区）税务部门实际征收的税收项目35项，即工商统一税、产品税、增值税、营业税、消费税、国营企业所得税、集体企业所得税、私营企业所得税、外国企业所得税、中外合资经营企业所得税、外商投资企业和外国企业所得税、企业所得税、城乡个体工商业户所得税、个人收入调节税、个人所得税、国营企业奖金税、集体企业奖金税、事业单位奖金税、国营企业工资调节税、建筑税、固定资产投资方向调节税、土地增值税、城市维护建设税、房产税（城市房地产税）、印花税、车船税（车船使用税、车船使用牌照税）、契税、耕地占用税、烟叶税、车辆购置税、屠宰税、资源税、城镇土地使用税、盐税、环境保护税。

1994年分税制改革后，增值税是税制改革的重头戏。1994年1月1日起，新的增值税暂行条例正式施行，益阳市停止征收工商统一税和产品税，内外资统一征收增值税。2013年8月1日，全国实施"营改增"改革，对交通运输（不含铁路运输）以及部分现代服务业进行统一试点，由营业税改征增值税，2016年5月1日，"营改增"试点全面推开。至2022年底止，增值税率共3档，分别为13%、9%、6%。1994—2022年，全市税务系统累计征收增值税534.68亿元。

消费税是税制改革在流转税中新设置的一个税种。消费税改革包括调整优化征收范围、税率和环节，涉及14个税目。1994年开征以来，截至2022年，全市税务系统累计征收消费税56.8亿元。

企业所得税经历了两次大的税制调整。第一次是从1994年起，根据《中华人民共和国企业所得税暂行条例》，内资企业实行统一的内资企业所得税制度。第二次是从2008年开始，根据《中华人民共和国企业所得税法》，统一了内资、外资企业所得税制度。2008年9月，益阳市国税局印发《益阳市国家税务局房地产开发企业所得税管理暂行办法》，明确房地产开发企业所得税征收管理要求。2014年5月，益阳市地税局印发《益阳市房地产开发经营业务企业所得税管理办法》，进一步规范房地产开发经营业务企业所得税管理。1994—2022年，全市税务系统共征收企业所得税179亿元。

1994年1月1日，第一次修正后的《中华人民共和国个人所得税法》实施，规定不分内、外，所有中国居民和有来源于中国所得的非居民，缴纳个人所得税。2019年1月1日起，新修订的个人所得税法及其实施条例实施，新增子女教育、继续教育、大病医疗、住房贷款利息、住房租金、赡养老人6项专项附加扣除；2022年新增3岁以下婴幼儿照护专项附加扣除；综合与分类相结合的个人所得税制度已基本建立完善。1994—2022年，全市税务系统共征收个人所得税87亿元。

在非税收入项目方面，2018年《深化党和国家机构改革方案》明确指出由税务部门逐步承接原本由财政等部门承担的非税收入征管职责。截至2022年，33年间，益阳市税务部门实际征收的非税收入项目为22项，其中：中央项目12项、省级项目6项、其他收入4项。分别是：教育费附加、地方教育附加、文化事业建设费、水利建设基金（防洪保安资金）、残疾人就业保障金、矿产资源专项收入、水土保持补偿费、防空地下室易地建设费、城镇垃圾处理费、排污权出让收入、国有土地使用权出让收入、土地闲置费、河道砂石经营收益、生态环境损害赔偿资金、土地及地面建筑资产处置、非土地及地面建筑资产处置、破损公路及设施赔（补）偿费和占用费、价格调节基金、工会经费、国家能源交通重点建设基金、国家预算调节基金、职业年金。在社会保险费方面，2001年1月1日起，益阳市地税部门开始征收外商投资企业、私营企业的基本养老保险费。2019年开始，益阳市社会保险费的征收分批逐步划转至税务部门，至2022年底，税务部门承担的社会保险费征管项目共5项，即基本养老保险费、基本医疗保险费、失业保险费、工伤保险费、生育保险费。

据统计数据，1990—2022年，益阳市税务部门累计征收各项税费收入1715亿元，其中，税收1331亿元，社保非税384亿元。税费总收入从1990年的3.24亿元跃升至2022年的272.88亿元，年均增速达14.86%。

(四)

税收征管是税收管理活动的中心环节，是财税体制运转的重要保障、税收制度运行的重要支撑。益阳市税务部门始终在党中央、国务院的统一部署下，稳妥有序推进税收征管改革，以高效率征管服务经济社会高质量发展。1990年，益阳地区税务局按照湖南省税务局《湖南省税收征管改革实施方案（试行）》的要求，制定《益阳地区税收征收管理规程》，并将县市分局设置成“五股二室一队”，发票管理站（所）单设，隶属征管科（股）。1994年，“分税制”改革以后，中国税收征管体制不断发展完善，特别是党的十八大以来，先后经历以2015年开始的国税、地税合作和2018年国税、地税机构合并为主要内容的两次大的变革，税收征管进一步走向成熟和完善。稳步实施商事登记制度改革。1995年10月，益阳市国家税务局、益阳市地方税务局同时布置对纳税人开展税务登记证件查验工作。2015年9月，益阳市国税地税联合开展“三证合一、一照一码”工作。2016年12月，顺利实施个体工商户营业执照和税务登记证的“两证整合”。2018年10月，下大力气破解企业“注销难”问题，纳税人享受税务注销“免办”和“即办”服务更为便捷。切实加强发票管理。2001年3月，益阳市国家税务局制定全市打击虚开增值税专用发票行动方案，在全市开展防范和打击虚开增值税专用发票犯罪有关工作。2005年8月，益阳市地方税务局开展发票管理软件推广应用工作，实现发票信息化管理。2017年4月，益阳市国家税务局开展增值税发票管理新系统推行工作。2019年10月，益阳市增值税发票管理系统2.0版上线运行，实现发票的全生命周期管理。大力提升税收信息化水平。2003年，益阳市国家税务局作为湖南征管软件4.30版升级的研发地和试点单位，电子申报缴税方式全面推行。2008年12月，省级大集中征管系统在全市地税系统所有单位得到全面应用。2015年5月，《全国税收征管规范（1.0版）》上线，金税三期工程在益阳市国税系统上线运行。2019年2月，国家税务总局益阳市税务局顺利完成金税三期工程系统的并库工作。完善税收风险管理体系。2014年，益阳市国家税务局强化税收风险管理，开展风险管理调研分析、实施风险等级划分，制订风险管理办法。2016年，益阳市地方税务局结合本地实际，搭建风险管理指标和模型。2019年，国家税务总局益阳市税务局连续2年以市局“一号文件”部署税收风险管理工作，构建了“市县一体、纵向联动”的风险管理机制。提升税务稽查质效。2000年，益阳市地方税务局推行一级稽查制，加大了稽查力度，避免了重复稽查。2002年，益阳市国家税务局规范税务稽查，实行纳税信誉等级制。2018年，在国税地税征管体制改革中，撤销县局稽查局，设立益阳市级跨区域稽查局，进一步集约稽查力量。优化税收营商环境。2016年3月，益阳市国家税务局与益阳市地方税务局联合印发《益阳市国家税务局、益阳市地方税务局合作开展纳税服务工作方案》，实现纳税人“进一家门，办两家事”。2019年，益阳市税务局推广“非接触式”办税，发票线上开，线上领，提供“网上申请、邮寄配送”业务。开展全市税务系统“税收营商环境提升年”专项活动，实现办税更加便捷，监管更加高效，服务更加优质。

(五)

干部队伍建设是落实税收征管改革，实现税收现代化的重要保障。益阳市税务系统始终以抓班子为关键、以管干部为重点、以育人才为导向、以活基层为基础，着力建设忠诚干净担当的高素质干部队伍，有力夯实了税收事业发展的组织和人才基础。抓牢思想建设。1994年，益阳市地方税务局开展“三大讲”活动稳定队伍思想。1995年，益阳市国家税务局加强思想作风纪律整顿。益阳市国家税务局、地方税务局在党中央部署下，1999年扎实开展“讲学习、讲政治、讲正气”党性党风教育活动，2005年开展保持共产党员先进性教育活动，2014年开展党的群众路线教育实践活动，2015年开展“三严三实”专题教育，2016年开展“两学一做”学习教育。机构合并后，深入开展“不忘初心、牢记使命”主题教育、党史学习教育，持续学思想、强武装。抓好班子建设。1996年，益阳市国家税务局严格按照国家公务员制度和干部管理权限及省局的有关要求，对各县市分局的领导班子进行全面考察。1996年，益阳市地方税务局先后对8个县市分局的领导班子进行全面实地考察。2000年，益阳市地方税务局抓领导班子建设，全面推行“四制”（任前公示制、公开竞聘制、定期交流制、专管员等级制）。2005年，益阳市国家税务局制定“四大目标”考核办法和优秀领导班子评比办法，强化工作目标考核。

2010年，益阳市国家税务局完成8个县市区局和2个市局直属机构的人事机构改革。2014年，益阳市地方税务局开展"争创全系统优秀领导班子"活动。2014年，益阳市国税系统、地税系统分别实施税务绩效管理。2020年，国家税务总局益阳市税务局调整优化领导班子，在全省市州税务局中率先完成科局长调整交流，共调整配备26人。完善干部考核评价制度。2015年，益阳市国家税务局、地方税务局分别印发个人绩效管理实施办法,开始实施"数字人事"改革。2019年2月，益阳市税务局印发《益阳市税务系统全面推行数字人事工作实施方案》，运用数字人事信息系统，全面及时准确记录税务干部的职业基础、业务能力、领导胜任力、日常绩效、公认评价和平时考核等各方面的数据信息，为组织运用和个人成长提供全面、客观、准确的数据参考。抓好干部培训工作。2003年6月，益阳市国家税务局在全市国税系统开展"必备的税收业务知识、必备的法律法纪知识、必备的计算机应用知识"的学习考试活动。2014年5月，益阳市地方税务局分文秘、税收业务、税收管理、办税服务、税务稽查和专业资格类六类建立系统人才库。2017年7月，益阳市国家税务局举行全市国税系统"岗位大练兵 业务大比武"竞赛。2021年，国家税务总局益阳市税务局树牢"大抓学习、追求卓越"导向，在全省税务系统率先举办"学史增信 守正创新"学习兴税直播课堂比武。加强精神文明和税务文化建设。2019年1月，国家税务总局益阳市税务局举办全市税务系统"踏上新征程、开创新局面"迎新春文艺会演。2021年5月，全市税务系统举办"奋斗百年路 启航新征程"庆祝建党100周年红色故事专题文艺会演,开展全市系统"就认这个理"青年微党课竞赛活动，干部队伍风气正、人心齐、干劲足。

（六）

随着税收事业的发展和机构改革变迁，益阳税务系统内部行政管理工作朝着规范化、科学化、精细化目标不断迈进，管理制度不断健全、管理效能持续提升。完善经费管理。机构分设前，全市税务机构、人员编制、干部管理和经费开支实行省局垂直管理，市、县局为经费预算单位，税务分局、税务所为经费报账单位。人员经费实行"按人包干,年终结算,节余留用,超支不补"的办法。1994年机构分设后，益阳市国税系统经历了"经费与两税挂钩，基数加增量"分配体制和经费方案，按人员核定人头经费和公用支出，通过项目评审核定项目支出的经费方案。益阳市地税系统预算内经费，由省地税局根据单位人数确定基数定额下拨。2018年机构合并后，采取了和双重领导管理体制相适应的经费保障体制，即以中央财政为主，地方财政为辅的经费保障体制。严格财务管理。2012年6月，益阳市国家税务局正式启动公务卡，要求各单位严格执行公务卡强制结算目录。2014年6月，益阳市地方税务局出台加强经费收支管理的"五项规定"，进一步规范经费收入管理、公用支出管理等。2019年，制定《国家税务总局益阳市税务局机关财务管理制度》，进一步规范财务支出管理事项。优化政府采购。2015年1月，益阳市国家税务局推行政府采购管理实施办法，开展目录采购和集中采购。2016年，益阳市地方税务局编制印发《益阳市地方税务局政府采购工作规程》，全面推行政府采购预算管理。2020年3月，国家税务总局益阳市税务局印发《政府采购目录外标准下采购事项管理实施办法（试行）》，进一步规范政府采购行为。健全内部审计。益阳市税务部门坚持完善制度、规范发展，从基本规范、流程规范和实体规范三个层面明确了内部审计基本要求，促进内部审计工作合法合规有序开展。坚持突出重点、有所作为，强化领导干部经济责任审计，突出中央八项规定精神贯彻落实情况审计监督。坚持突出重点领域、重点环节的审计监督，依托内部控制监督平台，实现对督察审计项目全流程信息化、痕迹化管理。严格正风肃纪。2012年中央八项规定下发后，益阳市税务系统认真落实中央八项规定及其实施细则精神，坚持抓常、抓细、抓长，注重严在经常、抓在日常，坚决纠正"四风"，严肃查处违规行为。从2015年开始，组织开展落实中央八项规定精神"回头看"，采取明察暗访、专项检查、巡察督察等方式，持之以恒纠正"四风"。2019年,国家税务总局益阳市税务局制定落实"两个责任"清单，组织2轮督责谈话，开展"作风建设提升年"专项活动。2021年，开展"党风家风联建互促 纪律规矩烙在心中"专项工作，扎实推进纪律作风问题专项整治。

回望过去是为了更好地展望未来。党的二十大召开，中国特色社会主义进入新时代。新征程上，税收在国家治理中的基础性、支柱性、保障性地位愈发凸显，益阳税务正满怀激情绘制税收现代化的新画卷。

始终坚持以习近平新时代中国特色社会主义思想为指导，确保益阳税务工作沿着正确的方向前进，积极发挥税收职能作用，依法征税，更好地服务益阳经济发展大局；持续深入推进税收征管体制改革，以“智慧税务”建设为依托，围绕精确执法、精细服务、精准监管、精诚共治做文章，促进规范执法与高效服务，不断优化税收营商环境；建设高素质干部队伍，通过思想淬炼、政治历练、实践锻炼，促进干部能力全方位提升，为推进税务事业高质量发展贡献力量。历史的画卷，总在砥砺前行中铺开，奋进的鼓点，已在展望未来中擂响。在习近平新时代中国特色社会主义思想的指引下，益阳税务必将以攻坚克难的拼劲，逢山开路的闯劲，一以贯之的韧劲，高质量推进新时代税收现代化建设，谱写益阳税收事业发展的新篇章。

大事记

1990 年

1 月 15 日，益阳地区税务局召开“老有所为精英奖”获奖干部座谈会。地区税务局领导，李效伦、吴迪友、李人正、张三喜、文世保 5 位湖南省税务系统“老有所为精英奖”获得者和各县市（分）局 16 名老干部参加会议。

3 月，李树卿任益阳地区税务局党组书记、局长。

5 月 15—16 日，益阳地区税务系统“弘扬雷锋精神”青年思想政治工作会议在桃江县召开。

11 月 30 日，益阳地区涉外税收工作联席会议召开。湖南省税务局涉外税务分局领导，地、市、县外经委，地、市计委、经委、工商局、财政局、公安局及益阳地区税务系统各县市税务局主要负责人参加会议。

是年，益阳地区建立群众性协税护税网络，建立护税组织 76 个，发展税收密报员 600 人，收到群众检举偷税漏税的举报信 500 件，补税罚款 900 万元。

是年，益阳地区开展税收大检查，检查纳税人 15379 户，查补税收 1895 万元。

1991 年

1 月 1 日，益阳地区停止征收建筑税，开征固定资产投资方向调节税。

2 月 7 日，益阳地区税法宣传教育活动动员大会召开，益阳地委组织地区税务局、地区宣传部、地区总工会、共青团地委、地区妇联、地区工商局、地区司法局 7 家单位参加。

是月，益阳地区税务局被中华全国总工会、共青团中央、全国妇联和国家税务总局联合授予“全国税法宣传教育活动红旗单位”。

3 月，益阳地区税务局改革“一员到户、各税统管，征、管、查一人负责，上门收（催）税”的征管模式，推行“相互制约、相互协调的征收、管理、检查三分离或两分离”征管模式。

是月，益阳地区开展税法宣传教育活动，98000 人参与活动，出动宣传车 490 辆，张贴标语、横幅 50000 条（幅），设置固定宣传标牌 242 块，宣传橱窗、板报 590 个（块），设立咨询点 82 个，印发宣传资料 20000 份，电视台开办定期专栏 2 个，广播电台开辟长期宣传专栏 6 个，订购发放《税法知识宣传手册》15000 本。

7 月 1 日，益阳地区停止征收中外合资经营企业所得税、外国企业所得税，开征外商投资企业和外国企业所得税。

7 月 21—23 日，益阳地区税务系统举办科局长廉政学习班，地区税务局副局长肖春生主持并作题为《领导带头，真抓实干，把全区税务系统廉政建设不断引向深入》的报告，地区税务局局长李树卿就加强廉政建设和领导班子建设提出具体要求。

8 月 9 日，“全区税法知识电视大赛”决赛在益阳市工人文化宫举行，共有 6 支参赛队伍，其中沅江市麻纺厂代表队获一等奖。

10 月 18—24 日，湖南省税务局局长陈本力到沅江、南县、安化、桃江 4 个县市税务局 6 个税务所检查、指导，并深入沅江纸厂、湖南洞庭建材纸厂和安化县皂素厂 3 户重点税源企业实地了解生产经营情况。

1992 年

3 月 1 日，益阳地区税务局、益阳地区计划委员会、益阳地区经济委员会联合印发《固定资产投资方向调节税操作规程实施办法》。

4 月 6 日，益阳地区税务局新招干部岗前培训开班，培训时间 2 个月。

4 月 14 日，益阳行署专员阳保华、行署办主任陆国柱等领导到益阳地区税务局检查指导税收工作。

4 月 19 日，益阳地区税务系统各级税务机关在全区城乡设立咨询点 83 个，500 名税务人员接待咨询群众 1800 人次，发放宣传资料 4500 份，解答税收问题 600 个。

是月，益阳地区税务局组建建筑安装企业税收联合办公室，将益阳地区中心城区的建筑安装税收全部划归联合办公室征管。

7月11日，益阳地区税务局印发《个人收入调节税源泉控管办法》，加强个人收入调节税源泉控管。

9月3—5日，益阳地区税务系统促产增收工作会议召开。

1993年

1月1日，益阳地区屠宰税由财政机关划归税务机关征管。

是日，益阳地区全面启用套印“全国统一发票监制章”和加印底纹的新版发票。

是月，益阳地区税务局机关搬迁新址益阳市朝阳路，即现址益阳大道益阳日报社路口办公。该办公楼和住宅楼于1992年12月竣工，院落占地29.39亩。

3月12—13日，益阳地区出口产品退税管理紧急会议召开，部署反骗税斗争行动。

4月，益阳地区税务局围绕“税收与改革”主题，以“一法一条例”为主要内容开展第二个税收宣传月活动，设立税法咨询点70个，878名税务人员提供咨询服务，发放宣传资料11980册。

是年，益阳地区税务局全面清理越权减免税和自定税收优惠政策，纠正税收承包问题9个，清理越权减免和自行制定的税收优惠政策性文件30个，涉及税收政策条款81条。

是年，益阳地区税务局制定并印发《定税征收管理办法》《承包租赁挂靠户税收征收管理办法》《个体工商户私营企业税收征收管理办法》《集市贸易税收征收管理办法》，加强个体税收征管，全面推行定税制。

1994年

1月1日，益阳地区实施分税制财政管理体制。停止征收工商统一税、产品税、国营企业所得税、集体企业所得税、私营企业所得税、城乡个体工商业户所得税、个人收入调节税、国营企业奖金税、集体企业奖金税、事业单位奖金税、国营企业工资调节税、盐税，开征消费税、企业所得税、土地增值税。

7月7日，益阳地区税务局更名为益阳市税务局。原益阳市税务局更名为益阳市税务局资阳税务分局，原益阳县税务局更名为益阳市税务局赫山税务分局；增设益阳市税务局朝阳税务分局。

7月11—14日，益阳市税务局举办乡镇企业税制改革培训班，培训内容包括流转税、地方税、所得税和过渡时期的税收优惠政策、纳税单位发票的填制及新税收政策的有关会计处理方法等。

8月31日，益阳市组建国税、地税两套税务机构。益阳市国税系统设置市、县市两级机构，市级国税机构名称为“湖南省益阳市国家税务局”，内设行政科（室）和党群部门12个，下设4个分局和4个县市国家税务局；益阳市地税系统设置市、县市两级机构，市级地税机构名称为“湖南省益阳市地方税务局”，内设行政科（室）7个，下设4个分局和4个县市地方税务局。

9月16日，益阳市国家税务局、益阳市地方税务局举行挂牌仪式。

9月21日，中共湖南省益阳市国家税务局党组成立，李树卿任党组书记，肖春生任党组成员；中共湖南省益阳市地方税务局党组成立，刘见曙任党组书记，廖国扬任党组成员。

是日，湖南省国家税务局决定，李树卿任湖南省益阳市国家税务局局长，肖春生任副局长。

是日，湖南省地方税务局决定，廖国扬任湖南省益阳市地方税务局副局长。

9月23日，益阳市税务局机关干部大会召开，宣布国税、地税两局人员名单。

是月，按《益阳市税务局机关机构分设财产分配处理方案》，湖南省益阳市国家税务局继承益阳市税务局机关大院，在原机关大院办公。湖南省益阳市地方税务局搬出市税务局机关大院，在市税务局招待所内办公。

10月10日，益阳市人民政府决定，刘见曙任湖南省益阳市地方税务局局长。

1995年

1月1日，益阳市地税部门开始代收防洪保安资金。

是月，益阳市国家税务局和益阳市地方税务局按照湖南省人民政府办公厅《关于做好税收征管工作的会议纪要》精神，对机构分设后的国地税收征管范围划分问题进行进一步明确。

是月，中共益阳市国家税务局直属单位委员会召开第一次党员代表大会，55名党员代表参加会议，选举产生中共益阳市国家税务局直属单位第一届委员会，第一届委员会由9人组成，胡顺昌当选书记，陈韵清当选副书记。

2月10—11日，益阳市地方税务局第一次全市地税工作会议召开。党组书记、局长刘见曙作题为《团结奋进，共创辉煌，开创益阳市地税工作新局面》的工作报告。

2月12日，益阳市国家税务局召开全市国税局长会议，党组书记、局长李树卿作题为《回首检点过来路，积极探索再进取，全面完成1995年的各项工作任务》的工作报告。

是日，中共益阳市地方税务局直属单位委员会召开第一次党员代表大会，38名党员代表参加会议，选举产生中共益阳市地方税务局直属单位第一届委员会，第一届委员会由7人组成，廖国扬当选书记。

5月4日，共青团益阳市国家税务局直属机关第一次代表大会召开，选举产生共青团益阳市国家税务局直属机关第一届委员会。周智平任团委书记，蔡卫兵任团委副书记。

5月10日，益阳市国家税务局印发《益阳市国家税务局工作规则》，明确益阳市国家税务局的职权、职责、会议制度、文件送阅、文件审批、督促检查、调查研究、联系群众等工作规则。

8月18日，南县地方税务局与南县人民法院商定，在湖南省率先成立"南县人民法院税务审判庭"。

10月13日，益阳市地方税务工会工作委员会成立，宋力华任系统工会主任，陈慧丽任副主任。

12月31日，中共益阳市委书记李江，市长蔡力峰等一行4人，深夜到益阳市地方税务局看望年终关账加班的干部，李江对益阳市地方税务局两个文明建设取得的成绩予以肯定。

1996年

1月1日，益阳市停止征收国家能源交通重点建设基金和国家预算调节基金。

2月1日，益阳市监察局、益阳市地方税务局、市政府农村工作办公室联合印发《关于对摊派生猪屠宰税进行专项清理检查的通知》，严格执行税收征管政策，减轻农民负担。

3月28日，益阳市地方税务局印发《益阳市固定资产投资方向调节税征管十项制度的通知》，促进投资方向调节税工作规划化、程序化、制度化。

4月1日，益阳市国家税务局城市分局税收征管全面实行计算机运行管理，推行以集中申报和优化服务为基础、以计算机为依托、查征分离、以查促征的税收征管模式。

4月19日，湖南省优秀国税干部事迹巡回报告会在益阳市委礼堂召开。全省国税系统6位先进代表作先进事迹报告，益阳市政府领导谭章佑、益阳市委宣传部副部长郭应秋、益阳市财委领导刘振斌出席会议，益阳市国家税务局领导、国税干部代表以及纳税人代表500人参加会议。

是月，益阳市国家税务局和益阳市地方税务局第二次对机构分设后的税收征管范围划分进行调整。

是月，湖南税务征收管理系统4.0版软件在益阳市国税系统正式运行。

5月3日，共青团益阳市地方税务局直属机关第一次代表大会召开，选举产生共青团益阳市地方税务局直属机关第一届委员会。郭雨仁任团委书记，徐敬华任团委副书记。

5月17日，胡华林任湖南省益阳市国家税务局党组副书记，主持全面工作。

6月9日，益阳市地方税务局资阳分局长春税务所在全市建立第一家农村地税办税服务厅，乡镇实行送税上门制。

7月23—26日，湖南省地方税务局党组书记李长庚到益阳市察看洪灾受灾情况，在益阳市地方税务局局长刘见曙陪同下，深入桃江县、安化县、沅江市、资阳区、赫山区慰问灾民。

9月20日，湖南省国家税务局局长胡金亮到益阳市重灾区沅江市检查指导工作，强调大灾之年要依法征税，防止征收过头税。

9月22日，益阳市地方税务局机关新院48套住房奠基开工。

是年，益阳市国家税务局组织开展百城万户纳税人学税法、考税法、用税法活动。

是年，益阳市国家税务局机关干部为灾区人民捐款2.59万元，单位捐助人民币3万元、物资3万元、衣物368件。

1997年

2月19日，郭志仁任湖南省益阳市国家税务局党组书记、局长。

3月5日，益阳市首例虚开、代开增值税发票案在益阳市资阳区人民法院公开判决。被告刘某被依法判处有期徒刑11年，剥夺政治权利1年。被告徐某被依法判处有期徒刑5年。

4月8—9日，益阳市地税系统第一次双文明建设经验交流会在益阳宾馆召开。全市地税系统股所长以上干部200人参加会议，湖南省地方税务局副局长张光荣，益阳市人民政府市长蔡力峰到会讲话，益阳市地方税务局局长刘见曙作题为《着眼长远，负重奋进，大力推进全市地税系统两个文明建设》的工作报告。

4月30日，湖南省国家税务局局长胡金亮，副局长李立、程安亭一行到益阳市国家税务局现场办公。

是月，益阳市地方税务局推行饮食、娱乐行业面值定额发票。

6月5日，益阳市国家税务局局长郭志仁、副局长黎谷盈及益阳市国家税务局有关科室人员与市政府扶贫办主任到地处安化县的益阳市清塘煤矿和安化县大付镇上泉村开展扶贫帮困活动。

6月9日，益阳市地方税务局印发《关于在全市地税系统全面实施办事公开制度》，全面推行公开办税制。

8月1日，益阳市开征文化事业建设费。

12月11日，人事部、国家税务总局授予益阳市地方税务局朝阳分局乔湘林“全国税务系统先进工作者”称号。

是年，益阳市地方税务局应用湖南地税开票软件，实现手工开票向电脑开票转变。

1998年

2月15日，益阳市地税系统撤销57个农村税务所、6个城市征收科，组建27个农村征收分局和3个城市征收分局。

3月18日，益阳市赫山区地方税务局公安执勤室捣毁制造假发票窝点，缴获印刷机1台、制假发票监制章1枚、号码机1个、尚未出售的假发票55本。

是月，桃江县国家税务局马迹塘征收分局驻乡专管员回族女税官李芝兰被中华全国总工会授予“全国五一劳动奖章”。

是月，益阳市国家税务局开展“税收征管与依法治国”税收宣传月“五个一”活动：在益阳市范围内表彰一批模范纳税户，办好一条税法宣传街，设立一批税法咨询服务台，开展一次税法有奖知识抢答赛，在电视台开辟一个税收宣传栏。

5月，益阳市国家税务局、益阳市水利局联合印发《关于统一使用湖南省益阳市砂石销售专业发票的通知》，明确自通知公布之日起开始使用湖南省益阳市砂石销售专业发票。

7月8日，中共益阳市地方税务局直属机关党员大会在市桃花宾馆召开。直属机关第一届委员会书记廖国扬作题为《加强教育，严格管理，努力建设高素质的党员队伍》的工作报告，会议选举产生中共益阳市地方税务局直属机关第二届委员会，第二届委员会由7人组成，高德润当选书记。

10月，益阳市国家税务局联合益阳市技术监督局在全市开展加油站加油机计量监督检查，同时在全市各加油站推广使用加油机税款计量器。

12月，益阳市地方税务局省级税收征收分局成立。

是年，益阳市国家税务局推行“银税一体化”，实行增值税、消费税税款预储管理。

是年，根据群众举报，益阳市地方税务局与公安机关配合，抓获制贩假发票的犯罪嫌疑人孙某某，收缴饮食、娱乐业定额发票假发票50本，孙某某被处以一年零六个月有期徒刑。

1999年

1月1日，益阳市国家税务局邮寄纳税申报在全市推广。

2月6日，湖南省地方税务局党组书记李长庚到益阳慰问特困企业南郊选厂，将地税干部捐赠的4万元慰问金、100封慰问信分送到特困企业职工手中。

是月，中共湖南省委、省人民政府授予益阳市地方税务局“1998年度文明建设先进单位”称号。

4月，益阳市地方税务局印发《关于施工单位代扣代缴资源税实施办法的通知》，加强建安市场房屋建筑施工单位扣缴资源税管理。

是月，益阳市国家税务局和益阳市地方税务局第三次对机构分设后的税收征管范围划分进行调整。

6月8日，益阳市地方税务局组织4个工作组，对8个县市（分）局进行住房清理，纠正处理违规住房5326.21平方米。

7月26日，益阳市地方税务局机关干部为益阳市民主垸灾民捐赠衣被823件、现金6300元。

8月16日，中共益阳市地方税务局党组部署益阳市地税系统“讲学习、讲政治、讲正气”“三讲”教育活动。

8月17日，益阳市国税系统召开“三讲”教育动员大会，开展以“讲学习、讲政治、讲正气”为主要内容的党性党风教育。

11月1日，益阳市地税系统启用单联式定额完税证，适用于征收临时性经营等流动性零散税。

11月5日，益阳市人民政府召开城区行政事业单位个人所得税纳税申报动员大会，400名纳税单位财务负责人参加会议。

12月24日，益阳市地方税务局印发《关于明确全市个人所得税有关征收标准的通知》，进一步规范益阳市个人所得税附征政策。

是年，益阳市国家税务局对益阳市境内各加油站加油机安装税控装置。

是年，益阳市国家税务局机关支援益阳市民主垸灾民捐款6万元，捐赠衣物300件。

2000年

1月11日，郑惠任益阳市地方税务局党组书记、局长。

3月，益阳市首家专业性税收网站“益阳国税之窗”在益阳信息港正式开通，设立“国税简介”“益阳税讯”“税法查询”“办税指南”“文件传送”“纳税公布榜”等栏目。

是月，益阳市地方税务局撤销益阳市城区征收分局，设置7个税务所。

4月，桃江县国家税务局武潭税务所干部李芝兰被国务院授予“全国先进工作者”称号。

5月29日，益阳市人民政府发出明传电报，益阳市从6月1日起全面开展地税发票抽奖活动。

是日，益阳市人民政府办公室印发《益阳市中心城区个人所得税代扣代缴管理暂行办法》，加强行政事业单位、社会团体个人所得税的征收管理。

8月3日，益阳市公安局、益阳市国家税务局、益阳市地方税务局召开税务机构分设后第一次联席会议，研究加强税侦工作。

12月18日，益阳市地方税务局在桃江县召开全市养老保险费扩征会议，制定《益阳市外商投资企业私营企业社会基本养老保险费征缴工作操作规程》。

是年，益阳市地方税务局推行一级稽查制，避免重复稽查，减轻纳税人负担。

2001年

1月1日，益阳市停止征收固定资产投资方向调节税，开征车辆购置税。益阳市地税部门开始征收外商投资企业、私营企业的基本养老保险费。

是日，益阳市人民政府印发《关于加强市级财税收入征管的通知》，明确市级收入范围、征管、入库等内容，益阳市正式建立市本级财税征管体制。

3月20—22日，益阳市国家税务局召开全市“金税工程”工作会议，传达贯彻湖南省“金税工程”会议精神，学习“金税工程”有关文件和岗位职责，现场观摩“金税工程”四个子系统的演示，统一各级税务机关工作人员的思想认识。

是月，益阳市国家税务局开展益阳市防范和打击虚开增值税专用发票犯罪专项工作。

4月18日，益阳市人大、市政协、市政府办、市纠风办有关领导组成政务公开专项督查组，对益阳市国家税务局政务公开进行督查，并提出完善和改进政务公开的意见。

4月26日，益阳市国家税务局调整机构设置。益阳市国家税务局内设9个科室，直属机构2个，事业机构3个；下设4个分局，4个县市国家税务局；36个征收分局（税务所）统一撤并为30个税务所。

4月30日，益阳市地方税务局印发《关于统一城区个人所得税附征标准的通知》，统一城区个人所得税附征标准。

5月29日，益阳市人民政府市长蔡力峰，常务副市长李皋，益阳市政府秘书长周再华，益阳市财政局局长邹年满到益阳市地方税务局考察工作。

6月23日，益阳市国税系统金税工程网络实现从县市国税（分）局、市国税局到省国税局数据联调。

6月30日，益阳市国家税务局通过金税工程网络向湖南省国家税务局传输一般纳税人档案信息。

7月1日零时，金税工程在益阳市国税系统全面开通，四大子系统上线运行。

7月2日，益阳市国家税务局通过金税工程网络向湖南省国家税务局传输一份增值税专用发票抵扣联认证采集信息。

7月16—20日，益阳市地方税务局召开益阳市地税系统基层建设流动现场办公会，考察7个县市区地税局23个征收分局、税务所的基层建设情况。

8月27日，皮本固任湖南省益阳市国家税务局党组书记、局长。

9月25日，湖南省地方税务局批复同意益阳市地方税务局机构改革方案，益阳市地方税务局设行政科室8个，湖南省地税局派驻机构2个，直属行政机构2个，新增直属事业机构3个。

9月28日，湖南省地方税务局批复同意益阳市地税系统县（区、市、分局）机构改革实施方案。益阳市地方税务局下设4个分局，4个县市地方税务局，14个税务所，27个农村征收分局。

9月30日，益阳市地方税务局印发《核定征收企业所得税操作办法》，加强企业所得税征收管理，进一步规范核定征收企业所得税工作。

10月28日，湖南省地方税务局局长李长庚一行到益阳市地方税务局考察工作。

11月12日，益阳市地方税务局印发《益阳市外商投资企业、私营企业社会保险费征收管理办法》，加强外商投资企业、私营企业社会保险费的征收管理。

11月15日，益阳市国家税务局在益阳市人大、益阳市纪委、民主党派、社会团体、新闻界和检察院等单位聘请10名社会特邀监察员，拓宽监督渠道，扩大社会监督网络，促进益阳市国税系统党风廉政建设。

12月，桃江县地方税务局第一征收分局局长曹友才被人事部、国家税务总局授予“全国税务系统先进工作者”称号。

是月，益阳市地方税务工会第二届工作委员会由陈进田、曾光明、曹再华、伍小平、罗松柏、余齐放、曾荣建、皮志伟、龚范和、郭炬、文乐安11人组成，陈进田任主任。

是年，南县地税局与公安部门破获制作假饮食娱乐业定额发票团伙案，涉案成员达18人，抓获犯罪嫌疑人6人，其中执行行政拘留4人，送劳动教养2人。

2002年

1月1日，益阳市停止征收屠宰税。

是日，益阳市国税系统全面推行电子申报。

4月1日，益阳市地方税务局在《益阳日报》、益阳电视台等媒体向社会公布规范执法行为、规范收费行为、规范稽查行为、规范服务行为的四点承诺，优化经济建设软环境，维护纳税人权益。

5月8日，益阳市地方税务局机关搬入新办公楼，综合办公大楼（培训大楼）位于益阳大道西105号，共11层，钢混结构，占地1.5万平方米。

6月18日，益阳市委副书记胡忠雄一行到益阳市国家税务局检查指导工作，对益阳国税系统在信息化建设和优化经济建设软环境方面所做的工作给予肯定。

9月3日，湖南省国家税务局局长胡金亮、益阳市人民政府市长蔡力峰到益阳市国家税务局考察工作。

9月15日，共青团益阳市国家税务局直属机关委员会进行换届选举，肖炜任团委书记。

10月10日，益阳市地方税务局与益阳市水利局河道砂石管理站签订代征市管资江河道砂石资源税及相关地方税收责任协议书。

是年，益阳市国税系统相继开通办公自动化公文处理系统，年底实现省、市、县国税（分）局远程收发文和网上处理。

是年，益阳市国税系统建立以国税机关为主导，地方政府、部门协助，个协、纳税户代表参与的评税小组，实行民主评税、公开办税，把固定个体户的评税、征税、处罚过程和结果等全面公开，实行“公开办税五公示”制度。

是年，益阳市地方税务局广域网与湖南省地方税务局广域网联通。

是年，益阳市地方税务局通过考试、组织考察，公开选调5名干部进市地税局机关工作。

2003年

1月24日，益阳市地方税务局局长郑惠陪同湖南省地方税务局局长李长庚，益阳市委副书记刘国湘慰问特困企业南郊选厂。

4月25日，益阳市国家税务局成立“防非”及“爱卫”工作领导小组，由局长皮本固任领导小组组长，全面落实益阳市委、市政府关于预防“非典”工作要求，预防非典型性肺炎，确保干职工及其家属生命健康。

6月6日，湖南省国家税务局党组书记、局长胡金亮，益阳市人民政府市长、市委副书记蔡力峰到益阳市国家税务局考察工作。

6月11日，益阳市地方税务局、益阳市财政局、益阳市监察局、益阳市交通局、益阳市公安局交警支队联合发出《关于加强资阳、赫山、朝阳开发区车辆税收征管工作的通知》，明确车辆税收由益阳市地方税务局省级税收征收分局征管，并委托益阳市交警支队代征。

6月15日，益阳市取消增值税一般纳税人使用的手写版增值税专用发票，增值税一般纳税人开具和接受增值税专用发票全部纳入伪税控系统管理，提前15天实现国家税务总局确定的防伪税控系统三个全面覆盖。

6月16日，益阳市人民政府发布《关于进一步加强车辆税收征收管理的通告》，自2003年7月1日起施行。

7月8日，中共益阳市地方税务局直属机关第三次党代会召开，第二届直属机关党委书记高德润作题为《认真实践“三个代表”重要思想，切实加强地税机关党建工作》的报告，会议选举产生中共益阳市地方税务局直属机关第三届委员会，第三届委员会由7人组成，蒋栋才当选书记，文合荣、邱平当选副书记。

7月22日，益阳市国家税务局印发《废旧物资回收经营业务增值税管理办法》，加强废旧物资回收经营业务增值税管理。

12月12日，益阳市国家税务局机关随国税朝阳分局整体搬迁至朝阳开发区康富南路东侧、玉兰路南侧、大桃路西侧，即现址益阳市赫山区康富南路28号新办公楼办公。

12月24—25日，益阳市地方税务局举行益阳市地税系统公开竞选正科实职岗位演讲、答辩、笔试，20名符合竞选资格的干部参加2个正科实职岗位竞争。

是年，湖南税务征收管理系统4.30版软件在益阳市国税系统全面运行，电子申报缴税方式实现多元化。

是年，益阳市地方税务局通过考试、组织考察，公开选调6名干部进市地税局机关工作。

2004年

1月1日，益阳市国家税务局推行增值税纳税申报“一窗一人一机”管理模式，并在各办税服务厅窗口全面运行。

2月10日，湖南省国家税务局局长程安亭、人事处处长黄辉等一行到益阳市国家税务局开展调研，并对益阳市国家税务局工作予以充分肯定。

2月13日，益阳市委书记蒋作斌，市委副书记、常务副市长谢超英一行到益阳市国家税务局检查指导工作。

2月25日，益阳市国家税务局印发《益阳市国家税务局农产品发票增值税抵扣管理办法》，进一步加强增值税有关农产品发票抵扣凭证的管理。

3月1日，益阳市国税系统调整机构设置，内设11个科室，1个直属机构，3个事业单位；下设8个县市区国家税务局，将原有的30个税务所（派出机构）撤并为15个税务所（派出机构）。

是日，益阳市地税系统公文处理系统正式运行。

3月23日，益阳市地税系统将农村征收分局统一更名为税务分局。

3月29日，吴佑坤任益阳市地方税务局党组书记、局长。

4月23日，袁世民任益阳市国家税务局党组书记、局长。

5—7月，国家羽毛球队全体教练员和运动员60人入住益阳国家税务局明瑞酒店65天，备战雅典奥运会，明瑞酒店为国家羽毛球队全体教练员、运动员提供全方位服务，受到益阳市委、市政府和湖南省国税局高度赞扬。

6月30日，益阳市地税系统志愿者协会成立，680名干部职工自愿报名参加。

7月，益阳市地方税务局直属分局在益阳市车辆管理所办证大厅设立税收征收窗口，对益阳市范围内的车船使用税实行统一征收，开展税收征管网络与交警机动车年检审网络联网控管试点。

8月3日，益阳市国家税务局、益阳市教育局、银监委益阳监管分局联合印发《益阳市教育储蓄存款利息所得免征个人所得税实施意见》，规范教育储蓄免税管理，确保教育储蓄存款利息所得免征个人所得税政策正确执行。

8月24日，益阳市人民政府批复益阳市地方税务局《关于在中心城区开展发票“刮刮奖”活动的请示》，自10月1日起在益阳市中心城区开展发票刮刮奖活动。

9月16日，国家羽毛球队总教练李永波率雅典奥运会羽毛球队全体教练员、运动员，专程到益阳市国家税务局答谢益阳国税人。李永波将一面有全体国家羽毛球队队员、教练员签名的中国羽毛球队队旗送到益阳市国家税务局局长袁世民手中，对益阳市国家税务局及明瑞酒店表达谢意。

10月29日，湖南国税“新镜界”摄影协会益阳分会成立。袁世民任主席，黎谷盈任副主席。

11月16日，益阳市国家税务局举行《中国共产党党内监督条例》和《中国共产党纪律处分条例》知识抢答赛。

11月23—24日，湖南省地方税务局党组书记、局长卿渐伟率省局人教处、计财处到益阳市地方税务局进行工作调研，考察桃江县地方税务局，组织基层干部进行座谈，察看资阳区地方税务局新办公楼和朝阳、赫山区地方税务局的建设工地。

是月，《益阳市地方税务志（1994—2004）》完成编纂工作，作为内部资料刊印至益阳市地税系统。《益阳市地方税务志（1994—2004）》编纂工作于2002年2月启动，组建地方税务志编纂办公室，是年8月12日，益阳市地方税务局印发《益阳市地方税务志编纂工作方案》，历时2年半完成编修任务。

是年，益阳市国税系统全部上线使用湖南省防伪税控系统网络版软件。

是年，益阳市地方税务系统全面推广湖南地税综合软件，推进信息化建设。

2005 年

1 月 1 日，税收综合征管软件在益阳市国税系统全面上线启用，顺利运行。

是日，益阳市车辆购置税由益阳市交通运输部门负责代征正式划转至益阳市国家税务机关征管，“益阳市国家税务局车辆购置税征收管理办公室”正式挂牌成立。

是月，蒋栋才任益阳市地方税务局党组书记。

3 月 2 日，益阳市国家税务局实施机构人事改革。益阳市国家税务局共设内设机构 9 个，直属机构 1 个，事业单位 2 个；下设 8 个县市区国家税务局。同时，除保留朝阳税务所和茅草街税务所外，其他 13 个税务所更名为税务分局。

5 月 20 日，益阳市国税系统举行第一次税务行政处罚听证会，此次听证会依益阳新瑞冶金材料有限公司申请举行。

7 月 18—20 日，湖南省地方税务局督查组到益阳市地方税务局、桃江县地方税务局就党风廉政建设、财务管理等四项工作开展情况进行重点督查。

7 月 28 日，益阳市国家税务局举办《建立健全教育、制度、监督并重的惩治和预防腐败体系实施纲要》和《建立健全税务系统惩治和预防腐败体系的实施意见》专题辅导讲座，湖南省国家税务局纪检组组长胡荣桂授课，益阳市国家税务局机关 100 名干部听取了讲座。

8 月 1 日，益阳市国家税务局全面启动“综合征管系统、防伪税控系统和出口退税系统”三大系统整合，实现同步上线运行和三大应用系统之间信息共享。

是日，益阳市政协主席陆国柱、副主席夏甫青等一行到益阳市地方税务局听取上半年收入执行情况汇报。

8 月 24 日，湖南省国家税务局特邀监察员一行 5 人由九三学社湖南省委秘书长陆登科带队，在湖南省国家税务局纪检组组长胡荣桂陪同下，到益阳市国家税务局考察了解党风廉政建设、行风建设和工作效能建设等情况。

9 月 7 日，益阳市国税、地税第一次联席工作会议在益阳市国家税务局三楼会议室召开。会议决定建立定期国地税联席会议制度和建立国地税之间的有关资料信息交换机制，并印发联合会议纪要。

是月，益阳市地税系统全面实现发票管理计算机化。

10 月 21 日，中央精神文明建设指导委员会授予益阳市国家税务局“全国精神文明建设工作先进单位”称号。

11 月 1 日，益阳市地税系统实现全面电子申报缴税。

11 月 16 日，益阳市税务学会成立大会在益阳市国家税务局七楼会议室隆重召开。

2006 年

1 月 1 日，益阳市地税部门开始代征工会经费、残疾人就业保障金。

1 月 22 日，由益阳市地方税务局系统工会牵头，益阳市地方税务局机关工会和资阳区地方税务局、赫山区地方税务局、朝阳分局工会联合组织的“地税同春”大型联欢会在赫山大剧院演出。

是日，益阳市地方税务局、益阳市总工会联合印发《地方税务局代收工会经费操作规程》，规范中心城区工会经费委托代收工作，便于益阳市地方税务局、益阳市总工会及各企事业单位了解和掌握操作程序和标准。

4 月 1—3 日，益阳市地方税务局在《益阳日报》、益阳电视台连续刊登“广征良言促税收，诚信纳税促发展”公告，同时播放税收宣传公益广告。

4 月 28 日，益阳市国家税务局、益阳市地方税务局采取随机抽选的方法，邀请 100 名纳税人代表到益阳市广电局演播中心，举办“广征良言促税收、诚信纳税促发展”税务局局长答难释疑现场会，面对面解答纳税人提问，并对 31 名在意见与建议征集活动中获奖的纳税人进行表彰奖励。

5 月 1 日，益阳市开征烟叶税。

7 月 1 日，“财税库行”横向联网系统在益阳市全面上线运行。

7 月 12 日，湖南金和石油实业有限公司通过税控系统开出第一张运输发票，标志着由国家税务总局开发的公路、内河货物运输发票税控系统在益阳市地方税务局试运行成功。

8 月 1 日，益阳市残疾人联合会、益阳市地方税务局联合印发《地税机关代征残疾人就业保障金工作操作规程》，进一步规范地税部门代征残疾人就业保障金工作。

8 月 26 日，益阳市地方税务局在益阳市房地产管理局交易大厅设立住宅转让地方税收益阳市中心城区征收窗口，从 2006 年 9 月 1 日起负责征收城区范围内的住宅转让地方税收，益阳市地方税务局授权赫山区地方税务局负责征税窗口的设立和征收管理。

9月6日，益阳市地税系统征（代）收费（金）工作联合会议召开。益阳市地方税务局、益阳市委宣传部、益阳市教委、益阳市总工会、益阳市劳动保障局、益阳市残联和益阳市防洪保安资金征集办的负责人参加会议。这是地税机构组建以来，全面系统研究部署收费工作的首次专题会议。

9月14日，经益阳市总工会同意，恢复各县市区国家税务工会工作委员会，实行上级国家税务工会和地方工会的双重领导，以上级国家税务工会领导为主。

12月1日，益阳市税务学会第二次理事会暨“税收与益阳经济发展”召开。

是年，益阳市国家税务局全面开展增值税防伪税控“一机多票”系统推广工作，完成推行户数659户，顺利完成“一机多票”加载升级工作。

2007年

1月1日，益阳市停止征收车船使用牌照税、车船使用税，开征车船税。

是日，益阳市国税系统停止使用湖南税收征管系统，全面实施金税工程。

1月12日，湖南省地方税务局党组书记、局长卿渐伟，率湖南省地方税务局办公室主任和5个市（州）地方税务局局长到益阳市高新技术开发区对科力远、海纳百川等7个入园项目的开工建设和生产经营情况进行调查走访。

3月1日，益阳市国税系统全面上线启用车辆购置税征管系统。

是日，益阳市国家税务局印发《益阳市国家税务局核定征收企业所得税管理暂行办法》，加强企业所得税的征收管理，规范核定征收企业所得税工作，促进企业健全财务会计制度。

3月22日，益阳市政府组织召开全市房地产业、建筑安装业及其相关行业税收专项清理整顿“蓝剑行动”工作动员大会，各县市区政府和市直有关单位主要负责人参加会议。益阳市委常委、常务副市长李稳石提出“蓝剑行动”态度要坚决、方法要得当、工作要过细、机制要健全四点工作要求。

4月20日，益阳市国家税务局、益阳市地方税务局联合举办“关注益阳税收”大型新闻发布会。益阳市委常委、市委组织部部长贺修铭、市政府副秘书长袁和平等领导到会指导，益阳市2006年纳税十强代表和30户诚信纳税人代表等共计150人参加新闻发布会。此次发布会发布2006年度益阳市“10件税收大事”、30户“诚信纳税人”名单和“10强纳税人”名单。《益阳日报》总编陈正清代表媒体讲话，益阳市国家税务局局长袁世民、益阳市地方税务局局长吴佑坤作发言。

4月25日，益阳市地方税务局代征工会经费推行“一体化”管理模式，将工会经费纳入“湖南地税综合软件”，实现工会经费集中统一管理，与税收同步申报、同步征收、同步稽查，代征工会经费步入信息化管理轨道。

6月26日，中共益阳市国家税务局直属机关第四次党员代表大会召开。资阳区国家税务局、高新区国家税务局、赫山区国家税务局、大通湖区国家税务局及益阳市国家税务局机关各支部108名党员代表参加会议。第三届直属机关党委书记陈其佑作题为《全面加强机关党的建设，不断提升党建工作水平》的工作报告。会议选举产生中共益阳市国家税务局直属机关第四届委员会，第四届委员会委员由9人组成，陈其佑当选书记，阳长春当选副书记。

6月26—27日，湖南省地方税务局党组书记、局长吕兴胜，党组副书记、副局长张云英，党组成员、纪检组组长王春林等领导到益阳市地方税务局和桃江县地方税务局考察调研，对益阳市地方税务局规范系统管理、夯实征管基础、加强队伍建设等方面的新气象、新理念、新举措、新业绩给予肯定。

7月5日，湖南省“促进经济社会全面发展的税收政策研究”研讨会在益阳市举行，来自湖南省国家税务局、湖南省地方税务局、湖南省税务学会及各市（州）税务系统代表70人参加研讨会。会议由湖南省税务学会秘书长梁桂荣主持。益阳市国家税务局局长袁世民、益阳市地方税务局局长吴佑坤分别代表国、地税致欢迎辞。益阳市社科联主席盛年生、湖南省国家税务局副局长陈素娥、湖南省地方税务局总经济师毛世文、湖南省税务学会会长胡金亮在会上发言。

7月9日，益阳市地方税务局举办益阳市地税系统“兴税杯”辩论赛活动，桃江县地方税务局代表队获得一等奖。

8月2日，益阳市税控收款机推广应用工作动员大会在益阳市国家税务局召开。益阳市委常委、市人民政府常务副市长李稳石、各县市区常务副县市区长、益阳市公安局、益阳市技术监督局等相关部门负责人、益阳市国家税务局局长袁世民、总经济师曾国华、各县市区国家税务局局长参加会议。袁世民向与会人员介绍相关工作情况，曾国华就税控收款机的推广应用工作作详细汇报，各县市区常务副县市区长及相关部门负责人作表态性发言。

8月13日，益阳市地方税务局在益阳市委党校举办益阳市地税系统首期科级女干部培训班。

8月17日，按照“以票控税、网络比对、税源监控、综合管理”管理要求，益阳市国家税务局发布《益阳市国家税务局关于对摩托车农用运输车车辆购置税征管实行以票控税的通告》，加强摩托车、农用运输车的车辆购置税征收管理。

9月11—14日，湖南省地税系统首届羽毛球锦标赛在益阳市奥林匹克体育馆举行。

10月29日，益阳市国家税务局举行勤廉事迹报告暨“读书思廉”主题教育总结大会，湖南省国家税务局纪检组、益阳市纪委、益阳市直机关工委、益阳市检察院、益阳市优办等单位相关领导出席。益阳市国家税务局副局长程亮东宣读“读书思廉”主题教育情况通报，局长袁世民对“读书思廉”主题教育进行全面总结。益阳市纪委副书记刘凌云和湖南省国家税务局纪检组副组长傅兰出席会议并讲话。

11月9日，益阳市中心城区44户纳税户通过税库银横向联网系统自动划缴税款1743723.61元，标志着益阳市税库银横向联网系统推广运用成功。

是日，益阳市政府、益阳市财政局、益阳市水利局、益阳市地方税务局等部门在益阳市水利局联合召开市防洪保安资金征收管理工作座谈会。

2008年

1月1日，外商投资企业和外国企业所得税并入企业所得税，益阳市停止征收外商投资企业和外国企业所得税，开征地方教育附加。

1月30日，益阳市国家税务局机关举办2008年春节团拜晚会。

2月29日，益阳市委书记蒋作斌一行到益阳市地方税务局调研指导工作。

是月，益阳市国家税务局出台“两全”服务方案，在益阳市国家税务局、三个城区国家税务局和沅江市国家税务局办税服务厅先行试点推行“全天候，全职能”纳税服务，并在益阳市其他单位全面推广。

3月17日，益阳市地方税务局印发《益阳市地方税务局关于税收征管改革的指导意见》，调整征管机构，完善征管职责，优化征管流程。

4月，益阳市国家税务局以“税企诚信 征纳和谐 共谋发展”座谈会、“国税局长在线日”、“税收关注民生——税收优惠政策入万家”、“税收·发展·民生”主题摄影采风四项活动拉开税收宣传月序幕。

是月，益阳市地方税务局在益阳市深入开展“服务促和谐，满意在地税”活动，地税干部在“执法、服务、廉政、作风、形象”五个方面社会满意度达到97.4%。

5月31日，张晓飞任益阳市地方税务局党组副书记、局长。

是月，益阳市国税系统向“5·12”汶川地震灾区捐款237042元，益阳市地税系统捐款152250元。

8月5日，傅森河任益阳市国家税务局党组书记、局长。

9月1日，益阳市国家税务局“纳税人学校”在益阳市国家税务局机关举行成立大会。益阳市政协副主席夏甫清为“纳税人学校”授牌，“纳税人学校”设在各县市区国家税务局的8个分校同时开学开课，益阳市共有300名纳税人参加纳税人分校学习，免费接受税收知识培训。

9月8日，益阳市国税系统廉政文化成果展开展，湖南省纪委委员、宣教室主任廖丽萍，湖南省国家税务局党组成员、纪检组组长胡荣桂，益阳市委常委、市纪委书记程纪龙，益阳市人大常委会副主任张群华以及湖南省国家税务局、湖南省纪委、益阳市纪委、兄弟单位有关领导和益阳市国家税务局领导应邀参加仪式。

9月9—12日，益阳市地税系统在资阳区体育馆举办首届男子篮球锦标赛。

9月11日，益阳市国家税务局印发《益阳市国家税务局房地产开发企业所得税管理暂行办法》，规范和加强房地产开发企业所得税征收管理，促进房地产业健康发展。

11月7日，益阳市国税系统企业所得税法知识抢答赛在沅江市国家税务局举行，益阳市国家税务局代表队获得一等奖。

是年，益阳市地税系统推广使用税控收款机1012台，评估185户纳税人，补缴税款1287万元，益阳市81%的个体工商户实行电脑定税。

是年，益阳市地方税务局开展“2008蓝剑行动”，全年共检查纳税户175户，查补入库地方各税4573万元，查办100万元以上的大案要案15起，在《益阳日报》公告11起税务违法案件。

2009年

1月1日，城市房地产税并入房产税，益阳市停止征收城市房地产税。

2月20日，益阳市地方税务局召开房地产开发、建筑安装行业代表座谈会，邀请20名企业董事长、总经理及财务总监参加。

3月4日，中共益阳市委副书记、市长胡衡华，常务副市长周再华，市政府秘书长胡捷等到益阳市地方税务局开展调研。

3月12日，益阳市国家税务局召开特邀税务监察员座谈会，益阳市国家税务局党组书记、局长傅森河为来自各机关团体、民主党派、企事业单位的12位特邀税务监察员颁发聘书。

3月19日，湖南省地方税务局党组书记、局长吕兴胜一行到南县地方税务局调研，在肯定南县地税局工作的同时，提出抓好组织收入、抓好工作落实、抓好队伍建设三点要求。

是月，张晓飞任益阳市地方税务局党组书记。

4月21日，益阳市地方税务局在益阳市地税系统开展“税企携手，共克时艰”大走访活动，对100名税源比较大、影响比较大、党政领导关注比较多的企业和重点项目开展纳税服务。

是月，益阳市国家税务局在朝阳区海棠中学、资阳区石码头小学、沅江市桔园学校等地成立8个“青少年税法宣传基地”，利用学校橱窗开展税法宣传。组织学生开展各种与税收相关的征文、漫画制作活动，举办税收知识课堂，邀请学生做“小小税法宣传员”，组织学生到个体户、纳税企业参观，到益阳市国家税务局办税大厅实地学习。

是月，益阳市国家税务局开展“万人评国税”活动，向纳税人发放税收宣传资料1.5万份，发放问卷调查表1万份。

5月20日，益阳市国家税务局印发《益阳市农业产品收购业务增值税管理办法（试行）》，进一步加强农业产品收购业务增值税管理，强化税源监控，堵塞税收管理漏洞。

是月，益阳市国家税务局开展“三问”大走访活动。问需解困，当好企业“贴心人”；问谏求变，当好政策“宣传员”；问计于民，架好税企“连心桥”。

6月18日，益阳市地方税务局组织开展成立十五周年宣传活动，在《益阳日报》创建《十五年风采·特刊》专栏，开设《地税之窗》栏目，在益阳市地税系统开展“感动十五年·地税人与事”征文活动。

6月25日，益阳市地方税务局印发《益阳市地税系统“五比五看强征管”活动实施方案》，在益阳市地税系统开展“五比五看强征管”活动。

8月12日，益阳市地方税务局制定《益阳市地税系统基层税务分局（所）星级管理办法》，推进益阳市地税系统“三基”建设。

是月，益阳市国家税务局被湖南省纪委授予“全省廉政文化建设示范点”称号，全省共有21个单位获此称号，益阳市国家税务局是湖南省国税系统唯一获此称号的市州国税局。

9月28日，益阳市国家税务局举办庆祝中华人民共和国成立60周年摄影展，益阳市委宣传部副部长刘兆平、益阳市文联主席郭辉、益阳市摄影家协会主席贺振湘、赫山区摄影家协会主席郭灿辉应邀参加揭幕仪式。

是日，益阳市地方税务局在赫山大剧院举办益阳市地税系统“歌颂伟大祖国，肩负神圣使命”歌唱比赛，桃江县地方税务局获得一等奖，安化县地方税务局、益阳市地方税务局机关、沅江市地方税务局获得二等奖。

10月15日，益阳市国家税务局在益阳市范围内全面推行委托邮政部门代征农村乡镇零散税收及代开普通发票工作。

11月26日，益阳市地方税务局开展“感动十五年·地税人与事”征文表彰活动，益阳市资阳区地方税务局何亚兰的文章《归途》和安化县地方税务局喻敏的文章《我与丈夫和儿子》获得一等奖。

2010年

1月，益阳市国家税务局全面整合办税服务厅窗口职能，将办税服务厅涉税事项整合为“一窗通办”，解决纳税人多次跑、多头找、多窗口排队的问题。

2月8日，益阳市人民政府市长胡衡华，常务副市长周再华，益阳市政府秘书长胡捷，益阳市财政局局长黄仲书一行到益阳市国家税务局调研。

是日，益阳市地方税务局召开益阳市地税系统领导干部家属助廉会议，益阳市地税系统正科实职干部及其配偶参加。益阳市地方税务局党组书记、局长张晓飞嘱托领导干部家属加强监督，在助廉工作中再立新功。

3月20日，益阳市国家税务局印发《益阳市木竹加工行业税收管理办法》，加强木竹加工行业税收征收管理，规范税收征收和缴纳行为。

4月1日，益阳市国家税务局和益阳市地方税务局在益阳大剧院联合开展益阳市税收宣传月活动启动仪式，益阳市委常委、常务副市长周再华致辞。启动仪式上，为益阳市“2009年度纳税十强”和“2009

年度模范纳税户”授牌。

4月20日，益阳市国家税务局组织20户出口企业负责人、财务人员召开税收恳谈会。会议由益阳市国家税务局党组书记、局长傅森河主持，益阳市人民政府副市长徐云波，益阳市外汇局、益阳市经济委员会、益阳市商务局等相关部门负责人参加会议。

5月11—14日，益阳市国家税务局组织机关全体党员干部开展主题为“只为加快发展想办法，不为发展缓慢找理由”大讨论活动。

6月23—24日，湖南省地方税务局党组书记、局长吕兴胜率湖南省地方税务局办公室等6个处室负责人到益阳市地方税务局、赫山区地方税务局考察调研。

7月16日，益阳市国家税务局发布《益阳市建筑安装工程耗用材料增值税管理办法》，加强建筑安装工程耗用材料增值税管理。

9月1日，契税、耕地占用税由益阳市财政部门划转至益阳市地税部门征收。

12月28日，周本庆任益阳市地方税务局党组书记、局长。

是年，益阳市地方税务局收费科科长严奉友被湖南省人民政府授予“湖南省先进工作者”称号。

2011年

1月13日，益阳市国家税务局在桃江县国家税务局召开益阳市农产品企业税收清理检查工作总结暨桃江现场经验交流会。

4月21日，益阳市国家税务局通过益阳市国家税务局网站开展“强化税收征管 优化纳税服务”主题在线访谈活动。

4月25日，益阳市地方税务局印发《关于加强县级内审工作的意见》，强化内部监督，促进规范管理，全面推进县级地方税务局内审工作。

4月27—28日，湖南省地方税务局党组书记、局长吕兴胜率湖南省地税局办公室、监察处、法规处、审计处、稽查局等处室负责人到益阳市地方税务局、沅江市地方税务局、高新区地方税务局开展调研，实地考察益阳市地方税务局办公楼维修改造工程和沅江市地方税务局服务信息综合楼建设，到高新区东部新区走访纳税企业，看望慰问一线干部。

5月4日，益阳市国家税务局团委组织召开纪念五四运动92周年青年干部代表座谈会。

6月23日，益阳市委常委、组织部部长彭爱华到益阳市国家税务局检查党务公开工作。

7月8日，益阳市地方税务局实施机构改革。益阳市地方税务局内设行政科（室）12个，省局派驻机构2个，直属行政机构2个，直属事业单位3个；下设县市区地方税务局8个；益阳市地税系统共设税务分局34个。

8月4日，益阳市国家税务局举办首届税收咨询业务竞赛，竞赛以基本税收业务政策和纳税人咨询热点问题为主要内容。

9月1日，防洪保安资金并入水利建设基金，益阳市境内从事生产、经营的单位和个人缴纳的水利建设基金由益阳市地税部门征收。

10月1日，益阳市向社会征收的价格调节基金由益阳市地税部门代征。

10月9日，益阳市委副书记、市长胡忠雄，市政府秘书长胡捷，市财政局局长黄仲书，市政府副秘书长袁和平一行到益阳市国家税务局调研组织收入工作，与益阳市国家税务局党组成员进行座谈。

10月18日，益阳市地税系统首届门球赛在沅江市地方税务局举行。

12月19日，益阳市国家税务局门户网站举办“解读《增值税一般纳税人资格认定管理办法》”在线访谈活动，访谈中回答纳税人提问12个，涉及一般纳税人资格认定、小规模纳税人征税、稽查申请政策复议、增值税发票抵扣和车辆购置税等问题。

12月28日，益阳市国家税务局举行税务行政处罚听证会，听证会依6户企业申请举行，内容为益阳市国家税务局稽查局、第一稽查局拟认定该6户企业接受虚开增值税发票偷税案，来自6家企业的代表、企业代理人和益阳市国家税务局机关、稽查局、第一稽查局干部70人参加听证会。

是年，益阳市地方税务局选拔正科实职干部8人，选拔副科实职干部16人，交流轮岗正科实职20人，交流轮岗副科实职15人，公开选调18人进入益阳市地方税务局机关工作。

2012年

2月22日，益阳市国家税务局发布《益阳市药品与医疗器械购销增值税管理办法》，加强药品与医疗器械购销的增值税管理。

3月28日，益阳市国家税务局开展“下基层惠民生，解难题促发展”作风建设主题活动，组织益阳市国家税务局机关50名党员志愿者到桃江县鲊埠乡南京湾村参加劳动。

4月20日，益阳市国家税务局举办“创业与税收”主题在线访谈，益阳市国家税务局副局长谌宪伟和各业务部门骨干集中登录益阳市国家税务局网站就“创业与税收”与网友进行在线交流。在线访谈中，网友共提出37个问题，涉及创业型企业的税收优惠、增值税起征点、发票代开、残疾人员就业税收政策扶持、下岗失业人员再就业税收优惠政策等内容，均获得解答。

4月25日，益阳市国家税务局和赫山区政府联合举办“推进两型社会，打造绿色益阳，创业与税收资源综合利用税收优惠政策恳谈会”。湖南省国家税务局货物和劳务税处副处长张登炎、赫山区常务副区长王兆铭，益阳市协控联管办、各县市区政府和国家税务局相关领导，20户资源综合利用企业代表参加座谈。

5月1日，益阳市国家税务局联合交通银行湖南省分行推出“税融通”业务服务。

5月16—18日，益阳市地方税务局举办益阳市地税系统第三届乒乓球锦标赛，来自益阳市地税系统的10支代表队、40名运动员参加比赛，共决出各单项前3名和体育道德风尚奖5名。

5月24日，湖南省地方税务局党组书记、局长吕兴胜到益阳市地方税务局调研，考察益阳市地方税务局新建的办税服务中心、机关食堂，询问办税服务相关情况和办公楼修缮情况。

6月5—10日，益阳市地方税务局举办益阳市地税系统第一次女干部专题培训班。益阳市地方税务局机关和直属单位副科实职以上女干部、县市区地方税务局中层正职以上女干部47人参加培训。

6月12日，益阳市地方税务局发布《益阳市地方税务局关于调整核定征收纳税人生产经营所得个人所得税征收率的公告》，统一益阳市范围内核定征收纳税人生产经营所得个人所得税征收率。

6月15日，益阳市国际税收研究会成立大会暨第一届会员代表大会在益阳市地方税务局10楼大会议室召开。市地税系统、国税系统48名代表参加会议，会议选举产生了第一届国际税收研究会领导机构组成人员，莫国云当选为益阳市国际税收研究会第一届会长，表决通过《益阳市国际税收研究会章程（草案）》。

是月，益阳市国家税务局委托邮政使用网络版软件开具“委托代开发票”，取代现有税控收款机开具的“税控发票”，实现实时网络认证，提高发票辨假能力。

7月1日，益阳市存量房交易纳税评估系统正式上线运行。

7月11—18日，益阳市地方税务局在国家行政学院举办益阳市地税系统“领导力”专题研修班，益阳市地税系统正科级以上干部40人参加培训。

是月，益阳市国家税务局依托局域网络资源，通过增配嵌入式硬盘录像机、广角摄像机等硬件设备，用硬盘录像机免费客户端管理软件将所属8个办税服务厅远程实时视频集中到益阳市国家税务局纳税服务科进行监控，在湖南省率先实现利用局域网络终端对办税服务厅窗口办税情况进行实时监控。

8月1日，益阳市国家税务局和益阳市地方税务局在益阳市城区范围内推行涉税事项“同城通办”。

10月9日，益阳市委副书记、市长胡忠雄到益阳市地方税务局调研指导工作。

10月17日，国家税务总局党组成员、副局长丘小雄一行到益阳市国家税务局和益阳市地方税务局考察指导工作，看望慰问国、地税办税厅工作人员和机关干部职工。

10月23日，益阳市国家税务局干部深入基层开展“民本纪检，与您同行”调研走访活动，组织赫山区金银山街道办事处秀峰社区群众观看反腐倡廉宣教片，开展反腐倡廉形势宣讲，并走访10户国企改制下岗职工和群众。

10月24日，益阳市委副书记、市长胡忠雄，益阳市政府秘书长胡捷，益阳市财政局局长黄仲书一行到益阳市国家税务局调研组织收入工作。

10月24—25日，国家税务总局规范税收资金征缴管理工作检查组一行，湖南省国家税务局有关部门领导，对益阳市国家税务局组织收入过程中征收、缴库、退库、减免税等方面的税收资金征缴管理情况进行检查，并到桃江县国家税务局、沅江市国家税务局和南县国家税务局实地调研，查阅企业相关资料。

是月，益阳市国家税务局召开重大税务事项集体审批工作会议，就益阳市众旺公交有限公司、益阳湘运集团有限公司报送的首批38辆城市公共汽车申请免征车辆购置税的事项进行集体讨论、研究和审批，这是益阳市国家税务局首次对货物和劳务税有关重大税务事项进行集体审批。

12月6日，益阳市国家税务局机关工会举行第五次会员大会，选举产生益阳市国家税务局机关第五届工会委员会委员和经审委委员，7人当选为第五届工会委员会委员，3人当选为经审委员会委员。

12月10日，益阳市地方税务局学习贯彻党的十八大精神专场宣讲会在益阳市地方税务局10楼大会议室举行。各县市区地方税务局局长和益阳市地方税务局机关全体干部共160人参加学习，益阳市委党校和益阳市委讲师团专家作辅导讲学。

12月26日，益阳市地方税务局印发《关于统一城区旅游业营业税征收标准的通知》，规范益阳市城区旅游业税收征管，建立标准统一、税负公平、操作简便的征收方式。

2013年

1月14日，“新境界”摄影协会益阳分会第三届会员代表大会召开，会议选举曾国华为新一届委员会主席，黎谷盈为副主席。

1月31日，益阳市地方税务局印发《益阳市地方税务局关于进一步加强和规范建筑安装业所得税征收管理的通知》，加强和规范所得税行业分类征收管理。

3月4日，益阳市政府召开贯彻落实《湖南省税收保障办法》专题研讨会，巩固益阳市税收协控联管工作先发优势。

是月，益阳市地方税务局开展“为民务实转作风 勤廉办事树形象”作风建设主题活动，到资阳区汽车路街道城门外社区，组织开展一次走访座谈、开展一次特困慰问、办好一批惠民实事、开展一次义务劳动、实施一次问卷调查、赠送一份政策资料、撰写一份调查报告、建立一个联系渠道“八个一”活动。

4月24日，益阳市地方税务局印发《益阳市地方税务局以地控税工作实施方案》，确保益阳市城镇土地使用税以地控税工作顺利进行。

4月29日，益阳市国家税务局与益阳市创建省级创业型城市工作领导小组办公室在益阳市国家税务局机关7楼会议室联合举办“创业益阳，有我同行”税收咨询服务活动，30位创业代表现场参加咨询活动。

是月，益阳市国家税务局在《益阳日报》设立《我纳税 我发展》和《我身边的好税官》子栏目；在益阳市广播电视台新闻频道《益阳新闻联播》中开辟《记者走基层 益阳国税行》专栏，广泛开展税收宣传活动。

5月3日，益阳市地方税务局组织召开“学习贯彻十八大精神 争当岗位先锋模范”青年干部代表座谈会。

5月6日，益阳市人民政府办公室印发《关于加强股权转让个人所得税征收管理工作的通知》，加强股权转让个人所得税征收管理，建立税务、工商股权转让信息共享制度。

5月21日，益阳市地方税务局发布《益阳市自然人股东股权转让所得个人所得税征收管理办法》，规范自然人股东股权转让所得个人所得税征收管理。

6月23日，益阳市委书记魏旋君等一行到益阳市国家税务局开展调研工作。

7月16日，益阳市地方税务局举办“加强效能建设 优化经济发展环境”主题税企恳谈会。益阳裕敬鞋业、瑞亚高科、中南实业、旭荣制衣等9家省级效能建设测评站代表及测评员参加恳谈会。

7月21—27日，益阳市地方税务局在湖南省地方税务局金辉大酒店举办益阳市地税系统青年干部培训班。益阳市地方税务局机关及直属局优秀青年干部代表，各县市区地方税务局中层正副职和优秀青年干部代表共51人参加培训。

7月30日，益阳市地方税务局举办益阳市地税系统“贯彻十八大 传递正能量”诗歌朗诵选拔赛，资阳区地方税务局刘洋的诗歌朗诵《致我的同事们》获得一等奖。

8月1日，全国实施“营改增”改革，对交通运输（不含铁路运输）以及部分现代服务业（简称“1+7”行业）进行统一试点，由营业税改征增值税，益阳市436户纳入“营改增”范围，顺利开具发票。

8月16日，益阳市国家税务局、益阳市地方税务局、益阳市财政局联合发布《交通运输业和部分现代服务业营业税改征增值税发票代开问题的公告》，以做好交通运输业和部分现代服务业营业税改征增值税发票代开工作，方便纳税人办理增值税发票业务。

9月1日，益阳市436户“营改增”企业顺利申报缴税，“营改增”试点工作圆满成功。

9月9日，益阳市地方税务局与益阳市残联召开残保金代征工作会议，促进代征工作规范、提质、增效。

9月25日，益阳市地税系统举办“责任地税”专题讲座和演讲比赛，益阳市地方税务局党组书记、局长周本庆主讲题为《建设责任地税 圆梦幸福地税》的党课，10名来自县市区地方税务局和直属单位的选手登台演讲。并于10月16—25日，在全市地税系统开展了建设“责任地税”主题巡讲活动。

11月29日，湖南省地方税务局党组书记、局长张云英，党组成员、副局长杨德光一行到益阳市地方税务局和赫山区地方税务局开展调研。

是年，益阳市国家税务局与公安部门配合，摧毁一个制作假车辆购置税完税证明的犯罪团伙，查证涉案车辆120辆，涉案税金184万元。

2014年

1月1日，益阳市国家税务局全面实施《税收票证管理办法》，并启用新版税收票证。

是日，益阳市对铁路运输业和邮政业纳入“营改增”试点。

是月，益阳市国家税务局首次开展网络投票评选“国税标兵”活动，授予6人2013年度国税系统“国税标兵”称号。

是月，益阳市地方税务局、益阳市摄影家协会联合举办“镜头里的税收”摄影比赛，比赛以“税收·发展·民生”为主题，展现“地税中心工作、社会经济发展、服务民生成效”等方面工作及成效，共征集摄影作品142件，评选出获奖作品15件。

2月25日，益阳市地方税务局印发《益阳市建安行业“甲供材”营业税管理“一控四比对”操作办法》，规范和加强建筑安装行业“甲供材”营业税管理。

4月15日，益阳市地方税务局发布《益阳市事业单位、社会团体和其他取得收入的组织企业所得税征收管理办法的公告》，加强事业单位、社会团体和其他取得收入的组织企业所得税征收管理，规范税收政策和征管程序。此公告为益阳市第一个破解事业单位、社会团体等其他组织企业所得税征收管理难题的规范性文件。

4月21日，益阳市地方税务局发布《益阳市地方税务局关于确定印花税核定征收计税依据标准的公告》，规范益阳市印花税核定征收计税依据标准。

5月13日，益阳市地方税务局发布《益阳市地方税务局土地增值税管理办法的公告》，加强和规范益阳市土地增值税的征收管理工作。

5月20日，益阳市地方税务局印发《益阳市房地产开发经营业务企业所得税管理办法》，规范房地产开发经营业务企业所得税管理。

6月11—12日，湖南省地方税务局党组书记、局长张云英到益阳调研，先后到大通湖区地方税局、南县地方税务局了解县市区地方税务局工作推进情况和存在的困难，并就经济税收形势、教育实践活动开展和各项重点工作推进等内容与市、县两级进行深入交流。

6月12日，《益阳市人民政府办公室关于加强个人房屋出租自营税收协控联管工作的通知》发布执行，建立起市、县、乡三级税控联管办和房管、公安、民政、工商、质监、计生、监察等八部门联合控管个人房屋出租自营税收的新机制。

6月23日，益阳市委书记魏旋君，益阳市财政局局长胡康平一行到益阳市地方税务局开展调研。

10月21日，《益阳市地方税务局关于重新明确房地产开发经营业务销售未完工开发产品计税毛利率和核定征收应税所得率的公告》发布，进一步规范益阳市房地产开发经营业务企业所得税征收管理。

12月1日，湖南省首个“以地控税管理系统”在益阳市上线运行。

12月17日，益阳市人大常委会主任徐云波、副主任谭喜华一行到益阳市地方税务局开展调研。

是年，益阳市国家税务局成立新闻宣传中心。

2015年

1月1日，新认定的增值税一般纳税人和新办的小规模纳税人统一纳入增值税发票系统升级版推行和管理范围，不再推行税控收款机系统。

2月10—11日，益阳市地方税务局组织机关干部深入“三访三化”联系点高新区朝阳街道办事七里桥资管委，走访、看望特困户、困难群众及90岁以上老人65人，发放慰问金48800元。

2月14日，益阳市国家税务局系统工会组织机关干部到益阳市一中体育馆参加由湖南电视剧频道、益阳市总工会举办的慈善节目《心得乐》2015年“穷娃盼过年”益阳专场活动。益阳市国税系统单位和干部个人为孩子们捐款61080元。

3月11日，李朝晖任益阳市地方税务局党组书记、局长。

4月20日，益阳市区城镇土地使用税地段等级税额标准调整方案听证会在益阳市地方税务局召开，听证会由益阳市政府税收协控联管办指导，益阳市政府法制办主持。益阳市地方税务局、益阳市财政局分别就调整方案作政策阐释和指标解读，听证代表就方案一些操作细节和税收救济措施提出意见建议，为城镇土地使用税地段等级税额标准调整的推进凝聚共识。

5月14日，湖南省2015年打击利用黄金交易虚开增值税专用发票违法犯罪专项行动工作会议在益阳召开，会议由湖南省国家税务局、湖南省公安厅联合召开。

5月21日，湖南省地方税务局党组书记、局长张云英一行到益阳市地方税务局、桃江县地方税务局开展调研。

6月2日，益阳市文明创建工作现场会在益阳市国家税务局召开。湖南省委宣传部副部长、湖南省文明办主任刘进能，益阳市委常委、宣传部部长胡立安，益阳市文明办主任王友红等参加会议。湖南省委宣传部副部长、湖南省文明办主任刘进能为益阳市国家税务局授予“全国文明单位”牌匾。

7月25—26日，益阳市国家税务局举办益阳市国税系统“岗位练兵、业务比武”竞赛活动，益阳市国税系统449人参加税收业务综合笔试，82位干部分别参加管理评估、纳税服务和税务稽查实务测试。

7—8月，益阳市税务学会联合益阳市委办公室、益阳市经济学会共同组成9人的调研小组，到益阳市各区县、常德市、岳阳市、长沙市、湖北省荆州市等洞庭湖生态经济区相关单位和企业开展“税收服务洞庭湖生态经济区建设”专题调研，在调查分析基础上深入研究支持洞庭湖生态经济区建设的税收政策和征管措施。

9月8日，益阳市财政局、益阳市残疾人联合会、益阳市地方税务局、中国人民银行益阳市中心支行联合印发《益阳市残疾人就业保障金征收实施方案》，加强和规范全市残疾人就业保障金征收工作。

9月14日，益阳市国家税务局、益阳市地方税务局在益阳市政府新闻中心举办金税三期系统上线新闻发布会，国、地税新闻发言人分别介绍金税三期系统的背景、金税三期系统上线的意义，并答记者问。益阳电视台、《益阳日报》、益阳市政府门户网、益阳在线等主要媒体参加新闻发布会。

9月21日，益阳市国、地税“三证合一、一照一码”启动仪式在益阳市政务中心办事大厅举行，湖南汉森制药股份有限公司负责人领到益阳市首张“三证合一、一照一码”营业执照。“三证合一、一照一码”登记制度在益阳市正式实行。

10月1日，金税三期工程在益阳市国税系统和益阳市地税系统上线运行。

11月27日，益阳市地方税务局举办“弘扬中华优秀传统文化，践行社会主义核心价值观”道德讲堂。

12月16日，中共益阳市国家税务局直属机关召开第五次党员代表大会。会议选举产生中共益阳市国家税务局直属机关第五届委员会，第五届委员会委员由9人组成，杨佳民当选书记，金志雄当选副书记。

12月25日，益阳市国家税务局、益阳市地方税务局印发《益阳市国家税务局 益阳市地方税务局合作工作方案》。

2016年

2月1日，益阳市地方税务部门停止征收价格调节基金。

2月6日，益阳市地方税务局举办“党组织书记讲党课大比武”活动。益阳市地税系统通过“抓书记、书记抓”，发挥基层党组织负责人的领学作用，推进学习型党组织建设向纵深发展。

3月11日，徐向阳任益阳市国家税务局党组书记、局长。

3月18日，益阳市国家税务局、益阳市地方税务局联合举办大企业税收业务培训班，包括国家税务总局千户集团益阳成员单位在内的全市银行、保险、电力、烟草、移动等138家大型企业财务人员或办税员参加培训学习。

3月21日，益阳市财政局、益阳市国家税务局、益阳市地方税务局举行益阳市“营改增”试点纳税人信息交接仪式。益阳市地税系统向益阳市国税系统移交营业税纳税人12022户，其中，建筑业559户、房地产业1312户、金融保险业166户、生活服务业9985户。

是日，益阳市国地税合作领导小组2016年度首次联席会议在益阳市地方税务局召开。会议总结国地税合作工作成果，探讨营改增过渡衔接、联合税收宣传、联合税务检查、基层局合作试点等事宜。

4月8日，益阳市邮政储蓄银行、益阳市国家税务局、益阳市地方税务局共同举办益阳市2016年邮政储蓄银行银税互动、银企对接活动仪式，益阳市人民政府副市长李激扬出席活动，市县两级邮政储蓄银行、国家税务局、地方税务局主要负责人和100家中小企业负责人参加活动。益阳邮政储蓄银行、益阳市国家税务局、益阳市地方税务局主要负责人签署“银税互动”战略框架合作协议。

4月9日，由益阳市委政法委牵头，益阳市国家税务局、益阳市地方税务局联合举办的“税收助力精准扶贫”税收宣传活动，走进桃江县武潭镇汤家塅村开展宣传。

4月19日，益阳市全面推开“营改增”试点新闻发布会在益阳市人民政府新闻发布厅举行。发布会就“营改增”对益阳财政收入影响、“营改增”后益阳市地税部门如何更好服务地方经济等有关问题，现场回答记者提问。《益阳日报》《益阳城市报》、益阳电视台、益阳在线等9家媒体记者代表应邀参加发布会。

4月22日，南县国地税联合办税服务厅在南县国家税务局举行揭牌仪式，这是益阳市首家互设窗口、互派人员深度融合的国地税联合办税服务厅。南县国、地税办税业务深度融合模式正式启动。

4月28日，益阳市国家税务局、益阳市地方税务局联合发布《关于调整益阳市房地产开发经营企业销售未完工开发产品计税毛利率和核定征收应税所得率的公告》，统一益阳市房地产开发经营企业销售未完工开发产品计税毛利率和核定征收应税所得率。

5月1日，益阳市实施“营改增”全面试点，试点范围扩大到建筑业、房地产业、金融业、生活服务业，企业新增不动产全部纳入增值税抵扣范围。益阳市停止征收营业税。

6月22日，益阳市人大常委会主任徐云波一行到益阳市国家税务局调研“互联网＋农业”税收相关情况。

7月14日，益阳市国家税务局“千户集团”税企恳谈会召开。烟草、电力、银行、电信、金融保险、邮政、石油石化等行业在益阳的36家成员单位财务负责人参加恳谈会。

8月22—24日，湖南省地方税务局党组书记、局长张云英一行到益阳市地方税务局、安化县地方税务局，围绕“加快征管转型、促进任务完成”主题开展工作调研。

9月1日，益阳市国税系统和益阳市地税系统全面实行“五证合一、一照一码”登记制度。

11月7日，“益阳市公安局派驻益阳市国家税务局联络机制办公室”在益阳市国家税务局稽查局举行揭牌仪式，益阳市税警合作共同打击涉税违法犯罪进入新阶段。

11月8日，益阳市地方税务局组织举办益阳市地税系统深化“两学一做”暨践行“一调两转”先进典型宣讲报告会。9名宣讲员紧扣“两学一做”和“一调两转”主题，讲述来自益阳市地税系统的9位先进典型勤学善思、爱岗敬业、无私奉献、创新求进的事迹。宣讲报告会以视频会议方式进行，分益阳市地方税务局主会场和8个县市区地方税务局分会场，共有600名地税干部收听收看报告会。

11月22日，中共益阳市地方税务局直属机关召开第六次党员代表大会，会议选举产生中共益阳市地方税务局直属机关第六届委员会，第六届委员会委员由9人组成，莫国云当选书记，李跃华当选副书记。

12月5日，益阳市国家税务局电子税务局暨发票和涉税文书寄递服务启动仪式在赫山区国家税务局举行。益阳市国家税务局副局长胡跃生与益阳市邮政速递物流公司总经理孙正良签订邮政速递服务协议。

2017年

1月30日，益阳市委书记、益阳市人大常委会主任瞿海对益阳市地方税务局工作给予肯定性批示。

2月16日，益阳市国家税务局、益阳市地方税务局联合成立益阳市纳税服务中心，全面推行“一窗一人办税”服务模式。

是月，益阳市国家税务局机关工会举行第六次会员大会，选举产生益阳市国家税务局机关第六届工会委员会委员和经审委委员，7人当选为第六届工会委员会委员。3人当选为经审委员会委员。

4月1日，益阳市国家税务局、益阳市地方税务局联合在益阳市政府新闻发布厅举行“深化税收改革　助力企业发展”新闻发布会，拉开第26个税收宣传月活动序幕。《益阳日报》、益阳电视台、益阳电台、益阳在线等9家主流媒体应邀参加发布会。

5月16日，益阳市国家税务局印发《益阳市国家税务局2017年整治虚开虚抵税收违法行为专项工作实施方案》，加强增值税管理，防范税收风险，防范和打击虚开虚抵税收违法行为。

8月9日，益阳市地方税务局机关和直属单位党支部20名党员在益阳市地方税务局党组成员、副局长兼直属机关党委书记莫国云的带领下，到对口扶贫工作联系点南县浪拔湖镇诰封嘴村，开展“脱贫路上你我同行”主题党日活动。

8月24日，益阳市地方税务局举行益阳地税系统“喜迎十九大 爱税爱国家”演讲比赛。益阳市地税系统18名选手参加比赛。

9月15日，益阳市政府召开益阳市税控办、财政、环保、地税联席会议，成立益阳市环保税法实施协调领导小组，明确工作纳入政府绩效考核、难题实行部门定期会商、督查由益阳市政府组织实施。

9月20日，益阳市环保局将益阳市712家企业2016年和2017年上半年的排污费征收数据、36家“国控企业”的基础信息、污染物排放基本情况、污染治理设施情况、生产装置情况和排污许可信息的电子资料以及《第一次全国污染源普查工业污染源产排污系数手册》《排污费征收管理使用条例》等纸质资料移交益阳市地方税务局。

10月9日，石洪波任益阳市地方税务局党组书记、局长。

12月19日，益阳市地方税务局发布《益阳市地方税务局关于调整个人所得税核定征收率的公告》，规范和统一全市个人所得税核定征收率。

12月29日，益阳市环境保护税开征新闻发布会在益阳市政府新闻发布厅举行。益阳市地方税务局新闻发布人陈鑫磊从环保税开征的重要意义、环保税法主要内容、环保税开征的工作准备、做好环保税工作的措施四个方面，对益阳市环保税相关工作进行介绍解读，并现场回答记者提问。《益阳日报》、益阳电视台等 7 家新闻媒体记者参加新闻发布会。

是年，湖南省第一起骗取出口退税案件告破，被告人毕某伟被依法判定骗取出口退税罪，判处有期徒刑 3 年，缓刑 4 年，并处罚金 30 万元，没收违法所得 102.96 万元。该案的最终宣判实现益阳市乃至湖南省以骗取出口退税罪量刑案件“零的突破”。

是年，中共益阳市国家税务局党组成立 4 个巡察组对中共大通湖区国家税务局党组、中共沅江市国家税务局党组、中共赫山区国家税务局党组、中共南县国家税务局党组、中共桃江县国家税务局党组开展巡察。

2018 年

1 月 1 日，益阳市开征环境保护税。

是月，益阳市国家税务局印发《开展 2018 年“税收风险管理提质年”活动实施方案》，在益阳市国税系统开展加强税收风险管理、堵塞税收征管漏洞、全面提高税收征管质量的专项活动。

4 月 2 日，益阳市国家税务局、益阳市地方税务局在益阳市政府新闻中心举办“优化税收营商环境，助力经济高质量发展”新闻发布会，正式启动益阳市第 27 个税收宣传月活动。益阳电视台、《益阳日报》、益阳市政府门户网、益阳在线等 10 家主要媒体参加新闻发布会。

是日，益阳市国家税务局、益阳市地方税务局在佳宁娜酒店梓山湖会议厅举办“创响三湘 税励园区”宣传活动，益阳市直部门和城区 70 家园区企业参加。

4 月 10 日，益阳市人大组织国家、省、市各级人大代表到益阳市地方税务局调研税务工作。全国人大代表、益阳市人大常委会党组书记、常务副主任徐云波带队考察，益阳市国家税务局党组书记、局长徐向阳，益阳市地方税务局党组书记、局长石洪波分别代表国税部门和地税部门发言。

4 月 12 日，由益阳市国家税务局、益阳市地方税务局、湖南城市学院联合主办的“税收与我”首届大学生主题演讲比赛在湖南城市学院举行。益阳市国家税务局党组书记、局长徐向阳，益阳市地方税务局党组成员、总会计师郭光明，共青团益阳市委副书记林英，湖南城市学院副校长刘辉煌出席。

5 月 22—23 日，湖南省地方税务局党组书记、局长周巧艺一行到益阳市地方税务局、安化县地方税务局调研指导工作，全面了解基层机构改革期间保稳定、促发展的工作开展情况，并深入重点税源企业与纳税人开展面对面交流。

6 月 28 日，国家税务总局湖南省税务局机构改革第十三联络（督导）组组长方志平、副组长李丽华率联络（督导）组一行到益阳开展改革督导工作，组织召开税务机构改革工作会议。

是日，中共益阳市委决定设立中共益阳市国家税务局、地方税务局联合委员会，撤销中共益阳市国家税务局党组、中共益阳市地方税务局党组。

6 月 29 日，中共国家税务总局湖南省税务局联合委员会决定，徐向阳任益阳市国家税务局、地方税务局联合党委书记（正处长级）；石洪波任益阳市国家税务局、地方税务局联合党委副书记（正处长级）；赖光辉任益阳市国家税务局、地方税务局联合党委副书记。

是月，相继设立中共各县市区国家税务局、地方税务局联合委员会，中共益阳市国家税务局、地方税务局联合委员会完成对中共各县市区国家税务局、地方税务局联合委员会的人事任命。

7 月 5 日，益阳市国税地税机构合并，国家税务总局益阳市税务局举行新机构挂牌仪式。国家税务总局湖南省税务局联合党委委员、副局长、第十三联络（督导）组组长方志平，益阳市委常委、市人民政府常务副市长彭建忠出席挂牌仪式。

是日，徐向阳任国家税务总局益阳市税务局局长。

7 月 17 日，国家税务总局第十八联络（督导）组常务副组长蔡宇，国家税务总局湖南省税务局局长周巧艺、副局长方志平一行，到益阳就县市区税务机构改革挂牌等工作开展调研督导。

7 月 20 日，益阳市各县市区国家税务局、地方税务局合并，举行挂牌仪式。

7 月 27 日，国家税务总局益阳市税务局联合党委举行成立以来第一次中心组集中学习，围绕如何深刻认识中国共产党是中国特色社会主义事业的坚强领导核心，如何准确把握中国共产党的领导是中国特色社会主义最本质的特征是中国特色社会主义制度的最大优势等五个方面进行研讨，益阳市税务局中层正职以上干部参加学习。

8 月 31 日，国家税务总局益阳市税务局聚焦“创文益起来 生活更精彩”活动主题，组织 50 名干部及子弟开展“大手牵小手 创文齐步走”系列活动，通过开展表一份心意、诵一首诗词、听一堂讲座、绘一幅图画、露一手绝活、评一群童星、签一份承诺等“七个一”活动，引导干部子弟参与文明创建，促进身心健康成长。

9月6日，中共益阳市委同意中共益阳市国家税务局、地方税务局联合委员会改设中共国家税务总局益阳市税务局委员会。

9月29日，国家税务总局益阳市税务局印发《社会保险费和非税收入征管职责划转工作方案》，推进益阳市社会保险费和非税收入征管职责划转工作。

9月30日，中共国家税务总局益阳市税务局机关第一次党员大会、中共国家税务总局益阳市税务局第一届机关党委第一次会议和中共国家税务总局益阳市税务局第一届机关纪委第一次会议召开，选举产生机关党委及机关纪委领导班子。中共国家税务总局益阳市税务局机关委员会由11人组成，石洪波任书记，周雷奕任专职副书记，陈建波、袁晓艳任副书记；中共国家税务总局益阳市税务局机关纪律检查委员会由5人组成，袁晓艳任书记。

是日，国家税务总局益阳市税务局机关第一次妇女大会召开，选举9人为第一届机关妇委会委员。第一届妇委会第一次会议召开，会议选举何琳任妇委会主任，杨彩虹、胡腊辉、肖美群任妇委会副主任。

是日，共青团国家税务总局益阳市税务局机关第一次团员大会召开，选举产生共青团国家税务总局益阳市税务局机关委员会，由5人组成，宋壮波任书记，彭程任副书记。

是月，中共国家税务总局各县市区税务局委员会相继设立，中共国家税务总局益阳市税务局委员会完成对中共国家税务总局各县市区税务局委员会的人事任命。

10月1日，益阳市自然人税收管理系统正式上线运行。

10月9日，益阳市社会保险费和非税收入征管职责划转工作动员部署会召开。

10月12日，国家税务总局益阳市税务局、益阳市人力资源和社会保障局召开社保费职责划转联席工作会议。

10月18日，中共国家税务总局湖南省税务局委员会决定，徐向阳任国家税务总局益阳市税务局党委书记（正处长级）；石洪波任国家税务总局益阳市税务局党委副书记（正处长级），赖光辉任国家税务总局益阳市税务局党委副书记。

是日，国家税务总局益阳市税务局召开益阳市税务局机关第一次工会会员代表大会，选举产生11名益阳市税务局机关第一届工会委员会委员，周复春任主席，陈建波、刘芳任副主席。益阳市税务局机关工会第一届经费审查委员会成立，雷兰花任经审委主任。

10月25日，益阳市税务系统8个县市区税务局按照总局统一部署举行“三定”宣布仪式。湖南省税务局第13联络（督导）组副组长李丽华率联络（督导）组赴安化县税务局全程指导并见证宣布仪式。益阳市税务局派出8个联络（督导）组参加所有县市区税务局的宣布仪式。

是月，中共国家税务总局益阳市税务局委员会巡察工作领导小组成立。

12月26日，益阳市税务局机关团委组织开展“弘扬雷锋精神，践行社会主义核心价值观”主题分享会。益阳市税务局机关团委委员、机关科室和派出机构志愿者代表，资阳区税务局、高新区税务局、赫山区税务局机关团委委员和青年志愿者代表70人参加活动。

2019年

1月1日，益阳市机关事业单位和城乡居民的基本养老保险费、基本医疗保险费、失业保险费、工伤保险费、生育保险费划转税务部门征收。其中城乡居民基本医疗保险费从2019年4月1日起征收。

1月28日，国家税务总局益阳市税务局召开新税务机构成立后第一次税务工作会议。国家税务总局益阳市税务局党委书记、局长徐向阳作题为《开启新征程 奋勇新作为 谱写新时代税收现代化的益阳篇章》的工作报告。

是日，益阳市税务系统全面从严治党工作会议召开。国家税务总局益阳市税务局党委书记、局长徐向阳作题为《以全面从严治党更大成果为益阳税务高质量发展提供坚强保证》的工作报告。

2月21日，益阳市市直行政事业单位个人所得税专项附加扣除培训会在益阳大剧院举行。国家税务总局湖南省税务局个人所得税专家团成员邓定先主讲，益阳市273个市直单位及派出机构的分管领导或财务负责人400人参加培训。益阳市委书记瞿海对此次培训作专门指示，益阳市人民政府常务副秘书长杨光辉主持培训，国家税务总局益阳市税务局总会计师郭光明作动员讲话。

3月22日，湖南省企业创新和减税降费改革政策进园区培训会第一站在益阳举行。此次培训由国家税务总局益阳市税务局、益阳市科技局承办，益阳市126家高新企业负责人、技术和财务总监共计300人参加培训。湖南省政协委员、湖南农业大学MBA导师、中国注册税务师协会常务理事朱志春就企业减税降费改革政策实务进行宣讲，湖南省科技厅高新技术发展及产业化处调研员、湖南省高新技术认定管理领导小组办公室主任王红就高新技术企业、科技型中小企业、湖南省技术先进型服务企业认定管理办法及税收优惠政策做详细解读。

4月2日，国家税务总局益阳市税务局在益阳市政府新闻中心举行“落实减税降费，促进经济高质量发展”税收宣传月启动仪式。国家税务总局益阳市税务局党委委员、副局长莫国云通报益阳市税务系统减税降费工作情况。益阳市税务局新闻发言人、办公室主任李跃华宣布益阳市第28个税收宣传月正式启动，益阳市税务局收入规划核算科科长蔡敏现场回答记者提问。

4月13日，国家税务总局益阳市税务局参与“资江毅行”公益活动并开展税收宣传。益阳市税务局组织100名干部职工报名参加长跑、竞走比赛，并在比赛半程补给点设立税收宣传台，摆放减税降费、个税新政、扫黑除恶展板及宣传资料，利用休息补给空隙，向参赛选手和沿途市民发放资料，宣传最新政策。

是月，中共国家税务总局益阳市税务局委员会印发《中共国家税务总局益阳市税务局委员会巡察工作领导小组工作规则》《中共国家税务总局益阳市税务局委员会巡察组工作规则》《中共国家税务总局益阳市税务局委员会巡察工作领导小组办公室工作规则》。

6月12日，国家税务总局益阳市税务局举办“不忘初心、牢记使命”主题教育专题党课，益阳市税务局党委书记、局长徐向阳作题为《不忘初心、牢记使命 学思践悟习近平新时代中国特色社会主义思想》的专题报告。益阳市税务局局领导、全体局务会成员、部分党员代表110人参加。

7月3日，国家税务总局张家界市税务局和张家界市总工会学习考察组一行到益阳调研、交流工会经费代征及社会保险费征缴工作。益阳市总工会党组书记、副主席郭顺德介绍工会与税务部门“合心、合力、合拍”的做法。益阳市税务局党委副书记、副局长赖光辉介绍代征工作中“三个坚持”的工作经验。

7月5日，国家税务总局益阳市税务局举办益阳市税务系统“不忘初心跟党走、税务建功新时代”知识竞赛暨“两优”表彰大会，庆祝中国共产党成立98周年，喜迎中华人民共和国成立70周年。益阳市税务局机关、县市区税务局党员干部代表共150人参加活动。

7月10日，益阳市“时代新人说、我与祖国共成长”庆祝中华人民共和国成立70周年演讲比赛预赛在国家税务总局益阳市税务局七楼会议室举行，来自益阳市各行业、单位的33名选手参加比赛。

7月29日，国家税务总局益阳市税务局印发《益阳市税务系统优化税务执法方式全面推行“三项制度”实施方案》，益阳市税务系统全面推行行政执法公示、执法全过程记录、重大执法决定法制审核三项制度。

7月30日，益阳市委书记瞿海，益阳市税务局党委书记、局长徐向阳到益阳市税务局退休干部、一等功荣立者徐子军家中走访慰问，向老英雄致以节日问候和祝福。

11月14日，益阳市税务系统“不忘初心、牢记使命”主题教育先进典型巡讲首场报告会在佳宁娜大酒店举行。10名先进典型现场分享税收工作事迹，500名税务干部参加报告会。

11月22日，国家税务总局益阳市税务系统妇女代表大会暨系统妇女联合会成立大会在益阳佳宁娜国际酒店召开。益阳市税务系统69位女税务干部代表参加此次大会，会议选举产生国家税务总局益阳市税务系统妇女联合会第一届执行委员会，何琳当选为国家税务总局益阳市税务系统妇女联合会第一届执行委员会主席，杨彩虹、陈凌、陈立霞、夏艳红、曾卫娥当选为第一届执行委员会副主席。

11月25日，国家税务总局益阳市税务局发布《关于明确个人出租住房核定征收个人所得税应税所得率的公告》，规范个人出租住房核定征收个人所得税应税所得率。

11月26日，中国共产主义青年团国家税务总局益阳市税务局系统工作委员会成立大会召开，选举产生共青团国家税务总局益阳市税务局系统工作委员会，宋壮波当选为书记，陈波、彭程、陈鑫磊、刘亮、谭亮、姜胜平为副书记。

是年，中共益阳市税务局党委派出2个巡察组，分别对中共沅江市税务局党委和中共安化县税务局党委及其所属党支部开展党的十九大届期市局党委第一轮巡察，突出“六围绕一加强”，查找政治偏差，聚焦“四个紧扣”加强政治监督，督促被巡察党组织强化管党治党政治责任。

2020年

1月17日，国家税务总局益阳市税务局召开全市税务工作会议，益阳市税务局党委书记、局长徐向阳作题为《提质增效 创先争优 高质量推进新时代益阳税收现代化》的工作报告。

2月21日，国家税务总局益阳市税务局机关妇委会的志愿者们采购书包、文具、牛奶等物品，专程慰问海棠社区部分困难家庭的儿童、留守儿童。

3月1日，"湖南省办税服务综合管理系统"在益阳市税务系统全面上线运行。

4月10日，益阳市医疗保障局、国家税务总局益阳市税务局联合印发《全市基本医疗保险全覆盖专项工作方案》，推动实现基本医疗保险全覆盖。

5月22日，国家税务总局益阳市税务局第二税务分局在办税服务大厅开展益阳市2020年税务行业"助力企业复工复产 文明服务争当先锋"文明创建活动，发放税费最新政策资料、专家进大厅解读复工复产税费优惠政策等活动受纳税人缴费人好评。

6月15日，益阳市人力资源和社会保障局、益阳市财政局、国家税务总局益阳市税务局联合印发《2020年全市城乡居民基本养老保险全覆盖专项行动方案》，加快推动实现城乡居民基本养老保险全覆盖目标。

6月23日，益阳市税务系统召开"优化营商环境、助力复工复产，推动益阳经济社会高质量发展"新闻发布会，就相关情况进行汇报，并现场答记者问。

6月29日至7月5日，国家税务总局益阳市税务局围绕"绿水青山，节能增效"主题，采取"线上参与＋线下活动"模式开展全国公共机构节能宣传周活动。

7月20—22日，国家税务总局益阳市税务局在韶山市青年教育学院举办益阳市税务系统党建业务培训班，采取专题讲座、交流研讨、红色基地移动课堂等形式进行，益阳市税务局机关、县市区税务局所属党支部书记、党建工作股长等参加培训。

7月22日，益阳市税务局成立"非税收入征管职责划转工作领导小组"。

9月23日，陈有权任国家税务总局益阳市税务局党委书记、局长。

11月1日，益阳市企业职工基本养老保险费、基本医疗保险费、失业保险费、工伤保险费、生育保险费和机关事业单位职业年金划转至税务部门征收。

11月12日，国家税务总局益阳市税务局组织召开2020年新录用公务员宪法宣誓暨青年干部座谈会。益阳市税务局党委书记、局长陈有权，党委委员、副局长莫国云与新录用公务员一起进行集体宪法宣誓和座谈。

11月26日，国家税务总局益阳市税务局第一税务分局服务和管理一组组长贺胜安获得"湖南省先进工作者"称号。

12月21日，国家税务总局益阳市税务局印发《国家税务总局益阳市税务局非税收入划转实施方案》，推进非税收入征管职责划转交接工作。

12月25日，国家税务总局益阳市税务局、益阳市财政局、益阳市水利局、益阳市生态环境局、益阳市住房和城乡建设局（人民防空办公室）五部门召开益阳市非税收入征管职责划转工作联席会议。

是年，国家税务总局益阳市税务局在中央精神文明建设指导委员会复查中验收合格，继续保留全国文明单位称号。国家税务总局南县税务局被中央精神文明建设指导委员会授予第六届全国文明单位称号。

是年，国家税务总局益阳市税务局选拔副科级领导干部2人。

是年，国家税务总局益阳市税务局查出"5·21"专案，中央电视台作为扫黑除恶专案进行报道。

是年，中共益阳市税务局党委派出3个巡察组，分别对中共大通湖区税务局党委、中共南县税务局党委、中共桃江县税务局党委开展党的十九大届期市局党委第二轮巡察，本轮巡察以"四个落实"为重点监督内容，查找被巡察党委贯彻落实党的理论路线方针政策和党中央、国务院重大决策部署以及税务总局、省局、市局重要工作安排情况，落实全面从严治党战略部署情况，落实新时代党的组织路线情况，落实巡视巡察、审计等监督发现问题、主题教育检视问题整改和税收执法权、行政管理权监督情况。

2021年

1月1日，益阳市灵活就业人员养老保险费、水土保持补偿费、防空地下室易地建设费、排污权出让收入、河道砂石经营收益、生态环境损害赔偿资金划转税务部门征收。

1月29日，国家税务总局益阳市税务局召开全市税务工作会议，益阳市税务局党委书记、局长陈有权作题为《起步就提质 开局就争先 为建设现代化新益阳贡献更大税务力量》的报告。

3月9日，国家税务总局益阳市税务系统全面从严治党工作会议召开。益阳市税务局党委书记、局长陈有权代表市税务局党委作题为《全面从严治党 倾情带队 开创益阳税务新局面》的工作报告。

是日，国家税务总局益阳市税务局印发《关于进一步加强社会保险费征收管理的意见》，规范社保费征收管理，保证国家社保基金安全，保障缴费人合法权益。

3月7日，益阳市税务局机关妇委会承办湖南省税务局“三八”妇女节主题活动，活动先后在益阳市爱国主义教育基地天意木国、益阳现代农业示范园、“山乡巨变第一村”清溪村开展，湖南省税务局党委书记、局长刘明权，局领导王建平、孙显峰、农朝月、周智平全程参加活动，益阳市税务局党委书记、局长陈有权，局领导莫国云、罗广宇、谢剑、乔文光陪同参加。

3月15日，益阳市税收协控联管工作领导小组印发《关于加强机关事业单位社会保险费征缴工作的通知》，加强党政机关、社会团体和组织社会保险费征缴工作。

3月26日，国家税务总局益阳市税务局在周立波故居清溪讲堂召开益阳市税务系统党史学习教育动员大会，对益阳市税务系统开展党史学习教育进行动员部署。益阳市税务局党委书记、局长陈有权作动员报告。

4月1日，国家税务总局益阳市税务局联合益阳市医保、社保部门，在福中福广场开展减税降费政策、社会保险费、个人所得税等各类涉税政策宣传，拉开“税收惠民办实事 深化改革开新局”税收宣传月活动的帷幕。

4月15日,国家税务总局益阳市税务系统举办“就认这个理”青年微党课比赛，益阳市税务系统80名青年干部代表参加活动。

4月25日，国家税务总局益阳市税务局组织市、县、乡镇三级税务干部100人瞻仰桃江县马迹塘战役烈士陵园，开展党史学习教育专题党课和党委中心组专题学习，益阳市税务局党委书记、局长陈有权阐述党史学习教育对益阳税收工作的重要意义。

4月29日，国家税务总局益阳市税务局举办益阳市税务系统“学史增信 守正创新”学习兴税直播课堂比武。

是月，益阳市资阳区税务局税源管理股股长胡志勇被湖南省总工会表彰,获得“湖南省五一劳动奖章”。

5月27日，国家税务总局益阳市税务局在清溪剧院举办益阳市税务系统庆祝中国共产党成立100周年专题文艺会演。

6月3日，益阳市税务系统妇女联合会举办“税务巾帼心向党，百年逐梦正当时”主题朗读比赛。

6月29日，国家税务总局益阳市税务局召开庆祝中国共产党成立100周年暨先进典型表彰大会，益阳市税务系统200名党员干部参加会议。会议对益阳市税务系统“优秀共产党员”“优秀党务工作者”“先进基层党组织”进行表彰，9名新党员进行入党宣誓。市税务局党委书记陈有权为市税务局机关“光荣在党50年”的老党员颁发纪念章。

7月1日，益阳市城镇垃圾处理费、土地闲置费划转至税务部门征收。

是日，国家税务总局益阳市税务局税务文化展厅正式投入使用。益阳市税务局局领导、局务会成员以及益阳市税务系统部分先进典型及党员代表到场参观，见证益阳税务文化建设成果。

7月30日，国家税务总局益阳市税务局举办“党史学习教育暨学习贯彻‘七一’讲话精神交流分享会”。

8月20日，国家税务总局益阳市税务局举行益阳市税务系统2021年新录用公务员宪法宣誓暨青年干部座谈会。

8月23—30日，国家税务总局益阳市税务局举办青年干部综合能力提升网络培训班，网络培训安排党史、税史、党风廉政建设、保密、政务知识以及增值税专用发票、企业所得税、社会保险费、纳税服务等课程。益阳市税务系统509名40周岁以下的青年干部参加培训。

9月13日，国家税务总局益阳市税务局召开益阳市税务系统“党风家风联建互促 纪律规矩烙在心中”专项工作动员会议，启动为期一年半的“十个一”专项活动。

9月26日，益阳市税务学会第四次暨益阳市国际税收研究会第二次会员代表大会隆重召开。益阳市税务系统76名会员代表参会，大会审议通过益阳市税务学会第三届理事会和益阳市国际税收研究会第一届理事会工作报告、财务报告，审议通过益阳市税务学会和益阳市国际税收研究会新修订的章程。大会选举产生益阳市税务学会第四届理事会和益阳市国际税收研究会第二届理事会及其领导班子。曾国华当选益阳市税务学会第四届理事会会长，郭光明当选益阳市国际税收研究会第二届理事会会长。

9月28日，国家税务总局益阳市税务局、益阳市生态环境局联合印发《关于加强环境保护税征管协作工作的通知》，进一步加强环境保护税征管协作。

9月30日，新落成的益阳市民服务中心正式运行启用，国家税务总局益阳市税务局办税服务窗口同日整体搬迁入驻，并投入使用。益阳市民服务中心税务窗口可办理包括增值税申报、消费税申报等200项涉税事项。服务区划分等候休息区、咨询辅导区、综合服务区、自助办税区等。税务服务窗口设12个，自助办税区配备8台互联网计算机、4台自助办税终端机，设置业务分流“导税员”、自助申报“辅导员”、疑难杂症“特派员”。

11月4日，国家税务总局益阳市税务局在桃江县浮邱山开展“永远跟党走 奋力攀高峰”健步登山比赛，益阳市税务局各工会小组15支队伍100人参加活动。

11月8—12日，国家税务总局益阳市税务局在韶山开展党史学习教育专题学习，向毛泽东同志铜像敬献花篮，重温入党誓词，参观毛泽东同志纪念馆和刘少奇同志纪念馆，并组织理论学习中心组（扩大）专题学习研讨会。

11月25日，国家税务总局益阳市税务局党委书记、局长陈有权一行到益阳高新区湖南艾迪奥电子科技有限公司、信维益阳电子声学科技产业开展税收工作调研，实地考察高新技术产业发展情况。

12月1日，国家税务总局益阳市税务局举办益阳市纪检系统“严管就是厚爱”纪检专题宣讲活动。

12月3日，在第八个国家宪法日、第四个“宪法宣传周”来临之际，国家税务总局益阳市税务局举行宪法宣誓仪式。益阳市税务局局领导、机关干部职工和直属单位负责人共80人参加活动。

是年，国家税务总局益阳市税务局遴选16名青年干部进入市税务局机关及派出机构工作。

是年，国家税务总局益阳市税务局选拔任用正科级领导干部11人、副科级领导干部27人，其中税务分局长7人。

是年，中共益阳市税务局党委派出3个巡察组，分别对中共资阳区税务局党委、中共高新区税务局党委、中共赫山区税务局党委开展党的十九大届期市局党委第三轮巡察，巡察以“两个维护”作为根本政治任务，围绕“四个落实”监督重点，着力发现并推动解决税务系统的风险隐患和问题不足。

是年，国家税务总局益阳市税务局优化不动产司法拍卖涉税事项办理，入围国家税务总局创新项目评选。

2022年

1月1日，益阳市矿产资源专项收入、国有土地使用权出让收入、破损公路及设施赔（补）偿费和占用费、土地及地面建筑资产处置、非土地及地面建筑资产处置划转税务部门征收。

1月18日，国家税务总局益阳市税务局召开全市税务工作会议。益阳市税务局党委书记、局长陈有权作题为《因势而谋 乘势而上 奋力推进益阳税收现代化建设提质增效》的工作报告。

是月，国家税务总局益阳市税务局印发《关于优化税源管理方式有关事项的通告》，优化税收营商环境。

2月7日，壬寅虎年上班第一天，国家税务总局益阳市税务局举行升国旗仪式。益阳市税务局党委书记、局长陈有权主持仪式并讲话。

2月22日，首场“银城大讲堂”在益阳市委党校开讲，围绕“以高质量税收和统计工作服务益阳高质量发展”主题开展研讨交流。国家税务总局益阳市税务局党委书记、局长陈有权作为首期首场主讲嘉宾，向全体在职市领导，以及市管主要领导干部讲授题为《澎湃税动力 一起向未来 奋力谱写益阳山乡巨变崭新篇章》的税课。

2月24日，国家税务总局益阳市税务局组织干部到安化县江南镇庆阳村开展“送法下乡”活动。益阳市税务局干部向村民赠送500份《中华人民共和国民法典》《中华人民共和国妇女权益保障法》《中华人民共和国家庭教育促进法》及社保医保政策等宣传小手册。

3月4日，国家税务总局益阳市税务局召开2022年益阳市税务系统全面从严治党工作会议。益阳市税务局党委书记、局长陈有权作题为《永葆自我革命精神 推进全面从严治党 奋力谱写益阳税务乘势而上新篇章》的工作报告。

3月11日，国家税务总局益阳市税务局领导班子成员、各支部党员代表前往益阳市税务局乡村振兴联系点安化县江南镇庆阳村与当地村民们一同开展“共植绿色梦想，助力乡村振兴”植树活动。

3月30日，由益阳市税务局、益阳市工信局联合举办的“益阳市惠企政策大讲堂”派出税收业务骨干深入高新区、赫山区10家制造业企业送资料、讲政策、听需求，为企业送达政策支持。

是月，国家税务总局益阳市税务局与益阳市公安局联合办案，税警联手查处一起具有代表性的虚开骗税案件，案件涉及上下游企业26家，虚开骗税金额2.89亿元。

4月20日，国家税务总局益阳市税务局组织召开益阳市税务系统酒驾醉驾警示教育暨专项整治动员会议。益阳市税务系统在职干部职工、部分离退休干部代表通过现场、视频会议方式参加。

4月27日，国家税务总局益阳市税务局组织召开益阳市税务系统退税减税政策落实工作推进会议，市税务局党委书记、局长陈有权出席会议并讲话，对退税减税工作予以肯定，并提出“思想要通、行动要快、作风要硬”三方面要求。

5月18—27日，国家税务总局益阳市税务局分两期在益阳市开放大学举办益阳市税务系统副科级以上领导干部学习贯彻党的十九届六中全会精神培训班，全市税务系统120名副科级以上干部参加培训。

5月23—27日，益阳市税务系统优秀青年干部综合素质提升班在韶山举办，全市税务系统共48名青年干部参训。

6月28日，“喜迎二十大 澎湃税动力”益阳市税务系统党建工作成就展在国家税务总局益阳市税务局机关举办。益阳市税务局机关领导干部、基层税务干部代表等100人参观成就展。

6月30日，国家税务总局益阳市税务局党委班子把党委理论学习中心组学习地点搬到对口帮扶村安化县江南镇庆阳村，益阳市税务局党委书记、局长陈有权带领党委班子成员学习习近平总书记关于乡村振兴的重要论述，并结合本次学习调研成果和大家交流学习体会。

8月16日，国家税务总局益阳市税务局举办益阳市税务系统“党风家风联建互促 纪律规矩烙在心中”党史法纪知识竞赛。

8月31日，国家税务总局益阳市税务局举行益阳市税务系统2022年度新入职公务员宪法宣誓仪式。

10月10日，国家税务总局益阳市税务局召开特约监督员座谈会，8名特约监督员受邀参会。

11月2日，国家税务总局益阳市税务局在益阳开放大学举办益阳市税务系统党支部书记政治能力提升暨党务知识培训班。益阳市税务局机关科室负责人（党支部书记）、各县市区税务局、派出机构主要负责人以及部分基层党支部书记、党务干部100人参加培训。

是年，国家税务总局益阳市税务局遴选18名青年干部进入市税务局机关及派出机构工作。

是年，国家税务总局益阳市税务局选拔任用正科级领导干部4人，税务分局长3人。

是年，益阳市税务局“湘税云”平台大企业税收管理系统上线运行。

第一篇

机构　党群　队伍

第一章　机构设置、职能配置和人员编制

第一节　机构分设前（1990 年 1 月至 1994 年 7 月）机构设置

一、益阳地区（市）税务局

1990 年，益阳地区税务局（以下简称地区税务局）设有办公室、流转税科、所得税科、地方税科、征管科、计划会计科、涉外税收管理科、人事科、宣传教育科、监察科、纪律检查组、税务学会、工会。另设有农垦税务分局直属地区税务局，分管大通湖、千山红、金盆、北洲子、茶盘洲五大农场的税收。

1992 年 2 月，地区税务局增设下列机构：促产增收办公室（副科级，由办公室代管），计算机管理站（副科级，由计划会计科代管），招待所（副科级，由办公室代管）。是月，发票管理站（隶属征管科）成立，负责指导、监督、检查全区发票专业管理工作。11 月 7 日，地区税务局涉外税收管理科改为涉外税务分局，负责全区涉外税收政策管理和益阳市、益阳县范围内的涉外税收征收管理工作。

1993 年 5 月，地区税务局促产增收办公室由副科级单位升为正科级单位。

1994 年 5 月，地区税务局撤销“税务信托投资公司”，未尽业务由地区税务局促产增收办公室负责处理；将“益阳八达工贸总公司”由地区税务局主管划转益阳地区税务学会主管；撤销益阳地区税务咨询服务公司。

是年 7 月，益阳地区税务局更名为益阳市税务局（以下简称市税务局），机构级别为正处级。市税务局下设办公室、人事科、宣传教育科、监察科、计划会计科、征管科、流转税科、所得税科、地方税科、工会、涉外税务分局、农垦税务分局。是月，市税务局设立税务稽查大队，负责对资阳、朝阳、赫山三个税务分局所管辖的企业进行税务稽查，对市属其他各县市税务局的税务稽查队进行业务指导。税务稽查大队定编 20 人，在益阳市税务系统内部调剂安排。是月，市税务局发票管理站成立，隶属市税务局征管科，为副科级机构。

二、县市税务（分）局

1990 年，地区税务局下设机构有益阳市税务局（县级局）、益阳县税务局、桃江县税务局、沅江市税务局、安化县税务局、南县税务局。

1994 年 7 月，益阳市税务局（县级局）更名为益阳市税务局资阳税务分局（以下简称资阳税务分局）；益阳县税务局更名为益阳市税务局赫山税务分局（以下简称赫山税务分局）；增设益阳市税务局朝阳税务分局（以下简称朝阳税务分局）。以上新设立税务分局均为正科级机构。原地区税务局下辖的益阳市税务局（县级局）、益阳县税务局及其内设机构和所辖税务所（站）均予以撤销。

是年 7 月，市税务局下设机构有资阳税务分局、赫山税务分局、朝阳税务分局、桃江县税务局、沅江市税务局、安化县税务局、南县税务局。

第二节　机构分设后（1994 年 8 月至 2018 年 7 月）机构设置、职能配置和人员编制

一、益阳市国家税务局

1994 年 8 月 31 日，湖南省税务局（以下简称省税务局）批复同意益阳市组建两个税务机构的实施方案。益阳市国税系统设置市、县市两级机构，市级国

税机构名称为湖南省益阳市国家税务局（以下简称市国税局），级别为正处级，主要负责下列各项税收的征收管理：增值税、消费税、中央企业所得税、地方和外资银行及非银行金融企业所得税、证券交易税（待开征）、境内外商投资企业和外国企业的各项税收，以及外籍人员缴纳的个人所得税（按税种分别入中央和地方库）、出口产品退税的管理、集贸市场和个体户中缴纳增值税的纳税人的各项税收（按税种分别入中央和地方库）、中央税的滞补罚收入，按中央、共享税附征的教育费附加（入地方库）、国家能源交通重点建设基金、国家预算调节基金。市国税局配局长1人，副局长3人（其中1人兼任纪检组组长），总会计师、总经济师各1人。下设行政科（室）和党群部门12个，即办公室、税政管理一科、税政管理二科、涉外税务管理科、征收管理科、计划财务科、人事教育科、监察审计室、纪检组（与监察审计室合署办公）、机关党委（支部）、工会、税务稽查队。

1995年4月，市国税局增设政策法规科，负责开展税收政策、法规的调查研究工作，掌握税收政策实施情况；传达贯彻有关的法规性文件，协调内外关系，为统一税政服务；对益阳市国税系统内执行税收政策、行使税务权力的行为进行检查和监督，制定规范执行纪律和行为的有关制度，促进依法行政；负责税务行政复议工作和行政诉讼、行政赔偿等法律行为的组织协调工作，对下开展培训指导，加强国税系统法治建设；对机关干部进行法治教育，提高全体干部职工的法律意识，加强机关法治建设；做好各类税收政策法规文件汇编的分发工作，对外开展政策宣传，开发政策法规文件计算机资料库，推动税收管理向现代化、信息化发展；承办市人大代表、政协委员有关方面的提案、答复与工作有关的人民来信及咨询工作。政策法规科业务范围与省国税局政策法规处对口，县、市国税局和市直各国税分局暂不设置这一机构，其业务由局办公室负责办理，可以配备专职人员负责这项工作 。

1995年7月，市国税局发票管理站更名为发票管理所。

1996年1月，市国税局设立宣传教育科。9月，市国税局成立信息中心，撤销原计算机管理站。是年，市国税局机关内设机构及职位设置如下：市国税局机关内设10个职能科室和机关党委、工会、老干科，共13个单位，其具体职位设置如下：局长室7人，办公室5人，人事科4人，宣传教育科2人，政策法规科2人，计划财务科5人，征收管理科5人，税政管理一科4人，税政管理二科3人，监察室4人，税务检察室3人，老干科1人，机关党委3人，工会2人。市国税局直属机构共配置18人，其中：涉外税收管理分局6人，其中：局长1人，副局长1人，税政征管4人；税务稽查局12人，其中：局长1人，副局长2人，综合科3人，稽查一科3人，稽查二科3人。市国税局直属事业单位共配置18人，具体配置如下：机关服务中心10人；信息中心4人；发票管理所2人；税务师事务所2人。12月，市国税局成立省级税收管理小组，不另增拨人员、编制和经费，与市国税局计划财务科合署办公。

1998年2月，益阳市鑫瑞税务师事务所成立。8月，市国税局思想政治办公室更名为市国税局思想政治工作科。是年，市国税局设机关服务中心。

1999年3月，市国税局稽查局增设审理科，机构级别为副科级。是月，成立税务违法案件举报中心。

2000年5月，市国税局、市地税局联合成立益阳市注册税务师管理中心，为正科级单位，办公地点设市国税局。

2001年4月，省国税局批复同意市国税局机关机构改革的实施方案，市国税局内设行政科（室）8个，即办公室、政策法规科、税政科、征收管理科、计划财务科、人事科（离退休干部办公室级别为副科级，由人事科代管）、教育科、监察审计室，设立机关党委办公室；直属机构2个，即稽查局、涉外税收管理分局；事业机构3个，即信息管理中心、注册税务师管理中心、机关服务中心。市国税局机关行政管理编制为50人；直属机构征收编制为60人，其中：稽查局50人、涉外税收管理分局10人；事业编制25人。领导、非领导职数及副处级空缺职位：局领导核定为7名，其中局长1名，副局长3名，纪检组组长、总经济师、总会计师各1名；助理调研员2名。此次改革，省国税局确定市国税局副处级空缺职位3个，其中副处级领导职位2个，非领导职位1个。是月，市国税局与市地税局联合成立益阳市银城税务师事务所有限责任公司。

2002年12月，市国税局增设税政二科，负责所得税收管理，原税政科更名为税政一科。人员编制在市国税局机关编制内调剂安排。

2003年4月，市国税局监察审计室更名为监察室，监察审计室的内部审计职能划归计划财务科，配备相应的专职内审人员。对领导干部任期经济责任的审计工作，由计划财务科组织实施，人事科结合干部管理和监督要求提出审计工作计划，确定审计对象和重点，监察室按党风廉政建设要求加强监督检查，查处审计中发现的违法违纪问题。

2004 年 3 月，湖南省益阳市国家税务局更名为益阳市国家税务局（以下简称市国税局）；湖南省益阳市国家税务局稽查局更名为益阳市国家税务局稽查局（以下简称市国税局稽查局）。市国税局涉外税收管理分局改为内设科室，名称为国际税务管理科，其征收职能（税务登记、纳税申报、税款入库、审核评税、金税工程、发票管理等）按照属地管理原则下划到各县市区国税局负责，其他工作职责不变。12 月，市国税局车辆购置税征收管理办公室成立。

2005 年 3 月，市国税局印发机构人事改革实施意见，明确市国税局机关内设行政科室 9 个、直属机构 1 个、事业单位 2 个，级别均为正科级，另设机关党委办公室（各部门职责见表 1–1）。

市国税局 2005 年内设机构、派驻机构、直属机构及其主要职责一览表

表 1–1

机构名称	主要职责
办公室	制定局机关和本系统的年度工作计划及长远发展规划；处理局机关日常政务，起草和审核有关文件和报告；负责综合性会议组织、秘书事务、文电处理、文书档案、文印、信访、保密、调研、政务信息、税收宣传和外事工作；负责组织税收科研、学术交流和科研成果的鉴定、评选、推广及奖励工作；制定办公规章制度；负责本系统目标管理考核及督查督办工作；组织实施综合行政管理信息系统；协助局领导对有关工作进行综合协调
政策法规科	负责组织税收政策和涉税法律执行情况调查；负责贯彻、建立和推行规范税收执法的规章、制度，协调税收业务和有关法律事宜；负责税收资料的调查工作；负责组织对税收法律、法规执行情况进行监督检查，负责组织推行执法责任制、执法过错追究制，组织开展税收执法检查；负责办理涉税征求意见稿及受理、回复人大代表涉税建议和政协委员涉税提案；负责组织重大税务案件审理，负责税务行政诉讼、听证和赔偿等涉税法律事务；负责规范性文件的会签把关、税收检查案件的复查复审以及配合审计、财政监督等部门的外部监督工作；负责组织税收法规培训、宣传和提供税收法律咨询等项工作；负责本科室数据采集、审核、监控和管理
流转税管理科	负责增值税、消费税、车辆购置税政策业务并对其执行情况进行监督检查，以及政策宣传、培训；负责组织增值税一般纳税人年审和增值税专用发票管理（实物除外）；负责税收资料调查和重点税源管理；负责“五小票”（货物运输发票、废旧物资发票、农产品收购发票、海关完税凭证、税务机关代开专用发票）抵扣政策管理；负责制定增值税、消费税、车辆购置税管理制度和办法以及纳税评估实施办法；负责享受流转税税收优惠政策纳税人的资格审查及办理退库审查手续；负责组织金税工程防伪税控稽核系统运行管理，金税专用设备发放管理，金税工程审核检查管理：防伪税控企业开具专用发票最高限额核定审批；对防伪税控认证、报税数据和“五小票”稽核比对数据进行分析处理；组织推行“一窗式”管理。负责贯彻落实总局、省局下发的各项出口退（免）税政策和管理制度；负责本市进出口业务的指导和管理；负责直接办理本市外贸企业的出口货物退税业务；负责本市生产企业出口货物“免、抵、退”税业务的审批、退库，下达《免、抵、退税调库审批通知书》；负责特殊退（免）税业务和其他需省局审批事项的审核、上报工作；负责本市出口货物退（免）税清算工作；负责本市出口货物退（免）税业务的会统工作；负责对县市区审核的免、抵、退税情况进行抽查与日常检查，配合有关部门对涉嫌骗取出口退税案件的查处；负责本科室数据的采集、审核、管理和监控

续表 1-1

机构名称	主要职责
所得税管理科	负责所得税税政业务并对其执行情况进行监督检查，所得税政策宣传、培训；负责所得税税源调查摸底及预测，根据省国税局下达的税收计划，提出分配方案；负责享受所得税优惠政策企业税收资料调查的业务指导，并审核呈报资料；负责规定需要审批的企业所得税税前扣除项目的审核、审批；负责制定所得税纳税评估实施办法；负责总局规定的企业所得税汇算清缴总结、税源报表和分析以及省国税局规定的企业所得税重点税源企业报表、个人所得税报表及其他相关报表的报送；负责基层局所得税台账的指导和检查；负责对基层局所得税政策执行、管理及相关情况的检查、监督和考核，归集、上报执行中存在的问题；负责集体金融企业财务管理；负责本科室数据采集、审核、管理和监控
国际税务管理科	负责涉外税收政策宣传、指导、咨询和业务培训；负责涉外税收政策的调查和执行情况反馈；负责外商投资企业、外国企业所得税减免及有关涉税事项审核、审批；组织、指导、实施对外商投资企业、外国企业税收审计、专项检查；负责涉外税收审计工作和协助配合反避税联查、协查；负责国际税收情报交换，国际税收协定管理；负责外商投资企业和外国企业所得税汇算清缴；负责涉外税收报表、分析资料和有关征管资料的收集、整理和归档；负责本科室数据的采集、审核、管理和监控
征收管理科	负责税收征管法律、法规和规章的宣传、培训和组织实施；负责征管制度、办法的制定和组织实施；负责征管改革的牵头和协调工作；负责全市税收征管业务岗责体系的制定和组织实施；负责税务登记的业务指导和实物管理；负责发票的运输、库房和调拨管理以及普通发票的计划管理；负责税收征管软件（包括电子申报）和税控装置（不包括防伪税控）的推广应用；负责社会性协税护税及协助司法机关打击伪造、倒卖、盗窃普通发票等违法活动；负责税收征管质量考核办法的制定和组织实施；负责全市个体税收管理的业务指导；负责税款缓缴、呆账税金、死欠税款核销管理工作；负责纳税服务、纳税信用等级评定等管理办法的制定和组织实施；负责纳税评估工作的管理与协调；负责纳税服务、日常税源基础管理、日常管理性检查及其综合制度、办法的制定；负责税收征管表证单书管理；负责税收征管调研；负责注册税务师管理有关工作；负责本科室数据采集、审核、管理和监控等项工作
计划统计科	负责税收收入组织管理、税源管理、会计、统计和票证管理，负责税收计划管理、税收会计、统计和信息数据的分析汇总；按时上报相关报表；负责综合征管软件数据管理，承担纳税人申报纳税信息的集中处理和会统核算工作，组织并检查税款入、退库；负责金库对账管理；负责重点税源监控，组织协调全市税收收入；负责定期分析宏观税负，发布行业、地区税负变化情况，为纳税评估工作提供参考。负责本系统经费、财务、基本建设、装备和资产的管理工作；组织内部审计和政府采购工作；管理机关财务；负责所属单位的财务管理和监督
人事教育科	研究和执行人事管理制度；负责机构、编制、任免、考核、录用、调配、交流、辞退、劳动工资、人事档案管理、专处技术职务等人事管理工作；负责对下一级领导班子和领导干部的监督管理和后备人选的培养选拔工作；负责本系统思想政治工作、精神文明建设和基层建设；负责系统人员的教育培训管理工作；负责职务培训、岗前培训、业务培训等工作；指导系统党建、工会、共青团和妇联工作。离退休干部办公室（副科级，挂靠人事教育科），负责机关离退休干部的管理和服务工作，指导本系统离退休干部的管理和服务工作

续表 1-1

机构名称	主要职责
监察室	负责本系统各级国税机关及工作人员贯彻执行党和国家的路线方针及有关法律、法规、政策情况的监督检查；负责本系统党的纪律检查、行政监察和党风廉政建设工作；负责执法监察、“两权”监督和纠风工作；负责本级管理干部信访举报调查，违法违纪案件和系统内重大案件查处工作
机关党委办公室	负责局机关和直属机构、事业单位的党务、纪律检查、工会、共青团、妇联工作；负责市局机关精神文明建设、思想政治工作和计划生育
稽查局	负责组织、指导、协调和监督本系统的税收检查工作；负责对年度计划确定的重点税源企业和税务违法案件的查处、审理、执行工作；组织贯彻税务稽查规章制度，拟定具体实施办法；负责税收案件举报的受理、转办；对下级税收检查情况进行复查复审；负责与公安、检察、审判机关协调税务稽查中的司法工作；负责金税工程发票协查工作；负责牵头组织税收专项检查工作。市局稽查局内设5个机构，即办公室、综合选案科，检查科、案件审理科、案件执行科，级别为正股级；分别负责选案、检查、审理、执行等工作
信息中心	负责拟定税收信息化应用规划；组织、实施全局税收信息化建设方案；负责制定各项信息化建设管理制度并组织实施和监督考核；负责全局计算机系统运行管理和网络、硬件设备日常维护；负责税务应用软件运行管理和日常维护；负责计算机应用安全管理；负责计算机技术培训和指导；负责金税工程防伪税控企业发行和技术管理，税控装置技术支持；负责全局数据管理及与外部有关部门数据信息的归集、分类、存储、加工与传输以及本部门数据的采集、审核、管理和监控等工作
机关服务中心	拟定局机关后勤服务和行政事务的规章制度及管理办法并组织实施；负责局机关后勤服务的组织管理工作；负责局机关综合治理工作；负责局机关固定资产管理及办公物品的采购、保管、分配和维修工作；负责局机关的接待、车辆及机关其他经营收入的财务管理和核算；负责局机关房产管理、安全保卫、绿化和医疗保健等工作；负责承担接待和会议服务工作

2006年2月，市国税局车辆购置税征收管理办公室更名为市国税局办税服务厅（车辆购置税），机构级别为正科级。4月，市国税局增设财务管理科，级别为正科级，主要负责本系统经费、财务、基本建设、装备和资产的管理工作；组织内部审计工作；组织政府采购工作；负责所属单位的财务管理和监督等工作，机关财务归口财务科管理。

2008年8月，省国税局同意市国税局关于规范稽查机构设置明确职责分工的意见。市国税局稽查局具体机构设置、职能配置如下：市国税局稽查局内设6个机构：办公室（举报中心）、综合选案科、检查一科、检查二科、案件审理科、案件执行科，级别均为副科级。市国税局稽查局配备70人，占益阳市国税系统在职人数的6.09%，配备局长1名，为副处级领导干部；副局长3名，为正科级领导干部；科长6名，为副科级领导干部。益阳市国家税务局第一稽查局（以下简称市国税局第一稽查局）为市国税局直属机构，级别为正科级。市国税局第一稽查局配备30人，占益阳市国税系统在职人数的2.61%，配备局长1名，为正科级领导干部；副局长3名，为副科级领导干部。

2009年9月，省国税局批复同意《益阳国家税务局系统规范机构设置明确职责分工方案》，市国税局为正处级全职能局，内设机构11个，级别为正科级，直属机构3个，稽查局级别为副处级，车辆购置税征收管理分局，级别为正科级，另设第一稽查局，级别为正科级。设事业单位2个，级别为正科级。另设：机关党委办公室、离退休干部科。市国税局行政编制限额80名，其中：局长1名，副局长3–4名，纪检组组长、总经济师、总会计师各1名，内设机构使用行政编制。市局稽查局设局长1名，副局长3名；稽查局设6个内设机构，级别为副科级，分别是：办公室、综合选案科、检查一科、检查二科、案件审理科、案件执行科。第一稽查局设局长 1 名，副局长 3 名；第一稽查局内设 5 个机构，即办公室、举报中心、综合选案科、检查科、案件审理执行科，级别为正股级。车辆购置税征收管理分局设局长 1 名，副局长 2 名。车辆购置税征收管理分局设 3 个内设机构，级别为正股级，分别是综合科、业务管理科和税源管理科（办税服务厅）。事业编制限额 30 名，事业单位使用事业编制（各部门职责见表 1–2）。

市国税局 2009 年内设机构、派驻机构、直属机构及其主要职责一览表

表 1–2

机构名称	主要职责
办公室	拟订本系统年度工作计划、有关工作制度；起草和审核重要文稿；负责机关文电、机要、会务、档案、督办、信访、保密、密码等工作；承担税收宣传、新闻发布及机关政务公开、政府信息公开工作；承办网站运行和维护工作；组织税收科研、学术交流工作；办理人大代表建议和政协委员提案的有关事项
政策法规科	组织落实综合性税收政策；承担机关有关规范性文件合法性审核工作；承办局外综合性税收政策文件会办工作；承担重大税收案件审理工作；办理行政复议、赔偿案件及行政诉讼案件；组织实施税收法律法规、部门规章及规范性文件执行情况的监督检查，承担税收执法质量考核工作；配合财政、审计等部门对税务部门的监督与审计工作
货物和劳务税科	组织实施增值税、消费税、营业税、车辆购置税的征收管理工作，拟订征收管理具体实施办法；对有关税种的具体业务问题进行解释和处理；组织实施有关税种的纳税评估、税源管理等办法；管理增值税专用发票；指导有关税种的日常管理、日常检查；参与有关税种的纳税辅导、咨询服务、税收法律救济工作；组织实施进出口贸易税收管理工作，拟订税收管理具体实施办法；承担出口货物退（免）税的审核审批、年终清算工作；组织进出口税收政策执行情况的日常监督检查；配合有关部门开展反骗税工作
所得税科	组织实施企业所得税、储蓄存款利息所得税和法律法规规定的基金（费）等征收管理工作，拟订征收管理具体实施办法；对有关税种的具体业务问题进行解释和处理；组织实施有关税种的纳税评估、税源管理、税基管理、汇算清缴等办法；指导有关税种的日常管理、日常检查；参与有关税种的纳税辅导、咨询服务、税收法律救济工作
收入核算科	牵头编制年度税收计划、出口退（免）税计划，分配下达年度免抵调库计划；监督检查税款缴、退库情况；开展税收收入分析预测、税收收入能力估算及重点税源监控、企业税收资料调查工作；承担税收会计核算、统计核算、税收票证管理等相关工作；承担税收收入数据的综合管理应用工作
纳税服务科（纳税服务中心）	组织、协调和指导本系统各部门、各税种、各环节的纳税服务工作；组织实施纳税服务工作规范和操作规程；组织落实纳税人权益保障规章制度及规范性文件；组织协调、实施纳税辅导、咨询服务、税收法律救济等工作，受理纳税人投诉；指导税收争议的调解；承担“12366”热线、网站纳税服务栏目、短信系统的运行管理工作
征收管理科	组织落实综合性税收征管法律法规、部门规章及规范性文件，拟订具体操作办法；组织实施综合性纳税评估办法，承办征管质量考核、风险管理和税收收入征管因素分析工作；承担税务登记、纳税申报、普通发票管理、税控器具推广应用等方面的相关工作；组织落实个体和集贸市场税收征管、税收管理员制度；联系注册税务师管理工作
财务管理科	组织实施会计核算、会计基础规范工作，分析考核征税成本；组织实施国库集中支付工作，办理具体支付事项；承担本系统基本建设、资产管理、政府采购、着装管理工作；组织实施财务管理、基本建设项目、大宗物品采购审计和领导干部经济责任审计工作

续表 1–2

机构名称	主要职责
人事教育科	组织落实干部人事管理制度；承担机构编制、干部任免、人员调配、劳动工资、人事档案、公务员管理、专业技术职务管理等人事工作；承担下一级领导班子及领导干部和后备干部的管理、考核及监督工作；监督检查本系统执行干部人事规章制度情况；管理机关和系统外事工作；拟订年度巡视工作计划，组织开展巡视工作。组织实施本系统思想政治工作、精神文明建设、税务文化建设和基层建设；拟订并组织实施人员培训、学历教育工作规划、年度计划，开展培训质量考核与评估；指导系统党建、工会、共青团、妇委会工作
监察室	组织落实纪律检查、行政监察工作制度，拟订具体实施办法；监督检查下一级领导班子及其成员贯彻民主集中制、选拔任用干部、贯彻党风廉政建设责任制和廉政勤政的情况；组织协调本系统的党风廉政建设和反腐败工作；受理对本系统工作人员违法违纪行为的检举、控告及有关申诉；查处本系统工作人员违法违纪案件及其他重要案件；开展执法监察和纠风工作
大企业和国际税务管理科	承担对大型企业提供纳税服务工作；承担对大型企业的税源管理、纳税评估和日常检查工作；承办汇总（合并）纳税企业税收日常检查的有关工作；承担有关税收法律法规和国家（地区）间税收协议、协定（安排）的具体执行工作；组织实施特别纳税调整工作，解释和处理具体业务问题
机关党委办公室	负责机关和直属单位的党群工作；承担机关思想政治工作和精神文明建设；承担入党积极分子的教育培训考察工作及发展党员工作
离退休干部科	承担机关离退休干部的服务和管理工作，指导本系统离退休干部工作
稽查局	负责组织、指导、协调和监督本系统的税收检查工作；负责对年度计划确定的重点税源企业和税务违法案件的查处、审理、执行工作；组织贯彻税务稽查规章制度，拟定具体实施办法；负责税收案件举报的受理、转办；负责督办案件和协查案件的查处；对下级税收检查情况进行复查复审；负责与公安、检察、审判机关协调税务稽查中的司法工作；负责金税工程发票协查工作和发票打假工作；负责牵头组织税收专项检查工作
第一稽查局	负责组织、指导、协调和监督本辖区内的税收检查工作；负责对年度计划确定的本辖区内除重点税源企业以外的一般纳税人、小规模纳税人、个体工商户的税务违法案件的查处、审理、执行工作；组织贯彻税务稽查规章制度，拟定具体实施办法；负责税收案件举报的受理；负责交办、督办、协查案件的查处；负责与公安、检察、审判机关协调税务稽查中的司法工作；负责金税工程发票协查工作和发票打假工作；负责组织税收专项检查工作
车辆购置税征收管理分局	组织落实车辆购置税征收管理规章制度及规范性文件；承担车辆购置税的税源管理、纳税评估、日常检查、纳税服务等工作；承担车辆税收一体化管理工作；对核定各类车辆最低计税价格提出建议；管理车辆购置税票证
信息中心	落实税收管理信息化建设规划和实施方案，执行信息系统管理制度和技术标准；承担本系统信息化建设的技术支持、保障工作；承担税收管理信息系统的运行维护工作；组织本系统信息安全管理与实施
机关服务中心	承担机关后勤事务的管理、保障和服务工作，拟订机关事务具体工作制度并组织实施；承担机关办公用品的采购、保管、分配、维修；参与机关后勤体制改革工作；指导本系统后勤服务工作

2010年1月，市国税局下文明确市国税局稽查局和市国税局第一稽查局的职责分工。市国税局稽查局负责组织、指导、协调和监督本系统的税收检查工作；具体负责对城区年纳税额20万元（以上年度实际入库税额为标准）以上的增值税纳税人（不含个体工商户）和非增值税纳税人的税收检查及税务违法案件的查处、审理、执行工作；组织贯彻税务稽查规章制度，拟定具体实施办法；负责税收案件举报的受理、转办；负责督办案件和协查案件查处；对下级税收检查情况进行复查复审；负责与公安、检察、审判机关协调税务稽查中的司法工作；负责金税工程发票协查工作和发票打假工作；负责牵头组织税收专项检查工作；负责与省国税局稽查局的对口联系工作。市国税局第一稽查局负责组织、指导、协调和监督资阳区、高新技术产业开发区和赫山区内的税收检查工作；负责对年纳税额20万元（以上年度实际入库税额为标准）以下的本辖区内的一般纳税人、小规模纳税人、个体工商户的税收检查和税务违法案件的查处、审理、执行工作；组织贯彻税务稽查规章制度，拟定具体实施办法；负责税收案件举报的受理；负责交办、督办、协查案件的查处；负责金税工程发票协查工作和发票打假工作；负责组织税收专项检查工作。2月，市国税局批复同意《益阳市国家税务局车辆购置税征收管理分局人事机构改革方案》，市国税局车辆购置税征收管理分局领导配局长1名，副局长3名。

二、县市区国家税务局

1994年8月，根据湖南省税务局的批复，益阳市国税系统县市级国税机构被命名为“湖南省××县（市）国家税务机构”，级别为正科级。市国税局在大通湖等五大国营农场设置税务分局，名称为“湖南省益阳市国家税务局农垦税务分局”，在资阳区和赫山区设置3个税务分局，名称分别为“湖南省益阳市国家税务局资阳税务分局”（以下简称市国税局资阳分局）、“湖南省益阳市国家税务局朝阳税务分局（以下简称市国税局朝阳分局）”和“湖南省益阳市国家税务局赫山税务分局”（以下简称市国税局赫山分局）。上述4个税务分局负责本地中央税收的征收管理工作。县市国税局和各税务分局的内设机构设置：沅江市、南县、桃江县、安化县国税局设置行政股（室）和党群部门8个；资阳、朝阳和赫山税务分局的内设机构按照城市税务分局机构设置的规定综合设置。9月，市税务局批复同意安化县、赫山区、市属六大农、渔场、桃江县、南县组建两个税务机构实施方案。

1995年11月，市国税局成立一、二、三分局发票管理所。12月，市国税局印发《关于撤所建分局有关问题的具体规定》，明确自撤所建分局之日起，各县、市国税局原有的股改称为科，各征收分局和征收办公室按地名命名。

1998年2月，省国税局批复同意《益阳市国家税务局县市（分）局人事制度改革实施方案》，但不同意保留公安执勤室，撤并原在赫山区内独立设置的市国税局二、三分局，在朝阳开发区新组建益阳市国家税务局二分局（以下简称市国税局二分局），在赫山区新组建益阳市国家税务局三分局（以下简称市国税局三分局），原设置的益阳市国家税务局一分局（以下简称市国税局一分局）、益阳市国家税务局四分局（以下简称市国税局四分局）、沅江市国家税务局（以下简称沅江市国税局）、南县国家税务局（以下简称南县国税局）、桃江县国家税务局（以下简称桃江县国税局）、安化县国家税务局（以下简称安化县国税局）保持不变。沅江市国税局、南县国税局、桃江县国税局、安化县国税局不实行县市局直接征收，统一设置6个内设机构。市国税局一分局设8个内设机构，市国税局二分局设6个内设机构，市国税局三分局设9个内设机构设，市国税局四分局设7个内设机构。益阳市国税系统共设置基层征收机构36个，其中，征收分局27个，税务所9个。市国税局一分局设置3个税务所；市国税局二分局实行分局直接征收，不另设基层征收机构；市国税局三分局设置3个征收分局，2个税务所；市国税局四分局设置4个税务所。沅江市国税局设置5个征收分局，桃江县国税局设置6个征收分局，南县国税局设置6个征收分局，安化县国税局设置7个征收分局。

1999年6月，市国税局进一步调整县级局内设机构的设置。安化县国税局、桃江县国税局、沅江市国税局、南县国税局共设置7个科、室、局；市国税局一分局、市国税局三分局统一设置6个科室，市国税局二分局设置5个科室，市国税局四分局撤销综合业务科，设置税政法规科、征收管理科并合署办公。城市分局稽查机构和各县、市、分局征收机构维持现状。各县、市、分局信息站挂靠征收管理科，单独开展业务。

2001年1月，市国税局撤销市国税局四分局茶盘洲国税所，增设沅江市国税局共华征收分局。是月，设立市国税局四分局河坝税务所。6月，益阳市国家税务局一分局更名为益阳市国家税务局资阳分局（以下简称市国税局资阳分局），设局长1名，副局长3名，内设科（室）10个，税务所2个。益阳市国家税务局二分局更名为益阳市国家税务局朝阳分局（以下简称市国税局朝阳分局），设局长1名，副局长3名。内设科（室）7个，事业单位1个，税务所1个。益阳市国家税务局三分局更名为益阳市国家税务局赫山分局（以下简称市国税局赫山分局），设局长1名，副局长4名。内设科（室）9个，事业单位1个，税务所4个。益阳市国家税务局四分局更名为益阳市国家税务局大通湖分局（以下简称市国税局大通湖分局），设局长1名，副局长3名。内设科（室）7个，直属机构1个，事业单位1个，税务所2个。桃江县国税局设局长1名，副局长3名，纪检组组长1名，内设科（室）9个，直属机构1个，事业单位1个，税务所5个。安化县国税局设局长1名，副局长3名，纪检组组长1名，内设科（室）9个，直属机构1个，事业单位1个，税务所6个。

2002年4月，市国税局朝阳分局增设监察审计室。

2004年3月，湖南省益阳市国家税务局资阳分局更名为益阳市资阳区国家税务局（以下简称资阳区国税局）；湖南省益阳市国家税务局朝阳分局更名为益阳市朝阳开发区国家税务局（以下简称朝阳区国税局）；湖南省益阳市国家税务局赫山分局更名为益阳市赫山区国家税务局（以下简称赫山区国税局）；湖南省益阳市国家税务局大通湖分局更名为益阳市大通湖区国家税务局（以下简称大通湖区国税局）；湖南省南县国家税务局更名为南县国家税务局（以下简称南县国税局）；湖南省沅江市国家税务局更名为沅江市国家税务局（以下简称沅江市国税局）；湖南省桃江县国家税务局更名为桃江县国家税务局（以下简称桃江县国税局）；湖南省安化县国家税务局更名为安化县国家税务局（以下简称安化县国税局）。9月，市国税局撤并税务所，从原有30个税务所撤并为15个，资阳区国税局设置1个税务所，朝阳区国税局设置1个税务所，赫山区国税局设置3个税务所，沅江市国税局设置2个税务所，南县国税局设置2个税务所，桃江县国税局设置3个税务所，安化县国税局设置3个税务所。12月，益阳市所属县市区设车辆购置税征收机构7个，分别是：资阳区国家税务局车辆购置税征收管理办公室、赫山区国家税务局车辆购置税征收管理办公室、大通湖区国家税务局车辆购置税征收管理办公室、沅江市国家税务局车辆购置税征收管理办公室、南县国家税务局车辆购置税征收管理办公室、桃江县国家税务局车辆购置税征收管理办公室、安化县国家税务局车辆购置税征收管理办公室，下设征收所1个。

2005年3月，市国税局印发《益阳市国家税务局机构人事改革实施意见》，明确益阳市按照行政区划下设8个县市区国家税务局，其内设机构、直属机构、事业单位级别为正股级；派驻机构、税务分局级别为副科级，税务所级别为正股级。资阳区国税局内设机构9个，事业机构1个，派驻机构1个。益阳市朝阳区国税局内设机构7个，事业机构1个，派驻机构1个。赫山区国税局内设机构9个，事业机构1个，派驻机构3个。大通湖区国税局内设机构5个，直属机构1个。沅江市国税局内设机构8个，直属机构1个，事业机构1个，派驻机构2个。南县国税局内设机构8个，直属机构1个，事业机构1个，派驻机构2个。桃江县国税局内设机构8个，直属机构1个，事业机构1个，派驻机构3个。安化县国税局内设机构8个，直属机构1个，事业机构1个，派驻机构3个。5月，益阳市朝阳开发区国家税务局更名为益阳高新技术产业开发区国家税务局（以下简称高新区国税局）。

2006年2月，撤销益阳市所属县市区原设置的7个车辆购置税机构及安化县国税局所属的1个车辆购置税征收所。车辆购置税征收工作由当地国税局办税服务厅负责。

2008年8月，根据湖南省国税局的批复，益阳市国家税务局在4个县市设置4个副科级稽查局，分别为：沅江市国家税务局稽查局、南县国家税务局稽查局、桃江县国家税务局稽查局、安化县国家税务局稽查局。另保留大通湖区国家税务局稽查局。县市级稽查局负责组织、指导、协调和监督本县市内的税收检查工作；负责对年度计划确定的纳税人和税务违法案件的查处、审理、执行工作；组织贯彻税务稽查规章制度，拟定具体实施办法；负责税收案件举报的受理；负责与公安、检察、审判机关协调税务稽查中的司法工作；负责金税工程发票协查工作；负责组织税收专项检查工作。5个县市级稽查局暂不设置内设机构，5个县市级稽查局配备70人，占益阳市国税系统在职人数的6.09%。

2009年9月，根据湖南省国税局的批复，益阳市国税系统县级国家税务局的内设机构不超过10个。高新区国税局、大通湖区国税局各设置1个税源管理科，沅江市国税局、南县国税局、桃江县国税局、安化县国税局各设置2个税源管理科，资阳区国税局、赫山区国税局各设置3个税源管理科。大通湖区国税局不设监察室、纳税服务科。除资阳区国税局、赫山区国税局、高新区国税局以外的县级国税局可设稽查局，级别为副科级。县级国税局设15个税务分局,级别为副科级。县级国税局可设信息中心，级别为正股级。县级国税局行政编制限额50名，内设机构使用行政编制。各县市区国税局领导班子职数配备如下：资阳区国税局设局长1名,副局长3名，纪检组组长1名。赫山区国税局设局长1名，副局长4名,纪检组组长1名。高新区国税局设局长1名，副局长3名，纪检组组长1名。大通湖区国税局设局长1名，副局长3名，纪检组组长1名。沅江市国税局设局长1名，副局长4名，纪检组组长1名。南县国税局设局长1名，副局长4名，纪检组组长1名。桃江县国税局设局长1名，副局长4名，纪检组组长1名。安化县国税局设局长1名,副局长4名，纪检组组长1名。合计设县级局长8名,副局长29名，纪检组组长8名。

2010年1—3月，市国税局先后批复同意南县国税局、资阳区国税局 、赫山区国税局、桃江县国税局、安化县国税局、大通湖区国税局、高新区国税局人事机构改革方案。

2011年11月，省国税局同意益阳市各县市区国家税务局增设财务管理科，机构级别为正股级，主要负责拟定本单位财务管理相关制度，组织实施本单位预算管理、支出管理、固定资产管理和基建管理工作。根据以上职责相应设置财务部门负责人、会计、出纳、基建管理、资产管理等岗位。人员配备按照《中华人民共和国会计法》和《国家税务局系统财务管理岗位职责规范》要求执行。

三、益阳市地方税务局

1994年8月，湖南省益阳市地方税务局（以下简称市地税局）成立，为政府的工作机构，级别为正处级。市地税局实行由上级地税局与地方政府双重管理，以上级地税局垂直领导为主的管理体制。人员编制、机构设置、干部管理和经费开支由省地税局实行垂直管理。市地税局的主要职责是：贯彻执行国家和省人民政府制定的地方税收法规、编制益阳市地方税收计划，负责地方税收的征收管理工作，完成税收任务；根据国家颁布的地方税务法规和省地税局制定的有关的实施细则、规章、征收管理办法，做好益阳市地方税政策解释；对益阳市地税系统的机构编制、人员调配、税务经费、劳动工资实行垂直管理，对益阳市各县市地税局和税务分局领导干部进行考核，与地方协商任免；管理县市局和税务分局的领导班子，管理市地税局机关各科室正副科长（主任）以及直属机构相当职务的干部；负责益阳市地税系统干部队伍的教育培训、思想政治、精神文明建设、监察审计工作，管理好干部队伍；负责向省地税局请示汇报地方税收工作，并与国家税务系统密切配合，开展税收宣传，推进依法治税；承办市人民政府、省地税局交办的其他工作任务。市地税局内部机构设置6个科1个室，即税政管理一科、税政管理二科、人事教育科、征收管理科、计划会计科、监察审计科、办公室，党群工作归口人事教育科。设局长1人、副局长3人（其中一名兼任纪检组组长），总经济师、总会计师各1人。10月，市地税局共设置8个职能科室，即税政管理一科、税政管理二科、税政管理三科、计划会计科、征收管理科、监察审计科、办公室、人事教育科（党、团、工会工作归口人事教育科）。

1995年1月,湖南省益阳市地方税务局稽查局(以下简称市地税局稽查局）成立，级别为正科级，负责指导各县、市稽查局的工作，查处市属各区范围内发生的偷税、抗税、漏税等税务违法行为，办(受)理有关案件，稽核税务登记户数，加强纳税户的综合审计和专业审计，监督检查市属各地方税务分局工作人员执法情况和企事业单位及个人依法纳税等情况。内设稽查一科、稽查二科和综合科。5月，市地税局稽查局增设审理科。

1996年3月，市地税局设置9个职能科室，1个直属机构，另设纪检组、机关党委。市地税局机关行政编制50名,其中局长1名,副局长3名,纪检组组长、总会计师、总经济师各1名，正副科长（主任）24名。市地税局稽查局为市地税局的直属行政机构，正科级，配行政编制20名，其中，领导职数3名。直属分局的机构编制和职能另行报批。机关后勤服务和老干部服务人员编制：机关后勤服务人员按有关规定核定事业编制3名；老干部服务人员核定事业编制2名。 5月，市地税局税政管理四科成立，与税政管理一科合署办公。9月，市地税局审计科成立，级别为正科级，配行政编制3人，其中，设科长1人（各部门职责见表1-3）。

市地税局1996年内设机构、直属机构及其主要职责一览表

表1–3

机构名称	主要职责
办公室（加挂政策法规科）	综合协调机关日常政务工作；督办局务会议和局长办公会议决定的事项；负责机关文秘、信息、文书档案、税务宣传、来信来访、保密、保卫、外事接待和机关财务、国有资产管理、后勤管理等工作；负责有关税收政策的调查研究，参与有关税收法规、规章的起草工作，承担税收法规文件的清理、鉴定及汇编工作；负责税收行政复议和应诉的有关工作
税政管理一科	负责营业税、资源税的征收管理工作；处理执行税法和税收政策中的有关事项；负责营业税等地方税收财务资料的普查；负责工业、农业发展基金的征收管理工作
税政管理二科	负责固定资产投资方向调节税、城市维护建设税、屠宰税、土地增值税、房产税、车船使用税、城镇土地使用税、印花税和教育费附加等税、费征收管理工作；处理执行税法和税收政策中的有关事项
税政管理三科（加挂集体企业财务科）	负责企业所得科和个人所得科的征收管理工作；负责集体、私营企业的财务管理有关工作；处理执行税法和税收政策中的有关事项
税政管理四科	负责全市外商投资企业和外国企业的各项地方税收业务及征收管理；研究有关涉外地方税收的优惠政策，制定反避税的办法并组织实施；处理执行涉外税收和税收政策中的有关事项
征收管理科（加挂发票管理站）	负责税收征收管理办法、规章制度的拟订，处理执行税收法规、条例中的有关事项，强化和完善征管手段，推进征管改革；监督检查税务系统各部门及工作人员执行征管制度的情况；负责税务代理的有关工作；负责税源管理和税务登记、发票的管理检查工作；负责个体税收征收管理工作；负责防洪保安基金的征集工作；负责联系并配合公、检、法等部门搞好依法治税工作
计划会计科	负责编制税收规划和年度税收计划；汇总地方税收会计、统计信息数据，制定税收计划和会计、统计制度；负责管理本系统财务、基建、装备、国有资产，审核汇编下属单位的财务预决算；监督审核下属单位的经费收支情况；负责税收票证的印制和管理工作；负责税务管理的计算机软件开发工作
人事教育科	负责局机关及全系统的机构编制、劳动工资和工作人员的招收、录用、转正、考核、任免、调配、交流、奖惩、离退休人员管理服务以及本系统专业技术职务的评审、聘任等有关工作；负责机关及各基层局领导班子建设及其后备干部的考核、选拔和培养工作；负责制订本系统干部教育规划并组织实施；指导全系统基层建设和精神文明建设
监察科（与纪检组合署办公）	负责局机关和全系统党的纪律检查、行政监察和税务监察工作，党纪、政纪、法制、廉政教育工作；负责地方税收大检查工作；受理税务系统工作人员的检举、控告和申诉；对本系统纪检、监察机构的设置、干部的任免提出建议
审计科	负责市地税局所属直属机构和县市分局的财务收支（预算内下拨经费、基建装备费、税收手续费以及增收或超收按比例分成等其他经费）和行政负责人离任进行审计监督
机关党委	负责局机关的党、群工作；负责机关和直属机构的思想政治工作和政治业务学习；系统工会及机关工会工作
稽查局	负责查处偷税、抗税、骗税大案要案，指导全市地方税务系统稽查工作

1997年3月，市地税局思想政治工作科成立，级别为正科级，行政编制3名，其中，领导职数1名。思想政治工作科与市地税局直属机关党委合署办公，其职责是：根据上级指示要求结合本地工作实际，提出本单位思想政治工作意见、计划安排；负责局机关的党、工、团、妇工作，组织开展机关思想政治工作和政治业务学习；负责本系统基层建设，办理思想政治工作和精神文明创建的日常事务；及时了解掌握党员、干部、职工的思想情况，针对倾向性的问题提出改进及加强的意见和建议，并向局党组和上级政工机关报告；组织召开思想政治工作经验交流和研讨，总结经验、提出任务、树立典型、表彰先进；检查和指导机关党组织的思想建设、组织建设、作风建设；了解下级单位领导班子在思想政治工作和自身建设方向的情况，对基层建设提出建议、实施管理、进行协调；有计划地培训思想政治工作干部和党员。6月，设立益阳市银城税务师事务所。

1998年2月，益阳市地税系统撤销57个农村税务所、6个城市征收科、组建27个农村征收分局和3个城市征收分局。9月，市地税局稽查局设立举报中心 。12月，市地税局接收财政部驻湖南财政监督专员办事处益阳组的人、财、物，成立“益阳市地方税务局省级税收征收分局”，负责益阳市区范围内缴纳省级税收纳税单位的省级税收和地方各税的直接征管，并负责检查指导所属县市的省级收入的征收管理工作。

1999年5月，市地税局稽查局增设审理科。

2000年1月，益阳银城税务师事务所改制成立银城税务师事务所有限责任公司，并接受税务师事务所主管部门的监督、指导和管理。4月，市地税局撤销省级税收征收分局征收检查科，设立省级税收征收分局征收科和省级税收征收分局检查科。是月，市地税局在市区建立“一级稽查”体制，市地税局稽查局负责益阳市城区地方各税的稽查，市地税局稽查局增设执行科。

2001年9月，市地税局贯彻执行《湖南省地方税务局系统市州及以下地方税务局职能、内设机构的人员编制的规定》，市地税局设置行政科室8个，省局派驻机构2个，直属行政机构2个。新增直属事业机构3个，即机关后勤服务中心、计算中心、注册税务师管理中心。机关行政编制为50人(其中含省地税局派驻机构编制7人、离退休干部管理编制2人)；事业编制为20人；直属单位行政编制为32人，其中省级税收征收分局17人、稽查局15人。设置领导职数7名，其中局长1名、副局长3名、纪检组组长1名、总会计师1名、总经济师1名。配调研员1名、助理调研员1名（各部门职责见表1–4）。

市地税局2001年内设机构、派驻机构、直属机构及其主要职责一览表

表1–4

机构名称	主要职责
办公室 （加挂政策法规科牌子）	综合协调机关日常政务工作；督办局务会议和局长办公会议决定的事项；负责机关文秘、信息、文书档案、税务宣传、来信来访、保密、保卫、外事接待和机关财务、国有资产管理、后勤管理等工作；负责有关税收政策的调查研究，参与有关税收法规、规章的起草工作，承担税收法规文件的清理、鉴定及汇编工作；负责税收行政复议和应诉的有关工作
税政管理一科 （加挂税政管理四科牌子）	负责营业税、资源税、涉外地方税的征收管理工作；处理执行税法和税收政策中的有关事项；负责营业税等地方税收财务资料的普查
税政管理二科	负责固定资产投资方向调节税、城市维护建设税、屠宰税、土地增值税、房产税、车船使用税、城镇土地使用税、印花税和教育费附加等税、费征收管理工作；处理执行税法和税收政策中的有关事项
税政管理三科 （加挂集体企业财务管理科牌子）	负责企业所得税和个人所得税的征收管理工作；负责集体、私营企业的财务管理有关工作；处理执行税法和税收政策中的有关事项

续表 1–4

机构名称	主要职责
征收管理科（含发票管理所）	负责税收管理办法、规章制度的拟订，处理执行税收法规、条例中的有关事项，强化和完善征管手段，推进征管改革；监督检查税务系统各部门及工作人员执行征管制度的情况；负责税务代理的有关工作，税源管理和税务登记，发票印制的管理检查，个体税收征收管理，防洪保安基金的征集，联系并配合公、检、法等部门搞好依法治税的工作
计划财务科	负责编制全市税收规划和年度税收计划；汇总全市地方税收会计、统计信息数据，制定税收计划和会计、统计制度；负责管理本系统财务、基建、装备、国有资产，审核汇编下属单位的财务预算；负责税收票证的印制和管理，税务管理的计算机软件开发工作
人事教育科（加挂老干部工作科牌子）	负责局机关及全系统的机构编制、劳动工资和工作人员的招收、录用、转正、考核、任免、调配、交流、奖惩、离退休人员管理服务，本系统专业技术职务的评审、聘任等有关工作；各县市分局领导班子建设及其后备干部的考核、选拔和培养；制订本系统干部教育规划并组织实施
思想政治工作科（机关党委）	负责全局思想政治工作和精神文明建设等工作
系统工会	负责本系统工会组织建设。提高干部职工政治素质，加强思想政治教育，参政议政，发挥党联系群众的桥梁作用，维护干部职工的合法权益，开展劳动竞赛，活跃文化生活
监察室	负责驻在地区的纪律检查和行政监察工作，负责对违纪违规案件的调查处理
审计科	负责驻地地税系统的财务、经费、基本建设和税收执法等专项审计，组织实施对领导干部的任期经济责任审计和离任前审计
省级税收征收分局	负责益阳市区范围内缴纳省级税收纳税单位的省级税收和地方各税的直接征管，负责检查指导所属县市的省级收入的征收管理工作
稽查局	负责益阳市城区地方各税的稽查，指导县市地方税务系统稽查工作

2003 年 2 月，市地税局设立涉外税务分局，为正科级直属行政机构，主要负责益阳市范围内各项地方涉外税收的征收管理，办理国际税务管理的相关事项。与税政管理一科合署办公，两块牌子、一套人马。6 月，湖南省益阳市地方税务局计算中心更名为湖南省益阳市地方税务局信息中心。

2006 年 8 月，市地税局成立收费科，为正科级内设机构，行政编制 3 名，其中，正科级领导职数 1 名，其他工作人员 2 名。收费科主要负责由地方税务机关征收的社会保险费、文化事业建设费、教育费附加等费种具体征收管理办法的政策解释；负责由地税机关代征的防洪保安基金、残疾人就业保障金、工会经费等费种具体征收管理办法的政策解释；对有关费种征管政策在执行中的具体问题进行调研和处理；各费种征收计划的分配、数据统计分析。

2011 年 7 月，市地税局贯彻落实省地税局《省以下地方税务系统机构改革实施方案》。市地税局，级别为正处级，主要职责为：贯彻执行国家税收法律法规、部门规章及规范性文件，结合实际研究制定具体实施办法；研究制定本地区地方税收发展规划和年度工作计划并组织实施；负责地方税收及法律法规规定的费（金）的征收管理、税源管理、纳税评估、反避税和稽查工作；负责普通发票和其他税收票证的管理工作；负责下达本地区税费收入计划和税费收入计划完成情况的分析预测与统计核算；负责本系统财务经费管理和资产装备管理工作；负责监督检查税收执法活动和内部行政管理活动；负责税务行政处罚听证、行政复议和行政应诉工作；负责组织实施纳税服务体系建设，制定和监督执行纳税服务管理制度，规范纳税服务行为；贯彻执行纳税人权益保障制度，组织实施税收宣传；组织实施对纳税人进行分类管理和专业化服务；组织实施对大型企业的纳税服务和税源管理；负责制定本地区税收管理信息化制度并组织实施；负责本系统领导班子和干部队伍建设、党风廉政建设、反腐败工作以及文明创建工作；承办上级交办的其他工作。机构设置方面，内设行政科（室）12个，级别为正科级；省地税局派驻机构2个，级别为正科级；直属行政机构2个，级别为副处级；直属事业机构2个，级别为正科级；另设注册税务师管理中心，与市国税局合署办公。人员编制和领导职数方面，市地税局机关行政编制50名（含省局派驻机构和离退休人员管理服务机构人员编制），基层专项行政编制5名，合计55名。市地税局设局长1名，副局长3名，纪检组组长1名，总经济师、总会计师各1名。机关正科级领导职数14名，副科级领导职数18名。直属局（大企业税收管理局）基层专项行政编制30名，其中局长1名，副局长2名；内设科室正科级领导职数5名，副科级领导职数9名。稽查局（加挂税务违法案件举报中心牌子）基层专项行政编制22名，其中局长1名，副局长2名；内设科室领导职数正职（副科级）5名，副职5名。机关后勤服务中心机关后勤服务事业编制14名，其中主任1名，副主任2名；信息中心全额拨款事业编制6名，其中主任1名，副主任1名；注册税务师管理中心全额拨款事业编制2名，其中主任1名（各部门职责见表1–5）。

市地税局2011年内设机构、派驻机构、直属机构及其主要职责一览表

表1–5

机构名称	主要职责
办公室	综合协调机关日常政务工作；负责机关文电、机要、信息、会务、档案、信访、保密等工作；承担面向社会的税收宣传、新闻发布及政务公开工作；承办门户网站运行和维护工作；管理机关其他行政事务
政策法规科	拟订并组织实施本地区依法行政、依法治税工作方案；负责涉税规范性文件管理工作；承担局外多税种、综合性税收政策文件会办工作；牵头重大税务案件审理及规范税务行政审批工作承办行政复议及行政应诉案件；组织实施对税收法律、法规、规章贯彻执行情况的监督检查
流转税科（国际税收管理科）	组织实施营业税、烟叶税的征收管理工作，拟订征收管理工作具体实施办法；对有关税种的具体业务问题进行解释和处理；组织实施有关税种的纳税评估、税源管理；指导有关税种的日常管理；参与有关税种的纳税辅导、咨询服务、税收法律救济工作；负责货物运输税收管理工作；指导、协调、检查有关“跨境纳税人”的管理和国际税收协定、协议的执行；负责情报交换、非居民税收监管、售付汇管理、反避税等国际税务事项的组织实施
财产和行为税科	组织实施城市维护建设税、土地增值税、房产税、车船税、城镇土地使用税、印花税、资源税、耕地占用税、契税等征收管理工作，拟订征收管理具体实施办法；对有关税种的具体业务问题进行解释和处理；组织实施有关税种的纳税评估、税源管理；指导有关税种的日常管理；参与有关税种的纳税辅导、咨询服务、税收法律救济工作
所得税科	组织实施企业所得税和个人所得税的征收管理工作，拟订征收管理具体实施办法；对有关税种的具体业务问题进行解释和处理；组织实施有关税种的纳税评估、税源管理和汇算清缴；指导有关税种的日常管理；参与有关税种的纳税辅导、咨询服务、税收法律救济工作

续表 1–5

机构名称	主要职责
规费科	组织实施社会保险费、文化事业建设费、教育费附加、地方教育附加、防洪保安资金、残疾人就业保障金、工会经费等费（金）的征收（代征、代收）管理及费改税工作，拟订具体的征收管理制度和实施办法；对有关费（金）征管政策问题进行解释和处理；组织实施有关费（金）的纳费评估、费源管理；编制各费（金）的年度计划；指导各费（金）的日常管理；参与有关费（金）的征纳辅导、咨询服务、费（金）法律救济
征管和科技发展科（发票管理所）	组织落实综合性税收征管法律法规、部门规章及规范性文件并拟订具体操作办法；起草税收征收管理的长期规划和综合性方案；组织落实税收管理信息化总体规划并拟订本地区实施方案，承担税收管理信息化建设中业务需求整合和流程优化的综合管理工作；组织实施税收征管数据管理和管理办法、综合性纳税评估办法；负责个体税收的征收管理；负责征管质量考核工作；承担税务登记、纳税申报、税收发票管理和税控器具推广应用工作
纳税服务科	组织、协调各税种、各环节的纳税服务工作；组织落实纳税服务工作规范、操作规程和纳税人权益保障规章制度；组织协调、实施纳税辅导、咨询服务、税收法律救济等工作，受理纳税人投诉；组织实施税收信用体系建设；指导税收争议的调节；组织实施面向纳税人的税法宣传
收入规划核算科	编制税收收入中长期规划和年度税收计划；监督检查税款缴（退）库情况；组织开展税收收入分析预测和重点税源监控管理工作；组织落实税收会计核算、统计核算、税收票证管理等相关制度；承担税收收入数据的综合管理应用工作，对外发布税收收入数据
财务管理科	拟订财务管理、基本建设管理的办法和制度并监督检查执行情况；负责税务经费、装备和资产管理；编报审核系统的财务预、决算；办理各项经费的拨付；负责系统政府采购工作，落实政府采购规章制度；承担系统服装发放工作
人事教育科	拟订系统干部人事制度、税务人才队伍建设和人员教育培训规划并组织实施；承担局机关、直属单位和系统干部人事、工资、机构编制和公务员管理工作；承担管理权限内的干部任免、考核和县、市、区局领导班子管理工作；监督检查系统贯彻执行干部人事规章制度情况；承担有关外事工作。负责局机关及直属单位离退休人员管理、服务工作，指导本市系统离退休人员管理、服务工作
思想政治工作科（机关党委）	负责局机关和直属单位的党群工作；负责系统的思想政治工作、精神文明建设、税务文化建设和基层建设等工作；承担系统文明创建、竞赛和评比表彰等工作；指导系统党建工作；负责局机关和直属单位的工会工作
湖南省地方税务局驻益阳市地方税务局监察室	协助同级党组抓好党风廉政建设和反腐败工作及领导干部廉洁自律工作；负责驻地的纪律检查和行政监察工作；负责对违纪违规案件的调查处理
湖南省地方税务局驻益阳市地方税务局审计科	负责驻在地区的财务、经费、基建和税收执法等专项审计；组织实施对领导干部的任期经济责任审计和离任前审计
益阳市地方税务局直属局（大企业税收管理局）	负责全省交通重点建设工程税收的征收管理；提供纳税服务，承担税源管理、纳税评估和日常检查工作；负责省级收入的管理、检查和指导；指导和协调本地区大型企业地方税收管理

续表 1-5

机构名称	主要职责
益阳市地方税务局稽查局（加挂税务违法案件举报中心牌子）	负责制定辖区内地税系统税务稽查制度、办法并组织实施；负责组织、指导、管理和考核辖区内地税系统稽查工作；负责指挥和督办辖区内地税系统稽查局查办的大要案件；负责辖区内地税系统计划检查、专案检查的组织实施，辖区内税收专项检查、区域税收专项整治工作的组织协调；负责受理税务违法案件举报；行使地税稽查执法权，组织查处涉嫌偷税、逃税、抗税、骗税等税务违法案件；负责打击发票涉税违法活动；负责辖区内地税系统税务稽查中的司法保障工作
益阳市地方税务局机关后勤服务中心	负责局机关、直属单位后勤的管理和保障工作，拟订相关工作制度并组织实施和监督检查；负责局机关财务管理、会务保障、行政接待、办公物品采购、综合治理、治安防范、车辆管理和物业管理工作；指导系统后勤服务工作
益阳市地方税务局信息中心	承担本系统信息化建设的技术服务、技术支持和技术保障工作；承担税收管理信息系统的运行维护工作；组织本系统技术基础设施建设管理与运维；参与落实税收管理信息化总体规划和本地区实施方案的拟订；负责信息设备管理；组织本系统信息安全管理与实施
益阳市地方税务局注册税务师管理中心（与市国家税务局合署办公）	负责组织本地区注册税务师资格考试报名、注册登记初审上报、业务培训、年检工作；负责初审、报批税务师事务所；监督检查注册税务师及税务师事务所执业情况

2016年6月，市地税局设立离退休人员管理服务科，负责市地税局机关离退休人员管理、服务工作，指导益阳市地税系统离退休人员管理、服务工作。机构级别正科级，正科级领导职数1名。9月，益阳市地方税务局审计科更名为益阳市地方税务局督察内审科，负责组织实施税收法律法规、部门规章及规范性文件执行情况的监督检查；组织实施财务管理、基本建设项目、大宗物品采购审计和领导干部经济责任审计工作，组织专项审计和调查；组织落实税收执法责任制、税收执法过错责任追究制度，承担税收执法质量考核工作；督察落实税收执法检查结论和各类审计结论；牵头组织内控机制建设及相关信息化建设。

四、县市区地方税务局

1994年8月，省税务局批复益阳市组建两个税务机构的实施方案。益阳市范围内设置4个正科级地方税务局和4个正科级地方税务分局，即沅江市地方税务局（以下简称沅江市地税局）、南县地方税务局（以下简称南县地税局）、桃江县地方税务局（以下简称桃江县地税局）、安化县地方税务局（以下简称安化县地税局）和益阳市地方税务局资阳、朝阳、赫山、农垦税务分局（以下简称市地税资阳分局等）。9月，省地税局对县市地税局内部机构设置和领导职数作规定：县市地税局设办公室、计划会计股、征收管理股、监察内审股、人事教育股（党、团、工会归口在该股办公）。各县市地税局、郊区地税局配1名局长，2名副局长（其中1名兼纪检组组长）。

1995年4月，市地税局所属各分局设置监察科，定编2人，市地税局农垦税务分局监察科定编1人。各县市地税局监察内审股更名为监察股，定编2人。

1996年8月，省地税局对南县、安化县、沅江市、桃江县地税局内设机构和人员编制进行明确，均设置6个职能股室和纪检组、机关党总支，1个直属行政机构。南县地税局机关行政编制为30名，其中局长1名，副局长3名，纪检组组长1名，正副股长（主任）15名；直属行政机构行政编制10名，其中领导职数2名；机关后勤服务和老干部服务人员按有关规定核定事业编制5名。安化县地税局机关行政编制为35名，其中局长1名，副局长3名，纪检组组长1名，正副股长（主任）15名；直属行政机构行政编制12名，其中领导职数2名；机关后勤服务和老干部服务人员按有关规定核定事业编制5名。沅江市地税局机关行政编制为35名，其中局长1名，副局长3名，纪检组组长1名，正副股长（主任）15名；直属行政机构行政编制12名，其中领导职数2名；机关后勤服务和老干部服务人员按有关规定核定事业编制5名。

桃江县地税局机关行政编制为30名，其中局长1名，副局长3名，纪检组组长1名，正副股长（主任）15名；直属行政机构行政编制10名，其中领导职数2名；机关后勤服务和老干部服务人员按有关规定核定事业编制5名。

1997年4月，市地税局成立益阳市银城税务师事务所。10月，市地税局朝阳分局成立办税服务厅（副科级机构）。

1998年2月，益阳市地方税务局资阳分局更名为益阳市地方税务局资阳区局（以下简称资阳区地税局）；益阳市地方税务局赫山分局更名为益阳市地方税务局赫山区局（以下简称赫山区地税局）。更名后区局和所有县市局均为管理机构。

2000年3月，市地税局撤销益阳市城区征收分局，成立7个税务所。

2001年2月，撤销益阳市地方税务局农垦分局，设立益阳市地方税务局大通湖区局（以下简称大通湖区地税局），区局为管理机构，级别为正科级，领导职数为一正二副。内设机构5个，税务所4个。9月，益阳市地方税务系统县市区（分）局机构改革实施。益阳市地税局系统设县市区局7个，市地税局直属分局1个，税务所14个，农村征收分局27个。核定机关行政编制92名，基层行政编制688名，事业编制75名，总计855名。10月，市地税局批复安化县地税局、南县地税局、桃江县地税局、沅江市地税局、大通湖区地税局、朝阳分局、赫山区局、资阳区局的机构改革实施方案。安化县地税局设置行政股（室）6个，直属行政单位1个，征收分局6个；南县地税局、桃江县地税局、沅江市地税局均设置行政股（室）6个，直属行政单位1个，征收分局5个；大通湖区地税局设置行政股（室）6个，直属行政单位1个，税务所4个；朝阳分局设置行政股（室）6个，税务所3个；赫山区局设置行政股（室）7个，征收分局4个，税务所4个；资阳区局设置行政股（室）7个，征收分局2个，税务所3个。人员编制方面，安化县地税局总编制115名，配置领导职数5名，其中局长1名、副局长3名、纪检组组长1名。南县地税局总编制119名，设领导职数4名，其中局长1名、副局长2名、纪检组组长1名。桃江县地税局总编制128名，设领导职数5名，其中局长1名、副局长3名、纪检组组长1名。沅江市地税局总编制128名，设领导职数4名，其中局长1名、副局长2名、纪检组组长1名。大通湖区地税局总编制34名，设领导职数4名，其中局长1名、副局长2名、纪检组组长1名。朝阳分局总编制40名，设领导职数4名，其中局长1名、副局长2名、纪检组组长1名。赫山区地税局总编制193名，设领导职数5名，其中局长1名、副局长3名、纪检组组长1名。资阳区地税局总编制98名，设领导职数4名，其中局长1名、副局长2名、纪检组组长1名。

2004年7月，市地税局贯彻落实省地税局关于进一步规范全省地税系统各县市区（分）局机构设置的相关要求，南县地税局撤去第五征收分局，精简为4个农村征收分局；沅江市地税局撤去第三征收分局，精简为4个农村征收分局；桃江县地税局撤去第二征收分局，精简为4个农村征收分局；安化县地税局撤去第三征收分局，精简为5个农村征收分局；赫山区地税局撤去第四征收分局，精简为7个征收机构；9月，大通湖区地税局撤去金盆税务所，精简为3个税务所。

2005年4月，益阳各县市区地方税务局（分局）税政管理科（综合业务科）统一加挂政策法规科的牌子，负责有关地方税收政策业务的综合协调及税收规范性文件的审核，拟订税收综合业务的规章制度；负责税务案件审理委员会的日常工作和重大具体行政行为的审理把关；负责对税收法律法规的执行情况进行监督检查；办理税务行政诉讼、行政复议以及本单位的其他法律事项。

2006年10月，益阳市地方税务局朝阳分局更名为益阳高新技术产业开发区地方税务局（以下简称高新区地税局）。

2007年2—5月，桃江县、南县、赫山区、沅江市、益阳高新区、大通湖区、资阳区、安化县地税局相继设立办税服务厅，级别为副科级，主要负责受理税务登记；纳税申报；税款（费）和滞纳金征收、解缴入库；发布欠税公告；办理发票领购、缴销手续；反馈征收管理相关信息；建立征收管理档案；提供纳税咨询等服务。

2011年6月，中共益阳市地方税务局党组印发《全市地税系统机构改革实施意见》，益阳市地税系统设置县市区地方税务局8个，分别为湖南省益阳市资阳区地方税务局、湖南省益阳市赫山区地方税务局、湖南省益阳高新技术产业开发区地方税务局、湖南省益阳市大通湖区地方税务局、湖南省沅江市地方税务局、湖南省南县地方税务局、湖南省桃江县地方税务局、湖南省安化县地方税务局，机构级别正科级。县市区局内设行政科（室）数控制在7个以内，副科级；设直属行政机构2个，副科级；设直属事业机构1个，副科级。益阳市地税系统县市区局共设税务分局34个，副科级。县市区局行政编制总数为837名（机关行政编制为101名，基层行政编制736名)，机关后勤服务事业编制75名，事业编制12名，总计924名。县市区局设局长1名，副局长2—3名，纪检组组长1名。其中，沅江市地税局、南县地税局、桃江县地税局、安化县地税局、资阳区地税局、赫山区地税局、高新区地税局各设副局长3名。

2011年9月，益阳市地税系统机构改革。益阳高新区地税局、资阳区地税局均设置行政科（室）7个，副科级；直属行政机构2个，副科级；直属事业机构1个，副科级；税务分局4个，副科级。赫山区地税局设置行政科（室）7个,副科级；直属行政机构2个，副科级；直属事业机构1个，副科级；税务分局6个，副科级。大通湖区地税局设行政科（室）6个,副科级；直属行政机构2个，副科级；税务分局3个，副科级。沅江市地税局、南县地税局、桃江县地税局均设置行政科（室）7个,副科级；直属行政机构2个,副科级；直属事业机构1个，副科级；税务分局4个，副科级。安化县地税局设置行政科（室）7个，副科级；设直属行政机构2个，副科级；设直属事业机构1个，副科级；税务分局6个，副科级。人员编制和领导职数方面，资阳区地税局总编制104名，设领导职数5名，其中局长1名、副局长3名、纪检组组长1名。益阳高新区地税局总编制73名，设领导职数5名，其中局长1名、副局长3名、纪检组组长1名。赫山区地税局总编制201名，设领导职数5名，其中局长1名、副局长3名、纪检组组长1名。大通湖区地税局总编制38名,设领导职数4名,其中局长1名、副局长2名、纪检组组长1名。沅江市地税局总编制130名，设领导职数5名，其中局长1名、副局长3名、纪检组组长1名。南县地税局总编制122名，设领导职数5名，其中局长1名、副局长3名、纪检组组长1名。桃江县地税局总编制135名，设领导职数5名，其中局长1名、副局长3名、纪检组组长1名。安化县地税局总编制121名，设领导职数5名，其中局长1名、副局长3名、纪检组组长1名。

2017年，益阳高新区地税局由正科级升为副处级。

第三节　机构合并后（2018年8月至2022年12月）机构设置、职能配置和人员编制

一、国家税务总局益阳市税务局

2018年7月5日，国家税务总局益阳市税务局（以下简称市税务局）举行新机构挂牌仪式。8月，根据省税务局关于《国家税务总局益阳市税务局职能配置、机构设置和人员编制暂行规定》，市税务局设15个内设机构、5个派出机构、3个事业单位，级别均为正科级，另设：机关党委、老干部科、党建工作科、纪检组。内设机构：办公室、法制科、货物和劳务税科、所得税科、财产和行为税科、社会保险和非税收入科、纳税服务科、征收管理科、收入核算和税收经济分析科、税收风险管理局、财务管理科、督察内审科、人事科、考核考评科、教育科。派出机构：第一税务分局（重点税源企业税收服务和管理局）、第二税务分局、稽查局、第一稽查局、第二稽查局。事业单位：纳税服务中心（税收宣传中心）、信息中心、机关服务中心。市税务局领导职数核定局长1名、副局长4名，另设纪检组组长1名，总经济师、总会计师各1名。

2021年5月13日，中共国家税务总局湖南省税务局委员印发《国家税务总局益阳市税务局职能配置、机构设置和人员编制规定》，明确市税务局的主要职责是：负责贯彻执行党的路线、方针、政策，加强党的全面领导，履行全面从严治党责任，负责党的建设和思想政治建设工作；负责贯彻执行税收、社会保险费和有关非税收入法律、法规、规章和规范性文件，研究制定具体实施办法。组织落实国家规定的税收优惠政策；负责研究拟定本系统税收、社会保险费和有关非税收入中长期规划，参与拟定税收、社会保险费和有关非税收入预算目标并依法组织实施。负责本系统税收、社会保险费和有关非税收入的会统核算工作。组织开展收入分析预测。负责开展税收经济分析和税收政策效应分析，为国家税务总局湖南省税务局和市委、市政府提供决策参考；负责所辖区域内各项税收、社会保险费和有关非税收入征收管理。组织实施税（费）源监控和风险管理，加强大企业和自然人税收管理；负责组织实施本系统税收、社会保险费和有关非税收入服务体系建设。组织开展纳税服务、税收宣传工作，保护纳税人、缴费人合法权益。承担涉及税收、社会保险费和有关非税收入的行政处罚听

证、行政复议和行政诉讼事项；负责所辖区域内国际税收和进出口税收管理工作，组织反避税调查和出口退税事项办理；负责组织实施所辖区域内税务稽查和社会保险费、有关非税收入检查工作；负责增值税专用发票、普通发票和其他各类发票管理。负责税收、社会保险费和有关非税收入票证管理；负责组织实施本系统各项税收、社会保险费和有关非税收入征管信息化建设和数据治理工作；负责本系统内部控制机制建设工作，开展对本系统贯彻执行党中央、国务院重大决策及上级工作部署情况的督查督办，组织实施税收执法督察；负责本系统基层建设和干部队伍建设工作，加强领导班子和后备干部队伍建设，承担税务人才培养和干部教育培训工作。负责本系统绩效管理和干部考核工作；负责本系统机构、编制、经费和资产管理工作；完成省税务局党委和市委、市政府交办的其他工作。益阳市税务局设15个内设机构、6个派出机构、3个事业单位，级别均为正科级。另设：机关党委、老干部科、纪检组（各部门职责见表1–6）。

市税务局2021年内设机构、派驻机构、直属机构及其主要职责一览表

表1–6

机构名称	主要职责
办公室（党委办公室）	拟订本系统综合工作制度、年度工作计划；组织起草和审核重要文稿；承担公文处理、会务管理、信息调研、档案管理、机要保密、来信来访、值班值守、国家安全等工作；组织实施政务公开、政府信息公开、税收宣传工作；组织实施督查督办工作；组织办理人大代表议案、建议和政协委员提案。承办党委文件、会议、督办等有关日常综合性事务；承办涉税舆情管理工作；组织实施税收法律知识普及工作；负责市税务局网站、微信、微博、客户端等管理工作
法制科	组织实施依法行政工作；承担涉及多个税种、社会保险费和有关非税收入综合性政策文件会办、起草和落实工作；承担规范性文件合法性审查、合规性评估、备案审查、清理等工作；承担重大执法决定法制审核工作；组织协调重大税务案件审理；组织办理行政复议、行政诉讼等事项；组织办理涉税反补贴案件应对工作；承担公职律师和法律顾问相关工作
货物和劳务税科	组织实施增值税、消费税、车辆购置税等和进出口税收的征收管理工作，拟订征收管理具体实施办法；落实相关税种的税收优惠政策；承担增值税发票管理，组织相关信息系统的推广应用及管理；参与海关特殊监管区域税收管理工作；参与拟订出口退（免）税年度安排，分配下达并组织实施年度退税安排；指导相关税种和进出口税收的日常管理、日常检查；参与相关税种和进出口税收的风险管理和纳税辅导、咨询服务、税收法律救济等工作
所得税科	组织实施企业所得税和个人所得税征收管理工作，拟订征收管理具体实施办法；承担企业所得税和个人所得税具体业务问题的解释和处理；组织落实企业所得税和个人所得税优惠政策；组织实施企业所得税的季（月）度预征、汇算清缴等工作；组织实施个人所得税源泉扣缴、自行申报、汇算清缴、事后抽查等工作；指导企业所得税和个人所得税的日常管理、日常检查；组织企业所得税信息系统和个人所得税信息系统的推广应用及管理；参与企业所得税风险管理和纳税辅导、咨询服务、税收法律救济等工作；参与个人所得税风险管理和纳税辅导、咨询服务、税收法律救济等工作。组织实施国家（地区）间税收条约（安排）；承担非居民所得、居民境外所得税收管理等跨境税收管理工作；组织实施反避税工作，参与国际税收有关的风险管理；组织实施税收服务“一带一路”建设；组织实施国际税收征管协作；参与国际交流合作和对外技术援助；承担外事管理

续表 1–6

机构名称	主要职责
财产和行为税科	组织实施房产税、城镇土地使用税、土地增值税、契税、城市维护建设税、印花税、资源税、环境保护税、车船税、耕地占用税和烟叶税等征收管理工作，拟订征收管理具体实施办法；承担相关税种具体业务问题的解释和处理；组织落实相关税种的税收优惠政策；指导相关税种的日常管理、日常检查；组织所承担税种信息系统的推广应用及管理；参与相关税种的风险管理和纳税辅导、咨询服务、税收法律救济等工作
社会保险费和非税收入科	组织实施基本养老保险费、基本医疗保险费、失业保险费、工伤保险费、生育保险费等社会保险费征收管理工作，研究拟订具体实施办法；组织实施文化事业建设费、教育费附加和地方教育附加等有关非税收入的征收管理工作，研究拟订具体实施办法；指导社会保险费和有关非税收入的日常管理、日常检查工作；参与有关社会保险费征收和有关非税收入征收的政策辅导、咨询服务、法律救济等工作
纳税服务科	组织开展本系统纳税服务（含缴费服务，下同）工作；组织实施纳税服务制度和规范；组织开展面向纳税人和缴费人的税法宣传、纳税辅导、咨询服务、办税服务和权益保护等工作；承担办税服务厅、纳税服务热线等面向纳税人和缴费人的服务渠道管理；承担税收信用体系建设；组织办理纳税服务投诉；落实涉税专业服务监管政策及制度，统筹协调社会化纳税服务
征收管理科	组织落实综合性税收征管法律、法规、规章及规范性文件，拟订具体操作办法；组织实施税务登记、纳税申报、普通发票管理等日常征管工作；承担征管质量监控评价；组织落实信息化规划、方案和制度，实施本系统信息化建设、考核评价和验收工作；承担税务行业标准和业务需求管理；承担信息化立项和预算管理
收入核算和税收经济分析科	研究拟订本系统税收、社会保险费和有关非税收入中长期规划，参与拟订税收、社会保险费和有关非税收入预算目标并依法组织实施；拟订出口退（免）税年度安排，组织落实免抵调库年度安排；统筹协调组织收入工作，开展收入预测分析、预警分析和收入质量管理；承担重点税源监控、企业税收资料调查工作；组织落实会统核算、缴库退库、票证管理等制度，实施会计监督。贯彻落实税收经济分析工作制度，拟订具体实施办法；参与建立并落实税收经济分析指标体系；运用税收数据对本地区经济运行情况开展动态监控分析；开展国家和地区重大经济发展战略实施情况专题分析和本地区与国外、国内同类型地区的比较分析；组织开展税收政策效应分析，跟踪评估减免税等政策实施效果；统筹和指导本系统税收经济分析工作
财务管理科	贯彻落实本系统预决算管理、基建管理、会计核算管理、财务内控管理和政府采购、资产管理等规章、制度，拟订具体实施办法；审核汇编部门预算、决算，组织实施部门决算执行和公开工作；组织实施会计核算、会计基础规范工作；组织实施国库集中收付工作，办理具体收付事项；拟订年度采购计划，办理具体采购事项；承担资产的购置、处置和使用管理等工作；承担税务着装管理工作；承担机关财务管理工作；组织实施基建项目管理

续表 1–6

机构名称	主要职责
督察内审科	承担本系统内部控制工作的组织、管理和监督；组织实施税收执法督察，开展对社会保险费和有关非税收入法律、法规、规章及规范性文件执行情况的监督检查；组织实施预算执行、基本建设、政府采购等内部财务审计和领导干部经济责任审计；组织实施本系统税收执法责任制工作；督促落实督察审计发现问题的整改工作；协调配合外部监督和上级监督，统筹协调内部监督检查工作；参与实施“一案双查”工作
组织人事科	组织落实干部人事制度及税务人才队伍建设规划，拟订具体实施方案；承担人事、机构编制、公务员管理、干部考核等工作；承担工资、人事档案、专业技术职务管理等工作；承担下一级领导班子及领导干部和优秀年轻干部的管理、监督等工作；监督检查干部人事规章制度执行情况；办理出国政审事项。指导系统党的组织建设、党员队伍建设等工作
考核考评科	贯彻落实绩效管理和数字人事工作发展规划、制度规范，拟订具体实施办法；分解落实上级下达的考评指标，拟订本局机关和下一级税务机关年度绩效计划及考评指标，组织实施绩效考评工作；组织开展数字人事推行工作，承担数字人事日常管理；开展其他考核考评工作
教育科	拟订并组织实施干部培训、学历教育管理制度、工作规划、年度计划；组织开展培训质量考核与评估；承办教育培训项目的开发与管理；承担教育培训经费管理和培训机构业务管理工作；指导、检查本系统教育培训工作
党建工作科	协助市税务局党委落实全面从严治党主体责任；督促系统内各级党组织落实管党治党责任，统筹和指导系统党群工作，宣传和执行党的路线方针政策；统筹本系统思想政治建设、意识形态建设、税务文化建设、精神文明建设和统战工作；组织和指导系统巡察工作
机关党委	承担机关和派出机构党群工作
老干部科	承担机关和派出机构老干部工作；指导系统老干部工作
中共国家税务总局益阳市税务局委员会纪律检查组	负责机关和派出机构党的纪律检查工作；指导系统党的纪律检查工作
第一税务分局（重点税源企业税收服务和管理局）	拟订并组织实施本系统列名大企业税收服务和管理的中长期规划和年度计划；承担国家税务总局和省局部署的大企业名册管理、数据补充采集、风险分析和风险应对等事项；组织实施本系统列名大企业的风险分析、风险应对等专业化管理和个性化服务工作；开展大企业税收经济分析及与同类型企业的比较分析；指导大企业完善税务风险防控体系；组织、协调、指导、考核本系统大企业税收服务和管理工作
第二税务分局	组织落实车辆购置税征收管理规章制度及规范性文件；承担车辆购置税的税源管理、纳税评估、日常检查、纳税服务等工作；承担车辆税收一体化管理工作；对核定各类车辆最低计税价格提出建议；管理车辆购置税票证。负责市直机关事业单位社会保险费、个人所得税等有关税收和非税收入的征收管理。按照“税费统征、征纳便利”原则，可承担相关纳税人和缴费人的日常征收服务事项

续表 1–6

机构名称	主要职责
第三税务分局（税收风险管理局）	承担信息数据和风险管理的目标规划、制度规定的实施工作；承办国家税务总局湖南省税务局下发风险应对任务的整合和推送；承担本系统税收风险管理模型构建、分析识别、任务推送、监控评价结果反馈等工作；承担各类税收数据、社会保险费和有关非税收入数据的集中管理、质量控制、分析应用、共享交换及税务云平台管理等事项；组织、协调、指导、考核本系统大数据和风险管理工作
稽查局	负责起草、制定、落实税务稽查规范性文件、工作规划等，下达、落实年度稽查工作计划；负责稽查案源统筹管理，协调、指导、考核本系统税务稽查、社会保险费和有关非税收入检查工作；负责组织查办、督办、直接查办重大税收违法案件；负责高风险纳税人组织应对；承担推行“双随机、一公开”监管工作；负责协调、指导本级跨区域稽查局开展日常工作，对其开展绩效及质效管理；负责对县市区税务局承接的涉税检举、日常检查和部分受托协查工作进行业务归口指导；负责本级跨区域稽查局重大案件的审理工作；负责本级涉税违法行为检举管理；负责提出完善税收政策和征管机制的稽查建议；负责税收违法“黑名单”公布和联合惩戒工作；负责税务稽查队伍建设；负责稽查办案专项经费有关工作；负责健全落实公安派驻税务部门联络机制；参与配合“一案双查”工作
第一稽查局	负责赫山区、大通湖区、沅江市、南县的稽查工作，按照本级税务局稽查局统一制定的检查计划、下达的案源任务，交办、督办的重大税务违法案件的检查、执行工作；负责落实本级税务局稽查局部署的辖区内高风险应对、打击虚开骗税、整顿规范税收秩序等工作；负责落实本级税务局稽查局推送的“双随机、一公开”监管任务；负责本辖区内一般案件的审理工作；负责提出完善税收政策和征管机制的稽查建议；参与配合做好对应辖区“一案双查”工作
第二稽查局	负责资阳区、高新区、桃江县、安化县的稽查工作，按照本级税务局稽查局统一制定的检查计划、下达的案源任务，交办、督办的重大税务违法案件的检查、执行工作；负责落实本级税务局稽查局部署的辖区内高风险应对、打击虚开骗税、整顿规范税收秩序等工作；负责落实本级税务局稽查局推送的“双随机、一公开”监管任务；负责本辖区内一般案件的审理工作；负责提出完善税收政策和征管机制的稽查建议；参与配合做好对应辖区“一案双查”工作
纳税服务中心（税收宣传中心）	负责“12366”纳税服务热线日常管理和“12366”纳税服务平台业务运维；承担“12366”税收知识库和智能咨询库的建设和业务运维；具体承担面向纳税人和缴费人的税法宣传、纳税辅导、咨询服务等工作；接受、转交纳税服务投诉和涉税违法举报；参与拟定税收宣传工作规划和年度计划，协助指导本系统税收新闻宣传工作
信息中心	负责机关及本系统信息化建设的技术支持、保障工作；承担税收管理信息系统的运行维护工作；组织实施机关及本系统信息安全管理
机关服务中心	负责机关后勤事务的管理、保障和服务工作，承担拟订机关事务具体工作制度并组织实施和监督检查；参与机关后勤体制改革工作；指导本系统后勤服务工作

市税务局机关及派出机构行政编制 316 名，事业编制 16 名。设局长 1 名、副局长 4 名，另设纪检组组长 1 名，总经济师、总会计师各 1 名。科级领导职数 68 名。

二、国家税务总局县市区税务局

2018 年 9 月，根据省税务局关于《国家税务总局益阳市税务局所属县级税务局职能配置、机构设置和人员编制暂行规定》，市税务局所属县级税务局共8个，分别为国家税务总局益阳市资阳区税务局（正科级）（以下简称资阳区税务局）、国家税务总局益阳市赫山区税务局（正科级）（以下简称赫山区税务局）、国家税务总局益阳市大通湖区税务局（正科级）（以下简称大通湖区税务局）、国家税务总局益阳高新技术产业开发区税务局（副处级）（以下简称高新区税务局）、国家税务总局沅江市税务局（正科级）（以下简称沅江市税务局）、国家税务总局南县税务局（正科级）（以下简称南县税务局）、国家税务总局桃江县税务局（正科级）（以下简称桃江县税务局）、国家税务总局安化县税务局（正科级）（以下简称安化县税务局）。市税务局所属县级税务局共设内设机构75个，税务分局（所）36个，其中税务分局17个，副科级；税务所19个，股级，事业单位8个。

2021年5月，根据中共国家税务总局湖南省税务局委员会关于《国家税务总局益阳市税务局所属县级税务局职能配置、机构设置和人员编制规定》，益阳市税务局所属县级税务局分别为资阳区税务局（正科级）、赫山区税务局（正科级）、沅江市税务局（正科级）、南县税务局（正科级）、桃江县税务局（正科级）、安化县税务局（正科级）。所属开发区税务机构设置另行明确。

2022年11月，根据中共国家税务总局湖南省税务局委员会关于《国家税务总局益阳高新技术产业开发区税务局职能配置、机构设置和人员编制规定》，高新区税务局级别为副处级，设局长1名、副局长4名、另设纪检组组长1名。下设11个内设机构、3个派出机构、1个事业单位。内设机构、派出单位、事业单位，均为副科级。

第二章 党的建设

第一节 党的领导机构和基层组织

一、党的领导机构

1993年7月以前，地区税务局设有中共益阳地区税务局党组。1993年7月，益阳撤地建市，中共益阳地区税务局党组改设中共益阳市税务局党组。至1994年9月，先后由岳锡登、李树卿担任党组书记，肖春生、刘见曙、杜润清、谢之光、彭忠阳、廖国扬进入中共益阳地区（市）税务局党组领导班子。

1994年9月，成立中共益阳市国家税务局党组。至2018年7月，先后由李树卿、郭志仁、刘建福、皮本固、袁世民、傅森河、李建伟、徐向阳担任党组书记，肖春生、胡华林、黎谷盈、程亮东、凌奇、王如林、谢勇民、胡顺昌、周智平、陈其佑、胡跃生、杨佳民、张敏、李立平、曾国华、龚军、谌宪伟、李晖、李军、汪清波、邓宇峰进入中共益阳市国家税务局党组领导班子。

是年9月，成立中共益阳市地方税务局党组。刘见曙任党组书记，廖国扬为党组成员。至2018年7月，先后由刘见曙、郑惠、吴佑坤、蒋栋才、张晓飞、周本庆、李朝晖、石洪波担任党组书记，廖国扬、甘志中、宋力华、方志平、高德润、袁斌、赖光辉、张冰、邓杏仁、莫国云、陈雁鸿、李昕、刘新、黎萍、李莉、郭光明、谢剑、何东彪、乔文光进入中共益阳市地方税务局党组领导班子。

是年10月，中共益阳市国家税务局党组、中共益阳市地方税务局党组分别完成对县市区国家税务局党组、地方税务局党组或分局党组的设立和党组成员的人事任命。

2018年6月，中共益阳市委决定设立中共益阳市国家税务局、地方税务局联合委员会。撤销中共益阳市国家税务局党组、中共益阳市地方税务局党组。是月，中共湖南省税务局联合委员会决定，徐向阳任益阳市国家税务局、地方税务局联合党委书记（正处长级）；石洪波任益阳市国家税务局、地方税务局联合党委副书记（正处长级）；赖光辉任益阳市国家税务局、地方税务局联合党委副书记；龚军、杨佳民、胡跃生、曾国华、莫国云、陈雁鸿、李晖、谢剑、汪清波、邓宇峰、郭光明、乔文光任益阳市国家税务局、地方税务局联合党委委员；谢剑任益阳市国家税务局、地方税务局联合党委纪检组组长。是月，相继设立中共各县市区国家税务局、地方税务局联合委员会，中共益阳市国家税务局、地方税务局联合委员会完成对中共各县市区国家税务局、地方税务局联合委员会的人事任命。

是年9月，中共益阳市委同意中共益阳市国家税务局、地方税务局联合委员会改设中共国家税务总局益阳市税务局委员会。10月，中共国家税务总局湖南省税务局委员会决定，徐向阳任国家税务总局益阳市税务局党委书记（正处长级）；石洪波任国家税务总局益阳市税务局党委副书记（正处长级）；赖光辉任国家税务总局益阳市税务局党委副书记；龚军、杨佳民、胡跃生、曾国华、莫国云、陈雁鸿、李晖、谢剑、汪清波、邓宇峰、郭光明、乔文光任国家税务总局益阳市税务局党委委员；谢剑任国家税务总局益阳市税务局党委纪检组组长。是月，中共国家税务总局各县市区税务局委员会成立，撤销联合党委，中共国家税务总局益阳市税务局委员会完成对中共国家税务总局各县市区税务局委员会的人事任命。至2022年12月，中共国家税务总局益阳市税务局委员会先后由徐向阳、陈有权担任党委书记，石洪波、赖光辉、龚军、杨佳民、胡跃生、曾国华、莫国云、陈雁鸿、李晖、谢剑、汪清波、邓宇峰、郭光明、乔文光、罗广宇、刘正、任冀蓉、胡闵、李出担任党委领导班子成员。

二、党的基层组织

（一）益阳地区税务局基层党组织

1990年，益阳地区税务局设有1个机关党支部，除农垦分局外，税务所均为独立党支部，税务所党支部共有59个。

（二）益阳市国家税务局基层党组织

1994年10月，中共益阳市国家税务局直属单位委员会、中共益阳市地方税务局直属单位委员会成立。市国税局下设中共益阳市国家税务局一、二、三、四分局总支部委员会；市地税局下设中共益阳市地方税务局资阳、朝阳、赫山、农垦4个分局总支委员会。

1995年1月，中共益阳市国家税务局直属机关第一次代表大会召开，参加会议的中共党员代表55人，选举产生由胡顺昌、陈韵清、詹桂花、谢玉兰、谭吉松、周正威、周智平、贺梓交、石建军等9人组成的第一届中共益阳市国家税务局直属机关委员会，由胡顺昌任党委书记，陈韵清任党委副书记。中共益阳市国家税务局机关党委负责管理资阳区、朝阳区、赫山区、大通湖区国税分局4个党总支和局机关28个基层党支部，共有中共党员308人，中共益阳市国家税务局直属机关党委设办公室，由陈韵清兼任办公室主任。是年，市国税局建立健全益阳市国税系统各级党组织，益阳市各基层税务所和各征收单位均建立起党支部，各支部和总支明确工作职责，组织开展党的活动。

1998年11月，中共益阳市国家税务局直属机关第二次代表大会召开，55名党员代表参加会议，选举产生由石建军、陈其佑、周振威、陈韵清、胡华林、贺梓交、谢玉兰、詹桂花、谭吉松9人组成的中共益阳市国家税务局直属机关第二届委员会，胡华林任书记，陈韵清、石建军任副书记。

1999年，市国税局成立机关党总支，解决机关党员人数多、党委办直接管理困难多的问题。

2001年8—11月，中共益阳市国家税务局直属机关委员会各基层党组织开展换届选举，共设资阳分局、朝阳分局、赫山分局、大通湖分局和市国税局机关5个总支，26个基层党支部。

2002年6月，中共益阳市国家税务局直属机关第三次代表大会召开，112名党员代表参加会议，选举产生由刘科赛、阳长春、陈其佑、张岱军、罗坤民、周振威、崔青、程果田、詹桂花9人组成的中共益阳市国家税务局直属机关第三届委员会，陈其佑任书记，阳长春、罗坤民任副书记。

2003年2月，撤销中共益阳市国家税务局机关总支部委员会，其下属3个党支部由中共益阳市国家税务局直属机关委员会直接管理。至此，中共益阳市国家税务局直属机关第三届委员会下设4个党总支，24个基层支部，共有党员539人。

2005年，中共益阳市国家税务局车辆购置税征收管理办公室支部委员会成立。

2007年6月，中共益阳市国家税务局直属机关第四次代表大会召开，108名党员代表参加会议，选举产生由孙东山、阳长春、肖炜、陈其佑、陈赛纯、李沪庆、周复春、胡文胜、项智洪9人组成的中共益阳市国家税务局直属机关第四届委员会，陈其佑任书记，阳长春任副书记。

2010年3月，中共益阳市国家税务局第一稽查局支部委员会成立。

2015年12月，中共益阳市国家税务局直属机关第五次党员代表大会召开，选举产生由王界华、朱玉清、孙东山、李仲、陈赛纯、杨佳民、金志雄、袁晓艳、雷最丰组成的中共益阳市国家税务局第五届直属机关委员会，杨佳民任书记，金志雄任副书记。

（三）益阳市地方税务局基层党组织

1995年2月，中共益阳市地方税务局直属机关第一次代表大会召开，38名党员代表参加会议，通过差额选举，选举产生由廖国扬、高德润、郭雨仁、陈斌、舒宗尧、胡乐群、刘希贤7人组成的中共益阳市地方税务局直属机关委员会，廖国扬任书记，高德润任副书记。下设中共益阳市地方税务局资阳、赫山、朝阳、农垦4个总支委员会和18个基层支部委员会，其中，市地税局机关设1个支部委员会，资阳分局设4个支部委员会，朝阳分局设4个支部委员会，赫山分局设7个支部委员会，农垦分局设2个支部委员会，共有党员141人。

1998年7月，中共益阳市地方税务局直属机关第二次党员代表大会召开，195名党员代表参加会议，选出由高德润、张友良、舒宗尧、曾小燕、郭雨仁、罗松柏、胡放明组成的第二届中共益阳市地方税务局直属单位委员会，高德润任书记，张友良任副书记。仍设中共益阳市地方税务局资阳、朝阳、赫山、农垦4个总支委员会，18个党支部。

1999年，增设中共益阳市地方税务局省级征收分局支部。

2000年7月，中共益阳市地方税务局直属机关委员会调整基层党组织，共设24个党支部。

2003年7月，中共益阳市地方税务局直属机关委员会第三次代表大会召开，101名党员代表参加会议，选举产生由文合荣、王佑典、刘一军、邱平、陈德凡、罗松柏、蒋栋才、蔡翔、颜建宏9人组成的中共益阳市地方税务局直属机关第三届委员会。蒋栋才任书记，文合荣、邱平任副书记。下设4个总支委员会，24个党支部，共有党员230人。

2012年7月，中共益阳市地方税务局直属机关委员会第五次代表大会召开，115名党员参加会议，选举产生由莫国云、李跃华、孙志学、张远征、邱平、李静、祝成辉、贺铁辉、高淑群9人组成的中共益阳市地方税务局第五届直属机关委员会，莫国云任书记，李跃华任副书记。

2016年11月，中共益阳市地方税务局直属机关委员会第六次党员代表大会召开，143名党员代表参加会议，选举产生由孙志学、李静、李跃华、邱平、张远征、祝成辉、贺铁辉、莫国云、高淑群9人组成的中共益阳市地方税务局第六届直属机关党委，莫国云任书记，李跃华任副书记。

（四）国家税务总局益阳市税务局基层党组织

2018年9月，中共国家税务总局益阳市税务局机关委员会第一次党员大会、中共国家税务总局益阳市税务局第一届机关党委第一次会议和中共国家税务总局益阳市税务局第一届机关纪委第一次会议召开，选举产生机关党委及机关纪委委员。中共国家税务总局益阳市税务局机关委员会由丁力尧、石洪波、刘正、李定和、李跃华、何学军、陈建波、周雷奕、胡闵、袁晓艳、龚燕飞11人组成，石洪波任书记，周雷奕任专职副书记，陈建波、袁晓艳任副书记，胡闵任组织委员，李跃华任宣传委员，其余5人任委员；中共国家税务总局益阳市税务局机关纪律检查委员会由卢善山、陈雪宇、林耿、周莹、袁晓艳5人组成，袁晓艳任书记，其余4人任委员。市税务局机关党委下设18个党支部。

2020年2月，市税务局机关党委在市税务局益阳大道办公区、市税务局康富路办公区设立2个临时党支部。

是年12月，因人事调整，中共国家税务总局益阳市税务局机关委员会任期内出缺，莫国云任市税务局机关党委书记，何琳任市税务局机关党委专职副书记、机关纪委书记。

2021年7月，因人事调整，曹建波任市税务局机关党委副书记，樊四平任市税务局机关党委副书记、机关纪委书记，免去何琳市税务局机关纪委书记职务。是年11月，中共国家税务总局益阳市税务局机关委员会召开党员代表大会。选举产生秦宾、彭乐仁、彭润3名机关党委委员；选举产生何梦宇、李颖、龚翔、廖继业4名机关纪委委员。改选后的中共国家税务总局益阳市税务局机关委员会由莫国云、何琳、曹建波、樊四平、秦宾、彭乐仁、彭润7人组成，莫国云任书记，何琳任专职副书记，曹建波、樊四平任副书记，秦宾、彭乐仁、彭润3人为委员；改选后的中共国家税务总局益阳市税务局机关纪律检查委员会由樊四平、何梦宇、李颖、龚翔、廖继业5人组成，樊四平任书记。是月，市税务局机关支部进行换届选举，将原有18个党支部调整缩减为16个党支部。

2022年5月，市税务局机关党委制发《中共国家税务总局益阳市税务局机关支部委员会设置调整工作实施方案》，机关党支部由科室联合党支部调整为以科室单独设置党支部，将原有16个党支部调整为31个党支部。

第二节　党的组织建设

一、党内民主建设

（一）党组（党委）工作规则

2015年1月，市国税局党组制定印发《中共益阳市国家税务局党组工作规则》，本规则共十一条，对市国税局党组实行的制度、行使的职责、党组会议议事决策制度、党组民主生活会、中心组学习制度等内容予以明确。

2016年4月，市国税局党组修订《中共益阳市国家税务局党组工作规则》，修订后的党组工作规则共六章二十九条，明确市国税局党组遵循的原则、党组职责、组织原则、议事决策、责任追究、党组议事内容目录清单等内容。

是年4月，中共益阳市地方税务局党组制定并印发《中共益阳市地方税务局党组工作规则》，明确市地税局党组工作遵循的原则、党组主要职责、党组议事决策制度、党组中心组学习制度、民主生活会制度等内容。

2018年7月，中共国家税务总局益阳市税务局联合委员会审议通过并印发《中共国家税务总局益阳市税务局联合委员会会议议事决策暂行规则》，内容涉及联合党委会组成人员、联合党委会议事决策原则、联合党委会议事决策事项、联合党委会议题提交、联合党委会议事程序、联合党委会贯彻落实、联合党委会会务工作、联合党委会纪律要求等八项内容。

2020 年 1 月，中共国家税务总局益阳市税务局委员会审议通过并印发《中共国家税务总局益阳市税务局委员会议事规则（试行）》，包括总则、议事范围、会议议题、议事程序、决议执行、会议组织等六章二十二条（具体内容见表 1–7）。

中共国家税务总局益阳市税务局委员会议事规则（试行）一览表

表 1–7

		具体内容
第一章 总则	第一条	为保证党的理论和路线方针政策以及党委、市委、市政府决策部署在全市税务系统的贯彻实施，推进市局党委议事决策的民主化、科学化和规范化，根据《中国共产党章程》《中国共产党党组工作条例》《中共国家税务总局湖南省税务局委员会工作规则（试行）》《中共国家税务总局益阳市税务局委员会工作规则（试行）》等有关规定，结合实际，制定本规则
	第二条	市局党委必须高举中国特色社会主义伟大旗帜，以马克思列宁主义、毛泽东思想、邓小平理论、“三个代表”重要思想、科学发展观、习近平新时代中国特色社会主义思想为指导，认真学习贯彻党的基本理论、基本路线、基本方略，坚持和加强党的全面领导，增强“四个意识”、坚定“四个自信”、做到“两个维护”，始终在思想上政治上行动上同以习近平同志为核心的党中央保持高度一致，充分发挥把方向、管大局、保落实的领导作用
	第三条（一）坚持和加强党对税收工作的全面领导	党委议事决策必须体现党领导一切原则，落实全面从严治党主体责任，确保党的理论和路线方针政策在税收工作领域不折不扣贯彻落实；党委议事决策依据党章和其他党内法规进行
	（二）坚持民主集中制	党委议事决策应当坚持集体领导、民主集中、个别酝酿、会议决定，重大决策应当充分协商。党委集体讨论决定问题应充分发扬民主，坚持少数服从多数。党委对有关重要问题作出决定时，应当根据需要充分征求市局机关党组织及党员群众的意见，重要情况应当及时进行通报
	（三）坚持科学民主依法决策	党委作出重大事项决策，应深入开展前期调查研究，广泛征求各方意见，进行必要性、可行性、科学性论证，进行风险评估和合法合规性审查，做到情况清楚、依据准确、条件成熟，注重针对性和可操作性，确保各方面意见基本一致
第二章 议事范围	第四条 局党委会议议事范围 （一）传达学习贯彻事项	传达学习党中央、国务院和国家税务总局党委、省委、省政府、省税务局党委、市委、市政府的各项方针、政策、工作部署以及重要会议、文件精神，研究提出贯彻落实意见
		传达学习党中央、国务院和国家税务总局、省委、省政府、省税务局、市委、市政府领导重要讲话、重要指示精神，研究提出贯彻落实意见
	（二）请示报告、听取汇报事项	审定向国家税务总局党委，省委、省政府，省税务局党委，市委、市政府请示报告的重要事项
		听取下级单位党组织请示报告党的工作及其他重要工作汇报

续表 1-7

		具体内容
第二章 议事范围	（三）党的建设、思想政治工作事项	研究市局机关和全市税务系统党建、思想政治工作和精神文明建设方面的重大问题
		研究部署市局机关和全市税务系统党的日常和集中教育活动
		研究按照上级党委规定召开党委民主生活会的有关情况
	（四）全面从严治党工作事项	研究加强市局机关和全市税务系统全面从严治党、党风廉政建设和反腐败工作
		处理职责范围内的重大违法违纪案件
	（五）机构编制、干部队伍建设事项	研究决定市局机关和全市税务系统机构设置、职责调整、人员编制等重要事项
		研究决定市局机关和全市税务系统领导班子建设、干部任免、交流、考核、奖惩和纪律处分等重要事项
		研究市局机关和全市税务系统人才选拔、培养和使用等重要事项
		研究市局机关和全市税务系统干部管理监督、巡视巡察、内控机制建设等重要事项
	（六）税费业务工作事项	审议税费政策调整、发展规划、改革方案等重大问题
		研究制定加强税费管理的规范、办法等重要制度
	（七）财务管理事项	研究决定市局机关和全市税务系统财务、基建、信息化建设等方面的重大项目安排和大额资金使用
	（八）其他应当由党委讨论和决定的重要事项	
第三章 会议议题	第五条	市局党委会议议题由党委书记提出，或者由其他党委委员提出建议、党委书记综合考虑后确定。除市局党委议事规则中已经明确规定的“三重一大”等需要提交党委会议研究决定的事项外，涉及全局性工作或需要多个部门配合的重要工作，需要提请市局党委审定的，可以作为议题按程序提交。无特殊原因，一般不得临时动议增加会议议题。党委会议议题要提前发给党委委员。党委委员应认真研究，做好准备
	第六条 议题类型	市局党委会议议题一般分为汇报类议题和审议类议题。汇报类议题是指，须向市局党委会议进行通报，需要贯彻执行的上级会议精神、工作决定，上级领导的讲话、指示批示精神等。审议类议题是指，需要党委会议集体研究并作出决定的工作事项
	第七条 征求意见	需要审定的议题涉及多个职能部门的，原则上在议题提交前，负责提交议题的部门应与相关职能部门进行充分沟通、征求意见，并形成征求意见情况书面报告。书面报告一般应包括征求意见的部门及意见、意见采纳情况及理由等方面

续表 1–7

		具体内容
第三章 会议议题	第八条 议题提交	议题须按程序提交，一般应由相关责任部门建议，报经分管局领导审核签署意见后，交办公室汇总，再由办公室统一报送党委书记审批。涉及重大问题、或在征求意见过程中存在不同意见的议题，相关责任部门主要负责人或分管局领导应当事先向党委书记做好汇报沟通，经党委书记同意后方可提交。凡征求意见分歧较大，不能在会前达成基本一致意见的，原则上不能作为议题提交。提交议题时，应同时提交相关汇报书面材料。其中议题汇报材料应包括事件来由、依据、征求意见情况和需要提请党委会议审议的事项或意见等
	第九条 议题汇总	汇报类议题和审议类议题，都需要提前向市局办公室进行申报。办公室及时进行收集、归类、汇总。除紧急情况或报经党委书记同意，办公室一般不接收临时议题
	第十条 议题审批	办公室将收集的议题，分别列出议题审批单，由办公室主任对议题内容、列席人员、前置程序、资料完备等情况进行审核，在决定召开党委会议之后，统一呈报党委书记进行审批。办公室将经过党委书记审批同意的议题及材料，在党委会议召开之前，提前报送给市局党委委员及列席会议的局领导进行审阅
第四章 议事程序	第十一条	市局党委应当按照集体领导、民主集中、个别酝酿、会议决定的原则作出决策，实行科学决策、民主决策、依法决策。市局党委作出重大决策，一般应当经过调查研究、征求意见、充分酝酿等程序，按照规则由集体讨论和决定。党委讨论决定人事任免事项，应当严格执行《党政领导干部选拔任用工作条例》《党委（党组）讨论决定干部任免事项守则》，严把选人用人政治关、廉洁关、形象关，坚持“凡提四必”，防止干部“带病提拔”，推进干部能上能下，大力营造风清气正的选人用人环境
	第十二条	市局党委会议议题提交表决前，应当进行充分讨论。表决可以采用口头、举手、无记名投票或者记名投票等方式进行，赞成票超过应到会党委委员半数为通过。未到会党委委员的书面意见不得计入票数。表决实行主持人末位表态制。会议研究决定多个事项的，应当逐项进行表决
	第十三条	汇报类议题的汇报与议定。汇报类议题可由提交议题责任部门主要负责人或分管局领导进行汇报或通报，汇报或通报应当简明扼要、重点突出。汇报类议题一般不在会上开展讨论和征求意见，除分管局领导做出必要说明、其他局领导有不同意见外，一般由党委书记提出贯彻执行意见后即完结议题
	第十四条 审议类议题的汇报与议定 （一）提交议题的责任部门汇报	审议类议题一般应由提交议题责任部门的主要负责人进行汇报，汇报应当简明扼要，时间控制在 10 分钟以内。重点包括提交议题的理由、依据、征求意见情况、需要市局党委会议研究或审议的意见或方案等。提请研究或审议的意见或方案应当具体、明确，有不同意见或方案的，应分别针对不同意见或方案提出简要明晰的利弊分析
	（二）列席人员发言	会议主持人一般应征求列席会议的局领导的意见，提示有不同意见的其他列席会议的科室负责人进行发言，没有不同意见的可不发言

续表 1-7

		具体内容
第四章 议事程序	（三）分管领导补充说明	分管局领导可针对所提交的议题进行必要的补充说明，并发表个人的明确意见
	（四）党委委员按顺序发言	议题汇报完毕后，根据会议主持人要求，与会党委委员按照顺序依次发表个人意见，作明确表态。没有意见的表明“没有意见”；有不同意见的，应当明确提出不同意见，并简要阐述理由。党委会议组成人员发言应聚焦议题，时间一般应控制在 5 分钟以内
	（五）议题审定	会议主持人根据会议发言情况，对意见基本一致的，作出“同意”或“通过”的决定；对主要内容意见基本一致，个别条款存在不同意见的，提出改进和完善的意见或措施；对意见分歧较大的，应当暂缓作出决定，或者作出“不通过”的决定。会议主持人可就每个议题，分别提出贯彻落实、组织实施或改进完善的具体决定或意见
第五章 决议执行	第十五条	市局党委决策一经作出，应当坚决执行。党委委员必须坚决服从党委集体决定，有不同意见的，在坚决执行的前提下，可以声明保留，也可以向上级党组织反映，但不得在其他场合发表不同意见
	第十六条	市局党委会议决定事项由局领导按分工组织贯彻落实，其他局领导积极配合；相关职能部门负责具体贯彻执行，并及时向市局党委汇报执行进展情况或执行中遇到的困难和问题。局领导在贯彻落实党委决定时，如遇有新情况和重大问题，要及时向党委汇报，必要时提交党委会议研究决定
	第十七条	市局党委建立有效的督查和反馈机制，确保党委决策及时全面落实。办公室负责党委决定事项的督办落实，重大事项的落实情况应及时整理汇总向党委汇报
第六章 会议组织	第十八条	市局党委议事决策一般采用党委会议形式。党委会议原则上每月召开 1 次，遇有重要情况可以随时召开，具体时间由党委书记确定
	第十九条 市局党委会议参会人员和列席人员	党委会议由党委书记、副书记、委员参加，非党委委员局领导可列席会议。会议由党委书记召集或由党委书记委托党委副书记召集并主持
		办公室主任、纪检组副组长（负责日常工作）列席党委会议。经党委会议召集人批准可安排县市区局、市局有关单位列席相关会议。根据工作需要，巡察、党建、考核考评部门主要负责人列席有关会议
	第二十条	市局党委会议应当有半数以上党委委员到会方可召开，讨论和决定干部任免、处分党员事项必须有三分之二以上党委委员到会。党委委员因故不能参加会议的应当在会前请假，其意见可以用书面形式表达。党委会议议题涉及本人或者其亲属以及存在其他需要回避情形的，有关党委委员应当回避
	第二十一条 会议通知	办公室按照会议议题需要，在党委会议召开之前通知相关人员参加会议或列席会议，统筹做好会务、候会安排
	第二十二条 会议记录和会议纪要	党委会议由办公室专门人员如实记录，实行双人记录制，并由会议主持人在会议记录末尾审核签字。会议纪要由办公室整理，报党委书记签发，原则上应分送党委委员签阅。党委会议的原始记录、会议纪要、重要议题附件等材料应作为永久性档案材料，按照规定存档备查

（二）党组（党委）民主生活会

1991年7月，地区税务局党组采取“走出去、请进来”办法收集批评意见20条,召开党组民主生活会，党组成员根据干部群众的批评意见，联系自身实际，认真开展批评与自我批评，并在会后务实整改。

1995年8月，市国税局党组召开廉洁自律专题民主生活会，学习中纪委两个五条规定和毛泽东同志《为人民服务》《反对自由主义》，邓小平同志《共产党员要接受群众监督》《高级干部要带头发扬优良传统》《一靠理想、二靠纪律才能团结起来》等文章，对照两个五条规定和81位干部职工的意见，联系实际开展自查自纠和批评与自我批评，并明确今后的打算。

1996年7月，市国税局召开党组民主生活会，学习江泽民同志《领导干部一定要讲政治》和在中纪委第六次全体会议上的重要讲话，党的十四届四中全会、五中全会关于各级党组织党员领导干部廉洁自律的文章，以及湖南省委常委、省纪委书记杨敏之《反对好人主义》的文章等，对照干部职工反映的8条意见、16条建议和要求，开展批评与自我批评，并明确今后工作中要解决的三方面问题。8月，市地税局党组召开民主生活会，组织市地税局机关党员、科长（主任）参加，听取中层骨干的批评意见，查找两方面问题，并明确四个方面的整改措施。

1997年6月，中共益阳市地方税务局党组召开机关作风整顿民主生活会，回顾总结市地税局组建以来工作成绩，结合行风评议和机关作风整顿着重开展自查自纠，突出解决“一手硬、一手软”和为政不廉等方面问题，市地税局党组成员均实事求是开展批评与自我批评，查找六项问题，并明确四方面整改措施。

1999年10月，中共益阳市地方税务局党组广泛开展交心活动，召开民主生活会，开展批评与自我批评，深刻剖析党性党风方面的问题和工作中存在的不足，查找六方面的问题并明确相应措施。

2002年，中共益阳市地方税务局党组民主生活会组织学习贯彻江泽民总书记“5·31”重要讲话精神，检查上一年民主生活会后整改措施落实情况，就改进作风、廉洁自律等问题进行对照检查。

2003—2007年，市国税局党组组织学习“三个代表”重要思想、科学发展观、提高党的执政能力建设决定和党的十六届四中全会决定精神，胡锦涛同志在中央纪委第七次全会上的重要讲话等相关内容；通过设置意见箱、召开座谈会、发放征求意见函等方式共征集意见和建议99条；开展谈心谈话，党组书记与每位党组成员、党组成员相互之间以及与分管科室负责人进行谈心谈话；撰写党性分析材料进行自我剖析；共召开党组民主生活会5次，通报收集的意见建议，开展批评与相互批评，查摆问题，共制定整改措施52项。

这一时期，市地税局党组组织学习党章、“三个代表”重要思想、胡锦涛总书记关于树立社会主义荣辱观的重要论述等内容；充分征求意见建议、交心谈心，召开党组民主生活会5次，检查上一年度民主生活会后整改措施落实情况，开展批评与自我批评，查找主要问题，并提出整改措施，落实整改责任。

2008—2012年，市国税局党组组织学习党的十七大、十八大会议精神，胡锦涛同志在中国共产党第十七次全国代表大会上的报告、习近平同志在中国共产党第十八次全国代表大会上的报告、胡锦涛同志在庆祝中国共产党成立90周年大会上的重要讲话精神、习近平同志在党的十八届一中全会上的重要讲话精神等内容，研读《毛泽东邓小平江泽民论科学发展》《科学发展观重要论述摘编》《深入学习实践科学发展观活动领导干部学习文件选编》等读本；共收集基层和机关干部群众意见和建议160条；深入开展谈心谈话，撰写发言提纲；共召开党组民主生活会5次，其中包含1次学习贯彻《中国共产党党员领导干部廉洁从政若干准则》专题民主生活会，开展批评与自我批评，查摆问题，共制定整改措施95项。

这一时期，市地税局党组组织学习党的十七大、十八大会议精神，胡锦涛同志在全党深入开展学习实践科学发展观活动总结大会上的讲话精神等内容，学习《中国共产党党员领导干部廉洁从政若干准则》《关于党员领导干部报告个人有关事项的规定》和干部选拔任用工作四项监督制度等；征集意见建议，开展谈心谈话；共召开党组民主生活会5次，对照征集的意见建议以及批评与相互批评查找问题，并制定整改措施。

2013年至2018年2月，市国税局党组组织学习党的十八大以来习近平总书记系列重要讲话及关于“三严三实”专题教育的重要指示精神、中央开展党的群众路线教育实践活动的意见、总局党的群众路线教育实践活动系列会议精神，学习领会党的十九大精神；通过发放调查问卷、召开座谈会、走访纳税人、与干部谈心谈话等方式共征集意见建议232条，其中：党的群众路线教育实践活动专题民主生活会征集归并意见建议122条，“三严三实”专题教育民主生活会征集意见建议54条；开展“三轮谈心”，深刻剖析，认真撰写对照检查材料，班子成员之间相互提出批评意见168条；召开党组民主生活会5次，查摆“四风”方面问题和“不严不实”等问题，共形成120项整改措施。

这一时期，益阳市地方税务局党组组织学习党章和习近平总书记关于厉行节约、反对浪费和加强作风建设等系列重要讲话精神，学习领会习近平新时代中国特色社会主义思想；广泛征求意见，开展交流谈心，共召开“为民务实清廉 切实加强作风建设”主题民主生活会、“三严三实”专题教育民主生活会等5次党组民主生活会，开展批评和自我批评，共查找24个方面的问题，并明确整改措施。

2018年10月，市税务局党委组织学习习近平总书记关于深化党和国家机构改革重要思想以及党中央、国务院和总局、省委、省政府、省税务局党委关于国税地税征管体制改革有关精神，学习《中共中央关于深化党和国家机构改革的决定》《深化党和国家机构改革方案》《国税地税征管体制改革方案》以及总局一系列部署要求，学习李克强总理、韩正副总理重要批示指示精神，总局王军局长在全国税务系统机构改革动员部署视频会议上的讲话，省税务局刘明权书记在全省税务系统机构改革动员会暨市州局机构改革培训班上的讲话；通过多种方式征求意见，按照“四必谈”要求，“一对一”“面对面”开展谈心谈话；撰写对照检查材料，总结前期改革工作情况，查摆存在的问题和不足，分析原因，并明确工作措施，组织召开深化机构改革专题民主生活会，开展批评和自我批评，查摆问题，并制定整改措施，作出整改承诺。

2019年1月，市税务局党委组织学习习近平新时代中国特色社会主义思想、党的十九大精神、习近平总书记在庆祝改革开放40周年大会上的重要讲话、在纪念刘少奇同志120周年诞辰座谈会上的重要讲话以及党章和《中国共产党纪律处分条例》等有关党内法规，通过发放调查问卷、召开支部党员大会、设置意见箱等方式，收集到对党委班子的原汁原味的意见56条，归纳梳理18条，按照“四必谈”要求，“一对一、面对面”开展谈心谈话，全体党委委员共开展谈心谈话200人次；召开2018年度民主生活会，查找问题10个，并明确5个方面整改方向及措施。

是年12月，市税务局党委组织学习习近平总书记在“不忘初心、牢记使命”主题教育工作会议、中央政治局第十五次集体学习、中央和国家机关党的建设工作会议和在内蒙古考察并指导开展“不忘初心、牢记使命”主题教育时的重要讲话，学习贯彻习近平总书记关于税收工作的重要论述和重要指示批示精神，认真学习党的十九届四中全会会议精神，学习党章、《关于新形势下党内政治生活的若干准则》《中国共产党纪律处分条例》，学习党史、新中国史，学习党中央关于民主生活会的有关要求；收集到对市局党委领导班子原汁原味的意见54条，归纳梳理为6类32条，全体党委委员共开展谈心谈话300人次；召开“不忘初心、牢记使命”主题教育专题民主生活会，开展批评与自我批评，查找7方面问题17个，并提出4个方面的整改方向。

2021年2月，市税务局党委组织学习习近平新时代中国特色社会主义思想，学习党的十九届五中全会精神，研读《习近平谈治国理政》第三卷，学习习近平总书记在党的十九届五中全会、2020年度中共中央政治局民主生活会、纪念中国人民志愿军抗美援朝出国作战70周年大会上的重要讲话、在省部级主要领导干部学习贯彻党的十九届五中全会精神专题研讨班开班式上的重要讲话精神，学习习近平总书记关于税收工作重要论述和重要指示批示精神以及考察湖南重要讲话精神，学习《中共中央关于加强党的政治建设的意见》《关于巩固深化“不忘初心、牢记使命”主题教育成果的意见》、李克强总理、韩正副总理的重要批示精神，以及对2020年度税收工作的重要指示批示精神，学习中国共产党第十九届中央纪律检查委员会第五次全体会议精神、国家机关工委书记丁薛祥带队到国家税务总局调研有关指示精神、上级关于意识形态、民主生活会相关文件精神及全国税务工作会议精神；采取谈心谈话、发放征求意见表、召开支部组织生活会、设置征求意见箱等方式，收集到对市税务局领导班子意见建议16条；通过交心谈心，班子成员之间相互提出意见建议84条；召开2020年度党员领导干部民主生活会，查摆5个方面14个问题，明确4个方面的整改打算。

2022年1月，市税务局党委组织学习习近平总书记在党的十九届六中全会、庆祝中国共产党成立100周年大会、党史学习教育动员大会、全国脱贫攻坚总结表彰大会等发表的重要讲话精神，学习习近平总书记关于税收工作的重要论述和重要指示批示精神以及考察湖南重要讲话精神，学习党章、《关于新形势下党内政治生活的若干准则》、《中国共产党党内监督条例》、《中共中央关于党的百年奋斗重大成就和历史经验的决议》和国家税务总局关于民主生活会的有关要求，学习国家税务总局党委、湖南省委、省政府、湖南省税务局党委和益阳市委、市政府关于党史学习教育及税收中心工作的部署要求；收集对市税务局领导班子原汁原味的意见建议25条，梳理归纳成意见建议11条，谈心谈话78次；通过交心谈心，班子成员之间相互提出意见建议112条；召开党史学习教育专题民主生活会，从5个方面查找不足，并从5个方面明确整改方向和措施。

二、党的基层组织建设

（一）党支部目标管理

1991年，地区税务局各党支部按分工调整修改岗位责任制，接受上级党委和本局考核。1992年3月，地区税务局进行支部换届选举，通过党员大会，选举产生新的支部委员会，重新划分6个党小组，配齐正副组长，制定支部成员岗位责任制、党小组长岗位责任制，汇报、学习制度等。

1996年3月，市国税局直属机关党委制定印发《党支部工作目标管理细则》，将党支部工作分为思想建设、组织建设、作风建设和制度建设四大部分，设20项小指标，每项5分，总计100分，每项工作年终考核分优秀、良好、一般三个等级，优秀计5分，良好计4分，一般计3分。是年，24个支部平均分数为92.4分，其中，95分以上的有6个，90—95分的支部18个。

1997年3月，市国税局直属机关党委制定印发1997年度《党支部工作目标管理细则》，将党支部工作分为思想建设、组织建设、作风建设和制度建设四大部分，共设20项，每项为5分，总计100分。

1998年，市国税局直属机关党委印发《关于党支部建设实行目标管理的通知》，明确实行目标管理的内容、实施办法、工作要求及管理细则，该细则围绕党建工作的组织建设、思想建设、作风建设和制度建设分解为20个指标，定量考核和定性考核相结合，根据党支部负责人工作汇报、党员参加组织生活考勤表、党费收缴登记表、党支部和党小组的组织生活记录等任务完成情况进行定量考核逐项打分，定性考核采取开座谈会、考评会，征求党员、领导干部和党外群众意见等形式，根据工作质量打分。计分实行百分制，69分以下的为不合格；70—89分的为合格；90分以上的为良好。目标管理的奖惩措施：评选先进党支部必须在考核为良好的党支部中推选。在单位评选先进单位时，应将其作为重要条件予以考虑。对不合格的党支部，协助局党组采取措施进行整顿和重点帮助，评选优秀党务工作者必须从良好党支部的负责人中推选，良好党支部的负责人应作为先进工作者人选参加评比，并作为考核、使用干部的重要依据。

2002年，市国税局制定年度党建工作规划，并制定基层党支部建设目标管理细则，下发到各基层党组织予以实施。

是年，市地税局印发《关于对市局直属机关党组织实施党建工作目标管理（试行）的意见》，明确党建工作目标管理的主要内容包括思想建设、组织建设、作风建设、制度建设、党组重视机关党建工作五大类22项，实行逐类量化，按百分制考核评比，由市地税局直属机关党委组织实施，半年组织一次督查，年底按照考核细则，采取听汇报、走访座谈、查阅资料等形式进行全面检查验收，在此基础上评选出机关党建工作目标管理达标单位和先进单位，并作为推优表彰的重要依据，适应范围为市地税局机关党支部、省级税收征收分局党支部、稽查局党支部。

2013年，市地税局直属机关党委对所属11个党组织进行党建工作年度检查，结合日常党建考核，经直属机关党委讨论研究，评选出3个“2012年度党建工作目标管理优秀单位”，一等奖为市地税稽查局党支部，二等奖分别为市地税局直属局党支部、大通湖区地税局党总支；评定8个“2012年度党建工作目标管理合格单位”。

2014年，市国税局开展基层党组织分类定级工作，全面了解基层党组织的状况，组织开展软弱涣散党组织的整顿工作，印发《直属机关各党组织党建工作目标管理考核细则》，明确支部工作职责和内容，明确党组织党建工作目标管理考评内容及考评细则，制订工作计划，促进基层党建规范化建设。是年，中共益阳市地方税务局直属机关委员会对2013年度党建工作目标管理考核情况的通报，在所属11个党组织中评选出3个“2013年度党建工作目标管理优秀单位”，其中一等奖为资阳区地税局党总支，二等奖分别为市地税稽查局党支部、高新区地税局党总支；评定8个“2013年度党建工作目标管理合格单位”。

2015年，市地税局直属机关党委对所属11个党组织2014年度党建工作资料进行集中检查，综合平时考核、年终考核、加分项目和一票否决项目得分情况，市地方税务局直属局党支部获“2014年度党建工作目标管理一等奖”，大通湖区地方税务局党总支、市地方税务局机关第一党支部获“2014年度党建工作目标管理二等奖”；评定8个“2014年度党建工作目标管理合格单位”。

2016年3月，市地税局直属机关党委对2015年度党建工作综合考核，大通湖区地税局党总支获“2015年度党建工作目标管理一等奖”，资阳区地税局党总支、市地税局机关第二党支部获“2015年度党建工作目标管理二等奖”，评定8个“2015年度党建工作目标管理合格单位”。

2017年，市地税局直属机关党委根据2016年度党建工作目标管理考核情况评定赫山区地税局党总支为“2016年度党建工作目标管理一等奖”，市地税局稽查局党支部、市地税局机关第四党支部为“2016年度党建工作目标管理二等奖”；评定8个党组织为“2016年度党建工作目标管理合格单位”。

2018年，市地税局直属机关党委根据2017年度党建工作目标管理考核情况评定大通湖区地税局党总支为“2017年度党建工作目标管理一等奖”，市地税局直属局党支部、市地税局机关第二党支部为“2017年度党建工作目标管理二等奖”。

2022年10月，市税务局机关党委印发《中共国家税务总局益阳市税务局机关委员会关于加强党支部日常监督的实施办法》，确保党中央关于全面从严治党的各项要求在局机关各党支部落实落细落地。是年12月，市税务局机关党委开展机关党建工作督查，对机关28个党支部学习教育、组织生活情况进行检查，印发督查通报。

（二）党支部“四会一课”和“三会一课”制度

1991—1993年，地区税务局加强党员教育管理，坚持党支部“四会一课”制度，即每月召开一次支委会，研究讨论支部工作，两月召开一次小组碰头会，汇报党员思想工作及存在的各种问题，每季召开一次支部小组生活会，开展批评与自我批评，半年召开一次支部大会，向全体党员总结报告一次工作；支部书记每年给党员上一次党课。

1995年，市国税局加强对党员的思想教育工作和管理工作，严格党的组织生活和民主评议党员制度，坚持“三会一课”制度，即党员大会、支部委员会、党小组会，按时上好党课，不断提高党员的思想政治素质。

1996年，市地税局在益阳市地税系统开展党课“四讲”，受到益阳市委组织部好评，党课教育提纲被市委组织部推荐参加全省党课教育评比竞赛。全局366名党员自觉参加党课教育，974名干部职工自觉接受政治教育。集中编写印发“四讲”党课资料，即讲政治，加强地税队伍思想建设；讲宗旨，形成勤政为税的良好风气；讲纪律，树立廉洁为税的地税形象；讲党性，争当立党为公的共产党员。党课资料被市委宣传部党员教育科作为自编党课教育资料范本报送省委宣传部。各级党组织以市地税局印发的党课资料为教材，由主要领导主讲，联系本单位实际，坚持正面教育，大力宣传先进典型，相互开展批评与自我批评，提高党员队伍的思想道德修养。

1999年，市国税局坚持“三会一课”制度，5位党组成员积极参加党的小组生活会和机关支部的活动，带头开展批评与自我批评。

2000年，市国税局落实党建工作各项制度，以总支为单位狠抓“三会一课”制度落实。

2002年，市国税局狠抓机关党支部“三会一课”制度落实。定期组织机关党员过好党内组织生活会，并请省国税局党组书记、局长胡金亮给全局机关党员干部上一堂加强党性教育的专题党课，使每位党员受到深刻的政治教育。

2006年，市国税局坚持“三会一课”制度，在各县市区国税局开展“书记讲党课”竞赛活动，大通湖区国税局获组织奖，黄物华获个人一等奖。

2007—2008年，市国税局坚持“三会一课”制度，组织机关全体党员干部召开市国税局机关党员教育辅导报告会，党组书记袁世民作题为《事成于气正，业荣于风清》的党课辅导，直属机关各总支和直属机关各支部开展“书记上党课”活动。

2014年，市国税局认真落实“三会一课”和民主评议党员制度，基层党组织和党员作用发挥更为明显。

2015年，市地税局领导积极深入基层讲党课，市县地税局共上党课34堂。是年，市地税局组织益阳市地税系统党建述职评议活动，此举受到益阳市委、市政府领导充分肯定，并在中央直属机关工委网站得到推介。

2016年，市地税局利用“两学一做”学习教育加强基层组织建设的时机，加强对直属党组织的党支部的领导，加大对隶属于当地党组织的党支部的指导，深入推进“凝聚力工程”，开展“领导干部下基层、倾情为民解难题”活动，市地税局班子成员深入基层40人次，在基层局讲授党课9堂，进一步落实“三会一课”制度，完成益阳市地税系统68个党支部的组织生活会和民主评议党员工作。

2017年，市地税局坚持“三会一课”制度，组织益阳市地税系统“4+10”党建公开述职评述，开展益阳市税务系统党组织书记优秀党课公开评比，晒出工作，强化责任，促进系统上下管党治党水平提升。

2018年7月，市税务局各支部召开深化机构改革专题组织生活会，并开展“四合”大讨论活动，各支部组织党员干部深入学习习近平总书记关于深化党和国家机构改革重要思想以及党中央、国务院和税务总局、湖南省委、湖南省政府、湖南省税务局联合党委关于国税地税征管体制改革有关精神，学习党的理论，学习习近平总书记关于税收工作和税收改革发展的一系列重要讲话、重要论述；党支部班子及班子成员采取召开座谈会、发放征求意见表、设置意见箱、面对面谈心等形式广泛征求意见；开展交心谈心；查找突出问题；组织生活会以个人自评、党员互评、支部讲评、领导点评“一会四评”的方式进行，查找问题，并列出整改清单，明确整改事项和具体措施。

2019年4月，市税务局党建工作领导小组印发《关于开展党支部“三会一课”纪实管理的意见》，提出开展党支部“三会一课”纪实管理的基本要求，明确制定年度计划、规范记录内容、定期报告情况等纪实措施，强化“三会一课”的监督检查。

（三）党支部“五化”建设

2017年，市国税局全力推进支部“五化”建设，即支部建设标准化、组织生活正常化、管理服务精细化、工作制度体系化、阵地建设规范化，并以“五化”建设为着力点，建立机关支部联基层支部工作制度，市国税局机关3个支部与3个偏远税务分局党支部进行结对，加强支部标准化建设工作的推进。组织开展税企支部互学联动活动，以党支部为单位深入企业开展参观学习、工作体验、结对帮扶、座谈交流、纳税辅导、解决困难等“六个一”活动，通过税企互学联动，实现税企支部共建。

是年，市地税局坚持强基固本，加强党支部“五化”建设，召开益阳市地税系统党支部“五化”建设暨基层工作现场会，桃江县地税局三分局支部获评全省系统基层党支部标准化建设示范点。

2018年，市税务局坚持党的一切工作落实到支部，在资阳区税务局、桃江县税务局分别召开基层工作和“五化”建设现场会；明确推进益阳市税务系统基层党支部“五化”建设目标为2019年“县市区局党支部‘五化’建设达标60%以上，2020年全部达标”，确保益阳市税务系统基层党支部“五化”建设3年内全部如期达标。益阳市税务局制定《全市税务系统党支部“五化”建设操作指南》，作为“五化”建设达标辅导手册印发给每个党支部。各党支部对照标准要求，列出任务清单，建立任务完成销号管理制度，逐项整改达标，有计划地推进党支部“五化”建设。

2019年，中共国家税务总局益阳市税务局委员会印发《国家税务总局益阳市税务局机关基层党组织党建活动管理办法》，市税务局机关党委印发关于重申党建活动纪律的通知，进一步规范市税务局机关基层党组织党建活动管理。市税务局机关15个支部成立38个党小组，更好开展支部活动，提升组织力、强化政治功能。市税务局机关第二党支部被评为“市直‘五化’建设示范点创建支部”。组织在安化县税务局梅城税务分局召开益阳市税务系统党支部“五化”建设工作现场会议，并参观学习梅城税务分局党支部“五化”建设先进工作经验。开展软弱涣散问题专项整治，101个党支部有68个实现“五化”达标，比例为68%。

2020年，市税务局开展“三表率一模范”机关创建，推行“基层吹哨、部门报到”和“1+3”党群联动机制；深化党支部“五化”创建，100个党支部验收达标。

2021年，市税务局深入贯彻落实新时代党的建设总要求和党的组织路线，进一步提高机关党的建设质量。3月，市税务局机关第二支部委员会、安化县税务局梅城税务分局支部委员会获得湖南省税务系统“五化”建设示范党支部通报表彰。

2022年，市税务局全面夯实党建基础，出台党建高质量发展“八大行动”46条措施，优化调整党支部设置，提炼“四联四促”“主题党日+”“三亮三创”等支部工作法，实现支部“五化”建设提质增效，市税务局机关支部党员评议工作在湖南省税务系统评比中获得领先名次。市税务局机关党委先后印发《关于进一步规范开展主题党日的通知》《关于推行党员政治生日制度的通知》，深入推进党支部标准化规范化建设。

（四）阵地建设

2003年，市地税局健全组织平台，夯实党建基础，各支部建立活动室（电教中心），做到“五有”：有组织机构、有主题活动规划、有学习园地、有党旗誓词、有专用经费，为支部活动开展打下组织基础和物质基础。

2007年，市地税局加强党组织阵地建设，益阳市地税系统各单位均建好“四室一校”，即荣誉室、图书室、阅览室、文体活动室和业余党校，机关党建工作得到主管部门好评。资阳区地税局党总支被市直机关工委评定为“党建工作示范点”。

2012年，市国税局深入推进党务公开工作，贯彻落实《中共益阳市委关于实施党务公开工作的意见》和《益阳市党的基层组织党务公开工作实施办法》，召开专题会议明确党务公开的内容、形式、程序、时限等，进一步完善内外网“党务政务公开”栏目，主动接受社会各界的监督，益阳市国税系统按要求在各级各栏目公开内容 626 条。

2018 年 11 月，中共国家税务总局益阳市税务局委员会明确高新区税务局东部新区税务分局支部委员会、资阳区税务局长春税务分局支部委员会、赫山区税务局第一税务分局支部委员会、大通湖区税务局第二支部委员会、沅江市税务局第二税务分局支部委员会、南县税务局南洲税务所支部委员会、桃江县税务局第二税务分局支部委员会、安化县税务局东坪税务所支部委员会等 8 个单位为“全市税务系统基层党建工作示范点创建单位”。

2019 年，市税务局按照支部阵地化建设要求，开展市税务局机关和益阳大道办公区党建活动室的建设，新建的支部党建活动场所标准统一、功能齐全，党建主题突出，功能作用明显。

（五）表彰及奖励情况

1991 年，地区税务局组织党员认真开展批评与自我批评，深入开展“创先争优”、向“三学”献礼活动；“七一”前夕，地区税务系统 50 名党员被评为优秀共产党员，200 名党员被评为先进工作者。1993 年，地区税务局坚持总结表彰制度，对党员中涌现出的好人好事，支部通过黑板报、党员大会进行表扬和奖励，结合年终工作总结和党员评议工作，评选优秀共产党员，在支部大会上予以表彰和奖励。

1996 年，市地税局向市直工委推荐 1 名优秀共产党员。

1997 年 7 月，市国税局机关党委对 4 个先进支部、30 名优秀共产党员和 14 名优秀党务工作者进行表彰。

1998 年，市国税局开展“七一”表彰活动，对 6 个先进党支部、37 名优秀共产党员、11 名优秀党务工作者进行表彰。6 个先进党支部中，1 个被推荐到财贸分党委，1 个被推荐到市直党委进行表彰；37 名优秀共产党员中，4 名被推荐到财贸分党委，2 名被推荐到市直党委进行表彰，1 名被益阳市委组织部授予“模范共产党员”称号。

1999 年，市国税局组织召开“七一”表彰大会，表彰 7 个先进党支部，13 名优秀党务工作者和 38 名优秀共产党员，市国税局党组书记、局长郭志仁被中共益阳市委评为优秀共产党员。

是年，市地税局组织开展党员民主评议和优秀共产党员评选活动，3 人被益阳市财贸分工委评为优秀党务工作者，25 人被市局直属机关党委授予优秀共产党员称号。

2000 年，市国税局组织开展“七一”表彰活动，对 7 个先进党支部、38 名优秀共产党员、10 名优秀党务工作者进行表彰。市国税局党组被益阳市直工委授予“党建工作最佳支持者”称号，市国税局党组书记郭志仁在表彰大会上作典型发言。

是年，市地税局实施党建先锋工程，充分发挥基层党组织的战斗堡垒作用和全体共产党员的先锋模范作用，5 人分别被益阳市直工委和财贸分工委授予优秀共产党员光荣称号，2 人分别被益阳市直工委和财贸分工委评为优秀党务工作者。

2002 年，市国税局直属机关各级党总支分别召开庆“七一”暨表彰大会，共表彰先进基层党组织 7 个、优秀党务工作者 11 人、优秀共产党员 40 人，并推荐出席益阳市直机关工委表彰的先进基层党组织 2 个、优秀党务工作者 1 人、优秀共产党员 3 人。

2004 年，市国税局直属机关党委举行“七一”表彰大会，表彰先进基层党组织 8 个、优秀党务工作者 10 人、优秀共产党员 44 人，并推荐出中共益阳市表彰的先进基层党组织 1 个、优秀党务工作者 1 人、优秀共产党员 2 人。市国税局机关被益阳市委评为党建工作示范单位。

2005 年，市地税局直属机关党委表彰 5 个基层党组织、20 名优秀共产党员和 9 名优秀党务工作者。

2006 年，市地税局直属机关党委分别授予 7 个基层党组织、42 名共产党员和 9 名党务工作者“先进基层党组织”“优秀共产党员”“优秀党务工作者”称号。

2008 年，市地税局党组评定 3 个优秀领导班子、8 名优秀领导干部、14 名优秀共产党员，并予以通报表彰。

2010 年，市国税局直属机关党委在党的基层组织和党员中深入开展创先争优活动，明确先进基层党组织基本要求是做到“五个好”，即领导班子好、党员队伍好、工作机制好、工作业绩好、群众反映好，优秀共产党员的基本要求是“五带头”，即带头学习提高、带头争创佳绩、带头服务群众、带头遵纪守法、带头弘扬正气。

是年，市国税局表彰 2009 年度先进基层党组织 6 个、优秀共产党员 36 人、优秀党务工作者 7 人。

2012 年，市地税局直属机关党委分别授予 10 个党支部（总支）、65 名党员、12 名党务工作者“先进基层党组织”“优秀共产党员”“优秀党务工作者”称号。

是年，市地税局直属机关党委被益阳市委评为“凝聚力工程”先进基层党组织。

2015 年，市地税局直属机关党委对 11 个先进基层党组织、70 名优秀共产党员、12 名优秀党务工作者予以通报表彰。

2016年，市国税局直属机关党委对4个先进基层党组织、52名优秀共产党员、14名优秀党务工作者予以通报表彰。

是年，市地税局直属机关党委被市直工委评为“先进基层党组织”。是年，市地税局《坚持“123”工作法 助推党建工作深入开展》获评湖南省地税系统党建工作创新成果二等奖。市地税局获得全省地税系统党建工作创新成果优秀组织奖。

2017年，市国税局直属机关党委通报表彰6个先进基层党组织、52名优秀共产党员、15名优秀党务工作者。市国税局直属机关党委被命名为“2017年度市直机关党建示范点”，被评为“2017年度市直机关党建工作绩效考评先进单位”。

是年，市地税局突出典型引领，召开“七一”总结表彰会议，授予19个党组织“先进基层党组织”称号，授予16人“共产党员示范岗”称号，授予101人“优秀共产党员”称号，授予20人“优秀党务工作者”称号。推进“两学一做”学习教育常态化制度化，授予资阳区地税局、大通湖区地税局、桃江县地税局“2016年度全市地税系统‘两学一做’学习教育先进单位”称号。市地税局直属机关党委被命名为“2017年度市直机关党建示范点”，被评为“2017年度市直机关党建工作绩效考评先进单位”。

2018年，市国税局直属机关党委通报表彰2个先进基层党组织、18名优秀共产党员、8名优秀党务工作者。是年，市税务局直属机关党委被益阳市直属机关工作委员会评为“2018年度市直机关党建工作绩效考评先进单位”。

2019年，市税务局直属机关党委通报表彰20名优秀共产党员、4名优秀党务工作者、20名学习型个人、3个学习型党支部。是年，市税务局直属机关党委被益阳市直属机关工作委员会评为“党建工作绩效考评先进单位”“市直机关党建示范点单位”。

2020年，市税务局离退休干部第一党支部被中共益阳市委老干部局、中共益阳市离退休干部工作委员会授予益阳市“五好”离退休干部党支部。

2021年6月，市税务局召开庆祝中国共产党成立100周年暨先进典型表彰大会，表彰全市税务系统优秀共产党员30人，优秀党务工作者20人，先进基层党组织10个；表彰市局机关优秀共产党员13人，优秀党务工作者5人，先进基层党组织1个。会上，为15名老党员颁发“光荣在党50年”纪念章。是年7月，市税务局机关党委被益阳市委授予先进基层党组织。

2022年，市税务局打造“益心向党 税务担当”党建品牌，入选益阳市委党建创新成果，市县两级税务局2021年度地方党建绩效考核全部获评优秀。

三、党员队伍建设

（一）党员发展工作

1990年，地区税务系统党员总数达到716人，64个税务所实现“所所有党员”。

1991年，地区税务局认真贯彻中组部《关于发展党员工作细则》和“坚持标准，保证质量，改善结构，慎重发展”的党建方针，积极慎重发展新党员。

1992年，地区税务局各支部年初制定党员培养和发展规划，各党小组明确专人负责培养考察，经党员群众推荐、组织考察和发展党员程序，吸收2名入党积极分子为中共预备党员，支部大会通过2名预备党员转为正式党员。

1993年，地区税务局积极培养、考察吸收新党员，经党员、群众推荐、支部研究，培养考察积极分子6人，参加党员发展对象培训2人，吸收新党员1人；根据预备党员本人申请和支部考察，办理预备党员转正2人。

1995年，市地税局狠抓新党员培训与吸收，新发展党员23人，组织56名入党积极分子参加市直工委举办的党员发展对象培训班。

1996年，市国税局机关党委培养和发展政治上过得硬、思想上成熟的干部，全年共发展15名预备党员、13名待批党员。

是年，市地税局选送15名优秀青年参加市直工委组织的入党积极分子培训班，培养发展13名预备党员。

1997年，市国税局按照“坚持标准，保证质量，改善结构，慎重发展”原则抓党员发展工作，着重对新发展对象进行考察，并注重从征管第一线的优秀青年中发展党员，全年共发展党员16人，选送19名入党积极分子到益阳市委党校进行培训学习。

1998年，市国税局共发展新党员12人，办理预备党员转为正式党员手续15人，培养入党积极分子19人。

1999年，市国税局共发展新党员22人，办理预备党员转正手续12人，把住入党质量关。

2000年，市国税局共发展新党员10人，办理预备党员转正手续4人。

是年，市地税局严格按党员标准发展新党员10人，办理9名预备党员转正手续。

2002年，市国税局推荐23名入党积极分子参加市直机关培训学习。

2004年，市国税局新发展党员17名，推荐11名入党积极分子参加培训学习，市国税局直属机关单位党员总数达到452人，占73.38%，益阳市国税系统1114名在职人员中有党员705人，占63.29%，共青团员124人，占11.13%，两项占74.42%。

2007—2008年，市国税局共推荐13名干部参加益阳市直机关入党积极分子培训，发展预备党员20人，批准17名预备党员按期转正。

2010年，市国税局直属机关党委发展新党员10人，完成预备党员转正12人。

2011年，市国税局直属机关党委发展新党员7人，完成预备党员转正10人。

2012年，市国税局直属机关党委发展新党员9人，完成预备党员转正7人。

2013年，市国税局直属机关党委发展新党员6人，完成预备党员转正10人。

2014年，市国税局直属机关党委发展新党员5人，完成预备党员转正5人。

2015年，市国税局直属机关党委发展新党员6人。

2016年，市国税局直属机关党委发展新党员4人，完成预备党员转正5人。是年，市地税局直属机关党委发展新党员5人，完成预备党员转正3人。

2017年，市国税局直属机关党委发展新党员2人。

2019年，市税务局直属机关党委发展新党员3人。

2020年，市税务局直属机关党委发展新党员2人，完成预备党员转正3人。

2021年，市税务局直属机关党委发展新党员2人，完成预备党员转正2人。

2022年，市税务局直属机关党委发展新党员9人，完成预备党员转正2人。

（二）党员活动

1992年，地区税务局举办“党在我心中”演讲会、党史知识竞赛等活动，提高干部思想觉悟。

1997年，市国税局以党组织为核心，深入组织实施党建“先锋工程”活动，组织部分党务工作者到常德临澧参观学习，并及时将其经验在各支部推广实施。在市国税局机关召开益阳市直党建“先锋工程”经验交流会，并组织参观先进党支部一分局个体贸易税收税务所支部和三分局沧水铺支部，其经验做法受到益阳市委领导及市直各单位党委负责人肯定。

1999年，市国税局机关党总支组织机关三个党支部举办迎“七一”板报比赛和联欢会，先后出板报8期、墙报3期，活跃机关党员政治文化生活，参加市直工委组织的迎国庆五十周年板报比赛并获三等奖。受市直工委委托，市国税局代表队代表市直队参加益阳市“兴益杯”市民知识电视抢答赛并获得一等奖。

2004年，市国税局组织开展“三个一”活动，即上好一堂党课、过好一次民主生活会、开展一次有意义的活动，使广大党员接受深刻的党性教育；在各征收大厅开展“共产党员示范岗”活动，激励广大干部爱岗敬业、务实进取、廉洁奉公、无私奉献、争创佳绩。

2010年，市国税局直属机关党委开展“讲党性、重品行、作表率”“集中活动年”活动，开展建设学习型党组织专项学习活动，开展党小组专题活动，开展“全民阅读进机关”等活动。

2011年，市国税局组织实施“凝聚力工程”，深入推进创先争优活动，对19项具体工作明确牵头单位和责任单位，要求各单位对照任务分解表逐项落实。

2014年，市国税局加强基层党建工作，围绕建设服务型基层党组织，深入开展“三访三化促发展 解民忧”“党员进社区”活动，树立国税党员干部为民、爱民、亲民的形象。

2015年，市地税局开展深化“一调两转”征文活动，干部职工踊跃参与，报送湖南省地方税务局的6篇征文全部获奖，其中一等奖2篇；市地税局编印的专题教育学习读本《书卷气也是领导力》获得省地税局局长张云英肯定。

2016年5月，市国税局直属机关党委决定在各支部中开展“党员活动日”活动，并明确活动的指导思想、组织形式、经费保障和相关要求。各党支部以支部为单位确定各支部每季的“党员活动日”，以“两学一做”学习教育为主题开展各种形式的党员活动。

2017年，市国税局开展“机关支部联基层 税企互学联动”活动，机关支部深入调查研究；联合开展活动，走基层问政；深化志愿服务，下基层劳动；帮助破解问题，为基层解难；与企业开展互学联动，组织开展一次参观、一次座谈、一次纳税辅导、一次党员集中学习、一天工作体验、解决一个实际困难。

是年，市地税局开展支部奋战抗洪抢险、驻村脱贫攻坚等主题党日活动；市地税局树牢“大抓基层”导向，党建“123工作法”受到省地税局表扬肯定；组织益阳市地税系统“喜迎十九大，爱税爱国家”主题演讲比赛，并将优秀选手推荐到省地税局参赛，其中1人获三等奖。

2018年，市税务局打造“机关联基层、税务联村联企”的党建“双联”品牌，市税务局党委成员定期到联点分局（所）党支部参加组织生活，每月到精准脱贫联系村走访帮扶，与机关支部书记共对口帮扶136家重点企业。

2019年3月，市税务局推行党委委员下基层“蹲点”活动，开展走访一次重点企业、与干部开展一次谈心谈话、宣讲一次主题党课、帮助基层办一件实事、撰写一份调研报告“五个一”活动的新举措，责任层层压实。

2021年，市税务局积极落实新“纵合横通强党建”机制体系，创新“四联四促”党建机制，即机关支部联基层、联乡村、联企业、联社区，推动党史共学、党课共讲、支部共建。4月，市税务局机关党委组织机关党员代表到桃江县马迹塘战役烈士陵园开展主题党日活动，瞻仰凭吊革命烈士，现场开展党史学习教育。

2022年3月，市税务局机关党委组织党员代表到乡村振兴帮扶点安化县庆阳村开展“共植绿色梦想 助力乡村振兴”主题党日活动，与当地村民共同植树。是年7月，市税务局组织机关90名党员到安化梅山文化园红色教育基地开展“赓续红色血脉 兴税强国有我”主题党日活动，引导青年党员养成正确的价值观，在新时代新征程中奋勇争先、建功立业。组织做好“让党中央放心 让人民群众满意”新时代益阳市直机关党建成就巡礼展参展工作，成果案例被编入《益阳市直机关党建工作典型案例集》，巡展当天组织100名党员干部参观巡礼展。

第三节　思想政治建设

一、党组（党委）中心组学习

1997年，市地税局转发省税务局关于进一步加强全省地税系统各级党组（党委）中心组学习的意见，明确各地、州、市地税局和各县市地税局均应设立学习中心组以及中心组学习制度、学习内容、学习方式等内容。

2003年，市国税局强化领导班子的学习功能，组织开展建设“学习型组织、创新型团队、实干型集体、廉洁型班子”大讨论，各县市区国税局成立中心学习小组，组织学习“三个代表”重要思想、“两个务必”、《国家公务员暂行条例》、《党政领导干部选拔任用工作条例》等政策理论，提高领导班子自身的执政水平。

2004年，市国税局健全领导班子学习制度，组织开展党组中心组学习4期15天，集中组织学习“三个代表”重要思想、党的十六大、十六届三中、四中全会精神，毛泽东、邓小平、江泽民和新一届中央领导集体关于立党为公、执政为民的重要论述，学习《完善社会主义市场经济体制》《立党为公 执政为民》《什么是马克思主义，怎样对待马克思主义》《党政领导干部选拔任用工作条例》《中国共产党纪律处分条例》《中国共产党党内监督条例》等，提高领导干部政治理论修养和执政水平。

2006年，市国税局认真落实党组中心组学习制度，制订学习规划，市国税局党组被评为“全市优秀学习中心组”。

2007年，市地税局狠抓党组中心组学习，做到“三个集中”，即“时间集中、人员集中、精力集中”，“三个确保”，即“确保有学习专题，确保有中心发言，确保有学习效果”，重点学习党的十七大会议精神、胡锦涛同志在中纪委第七次全会上的重要讲话、胡锦涛总书记“6·25”讲话等内容。落实各级领导干部自学制度，各级领导干部带头加强政治、经济、法律、税收业务学习。市地税局被评为全市思想政治工作先进单位。

2012年，市地税局组织开展党组中心组（扩大）理论集中学习4期12天，重点组织学习全国两会、湖南“四化两型”建设、益阳四大发展战略、宏观经济形势与经济发展方式转变、文化强市与文化产业发展、学习型党组织建设、网络舆情研判与创新社会管理、党的十八大报告等内容，研读《湖南“四化两型”建设干部读本》《湖南省委常委中心组调研文集》《党委中心组学习专辑》等读本。

2013年，市地税局组织党组中心组（扩大）理论集中学习4期12天，采取自学与集中学习相结合，专题调研与集中研讨相结合，常规学习与多种形式学习相结合，制度创新与抓好干部考学相结合的方式，重点开展贯彻落实党的十八大精神专题学习、领导科学专题学习、转变作风、密切联系群众专题学习、反腐倡廉建设专题学习，研读《科学发展观在湖南的认识与实践之四》《湖南省委常委中心组学习调研文集》《让学习成为力量》等书籍。

2014年12月，中共益阳市国家税务局党组制定下发《中共益阳市国家税务局党组中心组学习制度》，明确市国税局党组中心组由市国税局党组成员、正副调研员和其他副处级以上干部组成，党组中心组可根据学习需要扩大到全体局务会成员；党组书记任组长，主要职责是审定中心组学习计划、确定学习主题和研究主题、提出学习要求、主持集体学习研讨、指导检查中心组成员年度学习；中心组学习原则是理论与实践相结合原则、集中学习和个人自学相结合原则；中心组学习按季进行，每年学习时间不少于4次12天。

是年，市地税局组织开展党组中心组（扩大）理论集中学习4期，重点学习党的十八届三中全会和习近平总书记系列重要讲话精神，学习《中共中央关于全面深化改革若干重大问题的重要决定》《中国特色社会主义学习读本》《科学发展观纲要》《关于培育和践行社会主义核心价值观的意识》等内容，并就如何以中共十八届三中全会精神和习近平总书记系列重要讲话精神为指导推动益阳地税各项工作，如何增强法治观念、加快法治地税建设等内容开展学习讨论。

2015年，市地税局组织开展党组中心组集中学习7次14天，采取学习文献、观看录像、专家讲课、交流心得、专题讨论、实地考察等形式，学习习近平总书记关于全面从严治党的重要论述、习近平总书记关于全面深化改革的重要论述、习近平总书记关于适应新常态加快全面建成小康社会的重要论述、习近平总书记关于促进经济可持续健康发展的重要论述，全国和全省两会及中央、湖南省委经济工作会议精神等内容，就地税部门如何以新状态、新思路、新出路、新作风主动适应和科学引领税收新常态、如何认识新常态下全面建成小康社会的形势和任务等进行讨论交流。

2016年，市地税局拓展中心组学习形式，全年组织开展党组中心组理论集中学习6期12天，采取专家讲、集体议、个人学相结合、“走出去”与“请进来”相结合等学习方式，系统学习习近平总书记关于全面从严治党依规治党的重要论述、习近平总书记关于加强供给侧结构性改革的重要论述、习近平总书记关于新发展理念和实施“一带一路”倡议的重要论述，党的十八届中央纪委六次全会精神、《中国共产党廉洁自律准则》、《中国共产党纪律处分条例》等内容。深入开展“四讲四有”专题研讨，讨论交流如何理解严明党的纪律和规矩对坚持全面从严治党依规治党的意义、如何将税制改革特别是“营改增”与加强供给侧结构性改革结合起来等内容。

2017年7月，市国税局党组修订完善并下发《益阳市国家税务局党组中心组学习制度》，该制度包括总则、学习组织、学习内容、学习形式、学习管理、附则共6章20条规定，自2017年7月1日起施行。是年，市国税局组织开展党组中心组（扩大）学习6期，学习习近平总书记关于坚定理想信念、坚定“四个自信”、实现中国梦等方面的论述，学习全面从严治党、作风建设、监督执纪问责、“两学一做”学习教育常态化制度化、政治生态、保密知识等内容，学习《习近平谈治国理政》《关于全面推行支部主题党日的意见》等，并就如何坚定理想信念、如何在全市国税系统营造良好政治生态、加强反腐倡廉、推动全面从严治党向纵深发展、如何履行党员义务等内容开展专题讨论交流。

是年，市地税局组织开展党组中心组学习6期12天，采取市地税局领导主讲、专家老师辅导、重点工作交流和科室负责人中心发言等形式进行，主要学习习近平总书记关于全面从严治党的重要论述，习近平总书记关于以创新引领经济转型升级和对外开放的重要论述，习近平总书记在中央政治局民主生活会上的重要讲话精神，党的十八届六中全会和十八届中央纪委七次全会精神，习近平总书记在党的十九大会议上的重要讲话精神等内容，并就“两学一做”学习教育四个主题和“对党忠诚 个人干净 敢于担当”等内容进行讨论交流。

2018年是市国税局与市地税局合并之年，共开展中心组学习14次，其中市地税局党组开展4次，市国税局党组开展4次，联合党委开展2次，市税务局党委开展4次。学习主要聚焦学习习近平新时代中国特色社会主义思想、全面贯彻落实党的十九大各项决策部署、“不忘初心、牢记使命”主题教育、全面深化改革、脱贫攻坚、坚持党对一切工作的领导、坚持以人民为中心的发展思想等内容，开展扩大学习8次，集中研讨14次，中心发言24人次，研讨发言112人次。

2019年，市税务局党委共开展中心组学习12次，其中扩大到局务会成员的学习4次，印发学习资料480份，学习主要聚焦习近平新时代中国特色社会主义思想、习近平总书记对湖南工作的重要讲话指示精神、习近平总书记对税收工作的重要指示、习近平强军思想、习近平总书记关于增强忧患意识和防范风险挑战的重要论述、习近平总书记关于扫黑除恶专项斗争系列重要讲话精神、习近平总书记关于党的初心和使命的重要论述、习近平总书记关于民主集中制的重要论述、习近平总书记在庆祝中华人民共和国成立70周年大会上的重要讲话精神、扫黑除恶、意识形态责任制、保密工作、宪法宣传、党的十九届四中全会精神等内容。开展集中研讨12次，中心发言41人次，研讨发言145人次，撰写心得体会15篇。

2020年，市税务局党委共开展中心组学习12次，其中扩大到局务会成员的学习2次，学习主要聚焦习近平新时代中国特色社会主义思想、“不忘初心、牢记使命”主题教育、国家主席习近平二〇二〇年新年贺词、十九届中央纪委四次全会精神、党的十九届五中全会精神、中央经济工作会议精神、习近平总书记关于坚持和完善中国特色社会主义制度、推进国家治理体系和治理能力现代化、贯彻新发展理念、做好经济工作、脱贫攻坚、全面小康、党史、新中国史、改革开放史的重要论述等内容。开展集中研讨12次，中心发言28人次，研讨发言105人次。

2021年，市税务局党委共开展中心组学习12次，其中扩大到局务会成员和县市区局主要负责人的学习4次，学习主要聚焦习近平新时代中国特色社会主义思想基本精神、基本内容、基本要求及其科学思想方法、工作方法；习近平总书记关于学习党史、立足新发展阶段、贯彻新发展理念、构建新发展格局、习近平生态文明思想、意识形态工作、发扬斗争精神的重要论述、《中国共产党章程》、党史学习教育、全面推进乡村振兴、国家主席习近平二〇二一年新年贺词、全国两会精神、中央经济工作会议精神、习近平总书记在庆祝中国共产党成立100周年大会上的重要讲话精神等内容。开展集中研讨12次，中心发言32人次，研讨发言92人次。

2022年，市税务局党委共开展中心组学习13次，其中扩大到局务会成员、机关团委和县市区局主要负责人的学习3次，学习主要聚焦习近平新时代中国特色社会主义思想，党的二十大精神，党的十九届六中全会精神，十九届中央纪委第六次全体会议精神，习近平总书记关于推进马克思主义中国化时代化、中国式现代化道路、稳步促进全体人民共同富裕、完整准确全面贯彻新发展理念、整体国家安全观、民主法治、全过程人民民主、维护意识形态安全、全面从严治党、党的自我革命等重要论述，《中国共产党章程》，国家主席习近平二〇二二年新年贺词，全国两会精神，中央经济工作会议精神，习近平总书记对税收工作的重要指示批示精神等内容。开展集中研讨13次，党的二十大精神专题研讨一次，中心发言40人次，研讨发言112人次。

二、政治理论学习

1990—1991年，地区税务局在党员干部职工中开展马克思主义哲学教育、共产主义思想教育、社会主义基本理论教育、爱国主义教育、革命传统教育、国情教育、形势教育和坚持四项基本原则、反对资产阶级自由化教育，组织机关党员干部职工学习《马克思主义哲学学习纲要》《关于社会主义若干问题学习纲要》，学习党的十三届七中全会精神和《中共中央关于制定和社会发展十年规划和“八五”计划的建议》；开展“三基本”“三重温”“两个务必”“四个坚持”教育，组织党员干部职工学习国民经济基本理论、党的基本路线、党的基本知识，增强党性观念。抓法纪教育和职业道德教育，分层次举办科局长、股所长、干部职工学习班。组织5名局领导和1名副处级干部参加益阳地委集中学习，人人写心得文章，副局长肖春生撰写的《坚持以经济建设为中心，巩固和发展社会主义制度》获得三等奖；组织正副科长22人参加益阳地区财委集中学习；组织全体党员学习党内法规文件，并统一命题考试，平均成绩96.5分。益阳地区税务系统1991年共组织党员培训班8期，培训党员300人次。

1992—1994年7月，地区税务局做好经常性思想政治教育，坚持每月开展一次政治学习，有针对性地开展党的路线、方针、政策教育，采取集中时间、集中人员、集中精力“三集中”形式，组织全体党员干部原原本本学习邓小平南方谈话、党的十四大政治报告、党的十四届三中全会精神、修改后的新党章等内容，学习《中共中央关于建立社会主义市场经济体制若干问题的决定》《邓小平文选》第三卷等理论文献。组织开展“中国共产党的创立，党为夺取解放战争的胜利而斗争”“新民主主义革命的伟大转变和社会主义建设在探索中曲折发展前进”“开创社会主义现代化建设的新局面及党70年的基本经验”专题学习，全区税务系统把学习《邓小平文选》与参加科技知识竞赛相结合，引导税务人员从答题中领会“一个中心，两个基本点”“科学技术是第一生产力”的含义，加深对“发展才是硬道理”的理解。订阅党的十四大报告及相关资料150份，供机关党员干部职工学习，出黑板报8期，联系实际进行学习讨论。组织地区税务局机关84名党员干部及离退休老干部参加党史知识考试，成绩均达90分以上。组织全体党员干部参加“五法二条例”考试，平均成绩80分。组织全体党员及部分青年积极分子57人学习修改后的新党章并参加考试，平均成绩90分。

1995—1996年，市国税局坚持每月不少于2天的政治学习，组织广大党员群众重点学习马克思列宁主义著作、毛泽东思想，认真学习《邓小平文选》及党的十四届五中、六中全会精神以及全国人大政协两会精神，增强贯彻执行党的基本路线的自觉性和坚定性。围绕江泽民总书记提出的共产党员一定要讲政治这一核心内容，组织各总支、支部展开讨论。开展职业道德教育、法治教育和党性教育，对全体干部职工开展党的原则、党的观点等方面教育。将职业道德教育党建先锋工程相结合，职业道德教育与行为规范教育相结合，职业道德教育与时事教育相结合。组织收看中央电视台关于孔繁森先进事迹报告，观看《公仆风情录》等电视教育片，参加益阳市委组织的“迎接香港回归祖国”读书活动和《邓小平同志建设有中国特色社会主义理论学习纲要》知识竞赛活动。

这一时期，市地税局在党员干部中组织开展“五讲”教育，即讲政治，坚持正确的政治方向；讲纪律，坚持服从大局；讲宗旨，坚持全心全意为人民服务；讲实干，坚持扎实的工作作风；讲廉洁，坚持维护党的形象。组织开展特色理论学习，组织市地税局机关党员干部学习《邓小平文选》第三卷、党的基本路线和党的十四届五中全会精神，组织观看电影《孔繁森》，以马克思列宁主义、毛泽东思想和建设有中国特色的社会主义理论武装党员干部头脑，坚定正确政治立场、政治观点和政治方向。益阳市地税系统1995年共办班宣讲特色理论22堂次，参加学习的干部达900人次。在益阳市委组织的特色理论笔试中，市地税局干部参考率、及格率均达100%。

1997—2001年，市国税局建立健全思想政治理论学习制度，采取集中与分散相结合、普通教育与电化教育相结合、干部上台讲课与领导主讲相结合的方式开展学习，并把集中学习人员到会情况与年终目标考核挂钩，保证学习时间、人数与效果。组织开展爱国主义、集体主义、社会主义和社会公德、职业道德、家庭美德教育，重点组织全体党员干部学习党的十四届六中全会精神、党的十五大报告以及讲政治、讲学习、讲正气等有关政治理论文章，深入学习马克思列宁主义、毛泽东思想和邓小平理论，组织开展“三个代表”重要思想学习教育，以“三个代表”重要思想武装干部头脑，通过学习及编写心得体会，统一思想，提高认识，增强党性。组织专题学习教育118场次，发挥电化教育作用，组织观看《我国的周边环境》《是谁搞垮了苏联》《东欧剧变十周年》《胡长清案件警示录》《铁窗下的忏悔》《国庆大阅兵》《荣誉面前》等纪录片，组织集中观看电影《生死抉择》等。

这一时期，市地税局制定政治理论学习规划，坚持每月集中学习两天。益阳市地税系统从机关到征收分局层层开展“五个教育”活动，即形势教育、时事政策教育、为人民服务的宗旨教育、职业道德教育、法律法规教育。市地税局将政治学习和业务学习相结合，由局领导和科室负责人轮流主讲政治理论辅导课和税收业务培训课；每次学习安排半天集中讨论发言，由各学习小组推荐1人在集中讨论大会上谈学习体会和收获；每次学习前组织对上次学习内容进行开卷考试，先后组织开展邓小平理论、干部学法用法、文秘知识等考试，并把考试成绩与评先评优、专管员等级评定等挂钩。定期举办展览促自学，要求集中学习讲课者有讲课辅导提纲，听课者有听课笔记，平时自学有学习记录、写学习心得，每半年以市地税局机关、县市分局或征收分局为单位，举办一次讲课提纲、听课笔记和学习心得展览，请干部职工参观评议，采取打分或投票方式，实行奖优罚劣。组织开展“三个代表”重要思想集中学教活动，把“三个代表”重要思想与完成税收任务紧密结合起来，抓好地税干部“三基”“三德”“三观”教育。益阳市地税系统共组织政治学习382次，写出学习心得296篇。

2002—2006年，市国税局组织党员干部职工学习党的十六大报告、“三个代表”重要思想，组织学习《毛泽东、邓小平、江泽民关于艰苦奋斗，居安思危，保持同人民群众血肉联系的论述》、胡锦涛《坚持发扬艰苦奋斗的优良作风，努力实现全面建设小康社会的宏伟目标》等理论文章，采取集中学习、专家授课辅导和自学等多种方式，学原著、学原文，联系实际开展讨论；举办树立社会主义荣辱观的专题辅导讲座，引导干部职工牢固树立正确的世界观、人生观、价值观，牢记“两个务必”，始终牢记全心全意为人民服务的宗旨。组织干部职工开展《把信送给加西亚》和《忠实实践“三个代表”重要思想的国税干部》书籍阅读活动，共征集、评选优秀心得体会文章30篇 。

这一时期，市地税局组织集中学习党的十六大报告、《中国共产党章程》、《中国共产党新世纪宣言》、《中共中央关于在全党兴起学习贯彻“三个代表”重要思想新高潮的通知》、《“三个代表”重要思想学习纲要》等，采取边学习边讨论、专题辅导课、交流心得等形式学习，掀起学习贯彻“三个代表”重要思想的高潮。

在益阳市地税系统开展“四个一”活动，对新时期如何贯彻党的十六大精神加快益阳地税发展进行专题研讨。益阳市地税系统政治理论学习做到“六有”，即有组织机构、有学习计划、有考勤登记、有学习笔记、有辅导资料、有学习心得。郑惠关于《艰苦奋斗，廉洁从政永葆为税清廉的革命本色》和蒋栋才关于《贯彻落实十六大精神，创建学习型地税机关》的党课辅导教材，在益阳市直工委组织的党课竞赛评比中均获得一等奖。

2007—2011 年，市国税局通过召开座谈研讨会，开展干部思想政治工作调研等形式，加强政治教育培训，组织党员干部学习党的十七大会议精神，深入学习实践科学发展观。

这一时期，市地税局组织党员干部学习党的十七大报告精神，学习《中共中央关于加强和改进党的作风建设的决定》《中华人民共和国物权法》等内容。组织开展干部思想大调查，围绕三大问题 6 个方面 100 道题，向每一位干部发放问卷，调查面达 100%。

2012—2016 年，市国税局组织机关全体党员干部学习党的十八大报告、习近平总书记系列重要讲话精神，认真学习贯彻落实中央八项规定、《中国共产党党员领导干部廉洁从政若干准则》、《中国共产党纪律处分条例》等文件精神，通过集中学习、专题辅导和自学等方式，原原本本学习《党的群众路线教育实践活动学习文件选编》《论群众路线——重要论述摘编》《厉行节约 反对浪费——重要论述摘编》等规定书目。

这一时期，市地税局组织党员干部学习党的十八大会议精神，学习《中国共产党党员领导干部廉洁从政若干准则》《中华人民共和国行政监察法》等相关法律法规文件及《习近平总书记重要讲话专题摘编》《习近平同志在正定》等规定书目，组织党员干部观看《生死牛玉儒》《焦裕禄》《孔繁森》等电影。

2017—2018 年 7 月，市国税局组织宣讲学习党的十九大会议精神，通过中心组学习、支部学习、科室学习、微信平台学习等多种方式，开展学习交流活动。在韶山党性教育现场教学基地举办益阳市国税系统基层党组织书记学习贯彻党的十九大精神集中培训班，围绕税务部门如何贯彻落实十九大精神进行研讨，通过现场教学、寻觅伟人足迹，坚定理想信念，提高行动自觉。组织开展集中学习和专题讨论。市国税局党组书记、局长徐向阳主持编印 3 期学习贯彻党的十九大精神辅导材料。抓好自学，为每名党员统一购买学习资料和笔记本，运用《党的十九大报告学习辅导百问》和《十九大党章修正案学习问答》等辅导材料进行自学。组织学习观看《将改革进行到底》《法治中国》《大国外交》《巡视利剑》《辉煌中国》等电视专题片。利用红星云学习阵地，组织学报告学党章答题竞赛。围绕基层国税机关如何深入学习贯彻党的十九大精神进行专题研讨，在益阳市国税系统广大党员中开展微心得征集活动，共收到微心得 50 篇，心得体会 80 篇。邀请益阳市委讲师团副主任李均为市国税局机关全体党员干部进行党的十九大精神专题辅导，在益阳市国税系统掀起学习宣传贯彻党的十九大精神的热潮。

这一时期，市地税局组织益阳市地税系统认真学习贯彻党的十八届六中全会和党的十九大精神，采取党组引领学、支部集中学、党课辅导学、高校研修学，掀起学习热潮。在湖南师大举办“学习贯彻党的十九大精神”领导干部研修班。全年共组织专题学习讨论 38 次，举办专题培训班 24 次。

2018 年机构合并后，市税务局采取专家讲课辅导、观看电影和视频资料、现场参观体验、集中学习解读、重点发言研讨等形式，组织学习贯彻习近平新时代中国特色社会主义思想和党的十九大精神，学习贯彻习近平总书记关于深化党和国家机构改革重要思想，贯彻落实党中央、国务院和国家税务总局、省委、省政府关于国税地税征管体制改革的决策部署；组织学习贯彻习近平总书记关于坚决整治形式主义、官僚主义的一系列重要讲话和批示精神，开展形式主义、官僚主义问题集中整治工作。全年组织举办专题讲座 11 场，观看《邹碧华》《大会师》《榜样 3》等电影、教育片 5 部。

2019 年，市税务局制定《国家税务总局益阳市税务局“大学习拥抱新时代”读书学习活动方案》，扎实开展“大学习拥抱新时代”读书学习活动，深入学习贯彻习近平新时代中国特色社会主义思想，学习贯彻党的十九大和十九届四中全会精神，学习《中国共产党支部工作条例（试行）》，深入推进“两学一做”学习教育常态化制度化，开展好《中国共产党支部工作条例（试行）》的学习和宣讲工作，邀请市直机关工委书记廖建雄到市税务局机关进行《中国共产党支部工作条例（试行）》宣讲；邀请市委党校教授开展宪法专题讲座和党的十九届四中全会精神宣讲。是年 12 月，市税务局机关党委举办市局机关青年干部培训班，专题学习党的十九届四中全会精神。

2020 年，市税务局聚焦政治建设，把学习习近平新时代中国特色社会主义思想、习近平总书记系列重要讲话和重要指示批示精神作为首要政治任务，抓好党支部集中学习，用好“学习强国”学习平台，持续推进学思用贯通、知信行合一。是年，市税务局机关党委继续组织机关党委开展“大学习拥抱新时代”读书学习活动。

2022年，市税务局全面加强政治建设，组织全体党员干部集中观看党的二十大开幕会，市税务局党委理论学习中心组开展集中研讨，各支部开展集中研讨。坚持把学习贯彻习近平新时代中国特色社会主义思想和党的二十大精神作为“第一议题、第一主题、第一任务、第一要事”，抓实党委、党支部、青年理论学习小组、党员“四级联动”长效学习机制。购买《中国共产党章程》、党的二十大精神辅导读本1500册发放给每名党员干部，在微信工作群推送二十大精神问答图片，帮助党员干部掌握重点和要点，引导党员干部持续深入、全面系统学习。组织各支部开展“一课一片一实践”和“深入学习党的二十大精神，奋进新时代新征程”主题党日活动，谈认识，撰写心得体会112篇。邀请市委讲师团成员李均为机关党员干部进行党的二十大精神专题辅导讲座；组织参加市直机关工委“党务干部讲党课大比武”“学金句微宣讲”活动，分别获三等奖、优秀奖。

三、思想教育活动

（一）“三讲”教育活动

1999年，市国税局深入开展以“讲学习、讲政治、讲正气”为主要内容的党性党风教育，成立“三讲”教育领导小组，制定实施方案明确“三讲”教育的原则、方法、步骤和时间。8月，益阳市国税系统召开“三讲”教育动员大会。“三讲”教育分为四个阶段，第一阶段为思想发动、学习提高阶段（8月13—31日），组织市国税局机关副处级以上干部通读和研读有关“三讲”教育文章38篇，观看“三讲”教育录像片，每位领导撰写读书笔记和心得体会达20000字；第二阶段为自我剖析、民主评议阶段（8月31日至9月15日），向市国税局机关干部、县市分局正副局长、市直17家单位负责人、用电脑随机抽取的30个基层征收单位领导及干部、10户较大规模的企业纳税人、8名社会特邀监察员发放征求局党组集体意见和建议的征求意见表169份，收回154份，收回率91.9%，收到意见和建议116条，发放市国税局党组成员意见和建议的征求意见表845份，收回763份，收回率90.3%，收到意见和建议262条，经自找不足，深刻剖析，接受监督，群众对市国税局党组及党组成员剖析材料评价较高，以98.38%高票率通过；第三阶段为交流思想、开展批评阶段（9月16—21日），完成思想发动、广泛谈心、召开民主生活会、开展批评与自我批评等任务，达到“三讲”教育的预期目的；第四阶段为认真整改、巩固成果阶段（9月22—30日），共组织学习教育68场次，市国税局党组书记、局长郭志仁多次主讲，要求全局干部坚持“三讲四性”，即讲政治，政治上要有坚定性；讲学习，思想上要有纯洁性；讲正气，作风上要有扎实性，纪律上要有自觉性。

是年，市地税局开展“讲学习、讲政治、讲正气”党性党风教育，成立“三讲”教育领导小组及办公室，印发《益阳市地方税务局领导班子及领导干部“三讲”教育实施意见》，明确“三讲”教育的实践、主要内容、要解决的主要问题、实践安排及步骤、组织领导及要求。8月16—31日完成第一阶段思想动员、学习提高工作，召开“三讲”教育动员大会，市地税局机关全体干部职工和各县市区分局局长共73人参加；市地税局领导班子组织开展6天封闭式学习，重点学习“三讲”教育必读篇目，每位领导均撰写读书笔记及3篇学习心得；市地税局党组组织学习交流，9名领导班子成员人人发言，联系实际交流心得体会。通过多种形式发放征求意见表91份，收回91份，其中市地税局机关干部和县市区分局局长73份，向市委、人大、政府、政协、纪委、组织部、市直工委、团市委、市公安、检察、法院、财办、计委、经委、财政、审计、工商、国税等18个部门送回回收征求意见函18份，共征得意见302条，其中属于市局党组的96条，市局领导个人的206条。第二阶段自我剖析、听取意见。自9月1日开始，市地税局党组召开6次领导班子会议，查找班子或个人存在的突出问题，从查摆问题上升到党性党风党纪方面进行剖析，9月28日召开民主测评会，市地税局党组思想总结和领导班子成员剖析材料群众满意率达到96%。第三阶段为交流思想、开展批评阶段。召开民主生活会，班子成员联系自身实际，作深刻自我批评，开展严肃认真的相互批评。召开机关干部会议，通报民主生活会情况，征求大家对市局领导班子加强自身建设的意见。第四阶段为认真整改、巩固成果阶段，根据收集的意见和建议制定整改方案。召开党组扩大会议，对整改方案草案进行讨论修改。10月12日，市地税局党组制定《益阳市地方税务局党组三讲教育整改方案》，明确加强市地税局党组自身建设、增强政治观念和全局观念、带好干部队伍、改进领导作风、增强纪律意识、完善规章制度、落实整改措施的责任人和责任部门等内容。

2000年，市国税局在领导班子和副处级以上领导干部中扎实开展“三讲”教育“回头看”活动，共发放征求意见表47份，走访市委、市政府、人大、政协等有关部门，召开科室负责人座谈会，共收集对市国税局党组意见和建议28条，对党组成员意见和建议63条。市国税局党组成员对照前一次“三讲”剖析材料进行检查，并召开党组民主生活会开展批评与自我批评。通过“三讲”教育“回头看”活动，加快“三讲”教育整改措施落实，巩固“三讲”教育成果，得到省国税局巡视组肯定。

是年，市地税局进行“三讲”教育“回头看”，完善20多项管理制度，启动督查工作机制。4—6月，在全市地税系统开展县市区分局领导班子和领导干部党性党风党纪教育活动（简称“三个教育”），成立“三个教育”活动领导小组，组建专门的办事机构，制定具体实施意见。召开“三个教育”活动动员会；市地税局从各科室抽调24人，组成8个督察组赴各县市区分局进行检查督导。市地税局党组召开专题会议，审阅各县市区分局领导班子思想总结和“一把手”自我剖析材料，提出必须着重解决的问题33个。各县市区分局成立相应机构，制定实施方案，作出具体安排，召开教育活动动员会，采取发放征求意见表、悬挂征求意见箱、召开干部座谈会、走访党政部门领导、找机关干部个别谈话等多种形式，征集意见和建议，8个县市区分局领导班子和35名领导成员共征得意见和建议1526条。市地税局督查组对意见和建议进行归类整理，原汁原味地反馈给领导班子和每位领导成员，要求对照检查，进行剖析和整改。各县市区分局领导班子和领导成员学习教育活动规定的必读书目，并做学习笔记，每位领导班子成员联系实际写学习心得2篇，各县市区局党组写“三个教育”活动思想总结，每位领导班子成员写个人剖析材料，并召开机关干部和征收分局长会议，宣读班子思想总结和个人剖析材料，接受群众评议，进行民主测评。民主测评中，对8个县市区分局领导班子的思想总结基本满意和满意率平均达到98.6%，对35名县市区分局领导班子成员个人剖析材料的基本满意和满意率平均96.4%。各县市区分局党组召开党组民主生活会，进行批评和互相批评。8个县市区分局领导班子和35名县市区分局领导干部分别制定“三个教育”活动整改方案和个人整改措施，坚持边整边改，立即整改，建立健全和完善规章制度。

（二）保持共产党员先进性教育活动

2005年，市国税局成立以局党组书记袁世民为组长的先进性教育活动领导小组。并成立专门机构，层层动员，统一思想认识，明确工作任务，建立领导责任，确定领导联系点、督导、群众监督评价、资料整理归档、“五项”工作制度，强化“五统一”：对教育活动实行统一学习内容，统一组织形式，统一学习时间，统一进行辅导，统一配发学习资料。通过集中学习、个人自学、撰写学习心得，开展大讨论，交流心得，撰写党课辅导报告，举办专题讲座，重温入党誓词，观看先进事迹教育片、进行艰苦朴素教育和反腐倡廉教育、分析评议等形式，把学习教育贯穿于先进性教育活动始终。制定《益阳市国税系统共产党员先进性教育具体要求》，局党组多次召开党组会议，号召全体共产党员务必充分发挥共产党员的先锋模范作用，结合围绕班子建设、干部队伍建设、基层组织建设、机关作风建设、税收征管改革和国税机关精神文明建设等方面开展“三查三看”“五比五个不让”活动，结合实际，重点解决共产党员理想信念，根本宗旨和机关作风方面存在的突出问题。要求党员干部对照自己和所在党组织存在的问题，自觉接受群众监督，认真开展民主评议，使共产党员找准自己在保持共产党员先进性方面存在的差距和问题，剖析根源，达到明确方向、查改问题、增强责任、增进团结的目的。

是年，市地税局以先进性教育活动为契机，全面加强政治思想教育。在先进性教育活动中，成立中共益阳市地方税务局保持共产党员先进性教育活动领导小组，印发《全市地税系统开展以实践“三个代表”重要思想为主要内容的保持共产党员先进性教育活动方案》《市直地税机关保持共产党员先进性教育活动第二阶段工作方案》，坚持五个“贯穿始终”，坚持把加强学习贯穿始终，增强贯彻落实“三个代表”重要思想的自觉性和坚定性；坚持把发扬民主，走群众路线贯穿始终，实行“开门教育”；坚持把加强组织领导贯穿始终，推动教育活动各个阶段的工作深入开展；坚持把解决突出问题贯穿始终，努力使先进性教育成为群众满意工程；坚持把统筹兼顾，推动工作贯穿始终，切实做到“两不误，两促进”。召开高标准的民主生活会，围绕“保持共产党员先进性”主题开展批评和自我批评，市、县局两级领导班子及其成员通过各种形式共收集到意见和建议827条，写出书面剖析材料41份，制定整改措施135条。通过党组民主生活会，解决思想上的疙瘩，增强信任，提高工作责任感和使命感。全市地税系统48个支部、707名党员（其中在职627人、退休80人；市局直接组织22个支部323人，实际指导26个支部384人），有计划、有步骤完成先进性教育活动学习动员、分析评议、整改提高3个阶段13个环节的各项工作，进一步提高全体党员的思想认识，加深对开展教育活动重要性的认识、对新时期共产党员先进性具体标准的认识、对保持共产党员先进性的认识；进一步提高地税工作的服务水平，在服务纳税人、营造经济发展良好环境，服务弱势群体、进一步搞好扶贫帮困，服务基层、进一步为基层一线排忧解难等方面取得实效；进一步提高征管能力，通过加强公开办税和信息化建设，有效解决部分纳税人反映的税负不公的问题，加强组织协调和征管改革，有效解决在一定范围内存在的征管体制不顺的问题，加强协税护税工作和完善征管办法，有效减少税收流失问题；全市地税系统党的组织建设得到进一步加强，整个教育活动得到市委先教办和市委督导组的高度肯定。

（三）第二批党的群众路线教育实践活动

2014年，市国税局深入推进第二批党的群众路线教育实践活动。2月，成立市国税局党的群众路线教育实践活动领导小组和办公室，办公室人员实行集中办公，市局直属机关党委副书记任领导小组办公室主任，人事教育科科长任副主任，领导小组办公室下设综合组、材料组、宣传组3个组；建立督导工作制度，成立3个督导组，明确督导组职责、督导单位分工以及督导组纪律要求。是月，印发《益阳市国家税务局党的群众路线教育实践活动实施方案》《中共益阳市国家税务局党组关于开展党的群众路线教育实践活动的指导意见》《益阳市国家税务局党的群众路线教育实践活动“扎根工程”实施方案》，明确市国税局机关和全市国税系统党的群众路线教育实践活动的指导思想、目标要求、主要任务、方法步骤及“扎根工程”等相关内容。全市国税系统各级党组织成立教育实践活动领导小组和3个督导组，抽调专人集中办公，教育实践活动全面覆盖到县市区国税局所有干部职工（包括工勤人员）、办税服务厅临聘人员。设立活动联系点制度，市国税局8位班子成员分别选一个税务分局（县市或区）作为联系点，开展调研，指导开展教育活动。坚持开门纳谏，广泛征求对市国税局领导班子及班子成员在“四风”等方面存在的突出问题的意见，共发函406份，调查问卷3072份，召开座谈会88场，走访纳税人308户，组织干部谈心200人次，征集到对市局班子和班子成员原汁原味的意见建议443条，梳理、归并为122条，其中“四风”方面问题25条。创新学习形式，丰富学习内容。全市国税系统共组织专题辅导报告11场，组织党风廉政教育活动9次，党组书记、党支部书记讲党课34次，推荐6名城区局基层支部书记参加益阳市群教办组织的专题培训，全市国税系统自行组织9场支部书记专题培训，组织中心组集中学习27次、支部集中学习122次，撰写心得体会1115篇。组织学习习近平总书记系列重要讲话精神，集体观看《焦裕禄》《郭明义》等党的群众路线教育实践活动系列电影。市国税局全体领导班子成员参加省国税局组织的学习贯彻习近平总书记系列重要讲话精神专题培训班。编发群教活动简报34期，累计编发信息79条。市国税局机关制作学习展板、宣传展板5期，边学边查边改内容公示栏2期，市局领导班子问题整改措施责任分解公示栏1期。召开专题民主生活会和组织生活会，统一思想形成共识。召开专题民主生活会前，开展“三轮谈心”“三步推进”和“四必谈”交心谈心活动。县市区国税局“一把手”主持本局领导班子对照检查材料的起草工作，班子召开专题会议进行集中讨论研究，多次征求班子成员和机关科室负责人意见，并根据上级要求，进行11次修改和完善。县市区国税局班子成员撰写的个人对照检查材料均进行10次以上修改。召开高质量的专题民主生活会和普遍开展组织生活会。6月印发《益阳市国家税务局系统教育实践活动专项整治方案》《益阳市国家税务局系统教育实践活动“四风”突出问题专项整治方案》，明确全市国税系统教育实践活动专项整治工作及“四风”突出问题专项整治工作的要求、重点任务、责任分工和组织实施等内容。7月，市国税局党组召开专题民主生活会，市国税局党组书记、局长李建伟通报党组民主生活会准备情况，并代表党组就领导班子“四风”问题进行对照检查，8名班子成员逐个进行对照检查，主动剖析自己，自觉查找“四风”问题。对“群众提、上级点、相互帮”的问题，主动认账，逐一检查，不上推下卸，对领导班子存在的问题，主动担责，对号入座，不转移目标。对自身存在的问题，紧密联系个人工作和生活实际，联系个人成长经历，深刻检查剖析问题根源。班子成员之间相互提出批评意见168条。各县市区国税局党组相继召开专题党组民主生活会，市局领导和各督导组参加各自联系点的会议。8月，全市国税系统40个基层党支部专题组织生活会陆续召开，共有1024名党员参加民主评议党员工作。市、县两级国税局领导分别参加所属党支部的组织生活会和民主评议党员活动，会议还邀请群众代表和服务对象参加，对每位党员都进行民主测评。突出重点，抓好整改落实和建章立制，将班子成员对照检查材料中查找的22个问题和整理汇总的80条群众意见，逐条制定整改措施，制作责任分解表，纳入督查事项督促整改，进行整改公示，形成自省外评监督格局督促整改。完善制度建设，市国税局机关出台23项与整改“四风”相关的制度文件；废止12项制度文件；明确17项制度整改时限。完善公车管理、请销假、税容风纪、公务接待、财务管理、会议管理、公文制发等制度15项。有效祛除“四风”弊病，市国税局机关压缩会议22个，压缩比例23%；压缩文件81个，压缩比例12%，压缩评比表彰5项，压缩比例28%；减少领导小组和议事协调小组9个，压缩比例25%；清理清退吃空饷人员5人。推进厉行节约、反对浪费，规范经费预算管理，严格落实“三公”经费压缩目标，压缩经费39.9万元，同比下降48.25%；清理并调整办公用房；制定和完善公务用车使用管理办法；研究制定《公务接待办法》，杜绝超标接待和人情消费等问题。通过开展意见大走访、换位大体验、便民大行动、落实大检查和作风大扫除“扎根工程”活动，解决好纳税服务、税收管理和基层干部队伍建设中存在的“四风”问题，市国税局机关67人参加换位大体验活动。在省国税局星级办税服务厅评选活动中，益阳市国税系统有3个办税大厅总体评分在96分以上。以“道德讲堂”为载体开展道德教育，宣传弘扬道德文化和道德模范。开设图书阅览室，利用内外网络、专栏等宣传阵地和文字、图片、视频等形式大力宣传推广国税形象，扩大影响。10月，市国税局召开全市国税系统党的群众路线教育实践活动总结大会。11月，市国税局党组印发《益阳市国家税务局深化“四风”整治、巩固和拓展党的群众路线教育实践活动成果的意见》，明确把“永远在路上”的状态长期保持下去，把拧紧“总开关”摆在突出位置，坚持不懈强化理论武装；坚持不懈深化“四风”整治，推进源头治理，落实全面从严治党，突出以上率下，夯实党的基础，完善保障措施。

是年，市地税局开展第二批党的群众路线教育实践活动力求“实而严”，在探索中走活“学与教”“评与议”“知与行”三步棋的特色做法得到省地税局肯定和推介。1月，成立全市地税系统第二批党的群众路线教育实践活动领导小组，由市局党组书记、局长任组长，市局党组成员任副组长，领导小组下设办公室，办公室设在市地税局政工科，领导小组办公室下设协调组、宣传组、综合组，成立5个教育实践活动督导组，深入各区县（市）局、市局局内各单位督促指导全市地税系统第二批教育实践活动的开展。2月，印发《益阳市地税系统开展第二批党的群众路线教育实践活动实施方案》，对认识开展教育实践活动的重大意义、把握教育实践活动的总体要求、落实教育实践活动的重点任务、抓好教育建设活动各环节工作、搭建教育实践活动载体、教育实践活动的组织领导等内容进行明确。4月印发《益阳市地方税务局关于进一步明确党的群众路线教育实践活动“九个自选动作”责任分工的通知》，对落实“三访三化促发展解民忧”专项活动、推广落实省局九项便民服务新举措、服务保障民生发展、开展“四治”专项行动、开展“爱岗敬业、提升能力”活动、简化涉税事项行政审批、深化文明创建、推进政务公开、推进地税文化建设“九个自选动作”的责任项目、责任单位、进度要求及工作要求进行明确。8月，印发《中共益阳市地方税务局党组党的群众路线教育实践活动整改落实方案》，明确教育实践活动整改的指导思想、目标要求、整改方向及措施、工作要求等。全市地税系统党的群众路线教育实践活动全面铺开，64个党支部、723名党员和1182名干部参与活动。通过中心组学习、支部学习、专题研讨、理论考试、“一把手”讲党课等多种方式组织党员干部深入学习习近平总书记系列重要讲话、中央规定必读书目，收看专题教育影片。组织基层党支部书记专题培训班，倡导基层党组织做群众路线忠实践行者、党组织书记争当地税发展模范带头人。广泛深入征求意见，采取搞座谈、走基层、进税户、访党政等形式，组织内外评、个人找、集中议，聚焦“四风”查找问题。市地税局层面共梳理归纳领导班子“四风”问题12条、班子个人问题44条、工作建议6大类90条；全市地税系统中层正职层面（共172人）共梳理归纳“四风”问题43条、工作建议16条。坚持以知促行、边学边改，能解决的问题不等不拖，需要规范的事项抓紧建章立制，对“疑难杂症”打出收条、挂号列表。

（四）“三严三实”专题教育

2015年，市国税局开展“三严三实”专题教育，印发《关于在益阳市国税系统处级以上领导干部中开展“三严三实”专题教育工作方案》，明确全市国税系统处级以上领导干部开展“三严三实”专题教育的总体要求、方法措施等内容。市国税局分别组织开展严以修身、严以用权、严以律己专题学习和专题讨论，开展“三访三化”“一进二访”活动，坚持不懈抓好领导班子作风和机关工作作风建设，对发现的27个问题立行立改，从严抓好班子，带好队伍，管好干部。

是年，市地税局召开“三严三实”动员会，印发《益阳市地方税务局关于进一步明确“三严三实”专题教育相关要求的通知》，明确“三严三实”专题教育的人员对象，细化上好专题党课、开展专题学习、开好专题民主生活会和组织生活会、加强征管落实等要求。组织“严以修身”第一专题学习研讨，邀请专家老师讲课，并就“严以修身，加强党性修养，坚定理想信念，把牢思想和行动的‘总开关’”这一主题进行学习研讨；开展“严以律己”第二专题学习研讨，主要学习《党员干部违纪违法典型案例警示录》《中共中央关于全面深化改革若干重大问题的决定》和“习近平总书记关于全面深化改革的重要论述”等文件资料，并邀请益阳市纪委党风政风监督室主任曾溢武讲解部分党风政风案例；举办“严以用权”第三专题学习研讨会议，就“习近平总书记关于适应新常态加快全面建成小康社会的重要论述，服务地方经济发展”等主题进行学习研讨。

（五）“两学一做”学习教育

2016年，市国税局深入开展“两学一做”学习教育，5月，召开“两学一做”（学党章党规、学系列讲话，做合格党员）学习教育动员会，党组书记、局长徐向阳作动员报告，市国税局领导、机关科室及直属单位主要负责人、各县市区局党组书记参加会议。印发《关于在全市国税系统全体党员中开展“学党章党规、学系列讲话，做合格党员”学习教育实施方案》，明确“两学一做”学习教育的总体要求、主要措施以及组织领导等内容；印发《益阳市国家税务局机关“学党章党规、学系列讲话，做合格党员”学习教育实施方案》，明确“两学一做”学习教育的总体要求、学习教育内容、开展专题学习讨论、开展讲党课活动、开展党务骨干培训、开展互学联动活动、开展“七一”表彰活动、开展知识竞赛活动、召开党支部专题组织生活会、民主评议党员、立足岗位作贡献、领导机关领导干部作表率、严格党员日常管理等主要措施以及组织领导等内容。强化宣传，通过“益阳国税党建”加强“两学一做”学习教育宣传；举办基层党组织书记培训班，提高党组织书记的履职能力和工作水平；组织开展先进典型代表巡回讲党课活动，从国税标兵、传承好家风好家训、推行“营改增”、金税三期等工作中表现突出的优秀共产党员代表中推选典型巡回讲党课；将“两学一做”学习教育与帮扶企业发展、税收改革等相结合，以党支部为单位与白沙溪茶业、仪纬科技、长安益阳发电等重点企业结成互联互学对子，创新开展工作体验、学习互动、心得交流、纳税辅导等“六个一”活动，提升“两学一做”学习教育实效。10月，印发《益阳国税系统以增强“共产党员、公务员、税务人员”身份意识为抓手 深入推进“两学一做”学习教育的实施方案》，明确深入推进学习教育的重要意义、指导思想、目标任务、方法措施、工作要求。

是年，市地税局有序开展“两学一做”学习教育，5月，印发《在全市地税系统党员中开展“两学一做”学习教育的实施方案》，明确开展“两学一做”学习教育的总体要求、学习教育内容、主要措施及组织领导等内容。全市地税系统紧紧围绕“四讲四有”主题，扎实做好各环节工作。通过中心组学习、支部学习、专题研讨、书记讲党课等多种方式组织党员干部深入学习习近平总书记系列重要讲话和党章党规知识。落实领导干部学习教育联系点制度，组织专题党课，全市地税系统邀请15名专家学者进行专题讲课。持续深化“一调两转”，领导带头深入基层联系点，讲党课、搞座谈、抓引导，促进干部队伍思想、作风深调深转。通过先进典型引路，先后评选全市地税系统“十佳学习标兵”“两学一做”学习教育和“一调两转”先进典型19名，并在全市地税系统组织践行“两学一做”学习教育暨深化“一调两转”先进典型事迹报告会，600名地税干部观看报告会。全市地税系统68个党支部、757名党员、1195名干部积极投身“两学一做”学习教育，认真做好8个自选动作和3个创新动作，依托多层次学习机制，学党章党规、学系列讲话，市地税局机关各支部组织专题讨论272场次，全体党员共撰写心得体会1500篇。全市地税系统“两学一做”学习教育在湖南省委组织部“两学一做”学习教育例行督查中获得肯定，湖南机关党建网站刊发通信推介。

（六）第二批“不忘初心、牢记使命”主题教育

2019年，市税务局开展第二批“不忘初心、牢记使命”主题教育，成立主题教育领导小组、领导小组办公室及3个主题教育巡回指导工作组，建立主题教育领导小组办公室联络组工作机制，印发《全市税务系统开展“不忘初心、牢记使命”主题教育实施方案》《国家税务总局益阳市税务局机关开展“不忘初心、牢记使命”主题教育实施方案》，提出“三定两提一确保”推进思路，引导1561名党员干部全身心投入主题教育。持续建设“五个过硬”党委班子，坚持科学民主依法决策，探索政治建设分析评价机制，严格规范党内政治生活和党内监督，有效落实党管意识形态责任。开展学习平台，学习积分达10000分的超过20人。邀请巡回指导组组长殷美材开展爱国主义教育专题讲座；在益阳市税务系统举办5场“不忘初心、牢记使命”主题教育先进典型巡回宣讲。组织益阳市税务系统深入开展“大学习促提高、大调研促

落实、大走访促作风”主题实践活动，组织学习分享，开展主题教育宣讲，组织开展“担当作为”大讨论。结合领导干部工作联系点活动，开展基层调查研究、推动调研成果转化，深入基层单位、对口企业、扶贫村召开座谈会，发出征询函，问政问需问计。市税务局党委委员深入16个基层党建联系点、36个基层分局（所）、25户对口帮扶企业，撰写调研报告16篇。印发《益阳市税务系统“不忘初心、牢记使命”主题教育对照党章党规找差距的事实方案》，检视剖析“表现在基层、根子在上面”的44个问题，各级党委班子共查摆问题52个，班子成员共查摆问题266个。聚焦主题教育10项专项整治任务，共启动完成七类344件整改事项。开展“推进全市税务系统机构合并后干部队伍四合不到位专项整治工作”，围绕“事合、人合、力合、心合”目标，着力查找解决全市税务系统各单位、各部门在班子建设、队伍融合和基层建设等方面存在的突出问题。通过开展思想大讨论、开展问题大排查、开展好精神文明建设集中行动、开展好大抓基层集中行动，引导税务干部提高政治站位、凝聚思想共识。

（七）党史学习教育

2021年，市税务局把党史学习教育作为贯穿全年的重大政治任务，推动学习教育全面铺开。印发《全市税务系统开展党史学习教育实施方案》；在益阳市清溪村红色教育基地举办益阳市税务系统党史学习教育动员大会，组织党员干部参观红色教育基地，开展体验式党史学习教育；组织党员、干部学习习近平总书记在党史学习教育动员大会、庆祝中国共产党成立100周年大会、党史学习教育总结大会上的重要讲话精神，学习习近平总书记关于税收工作的重要论述和重要指示批示精神；通过党委理论学习中心组、“三会一课”、主题党日、青年理论学习小组等形式，开展学史明理、学史增信、学史崇德、学史力行4个专题学习；举办党史学习教育专题讲座，邀请益阳市委常委、宣传部部长胡立安到“益阳税务大讲堂”授课；运用“学习强国”“学习兴税”“湘税党建”等平台开展群众性党史知识竞赛，评选党史知识“学习达人”；以“展现历史脉络、传承红色基因”为主题，通过“一批综述报道、一组精品视频、一系列绘图解读”等方式，集中展示益阳市税务系统党的建设成果；在手机工作群开通“学习e刻”党史微课专栏，每天推送党史（党建）知识；召开益阳市税务局庆祝中国共产党成立100周年暨先进典型表彰大会，为市税务局机关“光荣在党50年”老党员颁发纪念章，为益阳市税务系统优秀共产党员、优秀党务工作者、先进基层党组织获奖代表颁奖；举办益阳市税务系统“忆党史、念党恩、跟党走”红色故事文艺会演，推出讴歌党、讴歌祖国、讴歌社会主义的优秀文艺作品；开展“税务巾帼心向党 百年逐梦正当时”红色经典诵读、“重温党史守初心 青春逐梦正当时”主题演讲比赛、“就认这个理”青年微党课竞赛、“学史增信 守正创新”学习兴税直播课堂比武、党史学习教育暨学习贯彻习近平总书记“七一”重要讲话精神交流分析会、“传承红色基因，明规执纪守正”党史知识竞赛暨党史党建业务大比武等主题活动；召开党史学习教育专题民主生活会，将收集到的原汁原味意见建议25条归纳整理为3类11条，逐一研究，明确整改责任和措施；推进“我为群众办实事”实践活动，抓实10类18项任务，完善机制，细化举措，压实责任，推出37项121条“办实事”服务举措。

（八）其他教育活动

1994年，税务机构分设涉及面广、矛盾多、关系到每位干部职工的切身利益，市税务局在干部职工中开展“三大教育”：一是开展国情教育，让干部职工了解在建立和发展社会主义市场经济、推行以增值税为主要内容的新税制国情之下，实行税务机构分设的必要性和重要性，形成税务机构分设共识；二是开展纪律教育，要求干部职工站在维护和执行中央重大决策的政治高度来认识和对待税务机构分设重大改革，在改革中，顾大局、识大体，一切行动听指挥；三是开展局情教育，消除干部职工思想疑虑，为税务机构分设顺利实施做好思想准备。

是年，市地税局在全市地税系统开展“三大讲”活动，大讲“勤政、务实、廉洁、创新”地税精神，倡导“艰苦创业、勇于创新、敬业奉献、廉洁守纪、争创一流”的精神，大讲艰苦创业优良传统，大讲地税的地位和优势。通过三大讲，稳定干部队伍思想，增强市地税局的向心力和凝聚力。

1997年，市国税局紧抓典型教育，以党的优秀干部孔繁森和税务战线的优秀人物，教育、引导干部职工树立正确世界观、人生观，全市国税系统共组织各类专题典型教育48场次。深入开展“423”形象工程建设活动，市国税局以及各县市（分）局均成立“423”形象工程建设活动领导小组，将“423”活动纳入年度工作目标考核，制定“423”形象工程建设活动集中教育整顿和开展“两为”竞赛活动具体实施方案。市国税局以“六比六看”活动推动“两为”竞赛活动开展，将开展“423”形象工程建设活动与省国税局

"1512"创先争优活动相结合，与开展创建文明活动相结合，与党建先锋工程相结合，与干部教育培训相结合。

1998年，市地税局坚持典型示范引路，组织开展"小151工程"评比活动，向上推荐先进典型，全国税务系统先进工作者乔湘林、全国税收征管能手肖志芳、全市地税系统最佳局长蒋栋才、全市地税系统优秀分局长陈雁鸿、成大春、付安国、夏秋良等，采取拍电视新闻、登《湖南日报》、开表彰大会、搞巡回演讲等形式宣传先进典型事迹，以身边事教育身边人。

1999年，市国税局抓典型教育，沅江市国税局推出全省优秀国税工作者、益阳市优秀共产党员王振球，市国税局三分局推出全市模范共产党员杨滨湖、市直优秀共产党员何积辉及忠于职守的女干部李介平，南县国税局推出全省优秀国税工作者严红球，通过电视、报刊等媒体宣传典型，学习典型，促进全市国税系统"比学赶帮"风气形成。

2000年，市国税局开展"五个一"活动，组织全市国税系统干部看一部好片子，读一本好书（《钢铁是怎样炼成的》）；上好一堂党课，全市国税系统先后请本单位党组、党总支负责人集中讲党课9堂；组织开展一次思想大讨论，对照保尔精神检查自己的人生观、价值观和奉献精神；对照下岗职工和再就业典型，撰写一篇学习心得。益阳电视台、益阳有限电视台、益阳电台、《益阳日报》等先后对益阳市国税系统"五个一"教育活动进行专题报道。

2003年，市国税局组织开展"外学郑培民、内学郭小毛"活动，组织全市国税系统干部观看郑培民先进事迹报告会和一位生命不息战斗不止的国税干部郭小毛先进事迹纪录片，以先进人物事迹教育人、激励人。

是年，市地税局在全市地税系统党员干部中开展"艰苦奋斗、廉洁从政"主题教育，组织开展政治理论学习活动、正反典型教育和总结评比等活动。

2006年4月，市国税局直属机关党委组织在全市国税系统以支部为单位开展"党旗飘扬"主题征文活动，市国税局直属机关党委对各党支部优秀作品进行评奖，共评选一等奖1名、二等奖2名、三等奖3名、优秀奖6名，高新区国税局副局长崔青的作品《怎能忘怀基层国税党员》被评为一等奖。

2009年，市地税局开展"学习风气好、团结协作好、作风建设好、勤政廉洁好、工作业绩好"的"五好"评比活动。

2010年，市国税局开展"爱岗敬业、勤政廉政"主题教育，组织"国税标兵""共产党员示范岗"等先进评比，举办党员励志文化系列活动，发挥共产党员先锋模范作用。

2011年，市国税局在全市国税系统开展"爱岗敬业 勤政廉政"主题教育、"国税标兵""共产党员示范岗"评比活动，开展唱红歌、摄影展、"七一"表彰、"五好国税家庭"评比等活动，营造创先争优氛围，增强全市国税系统凝聚力和战斗力。

2012年，市国税局实施凝聚力工程，组织开展窗口单位为民服务创先争优、"爱岗敬业 勤政廉政"主题教育，开展"下基层 惠民生"主题实践活动、"走访群众听民声 深入基层解难题"作风建设活动，加强干部队伍思想政治教育。

是年，市地税局开展"增强五种意识，争当人民满意税务工作者"主题教育，重点组织开展思想政治工作大调研、筹办辩论赛、"三联三送"活动等，开展"坚守从政道德、保持党的先进性和纯洁性"专题教育，增强全市地税系统"五种"意识，转变工作作风。

2017年，市国税局开展学习贯彻党的十九大精神"主题党日"活动，组织开展"税企互学互促"活动，100名党员干部进大企业交流党建工作经验，开展税收政策辅导服务。在益阳市委宣传部、益阳市委讲师团举办的"社会主义'有点潮'主题征文活动中，市国税局获得优秀组织奖。

2018年，市国税局开展"讲政治 重规矩 作表率"专题学习实践活动，组织开展专题辅导、风险教育活动、廉政知识抢答赛、心得体会文章交流、警示教育活动、党内法规知识考试、讲廉政党课等活动。

是年9月，市税务局开展党员承诺践诺活动，在国税地税征管体制改革中当先锋、树标杆、作表率，凝聚推动改革的正能量。10月，市税务局创建"四合"示范单位，在事合上，业务"一盘棋"；在人合上，干部"一排坐"；在力合上，劲往一处使；在心合上，心往一处想，凝聚改革动力、合力、活力，推动"事合"升华到"力合"，"形合"升华到"神合"，"人合"升华到"文合"，为推进新时代税收现代化提供精神动力。

2019年4月，市税务局机关党委印发《2019年全民学雷锋共创文明城志愿服务活动方案》，大力弘扬和传承雷锋精神，推动学雷锋志愿服务常态化。是年7月，市税务局在税务新机构挂牌一周年之际，举办益阳市税务系统"不忘初心跟党走、税务建功新时代"知识竞赛暨"两优"表彰大会，市税务局机关和各县市区税务局共10支代表队参加知识竞赛，安化县税务局代表队获得一等奖，大通湖区局代表队、市局机关一队荣获二等奖，资阳区局代表队、沅江市局代表队、南县局代表队荣获三等奖。7月，市税务局机关党委印发《机关支部党员干部下基层进社区开展“接地气、去官气、传正气、转作风、惠民利”主题志愿服务活动方案》，发挥税务党员干部在共建共创文明城市和基层管理创新中的示范带头作用。

2020年9月，市税务局举办“公民道德宣传日”主题分享会，青年干部共同学习《新时代公民道德建设实施纲要》，青年志愿者宣读“公民道德宣传日”倡议书，机关团委书记宋壮波领学志愿者精神，杨婧等青年干部分享主题团课，“益阳好人”“五星级志愿者”赫山区税务局干部曾科分享助人为乐事迹，“益阳好人”资阳区税务局干部吴俐分享孝老爱亲事迹，市税务局机关服务中心干部闫滨分享见义勇为事迹。

2022年3月开始，市税务局机关党支部推行党员“政治生日”活动制度。“政治生日”活动，引导党员常思“当初入党为什么、如今在党做什么、今后为党留什么”，自觉加强党性锻炼，规范党员行为，提高党组织凝聚力、战斗力和创造力，达到坚定理想信念、增强党性修养、严格组织纪律、优化工作作风。7月1日，市税务局组织机关90名党员在安化梅山文化园红色教育基地举行党员集体过“政治生日”活动，增强党员身份意识和责任意识。

第四节　反腐倡廉和党内监督

一、廉政及作风建设制度、规定

1990年，地区税务局制定加强廉政建设、纠正行业不正之风的七条规定，益阳地区各级税务部门建立廉局长、所长接待日制度。地区税务局向社会各界发出公开信，提出“十不要”，即不要为税务干部设宴和搞任何形式的招待；不要给税务干部送钱、送礼、送纪念品；不要为税务干部贴价购买商品；不要邀请和安排税务干部钓鱼、跳舞；不要为税务干部无偿调用机动车辆，不要向税务干部发放购物券和优惠券，不要为税务干部串换任何商品物资；不要请税务干部参加任何具有赌博性质的娱乐活动，不要赊销商品物资给税务干部；不要借钱借物给税务干部。

1994年11月，市地税局制定《关于加强廉政建设的八条规定》，不准接受礼品礼金，不准接受红包和有价证券，不准索贿受贿、贪污挪用。

1995年4月，市国税局印发《益阳市国家税务局机关工作人员不准接收公款宴请的规定》，明确：市国税局机关工作人员到市区外的基层税务部门调查研究、检查工作时，按当地规定标准吃工作餐，本系统设有招待所的单位，应在招待所食宿，没有招待所的，可安排在当地党委、政府设立的招待所，不准接受系统外的宴请。市国税局机关工作人员不准接受下属单位到益阳办事时用公款支付的宴请，不准以科室名义用公款宴请下属单位（部门）人员。市国税局机关工作人员不准接受系统外的宴请。市国税局机关工作人员不准利用到基层税务部门检查工作之便接受高消费娱乐活动和请钓活动。

是年，市地税局制定下发《关于认真抓好当前反腐败斗争各项工作的通知》《关于严格税收纪律、加强廉政建设的十条规定》，重点刹住吃喝玩乐风。

1996年8月，印发益阳市国税系统廉政工作考核办法，对案件查办、执法监察、教育、预防、基础管理等方面进行考核，考核实行百分制，得分在前三名者为优胜单位。

1997年4月，市国税局印发《益阳市国家税务局机关作风整顿实施意见》，明确开展作风整顿的指导思想、内容和要求、方法步骤等内容。

是年，市地税局规定五个严禁，即严禁赌博，严禁到企业索、拿、卡、要、报，严禁参加用公款高消费娱乐活动，严禁擅自减免税，严禁接受礼金红包。制定《益阳市地税系统廉政“三无”目标管理办法》，即市地税局、县市分局无犯罪案件、科股室无重大违纪问题，干部职工个人无劣迹，实行单位主要负责人负总责，分级负责，分线管理，一岗两责，下管一级的管理办法。

1998年，市地税局制定党组廉政分析会制度，明确每季末的26日为廉政分析会活动日；完善廉政监督制约机制，制定《益阳市地税系统廉政制度》《纪律检查日制度》《举报制度》《监察走访制度益阳市》《干部廉政考察制度》等，以制度规范行为。

2000年7月，市地税局在全市地税系统建立健全领导干部廉政档案。建档对象为市地税局在职副处级以上干部，县市区地税局、市直地税分局在职正副局长、征收分局局长、税务所所长。建档内容包括领导干部本人及其家庭主要成员的基本情况，执行廉洁自律有关规定的情况，执行礼品登记、个人重大事项报告制度情况，执行党风廉政建设责任制情况，重要举报和群众来信的调查结论材料，专项监督检查结论中与个人有关的材料，奖惩情况材料，领导干部任期经济责任审计材料，廉政考评材料等。10月，市地税局印发《益阳市地方税务局关于进一步改进地税干部作风的规定》，明确市地税局领导及其机关干部每年下县市区（分）局和企业等基层单位的时间不少于90天，其中，市地税局领导下征收分局(税务所)的时间不少于30天。县市区（分)局领导及其机关干部每年下征收分局等基层单位的时间不少于120天，其中下征收分局的时间不少于60天；市地税局领导和机关各科室按照“包县帮点责任制”要求，办好基层工作联系点，帮助基层解决税收征管、基本建设、文明创建、内部管理等各方面的难题。全面推行上岗签到、去向报告、中途查岗制度。该项规定于2000年11月1日起施行。

2001年，市地税局明令做到“三个严禁”，即严禁借机构调整变化之机，违规调度资金、转移资产、私分钱财、公费旅游；严禁巧立名目滥发奖金、补贴、纪念品；严禁动用公款吃喝玩乐，如有违反，按谁表态、谁负责，谁组织、谁负责原则，追究有关人员的责任。

2003年3月，市国税局在全市国税系统实行“八个严禁”的规定，明确：严禁着便装上岗（另有规定除外）或者税务制服参加与公务无关的活动；严禁参与和纳税人以及下属进行涉及钱物输赢的打牌活动；严禁在纳税人处报销应由本单位或个人支付的各种费用以及压价购买商品；严禁在职人员经商办企业及在纳税人处入股分红；严禁受本人职务和职权影响的单位和个人到自己的配偶和亲属所办的饮食、休闲、娱乐场所消费；严禁在本人及家庭成员婚丧嫁娶、晋级、升职、调动、生育、生日、升学、参军、就业和乔迁时，收受纳税人礼品礼金和邀请下属参加宴请并收受礼品礼金；严禁接受带有色情性质的异性按摩；严禁系统内在工作日中午用餐时和下基层检查指导工作时饮酒。违反以上规定，将视情节轻重给予诫勉谈话、经济处罚或歇岗1—3个月的处理，情节严重者给予相应的政纪、党纪处分。对负有直接领导和管理职责的领导按规定追究连带责任。

2004年8月，市国税局党组印发《中共益阳市国家税务局党组关于建立领导干部谈话制度的决定》，明确建立领导干部谈话制度的指导思想、谈话对象、谈话方式和内容等，谈话的方式包括任前谈话、提醒（警示）谈话、诫勉谈话等。10月，市国税局印发《益阳市国家税务局系统领导干部个人重大事项报告制度》，明确全市国税系统副科级以上（含副科级）领导职务的干部须向市局报告个人重大事项，明确事前报告、事后报告的具体事项以及领导干部个人重大事项报告情况受理部门等。

2005年10月，市国税局党组印发《关于领导干部选拔任用工作实行用人失察失误责任追究制度的暂行规定》，明确干部选拔任用工作过程中推荐、考察、决定等关键环节的责任主体和责任内容，对干部选拔任用工作中的失职、渎职行为，依照有关纪律和规定追究有关责任人的责任，加强对领导干部选拔任用工作的监督，防止和纠正干部选拔任用工作中的不正之风。是月，市国税局党组印发《益阳市国家税务局系统干部选拔任用工作监督检查办法（试行)》，明确干部选拔任用工作监督检查遵循的原则、监督检查的对象和内容、检查方式、日常监督、调查核实、纪律和责任等内容，规范对党政领导干部选拔任用工作的监督检查。

2008年3月，市国税局印发修订后的《益阳市国税系统税容风纪管理办法》，共14条，明确全体国税工作人员工作纪律、着装规范、言行举止等规定，并明确违反规定相应处罚，自2008年4月1日起执行。是月，印发《益阳市国税系统工作人员有错无为问责办法实施意见（试行)》，包括总则、问责内容、问责方式、问责机构、问责程序、启动问责情形、回避与申诉、附则8章19条内容。8月，印发《关于重申和进一步明确纪检监察部门汇报工作有关规定的通知》，明确纪检监察部门年度工作报告制度、纪检组组长年度述职述廉制度和专项工作报送制度的内容和要求。9月，印发《益阳市国家税务局关于重申和进一步明确加强干部队伍建设有关规定的通知》，明确：严禁领导干部驾驶公车；严禁领导干部利用婚丧喜庆事宜大操大办、借机敛财；严禁在职干部参与税务代理；严禁国税人员参与赌博；严禁在职干部违反规定经商办企业；严禁公款吃喝，奢侈浪费；不得私设“小金库”。

2010年，市国税局在湖南省国税系统率先出台《益阳市国家税务局部门内控机制建设基本规范》和《益阳市国家税务局规范权力运行制度》，明确从局领导到所有工作人员的岗位职责，查找出公共廉政和职权风险点 8 个，各岗位廉政和职权风险点 748 个，制定防范措施 834 条，明确 11 项税收执法权的运行工作制度和流程图。《建立廉政风险内控机制，形成大预防工作格局》被市纪委评为“2010 年纪检监察创新性工作”。

2011 年 1 月，市国税局完善并重新印发《益阳市国税系统税容风纪管理办法》，该办法共 13 条，明确工作纪律、着装要求、违反规定的处理办法等内容，从 2011 年 1 月 20 日起执行。是年，市国税局修订完善内控机制基本规范，制定内控机制执行、监督、检查、追究等 6 项制度，内控机制建设被益阳市纪委评为创新工作项目，并在益阳市优化经济发展环境和效能监察工作大会上作经验介绍。

2012 年，市国税局制定益阳市国税系统行政问责办法、重大事项会议纪要制度、议事决策制度、内控机制监督检查办法、廉政风险预警制度、廉政谈话制度等 6 项工作制度，完善内控机制，深入调研各岗位职责，确定重点风险岗位 23 个，查找廉政风险点 227 个，制定防控措施 233 条，制定工作流程图 24 个，印发《益阳市国家税务局机关工作人员内控机制建设基本规范》《益阳市国税系统重点岗位廉政风险点、防控措施、制度程序规定及业务流程图》等内控机制文件，编印《益阳市国税人员内控机制建设必读》，认真落实内控机制监督检查办法，确保内控管理落实到位，取得实效。

2013 年 7 月，市国税局印发《益阳市国家税务局税务人员防止利益冲突的规定》，该规定共 4 章 19 条，第一章为总则，明确利益及利益冲突的具体内容，第二章为防止利益冲突的行为限制，第三章为利益回避与监督实施，第四章为附则。

是年 6 月，市地税局印发《益阳市地方税务局税收违法违纪案件“一案双查”办法》，该办法共 22 条，对“一案双查”工作的职责分工、遵循原则、办理程序、责任追究等内容进行明确，自 2013 年 1 月起施行。

2014 年 7 月，市国税局印发《益阳市国家税务局关于进一步加强市局机关作风纪律建设的通知》，明确进一步严格请销假管理、上下班考勤管理、上班作风纪律管理、学习和会议纪律管理，并进一步明确职责范围与分工及其他事项等内容。

2015 年，市地税局出台《落实“两个责任”问责实施办法》，列举主体责任和监督责任不落实的 18 种情形、明确问责方式和程序；出台进一步严明公务接待纪律的相关规定，明确内部公务接待全天候“禁酒令”。

2016 年 2 月，市国税局印发《益阳市国家税务局机关作风纪律考核办法》，明确请销假管理、上下班考勤管理、上班作风纪律管理、学习和会议纪律管理、考核评分标准、职责范围与分工以及其他事项等内容。

是年 11 月，市地税局纪律检查组印发《中共益阳市地方税务局纪律检查组关于进一步加强作风监督的通知》，明确作风监督的针对性、作风监督方式以及作风监督纪律等内容。

2017 年 3 月，市国税局印发《益阳市国家税务局关于进一步强化作风建设和工作纪律的通知》，明确严格执行作风建设各项规定、严肃落实主体责任和监督责任、严厉查处违纪违规行为等内容。

2018 年 11 月，市税务局印发《国家税务总局益阳市税务局关于严格执行作风纪律相关规定的通知》，明确全市税务系统的工作纪律、着装要求、禁酒规定、公车管理、婚丧喜庆事宜以及值班制度等方面相关规定。是月，印发《关于进一步加强市局机关作风纪律建设的通知》，明确严格请销假管理、严格上下班考勤管理、严格上下班作风纪律管理、严格学习和会议纪律管理等方面作风纪律相关规定。

2021 年 12 月，市税务局制定印发《一体化综合监督体系联席会议制度（试行）》，明确一体化综合监督体系联席会议的参与人员及主要内容等。是月，印发《一体化综合监督工作报告制度（试行）》，明确一体化综合监督工作报告的形式、内容等。

2022 年 11 月，市税务局党委印发《构建完善全市税务系统一体化综合监督体系联动落实工作机制（试行）》，进一步明确相关职能部门工作分工，完善组织领导机制、协调推动机制、日常联络机制、调研评估机制，促进监督协同、增强监督合力，加快构建完善全市税务系统一体化综合监督体系，推动监督融入税收治理。是月，市税务局党委印发《加强对国家税务总局益阳市税务局机关各部门主要负责人监督重点事项清单（试行）》，提升对市税务局机关各部门主要负责人的监督质效；印发《国家税务总局益阳市税务局党委加强对县市区税务局“一把手”监督重点事项清单（试行）》，进一步加强对县市区局“一把手”的监督。

二、廉政教育及廉政文化建设

1990 年，地区税务局抓廉政教育，组织干部职工学习税务人员的《五要十不准》和《税务人员的职业道德标准》，重申廉政制度；益阳地区税务系统召开党组会、机关干部会、局长、所长汇报会、政治思想工作会、纪检监察工作会56次，参加人数1301人次，下发文件27个，出墙报79期、黑板报74期，书写标语448条。及时总结廉政工作中的先进典型，共发布廉政典型事迹25篇，在益阳地区税务系统组织干部学习。

1991年，地区税务局举办廉政学习班、纠风学习班68期，参加人数1268人次，占益阳地区税务干部总人数的94%，学习班分科局长、股所长、专管员三个层次进行。抓廉政典型教育，在益阳地区税务系统宣扬廉政先进单位4个，先进个人15名，组织先进事迹报告演讲会3场，用身边人和事教育身边人。

1992年，地区税务局印发并组织全体干部学习湖南省税务局廉政规定20条，开展廉政知识竞赛，在湖南省税务局组织的廉政知识竞赛中，益阳地区税务局代表队获得第三名。对新招录人员和骨干进行廉政教育，地区税务局主办两期岗前培训班，共100人，各安排一天由监察科讲课，进行税务职业道德教育。坚持“纪律检查日”活动，抓好正反面典型教育，宣传廉政典型，通报违纪案例，下发廉政规定；利用干部大会、党员、青年学习班等，给党员干部上课，剖析违纪案例，分析违纪原因；针对社会上的不良现象及党员中存在的问题进行预防教育。

1993年，地区税务局组织税务干部学习江泽民同志在中纪委二次全会上的重要讲话和湖南省税务局及益阳地区税务局领导有关反腐败斗争的重要讲话精神，组织进行座谈讨论，利用税讯、黑板报、墙报专刊宣扬反腐败斗争的重要意义。在抓反腐败斗争中，一手抓领导干部廉洁自律；一手抓干部队伍廉政建设，做到逢会必讲廉政建设，下基层必须了解廉政情况，举办学习班必上廉政教育课，党组会议和研究工作必有廉政内容。利用党员学习班、支部生活会、纪检日活动，对党员进行党风党纪教育、党性教育、为政清廉教育；抓预防教育，地区税务局和县市税务局共举办廉政学习班14期，纪检组组长、监察科股长上廉政辅导课24人次，组织收看《贿赂忧思录》《新中国第一大案》电影、录像1034人次，组织讨论1237人次；抓经常性教育，下发廉政建设、反对腐败、纠正行业不正之风相关文件、通报68份，修改完善廉政规定34份；抓典型教育，宣扬为政清廉正面典型27人次，通报剖析违纪案例14次。

1994年，地区税务局党组组织学习湖南省税务局《全省税务系统关于深入开展发腐败斗争，切实加强税务系统廉政建设》文件精神，就搞好领导干部廉洁自律提出新要求。

1995年，市国税局坚持廉政学习制度，把有关廉政建设文件精神传达到每位税务干部，组织开展理论教育、反腐倡廉教育、学习孔繁森等先进典型教育、总结反面教训的警示教育。举办全市国税系统监察室主任、监察员业务培训班，兼职监察员、社会特邀监察员学习班，培训纪检监察员、特邀监察员300人。

是年，市地税局组织干部职工认真学习党的十四届四中全会、中纪委五次全会和全国税务纪检监察会议精神，逢会必讲廉政建设，7次组织召开市地税局机关干部职工大会，学习廉洁自律有关规定。

1996年，市国税局加强反腐倡廉宣传教育，编写印发《税务监察工作资料汇编》，与国家税务总局编印的《税务人员廉政手册》一道下发给全体税务干部职工学习；分期分批组织全体税务干部及代征员进行考试，参考率100%，平均成绩90分；组织全市国税系统干部聆听湖南省优秀国税干部事迹巡回报告团在益阳市的演讲，开展向益阳市优秀国税干部学习活动，坚持每月一次“纪检日”活动。

是年，市地税局开展廉洁自律教育，组织全体干部职工学习《税务人员廉政手册》；组织县市分局纪检监察专干培训一次，县市分局监察科(股)对本单位兼职监察员培训2次，参加培训干部共194人次；组织市地税局机关和益阳市区3个分局机关160名干部职工到益阳群众艺术馆参观反贪成果展览；组织全体税务干部观看《阳光行动启示录》《阎建宏蜕变反思录》等影片；组织市地税局机关和分局376名干部参加党纪条规考试，平均成绩87.5分；组织全市地税系统818名干部职工参加廉政规定考试，平均成绩90.5分，两项考试及格率都达到100%。

1997年，市国税局建立定期学习制度，组织全体干部职工学习《中国共产党党员领导干部廉洁从政若干准则》《中国共产党纪律处分条例》，组织观看《为了国徽的圣洁》等廉政先进典型纪录片，结合《中国共产党纪律处分条例》等六部法规、党的十五大文件精神等组织考试。

是年，市地税局每月安排2—3天学习教育，组织干部学习中央纪委关于领导干部廉洁自律的“39个不准”和《中国共产党纪律处分条例》等6部法规，学习《廉政准则》等；开展讲为政清廉、党性原则、艰苦奋斗、工作态度、香港回归的“五讲”活动。组织干部职工观看《离开雷锋的日子》《廉政风暴》《红河谷》等电影，组织干部观看湖南省惩治贪污贿赂大案要案纪实图片展。

1999年，市地税局组织干部职工观看电教纪录片，参观雷锋纪念馆，拜访革命老前辈，走访先进工作者，听在押服刑人员“现身说法”，举办中华人民共和国成立50周年板报展，使干部职工在亲身体验中感受美好生活、珍惜本职工作，高筑反腐防线。

2000年，市国税局开展警示教育活动，组织全市国税系统干部观看《胡长清案件警示录》《沉重的思考》《荣誉面前》等专题教育片，结合纪检日活动开展党风廉政建设大讨论。

是年，市地税局把每月15日定为学习活动日，组织学习《关于实行党风廉政建设责任制的规定》、党纪政纪条规及各项廉政制度等。组织领导干部开展“当官为什么、有权干什么，要给后人留什么”的大讨论。开展警示教育，组织干部职工收看《厦门海关走私案》《胡长青案件警示录》《税务人员廉洁从税警示录》《前进中的中国税务》等教育片，组织观看电影《生死抉择》，并联系实际对照检查，通过警示教育，增强干部法治观念和廉政勤政观念。

2001年，市地税局有计划地开展党风廉政宣传教育，将每月15日定为纪律检查学习活动日，要求税务工作人员记学习笔记，写学习心得。先后组织学习邓小平关于党风廉政建设的理论、“三个代表”重要思想等内容，组织干部收看《责任的呼唤》《厦门特大走私案》《宠妻纵子谋家财的悲剧》等警示教育片，并写下20篇心得体会。

2002年，市国税局以“改进作风，拒腐防变”主题思想教育活动为契机，开展多种形式的党风廉政教育，组织全市国税系统104名副科级以上领导干部到沅江赤山监狱参观，并开展现场说纪说法教育；组织干部职工到安化贫困山区和益阳市船舶厂等特困企业参观，让干部算清家庭、政治、经济、人生四笔账，善待手中权力，使权力真正为纳税人服务。加强预防职务犯罪知识宣传教育，采取与检察机关定期联系、通报情况等措施，防患于未然。

是年，市地税局加大对干部职工的廉政教育力度，组织观看汪洋湖先进事迹报告会、《公仆本色》、《奉献之歌》等，正面激励干部职工廉洁从政；组织干部职工和副处级以上领导干部配偶及成年子女观看现身说纪说法警示教育片，并组织开展讨论，使干部职工引以为戒；组织开展预防职务犯罪知识竞赛活动，防止违法违纪事件发生。

2003年，市国税局组织干部职工学习省国税局“十个严禁”、益阳市委、市政府“五个严禁”和益阳市国税系统“八个严禁”，把省国税局、益阳市委、市政府党风廉政会议精神和有关禁令条规传达到每位税务干部，并将这些禁令印成小册子下发到每位税务干部手中。加强预防职务犯罪知识的宣传教育，与检察机关定期联系，通报情况，力争防患于未然，邀请市检察院工作人员给市国税局机关全体干部和各县市分局党组成员及科所长讲一堂预防职务犯罪课。加强党风廉政教育，以湖南省纪委、益阳市纪委“艰苦奋斗，廉洁从政”主题思想教育活动为契机，加强艰苦奋斗、为政清廉教育，经民主推荐评选出29名廉政先进个人和8名廉内助，市国税局局长皮本固被益阳市委、市政府授予“艰苦奋斗，勤廉为民”优秀领导干部称号。

2004年，市地税局组织学习《中国共产党党内监督条例（试行）》《中国共产党纪律处分条例》和《中国共产党章程》，中心组学习人员每人写5000字学习笔记，市地税局机关“七一”组织全体干部参加《中国共产党章程》及“两个条例”开卷测试。组织干部观看《郑培民》、反面教材王怀忠的两面人生教育片，增强税务人员为国聚财、为民收税、勤政廉洁意识。

2005年，市国税局强化廉政教育，重点组织学习中共中央颁布的《建立健全教育、制度、监督并重的惩治和预防腐败体系实施纲要》、国家税务总局党委《关于建立健全税务系统惩治和预防腐败体系的实施意见》《中国共产党党员权利保障条例》《信访条例》和《中华人民共和国公务员法》；组织干部观看《党的优秀领导干部牛玉儒》和《内蒙古第一贪》等正反典型教育片，在全市国税系统开展廉政征文活动，征集作品76篇；主要领导和分管领导亲自上廉政教育课，举办廉政教育讲座，并请检察院为干部职工开展预防职务犯罪教育。

是年，市地税局组织8个县市区地税局主要负责人、纪检组组长、监审室主任和市地税局局领导及各科室主要负责人到沅江赤山监狱开展警示教育。

2006年，市国税局组织开展纪检日学习活动，按月以文件形式明确学习内容；充分发挥网站宣教作用，刊发各类廉政教育文章126篇，廉政格言50条；组织观看《不征税的税官》等廉政教育片，举办1次刑释人员现身说法活动、3次专题廉政讲座，举办“学习党章、遵守党章、维护党章、贯彻党章”演讲比赛。

2007年，市国税局加强廉政文化建设，强化对干部职工廉洁从政的文化熏陶和预防教育。举办学习勤廉典型活动，号召全市国税系统向“全国税务系统精神文明建设先进工作者”李雪辉学习，组织“读书思廉”主题教育和“党旗飘扬”征文活动，开展纪律条规抽考。

是年，市地税局抓好全体干部特别是副科级以上领导干部的警示教育，组织全市地税系统科、所长以上人员集中听取市检察院负责人题为“预防职务犯罪”辅导课和4名在押服刑人员题为“忏悔之声”警示教育课；定期组织党纪条规学习与考试，组织反腐倡廉征文演讲。

2008年，市国税局组织开展“三最”纪检日活动，市国税局领导班子成员深入到基层分局参加纪检日活动，县市区国税局开展与纳税人面对面的纪检日活动。开展“规避执法风险，预防职务犯罪”“读廉政书，写廉政文”“倡廉洁风尚，建文明家庭”“我与柴信德比一比、看一看”等系列廉政主题教育，进行法纪条规知识竞赛，通过局域网发布法纪条规、廉政警言，在办公楼悬挂廉政标牌，营造浓厚的廉政文化氛围。举办“清风、细雨、竹韵”主题廉政文化建设成果展，展览由纪实宣传片、文字介绍和实物展览三部分组成，以200件摄影作品、文艺作品、廉政文章、书画作品、竹雕、竹刻等展品展示益阳市国税系统浓厚廉政文化氛围，系统介绍益阳市国税系统党风廉政建设工作的具体做法、廉政文化建设的工作历程和所取得的成绩，受到湖南省纪委、益阳市纪委高度评价，获评湖南省国税系统廉政文成果展优秀展区，其中8件送展作品获奖。是年，市国税局立足廉政教育抓好预防的经验在湖南省国税工作会议上作典型发言。

2009年，市国税局坚持按季度下文明确纪检日活动学习内容，印发统一制式的纪检日学习记录本，明确市国税局领导分片联点参加学习的制度，全年共开展“三最纪检日”活动34次；坚持每周在局域网“纪检监察”栏目发布一条廉政警句格言，在市国税局机关家属区院内制作廉政文化宣传栏。举办预防职务犯罪和执法风险专题讲座8堂，创作预防职务犯罪板报和墙报7期，组织执法风险论坛8场，收集征文63篇，向省国税局报送优秀作品11篇。开展“廉政教育巡回讲”活动，市国税局各级领导干部主动上廉政教育课14场次，市纪委领导为市国税局机关全体党员作专题讲座，举办一期反腐倡廉形势报告会。组织举办纪检监察业务培训班，加强纪检监察自身建设。开展廉政文化进机关、进家庭活动，加强党风廉政文化建设，市国税局被湖南省纪委命名为“全省廉政文化建设示范点”。

2010年，市国税局坚持纪检日学习、党组中心组廉政学习、专题辅导报告等形式，重点学习《中国共产党党员领导干部廉洁从政若干准则》《领导干部廉洁从政“八不准”》等内容，组织开展考试，加强法纪条规教育。抓好网上廉政课堂建设，开展“四个一”廉政教育专题活动，全市国税系统组织集中理论学习平均16小时/人，组织干部参观湖南省国税系统廉政文化成果展380人次，参观井冈山、韶山等红色教育基地730人次，开展“一对一”廉政谈心谈话850人次，撰写并上报“四个一”学习心得、《中国共产党党员领导干部廉洁从政若干准则》学习心得、个人加强廉政建设剖析和党性分析材料共计1100篇，得到益阳市纪委、省国税局肯定。开展廉政文化建设，收集廉政文化作品128件，建设益阳市国税系统廉政文化展示厅。

2011年，市国税局采取网上廉政课堂、纪检日学习、中心组学习、廉政辅导课等形式开展廉政专题学习，汇编《益阳市国税人员廉政守则》发放给干部人手一册。

2012年，市国税局组织开展“六个一”廉政专题教育活动，在全市国税系统组织开展“签订一份家庭助廉承诺书、开展一次廉政文化作品征集、组织一次巡回报告、搭建一个廉政短信发送平台、制作个人廉洁自律岗位牌、组织一次廉政文化现场推进会”专题活动，与全市国税干部家属签订家庭助廉承诺书1149份，收集廉政文化作品105件，在市国税局局域网及互联网“益阳国税”主页发布廉政信息101条，制作岗位职责、廉政风险点及防控措施标牌156块，设计制作标注干部姓名、职务、政治面貌及个人廉洁自律座右铭的廉洁自律岗位牌100块，摆放在机关干部办公桌上，设计制作廉政宣传栏16块。全市国税系统共组织报告会9场次，制作一部暗访视频并在全市国税系统播放。按季开展“三最纪检日”活动，及时下发文件明确重点学习内容，不定期抽查各单位活动的开展情况；开通廉政短信平台，重大节日向各县市区国税局副科级以上领导干部、重点岗位工作人员、市国税局机关及直属单位全体人员发送廉政提醒短信。组织干部职工开展“六查六看”纪律作风自查自纠活动，作风整顿期间组织开展一次高标准专题纪检日活动。落实“一局一品”廉政文化建设要求，围绕“清风细雨竹韵”廉政文化品牌，以“一厅、二网、三天地、四个一”为主要内容和载体开展廉政文化建设。是年，市国税局“开展‘一局一品’活动，推进全市国税系统廉政文化建设”工作被益阳市纪委、益阳市监察局评为“2012年度纪检监察创新和特色工作”。

2013年，市国税局召开作风建设专题会议，组织学习贯彻中央八项规定、湖南省委“约法九章”、湖南省纪委“八条禁令”、益阳市委“十条规定”和国家税务总局“三个三”的工作要求。以市国税局内网、纪检日活动为阵地，开展廉政日常教育，组织2004

年以来59名新进人员开展廉政知识考试，举办廉政专题教育培训班和一场廉政党课辅导报告会。深入推进“一局一品”廉政文化建设，创作的《税务清风颂》MV廉政歌曲被国家税务总局评为一等奖并选送中纪委参加廉政文化作品评选。

2015年，市国税局组织开展4次反腐倡廉专题学习，重点学习党的十八届三中、四中、五中全会精神以及习近平总书记系列重要讲话精神。深入开展廉政教育，利用局域网“廉政天地”栏目开展阵地教育；坚持组织引导全市税务系统各单位结合工作实际和当地特色创新开展特色纪检日活动，如高新区国税局开展“学廉知廉守廉”特色纪检日活动、大通湖区国税局开展“劳动体验 转风换位”主题纪检日活动、沅江市国税局开展“感悟荷韵 看莲思廉”特色纪检日活动、桃江县国税局开展“感怀昨日 接力今日相信明日”主题纪检日活动等。引导干部职工登录湖南省国税系统网上廉政教育基地和廉政之窗开展自主学习，以支部为单位组织廉政知识学习。组织开展警示教育，组织市国税局机关和直属单位全体干部职工以及县市区国税局中层以上领导干部到益阳市反腐倡廉警示教育基地参观学习，定期组织干部集中观看反腐题材教育片。市国税局党组书记、局长李建伟主讲“适应全面从严治党新常态 争当‘三严三实’好干部”廉政党课。深入推进特色廉政文化建设，桃江县国税局廉政文化项目获评湖南省国税系统“十佳廉政文化精品项目”，李建伟的书法作品《东鲁门泛舟》获廉政文化作品书画类二等奖，夏艳红的摄影作品《请勿过界》获廉政文化作品摄影类三等奖，李晖关于“提高认识 依法行政 科学防控税收执法风险”的廉政党课获评湖南省国税系统“十佳廉政党课”。

是年，市地税局组织干部职工学习习近平总书记反腐倡廉系列重要讲话精神、新修订的《中国共产党廉洁自律准则》和《中国共产党纪律处分条例》。开设廉政党课，市地税局党组书记、局长李朝辉主讲“践行‘三严三实’从严抓班带队”，全市地税系统共组织廉政党课17堂，培训达1000人次，受到省地税局充分肯定。开设廉政专栏，开通短信提醒，开展内网学习、微信推送，组织进工厂、下企业、访农户、参观廉政教育基地等活动，通过多种方式进行廉政教育。市地税局组织9人参加省地税局监察室主任培训班，举办市地税局纪检监察业务培训班，40人参加培训组织到益阳市纪委廉政教育基地参观学习。全年共组织机关干部观看廉政影片4部、发送廉政短信1000条，走访纳税人80户120人次。各县市区地税局探索廉政教育新方式，南县地税局采取会议常提醒、活动常举办、节日常鸣钟、教育常警示、微信常推送“五常”教育法；大通湖区地税局借助农垦文化中的崇廉尚清元素，教育引导干部不忘根本、艰苦创业、清廉治税。

2016年，市国税局组织开展党内法规知识抢答赛、专题辅导讲座、参观廉政教育基地、观看警示教育片等形式多样的教育活动。在市国税局内网新增“每周说纪”栏目，每周精选一个违纪案例进行深度剖析，常讲纪律。

是年，市地税局警示教育紧跟“两学一做”学习教育部署，组织学习党章党纪，不断增强地税干部学条规、明规矩、守纪律的思想自觉。在益阳电视台举办“党纪条规印我心，廉洁从税践于行”知识抢答赛，组织参加省地税局“党旗高扬耀税徽”党纪条规知识竞赛，获得三等奖。

2017年，市地税局加强廉政教育，6期党组中心组学习均安排廉政相关内容，67个党支部抓好每月主题党日学纪学廉，组织干部观看警示教育影片4部，邀请湖南省纪委、益阳市纪委领导讲课4堂；市地税局领导为支部、联点单位讲廉政党课16场。利用益阳“红色故事”和“红色文化”加强革命传统教育，发动纪检监察干部参与道德讲堂、清风学堂等文化活动，拍摄廉政微视频1部。在长沙金辉酒店举办纪检监察督审业务培训班，邀请湖南省纪委、省地税局领导讲授案件查办、内控机制、纪检文书制作等课程。

2018年，市税务局举办纪检监察业务培训班，结合当前形势与任务，组织全市税务系统纪检干部学习《中央八项规定实施细则》、《中华人民共和国监察法》、新修订的《中国共产党纪律处分条例》、《中华人民共和国刑事诉讼法》、纪检监察监督执纪操作规程等，并开展工作经验交流。

2019年，市税务局举办纪检业务知识培训班，提升市税务局党务干部的政治素养和纪检业务能力。启动“廉政警示教育月”活动，市税务局分批组织市税务局机关、5个派出机构、8个县市区税务局2000名干部参观市纪委廉政教育基地，用身边事警示身边人，用身边案教育身边人。

2021年，市税务局启动“党风家风联建互促 纪律规矩烙在心中”专项工作，通报市税务系统“八小时外”典型案例，对“八小时外”违纪违法问题进行深入剖析，提出整治“八小时外”违纪违法问题必须推进党风家风联建互促的要求，组织“开展一次全面廉政提醒”“进行一次政治家访”活动，抓家建促党建，正党风助家风，党风家风联建互促、融合并进。

2022年，市税务局创新开展“党风家风联建互促 纪律规矩烙在心中”专项工作,举办市税务系统“党风家风联建互促 纪律规矩烙在心中”党史和法纪知识抢答赛，组织开展一次全面廉政提醒、进行一次政治家访、建立一项助廉机制、开展一次党史知识和党纪条规竞赛、开展一次心理疏导、举办一次廉政家书征文、开展一次特色纪检日活动、开展一次清廉家庭评选活动、开展一次好“家风家训”评选活动、开展一次线索大排查等“十个一”活动。市税务局开展党风家风联建“十个一”活动的主要做法被市直属机关工委在益阳市直机关党组织进行全面推广。是年，立案处分人员同比下降40%。

三、纪检监督

1990年，地区税务局建立公开办税纪律检查日制度。

是年，全区税务系统共建立监察小组64个，聘请兼职监察员96人。在地区税务系统公开处理和通报批评违纪人员15人。在税务系统外部聘请监察通信员，对他们进行走访，取得工作联系60人次，发现违纪苗头5起,及时进行处理。定期走访纪检、监察、检察部门46人次,提供违纪线索8起,调查落实6起。

1991年，地区税务局抓群众舆论监督，地区税务系统向社会各界发出问卷式廉政调查函1210份，收回540份，收到意见和建议169条，走访纳税户498户、党政部门85个，征求意见65条，针对存在的问题，及时处理和整改，并将情况及时向有关单位和个人作反馈。抓违纪案件查处，地区税务系统共立案查处违纪案件9起,开除2人,留用察看3人,记过1人,记大过1人，降级1人。

1992年，地区税务局健全纪检网络，根据各县市分局纪检人员变动情况，调整充实县市分局纪检人员3人，县市分局调整充实纪检信息员52人。

1993年，地区税务局结合机关党员干部实际，组织开展2次作风整顿，召开民主生活会3次，座谈讨论6天，进行学、摆、查、找、纠和整章建制。

1994年，地区税务局组织召开各县市税务局长会议，对开展作风整顿进行部署，各县市税务局相继进行为期2—3天的作风纪律整顿,从工作作风检查入手,组织查岗小组，定期或不定期地深入各县市税务局或税务所对税务干部去向、出勤、任务完成情况等进行检查，发现擅离岗位、违反劳动纪律的，及时给予政纪处分并予以通报；对征管失职，未完成任务的给予经济罚款或扣发工资。地区税务局党组向社会各界发出公开信100封，听取社会各界和干部群众的意见，党组书记、局长李树卿带领纪检监察干部深入到县市分局、税务所调查，收集意见，听取50个税务所、7个县市税务局干部和部分党政领导、部门和企业单位对地区各级税务机关领导和干部在廉政、勤政上的意见和看法，在地区税务系统推广桃江县税务局“五看五查”措施。地区纪委、地区监察局对地区税务局的成绩予以肯定，并于《益阳纪检与监察》第二期刊登推广地区税务局的做法。

是年，机构分设后，市地税局8个县市分局，设立监察股4个，配备专职监察干部12人，兼职监察员20人，成立监察小组6个。市国税局移交市地税局未处理违纪案件3件,行政记大过1人,撤职1人。

1995年，市国税局党组把反腐败斗争列入党组重要议事日程，多次召开党组会议专题研究，专门成立反腐败领导小组，并纳入岗位责任制考核。对“车子”“筷子”“票子”“机子”等问题进行明确规定；凡发现公款大吃大喝、到纳税户吃喝的，发现一起，查处一起；清理预算外经费和“小钱柜”；采取“三查”措施，查集体或个人是否有违纪行为，查管辖区内反腐部署是否安排落实，查违法违纪是否敢抓敢管。

是年，市地税局抓惩腐倡廉，查处大要案件，对税务机构分设前遗留的违章违法案件进行彻底调查，严肃处理，撤职处分1人，记大过处分3人。调查处理15起市地税局成立以来的不廉洁行为或案件。是年，市地税局建立健全内外监察网络，调整提拔纪检监察干部6名。益阳市地税系统配备纪检监察专干19人，在69个征收科所建立监察小组，聘请218名兼职监察员，在各县市党政部门聘请84名外部监察员，形成上下、内外监察网络。市地税局纪检组组长带队对8个县市分局领导班子进行考察，把领导干部廉洁自律作为重要内容，找干部职工谈话196人次，专访当地党委、政府、财政、纪检部门29人次。市县局两级领导找干部职工谈心465人次，纪检监察部门找干部谈心157人次。组织清理违规使用的“大哥大”，市地税局党组3次开会研究，清理收缴7台不符合规定配置的“大哥大”,并对23台私费配置的“大哥大”进行登记，要求其话费收据报市局监察科备案。坚持教育在先、处理从严，严肃查处9起案件。

1997年，市国税局党组围绕“四治”“两为”“三力”进行讨论和研究，确定从整顿思想作风纪律入手解决队伍建设、基层建设、行政执法等方面存在的问题；扎实开展调查研究、自查自纠，向下属单位和市直其他兄弟单位发出征求意见函50份，派专人上门征求意见，领导找科室人员交谈征求意见，查找纪律松弛、责任心不强、法治观念淡薄、不认真开展批评和自我批评、缺乏合作精神等方面问题。

是年，市地税局加强机关作风整顿，成立作风整顿领导小组，专门负责处理整顿过程中的日常事务；制定行风评议和作风整顿的实施方案，并印发到每位干部职工，做到整顿时间、精神、人员、思想四集中。组织开展自查自纠，聘请86名兼职监察员，向纳税单位和个人发出109份征求意见卡，走访66户纳税企业。市地税局在益阳市直机关大会上作作风整顿经验介绍，行风评议名列6个被评单位榜首。

1998年，市地税局层层签订廉政建设“三无”目标管理责任状，并交纳保证金，制定廉政建设“三无”目标管理考核办法，严格实行奖惩兑现。建立健全监督网络机制，益阳市地税系统指定95位兼职监察员，聘请社会各界人士、各部门代表204人为特邀监察员，设立12个廉政建设举报箱和9部专线举报电话，不定期组织特邀监察员召开座谈会共8次，收集意见16条。

1999年，市国税局落实党风廉政建设目标责任制，层层签订责任书，各级领导切实担负起“一岗两责”职责，并实施领导责任追究制。建立完善监督网络，各县、市、区、分局聘请社会监督员233名。加大案件查处力度，惩治各种违法违纪行为，全市国税系统行政开除1人，降级3人，记大过4人。高度重视行风评议工作，召开局党组会议10次、局务会议9次、干部职工动员大会12次，出墙（板）报7期，宣传发动面100%，召开座谈会12次，制定或完善制度26项，走访有关单位或部门30个，设立举报箱4个，发出征求意见函1120份，收回综合意见157条，自查自纠问题17个，处理处分39人。市国税局行风评议工作获得益阳市行风评议组高度好评。

是年，市地税局抓好廉政制度建设，层层建立廉政目标责任制，签订廉政“三无”责任状，交纳廉政保证金，强化廉政目标管理。完善各项廉政制度，重新修订九项廉政制度，印发全市地税系统执行。1月，下发“禁送禁收令”，强化元旦、春节期间的廉政建设；6月，市地税局提出机关人员下基层廉政“十不准”；8月，明确税收征管活动的“十个严禁”。严肃查处违法犯罪行为，开除公职2人。

2000年，市国税局扎实开展“四清两控”，全市国税系统的“四清两控”工作历经自查自纠、整改建制、验收检查三个阶段，实行“三个结合”，即“四清两控”工作与依法治税相结合、与规范内部管理相结合，与树立国税形象相结合，健全“三个机制”，即领导责任机制、预防制约机制、跟踪监督机制，取得较好效果，受到省国税局检查组好评。

是年，市地税局把建立廉政责任机制摆在重要位置，召集各单位（含科、室）负责人，专题学习党风廉政建设目标管理内容，明确各单位负责人目标管理责任，市地税局主要负责人分别与各单位（科室）负责人签订党风廉政建设目标管理责任书，将党风廉政建设目标管理纳入“双文明”建设目标管理考核办法，以千分制为标准，所占比例为160分，重点考核领导班子和领导干部廉洁从政情况。制定改进干部作风的十条规定，重申机关工作纪律。对全市地税系统副科级以上领导干部建立“领导干部廉政档案”，实行家庭住房情况、收受礼品情况跟踪检查，检查67位副科级以上干部，无违纪违法现象。以“银台事件”教训为镜子，举一反三，建立健全廉政规章制度，深入开展清理接待签单、以费抵税以及纠正和禁止转引买卖税款等问题自查自纠活动，严肃认真整顿行风税纪，从严处理遗留问题。

2001年，市国税局建立领导干部廉政档案，重点清理红包礼金，并将清理工作延伸到每位国税干部，查处1名基层干部违纪问题。

是年，市地税局调整充实纪检监察干部队伍，单独设立8个县级机关纪检监察部门，比上年增设2个。全市地税系统共配备28位专职纪检监察干部，在社会各界特邀监察员67人。组织举办专职纪检监察干部培训班，24人参加培训，对办案技能、最新廉政规定和党纪政纪法规进行学习并考试。组织8名监察科科长到湖南省3个地州市进行为期7天经验交流座谈会，学习先进经验。

是年，市地税局落实党风廉政建设责任制领导机制，明确廉政建设责任区，层层签订廉政建设责任状，并收取一定廉政建设责任保证金，年终考核兑现。在机构改革中严肃廉政纪律，领导干部不得收受任何礼品、礼金、礼物，不得打招呼干预基层人事工作；严肃财经纪律，领导干部异动时须经离任审计后方可任职。加强“两权”监督，把监督重点放在税收执法权和行政管理权两个方面，监督主要对象为征收分局长（税务所所长）及以上领导干部。对领导干部廉洁自律情况进行监督，监督领导干部不准利用职权和职务上的便利为配偶、子女谋取非法利益，监督不准用公款为领导干部配备支付上网费用和移动电话、住宅电话。规范经费管理和审批手续，对基建项目、大宗物品采购、票证印制等，实行公开招标和集体采购，防止重大违法违纪现象发生。

2002年，市国税局从源头预防和治理腐败，市县层层签订廉政责任状，在全市国税系统形成上下连贯的党风廉政建设责任体系。加强“两权”监督，结合岗责体系制定“两权”监督办法，把对权力的监督寓于每个岗位具体工作中，形成各种机制联动。加大预防职务犯罪力度，调查处理信访案件6起，立案案件3起，给予行政处分3人，报请有关部门给予党纪处分3人。

是年，市地税局加强廉政建设，层层落实党风廉政建设责任制，签订责任状；强化“两权”监督，加大纪检监察力度，对副科级以上领导干部建立个人廉政档案，将有关信息输入微机进行动态管理。

2003年，市国税局从党委、政府、纪检、监察、公安、司法等部门和社会各界及纳税人中聘请特邀监察员，加强对国税干部税收执法及遵守廉政规定等税风税纪的监督，定期召开特邀监察员会议，听取他们对国税工作和国税干部的意见建议，并针对问题实行整改。

是年，市地税局大力整顿税纪税风，召开益阳市地税系统整顿税纪税风动员大会，狠抓自查自纠、组织检查和整章建制等工作，重点解决极个别单位和少数干部随意执法、转引买卖税收、工作作风漂浮、政令不通、票证管理不严等问题。全市地税系统查处违纪违规案件5起，涉及7人。

2004年，市国税局严格目标管理，强化党风廉政建设责任制，将党风廉政建设纳入各县市区局领导班子目标管理与考核的重要内容，将全年反腐倡廉工作任务分解成17项实施意见及43条要求下发到各单位，将任务分解到各级领导班子和每位国税干部，市国税局党组、县市区国税局、基层单位三级层层签订党风廉政建设责任状。严格廉政教育，开展正反典型教育，增强干部廉洁自律意识；认真落实领导干部个人重大事项报告制度、离任审计制度、廉政谈话制度以及述职述廉制度，严格执行中央纪委提出的四大纪律八项要求。

2005年，市国税局将全年反腐倡廉工作任务分解成20项，形成48条实施意见与要求下发各单位，制订《益阳市国税系统党风廉政建设工作考核办法》和《益阳市国税系统稽查岗位人员履行内部监督职能考核办法》，在全市国税系统形成以党风廉政建设责任制为内容，一把手负总责，一级抓一级，层层抓落实的工作机制。加大监察力度，处理1起已立案案件，给予行政处分1人。

是年，市地税局完善党组统一领导、党政齐抓共管、纪检监察组织协调、部门各负其责、群众支持参与的反腐败领导体制和工作机制。深入贯彻落实纪检监察各项制度，制定印发《益阳市地方税务局党组关于建立健全惩治和预防腐败体系的实施意见》和《市局领导党风廉政建设责任分解及实施意见》，明确领导责任，形成一级抓一级、一级带一级、一级对一级负责的管理机制。制定益阳市地税系统党风廉政建设和反腐败工作考核办法，把党风廉政建设好坏与领导干部考核、评先评优紧紧挂钩。大力查办案件，全年共处分干部4人，其中记过2人、记大过1人、降级1人。

2006年，市国税局按照“聚精会神抓落实，一心一意保平安”的廉政工作主题，规范纪检监察内部管理，制定印发《益阳市国家税务局领导班子成员2006年度党风廉政建设和反腐败工作责任目标》，签订党风廉政建设目标管理责任书217份。开展治理商业贿赂活动自查，各级监察部门不定期开展明察暗访工作，根据检查发现的问题，提出建议，进行通报。

2007年，市国税局将反腐倡廉工作任务细化分解到部门和岗位，全面推行量化考核，把责任追究与干部考核奖惩和经济利益挂钩。落实反腐倡廉教育联席会议制度，完善反腐倡廉“大宣教”工作格局。建立领导干部预警谈话机制，做好预防职务犯罪工作。加大纪检监察案件查办力度，落实“一案双查”“一案双究”和“一案双报告”制度，查处违法违纪干部4人。党风廉政工作在益阳市纪委考核中排第一位，省国税局考核中排第二位。

是年，市地税局建立党风廉政建设工作例会制，每个季度市地税局组织县市区地税局纪检组组长和监察室主任开一次党风廉政建设工作例会；建立会议联席制，各县市区地税局每半年召开一次有当地纪委、检察院领导、纳税人代表、特邀监察员参加的党风廉政建设联席会，汇报抓党风廉政建设情况，听取批评意见和建议；建立学习谈心制，各县市区地税局对高危人员摸底造册，建立档案，由主要领导按季找他们个别谈话，并作好记录。定期或不定期开展明察暗访，全年不少于10次，对走访内容进行登记，做到有档可查。市地税局被评为益阳市党风廉政建设和纪检监察工作先进单位、湖南省预防职务犯罪工作优秀项目单位。

2008年，市国税局印发党风廉政建设任务分解一览表，层层签订党风廉政建设责任状，认真落实党风廉政建设责任制。加强廉政监督，全年开展两次明察暗访，对明察暗访中发现的问题及时进行点评，下发通报，督促整改。扎实开展案件查办工作，给予行政记大过1人，行政记过1人。开展“八查八看”作风整顿专项活动，开展“基层评议机关、群众评议领导、下级评议上级”活动，益阳市国税系统实行直接责任追究196人次，对5名干部进行连带责任追究，对1名干部工作岗位进行调整，干部作风进一步优化。市国税局被评为2008年度益阳市党风廉政建设和反腐败工作目标管理先进单位，2008年度全市反腐倡廉建设先进单位，全省国税系统党风廉政建设先进单位和全市预防职务犯罪工作先进单位。

2009年，市国税局全面推行问责制度、过错追究制度、“一案双查”制度等，形成岗位、权力、责任对称的制度体系。加强纪检监察工作联系点工作，沅江市国税局成为省国税局纪检监察工作联系点，明确资阳区国税局长春税务分局等4个基层单位为市国税局纪检监察工作联系点。针对公款吃喝，违反规定收送现金、贵重物品、有价证券，打牌赌博，利用婚丧喜庆等事宜收钱敛财，违规经商办企业及插手干预市场经济活动，设置“小金库”等开展专项清理整治；聘请150名特邀税务监察员，明确108名兼职税务监察员，市国税局开展明察暗访2次；严格执法执纪，处理立案案件2起，给予行政处分2人，对3人实施经济处罚，对17人次进行诫勉谈话，对4人进行通报批评，对7人进行岗位调整。

2010年，市国税局制定《领导班子及成员党风廉政建设责任制实施办法》，组织对8个基层单位履行党风廉政建设责任制情况进行考核，对执行不到位的单位和领导干部追究廉政责任。每季度组织干部开展自查自纠，形成集定位、明责、内控、预防、监督于一体的长效机制，此项工作在省国税局纪检日活动学习教育资料进行推介。做好“网上评廉”和“党风廉政舆情在线”工作，益阳市国税系统“网上评廉”社会公众参评27545人次，单位行风作风评议满意率99.96%，党风廉政建设问卷调查满意率99.08%，述职述廉满意率99.82%。组织开展明察暗访24次，发现问题7个，给予40人次经济处罚。益阳市国税系统聘请特邀税务监察员132名，明确兼职税务监察员117名，加强沟通，听取意见；开展执法监察34次，提出监察建议70条，加强对“两权”运行重点岗位和关键环节的监督。加大案件查办力度，全年查办案件1起，给予行政处分1人。围绕抓“四治”、兴“四风”主题，开展作风整治行动，加大对国税系统行风和干部作风方面突出问题的整顿力度。深入开展系统行风评议，促进行风建设的经验做法，被推荐为益阳市唯一代表单位在湖南省民主评议基层站所工作会议上作典型经验介绍。

2011年，市国税局通过“纪检监察信息管理系统”“网上评廉”和“党风廉政舆情在线”等系统加强廉政监督，广泛听取意见建议。在全市国税系统逐级开展廉政谈心谈话活动，采取集体谈和个别谈相结合的方式，各单位在谈话前根据被谈话对象的不同特点和要求拟定谈话提纲，建立专用记录本，谈话时填报国税人员廉政谈话登记表，益阳市国税系统1156名干部职工人均接受有针对性的谈话1次，有效解决各层次干部职工在思想认识、工作作风等方面的苗头性问题。做好领导干部个人有关事项报告工作，明确领导干部个人有关事项报告表的填报对象、报告材料填报要求、报告材料的受理、调查核实、查阅、保管等内容。

2012年，市国税局健全责任机制，各单位（部门）主要负责人与市国税局党组书记、局长及纪检组组长签订党风廉政建设目标责任书27份。制定党风廉政建设和反腐败工作责任目标、机关党风廉政建设和反腐败工作任务分解一览表，将党风廉政建设和反腐败工作任务目标分解为9类68项，进一步明确廉政责任。组织市国税局党组成员及中层干部26人做出廉政承诺，并予以公开。落实廉政谈话制度，按照干部管理权限，对全市国税系统所有在职人员进行“一对一”谈心谈话，并按要求填写益阳市国税系统廉政谈话登记表，存入个人廉政档案。畅通沟通渠道，广泛听取意见，全市国税系统共聘请135名特邀税务监察员，明确122名兼职税务监察员，分别召开座谈会，征求意见建议5条。向纳税人发放廉政宣讲资料3万份，发放调查问卷477份，走访纳税户390户，收集纳税人意见建议25条，收集干部个人纪律作风自查自纠材料939份。开展一次作风整顿，对24名干部问责追究。是年，市国税局获评“全市党风廉政建设先进单位”“全市纪检监察先进集体”“2012年度反腐倡廉建设先进单位”，获评2011—2012年湖南省作风建设主题活动先进单位。

是年，市地税局深入开展“查风险、强内控、促廉政”实践活动，“湖南地税内部行政权力网上运行系统”成功上线，全面加强执法和廉政防控工作。组织开展网络评廉、明察暗访，对个别违纪违规干部及时问责，并依法给予处分。市地税局被益阳市委办公室、益阳市政府办公室授予“2012年度反腐倡廉建设先进单位”称号。

2013年，市国税局深化内控机制建设，开展制度执行和工作落实情况监督检查，对网上评廉系统反映的1起问题及时进行调查。市国税局纪检监察有2个项目分别被评为“全市反腐倡廉十件大事”和“全市纪检监察创新和特色工作”。益阳市委办公室、益阳市政府办公室授予市国税局“2013年度反腐倡廉建设先进单位”称号。

2014年，市国税局落实党风廉政建设责任制，梳理出6个方面46项任务分解落实到责任部门。开展“三清三查三审”专项整治，对违规配备使用管理公务用车、高消费、公款送礼、庸懒散、违规职务消费和公款大吃大喝等进行集中整治。加强廉政监督，组织开展“一案双查”工作，市国税局组织开展明察暗访2次，立项开展执法效能监察39项，提出执法监察建议170条。严肃违法违纪案件查办，对相关责任人严格按规定处理，落实省国税局案件检查“四个一”和市纪委“一案三报告”要求，剖析案件产生原因，发挥案件查办治本功能。聚焦“四风”问题，认真查摆，深入剖析，全面完成党的群众路线教育实践活动整改任务，市国税局出台23项整改“四风”相关的制度文件。

是年，市地税局推进反腐倡廉建设，履行“两个责任”，防控“三大风险”，组织开展4次明察暗访、交叉检查，对发现的9起作风问题实名通报、严肃追责。出台阳光定税、阳光减免等新规定，与纳税人签订廉政公约，强化对重点岗位的日常监管和风险排查，加强执法督察、内部审计、专项检查和案件查办。

2015年，市国税局制定印发领导班子成员党风廉政建设和反腐败工作责任目标和工作任务分解一览表，对党风廉政建设8大类54项党风廉政建设工作任务进行分解，明确领导和部门的廉政责任。党组书记认真履行党风廉政建设第一责任人职责，对市国税局领导班子成员和县市区国税局党组书记进行廉政谈话和落实“两个责任”约谈，党组其他成员切实履行“一岗双责”。严格落实中央八项规定，严格规范公务接待、公务用车、公款出国（境）、办公用房、会议费和培训费管理等事项。组织开展违规配备使用公务用车、违规收送红包礼金及购物卡、“会所中的歪风”、拖欠群众钱款侵占群众财物、利用婚丧喜庆事宜借机敛财等问题专项整治工作。抓纪律作风整治，不定期开展明察暗访，全年开展明察暗访37次，重点对上下班纪律、税容风纪、纳税服务、政风行风以及公车使用管理等情况进行实地检查，对26名相关责任人进行处罚和问责。严肃违法违纪案件查办，全年共查办违纪案件8起，有2人受党纪处分，11人受政纪处分。市国税局被中共益阳市委办公室授予“2015年度党风廉政建设先进单位”称号。

是年，市地税局制定涵盖5大类15项内容的党风廉政建设责任清单，在益阳市地税系统党风廉政建设会议上，市地税局党组带头认领责任、签字背书、层层递交承诺。市地税局党组书记李朝辉就落实“两个责任”与党组成员、县市区地税局局长进行专门谈话。组织对干部工作纪律、纳税服务以及单位公款消费、公车使用等方面的专项检查和明察暗访，提出整改意见和建议20条，并督促整改到位。全年组织明察暗访10次，严肃查处案件，全年立案1起，结案2起，查处干部8人。

2016年，市国税局抓好“两个责任”分解，加强廉政谈话和“两个责任”约谈，全年共开展廉政谈话24次65人次。深化内控机制落实，组织开展内部控制基础性评价工作，查找出系统内存在的12个主要问题，作为内部控制建立与实施的重点工作和整改方向。紧扣节假日等重要时间节点开展纪律提醒，做到节中抓暗访，严格监督检查，节后抓评估，督促整改落实。推进纪检监察部门“三转”，深入开展“雁过拔毛”式腐败问题和“纠‘四风’、治陋习”专项整治，严肃查处违反中央八项规定精神和“四风”行为。加强执纪问责，共立案6件，针对15户涉嫌虚开虚抵的企业开展“一案双查”。切实抓好国家税务总局巡视、审计和督查反馈意见整改落实工作，在深化巡视整改和全面自查自纠工作中，整改问责10人次，其中给予经济处分2人、辞退2人、诫勉谈话6人次。

是年，市地税局通过签订廉政责任状、制定履责方案、检查履责记录本、开展廉政谈话、督导督促等方式将“两个责任”压紧压实；市地税局领导共组织例行谈话、批评教育83人次；各县市区地税局共组织谈话700人次。抓实专项整治，开展“雁过拔毛”式腐败问题和“纠‘四风’、治陋习”专项整治，锁定2大类12个方面50项的突出问题进行整治，推动全面从严治党向基层一线延伸。每季开展一轮明察暗访，制发督查通报16份，查摆干部作风问题40条。用实“四种形态”，市地税局诫勉谈话1人，批评教育3人，全市地税系统共查结违纪违法案件7起，处分干部7人，其中：行政警告1人，行政撤职并撤销党内职务1人，开除公职4人（其中双开1人），党内警告处分1人。

2017年，市地税局加强党风廉政建设，签订党风廉政建设责任状34份。对干部选拔交流进行全程监督和廉政把关。开展针对涉矿、涉金融、涉经营及违规插手公共资源交易等专项整治工作，发放表格264份，覆盖面100%。组织开展明察暗访，制发实名通报4期，跟踪整改问题20人次。对推、拖、卡、拿和违反“禁酒令”现象进行督查，共清理962人次，查处问题线索2起。严抓执纪问责，廉政提醒谈话3人，批评教育1人。严格开展纪律审查，市地税局自办案件1起，通报批评并给予经济处罚1人。督促县市区地税局党组和纪检组抓好纪检监察日活动，组织开展自办案件案卷评审工作，帮助基层提升监督执纪能力。

2018年，市税务局纵深推进正风肃纪，抓牢主体责任，促进监督执纪。认真落实中央八项规定及其实施细则精神，围绕整治3个方面突出问题，开展自查自纠，推进督查整改。

2019年，市税务局制定落实“两个责任”清单，开展2轮督责谈话。出台整治形式主义、官僚主义和为基层减负15条措施，深化“八小时外”专项治理；开展涉毒、涉赌和债务纠纷等重点人员排查管理专项工作。创新明察暗访举措，全年明察暗访6轮，对发现存在的上班迟到、未在规定时间内签到、签到后不在岗、派出机构部分干部存在未着装或着装不规范等276起问题进行通报，处理问责227人。深化以案促改，协同推进警示教育、制度建设、风险排查，全年处置问题线索4件次，同比大幅减少；广泛运用监督执纪“第一、第二种形态”；立案6起、查结5起，给予党纪政纪处分9人次。

2020年，市税务局聚焦正风肃纪，压紧主体责任，督促领导班子成员落实领导责任和“一岗双责”，坚决支持纪检部门履责。开展“两个责任”落实检查、任前集体谈话和廉政提醒谈话，层层压紧责任。落实监督责任，突出政治监督，加强对贯彻落实党中央决策部署以及减税降费、脱贫攻坚的监督检查，强化对落实中央八项规定精神的常态化监督，严肃纠治“四风”。持续开展“八小时之外”违纪违法突出问题整治和违规收送礼品礼金、私车公养问题专项整治。全年组织交叉明察暗访4轮32周次，处理问责57人；核实上级转办和信访举报线索7件，给予组织处理11人次、立案7人、纪律处分9人次。运用内控监督平台开展审计项目8个，追究执法过错责任8人。

2021年，市税务局落实全面从严治党24项具体要求，落细党委、纪检组、职能部门、基层党组织、党员群众五方面149项责任清单，一体化综合监督体系基本形成并有效运转。扎实推进纪律作风问题专项整治，组织1951名干部职工、251名编外聘用人员开展自查，取得阶段性成果。全年党纪政务处分或降低退休待遇处理24人次。

2022年，市税务局坚决落实“四严”要求，全面深化税务系统纪检监察体制改革，3次召开专题会商会，持续传导管党治党责任压力。坚持刀刃向内自我革命，抓实明察暗访、警示教育和以案促改工作，重点加大非职务违纪违法行为整治力度。

四、巡察工作

2016年9月，中共益阳市国家税务局党组巡察工作领导小组成立，市国税局党组承担巡察工作主体责任，党组主要负责人担任党组巡察工作领导小组组长，纪检组组长和分管人事工作的党组成员担任副组长，监察、人教、办公室、财务、政策法规、机关党委等相关部门主要负责人组成巡察工作领导小组成员，日常工作由纪检组组长分管。领导小组对全市国税系统巡察工作进行总体规划和工作部署；听取巡察工作汇报；研究巡察成果运用，分类处置，提出相关意见、建议；对巡察组进行管理和监督；研究处理巡察工作中的其他重要事项。巡察工作领导小组下设办公室（以下简称巡察办），为其日常办事机构，巡察办设在监察室，由监察室主要负责人兼任主任。巡察办承办巡察工作领导小组交办的具体工作；统筹、协调巡察组开展工作；对党组、领导小组决定的事项进行移交并督办；配合有关部门对巡察人员进行培训、考核、监督和管理。

是年11月，市国税局党组启动2016年度常规巡察工作，开始对安化县国税局党组领导班子及其成员2014年以来的工作全貌情况进行巡察。巡察工作主要围绕以下内容开展：党的领导核心作用发挥情况；党的路线方针政策贯彻情况；党建工作情况；全面从严治党主体责任落实情况；纪检机构监督责任落实情况；选人用人情况；中央八项规定精神落实情况；市国税局党组要求了解的其他情况。主要采取听取被巡察单位党组的工作汇报和有关部门的专题汇报，与被巡察单位党组领导班子成员和其他干部群众进行个别谈话，受理反映被巡察单位党组领导班子及其成员和下一级党组织主要负责人问题的来信、来电、来访等；向有关知情人询问情况，调阅、复制有关文件、档案、会议记录等资料，召开座谈会，列席被巡察单位的有关会议，进行民主测评、问卷调查，以适当方式到被巡察单位所属分局开展延伸巡察，组织明察暗访，开展专项检查，提请有关单位予以协助，走访地方党政、纪检监察、信访等部门等方式了解情况。

2017年，结合巡察规范年建设要求，在全市国税系统中遴选税收业务骨干和管理能手，建立益阳市国税系统巡察人才库和巡察工作组长库。市国税局党组先后成立4个巡察组分批开展巡察工作。3月，市国税局党组组建第一巡察组，组长周复春，副组长喻德坤，对大通湖区国税局、沅江市国税局党组开展巡察。8月，市国税局党组组建第二巡察组，组长刘志华，副组长戴启元，对赫山区国税局党组开展巡察。9月，市国税局党组组建第三巡察组、第四巡察组，第三巡察组组长周梦贤，副组长徐丹，对南县国税局党组开展巡察；第四巡察组组长肖炜，副组长方刚，对桃江县国税局党组开展巡察。

2018年10月，中共国家税务总局益阳市税务局委员会巡察工作领导小组成立，领导小组组长由党委书记、局长担任，副组长由分管党建工作的党委委员、副局长，党委委员、纪检组组长担任，巡察办设在系统党建工作科，巡察办主任由科长兼任。巡察工作领导小组在市税务局党委的领导下，负责贯彻落实党中央和税务总局、省税务局、市税务局党委关于巡视巡察工作的决策部署和政策规定；研究提出巡察工作规划、年度计划和阶段任务安排；组织完成在党中央一届任期内全市税务系统巡察全覆盖任务；研究提出每轮巡察对象建议名单，巡察组组长、副组长人选以及任务分工；研究决定全市税务系统巡察工作的重大事项；对巡察组进行管理和监督；听取巡察组的情况汇报，研究巡察成果运用，分类处置，提出相关意见和建议；研究处理巡察工作中的其他重要事项。是年10月，市税务局党委接受省税务局党委为期20天的征管体制改革专项巡察，落实问题整改45个。

2019年3月，中共国家税务总局益阳市税务局委员会巡察工作领导小组印发《国家税务总局益阳市税务局巡察人才库建设方案》，重建巡察人才库，精选92名政治素质高、业务能力强的干部进入巡察人才库。4月，先后制定并下发《中共国家税务总局益阳市税务局委员会巡察工作领导小组工作规则》《中共国家税务总局益阳市税务局委员会巡察组工作规则》《中共国家税务总局益阳市税务局委员会巡察工作领导小组办公室工作规则》。9—10月，市税务局党委组织开展党的十九大届期第一轮巡察，共派出2个巡察组共26人。第一巡察组组长朱玉清，副组长陈彬、方刚，对沅江市税务局党委及其所属党支部开展常规巡察；第二巡察组组长周国兵，副组长王界华、李立辉，对安化县税务局党委及其所属党支部开展常规巡察。按照《税务系统巡视巡察工作规范》要求，巡察组首次成立临时党支部，巡察期间开展党建活动，突出巡察政治性，强化巡察人员的党性。本轮巡察突出“六围绕一加强”查找政治偏差，聚焦“四个紧扣”加强政治监督，督促被巡察党组织强化管党治党政治责任。

2020年12月，市税务局党委派出3个巡察组共31人开展党的十九大届期第二轮常规巡察。第一巡察组组长周雷奕，副组长王界华、李捐，对大通湖区税务局党委开展常规巡察；第二巡察组组长刘志华，副组长张欣、赵劲松，对南县税务局党委开展常规巡察；第三巡察组组长姚普勋，副组长彭宏权、陈雪宇，对桃江县税务局党委开展常规巡察。巡察期间成立临时党支部。本轮巡察以党的政治建设为统领，聚焦税务机关职能职责，围绕中心、服务大局情况，以“四个落实”为主要监督内容，查找被巡察党委 存在的问题。

2021年9—10月，市税务局党委派出3个巡察组共30人开展党的十九大届期第三轮常规巡察。第一巡察组组长周雷奕，副组长王宁平、王正强，对资阳区税务局党委开展常规巡察；第二巡察组组长姚普勋，副组长陈鑫磊、樊四平，对高新区税务局党委开展常规巡察；第三巡察组组长曹凌，副组长贺先红、蔡正光，对赫山区税务局党委开展常规巡察。巡察期间成立临时党支部。本轮巡察围绕“三个聚焦”监督重点，着力发现并推动解决全市税务系统的风险隐患和问题不足。

党的十九大届期，市税务局党委全面完成巡察全覆盖任务，三轮巡察共巡察8个县市区税务局党委，落实312个问题的整改（其中立行立改问题31个），通过整改完善各类制度办法56个，挽回经济损失414.96万元，采取通报、提醒谈话、绩效扣分、党内处分、行政处分等方式问责29人。制作《巡察这五年》图文册，展示党的十九大届期市税务局党委巡察工作做法和全貌，受到省税务局巡察办好评和关注。

第三章 队伍建设

第一节 人事管理

一、人事管理制度、规定

1993年4月，地区税务局党组印发《益阳地区税务系统人事管理若干具体问题的规定》，明确“下管一级”干部的人事管理办法，将股、所长的任免权下放到各县、市税务局。

1994年，市地税局制定《益阳市地方税务局干部管理办法》《益阳市地方税务局人事工作规程》。

1995年5月，市国税局印发《益阳市国家税务系统关于干部管理工作的若干规定》，明确益阳市国税系统录用人员必须公开考试、益阳市国税系统补充录用人员的方式、系统内人员跨县、市调动办理流程、县市（分）局长任期内实行任期责任目标考核办法、一般干部优化组合制、岗位轮换制、群众对领导干部的评议制、干部亲属回避制等相关工作的规定。明确各级国税局党组管理的领导干部范围为：市国税局党组直接管理机关各科（室）正、副科长（主任），工会副主任；各县市（分）局副局长，党组（党支）正、副书记，党组（总支）成员，纪检组组长，工会主席，副科级股、所长，县局征收分局局长，稽查局局长；各县市（分）局党组（总支）直接管理机关各股（室）副股长（主任）、工会副主席，各税务所副所长，县局征收分局副局长，稽查局副局长；凡市局党组直接管理的干部，干部所在地的县市（分）局要主动协助管理，及时收集考察情况，向市国税局反馈信息。各级国税局实行局长负责制，局长对上级局负责，主持全面工作，副局长协助局长工作，并对分管的工作负责，重大问题必须经过集体讨论决定。选拔担任领导职务的干部，应在近两年年度考核连续为优秀或近三年年度考核连续为称职及以上。从正科级晋升为副处级，一般应在正科级岗位任满三年；副科级晋升为正科级，一般应在副科级岗位任满二年。晋升上级职务，一般应具有在下一级两个以上岗位上的任职经历，特别优秀的可以破格提拔。重视妇女干部培养教育和提拔使用，城市基层征收单位逐步配备一定数量的妇女干部担任领导职务。坚持民主集中制原则，按规定程序任免干部。执行备案制度,各县市（分）局党组（总支）对所管的有关干部，在作出任免决定前要报市局审批或任命后报市局备案。

2000年3月，市国税局印发《益阳市国家税务局选拔任用领导干部实行任前公示制暂行办法》，该办法共11条，对领导干部选拔任用实行任前公示制，对公示的对象、公示的内容、公示的期限、公示期间反映和举报的影响任职的情况和问题的调查核实等内容进行明确，自发布之日起施行。

2001年，市国税局党组印发《关于进一步加强干部队伍建设的决定》，建立能上能下、公平竞争的干部选拔任用机制。5月，市国税局印发《关于科级（含）以下领导干部职位竞争上岗的实施办法》，明确科级以下领导干部职位竞争上岗的指导思想、资格条件、竞争办法及工作程序和要求等内容。7月，市国税局印发《益阳市国家税务局系统人员优化组合的有关问题的通知》，对在职在岗的一般干部和公务员根据机构和编制进行择岗定岗，双向选择，优化组合；35岁以下无大专学历的临时上岗人员（不参加脱产学习的）可组合到适当的岗位临时上岗，在2003年年底前取得大专毕业文凭的，通过考试、考核逐步转为正式上岗人员；符合脱产学习条件的，必须参加该类学习，学习期间由组织安排挂靠到适当的单位；对未被组合上的人员实行待岗制。待岗时间不少于6个月，待岗期间只发基本工资，由指定单位组织参加学习和培训；工勤人员上岗，由事业单位及本人实行优化组合，双向选择，安排到工勤岗位工作。印发《关于全市国税系统部分工勤岗位雇用临时人员有关问题的通知》，明确规定：各单位不准雇用临时人员在执法及其他保密性、技术性强的岗位工作；各县市（分）局机关原则上只同意雇用司机2名，门卫1名，对有食堂的县市（分）局可雇用1—2名炊事员；各县市（分）局原则上不同意雇用临时打字人员；各单位雇请的各类临时人员聘用期限最长不超过一年，且聘用时必须报市局审核批准同意。

是年，市地税局印发《关于调整县市区分局中层骨干的有关意见》，明确调整的基本原则为男性年满50周岁，女性年满48周岁，应予调整；由于身体原因不能胜任本职工作，原则上作出调整；在同一岗位或同一地域连续任职五年以上可作适当调整；自市地税局组建以来，班子成员未作过调整的可作适当调整；对政绩平庸、群众意见大、威信不高、文化偏低的作出调整。调整的程序为：县市区分局党组研究确定拟调整的职位及人员；对空缺职位实行竞争上岗；县市区分局考察组考察后，提交党组研究确定拟提对象和拟调整对象；呈报市地税局党组研究决定。该意见相关规定适应调整各县市区分局机关科室科长（主任）和征收分局局长、税务所所长。是月，印发《关于解决有关职级待遇的意见》，对部分年龄偏大、工作时间较长的职工解决职级待遇，明确提拔主任科员和副主任科员的任职标准等内容，该意见仅适应2001年机构改革配套运作。

2002年7月，市国税局印发《关于市局机关科级非领导职务竞争上岗的实施意见》，明确科级非领导职务竞争上岗的指导思想、资格条件、竞争办法及工作程序、工作要求等内容。

是年，市地税局制定《益阳市地税局人事管理工作制度》，明确人事管理严把“三关”，即：把住标准关，按干部任用条件，对被考察对象的德、能、勤、绩、廉五方面进行民主测评，广泛听取意见，由市地税局党组组织人事教育、监察等科室负责人进行考察；把住程序关，测评、考察后，由市地税局党组讨论决定，要求每位党组成员都充分发表意见，对每位干部任免明确表态，严肃党组讨论决定干部任免的纪律；把住职数关，坚持不越线配备干部，不乱增职数的原则。

2003年，为推进全市国税系统人员的科学管理，规范人员调配工作，优化队伍结构和人员素质，市国税局印发《益阳市国家税务局系统人员调配工作暂行办法（讨论稿）》，该办法共六部分内容，明确调配工作管理和组织实施部门、调配原则、调配范围和条件、调动权限和程序、调配纪律等内容。市国税系统人员调配实行人员编制总额下的计划管理，各级国税局的人员调配必须严格按照省国税局核定的人员编制进行；人员调配原则上在国税系统内进行，不从外系统调人；严格控制市国税局机关进人，从严控制市国税局朝阳分局和赫山分局、资阳分局所属城区的人员调入，市国税局机关进人必须按工作需要严格把关。为建立健全竞争激励机制，市国税局制定《益阳市国家税务局系统干部职工竞争上岗暂行规定（讨论稿）》，鼓励竞争，公开考试，择优录取。制定《益阳市国家税务局系统科级干部选拔任用管理工作暂行规定》，进一步规范科级干部选拔任用和管理。

是年，市地税局印发《益阳市地税系统区县（市）局正职工作考核试行办法》，对各县市区局一把手从5个方面分21小项进行全面考核。市地税局党组印发《关于进一步加强领导班子建设的意见》《关于评选优秀区、（县）市分局领导班子的通知》，从理论学习、团结协作、完成任务、廉洁自律、联系群众5个方面量化考核指标，对8个县市区（分）局的领导班子进行综合评比。

2005年，市国税局制定《益阳市国家税务局系统人员调配工作暂行办法》《益阳市国税局系统工作人员竞争上岗暂行规定》《益阳市国家税务局系统科级干部选拔任用管理工作暂行规定》《益阳市国家税务局系统待岗人员管理暂行规定》四项规定，以制度规范全市的干部选拔任用工作。3月，按照人事制度改革中有关工作人员交流、轮岗、回避的规定，市国税局印发《益阳市国家税务局机关干部职工双向选择、优化组合实施办法》，明确人员优化组合的指导思想和基本原则、工作程序、机构及人员编制、工作要求。7月，市国税局印发《县市区国家税务局“优秀领导班子”评比暂行办法》，明确县市区国税局“优秀领导班子”的评比标准和计分办法，县市区国税局“优秀领导班子”评比名额为3个，按评比计分办法，从高分到低分排序。考核由市国税局人事教育科负责组织。11月，对《益阳市国家税务局系统人员调配工作暂行办法》中关于申请调益阳市城区区局工作的程序和规定进行修改，并补充市国税局机关科室从县市区国税局借调人员的相关程序和规定。

2008年5月，市国税局制定全市国税系统科级后备干部选拔实施办法，公开选拔科级领导后备干部的条件资格、数量、结构、选拔程序、后备干部管理等内容。

2013年5月，市国税局印发《益阳市国家税务局干部双向挂职锻炼暂行办法》，明确干部挂职锻炼的基本原则、基本条件、选派程序、挂职时间、挂职干部的管理和教育等内容。拓宽干部教育培养和实践锻炼渠道，提高干部工作能力和水平。

2014年4月，市国税局印发《益阳市国家税务局请销假管理办法（试行）》，该办法共5章45条，明确请销假管理办法的适用范围、请销假审批程序和权限、各类请休假规定、职责分工等内容。6月，印发《益阳市国家税务局办公室关于进一步规范和加强领导干部外出报备工作的通知》，明确市国税局机关处级干部、机关各科室和直属单位主要负责人以及其他干部出国（境）、离岗学习、休假、出差的报备、审批程序等内容。7月，印发《益阳市国家税务局借调工作人员管理办法（试行）》，明确各部门借调人员必须具备的条件、拟借调人员应符合的条件、借调期限、借调人员审批程序、借调人员的日常管理、借调工作纪律等内容，以规范借调人员行为，维护政策的工作秩序，防止人员借调的随意性。8月，印发《中共益阳市国家税务局党组关于进一步明确领导干部出国（境）管理监督工作的通知》，进一步明确因私出国（境）审批实行分类管理、严格履行因私出国（境）审批手续、严格因私出国（境）证件统一登记管理等内容。

是年5月，市地税局党组印发《益阳市地方税务局区县市局领导班子年度工作综合绩效考核办法》，明确县市地税局领导班子年度工作综合绩效考核，设“先进单位奖”和“争先创优奖”，并对先进单位奖、争先创优奖和“一票否决”的条件及评选程序等内容进行明确。

2015年4月，市国税局党组印发《中共益阳市国家税务局党组关于明确干部人事管理有关事项的通知》，明确市国税局机关人员管理、市国税局直属单位人员管理和县市区国税局人员管理的相关事项，明确市国税局机关进人，除副科级以上领导干部根据相关规定和工作需要进行选拔调配以外，其他人员一律通过考试从各县市区国税局和直属单位遴选。遴选人员年龄原则上在30岁以下，“三师”以及其他各类特殊人才年龄可适当放宽到35岁以下（具体办法根据工作需要在每次遴选方案中明确）。市国税局稽查局和第一稽查局进人，除副科级以上领导干部根据相关规定和工作需要进行选拔调配以外，其他人员一律通过考试从系统内选调，考试内容以稽查业务知识为主。市国税局车辆购置税征收管理分局进人，根据工作需要，由市国税局在系统内统一调配。市国税局直属单位中层骨干，除副科级以上领导干部由市国税局统一调整选拔外，其他骨干由各直属单位自行组织选拔任免，自行下文任命。各单位在启动程序前须先行向市国税局报备方案，在任免前报备拟任免人选。直属单位的内设科室可配备副职，其职数由市国税局核定。各县市区国税局的内设科室正职由各单位自行组织选拔任免，自行下文任命，市局不再行文。市国税局负责副科级以上领导干部的职务任免，即各单位班子成员、稽查局局长、税务分局局长的职务任免。各单位人事教育科科长、监察室主任的职务任免需按要求事先向市国税局报批。

2017年8月，市国税局党组印发《中共益阳市国家税务局党组关于进一步加强因私出国（境）管理工作的通知》，明确及时登记报备、规范审批程序、从严审查审批、报批资料要求、证件集中管理、强化责任追究等方面规定，并规定益阳市国税系统干部在公安局人口与出入境管理部门进行登记报备，以及益阳市国税系统副科级以上领导干部因私出国（境）严格履行审批手续等要求。

2018年4月，市国税局印发《益阳市国家税务局关于建立新进人员指导老师制度的实施意见（试行）》，明确建立新进人员指导老师制度的总体要求、主要任务、保障措施等内容，充分发挥以老带新的积极作用，进一步加强新进人员管理培养。5月，市国税局印发《益阳市国家税务局关于进一步加强全市国税系统领导干部因私出国（境）证照管理工作的补充通知》，明确因私出国（境）证照集中保管人员范围为益阳市国税系统处级干部（含离、退休三年内）、县市区国税局班子成员、直属单位及市局机关副科级以上领导干部（含离、退休三年内）因私出国（境）证照由市局人事教育科统一登记保管；县市区局班子成员（含离、退休三年内）、中层正职因私出国（境）证照由县市区局人事教育科统一登记保管；因私出国（境）证照类型包括在有效期内的中华人民共和国护照、中华人民共和国往来港澳通行证、大陆居民往来台湾通行证等证照；重申因私出国（境）证照保管责任。

2019年2月，市税务局印发《国家税务总局益阳市税务局工作人员借用管理办法》，对借调和跟班学习两种形式的借用人员行为进行规范，明确市税务局内设机构、事业单位及派出机构借用工作人员的必备条件，拟借用人员应符合的条件，工作人员借用期限，借用人员审批程序，借用人员日常管理等内容。

2021年，市税务局出台《激励税务干部担当作为的指导意见》等制度和举措，引导党员干部崇尚实干、担当作为、提质争先。

2022年2月，市税务局印发《益阳市税务局机关工作人员带薪年休假管理办法》，保障干部职工权益。3月，印发《市局党委管理领导干部任职谈话暂行办法》，加强对新任职领导干部（包含提拔任职和进一步使用）的教育管理，帮助干部树立正确权力观、政绩观、事业观，促进干部忠诚履职、担当作为、秉公用权。

二、干部管理

（一）干部日常管理

1990年，地区税务局接收大中专院校毕业生42人。根据工作需要办理干部调动46人，新招全民合同工46人。在益阳地区税务系统开展奖励评比，记大功者13人，记功者49人，先进工作者223人。组织对益阳市、益阳县、桃江县、南县、沅江市税务局的领导班子进行实地考察，组织述职报告会4场，述职15人，300人参加会议。与干部职工谈话340人次，走访当地党委、政府、纪委、组织部、财委、监察等部门28人次，对领导班子成员按政治素质、能力水平等25个要素作书面评价。通过考察，写出县市税务局专题材料5份，领导成员个人专题考察材料18份，地区税务局综合考察报告2份。

1991年，地区税务局录用税务干部70人，选干8人次，办理干部职工调动19人，其中跨地区调动6人，跨县2人，跨行业调动11人，解决部分职工夫妻长期两地分居及老干部身边无子女照顾的问题。对益阳地区税务系统1351名职工进行评比，共评比出浮动升级人员7人，浮动升级转固定一级工资4人，记大功18人，记功40人，先进工作者253人。澄清各类各级专业技术人员底子，对益阳地区税务系统756名专业技术人员进行为期22天考核，通过自我述职、群众评议、考核领导小组逐级审定，共评高师类优秀人员1人，中师类优秀人员21人，助师类优秀75人，员类优秀64人。组织对益阳县税务局、安化县税务局领导班子进行全面考察，组织述职报告会1场，述职3人次，50人参加述职会议，找干部职工谈话135人次，走访当地党政领导共12人次，对领导班子成员按政治素质、能力水平等25个要素作书面评价，写出县税务局领导班子考察材料2份，领导班子人员专题考察材料8份。

1992年，地区税务系统共计调配干部职工127人，其中为22名干部职工解决夫妻两地分居的困难。实行干部横向交流，全年共横向交流科、局级干部3人，股级干部30人，一般干部200人，通过干部职工合理流动，改善税务机关人才结构。加强专业技术职务评聘管理，全年共新聘各类专业技术人员107人，其中，中师4人，助师68人，员级35人，续聘中初级专业技术人员380人，续聘经济员487人。

1993年，地区税务局共调配安置干部职工139人，其中，学生分配31人，为18名干部解决两地分居困难。做好专业技术职务的呈报、评审、聘任工作，共评审确认各类专业技术人员任职资格325人，新聘314人，其中，经济师32人，助理经济师240人，助理会计师7人，助理工程师3人，经济员31人，会计员1人。根据工作需要和领导班子群体结构的要求，抓干部横向和纵向交流，共交流干部34人，其中，副处级干部1人，副科级干部2人，股所长8人。

1994年，市国税局着力抓干部的横向交流，全年共交流干部580人，其中副科级以上干部17人，股级干部48人，一般干部515人。

1995年，市地税局接收大中专毕业学生22人，做好1994年度工作人员年度考核评奖工作，授予嘉奖83人，记二等功8人，记三等功18人。

1996年，市国税局成立推行国家公务员制度领导小组，推行公务员制度具体实施。培养后备干部队伍，进行岗位交流或下放到基层挂职锻炼，对后备干部进行思想动态管理，跟踪了解，定期考察，对表现不好的及时予以调整，建立干部能进能出、能上能下的后备干部管理机制，调动干部积极性和创造性。

是年，市地税局推行公务员制度，搞好公务员过渡审批工作。做好税务师资格考核认定工作，市国税局、地税局联合召开专题会议，组建益阳市税务师资格审查工作办公室，明确税务师资格考核认定范围和认定条件，益阳市地税系统148人符合税务师认定条件。组织益阳市265名以工代干岗位工人参加人事部门的录用考试，考试成绩在市人事局划定录取线以上的240人。组织对益阳市地税系统干职工德、能、勤、绩四个方面开展全面考核，参加考核人员803人，其中干部506人，工勤人员297人。授予嘉奖108人，记二等功7人，记三等功12人。组织对8个县市分局的领导班子进行全面实地考察，组织述职报告会7场，述职27人，参加述职会议人员235人，找干部职工谈话196人次，走访当地党委、政府、财委、纪委等部门29人次。对领导班子成员，按德、能、勤、绩4个方面的25个要素进行民主评议打分，写出县市分局综合考察报告8份，领导成员个人专题考察材料28份。

1997年，市国税局推行公务员制度，益阳市国税系统共完成1150名干部职工向公务员过渡的工作，占干部职工总人数的95.91%，其中在职工人转为国家公务员426人，占工人总人数的97.71%。接收大中专院校毕业生20名，全部充实到征收一线。做好县市分局领导班子调整充实工作，通过考核考察、民主测评，调整安化县国税局的局长，充实沅江市国税局、市国税局一分局的领导班子。加强对各县市分局领导干部的考核和监督，完善县市分局领导干部考核制度，包括坚持干部座谈会、定期汇报工作、公开述职、民主测评、征求意见等制度，准确掌握8个县市分局领导班子的工作情况。

是年，市地税局联合市人事局、纪检、组织部组成9人领导小组，组织公开招考电脑操作人员，通过报纸、电视和印发招考简章三种方式向社会公开报考条件、录取名额和报考程序，110名考生报名参加笔试，通过笔试筛选35名考生参加上机操作考试，再选综合评分前21名参加面试，综合择优录用7名电脑操作人员。

1998年，市地税局根据省地税局关于设立省级税收征收分局的通知，接收财政部驻湖南财政监督专员办事处益阳组8名干部，经过考察选配2名能力较强的干部到省级税收征收分局任职，配备干部8名。组织开展岗位交流，169名中层干部和专管员进行岗位轮换。推行税收专管员等级制度，通过业务考试、现场考核、民主评议、领导审定等环节将税收专管员分为三等六级，拉开分配档次。抓好大中专院校毕业生转正定级、公务员录用、军转干部、退伍战士安置、选调干部的公务员过渡工作，为4名选调干部办理公务员过渡手续。接收大中专院校毕业生20名。推行用人制度改革试点工作，制定用人制度改革试点方案，在桃江县地税局第一征收分局推行《公务员技能等级制度》《公务员待岗下岗制度》《公务员劝退制度》等用人制度改革试点。经过考试考核，桃江县地税局第一征收分局29名干部，根据成绩按三级六等税务员对号入座，改革试点打破干好干坏一个样的局面。加强后备干部管理，建立后备干部登记卡实行动态管理，加强后备干部教育和培养，跟踪考察，着力抓“一把手”后备人才培养，益阳市地税系统配备后备干部35人。组织开展公务员年度考核，参加考核人员881人，评定优岗141人，1人记二等功，19人记三等功，121人受到嘉奖。组织对赫山区、资阳区、桃江县、安化县、沅江市、南县和农垦地税局领导班子进行全面考察，组织述职报告会7场，述职28人，参加述职会议310人，找干部职工谈话307人，走访当地党委、政府等部门领导12人。对领导班子成员，按德、能、勤、绩4个方面25个要素进行民主测评，写出综合考察材料7份，领导成员专题考察材料30份，在考察中，对沅江市地税局班子进行调整，把1名副职提到该局主要领导岗位，把2名征收分局长充实到领导班子中。

1999年，市国税局接收安置大中专毕业生10人，税务代理45人，根据工作需要，办理干部职工调动手续15人。完成公务员年度考核工作，益阳市国税系统1221人参加考核，其中184人评为优秀，对全市国税系统27名立三等功、157名受嘉奖人员进行表彰。加强考核与监督，建立干部谈话、定期汇报工作、公开述职、民主测评、征求意见等制度，掌握县市分局领导班子思想动态，为市国税局党组决策提供依据，在此基础上调整和充实部分县市区国税局领导班子，按照公开、平等、竞争、择优的原则，交流副局长2名，补充调整副局长7名。

2000年，益阳市国税系统推行新的人事机制，精减机关人员，充实基层一线。沅江市国税局从机关和城区抽调26人到农村征管一线，市国税局二分局机关精减22人，全部充实到个体征收一线。完成公务年度考核工作，益阳市国税系统共1232人参加考核，评出优秀186人。加大对后备干部的选拔培养力度，按照后备干部管理和选拔程序，适时配备后备干部，加强培养和锻炼，2000年提拔的县市分局副局长均从后备干部中产生。

是年，市地税局机关上下交流、横向交流干部39名，县市分局上下交流干部83名。完成全市地税系统920名干部的公务员年度考核，评定为优秀的145人，嘉奖123人，其中基层征收第一线105人，占比72.4%，记三等功21人，记二等功1人。做好工龄认定，请市人事局有关部门到市地税局现场办公，对益阳市地税系统920名在职干部工龄进行审核认定。进一步完善专管员等级制度办法，对专管员等级升降进行定期考核考试，并与公务员年度考核等级评定、平时违纪处分、乡镇部门及纳税人对专管员的评价、劳动纪律遵守情况等结合起来，将干部平时表现纳入评定专管员等级的依据。在桃江县地税局一分局、市地税局三分局继续实施专管员等级制度，南县地税局在县局机关和征收分局全体工作人员全面实行专管员等级制度。

2001年，益阳市国税系统实行人事改革，分流人员，优化结构。益阳市国税系统共分流280人，占原有在岗人数的24.48%，其中，35岁以下分流学习人员149人。加大干部交流力度，交流5名县市分局班子成员，提升、调整面达68%。通过优化组合，市国税局机关12名一般干部走上新的工作岗位，轮岗面达52%。通过改革，干部队伍年龄、知识、专业结构得到优化，年龄结构趋于年轻化，市国税局领导班子平均年龄45.8岁，比改革前降低2.8岁；市国税局机关科室负责人平均年龄 37.6 岁，比改革前降低 4.3 岁；县市分局领导班子平均年龄 37.3 岁，比改革前降低 5.1 岁。加强对县市分局领导干部的考核和监督，坚持和完善干部谈话、定期汇报工作、公开述职、民主测评、征求意见等制度，掌握 8 个县市区局领导班子的工作情况。

是年，市地税局实行岗位轮换制，对在同一领导职位任职时间满 3 年以上的进行岗位轮换，市地税局机关 11 名正副科长，县市区局 64 名中层骨干轮换工作岗位，县市区局轮岗面达 65%。制定优化结构、异地交流、组织调配、控制职数等原则，推进县市区分局领导班子建设。对存在超职数和年龄知识结构不合理等问题的县市分局领导班子进行精简和优化。根据公务员职位回避的规定和工作需要，对 5 名区、县局级领导进行异地交流。市地税局选派 1 名科长任赫山区地税局局长。因优化年龄、职数调整需要，市地税局党组按组织原则免除 4 名局级领导实职。实行双向选择制，500 名干部实行双向选择。实行任前公示制和试用期制，对所有轮岗、竞争上岗以及异地交流的 132 名干部全部实行任前公示，其中，88 名竞争上岗的干部实行为期一年的试用期。通过落实人员定岗"十六字"方针以及定岗前分流、定岗后分流的原则，改善队伍结构，有 29 名干部提前离岗。

2002 年，市国税局顺利完成划转车购税稽征人员接收工作，原从事车购费稽征工作的人员中公务员身份的干部经车购税费改革人员划转分流工作领导小组审批后确定划转人员名单；对原从事车购费稽征工作的人员中属于事业编制的干部，通过考试录用 80%；对原从事车购费稽征工作中的固定工人、合同制工人由国家税务总局会同交通部组织考试，由国家税务局系统按现有人员 20% 的比例接收，安置在工勤岗位。是年，市国税局税务代理脱钩改制的做法得到省国税局肯定并作经验介绍。

是年，市地税局改进选调工作人员的做法，在益阳市地税系统进行公开招考，通过公布职位、个人报名、资格审查、公开考试、组织考察、党组审定等程序，从 108 名报考干部中择优录取 5 人进市地税局机关工作。

2003 年，市国税局扩大干部交流面，对优秀年轻干部实行"上派下挂"。选派 1 人到省局跟班学习，选派 2 名优秀年轻干部到基层挂职锻炼，3 名基层干部到市国税局跟班学习，并加强对上派下挂干部跟踪管理。

是年，市地税局通过考试、组织考察，公开选调 6 名干部进市地税局机关工作。

2004 年，市国税局扩大干部交流面，选派 1 人到省国税局跟班学习，选派 1 人到基层挂职，加强上派下挂和交流干部的跟踪管理；对 7 名到龄领导干部改任非领导职务，研究上报解决 16 人非领导职务。

是年，市地税局通过上下交流、横向交流等方式，交流正科实职干部 4 名、县市区地税局副职 2 名，县地税局正职退二线 1 人。通过调整交流，县、区地税局领导班子的年龄结构和知识结构更趋合理，平均年龄由 44 岁下降到 42.5 岁，35 名县、区地税局班子成员具有大专以上学历的有 33 人，占 94.3%。

2005 年，市国税局实行双向选择、上挂下派、异地交流等人事工作改革制度，市国税局机关副科长以下干部 32 人参加双向选择、优化组合，副科长调整岗位 5 人。市国税局机关选派 2 名副科长和 1 名副主任科员到县市区国税局挂职，各县市区国税局推选 4 名优秀年轻工作人员到市国税局机关科室跟班学习。选拔干部异地交流锻炼，在县市区国税局选拔 5 名优秀、未任职的年轻干部到大通湖区国税局工作。

是年，市地税局为 43 名长期在基层工作、工龄长、业绩优秀的干部解决副科级待遇，稳定干部队伍，增强凝聚力和向心力。加大基层领导班子交流力度，采取上下交流、横向交流办法，对资阳区、大通湖区、桃江县地税局部分基层领导班子进行交流，共交流中层正职 21 人，益阳市地税系统共交流轮换干部 100 人。

2006 年，市国税局统一组织考试，在益阳市国税系统内公开选拔 3 名综合征管软件的运行管理人员。选拔干部异地交流锻炼，从资阳区、益阳高新技术产业区、赫山区、沅江市、南县、桃江县、安化县国税局各选拔 1 名青年干部到大通湖区国家税务局工作 2 年。

2007 年，市国税局组织完成公务员登记工作，录入人员 1221 人，录入信息 30 万条，修改信息 2000 条。益阳市国税系统登记的情况为：公务员 1052 人，事业干部 6 人，工人 81 人，离岗人员 69 人，暂缓登记公务员 13 人。搞好系统内人事调配工作，着手解决干部实际问题，为 29 名干部办理调动手续。推进干部下派和交流轮岗。从市国税局机关、稽查局分别下派 1 名现职和提拔任职的副科级领导干部到沅江市国税局、大通湖区国税局挂职锻炼。在市国税局机关内部调整 2 名科级领导干部、1 名副科级领导干部。将在县市区国税局挂职的 2 名副科级领导干部调回市国税局机关和稽查局工作。对 16 名县市区国税局科(所)分局长调整工作岗位。搞好公务员年度考核奖励工作，益阳市国税系统参加年度考核 1151 人，授予嘉奖 153 人，记二等 功 1 人，记三等功 25 人。

是年，市地税局加大人事调整力度，进行机构职能整合、人员职责划分、中层干部选配，选任 5 名县市区（分）局中层正职、16 名中层副职，安排 35 名干部交流轮岗。按照招录程序完成 6 名公务员招录工作。深入开展县市区地税局班子考察，科学设置考察指标，对 8 个县市区地税局领导班子、34 名领导班子成员、25 名试用期满中层正职以上干部进行全面考察，加强班子监督管理和跟踪问效。组织完成公务员年度考核，益阳市地税系统共评定优秀 190 人、称职 755 人、基本称职 1 人、不称职 1 人、不确定等次 13 人，并对嘉奖以上人员给予表彰奖励。完成公务员登记和工资套改工作，登记在职公务员 898 人，暂缓登记 9 人（试用期人员 6 人，立案未结人员 3 人）。

2008 年，市国税局加强对干部交流培养，下派挂职干部 3 人。

2009 年，市国税局交流和轮换科级领导干部 15 人。

是年，市地税局调整正科实职 16 名，调整面达 51.5%。

2010—2011 年，市国税局交流调整干部任职 49 人，优化人力资源配置。

2011 年，市国税局做好公务员年度考核奖励工作，授予嘉奖 148 人，记三等功 34 人。

是年，市地税局交流轮岗正科实职 20 人，交流轮岗副科实职 15 人，公开选调 18 人进入市地税局机关工作。

2012 年，市国税局以提升综合素质为导向，打造人才建设高地，做好干部培养工作，开展县市区国税局工作及领导班子成员绩效考核。

是年，市地税局把县市区地税局班子建设放在重中之重，加强领导干部和领导班子年度工作考核，开展“五好班子、十佳科（局）长”创评活动，让领导班子保持责任感，葆有事业心。

2013 年，市国税局成立益阳市国税局公务员申诉公正委员会，负责及时地处理益阳市国税系统公务员申诉案件，保障全市国税系统公务员合法权益，促进各级税务机关依法行使职权。组织完成公务员年度考核奖励，授予 2012 年度益阳市国税系统嘉奖 154 人，记三等功 32 人。是年，市国税局为 62 名干部解决副科级工资待遇。

2014 年，市国税局组织在益阳市国税系统开展网络投票评选“国税标兵”，经各单位推荐、网络票选、市国税局党组审定、公示等程序，授予 6 人 2013 年度益阳市国税系统“国税标兵”称号，邀请媒体对益阳市国税系统先进人物进行宣传报道，提高干部工作积极性、主动性、创造性。授予全市国税系统 2013 年度嘉奖 142 人，记三等功 45 人，记二等功 1 人。市国税局评定 2013 年市国税局机关优秀国税工作者 17 名。

2015 年，市国税局对 16 名正科级领导岗位进行轮岗调整。组织开展稽查工作人员遴选，从资阳区、高新区、赫山区国税局和市国税局车购税分局 4 个单位选调 6 人，从沅江市、南县、桃江、安化、大通湖区国税局 5 个单位选调 6 人。开展长期“在编不在岗”人员清查整改工作，组织对益阳市国税系统长期“在编不在岗”人员进行调查摸底，益阳市国税系统存在旷工、病假、长期事假、借调借用、停薪留职和其他长期“在编不在岗”人员 18 人，均按要求进行相应处理。推行职务与职级并行制度，提高基层干部政治经济待遇水平。经单位推荐、网络投票、考察座谈、市国税局党组审定、公示等程序，授予 6 人 2014 年度益阳市国税系统“国税标兵”称号。市国税局机关共评定 20 人为机关优秀国税工作者。授予 2014 年度益阳市国税系统嘉奖 142 人，记三等功 44 人。

2016 年，市国税局扎实做好职务与职级并行工作，为全市国税系统 564 名符合晋升条件人员落实职级待遇。调整 4 个县市区国税局主要负责人，做好 9 名副科级以上领导干部转正工作。组织 144 名副科级以上领导干部按期填报个人事项报告表。做好公务员年度考核奖励，授予 2015 年度益阳市国税系统嘉奖 149 人，记三等功 43 名。评选 2015 年度“敬业奉献标兵”2 名，“优质服务标兵”1 名，“公正廉洁标兵”2 名，“勤勉学习标兵”1 名。

是年，市地税局严把人才选录政策关、程序关，完成 2015 年县市区遴选公务员和 2016 年公务员招录工作，遴选 9 名干部，招录 31 名公务员。组织完成两批职务与职级并行改革对象的摸底、审核和报批工作，益阳市地税系统共 427 人晋升职级，其中，解决正处待遇 1 人、副处待遇 16 人、正科待遇 102 人、副科待遇 308 人。完成益阳市地税系统 11 个单位、944 名在职干部、216 名退休干部的基本信息采集工作，顺利通过湖南省编办、湖南省社保中心审核。进一步规范因私出国（境）证照管理和台账审批工作，及时更新出入境管理部门备案人员信息，做到出有审批、查有备案。规范借调人员管理，建立人员管理台账。

2017 年，市国税局遴选 7 名优秀青年干部进入市国税局机关工作，有4名优秀青年干部通过遴选进入湖南省国税局工作。对市国税局机关和县市区国税局7名正科级领导干部进行充实、调整和交流，对城区国税局3名纪检组组长进行轮岗交流，对党团工妇等机构超配职位和低职高配干部全部整改消化到位。做好公务员年度考核，授予2016年度益阳市国税系统嘉奖146人，记三等功43人。评选2016年度益阳市国税“敬业奉献标兵”2名，“优质服务标兵”1名，“公正廉洁标兵”1名，“勤勉学习标兵”2名。

2018年，市国税局做好公务员年度考核，授予2017年度益阳市国税系统嘉奖142人，记三等功38人。

是年，市税务局深入开展“四合”大讨论、“三个全覆盖”谈话，把队伍聚拢在改革旗帜下，从集中办公起营造税务新家庭的氛围，对正转副干部给予充分关心和热情鼓励，在改革中积极争取政策、落实相关待遇。切实关心基层干部，办好职务与职级并行等实事。

2019年，市税务局加强各级领导考核评价，严格落实领导干部个人有关事项报告制度，规范因私出国（境）和证照管理。规范选拔市税务局机关和派出机构副主任科员11人，稳步推进职务与职级并行。

2020年，市税务局调整优化县市区税务局领导班子，在湖南省市州税务局中率先完成合并后首轮科局长调整交流，共调整配备26人，其中“70后”干部17人，占65%。新调整的6名县市区税务局局长都是“70后”，11名“正转副”干部实现“副转正”，补充3名县市区税务局班子成员，此项工作得到省税务局局长刘明权的肯定批示，经验做法在全省推介。有序推进职级晋升，最大限度用好用活政策，顺利完成首轮职级晋升工作，全市税务系统晋升460人次。

2021年，市税务局遴选16名年轻干部进入市税务局机关和派出机构工作。做好职级晋升工作，全市税务系统晋升179人次。

2022年，市税务局调整县市区税务局主要负责人3人，对8名达到条件的干部进行交流。加强年轻干部培养，遴选18名青年干部进入市税务局工作。用好职级晋升机制，全市税务系统晋升374人次；开展专业技术类公务员分类管理改革，评定各类专业技术任职资格14人，干部成长渠道进一步拓宽；加强经费保障，让在职干部有合理待遇；开展养正暖心计划暨EAP（员工帮助计划）心理服务项目，关注干部职工心理健康。

（二）干部选拔任用

1990年，地区税务局新提拔正、副科级干部13人，调整充实五个县市税务局的领导班子。

1992年，地区税务局结合第二轮人事制度改革，新聘任县市税务局局长4名、副局长7名，调整解聘正副所长17名，新聘任正副所长55名，对县市税务局和税务所的班子进行充实调整，优化各级领导班子群体结构。

1993年，地区税务局坚持党管干部原则，选拔起用副科级以上干部6人，其中：科长1人，副科长3人，县税务局副局长2人。

1994年，市国税局以机构分设为契机，按照“四化”方针和德才兼备原则大胆起用干部，坚持做到“九看”，益阳市国税系统提拔正科级干部9人，副科级干部17人，股所长20人。按照干部管理权限，在遵循党管干部的基础上，将股所长以上的任命权上收到市国税局，并按此权限以年度为单位对分管干部德、能、勤、绩四个方面进行全面考核，做到“能者上，平者让，庸者下”。

是年，市地税局按干部管理权限办理呈报任免手续，益阳市地税系统共配正科级局长、科长、主任、主席18人，其中提职12人；共配副科级副局长、副科长、副主任、科长44人，其中提职38人；正副股所长及分局科室副职，由县市分局办理呈报任免手续，共165人。

1996年，市国税局按照国家公务员制度和干部管理权限，组织对各县市（分）局领导班子进行全面考察，选拔配备县市（分）局副局长5名，调整县市（分）局正副局长5名。8个县市分局领导班子35人中，50岁以上的3人，40—50岁的16人，30—40岁的16人；拥有大专以上文化程度的23人，形成年龄与知识机构的合理配置。

是年，市地税局选拔任用干部坚持民主集中制原则，采取民意测验、群众提名、领导考察、党组集体讨论决定，选拔7人充实到县市（分）局领导班子中，退出6人，进一步改善班子年龄结构、文化结构、专业结构，实现领导班子成员之间优势互补，团结协作。

1998年，市地税局推行人事管理制度改革，实行公开竞争上岗，益阳市地税系统88名干部参加公开述职，30名干部竞争上分局长岗位，44名干部选上分局副局长岗位。抓农村征收分局机构调整和人事任免，通过竞争上岗、双向选择选拔征收分局正副局长。30个征收分局配备征收分局局长30名，配备副职52名，年龄由原所长平均年龄40岁下降至35岁，大专以上学历增加10%。征收分局共提拔正职5人，副职2人，正职降为副职18人。

1999年，市国税局机关聘任副科长5名，提拔征收分局长3人。

是年，市地税局党组在全面考察与民主测评基础上，对安化县、桃江县、赫山区、南县、朝阳等5个县区局（分）局领导班子进行调整，合理地配置领导班子。将3名副职提拔到正职岗位，8名中层骨干提拔到县市区地税局领导岗位，对3名正职异地交流。益阳市地税系统有38名干部提拔到机关科室和征收分局任正副科(局)长。县市区分局班子平均年龄由原来的45.2岁下降到41.3岁，大专以上学历的占70%，征收分局正、副局长平均年龄由41岁下降到38.5岁，中专以上学历的占75.6%。

2000年，市地税局全面推行任前公示制、公开竞聘制、定期交流制、专管员等级制“四制”，规定凡新任领导职务的，在公开选拔的基础上实行任前公示；对中层骨干实行竞争上岗；对各类岗位人员定期进行轮换；进一步完善专管员等级制度并逐步推广。选配县市分局和征收分局班子成员，认真组织考察动员大会，向干部公开竞职岗位、竞职条件，严格按程序进行资格审核、竞职演讲、民主测评、征求意见等，加大干部选拔的透明度。在资阳区、赫山区、桃江县地税局和农垦分局的7个税务所推行领导干部竞争上岗，25名符合条件的干部报名竞职演讲，经考察谈话、民主测评等程序，9名干部走上税务分局（所）正副职领导岗位。通过竞职演讲、公开答辩、闭卷考试、组织考察等程序公开选拔资阳区地税局局长1名，益阳市地方税务系统13名有任职资格的干部报名参加竞选。

2001年，市国税局以人事制度为改革契机，推行公开选拔、竞争上岗制度，通过公开职位、条件、个人报名、组织审查、竞职演讲、民主测评推荐、面试等程序，共提拔副处级干部4人，正科职干部6人，副科职干部14人。

是年，市地税局实行竞争上岗制，全市地税系统有246名干部通过公布职位、个人报名、资格审查、竞职演讲、民主测评、组织考察、党组审定等程序，竞聘92个职位。组织对后备干部摸底，通过自愿报名、竞聘上岗、任前公示等形式，选拔8人进县市区（分)局领导班子，1名副职提拔为正职。经调整充实后，各县市区分局领导班子平均年龄由43岁下降到40岁，新调整的领导班子年龄形成梯形结构，领导干部的学历和文化知识结构有较大改善，领导班子成员均达到大专以上文化程度。

2002年，市国税局在城区三个分局提拔1名副局长，5名科、所正职。

是年，市地税局加大后备干部选拔培养力度，为8个县市区地税局和市地税局领导班子选拔配备48名后备干部，并实行跟踪培养，动态管理。对少数领导班子中的个别成员进行诫勉谈话，解决个别班子中存在的问题，增进班子团结，增强工作活力。

2003年，市国税局做好后备领导干部的选拔工作，选拔7名市国税局后备领导干部和29名县市分局后备领导干部。通过公布职位、公开报名、竞职演讲、考试考察、党组集体讨论、任前公示等程序，在全市国税系统选拔任用各级领导干部18人，其中，首次从益阳市国税系统一般干部中聘任市国税局副科长（副主任）3名，组织各县市分局空缺职位竞聘，共选拔科（所）长5人，副科（所）长10人。

是年，市地税局举行全市地税系统公开竞选正科实职岗位演讲、答辩、笔试，20名符合竞选资格的干部参加2个正科实职岗位竞争。

2004年，市国税局深化干部提拔任用机制，通过报名、考试、测评、考察、市国税局党组研究决定，对5个县市区国税局班子成员缺位进行补充和调整；组织符合条件的科（局）负责人参加省国税局副处级领导干部竞争上岗，2名科级领导干部走上副处级领导岗位。

2004年，市地税局创新管理办法，改善班子结构，提拔县地税局副局长1名。

2005年，益阳市国税系统科级领导干部，县市区国税局、市国税局稽查局科（所、局）长空缺职位及后备领导干部实行竞争上岗，选拔任用3名市国税局科长，3名市国税局副科长，2名县市区国税局班子成员，9名县市区国税局科长，1名税务分局局长，后备干部25名。

是年，市地税局配合省地税局公开选拔2名副处实职领导干部。

2006年，市国税局对南县、资阳区国税局等4个单位的领导班子成员进行合理调配，在市国税局机关选拔任用11名副科级领导干部。

2007年，市国税局完善竞争上岗和推荐选拔相结合的选人用人机制，提拔任用正科级领导干部1人，副科级领导干部6人，县市区国税局分局长3人、科所长6人，任命工会主任6人。认真落实领导干部试用期满考核制度，组织对市国税局机关6名副科级领导干部和县市区国税局3名班子成员进行述职述廉、民主测评和考核评议，根据考评结果并经市国税局党组研究决定，同意正式任职。

是年，市地税局加大人事调整力度，组织选配中层干部，选任5名县市区地税局中层正职、16名中层副职。

2008年，市国税局加强后备领导干部建设，完成副处级后备干部人选推荐上报工作，通过个人报名、资格审查、民主推荐、笔试、党组审议、民主测评、个别谈话、党组审定等程序，选拔21名正科级、53名副科级后备干部，为机关科室及县市区国税局领导班子建设提供充足的干部储备。

2009年，市国税局按规定程序和条件选拔正科级领导干部9人，副科级领导干部14人。

是年，市地税局坚持正确的干部选拔导向，公开选拔4人担任正科实职。

2010—2011年，市国税局落实干部选拔任用“一报告两评议”制度，完成8个县市区国税局和2个市国税局直属机构的人事改革，共提拔任职42人，在2011年选人用人满意度测试中，满意率为100%。

2011年，市地税局选拔正科实职干部8人，选拔副科实职干部16人。

2013年，市国税局做好人事选拔任用工作，益阳市国税系统选拔任用副处2人，正科级领导干部1人，副科级领导干部8人，主任科员5人。

2015年，市国税局选拔任用10名正副科级领导干部，其中，正科级领导干部5名，副科级领导干部5名。

是年，市地税局配合省地税局开展处级干部选拔，共提任4人，转任2人，进一步优化领导班子结构。

2016年，市国税局落实干部任用看党建制度，干部选拔任用时，对其履行基层党建工作情况进行专项考察考核，选拔任用2名县市区国税局班子成员。

2017年，市地税局选优配强县市区地税局局长，启动新一轮干部选拔，各级领导班子和领导干部的凝聚力、战斗力、创造力进一步增强。

2020年，市税务局组织开展干部选拔任用工作1次，选拔任用副科级领导干部2人。

2021年，市税务局开展干部选拔任用工作4次，配合省税务局做好2名副处级领导干部选拔，选拔任用正科级领导干部11人，副科级领导干部27人（其中税务分局长7人）。为县市区税务局班子配备“80后”干部、为税务分局（所）班子配备“90后”干部，领导班子结构进一步优化。

2022年，市税务局开展干部选拔任用工作2次，选拔任用正科级领导干部4人，税务分局长3人。

三、离退休人员管理

1990年，地区税务局扎实做好离退休干部管理服务。健全老干部工作机构，地县、市、所分别成立老干部办公室和老干部服务中心，形成三级管理服务网络，益阳地区共配备老干部工作专干兼干10人。建立走访慰问制度，全年共走访慰问老干部16人次，重阳节召开老干部座谈会。为进一步完善老干部工作，在益阳县税务局试点成立老干部自营委员会。

1991年，益阳地区税务系统共配备老干部工作专干兼干11人，单独或与工会联合建立老干部活动室63个，走访慰问老干部19人次，召开重阳节老干部座谈会，经常性组织老干部开展文娱体育活动。

1992年，地区税务局制定离退休干部分级管理办法，发挥局、所两级的作用，让各科、所、室、队、站都重视、关心、支持老干部工作，形成老干部管理服务网络；调整充实老年人体协，重新编排离退休党员到各基层党支部过组织生活，改选离退休自管委员会，调动离退休干部自我管理、自我教育、自我服务积极性；开展为老干部“送敬意,送温暖”和老干部“为党争辉,为民造福”双送双为活动,建立离退休干部“逢五”学习日制度；为离退休干部修建门球场，成立机关老干部门球队；建立老年人门球、书法、书画、象棋、诗词等10个组，做到月月有活动、季季有比赛。组织老干部参加省、地、市举办的门球赛12次，参加人员121人次，获得湖南省税务系统门球邀请赛第二名，参加益阳市门球邀请赛11次，其中有3次获得冠军。组织论文比赛、诗词比赛、登山、游公园等活动18次，参加人员155人次。组织开展益阳地区税务系统离退休人员书法比赛活动，参赛34人，征集作品54幅，评选出一等奖1名，二等奖3名，三等奖5名。组织老干部进行健康普查，建立老年人健康档案。为9名老干部落实退休改离休手续，为100人次办理退休、工残等手续，对生病住院的老干部及时走访慰问。

1993年，地区税务局坚持离退休干部“逢五”学习日制度，发挥离退休干部自管委员会作用，组织开展经常性文体活动，组织地区税务局机关老干部参观长江三峡和韶山毛泽东故居，组织机关老干部加入益阳地区老年人门球协会，组织开展重阳节钓鱼比赛。组织开展益阳地区税务系统离退休人员“自我管理、自我教育、自我服务”评先活动，全区评选出先进个人6名。

1994年，市国税局继续坚持离退休干部“逢五”学习日制度，并及时将局里重大情况向老干部通报；

适时组织老干部开展健康有益的文体活动，组织机关12名离退休老干部加入益阳市门球协会；春节期间局领导牵头对益阳市国税系统30名老干部上门慰问，坚持对生病住院的老干部上门慰问，为老干部落实“两项待遇”。

1996年，市国税局坚持把老干部工作列入局党组工作的重要议程，局党组每年至少专门研究1—2次老干部工作，及时解决重大问题。定期一个季度或半年召开1次机关老干部座谈会，通报情况，听取意见，交流思想。实行局领导对老干部定期上门家访，一年上门1—2次，密切关系，融洽感情，促进团结。配备老干部工作专职干部，具体办理老干部工作事项。建设老干部活动室，让老干部们有进行集体活动的场所，整修市国税局机关老干室，内设阅览室、健身房、电视厅等，室外建有门球场，活动室每天下午开放。抓好老干部政治、生活待遇的落实。印发《益阳市国家税务局关于认真做好老干部工作的意见》，要求各级国税机关加强对老干部工作的领导，建立健全老干部工作管理机构，抓好八项制度建设，包括：老干部学习制度、老干部走访慰问制度、老干部座谈会制度、老干部来信来访接待制度、老干部体检制度、老干部活动制度、老干部工作检查考核制度、老干部工作总结表彰制度。保证老干部“基本政治待遇不变”，能按规定范围及时阅读文件，按照规定和需要参加必要的会议和一些重大活动，订阅必要的报纸、杂志和资料等。对老干部做到“生活待遇略为从优”，包括：工资及补贴、交通费、健康休养费、护理费、医药费、特需经费、探亲费、行政14级和行政18级以上干部及符合其他有关规定的干部离休后可分别享受地厅级或是处级待遇、离休配偶补贴、福利待遇与在职干部相同。

1997年，市国税局机关投资2万元重新装修老干部活动室，添置立式空调一台、新桌椅、沙发，聘请专职人员为老干部服务。春节期间，组织对市国税局机关全体老干部和县市（分）局部分老干部进行上门慰问；组织市国税局15名老干部举行新春游艺会；召开市国税局机关老干部恳谈会，听取老干部对全局工作的宝贵意见和建议；举办益阳市国税系统“迎回归老干部门球赛”；重阳节召开机关老干座谈会，组织机关老干部参观益阳经济成果展示馆、参观游览长沙世界之窗；进一步落实老干部“两项待遇”，在生活上为老干部排忧解难。

1998年，市国税局认真落实老干部“两项待遇”，组织全体老干部进行健康检查，组织11名老干部到深圳、厦门等地参观，对两名70周岁老干部进行祝寿活动。

是年，市地税局加强对老干部生活、学习情况的调查研究，对老干部情况做到心中有数；组织老干部开展各种文化娱乐活动，组织门球、书法、象棋等项目比赛，赫山区、资阳区地税局为老干部建立门球场和老干部活动中心。在生活福利上关心老干部，经常深入老干部家了解情况。工资待遇上，首先保证老干部工资的发放。逢年过节组织开展慰问老干部工作；组织召开老干部会，汇报地税工作形势和任务，并广泛听取老干部意见。

1999年，市国税局坚持以五个“老有”为标准落实老干部的“两项待遇”。充分发挥老干部支部的作用，支部3名老干部工作认真负责，组织开展思想政治工作，坚持每季度开展一次政治学习。春节期间对37位离退休老干部进行上门慰问。组织老干部门球队参加省国税局组织的老干部门球赛，获得第二名，重阳节组织城区、桃江县、沅江市国税局和地税局开展门球友谊赛。组织13名老干部到韶山、花明楼参观，缅怀伟人功绩，组织老干部到湖区各县市分局参观湖区税务基层建设事业发展新貌。组织老干部进行健康体检。组织老干部参加市老干部局组织的书画比赛，举办“七一”专刊、召开重阳节座谈会等活动。

2000年，市国税局充分发挥老干部支部作用，加强组织生活管理，并制定三项制度，即政治学习制度、组织生活会制度、老干部工作活动通知制度。组织老干部和市财政局老干部开展联欢活动，载歌载舞，赋诗作对，加深友谊。定期或不定期组织开展片区老干部门球友谊赛，每天下午定时开放老干部活动室，并有专人服务。组织老干部进行健康体检，组织老干部赴桂林、长沙海底世界参观。

是年，市地税局认真落实老干部的政治、生活“两项待遇”。在政治上，为老干部订阅报刊，组织老干部参加党的组织生活，充分享受老党员的民主权利。邀请老干部参加市地税局的重大活动，并征求意见。在生活上，经常深入老干部家嘘寒问暖，了解实际困难。做到优先保证老干部的工资发放。安排专项经费，组织老干部开展各种健康有益的文体活动，按季度组织召开座谈会，春节前夕，市地税局领导到赫山区、资阳区、沅江市地税局看望离退休干部。

2001年，市国税局加强离退休、离岗干部党支部建设，按照中央组织部《关于加强离退休干部党支部建设的意见》，以支部为核心，组织党员过组织生活，积极开展活动，保持革命优良传统；配备专干专门负责老干部工作；落实离退休人员的政治、生活待遇，组织开展家访慰问活动，全年共慰问30人次；定期或不定期地组织离退休干部开展活动，组织老干部到香港参观，重阳节组织老干部开展钓鱼、下象棋等活动，组织开展城区范围内国税系统门球邀请赛，参赛队员80人。

2005年，市国税局加强离退休老干部党支部建设，关心老干部生活，积极为老干部排忧解难。

2007年，市国税局在离退休干部党组织中开展争创先进党支部和优秀共产党员的活动，更好地发挥离退休干部党支部的战斗堡垒作用和离退休干部党员的先锋模范作用，益阳市国税系统有3个老干部党支部被省国税局评为“优秀党支部”，5名党员被省国税局评为“优秀共产党员”。追加老干部活动经费预算，组织开展文体活动。组织老干部参加市国税局、市地税局、市财政局的门球赛，组织老干部到北京、大连、西安等地参观学习。组织市国税局机关离休和副处级退休干部15人进行体检。组织机关老干部学习《湖南省国家税务局特困救助基金管理办法》，全体离退休干部踊跃捐款1850元。认真落实国家税务总局和省国税局关于加强人民来信回复工作的通知精神，受理老干部来信来访4件，及时给予回复，对上访者做好耐心细致解释工作。

是年，市地税局完善制度办法，切实把老干部的各项政策和措施落到实处，对14名基层老干部进行上门慰问，组织5名老干部支部书记参加党校培训，组织市地税局机关4名老干部进行体检，组织益阳市地税系统老干部开展“我为和谐地税作贡献”征文活动。召开退线干部座谈会，组织外出考察，开展专题调研，撰写调研文章，制定二线干部和老干部管理两个办法。

2009年8月，市国税局印发《关于规范我市系统离退休人员津补贴发放工作的通知》，对“国家统一规定的津贴补贴和改革性补贴”予以保留，项目包括：女职工卫生补贴、离休人员护理费、中华人民共和国成立初期退休人员补助、特需健康疗养费、配偶、家属生活补贴、伤残保健金、医疗保险补助，除此以外其他执行的津贴补贴项目统一归并为离退休人员津补贴。文件要求调整经费预算，优化支出结构，优先保证离退休人员经费，确保离退休人员津补贴及时发放到位。各单位按标准以银行卡形式发放津补贴，不得发放现金。

2010年10月，市国税局印发《离退休干部学习制度》《离退休干部和遗属管理制度》《离退休干部信访制度》，三项制度分别对离退休干部集中学习的主要内容、学习方法、形式以及学习要求等，离退休干部和遗属管理的政治待遇、生活待遇、参观考察学习、经费开支等，离退休干部来访首问负责制、答复时限等内容予以明确。

2011年，市国税局成立离退休干部工作领导小组，负责组织、协调、指导和督查益阳市国税系统离退休干部工作，具体包括：研究解决益阳市国税系统离退休干部工作中的重点、难点问题；研究确定有关部门的职责分工。组织开展争创离退休干部“五好”党支部和“四个好”老干部活动，中共沅江市国税局离退休干部党支部获评湖南省国税系统离退休干部“五好”党支部。

2013年，市国税局为丰富益阳市国税系统广大离退休干部职工的文化生活，在赫山区国税局举办益阳市国税系统老年人棋牌友谊赛。

2016年，市地税局坚持尊重老干部、关心老干部、服务老干部“三大方针”，围绕改善提高老干部政治待遇、改善提高老干部生活福利待遇、改善提高老干部生活乐趣“三大主题”，尽心、尽力、尽职、尽责“四尽”做好老干部工作，坚持每月学习日活动，组织老干部开展“两学一做”学习教育，每月组织开展一次有利于老干部身心健康的文体活动，定期走访慰问和组织体检，为老干部传递组织温暖和关怀。

2017年，市国税局组织老干部开展书法摄影比赛、趣味运动比赛、登山、老干部座谈等活动，丰富离退休干部精神文化生活。

2018年，市税务局组织召开市税务局机关老干部重阳节座谈会、老干部情况通报会等，通过关怀暖人心，用心用情服务好老干部，认真落实老干部“两项待遇”。因原国税、原地税离退休干部人员信息录入情况存在较大差异，组织做好益阳市税务系统离退休干部统计工作。

2019年，市税务局认真落实《离退休干部走访慰问制度》，组织重大节日活动，在春节、元旦、重阳等节日对所有离退休老干部开展慰问活动。抓好离退休干部活动中心建设，并加强活动室管理和设施维护。组织市税务局机关老干部在辖区内开展6次参观学习，并开展1次省内“工农业生产、城乡变化”主题学习活动，成立门球、书画、棋牌、歌舞、钓鱼和摄影6个兴趣小组，按期开展学习交流，丰富老干部业余生活。组织全市税务系统离退休干部开展“乐享税务夕阳红”书画摄影征文比赛，共评选出书画、摄影、征文《吉祥平安》等获奖作品35幅，将所有获奖作品装订成册并发放给老干部们交流学习。

2020年，市税务局坚持落实离退休干部政治待遇，提供各类政治理论学习资料，为每位老干部订阅一份《老年人》杂志。落实“五化”支部建设要求，离退休干部党组织健全，正常开展组织生活，全年组织3个离退休党支部各开展7次支部党建活动，离退休干部第一党支部被评为全市“五好离退休党支部”。在重阳节、春节等重大节日召开全体老干部茶话座谈会，通报税收等各项工作情况并收集老干部意见建议。开办摄影、歌舞、棋牌、门球等老干部学习兴趣小组，组织开展丰富多彩的活动，鼓励老干部参加老年大学学习。

2021年，市税务局组织离退休干部分支部开展党史学习教育，组织机关离退休干部3个党支部分批赴湘西十八洞“精准扶贫”首倡地、郴州“半条被子”红色教育基地开展“学党史、忆初心”主题教育。鼓励老干部积极参加老年大学学习，推广运用国家税务总局“金税桑榆”和湖南省委组织部“三湘老干部e家”信息化平台，老干部科工作人员手把手教会离退休干部操作和使用。深化离退休干部党支部“五化”建设与示范创建工作，利用老干部场地现有资源进行改造，打造“金秋党旗红”“金秋幸福家”等“美在金秋”老干部之家。市税务局机关离退休干部第一党支部被评为全省示范支部，离退休干部第二党支部被评为市级示范支部。重阳节组织市税务局青年干部与离退休干部共庆佳节，开展“美在金秋 乐在重阳”新老税务干部重阳游艺活动。发动全市税务系统离退休老干部参与“红心向党、见证光荣”“初心如磐——我的入党那一天”等系列图文征集活动，并将获奖作品编印成《为霞满天映丹心》作品集。

2022年，市税务局推进离退休干部学习阵地标准化规范化建设，投入专项资金扩充改造离退休老干部活动中心，活动中心占地面积300平方米，配备电脑、打印机、报刊架、资料柜，订阅报刊，设置党员风采专栏，“三会一课”等制度规范上墙，达到有场所、有标志、有书报、有制度、有宣传、有党旗的“六有标准”。以支部为单位组织学习《税务系统离退休干部遵规守纪100问》，开展“党风家风联建互促 纪律规矩烙在心中”专项行动，发掘、选树和宣传全市税务系统内老党员老干部优秀家风家训，以好家风促进好党风好税风。有2个离退休干部家庭评为清廉家庭，3位老干部的家书、2位老干部的家训被评为全市优秀家书家训。加强作风纪律管理，教育离退休干部杜绝酒驾、醉驾和参与非法集资、赌博等违法活动。组织全市税务系统离退休党员干部参加“建言二十大”“我看中国特色社会主义新时代”等主题征文和争当“最美税务老干部”“全省百佳志愿者”等活动，安化县税务局王国祖的《老王眼中的山乡巨变》获得湖南省老干局“我看中国特色社会主义新时代”征文三等奖。组织离退休干部学唱《中国税务老干部之歌》，组建门球、歌舞、棋牌、摄影和太极等兴趣小组，鼓励支持老干部开展有益身心的文娱活动。

第二节　教育培训

一、教育培训制度、办法

1991年7月，地区税务局制订《益阳地区税务局机关学习制度》，学习时间每月固定两天，政治学习和业务学习各一天，政治学习由机关支部为主组织，业务学习由机关支部牵头、各业务科室轮流具体负责。该制度对纪律要求和违纪处罚做出规定，明确集中学习必须按时参加，除参加地委、行署、省局以上机关会议和活动外，不得请假，不准迟到、早退，不得无故缺席。未经请假在正常学习和集中活动时迟到者每次扣发工资或奖金2元，未经请假无故缺席者每次扣发工资或奖金5元，全年累计3次以上者，影响年终评比先进。

1992年2月，地区税务局修改和完善《益阳地区税务局机关学习制度》，增加对写心得体会、黑板报和专刊投稿多的干部职工年底适当给予奖励的规定。

1994年4月，地区税务局印发《关于参加专业技术资格考试获得专业技术资格人员奖励办法的通知》，对考试获得专业技术资格人员，参照自学考试的有关奖励办法，给予适当的奖励。7月，印发《益阳地区税务局关于在职干部职工学历教育有关规定》，鼓励干部自学成才，凡报考税收、会计专业及经县市分局同意并报地区税务局备案的与本职岗位对口专业的自学考试者，可享受报销报考费用（每科限报销2次）；考前安排7—10天复习时间视在岗对待，报销报考费、往返路费、住宿费，按学习实际天数补助伙食费每天1.5元；每单科合格一门奖40元，大专毕业加奖300

元，本科毕业再加奖 200 元。擅自停考者，扣回已发、报费用。

1994 年 11 月，市国税局印发《益阳市国家税务局关于在职干部职工学历教育的有关规定》，鼓励在职干部报考湖南省国税局以上单位举办的税收专业自学考试，并报市国税局备案，享受优惠待遇。

1995 年 1 月，市地税局印发《益阳市地方税务局关于加强思想政治工作及宣传教育工作的意见》，明确要提高基层税务干部政治素质和文化业务素质，培养一支政治坚定、业务精湛、工作扎实、作风严谨的税务干部队伍。政治、业务学习做到经常化、制度化。征管人员达到会审核报表、会计算税款、会查账“三会”，懂税收政策法规、懂财税管理制度、懂财会制度、懂所管企业的生产基本知识“四懂”，掌握管户的生产经营情况、掌握税源变化情况、掌握财会情况、掌握纳税态度、掌握纳税情况“五掌握”，要大力开展以岗位职务培训为重点的岗前培训、岗位培训和业务短训等在职干部应用性教育，抓好以自学考试为主要形式的在职干部学历教育和知识更新的继续教育，提高干部队伍学历层次，优化干部队伍专业知识结构。该意见还对学历教育的报考原则、报考条件、在校管理、奖励与处分等方面内容，以及培训工作的组织领导、职责分工、纪律和要求、经费管理、考核指标、参加专业技术资格考试人员奖励办法等内容予以明确。

1996 年 6 月，市国税局印发《益阳市国税系统“九五”教育发展规划》，明确“九五”计划要求中专以上学历的人员达到队伍人数的 82%，要加强思想政治和职业道德教育；开展税务职业道德教育、勤政廉政教育；进一步开展“三爱一树立”教育；加强党的基本知识教育。要继续抓好岗前培训，实行持证上岗制度；加强在岗培训，开展形式多样的业务活动；发展成人教育，改善税务干部学历结构。要坚持统筹规划，加大学历教育工作力度，以大专教育为重点，倡导攻读本科和研究生专业，选送德才兼备的优秀人员去高等学府深造学习；根据本人意愿，通过正式考试录取，可停薪留职自费上大学；提倡自学成才，以函大、电大、自学考试等不脱产学习，对通过考试获得文凭者，适当给予奖励。11 月，印发《开展计算机及网络基础知识普及培训工作的意见》，明确开展计算机及网络基础知识普及培训的目的、培训对象、培训任务等内容。12 月，印发《益阳市国税系统在职人员学历教育暂行规定》，明确报考原则、报考条件、学员管理、学费、待遇与奖惩等方面内容。

1998 年 4 月，市国税局印发《1998 年全市国税系统公务员培训工作要点》，明确公务员培训的指导思想、原则和目的，任务和指标，组织实施和督促检查等方面内容。

1998 年，市地税局制定下发《关于加强税务电大班教育管理的通知》，严格管理和奖惩措施，坚持考勤制度。

2000 年 9 月，市国税局印发《益阳市国税系统“十五”教育培训发展规划》，明确“十五”教育培训目标：益阳市国税系统大专学历以上人员占比提高到 70%。各县市分局要有 50% 以上税务干部成为征管能手、查账能手、电脑操作能手和其他业务能手。建立和健全教育培训管理体制，完善各类培训制度，全面提高初任培训、任职培训、专业培训和更新知识培训质量，促进国税队伍整体素质提高。重点提高各级领导干部业务素质，改善益阳市国税系统国家公务员的学历结构和知识结构，提高大专以上人员比例，加大本科生、研究生培养力度，全面提高税务干部队伍文化水平。是月，印发《益阳市国家税务局机关政治学习、岗位考勤制度及实施办法》，明确政治学习、岗位考勤制度的组织领导、考评内容、计分办法和奖惩措施等内容。

2001 年 7 月，市国税局印发《关于加强学历教育管理的有关规定》，明确参加学历教育的申请审批程序、学历教育所学专业要求、学历教育跟踪管理、对益阳市国税系统内年轻干部进行本科以上学历教育专业要求、完成学业人员学历审核程序等内容。

2002 年 12 月，市国税局制定进一步规范在职人员学历教育管理办法，进一步明确成人学历教育的人员申报审批手续、学历教育专业、学历教育在职人员参加自学考试、学历教育学习人员跟踪管理、学历教育学费报销审批手续、学历文凭审核程序等内容。

是年，益阳市地税局印发《全市地税系统 2002—2005 年公务员教育培训规划》，明确 2002—2005 年益阳市地税系统公务员教育培训目标是：在 2005 年前全市地税系统 90% 的人员达到大专以上文化程度，35 岁以下的人员均完成大专学历教育，抓好益阳市地税系统初任培训，开展专门业务培训和更新知识培训。

2004 年 3 月，市国税局印发《2003—2007 年益阳市国家税务局系统干部教育培训规划》，明确 2003—2007 年益阳市国税系统教育培训总任务是：3 年内组织益阳市国税系统科局级干部培训一遍，5 年内组织全体税务干部培训一遍。到 2005 年，市国税局机关、直属机构税务干部具有大专以上文化程度的要达到90%。县国税局及以下机关、直属机构税务干部具有大专以上文化程度的要达到60%。教育培训的主要类型包括初任培训、任职培训、更新知识培训、专门业务培训、专题培训、学历学位教育、在岗学习。

2008年7月，市国税局印发《2008—2010年益阳市国税系统干部教育培训规划》，明确2008—2010年干部教育培训的基本目标是到2010年具有硕士以上学历层次的干部占总人数的2%以上，拥有各类职称的人员占总人数的3.5%以上，具有本科以上学历层次的干部占总人数的55%以上，进入综合管理、税政业务、专业技术人才库的人数占总人数的10%以上。10月，湖南税务教育网正式开通，市国税局根据本单位实际情况制定学习制度，将每周五确定为“学习日”，组织干部职工上网学习；按岗位能力素质培训课程分类，成立课程学习辅导小组，由本单位业务骨干担任教师，开展有针对性的培训辅导，确保干部职工三年内修满21分学分。

2013年12月，市国税局印发《益阳市国家税务局关于进一步规范对取得“三师”资格证书人员奖励的通知》，明确奖励对象、奖励办法等内容，鼓励全市国税系统在职干部职工积极参加“三师”资格考试。

是年，市地税局印发《2013年干部教育培训计划》，明确2013年益阳市地税系统干部教育培训的主要任务、教育培训主要方式及工作要求等内容。

2014年5月，市地税局印发《全市地税系统人才库管理办法（试行）》，该办法共6章18条，第一章为总则，对建设目标、适用范围、管理机制、领导小组、建设和管理原则等内容进行明确；第二章为人才库的分类，根据税收工作实际和需要分为文秘、税收业务、税收管理、办税服务、税务稽查和专业资格类六类；第三章为人才库的建立，明确入选人才库人才的基本条件及人才选拔的原则；第四章为人才库的管理，人才库成员实行定期动态管理，对取消人才库成员资格的情形进行明确；第五章为人才库的使用，明确人才库成员主要参加的工作、定期教育培训制度、人才激励机制等内容；第六章至第八章明确人才库管理的其他内容以及该办法解释部门、执行日期等。

2015年4月，市国税局印发《益阳市国家税务局“益阳国税讲堂”建设实施方案》，明确市国税局机关搭建“益阳国税讲堂”总讲堂，各县市区国税局搭建“益阳国税讲堂”分讲堂，在益阳市国税系统构建“益阳国税讲堂”学习、教育、培训活动体系。以讲堂作为平台，市国税局机关每月至少举办1次业务培训、知识讲座或道德讲坛，各县市区国税局每两月至少开展1次活动，主要内容包括：业务培训、知识讲座、税务文化论坛等。

2017年4月，市国税局印发《益阳市国税系统2017年度落实素质提升“115”工程实施方案》，明确落实素质提升“115”工程，建立学习培训制度、人才实践锻炼制度、人才担任兼职教师和师傅带学徒制度、人才培养与干部选拔使用配套运行制度等。对各级业务比武个人优胜奖获得者、“专业骨干”和“岗位能手”分级进行表彰奖励；在当年个人绩效考评中给予肯定和激励，将业务比武成绩作为年度考核、评先评优的重要参考；数字人事正式运行后在个人成长账户中给予适当加分；将练兵比武活动与地方工会举办的职工技能大赛结合起来，联合授予相关荣誉称号。将“专业骨干”“岗位能手”与省国税局专业人才库建设等相衔接，“专业骨干”纳入省国税局相关专业人才库管理，对“岗位能手”实行跟踪管理，优先推荐参与省国税局人才库选拔；对每年入选的“专业骨干”“岗位能手”分级分类建立档案；对“专业骨干”“岗位能手”实行动态管理，每年进行一次全面考核。

2017年3月，市地税局印发《2017年干部教育培训计划》，明确2017年度16个培训班的主要内容、培训对象、培训时间及天数、培训地点及承办单位等内容。

2019年6月，市税务局印发《贯彻落实2018—2022年全国税务系统干部教育培训规划的实施意见》，明确全市税务系统的教育培训的目标要求为：全市税务系统处级领导干部5年内参加培训累计不少于3个月或者550学时，科级以下干部每年参加培训累计不少于12天或者90学时；县市区税务局领导班子成员每2—3年到税务总局党校（干部学院）、市级以上党校（行政学院）、湖南税务高等专科学校、其他省税务干部学校接受至少1次1个月的系统理论教育和严格党性教育，一般每年参加1次1周左右的专业化能力专题培训；1个月以上的培训班要安排学员进行党性分析，确保党性教育课程不低于总课时的20%，领导干部讲课课时不低于总课时的20%，运用研讨式、案例式、模拟式、体验式、辩论式等互动式教学方法的课程比重不低于30%。该意见对全面深入开展习近平新时代中国特色社会主义思想教育培训、完善培训内容体系、优化分类分级培训体系、夯实培训保障体系、提升培训质效体系等内容予以明确。

二、学历提升

1990年，地区税务局在益阳地区税务系统共选送 21 名干部职工脱产到各大、中专院校深造，并组织 135 名干部参加税收专业自学考试，提前完成省税务局“七五”教育规划。截至 1990 年底，益阳地区税务系统在职干部、职工中专文化程度以上的达 590 人，占总人数的 44.46%。抓高教税收专业自学考试，地区税务局两次组织对益阳地区税收专业考生进行为期 7—10 天集中辅导，请财院老师授课 200 课时。税收专业自学考试上半年报考 174 科，下半年报考 236 科。具有各类技术专业职称的人员达 756 人，占总人数的 56.18%。

1991 年，地区税务局紧抓以税收专业为主的高等教育自学考试，把自学考试报名率、参考率、及格率化为指标，纳入岗位责任制进行考核；落实考生辅导经费，组织集中辅导和复习。在益阳地区税务系统推荐 25 名干部职工参加成人大、中专考试，有 10 人被正式录取。益阳地区税务系统全年两次考试共报考 334 科次，参考 295 科次，及格 154 科次。是年，益阳地区税务系统共有 9 人获得税收专业专科毕业证书，23 人获得 8 科以上单科合格证书。地区税务局、市税务局被评为湖南省高等教育自学考试先进单位。

1992 年，地区税务局采取依托院校、自办基地、倡导自学、岗位培训等办法，多形式、多层次、多渠道培训干部。益阳地区税务系统推荐 30 名干部职工参加成人大、中专考试，26 人被正式录取，录取率 81%。抓税收专业高等教育自学考试，举办为期 12 天自学助考班，受训人员 120 人。是年，益阳地区税务系统自学大专毕业 10 人，益阳地区税务系统中专以上文化程度 862 人，占总人数的 51.7%，其中大专以上 415 人，占 24.9%。地区税务局自考助学工作被省税务局评为二等奖。地区税务局、市税务局被评为全省自学助考先进单位。

1993 年，地区税务局对税收专业自考实施“三统一”“一奖惩”规范化管理，即统一报考、统一购买教材、统一组织辅导，考生每合格一科奖励 40 元，报销报考费，集中办助考班 1 期，辅导 4 科，组织参加省税务局主办的助考班 2 期，各辅导 2 科，益阳地区税务系统新招人员参加税收专业自考的达 90%，自考及格率达 50% 以上。

1995 年，市地税局重视学历教育，鼓励自学，共有 34 人参加税收专业自学考试，其中 2 人获大专自考毕业证书。支持不脱产电大函授学习，共有 51 人参加，市地税局资阳分局 7 人自费读业余财税大专班。择优脱产学习，9 名 35 岁以下青年骨干在税专读二年制脱产大专班。益阳市地税系统文化程度为大学的有 25 人，占比 3.16%；大专 199 人，占比 25.16%；中专 227 人，占比 28.7%；高中 260 人，占比 32.87%；初中 80 人，占比 10.11%。

1996 年，市国税局全年参加税专脱产学习 6 人，参加自学考试 16 人，参加函授学习 32 人。

是年，市地税局做好税收专业电大班办学工作，组织 270 名在职干部报考税收专业电大班，189 人达到录取线，占参考人数的 68%，在南县、沅江、桃江和益阳市设立 4 个辅导站，首届新生 179 人按就近编班入学原则参加第一学期电大学习。

1997 年，市国税局对干部学历教育，坚持函授、自学为主，脱产学习为辅的原则，全年共有 2 人参加研究生班的学习，有 35 人参加专升本考试，考入中南工大计算机专业、长春税务学院税收专业、湘潭大学法律专业、党校函授本科班学习，有 72 人参加各类学校大专班学习。是年，益阳市国税系统拥有中专学历以上人员 799 人，占干部职工总人数的 66.64%。其中，大专学历以上的 430 人，占总人数的 35.86%；本科学历的 35 人，占总人数的 2.92%；中专学历的 334 人，占总人数的 27.86%。

1998 年，益阳市国税系统共有 33 人参加成人高考，其中，报考专科段的 21 人，报考本科段的 12 人。

是年，市地税局抓税务电大班教学计划落实和管理，合理制定教学计划，安排学习和考试，益阳市地税系统共有 179 位干部参加税务电大班学习，组织开展税务管理、纳税检查与实务闭卷考试，98% 的学员成绩合格。

1999 年，市国税局规范学历变更手续和条件，办理学历变更手续必须提供学籍档案、教委或省委干部教育领导小组验印的文凭，杜绝文凭不实、学历不真现象，全年共 46 位干部更改学历。全年选送 2 名干部到中南工大计算机本科班学习，6 名干部到长春税院税收本科班学习。

2001 年，市国税局搞好益阳市国税系统干部职工学历教育情况的全面摸底，为机构、人事改革提供详细真实的资料，并做好报考湘潭大学计算机专业人员及中南大学攻读计算机专业研究生报名工作。

是年，市地税局有 7 人参加大专以上学历教育，2000 年底以前已参加大专以上学历教育的有 57 人。

2002 年，市国税局紧抓学历教育培训，对全市国税系统 35—45 岁的大专未读人员进行摸底造册，并要求限期在 2005 年取得大专学历；选送 36 人到各级各类学校参加学习；对脱产和分流参加学历教育的人员进行跟踪管理。全年有 49 人取得大专学历，24 人取得大学学历。

是年，市地税局组织干部职工参加省地税局组织的专科学历教育和法制、计算机本科教育。

2003 年，市国税局对省国税局下达的专升本报名指标进行认真分配，并督促相关人员按时报名和参加考前复习班。严把学历档案审核关，共审核学历档案 32 人次。

是年，市地税局倡导干部职工参加本科及本科以上高层次的学历、学位教育，鼓励自学成才，有 89 名干部参加本科及本科以上高层次学历教育，一名基层干部通过托福考试，出国留学。

2004 年，市国税局加强益阳市国税系统在职人员学历情况调查摸底，统筹安排干部脱产学习。是年，益阳市国税系统 1114 名在职人员取得大专及其以上文凭的有 940 人（其中，大专 644 人，本科及以上 296 人），占比 84.38%。

是年，市地税局开辟送当地党校、进高等院校委培轮训等渠道，先后选送 15 人参加在湘潭大学举办的法律、计算机专业本科班和计算机网络维护班。120 名干部报考参加本科以上学历学位教育。

2005 年，市国税局推荐 4 名干部报考中南大学研究生，推荐 3 名干部报考湘潭大学计算机专升本。

2007 年，市地税局倡导学历教育，鼓励自学成才，兑现奖学政策，在益阳市委党校开办 45 岁以下干部财税本科班，有 45 名干部参加；核准 27 名干部报名参加其他院校本科学历教育；落实 11 名自学、函授或远程教育取得本科学历文凭干部的奖学政策。

2008 年，市国税局与中南大学合办法律硕士考前培训班，有 6 人通过攻读硕士学位全国统一考试。

2013 年，市国税局委托中南大学培养法律硕士，开办考前辅导班，共 31 人参加培训班，并报名参加中南大学法律硕士研究生考试。

三、业务培训

1990 年，地区税务局各科室全年共办短期业务培训班 7 期，培训 356 人次。益阳地区税务系统共办监察业务培训班 15 次，参加人数 125 人。组织益阳地区税务系统人员参加“三湘杯”普法竞赛，系统学习“八法一例”，参赛率达 98%；地区税务局和 6 个县市税务局均获得“普法教育合格单位”称号。

1991 年，地区税务局共培训岗前人员 51 人，各县市（分）局培训 73 人。地区税务局和各县市（分）局举办短训班 15 期，培训在岗人员 482 人次。组织开展汇算清缴、大清大查、业务知识竞赛等形式的岗位练兵，提高干部业务素质。

1992 年，地区税务局成立干部培训中心，由宣传教育科牵头，各科室配合，对“五大”生和代征员等新招税务干部举办两期培训班。抓好岗位培训，根据业务需要培训基层业务骨干，地方税科举办固定资产投资方向调节税培训班，计划会计科举办税收会计改革培训班，流转税科举办计算机应用和流转税科专干培训班，征收管理科、监察科分别举办稽查队员和监察业务培训班。地区税务局机关各科室共举办培训班 9 期，为基层培训干部 310 人次。

1993 年，由于新招录人员较多，地区税务局化整为零开展岗前培训，由宣传教育科统一制定方案、统一验收成果、统一颁发结业证书，县市分局承办岗前培训，集中多次组织学习《中华人民共和国税收征收管理法》《中华人民共和国增值税暂行条例》《中华人民共和国营业税暂行条例》《中华人民共和国消费税暂行条例》等课程，累计 2 个月，确保新招录人员胜任工作岗位。建立实习基地，完成湖南税务专科学校和湖南税务学校分配的实习生任务。组织报考税务系统内成人招生院校，16 人被录取脱产学习。

1994 年，市地税局针对机构分设后，人员异动大、地方税种多、业务复杂、地方税业务不够熟悉等情况，通过组织培训班、巡回辅导、以会代训、现场练兵等多种形式开展业务学习。市地税局计划会计科、人事教育科通过以会代训的形式培训会统干部和劳资干部，各级税务机关把税收大检查作为业务培训现场练兵机会，税政一科针对益阳市农业银行系统申请退税的问题，带领县市（分）局有关人员对益阳市农业银行系统 8 个支行的征税纳税情况进行全面调查摸底，对照政策，现场练兵。益阳市地税系统举办培训班 40 期，培训干部 600 人次。

1995 年，市国税局注重提高基层税务人员业务技能和思想政治素质，对基层国税科（股、所）长和业务副科（股、所）长进行为期 10 天的培训，切实提高基层骨干的政治素质与业务能力。

是年，市地税局针对益阳市地税系统新增人员较多、新开征税种较多的情况，采取集中辅导与分散自学相结合、短期培训与岗位练兵相结合、个别谈心与巡回演讲相结合、组织考试与开展竞赛相结合的方式组织开展业务培训。坚持学习制度，每月组织集中学习 2 天。益阳市地税系统集中办班学习《国家公务员暂行条例》10 期，组织市地税局机关和各县市分局共 18 人在益阳市党校集中学习，学习有关公务员知识，参加市人事局组织的公务员过渡笔试，及格率 100%。

组织新进人员岗前培训8期，参训116人。组织新进地税系统的人员集中学习税务职业道德规范和地方税基本知识。在益阳市区及安化县、桃江县、沅江市、南县地税局分别组织工人录干考试辅导5期，264名报考人员均参加辅导课程。组织开展股所长培训7期，参训213人。组织开展营业税、资源税、所得税、土地增值税、计算机运用、应用文写作等短期业务骨干培训班8期。组织开展税收知识抢答赛。建立以老带新制度，开展现场练兵，在税收专项检查、汇算清缴时，以老带新，在实践中培养干部。组织汇集平时税收征管中的正反事例进行分析，提高干部征管技能。

1996年，市国税局为搞好税收征管现代化改革，选派30名骨干参加省国税局征管、计划会计统计计算机培训。组织举办2期计算机操作培训班，投资6万元购买8台计算机，聘请专业人员任教，培训计算机人员102人。沅江市国税局培训计算机人员22人，市国税局三分局培训计算机人员30人。举办小型专题培训班或学习班，组织各县市分局分管业务副局长，征收管理科科长，发票所所长、副所长，稽查局局长70人参加增值税专用发票知识等专题讲座。市国税局稽查局在安化拓溪电站举办稽查业务培训班，培训稽查骨干47人，提高稽查人员查账技能。各县市分局共举办培训班15期，培训干部673人。

是年，市地税局采取办班培训、岗位练兵、以老带新、互教互学等多种形式，加强全体地税干部业务知识和技能培训。在益阳市地税系统开展争当征管能手、填票能手活动和业务知识竞赛，沅江市地税局肖志芳在湖南省征管能手竞赛评比中获第三名，被国家税务总局评为“全国税收征管能手”。在益阳市财校举办为期1个月的岗前培训班，组织63名新招人员学习财会知识、税收基础知识、税务稽查、税收征管、税收票证管理等专业知识，并开展职业道德教育，参训人员考试平均92分。发放各种学习资料和政策法规汇编书籍，鼓励干部自学。

1997年，市国税局和各县市分局结合实际分别举办税政、征管、计会、稽查、计算机、文秘档案等业务培训班23期，共培训各类人员1000人次，下发《税务稽查》《税务管理》《计算机基础知识》等培训资料3000册。桃江县国税局办公室主任文国光被湖南省委、省政府、省人大、省政协授予“湖南省十佳百优秘书工作者”称号。

1998年，市国税局把微机与稽查业务培训列为培训工作中的重点。益阳市国税系统举办各种业务培训班16期，共培训460人，基层局骨干参加培训120人次，其中稽查业务培训班4期，培训145人，举办微机培训班9期，共培训人员430人。

是年，市地税局抓征收分局培训和岗前培训，在益阳市财校组织征收分局长、新进人员进行为期40天的培训，市地税局3位局领导、8名正副科长进行专题授课，并邀请益阳市委讲师团和益阳市财校5名讲师进行系统授课，共培训107人，其中新进人员57人，征收分局正副局长、稽查局正副局长50人，参训人员均通过闭卷考试达到良好以上成绩。抓好计算机应用能力知识培训，下发计算机应用能力基础教材700册，组织益阳市地税系统计算机技术骨干任教，以县市区分局为单位分两批各集中培训20天。安化县、桃江县、南县、沅江市、资阳区、赫山区地税局出资6万元利用当地计算机站进行培训，邀请计算机站10名计算机专业老师现场指导，市地税局机关、朝阳分局、农垦分局自行组织计算机培训，益阳市地税系统共培训742人。分两批13次在各县市区（分）局组织计算机应用能力知识考试，742名干部均获得计算机应用能力考试合格证书。

1999年，市国税局开展“以考促学”自学活动，市国税局机关举办10期业务辅导培训班，编印益阳市国税局机关工作人员业务知识复习题、国税工作人员必读题解，印发复习资料1100份。

是年，益阳市地税系统举办各类业务培训学习30期次，市地税局组织举办益阳市地税系统第二期征收分局长培训班，历时7天，受训58人，重点学习中央、省、市领导关于讲学习、讲政治、讲正气的重要讲话，以及《中华人民共和国行政诉讼法》《中华人民共和国国家赔偿法》和税收专业知识。组织益阳市地税系统73名税务稽查人员进行为期12天的封闭培训，提高稽查人员业务水平。组织干部参加省地税局稽查业务考试取得较好成绩，市地税局稽查局张琳、沅江市地税局夏宇、桃江县地税局石建清被省地税局选拔参加国家税务总局组织的全国税收业务和法律法规考试，并取得好成绩。组织举办为期7天的人教劳资业务培训班，益阳市地税系统人事教育条线干部25人参加培训。组织举办发票业务专题培训，益阳市地税系统各征收分局发票管理员共53人参加培训。

2000年，市国税局以省国税局“世纪大考”“全员统考”为契机，加大教育培训力度，全市国税系统共举办各类培训班32期，印发复习资料1500份，编印国税工作人员必读题解。全市国税系统全员大考平均85.68分，列全省国税系统第5名。通过全员考试发现和培养基层骨干人才，在全市国税系统选拔34名全员考试成绩优秀、工作表现优秀的青年基层骨干参加湖南省国税局举办的基层干部培训班。

是年，市地税局建立健全领导机构，成立干部教育领导小组，加强对教育培训的领导、督促和检查。加大教育经费投入，市地税局和各县市（分）局按规定比例提取教育经费，并保证专款专用。全面落实培训计划，市地税局组织举办政工局长、人事教育科科长培训班1期，举办新进人员培训班1期；各县市分局组织系统学习税政业务，法律法规、财务、会计、财经应用文、时事政策等知识，举办各类培训41期，培训2458人次，组织政治业务考试49次，参考4550人次。组织搞好全员综合业务考试,市地税局编印《法律法规读本》《税收业务知识》2000册，组织全员业务摸底考试，益阳市地税系统794人参考，平均成绩81.8分。在省地税局组织的全员统考中，益阳市地税系统868人参考，其中省局组考的市局机关干部和各县市区分局党组成员84名，平均成绩141.5分，由市局组考的其他干部784名,平均成绩130.2分,参考率、及格率均达100%。市地税局朝阳分局平均分获得益阳市地税系统第一名，市地税局农垦分局获得第二名，市地税局省级税收征收分局获得第三名。

2001年，市国税局组织开展金税工程、计算机知识、政工业务等各类业务知识培训，组织搞好益阳市国税系统稽查人员的稽查业务知识考试、计算机专业人员选拔考试等。

是年，益阳市地税系统两级地税局机关分层次开展业务培训，举办征收分局局长、税务所所长培训班；根据税收信息化发展要求，组织对益阳市地税系统45岁以下干部进行计算机中级操作培训；组织举办征收管理科科长、稽查局局长培训班，提高干部业务素质和能力。

2002年，市国税局扎实抓好益阳市国税系统WTO知识和税收法规知识学习，邀请省国税局领导黄义新讲授“中国入世与税收”，组织市国税局机关全体人员及各县市分局中层骨干200人听课；组织市国税局机关副科长以上干部及各县市分局中层骨干193人参加国家税务总局WTO知识电视电话培训班，组织全体税务人员观看省国税局下发的VCD光盘，提高经济税收业务水平。组织举办NIT（全国计算机应用水平考试）培训班，益阳市国税系统共举办培训班11期，参训人数达560人，益阳市国税系统149人参加第一批NIT考试，成绩优良，受到省国税局表扬。运用税务教育管理信息系统,组织72名干部参加“《纲要》与税收知识”上机考试，并对考试团体前3名单位和前10名个人给予奖励。组织举办教育专干培训班，重点学习税务教育管理信息系统相关知识，编制下发税务教育管理信息系统采集单，历时2个月对益阳市国税系统1085名在职干部个人数据进行采集、录入、汇总，建立和完善税务教育管理信息系统考试题库，并率先在湖南省国税系统运用税务教育管理信息系统组织随机抽题考试，得到省国税局教育处肯定，并在湖南省国税系统广泛推广。组织举办38名新进工人(含税务代理工人和新进退伍军人）岗前培训班，提高新进人员素质。

是年，市地税局采取“请进来，走出去”方式加强业务培训，邀请专家学者对干部职工进行计算机操作、法律知识、英语应用和业务技能等培训，组织50名征收分局局长、税务所所长赴扬州税务进修学院进行为期10天的税收业务、政治理论和政策法规培训，此次培训是市地税局成立以来首次大规模、高规格培训。益阳市地税系统组织开展《中华人民共和国税收征收管理法》《中华人民共和国税收征收管理法实施细则》培训班56期，全体在职干部职工均参加一次以上培训和考试。是年，益阳市地税系统45岁以下人员全部通过计算机中级培训考试，762人取得合格证书。

2003年，市国税局抓好益阳市税务系统计算机知识、税收法规和国税“三项基础知识”学习培训考试及NIT（全国计算机应用水平考试）考试，提高经济理论和税收政策业务水平。制定下发开展学习和考试的方案,成立学习考试工作领导小组,以县市（分）局、税务所为单位组织开展系列学习竞赛活动，共举办国税“三项基础知识”学习、培训班12期，参培人数达1100人，分4次组织相关人员进行考试；共举办NIT考试培训班16期，参训考试人数达430人。加强新进人员岗前培训教育，多途径开展教育培训，利用市国税局网络资源，新开辟“教育园地”，刊载各类信息及学习资料15篇。

是年，市地税局组织开辟“四条培训渠道”，开展以委培轮训、专业集训、送当地党校学习和自学四种形式为主的各类培训，共投入教育培训经费49.74万元。举办《中华人民共和国税收征收管理法》及其实施细则培训班17期、办公自动化培训班3期、计算机操作技能培训班16期，共培训1097人次。组织871人参加依法行政知识考试，885人参加“四五”普法考试，916人参加《中华人民共和国税收征收管理法》及其实施细则考试。市地税局组织开展《中华人民共和国税收征收管理法》及其实施细则知识竞赛，从8个县市区局和2个直属单位中抽选80人参加竞赛，对取得前三名的单位和前20名的个人给予奖励，对未达到平均分数的单位进行处罚。打造“学习型地税机关”活动取得实效，在省地税局组织征管标兵考试中，市地税局取得团体总分第三名，有2人被评为湖南省地税系统“十佳征管标兵”。

2004年，市国税局开展创建“学习型”系统、组织、家庭的活动，各单位相继开展各种形式的学习竞赛，益阳市国税系统征订、发放全国税务系统公务员培训系列教材1109套共5545册，在职人员人手一册，组织干部分批、分类、分科培训考试。益阳市国税系统以县市区国税局和税务所为单位，组织举办计算机知识培训与技能培训班19期，组织530名干部职工进行第3批NIT考试，送训初任培训人员2批次11人，提高干部综合素质、岗位技能和对税收工作的适应能力。

是年，益阳市地税系统初步建立政治理论、业务知识、岗位技能和学历教育四大培训平台，启动教育培训的领导机制、投入机制和考评机制，形成“分级管理、三级联动、立体推进”的培训格局。全年选送74名中青年干部到扬州、湘潭大学和湖南税务高等专科学校参加专业培训，组织79名科级干部参加市、县两级党校培训。益阳市地税系统举办公文写作、信息宣传、《中华人民共和国行政许可法》、《中华人民共和国税收征收管理法》、计算机操作、当代税务实用英语等各类培训班65期，培训4053人次，参训率达100%，组织2次全员考试，全年共投入教育培训经费116.2万元。

2005年，市国税局按照“注重综合素质、提升岗位技能、创新培训方式、实施全员培训、促进终身学习”思路，加强干部队伍能力建设，分2次开展全国税务系统公务员培训系列教材培训与考试，益阳市国税系统2832人次参考。选派2人参加扬州税务学院处级干部培训班，选派14人参加湖南税专科级干部培训班。是年，益阳国税系统举办三大系统整合、综合征管软件操作、出口退税、流转税业务、信息调研写作、纪检监察等各类业务培训班13期，培训500人次。

是年，益阳市地税系统开展“3+5”全员读书活动，组织所有地税干部读好《把信送给加西亚》《方与圆》及《德行天下》；组织学习好税收基础知识、法律基础知识、会计基础知识、税收信息化基础知识、应用写作基础知识等业务知识。益阳市地税系统共举办科级实职干部培训班、岗前培训班、税收业务知识、计算机知识、法律法规知识、文秘知识、财务会计知识等培训班20期，培训人数760人次，投入教育培训经费41.5万元。抓以考促学，组织开展3次全员考试，10月组织益阳市地税系统全员业务考试，708人参考，其中闭卷587人，开卷121人，平均成绩83.1分，及格率100%。12月组织计算机操作技能抽考和《中华人民共和国公务员法》考试，均取得较好成绩。通过针对性培训、督促性达标、经常性练兵，提高干部职工政治素质和业务水平。

2006年，市国税局组织举办税管员师资培训、执法监察子系统培训、视频会议业务培训和综合征管软件操作全员考试、执法监察职能测试、税收管理员考试等34个考试培训项目，参训参考人数达到2913人次，通过系列考试培训，在益阳市国税系统掀起学业务、比技能高潮，提高全员素质。

2007年，益阳市国税系统教育培训工作实行“归口管理，统筹安排”管理体制，建立干部岗位培训体系、试行岗位资格考试制度。以各级领导干部、基层干部和专业骨干为主要对象，抓好各类业务教育培训。严格贯彻《干部教育培训工作条例》，建立市国税局培训基地，确保干部1年内参加培训时间累计不少于12天。建立健全人才培养机制，重点加强综合管理、税收业务、专业技术等三类人才库建设，推进人才库规范化管理。市国税局组织开展征管、法规、流转税、所得税、信息、财务、人教等业务、师资等教育培训项目12个，参训人数676人次。益阳市国税系统组织51人参加省国税局组织的各类培训，其中，初任培训17人，科局长在职培训20人，任职培训14人。充分利用信息平台和网络资源，刊发学习资料和“每日一题”，引导干部在岗自学。5月，省国税局随机抽取赫山区国税局、桃江县国税局60名税收管理员参加国家税务总局组织的税收管理员统一考试，人均成绩73.16分。加大教育经费投入，市国税局全年开支教育培训经费36.8万元。

2007年，市地税局组织开展女干部培训班、税管员师资培训班、计算机技能培训班、税收业务培训班等7个培训班，培训师资和骨干324人。组织开展税收业务、税务稽查、文秘写作、计算机操作四大比武活动，204人参加比武竞赛，分类选出40名专业人才进入市地税局人才库，并实施动态管理。组织干部参加省地税局的文秘工作、税收管理员、稽查能手三大竞赛活动，有3人进入湖南省地税系统前10名，5人进入省地税局人才库。组织开展“兴税杯”辩论赛，围绕“树立地税良好形象关键在于优质服务”和“树立地税良好形象关键在于严格执法”正反辩题开展辩论，益阳市地税系统参加听取率达到100%，经过层层选拔，组成6人代表队，进行为期15天封闭式训练后参加湖南省地税系统比赛，荣获“组织奖”。是年，市地税局获评益阳市“十佳学习型组织”。

2008年，市国税局建立人才培养、干部使用的信息平台和基本数据库，完成1164人的电子培训档案录入工作；组织开展执法资格考试1次，举办9项次业务培训班，参训人数639人次，组织17人参加由国家税务总局、省国税局组织的各类培训。

2009年，市国税局加强干部业务教育培训，组织干部登录湖南省税务教育网自学，1—7月，益阳市国税系统共有2868人次访问网站，上网学习达6981人次，共有1633人次选用网络课程。组织益阳市国税系统干部参加市州局以上的培训班398人次，组织开展业务培训考试项目13个，投入培训经费293万元。

2009—2010年，市地税局按照分级分类培训原则开展岗位练兵、在职培训和以老带新活动，益阳市地税系统两年累计举办各类培训班120期，培训人员3700人次；以“两争”活动为平台，开展业务竞赛，评选优秀税管员、稽查能手、十佳文秘、计算机应用等人才，建立人才库，促进争先创优、比学赶超。

2010—2011年，市国税局开展教育培训评估，更新电子培训档案，加强教育培训工作管理。采取集中办班、委托培训、岗位比武、读书活动等多种形式，抓好全员培训和骨干培训。组织成立学习小组，依托湖南税务教育网，督促干部上网自学，2010年上网访问量24583人次，上网学习66017人次，组织益阳市国税系统49名干部参加网络课程学习抽考。积极创新学习型机关，两年组织培训项目18个，培训干部2100人次；推荐选送61人参加国家税务总局和省国税局培训项目。开展“书香机关”创建活动，组织开展“书香国税”读书系列活动。2011年市国税局机关被评为益阳市学习型机关建设示范点。

2012年，市国税局整合系统教育培训资源，举办知识更新培训、专门业务培训班等各类培训班4个，参训人数328人次；组织送训参训，送训率100%，做好益阳市国税系统青年税务干部职业生涯规划，重视“三师”及硕士以上高素质骨干人才培养，为“三师”报考人员开通中华会计网学习账号，以奖助学，以督促考，34人报考“三师”，同比增加2倍。利用湖南税务教育网，引导干部自学，对益阳市国税系统人员学习情况进行跟踪管理，将湖南税务教育网上网学习及考试情况纳入县市区国税局年度绩效考核。

是年，市地税局组织开展“干部教育培训年”活动，制定培训计划，推行学习积分制管理，下发《益阳市地方税务局关于网络学院学习积分情况的通报》，对益阳市地税系统计分整体情况、存在的问题进行通报。推进“一网三库”建设，对领导干部、优秀青年干部、女干部分类组织培训；组织开展文秘、审计、税政、征管等专题培训，在国家行政学院举办“领导力”专题研修班，共组织各项培训25期，培训1200人次。

2013年，市国税局组织开展《小企业会计准则》、“营改增”业务、计算机应用知识、出口退（免）税业务等各类培训，组织益阳市国税系统295人参加小企业会计准则考试，837人参加湖南省国税系统计算机应用知识考试。制定“三师”资格奖励办法，51人报考“三师”，同比增加17人。

2014年，市国税局有针对性地举办税收业务、绩效管理等培训班，鼓励干部报考“三师”，80人报考“三师”，同比增长57%。

是年，市地税局举办主体培训班14期，县市区地税局自主办班80期，63人报考“三师”。在省地税局举办的首届税收业务知识竞赛中，市地税局3名干部进入全省前50名，其中1人获得全省第一名。

2015年，市国税局创新教育培训模式，开展“请进来、走出去”教育培训，以益阳国税讲堂为平台，将省内外专家、学者“请进来”，益阳市国税系统共举办44期国税讲堂，培训6900人次；通过与湖南税务高等专科学校签订委培协议，举办益阳市国税系统业务骨干培训班、纪检监察培训班，让税务干部“走出去”。组织举办31期各类培训班，培训人数达3867人次。选派51人参加国家税务总局、省国税局组织的培训班，送训率达100%。组织开展“岗位练兵 业务比武”竞赛活动，通过“一周一讲”、专题辅导、网络资源共享、以考促学等多种方式，促进干部业务水平和岗位技能提升，组织开展益阳市国税系统税收业务考试，450人参考；组织开展益阳市国税系统岗位技能选拔竞赛，82人参赛；组织益阳市国税系统12人参加省国税局组织的纳税服务、管理评估、税务稽查岗位能手选拔比武竞赛；大通湖区国税局12人代表市国税局参加省国税局组织的税收业务知识竞赛，赫山区国税局纳税服务科唐蔚被省国税局授予“湖南省国税系统岗位业务能手”称号，市国税局根据竞赛活动综合成绩授予大通湖区国税局、桃江县国税局“优胜单位”称号。

是年，市地税局坚持业务培训和读书学习双轮驱动，共举办各类培训班17期，选拔8名业务素质拔尖的优秀干部组成讲师团到基层讲课。

2016年，市国税局通过组织到湖南税专办培训班、邀请专家教授培训讲座等形式举办各类培训94期。创新教育培训形式，开设岗位大练兵的微信公众号，每天推送5类岗位学习内容和“两学一做”学习教育知识。组织举办益阳市国税系统“岗位大练兵 业务大比武”考试竞赛活动，950人分别参加行政管理、征管评估、税务稽查、纳税服务、信息技术等5类岗位开、闭卷考试，其中，670人参加开卷考试，280人参加闭卷考试，参考率达98%。推荐31名干部参加省国税局业务大比武活动，并组织集中学习培训。基于竞赛活动个人成绩和平时工作实绩，将19人纳入“素质提升115工程岗位能手项目”。在比武活动中，19人被市国税局纳入岗位能手，2人被省国税局纳入专业骨干，评选省、市青年岗位能手3人。

是年，市地税局着眼人才战略，科学组织干部教育培训，制定年度培训计划，全年共制定年度培训计划17期，预算160.2万元。依托网络学院、法宣在线等学习平台，组织干部学习法律法规，益阳市地税系统共组织中心组学法40次，全局干部学法15场次，专业学法30次。在省地税局培训中心举办稽查业务骨干培训班、分局长培训班、业务能手专业人才培训班和领导干部税收业务4期主题培训班，举办19期各类业务培训班，参训1263人次，益阳市地税系统人均参加培训18天以上，参训率达100%。强化以考促学，制定市地税局“岗位大练兵、业务大比武”活动方案和行政管理、征管评估、税务稽查、纳税服务和信息技术5个岗位分类实施方案；分岗位类别组织益阳市系统业务比武，51人入选市地税局岗位能手，推荐21人参加省地税局比武，4人入选省地税局岗位能手。组织开展金三系统应用技能全员考试，参考率100%，1人获评湖南省地税系统考试先进个人。是年，在益阳市地税系统评选出学习型领导班子3个、学习型领导干部8人。

2017年，市国税局通过岗位练兵、微课堂、“走出去、请进来”等方式，分级分类开展教育培训工作。组织举办“岗位大练兵、业务大比武”竞赛，益阳市国税系统104人分别参加行政管理、征管评估、税务稽查、纳税服务、信息技术等5类岗位考试，基于竞赛活动个人成绩和平时工作实绩，将9人纳入“素质提升115工程岗位能手项目”，其中，行政管理类2名，征管评估类2名，纳税服务类2名，税务稽查类2名，信息技术类1名。根据市国税局“岗位大练兵、业务大比武”成绩和出口退税核查成绩综合排名，大通湖区国税局获得益阳市国税系统“岗位大练兵、业务大比武”竞赛活动一等奖，南县国税局获得二等奖、高新区国税局获得三等奖。

是年，市地税局加强征管转型、税政业务、纳税评估、国地合作等各类培训，市地税局办班14期、县市区地税局办班50期。组织在湖南师范大学公共管理学院举办为期5天的“学习贯彻党的十九大精神”领导干部研修培训班，市地税局局领导、科室负责人和县市区地税局主要负责人以及益阳市地税系统业务专家团成员40人参训。组织开展业务竞赛比武、“两争十佳”推优等活动。

2018年，市税务局在机构合并后组织益阳市税务系统机构改革、党建工作、纪检监察等各类培训班36期，累计培训8700人次。

2019年，市税务局组织各类培训班52期，培训人员4450人次，加强青年才俊、业务骨干选拔培养，出台激学奖学政策，组织开展“智税2019”和练兵比武等活动，1人进入省税务局代表队参加国家税务总局大企业管理决赛，1人获省税务局“十佳文秘”称号，2人入选省税务局“素质提升115工程”名单，6名优胜选手调入市税务局机关。在长沙组织举办益阳市税务系统正科长级以上领导干部专题研修班，研修班突出确保减税降费政策措施落地生根的主题，聚焦完成预算确定的税费收入任务主业，把牢统筹推进优化税收执法方式与健全税务监管体系主线，围绕绩效管理、税收营商环境、作风建设三个提升年专项活动，组织开展学习、汇报和交流。在江苏苏州中央财经大学创新管理研究院组织举办益阳市税务系统教育条线税务干部培训班，在安化县组织开展税收收入核算与经济分析业务培训，组织开展税收征管操作规范、征管质效讲评、电子税务局等相关知识业务培训，组织举办市税务局机关、派出机构在职女干部仪态礼仪、行为礼仪等培训，组织市税务局机关40岁以下青年干部举办党的十九届四中全会精神、延安精神等内容培训班。在益阳市税务系统组织开展“岗位大练兵 业务大比武”活动，桃江县税务局获得团体一等奖，赫山区税务局获得团体二等奖，沅江市税务局、安化县税务局获得团体三等奖，授予20人“岗位大练兵 业务大比武”优胜个人，授予45人“益阳市税务系统岗位能手”。

2020年，市税务局组织练兵比武，强化奖学促学导向，将10名比武竞赛优胜干部调入市税务局机关。组织举办益阳市税务系统科级干部综合能力提升班、业务骨干岗位能手综合能力提升班、优秀青年干部培训班等各类培训班41期，学习马克思主义中国化历史进程、我国周边形势与国防安全、《中华人民共和国民法典》与税收工作、我国现行税制改革专题、宏观经济形势与工作重点、增值税政策与实务、企业所得税政策与实务、财产行为税专题、非税收入专题、税务公文写作等内容。

2021年，市税务局树立“大抓学习、追求卓越”导向，在湖南省税务系统率先举办“学史增信、守正创新”学习兴税直播课堂比武，分别评选出党史授课组和业务授课组一等奖1名、二等奖2名、三等奖3名、优胜奖6名，活动开展情况在湖南经视、《人民日报》、新浪新闻、搜狐新闻、腾讯新闻、今日头条、新湖南、凤凰新闻等新闻媒体播报，得到广泛好评。在湖南师范大学公共管理学学院举办益阳市税务系统科级领导干部综合能力提升班，在韶山青年教育学院举办益阳市税务系统科级以上领导干部党史专题研修班，学习习近平新时代中国特色社会主义思想、党风廉政建设知识、国际形势与热点问题、深化税收征管改革、中国宏观经济政策与财税体制改革等；组织举办益阳市税务系统兼职教师培训班，组织开展教育培训工作形势与对策探讨，培训授课技巧、综合能力、实践教学等。是年，益阳市税务系统“数字人事”两测考试两项平均分在湖南省税务系统排名第一，所得税比武在湖南省税务系统排名第一，“12366”知识抢答赛在湖南省税务系统排名第二。报考“三师”干部人数大幅增加，6人获聘省税务局兼职教师。教育培训工作在湖南省税务系统作经验交流，“实战化”培训入围国家税务总局创新项目评选。

2022年，市税务局搭建益税大讲堂、益税微课堂、青年大讲堂等平台，发挥职级干部、兼职教师、业务骨干作用，组织虎年春训、以师带徒、练兵比武等活动，共结对师徒164组、推出微课堂12期，组织开展副科级以上领导干部培训班、优秀青年干部综合素质培训班以及各类业务培训班50期，为干部职工强基赋能。是年，益阳市税务系统1人入选全国领军人才，为湖南省税务系统市州税务局唯一代表；2人入选湖南省税务青年英才，评选益阳税务青年英才10名；14人入选省税务局专业人才库；执法资格考试通过率在湖南省税务系统排名第三；在湖南省青少年税法知识竞赛中获得全省第二名，其中一名选手获得个人最佳表现奖。市税务局新建市级专业人才库7个，入库人员98人。

第三节　绩效管理和考核考评

一、岗位责任考评办法

1991年，从地区税务局机关、县市（分）局机关到基层税务所，各个层次均建立不同形式的岗位责任制。地区税务局机关编制《岗位责任制汇编》，规范各级各岗责、权、利，并对检查方式、考评办法等内容进行明确。合理划分岗位职责，明确各岗位工作的质量、数量和时限要求等标准，把工作任务转化成可以计量评估的硬指标，定期考核评比，不定期抽查考核，注重实效，坚持奖惩兑现，改变干多干少、干好干坏一个样的状态。按照责、权、利紧密结合原则，将税收任务完成情况纳入单位和个人岗位责任制，作为考核干部职工工作实绩的重要指标，促进各项工作任务全面完成。

1992年，地区税务局对干部岗位责任制进行重新修订和规范，做到职责分明，赏罚分明，统一标牌、统一规格，统一打印，印发到人。

1994年，地区税务局印发《关于认真做好1993年度全区税务人员考核工作的通知》，明确益阳地区税务人员考核工作的考核范围、考核对象、考核标准、考核方式以及考核程序等内容，以推进益阳地区税务系统现行人事考核制度与即将实行的国家公务员考核制度及新的工资制度顺利接轨。

是年，市地税局制定《益阳市地方税务局机关干部岗位责任制考评办法》，实行“五定”“四包”强化岗位责任，益阳市地税系统从市地税局领导、市地税局机关到基层税务所均实行“五定”（定人员、定范围、定任务、定时间、定奖罚）、“四包”（局长包片、科股包局所、所长包线、专管员包户），做到人人肩上有指标，将工资、补贴与收入任务挂钩，按收入任务完成比例计发。

1995年，市国税局印发《益阳市国家税务局机关岗位责任制考核计分计奖办法（试行）》，按照岗位责任制要求和国家对公务员考核暂行标准，采取定性考核与定量考核相结合，单项考核与全面考核相结合，经常性考核与不定期抽查相结合的办法，以百分制形式，按月对机关各科室及其人员进行考核计分，考核结果与岗位责任制奖金挂钩。该办法分为总则、共同性项目考核计分办法、具体业务工作考核计分办法三部分，其中共同性考核项目55分，具体业务工作考核项目45分。成立岗位责任制考核小组，政治、业务学习、各类会议和思想政治工作的参加、开展情况由人事教育科考核计分；机关人员出勤情况，由各科室考勤人员逐天按时登记，机关党委、机关工会不定期检查或抽查。强化岗位责任考核，在益阳市各级国税机关实行“五定”“四包”“一票否决”管理办法，做到人人有指标。

是年，市地税局印发《益阳市地方税务局机关管理工作制度》，其中包括市地税局机关工作人员岗位责任制考核办法，对岗位责任制考核目的、考核评比办法、考核组织及办法等内容进行明确。

1999年3月，市国税局印发《益阳市国家税务局1999年工作目标考核办法》，在进一步完善前两年考核计分办法的基础上，对部分考核项目及考核办法进行调整，明确考核分值分配、考核计分办法、考核评比办法等内容。7月，印发《益阳市国家税务局工作规则》，明确市国税局工作职责、工作规范、主要管理制度等内容，进一步完善和规范益阳市国税系统内部管理。

2001年10月，市国税局印发《益阳市国家税务局机关岗位责任制考评暂行办法》，该办法分为总则、实施办法、奖惩规定和附则四部分。总则共3条，明确岗位责任制考核与干部职工考察使用、评先评优及经济利益挂钩，与公务员考核挂钩。实施办法共5条，明确岗位责任制实行办法、岗位责任制考评报送资料要求、岗位责任制考评费综合评定计算公式等内容。奖惩规定共有2条，分别明确4项部门加分项目及标准和11项单位减分项目及标准。附则共3条，自2001年11月1日起试行。

2002年，市国税局按照“科学划分岗位，依法确定职责，量化考核指标，严格过错追究”原则推行岗责体系，印发《益阳市国家税务局2002年度全面工作责任目标考核奖励办法》，明确全面工作责任目标、责任目标考核奖励办法以及责任目标分项计分标准。以国家税务总局《税收征管业务流程》为基础，按照“两级考核”“三个明确”“四定方式”“五项原则”总思路建立健全县市（分）局岗责体系，即实行县市（分）局考核到科所，科所考核奖罚到个人；明确执法依据与权限，明确工作规程与流程，明确工作岗位与职责。全面推行执法责任制，并将岗责体系与“两权”监督制约有机结合，强化税收执法权和行政管理权运行全过程监督制约。严格考核，奖惩兑现，形成工作激励制约机制。从市国税局到县市分局均成立考核委员会，以计算机数据、程序要求和资料记载为依据，做到全过程公开透明，打破“大锅饭”体制，建立有效激励机制。

2003年4月，市国税局印发《益阳市国家税务局2003年度工作目标考核办法》，明确2003年工作目标内容、工作目标考核办法、工作目标分项计分（扣分）标准等内容。

2004—2005年，市国税局每年印发《益阳市国家税务局系统县市区局领导班子年度工作目标管理考核办法（试行）》，明确税收征管质量工作考核实施办法、税收收入组织管理工作考核实施办法、税收执法质量工作考核实施办法、党风廉政建设工作考核实施办法“四项考核”内容及标准、百分制计分方法、考核结果运用等。

2006年3月，市国税局印发《益阳市国家税务局机关科室年度工作目标管理考核实施办法》，明确机关科室年度工作目标管理考核依据和内容、考核方法、奖励办法以及组织实施等内容。

2007年8月，市国税局印发《综合管理工作考核实施办法》，明确综合治理、安全工作、税收宣传、信息调研、税收科研、县市区国税局机构设置、县市区国税局干部任用、预算执行情况、财务预算政务公开情况、银行账户管理、报表数据质量、基本建设管理、固定资产管理情况、政府采购情况、分配县市区国税局干部参加省市国税局培训班到训率、业务系统运行情况对税收业务和行政工作的支持及影响度、网络运行情况以及县市区国税局对巡视检查、班子讲评、班子考察、审计中发现问题的整改落实情况等19项考核内容，考核采用百分制。

2008年12月，市国税局印发《益阳市国家税务局机关岗位责任制考核办法》，该办法共17条，包括工作目标、岗位责任制考核原则、成立考核领导小组及办公室、考核范围、考核形式、计分标准等内容。印发《益阳市国家税务局机关单项奖励办法》，对获得省部级（或以上）各类荣誉的单位、先进个人，获得国家级荣誉称号的，以及调研文章被全国性报刊或省级报刊及省局或以上党政机关刊物采用的，参加上级组织的各项竞赛活动获得前三名的，在市国税局机关论坛上提出合理化建议的单位和个人，实行一次性奖励，不再在岗责考核时加分或重复奖励。

2009年，市国税局完善机关岗位责任制考核办法，实行电脑随机检查上班签到情况和会前签到，会中抽查制度，按月对机关科室岗位职责履行情况进行考核考评，奖罚兑现；制定和下发《益阳市国家税务局机关单项奖励办法》。

二、组织绩效管理

（一）组织绩效管理办法

2007年，市地税局印发《益阳市地税系统绩效管理办法(试行)》，该办法分为总则、绩效计划、绩效实施、绩效考评、绩效反馈和绩效改进、绩效结果运用和附则7章共49条，明确益阳市地税系统五类十大核心绩效指标，即管理类(全面实施绩效管理、推广运用信息软件)、征管类(高质完成税费任务、稳步推进征管改革)、队伍类(着力提高干部素质、扎实加强廉政建设)、服务类(努力优化纳税服务、有效改进机关作风)、形象类(不断创新工作经验、大力拓展创优领域)。

2010年9月，市国税局印发《益阳市国税系统区、县(市)局工作及领导班子成员绩效管理办法(试行)》，该办法自2010年1月1日起施行，共7章41条，明确绩效管理的制定背景、绩效管理的含义、考核对象、县市区国税局工作绩效管理考核、领导班子成员绩效管理考核、绩效管理组织领导与实施、考核结果运用、纪律与监督等内容。县市区国税局绩效管理基础分为100分，包括履行税收职能情况46分、队伍建设情况34分、中心（专项）工作完成情况15分和管理创新情况5分四个部分以及加分、扣分等情形。领导班子成员的绩效管理考核基础分为100分，履行岗位职责情况得分占70%，测评情况得分占30%。

2011年1月，市国税局印发《益阳市国家税务局机关绩效管理办法（试行）》，该办法自2011年1月1日起执行，共6章13条，明确绩效管理原则、绩效考核、绩效考核结果运用、绩效考核纪律与监督等内容。绩效管理应实事求是、注重实绩，客观公正、公开透明，将定量考核与定性考核相结合，日常考核与年终考评相结合，遵循以人为本、有效激励的原则。绩效考核采取日常考核与年度考评相结合的办法，日常考核和年度考评均采用百分制，绩效考核结果与奖金奖励相结合。在绩效考核工作中考核人员、考核对象、有关部门和人员必须遵守相关纪律要求。8月，印发《益阳市国税系统县市区局工作绩效考核办法（试行）》，该办法共6章24条，对县市区国税局的考核内容及方式、考核实施、考核结果运用、考核纪律与监督等内容予以明确。11月，印发《关于明确益阳市国税系统绩效考核办法科室考核内容的通知》，对办公室、货物和劳务税科、所得税科、收入核算科、纳税服务科、财务科、监察室、大企业和国际税务管理科、政策法规科、机关服务中心对县市区国税局工作的科室考核的具体内容进行明确。

2012年10月，市国税局成立绩效考核工作领导小组，印发《益阳市国税系统县市区局2012年工作绩效（依法行政）考核办法（试行）》，明确考核内容及方式，绩效考核基础分为100分，其中依法行政工作考核90分、专项考核10分。依法行政工作考核包括：组织收入工作9分、税收征收管理工作10分、所得税管理工作4分、推进依法行政工作15分、货物和劳务税及进出口税收工作4分、大企业及国际税收工作5分、纳税服务7分、队伍建设9分、廉政建设10分、内部管理17分。该办法对考核实施及考核结果运用等内容进行明确。印发《益阳市国税系统绩效考核办法专项考核内容》，明确专项考核包括：监察室工作5分、纳税服务科“免填单”推行工作1分、人事教育科管理创新项目评比工作4分。

2013年6月，市地税局印发《益阳市地方税务局关于落实湖南省地方税务局2013年绩效评估指标的通知》，明确绩效评估工作指标和工作相关要求。

是年7月，市国税局印发《益阳市国税系统县市区局工作绩效（依法行政）2013年考核办法（试行）》，该办法共5章21条，明确考核内容及方式、考核结果运用及纪律与监督等内容，绩效考核基础分为100分，其中依法行政工作考核97分、党风廉政建设专项考核3分。依法行政工作考核包括：组织收入工作9分、税源管理29分、依法行政15分、纳税服务6分、队伍建设9分、廉政建设12分、内部管理17分。党风廉政建设专项考核3分。

2014年4月，市国税局印发《益阳市国税系统绩效管理办法（试行）》和《益阳市国税系统2014年度绩效计划》。《益阳市国税系统绩效管理办法(试行)》共7章38条，明确全市国税系统绩效管理的组织领导、绩效计划、过程管理、绩效考评、结果运用等内容。5月，印发《益阳市国家税务局机关绩效管理办法（试行）》和《益阳市国家税务局机关2014年度绩效计划》。机关绩效管理办法（试行）共7章38条，明确绩效管理包括绩效计划、过程管理、绩效考评、结果运用四个环节，绩效计划包括绩效管理内容、年度绩效计划、绩效考评指标等内容，过程管理具体环节包括节点管理、日常监控、季度分析、半年自查等，年度绩效考评结果作为评价业绩、改进工作、提升绩效和奖励约束的重要依据，主要运用于市局各单位评先评优、领导班子和领导干部年度考核、干部选拔任用以及工作问责等方面。8月，印发《益阳市国税系统2014年度绩效指标2.0版》，绩效指标内容包括：发展改革335分、依法行政327分、税务形象246分、满意服务92分。9月，印发《益阳市国家税务局机关2014年度绩效指标2.0版》，明确市国税局机关2014年度绩效指标2.0版共性部分和个性部分，其中共性部分分值600分，个性部分分值400分，共同组成1000分；印发《益阳市国税系统2014年度绩效指标2.0版考评标准细则和益阳市国家税务局机关2014年度绩效指标2.0版考评标准细则》，明确各项三级指标的考评标准，并对考评标准、考评部门、考评节点、数据来源考评方法、考评依据等内容；印发《市局机关和系统加分减分项目和"一票否决"项目2.0版及考评细则》，明确加分项目主要包括通报表彰、领导表扬性批示、考核排名、税收信息新闻宣传、创新工作、行风评议等内容，减分项目包括通报批评、领导批评性批示、考核排名、责任事故、职务违法犯罪等内容。年度加分总分不超过100分，年度减分总分不设下限。是月，印发《益阳市国税系统绩效管理工作讲评制度》《益阳市国税系统绩效管理考评结果抽查制度》《益阳市国税系统绩效管理考评结果申辩制度》3个制度。讲评制度明确绩效管理工作讲评的适用范围、组织实施部门、讲评形式、讲评时间、参与人员、讲评主要内容、督导反馈等内容。考评结果抽查制度明确考评抽查对象、抽查时间、抽查内容、抽查程序、扣分表彰等内容。考评结果申辩制度明确申辩时间、申辩程序、申辩资料要求、申辩资料报送途径等内容。

是年，市地税局印发《益阳市地方税务局市局机关科室直属单位年度工作综合绩效考核办法》，该办法对考核对象、考核依据、组织管理、先进单位评选程序、奖励措施、"一票否决"等内容进行明确。

2015年3月，市国税局印发《益阳市国家税务局对县市区局绩效管理实施细则》和《益阳市国家税务局机关绩效管理实施细则》。《益阳市国家税务局对县市区局绩效管理实施细则》共7章24条，《益阳市国家税务局机关绩效管理实施细则》共7章23条，两个细则分别对机关和县市区国税局绩效管理的组织领导、绩效计划及指标、日常管理、绩效考评、结果运用等内容进行明确。是月，印发《2015年度市局机关和县市区局绩效考评规则及绩效考评指标》，明确2015年市国税局机关绩效考评规则、考评指标（共性部分）以及2015年省国税局对市国税局绩效考评指标责任分解（机关考评个性部分）、市国税局对县市区国税局绩效考评规则及考评指标、市国税局对不设稽查局的城区国税局稽查工作绩效考评指标等内容。

是年4月，市地税局印发《益阳市地税系统绩效管理办法》等制度，该办法共7章37条，对绩效管理的组织领导、绩效计划和指标、日常管理、绩效考评、结果运用等内容进行明确。是月，正式下发市地税局2015年绩效管理制度、考评指标体系和考评指标。9月，印发《益阳市地方税务局关于进一步加强市局机关绩效管理的实施意见》，对机关绩效管理部门考评职责、节点清单管理、干部岗责考核、考评工作纪律等内容进行明确。

2016年2月，市国税局印发《益阳市国家税务局对县市区局组织绩效管理实施细则》《益阳市国家税务局机关组织绩效管理实施细则》《2016年益阳市国家税务局对县市区局组织绩效考评规则》《2016年益阳市国家税务局机关组织绩效考评规则》《2016年益阳市国家税务局对县市区局组织绩效考评指标》《2016年益阳市国家税务局机关绩效考评指标（共性部分）》《2016年益阳市国家税务局机关绩效考评指标（个性部分）》《2016年益阳市国家税务局对县市区局组织绩效考评加减分项目》《2016年益阳市国家税务局机关组织绩效考评加减分项目》等制度，分别明确县市区国税局和市国税局机关组织绩效的考评主体、考评指标、考评方法、考评标准、考评计分、考评程序、工作监控、考评周期、加减分项目以及年终考评结果确定等内容和标准。是月，印发《益阳市国家税务局绩效考评结果运用办法（试行）》，明确市国税局机关及县市区国税局在干部任用、评先评优、年度考核等方面运用绩效考评结果的要求。3月，印发《益阳市国家税务局绩效管理4.0版考评指标标准细则》，对市国税局考评县市区国税局指标、考评机关共性指标明确考评细则，包括各项三级指标的详解、数据来源、考评时间、考评依据等内容。4月，印发《益阳市国家税务局办公室关于对"营改增"工作实行专项绩效考评的通知》，明确市国税局对"营改增"工作实行专项绩效考评，分值100分，考评结果纳入年度综合绩效考评。6月，印发《益阳市国家税务局办公室关于优化调整4.0版绩效指标及加减分项目的通知》，对绩效指标及加减分项目进行调整、增加和修改。

是年2月，市地税局印发《益阳市地税系统组织绩效管理办法》《2016年益阳市地方税务局机关组织绩效管理实施细则》等制度。《益阳市地税系统组织绩效管理办法》共7章34条，明确益阳市地税系统绩效管理总体要求、遵循原则、组织领导、绩效计划和指标、日常管理、绩效考评、结果运用等内容。《2016年益阳市地方税务局机关组织绩效管理实施细则》共7章27条，对市地税局机关组织绩效管理的组织领导、绩效计划和指标、日常管理、绩效考评、结果运用等内容进行明确。

2017年2月，市国税局印发《2017年绩效考评规则及绩效考评指标》，制定下发《2017年益阳市国家税局机关组织绩效考评规则》《2017年益阳市国家税务局机关组织绩效考评加减分项目》《2017年益阳市国家税务局机关绩效考评指标（共性部分）》《2017年益阳市国家税务局机关绩效考评指标（个性部分）》《2017年益阳市国家税务局对县市区局组织绩效考评规则》《2017年益阳市国家税务局对县市区局组织绩效考评加减分项目》《2017年益阳市国家税务局对县市区局组织绩效考评指标》等制度，分别明确市国税局机关和县市区国税局考评主体、考评计分、考评程序、考评名次和绩效管理先进科室、绩效管理进步奖确认、加减分项目、绩效考评指标分值、考评标准、考评方式、考评周期、工作监控、考评科室及考评负责人等内容。3月，印发《益阳市国家税务局绩效管理5.0版考评指标标准细则》，明确2017年市国税局考评县市区国税局绩效指标标准细则和市国税局考评机关共性指标标准细则，包括各三级指标的考点、标准详解、数据来源、文件依据、考评单位等内容。5月，印发《益阳市国家税务局绩效考评核查管理办法（试行）》，明确核查工作的牵头组织、原则、内容、核查对象、核查工作流程、核查计划及实施时间等内容。6月，印发《益阳市国家税务局办公室关于进一步规范绩效加减分及加计分申报审批程序的通知》，对绩效加分、减分项目流程和加计分项目流程进一步规范，优化调整绩效加分项目申报表、绩效减分项目提报表、市国税局机关个性指标加计分申报表等表单。

是年2月，市地税局印发《益阳市地方税务局机关组织绩效考评结果运用办法》及《益阳市地方税务局对县市区局组织绩效考评结果运用办法》。机关组织绩效考评结果运用办法共5章17条，对考评结果运用原则、考评结果适用情况、考评结果运用的依据、干部任用、年度考核、评先评优等内容进行明确。对县市区地税局组织绩效考评结果运用办法共6章17条，明确考评结果运用原则、适用情况、运用依据、干部任用、年度考核、评先评优、其他运用等内容。印发《益阳市地方税务局绩效考评委员会工作规则》，明确市地税局绩效考评委员会负责对市局绩效管理重大事项的审议和裁定，考评委员会会议原则上每半年召开一次，采取全体会议和专题会议形式开展工作。全体会议审议年度绩效考评指标、考评规则等制度体系；审议年度绩效考评结果，形成需提请领导小组或市局党组决定的意见建议。专题会议分析评估绩效管理推进工作，通报指标考评及绩效运转情况；裁定绩效考评争议事项。是月，印发《益阳市地方税务局2017年组织绩效考评规则及考评指标》，明确市地税局机关指标考评实行千分制，分共性指标和个性指标，共性指标700分，个性指标300分，个性指标分为承接省地税局考评指标（200分）和市委、市政府考评指标（年度重点工作指标）（100分）两部分。市地税局对县市区地税局指标考评实行千分制，因年度内新增或取消指标，导致年度考评时总分值超过或不足1000分的，还原为1000分进行计算。对市地税局机关和县市区地税局的年度加减分项目均实行标杆积分法，10分封顶。表扬或批评涉及多个单位的，配合单位按照标准分值分摊计分。

2018年2月，市国税局印发《益阳市国家税务局2018年机关组织绩效考评规则及考评指标》，明确2018年市国税局机关组织绩效考评指标分为共性和个性两部分，总分100分，其中共性指标60分，个性指标40分；明确共性指标计分、个性指标计分、特别加分项目、特别减分项目、特殊性工作考评扣分分担、考评成绩等考评计分方式，平时考评、指标调整、年度考评、考评核查、争议处理等考评程序，考评段位和绩效管理先进科室确认等内容。3月，印发《益阳市国家税务局2018年对县市区局组织绩效考评规则及考评指标》，明确对县市区国税局组织绩效考评主体、考评计分、考评程序、年度考评段位和先进单位确定等内容。4月，印发绩效管理6.0版考评指标细则，明确2018年市国税局考评县市区国税局绩效指标标准细则和考评机关共性指标标准细则，包括指标名称、标准详解、数据来源、文件依据等内容。

是年3月，市地税局制定下发益阳市地税系统2018年组织绩效考评规则、指标和加减分项目，明确市地税局考评主体包括指标考评和加减分项目，共性指标800分、个性指标200分；考评计分包括指标计分、加减分项目计分和考评成绩；考评程序包括平时考评、指标调整、考评核查、年度考评和申诉处理等内容。明确对县市区地税局组织绩效的考评主体、考评计分、考评程序等内容。是月，市地税局印发《2018年益阳市地方税务局对区、县（市）局绩效指标考评操作手册》，明确考评指标名称及考评标准细则等内容。

是年7月，市税务局印发《国税地税征管体制改革专项绩效考评办法》，明确对县市区税务局和市税务局机关科室实行国税地税征管体制改革专项考核的考评指标及考评规则等内容。10月，市税务局印发2018年省局、市委、市政府绩效考评（评估）指标责任分解和考评县市区局指标定责表，对省税务局考评市税务局的绩效指标考评标准、分值、考评方法、工作监控及牵头部门、协办部门进行明确，对市委、市政府考核指标、考核要点、计分方式和分值、数据采集单位及责任单位进行明确。是月，印发《个人所得税改革专项绩效考评办法》，对县市区税务局设置“个人所得税改革”指标，分值50分，明确指标考评内容、考评标准及分值等事项；对省税务局“个人所得税改革专项绩效考核”指标进行责任分解，明确市税务局机关的承接科室、配合科室，以及考评部门、考评周期、考评计分等事项。是月，印发《国家税务总局益阳市税务局办公室关于优化调整新6.0版绩效考评指标的通知》，明确市税务局机关考评调整事项、县市区税务局考评调整事项、新增指标、取消指标、调整考评标准等内容。12月，印发《关于做好2018年度绩效考评工作的通知》，明确开展市税务局机关和县市区税务局考评、申（提）报加减分相关项目、对接市委、市政府考评、开展年度绩效分析评估等具体工作要求。

2019年1月，市税务局印发《国家税务总局益阳市税务局绩效考评结果运用办法（试行）》，将考评成绩划分为3段，排名位于前40%的为第1段，位于40%后的为第2、3段。其中，受党纪政纪处分的必须确定为第3段。考评结果适用于干部任用、年度考核、评先评优、其他运用四个方面。坚持“凡任必用”“凡考必用”“凡评必用”原则，即在干部任用、年度考核、评先评优时，必须审核组织绩效和个人绩效考评成绩，发挥绩效管理抓班子、带全局、促落实的作用。3月，印发《国家税务总局益阳市税务局机关组织绩效管理实施细则》和《国家税务总局益阳市税务局对县市区局组织绩效管理实施细则》，分别对市税务局机关和县市区税务局组织绩效管理考核考评的组织领导、绩效计划、绩效指标、考评标准细则、加减分项目、过程监控、绩效考评及结果运用等内容进行明确。印发《国家税务总局益阳市税务局关于印发2019年组织绩效考评规则、加减分项目和考评指标的通知》，对市税务局机关和县市区税务局考评指标、考评方式、考评部门、考评计分、考评程序、考评段位和绩效管理先进科室确认等内容进行明确，机关考评指标分为共性和个性两部分，总分100分，共性指标60分，个性指标40分。6—7月，市税务局两次印发《优化调整2019年绩效考评规则、加减分项目和考评指标的通知》，对县市区税务局组织绩效考评计分、考评程序等考评规则以及加分项目、减分项目及标准进行优化调整。

2020年2月，市税务局印发《关于明确2020年市局机关和县市区局绩效考评指标编制事项的通知》，明确对市税务局机关考评沿用“共性+个性”模式，分值为百分制，共性指标60分，个性指标40分；共性指标考评方法为量化计分法、基准加减分法、直接扣分法三种可选，个性指标考评取消个性指标加减计分规则，调整为直接扣分法。对县市区税务局考评指标的编制依据、编制框架、考评指标分值、考评方法及考评标准等内容进行明确。3月，印发《2020年市局考评机关绩效考评规则加减分项目和考评指标》《2020年市局考评县市区局绩效考评规则加减分项目和考评指标》，分别明确对市税务局机关和县市区税务局的考评方式、考评部门、考评计分、考评程序、考评结果等规则，组织绩效加分项目、减分项目，以及考评市税务局机关和县市区税务局的绩效指标。4月，印发《全市税收征管质效专项绩效考评办法》，明确征管质效考评对象、五大业务域16项具体考评指标以及考评方式方法；印发《2020年税收宣传绩效考核实施细则》，明确税收宣传基础工作、系数加计分、影视作品计分办法、创意性或独创性宣传项目计分办法等细则；印发《国家税务总局益阳市税务局优化营商环境 纳税人满意度工作专项绩效考评办法》，明确优化营商环境、纳税人满意度工作的考核指标、责任部门、加减分封顶控制标准等内容。7月，印发《关于优化调整2020年绩效考评规则加减分项目和考评指标的通知》，对2020年考评市税务局机关、县市区税务局绩效考评规则、加减分项目和考评指标进行优化调整。

2021年3月，市税务局印发《2021年绩效考评规则加减分项目和考评指标》，明确2021年市税务局机关绩效考评规则、加减分项目、共性指标、个性指标等，以及市税务局对县市区税务局绩效考评规则、加减分项目、绩效指标，增值税专用发票电子化工作专项绩效考评方案等内容。

2022年3月，市税务局印发《2022年绩效考评规则、加减分项目和考评指标》，包括2022年市税务局机关绩效考评规则、加减分项目、共性指标、个性指标，市税务局对县市区税务局绩效考评规则、加减分项目、绩效指标，税费征管质量5C监控评价专项绩效考评方案、落实“身在湖南 办事不难”优化税收营商环境专项考评办法等内容。

（二）绩效管理措施及考评结果

2006年，市地税局引进绩效管理理念，选派正科实职以上干部38人赴深圳市爱基培训中心进行为期1个月的绩效管理专题培训，系统学习绩效管理、考评、指标等理论知识，为绩效管理推行打下基础。

2007年，市地税局推进系统管理从目标管理向绩效管理转变。成立绩效管理领导小组，负责绩效管理办法的审批、核心指标和一级指标的审定、计划调整审批以及受理和反馈绩效申诉；设立绩效管理办公室、绩效管理监督办公室2个办公室，配备专职人员2名确保日常工作开展；邀请南京绩效管理专家指导制定绩效管理办法，经反复研究、讨论、修改，制发绩效管理制度办法。加强绩效理论和实际操作培训，受训人数达500人，占益阳地税系统在职干部的52%。全市地税系统各单位结合工作实际对市地税局制定的一级绩效指标进行分解，分别制定二级指标和三级指标，并对照绩效考核指标，抓好指标分解、落实和检查工作。市地税局对各县市区地税局绩效管理工作进行两次督查，并发布督查情况通报，对绩效管理工作基本情况、存在的主要问题以及改进意见进行通报。年终绩效先进单位和优秀个人根据半年考核得分、年度考核得分、奖分和领导评价得分自动产生，通过推行绩效管理，加强内部管理。

2008年，市地税局对全市地税系统2007年度绩效考评情况进行通报，各县市区地税局和省级征收分局9个单位中，桃江县地税局、沅江市地税局和市地税局省级税收征收分局被评为优秀；各机关科室和稽查局16个部门中，人事教育科、计划财务科、工会、征收管理科和监察室被评为优秀。印发《绩效考评实施方案》，对上半年一级绩效考评实施小组、考评方法、考评时间、检查内容、工作要求和整体评价等内容进行明确。

2010年，市国税局绩效管理考核得分91.10分，在湖南省税务系统排名第12。2010年度领导班子述职述廉测评满意率为100%。

2011年，市国税局绩效管理考核得分99.48分，在湖南省税务系统排第11名。2011年度领导班子述职述廉测评满意率为98.90%。

2014年，市国税局成立绩效管理领导小组和绩效管理办公室，负责绩效管理的组织、协调和日常工作。采取召开动员会、现场讲评会、专题培训、外出交流学习、开辟专栏等形式，推进绩效管理工作，按照责任分解、指标初拟、指标审核、征求意见、审定执行等程序，开展绩效管理信息系统上线指标模板制作，制定益阳市国税系统和机关考评指标1.0版、2.0版，并建立绩效讲评、申辩、抽查等制度。按照“横向到边、纵向到底”原则，明确各项指标责任领导、责任部门和责任人，依托内部网站和综合办公信息系统建立“四表一单”过程管理模式，通过绩效管理日志、绩效管理信息系统、月度分析、季度讲评，提醒干部履行职责，防范管理风险，确保指标落地，以绩效管理推动工作落实和改进。组织对2014年市直机关各单位绩效评估指标进行分解和明确，绩效评估总分值为1000分，其中指标评估占总分值的80%，述绩述效述廉占总分值的20%（含公众评估5%）。指标评估主要突出全面小康社会建设、经济建设、廉政建设、队伍建设、作风建设等内容。根据2014年度绩效考评结果，市国税局授予沅江市国税局、桃江县国税局2个单位“2014年度全市国税系统绩效管理先进单位”称号，授予市国税局机关办公室、人事教育科、党委办、征收管理科4个科室“2014年度市局机关绩效管理先进科室”称号，授予市国税局稽查局“2014年度市局绩效管理先进直属单位”称号。市国税局在益阳市委、市政府2014年度绩效评估中获评优秀。

是年，市地税局对2014年益阳市直机关各单位绩效评估指标中21项共性指标400分、5项个性指标400分进行分解，明确各项指标责任部门、责任人和工作要求等内容。市地税局在益阳市委、市政府2014年度绩效评估中获评优秀。

2015年，市国税局以绩效管理为重要抓手推动工作落实。市国税局领导班子成员主动学绩效、带头讲绩效，营造良好绩效氛围，让干部职工认同绩效管理，发挥绩效管理“指挥棒”“助推器”作用。优化和改进绩效制度、考核指标，将组织绩效与个人绩效挂钩，实现组织绩效与个人绩效同步推行，双轮驱动。按照“谁的指标谁领、谁的工作谁抓、谁的责任谁担”原则，将所有指标逐一分解到单位、到岗位、到人头、到节点，确保责任落实。强化绩效过程管理，建立“三评一督办”绩效管理运行机制，“三评”即绩效自评、绩效考评和绩效讲评，“一督办”即部门督查督办和严格责任追究，绩效自评按季度分个人、部门和单位三个层次开展，绩效考评由各考评单位按指标时间节点分纵向、横向两个维度展开，纵向考评市国税局系统，横向考评市、县两级机关。绩效讲评按季度分部门、单位两个层面进行。部门督办和责任追究按“谁主管、谁督办，纵向督办、横向督查”模式运行，推动压力传导、促进工作落实。开展排查预警，畅通沟通渠道，防范绩效管理减分。在严格考评的基础上，将考评结果与年度单位和个人评先评优挂钩。把打造亮点工作作为绩效管理的重要内容，在益阳市国税系统开展亮点工作项目巡回观摩评比活动，使亮点工作的推进成为提振干部精气神、激发干部主动性和创造性的过程。全市国税系统产生一批有成效、有影响、有创新的亮点工作项目，其中，益阳市国税系统实现档案规范化管理“省特级”满堂红，受到省税务局主要领导表扬批示。是年，绩效管理省局考评市州局成绩，益阳市国家税务局基础得分987.04分，基础得分按千分制还原为974.37分，加分10.55分，减分0.25分，总分984.67分，全省排名第14。在益阳市委、市政府2015年度绩效评估中，市国税局被评为2015年绩效评估优秀单位。依据全年考评成绩，授予南县国税局、沅江市国税局、桃江县国税局“2015年度全市国税系统绩效管理先进单位”称号；授予市国税局办公室、人事教育科、财务管理科、稽查局、车辆购置税征收管理分局、信息中心、收入核算科、机关工会“2015年度绩效管理先进科室”称号。

是年，市地税局成立绩效评估工作领导小组，建立一把手负总责、班子成员齐抓共管、各部门分工协作的工作机制，明确1名局领导具体负责绩效管理工作，由办公室、人教、政工、信息中心等科室的相关人员组成市局绩效办，下发绩效评估应用启动方案，组织考核实施。市地税局局内各单位明确1名干部担任兼职绩效联络员。全市地税系统共配备绩效专干12人。做好省地税局对市州地税局绩效考评指标的承接、定责工作，筛选出8大类23项重点工作，分项制定任务书、时间表、流程图，成立重点工作推进领导小组，逐个制定实施方案，明确主抓领导、承办科室、经办人员和具体目标、完成时限、奖惩措施，做到量化牵头责任、优化分项责任、细化时点责任，按照抓项目建设的模式，对23项重点工作实行月调度、季讲评、年总结。年底结合工作实效，逐个总结、逐项考核，评出优劣，实行奖惩。是年，全市地税系统累计开展全员绩效培训14场次996人次，其中，市地税局机关2场次145人次，县市区地税局和直属机构12场次851人次。是年，市地税局19个部门承接省地税局192项考评指标任务，考评总分值1010分，省地税局对市地税局绩效指标考核扣分总计为9.8分，排名第11；市地税局对县市区局绩效考评指标共195条，共1000分，考核扣分情况为8个县市区局共被扣217.3分。在益阳市委、市政府2015年度绩效评估中，市地税局被评为2015年绩效评估优秀单位。根据绩效考评成绩，市地税局授予赫山区地税局、资阳区地税局、大通湖区地税局和市地税局人事教育科、思想政治工作科、征管和科技发展科、财产和行为税科为“2015年度绩效考评优秀单位”。

2016年，市国税局制定《益阳市国家税务局系统绩效文化建设指导意见》，培育绩效价值认同。坚持“找差距、补短板、严管理、强基础”，重视绩效过程管理，实行个人日志、周工作安排、月度总结、季度讲评，使各项工作环环相扣，步步紧抓。强化考评结果运用，市国税局3次出台相关文件，严格激励约束机制。强化督查督办，实行督考合一，围绕“绩效管理”“营改增”“国地税合作”“便民办税春风行动”等工作对8个县市区国税局进行实地督查3次，对市国税局机关和直属单位发出督办通知44项，以绩效管理推动各项工作持续改进。组织对县市区国税局、市国税局机关及直属单位亮点工作项目开展评选，大通湖区国税局、安化县国税局，办公室、人事教育科、信息中心和车购税分局的工作项目被评为“一类”亮点工作项目。是年，省国税局考评市州国税局绩效管理成绩，市国税局全年指标分数1106分，失分13.85分，基础分排第10名，加分分值1.4分，减分0分，总分排名第11名，排名系数21，排第10名。在湖南省国税系统排位前进3名，南县国税局被评为湖南省国税系统绩效管理标杆单位。加强与市政府绩效办的衔接，围绕市政府绩效20项共性指标和5项个性指标，强化责任分解，开展督查评估，推进各项工作任务落实，市国税局被市委、市政府评为2016年绩效优秀单位。在全市国税系统组织开展亮点工作项目评选，大通湖区国税局、桃江县国税局的项目被评为2016年度县市区国税局“一类”亮点项目，征收管理科、办公室、人事教育科、财务管理科、信息中心、收入核算科和车辆购置税征收管理分局的工作项目被评为2016年度市国税局机关“一类”项目。根据绩效考评结果，市国税局授予南县国税局、沅江市国税局、桃江县国税局3个单位“2016年度全市国税系统绩效管理先进单位”称号，授予大企业和国家税务管理科、人事教育科、稽查局、办公室、征收管理科、财务管理科、纳税服务科、监察室“2016年度市局机关绩效管理先进科室”称号。

2016年，市地税局推行一把手负总责、班子成员齐抓共管、各部门分工协作的绩效管理工作机制，各县市区地税局均配备3名专（兼）职绩效管理人员。

市地税局把绩效管理工作作为贯穿全年的重点工作来抓，绩效办组织各县市区地税局以交叉评审方式完成对绩效管理工作的分档考评，组织召开绩效讲评会，对各项指标完成情况、失分情况进行分析，并提出改进措施，绩效管理工作总体推进到位。是年，市地税局承接省地税局考评指标 51 项，指标考核涉及 18 个单位，15 项指标出现失分，失 8.95 分。市地税局在省地税局绩效管理考评中共获得 7 项加分，加 3.25 分。市局地税考评机关科室指标 116 项（个性指标 93 项，共性指标 23 项），共性指标中满意度指标、日常考勤、基层满意度、规范使用移动办公系统指标出现失分，对 19 个单位 93 项个性指标进行考评，均未发生扣分情形。加分方面，市地税局机关共有 13 个单位申报 61 项加分，共计加 12.8 分。减分方面，市地税局机关共有 13 个单位发生减分情况，减分原因均为“因工作出现差错或履职不到位，使市地税局在省地税局组织的绩效考评等综合检查考核中被减分”，共计减 9.7 分。市地税局考评县市区地税局指标 51 项，8 个县市区地税局共计失分 211.35 分；加减分项目方面，8 个县市区地税局均有加分情形，累计加分申报 83 次，共计加分 48.7 分，各县市区地税局均无减分情形。综合绩效管理考评情况，2016 年度市地税局机关绩效管理优秀单位是办公室、思想政治工作科、收入规划核算科、市地税局直属局，县市区地税局绩效考评优秀单位是安化县地税局、大通湖区地税局和资阳区地税局。是年，市地税局被市委、市政府评为绩效评估优秀单位。

2017 年，市国税局采取“走出去”交流、“坐下来”讨论、“沉下来”研究、“多范围”参与等形式推进绩效管理工作，在湖南省国税系统率先完成 5.0 版绩效规则指标编制，得到省国税局领导肯定；修订完善绩效考评制度体系和绩效指标规则，进一步明确新增和调整指标的责任归属和工作分工；细化流畅过程管理，精细考评工作台账管理，分单位、分指标、分节点做好实时记录，全程留痕，细分提醒责任、提醒层级、提醒时段，督促落实好每项考评任务；坚持持续改进优化，深化“督考合一”绩效管理模式，排查绩效管理工作风险点，并及时安排查漏补缺、改进提升；规划打造绩效文化，做实做细绩效专题培训，市国税局组织指标解读、绩效管理信息系统操作等培训，下基层宣讲“国税机关绩效管理工作的推动和深化”，增强绩效认同，开展 8 项重点研究课题调研，形成课题研究报告，组织专家对益阳市国税系统绩效课题成果集中评选，评出一等奖 2 件、二等奖 2 件、三等奖 4 件，优秀研究成果通过刊物发表，促进绩效研究成果转化利用。全年编发绩效动态 22 期，绩效特别刊 1 期，全面展示绩效工作中的好经验和好做法。是年，省国税局共考评市州国税局 197 次，合计 880 分，市国税局被扣 7.29 分，被省国税局认可加分 3 项，共计加 1.1 分，无减分项。综合基础分、加减分情况，市国税局绩效总分在湖南省国税系统排第 13 名。是年，市国税局考评县市区国税局共 187 次，合计 870 分，共计扣分 103.44 分，8 个县市区国税局平均被扣 12.93 分。市国税局共审核通过县市区国税局加分 41 项，2 个县市区国税局有减分。市国税局机关考核三级共性指标 18 个，其中 11 个指标有扣分，被扣分单位 17 个，总被扣分值为 4.2 分，扣分面 89.47%。市国税局机关考核个性指标 87 个，18 个单位有 61 项加分，共计加分 15.31 分，8 个单位有 8 项减分，共计减 1.298 分。依据全年考评成绩，市国税局授予南县国税局、大通湖区国税局、沅江市国税局“2017 年度全市国税系统绩效管理先进单位”称号；授予市国税局大企业和国际税务管理科、稽查局、机关服务中心“2017 年度绩效管理先进科室”称号；授予机关党委办“绩效管理进步奖”称号。在市委、市政府 2017 年度绩效考核中，市国税局被评为优秀单位。

2018 年，机构合并后，市税务局合并优化国税地税两套绩效指标工作，将原有业务、重点工作有机整合；按照“上下半年分段考评、改革前后有机衔接”的基本原则，优化调整考评县市区税务局 6.0 版指标，根据原国税地税机构设置及业务要求，有针对性地修订市税务局机关共性、个性指标；按照机构改革要求制定 2 个益阳市税务系统机构改革专项考评办法，促进改革前后绩效成绩衔接和国税地税考评融合。以内网绩效管理专栏和绩效管理信息系统为平台，发布绩效管理相关文件资料，确保干部职工特别是绩效管理工作人员及时掌握绩效管理工作标准要求，熟悉绩效系统操作。印制 6.0 版绩效资料纸质版，干部人手一本。做好市税务局《绩效动态》编辑，从日常工作亮点、工作创新、领导言论、调研思考、课题研究等多角度进行素材挖掘，将市税务局机构各科室、各县市区税务局的工作经验在全市税务系统范围内进行推介。做好绩效文化基础资料建设，分门别类整理日常管理过程中形成文件资料、制度办法、台账数据、会议纪要、分析报告、讲评材料、考评工作底稿、考评结果等一系列可为绩效管理工作提供参考依据的资料。是年，省税务局优化调整指标后共考评市州税务局 32 个指标 115 次，市税务局有 12 个指标 19 项次共计被扣 3.05

分，基础分在湖南省税务局系统排名第14。加分方面，市税务局综合评价得分0.4分，专项考评加分被省税务局认可加分10项，共计获得加分1分。综合全年情况，居湖南省税务系统第14位。加强与政府绩效办沟通对接，主动向政府绩效考评部门汇报，了解掌握并完成政府绩效办安排的各项工作，在市委、市政府2018年度绩效评估中，市税务局被评为“一类”等次单位。

2019年，市税务局开展“绩效管理提升年”专项活动，编制优化绩效管理7.0版规则指标，指标设计兼顾不同被考评群体，保护和提升各类部门和所有人员工作积极性，取消一般性、常规性工作考点，大幅度压减要求县市区税务局报送资料或召开会议的考点，规范各类专项督查检查调研，减少对过程留痕的依赖，着重突出对工作实绩的评价。强调差异化要求，提升量化指标数量和分值比重，两次指标调整优化，大幅减少指标数量，由年初32个三级指标减至19个三级指标。制定《益阳市税务局鼓励绩效争先进位实施暂行办法》，获得省税务局联点领导和省税务局第四巡回指导组充分肯定。在省税务局2019年度绩效考评中，市税务局基础分考评总计得分997.92分，排湖南省税务系统第12位，获得省税务局认可加分7项，共计加3.4分，加分在湖南省税务系统排第13位，综合全年基础分及加减分，在湖南省税务系统排第13位。 在市委、市政府2019年度绩效评估中，市税务局总得分101.2分，居中央省属驻益单位第1名。

2020年，市税务局改进考核指标，完善考评规则，以承接上级考评为主线，在省税务局和市委、市政府考评中突出争先进位原则。在考核考评中，以考评公平为目标，加大量化计分法和基准加减分法的比重，采用量化计分和基准加减分的指标超过50%。在机关考评加减分项目中，新增加“差异化考评减分”，促进严格考评。在考评指标中，对市税务局机关考评增加“党委指定完成工作任务”个性指标和“领导综合评议加分”。对县市区税务局考评增加“虚开骗税案发区域减分”和“征管质效”“服务质效”特别减分，以绩效考核压实工作责任。制定《关于深入开展创先争优工作争创各类荣誉表彰项目的意见》，明确各争创项目的责任单位，确保加分争创有目标、有落实，督促各项工作强基础、提质效、进位次。2020年，省税务局共考评市税务局95次，合计917分，绩效系统显示被扣3.13分（含不视为失分指标）；获得省税务局加分7项，共计获得加分2.8分；减分方面因出口退税函调工作被减0.2分，综合基础分、加减分情况，市税务局总得分916.47分，居湖南省税务系统第11位。在市委、市政府2020年度绩效评估中，市税务局被评为“一类”等次单位。

2021年，市税务局绩效管理考评规则和考评指标突出三个重点，即突出党建引领，将一级指标“全面从严治党”改为“党的全面领导”，在规则中明确党的全面领导指标得分排最后1位的被考评单位不得评为第一段；突出创先争优，规定承接省税务局指标得分排湖南省税务系统后3位的科室不得授予“绩效管理先进科室”，设置承接省税务局考评贡献加分和减分，依据科室在湖南省税务系统的考评排名情况重奖重罚，设置“创先争优”加分和减分项目；突出公正考评，实行量化机考，31个指标中有18个指标全部或者部分采用量化机考，强化差异化考评，设置差异化考评加分，规定对县市区税务局考评全年无差异的科室，年度考评不得列为第一段。制定《国家税务总局益阳市税务局争创绩效双优行动方案》，建立表扬表彰项目规划争创、创先争优项目竞争遴选、绩效目标调度分析通报、绩效“双随机”监测核查、绩效考评结果奖惩5项机制，开展争创湖南省税务系统和市委、市政府绩效双优行动。制订《国家税务总局益阳市税务局机关组织绩效奖实施办法》和《国家税务总局益阳市税务局机关市委市政府绩效评估奖励与个人绩效挂钩实施办法》，实行组织绩效和个人绩效考评结果与奖励挂钩，加大绩效结果运用力度。是年，省税务局共考评市州税务局117次，合计1000分，市税务局基础分被扣30.81分（含不视为失分指标），获得省税务局加分9项4.817分，减分方面，因未落实临聘人员“只出不进”规定被减0.21分，因创先争优项目第二领域项目排全国第21名被减0.4分。综合基础分、加减分情况，市税务局总得分973.397分，居湖南省税务系统第5位，被省税务局授予“2021年度全省税务系统绩效管理先进单位”称号。在市委、市政府2021年度绩效评估中，市税务局在中央、省属驻益单位中排名第1。

2022年，市税务局优化制度设计，完善规则办法，科学编制指标体系，着重突出对工作实绩的评价；增加日常考评指标数量，强化差异化考评；科学设置加减分，以能在省税务局考评中加分为标准，设置对市税务局机关和县市区税务局的加分项目，引导全市税务系统聚焦争先进位。以减分项目传导绩效压力，严格约束惩戒各类违纪违法行为。坚持打破“平均主义”，实事求是组织开展绩效考评，确保考评结果能客观反映工作情况。常讲勤推绩效文化，以绩效管理信息系统为平台，发布绩效管理相关文件资料，营造绩效文化氛围，提炼绩效工作亮点、创新、调研思考等素材，在全市税务系统推介。是年，省税务局共考评市州税务局117次1050分，市税务局基础分得分1003.96分，与湘潭市税务局并列湖南省税务系统第4名，共获得省税务局加分4.6分，加分较少。综合全年基础分、加减分情况，市税务局总得分1008.56分，居湖南省税务系统第9位。在市委、市政府2022年度绩效评估中，市税务局被评为“一类”等次单位。

三、个人绩效管理

2015年4月，市国税局印发《益阳市国家税务局机关个人绩效管理实施细则（试行）》和《益阳市国税系统县市区局领导班子成员个人绩效管理实施细则（试行）》。市税务局机关个人绩效管理实施细则自2015年1月1日起施行，共7章27条，明确市国税局机关个人绩效管理实施细则适用范围、组织管理、绩效内容、日常管理、考评实施等内容。个人绩效管理从确定个人绩效任务、开展日常管理、实施绩效考评和考评结果确定等四个方面组织开展。市国税局机关个人绩效内容实行“1+3”模式，“1”是指个人工作任务，“3”包括组织绩效成绩、年度加分减分和年度工作评价。处级干部绩效内容是协助工作的局党组成员分管科室的组织绩效成绩和年度工作评价，科室主要负责人的绩效内容为其所在科室的组织绩效成绩和年度工作评价，正科职人员的绩效内容为其所在科室的组织绩效成绩、个人工作任务和年度工作评价，科室其他人员是其所在组织绩效成绩、个人工作任务和加减分项目。个人工作任务包括科室工作人员承担的组织绩效工作任务、岗位职责工作任务和临时交办工作任务。个人绩效加减分项目为工作人员在所属科室组织绩效考评中的加减分项目。个人绩效考评实行百分制，根据职务分别设置绩效内容的分值权重。处级干部与协助工作的局党组成员分管科室的组织绩效成绩100%挂钩，科室主要负责人与本科室组织绩效成绩100%挂钩。正科职人员和科室副职的个人绩效考评权重均为本科室组织绩效成绩占50%，个人工作任务占50%。科室其他工作人员的个人绩效考评，本科室组织绩效成绩占20%权重，个人工作任务占80%权重。处级干部和科室主要负责人个人绩效以年度为考评周期，正科职人员、科室副职的个人绩效以半年度为考评周期，科室其他工作人员的个人绩效以季度为考评周期。对个人工作任务实行平时考评，对组织绩效挂钩、加减分项目和年度工作评价实行年度考评。个人绩效考评结果作为干部管理重要参考，主要运用于税务人员干部任用、评先评优、公务员年度考核等方面。益阳市国税系统县市区局领导班子成员个人绩效管理实施细则自2015年1月1日起施行，共6章18条，明确县市区税务局领导班子成员个人绩效管理的绩效内容、组织管理、考评实施、结果运用等内容。县市区国税局主要负责人的绩效内容为其所在县市区国税局的组织绩效成绩，县市区国税局副职的个人绩效内容包括组织绩效成绩、分管科室绩效成绩和年度加分减分。县市区国税局领导班子成员个人绩效考评结果作为干部管理的参考依据，主要用于公务员年度考核、干部选拔和晋升、交流轮岗、奖励惩戒等方面。在2015年度个人绩效考评中，市国税局授予19名县市区国税局班子成员和市国税局机关73人“2015年度绩效管理先进个人”称号。

2015年，市地税局制定《益阳市地税系统个人绩效管理办法及其实施细则》。9月，印发《益阳市地方税务局关于进一步加强市局机关绩效管理的实施意见》，明确市地税局政治工作科负责牵头组织实施机关个人绩效管理，各科室负责本科室个人绩效管理日常运转工作，细化和量化个人岗责考核标准。机关科室主要负责人的个人绩效考评由市地税局绩效管理工作领导小组统一领导，政治工作科组织实施；科室其他人员的绩效考评由其所在科室组织实施。个人绩效考评基本程序是：机关科室根据承接的科室组织绩效任务、个人岗位工作任务和科室安排的其他工作任务，通过每月科务会等形式进行工作分工，合理分配科室人员的工作任务，明确每位科室人员的工作目标、工作标准、完成时限及具体措施；在次月10日内，各科室根据工作完成效果和考评程序进行预考评打分，填报市地税局机关个人绩效预考评分月台账交政治工作科汇总；各科室按照不同干部对应的考评周期（科室主要负责人以年度为考评周期，科室其他科级干部以半年度为考评周期，科室其他人员以季度为考评周期）取平均分值，将汇总考评成绩录入市地税局机关个人绩效考评情况汇总表和绩效管理系统，并报政治工作科备案；政治工作科组织开展复核确认，建立个人绩效档案，把个人绩效考评结果作为绩效考核奖金发放的重要依据。

2016年2月，市国税局印发《益阳市国家税务局机关个人绩效管理实施细则》《益阳市国税系统县市区局领导班子成员个人绩效管理实施细则》等制度，分别对市国税局机关个人绩效管理和县市区国税局领导班子成员个人绩效管理的组织领导、绩效内容、考评实施等内容进行明确。9月，印发《益阳市国家税务局关于进一步明确绩效考核结果在市局机关公务员年度考核中运用的通知》，明确适用对象为市国税局机关各单位干部职工和局直各单位负责人，考核内容为市国税局机关公务员个人贯彻落实中央、省局和市局党组决策部署、履行岗位职责、发挥职能作用情况以及德、能、勤、绩、廉方面的情况，公务员年度考核以绩效管理考评结果为重要参考。在2016年度个人绩效考评中，市国税局授予19名县市区国税局班子成员、市国税局机关和直属单位76人“2016年度绩效管理先进个人”称号。

是年2月，市地税局印发《益阳市地税系统组织绩效管理办法》等六项制度，其中，《益阳市地税系统个人绩效管理办法》共7章27条，明确益阳市地税系统个人绩效管理遵循的原则、适用范围、组织管理、绩效内容、日常管理、考评实施、结果运用等内容;《益阳市地方税务局对区县市局领导班子成员个人绩效管理实施细则》共6章18条，对县市区地税局领导班子个人绩效管理的组织管理、绩效内容、考评实施、结果运用等内容进行明确;《2016年益阳市地方税务局机关个人绩效管理实施细则》共7章21条，明确市地税局机关个人绩效管理的组织管理、绩效内容、日常管理、考评实施、结果运用等内容。

2017年1月，中共益阳市国家税务局党组印发《益阳市国家税务局绩效考评结果运用办法（试行）》，该办法共6章24条，明确市国税局绩效考评结果运用的原则、依据，选拔任用领导干部、非领导职务干部以及干部转任、调任重要岗位、推荐选拔后备干部的个人绩效考评成绩的要求，各单位年度绩效考评排名与职务晋升名额的规定，各单位年度绩效考评排名与公务员年度考核优秀名额的规定，评选或推荐参加税务系统各类先进集体和个人的绩效考评成绩的要求等内容。该办法强化个人绩效运用，扩大奖惩覆盖范围，统筹考虑连续年度因素，制度设计科学合理，体现激励先进、鞭策后进的管理导向。在2017年度个人绩效考评中，市国税局授予21名县市区国税局班子成员和市国税局机关72人“2017年度绩效管理先进个人”称号。

在2018年度市税务局机关和县市区税务局班子成员个人绩效考评中，市税务局对37名县市区税务局班子成员和市税务局机关138人授予“2018年度绩效管理先进个人”称号。

2019年1月，市税务局印发《国家税务总局益阳市税务局绩效考评结果运用办法（试行）》，该办法共6章24条，明确组织绩效和个人绩效考评结果运用的原则、考评结果运用依据、适用情况，明确选拔任用领导干部、选拔任用非领导职务干部以及干部转任、调任重要岗位、推进选拔后备干部等情况的个人绩效考评成绩要求等内容。公务员年度考核等次与干部个人绩效考评成绩挂钩，个人绩效考评成绩未达到第一段的，公务员年度考核不能被评为优秀等次；评选或推荐参加各类先进集体和个人评选均需参考绩效考评成绩。在2019年度个人绩效考评中，市税务局授予35名县市区税务局班子成员和市税务局机关119人“2019年度绩效管理先进个人”称号。

2021年10月，中共国家税务总局益阳市税务局委员会办公室印发《益阳市税务系统个人绩效考评规则（试行）》《益阳市税务系统个人绩效共性指标加减分办法（试行）》。《益阳市税务系统个人绩效考评规则》明确考评对象、考评指标、考评主体、考评计分、指标选用、考评程序、考评结果、结果运用等内容。个人绩效考评规则适用于益阳市税务系统各级税务机关领导班子成员以外的所有在职在编税务人员，个人绩效指标总分为100分，其中：市税务局机关共性指标35分，个性指标65分；县市区税务局共性指标30分，个性指标70分。个人绩效考评计分主要采取直接扣分法、量化计分法和基准加减分法，直接扣分法指标起始扣分值为0.5分，量化计分法指标依公式计算后按“四舍五入法”保留两位小数，基准加减分法指标起始加减分值为0.1分。部门正职的考核得分由部门组织绩效挂钩得分50%、个人绩效得分20%、领导评鉴得分10%、现实表现测评得分20%、数字人事平时考核加减分构成，部门副职的考核得分由部门组织绩效挂钩得分30%、个人绩效得分25%、领导评鉴得分15%、现实表现测评得分30%、数字人事平时考核加减分构成，其他人员考核得分由组织绩效挂钩得分10%、个人绩效得分35%、领导评鉴得分25%、现实表现测评得分30%、数字人事平时考核加减分构成。《益阳市税务系统共性指标加减分办法》对干部个人绩效共性指标的加分内容、减分内容、加减分流程等内容进行明确。是年，市税务局机关作为湖南省税务系统个人绩效管理示范单位，从第四季度起正式推行个人绩效管理，严把数据审核关，实行差异化考评，不打平均分，考核市税务局机关323人，得分分差最大相差10分，同分人员占比仅17.3%，将个人绩效考评成绩要记入个人成长账户，作为数字人事平时考核和年度考核划段的重要依据。市税务局和县市区税务局探索建立健全个人绩效考评奖励办法，实行个人绩效物质奖励差异化挂钩。

四、数字人事

数字人事，是将税务干部管理制度和措施整合到“数字人事信息管理系统”，将传统人力资源管理转变为数据化管理，全面量化计分，为每名税务干部建立个人成长账户，按人形成数据信息，提供给各级领导和用人管人决策部门作为重要决策参考依据的人力资源管理办法体系。

2016年11月，市国税局印发《益阳市国家税务局系统数字人事工作实施方案》，明确数字人事工作的实施内容是按照数字人事的框架体系，运用税务总局数字人事信息系统“一个基础、四个支柱”对每个单位税务干部“德、能、勤、绩、廉、评、基”等方面进行量化考核，记入个人成长账户，为组织运用和个人成长提供全面、客观、准确的数据参考。“一个基础”，即职业基础，将2016年度新录用公务员的学历信息（包括学校类别、学历学位、学校成绩）、参加公务员招录考试的成绩信息（包括笔试和面试成绩）、初任培训成绩（包括集中培训和岗位实训）、参加全国税收执法资格统一考试成绩录入信息系统，组织录用公务员在试用期内参加本单位公务员年度考核测评，将新进公务员任职定级测评得分录入信息系统。“四个支柱”是指业务能力、领导胜任力、日常绩效和公认评价。业务能力方面，先开展一次性套级套档，按照规定标准一次性套入相应级档，并获得所套入级档对应的分数；之后组织学习培训，开展业务能力升级考试，并将考试结果录入信息系统。领导胜任力方面，按照规定开展领导干部任职考察，完成民主测评和个别谈话，将新选拔任用干部结果录入信息系统；严格落实领导干部试用期管理制度，组织试用期领导干部参加任职培训，将任职培训成绩和试用期转正得分录入信息系统；组织对各县市区国税局党组班子成员开展巡察工作，并将结果录入信息系统；组织对县市区国税局正职领导干部或主持工作一年以上的副职领导干部开展经济责任审计，并将结果录入信息系统；对即将离任的县市区国税局党组书记开展离任检查；组织对县市区国税局党组书记落实基层党建工作和对参与重大政治活动的领导干部开展民主测评；组织参加晋升科级领导职务的干部开展领导胜任力测试，并将结果录入信息系统。日常绩效方面，规范考勤管理，把年度考勤信息记入个人成长账户；根据年初工作职责，确定每名税务干部的个人工作任务，明确工作目标、考评标准、完成时限等；开展个人工作纪实，单位领导班子成员和部门正职按日纪实，部门副职每周纪实2—3次，其他干部按周纪实；组织干部按季度进行自我评价、领导审核评鉴。现实表现测评方面，组织各单位通过系统投票测评的方式，每半年对税务干部进行测评一次。组织按季度开展考核，年度终了汇总计算平时考核全年得分，将个人绩效与组织绩效挂钩，按年将本部门组织绩效考核结果折算得分后，按规定权重记入个人日常绩效，各职能部门进行绩效加减分情况记录，综合日常绩效、加减分和年终测评等情况计算年度考核得分。公认评价方面，分为内部评价和外部评价，内部评价包括对全体税务干部进行的年终测评，领导班子成员还应包括“一报告两评议”测评和廉政测评；外部评价主要包括办税服务厅现场评价、纳税人满意度调查和行风评议等，将办税服务厅现场评价、益阳市国税系统纳税人满意度调查、各县市区国税局在当地的行风评议结果，按规定权重一次性记入干部年终测评。建立税务干部个人成长账户，录入税务干部的个人基本情况、家庭成员情况、学习教育情况、任职经历情况、专业技术情况、工资津贴情况及考核奖惩情况等信息。该方案还对数字人事软件系统上线、软件操作全员培训、干部个人成长账户初始化和数据验证等实施步骤、工作要求等内容进行明确（相关职能部门数字人事职责见表1-8）。是年，市国税局召开益阳市国税系统数字人事改革动员大会，并举行第一期培训，对数字人事概况、框架结构、主要内容以及对《税务系统数字人事实施办法（试行）》等8个办法进行解读，提升干部职工对数字人事工作的认识。是年，益阳市国税系统数字人事系统按期上线。

益阳市国税系统数字人事系统相关职能部门工作职责情况一览表（2016 年）

表 1–8

科室	市局	基础管理	职业基础	业务能力	领导胜任力	日常绩效	公认评价	数据分析应用
人事教育科	年初	组织管理、人员配置				录入并督促提醒各部门录入年度工作任务；设置法定节假日		
	每季					维护考勤信息；加减分维护		
	半年					组织开展现实表现测评		开展数据分析
	年终		组织新进人员参加年度考核			汇总年度考核成绩，并反馈公示	组织开展年终测评；组织开展“一报告两评议”测评	开展年度数据分析
	实时	组织关怀（入职问候维护）；待办事项	录入新进人员教育信息及考录信息；组织开展任职定级测评；初任培训得分录入：执法资格考试成绩维护	审核干部跨档、跨类报考资格；业务能力升级考试相关工作；考试培训和管理工作	组织开展任职考察测评；组织开展试用期转正测评；组织开展党组书记离任检查；领导干部任职培训信息录入	部门岗位职责信息录入；人员岗位职责信息录入；评鉴与纪实模板管理；平时考核参数设置；平时考核加减分		根据工作需要适时开展数据分析，为党组决策参考提供数据依据；管理税务干部个人成长账户
办公室						平时考核加减分维护；组织绩效结果采集		
政策法规科						平时考核加减分维护		
纳税服务科						平时考核加减分维护	办税服务厅现场评价分数录入；纳税人满意度调查得分录入	

续表 1–8

科室	市局	基础管理	职业基础	业务能力	领导胜任力	日常绩效	公认评价	数据分析应用
监察室				考试监督	巡视工作得分采集	平时考核加减分维护	廉政测评得分采集；行风评议得分录入	
财务管理科					经济责任审计得分采集	平时考核加减分维护		
机关党办		组织关怀（困难事项记录、入党问候维护）			党建工作民主测评			
机关工会		组织关怀（生日祝福、体检提醒）						
信息中心		系统管理；运行环境保障；日常技术运维；软件操作培训						

2017 年，市国税局成立数字人事评议委员会，并明确数字人事评议委员会主要职责、评议委员会议事规则等内容。通过播放宣传视频、悬挂横幅、制作展板、开辟宣传栏等多种形式开展宣传，举办益阳市税务系统数字人事改革培训班，培养业务骨干；定期开展数据统计分析，将数字人事纳入绩效考核指标；实时监控数字人事系统使用情况，采取“半月一提醒、一月一通报”的形式，提醒督促干部按时完成工作纪实、关注任务安排、查看通知公告，督促整改落实，稳步推进数字人事工作开展。

2018 年，市税务局机关和县市区税务局联动，考核考评与人事部门协作，开展数字人事师资培训，进一步夯实数字人事基础工作，将原地税 942 名干部个人档案信息录入系统，同步更新原国税 1104 名干部信息。全市税务系统组织机构、人员账号、人员角色设置完成，人员子集信息补录基本完成。对原国地税个人绩效考核办法进行整合，有序推进年度个人绩效考核工作。

2019 年，市税务局落实中央关于从严管理干部、加强干部平时考核、鼓励干事创业的干部管理规定，破解干部管理难题，探索创新干部管理机制，有序推进益阳市税务系统数字人事工作。印发《益阳市税务系统全面推行数字人事工作实施方案》，明确工作职责和要求，建立数字人事职责分工明确、督促反馈及时的运行机制。扎实做好数字人事基础工作，更新维护机构编制级别和人员增减变化情况，设置权限和评鉴关系，核查人员基础信息，查漏补缺。召开全市税务系统数字人事动员大会，开展全员视频培训，印发《数字人事简明操作手册》，制作数字人事宣传栏、数字人事电脑屏保和数字人事电子标语。对数字人事信息系统中的数据按周统计、按月通报，通过微信工作群提醒、督促和上门辅导，实现纪实人数、纪实篇数、纪实质量三达标。按照数字人事制度框架体系，通过系统及时准确记录税务干部的职业基础、业务能力、领导胜任力、日常绩效、公认评价和平时考核等方面信息，在此基础上，分别对“德、能、勤、绩、廉、评、基”进行量化计算，记入个人成长账户，为组织运用和个人成长提供全面、客观、准确的数据参考。

2020 年，市税务局组织集中进行 3 次数字人事系统历史数据清理，核对数据 2 万条，对问题数据进行修正，确保系统中数据完整准确。设计数字人事统计工具，按周统计日常工作纪实情况，开展线上线下提醒督促，数字人事信息系统纪实人数和纪实频率达到 100%。组织开展现实表现测评、一报告两评议、廉政测评、领导评鉴，做好加减分审核录入、公认评价数据录入、组织绩效结果录入，强化数据统计和校验，确保数字人事考评结果划段准确。强化结果运用，在职务与职级并行、业务能力升级测试和领导胜任力测试报名等方面审核应用个人绩效划段结果。

2021 年，市税务局组织在数字人事信息系统编制和审核个人绩效指标；按照周统计、月通报、季考核的要求提醒督促全体干部开展数字人事日常工作纪实，全市税务系统干部工作纪实完成率达 100%；抓好个人绩效年度考评，严格按时间节点做好年度考评数据采集工作，按规则完成全市税务系统人员个人年度考评成绩划段工作。

2022 年，市税务局强化数字人事与组织绩效工作联动，将党的建设、退税减税、税源管理方式改革等重点工作任务完成情况纳入数字人事考评，以工作任务为抓手，精准确定各工作层级、岗位之间的任务，督促落实好每项工作任务。工作落实部门分单位、分节点做好实时记录，对工作落实进度、质量进行详细记载，全程留痕，并连同相关的附证资料形成工作底稿，依据日常工作底稿进行考评。依托部门推优规则，对部门内同级人员进行 50% 比例的差异化打分，区分个人综合表现差异。鼓励个人主动申报共性指标加分，推动优化个人成长规划，主管领导审核时以工作实绩确认加分，严格执行差异化评分，让组织绩效贡献度高、取得荣誉和取得个人成果的人得高分。坚持正向激励与问责惩戒相结合，出实招、动真格，做到奖罚分明、考而有用。

第四章　群团组织和社会组织

第一节　群团组织

一、工会

（一）工会组织

1989年，益阳地区工会同意建立益阳地区税务局机关工会。

1995年，益阳市国家税务工会工作委员会成立，黎谷盈任主任，宋玉兰任副主任，周凤鸣任女工委员，夏焰明任文体委员，蔡卫兵任组织宣传委员，张平任财经委员，李和平任生活委员，唐正凯、孟招华、姚景星任委员。

是年，益阳市地方税务工会工作委员会成立，宋力华任主任（兼），陈慧丽任副主任，成员由宋力华、陈慧丽、郭雨仁、徐涤秋、徐东亚、刘希贤、陈家福、彭家初、毛述兰、颜定成、郑翠英等11人组成。

2001年6月，益阳市总工会批复同意周凤鸣替补为益阳市国家税务局第二届工会委员会主席。

是年12月，益阳市地方税务工会第二届工作委员会由陈进田、曾光明、曹再华、伍小平、青松柏、余齐放、曾荣建、皮志伟、龚范和、郭炬、文乐安11人组成，陈进田任主任。

2006年7月，省国税局明确全省各市州、县市区国税局设立国家税务工会，市州国税局国家税务工会与机关党委的工作部门按“整合资源、交叉任职、合署办公”原则分工协作，机关党委办主任兼任机关工会副主席，机关工会主席兼任机关党务办副主任，同时也兼任国家税务工会副主任。市州、县市区国家税务工会主任人选应在同级非领导职务人员中产生，由上级局党组研究确定。8月，张汉高任益阳市国家税务工会工作委员会主任。9月，市国税局印发《关于恢复国家税务工会工作委员会的通知》，明确各县市区国税局都设立国家税务工会，县市区国家税务工会实行上级国家税务工会和地方工会双重领导，以上级国家税务工会领导为主。国家税务工会职责包括：负责各县市区国家税务局系统的工会工作；依法维护干部职工合法权益，培养国税系统干部职工主人翁意识和职业道德观念，发扬民主参政议政；协调督促行政方面做好干部职工的生活福利工作；组织开展社会主义劳动竞赛；组织开展各种有益干部职工身心健康的文化体育活动；依法加强工会财务管理工作。县市区国税局只设国家税务工会，不再设机关工会，国家税务工会与人教科合署办公，由分管工会工作的班子成员负责领导。县市区国家税务工会主任人选在同级非领导职务人员中产生，且年龄在46周岁（含）以上。由县市区国税局党组（总支）推荐，上级局党组研究确定。县市区国家税务工会主任按县市区国税局科（所、分局）长进行管理，享受所在单位科（所、分局）长的各项政治、经济待遇。

2012年12月，益阳市国家税务局机关工会举行第五次会员大会，投票选举产生益阳市国家税务局机关第五届工会委员会委员和经审委员会委员，7人当选为第五届工会委员会委员，3人当选为经审委员会委员。

2013年，周复春任益阳市国家税务工会工作委员会主任。

2017年2月，益阳市国家税务局机关工会第六届委员会经选举由贺建华、李晓红、喻德坤、李赛华、陈立霞、熊慧敏、朱皞7人组成，贺建华任主席。喻德坤、李颖、徐凌云3人当选为经审委员会委员。

2018年10月，市税务局第一次工会会员代表大会召开，选举产生益阳市税务局机关第一届工会委员会、第一届经审委员会、第一届女职工委员会。益阳市税务局机关工会第一届委员会由周复春、陈建波、刘芳、胡腊辉、雷兰花、朱皞、王军、李赛华、董钰、李颖、钟向晖11人组成，周复春任主席，陈建波、刘芳任副主席。益阳市税务局机关工会第一届经费审查委员会由雷兰花、徐凌云、陈鑫磊3人组成，雷兰花任主任。益阳市税务局机关工会第一届女职工委员会由胡腊辉、夏艳红、杨盛惠3人组成，胡腊辉任主任。11月，根据国税地税征管体制改革要求，市税务局设立益阳市税务工会工作委员会，徐敬华任益阳市税务局系统工会主任。

2021年1月，市税务局机关第一届第三次工会会员代表大会召开，74名机关工会会员代表参加会议，选举袁晓艳任机关工会主席。是月，丁力尧任益阳市税务局系统工会主任。

（二）工会工作与活动

1992年，地区税务局认真贯彻《中华人民共和国工会法》，选举产生益阳地区税务局工会工作委员会，组织职工劳动竞赛，篮球赛、门球赛、老年书法比赛等文体活动，并走访慰问老干部，认真抓老干部“两项待遇”落实。

1993年，地区税务局组织职工开展劳动竞赛，开展文体活动，活跃机关干部业余文化生活。

1994年，市国税局工会组织益阳市税务系统书法、绘画、摄影艺术比赛，各工会小组开展羽毛球、乒乓球、台球等比赛。组织春节文娱晚会，丰富职工精神文化生活，促进职工团结。制订“两访”制度（在职职工病访、离退休人员家访）、“三助”（精神、福利、困难帮助）的制度。抓好“职工之家”建设，各县市国税局基层工会有先进职工之家35个，占总数的40.6%，“合格职工之家”75个，占总数的65%，有全国模范小家1个。

1996年，市国税局组织开展益阳市国税系统的乒乓球赛、市国税局机关拔河等比赛，增强集体凝聚力和向心力；“三八”妇女节工会组织机关妇女外出到重庆、渣滓洞等革命纪念地参观，激发干部爱国热情；开展“送温暖，人人为灾区，向灾区人民奉献一份爱心”活动，市国税局机关干部向灾区人民捐款2.59元，单位捐助人民币3万元、物资3万元、衣物368件。

是年，市地税局制定下发《益阳市地方税务工会经费管理办法》，明确工会经费的来源、提拨、上缴等规定，为工会独立开展工作奠定经济基础。及时下发“四簿一证”，市地税局统一填制，统一编码工会会员证，与街道办签订计生责任书，建立育龄妇女查访卡，确保计生指标到位。开展创建“职工之家”活动，市地税局赫山分局泉交河所工会小组、市地税局朝阳分局工会委员会、桃江县地税局城关所工会小组、市地税局资阳分局工会委员会4个基层工会被评为市级“合格职工之家”。组织开展健身活动、扶贫救灾、读书学习等活动。

1997年，益阳市国税系统各级党委领导重视工会工作，在干部配备上，市国税局机关配备专职工会干部，各县市区税务局配备专兼职工会主席。组织开展“建家”活动，沅江市国税局新湾征收分局被全国总工会授予“全国模范职工小家”称号，市国税局三分局兰溪征收分局被省总工会授予“省级模范职工小家”称号，市国税局一分局机关工会被授予“湖南省国税系统先进职工小家”称号，南县茅草街征收分局被授予“湖南省国税系统先进职工小家”称号。组织开展社会主义劳动竞赛，开展“学与整”“学与做”“学与比”活动，通过学习，整顿思想，在双文明建设中做表率，在遵纪守法、完成任务中争当先进。组织益阳市国税系统各县市（分）局工会开展电脑、稽查、会统、填票等岗位能手技术竞赛，其中，市国税局二分局杨薇获得省国税局电脑培训比武第二名。关心职工生活，做到“五个到家”，即婚嫁喜庆祝贺到家，病老丧葬悼念到家，家庭纠纷调解到家，疾病困难慰问到家，天灾人祸送温暖到家。组织经常性的篮球赛、乒乓球赛、周末集体文娱活动，丰富活跃职工文化生活。组织的“七一”文艺晚会中小品《见面》被推荐参加湖南省国税系统思想政治工作表彰会议和益阳市财政改革会议演出，受到省长杨正午、相声大师马季好评。做好女职工工作，维护女职工合法权益，组织女职工学习、参观及健康检查。

1998年，市国税局工会工作做到“五个必访”，全市国税系统工会干部共走访干部职工746人次，各级工会干部与工会会员谈心683次。发挥工会建设职能，抓基础设施建设，益阳市国税系统各县市分局和大部分征收分局、征收办公室开设小食堂，并开发小菜园、小猪场、小鱼池、小果园等，提高干部生活品质。抓工会文化设施建设，益阳市国税系统各县市分局均建有活动室、图书室。组织参加省国税局及益阳市各项活动，市国税局三分局谭吉松参加省国税局摄影作品比赛获湖南省国税系统二等奖，组织代表队参加市政府、文明办、妇联联合举办的“爱我银城爱我家知识抢答赛”获得第二名，参加市政府、体委举办的“爱我银城爱我家环城竞走比赛”获得组织奖，参加益阳市财委组织的歌唱比赛，参赛歌手获得节目优秀奖。组织开展五好家庭评比活动，评选出12户五好家庭。关心女职工，组织女职工学习座谈、外出参观及健康检查。组织开展社会主义劳动竞赛、捐资献爱心等活动。

是年，市地税局讨论通过四项决议，一是关心下一代健康成长，鼓励子女求学成才，对税务干部职工子女按国家规定考上中专以上学校，实施奖励；二是明确各县市地税局、分局工会积极分子的推荐评选与年终优岗评选同比例、同奖励；三是全市地税系统普法考试、理论测验等成绩合格者均可得到工会奖励；四是工会负责组织节假日活动，配合领导找思想有情绪的干部职工谈心，配合有关科室帮助工作有困难的干部职工理顺疏导，配合政工队访贫慰问。市地税局组织干部参加湖南省地税系统首届“潇湘杯”男子篮球赛，获得组织奖。沅江市地税局老干部门球队在市老干部局组织的“长寿杯”门球赛中夺得小组第一名，在益阳市“社保杯”循环门球赛中夺得第二名。安化县地税局工会撰写的《如何发挥工会的优势，大力发展工会企事业》受到省地税局工会表扬。组织开展“建家”活动，安化县地税局第四征收分局被评为省级模范职工小家，桃江县地税局第一征收分局、沅江市地税局第一征收分局被评为省级模范职工小家。

1999年，市国税局工会为干部职工排忧解难，益阳市国税系统工会干部参与干部婚嫁喜庆、丧葬悼念、疾病慰问400人次。做好妇女工作，定期组织体检，不定期召开座谈会，组织外出参观学习，提高女干部职工工作积极性。关心下一代健康成长，对三好学生、优秀干部给予适当奖励。组织评选出6家“五好文明家庭”，市国税局二分局干部谢辉家庭被省国税局授予“五好文明家庭”称号。组织开展献爱心活动，市国税局机关为民主垸灾民捐款6万元，捐赠衣物300件，为下岗职工和离退休人员捐款1万元，支持扶贫点资金约5万元。深化“建家”活动，沅江市国税局新湾分局保持全国模范职工小家称号，安化县国税局仙溪分局被评为湖南省国税系统先进职工小家、湖南省模范职工小家。组织参加湖南省国税局系统庆国庆、迎澳门回归“国税杯”篮球赛，被授予精神文明队称号；参加益阳市委宣传部、市总工会、市财委组织的庆国庆五十周年、迎澳门回归文艺演出，益阳国税代表队演出的节目《槐花海》获得第2名；参加益阳市政府组织的迎澳门回归歌咏比赛，市国税局获得一等奖和最佳组织奖。

是年，市地税局和各县市区（分）局分别组织干部职工参观雷锋纪念馆，拜访革命前辈，办好建整扶贫点，慰问城乡特困户，走访先进工作者，观看电视教育片，探望在押服刑犯，参与抗洪抢险突击队，举办中华人民共和国成立50周年板报展，让干部职工感受美好生活，珍惜本职工作。组织开展献爱心活动，市地税局机关干部为民主垸灾民捐款6300元，捐赠衣物823件。开展创建模范职工小家活动，桃江县地税局一分局、安化县地税局二分局被省地税局授予“模范职工小家”称号。各级工会组织干部职工参与棋类、球类、歌咏、长跑、健美操等活动，在市政府组织的庆祝中华人民共和国成立50周年文艺节目比赛中，市地税局的舞蹈《两棵树》、独唱《向往神鹰》被分别评为一、二等奖。在省地税局组织的“地税之光”文艺会演中获得组织奖，在益阳市委组织的迎澳门回归歌咏比赛中，与市国税局、市工商局一道代表财贸系统参赛，获一等奖和组织奖。

2000年，市国税局评选推荐劳动模范，向市总工会和省国税局系统工会积极推荐桃江县国税局马迹塘征收分局的回族女干部李芝兰的先进事迹，继而推荐至全国总工会，获评“全国劳动模范”。为职工排忧解难，市国税局机关工会共探望病人7人，丧葬悼念7次，组织开展学雷锋互助活动，市国税局机关共捐款7700元。结合元旦、三八妇女节、五四青年节、八一建军节等节日开展丰富多彩的文体活动。市国税局女子团体操在市政府组织的益阳市大众运动会上获得女子团体体操第一名。

2002年，市国税局组织春节联欢会，丰富机关职工文化生活；关心群众生活，组织开展疾病慰问30人次，机关干部体检133人，做好独生子女保健费发放工作。组建市国税局机关篮球队、乒乓球队和羽毛球队，并购置体育设备，解决体育活动场地。

2005—2006年，全市国税系统各级工会分别组织开展春节联欢会、“迎新春”趣味知识竞赛、“桃花杯”篮球赛、羽毛球赛、趣味运动会等活动，丰富干部业余生活。

2007年5月，市国税局印发《益阳市国税工会“职工之家”建设实施方案》，加强对工会工作和建设职工之家活动的领导，定期研究指导工会开展工作；支持开展“建家”活动，按时足额拨缴工会经费；健全各项组织制度、工作制度、财务制度，建立学习制度、培训制度等系列工会工作制度；强化国税文化建设和精神文明建设，创建学习型工会组织；加强国税文化建设，用群众喜闻乐见、健康向上的文化、体育、娱乐活动吸引职工；健全和完善工会组织机构，依法按时收缴会费，自主管理经费，财务收支合理；落实会员代表大会各项职权，保障干部职工的主人翁地位；落实《湖南省国税系统特困救助基金试行办法》，关注弱势群体，完善组织帮助，动员职工互助，履行好帮扶特困职工“第一责任人”职责；建立健全困难职工动态管理体系，建立困难职工档案；加强“建家”活动的基础性建设工作，绿化环境，完善设施，及时更换橱窗板报；规范建家活动的档案管理，要求会员档案齐全，职工入会率达到100%。是年，市国税局加强系统工会工作，抓好“职工之家”、“职工小家”、职工食堂建设，组建各类兴趣活动小组，开展各类文化活动。

是年，市地税局建立和落实干部职工大病医疗救助制度，解决干部实际问题；组织上年度获得先进科室负责人和嘉奖的干部外出疗养；承办湖南省地税系统首届羽毛球锦标赛；成立乒乓球、自行车、围棋等10个业余活动小组，组织开展多种形式的群体性文体活动，市地税局被国家体育总局评为“全民健身与奥运同行活动先进单位”。

2008年7月，益阳市国家税务工会工作委员会就全市国税系统工会经费收缴和管理有关问题予以明确，依法足额计提、拨缴工会经费，各县市区国税局按本单位全部干部职工工资总额的2%向工会足额计提和拨缴工会经费，工会会员会费按每人每月工资总额的5‰缴纳。健全财务管理，加强专门账户管理，配备专职或兼职财务人员，独立进行财务核算，建立严格的财务制度及经费支出审批制度，厉行节约。按时足额上缴工会经费。是年，市国税局组织开展“职工书屋”“职工之家”“工人集体先锋号”创建活动，市国税局办税服务厅被市总工会授予“工人集体先锋号”，沅江市国税局被省国税工会命名为“模范职工之家”；承办湖南省国税系统羽毛球比赛，组织开展各类文化体育活动。组织开展各种救助和慰问活动，向汶川地震灾区捐款32.49万元，捐款3.76万元建造“中国税务林”。

2009年，益阳市国家税务工会印发《益阳市国家税务工会工作考核办法》，强化全市国税系统工会工作目标考核。组织开展全市国税系统“记录盛世 图画税收”庆祝中华人民共和国成立60周年摄影大赛；举办“迎国庆”书画作品评选活动，高新区国税局何伟的作品获得一等奖，赫山区国税局孙东山的作品获得二等奖，赫山区国税局邓宇峰、桃江县国税局刘浩的作品获得三等奖，资阳区国税局何其杰、沅江市国税局赵国梁、桃江县国税局胡志成的作品获得优秀奖。

是年，沅江市地税局稽查局工会小组获评2008年度“益阳市模范职工小家”称号。

2014年，市国税局组织开展“国税五好家庭”创建，评选出20户“国税五好家庭”。

2015年2月，市国税局系统工会组织部分机关干部到益阳市一中体育馆参加由湖南电视剧频道、益阳市总工会举办的《心得乐》2015年“穷娃盼过年”益阳专场活动，将全市国税系统单位和干部个人爱心捐款6.11万元送到孩子们手中。5月，益阳市国家税务局机关工会工作委员会印发《益阳市国家税务局机关春游秋游活动方案》，以科室为单位成立工会小组，科室负责人担任工会小组组长，各工会小组每年在益阳市内组织开展春游、秋游活动各1次，活动形式以步行踏青为主要形式。是年，市国税局组织举办篮球、气排球等文体活动，组织干部职工参加益阳市大众运动会、湖南省女职工微信摄影大赛等活动。

是年，市地税局机关工会成功创建“全国模范职工之家”，全市地税系统包括市地税局机关以内3个单位分别被评为“省级文明单位”和“省级文明标兵单位”，1个单位获评“省级青年文明号”，1名干部获得益阳市“道德模范”提名。全市地税系统各级工会及会员获得市级以上集体荣誉12项，个人荣誉39项。

2016年，市国税局坚持为干职工办实事、办好事，购置净水设备，建设停车棚，维修食堂，改造球场，建立理发室，出版《南县老税务》，开展“传承好家风好家训”等系列活动，干部职工幸福感不断增强。市国税局工会获评2016年度益阳市行、局工会目标管理考核先进单位。市国税局车辆购置税征收管理分局税源管理科、大通湖区国税局办税服务厅获评2016年度市级芙蓉标兵岗，市国税局女职工培训学校获评2016年度市级工会女职工示范学校。

是年，市地税局机关工会成功创建“全国职工示范书屋”；培养推介优秀女职工集体和优秀中青年干部，市地税局获评“女职工工作先进单位”“关心下一代工作先进单位”，直属局办税服务厅获得市级“巾帼标兵岗”称号，钟征获得省级“巾帼建功标兵”称号，胡腊辉获得市级“芙蓉百岗明星”称号；组织女职工参加市总工会“写家书 传亲情”活动，市地税局获得优秀组织奖，有10篇作品分别获一、二、三等奖。开展争先创优“五好评选”活动，分别评选“五好文明家庭”“五好学习标兵”“五好健身标兵”“五好公益标兵”各一名。举办全市地税系统首届职工运动会，组队参加湖南省地税系统首届职工运动会气排球、象棋、围棋比赛，气排球比赛获得湖南省地税系统第四名，并获和谐奋进奖。组织80名干部职工参加市总工会“劳动者之歌”合唱比赛，获得一等奖和优秀组织奖；三八妇女节组织机关女干部到赤山踏青，并开展趣味运动比赛，组队参加市妇联第二届趣味运动嘉年华比赛，飞镖项目获得团体一等奖，呼啦圈项目获得三等奖；市地税局成立女职工培训学校，邀请茶艺老师讲授“爱上中国茶”茶礼入门课程。组织机关干部职工中小学子弟开展“爸爸妈妈，你们辛苦了”演讲比赛、“才艺大比拼”等活动，并对获奖者给予表彰奖励；邀请专家为干部职工讲授“脊柱保健和常见颈椎腰椎疾病治疗”养生课程；组织全体会员参加寨子仑登山比赛和环梓山湖健步走，选派100名队员参加益阳市第十六届大众运动会10个项目的比赛，集体跳绳获得第1名，射击比赛男子、女子分别获得团体第5名，乒乓球比赛获得团体第6名，田径比赛获得团体第8名。为干部职工办理补充医疗保险和女职工安康保险，组织全体人员进行健康体检，落实劳动模范各项待遇；组织开展婚丧嫁娶、疾病住院慰问50人次；加强特困基金管理，建立和完善帮扶工作长效机制，开展特困调查，全面掌握困难职工基本情况，建好困难职工档案，对全市地税系统因重大疾病导致家庭贫困的15名人员给予特困救助。市地税局工会获评2016年度全市行、局工会目标管理考核先进单位。市地税局李朝晖家庭、赫山区地税局李海芸家庭获评2016年度市级和谐家庭。

2017年，市国税局工会落实爱心基金管理办法，及时缴纳医疗保险、发放特困救助；组织全市国税系统羽毛球队参加湖南省国税羽毛球友谊赛，获得三等奖，在益阳市大众运动会气排球、羽毛球比赛中均获得团体冠军。在益阳市“好家风好家训”风采展示赛中，市国税局工会女职工委员会获得优秀组织奖，市国税局机关干部黎鸣的作品《和谐仁孝承家训 勤学励志传家风》获得一等奖。市国税局女职工培训学校获评“精彩女校·点亮绚丽人生”益阳市工会女职工培训学校优秀成果奖。

是年，市地税局工会女职工委员会在益阳市“好家风好家训”风采展示赛中获得优秀组织奖。在湖南省地税系统“舞动幸福”健身运动会中，市地税务局舞蹈队获得三等奖，市地税局获得优秀组织奖。

2018年1月，市地税局组织开展“五好文明家庭”评比活动，授予陈雁鸿、夏胜阳、曾伟运、肖赛红、董钰、赵荔6个家庭“五好文明家庭”称号。

是年，市税务局组织举办全市税务系统首届气排球比赛，凝聚践行“新机构、新服务、新形象”强大合力。

2019年1月，市税务局举办全市税务系统“踏上新征程 开创新局面”迎新春文艺会演，丰富干部职工精神文化生活，提振干事创业精气神，大通湖区税务局等6个单位选送的节目脱颖而出，分别获得一、二、三等奖；资阳区税务局等6个单位获得优秀组织奖。5月，益阳市税务局机关工会委员会印发《国家税务总局益阳市税务局机关业余兴趣小组管理办法》，机关设立16个兴趣小组，市税务局机关正式干部职工可报名参加兴趣小组，每人可报1个兴趣小组，最多报2个，每个兴趣小组不少于8人，少于8人予以取消。7月，市税务局工会工作委员会发文进一步规范兴趣小组活动开展程序、时间、地点等。兴趣小组组织开展活动，丰富干部职工文化生活。在全市税务系统组织开展庆祝中华人民共和国成立70周年暨益阳市税务新机构成立一周年“新时代、新税务、新征程”职工书画摄影比赛，共评选出书法《行草对联条屏》等获奖作品20幅，其中一等奖2幅，二等奖4幅，三等奖6幅，优秀奖8幅；摄影《抗洪大堤上的税务人》等获奖作品20幅，其中一等奖2幅，二等奖4幅，三等奖6幅，优秀奖8幅；绘画《有溪有虾水自清》等获奖作品10幅，其中一等奖1幅，二等奖2幅，三等奖3幅，优秀奖4幅；评选市税务局机关工会、沅江市税务局、安化县税务局、高新区税务局4个优秀组织奖。

2020年4月，市税务局机关工会委员会对业余兴趣小组管理办法进行修订，并印发《国家税务总局益阳市税务局机关业余兴趣小组管理办法（修订版）》，明确机关设置12个兴趣小组，各兴趣小组不得少于12人，少于12人取消设组。市税务局机关全体在职干部职工、借用人员皆可报名参加，每人限报1个兴趣小组。兴趣小组根据“业余、小型、就地”原则组织开展活动。

2021年5月，市税务局组织举办益阳市税务系统“奋斗百年路 启航新征程”庆祝中国共产党成立100周年红色故事专题文艺会演，益阳市税务系统500名党员干部参加表演。是月，市税务局组织乒乓球、羽毛球代表队参加益阳市第二十一届大众运动会乒乓球、羽毛球混合团体赛，均获得第一名。10月，组织市税务局男子、女子气排球队参加益阳市大众运动会气排球比赛，均获得冠军。11月，组织市局机关干部在桃江县浮邱山开展“永远跟党走 奋力攀高峰”健步登山比赛，市局各工会小组上百人参加活动。

2022年，市税务局加强“职工书屋”建设，建成市图书馆税务分馆，位于市税务局机关一楼，内设书刊借阅区、阅读休闲区等功能区域，馆内藏书2000册，涵盖政治、财经、法律、历史、地理、文学等多个领域。组织开展“喜迎二十大 阔步向未来”健步行、“红色基因代代传 携手喜迎二十大”亲子红色运动会等活动，丰富干部职工业余文化生活，营造团结和谐、文明向上的氛围。

二、妇委会

（一）妇委会组织

2010年，市国税局配备一名专职妇委会主任，经益阳市妇女联合会同意，李晓红任市国税局妇委会主任，陈立霞、曾碧元、杨彩虹、陈芳为委员。

2018年9月，市税务局机关妇女委员会选举大会召开，选举产生国家税务总局益阳市税务局机关第一届妇女工作委员会，何琳当选主任，杨彩虹、胡腊辉、肖美群3人当选副主任，曾海燕当选组织委员，夏艳红当选宣传委员，龚胜兰、黄彧娟、杨盛惠3人当选文体委员。

2019年11月，益阳市税务系统第一次妇女代表大会暨系统妇女联合会成立大会召开，选举产生国家税务总局益阳市税务系统妇女联合会第一届执行委员会，何琳当选主席，杨彩虹、陈凌、陈立霞、夏艳红、曾卫娥5人当选副主席，卫静、王文芳、文武、卢了英、朱翠君、刘尚明、李倩、李海芸、杨盛惠、邹淳、汪芳、胡克玲、段英姿、桂静、黄萍、章宇潇、曾海燕、曾静妮、廖诗涵、谭力贤20人当选委员。

（二）妇委会工作与活动

2015年12月，市国税局妇委会被评为2015年度市直单位先进妇委会。

是年12月，市地税局妇委会被评为2015年度市直单位先进妇委会。

2016年12月，市国税局妇委会被评为2016年度市直单位先进妇委会。

是年12月，市地税局妇委会被评为2016年度市直单位先进妇委会。

2018年11月，市税务局机关妇委会牵头，联合机关团委组织机关妇委、团委委员前往怀化芷江革命教育基地开展“缅怀革命先烈 传承红色基因”主题红色教育。

2019年3月，市税务局机关妇委会组织市局机关全体女干部和中层正职以上干部140人在资阳区黄家湖以“欢乐妇女节 巾帼税务情”为主题，开展互动小游戏、团队趣味竞赛、有奖竞答为内容的拓展活动。9月，市税务局系统妇联在全市税务系统开展“最美女税官”和“最美妇女工作者”评选表彰活动，共评选出10名“最美女税官”和5名“最美妇女工作者”。12月，市税务局机关妇委会举办职场女性礼仪培训，50名机关女干部参加培训。

2020年1月，市局机关妇委会组织志愿者慰问海棠社区困难家庭儿童、留守儿童，为孩子们送去“壹基金”温暖包，并为孩子们上一堂“和情绪作朋友”的心理课。2月，市税务局机关妇委会主任率委员前往海棠社区为贫困家庭儿童送去书籍、生活用品。5月，市税务局系统妇联举办征文活动，共评出24篇优秀作品，并将优秀事迹汇编成《税花绽放“她”力量》一书供广大税务干部学习。

2021年3月，市税务局机关妇委会组织机关106位女干部在桃江县安宁竹谷围绕“巾帼心向党 唱响新时代”主题，开展“红歌”合唱比赛和党史知识抢答赛。是月，市税务局机关妇委会承办省税务局“三八”妇女节主题活动，在益阳市爱国主义教育基地天意木国、益阳现代农业示范园、“山乡巨变第一村”清溪村开展主题活动。4月，市税务局机关妇委会组织女干部代表前往桃江县武潭镇敬老院，开展“学党史 践初心”敬老助老活动，为老人们送去生活用品，提供卫生清洁服务。5月，市税务局机关妇委会以“话心声给党听”为主题创作诗歌并组织拍摄制作《税务巾帼心向党 百年逐梦绽芳华》原创宣传片，获得益阳市市直单位一等奖，被“学习强国”湖南学习平台发布。6月，市税务局系统妇联以“寻初心学精神 话心声给党听”为主要内容，在全市税务系统举办“税务巾帼心向党 百年逐梦正当时”诗歌朗读比赛活动，市税务局机关选送的音诗画“税务巾帼心向党 百年逐梦绽芳华”获一等奖。7月，市税务局系统妇联深化“我为群众办实事”实践活动，积极参与省税务局和省妇联联合开展的“出手吧，姐姐——温暖2021”公益募捐活动，参与捐款8105人次，筹集爱心款项9.17万元。

2022年3月，市税务局机关妇委会以“巾帼心向党 喜迎二十大”为主题，组织机关女干部在赫山智慧农业第一村开展三八妇女节纪念活动。4月，市税务局系统妇联组织开展“湘女智税”省级专家团员选拔推荐工作，益阳市税务系统1人获“湘女智税”省级专家团队成员，并入选湖南省女科技工作者协会会员。组织评选“湘女智税”市级专家团队成员10名。9月，市税务局系统妇联组织女干部参加湖南省税务系统“少年儿童心向党 红色故事我来讲”微视频征集活动，选送微视频5个，其中，2个获得优胜奖。

三、团委

（一）团的组织

1990年，益阳地区税务系统新增设团委（总支）2个，除农垦分局外，6个县市税务局团委（总支）对税务所团支部实行垂直领导。

1995年5月4日，共青团益阳市国家税务局直属机关第一次代表大会召开，经民主选举，产生共青团益阳市国家税务局直属机关第一届委员会。周智平任书记，蔡卫兵任副书记，周复春任组织委员，龙建新、刘志华任宣传委员，刘志勇、李沛奇任文体委员。是年，在市国税局4个税务分局设立团总支委员会，在市国税局机关、4个税务分局内设若干团支部。

1997年，共青团益阳市直属机关工委批复同意市国税局团委所属团总支选举结果，詹桂花、唐世民、万方平、彭芳、林耿、邹丽曼、吴俐组成共青团益阳市国家税务局直属机关委员会第一总支委员会，詹桂花任总支书记，唐世民任总支副书记；龚辉、李颖、张小兵、贺建新、陈浩、高宏、王凯波组成共青团益阳市国家税务局直属机关委员会第二总支委员会，龚辉任总支书记；黄文锋、李红娟、杨彩虹、李萍、胡萍、刘铁祥、曹振球、徐凌云、蔡丽兰组成共青团益阳市国家税务局直属机关委员会第三总支委员会，黄文锋任总支书记，李红娟任总支副书记；胡文胜、万新飞、郭静芳组成共青团益阳市国家税务局直属机关委员会第四总支委员会，胡文胜任总支书记。

1999年，共青团益阳市直机关工委批复同意共青团益阳市地方税务局委员会选举结果，同意由张友良、徐敬华、邹剑、孙志学、罗建波、杨萍、陈彬7人组成共青团益阳市地方税务局委员会，张友良任书记，徐敬华任副书记。

2002年9月，共青团益阳市直属机关工委批复同意共青团益阳市国税局直属机关委员会换届选举结果，由肖炜、万方平、陈明霞、邓正奇、万新飞、周志强、高宏7人组成共青团益阳市国税局直属机关委员会，肖炜任书记。是月，共青团益阳市国家税务局直属机关委员会下文明确肖炜任共青团益阳市国税局机关总支部委员会书记，周志强任共青团益阳市国税局机关总支部委员会副书记，万方平任共青团益阳市国税局资阳分局总支部委员会书记，曹军任共青团益阳市国税局资阳分局总支部委员会副书记，陈明霞任共青团益阳市国税局朝阳分局总支部委员会书记，高宏任共青团益阳市国税局朝阳分局总支部委员会副书记，邓正奇任共青团益阳市国税局赫山分局总支部委员会书记，黎慧任共青团益阳市国税局赫山分局总支部委员会副书记，万新飞任共青团益阳市国税局大通湖分局总支部委员书记。

2010年，市国税局机关设置一名正科级领导职数，配备专职团委书记。

2018年9月，共青团国家税务总局益阳市税务局机关第一次团员大会召开，选举产生由宋壮波、彭程、杨婧、李雨晨、陈鑫磊5人组成共青团国家税务总局益阳市税务局机关委员会，宋壮波任书记，彭程任副书记，杨婧任宣传委员，李雨晨任组织委员，陈鑫磊任纪律委员。

2019年11月，共青团国家税务总局益阳市税务局系统工作委员会成立大会召开，选举产生由丁强、王洪波、伍韬、刘亮、刘能、汤浩、严国凯、李芳、何曼婕、宋壮波、陈波、陈凯、陈娟、陈鑫磊、欧子曼、周雨琼、周波、周慧慧、姜胜平、夏轲、郭丽、唐艳、彭程、彭宇桓、童丽霞、廖海华、谭亮、熊胜羿28人组成共青团国家税务总局益阳市税务局系统工作委员会，宋壮波任书记，陈波、彭程、陈鑫磊、刘亮、谭亮、姜胜平任副书记。

2022年4月，共青团国家税务总局益阳市税务局机关委员会换届选举大会召开，选举产生共青团国家税务总局益阳市税务局机关委员会第二届委员。由蔡舟、刘亮、龚佳培、曾泽锋、曾东妮5人组成，蔡舟任书记，刘亮任副书记，龚佳培任组织委员，曾泽锋任宣传委员，曾东妮任纪律委员。6月，经共青团益阳市委同意，益阳市税务局党委研究决定：李出任共青团国家税务总局益阳市税务局系统工作委员会书记；张激光任共青团国家税务总局益阳市税务局系统工作委员会常务副书记（主持工作）；蔡舟、杨桂平、陈志、李微、姜胜平任共青团国家税务总局益阳市税务局系统工作委员会副书记。

（二）团的工作与活动

1990年，益阳地区税务系统共青团工作开始走上正轨，益阳地区税务系统共举办青年学习班7期，453人参加；组织青年演讲会7次，65人上台演讲；上街开展税法咨询8次，解答群众提问173个；为灾区捐款4500元；依托《税讯》开办“学、比、争”活动简报34期；《桃江县局开展学习雷锋十个比比看》被《经济税务报》采用，《心系回乡情更浓——记李芝兰》和《桃江城关税务所铁姑娘队与小伙子队开展竞赛活动》被《湖南税务简讯》采用，《扎根基层锻炼成长——记税务专管员谌丽君》被《益阳日报》采用。是年，益阳地区税务系统有2个团委（总支）被所在县市团委评为先进团委（总支），5个团支部被评为先进团支部。桃江县税务局团总支自办《税务青年乐园》18期，连续三年被桃江县团委评为先进团总支。

1991年，益阳地区税务系统团的组织全面实行垂直管理。各级团组织结合税收工作开展“学雷锋、树新风”“我为税收工作添光彩”活动，地区税务局树立李芝兰、江卫凯等青年典型，在青年中掀起学先进、赶先进热潮。益阳地区税务系统60名青年被评为优秀专管员，100名青年被评为先进工作者，50名团员被评为优秀团员。

1996年，市国税局共青团组织关系由团市委转至市直团工委，及时理顺组织关系，并对4个团总支、18个团支部班子作调整。

1996年，市国税局团委给每位团员配发团员证，组织达到退团年龄的团员召开座谈会，办好退团手续。推荐达到符合入党要求的团员入党，全年共有6名团员加入中国共产党。在抗洪救灾中，组织4支青年突击队，青年团员参加抗洪救灾56人次。组织参加市直团工委“三湘青年救灾大行动”，共交纳特殊团费2400元，棉被5床，棉衣棉裤17套。组织各团总支骨干参加市直团工委在安化举行的团干培训班，提高团干部素质。注重团组织建设，组织开展“青年文明号”创建，桃江县国税局三堂街征收分局被授予1996年度省级“青年文明号”。

1997年，益阳市国税系统推荐先进青年典型，桃江县国税局石牛江征收分局局长汪文革被团省委授予湖南省首届“十杰青年卫士”称号，市国税局三分局兰溪征收分局专管员陈立霞被团市委授予市直“十佳青年”称号。

1998年，市国税局以青年团组织为主组织开展“青年文明号”创建活动，市国税局四分局征收管理科先后被评为市级、省级“青年文明号”；积极推荐优秀团员青年入党，新入党的干部职工90%是青年干部，为党组织输送优秀人才。

1999年，市国税局直属机关团委进行换届选举。组织举办庆祝五四运动80周年文艺联欢会，通过演讲比赛、歌唱比赛活动，陶冶青年情操。是年，市国税局同团市委联合表彰“青年文明号”4个，联合表彰“青年岗位能手”8名。

2000年，市国税局直属机关团委组织开展创先争优活动，推荐市国税局三分局青年干部肖锋为市直“十优青年”并受表彰。市国税局直属机关团委被评为1999年度市直团的工作先进单位。

2015年5月，市国税局开展“青春志·国税梦”五四青年节主题活动，组织市国税局机关、直属单位全体青年干部和县市区国税局优秀青年干部代表召开青年干部座谈会，并到龙岭工业园艾华电子股份有限公司参观学习。

2018年3月，市国税局机关开展2018年学雷锋志愿服务活动。5月，开展“以老带新　传承税务精神”暨五四青年节专题活动，组织益阳市税务系统优秀青年代表召开座谈会，参观益阳市智慧农业第一村，安排指导老师就如何做好新进人员思想引导、帮助新进人员做好职业生涯规划、提升能力素质、传播税务文化等进行分享。

是年，市税务局机关团委夯实共青团工作组织基础，完成智慧团建系统录入，组织机关团委委员前往芷江抗日受降纪念馆和向警予纪念馆开展“缅怀革命先烈　传承革命精神”爱国主义和党性教育活动，增强爱党爱国热情；选派团委委员参加团市委和省税务局组织的团干培训班，让团干部增长知识，提升能力。

2019年，市税务局机关团委副书记彭程被聘任为共青团益阳市委2019—2020年青年咨询团成员。市税务局机关团委组织干部在益阳市义工联网站注册志愿者258位，注册率达88%；组织市税务局机关志愿者开展“全民学雷锋，共创文明城”、无偿献血、爱心护考、图书漂流捐赠书籍、精准扶贫、创文宣传、文明劝导等志愿服务活动；组织税务青年到秀峰公园、“七一五”社区开展“减税降费送政策　税务青年在行动”“减税降费春风行动”等活动，青年干部人均参加志愿服务活动3次以上。组织青年干部编排歌舞《美丽中国》，在全市税务系统迎新春文艺会演活动中展示“四合”成效。在纪念五四运动100周年节点，组织税务青年参观丰堆仑革命旧址，并开展融党建知识、减税降费、文明创建、扫黑除恶、五四运动等为主要内容的趣味知识抢答赛。是年，在湖南省税务局系统团工委年度工作会议上，市税务局就青年工作做经验介绍。

2020年，市税务局组织开展“有政策我来送、有疑惑我来答、有困难我来帮”志愿服务活动，市税务局机关团委组织10名青年业务骨干前往华夏人寿保险益阳中心支公司等4户企业，发放税收优惠政策指引手册，宣讲税收优惠政策，解答企业困惑。市税务局青年服务企业的照片被团省委微信公众号刊发，获省税务局系统团工委书记点赞。组织开展“税务青年英才”选拔，通过广泛宣传、层层推选、严格审核等流程，彭程、胡钊坤、周波、赖金琳、田志鹏、李新、文科、左俊杰、刘旭、王正宇10人被认定为益阳市税务系统2018—2019年度“税务青年英才”，胡钊坤被认定为湖南省税务系统“税务青年英才”。组织开展“青年大学习　建功新税务”税务青年讲团课比赛，龚佳培获得一等奖，章宇潇、何曼婕、杨婧获得二等奖，娄文谦、罗婷予、吴红、何敏慧、刘文峰、彭梦妮获得三等奖。是年，市税务局机关团委组织开展走访纳税人、读书分享会、捐书助学、献血、扶贫等志愿服务活动50次。

2021年，市局税务机关团委组织开展“青年大讲堂”活动，为青年干部搭建风采展示平台，助力税务青年干部在常学常新中提升理论素养，增强政治本领。青年大讲堂活动，采取专题讲授与个人研读相结合、重点发言与集体讨论相结合、文本学习与视频视听相结合等方式，通过学习交流、读书分享、朗诵演讲、授课讲解、教育培训、才艺展示等形式，搭建起税务青年学习交流平台、品悟国学平台、团建理论研讨平台、青年推优举荐平台，提升青年税务干部政治素质、业务素质、创新素质、道德素质。青年大讲堂活动配合五四专题活动、中国共产党成立100周年系列活动，以及“道德大讲堂”、兴趣小组等活动统筹开展，每两月安排1次。市税务局系统团工委组织开展“就认这个理”青年微党课竞赛活动，叶海燕获得一等奖，龚佳培、周倩、龚丽莎获得二等奖，彭倩、夏倩、周翔、何敏慧、李齐龙获得三等奖。开展“弘扬五四精神　争当有为青年”主题团建活动，市税务局机关团委组织青年干部到益阳市现代农业改革发展示范区重温入党誓词，参观“一碑五馆”，开展党史知识抢答赛和趣味团建活动。

2022年，共青团益阳市委、益阳市税务局联合开展“税务青年英才”支持计划，“税务青年英才”每两年一次，每次认定10名，面向益阳市税务系统40岁以下青年干部职工。7月，曾东妮、李家煌、胡世泉、夏奔、于瑶、彭辈、伍韬、廖汉恺、李聪敏、喻魁10人被认定为益阳市税务系统2020—2021年度“税务青年英才”。市税务机关团委组织机关青年干部到“山乡巨变第一村”清溪村开展主题团建活动，纪念五四运动103周年，庆祝中国共青团成立100周年。

第二节　社会组织

一、税务学会

1990年，益阳地区税务学会以征管改革为重点课题，开展广泛调查研究，11月在桃江召开第十次税收理论研讨会；编辑《税收知识台历》，发行量达12万册。税志工作在完成地方志的基础上，专业志基本成稿。

1991年，益阳地区税务学会选用6篇论文参加湖南省税务学会召开的片组税收理论研讨会，受到与会代表和省学会领导的好评。7月20日召开第三届会员代表大会，回顾学会五年工作，选出新的理事会和常务理事会，产生会长、副会长和秘书长、副秘书长，聘请名誉会长、顾问和荣誉理事，根据客观情况和现实需要修改学会章程。益阳地区税务学会先后派员参加在咸阳召开的全国性城市税收信息联络中心联席会议，加强税收信息交流，参加昆明市、西安市的全国性地市级刊物编辑协作会议，2篇论文被评为全国部门地、市税收专业优秀论文奖。编辑1992年《税收知识台历》，由中国财经出版社出版发行，在国内得到好评。

1992年3月，益阳地区税务学会研究课题3个，子题16个，包括如何建立统一的企业所得税制子题10个、如何进一步理顺税制结构模式子题3个、关于改革流转税制子题3个，通过调查研究、收集资料、了解情况、组织撰写，共写出论文22篇，其中所得税方面10篇、税制结构方面5篇、税利分流方面3篇、其他课题4篇，编辑出版《益阳税务论文专辑》，其中有7篇论文被收集编入湖南省税收科研第一组编辑出版的《求实与探索》。

1993年，益阳地区税务学会对“关于税收征管改革研究”课题进行研究，撰写论文13篇，其中5篇论文在课题组永顺研讨会上发言交流，8篇被湖南省税务学会采用，编入第23期《探索与求实》论文专辑。

2005年，市国税局税务学会工作扬帆再起，召开益阳市税务学会成立大会，选举新的学会成员，积极开展调研活动。

2006年，益阳市税务学会围绕税收中心工作，以税收理论调研和学术研究为重点，深入开展调查研究，撰写一批有分量的调研作品，举办学会第二次理事会议，学会日常工作逐步规范化。

2009年，益阳市税务学会做好信息调研和税务学会工作，重新制订信息调研工作考核办法，信息调研工作有新的起色。

2010年，益阳市税务学会举行换届选举，明确科研课题12个，依托学会平台开展税收科研。

2015年7—8月，益阳市税务学会联合益阳市委办公室、益阳市经济学会共同组成9人的调研小组，深入益阳市各区县、常德市、岳阳市、长沙市、湖北省荆州市等洞庭湖生态经济区相关单位和企业开展“税收服务洞庭湖生态经济区建设”专题调研，在调查分析的基础上深入研究支持洞庭湖生态经济区建设的税收政策和征管措施。12月，市国税局印发《益阳市国家税务局关于加强税务学会工作的通知》，切实加强学会组织建设，规范管理，成立县市区级学会机构，建立健全学会工作制度，加强对学会工作的领导。

2016年11月，益阳市税务学会等单位以服务税收中心工作为宗旨，加强学会组织管理，开展学会业务活动，出色完成各项工作，被湖南省税务学会授予“先进学会”称号。

2021年9月，益阳市税务学会第四次会员代表大会召开，选举产生益阳市税务学会第四届理事会，由41人组成，常务理事会由9人组成，曾国华当选会长，陈波、周雷奕当选副会长，陈波兼任秘书长，会议通过益阳市税务学会章程。10月，益阳市税务学会、益阳市国际税收研究会印发《关于加强县市区局税务学会、国际税收研究会工作的指导意见》，推进益阳市税务系统税收科研工作开展。11月，益阳市税务学会、益阳市国际税收研究会在安化县税务局举办税收科研培训暨重点税收课题研讨会。

2022年，益阳市税务学会、益阳市国际税收研究会精选科研课题，在明确重点课题的基础上，推动市、县税务局领导班子成员每人负责一项税收科研或工作调研课题，由获得省、市税务局“十佳文秘”称号的干部和基层一线干部参与配合。采取“揭榜挂帅”形式吸引税务系统内外的研究人才认领任务，牵头落实，通过跟踪管理和定期推进，打造科研精品力作。坚持税务学会和国际税收研究会轮流办刊机制，办好全年4期《益阳税务》杂志，办好《税收调研报告》刊物，让更多科研成果进入各级领导视野。

二、国际税收研究会

2012年6月15日，益阳市国际税收研究会成立大会暨第一届会员代表大会召开。益阳市地税系统、益阳市国税系统48名代表参加会议，会议选举产生第一届国际税收研究会领导机构组成人员，莫国云当选为益阳市国际税收研究会第一届会长，表决通过《益阳市国际税收研究会章程（草案）》。

2016年4月，市地税局“居民企业境外所得风险管理策略的国际借鉴研究”被湖南省地税局评为2015年度国际税收研究会优秀调研课题成果一等奖。

2017年4月，市地税局国际税收研究会“关于‘营改增’后壮大地税收入 发展县域经济的思考”获得2016年度国际税收研究会优秀调研课题成果三等奖。

2021年9月，益阳市国际税收研究会第二次会员代表大会召开，选举产生益阳市国际税收研究会第二届理事会，由37人组成，常务理事会由9人组成，郭光明当选会长，罗松柏、刘志华当选副会长，罗松柏兼任秘书长，会议通过益阳市国际税收研究会章程。

2022年11月，市国际税收研究会与市茶叶学会、市烟草学会、市人工智能学会、市电机工程学会在市税务局举办“学习党的二十大精神 奋进新时代新征程”主题党日活动，推动5个党组织联学联建。

第二篇

税费种类

第一章　流转税类

第一节　工商统一税

工商统一税是1958年税制改革时设置的税种，由原有的商品流通税、货物税、营业税和印花税简化合并而成。1958年，国务院颁布《中华人民共和国工商统一税条例(草案)》，从公布之日起试行。工商统一税以一切从事工业品生产、农产品采购、外贸进口、商业零售、交通运输和服务性业务的单位和个人为纳税人，以在生产、经营活动中产生的商品流转额和非商品流转额为课税对象。按产品和业务经营类别分别设定税目税率，分为工农业产品和商业零售、交通运输及服务性业务两大部分。工农业产品部分设计105个税目，按税目设计税率；商业零售、交通运输及服务性业务部分，采用划分类别和项目的办法设计税率。1973年起，除在中国境内开办的外商投资企业、中外合资企业和外国企业征收仍继续执行工商统一税外，对其他企业废止执行。

1994年1月1日，依据《全国人民代表大会常务委员会关于外商投资企业和外国企业适用增值税、消费税、营业税等税收暂行条例的决定》，《中华人民共和国工商统一税条例(草案)》自1994年1月1日起废止，益阳地区停止征收工商统一税。

1990—1993年益阳地区征收工商统一税统计表

表2-1　　　　单位：万元

合计	1990年	1991年	1992年	1993年
613	66	81	122	344

第二节　产品税

产品税是以生产、进口或采购的特定产品为征税对象，对其流转额征收的一种税。1984年工商税制全面改革，将原工商税征税对象中部分工业品和农、林、牧、水产品划作产品税的征税对象，形成了独立的产品税。1984年9月28日，国务院发布《中华人民共和国产品税条例（草案）》，自1984年10月1日起施行。产品税以在中华人民共和国境内从事生产和进口条例规定应税产品的单位和个人为纳税人，以产品销售收入的金额和规定的税率或者产品的数量和规定的税额计算纳税。产品税税目分工业产品和农、林、牧、水产品两部分，工业产品分为24类、260个税目，农、林、牧、水产品10个税目，税率最低为3%，最高为60%。从事工业品生产的纳税人，分别根据产品销售收入的金额和规定的税率或者产品的数量和规定的税额计算纳税。生产应税农、林、牧、水产品的单位或个人，产品交售给国营、集体收购单位的，由收购单位根据收购所支付的金额和规定的税率计算纳税；产品销售给其他单位和个人的，由销售者根据产品销售收入的金额和规定的税率计算纳税。进口产品的纳税人，应在产品报关进口后，根据其数量，按照规定的组成计税价格和规定的税率计算纳税。委托加工的产品，委托方为工业企业的，视同本企业自己生产的产品。委托方不是工业企业的，由委托方纳税。缴纳产品税的期限，由当地税务机关根据纳税人应纳税款数额的大小分别核定，最长不超过一个月。

1994年1月1日，依据国务院发布的《中华人民共和国增值税暂行条例》,《中华人民共和国产品税条例（草案）》自1994年1月1日起废止，益阳地区停止征收产品税。

1990—1993年益阳地区征收产品税统计表

表2-2　　　　　　　　　　　　　　　　　　　　单位：万元

合计	1990年	1991年	1992年	1993年
25042	5676	6469	5289	7608

第三节　增值税

一、税种简介

增值税是以商品（含应税劳务）在流转过程中产生的增值额作为计税依据而征收的一种流转税。1984年9月18日，国务院发布《中华人民共和国增值税条例（草案）》，自1984年10月1日起施行。增值税以在中华人民共和国境内从事生产和进口本条例规定应税产品的单位和个人为增值税的纳税人，根据产品销售收入的金额，按照规定计算纳税。增值税对12个行业和产品征收，分别适用6档税率，并将增值税应税产品分为甲、乙两类，分别适用“扣额法”和“扣税法”。1987年起，对所有行业统一采用“扣税法”征收增值税，具体操作上分别采用“购进扣税法”和“实耗扣税法”，增值税的征收范围扩大到31类产品，下设125个子目，税率8%—45%。1989年起，为解决增值税计算方法上存在的问题，在全国进行价税分流购进扣税法的试点，模拟价外税，在会计核算上将价、税分离，进行不含税成本核算。1993年7月起，统一采用“购进扣税法”计算征收增值税。1993年12月13日，国务院发布《中华人民共和国增值税暂行条例》，全国人大公布《关于外商投资企业和外国企业适用增值税、消费税、营业税等税收暂行条例的决定》，内外资统一征收增值税，自1994年1月1日起施行。条例规定：在中华人民共和国境内销售货物或者提供加工、修理修配劳务以及进口货物的单位和个人，为增值税的纳税人，缴纳增值税。增值税分为二档税率，基本税率为17%，低税率为13%。纳税人销售货物或者应税劳务，按照销售额和规定的税率计算并向购买方收取的增值税额，为销项税额；纳税人购进货物或者接受应税劳务，所支付或者负担的增值税额为进项税额，应纳税额为当期销项税额抵扣当期进项税额后的余额。出口环节实行零税率，小规模纳税人适用6%的征收率。1998年7月1日起，商业小规模纳税人的征收率由6%调减为4%。2008年11月5日，国务院修订通过《中华人民共和国增值税暂行条例》,自2009年1月1日起施行。增值税由生产型向消费型转型，购进的机器设备的进项税额可直接全额抵扣。2013年8月1日起，全国实施“营改增”改革，对交通运输（不含铁路运输）以及部分现代服务业（简称“1+7行业”）进行统一试点，“1+7行业”由营业税改征增值税，增值税税率增加至17%、13%、11%、6%，共4档。2014年1月1日起，对铁路运输业和邮政业纳入“营改增”试点。2014年7月1日起,将6%、4%和3%的征收率统一调整为3%。2016年5月1日起，实施“营改增”全面试点，试点范围扩大到建筑业、房地产业、金融业、生活服务业，企业新增不动产也全部纳入增值税抵扣范围。2017年7月1日起，简并增值税税率，取消13%的增值税税率，将13%的增值税税率下调至11%，增值税税率从四档变为三档。2017年11月19日，国务院公布《国务院关于废止〈中华人民共和国营业税暂行条例〉和修改〈中华人民共和国增值税暂行条例〉的决定》，自公布之日起施行。2018年5月1日起，应税销售行为和进口货物的增值税，从原来的17%和11%，分别调整为16%、10%。2019年4月1日起，将制造业等行业现行16%的税率降至13%，将交通运输业、建筑业行业现行10%的税率降至9%。至2022年底止，增值税率共3档，分别为13%、9%、6%，小规模纳税人征收率为3%，出口环节实行零税率。

二、税种管理

2001年6月，市计划委员会、市国税局印发《关于做好2001年饲料免征增值税有关事项的通知》，就饲料免征增值税对象的确定，免税产品企业应当提供的资料，审批程序，产品检验，抽样时限等进行规范和明确。11月，市国税局印发《关于明确增值税管理有关问题的通知》，就增值税有关问题明确如下：1. 对商贸企业一般纳税人认定应报送的资料和报批程序进行进一步明确。2. 对跨月份的发票一律不得开具红字发票。3. 如果销售方开具的发票联和抵扣联无法收回且已在对方认证的，销货方必须凭对方所在地税务机关开具的企业进货退出及索取折让证明单开具红字专用发票。4. 如果销售方开具的发票联和抵扣联能够收回且抵扣联在对方未认证的，应收回原开具的发票予以作废，企业已作了销售的由企业写出报告，经县市分局审批确认后允许冲减其销售额及销项税额。

2003年7月，为加强废旧物资回收经营业务增值税管理，市国税局印发《废旧物资回收经营业务增值税管理办法》，就废旧物资回收经营业务企业增值税免税资格认定，废旧物资货物销售发票领购、填开和使用，废旧物资经营核算，免税资格认定实行年审制度等进行规范和明确。

2004年2月，为进一步加强增值税有关农产品发票抵扣凭证管理，市国税局印发《农产品发票增值税抵扣管理办法》，自2004年3月1日起执行。办法规定：1. 凡增值税一般纳税人取得农产品发票，并应计算抵扣进项税额的，均适用本办法。2. 农产品生产经营企业均要进行农产品生产经营企业发票购领资格认定，凡未通过资格认定的，不得购领使用农副产品收购发票和普通发票，其取得的农产品发票不得作为抵扣凭证。3. 纳税人取得所有需要计算抵扣增值税进项税额农产品发票，应根据相关农产品发票逐票填写增值税农产品发票抵扣清单，在进行增值税纳税申报时一同报送，未报送增值税农产品发票抵扣清单或未按规定要求填写增值税农产品发票抵扣清单的，其农产品发票进项税额不得抵扣。4. 主管国家税务机关在受理申报时，应对增值税纳税申报表附列资料数据与增值税农产品发票抵扣清单数据进行比对，如不一致要退回纳税人重新申报。5. 农产品生产经营企业一次性收购免税农产品金额在1000元以上的支付货款时应通过银行结算，并在收购发票上注明纳税人识别号或身份证号码，凡未通过银行结算或收购发票填写不全的，均不得作为增值税扣税凭证。6. 农产品收购发票和农产品普通发票视同增值税专用发票予以管理。7月，市国税局印发《关于进一步加强商贸企业增值税管理的通知》，要求做好对新办商贸企业增值税一般纳税人的认定管理及增值税的征收管理，不得有任何形式的变通，对凡不符合国家税务总局《关于加强新办商贸企业增值税征收管理有关问题的紧急通知》文件规定的以及货物来源地和货物销售地均未在本地的商贸企业，主管国税机关要坚决取消其一般纳税人资格。

2005年9月，市国税局印发《关于进一步加强废旧物资增值税管理的通知》，就加强废旧物资增值税管理有关问题进一步明确如下：1. 关于产废企业和利废企业废旧物资增值税问题：利废生产企业（增值税一般纳税人）从产废企业（增值税一般纳税人）处购进的下脚废料，必须凭产废企业开具的增值税专用发票抵扣进项税额；工业企业从产废企业（小规模纳税人）处购进的下脚废料，必须凭产废企业所在地税务机关代开的增值税专用发票抵扣进项税额；产废企业销售下脚废料必须开具增值税专用发票或普通发票，按规定缴纳增值税。2. 关于废旧物资回收经营单位废旧物资增值税管理问题：废旧物资回收经营单位购进的废旧物资除收购城乡居民个人及非经营单位的废旧物资外均应取得销售方开具的普通发票；回收企业购进废旧物资应取得普通发票而未取得的，由回收企业到所在地主管国税机关办税服务厅代开发票并按规定缴纳增值税；回收企业购进的废金属、废金属化合物、废化工产品以及明显来源于小规模纳税人的废旧物资不论来源渠道均应取得普通发票；对于由外省城乡居民个人及非经营单位采取送货上门经营性质的，经税源管理科（税务分局）实地查验，核实票、货、款的真实情况并由税企双方经办人在废旧物资报验单上签字确认后，作为开具收购凭证的依据；对于由外省个体经营者采取送货上门经营性质的，由个体经营者提供普通发票，作为开具废旧物资销售发票的依据；对于利废企业从省外免税回收企业购进的废旧物资，凭销货方开具的废旧物资货物销售发票或增值税专用发票抵扣进项税额。3. 关于发票使用问题：回收企业开具收购发票的范围限于收购城乡居民个人生活废弃物及非经营单位的废旧物资；收购城乡居民个人的废旧物资，回收企业应在收购发票上如实填写出售人居民身份证号码，并附出售人居民身份证复印件，收款人应在收购发票上签具真实姓名；回收企业收购非经营单位的废旧物资，其收购发票“出售人”栏填写非经营单位全称，并填写非经营单位的组织机构代码，并附加盖该单位公章的组织机构代码证书复印件或出具该非经营单位的证明文书。

2007年7月，为加强废旧物资经营业务增值税管理，堵塞税收管理漏洞，市国税局印发《关于加强废旧物资经营业务增值税管理问题的通知》要求：1. 加强对废旧物资行业税收清查，对不符合废旧物资收购发票填开范围的，要立即停止废旧物资收购发票的发放，凡未设置废旧物资明细账和实物台账，未逐笔记录废旧物资购、销、存情况，未在购销业务记账凭证上附过磅单、验收单、付款凭证和运费凭证的，要限期实施整改，整改达不到要求的，取消其免税资格。2. 按照增值税纳税评估管理要求，要按月对下列单位开展纳税评估：增值税税负低于 5% 的利废企业；本期投入的废旧物资及其他购进货物占本期成本比例高于 80% 的利废企业；年销售废旧物资 1000 万元以上的回收单位；年废旧物资进项税额抵扣 100 万元以上的利废企业；废旧物资进项税额占全部进项税额 50% 以上的利废企业。3. 加强废旧物资收购发票管理。是月，为积极稳妥做好增值税一般纳税人“一窗式”管理的推行及“四小票”新采集运用、汇总纳税及辅导期管理的一般纳税人纳税申报表填报方式改变等工作，市国税局印发《关于做好增值税一般纳税人纳税申报“一窗式”管理操作规程推行等几项工作的通知》。

2008 年 11 月，为加强对利废企业的增值税管理，堵塞税收漏洞，防止税收流失，市国税局印发《关于利废企业的增值税纳税评估办法（试行）》，自 2008 年 11 月 1 日起执行。评估办法就增值税一般纳税人利废企业的各项数值指标的确定，建立利废企业主要指标预警值，预警指标监控，定期实地核查制度，核对利废企业的留存发票和申报清单，重点监控对象的纳税评估，评估结果处理等作出具体规定。

2009 年 5 月，为进一步加强农业产品收购业务增值税管理，强化税源监控，堵塞税收管理漏洞，市国税局印发《益阳市农业产品收购业务增值税管理办法（试行）》，自 2009 年 6 月 1 日起施行。《益阳市农业产品收购业务增值税管理办法（试行）》共 7 章，从总则、登记管理、发票管理、纳税申报管理、抵扣管理、评估监控管理、附则等方面作出具体规定。

2010 年 3 月，为加强木竹加工行业税收征收管理，规范税收征收和缴纳行为，堵塞税收漏洞，保障国家税收收入，市国税局印发《益阳市木竹加工行业税收管理办法》，自 2009 年 8 月 1 日起施行。主要内容如下：1. 凡在我市境内从事木竹加工的单位和个人（以下简称纳税人），均适用本办法。2. 纳税人应当自领取工商营业执照之日或未办理营业执照但经有关部门批准设立之日起 30 日内持有关证件、资料向主管国税机关申报办理税务登记。3. 主管国税机关应当对辖区内已开业从事生产经营的纳税人逐户进行实地调查摸底，建立木竹加工行业纳税人基本情况表，记录纳税人的基本情况和生产经营动态，切实加强源泉控管。4. 主管国税机关根据纳税人财务核算情况，分别采取不同征收方式：对财务核算健全的纳税人，实行查账征收方式；对财务核算不健全的纳税人，凡能准确核定其单位产品耗电比率或者取得林业部门放行产品名称及数量的，实行查定征收方式；对财务核算不健全的纳税人，凡属临时性生产经营或者不能准确核定其单位产品耗电比率且又不能取得林业部门放行产品名称及数量的，实行定期定额征收方式。5. 符合增值税一般纳税人认定条件的纳税人，应当向主管国税机关申请认定增值税一般纳税人资格，按照一般纳税人申报要求报送相关报表及其附列资料；符合增值税一般纳税人认定条件的纳税人，但不申请办理一般纳税人手续的，按销售额依照增值税税率计算应纳税额，不得抵扣进项税额，也不得使用增值税专用发票。6. 采取查定征收方式的纳税人，实行“以电定产，以产定销”或者根据林业部门放行产品的名称及数量确定征收增值税。7. 实行定期定额征收方式的纳税人应纳增值税额，运用个体工商户定额核定系统，参照同行业纳税人税负水平计算确定，可实行简并征期方法。8. 对实行查定征收或者定期定额征收方式的纳税人，可委托林业部门代征税款。9. 纳税人应按照有关规定领购、使用、保管和缴销发票。10. 主管国税机关应建立与当地有关部门的联系制度，形成征管合力。11. 主管国税机关稽查部门应加强与税源管理部门对木竹加工行业税收检查信息的交换和共享，加强对木竹行业税源控管。12. 主管国税机关应按照有关规定，开展对木竹行业纳税人的纳税评估工作。13. 主管国税机关应为纳税人提供税务咨询和纳税辅导，积极引导和帮助纳税人采用多元化纳税申报方式申报缴纳税款。5 月，市国税局下发《关于湖南省电力公司益阳电业局城区各单位集中缴纳增值税的通知》，从 2010 年 5 月 1 日起，益阳电业局城区（赫山区、资阳区、高新区）所辖 7 个单位增值税，统一由益阳电业局财务管理中心单位向益阳市赫山区国家税务局缴纳。6 月，为切实加强建筑安装工程耗用材料增值税协控联管工作，益阳市人民政府办公室印发《关于加强建筑安装工程耗用材料增值税协控联管工作的通知》，按照“加强领导、密切配合、协控联管和以票（证）控税、先税后证（检）、先税后拨”的原则，切实加强建筑安装工程耗用材料税源管理，强化征管措施，堵塞征管漏洞，严防税款流失。7 月，为进一步加强建筑安装工程耗用材料增值税管理，堵塞征管漏洞，减少税款流失，市国税局发布《益阳市建筑安装工程耗用材料增值税管理办法》的公告（2010年第1号），自2010年7月20日起施行。公告主要内容：建筑安装工程耗用材料增值税管理，实行建筑工程项目及施工备案管理制度和建筑安装工程耗用材料发票查验管理制度以及税务管理制度。凡在益阳市境内从事建筑安装工程的单位和个人，其建筑安装工程纳入基建项目管理的，开工前均应到所属区、县（市）国税局主管国税机关进行备案登记。耗用材料发票审核查验：建筑安装工程由施工单位和个人包工包料的，以施工单位和个人为审核查验对象，建筑安装工程由建设单位自备材料、施工单位和个人只负责施工的，以建设单位为审核查验对象。查验审核应税耗用材料的发票包括钢材、水泥及制品、砖瓦、河砂、砂石（山石、石灰）、电器工程材料、沥青、瓷砖、铝合金门窗（玻璃）、水管配件、五金配件等所有建筑、装饰材料的购进发票。凡在我市境内从事建筑安装工程施工的单位和个人或建设单位和个人，其工程耗用材料必须索取由国税部门监制的合法真实有效发票，并凭合法真实有效发票付款、记账、结算；建筑安装工程耗用材料销售单位和个人无法提供合法真实有效发票的，由施工单位和个人或建设单位和个人督促其到工程所在地国税机关办税服务厅代开发票并缴纳税款；施工单位和个人或建设单位和个人在办理相关证件和工程预（决）算时，先接受各区、县市国家税务局及其主管国税机关的查验审核，然后凭国税部门提供的《益阳市国家税务局建筑安装工程耗用材料税收审核证明》方可办理相关证件和手续。凡未提供证明，由国税机关依法向施工单位和个人或建设单位和个人追缴税款。应补开发票并缴税的，补缴税款金额按如下公式计算：（一）应缴税款＝［工程预（决）算应耗建材数量－实际取得合法有效发票累计数量］× 定额单价/（1+3%）× 3%。（二）工程已完工，但不提供或提供虚假决算书或提供不出工程决算书的，应缴税款＝（工程总造价 × 国税机关核定耗用材料比例－实际取得合法有效发票金额）/（1+3%）× 3%。公式中“国税机关核定耗用材料比例”是指建筑安装工程项目耗用建筑材料金额占工程总造价的比例，确定为按工程总造价的60%核定。建筑安装工程施工单位和个人或建设单位和个人未按规定办理备案登记手续或发票报验审核的，列为税务部门重点稽查对象；涉及税收违法的，由国税机关按税收相关法律法规规定予以处罚。建筑安装工程施工单位和个人或建设单位和个人违反本办法规定，导致其他单位和个人未缴或者少缴税款的，由国税机关依法督促其追缴税款。建筑安装工程施工单位和个人或建设单位和个人购买建筑材料未按规定索取发票，导致其他单位和个人未缴或者少缴税款的，由国税机关依法督促其追缴税款。是年，市国税局组织开展对全市所有增值税一般纳税人2009年增值税和消费税的税收资料进行调查，共调查全市1681户增值税一般纳税人，20个行业大类，1021个行业细目，销售额310.95亿元，销项税额46.9514亿元，进项税额37.932亿元。从全市数据分析，入库增值税11.3492亿元，占总入库增值税的80.62%，增值税平均税负3.84%；计征消费税的销售额13.1282亿元，应缴消费税6865万元。

2011年1月，为加强商贸企业增值税的征收管理，防止不法分子利用增值税发票进行偷、骗税等违法犯罪活动，完善内部管理，提高商贸企业增值税征管质量，市国税局印发《关于加强商贸企业增值税一般纳税人管理的通知》，就商贸企业增值税一般纳税人资格认定条件、资格审批程序、监控管理，户籍迁移审批管理，税务登记注销管理和商贸企业增值税专用发票最高限额核定等内容作出具体规定。是月，市国税局在桃江县国家税务局召开全市农产品企业税收清理检查工作总结暨桃江现场经验交流会，会上通报了全市农产品企业税收清理检查情况和相关数据，桃江、沅江、安化3个局就加强农产品企业税收清理检查和收购发票管理作经验介绍。2月，市国税局组织开展商贸企业税收政策清理排查工作，全市共清理排查805户商贸企业增值税一般纳税人，评估补缴增值税132万元。3月，市国税局印发《关于切实加强农产品企业税收管理的意见》，就加强农产品企业的登记管理，严格农产品收购发票使用资格认定的调查、核实、审批；加强农产品企业发票管理，严格实行收购发票和专用发票限版（额）、限量、限期领购制度；加强农产品收购抵扣税管理，严格收购发票开具规定和实行双重审核制度；加强农产品企业税收监控、评估和税务稽查，严格执行税收政策法规；加强国税部门内控机制建设，严格农产品企业税收管理责任追究制度等方面作出具体规定。是年，市国税局组织开展对全市农产品抵扣税额占全部进项税额比例100%的企业实行限期整改和对农产品抵扣税额大户实施纳税评估工作，全市通过税收征管软件提供的数据，共对66户农产品企业实行限期整改，40户农产品抵扣税额大户实施纳税评估。

2012年2月，为进一步加强药品与医疗器械购销增值税管理，堵塞征管漏洞，减少税款流失，市国税局发布《益阳市药品与医疗器械购销增值税管理办法》的公告（2012年第1号），自2012年3月1日起施行。

公告主要内容：药品与医疗器械购销增值税协控联管工作，实行涉税信息共享与定期实地查验发票以及“以票（证）控税、先税后证、先税后拨”的协控联管办法。从事药品与医疗器械购销的单位和个人必须取得由国税部门监制的合法真实有效发票，凭合法真实有效发票付款、记账、结算，取得的发票必须与实际经营业务相符。各药品销售的单位和个人在医保报账前必须向主管国税部门申请开具益阳市国家税务局药品与医疗器械购销增值税协控联管证明单，国税部门应根据纳税人提供的资料按其不同的分类进行审核，做出税务处理，并根据实际情况开具证明单。凡不能提供证明单的，医保部门暂停款项支付。凡在我市境内从事药品与医疗器械购销业务的单位和个人，其销售的应税药品与医疗器械必须按税收政策有关规定缴纳增值税，同时开具由国税部门监制的合法真实有效发票；其购进的药品与医疗器械必须向销货单位索取由国税部门监制的合法真实有效发票。各区、县（市）国税局按照税收征收管理范围与工作职责，根据各地实际，对从事药品与医疗器械购销的单位和个人实行属地管理或专业化管理，组织专人成立专门机构，对药品与医疗器械购销增值税实施日常管理，包括组织对医疗卫生机构、药店的发票查验和证明单的前置审批；同时加强纳税申报辅导、发票管理及查验、纳税评估、日常检查等工作，并根据真实的纳税情况为纳税人开具证明单。督促所有药店健全财务管理，据实进行财务核算，实行查账征收；对建账确有困难的，经区、县（市）国税局批准，按核定征收的程序与办法，依照医保部门所提供的相关数据与相关比例测算的标准，进行核定征收。对未取得医保定点资格且账务不健全的其他药店，按照地域、经营项目、经营范围、营业场地等因素与核定税款的程序，依照定点报账药店的相关标准，同等核定其应纳税额。推进信息管税、以票控税，对所有药店全部安装税控收款机，对不按规定安装、使用税控收款机的药品批零单位和个人由同级税收协控联管工作领导小组办公室向医保部门提请暂停拨付其医保金额，经国税机关责令限期改正而拒不履行业务的，由医保部门取消其定点医保资格。税源管理部门对账务不健全的药品批发与零售企业核定收入时可按照其当期的医保报账金额与所占销售收入的比例进行测算，具体比率定在30%—60%，由各区、县（市）局确定，一经确定一年内不得调整，各区、县（市）局要将确定的比例上报市国税局备案。税务人员徇私舞弊或玩忽职守，不征或少征应征税款，或违规开具证明单，致使国家税收遭受重大损失的，将根据有关法律法规追究相关人员的责任。各类从事药品与医疗器械购销的单位和个人必须按规定接受国税部门的发票查验与税务检查，对拒不按规定接受发票查验与税务检查的，列为重点稽查对象，依法查处。涉嫌犯罪的，移送司法机关依法追究刑事责任。4月，为切实加强增值税一般纳税人管理及出口退税管理，市国税局印发《关于加强增值税一般纳税人管理及出口退税管理的紧急通知》，通知就增值税有关涉税事项审批，加强商贸企业税收政策执行情况清理排查，加强增值税日常管理及分析预警信息动态管理，加强注销税务登记管理，加强税务机关窗口代开增值税专用发票管理等方面提出具体工作要求。

2013年8月1日，益阳市实施“营改增”改革，对交通运输（不含铁路运输）以及部分现代服务业（简称“1+7行业”）进行统一试点，“1+7行业”由营业税改征增值税，益阳市436户纳税人纳入“营改增”范围，顺利完成“营改增”试点任务。益阳市“营改增”改革试点，从是年1月启动，市财政局、市国税局、市地税局联合印发《益阳市营业税改征增值税试点实施方案》，要求：1.以科学发展观为指导，稳步推进“营改增”试点，消除重复征税，减轻企业税收负担，加快现代服务业发展，促进我市经济发展方式转变和经济结构调整。2.试点范围按照国家统一政策执行。3.试点时间：自2013年1月1日开始启动试点前期准备工作，2013年8月1日完成新旧税制转换，开始实施试点。4.试点期间，由营业税改征的增值税由国家税务局征收，现行财政体制不作调整，改征增值税后的全部税收仍归属地方，因试点产生的财政减收，按现行财政体制由各级财政分别负担。5.成立试点工作领导小组，明确各部门工作职责。6.试点工作分两个阶段进行，2013年7月底前完成前期准备，2013年8月1日起正式组织实施。是月，市国税局、市地税局、市财政局发布《交通运输业和部分现代服务业营业税改征增值税发票代开问题的公告》（2013年第1号）。公告规定：交通运输业和部分现代服务业纳税人原在地税机关窗口代开发票自2013年8月1日起一律在国税机关窗口代开发票。纳税人提供交通运输业和部分现代服务业服务，应当使用国税机关监制的发票，不得使用地税机关监制的发票，地税机关代开的原公路、内河货物运输代开发票一律停止使用；提供货物运输业应税服务的增值税小规模纳税人，可自行领购或代开普通发票，如接受方索取货物运输业增值税专用发票的，可向主管国税机关办税服务厅申请代开货物运输业增值税专用发票；提供部分现代服务业应税服务的增值税小规模纳税人，可自行领购或代开普通发票，如接受方索取增值税专用发票的，可向主管国税机关办税服务厅申请代开增值税专用发票；没有在国税机关办理税务登记的“营改增”纳税人，临时需要代开发票，可向国税机关办税服务厅代开统一普通发票。

2015 年 1 月，根据《国家税务总局关于推行增值税发票系统升级版工作有关问题的通知》，为加强增值税发票系统升级版工作，市国税局成立推行工作领导小组，推行工作领导小组与“营改增”领导小组合并。同时加强对服务单位的监督管理，督促服务单位及时为纳税人进行培训和安装，及时解决纳税人操作中的实际问题，进一步优化技术服务，切实提高服务质量。

2016 年 3 月，为做好建筑业、房地产业、金融业、生活服务业从 2016 年 5 月 1 日起纳入“营改增”改革试点范围，确保“营改增”试点工作平稳有序推进，市国税局印发《益阳市国家税务局营业税改征增值税试点工作实施方案》。4 月，市国税局组织对市、县局领导、相关科室负责人以及全市办税服务厅人员共 135 人进行了“营改增”业务专项培训。

2017 年 5 月，为加强增值税管理，防范税收风险，营造公平的税收环境，有效防范和打击虚开虚抵税收违法行为，市国税局印发《2017 年整治虚开虚抵税收违法行为专项工作实施方案》，4 个月时间，整治虚开虚抵税收违法行为专项工作共查补税收收入 2258.66 万元，处理接受失控发票进项税额转出 946.92 万元。

2018 年，全市税务系统共对 153 户纳税人开展增值税风险应对，挽回增值税损失 2784 万元。

2019 年 3 月，针对国地税合并后从事货劳税政策业务的人员变动较大，市税务局组织举办全市货劳税政策业务培训，全市分管货劳税业务的局领导，税政科（股）长及增值税专干、出口退税专干和税源管理科（股）负责出口退税预警评估专干参加培训。

2022 年，全市税务系统共为 1343 户纳税人办理增值税留抵退税 24.43 亿元，其中小微企业占比 91.8%，退税 14.08 亿元。

1990—2022 年益阳市（地区）征收增值税统计表

表 2-3　　　　单位：万元

1990 年	7794	1996 年	32189	2002 年	46125	2008 年	112827	2014 年	236410	2020 年	508072
1991 年	8482	1997 年	32150	2003 年	41441	2009 年	140775	2015 年	225211	2021 年	546302
1992 年	9264	1998 年	32151	2004 年	49440	2010 年	176964	2016 年	300506	2022 年	354090
1993 年	16816	1999 年	29675	2005 年	65053	2011 年	201652	2017 年	443125	合计	5389232
1994 年	30893	2000 年	29335	2006 年	83657	2012 年	220353	2018 年	490015		
1995 年	34012	2001 年	34184	2007 年	100925	2013 年	244585	2019 年	504759		

第四节　营业税

一、税种简介

营业税是对在中国境内提供应税劳务、转让无形资产或销售不动产的单位和个人，就其所取得的营业额征收的一种流转税。1984 年 9 月 18 日，国务院发布《中华人民共和国营业税条例（草案）》，自 1984 年 10 月 1 日起施行。营业税以在中华人民共和国境内从事商业、物资供销、交通运输、建筑安装、金融保险、邮政电讯、公用事业、出版业、娱乐业、加工修理业和其他各种服务业的单位和个人，为营业税的纳税人，缴纳营业税。营业税分为 11 个税目，税率最低为 3%，最高为 15%。从事商品零售的纳税人，在商品销售后，以商品销售收入额为计税依据计算纳税；从事商品批发、调拨的纳税人，在商品销售后，以商品销售额减去销售商品购入原价后的差额为计税依据计算纳税；从事交通运输、建筑安装、金融保险、邮政电讯、公用事业、出版业、娱乐业、加工修理业和其他各种服务业务的纳税人，在取得营业收入后，以营业收入额为计税依据计算纳税。纳税期限由当地税务机关根据应纳税数额大小分别核定，最长不得超过一个月。1993 年 12 月 13 日，国务院发布《中华人民共和国营业税暂行条例》，全国人大公布《关于外商投资企业和外国企业适用增值税、消费税、营业税等税收暂行条例的决定》，内外资统一征收营业税，自1994年1月1日起施行。条例规定，在中华人民共和国境内提供条例规定的劳务、转让无形资产或者销售不动产的单位和个人，为营业税的纳税人，缴纳营业税。营业税分为9个税目，税率最低为3%，最高为20%。纳税人的营业额为纳税人提供应税劳务、转让无形资产或者销售不动产向对方收取的全部价款和价外费用。起征点为月营业额200—800元，按次纳税起征点为次（日）营业额50元。2008年11月10日，国务院修订通过《中华人民共和国营业税暂行条例》，自2009年1月1日起施行。营业税作了如下修订：转贷业务按全额征税；扣除凭证不符合法律、行政法规或者国务院税务主管部门有关规定的，项目金额不得扣除；应税价格明显偏低无正当理由，由税务机关核定营业额；境内保险机构为出口货物提供的保险产品免征营业税；增加以1个季度的纳税申报期，申报纳税期限由原来的次月1—10日延长为1—15日；保留营业税九档税目，取消营业税税目税率表中的征收范围；营业税起征点按期纳税的，为月营业额1000—5000元，按次纳税的，为每次（日）营业额100元。2016年5月1日起，实施"营改增"全面试点，益阳市停止征收营业税。2017年11月19日，国务院公布《国务院关于废止〈中华人民共和国营业税暂行条例〉和修改〈中华人民共和国增值税暂行条例〉的决定》，自公布之日起施行，营业税废止。

二、税种管理

1995年4月，为适应机构分设后税政业务工作需要，提高地税干部素质，市地税局组织各区（县、市）局的业务局长、税政科（股）长、营业税专干开展营业税政策业务全面培训。

1997年起，益阳市金融保险业营业税税率由5%提高到8%，其中，农村信用社1997年按5%征收，1998年起按8%征收。

1998年12月，为规范益阳市技术市场各项税收政策，进一步促进技术市场健康有序发展，市地税局、市科学技术委员会联合印发《益阳市科研单位技术转让收入免征营业税资格认定办法》《益阳市科研单位技术转让收入免征营业税审批办法》，自1999年1月1日起施行。认定办法规定：1.全市范围内科研单位技术转让收入免征营业税的资格认定工作由市科学技术委员会与市地税局负责办理，对符合条件的颁发统一印制的益阳市科研单位技术转让收入免征营业税资格证书，享受国家规定的税收优惠政策。同时对申请资格认定需要提交的材料和资格证书的管理进行规范和明确。2.审批办法规定：（1）凡由市以上科委和有关部门批准成立的科研单位，认定并核发了益阳市科研单位技术转让收入免征营业税资格证书的技术机构，应签订书面合同，并在合同签订30日内到市技术市场办公室办理认定、登记技术合同，使用益阳市技术贸易专用发票的手续。（2）益阳市技术贸易专用发票由市地税局统一管理，领用单位凭资格证书到市地税局办理领用手续。（3）经技术市场办审定属于技术转让的有效收入，移交市地税局审定，办理免征营业税手续，并由市地税局出具益阳市科研单位技术转让收入免征营业税审定通知单，科研单位可凭此通知单作为免征营业税的证明依据。（4）凡未取得资格证书的技贸机构，不得享受技术转让收入免征营业税的照顾，须照章纳税。

2000年起，益阳市调整娱乐业营业税税率，城市（区）由10%提高到14%，县（市）由10%提高到12%。

2001年5月起，益阳市再次将娱乐业营业税税率提高到20%。

2002年3月，市地税局印发《关于开展对行政事业单位收费项目税收清理的通知》，对行政事业单位免征营业税项目的收费进行了归类和整理并重新予以明确，对凡未列入名单项目的，一律按现行税收政策征收营业税。

2012年8月，市地税局印发《关于开展金融企业应收未收利息营业税金及附加自查申报的通知》，通知要求，本局辖区内所有银行金融机构及非银行金融机构，列入营业税自查申报范围，自查所属时间为2009年1月1日起至2012年6月30日止。自查内容为金融企业新增加的借款合同约定到期（含展期）日内的应收未收利息收入少计营业税金及附加情况；已收回并申报缴纳过营业税金及附加的利息收入允许从计税营业额中扣减。

2012年12月，为了规范益阳市城区旅游业税收征管，建立标准统一、税负公平、操作简便的征收方式，市地税局印发《关于统一城区旅游业营业税征收标准的通知》，从2013年1月1日起，城内三区旅游业以取得的全部价款和价外费用为征税依据，统一按折合税率1.5%征收营业税。

2013年10月，为理顺益阳市中心城区旅游业营业税征管秩序，促进益阳市旅游业健康发展，市地税局印发《关于明确中心城区旅游业营业税有关事项的通知》，从2013年7月1日起，对旅游企业取得全部价款和价外费用，但不能准确反映可扣除项目计算计税余额的，主管地税部门则按其取得的全部价款和价外费用的0.7%计征营业税。

2014年2月，市地税局印发《益阳市建筑安装行业"甲供材"营业税管理"一控四比对"操作办法》，即"一控"，对"甲供材"实行源头控管；"四比对"，对建安行业"甲供材"营业税管理做到出库与领用比对、耗材与标准比对、决算与入账比对、原值与申报比对。

1990—2022年益阳市（地区）征收营业税统计表

表2-4　　单位：万元

1990年	9367	1996年	8450	2002年	14906	2008年	52170	2014年	141395	2020年	542
1991年	9806	1997年	9935	2003年	18656	2009年	65199	2015年	133673	2021年	105
1992年	9247	1998年	10338	2004年	20425	2010年	75191	2016年	82677	2022年	346
1993年	12918	1999年	10845	2005年	24365	2011年	100080	2017年	4429	合计	1197162
1994年	6677	2000年	11376	2006年	30039	2012年	126179	2018年	5447		
1995年	7813	2001年	12032	2007年	40646	2013年	138947	2019年	2941		

注：2017—2022年征收数据为征收的营业税欠税。

第五节　消费税

一、税种简介

消费税是以特定消费品为课税对象所征收的一种流转税，是中国流转税体系中三大主体税种之一，国家在对货物普遍征收增值税的基础上，选择部分消费品再征收一道消费税，可起到限制奢侈消费、调节产品结构、保障财政收入的作用。1994年之前，只对从事生产和进口彩色电视机和小轿车的单位和个人征收特别消费税，1993年12月13日，国务院发布《中华人民共和国消费税暂行条例》，全国人大公布《关于外商投资企业和外国企业适用增值税、消费税、营业税等税收暂行条例的决定》，内外资统一征收消费税，自1994年1月1日起施行。条例规定：在中华人民共和国境内生产、委托加工和进口本条例规定的消费品的单位和个人，为消费税的纳税义务人，应当缴纳消费税。消费税设11个税目，征收消费税的消费品包括烟、酒及酒精、化妆品、护肤护发品、贵重首饰及珠宝玉石、鞭炮焰火、汽油、柴油、汽车轮胎、摩托车、小汽车等11种。消费税实行从价定率或者从量定额的办法计算应纳税额。实行从价定率的税率为3%—45%，黄酒、啤酒、汽油、柴油实行从量定额。1995年1月1日起，对金银首饰由生产环节征收消费税改为零售环节征收消费税，消费税税率调整为5%。2006年3月20日，《财政部 国家税务总局关于调整和完善消费税政策的通知》，对消费税政策做出调整，自2006年4月1日起执行。调整内容包括：新增高尔夫球及球具、高档手表、游艇、木制一次性筷子、实木地板税目；取消汽油、柴油税目，增列成品油税目，汽油、柴油改为成品油税目下的子目（税率不变），另外新增石脑油、溶剂油、润滑油、燃料油、航空煤油5个子目；取消护肤护发品税目，将原属于护肤护发品征税范围的高档护肤类化妆品列入化妆品税目；调整部分小汽车、摩托车、汽车轮胎、白酒的税目税率。2008年11月10日，国务院发布修订通过的《中华人民共和国消费税暂行条例》，自2009年1月1日起施行。新条例规定，在中华人民共和国境内生产、委托加工和进口本条例规定的消费品的单位和个人，以及国务院确定的销售本条例规定的消费品的其他单位和个人，为消费税的纳税人，应当依照本条例缴纳消费税。消费税设14个税目，征收消费税的消费品包括烟、酒及酒精、化妆品、贵重首饰及珠宝玉石、鞭炮焰火、成品油、汽车轮胎、摩托车、小汽车、高尔夫球及球具、高档手表、游艇、木制一次性筷子、实木地板等14种。消费税实行从价定率、从量定额，或者从价定率和从量定额复合计税的办法计算应纳税额。

二、税种管理

1996年1月，市国税局对全市的金银首饰及鞭炮焰火行业组织开展消费税大检查，共检查企业24户，查补消费税347万元。

2011年，市国税局组织开展消费税政策执行情况的专项检查，检查范围是2010年1月至2011年6月的消费税征管情况，重点清理白酒、啤酒、鞭炮焰火、实木地板、木制一次性筷子、摩托车、游艇等生产企业以及贵重首饰、珠宝玉石等零售企业的消费税征管情况。

益阳市（地区）1990—2022年征收消费税统计表

表2-5　　单位：万元

1990年	5	1996年	97	2002年	359	2008年	444	2014年	21635	2020年	64524
1991年	—	1997年	56	2003年	523	2009年	7375	2015年	40382	2021年	66507
1992年	—	1998年	40	2004年	491	2010年	13512	2016年	52981	2022年	69815
1993年	—	1999年	74	2005年	558	2011年	15867	2017年	54481	合计	568012
1994年	363	2000年	72	2006年	505	2012年	19494	2018年	57798		
1995年	185	2001年	199	2007年	542	2013年	19398	2019年	59730		

第六节　车辆购置税

一、税种简介

车辆购置税是车辆购置附加费实行费改税时设置的一个税种，2000年10月22日，国务院公布《中华人民共和国车辆购置税暂行条例》，自2001年1月1日起施行。条例规定：在中华人民共和国境内购置本条例规定的车辆的单位和个人，为车辆购置税的纳税人，应当依照本条例缴纳车辆购置税；车辆购置税的征收范围包括汽车、摩托车、电车、挂车、农用运输车。车辆购置税的计税价格根据不同情况，按照下列规定确定：纳税人购买自用的应税车辆的计税价格，为纳税人购买应税车辆而支付给销售者的全部价款和价外费用，不包括增值税税款；纳税人进口自用的应税车辆的计税价格的计算公式为：计税价格＝关税完税价格＋关税＋消费税；纳税人自产、受赠、获奖或者以其他方式取得并自用的应税车辆的计税价格，由主管税务机关参照本条例第七条规定的最低计税价格核定；国家税务总局参照应税车辆市场平均交易价格，规定不同类型应税车辆的最低计税价格，纳税人购买自用或者进口自用应税车辆，申报的计税价格低于同类型应税车辆的最低计税价格，又无正当理由的，按照最低计税价格征收车辆购置税；车辆购置税的税率为10%。2018年12月29日，全国人大公布《中华人民共和国车辆购置税法》，自2019年7月1日起施行，2000年10月22日国务院公布的《中华人民共和国车辆购置税暂行条例》同时废止。新税法主要做了如下修改：纳税人修改为"在中华人民共和国境内购置汽车、有轨电车、汽车挂车、排气量超过一百五十毫升的摩托车的单位和个人，为车辆购置税的纳税人，应当依照本法规定缴纳车辆购置税"。应税车辆的计税价格修改为：纳税人购买自用应税车辆的计税价格，为纳税人实际支付给销售者的全部价款，不包括增值税税款；纳税人进口自用应税车辆的计税价格，为关税完税价格加上关税和消费税；纳税人自产自用应税车辆的计税价格，按照纳税人生产的同类应税车辆的销售价格确定，不包括增值税税款；纳税人以受赠、获奖或者其他方式取得自用应税车辆的计税价格，按照购置应税车辆时相关凭证载明的价格确定，不包括增值税税款。删除了国家税务总局对最低计税价格的制定。

二、税种管理

2001年起，益阳市车辆购置税由市交通运输部门负责代征。

2005年起，根据《车辆购置税费改革人员财产业务划转移交工作的通知》精神，益阳市车辆购置税由市交通运输部门负责代征正式划转至市国家税务机关征管。

2007年8月，为切实加强摩托车、农用运输车车辆购置税征收管理，按照国家税务总局提出的“以票控税、网络比对、税源监控、综合管理”管理工作要求，市国税局印发《关于加强摩托车农用运输车车辆购置税征收管理的通知》《关于对摩托车农用运输车车辆购置税征管实行以票控税的通告》。对摩托车、四轮及以上农用运输车车辆购置税实行“以票控税”的管理办法：1. 车辆购置税纳税人购买应税车辆时，取得机动车销售统一发票发票联、抵扣联、报税联，其注册登记联暂留发票管理机关（国税机关），纳税人在向国税机关缴纳车辆购置税后，再取得机动车销售统一发票注册联办理车辆注册登记，以确保纳税人在向公安交警、农机监理“办理车辆登记注册前缴纳车辆购置税”的法规规定的落实；2.“以票控税”的控管范围包括摩托车、四轮及以上农用运输车；3. 购车人自购车之日起60日内，持“报税联”等相关资料缴纳车辆购置税，对于自购车之日起60日内未申报缴纳车辆购置税，依法加收滞纳金并依据有关法律法规给予处罚。

2013年6月，为进一步强化车辆购置税协税措施，防范偷逃车辆购置税行为的发生，市国税局印发《关于强化车辆购置税协税措施防范偷逃税行为的通知》，要求：1. 要切实落实车辆购置税有关协税文件精神，加强协调配合，切实加强与当地公安车管所、农机监理所等车辆管理部门的协调配合，及时沟通信息，规范车辆税收征收和登记管理秩序。2. 以启动新版车辆购置税完税证明为契机，加大车辆管理部门对《车辆购置税完税证明》真伪的查验力度和鉴别能力。3. 配备查验设备，加大防伪力度。4. 加强车辆购置税政策宣传，提高车主的纳税意识和防骗能力。

2014年5月，市国税局印发《关于开展全市2013年度车辆购置税筛查数据核查工作的通知》。通过与公安交警支队车辆管理所信息比对，共查出以假“完税证明”骗取机动车注册登记而未缴纳车辆购置税的车辆162辆，对其纳税人责令补缴车辆购置税及滞纳金，同时公安交警支队车辆管理所锁定欠税车辆，停办所有相关业务，直至补缴税款后方可恢复。

2017年11月，为进一步加强车辆购置税管理，防范税收风险，提升管理水平，市国税局印发《关于在受理车辆购置税申报中防范虚假机动车销售发票有关事项的通知》，对省内开具机动车销售发票的，只能以从税收管理系统导入发票信息的方式受理车购税申报计税价格；对省外开具的机动车销售发票，应查验真伪以确定其是否为有效的车辆价格证明。

2005—2022年益阳市征收车辆购置税统计表

表2-6　　单位：万元

2005年	4091	2009年	14409	2013年	29552	2017年	52801	2021年	52448
2006年	5638	2010年	18222	2014年	38583	2018年	57085	2022年	35297
2007年	8885	2011年	20046	2015年	41011	2019年	54955	合计	563336
2008年	10275	2012年	21451	2016年	42168	2020年	56419		

第二章　收益税类

第一节　国营企业所得税

国营企业所得税是对国营企业从事生产经营所得和其他所得征收的一种收益税。中华人民共和国成立后，在较长一段时间内，国家对国有企业不征所得税，而实行国有企业上缴利润的制度。为了理顺国家与企业的分配关系，进一步扩大企业的自主权，1983 年在全国推行第一步“利改税”，1984 年实行第二步“利改税”，国营企业所得税是根据第二步“利改税”精神，按企业所有制形式征收所得税设置的一个税种。1984年9月18日，国务院发布《中华人民共和国国营企业所得税条例（草案）》，自 1984 年 10 月 1 日起施行。条例（草案）规定：凡国营企业从事生产经营所得和其他所得，除另有规定者外，都依照条例规定缴纳所得税。实行独立经济核算的国营企业为所得税纳税人；联营企业先分配所得的，以投资各方（包括行政、事业及其他单位）为纳税人。对大中型企业，适用 55% 的固定比例税率；小型企业、饮食服务企业和营业性的宾馆、饭店、招待所等，适用八级超额累进税率。益阳市小型企业划分标准：工业交通企业固定资产原值不超过 300 万元，年利润不超过 30 万元；商业零售企业年利润不超过 8 万元，职工人数不超过 30 人。益阳国营企业所得税实行按年征收，按期预缴，年终汇算清缴，多退少补。具体纳税期限，由当地税务机关根据纳税人应缴税额的大小，分别核定。1994 年 1 月 1 日，依据《中华人民共和国企业所得税暂行条例》，取消按企业所有制形式设置所得税的办法，实行统一的内资企业所得税制度，国营企业所得税并入企业所得税，益阳地区停止征收国营企业所得税。

1990 — 1993 年益阳地区征收国营企业所得税统计表

表 2–7　　单位：万元

合计	1990 年	1991 年	1992 年	1993 年
6171	2337	1733	1350	751

第二节　集体企业所得税

集体企业所得税是对从事生产经营的集体企业就其生产经营所得和其他所得征收的一种税。集体企业所得税是由原工商所得税演变而来，是 1984 年国营企业实行第二步“利改税”后，根据集体企业的发展情况和经济体制改革的要求按企业所有制形式征收所得税设置的一个税种。1985 年 4 月 11 日，国务院发布《中华人民共和国集体企业所得税暂行条例》，自 1985 年度起施行。条例规定：凡从事工业、商业、服务业、建筑安装业、交通运输业以及其他行业的独立核算的集体企业，都是集体企业所得税的纳税义务人，都应当依照本条例的规定缴纳所得税。集体企业所得税依照八级超额累进所得税税率表计算征收。集体企业所得税实行按年计征，按季或者按月预缴，年终汇算清缴，多退少补。具体纳税期限，由当地主管税务机关根据纳税人应缴税额的大小，分别核定。1994 年 1 月 1 日，依据《中华人民共和国企业所得税暂行条例》，取消按企业所有制形式设置所得税的办法，实行统一的内资企业所得税制度，集体企业所得税并入企业所得税，益阳地区停止征收集体企业所得税。

1990—1993年益阳地区征收集体企业所得税统计表

表 2-8 单位：万元

合计	1990年	1991年	1992年	1993年
2584	857	556	756	415

第三节 私营企业所得税

私营企业所得税是指对私营企业生产经营所得和其他所得征收的一种税。1979年实行改革开放以来，随着个体经济的发展，资产私人所有、雇工达到一定人数的私营企业产生了，1988年4月，全国人大通过修改宪法案，将“国家允许私营经济在法律规定的范围之内存在和发展，私营经济是社会主义公有制经济的补充”写入宪法，私营企业所得税是为了对私营经济实行引导、监督和管理，鼓励其健康发展而设立的一个税种。1988年6月25日，国务院发布《中华人民共和国私营企业所得税暂行条例》，自1988年度起施行。条例规定：凡从事工业、建筑业、交通运输业、商业、饮食业以及其他行业的城乡私营企业，都是私营企业所得税的纳税义务人（以下简称纳税人），应当依照本条例缴纳所得税。私营企业所得税依照35%的比例税率计算征收。私营企业所得税实行按年计算，分月或者分季预缴，年终汇算清缴，多退少补。1994年1月1日，依据《中华人民共和国企业所得税暂行条例》，取消按企业所有制形式设置所得税的办法，实行统一的内资企业所得税制度，私营企业所得税并入企业所得税，益阳地区停止征收私营企业所得税。

1990—1993年益阳地区征收私营企业所得税统计表

表 2-9 单位：万元

合计	1990年	1991年	1992年	1993年
29	8	5	14	2

第四节 中外合资经营企业所得税

中外合资经营企业所得税是对中外合资经营企业的生产经营所得和其他所得征收的一种税。20世纪80年代，根据我国对外开放的政策，为适应开办中外合资经营企业的新情况，1980年9月10日，全国人大公布《中华人民共和国中外合资经营企业所得税法》，自公布之日起施行，这是我国制定的第一部直接涉外的企业所得税法。税法规定：在中华人民共和国境内的中外合资经营企业从事生产、经营所得和其他所得，都按照本法的规定缴纳所得税；合营企业在中国境内和境外的分支机构，从事生产、经营所得和其他所得，由总机构汇总缴纳所得税。合营企业的所得税税率为30%，另按应纳所得税额附征10%的地方所得税。合营企业的外国合营者，从企业分得的利润汇出国外时，按汇出额缴纳10%的所得税。合营企业所得税按年计征，分季预缴。每季在季度终了后15天内预缴；每年在年度终了后5个月内汇算清缴，多退少补。1991年7月1日，依据《中华人民共和国外商投资企业和外国企业所得税法》，中外合资经营企业所得税并入外商投资企业和外国企业所得税，益阳地区停止征收中外合资经营企业所得税。

1990 — 1991 年益阳地区征收中外合资经营企业所得税统计表

表 2–10

单位：万元

合计	1990 年	1991 年
52	28	24

第五节　外国企业所得税

外国企业所得税是以外国企业来源于中国境内的生产经营所得和其他所得，以及在中国境内虽未设立机构，但取得来源中国所得的外国公司、企业和其他经济组织为对象征收的一种税，是继中外合资经营企业所得税法公布之后，制定的又一部直接涉外的企业所得税法。1981 年 12 月 13 日，全国人大公布《中华人民共和国外国企业所得税法》，自 1982 年 1 月 1 日起施行。税法规定：在中华人民共和国境内，外国企业的生产、经营所得和其他所得，都按照本法的规定缴纳所得税。外国企业的所得税，按应纳税的所得额超额累进计算，税率如下：全年所得额不超过 25 万元的，税率为 20%；全年所得额超过 25 万元至 50 万元的部分，税率为 25%；全年所得额超过 50 万元至 75 万元的部分，税率为 30%；全年所得额超过 75 万元至 100 万元的部分，税率为 35%；全年所得额超过 100 万元的部分，税率为 40%。外国企业缴纳所得税，按年计算，分季预缴。每季在季度终了后 15 日内预缴；每年在年度终了后 5 个月内，汇算清缴，多退少补。1991 年 7 月 1 日，依据《中华人民共和国外商投资企业和外国企业所得税法》，外国企业所得税并入外商投资企业和外国企业所得税，益阳地区停止征收外国企业所得税。

1990 — 1991 年益阳地区征收外国企业所得税统计表

表 2–11

单位：万元

合计	1990 年	1991 年
2	1	1

第六节　外商投资企业和外国企业所得税

外商投资企业和外国企业所得税是对在中国境内的外商投资企业的生产、经营所得和其他所得，以及外国企业源于中国境内所得征收的一种税。该税种是在原中外合资经营企业所得税和外国企业所得税基础上，经修改合并后，由全国人大公布的对外商投资企业和外国企业征收的企业所得税法。1991 年 4 月 9 日，全国人大公布《中华人民共和国外商投资企业和外国企业所得税法》，自 1991 年 7 月 1 日起施行。税法规定：中华人民共和国境内的外商投资企业生产、经营所得和其他所得，依照本法的规定缴纳所得税；在中华人民共和国境内，外国企业生产、经营所得和其他所得，依照本法的规定缴纳所得税。外商投资企业的企业所得税和外国企业就其在中国境内设立的从事生产、经营的机构、场所的所得应纳的企业所得税，按应纳税的所得额计算，税率为 30%；地方所得税，按应纳税的所得额计算，税率为 3%。外商投资企业和外国企业所得税实行按年计算，分季预缴。季度终了后 15 日内预缴；年度终了后 5 个月内汇算清缴，多退少补。2008 年 1 月 1 日，依据《中华人民共和国企业所得税法》，外商投资企业和外国企业所得税并入企业所得税，益阳市停止征收外商投资企业和外国企业所得税。

1992—2007 年益阳市（地区）征收外商投资企业和外国企业所得税统计表

表 2-12　　单位：万元

1992 年	28	1995 年	61	1998 年	113	2001 年	6	2004 年	177	2007 年	1005
1993 年	23	1996 年	11	1999 年	295	2002 年	22	2005 年	231	合计	3179
1994 年	31	1997 年	16	2000 年	101	2003 年	680	2006 年	379		

第七节　企业所得税

一、税种简介

企业所得税是对中国境内的企业和其他取得收入的组织所得征收的一种所得税。从20世纪90年代开始，企业所得税经历了两次大的税制改革调整，第一次是从 1994 年开始，内资企业取消按企业所有制形式设置所得税的办法，实行统一的内资企业所得税制度，第二次是从 2008 年开始，为使内、外资企业在公平的税收制度环境下平等竞争，各类企业的所得税待遇一致，统一了内、外资企业所得税制度。1993 年 11 月 26 日，国务院发布《中华人民共和国企业所得税暂行条例》，自 1994 年 1 月 1 日起施行。暂行条例规定：中华人民共和国境内的企业，除外商投资企业和外国企业外，应当就其生产、经营所得和其他所得，依照本条例缴纳企业所得税，实行独立经济核算的企业或者组织，为企业所得税的纳税人，企业所得税税率为 33%，企业所得税实行按年计算，分月或者分季预缴，月份或者季度终了后 15 日内预缴，年度终了后 4 个月内汇算清缴，多退少补。2007 年 3 月 16 日，全国人大公布《中华人民共和国企业所得税法》，自 2008 年 1 月 1 日起施行。税法规定：在中华人民共和国境内，企业和其他取得收入的组织为企业所得税的纳税人，依照本法的规定缴纳企业所得税。企业分为居民企业和非居民企业；居民企业应当就其来源于中国境内、境外的所得缴纳企业所得税，非居民企业在中国境内设立机构、场所的，应当就其所设机构、场所取得的来源于中国境内的所得，以及发生在中国境外但与其所设机构、场所有实际联系的所得，缴纳企业所得税，非居民企业在中国境内未设立机构、场所的，或者虽设立机构、场所但取得的所得与其所设机构、场所没有实际联系的，应当就其来源于中国境内的所得缴纳企业所得税。企业所得税的税率为 25%，非居民企业取得税法第三条第三款规定的所得，适用税率为 20%。企业所得税实行分月或者分季预缴。企业应当自月份或者季度终了之日起 15 日内，向税务机关报送预缴企业所得税纳税申报表，预缴税款；企业应当自年度终了之日起 5 个月内，向税务机关报送年度企业所得税纳税申报表，并汇算清缴，结清应缴应退税款。2017 年 2 月 24 日，全国人大常委会通过并公布《关于修改〈中华人民共和国企业所得税法〉的决定》第一次修正，修正内容为“企业发生的公益性捐赠支出，在年度利润总额 12% 以内的部分，准予在计算应纳税所得额时扣除；超过年度利润总额 12% 的部分，准予结转以后 3 年内在计算应纳税所得额时扣除”。2018 年 12 月 29 日，全国人大常委会通过并公布《关于修改〈中华人民共和国电力法〉等四部法律的决定》，对企业所得税法进行了第二次修正，非居民企业选择由其主要机构场所汇总缴纳企业所得税的审批行政许可被取消。

二、税种管理

1994 年 12 月，为切实做好 1994 年中央企业所得税汇算清缴工作，市国税局成立企业所得税汇算清缴领导小组，认真开展企业所得税汇算清缴工作，全市汇算清缴 2339 户内资企业、33 户涉外企业，审增利润 717 万元，查补企业所得税 232.9 万元。是月，市地税局印发《1994 年度企业所得税汇算清缴工作意见的通知》，全市汇算清缴企业所得税 2427 户，审增纳税调整额 2655 万元，审减纳税调整额 852 万元，查补企业所得税 569 万元。

1996 年 1 月，为及时掌握全市企业所得税重点税源变化情况，加强企业所得税征收管理，确保税款及时入库，市地税局在全市建立企业所得税重点税源报表制度。

1997 年 2 月，为切实加强企业所得税的征收管理，认真做好企业所得税汇算清缴改革试点工作，市地税局印发《企业所得税汇算清缴改革试点方案》。企业所得税汇算清缴改革工作围绕征管改革的思路，转移主体、明确责任、做好服务、强化检查。汇缴改革以企业为主体，由企业进行自核自缴，自行申报或委托社会中介服务机构代理申报，再由税务部门对企业的汇缴申报进行严格稽查。通过改革，形成纳税人、税务代理机构、税务机关互相协调制约的汇缴机制，使企业所得税征收管理逐步走向规范化、制度化和科学化。

1999 年 11 月，市国税局印发《关于严格履行预提所得税代扣代缴业务的通知》，将有关政策和要求通知如下：1. 扣缴业务人同外国企业签订信贷、租赁、技术转让、股权转让、担保等合同和协议后，应将所签订的上述合同报市国税局涉外分局，同时，应严格按照税法的规定履行扣缴义务。2. 扣缴业务人应于每次扣缴税款前，向市国税局涉外分局报送扣缴外国企业所得税申报表，每次所扣的税款，应当于 5 日内缴入国库。3. 对于扣缴业务人未及时扣缴的，税务机关除限期追缴应扣未扣税款外，将按税法规定给予处罚。4. 税法规定缴纳的所得税，以实际受益人为纳税义务人，以支付人为扣缴义务人。

2001 年 4 月，为了进一步规范企业所得税减免税和税前扣除费用审批权限，重点加强对审批行为的监督，市地税局印发《关于调整企业所得税减免税及税前扣除审批权限的通知》，对企业所得税减免税税额审批权限、各级企业的企业所得税税前扣除费用的审批权限重新明确。9 月，为了切实加强企业所得税征收管理，进一步规范核定征收企业所得税工作，市地税局印发《核定征收企业所得税操作办法》，从 2001 年 7 月 1 日起执行。操作办法就核定征收情形、核定征收方式、核定征收方式鉴定程序和方法、核定应税所得率作出具体规定。对实行核定应税所得率征收办法的，全市统一标准如下。

企业所得税应税所得率一览表

表 2–13

行业	应税所得率
工业、交通运输业、商业	7%
建筑业、房地产开发业	10%
饮食业	10%
娱乐业	20%
事业单位、社团组织	10%
其他行业	10%

2004 年 4 月，市地税局印发《所得税规范管理实施意见》，就所得税税收政策管理、税源管理、审批事项管理、资料管理作出具体规定。

2006 年 12 月，市地税局印发《企业所得税纳税评估管理办法》，就企业所得税纳税评估筛选对象、评估内容、评估期限、评估指标、测算评估预警值、评估方法、评估结果处理作出具体规定。

2007 年 1 月，根据国家税务总局《关于修订企业所得税纳税申报表的通知》精神，为进一步加强新申报表的推广应用，提高 2006 年度企业所得税汇算清缴和全市企业所得税征收管理水平，市国税局、市地税局委托益阳市安平和银城税务师事务所分别在赫山、高新、资阳、安化、桃江、沅江、南县等地，对企业所得税纳税人举办多期培训班。3 月，为加强企业所得税的征收管理，规范核定征收企业所得税工作，促进企业健全财务会计制度，市国税局印发《核定征收企业所得税管理暂行办法》，办法自 2007 年 1 月 1 日起执行。办法规定：企业所得税核定征收包括定额征收和定率征收两种办法，核定征收企业所得税的纳税人征收方式每年鉴定一次，鉴定工作应于当年 3 月底前完成；企业所得税征收方式统一由县市区国家税务局审批确定；主管国税机关对纳税人核定应纳税所得额和应税所得率，原则上实行一年一定，在一个纳税年度内不得随意变更；对经批准实行核定征收的纳税人，国税机关应督促辅导纳税人按有关法律法规的规定设置账簿，并根据合法、有效凭证记账，正确核算经营所得，逐步向自行申报、查账征收方式过渡；采用核定征收办法征收企业所得税的纳税人，在核定征收期间不得享受企业所得税的各项优惠政策（实行定率征收的纳税人享受 18% 或 27% 两档优惠税率除外）；实行查账征收企业所得税的纳税人在享受企业所得税优惠政策到期后 3 年内，一经查实不符合查账征收条件的，国税机关有权追回因享受优惠政策而减免的税款，如优惠政策未到期的，一律停止享受优惠政策，同时按规定改变征收方式，实行核定征收办法恢复征收企业所得税；从核定征收方式改为查账征收方式情形的纳税人，其核定征收年度的亏损和未摊提的费用，不得在本年及以后年度结转弥补或税前扣除；凡采用定额征收办法的（见表2–14），国税机关根据其核定的每月营业额和所得税的核定征收率计算纳税人每月应纳企业所得税额和全年应纳企业所得税额；凡采用定率征收办法的（见表2–15），定率征收企业所得税计算公式：年应缴所得税＝年度总收入×应税所得率×适用税率；或年度应缴所得税＝年度成本费用总支出÷（1–应税所得率）×应税所得率×适用税率。企业经营多业的，无论其经营项目是否单独核算，均由主管国税机关根据其主营项目，核定其适用某一行业的应税所得率。

企业所得税核定征收率表（适用定额征收办法）

表2–14

行业	核定征收率	适用范围
工业	3%	工业生产和加工、修理修配（除“三来一补”企业）
商业	2%	商品批发、零售、批零兼营
服务业	3%	代理、旅店、饮食、旅游、仓储、租赁、广告、其他服务
服务业	4%	律师事务所、会计师事务所、税务师事务所、审计师事务所、评估师事务所
美容美发、沐足、桑拿浴	5%	美容美发以及兼营与美容、美发有关的商品销售、沐足、桑拿按摩
娱乐业	5%	歌厅、舞厅、卡拉OK歌舞厅、音乐茶座（包括酒吧）、网吧、台球、高尔夫球、保龄球、游艺
文化体育	3%	表演、播映及其他文化业、经营游览场所、举办各种体育比赛和为体育活动提供场所的业务
交通运输	4%	陆路运输、水路运输、航空运输、管道运输、装卸搬运
建筑安装	3%	建筑、安装、修缮、装饰及其他工程作业
其他行业	3%	凡上述未列举的行业都归入本行业

企业所得税应税所得率表（适用定率征收办法）

表2–15

行业	应税所得率
商业	1%—3%
工业	4%—6%
交通运输业	8%—10%
加工、修理、修配	4%—6%
建筑业	5%—7%
饮食、服务业	4%—6%
娱乐业	9%—11%
各类中介机构	9%—11%
其他行业	6%

2007年5月，为加强益阳市企业所得税涉税事项审批管理，规范益阳市企业所得税涉税事项审批程序，市地税局印发《企业所得税涉税事项审批管理办法》，办法共4章25条，从企业所得税涉税事项审批权限、申请时间、资料报送、受理与审批、监督和后续管理等方面进行规范和明确。

2008年9月，为全面落实全省国税系统企业所得税管理与反避税工作会议精神，加强全市国税系统企业所得税管理，市国税局印发《关于加强企业所得税管理工作的意见》，意见要求：统一认识，强化企业所得税管理的组织领导；核实税基，大力组织企业所得税收入；因地制宜，稳步推进企业所得税分类管理；突出重点行业，切实加强房地产企业税收管理；扩大核定征收面，强化企业所得税核定征收工作；完善汇算清缴，提高企业所得税申报质量；夯实纳税评估基础，确保企业所得税纳税评估效果；有效防范避税，逐步提高反避税水平；加强新税法宣传培训，优化纳税服务；合理配置人力资源，加强所得税专业人才培养。是月，为进一步推进企业所得税科学化、专业化、精细化管理，提高企业所得税征管质量和效率，市国税局印发《企业所得税分类管理暂行办法》，对企业所得税实施“分类管理、优化服务、核实税基、完善汇缴、强化评估、防范避税”。是月，为进一步规范和加强房地产开发企业所得税征收管理，促进房地产业健康发展，市国税局印发《房地产开发企业所得税管理暂行办法》，办法自2008年1月1日起执行。办法规定：1. 房地产开发企业所得税分为查账征收和核定征收两种方式，企业所得税征收方式鉴定工作每年进行一次，在每年6月底前完成，征收方式一经确定，在一个纳税年度内一般不得变动，核定征收方式由县市区国家税务局审核确定，查账征收方式由市国税局审核确定，经济适用住房和未经开发的土地使用权转让，不适用核定征收办法。2. 实行查账征收方式征收企业所得税的房地产开发企业，企业所得税税负达不到2%平均税负的、符合核定征收法定条件的企业，应及时调整审核转为核定征收方式征收企业所得税。3. 实行核定征收企业所得税的房地产开发企业，一律采取按收入总额核定应税所得率的征收方式，不得采取定额征收方式。4. 益阳市房地产开发企业核定征收企业所得税的应税所得率为：益阳城区内不低于12%，城区以外的县市区不低于10%，同一县市区国家税务局和地方税务局确定的应税所得率应保持一致。5. 实行核定征收企业所得税的房地产开发企业，一律适用25%法定税率计算。6. 对核定征收企业所得税的房地产开发企业，实行以票控税，地税机关凭纳税人在国税征收机关缴纳所得税的结算证明单，开具销售发票或换购发票。7. 纳税人实行核定征收企业所得税方式的，不得享受企业所得税各项政策优惠。

2009年9月，市国税局印发《关于加强企业所得税管理有关问题的通知》，对全市企业所得税管理问题明确如下：资产损失税前扣除金额在2000万元以上的，由企业直接报省局审批，500—2000万元的，由企业直接报市局审批，500万元以下的，由企业直接报县市区局审批；银行贷款损失税前扣除，以单个债务人标准形成贷款损失的金额来确定审批权限，凡单个债务人标准贷款损失的金额在500万元以上的，报省局审批，500万元以下的直接报市国税局审批；企业所得税优惠政策备案分为事前备案和事后备案，纳税人未报送备案申请或备案申请未被主管税务机关受理的，不得在企业所得税申报中享受相关企业所得税税收优惠。

2010年12月，市国税局印发《关于调整就地纳税企业资产损失税前扣除审批权限的通知》，将资产损失税前扣除金额审批调整为50万元以下的，报县市区国家税务局审批，50万元以上的，报市国税局审批。

2011年7月，为做好2011年企业所得税税源调查工作，市财政局、市地税局、市国税局联合印发《关于做好2011年企业所得税税源调查工作的通知》，对益阳市70户企业的2010年度企业财务决算报表及附注、企业所得税纳税申报表及附表中有关指标及相关会计资料组织开展调查。

2012年6月，为贯彻落实《湖南省国家税务局关于进一步规范核定征收企业所得税管理的公告》，市国税局印发《关于进一步规范核定征收企业所得税管理工作的通知》，要求对已实行核定征收企业所得税的企业，对照公告的内容进行重新审核，对不得实行核定征收的企业，经审核确认后，一律由核定征收改为查账征收。

2013年1月，为进一步加强所得税行业分类征收管理，结合建筑安装企业经营和管理特点，市地税局印发《关于进一步加强和规范建筑安装业所得税征收管理的通知》，从2013年3月1日起施行。通知就企业所得税查账征收的确认、企业所得税查账征收预警管理、建立外来（出）建筑安装企业核实制度、加强建筑安装业所得税核定征收管理提出具体措施、程序和管理办法。7月，为加强企业所得税重点事项后续管理，建立企业所得税征管风险防控机制，市地税局印发《企业所得税重点事项后续管理办法（试行）》，自2013年7月1日起实施。管理办法就后续管理操作程序、跨年度税基项目审核管理、税收优惠事项的审核、资产损失税前扣除审核、企业重组和企业清算审核、审核结果处理和监督管理作出具体规定。

2014年4月，市地税局发布《益阳市事业单位、社会团体和其他取得收入的组织企业所得税征收管理办法的公告》（2014年第3号），从2014年5月1日起执行。公告就事业单位、社会团体和其他取得收入的组织税务登记、发票管理、非税收入票据类管理、收入管理、应纳税所得额管理、征收方式、纳税申报和税款征收作出具体规定。5月，为了切实将小型微利企业所得税优惠政策宣传贯彻落实到位，市国税局印发《关于贯彻落实小型微利企业所得税优惠政策实施意见的通知》。通知要求，要多形式全方位地做好优惠政策的宣传造势，要对照文件要求指导企业填报好季度（月份）所得税申报表，对符合小型微利企业所得税优惠政策条件的核定征收企业要及时进行纳税调整，对符合规定条件的小型微利企业，在预缴和年度汇算清缴所得税时，可以按照规定自行享受小型微利企业所得税优惠政策，无须税务机关审核批准。是月，为规范房地产开发经营业务企业所得税管理，市地税局印发《益阳市房地产开发经营业务企业所得税管理办法》，自2014年5月1日起执行。管理办法分总则、纳税管理、收入管理、开办及开发产品的税务处理、计税成本的核算、征收管理、附则共七章，对房地产开发经营业务企业所得税管理作出具体规定。10月，为进一步规范益阳市房地产开发经营业务企业所得税征收管理，市地税局发布《关于重新明确房地产开发经营业务销售未完工开发产品计税毛利率和核定征收应税所得率的公告》（2014年第6号），本公告自公告之日起施行，适应于2014年及以后年度的企业所得税年度申报。公告内容：企业销售未完工开发产品的计税毛利率：开发项目在赫山、资阳、高新区辖区内的计税毛利率为20%；开发项目在南县、大通湖区、沅江市、安化县、桃江县辖区内的计税毛利率为18%；经市、县两级政府有关部门确认为经济适用房、限价房和危改房的计税毛利率为5%。符合企业所得税核定征收条件的房地产开发企业核定征收应税所得率：开发项目在益阳市赫山、资阳、高新区辖区内的应税所得率不低于12%；开发项目在南县、大通湖区、沅江市、安化县、桃江县辖区内的应税所得率不低于10%；经市、县两级政府有关部门确认为经济适用房、限价房和危改房的应税所得率不低于4%。

2015年6月，为了提高2014年度企业所得税汇算清缴数据质量，市国税局组织开展2014年度企业所得税汇算清缴数据集中审核。8月，为切实做好益阳市国税系统企业所得税风险管理专项工作，市国税局印发《关于组织实施企业所得税风险管理专项工作的通知》。市国税局组成企业所得税风险管理专家管理团队，重点对股权转让、非学历教育机构、专项用途财政性资金、金融企业中涉及中小企业贷款损失准备金税前扣除、金融企业贷款损失及准备金税前扣除、金融企业中间业务等风险事项实施风险管理。

2016年4月，市国税局、市地税局联合发布《关于调整益阳市房地产开发经营企业销售未完工开发产品计税毛利率和核定征收应税所得率的公告》（2016年第1号），公告自2016年5月1日起施行，适用于2016年及以后年度的企业所得税年度申报。公告内容如下：1.房地产开发经营企业销售未完工开发产品的计税毛利率为：开发项目在赫山区、资阳区、高新区辖区内的计税毛利率为18%；开发项目在南县、大通湖区、沅江市、安化县、桃江县辖区内的计税毛利率为16%；经市、县两级政府有关部门确认为经济适用房、限价房、危改房的计税毛利率为3%。2.房地产开发经营企业出现《中华人民共和国税收征收管理法》第35条规定的情形，税务机关可对其企业所得税按核定征收方式进行征收管理，其房地产开发经营企业核定征收应税所得率为：开发项目在赫山区、资阳区、高新区辖区内的应税所得率为12%；开发项目在南县、大通湖区、沅江市、安化县、桃江县辖区内的应税所得率为10%；经市、县两级政府有关部门确认为经济适用房、限价房、危改房的应税所得率为3%。3.《关于重新明确房地产开发经营业务销售未完工开发产品计税毛利率和核定征收应税所得率的公告》（益阳市地方税务局公告2014年第6号）同时废止。

2017年，市地税局针对小微企业税收优惠政策落实难的问题，创新开发了“小微企业所得税优惠政策落实校验软件”，为小微企业的认定接上了“识别器”，为金三系统配上了“扫描器”，为风险管理装上了“跟踪器”，有效地防范与杜绝了应享受未享受、多享受、少享受、不应享受而享受等问题。“小微企业所得税优惠政策落实校验软件”得到了省地方税务局领导的高度肯定，省地方税务局所得税处发文明确要求在全省推广。

2019年1月，为积极做好2018年度企业所得税汇算清缴工作，贯彻落实各项企业所得税政策，全面推进新时代企业所得税高质量发展，市税务局举办企业所得税汇算清缴专题业务培训班。是月，市税务局印发《关于进一步推进落实企业科技创新税收优惠政策的通知》，成立益阳市企业税收优惠政策落实工作协调小组，负责组织开展税收政策的宣传培训，联合开展实地走访，加强事中事后核查，大力培育创新型企业，确保税收优惠政策应享尽享。

2020年12月31日，益阳市财政局、益阳市税务局发布《公布2020年益阳市本级享受免税资格的非营利组织名单》（2020 年第 1 号公告），经认定，益阳市馨欣公益志愿者协会、益阳市蚂蚁社会工作服务中心两家非营利组织从 2020 年 1 月 1 日至 2024 年 12 月 31 日享受企业所得税免税优惠政策。

1994 — 2022 年益阳市征收企业所得税统计表

表 2–16　　单位：万元

1994 年	2662	2000 年	2823	2006 年	13074	2012 年	80959	2018 年	159076
1995 年	2739	2001 年	9203	2007 年	28421	2013 年	93015	2019 年	200843
1996 年	2262	2002 年	6950	2008 年	31090	2014 年	114963	2020 年	187451
1997 年	1622	2003 年	5542	2009 年	23066	2015 年	105348	2021 年	207701
1998 年	1486	2004 年	9996	2010 年	32958	2016 年	104679	2022 年	171364
1999 年	1682	2005 年	12329	2011 年	55320	2017 年	121396	合计	1790020

第八节　城乡个体工商业户所得税

城乡个体工商业户所得税是由原工商所得税演变而来，是我国对个体工商户所得实行单独征税设置的一个税种。1978 年后，中国个体经济得到较快的恢复和发展，原有征税办法已不能适应调节个体经济收入水平和加强税收征管的需要，1986 年 1 月 7 日，国务院发布了《中华人民共和国城乡个体工商业户所得税暂行条例》，自 1986 年度起施行。条例规定：凡从事工业、商业、服务业、建筑安装业、交通运输业以及其他行业，经工商行政管理部门批准开业的城乡个体工商业户，都是城乡个体工商业户所得税的纳税义务人，都应当依照本条例的规定缴纳所得税。纳税人每一纳税年度的收入总额，减除成本、费用、工资、损失以及国家允许在所得税前列支的税金后的余额，为应纳税所得额。城乡个体工商业户所得税依照本条例所附的十级超额累进所得税税率表计算征收。纳税人全年应纳税所得额超过 5 万元的，按超过部分的应纳所得税额，加征 10% — 40% 的所得税。具体加征办法，由省、自治区、直辖市人民政府确定。益阳地区对城乡个体工商业户所得税加征规定：超过 50000—60000 元的加征 6%；超过 60000—70000 元的加征 12%；超过 70000—80000 元的加征 18%；超过 80000 元以上的加征 24%。1994 年 1 月 1 日，依据全国人大公布《关于修改〈中华人民共和国个人所得税法〉的决定》第一次修正，《中华人民共和国城乡个体工商业户所得税暂行条例》被废止，益阳地区停止征收城乡个体工商业户所得税。

1990 — 1993 年益阳地区征收城乡个体工商业户所得税统计表

表 2–17　　单位：万元

合计	1990 年	1991 年	1992 年	1993 年
21	6	9	4	2

第九节　个人收入调节税

一、税种简介

个人收入调节税是对在中国境内有住所，取得个人收入的中国公民征收的一种税。1984 年以后，随着分配形式的多样化和个人收入渠道的增多，个人之间的收入差距开始拉大，社会分配不公的矛盾日趋突出，由于个人所得税制度主要是针对外籍人员的收入水平和消费水平制定的，一些征税办法不完全适应中国公民的实际情况，为了调节中国公民的较高收入，缓解分配不公的矛盾，保障社会安定，更好地体现按劳分配的原则，1986年9月25日，国务院发布《中华人民共和国个人收入调节税暂行条例》，自1987年起，对中国公民所得开始适用个人收入调节税制度，缴纳个人收入调节税，不再缴纳个人所得税。条例规定，在中华人民共和国境内有住所，取得个人收入的中国公民，都是个人收入调节税的纳税义务人，都应当按照本条例规定缴纳个人收入调节税。个人收入调节税，根据收入来源，分别按照超倍累进税率和比例税率计算征收。工资、薪金收入、承包、转包收入、劳务报酬收入、财产租赁收入合并为综合收入，按照地区计税基数核算，按月计征；纳税人月综合收入额超过地区计税基数的，就其超基数的3倍以上的部分，按照超倍累进税率征收个人收入调节税。投稿、翻译，专利权的转让、专利实施许可和非专利技术的提供、转让取得的收入，每次收入不满4000元的，减除费用800元；4000元以上的，减除20%的费用，然后就其余额按比例税率20%征税。利息、股息、红利收入，就每次收入额按比例税率20%征税。个人收入调节税的征收，实行由支付单位源泉扣缴和纳税人自行申报纳税两种方法。自行申报纳税人和扣缴义务人，在每个月的前10日内向当地税务机关报送纳税申报表，缴纳上一个月应纳、应扣的税款。1994年1月1日，依据全国人大常委会通过并公布《关于修改〈中华人民共和国个人所得税法〉的决定》第一次修正，《中华人民共和国个人收入调节税暂行条例》被废止，益阳地区停止征收个人收入调节税。

二、税种管理

1992年1月，益阳地委行署下发2号文件，强调各级党委、政府、地直部门要加强对个人收入调节税征管的领导和支持，任何人不得随意打“条子”，擅自开“口子”。

1992年3月，为了切实加强个人收入调节税专项检查的组织、领导、协调、督促工作，地区税务局成立个人收入调节税专项检查领导小组。按照宣传发动、自查申报、重点检查、整章建制四个步骤进行，发放自查申报表7000余份，申报补缴税款50万元。

1992年6月，地区税务局印发《关于个人收入调节税几个政策问题的通知》，从1992年6月1日起执行。通知对下列政策问题规定如下：对城乡个体工商户进行分配的税后利润征收个人收入调节税；对不能如实提供账册凭证的建筑安装承包者，一律在施工所在地按工程收入的2%征收个人收入调节税；对于实行供销采购收入费用大包干的采购销售人员，如不能如实提供费用支出凭证的可从承包者分得的承包收入中，扣除65%的费用后，就其余额征收个人收入调节税；演员、歌星及其他文艺工作者直接从本单位以外取得演出收入的，按下列办法征税：舞厅分配给演奏、歌唱人员的演出收入，按3%附征率按场次计征个人收入调节税，各演出举办单位分配给个人的演出收入，演出者不负担任何费用的按20%的比例税率按场次计征个人收入调节税，演出者负担各项费用的，可从演出收入中扣减20%的费用后，就其余额按20%的比例税率按场次计征个人收入调节税，以上个人收入调节税一律由支付单位代扣代缴。是月，为强化个人收入调节税的征收管理，最大限度地减少税款流失，进一步发挥个人收入调节税在稳定社会、调节社会分配不公方面的积极作用，地区税务局印发《关于开展个人收入调节税单项评比及专项经费提缴办法的通知》。

1992年7月，为了切实加强个人收入调节税源泉控管不断提高征管水平，充分发挥个人收入调节税调控作用，地区税务局印发《个人收入调节税源泉控管办法》，办法规定：1. 凡在益阳地区范围内的机关、团体、部队、学校、企事业单位、个体工商户及其他单位向公民支付个人收入调节税达到纳税标准时，必须依法扣缴个人收入调节税。2. 纳税人取得建筑安装承包收入、专利权转让收入、专利实施许可非专利技术提供转让收入、涉外企业的中方人员应税收入、经县（市）税务局确定的代扣代缴应税收入由税务机关委托有关单位统一代扣代缴个人收入调节税。3. 扣缴义务人扣缴个人收入调节税时，分别按下列公式计算：（1）建筑安装承包转包者取得的承包转包收入，其应扣缴税额＝建筑安装工程总收入 ×2%；（2）其他承包转包者取得的承包收入，其应扣缴税额＝若干月份的承包转包收入－（N–1）×400× 适用税率－速算扣除数（其中N为月份数，最长不得超过12个月）；（3）对演员、歌星及其他文艺工作者，直接从本单位以外取得的演出收入，按下述办法征税：舞厅分配给演奏、唱歌人员的演出收入，按3%的附征率按次（场）计算征收个人收入调节税；各影剧院、体育馆、俱乐部等演出主办单位分配给演员、歌星及其他文艺工作者的演出收入，按20%的比例税率按次（场）计算征收个人收入调节税；对演出者负担各项费用的，可从收入中扣减20%的费用；（4）工资薪金收入、劳务报酬收入、财产租赁收入、投稿翻译收入、专利权转让收入、专利实施许可非专利技术提供转让收入、利息股息红利收入、奖金收入依法计算个人收入调节税。4. 扣缴义务人支付给外来人员的应税收入，不论是否达到纳税标准，均应在月度终了后 10 日内向主管税务机关报送湖南省税务局个人收入调节税资料转移单，主管税务机关应在每月 15 日前将资料转移单寄送纳税人所在地税务机关。5. 个人收入调节税的纳税人应依法申报缴纳个人收入调节税，对个体工商户、私营企业投资者一律实行定时定点缴税上门制度。6. 扣缴义务人必须在月度终了后 10 日内向主管税务机关报送湖南省税务局扣缴个人收入调节税月份申报表，结清扣缴税款。7. 税务机关必须加强个人收入调节税制度建设，建立健全代扣代缴制度，适时修订纳税鉴定；扣缴义务人应认真做好扣缴税的登记，对外来人员必须建立支付应税收入台账。

1992 年，地区税务局、益阳电视台联合举办个人收入调节税知识大赛。

1990 — 1993 年益阳地区征收个人收入调节税统计表

表 2-18　　单位：万元

合计	1990 年	1991 年	1992 年	1993 年
869	148	115	241	365

第十节　个人所得税

一、税种简介

个人所得税是以个人（自然人）取得的各项应税所得为对象征收的一种所得税。1980 年，全国人大通过并公布《中华人民共和国个人所得税法》，中国的个人所得税制度开始建立，至 2022 年底，个人所得税法历经 7 次修正，形成了现今的个人所得税制度。1980 年 9 月 10 日，全国人大公布《中华人民共和国个人所得税法》，自公布之日起施行。税法规定：在中华人民共和国境内居住满一年的个人，从中国境内和境外取得的所得，都按照本法的规定缴纳个人所得税；不在中华人民共和国境内居住或者居住不满一年的个人，只就从中国境内取得的所得，缴纳个人所得税。工资、薪金所得，按每月收入减除费用 800 元，就超过 800 元的部分纳税，适用超额累进税率，税率为 5% — 45%；劳务报酬所得、特许权使用费所得、财产租赁所得，每次收入不满 4000 元的，减除费用 800 元；4000 元以上的，减除 20% 的费用，然后就其余额纳税，适用比例税率，税率为 20%；利息、股息、红利所得和其他所得，按每次收入额纳税，适用比例税率，税率为 20%。个人所得税，以所得人为纳税义务人，以支付所得的单位为扣缴义务人，没有扣缴义务人的，由纳税义务人自行申报纳税。扣缴义务人每月所扣的税款，自行申报纳税人每月应纳的税款，均应在次月 7 日内缴入国库，并向税务机关报送纳税申报表；从中国境外取得所得的纳税义务人，应当在年度终了后 30 日内，将应纳的税款缴入国库，并向税务机关报送纳税申报表。1986 年，国务院发布《中华人民共和国个人收入调节税暂行条例》，自 1987 年 1 月 1 日起，中国公民和外籍居民分别适用不同的所得税制度，中国公民适用个人收入调节税，外籍居民适用个人所得税。1993 年 10 月 31 日，全国人大公布《关于修改〈中华人民共和国个人所得税法〉的决定》第一次修正，自 1994 年 1 月 1 日起施行。规定不分内、外，所有中国居民和有来源于中国所得的非居民，均应依法缴纳个人所得税，两套个人所得税制度合并，同时对个人所得税法进行了下列修正：一是征税对象修正为：在中国境内有住所，或者无住所而在境内居住满一年的个人，从中国境内和境外取得的所得，缴纳个人所得税；在中国境内无住所又不居住或者无住所而在境内居住不满一年的个人，从中国境内取得的所得，缴纳个人所得税。二是征税项目修正为：工资、薪金所得；个体工商户的生产、经营所得；对企事业单位的承包经营、承租经营所得；劳务报酬所得；稿酬所得；特许权使用费所得；利息、股息、红利所得；财产租赁所得；财产转让所得；偶然所得；经国务院财政部门确定征税的其他所得。三是税率修正为：工资、薪金所得，适用超额累进税率，税率为 5% — 45%；个体工商户的生产、经营所得和对企事业单位的承包经营、承租经营所得，适用5%—35%的超额累进税率；稿酬所得，适用比例税率，税率为20%，并按应纳税额减征30%；劳务报酬所得，适用比例税率，税率为20%，对劳务报酬所得一次收入畸高的，可以实行加成征收，具体办法由国务院规定；特许权使用费所得，利息、股息、红利所得，财产租赁所得，财产转让所得，偶然所得和其他所得，适用比例税率，税率为20%。四是纳税期限修正为：扣缴义务人每月所扣的税款，自行申报纳税人每月应纳的税款，都应当在次月7日内缴入国库，并向税务机关报送纳税申报表；工资、薪金所得应纳的税款，按月计征，由扣缴义务人或者纳税义务人在次月7日内缴入国库，并向税务机关报送纳税申报表；特定行业的工资、薪金所得应纳的税款，可以实行按年计算、分月预缴的方式计征；个体工商户的生产、经营所得应纳的税款，按年计算，分月预缴，由纳税义务人在次月7日内预缴，年度终了后3个月内汇算清缴，多退少补；对企事业单位的承包经营、承租经营所得应纳的税款，按年计算，由纳税义务人在年度终了后30日内缴入国库，并向税务机关报送纳税申报表，纳税义务人在一年内分次取得承包经营、承租经营所得的，应当在取得每次所得后的7日内预缴，年度终了后3个月内汇算清缴，多退少补；从中国境外取得所得的纳税义务人，应当在年度终了后30日内，将应纳的税款缴入国库，并向税务机关报送纳税申报表。1999年8月30日，依据全国人大《关于修改〈中华人民共和国个人所得税法〉的决定》第二次修正，删除储蓄存款利息免纳个人所得税，对储蓄存款利息所得征收个人所得税的开征时间和征收办法由国务院规定。1999年9月30日，国务院发布《对储蓄存款利息所得征收个人所得税的实施办法》，自1999年11月1日起施行。2006年1月1日，依据全国人大《关于修改〈中华人民共和国个人所得税法〉的决定》第三次修正，个人所得税减除费用标准由800元提高到1600元。2008年1月1日，依据全国人大《关于修改〈中华人民共和国个人所得税法〉的决定》第四次修正和国务院规定，从2008年起暂免征收储蓄存款利息所得个人所得税。2008年3月1日，依据全国人大《关于修改〈中华人民共和国个人所得税法〉的决定》第五次修正，个人所得税减除费用标准由1600元提高到2000元。2011年9月1日，依据全国人大《关于修改〈中华人民共和国个人所得税法〉的决定》第六次修正，个人所得税减除费用标准由2000元提高到3500元；将个人所得税第1级税率由5%调为3%，9级超额累进税率调整为7级，取消15%和40%两档税率，扩大3%和10%两个低档税率的适用范围；按月申报缴库由次月7日内修改为次月15日内。2019年1月1日，依据全国人大《关于修改〈中华人民共和国个人所得税法〉的决定》第七次修正，个人所得税实行“综合与分类相结合”的新税收体制。一是工资薪金所得、劳务报酬所得、稿酬所得、特许权使用费所得等四项劳动性所得实行综合征税，居民个人按纳税年度合并计算个人所得税，非居民个人按月或者按次分项计算个人所得税；经营所得、利息股息红利所得、财产租赁所得、财产转让所得、偶然所得分别计算个人所得税。二是税率调整：综合所得，适用3%—45%的超额累进税率；经营所得，适用5%—35%的超额累进税率；利息、股息、红利所得，财产租赁所得，财产转让所得和偶然所得，适用比例税率，税率为20%。三是应纳税所得额调整：居民个人的综合所得，以每一纳税年度的收入额减除费用6万元以及专项扣除、专项附加扣除和依法确定的其他扣除后的余额，为应纳税所得额；非居民个人的工资、薪金所得，以每月收入额减除费用5000元后的余额为应纳税所得额。四是增加子女教育支出、继续教育支出、大病医疗支出、住房贷款利息和住房租金、赡养老人支出等专项附加扣除。五是汇算清缴调整：居民个人需要办理汇算清缴的，应当在取得所得的次年3月1日至6月30日内办理汇算清缴；非居民个人取得工资、薪金所得，劳务报酬所得，稿酬所得和特许权使用费所得，有扣缴义务人的，由扣缴义务人按月或者按次代扣代缴税款，不办理汇算清缴；纳税人取得经营所得，在取得所得的次年3月31日前办理汇算清缴。六是纳税期限调整：纳税人取得经营所得，按年计算个人所得税，由纳税人在月度或者季度终了后15日内向税务机关报送纳税申报表，并预缴税款；纳税人取得利息、股息、红利所得，财产租赁所得，财产转让所得和偶然所得，按月或者按次计算个人所得税，有扣缴义务人的，由扣缴义务人按月或者按次代扣代缴税款；纳税人取得应税所得没有扣缴义务人的，应当在取得所得的次月15日内向税务机关报送纳税申报表，并缴纳税款；纳税人取得应税所得，扣缴义务人未扣缴税款的，纳税人应当在取得所得的次年6月30日前，缴纳税款；税务机关通知限期缴纳的，纳税人应当按照期限缴纳税款；居民个人从中国境外取得所得的，应当在取得所得的次年3月1日至6月30日内申报纳税；非居民个人在中国境内从两处以上取得工资、薪金所得的，应当在取得所得的次月15日内申报纳税；纳税人因移居境外注销中国户籍的，应当在注销中国户籍前办理税款清算；扣缴义务人每月或者每次预扣、代扣的税款，应当在次月15日内缴入国库，并向税务机关报送扣缴个人所得税申报表。七是增加退税规定：纳税人办理汇算清缴退税或者扣缴义务人为纳税人办理汇算清缴退税的，税务机关审核后，按照国库管理的有关规定办理退税。八是信息共享进一步完善：公安、人民银行、金融监督管理等相关部门应当协助税务机关确认纳税人的身份、金融账户信息。教育、卫生、医疗保障、民政、人力资源和社会保障、住房城乡建设、公安、人民银行、金融监督管理等相关部门应当向税务机关提供纳税人子女教育、继续教育、大病医疗、住房贷款利息、住房租金、赡养老人等专项附加扣除信息；个人转让不动产的，税务机关应当根据不动产登记等相关信息核验应缴的个人所得税，登记机构办理转移登记时，应当查验与该不动产转让相关的个人所得税的完税凭证；个人转让股权办理变更登记的，市场主体登记机关应当查验与该股权交易相关的个人所得税的完税凭证。有关部门依法将纳税人、扣缴义务人遵守本法的情况纳入信用信息系统，并实施联合激励或者惩戒。

二、税种管理

1995年1月，市地税局印发《关于个人所得税几个业务问题的通知》。通知规定：对非建账个体户，包括原征收个体工商户所得税的双定户和临时经营户，仍然继续采取附征办法，与流转税一道定期定额征收。个人所得税附征税负比例为：各类基建包头承包工程投资额50万元以下的，附征税率为2%；承包工程投资额达50万元以上的按承包工程总投资额计算，附征税率为3%；饮食业月营业额500—10000元，附征率为1%—2%，月营业额10000元以上，附征率为3%—4%；理发业附征率为2%—3%；打字复印附征率为2%；电话厅附征率为2%—4%；旅店业附征率为3%；娱乐业歌舞厅附征率为3%—4%，卡拉OK厅附征率为2%—3%；缴纳增值税的个体工商户附征率一律为2%。

1996年8月，为了切实加强个人所得税的征收管理，市地税局印发《关于明确全市个人所得税有关征收标准的通知》，从1996年10月1日起执行。通知规定：对建账且核算健全的个体工商业户和能够提供完整纳税资料且能准确计算应纳税所得额的纳税人以及被立案稽查的纳税人，采用查实征收办法，依照法定税率计征个人所得税；对建账核算不健全和非建账的个体户（包括个体工商户中的“双定户”和临时经营户），以及其他不能提供完整纳税资料，不能准确计算应纳税所得额的纳税人，仍然采取附征办法即定期定额或定率征收个人所得税，具体标准为：建筑安装工程2%—3%；装修3%—4%；饮食业1%—8%；饮食业聘请厨师1%—17%；娱乐业1.5%—13%；其他服务业0.6%—7%；商业零售0.3%—3.5%；商业批发0.1%—1.8%；工业性加工、修理、修配1%—7.5%；车船按座位或吨定额征收。

1998年9月，市地税局召开全市个人所得税工作会议，市局党组书记、局长刘见曙提出加大个人所得税征管工作的“八字”方针，即克服一个“难”字、狠抓一个“宣”字、完善一个“代”字、突出一个“查”字、坚持一个“严”字、落实一个“奖”字、依靠一个“加”字、实现一个“保”字。益阳地税做法得到了湖南省地方税务局的高度肯定，并在全省进行推广。

1999年11月1日，益阳市开征储蓄存款利息所得个人所得税。为做好开征储蓄存款利息所得个人所得税工作，市国税局于10月启动前期准备工作，召开开征储蓄存款利息所得个人所得税工作会议，研究部署相关工作。12月，市地税局印发《关于明确全市个人所得税有关征收标准的通知》，从2000年1月1日起执行。对个人所得税附征政策进行了如下调整：对采取附征办法，即定额或定率征收个人所得税的具体征收（附征）标准由各县市区地方税务局根据行业类型、经营地段、经营规模、经营效益等实际情况确定具体附征率附征额，并将其征收标准上报市局备案；对建筑安装市场个人所得税征管，益阳市范围内仍采取附征办法，附征率为投资额的2%—3%。

2000年5月，为加强行政事业单位、社会团体个人所得税的征收管理，益阳市人民政府办公室印发《益阳市中心城区个人所得税代扣代缴管理暂行办法》。办法规定：在中心城区范围内，凡支付个人工资薪金所得的国家机关、事业单位、社会团体，均应依照有关法律，代扣代缴工资薪金个人所得税；扣缴义务人必须切实履行个人所得税代扣代缴义务，积极配合地税机关开展个人所得税检查；扣缴义务人应按照规定的期限向主管地税机关报送扣缴个人所得税报告表，进行纳税申报；扣缴义务人应扣未扣、应收未收的税款，由扣缴义务人缴纳。是年，市地税局组织开展个人所得税专项检查，对电力、邮电、银行、烟草等重点行业，行政事业单位和个体工商户进行全面清查，共检查21000户，查补个人所得税1209万元。

2001年4月，根据《益阳市中心城区个人所得税代扣代缴管理暂行办法》文件精神，市地税局印发《益阳市中心城区个人所得税代扣代缴操作办法》。办法规定：扣缴义务人必须按照税务机关的规定领购代扣代缴证书，建立扣税台账，向税务机关按期报送代扣代缴个人所得税报告表；税务机关应于扣税年度终了后3个月内对扣缴义务人进行纳税检查，并填报个人所得税代扣代缴方式鉴定表，提出扣缴方式（分按实扣缴和预扣两种）和扣税标准；由财政局工资发放中心预扣预缴或按实扣缴个人所得税的，地税机关应将个人所得税代扣代缴方式鉴定表批复件抄送财政局工资发放中心。是月，市地税局印发《关于统一城区个人所得税附征标准的通知》，从2001年7月1日起执行，对城区个人所得税征收标准依照纳税人营业收入总额 × 附征率计算征收。城区个人所得税附征标准见表2–19。

益阳市城区个人所得税附征标准一览表

表2–19

行业	个人所得税附征率
工业	3%
商业批发零售	2%
饮食业	2%
娱乐业	3%
电子游戏厅	4%
桑拿洗浴按摩	3%
美容美发	3%
茶座、网吧、氧吧	3%
私人房屋出租	1%
其他行业	2%

注：本标准适应资阳、朝阳、赫山辖区内的纳税人。

2001年6月，市地税局印发《关于认真贯彻湖南省地方税务局关于进一步加强对高收入者个人所得税征收管理的通知》。通知要求：全面调查高收入行业和高收入个人的收入情况，切实加强对这些高收入行业和个人的税收征管，认真开展个人所得税专项检查，认真做好“双向申报”试点工作，对个人所得税征管工作实行单列计划、单项考核。8月，市地税局印发《益阳市个人所得税“双向申报”管理办法》，就“双向申报”管理范围、纳税登记、纳税申报、纳税检查、税务档案、法律责任作出具体规定。

2004年8月，为规范教育储蓄免税管理，确保教育储蓄存款利息所得免征个人所得税政策的正确执行，市国税局、市教育局、银监委益阳监管分局联合印发《益阳市教育储蓄存款利息所得免征个人所得税实施意见》，自2004年9月1日起执行。实施意见就扣缴义务人，开办教育储蓄的条件，教育储蓄种类和限额，教育储蓄支取可享受免税的条件，建立教育储蓄免税台账、分户清册，扣缴义务人应扣未扣、应收未收税款的法律责任，监督管理作出具体规定。是月，全市推行个人所得税代扣代缴软件应用，市地税局举办个人所得税代扣代缴税务版软件运用师资培训班，并就扣缴软件发行和运用提出工作要求。

2007年12月，市地税局印发《贯彻落实2007年度个人所得税自行纳税申报实施方案》，就成立领导小组，争取党政支持，加强政策培训，广泛宣传政策，周密部署工作，制定工作流程，制定应急预案，制定工作目标，完善考核办法等方面提出具体实施意见。

2012年6月，市地税局发布《关于调整核定征收纳税人生产经营所得个人所得税征收率的公告》（2012年第1号），自2012年8月1日起施行。核定征收纳税人生产经营所得个人所得税征收率见表2–20。

益阳市核定征收纳税人生产经营所得个人所得税征收率表

表 2–20

行业	个人所得税附征率
工业	1.2%
商业	1.2%
建筑业	2%
娱乐业	2%
交通运输业	1.5%
服务业	1.5%
文化体育业	1.5%
销售不动产	1.5%
其他行业	1.5%

注：本标准适用于益阳市范围内实行核定征收方式缴纳个人所得税的纳税人。

2013 年 5 月，益阳市人民政府办公室印发《关于加强股权转让个人所得税征收管理工作的通知》。通知规定：建立税务、工商股权转让信息共享制度，股权交易各方在签订股权转让协议后，相关各方应按以下程序办理纳税（扣缴）申报和股权变更登记手续：负有个人所得税纳税义务的转让方或代扣代缴义务的受让方，应到股权变更企业的主管地税机关办理纳税（扣缴）申报，并填报个人股东变动情况报告表；股权变更企业应持主管地税机关确认的个人股东变动情况报告表到工商部门办理股权变更登记手续；股权变更企业应自工商部门办理变更登记之日起 30 内，到税务登记机关申报办理变更税务登记。是月，市地税局发布《益阳市自然人股东股权转让所得个人所得税征收管理办法》的公告（2013 年第 1 号），对纳税人、扣缴义务人、股权转让收入、股权计税本、股权转让相关税费、股权收入核定、税款申报缴纳、股权变更程序、法律责任作出具体规定。

2017 年 4 月，益阳市人民政府办公室印发《关于进一步加强个人股权转让个人所得税征收管理工作的通知》，对股权转让个人所得税适用范围、征收程序、部门配合、监管执行进一步提出工作要求。12 月，市地税局发布《关于调整个人所得税核定征收率的公告》（2017 年第 2 号），就益阳市个人所得税核定征收率公告如下：对从事生产、经营的纳税人，个人所得税采用核定征收的，按应税收入额的 1.5% 核定征收个人所得税，此核定征收仅适用于个体工商户的生产、经营所得和对企事业单位的承包经营、承租经营所得；对个人住房转让所得采用核定征收的，按住房转让收入的 1.5% 核定征收个人所得税；采用核定征收率方式核定征收个人所得税的，应纳所得税额计算公式如下：应纳所得税额 = 应税收入额或住房转让收入 ×1.5%；各级地税机关要加强个人所得税核定征收管理，对符合《中华人民共和国税收征收管理法》第 35 条规定情形，纳税人未提供完整、准确的纳税资料，不能正确计算应纳税所得额的，才能按核定征收方式进行征收管理；本公告自 2018 年 1 月 1 日起施行，《益阳市地方税务局关于调整核定征收纳税人生产经营所得个人所得税征收率的公告》（2012 年第 1 号）同时废止。

2018 年 7 月，市地税局发布《关于调整个人所得税核定征收率的公告》（2018 年第 3 号），对从事生产、经营的纳税人，个人所得税采用核定征收的，按应税收入额的 1.5% 核定征收个人所得税；对个人住房转让所得采用核定征收的，按住房转让收入的 1.5% 核定征收个人所得税，公告自发布之日起施行。是月，为推进个人所得税自然人税收管理系统推广上线，市税务局印发《益阳市自然人税收管理系统推广上线工作方案》，提出：为加强对全市自然人税收管理系统推广上线工作的组织领导，市税务局成立推广工作领导小组，下设综合组、业务组和技术组。针对业务需求，明确工作重点，制定任务清单，以确保工作高效稳妥进行。11 月，市税务局发布《关于调整个人所得税核定征收率的公告》，从 2018 年 12 月 1 日起，对取得经营所得的个人所得税纳税人，采用核定征收的，按应税收入额的 1% 核定征收个人所得税。12 月，市税务局召开全市税务系统个税改革推进视频会，听取各县市区局个人所得税改革汇报发言，市税务局党委委员、总经济师汪清波点评全市税务系统个人所得税改革工作。

2019年3月，益阳市税收协控联管工作领导小组印发《关于加强行政事业单位个人所得税全员全额扣缴申报管理工作的通知》，对益阳市党政机关、事业单位、社会团体和组织个人所得税全员全额扣缴申报提出明确要求。6月，市税务局发布《个人所得税核定征收率有关问题的公告》（2019年第1号），自2019年7月1日起施行。公告内容如下：个人转让不动产取得财产转让所得，应依法适用20%的比例税率缴纳个人所得税；个人如果不能提供完整、准确的财产原值凭证，不能正确计算财产原值和应纳税额的，对其个人所得税实行核定征收，核定征收率为：住房1.5%，住房以外的其他不动产2%，土地使用权2%，拍卖房产和土地使用权2%；对取得经营所得的个人所得税纳税人，采用核定征收的，按照《国家税务总局益阳市税务局关于调整个人所得税核定征收率的公告》（2018年第7号）的规定执行。11月，市税务局发布《关于明确个人出租住房核定征收个人所得税应税所得率的公告》（2019年第2号），自2019年12月1日起施行，有效期5年。对纳税人出租（转租）住房不能提供合法、准确的成本费用凭证，不能准确计算住房租赁成本费用的，按租金收入的6%核定应纳税所得额。

2020年1月，为保障2020年的个人所得税综合所得汇算清缴工作顺利进行，做好2020年首次个人所得税综合所得汇算清缴工作，保障改革成果全面落地，市税务局个税改革领导小组印发《国家税务总局益阳市税务局个人所得税综合所得汇算清缴实施方案》。实施方案从成立个人所得税汇算清缴领导小组、成立个人所得税汇算清缴工作团队、组建个人所得税汇算清缴讲师团队、建立健全个人所得税征管服务岗责体系、加强对内培训、做好纳税人和扣缴义务人培训、做好面向纳税人和扣缴义务人的宣传工作、建立数据质量管理长效机制、制定应急预案、做好纳税咨询、做好审核退税、自然人纳税信用运用等方面提出具体工作要求，以切实维护纳税人合法权益，稳步推进新税法实施。

2021年3月，市税务局印发《关于做好2020年度个人所得税综合所得汇算清缴征管服务工作的通知》，就落实“四分”引导和网格化管理责任，提升预扣预缴申报质量，细化年度汇算申报受理工作，完善年度汇算退税工作机制，加强信息系统数据安全，扛牢压实主体责任提出工作要求。

1990—2022年益阳市（地区）征收个人所得税统计表

表2-21　　　　单位：万元

1990年	—	1996年	2925	2002年	10671	2008年	21393	2014年	31233	2020年	76488
1991年	1	1997年	3756	2003年	10556	2009年	23120	2015年	39174	2021年	83552
1992年	—	1998年	3755	2004年	10807	2010年	28730	2016年	48051	2022年	103578
1993年	—	1999年	3598	2005年	12677	2011年	35014	2017年	70468	合计	870543
1994年	563	2000年	5549	2006年	16428	2012年	33381	2018年	76724		
1995年	1675	2001年	8513	2007年	20345	2013年	30830	2019年	56988		

第三章　特定目的税类

第一节　国营企业奖金税

国营企业奖金税是为了促进国营企业推行内部经济责任制，调动企业和职工发展生产、提高经济效益的积极性，有计划地逐步提高职工的收入水平，并从宏观上控制消费基金的过快增长，对国营企业发放的各种形式的奖金超过国家规定免税限额部分征收的一种特定目的税。1984 年 6 月 28 日，国务院发布《国营企业奖金税暂行规定》，自 1984 年度起施行。国营企业奖金税以对凡未实行工资总额随经济效益挂钩浮动的国营企业，其发放的各种形式的奖金，缴纳国营企业奖金税。奖金税以企业为纳税人，先缴税后发奖金，实行超额累进税率，按年计征。分级税率如下：全年发放奖金总额人均不超过 4 个月标准工资的，免税；全年发放奖金总额人均超过 4 — 5 个月标准工资的部分，税率为 30%；全年发放奖金总额人均超过 5 — 6 个月标准工资的部分，税率为 100%；全年发放奖金总额人均超过 6 个月标准工资的部分，税率为 300%。依据《国务院关于取消集市交易税、牲畜交易税、烧油特别税、奖金税、工资调节税和将屠宰税、筵席税下放给地方管理的通知》，从 1994 年 1 月 1 日起，益阳地区停止征收国营企业奖金税。

1990 — 1993 年益阳地区征收国营企业奖金税统计表

表 2-22　　单位：万元

合计	1990 年	1991 年	1992 年	1993 年
106	55	17	19	15

第二节　集体企业奖金税

集体企业奖金税是为了促进集体企业加强经济责任制，逐步提高职工收入水平，控制消费基金过快增长，对集体企业就其发放的各种奖金超过国家规定限额的部分征收的一种特定目的税。1985 年 8 月 24 日，国务院发布《集体企业奖金税暂行规定》，从 1985 年度起，对集体企业开征奖金税。集体企业奖金税以集体企业使用奖励基金发放的各种奖金（包括用奖励基金开支的各种形式的工资、津贴、补贴和实物奖励），征收集体企业奖金税。集体企业奖金税的征收和管理，比照《国营企业奖金税暂行规定》办理。集体企业计算奖金税的工资标准，凡执行国营同行业企业工资标准的，比照国营同行业企业工资标准计算。未按国营同行业企业工资标准执行的，每人每月工资统一按 60 元计算；超过部分，视同发放奖金。依据《国务院关于取消集市交易税、牲畜交易税、烧油特别税、奖金税、工资调节税和将屠宰税、筵席税下放给地方管理的通知》，从 1994 年 1 月 1 日起，益阳地区停止征收集体企业奖金税。

1990—1993年益阳地区征收集体企业奖金税统计表

表2-23　　单位：万元

合计	1990年	1991年	1992年	1993年
64	27	21	7	9

第三节　事业单位奖金税

事业单位奖金税是为了鼓励事业单位向经济自立、经费自给过渡，使事业单位有计划地逐步提高职工收入水平，并从宏观上控制消费基金的过快增长，对事业单位发放的各种奖金，就其超过国家规定限额的部分征收的一种特定目的税。1985年9月20日，国务院发布《事业单位奖金税暂行规定》，自1985年度起施行。事业单位奖金税以事业单位发放的奖金为计税依据。事业单位奖金税的征收和管理，比照《国营企业奖金税暂行规定》办理。事业单位全年发放奖金总额人均超过核定或免税限额的，比照国营企业奖金税适用税率征收事业单位奖金税。依据《国务院关于取消集市交易税、牲畜交易税、烧油特别税、奖金税、工资调节税和将屠宰税、筵席税下放给地方管理的通知》，从1994年1月1日起，益阳地区停止征收事业单位奖金税。

1990—1993年益阳地区征收事业单位奖金税统计表

表2-24　　单位：万元

合计	1990年	1991年	1992年	1993年
13	3	4	4	2

第四节　国营企业工资调节税

国营企业工资调节税是为了促进国营企业职工工资制度的改革，有计划地逐步提高职工的工资水平，并从宏观上合理地控制消费基金的增长速度，对实行工资总额随经济效益（上缴税利）挂钩浮动的国营企业，当年增发的工资总额，超过国家核定的上年工资总额的一定比例，就超过部分征收的一种特定目的税。1985年7月3日，国务院发布《国营企业工资调节税暂行规定》，自1985年度起施行。凡按照国务院关于国营企业工资制度改革的规定，实行工资总额随经济效益挂钩浮动的国营企业，都应依照本规定缴纳国营企业工资调节税。国营企业工资调节税以企业为纳税人，对企业当年增发的工资总额超过国家核定的上年工资总额7%以上的部分，计征工资调节税。工资调节税按超额累进税率计征。分级税率如下：增发超过7%—12%的税率为30%；增发超过12%—20%的税率为100%；增发超过20%以上的税率为300%。依据《国务院关于取消集市交易税、牲畜交易税、烧油特别税、奖金税、工资调节税和将屠宰税、筵席税下放给地方管理的通知》，从1994年1月1日起，益阳地区停止征收国营企业工资调节税。

1990—1993年益阳地区征收国营企业工资调节税统计表

表2-25　　单位：万元

合计	1990年	1991年	1992年	1993年
190	72	48	44	26

第五节　建筑税

建筑税是为了控制固定资产投资规模，调整建设投资结构，有利于集中资金保证国家重点建设，对用国家预算外资金、地方机动财力、银行贷款(包括外汇贷款)、各种自有资金进行自筹基本建设投资、技术改造项目中的建筑工程投资以及按规定不纳入国家固定资产投资计划的建筑工程投资的地方政府、机关团体、部队、国营企业事业单位、集体企业事业单位和个体工商户征收的一种特定目的税。1987 年 6 月 25 日，国务院发布《中华人民共和国建筑税暂行条例》，自 1987 年 7 月 1 日起施行。建筑税按自筹基本建设投资、技术改造项目中的建筑工程投资以及按规定不纳入国家固定资产投资计划的建筑工程投资，按项目分别采取差别税率计征，分为 10%、20%、30% 三档税率。建筑税依据纳税人年度实际完成的投资额计征，纳税人在接到批准的年度基本建设投资计划或者技术改造项目投资计划后 15 日内，按照年度计划投资额向当地开户银行预缴建筑税，年度终了后 2 个月内结算，竣工清算。1991 年 1 月 1 日，依据《中华人民共和国固定资产投资方向调节税暂行条例》,《中华人民共和国建筑税暂行条例》废止，益阳地区停止征收建筑税。

1990 — 1992 年益阳地区征收建筑税统计表

表 2-26　　　　单位：万元

合计	1990 年	1991 年	1992 年
2210	964	1098	148

第六节　固定资产投资方向调节税

一、税种简介

固定资产投资方向调节税是为了贯彻国家产业政策，控制投资规模，引导投资方向，调整投资结构，加强重点建设，促进国民经济持续、稳定、协调发展，对中国境内用各种资金进行固定资产投资的单位和个人，按其投资额征收的一种特定目的税。1991 年 4 月 16 日，国务院发布《中华人民共和国固定资产投资方向调节税暂行条例》，自 1991 年度起施行。固定资产投资方向调节税根据国家产业政策和项目经济规模实行差别税率，固定资产投资项目按其单位分别确定适用税率，分为 0、5%、10%、15%、30% 五档税率。中外合资经营企业、中外合作经营企业和外资企业的固定资产投资不征收固定资产投资方向调节税。固定资产投资方向调节税征收，实行计划统一管理和投资许可证相结合的源泉控管办法，按固定资产投资项目的单位工程年度计划投资额预缴，年度终了后，按年度实际完成投资额结算，多退少补，项目竣工后，按全部实际完成投资额进行清算，多退少补。2000 年 1 月 1 日，依据《关于做好固定资产投资方向调节税停征工作的通知》，益阳市停止征收固定资产投资方向调节税。

二、税种管理

1992 年 3 月，为了搞好固定资产投资方向调节税的征收管理，做到有章可循，地区税务局、地区计划委员会、地区经济委员会联合印发《固定资产投资方向调节税操作规程实施办法》，从 1992 年 1 月 1 日起执行。办法规定：1. 凡在益阳地区范围内进行固定资产投资的各级政府、机关、团体、部队、国营企事业单位、集体企事业单位、私营企业、个体工商户及其他单位和个人，都必须按本办法规定办理有关投资方向调节税的事宜。2. 各投资建设单位在有权机关批准投资项目初步设计概算后 30 日内，将设计概算报送主管税务机关。其中中央单位在益阳的单位进行的所有投资项目以及省以下（含省级）单位全民基建投资 300 万元、全民技改 500 万元、集体投资 1000 万元以上项目，设计概算报送省税务局；上述限额以下的项目报送地区税务局；但对集体投资 300 万元以下（含 300 万元），税率为 0、5%、10% 的生产性项目和 50 万元以下（含 50 万元）的非生产性项目设计概算报县（市）税务局。3. 税务机关收到建设单位的设计概算后，应编号登记，并按项目性质分类存档，作为核定投资项目适用税目、税率的依据。4. 中央和省属固定资产投资项目，由有权下达投资计划的部门在下达项目投资计划时审定项目税目税率并抄送省税务局，省税务局核定投资项目税目税率和应纳税额后，直接向地区税务局和项目所在地税务机关下达“投资项目税目税率核定通知书”，并同时抄送同级计委、经委和有关主管部门；地属固定资产投资项目，由有权下达投资计划的部门在下达项目投资计划时审定项目税目税率并抄送地区税务局，地区税务局核定投资项目税目税率和应纳税额后，将“投资项目税目税率核定通知书”下达到所属县（市）税务局、项目所在地税务机关和建设单位，并同时抄送同级计委、经委；项目所在地税务机关以省和地区税务局下达的“投资项目税目税率核定通知书”为预征投资方向调节税的依据。5. 建设单位在收到计划部门正式下达的项目年度投资计划 30 日内，持设计概算及工程设计等有关资料到地区税务局办理税目税率及应纳税额核定手续，领取“投资项目税目税率核定通知书”，并持“投资项目税目税率核定通知书”及有关资料向当地税务机关办理税务登记、纳税登记、纳税申报手续。6. 基层税务机关收到建设单位的纳税申报资料后，应及时对申报资料进行审查，并依照计划部门下达的项目年度计划投资额和上级税务机关核定的税目税率、应纳税额填开专用缴款书，交建设单位到开户银行缴纳税款。7. 建设单位按规定缴纳税款或办理分期纳税手续后，持专用缴款书回单和“分期纳税通知书”到项目所在地税务机关领取纳税凭证，持纳税凭证到指定的发证机关领取投资许可证。8. 建设单位在年度终了后 2 个月内向主管税务机关报送项目年度财务报表和纳税申报表，如实填报本年度实际完成投资额，税务机关应到实地检查核实，及时办理投资方向调节税年度结算，对年度内竣工的投资项目应及时办理竣工清算手续。

1992 年 4 月，为了加强投资方向调节税纳税凭证的管理，促进投资方向调节税的源泉控管，保证税款的及时入库，地区税务局印发《固定资产投资方向调节税纳税凭证管理办法》，对票证领发、纳税凭证填开、纳税凭证的缴销、票证保管作出具体规定。

1992 年 6 月，为了进一步加强投资方向调节税的征收管理，地区税务局印发《关于加强固定资产投资方向调节税税率审核工作的通知》，要求严格按照核税权限及要求办理核税，建立项目审批制度、代扣代缴制度、纳税凭证管理制度。

1992 年 12 月，地区税务局印发《关于进一步明确投资项目核税范围的通知》，从 1993 年 1 月 1 日起，按以下规定核定税目税率：中央在益阳的单位投资项目，总投资额 1000 万元以上的项目由省税务局核定税目税率，1000 万元以下的由地区税务局核定税目税率；省属单位投资项目，由省税务局核定税目税率；地属单位投资项目，总投资额 3000 万元以上的项目，由省税务局核定税目税率，3000 万元以下的由地区税务局核定税目税率；县市属单位投资项目，如属地计、经委及其主管部门下达计划，由地区税务局核定税目税率，如属县（市）计、经委及其主管部门下达计划，则由县（市）税务局核定税目税率；其他投资项目由县（市）税务局核定税目税率。

1992 年，为做好投资方向调节税开征，保证政策到位和税款入库，全区税务机关举办培训班 9 期，培训骨干 300 余人，印发宣传提纲 7000 多份。

1996 年 3 月，市地税局印发《关于进一步明确投资方向调节税核税范围及工作要求的通知》，益阳市投资项目核税范围重新明确如下：1. 中央在益阳的单位投资项目：邮电、石油、金融、保险、烟草、气象、地质、粮食、物资储备等部门进行总投资额 1000 万元以上的投资项目，须经市地税局报省地税局核定税目税率，以上单位投资总额在 1000 万元以下的投资项目由市地税局核定税目税率；其他中央在益阳的单位和省直属在益阳的单位投资项目，须经市地税局报省地税局核定税目税率。2. 市属单位投资项目：市属各部门及其直属的企业、事业单位进行的投资，总投资在 3000 万元以上的项目，须经市地税局报省地税局核定税目税率，总投资额 3000 万元以下的项目，由市地税局核定税目税率。3. 县（市）属单位投资项目：县（市）属单位投资项目如属市计委、经委及其主管部门下达计划，由市地税局核定税目税率，如属县（市）计委、经委及其主管部门下达计划，总投资在 3000 万元以上的项目，须经市地税局报省地税局核定税目税率，总投资额 3000 万元以下 1000 万元以上由市地税局核定税目税率，总投资额 1000 万元以下的项目由县（市）地税局核定税目税率，资阳区、赫山区计委、经委下达的项目由市地税局核定税目税率。4. 其他投资项目：私营企业、个体工商户进行的投资项目，由县市地方税务局核定税目税率；不需下达投资计划的项目，市属单位由市地税局核定税目税率，县属单位由县市地方税务局核定税目税率；危房拆除重建、集资建住宅、用征地拆迁费建房、库区搬迁、因旧城改造而拆迁的项目，其投资是由市、区计委、经委及其主管部门下达计划，由市地税局核定税目税率。是月，为了进一步加强固定资产投资方向调节税的征收管理，促进投资方向调节税工作的规范化、程序化、制度化，市地税局印发《益阳市固定资产投资方向调节税征管十项制度的通知》，对固定资产投资方向调节税的申报制度、核税制度、核税及复核制度、催办制度、更正制度、项目结算制度、专项检查制度、计划收集制度、核税资料归档制度、实地调查制度作出具体规定。

1998年2月，为了加强固定资产投资方向调节税的征收管理，市地税局印发《关于固定资产投资方向调节税程序的有关规定的通知》，对固定资产投资方向调节税的危房鉴定、集资审定、申请基建计划、税目税率及应纳税核定等核税程序作出具体规定。

2000年4月，为认真贯彻落实国务院关于暂停征收固定资产投资方向调节税的通知精神，做好停征清算工作，市地税局组织开展了为期一周的固定资产投资方向调节税清理，全市共清理91户，重点抽查46户，查补应纳税额81万元。

1991—2001年益阳市（地区）征收固定资产投资方向调节税统计表

表2-27　　单位：万元

合计	1991年	1992年	1993年	1994年	1995年	1996年	1997年	1998年	1999年	2000年	2001年
8017	—	660	529	981	965	864	933	1147	1616	318	4

第七节　土地增值税

一、税种简介

土地增值税是为了规范土地、房地产市场交易秩序，合理调节土地增值收益，维护国家权益，对转让国有土地使用权、地上的建筑物及其附着物并取得收入的单位和个人征收的一种特定目的税。1993年12月13日，国务院发布《中华人民共和国土地增值税暂行条例》，自1994年1月1日起施行。条例规定：土地增值税以转让国有土地使用权、地上的建筑物及其附着物并取得收入的单位和个人为纳税人，按照纳税人转让房地产所取得的增值额计算征收。土地增值税实行四级超率累进税率：增值额未超过扣除项目金额50%的部分，税率为30%；增值额超过扣除项目金额50%、未超过扣除项目金额100%的部分，税率为40%；增值额超过扣除项目金额100%、未超过扣除项目金额200%的部分，税率为50%；增值额超过扣除项目金额200%的部分，税率为60%。纳税人应当自转让房地产合同签订之日起7日内向房地产所在地主管税务机关办理纳税申报，并在税务机关核定的期限内缴纳土地增值税；纳税人因经常发生房地产转让而难以在每次转让后申报的，实行定期申报方式，可以按月在次月的15日前进行申报缴纳。

二、税种管理

1996年6月，市地税局印发《关于明确土地增值税预征率的通知》，益阳市范围内的土地增值税预征率确定为3%，待单个核算项目或核算对象全部竣工之后30日内办理税款的清算手续，多退少补。

1999年12月，市地税局印发《关于确定土地增值税预征比例的通知》，对土地增值税预征比例重新确定如下：房地产开发企业的土地增值税预征比例为3%，其他土地增值税预征比例为5%。

2014年4月，市地税局印发《全市地税系统土地增值税专项清查工作方案》，从2014年3月开始，10月底结束，分四个阶段进行土地增值税专项清查。清查范围：在全市区域内，凡转让国有土地使用权、地上建筑物及附着物的单位为专项清查对象。清查内容：房地产开发企业土地增值税征管情况；非房地产开发单位转让土地使用权或旧房及建筑物土地增值税的征收管理；以土地（房地产）作价投资入股从事房地产开发或者房地产开发企业以其建造的商品房进行投资和联营情况；部门协控联管及“先税后证”的落实、纳税人注销管理及土地增值税减免情况以及其他管理情况。5月，为进一步加强和规范益阳市土地增值税的征收管理工作，市地税局发布《土地增值税管理办法的公告》（2014年第5号），公告就土地增值税的项目管理、征收方式、分类管理、清算条件、清算流程、清算审核、后续管理、责任追究作出具体规定。

2015年10月，为进一步加强土地增值税管理，提高土地增值税清算审核质量，市地税局印发《土地增值税集中交叉审核工作方案》，成立交叉审核领导小组，抽调区县局和稽查局业务骨干组成清算小组，至2015年底，共清算27个房地产开发项目，清算入库土地增值税7745.73万元。11月，市地税局印发《关于进一步加强土地增值税管理工作的通知》，要求从严规范日常管理，从严加强清算管理，从严破解审核难题。

2017年5月，市地税局印发《关于进一步加强土地增值税管理工作的通知》，从集中清查项目、加快清算进程、规范征收方式、严格清算审核、创新审核方式、健全项目档案、强化考核问责等方面提出具体工作要求。

2019年，桃江县税务局土地增值税管理经验获省局主要领导肯定批示在省内推广，并在四川省税务局湖南税专的培训班上做了土地增值税管理经验介绍。是年，为进一步加强土地增值税清算工作，市税务局创新制定《房地产建安项目建造成本三方审核操作指引》，操作指引就三方审核的程序步骤、审核发起、资料准备、审核内容、集体审议、税务处理等内容提出指导意见，方便基层单位对照实施。

1994—2022年益阳市征收土地增值税统计表

表2-28　　单位：万元

1994年	—	2000年	50	2006年	115	2012年	16415	2018年	40223
1995年	11	2001年	48	2007年	494	2013年	20083	2019年	49736
1996年	378	2002年	8	2008年	1487	2014年	27850	2020年	49397
1997年	54	2003年	105	2009年	1445	2015年	34477	2021年	57990
1998年	53	2004年	62	2010年	5168	2016年	34088	2022年	96549
1999年	57	2005年	65	2011年	10860	2017年	29402	合计	476670

第八节　城市维护建设税

城市维护建设税是为了加强城市的维护建设，扩大和稳定城市维护建设资金的来源而征收的一种特定目的的税。城市维护建设税与其他税种不同，没有独立的征税对象或税基，而是以增值税、消费税、营业税、产品税实际缴纳的税额为计税依据，随税同时附征，属于一种附加税。1985年2月8日，国务院发布《中华人民共和国城市维护建设税暂行条例》，自1985年1月1日起施行。城市维护建设税以缴纳产品税、增值税、营业税的单位和个人为纳税人，以实际缴纳的产品税、增值税、营业税税额为计税依据，与产品税、增值税、营业税同时缴纳。纳税人所在地在市区的，税率为7%；纳税人所在地在县城、镇的，税率为5%；纳税人所在地不在市区、县城或镇的，税率为1%。城市维护建设税的征收、管理、纳税环节、奖罚等事项，比照产品税、增值税、营业税的有关规定办理。1994年1月1日，依据《国家税务总局关于城市维护建设税征收问题的通知》，城市维护建设税的征收，调整为按纳税人实际缴纳的增值税、消费税、营业税税额为计税依据。2010年12月1日，依据《关于统一内外资企业和个人城市维护建设税和教育费附加制度的通知》，对外商投资企业、外国企业及外籍个人适用《中华人民共和国城市维护建设税暂行条例》。2021年9月1日，依据《中华人民共和国城市维护建设税法》，城市维护建设税的征收，调整为按纳税人依法实际缴纳的增值税、消费税税额为计税依据。

1990—2022年益阳市（地区）征收城市维护建设税统计表

表2-29　　单位：万元

1990年	1084	1996年	1950	2002年	2818	2008年	8133	2014年	22013	2020年	35751
1991年	1101	1997年	2033	2003年	3113	2009年	9920	2015年	24552	2021年	37839
1992年	1126	1998年	1561	2004年	3294	2010年	12534	2016年	27619	2022年	35334
1993年	1202	1999年	1647	2005年	4719	2011年	17459	2017年	32035	合计	419947
1994年	1413	2000年	2070	2006年	5464	2012年	20355	2018年	34975		
1995年	2012	2001年	2060	2007年	6720	2013年	21068	2019年	34973		

第四章 财产行为税类

第一节 房产税

一、城市房地产税简介

城市房地产税指的是以城市中的房屋、土地为征税对象，按照标准房价、地价或租价向产权所有人征收的一种税。1951 年 8 月 8 日，政务院发布《中华人民共和国城市房地产税暂行条例》，从发布之日起施行。条例规定：城市房地产税由产权所有人交纳，产权出典者，由承典人交纳；产权所有人、承典人不在当地或产权未确定及租典纠纷未解决者，均由代管人或使用人代为报交。地产税依下列标准及税率，分别计征：房产税依标准房价按年计征，税率为 1.2%；地产税依标准地价按年计征，税率为 1.8%；标准房价与标准地价不易划分之城市，依标准房地价合并按年计征，税率为 1.8%；标准房地价不易求得之城市，依标准房地产租价按年计征，税率为 18%。1986 年 10 月 1 日起，益阳市征收的城市房地产税只适用于外商投资企业、外国企业和组织以及外籍个人。2009 年 1 月 1 日，依据国务院废止《城市房地产税暂行条例》，益阳市停止征收城市房地产税。

二、房产税简介

房产税是以房屋为征税对象，按房屋的计税余值或租金收入为计税依据，向产权所有人征收的一种财产税。1986 年 9 月 15 日，国务院发布《中华人民共和国房产税暂行条例》，自 1986 年 10 月 1 日起施行。条例规定：房产税的征税范围为在城市、县城、建制镇和工矿区征收。房产税的纳税人由产权所有人缴纳；产权属于全民所有的，由经营管理的单位缴纳；产权出典的，由承典人缴纳；产权所有人、承典人不在房产所在地的，或者产权未确定及租典纠纷未解决的，由房产代管人或者使用人缴纳。房产税的计税依据为房产原值一次减除 10%—30% 后的余值计算缴纳；房产出租的，以房产租金收入为房产税的计税依据。房产税的税率，依照房产余值计算缴纳的，税率为 1.2%；依照房产租金收入计算缴纳的，税率为 12%。2009 年 1 月 1 日起，为有利于深化税制改革，完善社会主义市场经济体制，有利于公平税负，国务院废止《城市房地产税暂行条例》，外商投资企业、外国企业和组织以及外籍个人，依照《中华人民共和国房产税暂行条例》缴纳房产税。

三、税种管理

1995 年 8 月，针对房产税征管漏洞较大，特别是私房出租的房产税税源分散、隐蔽、征管难度大，税收流失严重，市地税局印发《关于切实抓好房产税专项检查工作意见》。专项检查期间，全市 3095 户纳税人进行了自查申报，补缴税款 103 万元，专项检查 2736 户，查补税款 503 万元。12 月，市地税局印发《关于切实加强房产税征收管理的意见》，提出以下征管措施：1. 房产税纳税期限要坚持按规定办理。2. 各级税务机关要建立房产税税源清册，抓好税源摸底，做到勤征细管。3. 做好房产税代征，切实加强代征员管理。4. 加大征管力度，堵塞征管漏洞，增加税收收入。5. 加强税收政策宣传，规范纳税人“三自纳税”的行为。

2019 年 5 月，市税务局印发《进一步加强房产税和城镇土地使用税管理的通知》，对严格落实两税普惠性减税、准确核实征税范围、完善等级税额标准、加强税源管理、严格登记注销把关、强化风险管理、抓好备案和核准减免提出具体要求。

2020 年，益阳市税务系统组织开展对生产经营性房产、土地以及租赁房屋、土地等按户进行信息再比对、税源再清查、核实再登记，全年全市新增房产税源登记 214 笔、房产原值 26 亿元、年应税税额 2496 万元；新增土地税源登记 203 笔、应税面积 339 万平方米、年应税税额 2065 万元。

2022 年 8 月，市税务局印发《关于明确房产税和城镇土地使用税困难减免核准权限的通知》，纳税人申请年度减免房产税在50万元（含）以下的，由县（市）区局核准；纳税人申请年度减免房产税在50万元以上的，由市税务局核准。同时对房产税困难减免适用条件、核准权限、申请资料、办理流程、政策效应分析和后续管理进行了进一步规范和明确。

1990—2022年益阳市（地区）征收房产税统计表

表2–30 单位：万元

1990年	628	1996年	1172	2002年	1169	2008年	2938	2014年	15694	2020年	35679
1991年	682	1997年	1277	2003年	1514	2009年	3655	2015年	16840	2021年	40381
1992年	708	1998年	1274	2004年	1817	2010年	4496	2016年	14577	2022年	55303
1993年	785	1999年	1075	2005年	2082	2011年	6416	2017年	17958	合计	319630
1994年	790	2000年	1279	2006年	2325	2012年	8830	2018年	24138		
1995年	1228	2001年	1203	2007年	2696	2013年	12556	2019年	36465		

第二节 印花税

一、税种简介

印花税因采用在应税凭证上粘贴印花税票作为完税的标志而得名，是对经济活动和经济交往中树立、领受具有法律效力的凭证的行为所征收的一种税。印花税征收始于1950年，1958年工商税制进行改革，印花税被合并简化为工商统一税。1988年8月6日，国务院发布《中华人民共和国印花税暂行条例》，自1988年10月1日起施行。条例规定：在中华人民共和国境内书立、领受本条例所列举凭证的单位和个人，都是印花税的纳税义务人，应当按照本条例规定缴纳印花税。应纳税凭证包括：购销、加工承揽、建设工程承包、财产租赁、货物运输、仓储保管、借款、财产保险、技术合同或者具有合同性质的凭证；产权转移书据；营业账簿；权利、许可证照；经财政部确定征税的其他凭证。纳税人根据应纳税凭证的性质，分别按比例税率或者按件定额计算应纳税额。具体税率、税额的确定，依照印花税税目税率表执行。印花税最高税率为1‰贴花，最低税率为万分之0.3贴花，权利许可证照和其他账簿按件贴花5元。应纳税额不足1角的，免纳印花税。应纳税额在1角以上的，其税额尾数不满5分的不计，满5分的按1角计算缴纳。2021年6月10日，全国人大公布《中华人民共和国印花税法》，自2022年7月1日起施行。1988年8月6日国务院发布的《中华人民共和国印花税暂行条例》同时废止。税法规定：在中华人民共和国境内书立应税凭证、进行证券交易的单位和个人，为印花税的纳税人，应当依照本法规定缴纳印花税；在中华人民共和国境外书立在境内使用的应税凭证的单位和个人，应当依照本法规定缴纳印花税。应税凭证是指印花税税目税率表列明的合同、产权转移书据和营业账簿；印花税最高税率为1‰，最低税率为万分之0.5。

二、税种管理

2004年8月，为加强印花税的征收管理，科学合理地确定核实印花税计税依据比例和细化行业分类，确保印花税核定征收的合法性、准确性，市地税局印发《关于开展印花税核定征收调查工作的通知》。调查内容如下：1.购销合同金额占购销金额的比例。2.加工承揽合同占加工或承揽金额的比例。3.货物运输合同占运输费用和收入的比例。4.如何对核定印花税细化行业分类，如何核定印花税计税依据的比例。

2014年4月，市地税局发布《关于确定印花税核定征收计税依据标准的公告》（2014年第4号），自公告之日起实施。公告对《湖南省印花税核定征收管理办法》第四条中具体标准比例作如下明确：(1)购销合同：工业，按照购销金额80%的比例核定；商品、物资批发业，按照购销金额60%的比例核定；商品批零兼营业（批发零售业务销售金额划分不清的），按照购销金额50%的比例核定；商品零售业按照购进金额70%的比例核定；其他行业，按照购销金额（营业收入)50%的比例核定。(2)加工承揽合同：按加工或承揽金额80%比例核定。(3)建设工程勘察设计合同：按勘察、设计费用和收入100%比例核定。(4)建筑安装工程承包合同：按承包金额或工程造价100%比例核定。(5)财产租赁合同：按租赁金额100%比例核定。(6)货物运输合同：按运输费用和收入100%比例核定。(7)仓储保管合同：按仓储保管费用和收入100%比例核定。(8)借款合同：按借款金额100%比例核定。(9)财产保险合同：按保险费金额100%比例核定。(10)技术合同：按转让、咨询、服务费金额100%比例核定。(11)产权转移书据：按转让金额100%比例核定。对采用该比例核定计税依据明显偏低或偏高的个别企业，各区、县市地方税务局可根据实际情况单独核定比例，但不得超出省局规定的幅度，并报市地税局备案。2018年7月5日，益阳市税务局发布《关于确定印花税核定征收计税依据标准的公告》（2018年第4号），公告对《湖南省印花税核定征收管理办法》第四条中具体标准比例作如下明确：购销合同：工业按购销金额的80%的比例核定；商品、物资批发业按购销金额60%的比例核定；商品批零兼营业按购销金额50%的比例核定；商品零售业按购进金额70%的比例核定；其他行业按购销金额50%的比例核定。加工承揽合同：按加工或承揽金额80%的比例核定。货物运输合同：按运输费用和收入的100%的比例核定。建设工程勘察设计合同：按勘察、设计费用和收入100%的比例核定。建筑安装工程承包合同：按承包金额或工程造价100%的比例核定。财产租赁合同：按租赁金额100%的比例核定。仓储保管合同：按仓储保管费用和收入100%的比例核定。借款合同：按借款金额100%的比例核定。财产保险合同：按保险费金额100%的比例核定。技术合同：按转让、咨询、服务费金额100%比例核定。产权转移书据：按转让金额100%的比例核定。

2022年，市税务局组织开展对印花税征收方式、重点税目、重点类型及重点行业的风险排查。全市通过风险排查，入库印花税及滞纳金约4048.82万元。

1990—2022年益阳市（地区）征收印花税统计表

表2-31　　单位：万元

1990年	121	1996年	371	2002年	332	2008年	1569	2014年	4818	2020年	10019
1991年	116	1997年	412	2003年	356	2009年	1653	2015年	4845	2021年	9190
1992年	112	1998年	268	2004年	541	2010年	2439	2016年	4417	2022年	11371
1993年	166	1999年	254	2005年	619	2011年	3046	2017年	6031	合计	89704
1994年	119	2000年	278	2006年	816	2012年	3682	2018年	7092		
1995年	334	2001年	331	2007年	1110	2013年	4385	2019年	8491		

第三节　契税

1997年7月7日，国务院发布《中华人民共和国契税暂行条例》，自1997年10月1日起施行。条例规定：在中华人民共和国境内转移土地、房屋权属，承受的单位和个人为契税的纳税人，应当依照本条例的规定缴纳契税。契税税率为3%—5%，契税的适用税率，由省、自治区、直辖市人民政府在前款规定的幅度内按照本地区的实际情况确定，益阳市契税税率确定为4%。契税的计税依据：(1)国有土地使用权出让、土地使用权出售、房屋买卖，为成交价格；(2)土地使用权赠与、房屋赠与，由征收机关参照土地使用权出售、房屋买卖的市场价格核定；(3)土地使用权交换、房屋交换，为所交换的土地使用权、房屋的价格的差额。前款成交价格明显低于市场价格并且无正当理由的，或者所交换土地使用权、房屋的价格的差额明显不合理并且无正当理由的，由征收机关参照市场价格核定。2020年8月11日，全国人大公布《中华人民共和国契税法》，自2021年9月1日起施行，1997年7月7日国务院发布的《中华人民共和国契税暂行条例》同时废止。新税法做了如下修改：适用差别税率"省、自治区、直辖市可以依规定的程序对不同主体、不同地区、不同类型的住房的权属转移确定差别税率"；缴纳契税时间修改为"纳税人应当在依法办理土地、房屋权属登记手续前申报缴纳契税”；契税征收机关修改为“契税由土地、房屋所在地的税务机关征收管理”；新增退税条件“在依法办理土地、房屋权属登记前，权属转移合同、权属转移合同性质凭证不生效、无效、被撤销或者被解除的，纳税人可以向税务机关申请退还已缴纳的税款，税务机关应当依法办理”。2021 年 5 月 27 日，湖南省人民代表大会常务委员会发布《关于契税具体适用税率等事项的决定》，自 2021 年 9 月 1 日起施行。决定内容如下：契税税率为 4%。因土地、房屋被县级以上人民政府征收、征用，以房屋产权调换、土地使用权置换方式依法重新承受土地、房屋权属的，其调换、置换等值的部分，免征契税；以货币补偿方式重新购置土地、房屋的，与货币补偿等值的部分，免征契税，超过等值部分的，应当按规定征收契税。因不可抗力灭失住房，重新承受住房权属的，没有超出原面积的，免征契税；超出原面积的部分，按照超出部分的价值征收契税。2010 年 9 月 1 日起，根据市财政局、市地税局、市人力资源和社会保障局、市机构编制委员会办公室关于印发《益阳市耕地占用税和契税征管职能划转方案》的通知，契税由益阳市财政部门划转至益阳市地税部门征收。

2010—2022 年益阳市征收契税统计表

表 2-32　　　　　　　　　　　　　　　　　　　　单位：万元

合计	2010 年	2011 年	2012 年	2013 年	2014 年	2015 年	2016 年	2017 年	2018 年	2019 年	2020 年	2021 年	2022 年
665908	3980	20905	27188	35159	40392	66498	45671	55115	57510	62463	80230	90006	80791

第四节　城镇土地使用税

一、税种简介

城镇土地使用税是为了合理利用城镇土地，调节土地级差收入，提高土地使用效益，加强土地管理，而对使用土地的单位和个人，以其实际占用的土地面积为计税依据，按照规定的税额计算征收的一种税。1988 年 9 月 27 日，国务院发布《中华人民共和国城镇土地使用税暂行条例》，自 1988 年 11 月 1 日起施行。条例规定：在城市、县城、建制镇、工矿区范围内使用土地的单位和个人，为城镇土地使用税的纳税人，以纳税人实际占用的土地面积为计税依据，依照规定税额计算征收。城镇土地使用税每平方米年税额：大城市 0.5—10 元；中等城市 0.4—8 元；小城市 0.3—6 元；县城、建制镇、工矿区 0.2—4 元。经济落后地区城镇土地使用税的适用税额标准可以适当降低，但降低额不得超过条例规定最低税额的 30%。2007 年 1 月 1 日起，城镇土地使用税每平方米年税额标准调整为：大城市 1.5—30 元；中等城市 1.2—24 元；小城市 0.9—18 元；县城、建制镇、工矿区 0.6—12 元。

二、税种管理

1995 年之前，益阳市（地区）城镇土地使用税每平方米年税额标准为：益阳市、沅江市分为 2 级，一级 2.8 元、二级 2.3 元；南县、桃江、益阳县、安化县分为 2 级，一级 2.1 元、二级 1.6 元；益阳地区所辖范围内的建制镇和工矿区分为四级，一级 2.1 元、二级 1.6 元、三级 1.2 元、四级 0.8 元。

1995 年起，沅江市城镇土地使用税年税额标准调整为七级，最高每平方米 2.8 元、最低 0.3 元，沅江所属建制镇分为六级，最高每平方米 2.1 元、最低 0.2 元；安化县城镇土地使用税年税额标准调整为六级，最高每平方米 3 元、最低 0.2 元；资阳、赫山城镇土地使用税年税额标准调整为八级，最高每平方米 5 元、最低 0.4 元。

1996 年起，调整桃江县、南县城镇土地使用税年税额标准，实行六级定额，最高每平方米 3 元、最低 0.2 元。

1996 年 3 月起，益阳市城镇土地使用税适用降低等级税额和深度折减政策。对市境内的繁华地段，按统一的地段等级税额标准征收，税负明显偏高的个别企业，经审查后，可根据企业所处地域范围，适当降低 1—2 个等级税额标准征收；对正门临街而紧邻的生产、居住占地较偏僻且占地面积大，按临街面地段统一等级税额征收，税负过重的工业企业，经审批后，对正门临街向内延伸 50 米之后的部分可按其应纳税额减征 10%—30%。

2000 年，市地税局组织对全市城镇土地使用税进行普查，全市城镇土地使用税纳税户 6884 户，占地面积 1101.4 万平方米，应纳税面积 938.2 万平方米，应纳税额 1701 万元。

2002 年 5 月，益阳市人民政府印发《关于大通湖区开征城镇土地使用税的意见》，自 2002 年 5 月 1 日起执行。大通湖区开征城镇土地使用税等级为 6 级，单位税额每平方米最高 3 元、最低 0.2 元。

2004 年起，益阳市区城镇土地使用税地段等级税额标准调整为，每平方米一级 5 元、二级 4.3 元、三级 3.6 元、四级 2.9 元、五级 2.2 元、六级 1.5 元、七级 0.9 元、八级 0.4 元。并扩大征收范围，赫山区岳家桥镇、资阳区过鹿坪镇开征城镇土地使用税，等级税额标准为每平方米 0.4 元。

2008 年起，根据《湖南省财政厅、湖南省地方税务局关于城镇土地使用税地段等级税额标准方案的批复》，市财政局、市地税局印发《中心城区和大通湖区城镇土地使用税地段等级税额标准》的通知，益阳市及所属县市区城镇土地使用税地段等级税额标准调整如下。

益阳市及所属县市区城镇土地使用税地段等级税额标准一览表（一）

表 2-33

市、县	地段等级税额标准（元 / 平方米）									
	一级	二级	三级	四级	五级	六级	七级	八级	九级	十级
益阳市	—	—	—	12	8	6	4	3	2	—
大通湖	—	—	—	—	—	—	3	2	1	—
南县	—	—	—	—	5	4	3	2	1	—
沅江市	—	—	—	—	8	6	4	3	2	—
桃江县	—	—	—	6	5	4	—	2	1	—
安化县	—	—	—	6	5	4	3	2	1	0.6

2013 年起，根据《湖南省财政厅、湖南省地方税务局关于调整益阳高新区东部新区城镇土地使用税地段等级税额标准的函》，益阳东部新区范围内的新型工业区（东部新区范围内赫山区所辖的建制镇沧水铺镇和衡龙桥镇已征税范围除外），按照益阳市区六级土地年税额 6 元 / 平方米的标准征收城镇土地使用税；益阳市东部新区范围内赫山区所辖的建制镇沧水铺镇和衡龙桥镇仍按原有范围和地段等级税额标准征收城镇土地使用税；益阳东部新区范围内的高端三产业区由于尚未开发利用土地，暂不征收城镇土地使用税。

2013 年 4 月，根据《湖南省地方税务局关于印发〈湖南省地方税务局城镇土地使用税以地控税试点工作方案〉的通知》和市人民政府的部署要求，为切实做好益阳市以地控税工作，确保此项工作的顺利进行，结合益阳实际，市地税局印发《以地控税工作实施方案》。主要内容：以市国土部门中心城区地理信息系统以及房管部门房屋产权信息系统为依托，建立城镇土地使用税及其相关税收的税源数据库，开发城镇土地使用税及其相关税收的税源管理系统，将国土部门宗地信息和房管部门的房屋信息与城镇土地使用税及其相关税收的税源信息进行关联比对和数据导入，准确掌握每宗土地的位置、面积、权利人和使用人的应税或免税信息以及房产交易和房屋租赁等应税信息，通过以地籍控房籍、以房籍控户籍、以户籍控税源的土地、房产实时控管，实现对地、房、户一体化相关税收全覆盖的信息共享管理，力争用 2 年左右的时间，在首先抓好城镇土地使用税的基础上，实现从土地或房产信息入手控住各种相关税收的终极目标。

2015 年 9 月，市财政局、市地税局印发《益阳市城镇土地使用税地段等级税额标准的通知》，益阳市及所属县市区城镇土地使用税新的地段等级税额标准自 2015 年 1 月 1 日起执行。

益阳市及所属县市区城镇土地使用税地段等级税额标准一览表（二）

表 2–34

市、县	地段等级税额标准（元 / 平方米）									
	一级	二级	三级	四级	五级	六级	七级	八级	九级	十级
市区	—	—	16	12	8	6	4	—	—	—
沅江市	—	10	8	6	—	4	3	—	—	—
南县	—	10	8	6	—	4	3	—	—	—
桃江县	—	10	8	6	—	4	—	2	—	—
安化县	—	10	8	6	—	4	—	2	—	—
大通湖	—	—	—	—	5	4	3	2	—	—

2014 年，市地税局成功开发并在中心城区运行湖南省地税局以地控税信息系统，通过信息系统核查，中心城区核实应税土地 979 宗，应税面积 1654.7 万平方米，查增应税土地 405 宗，年应税税额 4639 万元。

2021 年 9 月，市财政局、市税务局印发《关于规范申请调整城镇土地使用税征收范围的通知》。各区县（市）因城镇区域规划和辖区面积发生变化，确有必要调整城镇土地使用税征收范围的，要根据文件要求，深入开展政策调研，统筹考虑土地等级、土地性质、邻近地段等级税额标准等因素，明确本地区城镇土地使用税具体征收范围及其适用地段等级税额标准，形成调整方案，以区县（市）人民政府名义呈报市人民政府。益阳市及所属县市区城镇土地使用税地段等级税额标准见表 2–35。

益阳市及所属县市区城镇土地使用税地段等级税额标准一览表（三）

表 2–35

市、县	地段等级税额标准（元 / 平方米）									
	一级	二级	三级	四级	五级	六级	七级	八级	九级	十级
市区	—	—	16	12	8	6	4	—	—	—
沅江市	—	10	8	6	—	4	3	—	—	—
南县	—	10	8	6	—	4	3	—	—	—
桃江县	—	10	8	6	—	4	—	2	—	—
安化县	—	10	8	6	—	4	—	2	—	—
大通湖	—	—	—	6	—	4	3	—	—	—

2022 年 8 月，市税务局印发《关于明确房产税和城镇土地使用税困难减免核准权限的通知》，纳税人申请年度减免城镇土地使用税金额在 100 万元（含）以下的，由县（市）区局核准；纳税人申请年度减免城镇土地使用税金额在 100 万元以上的，由市税务局核准。同时对城镇土地使用税困难减免适用条件、核准权限、申请资料、办理流程、政策效应分析和后续管理进行进一步规范和明确。

1990—2022 年益阳市征收城镇土地使用税统计表

表 2–36　　单位：万元

1990 年	651	1996 年	406	2002 年	584	2008 年	2984	2014 年	35291	2020 年	41056
1991 年	601	1997 年	756	2003 年	995	2009 年	4979	2015 年	37370	2021 年	39512
1992 年	547	1998 年	661	2004 年	1112	2010 年	7395	2016 年	38526	2022 年	39869
1993 年	460	1999 年	584	2005 年	1152	2011 年	8349	2017 年	44060	合计	445164

续表 2-36

1994 年	480	2000 年	644	2006 年	1250	2012 年	14484	2018 年	44997		
1995 年	404	2001 年	698	2007 年	1563	2013 年	31766	2019 年	40978		

第五节　屠宰税

一、税种简介

屠宰税是向宰杀或者收购应税牲畜的单位和个人征收的一种税。1950 年 12 月 19 日，中央人民政府政务院发布《屠宰税暂行条例》，自公布之日起施行。条例规定凡屠宰猪、羊、牛等牲畜者征收屠宰税，屠宰税按牲畜屠宰后的实际重量从价计征。1973 年起，屠宰税改为按头定额征收。1994 年税制改革时，国务院将屠宰税下放给地方管理，由各省、自治区、直辖市人民政府自行决定。1993 年 12 月 29 日，湖南省人民政府公布《湖南省屠宰税征收办法》，自 1994 年 1 月 1 日起施行。办法规定：凡在湖南省境内宰杀或者收购猪、牛、羊、马、骡、驴（以下统称应税牲畜）的单位和个人，均应按照本办法的规定缴纳屠宰税。屠宰税征收标准：自养自宰自食的猪、牛、马、骡、驴每头 6 元，羊每只 1 元；收购羊每头 4 元，猪每头 9 元，牛、马、骡、驴每头 20 元。1996 年 3 月，调整为宰杀和收购环节征收，猪每头 12 元，其中乳猪每头 3 元；牛每头 20 元，其中毛重不足 150 公斤的，每头 14 元；马、骡、驴每头 20 元；羊每头 10 元。2002 年 4 月 28 日，湖南省财政厅、湖南省地方税务局、湖南省农村税费改革领导小组办公室下发《关于取消屠宰税的通知》，从 2002 年起，益阳市停止征收屠宰税。

二、税种管理

1993 年 1 月 1 日起，益阳地区屠宰税由财政机关划归税务机关征管。屠宰税改由税务机关征管后，益阳市各级税务机关认真准备，重新摸底，重新聘请代征员，建立协税护税网络，坚持查实征收，杜绝了违反政策的摊派征收现象。如安化县局抽调 74 名人员深入全县 57 个乡镇 1139 个村，清出未税生猪 10137 头，查补税款 60822 元。

1995 年 10 月，益阳市人民政府办公室印发《关于实行生猪定点屠宰税费征收问题的通知》，对屠宰税的征收标准和征收办法进行明确。

1996 年 2 月，为进一步减轻农民负担，严格执行税收征管政策，市监察局、市地税局、市政府农村工作办公室联合印发《关于对摊派生猪屠宰税进行专项清理检查的通知》，坚决纠正和防止生猪屠宰税按人头、田亩平摊的错误做法。

1993—2003 年益阳市（地区）征收屠宰税统计表

表 2-37　　单位：万元

合计	1993 年	1994 年	1995 年	1996 年	1997 年	1998 年	1999 年	2000 年	2001 年	2002 年	2003 年
9045	121	582	768	574	682	998	945	1420	1573	1381	1

第五章　资源、环保税类

第一节　资源税

一、税种简介

1984年9月18日，国务院发布《中华人民共和国资源税条例(草案)》，自1984年10月1日起施行，由于当年资源税处于试行阶段，只对原油、天然气、煤炭三种产品开征资源税。1993年12月25日，国务院发布《中华人民共和国资源税暂行条例》，自1994年1月1日起施行，《中华人民共和国资源税条例(草案)》同时废止。条例规定：在中华人民共和国境内开采本条例规定的矿产品或者生产盐的单位和个人为资源税的纳税人，收购未税矿产品的单位为资源税的扣缴义务人。征税范围包括原油、天然气、煤炭、其他非金属矿原矿、黑色金属矿原矿、有色金属矿原矿、盐。资源税的应纳税额，按照应税产品的课税数量和单位税额计算缴纳。2011年9月30日，国务院发布《关于修改〈中华人民共和国资源税暂行条例〉的决定》，自2011年11月1日起施行。主要修改内容：在中华人民共和国领域及管辖海域开采本条例规定的矿产品或者生产盐的单位和个人为资源税的纳税人。资源税的应纳税额，按照从价定率或者从量定额的办法，分别以应税产品的销售额乘以纳税人具体适用的比例税率或者以应税产品的销售数量乘以纳税人具体适用的定额税率计算。纳税人开采或者生产应税产品，自用于连续生产应税产品的，不缴纳资源税；自用于其他方面的，视同销售，依照本条例缴纳资源税。2019年8月26日，全国人大公布《中华人民共和国资源税法》，自2020年9月1日起施行，《中华人民共和国资源税暂行条例》同时废止。税法规定：在中华人民共和国领域和中华人民共和国管辖的其他海域开发应税资源的单位和个人为资源税的纳税人。资源税分为5大类17个税目，按照税目税率表实行从价计征或者从量计征。实行从价计征的，应纳税额按照应税资源产品的销售额乘以具体适用税率计算；实行从量计征的，应纳税额按照应税产品的销售数量乘以具体适用税率计算。

二、税种管理

1995年4月，为适应机构分设后税政业务工作需要，提高地税干部素质，市地税局组织各区（县、市）局的业务局长、税政科(股)长开展资源税政策业务全面培训。

1999年4月，市地税局印发《关于施工单位代扣代缴资源税实施办法的通知》，明确建筑安装市场房屋建筑施工单位应扣缴的资源税按面积折算办法实行。混凝土配合比及折算税额见表2-38。

益阳市混凝土配合比及折算税额一览表

表2-38

序号	项目	单位	混凝土标号												
			15	20		25		30		35		40		45	50
			水泥标号	水泥标号		水泥标号		水泥标号		水泥标号		水泥标号		水泥标号	水泥标号
			325	325	425	325	425	325	425	425	525	425	525	525	525
1	水泥	千克	294	354	297	412	343	474	390	436	383	482	424	464	504
2	中（粗）砂	立方米	0.50	0.48	0.50	0.46	0.49	0.44	0.47	0.46	0.48	0.45	0.47	0.46	0.44

续表 2–38

序号	项目	单位	混凝土标号												
			15	20		25		30		35		40		45	50
			水泥标号	水泥标号		水泥标号		水泥标号		水泥标号		水泥标号		水泥标号	水泥标号
			325	325	425	325	425	325	425	425	525	425	525	525	525
3	碎（砾）石	立方米	0.88	0.84	0.88	0.80	0.85	0.77	0.82	0.80	0.84	0.79	0.81	0.79	0.77
4	折算税额	元 / 立方米混凝土	1.079	1.032	1.079	0.985	1.048	0.946	1.009	0.985	1.032	0.970	1.001	0.977	0.946

注：1. 砂 1500 千克 / 立方米；2. 碎石 1600 千克 / 立方米；3. 片石 1550 千克 / 立方米；4. 损耗率掌握在 10% — 15% 之间，益阳市损耗率确定为 12%；5. 碎（砾）石最大粒径 20 毫米。

2019 年 4 月，市税务局印发《关于进一步加强资源税管理工作的通知》，对严格落实税收减免政策、严格计税标准、严格按品目征税、严格日常管理、严格预警管理、规范折算方法、规范运杂费用处理、加强协同共治、加强创新推动提出具体工作要求。

2021 年，益阳市推行河道采砂市县两级政府统一经营，规范砂石资源税管理，当年砂石资源税入库 1.01 亿元，同比增长 403.24%。

1990 — 2022 年益阳市（地区）征收资源税统计表

表 2–39　　单位：万元

1990 年	—	1996 年	176	2002 年	144	2008 年	706	2014 年	2955	2020 年	4601
1991 年	1	1997 年	185	2003 年	301	2009 年	644	2015 年	1323	2021 年	13047
1992 年	9	1998 年	187	2004 年	213	2010 年	1460	2016 年	2019	2022 年	16855
1993 年	8	1999 年	174	2005 年	219	2011 年	1458	2017 年	2185	合计	60385
1994 年	85	2000 年	188	2006 年	306	2012 年	1430	2018 年	2778		
1995 年	121	2001 年	206	2007 年	547	2013 年	1956	2019 年	3898		

第二节　耕地占用税

2007 年 12 月 1 日，国务院发布《中华人民共和国耕地占用税暂行条例》，自 2008 年 1 月 1 日起施行。条例规定：占用耕地建房或者从事非农业建设的单位或者个人为耕地占用税的纳税人，应当依照本条例规定缴纳耕地占用税。耕地占用税以纳税人实际占用的耕地面积为计税依据，按照规定的适用税额一次性征收。耕地占用税的税额规定如下：人均耕地不超过 1 亩的地区（以县级行政区域为单位，下同），每平方米为 10—50 元；人均耕地超过 1 亩但不超过 2 亩的地区，每平方米为 8—40 元；人均耕地超过 2 亩但不超过 3 亩的地区，每平方米为 6—30 元；人均耕地超过 3 亩的地区，每平方米为 5—25 元。各县市区的耕地占用税适用税额标准在《条例》规定的税额幅度内根据各县市区人均耕地数量和经济发展情况核定，经济发展情况发生较大变化，县市区适用税额标准确需调整的，由县市区人民政府报省人民政府批准。2018 年 12 月 29 日，全国人大公布《中华人民共和国耕地占用税法》，自 2019 年 9 月 1 日起施行。2007 年 12 月 1 日国务院公布的《中华人民共和国耕地占用税暂行条例》同时废止。税法规定：在中华人民共和国境内占用耕地建设建筑物、构筑物或者从事非农业建设的单位和个人为耕地占用税的纳税人，应当依照本法规定缴纳耕地占用税。占用耕地建设农田水利设施的，不缴纳耕地占用税。耕地占用税以纳税人实际占用的耕地面积为计税依据，按照规定的适用税额一次性征收，应纳税额为纳税人实际占用的耕地面积（平方米）乘以适用税额。2019 年 7 月 31 日，湖南省人民代表大会常务委员会发布《关于湖南省耕地占用税适用税额的决定》，自 2019 年 9 月 1 日起施行。根据决定，益阳市范围内耕地占用税适用税额为：市辖区 35 元 / 平方米，不设区的市 30 元 / 平方米，县 25 元 / 平方米。人均耕地低于 0.5 亩的地区，耕地占用税具体适用税额在当地适用税额的基础上提高 20%。占用园地、林地、草地、农田水利用地、养殖水面、渔业水域滩涂以及其他农用地建设建筑物、构筑物或者从事非农业建设的，耕地占用税具体适用税额在当地适用税额的基础上降低 20%。2010 年 9 月 1 日起，根据益阳市财政局、益阳市地方税务局、益阳市人力资源和社会保障局、益阳市机构编制委员会办公室关于印发《益阳市耕地占用税和契税征管职能划转方案》的通知，耕地占用税由益阳市财政部门划转至益阳市地税部门征收。

2010 — 2022 年益阳市征收耕地占用税统计表

表 2-40　　单位：万元

合计	2010 年	2011 年	2012 年	2013 年	2014 年	2015 年	2016 年	2017 年	2018 年	2019 年	2020 年	2021 年	2022 年
325904	4552	13255	23170	28247	33001	27732	31699	32523	25685	26608	24724	29238	25470

第三节　车船税

一、车船使用牌照税简介

1951 年 9 月 13 日，政务院发布《车船使用牌照税暂行条例》，自公布之日起施行。条例规定：凡在开征车船使用牌照税之地区行驶车、船者，均依本条例之规定，向税务机关缴纳车船使用牌照税。车辆使用牌照税税额按每辆计征，每辆每季最高税额为 80 元，最低税额为 0.3 元；按净吨位每吨计征，每季每吨最高税额 15 元，最低税额 4 元。船舶使用牌照税按吨计征，每季每吨最高税额 1.1 元，最低税额 0.15 元。1986 年 10 月 1 日起，车船使用牌照税只对外商投资企业、外国企业及外籍个人征收。2007 年 1 月 1 日，依据国务院发布的《中华人民共和国车船税暂行条例》，《车船使用牌照税暂行条例》同时废止。益阳市停止征收车船使用牌照税。

二、车船使用税简介

1986 年 9 月 15 日，国务院发布《中华人民共和国车船使用税暂行条例》，自 1986 年 10 月 1 日起施行。条例规定：凡在中华人民共和国境内拥有并且使用车船的单位和个人，为车船使用税的纳税义务人，都应当依照本条例的规定缴纳车船使用税。车辆使用税税额按每辆计征，每辆每年最高税额为 320 元，最低税额为 1.2 元；按净吨位每吨计征，每年每吨最高税额 60 元，最低税额 16 元。船舶使用税按吨计征，每年每吨最高税额 5 元，最低税额 0.6 元。2007 年 1 月 1 日，依据国务院发布的《中华人民共和国车船税暂行条例》，《中华人民共和国车船使用税暂行条例》同时废止，益阳市停止征收车船使用税。

三、车船税简介

2006 年 12 月 29 日，国务院发布《中华人民共和国车船税暂行条例》，自 2007 年 1 月 1 日起施行。条例规定：在中华人民共和国境内，车辆、船舶的所有人或者管理人为车船税的纳税人，应当依照本条例的规定缴纳车船税，从事机动车交通事故责任强制保险业务的保险机构为机动车车船税的扣缴义务人，应当依法代收代缴车船税。车船的适用税额，依照车船税税目税额表执行。载客汽车每辆每年税额 60—660 元，载货汽车按自重每吨每年税额 16—120 元，三轮汽车低速货车按自重每吨每年税额 24—120 元，摩托车每辆每年税额 36—180 元，船舶按净吨位每吨每年税额 3—6 元计算征收。2011 年 2 月 25 日，全国人大公布《中华人民共和国车船税法》，自 2012 年 1 月 1 日起施行，国务院公布的《中华人民共和国车船税暂行条例》同时废止。税法规定：在中华人民共和国境内属于本法所附车船税税目税额表规定的车辆、船舶的所有人或者管理人，为车船税的纳税人，应当依照本法缴纳车船税。车船的适用税额依照本法所附车船税税目税额表执行。乘用车按每辆每年税额 60—5400 元，客车按每辆每年税额 480—1440 元，货车按整备质量每吨每年税额 16—120 元，挂车按整备质量每吨按照货车税额的 50% 计算，其他车辆按整备质量每吨 16—120 元，摩托车每辆每年税额 36—180 元，机动船舶按净吨位每吨每年税额 3—6 元，游艇按艇身长度每米每年税额 600—2000 元计算征收。

四、税种管理

2004 年 7 月，市地税局直属分局在益阳市车辆管理所办证大厅设立税收征收窗口，对全市范围内的车船使用税实行统一征收，开展税收征管网络与交警机动车年检审网络联网控管试点。

2018 年 11 月，益阳市税收协控联管工作领导小组办公室印发《关于加强全市机动车车船税收征收管理的通知》，就建立健全联动管理机制、强化扣缴义务人责任、严格落实“先税后检”制度、加快推进涉税信息共享、不断优化“先税后检”纳税服务、切实维护纳税人合法权益和加强督查考核等方面提出工作要求。

2020 年，为加强车船税管理，市税务局收集整理车船税难点热点问题 15 个，制作成车船税热点难点问题解答宣传折页，赠送给车船税纳税人，方便纳税人申报缴税。

1990—2022 年益阳市（地区）征收车船税统计表

表 2-41　　单位：万元

1990 年	106	1996 年	253	2002 年	294	2008 年	673	2014 年	5774	2020 年	13822
1991 年	116	1997 年	332	2003 年	333	2009 年	1713	2015 年	7117	2021 年	14490
1992 年	115	1998 年	175	2004 年	442	2010 年	2150	2016 年	8370	2022 年	15675
1993 年	116	1999 年	216	2005 年	493	2011 年	2819	2017 年	9848	合计	118941
1994 年	152	2000 年	212	2006 年	409	2012 年	3838	2018 年	11177		
1995 年	188	2001 年	246	2007 年	553	2013 年	4587	2019 年	12137		

第四节　烟叶税

对烟叶征税原属农业特产农业税范畴，因 2006 年起取消了农业税，2006 年 4 月 28 日，国务院公布《中华人民共和国烟叶税暂行条例》，自公布之日起施行。条例规定：在中华人民共和国境内收购烟叶的单位为烟叶税的纳税人，纳税人应当依照本条例规定缴纳烟叶税。烟叶税的纳税义务发生时间为纳税人收购烟叶的当天，烟叶税实行比例税率，税率为 20%。纳税人应当自纳税义务发生之日起 30 日内申报纳税。2017 年 12 月 17 日，全国人大公布《中华人民共和国烟叶税法》，自 2018 年 7 月 1 日起施行，国务院公布的《中华人民共和国烟叶税暂行条例》同时废止。新税法做了如下修改：纳税人修改为“在中华人民共和国境内，依照《中华人民共和国烟草专卖法》的规定收购烟叶的单位为烟叶税的纳税人”；计税依据修改为“烟叶税的计税依据为纳税人收购烟叶实际支付的价款总额”；税款缴纳期限修改为“烟叶税按月计征，纳税人应当于纳税义务发生月终了之日起 15 日内申报并缴纳税款”。益阳市仅在 2006 年征收了烟叶税 113 万元，此后再无烟叶税征收。

第五节　盐税

1984 年 9 月 18 日，国务院颁布《中华人民共和国盐税条例（草案）》，自 1984 年 10 月 1 日起试行。盐税以从事生产、经营和进口盐的单位为纳税义务人，实行从量定额征收，以吨为单位分别不同产区、盐种和用途确定差别税额。1994 年 1 月 1 日，依据国务院关于修改《中华人民共和国资源税暂行条例》的决定，《中华人民共和国盐税条例（草案）》废止，益阳地区停止征收盐税。

1990—1993 年益阳地区征收盐税统计表

表 2-42　　单位：万元

合计	1990 年	1991 年	1992 年	1993 年
32	—	—	22	10

第六节　环境保护税

一、税种简介

环境保护税是以环境保护为目标的税种，有利于保护和改善环境，减少污染物排放，推进生态文明建设。2016 年 12 月 25 日，全国人大公布《中华人民共和国环境保护税法》，自 2018 年 1 月 1 日起施行。税法规定：在中华人民共和国领域和中华人民共和国管辖的其他海域，直接向环境排放应税污染物的企业事业单位和其他生产经营者为环境保护税的纳税人，应当依照本法规定缴纳环境保护税。环境保护税的税目、税额，依照环境保护税税目税额表执行。应税大气污染物按照污染物排放量折合的污染当量数确定，每污染当量 1.2—12 元；应税水污染物按照污染物排放量折合的污染当量数确定，每污染当量 1.4—14 元；应税固体废物按照固体废物的排放量确定，每吨最低 5 元，最高 1000 元；应税噪声按照超过国家规定标准的分贝数确定，工业噪声按超标分贝定额计税，最低每月 350 元，最高每月 11200 元。每一排放口或者没有排放口的应税大气污染物，按照污染当量数从大到小排序，对前三项污染物征收环境保护税；每一排放口的应税水污染物，按照本法所附应税污染物和当量值表，区分第一类水污染物和其他类水污染物，按照污染当量数从大到小排序，对第一类水污染物按照前五项征收环境保护税，对其他类水污染物按照前三项征收环境保护税。环境保护税纳税义务发生时间为纳税人排放应税污染物的当日，按月计算，按季申报缴纳，不能按固定期限计算缴纳的，可以按次申报缴纳。环境保护税由税务机关征收管理，生态环境主管部门负责对污染物的监测管理。

二、税种管理

2019 年 1 月 3 日，市税务局印发《关于进一步加强环境保护税征收管理工作的通知》，就环保税严格申报管理、抓实税费比对、完善基础信息、加强减免税管理提出工作要求。

2020 年，益阳市在抓好环保税风险排查、按季分析重点排污企业税源增减变化的基础上，突出加强建筑扬尘环保税管理，依托市税控联管部门，定期获取建安项目信息，摸清建筑扬尘环保税的税源底数，全年入库建筑扬尘环保税 134 万元。

2021 年 9 月 28 日，为进一步提升全市环境保护税管理工作质效，切实加强日常工作配合，形成部门互动、上下联动、各司其职、齐抓共管的良好局面，市税务局、市生态环境局联合印发《关于加强环境保护税征管协作工作的通知》，决定建立两局涉税共享机制、信息比对和复核管理机制、联合核定机制、联合调查机制、联席会议机制，加强环境保护税税收征管。

2021 年，市税务局利用环保行政处罚信息加强环境保护税管理。对环保行政处罚清单中企业的违法行为进行核实，确定是否属于环境保护税征税范围；属于环境保护税征税范围的，将环境违法处理信息与纳税人申报缴纳信息进行比对，涉及补征税款的，通知纳税人补充申报纳税；纳税人申报后，要将纳税人申报的污染物种类、浓度、污染物排放量、应纳税额等信息传递给主管生态环境部门。

2022 年，组织开展排污许可证与环保税税源登记比对，按照排污许可证名单，对持有排污许可证的纳税人进行排查，对存在排污但未进行环境保护税税源登记的纳税人及时补录税源信息、追征税款。全年共比对 711 户纳税人，补征税款 7.06 万元。

2018 — 2022 年益阳市征收环境保护税统计表

表 2–43　　单位：万元

合计	2018 年	2019 年	2020 年	2021 年	2022 年
7431	1388	1563	1478	1570	1432

第六章　社会保险费类

益阳市税务部门承接社会保险费征收始于2001年，当年开始只有外商投资企业和私营企业的社会保险费由税务部门征收。2018年3月，中共中央印发《深化党和国家机构改革方案》，提出将基本养老保险费、基本医疗保险费、失业保险费等各项社会保险费交由税务部门统一征收。从2019年开始，益阳市社会保险费的征收分批逐步划转至税务部门。2019年1月1日，益阳市机关事业单位基本养老保险费、基本医疗保险费、失业保险费、工伤保险费、生育保险费，城乡居民基本养老保险费划转至税务部门征收；2019年4月1日，益阳市城乡居民基本医疗保险费划转至税务部门征收；2020年11月1日，益阳市企业基本养老保险费、基本医疗保险费、失业保险费、工伤保险费，机关事业单位职业年金划转至税务部门征收；2021年1月1日，益阳市灵活就业人员基本医疗保险费划转至税务部门征收。至2022年底，益阳市税务部门承担的社会保险费征管项目共5项，即基本养老保险费、基本医疗保险费、失业保险费、工伤保险费、生育保险费。

第一节　基本养老保险费

一、基本政策

（一）益阳市城镇职工基本养老保险费

缴费基数：从2019年起，益阳市缴费基数统一以全省上年度全口径城镇单位就业人员平均工资的60%和300%分别作为养老保险个人缴费基数的下限和上限；参保用人单位缴费基数按照本单位职工个人缴费基数之和确定（见表2-46）。缴费费率：根据《湖南省降低社会保险费率实施方案》（湘政办发〔2019〕19号），2019年1月1日至4月30日，单位缴费比例为19%，从2019年5月1日起，益阳市城镇职工基本养老保险（包括企业和机关事业单位）单位缴费比例降至16%。原已经审批备案实施费率过渡试点的企业，单位费率低于16%的，仍按费率过渡试点政策执行；单位费率高于16%的，一律降至16%，从2022年起，所有企业一律按16%的单位费率执行。职工（雇工）个人的缴费比例为8%。缴费期限：根据《国家税务总局湖南省税务局社会保险费征收服务指引（试行）》规定，单位缴费人应于每月25日前向益阳市主管税务机关申报缴纳当月基本养老保险费。

（二）城乡居民基本养老保险费

缴费基数：根据《湖南省人民政府关于建立统一的城乡居民基本养老保险制度的实施意见》（湘政发〔2014〕24号），2014—2020年，年满16周岁（不含在校学生），具有益阳户籍，非国家机关和事业单位工作人员及不属于职工基本养老保险制度覆盖范围的城乡居民，在户籍地参加城乡居民养老保险。益阳市城乡居民养老保险缴费标准设为每年100元、200元、300元、400元、500元、600元、700元、800元、900元、1000元、1500元、2000元、2500元、3000元14个档次；根据《湖南省人民政府关于完善城乡居民基本养老保险制度的实施意见》（湘政发〔2020〕19号），从2021年起，年满16周岁（不含在校学生），具有益阳户籍，非国家机关和事业单位工作人员及不属于职工基本养老保险制度覆盖范围的城乡居民，在户籍地参加城乡居民养老保险。在内地（大陆）居住且办理港澳台居民居住证的未就业港澳台居民，可以在居住地按规定参加城乡居民养老保险。普通参保人缴费标准设为每人每年200元、300元、400元、500元、600元、700元、800元、900元、1000元、1500元、2000元、2500元、3000元13个档次。对重度残疾人、低保对象、特困人员等缴费困难群体，保留每人每年100元的缴费档次。缴费期限：参保人员自主选择缴费档次，按年缴费，可以一次或多次缴纳当年度保费，但缴费总和不得超过最高缴费档次。

（三）灵活就业人员养老保险费

缴费基数：益阳市2021年度企业职工养老保险缴

费基准值为 5460 元 / 月；2022 年度企业职工养老保险缴费基准值为 5977 元 / 月。灵活就业人员的缴费基数可以在基准值的 60% — 300% 之间适当选择，缴费比例为 20%。缴费期限：灵活就业人员养老保险费可按月、按季或者按年向税务部门申报缴费，跨年一般不得补缴。

二、征收流程

益阳市城镇职工基本养老保险（包括企业和机关事业单位）缴费单位在人社部门办理参保登记后，人社部门将登记信息推送税务部门，缴费单位于每月 25 日前向主管税务机关申报缴费，并对申报数据的准确性和真实性负责，税务部门于每月月底前按规定将当月征收入库信息，通过信息共享平台实时传递至社保经办机构，社保经办机构根据反馈数据进行登账，并做好权益记录。城乡居民基本养老保险费，打开“湘税社保”APP 或微信小程序，点击“城乡居民缴费”，输入参保人信息，选择“城乡居民养老保险”，完成缴费；也可去中国银行、建设银行、农业银行、长沙银行、邮储银行、农商银行、华融湘江银行、交通银行、光大银行九大商业银行实体场所、POS 机、自助设备、APP 完成缴费；或由村组、社区代征人员代收。灵活就业人员养老保险费，打开“湘税社保”APP 或微信小程序，点击“灵活就业缴费”，输入参保人信息，选择“灵活就业人员养老（医疗）保险”，可按月、季、年完成缴费；可去建设银行、农业银行、长沙银行、工商银行、邮储银行、农商银行六大商业银行实体场所、POS 机、自助设备、APP 完成缴费；或去主管税务机关办税服务厅完成缴费。

第二节　基本医疗保险费

一、基本政策

（一）职工基本医疗保险费

缴费基数：益阳市统一以在职职工月缴费工资基数之和为单位月缴费工资基数缴费。职工月平均工资低于上年度全省城镇从业人员全口径月平均工资 60% 的，按上年度全省城镇从业人员全口径月平均工资 60% 计入缴费工资基数。职工月平均工资高于上年度全省城镇从业人员全口径月平均工资 300% 的，按上年度全省城镇从业人员全口径月平均工资 300% 计入缴费工资基数。单位退休人员由其参保单位按其退休金为基数缴纳基本医疗保险费。2019 年益阳市企业职工基本医疗保险月缴费基准值为 4764 元，个人缴费基准的封顶值为 14292 元，保底值为 2858.4 元，从 2019 年 7 月 1 日起执行。2020 年益阳市企业职工基本医疗保险月缴费基准值为 5054 元，个人缴费基准的封顶值为 15162 元，保底值为 2859 元，从 2020 年 7 月 1 日起执行。2021 年益阳市企业职工基本医疗保险月缴费基准值为 5460 元，月缴费基数的上限为 16380 元，下限为 3276 元，从 2021 年 12 月 1 日起执行。2022 年益阳市企业职工基本医疗保险月缴费基准值为 5977 元，月缴费基数的上限为 17931 元，下限为 3586 元，从 2021 年 12 月 1 日起执行。缴费费率：益阳市在职职工单位缴费费率为 6%（基本医疗保险），个人缴费费率为 2%。退休职工原退休单位缴费费率为 4%。缴费期限：缴费单位应于每月 25 日前向主管税务机关申报缴纳当月基本医疗保险费。

（二）城乡居民基本医疗保险费

缴费标准：益阳市个人缴费标准分别为 2019 年度 220 元 /（人·年）、2020 年度 250 元 /（人·年）、2021 年度 280 元 /（人·年）、2022 年度 320 元 /（人·年）。缴费期限：城乡居民按年度一次性缴纳基本医疗保险费。居民医保集中参保缴费期原则上为上年 9 月 1 日至 12 月 31 日。除已明确的特殊情形外，未在规定缴费期内参保缴费的，原则上不得中途参保、享受医保待遇。

（三）灵活就业人员医疗保险费

缴费标准：2021 年益阳市灵活就业人员医疗保险缴费基准值为省公布的缴费基准值 5054 元的 60%，即 3032 元；2022 年益阳市灵活就业人员医疗保险缴费基准值为省公布的缴费基准值 5460 元的 60%，即 3276 元。缴费比例为 5%。另外还须缴纳大病医疗互助基金 130 元 / 年、重特大疾病补充保险 50 元 / 年、意外伤害医疗互济 20 元 / 年。部分改制企业、破产企业、已退休人员无须缴纳基本医疗保险。缴费期限：灵活就业人员医疗保险缴费可按月、按季或者按年向税务部门申报缴费，灵活就业人员医疗保险集中缴费期原则上为每年 1 月 1 日至 3 月 31 日。

二、征收流程

职工基本医疗保险费缴费单位在医保部门办理参保登记后，医保部门将登记信息推送税务部门，缴费单位于每月25日前向主管税务机关申报缴费，并对申报数据的准确性和真实性负责，税务部门于每月月底前按规定将当月征收入库信息，通过信息共享平台实时传递至社保经办机构，社保经办机构根据反馈数据进行登账，并做好权益记录。城乡居民基本医疗保险费打开“湘税社保”APP或微信小程序，点击“城乡居民缴费”，输入参保人信息，选择“城乡居民养老保险”，完成缴费；也可去中国银行、建设银行、农业银行、长沙银行、邮储银行、农商银行、华融湘江银行、交通银行、光大银行九大商业银行实体场所、POS机、自助设备、APP完成缴费；或由村组、社区代征人员代收。灵活就业人员医疗保险费，打开“湘税社保”APP或微信小程序，点击“灵活就业缴费”，输入参保人信息，选择“灵活就业人员养老（医疗）保险”，可按月、季、年完成缴费；可去建设银行、农业银行、长沙银行、工商银行、邮储银行、农商银行六大商业银行实体场所、POS机、自助设备、APP完成缴费；或去主管税务机关办税服务厅完成缴费。

第三节　失业保险费

一、基本政策

缴费基数：益阳市用人单位统一以湖南省上年度全口径城镇单位就业人员平均工资的60%和300%分别作为失业保险个人缴费基数的下限和上限；参保用人单位缴费基数按照本单位职工个人缴费基数之和确定（见表2–46）。缴费费率：益阳市失业保险缴费比例为单位缴费0.7%，个人缴费0.3%。缴费期限：缴费单位应于每月25日前向益阳市主管税务机关申报缴纳当月失业保险费。

二、征收流程

缴费单位在人社部门办理参保登记后，人社部门将登记信息推送税务部门，缴费单位于每月25日前向主管税务机关申报缴费，并对申报数据的准确性和真实性负责，税务部门于每月月底前按规定将当月征收入库信息，通过信息共享平台实时传递至社保经办机构，社保经办机构根据反馈数据进行登账，并做好权益记录。

第四节　工伤保险费

一、基本政策

缴费基数：益阳市参加工伤保险的用人单位，按照本单位职工工资总额（参保人员工资之和）乘以缴费费率缴纳工伤保险费。缴费费率：益阳市实行行业差别费率，分八类单位，费率为0.6%、0.9%、1.2%、1.4%、1.7%、2.1%、2.4%、2.6%，全部单位负担。根据湖南省人社厅《关于做好2021年阶段性降低工伤保险费率工作的通知》文件规定，2021年5月1日至2022年4月30日，益阳市统一在行业基准费率基础上统一下降20%，即一至八类行业基准费率为0.48%、0.72%、0.96%、1.12%、1.36%、1.68%、1.92%、2.08%。工程项目按照项目参加工伤保险的基准费率统一为工程合同总造价的1.8‰。根据湖南省人社厅《关于2022年延续执行阶段性降低工伤保险费率的通知》文件规定，自2022年5月1日至2023年4月30日，益阳市继续执行在行业基准费率基础上统一下降20%。缴费期限：缴费单位于每月25日前向益阳市主管税务机关申报缴纳当月工伤保险费。

二、征收流程

缴费单位在人社部门办理参保登记后，人社部门将登记信息及确定的费率推送税务部门，缴费单位于每月25日前向主管税务机关申报缴费，并对申报数据的准确性和真实性负责，税务部门于每月月底前按规定将当月征收入库信息，通过信息共享平台实时传递至社保经办机构，社保经办机构根据反馈数据进行登账，并做好权益记录。

第五节　生育保险费

一、基本政策

缴费基数：益阳市统一以在职职工月缴费工资基数之和为单位月缴费工资基数缴费。职工月平均工资低于上年度全省城镇从业人员全口径月平均工资60%的，按上年度全省城镇从业人员全口径月平均工资60%计入缴费工资基数。职工月平均工资高于上年度全省城镇从业人员全口径月平均工资300%的，按上年度全省城镇从业人员全口径月平均工资300%计入缴费工资基数。2019年益阳市生育保险费月缴费基准值为4764元，个人缴费基准的封顶值为14292元，保底值为2858.4元，从2019年7月1日起执行。2020年益阳市生育保险费月缴费基准值为5054元，个人缴费基准的封顶值为15162元,保底值为2859元，从2020年7月1日起执行。2021年益阳市生育保险费月缴费基准值为5460元，月缴费基数的上限为16380元，下限为3276元，从2021年12月1日起执行。2022年益阳市生育保险费月缴费基准值为5977元，月缴费基数的上限为17931元，下限为3586元，从2022年12月1日起执行。生育保险费由单位缴费，缴费费率为：2019年1—9月费率为0.5%，从2019年10月起费率为0.7%。缴费期限：缴费单位应于每月25日前向主管税务机关申报缴纳当月生育保险费。

二、征收流程

2019年1—9月，生育保险费单独办理参保登记。根据湖南省医疗保障局、湖南省财政厅、湖南省税务局、湖南省健康委员会《关于全面推进生育保险和职工基本医疗保险合并实施的意见》，自2019年10月1日起，益阳市生育保险和职工基本医疗保险实施合并，统一参保登记、统一基金征缴和管理，参加职工基本医疗保险的在职职工同步参加生育保险，生育保险基金并入职工基本医疗保险基金，统一征缴。缴费单位在医保部门办理参保登记后，医保部门将登记信息推送税务部门，缴费单位于每月25日前向主管税务机关申报缴费，并对申报数据的准确性和真实性负责，税务部门于每月月底前按规定将当月征收入库信息，通过信息共享平台实时传递至社保经办机构，社保经办机构根据反馈数据进行登账，并做好权益记录。

第六节　社会保险费征管

2001年11月，为切实做好益阳市外商投资企业、私营企业社会保险费的征收管理工作，市地税局印发《益阳市外商投资企业、私营企业社会保险费征收管理办法》，自2001年1月1日起施行。办法规定：1.凡在益阳市范围内的外商投资企业、私营企业及其他从业人员皆须缴纳社会保险费。2.缴费单位职工个人缴纳基本养老保险费的基数为本人工资额，缴费单位缴纳基本养老保险费的基数为企业职工个人缴费工资基数之和。3.月平均工资超过本市上年度职工平均工资300%以上部分，不计入个人缴费基数；低于本市上年度职工平均工资60%的，按本市上年度职工平均工资的60%计算缴费基数。4.企业缴费比例：2000年为14%，以后每年提高2%，直至20%为止。个人缴费比例:2000年为6%，以后每两年提高1%，直至8%为止。5.所有缴费单位均应按照规定办理社会保险登记，领取社会保险登记证。6.职工个人缴纳基本养老保险费由缴费单位从职工缴费工资中代扣代缴，个人不得拒绝。缴费单位未代扣代缴个人应缴社会保险费的，由缴费单位缴纳未代扣代缴的社会保险费。7.缴费单位必须在每月终了后10日内向主管税务机关报送社会保险费申报表及职工个人缴纳基本养老保险费明细表，并如实缴纳应纳费额。8.缴费单位未按规定缴纳和代扣代缴社会保险费的由税务机关责令限期缴纳，逾期仍不缴纳的，从欠缴之日起，按日加收2‰的滞纳金。9.拒不缴纳社会保险费的，依照《湖南省城镇企业职工养老保险办法》第六十四条规定，从缴费单位开户银行中强行划缴。10.缴费单位未按规定申报其应缴费额，主管税务机关可按该单位上月应缴费额的110%确定。没有上月应缴数额的，由主管税务机关按该单位当月经营状况、职工人数等有关情况核定应纳费额。11.主管税务机关有权对缴费单位缴费情况进行检查与监督，被检查单位不得拒绝。12.对人员变化不大，缴费工资基数水平波动幅度较小的缴费单位，经缴费单位申请，主管税务机关核准，可采取一次核定，分月申报缴纳，年中或年终结算的方式征收。

2005年5月，市地税局印发《关于切实加强社保费征收工作的通知》，从切实提高认识、采取有力措施、加强部门配合等方面，为加强社保费征管，提出具体工作要求。

2018年9月，为贯彻落实党中央、国务院关于改革国税地税征管体制的部署，稳妥有序做好益阳市社会保险费和非税收入征管职责划转工作，市税务局印发《社会保险费和非税收入征管职责划转工作方案》。

2018年12月，市税务局党委书记、局长徐向阳专题向市政府常务副市长、改革领导小组组长彭建忠汇报社保费和非税收入征管工作。请求市政府继续加强对社保费和非税收入征管职责划转的支持，提请市政府交接工作组召开涉改部门联席会，落实国家税务总局和省政府的最新部署，提请市政府督促县、乡两级政府落实主体责任，保持现行城乡居民“两险”代办模式、征缴职责以及考核方式等不变，在政府主导下，税务、人社、医保紧密协作，迅速建立起符合各地实际的协调配合、应急处置机制，确保划转工作按时按质完成。是月，市税务局党委副书记、副局长赖光辉就当前社保费征管职责划转的范围、要求及困难向市政府常务副秘书长、划转交接工作组组长杨光辉进行汇报。提请市政府在社会保险费征管职责划转工作中继续发挥主体责任，确保现行城乡居民“两险”代办模式、征缴职责以及考核方式等不变。是月，市税务局召开全市税务系统社保费征管职责划转和个税改革推进视频会。会上市税务局党委书记、局长徐向阳及分管社保费非税工作的市税务局党委副书记、副局长赖光辉和分管个税工作的市局党委成员、总经济师汪清波听取了全市8个县市区局和市税务局第二税务分局关于社保费划转重点工作和个税改革工作情况汇报，赖光辉和汪清波分别对各单位相关工作进行点评。会上，徐向阳就社保费征管职责划转和个税改革提出三点要求：一是把攻坚责任扛在肩上，二是把工作抓在手上，三是确保稳定放在心上。市税务局党委将与基层职工迎难而上、休戚与共，打赢打好第三场攻坚战。是月，为认真做好机关事业单位和城乡居民社会保险费征收工作，市税务局组织开展三方面培训。以县市区税务局为单位开展社保费征管子系统培训和测试工作。培训对象延伸至社保费征收窗口业务经办岗，后台管理岗，有征缴职能的税务分局、税务所相关人员。测试以机关事业单位五险、城乡居民两险为主；开展城乡居民“两险”委托代征人员业务培训，采取以会代训方式落实好相关代征工作；迅速开展行政事业单位缴费人培训，特别是客户端培训工作，宣传落实好机关事业单位社保费划转相关工作。

2019年7月，市税务局举办全市税务系统社保费和非税收入专项业务培训班，培训内容：社保费基本理论、历史发展、国际借鉴，上海市社会保障体系建设、社会保险征缴流程介绍、社会保险征缴制度改革、社会保险费政策、非税收入的种类和特性。

2020年1月，为做好社保费缴费基数申报工作，市税务局印发《关于做好2020年度市本级机关事业单位社会保险费缴费工资基数申报工作的通知》。通知要求：自2019年1月1日起，只要基本养老保险、基本医疗保险（含生育保险）、失业保险、工伤保险中一项以上（含一项）交由税务部门征收的机关事业单位，均应向主管税务机关申报2020年度社保费缴费工资基数。同时对申报受理时间、缴费工资基数申报口径、申报方式及流程、申报咨询等方面进行了进一步明确。

2020年4月，为推动实现基本医疗保险全覆盖，市医疗保障局、市税务局联合印发《全市基本医疗保险全覆盖专项工作方案》，要求到2020年底基本实现法律政策规定人员基本医疗保险全覆盖，全市常住人口参保率稳定在95%以上。

2020年6月，为深入贯彻落实省委、省政府“一脱贫三促进六覆盖”决策部署，加快推动实现城乡居民基本养老保险全覆盖目标，市人力资源和社会保障局、市财政局、市税务局联合印发《2020年全市城乡居民基本养老保险全覆盖专项行动方案》。方案从摸清底数量化分解任务，精准扩面突出重点群体，协同推进畅通缴费渠道，保障待遇确保足额发放，宣传引领促进政策解读，优化服务推进转型升级等方面提出工作要求，确保2020年全市城乡居民基本养老保险覆盖达到100%。

2020年7月，根据益阳市《2020年全市城乡居民基本养老保险全覆盖专项行动方案》，为促进益阳市城乡居民基本养老保险全覆盖工作，市人力资源和社会保障局、市税务局联合印发《2020年益阳市城乡居民基本养老保险全覆盖宣传方案》，就强化全媒体报道，做好主题宣传、政策宣传、形势宣传、典型宣传，突出正面宣传等方面引导广大群众积极自愿参保续保，实现全市城乡居民基本养老保险全覆盖。

2021年3月，为规范社保费征收管理，保证国家社保基金安全，保障缴费人合法权益，提高缴费获得感，市税务局印发《关于进一步加强社会保险费征收管理的意见》，就强化数据管理、夯实征管基础，细化网格管理、压实征管责任，深化分类管理、提高征管质效，优化服务管理、提升服务水平，固化联动管理、健全协作机制等方面提出工作要求。是月，为适应社会保险费征管职责划转，加强党政机关、社会团体和组织社会保险费征缴工作，市税收协控联管工作领导小组印发《关于加强机关事业单位社会保险费征缴工作的通知》，就明确申报缴纳责任、规范申报缴费流程、依法加强征收管理、切实强化协控联管提出工作要求。

2021年4月，为加强社会保险费基础数据资源开发利用，提升数据应用质效，加快建立税务部门与相关部门常态化、制度化数据共享协调机制，着力推进内外部社保费基础数据汇聚联通，市税务局印发《社会保险费基础数据治理工作方案》。

2021年6月，安化县税务局、沅江市税务局、桃江县税务局获得湖南省税务系统社保费征收体制改革先进单位，赵民等13人获得湖南省税务系统社保费征收体制改革先进个人。

2022年4月，为贯彻落实党中央、国务院决策部署及国家税务总局、湖南省税务局工作安排，平稳有序地统一社会保险费征收模式，市税务局成立“统一社会保险费征收模式工作领导小组”。

2002—2018年益阳市税务机关征收外商投资企业、私营企业基本养老保险费统计表

表2-44

单位：万元

2002年	131	2006年	241	2010年	763	2014年	977	2018年	670
2003年	147	2007年	377	2011年	800	2015年	1107	合计	11297
2004年	151	2008年	565	2012年	831	2016年	1224		
2005年	202	2009年	719	2013年	948	2017年	1444		

2019—2022年益阳市税务机关征收社会保险费统计表

表2-45

单位：万元

项目	合计	2019年	2020年	2021年	2022年
基本养老保险费	1692903	202299	344072	546498	600034
基本医疗保险费	770087	145034	104319	259674	261060
失业保险费	18890	1019	2214	7186	8471
工伤保险费	44467	4352	6075	17169	16871
其他社会保险费	60192	1266	—	29017	29909

注：益阳市基本医疗保险费和生育保险费实施了合并，生育保险费征收数统计在基本医疗保险费数据中。

益阳市分年缴费基数、上限和下限表

表2-46

单位：元

缴费年度	月基准值	上限（300%）	下限（60%）
2019年	4764	14292	2859
2020年	5054	15162	2859
2021年	5460	16380	3276
2022年	5977	17931	3586

第七章　非税收入类

2018 年 3 月,《深化党和国家机构改革方案》出台，提出由税务部门逐步承接原本由财政等部门承担的非税收入征管职责。2018 年 7 月，中共中央办公厅、国务院办公厅印发《国税地税征管体制改革方案》，要求按照便民、高效原则，逐步推进非税收入征管职责划转。至 2022 年底，税务部门承担的非税收入征管项目共 40 项，其中：2018 年底之前，原由税务部门征收的非税收入项目 9 项；2019—2022 年，划转税务部门征收非税收入项目 31 项（中央财政划转 23 项、地方财政划转 7 项、其他收入 1 项）。因划转的部分非税收入项目在益阳市没有发生收入，1990—2022 年，益阳市税务部门实际征收的非税收入项目为 22 项，其中：中央项目 12 项，省级项目 6 项，其他收入 4 项。

第一节　中央项目

一、教育费附加

教育费附加是为贯彻落实《中共中央关于教育体制改革的决定》，加快发展地方教育事业，扩大地方教育经费的资金来源而设立的一个非税收入费种。1986 年 7 月 1 日起，根据国务院《征收教育费附加的暂行规定》和《湖南省征收教育费附加实施办法》，单位和个人（不含外商投资企业、外国企业及外籍个人）按实际缴纳的产品税、增值税、营业税的税额为计征依据，教育费附加率为 1%，分别与产品税、增值税、营业税同时缴纳。教育费附加由税务机关负责征收，教育费附加的征收管理，按照消费税、增值税、营业税的有关规定办理。1990 年 8 月 1 日起，根据国务院关于修改《征收教育费附加的暂行规定》，教育费附加率提高至 2%。1994 年 1 月 1 日起，根据国务院《关于教育费附加征收问题的紧急通知》，教育费附加以单位和个人实际缴纳的增值税、消费税、营业税的税额为计征依据，教育费附加率提高至 3%，分别与增值税、消费税、营业税同时缴纳。2010 年 12 月 1 日起，根据国务院《关于统一内外资企业和个人城市维护建设税和教育费附加制度的通知》，外商投资企业、外国企业及外籍个人适用《征收教育费附加的暂行规定》政策。

1990—2022 年益阳市（地区）征收教育费附加统计表

表 2–47　　单位：万元

1990 年	380	1996 年	913	2002 年	1132	2008 年	5654	2014 年	10670	2020 年	16900
1991 年	389	1997 年	877	2003 年	1198	2009 年	7370	2015 年	12044	2021 年	18476
1992 年	349	1998 年	727	2004 年	1295	2010 年	9012	2016 年	13019	2022 年	16913
1993 年	419	1999 年	682	2005 年	1932	2011 年	8294	2017 年	14912	合计	205957
1994 年	431	2000 年	690	2006 年	2469	2012 年	9931	2018 年	16894		
1995 年	723	2001 年	840	2007 年	3413	2013 年	10205	2019 年	16804		

二、地方教育附加

地方教育附加是为改善中小学教学设施和办学条件，发展职业教育，根据国务院《征收教育费附加的暂行规定》《湖南省非税收入管理条例》和国家有关规定而由湖南省人民政府公布设立的一个非税收入费种。2007 年 12 月 31 日，湖南省人民政府公布《湖南省教育费附加和地方教育附加征收管理办法》，自 2008 年 1 月 1 日起施行。办法规定：缴纳增值税、营业税、消费税的单位和个人，按照实际缴纳“三税”税额的 1.5% 缴纳地方教育附加。地方教育附加由地方税务部门征收，地方教育附加的征收管理，按照国家关于增值税、营业税、消费税的规定办理。2011 年 2 月 1 日起，根据湖南省财政厅、湖南省地方税务局《关于调整地方教育附加征收标准的通知》，地方教育附加费率提高至 2%。

2011 — 2022 年益阳市征收地方教育附加统计表

表 2-48

单位：万元

2011 年	5199	2014 年	6906	2017 年	9961	2020 年	11270	合计	109793
2012 年	6254	2015 年	8379	2018 年	11291	2021 年	12323		
2013 年	6830	2016 年	8887	2019 年	11217	2022 年	11276		

注：2008 — 2010 年征收的地方教育附加数据统计在教育费附加中，无单独统计数据。

三、文化事业建设费

1996 年 9 月 5 日，国务院印发《关于进一步完善文化经济政策的若干规定》，决定在全国范围内开征文化事业建设费。1997 年 7 月 7 日，财政部、国家税务总局印发《文化事业建设费征收管理暂行办法》，自发布之日起施行。办法规定：缴纳娱乐业、广告业营业税的单位和个人，缴纳文化事业建设费。文化事业建设费的费率为 3%。2013 年 8 月 29 日，财政部、国家税务总局印发《关于营业税改征增值税试点有关文化事业建设费征收管理问题的通知》，自 2013 年 8 月 1 日起施行。对提供广告服务的单位和个人缴纳文化事业建设费；境外的单位在境内提供广告服务以广告服务接受方为文化事业建设费的扣缴义务人；对提供应税服务未达到增值税起征点的个人，免征文化事业建设费；增值税小规模纳税人中月销售额不超过 2 万元（按季纳税 6 万元）的企业和非企业性单位提供的应税服务，免征文化事业建设费。2016 年 3 月 28 日，财政部、国家税务总局印发《关于营业税改征增值税试点有关文化事业建设费政策及征收管理问题的通知》自 2016 年 5 月 1 日起施行。对提供广告服务的广告媒介单位和户外广告经营单位征收文化事业建设费；对非企业性单位提供的应税服务，免征文化事业建设费；对按月纳税的月销售额不超过 3 万元（含 3 万元），以及按季纳税的季度销售额不超过 9 万元（含 9 万元）的缴纳义务人，自 2015 年 1 月 1 日起至 2017 年 12 月 31 日免征文化事业建设费。根据《关于营业税改征增值税试点有关文化事业建设费政策及征收管理问题的补充通知》，2016 年 5 月 1 日起，对未达到增值税起征点的缴纳义务人，免征文化事业建设费。按照《财政部 税务总局关于电影等行业税费支持政策的公告》《财政部 税务总局关于延续实施应对疫情部分税费优惠政策的公告》的规定，自 2020 年 1 月 1 日至 2021 年 12 月 31 日，免征文化事业建设费。

1998 — 2022 年益阳市征收文化事业建设费统计表

表 2-49

单位：万元

1998 年	16	2003 年	43	2008 年	204	2013 年	385	2018 年	414	合计	4292
1999 年	35	2004 年	40	2009 年	224	2014 年	330	2019 年	273		
2000 年	40	2005 年	41	2010 年	281	2015 年	234	2020 年	35		
2001 年	45	2006 年	52	2011 年	361	2016 年	245	2021 年	—		
2002 年	45	2007 年	101	2012 年	378	2017 年	400	2022 年	70		

四、水利建设基金（防洪保安资金）

（一）益阳市税务部门征收内容和征收时间

1995 年 1 月 1 日起，根据《湖南省征集防洪保安资金暂行规定》，益阳市境内国有、集体、股份、联营企业及银行、保险、信托投资、财务公司和城乡信用社缴纳的防洪保安资金，由益阳市地方税务部门按月或者按季代收；在职职工和“三资”企业中方职工缴纳的防洪保安资金，由单位代收后交益阳市地方税务部门。2002 年 1 月 1 日起，根据《湖南省防洪保安资金征收管理办法》，益阳市境内实行独立核算的企业和在职职工以及有其他收入的事业单位和在职职工的防洪保安资金由益阳市地税机关负责征收。2011 年 9 月 1 日起，根据《湖南省水利建设基金筹集和使用管理办法》，防洪保安资金并入水利建设基金，自 2011 年 9 月 1 日至 2020 年 12 月 31 日，益阳市境内从事生产、经营的单位和个人缴纳的水利建设基金由益阳市地税部门负责征收。2020 年 1 月 5 日，根据《财政部关于国家重大水利工程建设基金、水利建设基金划转税务部门征收的通知》，自 2020 年 1 月 1 日起，向企事业单位和个体经营者征收的水利建设基金，由税务部门负责征缴入库。

（二）基本政策

1994 年 8 月 3 日起，湖南省人民政府发布《湖南省征集防洪保安资金暂行规定》，自 2015 年 1 月 1 日起施行。由地税机关负责征收的防洪保安资金为：商业、外贸、供销、物资等流通企业按当年销售收入的 1% 征集，其中以批发为主的企业按销售收入的 0.8% 征集，旅游服务业按当年营业收入的 1% 征集；工交企业按当年销售收入的 1% 征集，建筑安装企业按当年工程结算收入的 2‰征集；银行按当年利息收入的 2‰征集，保险公司按当年财产保险费收入的 1% 征集，各类信托投资公司及财务公司按当年业务收入的 2‰征集，城乡信用社按当年利息收入的 1‰征集。在职职工按照个人月工资收入分档次征集：月工资收入 301—400 元的，每人每年 20 元；月工资收入 401—500 元的，每人每年 30 元；月工资收入 501—800 元的，每人每年 50 元；月工资收入 801 元以上的，每人每年 80 元。2001 年 12 月 17 日，湖南省人民政府批转省财政厅《湖南省防洪保安资金征收管理办法），自 2002 年 1 月 1 日起施行。由地税机关负责征收的防洪保安资金为：凡有销售收入或营业收入的企事业单位和城乡个体工商户，按上年销售收入或营业收入的 0.6% 征收；银行（含信用社）按上年利息收入的 0.4% 征收；保险公司按上年保费收入的 0.4% 征收；各类信托投资公司、财务公司等非银行金融机构按上年业务收入的 0.6% 征收。在职职工按照个人月工资（含基本工资、奖金、政策性补贴和津贴）分档次征收：月工资 305—500 元的，每人每年 20 元；月工资 501—800 元的，每人每年 50 元；月工资 801 元以上的，每人每年 80 元。2011 年 9 月 1 日起，根据《湖南省水利建设基金筹集和使用管理办法》，防洪保安资金并入水利建设基金，自 2011 年 9 月 1 日至 2020 年 12 月 31 日，由地税机关负责征收的水利建设基金为：从事生产、经营的单位和个人缴纳的水利建设基金由从事生产、经营的单位和个人，按生产、经营收入的 0.6‰缴纳水利建设基金。2021 年 1 月 1 日起，根据《湖南省财政厅关于继续征收水利建设基金的通知》，益阳市继续征收水利建设基金，水利建设基金的具体征收使用政策按照现行规定执行。

2006—2022 年益阳市税务机关征收水利建设基金统计表

表 2-50　　单位：万元

2006 年	688	2009 年	863	2012 年	1303	2015 年	2786	2018 年	4736	2021 年	11769
2007 年	780	2010 年	945	2013 年	2070	2016 年	3306	2019 年	5220	2022 年	10414
2008 年	826	2011 年	1073	2014 年	2369	2017 年	3796	2020 年	6835	合计	59779

注：1995—2005 年，水利建设基金（防洪保安资金）征集票据为专用票据，征收的水利建设基金上划当地政府水利建设基金征集办公室，故没有统计数据；从 2006 年开始，税务部门征收的水利建设基金，开始使用税收票据，直接缴入国库。本表只统计了 2006—2022 年的征收数据。

五、残疾人就业保障金

（一）划转税务部门征收时间

代征：2006 年 1 月 1 日起，根据市财政局、市残疾人联合会、市地税局、人民银行市中心支行印发《关于地税部门代征残疾人就业保障金有关事项的通知》，益阳市行政区域内的中央、省及外地驻益单位、与财政没有经常性经费领拨关系的社会团体、事业单位、各类企业及其他经济组织，未安排残疾人就业和安排残疾人就业达不到本单位在职职工总数 1.5% 的比例的用人单位应缴纳的残疾人就业保障金委托地税部门代征，益阳市地方税务部门开始代征残疾人就业保障金。划转：2015 年 10 月 1 日起，根据财政部、国家税务总局、中国残疾人联合会印发《残疾人就业保障金征收使用管理办法》的通知，残疾人就业保障金由地方税务部门征收，益阳市地方税务部门开始征收残疾人就业保障金。

（二）基本政策

2005 年 1 月 1 日起，根据《湖南省人民政府办公厅关于残疾人就业保障金征收有关问题的通知》，对行政区域内未安排残疾人就业和安排残疾人就业达不到本单位在职职工总数 1.5% 的比例的机关、团体和各类企业、事业单位及其他经济组织，按其差额人数全额征收残疾人就业保障金；差额不足 1 人的，按差额比例计算应缴纳的残疾人就业保障金。用人单位安排 1 名盲人或者一级肢体残疾人就业的按 2 人计算。应缴纳的残疾人就业保障金＝（单位上年度在职职工总数 ×1.5%- 已安排残疾职工人数）× 本地区上年度职工年平均工资。本地区上年度职工年平均工资以当地统计行政部门公布的数据为准。2015 年 10 月 1 日起，根据《残疾人就业保障金征收使用管理办法》，用人单位（机关、团体、企业、事业单位和民办非企业单位）安排残疾人就业的比例不得低于本单位在职职工总数的 1.5%，用人单位安排残疾人就业达不到规定比例的，应当缴纳保障金。保障金按上年用人单位安排残疾人就业未达到规定比例的差额人数和本单位在职职工年平均工资之积计算缴纳，计算公式如下：保障金年缴纳额 =（上年用人单位在职职工人数 ×1.5%- 上年用人单位实际安排的残疾人就业人数）× 上年用人单位在职职工年平均工资。2020 年 1 月 1 日起，对残疾人就业保障金征收政策作出如下调整：残疾人就业保障金征收标准上限，按照当地社会平均工资 2 倍执行。当地社会平均工资按照所在地城镇非私营单位就业人员平均工资和城镇私营单位就业人员平均工资加权计算；自 2020 年 1 月 1 日起至 2022 年 12 月 31 日，对残疾人就业保障金实行分档减缴政策。其中：用人单位安排残疾人就业比例达到 1%（含）以上，但未达到所在地省、自治区、直辖市人民政府规定比例的，按规定应缴费额的 50% 缴纳残疾人就业保障金；用人单位安排残疾人就业比例在 1% 以下的，按规定应缴费额的 90% 缴纳残疾人就业保障金；自 2020 年 1 月 1 日起至 2022 年 12 月 31 日，在职职工人数在 30 人（含）以下的企业，暂免征收残疾人就业保障金。

（三）征收管理

2005 年 1 月 1 日起，残疾人就业保障金实行按年征收，定期缴纳，当年征收上一年度的残疾人就业保障金。残疾人劳动就业管理机构在每年 6 月 30 日前将应缴纳残疾人就业保障金的用人单位名册及金额，提供给地税部门，作为代征残疾人就业保障金的依据。地税部门代征时间为每年 7 月 1 日至 10 月 31 日。截至每年 10 月 31 日，由地税部门代征残疾人就业保障金的用人单位未缴纳或未足额缴纳的，从 11 月 1 日起对欠缴部分按日加收 5‰的滞纳金。2015 年 10 月 1 日起，残疾人就业保障金实行按月申报缴纳，用人单位如属小规模纳税人，可实行按季申报缴纳。用人单位申报不实、少缴纳保障金的，征收机关应当催报并追缴保障金；用人单位未按规定缴纳保障金的，按照《残疾人就业条例》的规定，由保障金征收机关提交财政部门，由财政部门予以警告，责令限期缴纳；逾期仍不缴纳的，除补缴欠缴数额外，还应当自欠缴之日起，按日加收 5‰的滞纳金。

2006—2022 年益阳市税务机关征收残疾人就业保障金统计表

表 2–51　　　　单位：万元

2006 年	152	2009 年	290	2012 年	615	2015 年	1075	2018 年	5376	2021 年	6165
2007 年	218	2010 年	357	2013 年	791	2016 年	1262	2019 年	5739	2022 年	7464
2008 年	263	2011 年	575	2014 年	917	2017 年	4398	2020 年	5132	合计	40789

六、矿产资源专项收入

（一）划转税务部门征收时间

根据《关于将国有土地使用权出让收入、矿产资源专项收入、海域使用金、无居民海岛使用金四项政府非税收入划转税务部门征收有关问题的通知》，自 2022 年 1 月 1 日起，矿产资源专项收入划转税务部门负责征收。益阳市税务部门开始征收矿产资源专项收入。

（二）基本政策

矿产资源专项收入包括矿业权出让收益和矿业权使用费。根据《矿业权出让收益征收管理暂行办法》《湖南省矿业权出让收益征收管理实施办法》，勘查、开采矿产资源的矿业权人，缴纳矿业权出让收益。通过招标、拍卖、挂牌等竞争方式出让矿业权的，矿业权出让收益按招标、拍卖、挂牌的结果确定。有下列情形之一，矿业权出让收益按照评估价、市场基准价从高确定，对暂未发布市场基准价的矿种，按评估价确定矿业权出让收益：经批准协议出让矿业权的；采矿权人经批准开展深边部地质矿产勘查的；已经有偿取得的探矿权增列矿种、增加面积以及采矿权增列矿种、增加资源储量的，增列、增加的部分比照协议出让方式，在采矿权阶段征收采矿权出让收益；本办法发布前已发放勘查或者采矿许可证，但尚未进行有偿处置或者缴纳矿业权出让收益的。缴费期限：矿业权出让收益低于规定额度的，一次性征收，高于规定额度的，经批准可分期缴纳，具体规定如下：新设立的矿业权，探矿权出让收益在1000万元以下的，一次性征收。1000万元以上的，探矿权人在取得勘查许可证前，首次缴纳的比例不得低于探矿权出让收益的20%且不少于1000万元，剩余部分在转为采矿权后，在采矿权有效期内按年度缴纳；采矿权出让收益在2000万元以下的，一次性征收。2000万元以上的，采矿权人在取得采矿许可证前，首次缴纳的比例不得低于采矿权出让收益的20%且不少于2000万元，剩余部分在采矿权有效期内按年度缴纳；已设立的矿业权，其出让收益在1000万元以下的，一次性征收。1000万元以上的，探矿权人在取得采矿许可证前，首次缴纳的比例不得低于探矿权出让收益的20%且不少于1000万元，剩余部分在转为采矿权后，在采矿权有效期内按年度缴纳；采矿权人在取得采矿许可证前，首次缴纳的比例不得低于采矿权出让收益的20%且不少于1000万元，剩余部分在采矿权有效期内按年度缴纳；自然资源部登记发证的矿业权，矿业权出让收益分期缴纳方式按财政部、自然资源部有关规定执行。根据《矿产资源开采登记管理办法》《湖南省探矿权采矿权价款和使用费管理暂行办法》，矿业权使用费是指国家将矿业权出让给矿业权人，按规定向矿业权人收取的使用费，包括探矿权使用费和采矿权使用费。益阳市矿业权使用费征收标准：探矿权使用费以勘查年度计算，按区块面积逐年缴纳，第一个勘查年度至第三个勘查年度，每平方公里每年缴纳100元，从第四个勘查年度起每平方公里每年增加100元，最高不超过每平方公里每年500元。采矿权使用费按矿区范围面积逐年缴纳，每平方公里每年1000元。

（三）征收管理

由自然（国土）资源管理部门向税务部门推送矿产资源专项收入费源信息表，自然资源和规划部门明确收入级次和分享比例后，由税务部门将费源信息录入系统，向缴费人开具缴款通知书（涉及分期缴款的，由税务部门按期开具缴款通知书）。缴费人依据缴款通知书7个工作日内自行向税务部门征收窗口或电子税务局申报缴费。未按规定及时缴纳矿业权价款和使用费的，由主管税务机关主责令其在30日内缴纳，并从滞纳之日起，每日加收2‰滞纳金，滞纳金总额最高不超过应缴出让收益本金；逾期仍不缴纳的，由探矿权采矿权登记管理机关吊销其勘查许可证或采矿许可证，相关信息纳入企业诚信系统。矿产资源专项收入产生的滞纳金由税务部门计算，并经财政部门复核后征收。

2022年，益阳市税务机关征收矿产资源专项收入20415万元。

七、水土保持补偿费

（一）划转税务部门征收时间

根据财政部《关于水土保持补偿费等四项非税收入划转税务部门征收的通知》、国家税务总局《关于水土保持补偿费等政府非税收入项目征管职责划转有关事项的公告》，自2021年1月1日起，将水土保持补偿费划转至税务部门征收。益阳市税务局开始征收水土保持补偿费。

（二）基本政策

根据《水土保持补偿费征收使用管理办法》《湖南省水土保持补偿费征收使用管理办法》，益阳市征收水土保持补偿费对象为：在山区、丘陵区、风沙区以及水土保持规划确定的容易发生水土流失的其他区域开办生产建设项目或者从事其他生产建设活动，损坏水土保持设施、地貌植被，不能恢复原有水土保持功能的单位和个人。2017年7月1日起，益阳市水土保持补偿费收费标准按下列规定执行：对一般性生产建设项目，按照征占用土地面积一次性计征，每平方米1.5元。开采矿产资源的，建设期间，按照征占用土地面积一次性计征，每平方米1.5元，开采期间，按照开采量（采掘、采剥总量）每吨1元计征。取土、挖砂（河道采砂除外）、采石以及烧制砖、瓦、瓷、石灰的，根据取土、挖砂、采石量，按照每立方米1.5元计征；排放废弃土、石、渣的，根据土、石、渣量，按照每立方米1.5元计征。对已按前两种方式计征水土保持补偿费的，不再重复计征。

（三）征收管理

由缴费人根据政府水行政部门的缴纳通知书向税务部门自行申报缴纳。按次缴纳的，应于项目开工前或建设活动开始前，缴纳水土保持补偿费；按期缴纳的，在期满之日起15日内申报缴纳水土保持补偿费。拒不缴纳水土保持补偿费的，依照《中华人民共和国水土保持法》第五十七条规定，由县级以上人民政府水行政主管部门责令限期缴纳；逾期不缴纳的，自滞纳之日起按日加收滞纳部分0.5‰的滞纳金，可以处应缴水土保持补偿费3倍以下的罚款。

益阳市税务机关征收水土保持补偿费：2021年1695万元，2022年623万元，合计2318万元。

八、防空地下室易地建设费

（一）划转税务部门征收时间

根据财政部《关于水土保持补偿费等四项非税收入划转税务部门征收的通知》、国家税务总局《关于水土保持补偿费等政府非税收入项目征管职责划转有关事项的公告》，自2021年1月1日起，将防空地下室易地建设费划转至税务部门征收。益阳市税务局开始征收防空地下室易地建设费。

（二）基本政策

根据《人民防空工程建设管理规定》《湖南省人民防空工程建设与维护管理规定》，自2020年1月1日起，防空地下室易地建设费基本政策如下：新建民用建筑因地形、地质条件限制不能修建防空地下室或者应建防空地下室面积小于1000（含）平方米的，按照分级管理权限经人防主管部门批准，在办理建设工程规划许可证之前，依法缴纳防空地下室易地建设费。应缴防空地下室易地建设费=应建防空地下室建筑面积×征收标准。

（三）征收管理

益阳市防空地下室易地建设费，由缴费人根据人防部门核定的收费金额向益阳市主管税务机关申报缴纳。

益阳市税务机关征收防空地下室易地建设费：2021年2150万元，2022年2856万元，合计5006万元。

九、城镇垃圾处理费

（一）划转税务部门征收时间

根据国家税务总局、财政部、自然资源部、住房和城乡建设部、中国人民银行《关于土地闲置费、城镇垃圾处理费划转有关征管事项的公告》，自2021年7月1日起，将城镇垃圾处理费划转至税务部门征收。益阳市税务局开始征收城镇垃圾处理费。

（二）基本政策

根据《垃圾处理收费方式改革试点工作指导意见》《湖南省城镇生活垃圾处理收费管理办法》，城镇垃圾处理费基本政策如下：所有产生生活垃圾的机关、企事业单位、社会团体、个体经营者、城市居民和城市暂住人口以及各类营运交通工具，均应按规定缴纳城镇生活垃圾处理费。城镇生活垃圾处理费实行政府定价，具体收费标准由所在市、县价格主管部门会同同级环卫主管部门制定，报同级人民政府批准后执行，并抄报上一级价格主管部门、环卫主管部门。对城市居民，可以以户或居民人数为单位收取；对纳入城市暂住人口管理的居民以及国家机关、事业单位，可以以人为单位收取；对生产经营单位，商业网点可以按营业面积收取；船舶、列车及飞机等交通工具可以按核定的载重吨位或座位收取；其他生产经营单位产生的生活垃圾，原则上以人为单位计收，生产垃圾处理费与工业废物垃圾处理费不得相互重复计收。

（三）征收管理

城镇垃圾处理费由缴纳义务人或代征单位自行向税务部门申报缴纳。未按时缴纳的，由税务部门出具催缴通知，并通过涉税渠道及时追缴。单位和个人未按规定缴纳城市生活垃圾处理费的，由建设（环境卫生）主管部门责令限期改正，逾期不改正的，对单位可处以应交城市生活垃圾处理费3倍以下且不超过3万元的罚款，对个人可处以应交城市生活垃圾处理费3倍以下且不超过1000元的罚款。

益阳市税务机关征收城镇垃圾处理费：2021年1059万元，2022年1755万元，合计2814万元。

十、排污权出让收入

（一）划转税务部门征收时间

根据财政部《关于水土保持补偿费等四项非税收入划转税务部门征收的通知》、国家税务总局《关于水土保持补偿费等政府非税收入项目征管职责划转有关事项的公告》，自2021年1月1日起，将排污权出让收入划转至税务部门征收。益阳市税务局开始征收排污权出让收入。

（二）基本政策

根据《排污权出让收入管理暂行办法》《湖南省主要污染物排污权有偿使用收入征收使用管理办法》，排污权出让收入基本政策如下：排污权出让收入，是指政府以有偿出让方式配置排污权取得的收入，包括采取定额出让方式出让排污权收取的排污权使用费和通过公开拍卖等方式出让排污权取得的收入。排污权使用费的征收标准由省级价格、财政、环境保护部门根据当地环境资源稀缺程度、经济发展水平、污染治理成本等因素确定。排污权有效期原则上为5年。有效期满后，排污单位需要延续排污权的，应当按照地方环境保护部门重新核定的排污权，继续缴纳排污权使用费。

（三）征收管理

缴费人自接到生态环境行政主管部门排污权使用费缴纳通知单之日起 7 日内，由缴费人向税务部门自行申报缴纳。

益阳市税务机关征收排污权出让收入：2021 年 708 万元，2022 年 775 万元，合计 1483 万元。

十一、国有土地使用权出让收入

（一）划转税务部门征收时间

根据财政部、自然资源部、税务总局、人民银行《关于将国有土地使用权出让收入、矿产资源专项收入、海域使用金、无居民海岛使用金四项政府非税收入划转税务部门征收有关问题的通知》，自 2022 年 1 月 1 日起，国有土地使用权出让收入划转给税务部门负责征收。益阳市税务部门开始征收国有土地使用权出让收入。

（二）基本政策

根据《国有土地使用权出让收支管理办法》《湖南省国有土地使用权出让收支管理办法》，国有土地使用权出让收入是指政府以出让等方式配置国有土地使用权取得的全部土地价款。具体包括：以招标、拍卖、挂牌和协议方式出让国有土地使用权所取得的总成交价款（不含代收代缴的税费）；转让划拨国有土地使用权或依法利用原划拨土地进行经营性建设应当补缴的土地价款；处置抵押划拨国有土地使用权应当补缴的土地价款；转让房改房、经济适用住房按照规定应当补缴的土地价款；改变出让国有土地使用权土地用途、容积率等土地使用条件应当补缴的土地价款，以及其他和国有土地使用权出让或变更有关的收入等。国土资源管理部门依法出租国有土地向承租者收取的土地租金收入；出租划拨土地上的房屋应当上缴的土地收益；土地使用者以划拨方式取得国有土地使用权，依法向市、县人民政府缴纳的土地补偿费、安置补助费、地上附着物和青苗补偿费、拆迁补偿费等费用（不含征地管理费），一并纳入土地出让收入管理。

（三）征收管理

由自然资源部门向税务部门推送费源信息表，税务部门将费源信息录入系统，向缴费人开具缴款通知书（涉及分期缴款的，由税务部门按期开具缴款通知书）。缴费人依据缴款通知书自行向税务部门征收窗口或电子税务局申报缴费。对国有土地使用权人不按土地出让合同、划拨用地批准文件等规定及时足额缴纳土地出让收入的，按日加收违约金额 1‰的违约金。违约金随同土地出让收入一并缴入地方国库。

2022 年，益阳市税务机关征收国有土地使用权出让收入 528290 万元。

十二、土地闲置费

（一）划转税务部门征收时间

根据国家税务总局、财政部、自然资源部、住房和城乡建设部、中国人民银行印发《关于土地闲置费、城镇垃圾处理费划转有关征管事项的公告》，自 2021 年 7 月 1 日起，将土地闲置费划转至税务部门征收。益阳市税务部门开始征收土地闲置费。

（二）基本政策

根据《闲置土地处置办法》，土地闲置费基本政策如下：闲置土地是指国有建设用地使用权人超过国有建设用地使用权有偿使用合同或者划拨决定书约定、规定的动工开发日期满 1 年未动工开发的国有建设用地。已动工开发但开发建设用地面积占应动工开发建设用地总面积不足 1/3 或者已投资额占总投资额不足 25%，中止开发建设满 1 年的国有建设用地，也可以认定为闲置土地。土地闲置费：未动工开发满 1 年的，由市、县国土资源主管部门报经本级人民政府批准后，向国有建设用地使用权人下达征缴土地闲置费决定书，按照土地出让或者划拨价款的 20% 征缴土地闲置费。土地闲置费不得列入生产成本。

（三）征收管理

国有建设用地使用权人应当自征缴土地闲置费决定书送达之日起 30 日内，按照规定缴纳土地闲置费。土地闲置费由自然资源部门向缴纳义务人（土地使用权人）出具征缴土地闲置费决定书等文书，并向税务部门推送征缴土地闲置费决定书等费源信息。缴纳义务人依据征缴土地闲置费决定书向税务部门申报缴纳，税务部门开具缴费凭证。土地闲置费申报期限按现行规定执行，未按时缴纳的，由税务部门出具催缴通知，并通过涉税渠道及时追缴。

益阳市税务机关仅在 2022 年征收土地闲置费 500 元。

第二节　省级项目

一、河道砂石经营收益

（一）划转税务部门征收时间

根据国家税务总局湖南省税务局、湖南省财政厅《关于广告收入、河道砂石资源开采权出让收入征管职责划转的公告》，自 2019 年 1 月 1 日起，河道砂石资源开采权出让收入划转税务部门征收管理，益阳市税务部门开始征收河道砂石资源开采权出让收入。根据国家税务总局湖南省税务局、湖南省财政厅、湖南省水利厅、湖南省生态环境厅发布《关于河道砂石经营收益、生态环境损害赔偿资金征管职责划转有关事项的公告》，自 2021 年 1 月 1 日起，将河道砂石经营收益划转至税务部门征收。益阳市税务局开始征收河道砂石经营收益。

（二）基本政策

湖南省河道砂石经营收益是指政府统一经营管理方式下河道砂石资源有偿使用收入，包括河道砂石资源开采权出让收入和河道砂石资源政府统一开采上缴收入。根据《湖南省河道砂石资源开采权出让收入管理办法》，凡在湖南省行政区域内河道（不包括我省境内的长江干流段）通过招标、拍卖和挂牌等公开出让方式取得河道砂石资源开采权的单位和个人，应当按成交价款全额缴纳河道砂石资源开采权出让收入。

（三）征收管理

河道砂石资源开采权出让成交并签订成交合同当日，出让承办方（水行政主管部门）应当将交易合同副本传递给具有税收管辖权的税务部门，受让人应当在 3 个工作日内到税务部门采用自行申报方式一次性足额缴纳河道砂石资源开采权出让收入。

2019—2022 年益阳市税务机关征收河道砂石经营收益统计表

表 2–52　　　　单位：万元

合计	2019 年	2020 年	2021 年	2022 年
103646	—	—	59304	44342

二、生态环境损害赔偿资金

（一）划转税务部门征收时间

根据国家税务总局湖南省税务局、湖南省财政厅、湖南省水利厅、湖南省生态环境厅《关于河道砂石经营收益、生态环境损害赔偿资金征管职责划转有关事项的公告》，自 2021 年 1 月 1 日起，将生态环境损害赔偿资金划转至税务部门征收。益阳市税务部门开始征收生态环境损害赔偿资金。

（二）基本政策

生态环境损害赔偿资金，是指生态环境损害事件发生后，在生态环境损害无法修复或者无法完全修复以及赔偿义务人不履行义务或者不完全履行义务的情况下，由造成损害的赔偿义务人主动缴纳或者按照磋商达成的赔偿协议、法院生效判决缴纳的资金。生态环境损害赔偿范围包括清除污染费用、生态环境修复费用、生态环境修复期间服务功能的损失、生态环境功能永久性损害造成的损失以及生态环境损害赔偿调查、鉴定评估等合理费用。

（三）征收管理

生态环境损害事件发生后，根据生态环境损害赔偿磋商所达成的协议或人民法院判决、调解的结果，由赔偿权利人指定的相关行政管理部门或人民法院开具缴费通知书或判决、调解生效的法律文书，到所属税务部门或者网上电子税务局进行申报缴费。生态环境损害赔偿资金实行按次征收，自缴费义务发生之日起 7 日内缴纳。

益阳市税务机关征收生态环境损害赔偿资金：2021 年 87 万元，2022 年 92 万元，合计 179 万元。

三、破损公路及设施赔（补）偿费和占用费

（一）划转税务部门征收时间

根据国家税务总局湖南省税务局、湖南省财政厅、湖南省自然资源厅、湖南省住房和城乡建设厅、湖南省交通运输厅、中国人民银行长沙中心支行、湖南省公共资源交易中心发布《湖南省关于国有土地使用权出让收入等七项非税收入征管职责划转有关事项的公告》，自 2022 年 1 月 1 日起，破损公路及设施赔（补）偿费和占用费划转至税务部门征收。益阳市税务部门开始征收破损公路及设施赔（补）偿费和占用费。

（二）基本政策

根据《路政管理规定》《湖南省交通运输系统行政事业性收费标准的通知》，破损公路及公路设施赔

补偿费和公路占用费是指公路管理机构向造成公路路产设施损坏和占用公路、公路用地的单位和个人收取的赔（补）偿费用。公民、法人或者其他组织造成路产损坏的，应向公路管理机构缴纳路产损坏赔（补）偿费。公路赔（补）偿费标准，由省、自治区、直辖市人民政府交通主管部门会同同级财政、价格主管部门制定。

（三）征收管理

交通运输等主管部门负责向缴费人开具公路赔（补）偿通知书，由缴费人凭交通运输等部门出具的公路赔（补）偿通知书等资料采用自行申报方式，使用非税收入通用申报表向税务部门申报缴纳。

2022 年，益阳市税务机关征收破损公路及设施赔（补）偿费和占用费 255 万元。

四、土地及地面建筑资产处置

（一）划转税务部门征收时间

根据国家税务总局湖南省税务局、湖南省财政厅、湖南省自然资源厅、湖南省住房和城乡建设厅、湖南省交通运输厅、中国人民银行长沙中心支行、湖南省公共资源交易中心《湖南省关于国有土地使用权出让收入等七项非税收入征管职责划转有关事项的公告》，自 2022 年 1 月 1 日起，土地及地面建筑资产处置划转至税务部门征收。益阳市税务部门开始征收土地及地面建筑资产处置。

（二）征收管理

自然资源部门负责土地及地面建筑资产处置审批，并向税务部门推送缴费信息。由缴费人或者相关第三方凭审批文件及协议等证明资料采用自行申报方式，使用非税收入通用申报表向税务部门申报缴纳。

2022 年，益阳市税务机关征收土地及地面建筑资产处置 1056 万元。

五、非土地及地面建筑资产处置

（一）划转税务部门征收时间

根据国家税务总局湖南省税务局、湖南省财政厅、湖南省自然资源厅、湖南省住房和城乡建设厅、湖南省交通运输厅、中国人民银行长沙中心支行、湖南省公共资源交易中心《湖南省关于国有土地使用权出让收入等七项非税收入征管职责划转有关事项的公告》，自 2022 年 1 月 1 日起，非土地及地面建筑资产处置划转至税务部门征收。益阳市税务部门开始征收非土地及地面建筑资产处置。

（二）征收管理

由缴费人凭审批文件、合同或协议等证明资料采用自行申报方式，使用非税收入通用申报表向税务部门申报缴纳。

2022 年，益阳市税务机关征收非土地及地面建筑资产处置 4 万元。

六、价格调节基金

（一）税务部门代征价格调节基金开始时间

2011 年 10 月 1 日，湖南省人民政府印发《湖南省价格调节基金管理办法》，自 2011 年 10 月 1 日起，向社会征收的价格调节基金由地税部门代征。益阳市地税部门开始代征向社会征收的价格调节基金。

（二）基本政策

根据《湖南省价格调节基金管理办法》《湖南省价格调节基金征收管理实施细则》《益阳市价格调节基金管理办法》，益阳市地方税务机关负责代征的价格调节基金为：向社会征收的价格调节基金按纳税人实际缴纳的增值税、消费税、营业税三税的 1% 计征。其征收范围是：旅店业、饮食业、休闲娱乐业、烟草、酒类、化妆品行业和通信业等重要商品和服务项目。依照法律、行政法规规定或者经法定的审批机关批准减征、免征增值税、消费税、营业税的，同时减缴、免缴价格调节基金；缴纳义务人月实际缴纳增值税、消费税、营业税不足 3000 元的，免征价格调节基金。2016 年 2 月 1 日，根据财政部《关于取消、停征和整合部分政府性基金项目等有关问题的通知》，从 2016 年 2 月 1 日起，益阳市地方税务部门停止征收价格调节基金。

（三）征收管理

向社会征收的价格调节基金，由地方税务机关代征，一律使用税收票证随税计征。价格调节基金缴纳义务人应当在规定的时间内申报应缴数额，并如实报送价格调节基金征收申报表、销售（经营）情况明细表以及地方税务机关要求报送的其他有关材料。价格调节基金缴纳义务人逾期不申报或不按要求提交申报材料的，地方税务机关可根据有关财税资料核算应缴数额。价格调节基金缴纳义务人违反《益阳市价格调节基金管理办法》第九条规定的，由地方税务机关责令限期缴纳，逾期仍不缴纳的，依法申请人民法院强制执行。

2012—2016年益阳市税务机关征收价格调节基金统计表

表2-53　　单位：万元

合计	2012年	2013年	2014年	2015年	2016年
2295	394	468	513	676	244

第三节　其他收入

一、工会经费

（一）税务部门代收工会经费范围和时间

2005年，益阳市委办、市政府办印发《关于委托市地税局代收企事业单位应上缴工会经费的通知》，从2006年1月1日起，益阳市范围内企事业单位应上缴的工会经费委托地税部门代收。2007年7月18日，湖南省人民政府办公厅印发《关于地税部门代收工会经费和工会筹备金的复函》，从2007年7月1日起，本省范围内各企业、事业单位、机关和其他组织依法按每月全部职工工资总额的2%向工会拨缴的工会经费或工会筹备金由地税部门代收。2018年7月10日，湖南省人民政府办公厅印发《湖南省工会经费（筹备金）收缴管理办法》，自2018年8月1日起施行。财政拨款单位的工会经费（筹备金）按规定列入同级财政预算，由财政部门统一划拨到同级地方总工会；其他企事业单位工会经费（筹备金）由税务部门代收。税务机关暂代收县以上工会的工会经费（筹备金）。

（二）基本政策

根据湖南省地方税务局《湖南省工会经费代收管理办法》，工会经费缴纳标准为：企业、事业单位、机关和其他组织依法按全部职工工资总额的2%向工会拨缴工会经费或工会筹备金。工会经费代收范围：建立工会组织的各类企业及其各种形式的分支机构；建立工会组织的各类机关、事业单位和其他组织（省总工会另有规定的除外）；工会组织关系隶属于中华全国铁路总工会、中国民航工会和中国金融工会的单位，其应上缴各级地方工会的工会经费由地方税务机关代收；开业或设立满1年，经县以上工会派员帮助和指导仍未依法建立工会组织的企业、事业单位和其他组织。根据《湖南省工会经费（筹备金）征收管理办法》，地方税务机关代征工会经费主要政策如下：行政事业单位中未列入财政预算的工会经费和企业及其他组织的工会经费（筹备金）由地方税务机关代征，地方税务机关暂代征应上缴县以上工会的工会经费（筹备金）。上缴比例按中华全国总工会和省总工会文件规定执行，以后过渡到按全部职工工资总额的2%全额代征，过渡的具体时间和实施步骤由省总工会和省地方税务局另行制定。在本省行政区域内从事生产经营的企业和本省行政区域内的事业单位、机关、其他组织为工会经费（筹备金）的缴纳义务人。建立工会组织的企业、事业单位、机关、其他组织缴纳工会经费；未建立工会组织的企业、事业单位、机关、其他组织在筹建工会组织期间缴纳工会筹备金。缴纳义务人按每月全部职工工资总额的2%向工会拨缴工会经费（筹备金）。根据《湖南省工会经费（筹备金）收缴管理办法》，在本省行政区域内从事生产经营的企业和本省行政区域内的事业单位、机关、其他组织为工会经费（筹备金）的缴纳义务人。建立工会组织的企业、事业单位、机关、其他组织缴纳工会经费；未建立工会组织的企业、事业单位、机关、其他组织在筹建工会组织期间缴纳工会筹备金。缴纳义务人按每月全部职工工资总额的2%向工会拨缴工会经费（筹备金）。缴纳义务人财务核算健全的，按照自行申报方式缴纳工会经费（筹备金）；缴纳义务人财务核算不健全的，按税务机关核定的全部职工工资总额，缴纳工会经费（筹备金）；对财务核算不健全、职工人数和全部职工工资总额难以确定的建筑施工企业，按照项目工程总造价的15%计算全部职工工资总额，缴纳工会经费（筹备金）；建筑工程分包给其他单位的，以其取得的全部价款和价外费用扣除其支付给其他单位的分包款后余额的15%计算全部职工工资总额，缴纳工会经费（筹备金）。缴纳义务人应及时向主管税务机关办理缴纳工会经费（筹备金）登记手续，并于每月15日前向主管税务机关申报缴纳工会经费（筹备金）。

（三）征收管理

从2006年1月1日起，由地方税务机关负责代收的工会经费（筹备金），地方税务机关具有征收、管理、检查等权限；地方税务机关代收工会经费，采取和税收征收管理同步的方式进行，按月征收，年终结算；地方税务机关在接受缴费单位首次工会经费申报时须进行工会经费费种登记；工会经费实行按月申报缴纳，每月终了后15日内（年缴费金额较小的单位也可以申请按季或者半年申报缴纳），缴费单位在向地方税务机关申报纳税的同时要按规定计算应缴纳的工会经费，向主管地方税务机关如实申报；缴费单位应于每月15日前将应缴的工会经费就地全额缴纳入库；地方税务机关代收工会经费使用税收票证，票据的填开、领用、保管、报解比照税收的有关规定执行；对逾期未申报缴纳或少申报缴纳工会经费的单位，按未缴或少缴工会经费总额每日加收5‰的滞纳金；对欠缴、漏缴工会经费的单位，由主管地方税务机关核实后，由上一级工会签发工会经费或工会筹备金催缴单，主管地方税务机关负责送达，并由接收单位签收。经催缴无效的，由县以上工会向人民法院申请支付令，拒不执行支付令的，依法申请人民法院强制执行。从2018年8月1日起，由税务部门代收的工会经费（筹备金），缴纳义务人应及时向主管税务机关办理缴纳工会经费（筹备金）登记手续，并于每月15日前向主管税务机关申报缴纳工会经费（筹备金）。主管税务机关按规定的预算科目和级次开具税收票证，就地缴入国库。未成立工会组织的，自开业投产满一年后的30日内，向主管税务机关办理缴纳工会筹备金的登记手续，在筹建工会组织期间缴纳工会筹备金。对于无正当理由拒不缴纳工会经费的单位，税务机关应将有关情况及时通报同级地方总工会，由同级地方总工会依法向人民法院申请支付令和强制执行。

2006—2022年益阳市税务机关征收工会经费统计表

表2-54　　单位：万元

2006年	450	2009年	1304	2012年	2340	2015年	3373	2018年	4557	2021年	6120
2007年	794	2010年	1860	2013年	2714	2016年	3600	2019年	5096	2022年	6620
2008年	928	2011年	2013	2014年	3084	2017年	4000	2020年	5647	合计	54500

二、职业年金

（一）划转税务部门征收时间

根据湖南省人力资源和社会保障厅、湖南省财政厅、湖南省税务局、湖南省医疗保障局《关于企业社保费和机关事业单位职业年金交由税务部门征收的公告》，自2020年11月1日起，机关事业单位职业年金交由税务部门征收。益阳市税务部门开始征收机关事业单位职业年金。

（二）基本政策

缴费基数：益阳市缴费基数统一以全省上年度全口径城镇单位就业人员平均工资的60%和300%分别作为机关事业单位职业年金个人缴费基数的下限和上限；参保用人单位缴费基数按照本单位职工个人缴费基数之和确定（见表2-46）。缴费费率：益阳市机关事业单位职业年金单位缴费比例为8%，个人缴费比例为4%。缴费期限：缴费单位应于每月25日前向主管税务机关申报缴纳当月职业年金。

（三）征收流程

缴费单位在人社部门办理参保登记后，人社部门将登记信息推送税务部门。缴费单位于每月25日前向主管税务机关申报缴费，并对申报数据的准确性和真实性负责。税务部门于每月月底前按规定将当月征收入库信息，通过信息共享平台实时传递至社保经办机构，社保经办机构根据反馈数据进行登账，并做好权益记录。打开"湘税社保"APP或微信小程序，点击"城乡居民缴费"，输入参保人信息，选择"城乡居民养老保险"，完成缴费；也可去中国银行、建设银行、农业银行、长沙银行、邮储银行、农商银行、华融湘江银行、交通银行、光大银行九大商业银行实体场所、POS机、自助设备、APP完成缴费；或由村组、社区代征人员代收；缴费人也可前往益阳市范围内主管税务机关办税服务厅完成缴费。

2020—2022年益阳市税务机关征收职业年金统计表

表2-55　　单位：万元

合计	2020年	2021年	2022年
99489	8037	45570	45882

三、国家能源交通重点建设基金、国家预算调节基金

（一）国家能源交通重点建设基金

国家能源交通重点建设基金是我国为加强能源和交通重点建设，控制和引导预算外资金的使用，促进国民经济稳定协调地发展，而由国家财政征集的专项资金，属于中央预算收入，实行专款专用。1982 年 12 月 25 日，国务院发布《国家能源交通重点建设基金征集办法》，1983 年 1 月 17 日，财政部颁布《国家能源交通重点建设基金征集办法实施细则》，自 1983 年 1 月 1 日起施行。益阳市征收对象：益阳市范围内一切国营企业、事业单位、机关团体、部队和地方政府的各项预算外资金，以及这些单位所管的城镇集体企业、城乡集体企业和个体工商户缴纳所得税后的利润，缴纳国家能源交通重点建设基金。国家能源交通重点建设基金，按各项资金当年收入的 15%计征。城乡集体企业和个体工商户缴纳所得税后的利润按 7%征集。下列项目免予征集国家能源交通重点建设基金：地方财政的农（牧）业税附加；中、小学校的学杂费；国营企业的大修理基金；国营石油企业的油田维护费；林业部门的育林基金。城乡集体企业和个体工商户缴纳所得税后年利润不足 5000 元的，免缴能源交通基金。

（二）国家预算调节基金

国家预算调节基金是指国家对国营企业、事业单位、机关团体、部队和地方政府的各项预算外资金，集体企业、私营企业及个体工商户缴纳所得税后的利润，按一定比例征集并集中于国家预算的资金。1989 年 2 月 17 日，国务院发布《国家预算调节基金征集办法》，1989 年 4 月 24 日，财政部颁布《国家预算调节基金征集办法实施细则》，从 1989 年 1 月 1 日起施行。益阳市征收对象：益阳市范围内所有国营企业事业单位、机关团体、部队和地方政府的各项预算外资金，所有集体企业、私营企业以及个体工商户缴纳所得税后的利润，按照规定缴纳国家预算调节基金。调节基金按各个项目当年收入的 10% 计征。下列项目免征调节基金：地方财政的农（牧）业税附加；中、小学校的杂费，勤工俭学收入，高等院校和中专技校学校基金；企业的大修理基金；煤矿维简费和油田维护费；林业部门的育林基金；其他经国务院或者财政部批准免征的项目。

（三）征收管理

1994 年 1 月 1 日，根据《财政部关于 1994 年“两金”征管工作有关问题的通知》，益阳市对国有企业停止征收“两金”。

1995 年 1 月 1 日，根据《关于 1995 年国家能源交通重点建设基金和国家预算调节基金征管工作中若干问题的通知》，益阳市对非国有企业（包括集体企业、私营企业和个体工商户）停止征收“两金”。

1996 年 1 月 1 日，根据《财政部、国家税务总局关于调整“两金”清欠政策的通知》，益阳市全面停止征收“两金”。

1990—1995 年益阳市（地区）税务机关征收国家能源交通重点建设基金统计表

表 2–56　　单位：万元

合计	1990 年	1991 年	1992 年	1993 年	1994 年	1995 年
2962	904	1051	507	311	137	52

1990 — 1995 年益阳市（地区）税务机关征收国家预算调节基金统计表

表 2–57　　单位：万元

合计	1990 年	1991 年	1992 年	1993 年	1994 年	1995 年
3003	1122	950	590	265	65	11

第四节　非税收入征管

1995 年 10 月，为了做好防洪保安资金的征集工作，根据益阳市人民政府批转《益阳市征集防洪保安资金实施细则的通告》等有关文件精神，市地税局印发《关于成立益阳市地方税务局防洪保安资金征集领导小组的通知》。

2006年1月，为认真贯彻落实益阳市委办、市政府办《关于委托市地税局代收企事业单位应上缴工会经费的通知》精神，切实做好中心城区工会经费委托代收工作，在实际代收过程中便于市地税局、市总工会及各企事业单位准确掌握操作程序，使之规范化、程序化和标准化，市地税局、市总工会联合印发《地方税务局代收工会经费操作规程》，该规程就代收工会经费的范围和比例，上缴工会经费的申报与缴付，缓交审批，违章处罚，数据的录入与核对，票据的领用、管理与有关资料信息的传递等方面作出具体规定。8月，为做好地税部门代征残疾人就业保障金工作，市残疾人联合会、市地税局联合印发《地税机关代征残疾人就业保障金工作操作规程（试行）》。规程（试行）就代征范围标准职责、年审工作、申报和征收管理、减免程序、检查与处罚等方面作出具体规定。

2007年4月，市总工会、市地税局、人民银行市中心支行联合印发《关于地税代征工会经费有关事项的通知》，从2007年1月1日起，全市辖区内各类企业（包括中央省驻益企业、跨地区的企业集团驻益企业、国有企业、军工企业、集体企业、混合所有制企业、私营企业、个体企业、乡镇企业、中外合资企业、中外合作经营企业、外资企业等）和行政事业单位（包括中央、省垂直管理的行政事业单位和实行财政代扣工会经费之外的市、县级所有行政事业单位）及其他组织，应上缴市总工会和县市（区）总工会的工会经费（含筹备金），由市总工会统一委托市地税局代征，益阳市辖区内各企业、行政事业单位和其他组织应缴的工会经费（含筹备金）由对该单位有税收管辖权的所在地的地税机关代征，各企业、行政事业单位和其他组织应在每月15日前向地税机关申报缴纳上月工会经费（含筹备金），市地税局辖属各局代征的工会经费就地缴入对应国库。是月，工会经费“一体化”管理模式在益阳地税系统正式推行，其主要内容是：工会经费由市总工会统一委托市地税局代征；代征工会经费统一使用税收票证，全部缴入国库；代征的工会经费纳入“湖南省地税综合软件”管理，实现工会经费与税收同步申报、同步征收、同步稽查，并步入信息化管理的轨道。

2008年5月，益阳市总工会印发《益阳市建筑安装行业工会经费代征暂行办法》，办法规定：缴费人应按月如实申报工资总额，并按工资总额的2%全额缴纳工会经费或工会筹备金。若申报不实，主管地方税务机关将按工程结算收入的3‰核定征收应缴纳的工会经费。缴费人应根据工程进度情况，与税金同时申报并足额缴纳工会经费或工会筹备金，如果缴费人未按时申报并缴纳，则由主管地方税务机关在开具建安发票时，与其他税费一并征收。

2009年1月，市地税局、市总工会联合印发《关于代征工会经费的补充通知》，自2009年1月1日起，改由市地税局按全部职工工资总额的2%全额代征工会经费。1.代征标准：建立工会组织的缴费单位按每月全部职工工资总额的2%代征工会经费；应建立工会但尚未建立工会的缴费单位，按每月全部职工工资总额的2%代征工会经费或工会筹备金；各类银行、保险等金融机构应上缴工会经费按全国总工会《关于对〈中国金融工会经费管理办法〉的批复》执行，即文件列举的20家金融机构按全部职工工资总额的2‰代征工会经费，未列举的单位按全部职工工资总额的2%代征工会经费；益阳电业局、益阳电厂、柘溪水电站及其独立核算的下属机构、省兵器技校、资江机器有限责任公司、湖南工具厂、中核集团七一五矿、四一四队按全部职工工资总额的2‰代征工会经费；市邮政局、电信公司、移动公司、网通公司、联通公司、无线通信局、长途线路局、省邮电器材一厂、邮电培训中心按全部职工工资总额的1‰代征工会经费；垂直管理的行政事业单位按月全部职工工资总额的2%代征工会经费；对财务核算不健全、工资总额难以确定或不能如实反映工资总额的单位，按统计部门提供的上年度社会平均工资的2%代征工会经费；凡在益阳境内施工的建筑安装企业，不论其隶属关系，不论所有制性质，不论产权归属，不论税收征收方式，均按全总规定的工会经费属地管理原则，按工程结算收入的3%代征工会经费。2.缴纳办法：地税部门代征的工会经费和工会筹备金，采取与税收征管同步的方式实行按月征收，对逾期未申报工会经费和工会筹备金的缴费单位，由各级总工会自收到地税部门书面通知后10日内下发限期工会经费催缴通知书，并按欠缴金额每日5‰加收滞纳金，对故意少交或拖延、拒缴工会经费和工会筹备金的缴费单位，由各级总工会依照有关规定，向当地人民法院申请支付令，或者依法申请人民法院强制执行。

2015年9月，为加强和规范全市残疾人就业保障金征收工作，进一步促进残疾人就业，市财政局、市残疾人联合会、市地税局、人民银行市中心支行联合印发《益阳市残疾人就业保障金征收实施方案》，自印发之日起施行。主要内容如下：1.征收对象：益阳市行政区域内未安排残疾人就业，或安排残疾人就业未达到本单位职工总数1.5%比例的各类机关、团体、企业、事业单位和民办非企业单位。2.征收方式与标准：与财政有经常性经费领拨关系的用人单位应缴纳的残保金，由同级财政部门代扣，按年征收；其他用人单位（含中央驻益阳市的各类机关、团体、企业、事业单位，下同）应缴纳的残保金，由地方税务机关代征，按月征收。3.工资总额由工资、奖金、津贴、补贴构成，计算口径以国家统计局指标解释为准。4.用人单位职工总数指用人单位上年年平均在岗职工人数；用人单位职工月平均工资指用人单位上年在岗职工年平均工资除12，本地区职工平均工资以人力资源社会保障部门和统计部门上年度发布的数据为准，用工人数和职工工资总额难以确定的建筑安装企业需缴纳的残保金，按照工程收入总额1‰征收，劳务派遣工计入劳务派遣单位职工总数。5.安排残疾人就业情况核定：与财政有经常性经费领拨关系的用人单位应当于每年3月1日至4月30日向主管的残疾人联合会申报核定按比例安排残疾人就业情况，残疾人联合会对用人单位上年度职工总数、安排残疾人就业人数是否应缴纳残保金进行核实，并出具核定书；其他用人单位安排有残疾人就业的，在向地方税务机关申报缴纳残保金前，应先向主管的残疾人联合会申报核定按比例安排残疾人就业情况，残疾人联合会对用人单位安排就业的残疾人人数进行核实，并出具核定书。6.用人单位安排残疾人就业应当符合下列要求：所安排的残疾人持有中华人民共和国残疾人证、符合法定就业年龄、有就业愿望；已与所安排的残疾人签订一年以上劳动合同或者服务协议，并与其他职工同工同酬；按照国家规定为所安排的残疾人缴纳了社会保险费。7.申报与征收：与财政有经常性经费领拨关系的用人单位应缴纳的残保金，由残疾人联合会汇总核定数据，提交同级财政部门扣缴；其他用人单位于每月15日前向机构所在地主管地方税务机关申报缴纳残保金。已安排有残疾人就业的用人单位在向主管地方税务机关申报缴纳残保金时，应提交残疾人联合会出具的核定书，用人单位总机构和分支机构不在同一区、县（市）的，分别向各自所在地的主管地方税务机关申报缴纳残保金。8.机构所在地指依法进行税务登记场所的所在地。9.在规定时间内没有申报缴纳残保金的，经地方税务机关催告后，用人单位仍拒不申报缴纳的，由地方税务机关将有关情况及时反馈给同级残联，主管的残疾人联合会可依法申请人民法院强制执行。

2017年3月，市财政局、市地税局、市残疾人联合会转发《残疾人就业保障金征收使用管理办法》，并提出补充规定：自2017年1月1日起，用人单位应当在每年1月1日至4月30日向本级残疾人就业服务机构申报上年度实际安排残疾人就业人数，其中：与财政有经常性经费领拨关系的用人单位每年3月1日至4月30日申报，未在规定时间内申报的，视为未安排残疾人就业。中央、省属驻益机关、团体、事业单位，与财政有经常性经费领拨关系的用人单位，自收自支的用人单位应缴纳的保障金按年向主管地税机关缴纳，缴纳期限为每年6—10月；其他用人单位纳税时同时申报缴纳保障金。保障金的征收纳入各级政府的税收协控联管。全市地方税务机关征收的保障金5%为省级收入；中央、省驻益阳中心城区机关、团体、事业单位，与市财政有经常性经费领拨关系的市直用人单位，自收自支的市直用人单位缴纳的保障金，市地税局直属局、高新区地方税务局征收的保障金95%为市级；赫山区、资阳区地方税务局征收的保障金15%为市级，80%为区级；其他县市区地方税务局征收的保障金5%为市级，90%为县市区级。

2020年5月，为夯实非税收入费源管理基础，提高非税收入征管质量和效率，市税务局印发《关于加强非税收入费种认定工作的通知》。通知要求：对新办理缴费登记的缴费人，在办理税务登记、扣缴税款登记或签订委托协议时必须进行费种认定。对已办理税务登记、扣缴税款登记或签订委托协议的缴费人，各单位要对缴费人费种认定信息进行一次全面清查。对原应登记未登记、应认定未认定的缴费人，要迅速进行补充登记和补充认定。7月，为贯彻落实党中央、国务院、税务总局、省委省政府、省局、市委市政府关于非税项目划转工作的各项决策部署和安排，牵头落实项目划转的调研评估、沟通协调等工作，保障所有划转项目按照税务总局、省局要求和工作进度有序完成，市税务局成立“非税收入征管职责划转工作领导小组”。是月，经益阳市人民政府同意，市税务局、市财政局、市水利局、市生态环境局、市住房和城乡建设局（人民防空办公室）五部门召开全市非税收入征管职责划转工作联席会议。会议围绕水土保持补偿费、地方水库移民扶持基金、排污权有偿使用收入、防空地下室易地建设费、河道砂石经营收益、生态环境损害赔偿金等非税项目划转至税务部门征收后征缴模式、票据使用、退库处理等事宜进行了研究讨论，明确了划转后的具体征收办法。

2021年6月，市税务局、市财政局、市发展和改革委员会、市自然资源和规划局、市住房和城乡建设局、人民银行益阳市中心支行联合印发《关于做好益阳市土地闲置费、城镇垃圾处理费划转税务部门征收有关事项的通知》，就划转范围、收入级次、征管原则、收入申报、票据管理、委托征收、资料移交、退库管理、组织领导作出具体规定。12月，市税务局、市财政局、市机关事务管理局、市交通运输局、人民银行益阳市中心支行联合印发《关于国有资产占用费等五项省级非税收入划转税务部门征收有关问题的通知》，就划转范围、征收机关、征缴流程、预算科目和收入级次、欠费管理、票据使用、退库管理、信息交换、交流协作作出具体规定。是月，市税务局、市财政局、市自然资源和规划局、人民银行益阳市中心支行、市公共资源交易中心联合下发《关于国有土地使用权出让收入和矿产资源专项收入划转税务部门征收有关问题的通知》，就划转范围、征收机关、业务交接、信息共享、征缴流程、竞得人竞买保证金转成交价款、预算科目和收入级次、票据使用、退库管理、先费后证作出具体规定。

第三篇

税收管理

第一章 税收征管

税收征管是指国家税务征收机关依据税法、征管法等有关法律、法规的规定，对税款征收过程进行的组织、管理、检查等一系列工作的总称。税收征管是整个税收管理活动的中心环节，是实现税收管理目标，将潜在的税源变为现实的税收收入的实现手段，也是贯彻国家产业政策，指导、监督纳税人正确履行纳税义务，发挥税收作用的重要措施的基础性工作。

第一节 管理体制

税收征管是税收工作永恒的主题，而管理体制是税收征管的基础，是划分中央与地方税收管理权限的一种制度。

1990 年，地区税务局按照省税务局《湖南省税收征管改革实施方案（试行）》的要求，制定《益阳地区税收征收管理规程》，将县市分局设置成“五股二室一队”（税政股、征管股、计会股、监察股、人教股、办公室、税务检察室、稽查队）。发票管理站（所）单设，隶属征管科（股）。各县市分局的征管职能机构相应健全，具体有四种形式：一是沅江市、桃江县的征管股、发票管理站、稽查队、税务检察室、行政复议办是一个机构、五块牌子，对外分开办公，对内分工管理，另外单独设置税务公安执勤室，征管职能机构可谓是六位一体，统一管理征、管、查业务和检察办案、公安执勤工作；二是南县、益阳县、安化县是设立两个机构，征管股和发票管理站、行政复议办为一个机构，稽查队与税务检察室为一个机构，对征管一线的业务是两个机构、两套人马去管理；三是农垦分局设置的征管股、稽查队、发票管理站、税务检察室、行政复议办是一个机构、一套人马，统一管理征管查业务和税务检察室工作；四是益阳市征管科、发票管理站、行政复议办为一个机构，稽查大队、税务检察室均为独立机构，分征管、稽查、检察三个部门管理征、管、查业务和检察办案工作。另外市税务局还单独建立了地方税稽征站，实行地方税收专业化管理，地方税管理得到强化；南县税务局实行地方税全面委托代征，征税成本得到压缩；农垦分局对车辆税收实行源泉控管，车辆税收的跑冒滴漏得到控制。

1991 年地区税务局印发《益阳地区全面推进征管改革实施方案》，指导各县市分局进行征管改革。按照集中税政、加强征管、强化监督的原则，调整和转变基层税务机关部分机构与职能，把基层税务机关的工作重心转移到税收征管上来，改革“一员到户、各税统管，征、管、查一人负责，上门收（催）税”的传统征管模式，推行“相互制约、相互协调的征收、管理、检查三分离或两分离”征管新模式。具体为：城区税务部门设两个税务所对企业税收与个体税收分开管理；城镇征管改革实行征、管、查三分离；农村征管改革实行征管、稽查“两条线”和专管员工作上中下旬“三段制”。59 个农村税务所有 44 个所设置了稽查组，形成了征管、稽查两条线的管理形式；集贸个体税收征管实行“双人上岗、票款分开、联合控管、综合治理”，12 处较大型的城镇集贸市场，实行了税务、工商、公安、联合控管的办公制度，对税收、市场、治安综合治理；企事业单位、个体纳税户改为主动上门申报纳税。通过一系列改革，改变了专管员包办纳税，税收法律责任混淆不清的状况，增强纳税人主动纳税意识。其中，桃江县税务局征管、稽查两条线分设取得了好的经验，1991 年 2 月，地区税务局发文在益阳地区范围推广。

1992 年 4 月，地区税务局组建建筑安装企业税收联合办公室，将原来分属各税务所管理的乡镇、街道建筑安装企业和个体建筑安装户、外来的集体、个体建筑安装公司、水电安装队、建筑维修队、装饰工程队、土石方队、打桩、勘察队和地市建筑工程管理局全部划归联合办公室征管，实行统一政策、统一征管、统一发票、统一检查、统一征收入库、统一资料归集。同年 4—5 月，地区税务局组织征管等多个部门对益阳地区税收征管改革情况进行全面的检查、验收。益阳地区 7 个县市分局均设置了“五股二室一队一站”，桃江、沅江、南县还设立了公安执勤室；企业税收普遍实行查征分离，6 个县市的城区全部实行企业税收和集贸个体税收分税务所专业化管理；50 个农村税务所对农村税收推行征管、稽查“两条线”和专管员工作“三段制”；益阳地区 13 个较大规模的集贸市场实行“联合控管、综合治理”；个体税收坚持联合办公、群众协税、部门护税的综合治理制度。同年，市税务局在设立地方税稽征站的基础上，成立街道办事处财税稽征站。

1993 年 1 月《中华人民共和国税收征收管理法》正式实施。地区税务局税收征管工作按照国家法律的要求步入了一个新的、法治化的轨道，实现了统一领导，分级管理；责、权、利相结合；按收入归属划分税收成果和管理权限。同年 12 月，国务院下发《关于实行分税制财政管理体制的决定》，决定从 1994 年 1 月 1 日起改革现行的地方财政包干体制，对各省、自治区、直辖市以及计划单列市实行分税制财政体制，益阳地区分税制财政管理体制改革的序幕由此拉开。同年 12 月，地区税务局明确实行分税制财政体制的两个税务机构的征收范围。国家税务局主要负责下列各税的征收和管理：增值税，消费税，进口产品消费税、增值税，直接对台贸易调节税，铁道、各银行总行、保险总公司集中缴纳的营业税、所得税和城市建设维护税，中央企业所得税，地方和外资银行及非银行金融企业所得税，海洋石油企业所得税，资源税，证券交易税，对境内外商投资企业和外国企业的各项税收，以及外籍人员、华侨、港澳台同胞缴纳的个人所得税（按税种分别入中央库和地方库），出口产品退税的管理，集贸市场和个体户的各项税收（按税种分别入中央库和地方库），中央税的滞补罚收入，按中央税、共享税附征的教育费附加（属于铁道、银行总行、保险总公司缴纳的入中央库，其他入地方库），国家能源交通重点建设基金，国家预算调节基金。地方税务局主要负责下列各税的征收和管理（不包括已明确由国家税务局负责征收的地方税部分）：营业税、个人所得税、土地增值税、城市建设维护税、车船使用税、房产税、屠宰税、资源税、城镇土地使用税、固定资产投资方向调节税、地方企业所得税（包括地方国有、集体、私营企业）、印花税、筵席税、屠宰税、地方税的滞补罚收入、按地方营业税附征的教育费附加。

1994 年 1 月 1 日起，地区税务局建立以增值税为主体的流转税体系，统一企业所得税制。同年 7 月，省税务局批复：地区税务局更名为市税务局，撤销原地区税务局；市税务局更名为市税务局资阳税务分局，撤销原市税务局；益阳县税务局更名为市税务局赫山税务分局，撤销原益阳县税务局；增设市税务局朝阳税务分局。同年 8 月，市税务局制定上报组建市国税局和市地税局两套税务机构的实施方案。省税务局批复同意益阳市组建益阳市国家税务局和益阳市地方税务局两套税务机构。同年 12 月，益阳市人民政府发文决定：从 1994 年 1 月 1 日起，在全市范围内实行分税制财政管理体制，市国税局和市地税局分别履行各自的税收管理权限。

从 1995 年 1 月，市国税局和市地税局按照湖南省人民政府办公厅《关于做好税收征管工作的会议纪要》的通知精神，将机构分设后的税收征管范围划分问题作了进一步明确：1.集贸市场和个体工商户中以缴纳营业税为主的纳税人的税收征收管理，由地方税务机关负责征收管理；以缴纳增值税为主的纳税人，由国家税务机关负责征收，其随增值税附征的个人所得税、城市维护建设税、教育费附加亦由国家税务机关代征。增值税及附征的个人所得税、城市维护建设税、教育费附加按 5 ∶ 5 比例分别入中央金库和地方金库，即中央金库 50%、地方金库 50%。入地方金库的 50%，其中 25% 为地方留成增值税，其余 25% 按所得税 20%、城建税 3.5%、教育费附加 1.5% 入库。除以上附征的 3 种地方税以外，其他地方税由地方税务机关直接征收管理。2.除上述规定外的其他企业随营业税、增值税、消费税附征的城市维护建设税，按国务院有关规定，由地方税务机关征收管理。3.中央企业事业单位在湖南兴办的企业中，1993 年底前所得税缴入地方金库的企业及其所属劳动服务公司兴办的集体企业的所得税，由地方税务机关征收。中央与地方所属企事业单位组成的联营企业和股份制企业中，凡地方企业控股的，其所得税由地方税务机关征收，按控股比例分别入中央金库和地方金库；凡中央企业控股的，其所得税由国家税务机关征收，按控股比例分别入地方金库和中央金库。

1996 年 4 月，市国税局和市地税局根据上级要求第二次对机构分设后的税收征管范围划分问题作出调整。具体如下：1.集贸市场和个体工商户以缴纳营业税为主的纳税人的税收，由地方税务局负责征收管理，其增值税委托地方税务局代征；以缴纳增值税为主的纳税人的税收，由国家税务局负责征收管理，其随增值税附征的个人所得税、城市维护建设税、教育费附加仍委托国家税务局代征。增值税及附征的个人所得税、城市维护建设税、教育费附加仍按5∶5的比例分别入中央金库和地方金库，即中央金库50%、地方金库50%。入地方金库的50%，其中25%为地方留成增值税，其余25%按所得税20%、城建税3.5%、教育费附加1.5%入库。2.涉外税收中以缴纳营业税为主的纳税人的税收，由地方税务局负责征收管理，其增值税、消费税、外商投资企业和外国企业所得税委托地方税务局代征；以缴纳增值税、消费税为主的纳税人的税收，由国家税务局负责征收管理，其营业税、个人所得税及其他地方税种委托国家税务局代征。3.中央与湖南省企事业单位组成的联营企业、股份制企业，凡中央的投资或股份在50%（含50%）以下的联营或股份制企业，其应缴纳的企业所得税，由地方税务局负责征收管理；中央的投资和股份在50%以上的，其应缴纳的企业所得税，由国家税务局负责征收管理。国税、地税机关对上述企事业单位征收的企业所得税，都要严格按照投资或股份比例分别缴入中央金库和地方金库。4.证券交易税（未开征前对证券交易征收的印花税）由国家税务局负责征收管理。5.教育费附加由地方税务局负责征收管理。

1998年4月，市国税局和市地税局根据上级要求第三次对机构分设后的税收征管范围划分问题作出调整。主要调整的内容：1.对集贸市场和个体工商户税收征管范围划分按照收入归属原则，由国家税务局和地方税务局分别征收管理，即增值税、消费税由国家税务局负责征收管理，营业税、个人所得税和城建税、教育费附加由地方税务局负责征收管理；2.对涉外税收、增值税、消费税、外商投资企业和外国企业所得税由国家税务征收管理，营业税、个人所得税及其他地方税由地方税务局负责征收管理。市国税局和市地税局具体的征管范围划分及其税收管理体制均按省政府和省局的第三次调整的时间节点严格执行。

2001年，市地税局针对城区税务征收分局规模过大、难以勤征细管的弊端，推出了征管改革的重大举措，撤销益阳市资阳区地方税务局一分局和益阳市赫山区地方税务局一、二分局，设立7个税务所，城区地方税收征管质量明显提高。

2002年，国家所得税收入分享体制改革后，市国税局和市地税局的征管范围进行了调整，企业所得税不再按企业隶属关系确定征管税务机关，对除原有的企业所得税分别仍由国、地税务机关征收管理不变外，新办企业的所得税一律由国家税务局负责征收管理。市国税局认真清理了执法队伍，共清理辞退没有执法资格的税收代征人员236人。

2004年，中央对农村税费改革，先后取消农牧业税、屠宰税外，还取消了烟叶的农业特产税。

2006年2月，市国税局车辆购置税征收管理办公室更名为市国税局办税服务厅（车辆购置税），撤销益阳市资阳区、赫山区、大通湖区和沅江市、南县、桃江县、安化县的车辆购置税征收管理机构，车购税征收工作由当地国税局办税服务厅负责。2006年下半年，将取消烟叶的农业特产税，改征烟叶税，益阳市范围内的烟叶税由市地税局负责征收管理。

2008年12月，市国税局和市地税局发文明确：2008年底之前的国家税务局、地方税务局各自管理的企业所得税纳税人不作调整；从2009年起新增企业所得税纳税人中，应缴纳增值税的企业，企业所得税由国家税务局负责征收管理；应缴纳营业税的企业，企业所得税由地方税务局负责征收管理。

2009年12月，益阳市人民政府下发《益阳市人民政府关于调整市与赫山区、资阳区、高新区财政管理体制的通知》，征管范围调整原则上按行政区划属地原则确定城区各局的税收征管范围。国电益阳发电有限公司，东部新区税收由高新区局负责征管。各城区局要加强与财政、工商等部门的联系，开展户籍清理，核准应管辖的纳税户，确保应管户全部管理到位，确保征管范围的划分于当年年底前调整到位。征管软件数据修改因收入级次和税收分享比例调整，需要对综合征管软件税种登记资料进行更改。各城区局要安排人员打印出全部纳税人的税种登记纸质资料，按市政府文件要求进行修改，并审核无误，及时完成计算机内数据的修改，要确保修改数据全面、准确和及时。2010年1月1日起，收入级次按照市政府文件规定，严格按新的税种登记确定的收入级次开票入库税款。收入核算部门要按新的收入级次进行税收分析，并与人民银行对好账。市局稽查局做出稽查处理决定书查补的大通湖区、南县、沅江市、桃江县、安化县的税收收入作为市本级收入入库。

2010年8月，益阳市耕地占用税和契税的征管职能从财政部门统一划转至地税部门。同年9月，市地税局接手进行耕地占用税和契税的征收管理工作。

2013年8月，益阳市交通运输业和部分现代服务业（含研发技术、信息技术、文化创意、物流辅助、有形动产租赁、鉴证咨询、广播影视服务）由市地税局征收营业税改为由市国税局征收增值税。

2015年12月，市国税局和市地税局印发了《市国税局、市地税局合作工作方案》。成立市国税局、市地税局合作工作领导小组。从信息共享合作、纳税服务合作、征收管理合作、税务稽查合作、其他业务合作等五个方面明确合作内容。

2016年5月，市国税局和市地税局在湖南省率先探索完成了办税服务厅的“共建、共驻、互设”三种办税服务模式，益阳市8个县市区局全部实现联合办税并推行了“一窗一人双系统”的办税模式，实现了“进一个厅，到一个窗，找一个人，办完两家事”的纳税服务新理念。市国税局与市地税局建立的改革互动，深化工作配合；办税互通，深化服务融合；业务互联，深化职能整合；资源互享，深化信息聚合的“四互四合”合作运行机制，受到了省局、益阳市委、市政府的高度肯定。

2018年7月，市国税局和市地税局合并，成立市税务局。同年7月，合并后的市税务局印发《改革国税地税征管体制、征管业务工作方案》和《国税地税征管体制改革专项绩效考评办法》。

2019年2月28日，市税务局顺利完成金税三期工程原国税、地税系统的并库工作，标志着国税地税征管体制改革工作基本完成。

第二节　征收管理

税收征收管理是税务机关依法对税款征收过程进行监督管理活动的总称，是整个税务管理工作的重要组成部分，在整个税务管理工作中处于中心地位。市税务局的税收征收管理工作不断规范，初步实现了税收征收管理的信息化和科学化，达到了现代化税收管理的要求。

一、税务登记

1990年，地区税务局开展对工商企业税务登记的验证工作，摸清了益阳地区工商企业的税源底子。

1991年，地区税务局组织开展对个体工商业户税务登记证的验证工作。共应验证个体户27573户，已验证25896户，验证率达93.92%。发现“四假”企业35户，未办理税务登记证的2402户，未办理变更登记的252户，未办理注销登记的960户，遗失税务登记证的155户。通过验证，自查补税7.87万元，检查补税39.58万元。税务登记率由原来的70%提高到95%，纳税鉴定率由原来的80%提高到100%。

1992年下半年，地区税务局开展换发企事业单位税务登记证工作。要求：截至1991年底，凡在益阳地区境内从事生产经营，实行独立核算，并经工商行政管理机关批准开业的国营、集体、私营及其联营企业（包括具备法人资格的联营企业和不具备法人资格的联营企业）以及工商行政管理机关未纳入管理，不发营业执照，但属合法经营，并有经常性应税收入的独立核算的科研、设计、出版、咨询、事务等机构，国营、集体农场、林场、牧场、渔场等单位和机关、团体、部队、学校所属的非独立核算的经营单位均属于此次换发企事业单位税务登记证的范围。益阳地区应换证5789户，已换4945户，注销登记844户，换证率达100%。发现漏管户85户，清理“四假”企业66户，办理变更登记139户，遗失登记394户。查补税款28.8万元，处罚款0.9万元。

1993年12月，地区税务局再次组织统一换发税务登记证工作。要求凡在益阳地区境内的所有纳税人，持原有的税务登记证件，在规定的时间内到主管税务机关申请换发新证；原未办理税务登记证或虽办理税务登记证但未发证的纳税人，应立即到主管税务机关申请办理税务登记。

1994年1月，地区税务局、地区标准局联合印发《关于在税务登记中进一步落实统一代码证书查验工作的通知》，要求税务机关在后阶段办理、更换税务登记证时，应坚持严格履行对统一代码证书的查验手续；对已办理、更换税务登记证而尚未办理统一代码证书的机关、企业、事业、社团等单位，各县（市）税务机关和标准化管理部门应密切配合，联合通知纳税人尽快到标准化管理部门补办代码证书，并尽快持证到税务机关补办税务登记代码手续；新成立的机关、企业、事业和社团单位办理税务登记时，凡没有代码证书的，税务机关应督促其办好代码证书后再办理税务登记。至年底，益阳地区共换发新证26216户。清出漏管户230户，查补入库各税38.9万元，处罚款3.5万元。

1995年1月，省政府对国税、地税分设后的税收征管范围划分作了进一步明确，对国、地税务部门税务登记证的办理提出了新界限标准。除临时取得应税收入或发生应税行为和只缴纳个人所得税、车船使用税的纳税人外，凡具有缴纳地方税纳税义务的纳税人都必须到地方税务机关申请办理税务登记手续；凡以缴纳增值税为主的纳税人应分别到国家税务机关和地方税务机关申请办理税务登记手续。其中：以缴纳营业税为主的纳税人只到地方税务机关申请办理税务登记手续；以缴纳增值税为主的个体工商业户和外商投资企业及外国企业，只到国家税务机关申请办理税务登记手续。同年6月，通过省物价局批准，益阳市国、地税务局办理税务登记证按个体纳税户每套80元、企事业纳税户每套100元标准收取工本费。同年8月，市国税局、市地税局同时印发《统一换发税务登记证的通知》，对纳税人重新按国、地税要求换发税务登记证。同年10月，市国、地税务局布置对纳税人开展税务登记证件查验工作。规定凡在益阳市境内依照法律、行政法规负有纳税义务并按原市国税局和市地税局的规定应办理税务登记的纳税人，无论是否取得税务登记证件，都属于这次验证对象。对既负有增值税纳税义务，又负有地方税纳税义务的企事业单位，由所在地的国税机关和地税机关分别验证。对由国税机关征收管理的，以缴纳增值税为主，个人所得税、城建税等地方税随增值税附征的个体工商业户，由国税机关负责验证，验证后将纳税人花名册及有关资料复印送地税机关一份；对只缴纳营业税或其他地方各税的纳税人，由所在地的地方税务机关负责验证。验证工作持续一个月。市国税局共验证21148户，其中国有企业1096户，集体企业2426户，个体工商户17309户，其他317户，税务登记证验证面达到94%。通过这次验证，共查出漏管户516户，查补税款47万元，罚款10万余元。市地税局共验证8963户，发现167户未办理税务登记证，已全部督促其补办。

1996年6月，市国税局部署益阳市所有纳税人在国地税机构分设后的第一次全面换证。因1996年益阳市遭受了特大洪灾，市国税局按照“先企业后个体、先城镇后乡村、先无灾区后受灾区”的办法，采取集中辅导填表、集中缴费办理的方法确保换证工作进度；推进计算机技术应用于税务登记换证工作，统一印发税务登记换证表格，开发换证软件，实行计算机换证；采取分户填表、集中登记、集中审核、分类分户建档、计算机打印证件的办法，确保换证质量。本次换证工作中，对企业、事业单位等组织和机构纳税人，采用国家质量技术监督总局编制的9位码，在前面加6位行政区域码作为纳税人识别号；对个体工商户采用身份证15位码作为统一识别码；对外国人以其国别加护照号码作为纳税人识别码。益阳市国税系统共换发税务登记证24000份，其中企业换证3000份，个体工商业户换证21000份。共查出未办理税务登记证的工商业户278户，补税48万元，罚款6万元。市国税局进一步澄清了税源底子，建立了税务登记清册，有关数据输入了计算机，为实现征管手段现代化打下了基础。

1996年，市地税局认真贯彻总局和省地税局关于税务登记换证的有关文件精神，组织各县市分局开展税务登记换证工作。市地税局在换证工作中按照与市国税局、市技术监督局联合颁发的《税务换证工作中使用全国组织机构统一代码证书的工作程序及要求》开展工作。至10月底（省地税局规定结束时间），益阳市共换证21102户，占应换证户的94.35%，其中工商企业办理3231户，占应换证户的100%；行政事业单位办理254户，占应换证的66.14%；以缴纳增值税为主的个体户办理8334户，占应换证户的88%；以缴纳营业税为主的个体户办理9283户，占应换证户的100%。

1997年，市国税局采取委托办证试点、税务登记验证的办法来解决漏征漏管户严重的问题，截至11月底验证达18000户，补办税务登记证28户，查补税款78万元。

1998年2月，市国税局采取与增值税一般纳税人年审、个体户分类管理、税务稽查相结合的办法，对所辖纳税户开展税务登记证查验和补办工作，收到了良好的效果。同年9月，市国税稽查局组织开展交叉稽查，督促纳税人补办税务登记证2367户。当年，全市国税系统补办税务登记证3434户，验证22858户，按经济类型划分，国有经济609户，集体经济1511户，联营经济33户，股份制经济308户，私营经济138户，个体工商户20259户；按行业划分，工业2944户，商业18562户，金融保险229户，其他1123户。补税30余万元，罚款0.6万元。

1998年8月，市地税局印发《关于做好税务登记证验证和补证工作的通知》，同时在《益阳日报》发出通告，规定：1998年以前办理的税务登记证均应验证，未办证的须补办；当年新办税务登记证的可不验证，未办证的须补办。至11月20日前，市地税局全部结束税务登记证验证和补证工作，完成验证19420户，补证430个，清理入库税款59.6万元，罚款8万元。

1999年7月，市地税局成立税务登记证换发工作领导小组，印发《关于统一换发税务登记证件的公告》，制定《税务登记证换发工作考核验收评比办法》，规定凡在益阳市境内负有地方税纳税义务的企业、事业单位、机关、社会团体、部队、学校、其他单位组织和个人，包括已办理税务登记不到三年的纳税户，无论核算形式如何，都应到主管地方税务机关办理、换发或领取税务登记证件。益阳市地税系统共换发税务登记证 21150 户，办理注册登记 990 户。

2000 年 4 月，市国税局全面铺开换发税务登记证工作。按照“澄清底子，规范管理”的思路，结合漏征漏管户的清查、结合湖南征管软件 4.30 版原始数据的采集等工作，稳步推进。益阳市共换发税务登记 22001 户，注册税务登记 138 户，为应换证计划 24000 户的 92.25%。其中各类企业 2180 户，个体工商户 19821 户；清理漏征漏管户 663 户，清理入库漏征税款 106 万元，滞纳金 3.1 万元，罚款 7.55 万元。通过全面换证，湖南征管软件 4.30 版的运用得到支持、税源底子得以澄清、税源监控得以加强、税收管理软件的各项功能得到更好地发挥。

2000 年 1 月，市地税局组织 5 个检查小组对各县市区局 1999 年税务登记证换发工作进行全面检查，检查采取每个县市区局随机抽取 2 个征收分局和 2 条街，检查税务登记证件的换发情况，共随机检查纳税户 1550 户，认定已办证户 1518 户，办证率为 97.94%；已办证户中亮证户 1476 户，亮证率为 95.23%。

2001 年，市国税局发出《关于清查税收漏征漏管户的通告》，组织开展益阳市范围内的税务登记查验和补办工作。验证工作采取宣传到户，验证到家，责任到人、服务到位的思路，益阳市国税系统 11 月份已验证 22690 户，占应验证户 25676 户的 88.37%，12 月 20 日已全部完成。共计补办税务登记证 1298 户，查补入库偷漏税 200 多万元。

2001 年，市地税局结合税务登记证的查验工作全面开展对纳税人办理税务登记证情况的清理，共查验税务登记证 31536 个，清理漏征漏管户 355 户，补办税务登记证 2039 个，同时清理入库税款 44.5 万元，罚款 22.5 万元。

2002 年，市地税局利用四个月的时间，再次开展税务登记的验证工作。

2004 年，市国税局组织开展对漏征漏管户清理和税务登记证的清查工作，对税务登记发生变更、遗失、失效的进行了重新办证，共补办税务登记证 2847 户，对未进行税种登记或税种登记错误的 463 户补办了税种登记。

2005 年，市国税局将税务登记入网管理纳入税收征管质量考核，到 12 月底，累计入网管理 19429 户，比 1 月 7932 户新增 11497 户，增长 144.94%。

2006 年，税务登记收费调整为每户 20 元。同年 7 月，市国税局印发《税务登记换证工作实施方案》的通知，全面启动税务登记证换证工作。各级税务部门通过电视台、办税大厅和各交通要道发布、张贴换证公告，广泛进行宣传发动，印发换证须知 19800 份，通过局域网解答各类问题 380 余个、11 次通报税务登记换证工作情况，如期完成税务登记验换证工作。益阳市应换证 15013 户，已换证 15013 户，换证率 100%，其中新办证 6159 户（其中清理漏征漏管户数 1634 户），查补税款 376.14 万元。

2006 年，市地税局印发《换发税务登记证件工作实施方案》，布置从 7 月起分宣传准备、信息数据准备、数据录入、换证清理、检查验收五个阶段开展税务登记证的换证工作。市地税局同时印发《换发税务登记证件和漏征漏管户专项清理考核办法》，重点检查考核各县市区城区部分街道、城乡接合部、各类市场、偏僻场所以及乡镇公路交叉点、桥梁两侧的纳税人换证、办证情况。全系统换证（办证）38251 户，经市地税局抽查，换证率达 100%。其中新办证 11918 户、亮证率 99.5%、录入湖南地税综合软件的 38251 户、新增 19378 户、录入率 100%、录入准确率 98.4%、税收征收面达 98.1%。同年 11 月，市地税局从有关科室抽调 17 人组成检查小组，对益阳市 8 个县市区局的 34 个税务分局（所）和市局 2 个直属单位、301 个税收管理员的漏征漏管户专项清理和换发税务登记证件及录入湖南地税综合软件工作进行检查，实地抽查个体户 2212 户，企业单位 536 户，随机检查 1348 户个体户、746 户企业单位的换证资料。在实地检查的 47 名税收管理员中，有 39 名税收管理员没有发现其漏征漏管和未录入湖南地税综合软件、未打印税务登记证的现象；在随机抽查的 254 名税收管理员的资料录入检查中，共查出问题 809 处，处罚税收管理员 88 人，罚款 6670 元。全年益阳市地税系统共清理纳税人 37555 户，其中已进行税收征收管理的 27014 户，清理出漏征漏管户 10541 户，补征税款 232 多万元，处以滞纳金和罚款 5.04 万元。

2009 年，市国税局税务登记入网户数达 29472 户，入网率为 100%。

2010 年 6 月，市国税局印发《关于开展清理纳税人税务登记证工作的通知》，再次部署对纳税人税务登记证办理情况进行清理。

2011 年 2 月，根据财政部国家发展改革委《关于取消部分涉企行政事业性收费》的通知精神，益阳市国税、地税核发、办理税务登记证不再收取工本费。

2015 年 6 月，国务院办公厅印发《关于加快推进“三证合一”登记制度改革的意见》。“三证合一”登记制度是指将企业办理登记时依次申请、分别由工商行政管理部门核发工商营业执照、质量技术监督部门核发组织机构代码证、税务部门核发税务登记证，改为一次申请，由工商行政管理部门核发一个营业执照的登记制度。通过“一窗受理、互联互通、信息共享”，将由工商行政管理、质量技术监督、税务三个部门分别核发不同证照，改为由工商行政管理部门核发一个加载法人和其他组织统一社会信用代码的营业执照，即“一照一码”登记模式。市国税局、市地税局分别制定《“三证合一”登记制度改革工作实施方案》，成立专门领导小组开展工作。同年9月21日，益阳市国地税“三证合一、一照一码”启动仪式在益阳市政务中心办事大厅举行，湖南汉森制药股份有限公司领到了益阳市首张“三证合一、一照一码”营业执照。益阳市范围内实行“三证合一、一照一码”后，纳税人只需向益阳市各级政务中心工商登记注册窗口提交一套齐全的申请材料，就可领到“一照一码”新执照，实现“一网互联、一照通用”“只进一张门、办定四家事（工商、技监、国税、地税）”；并且办证时间由原来的15天缩短到3天，申请材料由原来的27份减少到8份，填写事项由120项减少到20项，极大地便利了纳税人。

2016年9月，省政府办公厅印发《关于加快推进“五证合一、一照一码”登记制度改革的实施意见》，明确提出：在企业和农民专业合作社（以下统称企业）工商营业执照、组织机构代码证、税务登记证“三证合一”登记制度改革的基础上，整合社会保险登记证和统计登记证，全面实行“五证合一、一照一码”登记制度，实行“一套材料、一表登记、一窗受理”的工作模式，由工商行政管理部门核发加载法人和其他组织统一社会信用代码（以下称统一代码）的营业执照，社会保险登记证和统计登记证不再另行发放。9月20日，湖南省全面实行“五证合一、一照一码”登记制度改革。市国税局和市地税局根据全省的统一部署，联合各部门制定工作方案，商定具体操作步骤及细节，益阳市各县市区税务局按全省时间节点全面实行“五证合一、一照一码”登记制度。同年10月，省工商行政管理局、省国税局、省地税局、省发展和改革委员会、省政府法制办公室、省政府发展研究中心等六家部门联合印发《湖南省个体工商户营业执照和税务登记证“两证整合”实施方案》的通知，提出加快推进湖南省“三证合一”登记制度改革向个体工商户延伸，实现个体工商户办理营业执照和税务登记证时，只需填写“一张表”，向“一个窗口”提交“一套材料”即可办理的“两证整合”，“数据信息实时共享”成为现实。同年12月1日起，益阳市各级工商登记机关向新设立、变更的个体工商户或者自愿申请换照的个体工商户发放加载统一社会信用代码的营业执照；暂未取得加载统一社会信用代码营业执照的个体工商户，其营业执照和税务登记证继续有效。各县市区可以鼓励个体工商户主动领取加载统一社会信用代码的营业执照，但要充分尊重广大个体工商户的意愿，不得组织对“两证整合”前登记的个体工商户强制换照。

2022年，市税务局强化税收征管基础建设，组织开展未办税户核实清理工作。市税务局新增涉税企业登记率排名全省第一，高于全省平均30个百分点。

二、纳税申报

1990年10月，湖南省人民政府根据《中华人民共和国税收征收管理暂行条例》发布《湖南省人民政府关于实施纳税人申报缴税制度的通告》，地区税务局随即制定相关规定，引导纳税人自觉申报纳税。税务部门上门收税的陈旧征收方式逐渐退出历史舞台。

1991年，地区税务局出台《益阳地区纳税人申报纳税管理办法》。益阳地区城乡31256户个体工商户，上门申报缴税的28759户，申报送税面达92.01%；4690户工商企业，上门申报缴税的4690户，申报送税面达100%。

1992年，益阳地区城乡32660户个体工商户，上门缴税的30246户，送税面达92.61%；工商企业送缴税款入库的4945户，送税面达100%。

1995年3月，市国税局在益阳市范围内大力普及、积极推行以“自核、自缴”为基础的新型纳税申报制度。纳税人申报纳税观念得以转变，申报送税面上升到94.95%。

1998年3月，市国税局制定《邮寄纳税申报实施办法》，在巩固直接上门申报纳税的同时，推行邮寄纳税申报方式。明确凡实行查账征收方式的纳税人，经益阳市国税部门批准，可以采取邮寄纳税申报的办法申报缴纳税款。同年4月，邮寄申报纳税试点工作在桃江县国税局推开。

1999年，邮寄纳税申报在全市国税系统得到全面推广，纳税申报率、申报准确率、税款入库率等指标较此前有大幅度提升。

2000年，市国税局对不申报、迟申报的纳税人坚决进行处罚，纳税申报率得到明显提高，一般纳税人纳税申报率达100%，小规模纳税人的纳税申报率城区达 90% 以上，偏远农村地区业接近 80%。

2002 年上半年，市国税局制定印发《关于推广电子申报纳税，深化征管改革的实施方案》，推行电子申报纳税。通过反复与银行、邮电部门沟通、协商，成功解决电话申报网络的建设和连接问题。同年 9 月，市国税局开展电子申报纳税试点工作，建立起与益阳农业银行联网的电子申报纳税网络，在资阳区国税局进行电话申报试点和朝阳区国税局进行点对点申报试点并取得成功，实现纳税人“足不出户”进行申报纳税。同年 10 月，按照“先城区、后县城、再益阳市”的原则，电话申报在益阳市国税系统全面推开。年底，益阳市 8 个县市分局个体户电话申报登记 1651 户，报税成功 1492 户，微机申报 19 户，申报成功 18 户。市国税局有效地利用了现代信息技术为税收征管服务，实现多元化申报缴税方式，为纳税人提供了快捷、便利的申报缴税方式。

2003 年，市国税局出台《电子申报缴税管理暂行办法》，从制度上规范益阳市电子申报组织、推广、宣传、培训、申报、缴税、数据处理等一系列业务的流程和管理行为。同年 6 月，电子申报数据传输系统已全面开通，纳税人可选择多元化申报和缴税方式。至年底，益阳市国税系统全面运行湖南征管软件 4.40 版，益阳市 8 个县市分局均实现固定个体工商户电话申报和企业一般纳税人微机申报。已有 3900 户纳税人进入电子报税系统，比 2002 年增加 2220 户。其中，一般纳税人微机申报 97 户，申报税款 7466 万元；个体工商“双定户”电话报税 3792 户，缴纳税款 390 万元。

2004 年，市国税局全面推行增值税纳税申报“一窗一人一机”管理模式，3 月征期，“一窗一人一机”管理模式在益阳市国税系统各办税服务厅窗口全面运行。同年 4 月，推出电子申报缴税办法，并将深入推进电子申报缴税工作作为对各县市区局征管工作考核的一项重要内容。到年底，益阳市国税系统共有一般纳税人 987 户实行微机申报缴税，推广率 100%，20 户纳税人首次在全省实行因特网申报试点成功；个体工商户实行电话报税 3983 户，多元化申报方式已基本确立。

2005 年 6 月，市国税局成立以袁世民为组长的三大系统整合暨电子申报缴税工作领导小组，召开益阳市三大系统整合暨电子申报缴税工作动员大会，全面部署启动益阳市三大系统整合暨电子申报缴税推广工作。历时 2 个月，综合征管系统、防伪税控系统和出口退税系统三大系统整合暨电子申报缴税推广应用工作按期于 8 月 1 日全面、同步上线运行。三大系统整合后，推行电子申报缴税 1123 户，电话申报 3544 户，达到了除不使用增值税专用发票和加油站外的一般纳税人外，一般纳税人电子申报缴税 100% 的覆盖面；起征点以上的个体户，电话申报缴税 80% 的覆盖面；各月的电子申报、电子缴税，电话申报使用率、电子缴税成功率均保持在全省先进行列，达到预期目标。

2005 年 10 月，市地税局与人民银行益阳市中心支行联合发文，在益阳市地税系统推广电子申报缴税工作。益阳市各商业银行添置专用电脑，与地税机关共同建立数据交换网线，税务机关申请网上纳税申报所用的 IP 地址、网址，安装好服务器和网络设备，10 月底以前完成与合作银行的联合联网测试。2005 年 11 月，益阳地税系统实现全面电子申报缴税。

2006 年 1 月，市国税局决定开展税收征管质量效率管理年活动，规定益阳市增值税一般纳税人和条件成熟的小规模企业电子申报推广率达 100%，电子申报、电子缴税及电话报税使用率、成功率 95% 以上，个体工商户月均定税 350 元以上，征税户占入网户比例 65% 以上。

2007 年，益阳市国税系统已实行电子申报缴税企业 2331 户，占纳税企业的 77.34%，已实行横向联网个体户 5025 户，占纳税个体工商户数的 66.63%，一直保持全省的第一的排名。

2008 年，市国税局电子申报缴税推广各项指标均居全省前列，电子申报缴税工作经验在全省推广。

2008 年，市地税局对涉及电子申报相关的 4 台服务器进行维护升级，切实解决推广电子申报缴税中存在的技术问题。11 月，升级和启用了新的网上电子申报系统。当年，市地税系统完成年纳税所得在 12 万元以上个人所得税自行纳税申报工作，益阳市共有 1293 人进行了纳税申报，补缴税款 406 万元。

2018 年，市地税局印发《市地税局关于进一步加强申报管理的通知》，通知从规范税费种认定管理、严格征收方式管理、强化申报后续管理等方面提出了更严、更高的要求，同时强调各单位税源管理部门要加强对纳税人申报的后续管理，对零申报或同比变化幅度较大的申报，要加强数据比对分析，及时发现纳税人申报中存在的不遵从税法的行为，采取约谈、实地核查等方式，查实问题，督促纳税人进行整改。对不依法申报缴纳税款行为，要严格采取催报催缴、限期改正、行政处罚等管理措施。对发现可能存在的偷、逃税款行为的纳税人，要及时移送稽查部门进行查处。

2020 年 2 月，市税务局印发《实施助力打赢疫情防控阻击战，支持企业恢复生产工作方案》，对疫情期间由于县级（含）以上人民政府明文规定不准开工或延迟复工的企业，未按规定期限进行税费种申报、财务报表报送、税款缴纳等情形，不予加收滞纳金和免予税务行政处罚；因疫情原因，不能按期办理纳税申报或者扣缴税款申报的，可申请办理延期申报，资料不全的容缺办理。

三、税款征收

1992年，根据总局《关于增值税采取定期定率征收办法若干规定的通知》规定，地区税务局作出年实现应税收入在100万元（含100万元）以下的增值税纳税人，原则上均适用“定期定率”的征收方法缴纳增值税。

1993年11月，地区税务局依据中央六部委文件精神，制定印发《关于加强税款入库管理工作的紧急通知》，要求益阳地区税务系统要严格遵守财经纪律，坚决杜绝和防止征收“过头税”；严禁用银行贷款清理企业“死欠”税款；禁止用转账方式清理企业欠税；严格按收入预算科目、级次和金库条例组织税款入库。

1995年12月底，湖南省第一个全部由女职工组成的基层征收机构——安化县国税局柘溪征收分局挂牌成立。这个由5名女职工组成的征收分局，是湖南省国税系统基层税收征收机构撤所建分局的产物，也是安化县国税局重用妇女干部的结果。

1996年2月，市地税局与益阳市监察局联合对摊派生猪屠宰税行为进行专项检查。检查1994年度结转的生猪屠宰税和1995—1996年屠宰税的收缴、上解情况以及收缴的方法、形式等。坚决纠正和防止生猪屠宰税按人头、田亩平摊征收的错误做法。

1998年，市国税局在征管基础质量年里，稳步推行“银税一体化”，有步骤、有计划地实行增值税、消费税税款预储管理。市国税局一分局率先将办税服务厅设在信用社的储蓄所，对城区1400户个体工商户，进行税款预储，实行由税务机关核定税款、催报催缴、重点稽查，纳税人自行申报、自行纳税、自行建账，信用社集中办税、汇总缴库的征管办法，降低了征收成本、方便了纳税人，更好地提高了税款入库的及时性和票款的安全性。据不完全统计，益阳市国税系统已对108户重点税源企业、1400户个体户实行税款预储管理，通过税款预储账户划缴增值税1847万元，其中追缴欠税200万元。

1998年3月，市地税局印发《关于调整交通运输行业税收征收标准的通知》，规定的士车的月营业额按5000元计算，营业税按营业额的3%、个人所得税按营业额的2%、教育费附加按营业税的3%计算征收，合计每月应缴税费265元；车船使用税按《中华人民共和国车船使用税暂行条例》规定每年缴纳132元；从1998年1月1日起执行，以上两项税收委托交通运输部门代征。

1999年市国税局继续开展税款预储工作，益阳市有442户企业和1565户个体户实行税款预储，共计预储税款2626万元，划交税款2369万元，比1998年增加522万元。

2000年7月，市国税局《关于重申严格税收计划执行中“五个不准”的通知》，再次重申组织收入“五个不准”，即不准收过头税，不准空转，不准转引和买卖税款，不准税务部门担保贷款缴税，不准税务人员集资缴税。同年，市国税局结合增值税分类管理办法，推行预储税款制度，对益阳市555户C类增值税一般纳税人实行税款预储、年终清算的管理办法。

2003年5月，市地税局对税款征收过渡账户进行清理，进一步严肃税款征收纪律，保障征收的税款及时入库。

2006年6月，市国税局印发《关于进一步严格税款入库制度 禁止转引买卖税款的通知》，要求：1.各级税务机关征收的各项税款、滞纳金，均须严格按照国家规定的预算科目和预算级次入库，不得混用预算科目和混淆预算级次，不得将中央收入混入地方库，也不得将省市收入混入区县库。2.各级税务机关征收的各项税款，均应及时足额缴入国库，不得积压、挪用和截留。当地设有国库经收处的，所征税款应当日划解入库，当日不能划解的，最迟于次日划解入库；当地未设国库经收处的，所征税款必须严格按“限期限额”规定结报并汇解入库。3.除经批准的税收过渡账户外，各级税务机关不得以任何理由在银行开设个人储蓄账户存储税款，更不得将税款存入经费账户计收利息。4.各级税务机关要按国家税收法律法规的规定，坚持属地征收就地缴库的原则（另有规定的除外）。不得为了完成当地政府下达的税收计划而采用违法违规手段，跨地区跨征管范围“引税”、“借税”、买卖税款；各县市区税务机关也不得随意平衡、调节辖区内各征收单位和各乡镇的入库税款。同年6月，市国税局成立以袁世民为组长的市国税局“财税库行”横向联网系统推广工作领导小组，制定《市国税局“财税库行”横向联网系统推广实施方案》，开展“财税库行”横向联网工作。2006年7月1日，“财税库行”横向联网系统在益阳市全面上线运行。

2009年5月，为加强税收征管的薄弱环节，解决零散税收征收人员少、点多、面广的问题，进一步堵住农村零散税收征管的漏洞，市国税局决定：属国税部门征收的农村零散税收委托邮政储蓄点代征。农村零散税收委托代征工作先在沅江市国税局、安化县国税局试点，然后再在全市全面铺开。试点工作于当年6月1日开始。

2009年2月，市地税局发出《撤销税款过渡账户和加强待缴税款专户管理通知》，要求各级地税部门所设置的税款过渡账户一律在同年2月底前全部撤销。如有工作需要,可按规定设置“待缴库税款专户”。2009年，市地税局实现税款征收方式历史性变革，全市有1524户财务健全的企业实行财税库行横向联网申报缴税，占应推行申报缴税户数的81%，全年缴税17052万元。

2010年11月，为了拓展横向联网系统功能，实现市国税系统管辖的所有纳税人、所有税款全部纳入横向联网系统，减轻纳税人和基层税务人员的负担，提高纳税服务质量和信息化建设水平，市国税局印发《关于做好横向联网系统升级推广运行工作的通知》，要求全市各级国税机关明确部门职责、落实责任人员，确保横向联网系统升级和办税服务厅电子缴税工作顺利推行。

2010年7月,市地税局印发《关于严厉查处转引、买卖税款违纪违法行为的通知》，要求从当年7月1日起执行。

2012年9月7日，市国税局印发《委托代征税款管理办法》。明确管理办法自发文之日起执行。

2012年12月，市地税局研究决定，由市局党组成员带队、组织收入规划核算科、监察室、审计科相关人员参加的检查组，对益阳市地税系统所有征收单位2012年度税收收入纪律的执行情况开展一次全面检查。检查组从2013年1月开始对各征收单位是否存在寅吃卯粮、收过头税，虚收、空转、转引、买卖税款,有税不征、延缓征收税款,超征管范围征收税款，收取“人情税”“关系税”，包税、变相包税和乱提手续费，乱设过渡账户，改变收入级次、变换税种入库，向当地政府报销费用、索要征管经费的现象开展地毯式清查，坚决杜绝违反收入纪律的行为再度发生。

2013年3月，市国税局印发《关于做好为纳税人提供多元化税款缴纳方式工作的通知》，提出保留纳税人传统的现金缴税和转账缴税方式，提倡纳税人采取通过横向联网系统、采取电子形式直接将税款划缴入库的电子缴税方式缴纳税款。市国税局为纳税人提供纳税人端远程发起缴税、办税服务厅电子缴税、委托集中电子划缴、银行卡刷卡缴税、银行端查询缴税等多种电子缴税方式，极大程度地为纳税人提供缴税的便利。

2013年1月，市地税局党组成员带队，组织收入规划核算科、监察室、审计科相关人员，组成检查组，对益阳市地税系统所有征收单位2012年度税收收入纪律的执行情况开展全面检查。检查组对各征收单位是否存在有寅吃卯粮、收过头税，虚收、空转、转引、买卖税款，有税不征、延缓征收税款，超征管范围征收税款，收取“人情税”“关系税”，包税、变相包税和乱提手续费，乱设过渡账户，改变收入级次、变换税种入库，向当地政府报销费用、索要征管经费的现象开展地毯式清理，杜绝违反收入纪律行为的发生。

2014年12月，市地税局印发《关于严肃收入纪律的紧急通知》，要求益阳市地税系统各征收单位依法征税，应收尽收、不收过头税；发现违反收入纪律的行为坚决查处。

2015年4月，市地税局采取六条措施，布置开展营业税欠税清缴工作。1.全面组织清算，核实欠税数额。2.实施欠税公告，大力组织清缴。各单位在核实营业税欠税数据的基础上，要认真进行欠税公告。单位纳税人欠税200万元以上的，由市局按季在门户网站公告，个体工商纳税户欠税10万元以上的，按季上报，由市局在门户网站公告；其他纳税人的欠税，由各单位在媒体或办税服务厅按时进行公告，并同时上报市局,欠税公告率要达到100%。3.加大票控力度，实行动态监控。4.强化协控联管，加大惩戒力度。对经欠税公告和依法催缴仍不缴纳税款的纳税人，各主管税务机关应按征管法的规定采取从银行扣缴或拍卖其资产抵缴欠税等税收强制措施；对恶意逃避追缴欠税的，应依法移送公安机关查处；同时按照《重大税收违法案件信息公布办法》的要求，通报有关部门按照《关于对重大税收违法案件当事人实施联合惩戒措施的合作备忘录》的相关规定实施惩戒。5.加强协调配合,落实清欠责任。6.开展检查考评,实行绩效考核。

2016年4月，市地税局布置开展省级收入质量和收入纪律专项检查。检查2015年1月1日至2016年3月31日，各征收单位省级收入质量和收入纪律管理情况。检查内容包括：省级收入质量管理，检查“有税尽收、无税禁收”的组织收入原则的执行情况。重点检查省级交通重点工程税收是否存在预缴税款、转引税款、虚收空转，人为延压、缓征缓解等问题。省级收入纪律管理，检查预算级次纪律执行情况。重点检查是否存在错库未调、改变税种、混淆级次问题。

当年，市地税局全面加强欠税管理，落实欠税公告制度，全年进行欠税公告4次，公告欠税纳税人276户，其中区县局公告263户，市局公告13户，公告欠税8657万元，并对欠税追缴制定了分步工作计划，依法采取措施力争在以后时间段逐步征收，确保税款的足额入库。

2017年初，市地税局印发《关于迅速核查“营改增”政策落实情况的通知》，组织专门力量开展全市营业税欠税清缴工作并对营业税改增值税政策执行情况进行检查。当年，益阳市地税系统清理入库营业税2173万元，其中房地产业入库1223万元，建筑安装业入库357.6万元，金融保险业入库241.8万元，生活服务业入库350.6万元。

2018年4月，市地税局印发《关于规范滞纳金管理的通知》，要求主管税务机关必须严格执行税收滞纳金制度，对未及时足额入库税款的纳税人坚决加收滞纳金，做到应收尽收。

2019年，是益阳市国地税合并后单独运行的第一年。合并后的市税务局在税款征收方面作了两项工作。1.对多缴税金进行清理。（1）成立以徐向阳任组长的多缴税金清理工作领导小组，制定多缴税金清理工作方案。（2）明确多缴税金清理范围。截至2019年4月30日，金三系统内所有多缴税金。（3）确定清理原则。根据多缴税金类别的不同，分别清理维护。全面清查，逐笔核对，确保多缴税金账实相符、账表相符。经核实确认为真实的多缴税金，按现行税收法律法规规定限时办结退（抵）税费手续。经核实为虚增的多缴税金，应追根溯源，查明原因，因纳税人申报填列错误的，前台可通过申报错误更正，冲减多缴税金信息；因金三系统限制等原因不能进行前台更正的，应通过集中运维平台填报数据维护申请审批表，逐级审批上报省局，经相关业务部门出具处理意见后，通过前台处理或后台维护加以解决。2.开展欠税清理专项行动。（1）成立欠税清理专项行动工作组，印发《市税务局2019年欠税清理专项行动方案》，在益阳市开展为期6个月的欠税清理专项行动。（2）明确行动目标。通过深入、细致的调查核实，全面、准确掌握所有纳税人的欠税状况，依法采取必要措施全力清缴欠税，力争益阳市2019年年末欠税总额较一季度末减少1.6亿元以上，全年欠税变动率实现负增长。（3）对开展纳税评估形成的欠税一并核实清理。

2020年7月，市税务局部署开展现金税费征缴专项整治工作。整治工作主要对税务机关以及委托代征单位，自2016年以来各类税收票证、代开发票的使用、作废、管理等情况以及现金税费收取情况进行检查。查找是否存在违规违纪违法情形，发现截留税费线索进行重点整治。

2022年3月，市税务局成立以陈有权任组长的制造业中小微企业延缓缴纳税费专项工作领导小组，落实国家关于制造业中小微企业延缓缴纳税费的税收优惠政策。同年4月，市税务局创新船舶车船税税收共治新模式，与益阳市水运事务中心签订船舶车船税委托代征协议，将船舶车船税委托益阳市水运事务中心代征。

四、综合管理

1990年3月，地区税务局印发《益阳地区税收征收管理规范》，对益阳地区税收征收管理工作的四个主要方面进行规范。1.县市分局税收征管业务管理。2.基层税务所推行税收征管改革。3.实施税收征管规程、征管制度。4.考核税收征管工作质量标准。

1991年3月，地区税务局印发《益阳地区全面推进征管改革的实施方案（试行）》，决定对益阳地区的征管改革按实施方案进行检查验收和考核评比。同年6月，印发《益阳地区税收征管查工作管理规范》，对税收征管模式的规范、税务所征管工作管理规范、稽查队工作管理规范等提出了明确的规范和要求。通过改革，形成了新的征管模式：1.各县市区局实行了征管职能机构分开设置。2.企业税收改革为税务所负责征管，局稽查队负责检查的机构间“查征分管”模式。稽查队力量调增到80人，负责益阳地区1227户工商企业的税收稽查工作。3.农村税收管理。益阳地区50个农村税务所基本实行了征管、稽查“两条线”和专管员工作上中下旬“三段制”的管理模式；个体户缴税定时定点“送税上门”，税务干部“双人上岗、票款分开”制度。4.集贸个体税收管理。对益阳地区13个较大型的城乡集贸市场实行联合控管、综合治理。益阳地区城乡31256户个体工商户，上门缴税的占28759户，送税面达92.01%，4690户工商企业，全部送缴税款入库，送缴面达100%。

1992年，《中华人民共和国税收征收管理法》颁布。地区税务局根据《税收征收管理法》的要求，提出了新的征管模式：1.全面实行征管职能机构分设。益阳地区7个县市分局，均设置“五股二室一队”和发票管理站；沅江、桃江、南县局设立公安执勤室；各县、市局、分局征管一线人员都要求在70%以上。2.企业税收普遍实行机构间和机构内的“查征分管”，即由税务所负责征管、局稽查队负责检查和税务所内分设征管组、检查组和综合组，负责税收征、管、查。3.各县、市城区企业税收与集贸个体税收全部实行分所专业化管理，益阳市设立地方税稽征站和建筑安装税收联合办公室，对地方税和建筑安装税收实行统一的专业管理。4.集贸个体税收坚持税务、工商、公安联合办公，群众协税、部门护税的综合治理制度。5.农村税收推行征管、稽查两条线和专管员工作三段制。地区税务局将这五种新的征管模式在全系统全面推广。

1993年1月1日起，地区税务部门开始征收益阳地区范围内原来由财政部门征收的屠宰税。同年8月，地区税务局成立专门班子采取收回原下放给县市分局的减免税权，暂停困难减免的审批，对符合政策已经到期的立即恢复征税，对不符合政策或骗取减免税的，停止减免或追缴税款等措施对益阳地区越权减免税收进行清理。

1994年6月，地区税务局按照省政府规定和省局要求，如期征收农业特产税。

1995年3月，市国税局在全市范围内，大力普及和推广以“自核、自填、自缴”为基础的新型纳税申报制度，拉开了税收征管改革的帷幕。益阳市国税系统建立起各项征管制度和措施，迈出了税收征管改革的坚实步伐。主要体现在进一步完善税务登记制度；逐步建立以纳税人“三自纳税”为基础的纳税申报制度；加强征管基础资料的规范化，建立专管员、股所、分局和县市局三级征管资料；加强个体集贸税收征收管理的规范化。同年7月，市国税局成立以李树卿为组长的“金税工程”试点工作领导小组，确定市国税局一分局为试点单位，开始“金税工程”的试点工作。同年8月，市国税局印发《益阳市国税系统征管工作考评制度》，开展征管工作检查，巩固征管改革和“金税工程”试点成果。同年10月，市国税局成立以李树卿为组长的益阳市国税系统税收征管改革领导小组。确定建立四个系统：建立以纳税人“自核自缴”为主要纳税方式，以多功能办税大厅为主要办税形式的申报征收系统；健全以税务代理为重点、以税务司法保卫体系为后盾，有银行、工商行政管理、邮电、交通等国民经济管理部门相支持的税收社会化管理系统；建立以税务稽查为核心，以群众性协税护税为基础的税收监控系统；建立以计算机广泛应用于税收征管领域为主要内容的现代化信息管理系统。同年12月，市国税局印发《益阳市国税系统税收征管改革实施意见》，确定各县市分局税收征管改革目标：1.建立税收专业化管理模式，即改革税务专管员管户工作制度，转换税收管理形式，将税收征管基本业务划分为管理服务、征收数控、税务稽查和复议应诉四大系列，将大部分专管员调整职责后分别进入各岗位承担相应的工作，使专管员管户逐步过渡到管事。2.建立多功能办税大厅，首先在一分局建立多功能办税大厅，逐步扩大到二、三分局，争取2年内县市区局城关地区均设立办税大厅。3.规范纳税申报制度，按期申报率要求一般纳税人达100%，小规模纳税企业达95%，个体工商户达90%。4.建立税务—银行一体化服务体系。5.稳步推进税务代理。6.建立严密的稽查监控体系。建立税务稽查机构，充实稽查人员，稽查人员的数量要逐步达到税务业务人员的40%左右；制定稽查工作规程，明确工作职责；对选案、稽查、审理、执行等环节实行合理分工，提高税务案件办理质量；健全税务查控网络；设立举报电话、举报箱，疏通举报渠道，形成群众性协税护税网络。7.推进税收征管计算机化进程，使计算机全方位地为税收管理服务。8.改革税务机关的内部机构。9.建立税务司法保卫体系，巩固现有的税务检察机构，充实税务检察队伍。10.建立开放办税体系，有条件的地方可以使用邮寄申报、电传申报、网上申报等纳税申报办法。

1996年2月，市国税局印发《市国税局纳税户征管资料归集建档工作制度的通知》，规定从1995年起，对纳税人税收征管资料的建档、归档工作必须按文件规定的新的标准和要求执行，文件还规定对装订成册的纳税人税收征管资料档案进行一年一度的检查评比。同年4月，市国税局投资100多万元，建立了3个办税大厅，城市分局税收征管工作全面实行计算机运行管理。办税大厅内设税务登记、发票发售、代管监开、申报征收、银行划卡、税务咨询等多个办税窗口，采用湖南税务征收管理系统HNZG4.0版软件，使纳税人能够在大厅内完成申报、办税、纳税全过程。同年9月，调整市国税局税收征管改革领导小组及征管改革办公室成员，明确胡华林任组长。当年，税收征管改革推行“纳税申报、税务代理、税务稽查”三位一体的征管新模式。

1996年，市地税局结合地税工作实际，在税收征管改革方面做了大量工作：1.建立办税大厅、实行公开办税。2.优化内部征管机构，实现集中征收、重点稽查。3.积极推进税收司法保卫体系的建立和建设，加强与检察、法院、公安等部门的配合，成立了税检室并派出检察专干。4.加强部门配合、健全协税护税网络。包括市直行政事业单位应税收费项目应征收的税费，委托益阳市财政局代征；车船税收全面委托交通、农机部门代征；城区公用电话话费收入应税项目委托益阳市邮电局公用电话公司代征；屠宰税、投资方向调节税、基本建设的各项税收委托畜牧、计委、电力、建管等部门进行代征或代扣。

1997年，市国税局按照“打基础、抓落实、上台阶”的工作思路，全面夯实征管基础，稳妥推进税收征管改革。1.采取委托办证试点、税务登记验证的办法解决税源底子不清、漏征漏管严重的问题。2.着力搭建好“自行申报、微机管理、集中征收、重点稽查”的税收征管模式。益阳市8个县市分局全部建立起了办税服务厅，面积达1100平方米；在城镇初步建立起“四大系列”“三权分离”为基本框架的税收征管模式。3.各县市分局按照市局提出的“八有”要求，对纳税人1996年度的税收征管档案进行了分户建档，共计建档24000户，占应建档户的96%。4.改革城区砂石税收征管办法，由“直接征收”改为“委托代征”。明确城区范围内砂石市场税收征管工作的具体事宜由市国税局三分局负责，从1998年1月1日起执行。5.开展个体工商户评税定税、建账建制和税负调整工作。6.对益阳市国税系统在益阳市范围内设立的税收过渡账户进行一次彻底清理。

1997年2月，市地税局印发《企业所得税汇算清缴改革试点方案》，各县市分局确定50户企业作为改革试点。试点企业均达到以企业为主体，由企业进行自核自缴、自行申报或委托社会中介服务机构进行代理申报，再由税务部门对企业的汇算清缴申报进行严格稽查的工作要求。同年4月，推行饮食、娱乐行业面值定额发票。同年5月，市地税局在益阳市选择200户经营规模较大的个体工商户作为建账建制工作试点，逐步推行查账征收。同年7月，市地税局印发《关于深化城市税收征管改革实施办法》，提出以建立申报纳税和优化服务为基础，以计算机网络为依托，集中征收、重点稽查的征管新模式，并在朝阳分局进行城市税收征管改革试点，制定了《税收征收改革的具体操作办法》，改管户制为管事制、改上门征税为自行申报纳税、改以人管理为人机结合管理、改集权检查为分权稽查、改随意管理为规范管理、改年终考核为差错考核。年底城区3个分局全面实施申报纳税、优化服务、集中征收、重点稽查的新税收征管模式。

1998年2月，市国税局对全系统已经设立的税收过渡账户进行全面清理，对不符合规定设立的税收过渡账户限期予以撤销，对确实需要并符合条件的税收过渡账户补办了有关手续。同年4月，由于人事变动，市国税局重新调整税收征管改革领导小组及税收征管改革领导小组办公室成员，明确调整后的领导小组组长为郭志仁。同年6月，原市国税局二、三分局撤并重组，市国税局对市国税局二、三分局税收征管范围进行了重新调整。同年10月，市国税局联合益阳市技术监督局在益阳市对加油站加油机进行计量监督检查，11月在益阳市各加油站推广使用加油机税款计量器。市国税局确定1998年为征管基础质量年，当年狠抓税收征管基础建设，在税收征管模式的转变上取得了新的突破：1.规范60多种税收征管使用的表证单书；制定《税收征管资料档案管理办法》，提出了征管档案资料“八有、五统一”的要求，建立纳税企业档案2521卷，建档率达95%；加强漏征漏管户的清查，其中查出漏征户2602户，漏管户457户。2.益阳市各县市分局都设立了一个办税服务厅。3.“银税一体化”得以逐步推广。4.计算机应用得到进一步加强。5.稳步推行增值税税款预储制度。6.印发《益阳市邮寄申报实施办法》，做好邮寄申报纳税的前期准备工作。7.稳步推进个体工商户、私营企业建账建制、查账征收及委托代征工作。8.税务代理工作初具规模，并收到了良好的社会效益。

1998年，市地税局在资阳分局试点，全面推进税收征管改革工作。1.改变过去专管员一人进厂，各税统管，上门收税的传统征管模式，设立办税服务厅，推行自行申报、自行计税、自行缴税的“三自”纳税模式，益阳市城区纳税户的“三自”纳税率达到95%，税款入库率达到90%，比改革前提高了20个百分点。2.对征收机构进行了调整，将市地税稽查局和68个税务所合并调整，撤销55个农村税务所和市区9个征收科，重新组建30个征收分局；将征收机构内部一分为三，设立征收组、稽查组、综合组，使三者在职能上分开、机构上分设，各司其职，相互制约，整体协调，统一行动，征收组设立办税服务厅，实行公开办税。3.把城市征管改革的好经验推广到了农村，农村的税收征管采取自行申报、以乡设点、实施巡回征收、重点稽查为主和以协税护税、代征代收网络为辅的征管模式。

1999年，市国税局税收征管工作以“深化改革、规范管理”为主题，以纳税申报自觉化、办税厅一条龙服务化、稽查程序化、征管手段现代化、操作规程规范化为目标，主要体现在：1.征管基础工作有提高。按照“八有”的要求做好了全市国税系统一年一度的征管档案资料整理工作；精心组织开展了全市税务登记证的验证工作，澄清了税源底子；布置开展了对个体工商户的建账建制和税额核定工作；制定了税收征收管理按“十率”考核等一系列征管质量的考核办法并严格实施考核。2.改革指标有提升。重新调整明确了市国税局税收征管改革领导小组及办公室成员；纳税申报管理工作得到加强，纳税如期申报率、申报准确率、税款入库率等指标较1998年有大幅度提升；全市共建成办税服务厅8个，办税服务室16个，进入办税服务厅（室）申报的纳税人占到总纳税户数的60%以上，直接征收到的税款占75%以上；加大网络建设力度，推进了利用计算机管税的进程，全市8个县市分局有7个建立了局域网，湖南征管软件4.20版在全市国税系统得到普遍推广，湖南征管软件4.30版的业务培训工作全面启动；做好了防伪税控系统进一步推广和计划上报工作。3.规范管理工作有突破。狠抓一般纳税人年审和分类管理工作、加强电力行业和商业系统的增值税管理工作、规范所得税管理工作、做好涉外税收工作，把好了出口退税关口、开展了《中华人民共和国税收征收管理法》执法情况的调查和检查工作、成立了市国税局加油机安装税控装置工作领导小组，对益阳市境内各加油站加油机安装了税控装置。4.税务稽查工作有力度。加强稽查机构建设，按要求配齐了专业稽查队伍，成立了税务侦查专门机构，加大了对涉税犯罪的打击力度。5.发票清理有成果。开展了对粮食系统发票及机动车专业发票的清理整顿，成立领导小组、抽调80余名专业人员组成检查组对各类发票开展专项大清查工作，达到了以票管税，堵塞税收流失漏洞的目的。

2000年，市国税局确定为征管质量考核年。全年税收征管工作以制定一系列征管质量考核指标、严格检查考核为核心，采取规范征管文书资料、认真开展调查研究、完善各项征管制度等措施将税收征管改革全面推进。1.健全征管质量考核体系，严格检查考核制度，提高征管质量。市国税局制定《2000年税收征管工作要点》《益阳市国税系统征管质量考核办法》以及完善税收征管工作岗位责任制及其他考核制度，建立层层考核，考核兑现的考核机制。2.规范征管资料档案，打牢征管改革基础。按照“八有”的要求，对益阳市各征收单位1999年度纳税人的全部纳税征管档案资料进行了整理归档，建档2000多户；统一印制了各种涉税文书，规范了表证单书，使税收征收管理程序更趋完善、规范。3.全面换发税务登记证，加强税源控管。4.积极稳妥地开展加油机税款装置的安装工作，益阳市成品油行业税收征管的力度得以加强。5.规范管理，充分发挥发票以票控税的功能。6.加强个体集贸税收征管，将个体税收收入计划的完成情况作为税收征管质量考核的一个独立指标，单独考核县市区局。

2000年，市地税局在税收征收管理方面做了如下工作。1.整理了益阳地区纳税人的征管档案资料，归档保存。2.调整了城区征管机制。针对城区征收分局规模过大的问题，撤销资阳区地方税务局一分局和赫山区地方税务局一、二分局，设立了7个税务所，城区税收质量有了明显提高；充实了稽查力量，在城区推行一级稽查，城区稽查收入突破了1000万元，实现了稽查收入大幅度增长。3.开展了地税消费发票抽奖活动，发票用量和以票管税征收的税款有较大幅度的增长。4.制定个人所得税分档定额扣税办法，促进个人所得税征管水平的提高。5.完善省级税收征管体制，成立市地税局省级税收征收管理分局，理顺了征管关系，实现了省级收入的超收。

2001年是市国税局税收征管基础建设上台阶的最后一年，全市税收征收管理工作按照两年打基础、三年上台阶的工作思路，经过改革试点、全面推开、深化完善三个阶段，取得了征管改革的阶段性成果。初步建立了自行申报、集中征收、强化管理、重点稽查、网络监控、优化服务的新的税收征管体系；达到了全市8个县市分局基本完成计算机网络的开通、计算机采集纳税人征收管理数据的现代化；实现了运用征管软件开展税收征管业务，利用计算机自动生成计会统报表的现实；建立起规范统一、功能齐全的办税服务厅，绝大部分税收征管业务在办税厅完成，绝大部分税收收入在办税服务厅（室）集中征收的全新缴税模式；理顺了征收、管理、稽查三者关系，实行了征收、管理、稽查三分离；实行了一般纳税人的集中统一管理。当年所做工作：1.加强新《中华人民共和国税收征收管理法》的学习。同年4月，《中华人民共和国税收征收管理法（修正案）》出台，明确从5月1日起施行。全市国税系统加强对《税收征收管理法》的学习和贯彻，按照新《税收征收管理法》的规定依法进行税收征管成了贯穿全年征管工作的重要内容。2.加强对漏征漏管户的清理。同年7月，市国税局根据益阳市人民政府办公室《关于清理整顿无照经营的通知》精神，发出关于清查税收漏征漏管户的通告，决定在全市范围内进行漏征漏管户的税收大清查。通告明确：凡从事工商经营的企业单位和个人未向国税机关办理税务登记、进行纳税申报的，必须于当年8月31日之前进行自查自纠，主动到所属国税机关补办税务登记和进行纳税申报，在8月31日前办理的只补办证、补税、不处罚。从9月1—30日起，市国税系统开展一次大清查，对被查出来的漏征漏管户，将按照《中华人民共和国税收征收管理法》的规定，一律处以2000元以下的罚款；情节严重的，处1万元以上5万元以下的罚款。通过清查，补办税务登记1298户（自查补办490户，清查补办808户）。3.确保金税工程实施。同年3月起，市国税系统采取一系列措施确保金税工程实施工作的顺利进行。（1）印发《市国税局2001年金税工程实施意见》，要求确保6月1日前金税工程的四个子系统顺利开通。（2）召开益阳市金税工程工作会议，传达上级精神，学习金税工程有关文件和业务，观摩金税工程四个子系统的演示。（3）各级税务机关都成立“一把手”挂帅、各有关职能科室参加的领导小组，明确金税工程专干及工作职责，从计划制定、业务培训、制度建设到监督检查实行统一领导，并在人力、物力、财力上重点向金税工程倾斜。（4）加大宣传力度，印发了上千份实施金税工程的通告和相关宣传资料，发给益阳市范围内的一般纳税人，确保每户一般纳税人都熟悉金税工程的内容。（5）加大培训力度，举办一期金税工程专干业务培训班，并将按照分期分批、分级培训的原则抓好税务人员和企业专业人员的培训。（6）夯实基础，有序实施。市国税局要求各县市分局必须强化前期准备工作，按照统一要求有条不紊地分步实施，确保在规定的时限前高质量地完成所有工作任务。6月23日上午10时15分，金税工程网络实现从县市分局、市局到省局的畅通，并实现了数据联调工作；6月30日、7月2日分别完成了向省国税局传输一般纳税人档案信息、增值税专用发票抵扣联认证采集信息。已进入一般纳税人档案信息的为1025户（统计为1071户，大通湖、朝阳新旧纳税人识别号重复46户）；从专用发票认证情况来看，至6月30日止，8个县市分局对281户一般纳税人取得的6月份开具的加密增值税专用发票1993份进行了逐一认证（金额25232万元，税额4174万元），认证相符份数：1989份（金额25221万元，税额4172万元），认证通过率99.8%，通过认证发现认证不符发票1份（金额5万元，税额1万元），密文有误发票3份（金额6万元，税额1万元），这一串串数据，标志着益阳市国税系统金税工程工作已取得了阶段性成果。4.开展对成品油加油站税收征管工作的全面检查。同年7月，市国税局发出对全市范围内成品油加油站税收征管情况进行检查的通知，明确对石油行业的税收征管措施，主要检查加油站是否按规定安装税控装置、是否对税控装置加装技术监督部门铅封、是否采用IC卡、磁盘、电子申报等方式报税等内容。检查分县市区局组织检查和市局抽查两个阶段进行。同年12月，市国税局发出加强石油加油行业税收征收管理的通知，明确对石油加油行业税收征管的具体措施，（1）对全市各加油站的税收一律实行查账征收管理。（2）对已安装加油机税控计量器且会计核算较为健全、能较准确计算进项税额、销项税额、符合一般纳税人条件的加油站，经纳税人申请，可认定为增值税一般纳税人，对已经认定为一般纳税人的加油站，按一般纳税人的有关规定计算缴纳增值税。（3）对已安装加油税控计量器，但账册不健全，未被认定为一般纳税人的加油站，必须按照税控加油机记录的数据，根据小规模纳税人的规定，按4%的征收率征收增值税。（4）对直流式、手工加油机的加油站，应按照高于实行查账征收税款的加油站的实际税负水平核定征收税款。（5）对石油加油行业税收征管，各级领导要高度重视，都纳入征管质量考核和干部岗位责任制考核的重要内容，对不依法征收，弄虚作假，造成税款流失的要追究单位领导和有关征管人员责任。5.严格发票和保证金的管理。6.实行收支“两条线”，认真清理“两费”。

2001年6月，为了加强交运行业的税收征管，进一步完善和统一社会参运车辆的税收额度，市地税局印发《市地税局关于加强交通运输行业税收征管的通知》，对城区社会参运车辆实行税费定额征收，征收标准见表3–1。

车辆税收征收标准一览表

表3–1

车船种类		单位	营业税	个人所得税	城建税	教育费附加	合计	车船使用税
客车	23座以上	元/（座·年）	120	80	8.4	3.6	212	180元/（辆·年）
	12–22座	元/（座·年）	160	100	11.2	4.8	276	156元/（辆·年）
	11座以下	元/（座·年）	160	100	11.2	4.8	276	132元/（辆·年）
出租的士		元/（辆·年）	1500	1000	105	45	2650	132元/（辆·年）
载货汽车		元/（吨·年）	500	300	35	15	850	40元/（吨·年）

续表 3-1

车船种类	单位	营业税	个人所得税	城建税	教育费附加	合计	车船使用税
大拖拉机	元 /（吨·年）	150	100	10.5	4.5	265	40 元 /（吨·年）
手扶拖拉机 小四轮、后三轮	元 /（辆·年）	300	200	21	9	530	20 元 /（辆·年）

注：未列举车辆的税费比照同类车辆征收；各县市区应参照附表定额，确定各地的征收标准和征收方式，并将征收标准和方式报告市局。

2002 年 4 月，市地税局印发《关于外商投资企业税收征收管理的若干规定》，加强对外商投资企业的税收征管；同年 8 月，印发《益阳市市管资江河道采运沙砾石资源税及相关地方税收统一征收实施办法》和《市地税局关于加强资江河道砂石资源税及相关地方税收征管的通告》，加强益阳市市管资江河道沙砾石资源税及相关地方税收和征管。当年，市地税局出台新的出租车税收征管办法，解决益阳市中心城区出租车税收征管不到位的问题，增加税收 105 万元；抓行政事业单位税收专项检查，查补各税 460 万元；落实个人所得税“双向申报”管理办法，强化个人所得税征管，共征收个人所得税 6787 万元，比 2001 年增收 1734 万元；实行核定征收与强化汇算清缴相结合的办法，共征收企业所得税 6520 万元，比 2001 年增收 520 万元；统一部署，集中整治，开展市中心城区房地产税收专项检查，查补地方各税 480 万元；实行“三单”考核，组织专项稽查，整肃征收纪律，进一步加强省、市级税征管，确保了省、市级收入任务的完成，省、市级税收分别入库 4672 万元、1903 万元，不剔除政策调整因素，分别较 2001 年增长 37.4% 和 26.3%。

2003 年，市国税局税收征收管理工作依据“一个网络、一个平台、四个系统”的内容，按照功能齐全、协调高效、信息共享、监控严密、安全稳定的要求，朝着集中征收、分类管理、一级稽查的专业化征管新模式迈进。1. 做好金税工程二期各项工作。当年 1—6 月，通过防伪税控认证子系统，益阳市共计认证专用发票 37301 份，其中认证相符发票 37289 份，认证不符发票 12 份；通过防伪税控报税子系统，益阳市共采集专用发票存根联 38419 份，其中正常发票 33286 份，作废发票 5133 份，数据采集工作名列全省前列，使金税工程数据采集率长期保持 100%。2. 推广防伪税控系统。益阳市协查工作逐渐规范，选案准确性逐步提高。全年共收到受托协查 179 起，涉及发票 399 份，税额 987 万元，受托回复率达 99.49%。自 2003 年 6 月 15 日起，益阳市取消增值税一般纳税人使用的手写版增值税专用发票，增值税一般纳税人开具和接受增值税专用发票全部纳入伪税控系统管理。益阳市应推广防伪税控系统 1235 户，除 330 户不需使用增值税专用发票外，其余 905 户增值税一般纳税人已全部纳入增值税防伪税控系统管理，并全部实行“一机一卡”，提前 15 天实现总局确定的防伪税控系统三个全面覆盖。3. 湖南征管软件 4.30 版全面运行、电子申报缴税方式实现多元化。当年，省国税局确定市国税局为湖南征管软件 4.30 版升级的研发地和试点单位，通过紧锣密鼓的研发和试点，市国税局制定《关于推广电子申报纳税，深化征管改革实施方案》和《电子申报缴税管理暂行办法》，印发了各种宣传资料，反复与银行、邮电部门协商，解决了电话申报网络建设和连接问题，然后按照“先城区、后县城、再益阳市”的原则，全面推开。下半年已全面运行湖南征管软件 4.40 版征管软件进行税收征管，全面推广电子申报缴税方式，实现多元化申报缴税。益阳市 8 个县市分局普遍推行了固定个体工商户电话申报和增值税一般纳税人企业的微机申报，已有 3889 户纳税人进入电子报税系统，比 2002 年增加 2220 户。其中：一般纳税人微机申报 97 户，申报税款 7466 万元；定期定额征收的个体工商户电话报税 3792 户，缴纳税款 390 万元。4. 石油行业加油站税收征收管理工作得到了进一步加强。益阳市有 179 户加油站安装加油机税款装置，能系统、准确地核算进项税额、销项税额和应缴税金，报省局批准成为增值税一般纳税人，其税收征收管理纳入金税工程进行电子管理。

2003 年初，市地税局成立以郑惠任组长的开展“征管基础建设年”活动领导小组，印发开展“征管基础建设年”活动的通知，提出“下大决心，花大力气连续几年抓征管基础建设，达到征管基础工作向科学化、制度化和规范化轨道发展，税法宣传广泛深入，纳税服务优质周到，税源监控科学严密，票证文书资料规范有序，税收执法行为规范、程序到位”的总目标。同年4月，市地税局印发《开展征管基础工作检查的通知》，明确对益阳地区地税系统2002年5月至2003年4月各县（市）区局的征管质量、税收执法、税收票证和发票管理等情况进行检查。同年6月，市人民政府发布《关于进一步加强车辆税收征收管理的通告》，规定从7月1日起，资阳、赫山、朝阳开发区车辆税收，除市公汽公司、市汽运总公司所属车辆和各类农用车以外，所有从事营运的车辆应缴纳的车船使用税、营业税、城市维护建设税、个人所得税、教育费附加，以及非营运车辆应缴纳的车船使用税，委托益阳市交警支队代征。同年6月，市地税局部署开展益阳市地税系统创建“诚信纳税、文明服务”一条街（市场）活动。提出全年无漏征漏管现象，无偷抗税行为发生，无税务行政诉讼案件发生，税务登记率达100%，纳税申报率、税款入库率、征管资料完整率均在98%以上的创建要求。市局还强调此次创建工作纳入益阳市地税系统“征管基础年”活动的考核内容。同年9月，市地税局作出调整金融保险业三产业税收征管范围的通知，明确将城区资阳、赫山、朝阳3个分局所管辖的电力和金融保险业三产业单位所有地方税收，全部移交市局省级税收征收分局征收管理并限期在同年10月15日前全部完成。当年，市地税局还出台新的出租车税收征管办法，解决了益阳市中心城区出租车税收征管不到位的问题，增加税收105万元；狠抓行政事业单位税收专项检查，查补各税460万元；落实了个人所得税“双向申报”管理办法，强化个人所得税征管，共征收个人所得税6787万元，比2002年增收1734万元；实行核定征收与汇算清缴相结合的办法，抓企业所得税征管，共征收企业所得税6520万元，比2001年增收520万元；开展市中心城区房地产税收专项检查，查补地方各税480万元；推行了地税发票“刮刮票”抽奖和税控收款机控制营业收入的办法，堵塞了税收流失漏洞；抓好发票的规范管理、完善案件审理程序，更好地规范了益阳市地税队伍的执法行为。

2004年2月，市国税局、市地税局联合印发《关于加强益阳市货物运输业税收管理的通知》，文件就益阳市货物运输业纳税人税务代码、信息上传、货物运输发票开具、货物运输发票抵扣等问题作出具体的规定和要求，益阳市运输业及各发票代开点开具运费发票的混乱局面得到遏制，下游受票单位增值税进项税金的抵扣得到规范。同年9月，市国税局召开专题会议，研究、部署全面推行综合税收征管软件上线工作。成立以袁世民为组长的市国税局推广综合税收征管软件工作领导小组，与8个县市区局“一把手”签订综合税收征管软件推广应用目标责任状，要求2005年1月1日，益阳市8个县市区局要全面实现上线运行税收综合征管软件。至此，益阳市国税系统基本构建了以县市区局为主、以税务所为辅的集中征收；以属地管理为主的税收管理；以市局稽查局和县局稽查局一级稽查为重点稽查的征收、管理、稽查互相分离、互相制约的征管模式。

2004年3月，市地税局印发《统一城区税收综合征收率标准的通知》，规定：从当年4月1日起，益阳市城区（赫山、资阳、朝阳）除外资企业外的非建账或建账不健全的纳税人统一按综合征收率征收“四税一费”（营业税、城建税、个人所得税、企业所得税、教育费附加）。同年4月，市地税局印发《“规范管理年”活动实施方案》，确定当年在益阳市地税系统开展规范管理年活动。市地税局制定《税政工作管理规程》《票证工作管理规程》《税源管理办法》《征管工作管理办法》《纳税服务管理办法》《信息化工作管理办法》《法规工作管理办法》《业务工作监控管理办法》等八项税收业务管理规程来规范基层地税管理机关税收征收管理的日常行为，达到进一步规范益阳市地税系统税收征收管理质量的目的。同年9月，市地税局组织征管、计财、监察等部门对8个县市分局税务局税收征收管理质量及税收票证情况进行了全面检查。检查税务分局、所和稽查分局共27个，查阅征管档案173卷，涉及税务人员226人。对检查发现的问题提出整改意见并督促其整改。通过整改，益阳市地税系统税收征收管理水平进一步提高。同年10月，市地税局印发《关于加强益阳市私有房产税收征管工作的通知》。10月20日，市地税局召开益阳市私有房产税收征管工作会议，就私有房产税收征管工作作出专门部署，会后，市地税局负责人就私有房产税收清查的有关税收政策答《益阳日报》记者问。同年11月，市地税局印发《关于加强货物运输业税收征收管理的实施意见》，对益阳市货物运输业税收征管进行规范。11月8日，印发《益阳市中心城区房屋出租税收核定税额标准的通知》，对房屋出租税收不能按实征收的，除印花税、城镇土地使用税按有关税收政策执行外，对房屋出租应缴纳的营业税、城建税、教育费附加、个人所得税，按每平方米税额/月标准实行核定征收。具体见表3-2。

益阳市中心城区出租房屋税收核定税额标准一览表

表 3–2

单位：元/（平方米·月）

房屋出租用途	征税范围	核定税额标准
居住		0.3
经营	土地使用税二、三级纳税范围	5
	土地使用税四、五级纳税范围	4
	土地使用税六、七、八级纳税范围	3

2004年市地税局税收征收管理工作日趋精细，主要体现在：1.机构设置逐步专业化。初步实现了征收、管理、稽查互相分离、互相制约的征管模式。2.税源监控逐步网络化。市局直接监控的重点税源户达到了105户，年税源约1.3亿元，占益阳市税源的38%。3.征收管理逐步电脑化。全系统已建成上至省局下至8个区、县（市）局的骨干网，已有18个征收分局（税务所）接入骨干网，湖南地税综合软件已在所有联网运行的征收单位推广应用，益阳市纳入软件管理的纳税户有17207户，征收的税款22267万元，应用面普及大厅、专管员、局长、征管、计会等人员和部门，其中税务登记、申报征收、征收管理、发票管理、征管考核、税收会统等业务全部纳入微机处理，公文处理、货运发票、个人所得税扣缴、财政供养人员信息管理系统、车船使用税等软件运用正常。4.征管办法逐步多样化。完善“六大代征体系”。各地充分利用建设、交通、交警、林业等30多个职能部门的行业管理优势，在益阳市建立了车辆税收、行政事业单位个人所得税、建筑安装行业税收、房地产税收、竹木制品税收、农副产品贩运户税收6大代征体系，每年可管住零散税收5000多万元。城区三局车辆税收通过实行“集中征收，交警把关，统一代征”办法，当年共征收入库700万元，比2003年全年增收272万元，增长63.55%。制定《家居装修税收管理办法》《中心城区税收管理办法》《货物运输行业税收管理办法》《建筑安装行业税收管理办法》《统一核算企业税收管理办法》《委托代征管理办法》等9个行业税收管理办法，特殊行业税收征管得到加强。5.省级税收管理专业化。制定《市地税局省级地方税收管理办法》，从当年1月1日对省级地方税收实行专业化管理。

2005年1月1日，综合税收征管软件在益阳市国税系统全面上线运行。同年6月，市国税局成立了以袁世民为组长的三大系统整合工作领导小组，印发《综合征管系统、防伪税控系统和出口退税系统三大系统整合工作的实施方案》，召开三大系统整合暨电子申报缴税工作动员大会，举办了培训班，进行人员培训，全面启动了三大系统整合推广工作。经过2个月的艰苦努力，三大系统整合推广应用工作实现了预期目标，于8月1日在益阳市国税系统全面、同步上线运行，达到了除不使用专用发票和加油站外的一般纳税人，电子申报缴税100%的覆盖面、起征点以上的个体户，电话申报缴税80%的覆盖面，实现了综合征管系统、防伪税控系统和出口退税系统三大主题应用系统之间的信息共享，解决管理上急需四个数据整合的问题，其效果得到广大基层税务干部和纳税人的普遍认可。全年益阳市国税系统，在切实加强征管基础工作建设方面征管基础实现四个规范。1.规范机构设置。秉着依法、求实、效能、统一的原则，对内设和下设机构进行调整，调整后市局机关内设科室由原来15个减为13个；各县市区局办税服务厅成为独立的内设机构；全系统税务所由原来的30个简并为15个分局，市、县两级均设置了车购税管理机构。2.规范征管文书。按照综合征管软件业务需求，统一了92种表证单书的格式。3.规范征管业务流程。印发1200册《税收征管文件选编》，并通过局域网及时发布综合征管软件业务规范、操作规程，开展干部业务知识与操作技能培训，严格规范业务流程，减少差错发生。4.规范入网管理。按照“户尽入网、网尽核算”的工作要求，加强税务登记的入网管理工作。益阳市税务登记入网总户数达19896户，比当年1月1日的7932户增加11964户，增长150.83%，入网总户数由全省倒数第二，跃居第七。在着力加强综合征管软件的运行管理方面。1.制定了一系列精细化的创新管理制度和办法。具体包括：工作例会制、日志登记审核制、评奖通报制、在线业务辅导制、运管办岗责考核办法等。2.综合征管软件应用操作水平明显提高。举办4次培训班、组织300多人参加模拟操作竞赛。3.征管质量明显提高。税收征管质量考核的各项指标如入网率、准期申报率、入库率、欠税增减变动率、稽查处罚率均保持高水平，迈入全省先进行列。4.数据质量管理逐步实现“零差错”。市国税局采取过硬措施，狠抓数据质量管理，益阳市国税系统实现7月、8月、9月、11月四个月数据“零差错”。

2005年4月，市地税局印发《益阳市行政事业单位税收管理实施意见》，加强对益阳市行政事业单位的税收征管。2005年，益阳市地税系统在8个区县（市）局和34个征收分局（税务所）推广应用湖南地税综合软件。益阳市纳入软件管理的纳税户有19106户。应用面普及大厅、专管员、局长、征管、计会等人员和部门。自1月以来，所有的会统报表全部通过湖南地税综合软件生成，工作效率得到提高。

2006年1月，市国税局成立以袁世民任组长的开展税收征管质量效率管理年活动领导小组，决定全年在益阳市国税系统开展税收征管质量效率管理年活动。税收征管质量效率管理年活动具体工作目标：构建“五大体系”，实现“三个提高”。1.以税收征管业务主流程为导向，构建适应税收征管工作内在规律、科学高效的现代征管组织体系。2.以全面建立税收管理员管户制度为载体，以开展纳税评估为主要抓手，构建科学精细的税源管理体系。3.以构建和谐征纳关系为方向，构建规范服务的纳税服务体系。4.以信息化手段为支撑，构建征管信息的综合应用体系。5.以“执法规范、征收率高、成本降低、社会满意”为标准，构建奖惩结合的绩效考核体系。实现：1.提高税收征管质量。实现税务登记入网率100%，催报、催缴率100%，滞纳金加收面（率）100%，滞纳金入库率90%以上，稽查处罚面100%，稽查金额处罚率50%以上，欠税增减变动率负增长；益阳市增值税一般纳税人和条件成熟的小规模企业电子申报推广率达100%，电子申报、电子缴税及电话报税使用率、成功率95%以上；数据质量管理力求“零差错”，各项数据完整、真实、准确率100%；对异常申报户超过3个月、达到建账户要求、达到一般纳税人认定标准、非正常户超期证件和案源处理等问题及时办理率达100%；个体工商户月均定税350元以上，征税户占入网户比例65%以上；金税工程主要数据指标达到规定要求；行政处罚败诉率为零、行政复议变更率为零。2.提高税收征管效率。全面完成各项税收收入任务，收入步入良性循环；宏观税负率较2005年明显提高，税收弹性系数大于1，纳税成本不断降低。3.提高纳税服务水平。税收政策全面落实到位，税法遵从度进一步提高，纳税人投诉率为零，社会满意率达到90%以上。2006年，益阳市国税系统网络运行平稳，省国税局通报的计算机考核数据中，益阳市准期申报率99.98%，综合入库率100%，催报率100%，催缴率99.33%，滞纳金加收入库率100%，欠税增减变动率-5.83%（负增长），稽查处罚面100%，稽查金额处罚率50%，数据质量管理连续8个月保持“零差错”，全年实现“零新欠”，宏观税负达到3.01%，比2005年提高0.27个百分点，各项指标均较2005年大幅度提高，跻身全省第二名的先进行列，征管质量效率管理年的各项工作任务得以全面完成。同年3月，市国税局印发《关于开展宏观税负分析，全面加强税收征管工作的意见》；同年4月，市国税局部署推广应用税控收款机专项工作。同年5月，成立以袁世民任组长的市国税局宏观税负分析、税源监控、纳税评估、税务检查互动协作工作领导小组，同时，印发《市国税局宏观税负分析税收分析信息发布工作制度》《税收分析例会工作制度》《微观税收分析工作制度》《征管质量监控分析工作制度》和《征管查互动协作管理办法》等5项工作制度，发布《2005年各县市区局国税收入与经济数据》《2006年上半年宏观税负分析报告》和《上半年益阳市工业企业销售收入50强名单》等相关经济数据，汇编5个典型行业纳税评估案例，下发根据2005年度企业税收资料调查数据对益阳市20个大行业、1021个小行业税负水平及预警标准进行测算的有关数据，进一步规范了益阳市的宏观税负分析工作；同年8月下发《市国税局开展宏观税负分析专项活动实施方案》，全面部署开展宏观税负分析专项活动。资阳区局对电子、冶炼行业；赫山区局对米业、电子、纺织、砂石行业；高新区局对个体大户；南县局对医药零售业；沅江局对加油站、农副产品加工企业、纺织行业；安化县局对钨钴行业，棉业公司；桃江对竹制品加工业；大通湖区局对造纸行业的评估约谈均取得了较好成效。2006年市国税局取得了全年通过开展宏观税负分析，共查增查补税款及罚款7313.16万元，入库税款及罚款4983.41万元，入库率为68.14%的好成绩。同年6月，市国税局成立以袁世民为组长的“财税库行”横向联网系统推广工作领导小组，同年7月，制定《市国税局“财税库行”横向联网系统推广实施方案》，推动“财税库行”横向联网系统上线运行工作。当年，市国税局还在积极推进电子申报缴税系统，个体户定位定税系统，税收执法管理信息系统，增值税防伪税控“一机多票”系统、车购税新管理软件系统上线以及公路和内河货物运输发票税控系统、税收管理员工作平台的试点等方面做了大量的工作，取得了可喜的成绩。

2006年5月，市地税局发出关于加强资源型企业税收征管的通知，对资源型企业在加强税法宣传，及时提供纳税服务；确保税负公平、实行阳光办税；搞好纳税评估，澄清税源底数；完善征管办法，确保征管到位等方面作了详细的规定和要求。同年6月，市地税局印发《益阳市建筑安装工程项目管理暂行办法》，办法规定从2006年7月1日起，所有单位的建筑安装工程项目凡建设项目投资额在50万元以上的都必须纳入该办法进行项目管理。同年7月，省地税局确定市地税局为货运发票税控系统的试点单位。为确保试点运行成功，市地税局印发《公路、内河货物运输发票税控系统试点工作实施方案》，详细部署安排公路、内河货物运输发票税控系统试点工作。同年8月，市地税局、益阳市房地产管理局联合发布《市地税局关于在益阳市房地产管理局设立地方税收征收窗口的公告》，规定从9月1日起，在市房管局交易大厅设立住宅转让地方税收征收窗口，征收城区范围内的有关住宅转让地方税收，市地税局授权赫山区地税局负责征税窗口的设立和征收管理。当年，市地税局还在逐步实施税收管理员制度、全面推行户籍管理、认真做好税源分析监控、积极开展纳税评估、切实规范征管档案、严格执行减免税政策、健全纳税申报制度、推行多元申报方式、规范个体税收核定、完善发票管理制度、创新行业（税费）征收管理办法、加强税款入库管理、规范稽查行为、加强工作衔接、发挥稽查威力、提高各类软件的运用水平、强化计算机系统的安全管理、做好税法宣传工作、推进良好的办税服务、落实税收优惠政策、做好税收法律救济工作、积极探索部门协作、发挥税收司法保障作用等方面做了大量工作。

2007年1月1日起，市国税局停止使用湖南税收征管系统4.40版，全面实行金税工程。湖南税收征管系统自2005年1月1日在市国税局全面上线以来，安全平稳运行2年，对税收征管改革深入进行、税收信息化管理、增强纳税人依法纳税意识和自觉申报纳税起到了积极的作用。特别是桃江县局自湖南税收征管系统和金税工程运行以来连续7年增值税专用发票存根联采集率一直保持100%，沅江市局、大通湖局连续4年保持100%，赫山区局、高新区局连续2年保持100%，被评为2007年度金税工程工作先进单位。同年1月，市国税局印发《税收管理员工作平台推广应用实施方案》。通过各部门的配合努力，市国税局税收管理员平台于当年3月1日全面独立启用运行。在税收管理员工作平台上，每个税收管理员能独立地对所有涉税业务、工作事项、工作表单全部在工作平台中操作使用。同年2月，市局还印发《市国税局2007年税收征管质量考核实施办法（试行）》，将税收管理员工作平台运行情况纳入征管质量考核，对所有税收管理员进行绩效考核，确保益阳市税收管理员工作平台推广应用工作跻身于全省先进行列。同年3月，益阳市国税系统全面上线启用车辆购置税征管系统，老系统同时停止使用。同年3月，市国税局印发《市国税局2007年实现组织收入零新欠、征管数据零差错、票证案件零发生、账务处理零退回目标奖励办法》，规定从当年1月1日起，对被评为一等奖和二等奖的单位、市局将给予通报表彰和奖励。通过奖励办法的引导，益阳市国税系统以实现组织收入“零新欠”、征管数据“零差错”、票证案件“零发生”、账务处理“零回退”为目标，以加强宏观税负分析为切入点，积极构建并着力完善税收分析、税源监控、纳税评估、税务检查良性互动协作机制，采取各种有效措施大力夯实和加强组织收入、征管数据、税收票证及会统核算等基础工作，取得了显著的成绩，2007年，益阳市国税系统税收收入首次突破13亿元大关，继续保持了自2006年以来的“零新欠”成果。沅江市国税局、桃江县国税局实现组织收入“零新欠”、征管数据“零差错”、票证案件“零发生”、账务处理“零回退”工作的佳绩，获一等奖，南县国税局获二等奖。同年3月，市国税局成立了以袁世民任组长的宏观税负分析互动协作长效机制工作领导小组，印发《市国税局税收分析、纳税评估、税源监控、税务检查互动协作长效机制考核办法》，进一步明确互动各环节的工作标准、责任部门和责任人，细化、量化具体工作考核指标，将对各县市区税源管理的考核情况纳入领导班子年度目标考核。2006年益阳市国税系统宏观税负分析成果7313万元，成果贡献率7.96%，2007年益阳市系统宏观税负分析成果10511万元，成果贡献率8.54%，位居全省前列。同年5月，市国税局印发《市国税局小规模企业税收征收管理暂行办法》，规定从6月1日起，按新的税收征管规定对小规模企业进行更加规范化的管理。同年7月，市国税局印发《市国税局推广应用税控收款机工作实施方案》，规定在益阳市境内凡从事商业零售业，月销售额达到起征点以上，且具有固定经营门面、摊位或其他经营场所的增值税纳税人，必须按照规定购置使用税控收款机。到2007年底止，益阳市已推广税控收款机2554台，占省局下达计划的170.27%，推广进度在全省排第2位。2007年，市国税局狠抓征管基础建设，大力推行电子申报，落实宏观税负分析互动机制，税收征管信息化建设上了一个新的台阶。至 2007 年底，益阳市国税系统纳入 CTAIS 系统管理的纳税户 24869 户，比 2005 年年初 CTAIS 上线时的 7932 户增加 16937 户，增长 2.14 倍。至 2007 年底，益阳市国税系统已实行电子申报缴税企业 2331 户，占纳税企业的 77.34%，已实行横向联网个体户 5025 户，占纳税个体户数的 66.63%。综合征管软件保持平稳运行，电子申报缴税综合推广率全省第一。

2007 年初，市地税局全面推行税收管理员制度，全系统税收管理员能在税收管理员平台上独立处理涉税业务、工作进程、工作表单等事项，税务考核部门能正确考核税收管理员工作完成时效及工作效果，征管质量考核指标从软数据变成硬指标。同年 2 月，市地税局开始坚持地落实欠税公告制度。各县市区局每季度都通过多种形式公布一次纳税人欠税情况，其中，南县地税局三、四季度在主要街道公布纳税人欠税情况 3053 户次，金额 19 万余元，市地税局对 8 户欠税企业在《益阳日报》进行了公告。同年 5 月，市地税局按照“以申报纳税和优化服务为基础，以计算机网络为依托，集中征收，重点稽查，强化管理”的税收征管模式，在南县地税局和桃江县地税县局推行“征、管、查”三分离试点。两局均制定实施方案，完成机构和人员的调整，加强业务培训，梳理整合共 48 个业务管理流程，同时将各项工作分成 95 个岗位 537 条工作职责，确定了 224 项标准，并从加强税收分析入手，针对一些行业和税种，推出了新的税收征管办法。同年 7 月，市地税局印发《益阳市地税系统税收征管档案管理办法（试行）》，部署益阳市地税系统税收征管档案整理归档工作。

2008 年 1 月，市国税局出台《市国税局房地产开发企业所得税管理暂行办法》，要求对由益阳市国税部门管理的房地产开发企业，一律以县市区局为单位，归口一个管理科室（税务分局、税务所）实行集中、统一、专业化管理。同年 5 月，市国税局开始推广网上办税。益阳市已注册网上办税用户 10600 户，推广率达 41%，推广税控收款机 4448 台，居全省第 3 批推广单位前列。同年 7 月，市国税局制定《税源管理互动工作制度》，提出以税收分析为基础，以税源监控为重点，以纳税评估和税务检查为手段，以整章建制为保障，通过规范工作标准和协作要求，在上下级税务机关之间（纵向）和内部相关互动部门之间（横向）形成一个上下互动、左右联动的工作格局和运行机制来促进整体征管质量的提升。同年 9 月，市国税局印发《市国税局关于加强企业所得税管理工作的意见》《市国税局企业所得税分类管理暂行办法》，对不同类型的企业提出划分标准，按重点税源企业管理、一般查账征收企业的管理、核定征收户的管理、特殊企业的管理（包括汇总纳税企业管理和事业单位、社会团体、民办非企业单位管理）、流转税种为营业税纳税人的管理、非居民企业管理等类别进行分类，实行重点行业企业所得税的专业化管理。当年，市国税局全年实现准期申报率达 99.85%，综合入库率、催报率、催缴率、滞纳金加收率、滞纳金入库率、稽查处罚面均达 100%，稽查金额处罚率达 60.75%。各项指标均跻身全省先进行列。

2008 年 3 月，市地税局税收征管改革在 2007 年取得南县、桃江改革试点经验后，印发《市地税局关于税收征管改革的指导意见》，新一轮税收征管改革在益阳市地税系统全面组织实施。通过改革，完成以申报纳税和优化服务为基础，以计算机网络为依托，“集中征收，重点稽查，强化管理”的税收征管新模式，建立起“征、管、查”三分离模式。达到基本程序规范、执法严格公正；基本职能清晰、岗位职责明确；基础税源清楚、管理监控到位；基本制度健全、工作衔接紧密；基础管理牢固、纳税服务优化；基础资料齐全、信息数据准确；基础手段齐备、应用准确快捷；基本技能达标、人员素质过硬的新目标。同年 9 月，市地税局部署开展税收征管质量和发票管理检查工作，对内检查 8 个县市区局的 32 个税务分局（所）以及市局省级税收征收分局、涉外税务分局的纳税申报率、税款入库率、滞纳金加收率、违章行为处罚率、征管资料完整率等征管基础工作情况，对外抽查企业 390 户、个体工商户 290 户进行税款入库、发票管理等方面的检查。同年 9 月，市地税局印发《推广应用税控收款机实施方案》，开始在益阳市的服务、娱乐、餐饮和建筑、房地产等行业全面推广应用税控收款机。同年 11 月，市地税局印发《推行湖南地税省级大集中征管系统工作实施方案》，通过不懈努力，到 12 月下旬，实现省级大集中征管系统在益阳市地税系统所有单位全面应用。同年 12 月，市地税局发出关于税收征管质量和发票管理检查的通报，指出检查发现的问题、提出整改意见、对存在的问题的按征管质量目标管理办法进行扣分。

2009 年 1 月，市国税局制定、实施《2009 年税收征管质量日常考核实施办法》，与各县市区局签订征管质量目标管理责任状，对日常税收征管的逾期申报处罚率、催报率、入库率（综合入库率、催缴率、滞纳金加收率、滞纳金入库率）、欠税增减率、处罚率、个体税收管理、工商税务信息比对、电子申报缴税、税收管理员工作平台管理、纳税服务、税源管理互动工作等 12 个指标进行综合考核。同年 3 月，市国税局出台《农业产品收购业务增值税管理办法》《木竹加工行业税收管理办法》《船舶行业税收管理办法》等一系列规定，加强特殊行业的税收征管。同年 4 月，市国税局印发《市国税局税源管理四级巡查工作制度》。税源管理“四级巡查”工作制度要求税务机关依据《税收管理员制度》的规定，以户籍管理为基础，以税源监控为重点，以日常巡查为手段，以整章建制为保障，通过规范工作标准和协作要求，在上下级税务机关之间形成上下互动的税源管理工作格局和税源监控运行机制。税源管理“四级巡查”分为税收管理员的日常巡查，税源管理部门的按月检查，县市区局的按季核查，市局的半年抽查。通过税源管理四级巡查工作制度的实施，益阳市国税系统税源管理工作得以进一步加强。同年七月，市国税局印发《综合征管软件数据管理考核与过错责任追究实施办法》，提出对税收征收管理全过程有关数据指标进行全方位的考核，对出现的问题进行过错责任追究。同年 7 月，市国税局印发《关于严禁代征员直接从事税收征管执法工作的紧急通知》，通知要求：严禁国税部门聘请代征员、协税员；严禁各级政府聘请代征员、协税员直接从事税收征管与执法工作；严禁国税部门为代征员、协税员开支任何名义的补贴等费用；各区、县（市）国税局要在当地新闻媒体或办税服务厅向纳税人公告税收管理员的管户基本情况（含姓名、职务、管辖范围、联系电话等），公布本单位的举报电话与投诉受理部门。对代征员、协税员直接从事税收征管执法的，要严肃查处并依法追究责任。同年 12 月，益阳市国税系统启用税收预警和纳税评估业务功能模块。当年，市国税局扎实做好各项征管信息系统推广工作，累计推广应用电子申报 8651 户、网上办税 16753 户、税控收款机 5311 户、税银通 707 户，推广应用进度均在全省的前列；通过税收管理员工作平台共发起、转办工作任务 18667 条，按期完成 18648 条，及时完成率 99.90%；税务登记入网户数 29472 户，入网率 100%，催报催缴率 100%，滞纳金加收率 100%，滞纳金入库率 100%；税务稽查 223 户，选案准确率 100%，综合入库率 100%，稽查处罚面 100%，稽查金额处罚率 61.98%；保持了“零新欠”，全年收回老欠税 1369 万元，老欠税收回率为 73%。当年，市国税局零、负、亏申报比率低于全省平均水平，征管质量各项指标一直保持在全省前列。

2009 年上半年，市地税局取得 2008 年在全市服务、娱乐、餐饮和建筑、房地产等行业全面推广应用税控收款机的成功经验后，又积极稳妥地在其他行业的营业税纳税人中全面推广应用税控收款机。在加强个人所得税征收管理方面积极推广个人所得税扣缴软件的应用。全市地税系统共安装税控收款机 1845 台，个人所得税扣缴软件 493 户。同年 6 月，市地税局出台《益阳市地税系统纳税人分类管理办法（试行）》，管理办法按注册类型将纳税人分为单位纳税人、个体工商户纳税人和其他纳税人三大类。单位纳税人按财务核算健全程度分为一、二、三类；个体工商户纳税人按财务核算状况和生产经营收入等分为一、二、三类；其他纳税人不再分类。对各类各等次纳税人在税务登记管理、账簿凭证管理、申报纳税管理、检查评估管理、税收发票管理、纳税服务管理、税源监控管理等方面提出了具体的管理要求。办法规定自 7 月 1 日起执行。同年 6 月，市地税局印发《益阳市地税系统“五比五看强征管”活动实施方案》，从比基础看税源管理水平、比举措看征管创新经验、比素质看征管业务技能、比服务看社会满意度、比质效看征管工作成果等五项活动来进一步夯实地税系统税收征管基础，提升税收征管工作水平。同年 8 月，市政府印发《关于加强房地产税收一体化管理的通知》。要求对房地产税收（从事房地产项目的立项、施工建设、房屋装饰装修、土地使用权转让、房地产销售、转让等环节所涉及的营业税、城市维护建设税、教育费附加和地方教育附加、土地增值税、城镇土地使用税、企业所得税、个人所得税、印花税、契税等，统称为房地产税收）实行一体化管理。各级地税部门运用房地产税收一体化核算软件进行操作，实行“部门配合、项目管理、先税后票、先票后费、先费后证”的管理办法，严格“先税后证”，将税收征管软件对接到各部门的信息系统，将税收征管作为办理产权登记的前置环节，确保系统高效精确运行，确保房地产税收征管规范有序。全市地税系统共检查房地产企业 570 户，查补税款 11431 万元，入库 8904 万元。同年 8 月，市政府印发《关于加强行政事业单位税收管理的通知》。通知明确行政事业单位的应纳税项目和应缴纳的税收、明确行政事业单位代扣代缴税款义务，强化对行政事业单位的税收征收管理。全年查补行政事业单位税收 3224 万元，入库 2560 万元。同年 8 月，市政府印发《关于加强车船税收管理的通知》，通知规定：应税车辆应缴纳的车船税，由从事机动车强制保险业务的保险机构代征代缴；营业运输车辆应缴纳的税收，坚持

“先税后费”原则，由财政非税收入征收机关代征代缴；各类船舶应缴纳的税收，坚持“先税后运”原则，由交通管理部门代征代缴；公安、交警部门应将严格执行“先税后检”制度作为各级公安、交警部门办理业务流程的前置环节。同年11月，市政府发布《关于车辆税收委托代征的通告》，规定自当年12月1日起，除益阳湘运集团有限责任公司、益阳市众旺公共交通有限责任公司、市城区出租车公司以及市城区外纳入地税部门日常征管的车辆外，全市范围内的其他车辆税收均按区域由公路运输管理部门代征代缴；市非税收入管理局设在市交警支队车辆管理所的收费窗口，负责对全市所有年检车辆进行车辆税收查验，并代征代缴未缴或少缴的车辆税收；从事机动车交通事故责任强制保险业务的保险机构负责代征代缴车船税。全市除南县、安化县的车辆到当地交警车辆管理机构进行先税后检，其余车辆均到市交警支队车辆管理所实行先税后检。各代征单位必须严格按市地税局制定的车辆税收征收标准和相关税收政策规定代征代缴税款，不得擅自减免税收。当年车辆税收入库4162万元，同比增长32.9%。同年11月，市地税局印发《关于适当调整载客汽车车辆税收征收标准的通知》，明确从2009年1月1日起执行。具体征收标准见表3–3。

益阳市载客车辆税收核定征收标准一览表

表3–3

车辆种类		计税单位	营业税	个人所得税	城建税	教育费附加	车船税	合计
载客汽车	微型客车	元/（辆·年）					240	240
	9座以下	元/（辆·年）	1800	600	126	81	360	2967
	10—19座	元/（辆·年）	2100	700	147	94.5	420	3461.5
	20—35座	元/（辆·年）	2400	800	168	108	480	3956
	36座以上	元/（辆·年）	2700	900	189	121.5	480	4390.5
载货汽车		元/（吨·年）	360	300	25.2	16.2	84	785.4
出租的士		元/（辆·年）	1800	600	126	81	360	2967
三轮汽车低速货车		元/（吨·年）					60	60
摩托车		元/（辆·年）					48	48

2009年，市地税局加大税源监管力度，将年税额在50万元以上的纳税人作为重点税源监控户，益阳市333户重点监控户入库税款占总收入的比重达60.8%；组织开展漏征漏管户的专项清查，全年清理漏征漏管户1910户，补缴税款210万元；出台《税收管理员工作底稿制度》和《纳税人分类管理办法》，规范税收管理员日常管理；制定《税收征管改革操作实务》，为税收征管改革提供规范的操作指南，推进税收征管的科学化、精细化；出台《益阳市私房出租税收管理办法》，私房出租税收管理得到加强，税收收入显著增长。

2010年11月，市国税局印发《关于进一步加强五大行业税收清查的紧急通知》，布置对益阳市下列五大行业或重点领域的税收清查。1.在益阳市境内从事建筑安装工程施工的单位和个人取得的发票。包括建筑施工单位和建设单位、竣工验收工程和未办验收手续的在建工程、从事建材销售的经销商的发票使用情况。2.在益阳市境内从事食品生产、加工、销售的单位和个人。3.在益阳市境内从事农副产品加工的单位和个人，其增值税专用发票和农产品收购发票使用情况。4.在益阳市境内从事砂石采掘、加工和销售的单位和个人。5.继续做好小规模纳税人和个体工商业户以及房地产企业所得税清理。重点是从事砂石、竹木、船舶、砖瓦、大米、建材（市场）、超市、出租门店、品牌总经销（总代理）、免税企业及其他生产经营活动的个体工商户和小规模纳税人以及房地产企业。当年，益阳市国税系统通过加强一般纳税人认定管理，利用税收管理员工作平台和综合征管软件系统进行税源管理监控，实施增值税专用发票专项检查，开展增值税收入月度分析，重点整治了连续3个月零负申报的企业，下发关于《加强农业产品生产经营企业增值税管理办法》，创新《船舶企业和建筑安装工程耗用材料增值税管理办法》，针对“三类农产品企业”开展评估清查等全方位推进管理创新、夯实管理基础的办法、措施、活动，取得综合征管软件系统平稳运行、税收征管质量明显提高的成效，达到“三类农产品企业”评估前只有92户纳税人超过平均税负水平、评估后超过平均税负水平的有259户的峰值。

2011年，市国税局税收征管工作重心开始向基层倾斜，印发《进一步加强基层税务分局税收征管工作的意见》，就全面落实税收管理员制度、强化户籍管理、加强个体税收管理、严格发票管理、加强税控收款机应用管理、强化税源管理互动、提升纳税服务水平、加强税收协控联管等8个方面向基层税务分局税收征管工作提出具体措施和要求，各县市区局按照市局的意见、针对自己的薄弱环节拿出了切合实际的实施方案，标志税收征管改革在向基层开始全面深入。

2012年，市国税局落实“政府主导、部门配合、信息支撑”的税收协控联管机制，全面推进建筑安装耗用材料增值税、船舶行业增值税、药品与医疗器械购销增值税等的协控联管，据统计全年通过协控联管入库税收12937万元，占益阳市入库税收的5.08%。

2013年5月，市国税局印发《市国税局营业税改征增值税实施方案》。同年6月，印发《市国税局关于做好营业税改增值税试点纳税人征管工作的通知》。同年7月，与益阳市财政局、市地税局联合印发《益阳市营业税改征增值税试点实施方案》，成立由益阳市委常委、常务副市长任组长的益阳市人民政府营业税改增值税试点工作领导小组，制定《市国税局营业税改征增值税试点工作应急预案》，对益阳市“营改增”试点工作实施后转为国税部门管理的纳税人采取集中管理模式，由各县市区局指定一个或者两个征收单位实施归口管理，明确先在交通运输业、部分现代服务业（含陆路运输服务、水路运输服务、航空运输服务、管道运输服务、研发和技术服务、信息技术服务、文化创意服务、物流辅助服务、有形动产租赁服务、鉴证咨询服务、广播影视服务）开始试点，并在益阳市行政区域内同步推开。益阳市国税系统经过业务衔接、政策宣传、设施设备准备、培训服务等前期的准备工作，按照各时间节点和工作要求全面推进，实现436户纳入“营改增”的范围、“营改增”试点工作实施后转为国税部门管理的纳税人，8月1日顺利开票，9月1日顺利申报缴税的成果。益阳市“营改增”试点工作取得圆满成功。

2013年5月，市地税局成立税收征管质量专项检查工作领导小组，组织开展税收征管质量专项检查活动。市地税局从有关科室抽调人员组成检查组对各县市区局自2013年9月以来的税务登记率、纳税申报率、税款入库率、滞纳金加收率、处罚率、电子缴税、刷卡缴税率是否达到市局规定的要求等方面情况进行抽样检查，从而更科学地了解益阳市地税系统的税收征管现状，为进一步牢固夯实征管基础、制定新一轮征管改革措施提供了最原始、最真实的一手资料。

2014年，市国税局继续推进营业税改增值税专项工作，完成了邮政服务业、铁路运输和电信业的“营改增”扩围工作，全年“营改增”纳税人入库增值税16321万元；同时对混凝土、汽车4S店、“营改增”交通运输业企业实施专项检查，入库各类收入679万元。2014年，市国税局做好农产品增值税进项税额核定扣除试点行业的调研测算工作，制定试点行业的农产品增值税进项税额核定扣除标准。自2014年8月1日起，实现对纳税人以购进农产品为原料生产销售的大米、槟榔、纯棉纱等21种产品，按农产品增值税进项税额核定扣除标准进行扣税。

2014年，市地税局集中力量强征管、提质效，税收征管建设取得新进展。1.积极推行欠税清查和公告制度。全年修改完善4.38万户纳税人的征管软件基础数据，清理欠税户1611户次，对欠税数据进行进一步核实，对欠税户和非正常户予以公告。2.强化信息支撑。完成广域网链路升级改造，实现税收业务和办公业务分流传输以及自治域网络平稳运行。3.“12366”短信服务平台、网上办税厅、自助办税终端以及综合办公、绩效考核系统顺利推广应用。

2015年5月1日，《全国税收征管规范（1.0版）》上线。全面推广金税三期工程上线成为市国税局巩固前段税收征管改革成果、推动今后税收征管绩效全面提升的重要工作。同年6月，市国税局出台《市国税局金税三期工程省级应用集中优化版推广工作方案》，同年7月，印发《市国税局金税三期优化版双轨试运行工作实施方案》。同年10月，金税三期工程在益阳市国税系统上线运行。

2015年3月，市地税局成立以李朝辉为组长的金税三期工程推广工作领导小组，通过召开动员大会、制定实施方案、制定应急预案、组织检查落实、加强网络信息建设、及时解决实施过程中各种问题，益阳市地税系统金税三期工程省级应用集中优化版推广工作正式启动。同年10月，金税三期工程在益阳市地税系统上线运行。同年11月，市地税局组织力量对运行情况摸底、召开专门会议解决运行中各种问题，自2015年12月1日起，益阳市地税系统金税三期工程转入常态化运行阶段。

2016年3月，市国税局、市地税局联合出台《市国税局、地税局合作工作规范（2.0版）》。同年9月，两家再次联合印发《市国税局、市地税局合作工作任务分解表（3.0版）》和《益阳市国税税务局、市地税局征管事项合作工作方案》，方案就益阳市国地税收征管方面的诸多业务办理提出了可行的合作方式和具体的工作安排。同年3月，市国税局在取得前些年营业税改增值税试点和扩围工作经验后，全面推开“营改增”的试点工作。市国税局印发《扎实做好全面推开营业税改征增值税改革试点工作的通知》，制定《市国税局营业税改征增值税试点工作实施方案》，全面推开“营改增”试点工作。截至12月底，为9151户“营改增”纳税人提供税务管理和服务，其中，一般纳税人479户，小规模纳税人8672户（包含起征点以下5853户），共入库“营改增”收入64291万元。同年11月，市国税局出台《益阳市国税系统推广运用电子税务局实施方案》。推广运用电子税务局来加强国税系统税收征管、更大程度地方便纳税人办理纳税申报和涉税事项等工作提上了议事日程。益阳市国税系统电子税务局的建设工作由此拉开帷幕。

2016年4月，市地税局印发《关于开展房产税和城镇土地使用税“五比五查”专项行动的通知》。至当年底，认定“两税”应税户有4285户，占53.13%，不在开征区域范围的1848户，占22.91%，无办公场所的795户，占9.86%，其他情形的1137户，占14.1%；新增土地税源登记1159户，其中自有土地302户、506宗、应税面积1444平方米，年新增城镇土地使用税税额8402万元；新增房产税源登记2245户，其中自有房产314户、应税房产原值28亿元，出租房产租金收入10859万元，年新增房产税税额4006万元。当年，市地税局出台《益阳市地税系统税收征管转型工作实施方案》，优化组织架构、合理整合资源、转变管理职能，实现税收征管从“粗放式征管”向“精细化征管”、从“以票管税”向“信息管税”、从核定征收为主向查账征收为主、从营业税为主向财产行为税为主的四个转型。

2017年2月，市国税局出台《市国税局推行实名制办税工作方案》，3月1日起，益阳市国税系统各办税服务厅全面推行实名制办税。至年底，益阳市国税系统各办税服务厅为29917户纳税人办理了实名认证。同年3月，市国税局组织力量对益阳市29个邮政代开网点开展实地检查，对检查发现的问题及时提出整改意见，并责令暂停代开业务并进行整改的网点3个、取消邮政代开发票代征税款资格的网点5个。同年12月，还组织开展对全市沙土、石料、混凝土等建筑材料生产销售企业近两年的增值税核查工作。

2017年，市地税局继续深化税收征管改革，稳步推进征管转型升级工作。1.按照规模、行业、兼顾税种、风险、信誉等类型，对益阳市纳税人进行科学分类，明确了各类别纳税人的管理工作内容和工作要求。2.将涉税事项分为税源管理、征收管理、风险管理、纳税评估、监督考核等项目，按照依事项设流程、依流程设岗位、依岗位定职责的思路，进一步细分岗位人员及工作职责，逐步实现固定管户向分类分级管户、事前审核向事中事后监管、经验管理向大数据管理的征管转型。3.针对风险管理的薄弱环节，制定行之有效的制度和规范，逐步将所有税收业务纳入风险管理运转,形成税务事项以风险管理为中心的“闭环”，建立起闭环运行中纵向联动、横向互动、整体协调的风险管理工作机制。4.有效利用好内部数据、外部数据、国税数据，稳步推进信息管税。5.采取严管重点税种、精管潜力税源、细管零散税收的措施，转变税种管理方式，扎实筑牢征管基础。6.通过加强数据质量管理、强化纳税申报管理、积极开展纳税评估、认真开展纳税辅导等细化税收征管的举措，突出日常管理的重点内容。7.深化国地两税合作，建立长效的合作工作机制和考核机制，确保对纳税人的税收征管取得实质性成效。8.完善协税控税办法、强化税收信用体制建设、加大税收执法力度、制定各部门的税收共治制度。

2018年1月，市国税局印发《市国税局开展2018年“税收风险管理提质年”活动实施方案》，决定开展加强税收风险管理、堵塞税收征管漏洞、全面提高税收征管质量的专项活动。同年2月，市地税局印发《市地税局关于进一步加强税收征管基础工作的通知》，决定在开展全面加强税收征管基础工作的活动，特别是对加强税源登记管理、加强税务认定管理、加强申报催缴管理、加强税费征收管理、加强调查巡查、加强评估检查、加大欠税清缴力度、严格处罚管理、加强金税三期系统应用、加强数据分析应用、深化国地税合作、加强税收协控联管等方面工作提出了具体要求。同年3月，市国税局组织力量开展委托代扣代征税款专项整治情况的检查，并就2017年发出的开展委托代扣代征税款专项整治的检查整改意见落实情况来了一次“回头看”，对经整改仍然不合格的代征代扣单位进行取消资格的处理。同年7月5日，市国税局和市地税局完成机构合并，成立市税务局，7月20日，完成了各县市区局国地两税的机构合并。同年11月，市税务局为适应国地税合并后税收征管工作的需要，及时布置开展金税三期系统并库工作。金税三期系统并库包括金税三期国税地税系统、总局统一推广的其他系统和省局制作与维护的特色软件等三个方面的293个软件系统的合并，是国税地税征管改革、征管和信息化整合工作中最艰难、最重要的一个部分。市税务局首先印发《市税务局金税三期系统并库工作方案》，拟定市税务局金税三期系统并库工作实施计划表，市县两级局领导靠前指挥、亲自参与，明确提出金税三期系统并库工作从11月份开始持续到2019年2月底结束（比省局要求提前4个月）；其次集中市局及县市区局24个部门、51名业务能手、512名业务骨干参与到系统并库工作当中，取消休息，连续作战，开展金税三期系统并库工作；再次，狠抓数据清理，对金税三期系统原益阳市国税系统117687户纳税人、原益阳市地税系统101241户纳税人、几百万名缴费人的数据进行重新清理确认，截至12月11日晚7：30，益阳市28项11086条数据，已清理8988条，完成率81.08%，排名全省第四，超全省平均进度15个百分点；最后，成立专家团队，及时解决难点问题，对9个征收单位在数据初始化、数据清理、数据合并、业务验证、双轨运行、人海测试等6个关键节点的13个工作环节存在较大的数据处理风险和系统运行风险问题及时研究加以解决。根据《市税务局金税三期并库双轨试运行工作实施方案》的要求，益阳市金税三期并库双轨试运行工作于2019年1月10日开始启动，并确定2019年1月10—19日为小双轨运行阶段、2019年1月14—24日为中双轨运行阶段、2019年2月为大双轨运行阶段。2019年2月28日，顺利完成金税三期工程系统的并库工作，标志着国税地税征管改革工作基本完成。同年12月，市税务局从益阳市税源分布现状、系统并库需求和“三定”的实际情况出发，积极推进管户调整，高质量完成管户调整工作。益阳市调整187212户次，其中：原国税99638户次，原地税87574户次。

2019年2月，为巩固金税三期工程系统并库运行成果，市税务局印发《市税务局个税软件、社保费软件、“金三”并库版等应用系统突发事件综合应急预案》，对金三系统并库及各软件的运行可能发生影响整个系统运行的突发事件做出应急预案，保障国地税税收征管改革的成果。同年9月，市税务局决定在益阳市范围内组织开展金税三期核心征管系统征管数据全面清理工作。此次清理工作从真实性、准确性、有效性和逻辑性入手，分析各纳税人的基础数据是否存在失真、无效等问题，及时修正，确保各项征管基础信息真实准确。市税务局已将此项工作纳入当年年度绩效考核。同年11月，市税务局成立以徐向阳为组长的税收征管操作规范实施工作领导小组，制定《市税务局税收征管操作规范实施工作方案》，确保税务信息系统适应征管体制改革的新形势，确保《税收征管操作规范》内容在信息系统内落地实施，确保电子税务局等办税信息系统安全稳定运转。当年，市税务局打好管户调整、“金三”并库、数据清理等改革攻坚战役，征管核心指标得以持续优化，电子税务局得以全面推广，网上申报比例达到92.13%，为转变征管方式、促进收入增长奠定了基础。

2020年1月，市税务局以1号文件的形式印发《关于加强征管基础 高水平提升税收治理效能的通知》，要求全市税务系统各级各部门，全面强化纳税服务、税源管理、税款征收、税费种管理、税收分析、风险管理、税务稽查，构建涉及全业务域、全业务部门、全体税收业务人员的益阳市大征管工作格局。同时结合推行税务行政执法“三项制度”，协同推进各项征管工作，形成益阳市税务系统部门互动、上下联动的良好局面，切实提升税收治理效能。同年4月，市税务局印发《益阳市税收征管质效专项绩效考评办法》，将税收征管基础工作各项要求分解成征管质效考评的五大业务域共16项指标，对全市各县市区局征管质量进行绩效考评。当年，市税务局通过强基础、抓重点、补短板、重运用四个方面部署的21项具体措施，市局1号文件得以进一步贯彻落实，征管基础工作进一步加强，税收治理效能高水平提升，益阳征管质量5C（税款征收、纳税服务、风险管理、税务检查、自我纠正及法律救济英文首字母为C，以下简称5C）评价排名全省第七。

2021年4月，市税务局印发《税收征管质量5C监控评价专项绩效考评方案》，决定自4月1日起对县市区局、局内各单位和派出机构实行专项绩效考评。全系统共同努力，25项征管5C指标中，有23项好于全省平均。同年5月，市税务局成立精准监管差异化管理工作领导小组，印发《精准监管实施差异化管理工作方案（试行）》，将纳税人风险等级与纳税信用评价等级、出口退税分类等级、稽查异常名录库、黑名单等进行整合统筹，按照纳税遵从度“高中低”对纳税人进行分类，形成纳税人分类名录库。对不同类别的纳税人采取不同的纳税服务和税收管理举措，实现差异化管理。同年5月，市税务局成立以陈有权为组长的关于进一步深化税收征管改革落实工作领导小组，将国务院办公厅发布的《关于进一步深化税收征管改革的意见》确定的涉及市税务局必须完成的28类任务进一步细化为189项改革措施，发文通知到各县市区局、局内各单位和派出机构要求贯彻落实并实施绩效考核。市局还每月组织一次落实深化税收征管改革工作推进会，对各县市区局深化税收征管改革措施指标未达标的，进行专项督导。当年，全市税务系统共完成未办税户摸底核实27824户，核实率100%。其中金三系统信息比对确认1432户，因地址电话问题无法联系6270户，非上门方式联系17634户，实地核实联系2488户。

2022年1月，市税务局出台《关于进一步强化征管基础 助推高质量发展的意见》的1号文件，系统地从优化纳税人分类管理、优化涉税事项分类管理、推进稽查规范建设、推行快捷办税服务、落实税收优惠政策、强化5C指标监控、强化风险管理、强化绩效考核等方面提出管理要求，提出益阳税务深化税收征管改革步入全省第一方阵的目标。同年1月，市税务局印发《关于优化税源管理方式有关事项的通告》。通告明确：自2022年1月1日起，全面取消税收管理员固定管户关系，按照涉税事项的办理频次、难易程度等，将税源管理职责划分为日常管理、调查核实、风险应对等三大类；实行分类管事、团队协作的专业化管理，由“管户”向“管事”转变；纳税人、缴费人办理所有涉税（费）事项一律按“自主遵从、自享权利、自负责任”原则通过办税服务厅或电子税务局、移动端、自助终端等渠道依法自行办理。同年1月，市税务局与益阳市中级人民法院联合印发了《进一步优化不动产司法拍卖涉税事项办理的实施方案》，明确了不动产司法拍卖涉税事项办理的“九条措施”。同年3月，市税务局组织开展未办税户核实清理工作。截至3月31日，益阳市累计清理未办税户数据185026笔，其中已修改数据35327笔，反馈即时完结数据149699笔，完成率100%，在省局规定的时间内保质保量完成了工作任务。同年7月，市税务局组织开展信息化建设专项整治工作。共梳理出246条信息化项目，涉及金额2932.73万元，自查出存在问题的项目118个。同年7月，市税务局成立加强烟花爆竹行业税收管理工作专班、印发《市税务局加强烟花爆竹行业税收管理工作方案》，加强益阳市烟花爆竹行业税收管理工作。税政管理部门负责研究提出烟花爆竹行业各税费种风险模型业务需求，组织开展相关税费种专题风险分析，指导基层税务机关严格执行烟花爆竹行业各税费种及出口退税相关政策；税收风险管理部门负责牵头推进与公安、交管等部门的涉税信息共享，建立烟花爆竹行业风险模型，统筹推送风险任务，组织基层税务机关开展税务核查、纳税评估等风险应对工作；税务稽查部门负责对烟花爆竹行业假申报、假出口企业以及存在其他偷逃骗税行为企业的税务稽查，全面开展对益阳市烟花爆竹行业税收管理的解剖。各部门通力配合，烟花爆竹行业税收管理水平得到提高。当年，市税务局还组织对“首违不罚”执行情况进行了自查整改；加强股权转让综合治理，入库税收2.44亿元，同比增长128.17%；加强土地增值税清算审核，入库税收9.66亿元，同比增长66.50%；巩固不动产司法拍卖征管联动，入库税收0.3亿元，同比增长23.21%；加强砂石行业管理，入库税收3.45亿元，同比增长18.39%。

第三节 税源控管

税源控管就是指对税收的来源进行监督、管理、调节和控制。具体来讲，就是税务机关在税收征收管理过程中，以掌握应征税款为目的，采取税务登记、纳税鉴定、纳税申报、税务检查等一系列科学方法，充分运用发票管理、增值税一般纳税人管理、个体集贸税收管理、纳税评估等手段对税源进行调控和管理，对纳税人、征税对象等税源要素进行控制，保障税收收入的总体规模及发展趋势，并通过对收入状况的信息反馈，对税源的发展变化趋势能够更进一步、更及时地了解和掌握。

一、发票管理

（一）管理机构

1992年2月，地区税务局印发《关于成立地区税务局发票管理站的通知》。成立地区税务局发票管理站。发票管理站隶属征管科，负责对益阳地区发票专业管理工作进行指导、监督、检查。

1994年7月，受益阳地区改益阳市（简称地改市）变化影响，市税务局发文成立市税务局发票管理站。该机构为副科级单位，隶属市税务局征管科。

1995年7月，市国税局下发《关于机构更名的通知》,市国税局发票管理站更名为市国税局发票管理所。

（二）管理内容

1990 年 7 月，地区税务局组织开展内部发票管理检查评比活动，评比活动采取交叉检查的形式，对各县市分局的发票管理工作从机构建立、专干配备、制度建设、业务管理等方面进行了全面检查，评定出市税务局发票管理站、桃江县税务局发票管理站、沅江市税务局发票管理站 3 个先进单位。

1991 年，益阳地区税务系统 7 个发票管理站，已有 6 个发票管理站票据的印制、保管、发放、缴销、检查、查处违章问题等各环节的管理规范，发票站的人员也进行了充实，发票的“四专”管理落到了实处。有的县市区局还积极开展了“有奖发票”和“剪贴发票”的尝试。

1992 年 5 月，地区税务局发票管理站制定《税务机关发票管理站财务管理制度实施细则》《税务机关发票管理站会计制度实施细则》和《税务机关内部发票管理制度实施细则》，地区税务局系统发票管理工作进入规范化轨道。

1994 年 11 月，市国税局印发《关于开展增值税专用发票稽核检查工作考核评比的通知》，对增值税专用发票管理工作提出具体要求及考核评比办法。同年 12 月，制定《增值税专用发票管理的补充规定》，进一步明确增值税专用发票在保管、运输、发放、使用、填开、交接等方面的要求。

1995 年 1 月，省政府办公厅发文明确，对税务系统的发票管理，总的原则是按流转税的归属划分。凡缴纳增值税的纳税人所使用的普通发票，如工业企业销售发票、商业零售发票以及缴纳增值税的个体工商业户所使用的普通发票由国家税务机关负责印制管理；凡缴纳营业税以及其他地方税所使用的普通发票，由地方税务机关负责印制管理。从事金融、保险、邮政、电信、铁路、民用航空、交通等行业的纳税人，除总局另有规定的外，所使用的票据由地方税务机关印制管理。市国税局以及市地税局均按此划分标准严格执行。

1995 年 2 月，市国税局印发《益阳市增值税专用发票保管领发制度》的通知，对增值税专用发票保管领发提出具体要求。同年 5 月，印发《关于进一步加强发票管理工作》的通知，通知从发票印制、发票领购、发票保证金、库房管理、发票检查等五个方面提出了具体要求。同年 9 月，组织一次对企业厂长、经理和财务负责人进行发票知识普及的培训，培训时间 3 天、培训率达 100%、考试合格率达 100%。通过培训及考试，达到了发票管理知识得到普及、用票单位领导重视发票管理工作得到加强、税收征管基础进一步夯实的目的。

1996 年,市国税局印发《普通发票内部管理办法》。在严格增值税专用发票管理的同时，做到不放松对普通发票的管理工作。当年，市国税局还推出《增值税一般纳税人分类管理办法》和《增值税一般纳税人增值税专用发票代管监开管理办法》。

1997 年，市国税局组织在全市国税系统开展发票管理制度落实情况大检查活动。检查采取先由县市分局自查，后由市局复查的方式。市国税局在半个月的时间里，复查 8 个发票管理所、17 个征收分局、18 个开票窗口、18 个售票网点、31 户增值税一般纳税人；重点复查专用发票的库房安全、窗口及网点的安全、发票发售与缴销、窗口代开发票、代管监开发票、交叉稽核与日常检查、专用发票认证、制度建设、企业发票管理等方面的情况。市国税局将复查情况在全市国税系统进行了书面通报并提出了整改意见。通过整改，各县市分局重新修订或建立了发票管理各项制度，包括一般纳税人代管监开办法、发票管理目标考核办法、发票管理人员岗位责任制、专用发票交叉稽核管理细则、专用发票内部管理办法及实施细则、普通发票内部管理办法及实施细则等。

1998 年 5 月，市国税局、市水利局联合印发《关于统一使用湖南省益阳市砂石销售专业发票》的通知。明确自通知公布之日起开始使用湖南省益阳市砂石销售专业发票。同年，市国税局强调“人机结合”，进一步落实增值税专用发票及普通发票内部管理办法，狠抓湖南征管 4.20 版系统发票模块的应用和窗口代开发票的管理，推广应用防伪税控系统。至年底，益阳市已开通防伪税控系统的企业从 1997 年的 4 家增加到 13 家，已通过该系统认证专用发票 56 份；还有 15 家纳入以后的推广计划。当年，市国税局坚持专用发票管理与普通发票管理并举的办法，进一步落实了发票领用“分级审批、验旧领新、限量供应、盖章出门、定期缴销、坚持检查”的制度。

1999 年 8 月，市地税局成立以刘见曙为组长的整治市区发票管理秩序专项行动领导小组，印发《关于开展整治市区发票管理秩序专项行动的通知》，决定从 8 月起至 10 月底，对赫山区地税局、资阳区地税局、朝阳区地税局发票管理机构以及下属各征收分局、办税服务厅的发票窗口、社会开票点的饮食娱乐业定额发票、建筑安装发票、临时经营发票、劳务发票、交通运输发票、企业衔头发票等票种进行全面清理，以达到加强税收征管、堵塞税收漏洞的目的。同年11月，市地税局印发《对城区各征收分局发票管理整改措施的通知》，对税务征收单位和办税服务厅以及纳税人领用、填开、保管发票进行了重新的强调，对用票量、附征税款作出了明确规定。当年，市地税局还印发《关于加强益阳市饮食业、娱乐业税收征管的补充规定》，强调对益阳市饮食业、娱乐业纳税人要严格执行以票管税政策，在发放发票同时开具税票、征收税款，达到以票控税的目的。

2000年6月，市国税局印发《关于重新明确粮食销售统一发票使用规定的通知》，通知明确规定：1.益阳市从1999年1月1日启用湖南省粮食销售统一发票。2.各县市分局应严格按照上级文件规定，管理和使用粮食销售统一发票。3.益阳市粮食销售统一发票的领购使用，按照普通发票管理程序，实行由用票人自领自开的原则。税务机关不得为任何人代开粮食销售统一发票。4.严禁用票户为他人代开粮食销售统一发票，一经发现，严肃查处。当年，市国税局加强对增值税防伪税控系统发票管理模块的推广使用，重点解决桃江、南县发票系统和安化报税系统的开通问题。全年开通防伪税控系统发票管理模块企业48户。同时，加强对电脑版增值税专用发票抵扣联认证的检查督促，使抵扣联的认证工作由原来的空白逐步走向规范化的轨道。

2000年2月，市地税局印发《发票违章案件举报奖励办法》，办法规定奖励方式分为两种。1.对举报饮食业、娱乐业发票违章案件的，实行实报实销制，即凭取得的违章票据到地税机关举报后，经查实由受理地地税机关发给与票面金额相等的奖金，并责令违章人开具合法发票给举报人。2.对举报其他发票违章案件的，按查处违章案件取得罚没收入10%—30%的比例予以奖励。办法自2000年6月1日起实施。这一政策的出台，极大程度地调动了广大消费者举报饮食业、娱乐业经营业主不按规定使用发票进行偷税漏税的积极性。同年4月，市劳动和社会保障局、市地税局联合印发《关于加强“社会劳务统一发票”管理及其税费收缴的通知》。这一政策的出台，结束了益阳市劳务发票管理的乱象，杜绝了国家税收跑冒滴漏的漏洞。同年5月，市地税局印发《益阳市地税发票抽奖试行办法》的通知、市政府办明传电报发布《关于在益阳市开展地税发票抽奖活动的通知》。明确从6月1日开始在益阳市进行地税发票抽奖活动。在益阳市范围内开展发票抽奖活动后，消费者索要发票的积极性空前高涨，发票用量显著增加，仅饮食、娱乐业发票用量比1999年增加40%，税收增长200万元。

2001年3月，市国税局制定《益阳市打击虚开增值税专用发票行动方案》，3月20日召开益阳市防范和打击虚开增值税专用发票紧急会议，专题部署益阳市防范和打击虚开增值税专用发票犯罪的有关工作。市国税局组织力量，为期近4个月时间对益阳市范围内增值税一般纳税人使用增值税专用发票的情况进行一次全面清理、排查和专项检查。共排查益阳市一般纳税人1132户，排查面达100%；排查2000年度领购增值税专用发票99578份，其中百万元版10872份，十万元版7650份，万元版81056份；取得专用发票抵扣联64018份。通过排查和实地检查，查出涉嫌增值税专用发票开具和取得有问题的62户，涉嫌虚开专用发票544份，销售金额18212.25万元，注明税额共计2372.2万元；涉嫌取得虚开专用发票18份，购货金额105.47万元，注明税款18.46万元。通过排查和专业稽查，挖出了沅江北正矿业有限公司涉嫌重大增值税专用发票虚开代开案件。

2001年，市地税局开展益阳市地税发票抽奖活动和发票打假整治行动。据统计：发票销售面额增加3500万元，比同期增长41.96%，入库税收增加600余万元。全市共查处发票违章案件106起，处以罚款46.58万元，并责令7户违章用票户停止用票。桃江县地税局查处桃花江竹海管理处私印门票一案，收缴全部印制的假门票，处以罚款2.3万元，补缴税款2万元。南县地税局税警配合，破获制作假饮食娱乐业定额发票团伙案。当年，市地税局开展内部发票管理整治行动。征管、监察紧密配合，对19个基层征收单位的内部发票管理情况进行检查。着重检查建筑安装发票、临时经营发票、饮食娱乐业定额发票的保管、发放、使用以及征税情况。发现和纠正了不按规定税率征收，超范围发放发票，开票不规范等问题。

2002年4月30日，市地税局发布《加强地税发票管理的通告》，推出加强地税发票管理的新举措。1.从6月1日起，在益阳市范围内启用统一防伪发票专用章。2.取消服务业裁剪发票，一律启用定额发票。服务业现行裁剪发票使用到5月31日止，从6月1日起启用新版服务业定额发票。3.取消建筑安装发票开票点和建筑安装企业的持票资格。建筑安装发票由市局征管科统一印制、发放和管理，各区县（市）局征管科直接到市局征管科领用发票。凡需开具建筑安装发票的纳税人，一律到各区、县（市）局设立的建筑安装发票开票窗口申请填开，其他任何单位和个人都不得填开建筑安装发票。4.取消原有劳务税收代征单位的代征资格，收缴其所有劳务发票，凡需开具劳务发票的纳税人，一律到地税机关设立的开票窗口申请填开。5.严禁非代征单位和个人代开服务发票、运输发票、建筑安装发票、临时经营发票、劳务发票。6.加大对发票违章的查处力度，做到违法必究，严厉打击违反发票管理的行为。同年，市地税局还重新制定《发票保管领用管理制度》《发票领用缴销及审批办法》，刻制防伪发票专用章2422枚，统一编号发送给用票单位以加强发票管理。对各区、县（市）局和直属单位的发票管理使用情况进行专项检查，对发现的问题及时提出整改意见和建议。在赫山区地税局试点组建发票管理中心和发票违章举报处罚中心，对发票进行专业化集中管理。组织发票抽奖活动4次。通过一系列举措，全年益阳市地税系统发票用量大幅度增加，较2001年同期相比，增加829.47万份，增长202.7%，其中饮食业增长88.9%、服务业增长191.3%、衔头发票增长60.75%、酒店宾馆增长30%，有力地促进了地税收入质量的提高。

2003年，市国税局成立由征管、稽查、税政和管理科室参加的打击制售和购买假发票违法行为的专项检查小组，设立、公示举报电话，开展打击制售和购买假发票违法行为的专项行动。要求各县市分局对辖区内的发票定点印刷厂、车站、闹市区进行一次突击检查，对制售和购买假发票违法行为进行重点打击；对所有用票单位和个人使用的发票进行一次彻底检查，看来源是否正当、防伪标志是否齐全，发现假发票从严从快予以打击。自6月15日起，全市国税系统统一取消一般纳税人使用的手写版增值税专用发票，增值税一般纳税人使用的增值税专用发票进入金税工程防伪税控系统管理。

2003年4月，市地税局制定《开展打击制售和购买假发票违法行为专项行动方案》，召开专门会议，部署益阳市地税系统打击制售和购买假发票违法行为的专项行动。以发票打假为契机，加强内部发票管理，对外、对内开展了多种形式的检查活动，促进以票管税，提高发票管理水平。

2004年2月25日，市国税局印发《农产品发票增值税抵扣管理试行办法》的通知，加强对农产品发票增值税抵扣的管理。

2004年，市地税局处理16户使用假发票的纳税户，共处以罚款14万元；查处各类发票违章行为122起，依法处以罚款57.6万元，追缴税款106.3万元。南县地税局破获了一起贩卖假发票的案件，移送检察机关起诉。

2005年8月，市地税局印发《发票管理软件推广应用工作实施方案》的通知。成立以宋力华为组长的发票管理软件推广应用工作领导小组，按步骤、分阶段开展发票管理软件推广应用工作。通过宣传发动、人员培训、系统安装与维护、数据录入等阶段，截至9月30日，全市地税系统全部实现发票管理计算机化。

2006年11月，市国税局印发《关于开展增值税专用发票网上认证推广工作的通知》，制定《增值税专用发票网上认证管理暂行办法》，全市国税系统全面开展纳税人专用发票抵扣联网上认证推广工作。同年11月，市国税局印发《关于公路、内河货物运输发票税控系统升级的通知》，对公路、内河货物运输发票税控系统进行全面升级。变更部分功能模块、更新扫描识别引擎，提高发票的扫描识别率，堵住了公路、内河货物运输税收的跑冒滴漏。

2006年7月，市地税局被省地税局确定为全国公路、内河货物运输发票税控系统的试点单位。市地税局及时成立试点工作领导小组，精心制定实施方案，提供人力、财力组织实施，保证试点工作顺利开展。市地税局组织力量对10个自开票纳税人和28个税务机关代开点开具的货运发票进行突击检查，检查发票8091份，其中自开票纳税人开具381份，金额1837.6万元，税务机关代开点开具7710份，金额10276.5万元，征收税款771.2万元。圆满完成全国公路、内河货物运输发票税控系统试点工作，确保货运发票在国税局进行增值税进项税抵扣不出现差错。

2007年8月，市国税局印发《关于重申普通发票管理有关规定的通知》，明确个体工商户普通发票管理的新规定：1.重新规定个体工商户普通发票版面的核定；2.限量发放1—5本，最多不超过1个月的用量；3.盖章出门；4.规定缴销期为2个月；5.对起征点以下的个体工商户连续3个月开票金额达到起征点应调整为起征点以上征税，对个体工商户当月开票金额超过定额的应作补税处理；6.个体工商户缴销未使用完的空白发票，由缴销岗税务人员当即在空白发票套印的监制章处实行剪角作废处理。同年9月，市国税局进一步强化了以票控税，开始推出有奖发票活动。

2007年，市地税局严格发票领、存、缴等程序，规范办税服务厅发票窗口设置，加大对发票违章案件的查处力度，对制造、贩卖假发票、倒卖、虚开发票等行为进行重点打击，发票管理日趋规范。全年共查处发票违章案件7起，查处违章发票1200多份，罚款2.4万元。查处沅江市假发票销售窝点一个，收缴假发票740份，罚款和没收违法所得14万多元。同时强化公路、内河货运税收管理，理顺货物运输税收管理流程，做好货运发票开具、信息采集、数据传递、数据比对各环节工作，全年共代开自开货运发票10281份，征收税款1152万元。

2008年10月，市国税局印发《关于加强利废企业增值税专用发票管理的通知》，对利废企业增值税专用发票管理提出了新的要求。

2009年，市国税局根据总局和省国税局统一部署安排，开展益阳市范围内的打击发票违法犯罪活动。当年，市国税局全面推行机打发票、完善发票有奖制度、组织开展发票实地检查等方面力度加大，发票管理得到加强。

2009年，市地税局从重打击制售假发票违法犯罪行为，成功摧毁贩假发票团伙1个，缴获各类假发票2286份，刑事拘留7人，补缴税款18万元。

2010年1月，省国税局开通发票真伪网上查询模块，益阳市各级税务部门和广大纳税人均享受到了网上查询发票真伪的便利。同年3月，根据省国税局《关于在全省开展国税发票有奖活动的通告》及省国税局的统一部署安排，益阳市境内各消费者（含单位和个人）在湖南省范围内按规定取得湖南省国税普通发票后，可根据其发票种类及特征参与发票有奖活动。发票有奖活动包括“发票刮刮奖”“发票密码辨伪拍奖”“发票开具信息辨伪拍奖”三种形式。同年7月，市国税局印发《市国税局关于进一步加强增值税专用发票认证抵扣管理工作的通知》，对增值税专用发票认证抵扣管理工作提出了新的、具体的要求。2010年，市国税局还在开展打击发票违法犯罪专项整治工作、及时做好沈阳“504”案发票协查和上海“黄金案”发票专项检查工作上付出辛勤劳动，取得可喜成效。查处非法出售发票案件7件，收缴涉案假发票465759份，查获非法接受假增值税专用发票54份，非法开票金额4804万元。

2011年3月，市国税局印发《关于加强邮政代开点管理的通知》。通知明确：1.各邮政代开点原则上只设在邮政部门的自营营业部；2.代开普通发票，单张开票金额最高限额为3万元；3.不得代开交通运输、建筑安装、娱乐业、服务业、销售不动产等营业税范围内的项目；4.不得代开益阳市范围内没有的产品项目；5.各邮政代开点不得发放通用完税证，确实需要通用完税凭证的，原则上只能在税务机关代开。同年4月，市国税局印发《关于进一步加强基层税务分局税收征管工作的意见》。文件指出：基层税务分局发票管理工作的优劣直接影响到征管质量的好坏，为进一步加强基层税务分局建设，规范税收管理员的行为，文件就加强基层税务分局发票管理工作提出如下意见。1.各基层税务分局要加强发票内部管理，确保发票安全，规范发票领购工作。2.税收管理员要及时督促和提醒纳税人按规定向主管国税机关报纳税人发票领购（缴旧验旧）申请表；要定期对用票大户、零申报小规模企业的发票使用进行检查监督，特别要加强对冠名发票使用情况的日常监管，对纳税申报的收入与发票填开的营业收入要经常进行检查比对。3.基层税务分局对转入非正常户和纳税人被盗、遗失的发票要及时进行处理，对纳税人因换版、更名等原因需要作废的空白发票要及时进行审核收缴。4.基层税务分局要加大对纳税人发票违规行为特别是违规填开、代开、丢失发票等的处罚、打击力度。同年6月，市国税局根据《市国税局委托代征农村乡镇零散税收管理办法（试行）》和《邮政代开增值税普通发票管理办法》，印发《市国税局关于加强邮政代开管理的通知》，特别重申：1.各邮政代开点不得为一般纳税人、小规模纳税人以及固定个体工商户代开普通发票；2.各邮政代开点在开具普通发票后，必须加盖代开发票专用章。

2012年4月，市国税局印发《2012年打击发票违法犯罪活动工作方案》，部署开展益阳市范围内的打击发票违法犯罪活动工作。通过积极联合益阳市两家纳税诚信、发票使用规范的企业在中心城区主干道以公益广告的形式，积极开展以发票打假为主题的宣传教育活动；主动联合公安、通信、工商等部门开展打击假发票卖方市场、发票违法信息发布、假发票信息非法张贴等违法犯罪活动，共查处非法取得发票案件8起，检查发票495份，查补税款261.4万元、滞纳金0.7万元；共查处制售假发票案件2起，缴获假发票5000份；查处非法代开、虚开案件4起，缴获发票1053份。发票打假工作初见成效，有效遏制了发票违法犯罪活动。同年5月，市国税局印发《2012年医疗卫生机构发票专项检查实施方案》，主要检查益阳市辖区范围内各类医疗卫生单位自2009年以来采购药品、医疗器械的各类发票凭证，检查其是否存在虚假发票、发票“大头小尾”、利用收据、白纸条等代替发票入账的问题；此外，还检查往来账，看供货商是否向税务机关申报收入。市局组织力量共检查17户医疗机构，比对国税发票6905份，发现疑问发票754份，疑问发票金额2193.56万元，涉及嫌疑供应商96户并对其移送稽查予以从重从快打击。同年6月，市国税局印发《益阳市国税委托邮政使用网络版软件代开发票管理办法》，规定从发文之日起，益阳市邮政部门各网点使用网络版软件代开普通发票。同年7月，市国税局印发《关于开展2012年发票专项检查和执法风险排查工作交叉检查的通知》。市局决定7月中下旬开展发票专项检查和税收执法风险排查工作的交叉检查。本次交叉检查完成后，市局对8个区县（市）局均印发了《2012年发票专项检查和执法风险排查工作整改意见函》并督促其进行整改。同年8月，市国税局印发《关于进一步规范国税窗口代开发票和委托邮政代开发票范围的通知》，通知就全市邮政及窗口代开普通发票的范围作了进一步的明确和规范。同年10月，市国税局、市地税局、市卫生局、市监察局、市纠正行业不正之风办公室、市公安局、市工商行政管理局、市食品药品监督管理局等八家部门联合印发《益阳市关于开展药品医疗器械生产经营单位和医疗机构发票使用情况专项整治工作方案》的通知，布置开展药品医疗器械生产经营单位和医疗机构发票使用情况的专项整治工作。当年，市国税局通过对行业重点企业、医疗卫生等单位进行发票专项检查，加强虚假发票买、卖方市场整治，共查补税款1825万元，滞纳金56万元，罚款318万元；积极配合公安部门开展了假发票卖方市场的打击整治工作，协助查处非法出售发票案件5件；组织开展发票专项清理行动，共对117户企业进行了发票专项检查，查处虚假发票1731份，入库税款2279.75万元，滞纳金89.67万元，罚款531.64万元。

2012年1月，市地税局印发《重新明确益阳市不动产、建筑业自开票纳税人发票使用管理办法的通知》，通知明确：不动产、建筑业自开票纳税人资格由市地税局认定，流转税科经办。每年4月底前，由市地税局流转税科组织对自开票纳税人上年度自开票情况进行年审，根据年审情况确定其自开票纳税人资质。同年3月，市地税局制定《2012年打击发票违法犯罪工作方案》，要求各级地税部门查税必查票、违章必处理、处理必上报；从4月到12月，分阶段扎实开展2012年打击发票违法犯罪工作。

2013年，市国税局进一步规范委托邮政代开普通发票工作，对不按政策填开发票、填开不规范的网点进行清理。益阳市邮政部门全年代开普通发票征税4398万元。

2013年，市地税局继续抓好打击发票违法犯罪活动工作。4月9日，市地税局印发《市地税局关于认真做好2013年打击发票违法犯罪活动工作的通知》，成立以邓杏仁任组长的打击发票违法犯罪活动工作领导小组。明确当年全市地税机关以房地产与建筑安装、药品与医疗器械、发电、供电、城市商业银行和农村信用社为重点检查对象，开展发票使用情况的全面检查工作。

2014年，市国税局积极开展发票专项整治，既打击卖方市场又打击买方市场，查处非法发票1735份，查补入库税款640万元，加收滞纳金68万元，罚款120万元；加强增值税专用发票税控稽核管理，推进农产品核定扣除，各项数据采集、录入实现零差错，核查发票299份，查补税款1228万元。

2014年，市地税局开展打击发票违法犯罪专项活动，采取制定活动方案、成立领导小组、搞好宣传发动、抽调业务骨干、明确检查重点等办法、真抓实干落实打击措施，取得了明显成效。近10个月对选定的建筑安装、餐饮娱乐、营利性教育培训、园林绿化工程、房地产开发、大专院校、医疗机构等重点行业进行上门检查，共检查纳税人216户，查处发票违法企业107户，查处各类非法发票138份、涉及金额1800万元，查补入库税款108.4万元；配合政法机关抓紧办结2013年专案案件，刑事处罚9人。

2015年，市国税局开展打击发票违法犯罪活动工作，4月8日，市国税局印发《2015年打击发票违法犯罪活动工作方案》，部署开展2015年打击发票违法犯罪专项活动。自2012年至2015年四年来，各级税务部门加大对虚假发票“买方市场”的整治力度，通过各种专项行动，共收缴涉案发票4199份，共查补税款3237.41万元，滞纳金218.22万元，罚款755.29万元；配合公安部门积极开展了假发票“卖方市场”的打击整治工作，严厉打击买卖虚假发票的犯罪行为，共查处非法出售发票案件67件，捣毁出售假发票窝点7个，抓捕犯罪嫌疑人47人，移送起诉案件39起。

2015年4月，市地税局印发《2015年打击发票违法犯罪工作方案》的通知，重点对金融保险、房地产、商业批发与零售、药品与医疗器械、餐饮娱乐、加工制造、中介机构等行业的发票使用情况开展检查。做到打击发票违法犯罪活动工作与年度重点税源计划检查、上级确定的重点税源专项检查、行业税收专项检查、所得税汇算清缴和年度税收清算、日常征管等工作有机结合，分阶段有序推进，杜绝多头检查，重复检查。

2016年，市国税局开展打击利用发票进行违法犯罪活动的行动，年内组织三次打击发票违法犯罪活动的专项行动。同年4月，市国税局印发《2016年打击发票违法犯罪活动工作实施方案》和《2016年打击虚开增值税专用发票违法犯罪活动工作实施方案》，组织开展打击发票违法犯罪和打击虚开增值税专用发票违法犯罪专项行动。同年9月，市国税局、市公安局、星沙海关、人民银行市支行联合印发《2016年打击骗取出口退税和虚开增值税专用发票专项工作安排的通知》，组织开展打击骗取出口退税和虚开增值税专用发票专项工作。同年10月，市国税局印发《关于进一步规范开展“互联网＋发票有奖”活动的通知》，继续组织开展“互联网＋发票有奖”活动。

2016年，市地税局制定《2016年打击发票违法犯罪活动工作实施方案》，成立以李朝辉任组长的打击发票违法犯罪活动工作领导小组，明确打击发票违法犯罪活动工作以房地产、建筑安装、商品批发与零售、药品与医疗器械、电信、交通运输、城建投等行业发票使用情况为重点，持续开展打击发票违法犯罪活动工作。各县市区局根据本地实际，结合“营改增”行业及时间节点，从上述行业中选取部分重点企业或选定发票问题多发行业的重点企业进行检查，把开展打击发票违法犯罪活动工作深度融入当年市局确定的重点税源随机抽查、重点税源计划检查、重点税源专项检查、市局异地稽查、日常征管、所得税汇算清缴和“营改增”行业的税收清缴清算以及举报案件查处、发票协查等工作，把发票检查作为税收检查工作的必查环节和必查项目，查税、查票同时进行。

2017年2月，市国税局印发《加强和规范税务机关代开发票管理工作指引》，对全市国税系统各办税服务厅及各代开发票窗口发票管理及代开操作流程进行进一步规范。同年5月，市国税局组织开展对委托邮政代开发票、代征税款工作交叉检查的活动。市国税局印发《关于对委托邮政代开发票代征税款工作开展交叉检查的通知》，派出检查组分别对益阳市8个县市区国税局，中国邮政集团公司益阳市分公司城区局、直属局，中国邮政集团公司湖南省沅江市分公司、南县分公司、桃江县分公司、安化县分公司等6个受托代开、代征单位进行了检查。检查涉及代开网点的设立，发票的领取、保管、发放、代开、验旧、归档以及税款代征和入库，代征手续费支付的全流程。检查组还在受托代开、代征单位下设的129个代开、代征网点中，随机抽取了29个代开、代征网点进行了实地检查，实地检查面为22.48%。检查共计抽查发票133621份，形成检查底稿732份，检查出有问题的代开发票457笔。针对代开、代征单位代开发票存在的问题，市国税局直接面对，在补税罚款的同时，提出整改方案，及时制定《市国税局委托邮政代开发票代征税款管理办法》，对委托邮政代开发票、代征税款工作进一步进行规范，管理办法自印发之日起施行。同年5月，市国税局制定《2017年打击发票违法犯罪活动工作实施方案》，部署继续开展2017年打击发票违法犯罪活动工作。同年7月，市国税局制定《增值税发票管理专项治理工作方案》，开展对增值税发票管理的专项治理工作。

2017年4月，市地税局印发《2017年打击发票违法犯罪活动工作实施方案》，开展打击发票违法犯罪活动专项工作。市局下达指令性任务：市局稽查局、大通湖区地税局检查通知确定的重点企业不少于5户，其他县市区局不少于8户。对检查发现存在使用非法发票的企业，必须依法作出处理。各地在检查发票的过程中，要善于发现和深挖违法使用发票的大要案件，并积极配合公安部门严厉打击非法制售和贩卖假发票违法犯罪活动。

2018年4月，市地税局印发《2018年打击发票违法犯罪活动工作实施方案》，部署开展当年度打击发票违法犯罪活动专项工作。

2018年10月，国税、地税合并后的市税务局根据省税务局《关于开展增值税发票风险快速反应专项工作的通知》和《关于强化增值税发票管理的通知》以及总局《关于印发增值税发票风险管理办法的通知》精神，成立以徐向阳任组长的增值税发票管理专项治理工作领导小组，由领导小组负责统筹推进益阳市税务系统发票管理专项治理工作的落实，各部门及专门团队对增值税发票管理专项治理工作具体内容作了详细安排并明确了各部门的工作职责。同年10月，市税务局对总局下发的第5—22批增值税发票快速反应任务进行全面质量复核并发出关于增值税发票快速反应风险应对情况的通报：总局通过风险管理系统推送增值税快速反应任务共22批，这22批任务中，全省共涉及纳税人396户，益阳共涉及纳税人12户，占比3.03%。其中总局要求进行统计周报的第5—22批任务中，全省共涉及纳税人118户，益阳共涉及纳税人4户，占比3.39%。各县市区税务局对总局推送的第1—22批增值税发票快速反应任务，均已按期完成，没有出现逾期现象。第5—22批任务涉及益阳4户纳税人，分别是沅江市局管辖的湖南梵锋机电设备有限公司和沅江市鑫兴家具有限公司，大通湖区局管辖的益阳市大通湖金泰矿业有限公司，资阳区局管辖的湖南省善勤建筑劳务有限公司。4户纳税人风险应对措施均为纳税评估，通过评估，有3户企业存在问题，但结论均为已终止，无风险，均没有采取任何限制性措施，均无查补税款。

2019年7月，市税务局印发《增值税发票风险快速反应工作方案》，成立增值税发票风险快速反应工作小组，在市局增值税发票管理专项治理工作领导小组的统一领导下，统筹和指导全市各级税务部门开展增值税发票风险快速反应任务的应对工作。建立起“税务总局、省税务局、市税务局三级即时监控预警、主管税务机关快速核查反馈”的工作机制，确定增值税发票风险快速反应工作应遵循风险识别、任务推送、风险应对、工作复核的四个流程，对纳税人虚开增值税发票、骗取出口退税等违法行为及早发现、及时处理，形成有效遏制。同年8月，市税务局决定在赫山区税务局试点，对未进行发票票种核定、月销售额未超过10万元的小规模纳税人，推广使用税务代开增值税电子普通发票平台。8月15日，赫山区税务局税务代开增值税电子普通发票平台经过完成系统联调验证和代开点的设置、电子发票的调拨、发放、税务代开增值税电子普通发票平台验收等步骤全面启用，纳税人通过代开平台可以足不出户向税务机关申请代开增值税电子普通发票。市局决定待时机成熟再在益阳市推广。

2020年4月，市税务局制定颁发《增值税发票管理内部风险快速反应工作方案》，着手应对增值税发票管理内部风险快速反应工作。内部快反是增值税发票风险快速反应机制的重要组成部分，聚焦税务机关、税务人员在发票管理中内部风险的发现、应对和处置；内部快反以核心征管、发票管理等业务系统内控内生化为主要依托，以内控监督平台指标扫描为重要补充，构建起快速的“指标部署、实时预警、调查核实、处置反馈、成果运用”的完整工作闭环，对发票管理内部风险进行事中实时预警、事后快速核查，达到快速收集内部风险行为特征、快速发现执法管理疑点、快速查处违规违纪违法问题、快速堵塞制度规定漏洞、形成有效威慑震慑的目标。市税务局增值税发票管理内部风险快速反应机制的建立，将全市税务系统增值税发票管理工作带上了一个新的高度。同年9月，市税务局着手开展增值税专用发票电子化试点工作。9月10日，市税务局印发《关于成立增值税专用发票电子化试点工作组的通知》，抽调人员、搭建班子、成立工作组开展工作。工作组由徐向阳任组长，下设综合业务组、系统保障组、技术实施组、风险内控组、纳税服务组、督导宣传组、稽查业务组保障增值税专用发票电子化试点系统工程工作的顺利推进。同年12月，由于人事变动，改为陈有权任市税务局增值税专用发票电子化试点工作组组长。

（三）发票检查

1991年，地区税务局与各县市分局紧密配合，严肃查处一批发票违章案件。检查用票单位21452户，检查有问题的有6081户，根据有关规定处罚3036户，罚款19.21万元，补税2986户，金额24.54万元。

1992年，为配合全国发票换版工作，地区税务局开展发票管理检查和违章案件查处工作，全地区共查处发票违章案件1118起，补税22.8万元、罚款4.89万元。

1993年，益阳地区启用换版后加盖税务部门监制章的新版发票。益阳地区税务系统在收缴、销毁旧版发票的同时，共查处发票违章案件1218件，补税32.8万元，处罚款8.49万元。

1994年8月，市政府成立打击伪造倒卖盗窃发票专项斗争领导小组，领导小组办公室设市国税局。领导小组组织开展益阳市开展打击伪造倒卖盗窃发票的专项行动，益阳市共查处增值税专用发票犯罪案件22起，其中发票被盗案件8起，丢失专用发票4419份，虚开百万元以上案件15件，虚开金额达3.98亿元，抵扣税金达5600多万元，立案15起，有2起已移送司法机关起诉，没收非法所得与罚款205万元。同年11月，市国税局印发《关于开展增值税专用发票稽核检查工作考核评比的通知》，布置对1994年益阳市国税系统增值税专用发票稽核工作的考核评比。当年，市国税局组织进行2次增值税专用发票的专项检查，检查用票单位1046户次，查处有问题的发票374份，取消纳税人领用增值税专用发票资格122户，补税728.5万元，处以罚款6.35万元。做好发票协查复函工作，全年共复函224件，复函调查中，发现有问题的纳税户18户，为国家挽回经济损失上千万元。

1995年8月，市国税局要求各县市区组织力量，对已发放到用票单位的大面额版增值税专用发票要进行全面清理，不符合发放大额版增值税专用发票条件的，立即收回，改发万元版、千元版、百元版增值税专用发票。市局收回的千万元、百万元版专用发票要统一剪角作废。当年，市国税局强化发票管理，狠抓发票的交叉稽核工作，有效地打击利用专用发票犯罪行为。全年共检查出有问题的销项发票5746份，进项发票5272份，发出协查函1469份，查处违法犯罪案件25起，其中立案侦查18起，追回和查补税款600多万元，罚款50万元。

1995年，市地税局组织开展普通发票专项检查工作。8月发文成立领导小组、制定工作方案，明确凡纳入地方税务局发票管理范围的各种普通发票、各种往来结算收据、由地方税务机关发放或应纳入地方税务机关发票管理范畴的行政事业性收费收据、邮电、银行、保险等单位使用的票据都属此次检查清理的范围。

1996年3月，市国税局印发《关于对增值税及增值税专用发票管理工作进行检查的通知》，部署对益阳市范围内增值税及增值税专用发票管理工作和增值税及增值税专用发票自查自纠工作进行检查。检查的重点内容包括：1.增值税专用发票的保管情况；2.一般纳税人的认定情况；3.增值税专用发票的发售和缴销情况；4.百万元以上大额版增值税专用发票收缴情况；5.增值税专用发票台账管理情况；6.对领票户的管理情况；7.增值税专用发票的代开情况；8.进项发票审核抵扣情况；9.增值税专用发票日常稽核情况；10.案件查处情况；11.发票保证金的管理情况；12.新的申报办法执行情况。市国税局共检查了各县市分局4个征管股、4个税政股、4个综合业务科以及16个基层征收分局、310户管户档案；深入到32户企业实地查看了管户干部自查自纠情况。益阳市3758户一般纳税人，限期整改并停供专用发票的有946户，取消一般纳税人资格的有284户，清理共查出专用发票违章违纪问题848起，收缴并剪角作废专用发票641本，收回机构分设中被地方税务局个别干部带走的百万元版专用发票3本；发现企业虚报丢失，实际长期携外虚开代开的专用发票案2起。同年4月，市国税局组织开展益阳市范围内的发票清理和再清理工作。各县市区局先后成立了32个检查小组，动员干部486人到企业逐户逐本清理核对，市局还先后3次下发了专用发票清理进度通报，设计、印制各种清理表格14000份，复印台账24本，在收入任务压头，洪水泛滥的情况下，清理工作仍善始善终，从未间断。同年5月，高晓核带领检查小组成员对资阳区经济发展总公司的增值税发票所发现的疑点进行了认真追查，发现该企业的增值税专用发票来源于益阳市空压机厂，于是顺藤摸瓜，查获了一起时逾一年的增值税发票盗窃案，并对负有管理责任的企业处以5万元罚款，对负有保管责任的当事人处以1000—2000元的罚款，为国家挽回了重大经济损失，受到了社会的好评。近半年的清理，市局共清缴各类专用发票11626本，清查用票单位1670户，查出有问题的单位562户，有问题的专用发票786本，其中未按规定缴销的694本，填开不规范的487本，虚开、代开、大头小尾的有6本，遗失毁损的3本，法人携票外离的25本，查补入库税款541.17万元，罚款29.6万元，扣押物资38.87万元，现金9万元，清理中移交公安、检察两室立案侦查的专用发票犯罪案件17起，移送人民法院判决的4起，查出税务干部参与专用发票犯罪案件1起，取消不合规格开票窗口2个，辞退代征员2名。这次大规模的专用发票清理和再清理工作，市国税局摸清了专用发票底子，暴露了一批专用发票案件，提高了对专用发票管理的认识，对打击专用发票犯罪，堵塞税源流失，确保年度税收任务的完成，起到了至关重要的作用。当年，市国税局通过对比分析、内查外调、严审发票和专项清理等措施，开展发票打假工作。共查处发票违章行为659起，立案侦查发票犯罪案件29起（其中：倒卖专用发票案件1起，虚开专用发票案件12起，专用发票大头小尾案件4起，普通发票大头小尾12起），移送人民法院判决案件3起，共查补入库税款579.17万元，涉税金额3185万元，罚款34.40万元，有效地遏制了各类以票犯罪行为。当年，市国税局开展发票的稽核检查工作，全市共稽核销项发票48520份，进项发票70726份，发出协查函672份，查处违纪案件17起，追回和查补税款277万元，罚款29万元。

1996年5—10月，市地税局分三个阶段开展普通发票大检查工作。全市地税系统应检查用票单位户数为9812户，已自查9571户，自查面为97.54%，自查补税36.4万元。市地税局还成立由宋力华任组长的普通发票大检查工作领导小组、设立领导小组办公室、配备了专门的检查人员，从各县市分局共抽调95名业务骨干，组成30多个检查小组，对用票单位和个人进行了重点检查。检查中发现安化坪口印刷厂为安化县航运公司印制服务性收款收据1500本，当即收缴全部非法印制的收据并进行处罚。益阳市地税系统共专业检查8183户，占应检查户数的83.4%，有问题的1467户，占已检查户数的17.93%，专业检查补税109万元，罚款932户，处罚8.9万元。

1997年，市国税局做好增值税专用发票的交叉稽核工作。全年发函763件，复函545件，日常检查1534户，查处违章纳税人户107户，补税71万元，罚款31万元；做好专用发票案件的查报工作，共查报涉案人员5人。

1997年，市地税局组织开展普通发票的专项检查工作。全年共检查各类发票用户2156户，查处各类发票违章207起，查补税款127.5万元，处以罚款19.6万元。

1998年，市国税局进一步落实专用发票交叉稽核及案件查报制度。全年收到外地协查函1021封，复函874封，发出协查函928封，收到回复函374封。通过交叉稽核，发现违章案件43起，查补税款471.12万元，罚款24.2万元，其中移交司法机构立案查处4起，涉案人员9人。同年12月，市国税局印发《关于在益阳市开展增值税专用发票专项检查工作的通知》，决定从1999年1月起，在益阳市国税系统范围内开展为期一个月的增值税专用发票专项检查活动。

1998年9—10月，市地税局组织开展为期2个月对益阳市饮食、娱乐业发票使用情况的专项检查。此次检查，检查面达50%，对劳务发票检查面达90%以上。全市共检查饮食、娱乐业纳税人2388户，查处1200户，共补缴税款86.1万元，罚款27万元。

1999年4月，市国税局根据总局及省局文件精神，部署开展益阳市国税系统发票大检查活动。此次发票大检查活动是新税制实施以来，规模最大、检查面最广、时间最长的一次。查处发票违章案件39起，罚款18.3万元，查补税款335.6万元，入库226万元；查处发票违法案件4起，刑事处罚6人；检查专用发票用票户1060户，占总用票户的97.1%，检查普通发票用票户1090户，占总用票户的22.02%；检查发票定点印刷厂4家，占100%。当年，市国税局还开展了粮食系统发票及机动车发票的清理整顿工作。

1999年4月，市地税局成立以方志平为组长的发票专项检查工作领导小组，印发《关于开展发票专项检查的通告》和《关于开展发票专项检查的通知》，开展益阳市地税系统的发票专项检查工作。宣传发动阶段，全市纳税人自查5654户，自查有问题的387户，申报补税25万元；检查阶段，组织力量对用票单位重点开展突击检查，全市检查3431户，发现有问题的629户，查补税款45万元，罚款24.3万元。

2000年，益阳市国税稽查部门按照省国税局的时间、质量要求，如期完成“807”案件在益阳市的协查任务，协查增值税专用发票120份，涉及纳税人20户，涉案税款150万元。当年，市国税局进一步规范增值税专用发票交叉稽核及案件查报工作。全年共收到外地协查函340件，复函327件，发出协查函735件，收到回函336件，查处违章案件461起，违章补税74万元，罚款57万元，挽回国家税款损失140万元。

2000年，市地税局查处发票违章案件29起，补税罚款39万元。

2002年7月，市国税局组织2个检查组在各县市分局自查整改的基础上，对8个县市分局和涉外分局共9个单位、8个发票库房、14个基层税务所、征收科所发票库房、代管、代开、发售、缴销等情况进行为期一周的重点检查。通过检查，发现南县国税局发票内部管理严格，益阳市8个县市分局没有发生发票被盗等问题。对检查中发现内部发票管理工作存在的六大隐患进行通报并提出具体的整改意见。

2002年4月，市地税局印发《关于开展发票检查工作的通知》，决定在益阳市地税系统开展发票检查工作，文件明确检查的重点内容：1. 2001年9月至2002年4月的发票领用、发放、保管、缴销、批印情况；2.各税务代开窗口是否按规定填开发票，按适用税率征收税款；3.发票打假、查处举报案件的工作开展情况；4.是否有利用发票买卖、转引税款，以费抵税的行为；5.其他违反发票管理的行为。检查采取自查和专项检查相结合的方法，要求自查面达100%，专项检查面达50%。专项检查从5月开始，市局派出由监察、征管、计会组成的联合检查组，对各县市分局的发票管理所、办税服务厅及征收分局进行专项检查。检查组在全面检查和盘存库存发票的基础上，重点抽查17个征收单位的建筑安装发票、临时经营发票和饮食娱乐定额发票。

2003年，市国税局发票协查工作进一步规范，选票准确性逐步提高。全年共收到受托协查179起，涉及发票399份，税额987万元，受托回复率达99.49%；下半年受托回复率达100%，委托发出30起，涉及发票130份，税额619万元，委托选票准确率24.41%。

2004年，市国税局重点对益阳市水泥生产企业开展增值税专用发票专项检查，通过查处虚开运输发票扩大运输费抵扣进项税，查补增值税30.3万元；查补水泥生产企业向购货方收取价外费用不计收入，偷漏增值税14.25万元。

2004年11月，市地税局部署开展征管质量及发票检查，市局组织征管、计财、审计、监察等部门对2003年7月至2004年6月益阳市发票管理进行全面检查。检查的主要内容是检查发票内部管理和以票管税情况。本次检查涉及8个区县，检查税务分局、所和稽查分局共27个，检查发票5万份，涉及税务人员40余人。

2007年8月，市地税局组织开展税收票款、发票管理的专项检查。此次检查，主要对益阳市地税系统发票保证金的清退情况、发票库房的安全情况及发票数量的盘点情况进行认真检查，对发现的问题及时作出了整改和调整。

2008年4月，市国税局印发《关于开展发票管理专项检查的通知》。通知明确：1.检查对象。益阳市使用国税系统普通发票的纳税人以及市局，县市区局及税务分局（所）从事发票发售、发票验旧（缴销）、发票代开、发票实物保管人员及其他与发票管理相关的人员。2.检查时段。2005 年 1 月 1 日至 2008 年 3 月 31 日。3.检查方法。自查与专项检查相结合，所有检查对象均需进行自查，按规定要求分别填写自查表或上交自查报告。4.检查内容。对外主要检查纳税人发票的领购、使用填开、缴销补税及保管等情况；是否存在纳税人将发票购领簿借予或交给他人领取（套购）发票的现象；是否存在注册公司（无实际经营业务）办理税务登记证后套取发票的现象；是否存在不按规定要求填开使用发票，如单联填写、撕开填写、跳号填开、漏填品名、规格、单位、数量、单价、金额、大头小尾等；是否存在不按规定时间缴销发票或发票验旧金额超定额部分未按规定进行补税；是否存在属于地税征收的经营项目而填开国税发票的现象；是否存在用票人为他人代开发票的现象；是否存在已作废发票不按时缴销而继续使用的情况；是否存在纳税人验旧领新的发票存根联不按规定要求进行保管的情况。对内主要检查纳税人违反发票管理的相关规定是否给予了处罚以及有无内外勾结、团伙作案、从事代开、虚开或直接买卖发票的情况。通过 4 个多月自查与市局复查，市国税局 8 月 21 日印发《关于 2008 年度发票管理专项检查情况的通报》，通报表明：各县市区局能认真贯彻落实省、市国税局文件精神，及时成立发票管理专项检查领导小组，制定相应的实施方案，有条不紊地开展发票自查工作。本次自查参检人员共计 408 人，检查纳税人 6732 户，占领用发票纳税人户数的 76%，其中有问题户 298 户，补税金额 65.68 万元，罚款 0.2 万元，通过自查发现发票违规案件 1 起，涉案发票 158 份，填开发票金额 507.5 万元，追缴税款 20.3 万元。市局督导组分别对 8 个县市区局的发票专项检查情况进行了跟踪、监督和抽查，共计检查 2288 户纳税人的发票，发现其中有问题的 112 户，补税 20.3 万元，罚款 5.7 万元，纠正违章行为 56 次。市国税局还对各级国税部门发票库房管理、发票发售管理、发票缴销管理、普通发票代开等管理方面存在的问题进行了通报并提出了整改意见。

2008 年 9 月，市地税局开展税收征管质量和发票检查工作。同年 12 月，市地税局印发《关于税收征管质量和发票工作检查的通报》，通报表明市地税局组织力量共检查 8 个区、县（市）局及市局省级税收征收分局、涉外税务分局的发票制度建立与落实，印制、领用和使用、缴销、保管、代开发票情况以及违章处罚、发票工本费收缴、发票财务管理、发票软件使用、发票管理情况反馈等内容。市局对发票管理方面存在的问题进行了通报并提出了整改意见。

2010 年，市国税局从 8 月 1 日起至 10 月 31 日，利用 3 个月的时间，对益阳市增值税一般纳税人开展增值税专用发票的专项检查。这次检查的重点是商贸企业、出口退税企业和涉及农产品收购发票扣税的企业，同时对申报异常的企业也列入了检查的重点。通过这次检查，极大程度地减少了虚开、代开增值税专用发票、骗取国家出口退税、虚列农副产品收购增加进项税额现象发生的“温床”和土壤。当年，市国税局查处非法出售发票案件 7 件，收缴涉案假发票 465759 份，查获非法接受假增值税专用发票 54 份，非法开票金额 4804 万元。

2011 年，市地税局组织开展货物运输自开票纳税人的检查，对益阳市 10 户货物运输自开票纳税人当年度的财务核算、税收征纳、发票开具等方面情况进行了解剖麻雀式的交叉检查。当年，市地税局还抽调市局征管科及有关科室人员组成检查组，对益阳市地税系统的发票工作进行专项检查。检查期限从 2010 年 1 月 1 日至检查当日。检查组抽查发票管理员及办税服务厅有票人数 66 人，抽检开票人员 42 人，对发票管理、领用、开具、缴销等工作流程进行重点检查。具体包括：建筑安装发票 981 份，统一代开发票 1845 份，货物运输发票 281 份，销售不动产发票 152 份，手写发票 748 份，完税证明单 95 份。对发现存在的问题，提出了整改意见。

2012 年 5—7 月，市地税局对全系统的发票内部管理工作进行专项检查。重点检查 2011—2012 年建筑安装、销售不动产、货物运输、税务机关统一代开发票、完税证明单的开具和缴销情况。肯定了各县市区局好的方面，指出了存在的问题，提出了整改意见和具体的整改方案和措施。

2013 年 5 月，市地税局印发《关于开展发票管理工作检查的通知》，通知明确：2012 年 5 月 1 日至检查当日的发票库房管理，发票领用、发票缴销、发票代开管理情况，完税证明单管理情况，企业冠名发票的印制、使用情况以及发票管理所经费管理情况等为这次检查的期限和范围，必要时检查期可以延伸至以前年度。本次检查采取自查和交叉检查相结合的办法对各区、县（市）局征管科、市局直属局计划征收科以及各单位的办税服务厅内部发票管理的六大项内容进行检查。通过近 3 个月时间的自查和市局组织的交叉检查，检查 184 个仓库，盘存 110 户库存实物，检查开票人员 92 人次，抽查领取定额发票户 73 户，领取税控发票户 135 户，领取裁剪发票户 184 户；共调取 3852 份电脑发票，其中统一代开发票 1063 份，建筑安装业发票 976 份，销售不动产发票 890 份，货物运输业发票 325 份，完税证明单 598 份。同年 8 月，市地税局针对此次检查发现的问题，重新印发《益阳市地方税务机关内部发票管理办法》，要求益阳市地税系统发票管理部门严格执行。

2017 年 8 月，为进一步提高益阳市发票协查工作质量，市国税局稽查局印发《关于进一步加强税收违法案件发票协查工作的通知》，通知明确：1.落实委托协查必先立案制度。委托方通过协查信息管理系统，采取纸质发函、派人参与方式发起的委托协查，应属于稽查部门立案的税收违法案件协查。2.落实受托协查立案制度。凡接收的协查案源信息涉及的纳税人状态正常，且委托方已开具已证实虚开通知单并提供相关证据的，协查实施岗应当填写税务稽查案源审批表，提出拟立案检查的处理意见，并将税务稽查案源审批表及相关材料提交案源管理岗，作立案处理。3.落实回函审批制度。受托方是回函质量的责任主体。受托方要严格遵守有关规定，根据委托方的协查要求，认真负责地对委托方提出的各项协查要素进行调查、取证和回复。受托协查回复必须严格按照要素协查规定逐一回复，由检查人员填制税收违法案件受托协查回函审批表报检查科科长、分管检查部门主管局长及稽查局局长签字同意后方可进行系统回函。凡受托协查来函为“确定虚开”，而回函为“正常”或“无法核实”的，在上述审核的基础上增加所属分局分管稽查的副局长和局长、市局稽查局局长和市局分管稽查的局领导审批。4.落实协查台账制度。按照协查管理办法规定建立委托协查台账和受托协查台账，及时登记，跟踪协查函的收发、回复和处理情况。同年 9 月，市国税稽查局印发《关于对“海啸 1 号”虚开增值税专用发票案件协查取证的通知》，对“海啸 1 号”虚开增值税专用发票案件发票协查工作做了专门部署。海啸 1 号案源 19 户，收到受托协查 19 起，涉及企业 15 户，发票 903 份，金额 8643.15 万元，税额 1469.34 万元。经检查人员核实，涉及的企业其中 9 户状态为正常，1 户非正常，5 户已注销，回复有问题的发票 903 份，有问题的发票占受托协查发票的比率为 100%，受托协查的发票中 12.18 万元的税款未抵扣，其他均已抵扣。截至当年底，查补入库税收 824.03 万元。

2021 年 11 月，市税务局开展增值税发票内部快反疑点核查工作。接收内部快反疑点 17 条，实地核查完成 5 条。对省局下发的 4 批次现金税费疑点 1300 条，采取现金税费风险疑点“回头看”方式进行落实、处理。

（四）发票换版

1992 年，国家税务总局印发《关于在全国统一“发票监制章”和发票换版工作有关问题的通知》和《关于全国统一更换新版发票的通告》，明确自 1993 年 1 月 1 日起，全国统一更换套印“全国统一发票监制章”和加印底纹的新版发票，同时，旧版发票一律停止使用。同年 10 月，地区税务局制定《益阳地区发票换版工作办法》，开展益阳地区境内更换新版发票的工作。地区税务局共组织召开发票专业会议 35 次、印发发票管理“五要十不准”1300 份、出动宣传车 115 辆、组织街头咨询服务 9 场、悬挂巨幅宣传标语 81 条、组织党政干部、企业职工、税务人员观看《发票忧思录》近百场，经过对旧版发票的全面清理、对新版发票需求量的摸底、发行发票样本书 3628 本、清理整顿印刷厂 166 家、确定发票定点承印厂 8 家、登记销毁旧版发票 18.55 万份、收缴旧监制章 849 枚，至年底，已印制新版发票 51 万份，益阳地区已启用换版后的新发票。

1996 年，市国税局开展益阳市普通发票的换版工作。查处普通发票违章行为 97 起，补税 38 万元，罚款 5.4 万元，移交公检两室立案 2 起，取消印制衔头发票不合格的单位 45 家，收缴和销毁未使用旧版普通发票 8746 本。全市近 2 万本新版普通发票已顺利印制并全面启用，全市国税系统普通发票换版工作结束。

1997 年 12 月，市国税局出色完成了 1994 版增值税专用发票的核销工作，共计核销专用发票 14817 本，电脑发票 6325 份。

2010 年 3 月，根据省国税局《关于开展普通发票换版工作的通告》，市国税局制定《益阳市普通发票换版工作办法》，认真组织开展益阳市范围内普通发票的换版工作。

2015 年 1 月，市国税局印发《关于推行增值税发票升级版工作有关问题的通知》，通知明确：自 2015 年 1 月 1 日起，新认定的增值税一般纳税人和新办的小规模纳税人（包括个体工商户），统一纳入增值税发票系统升级版（以下称升级版系统）推行和管理范围，不再推行税控收款机系统；但新办小规模纳税人中业务量少、用票量少或者未达增值税起征点、不具备网络条件的，可自愿选择是否纳入升级版系统管理。

为确保升级版系统的稳妥推行，原有税控收款机用户可继续使用原税控收款机系统，但不再购置新的税控收款机设备。在老税控收款机设备不能修复使用时一并纳入升级版系统管理。老防伪税控系统用户（包括总机构新设立的分支机构）暂不推行升级版系统，仍按原规定办理。为加强全面推行增值税发票系统升级版工作，同年5月，市国税局再次印发《关于全面推行增值税发票系统升级版工作有关问题的通知》，成立领导小组、制定工作方案，全面开展推行增值税发票系统升级版工作。

2017年4月，市国税局印发《关于增值税发票管理新系统推行有关事项的通知》，明确全市国税系统推行增值税发票新系统有关事项。1.从2016年4月1日起，新系统推行由纳税人自愿选择湖南航天信息有限公司或湖南百旺金赋科技有限公司为服务单位提供服务，不再实行区域为主、行业为辅，合理统筹分配划分服务单位的服务范围。2.办税服务厅内不允许服务单位设置办公场地，不允许服务单位将机器设备在办税场所销售。3.各地应高度重视对服务单位的监督管理，要求2家服务单位分别在各县市区办税服务厅周围就近设置办公场地，至少配备1—2技术人员。现有增值税一般纳税人、起征点以上增值税小规模纳税人、办税服务厅代开发票窗口在6月25日前完成增值税发票管理新系统推行工作。新办增值税一般纳税人、起征点以上增值税小规模纳税人，在办理登记时一并纳入新系统管理。

2019年8月，市税务局印发《益阳市增值税发票管理系统2.0版上线工作方案》的通知，决定成立领导小组，做好益阳市增值税发票管理系统2.0版上线应用筹备工作，保证系统按时上线运行。增值税发票管理系统2.0版在原有增值税发票管理系统的基础上，合并增值税防伪税控系统和货运系统税务端，优化电子底账系统，将增值税发票选择确认平台及增值税发票查验平台整合为增值税发票综合服务平台，实现发票全生命周期管理。增值税发票管理系统2.0版涉及增值税发票综合服务平台税务局端和纳税人端、税控系统税务局端和纳税人端、电子底账系统税务局端、出口退税审核系统以及电子税务局、自助办税终端以及所有与发票相关特色软件，涵盖发票管理、申报比对、征退衔接等多项重要业务。通过近2个月时间的不懈努力，市税务局增值税发票管理系统2.0版于10月8日正式上线运行。

2021年初，市税务局开展增值税专用发票电子化试点工作。首先印发《增值税专用发票电子化试点实施方案》和《关于做好增值税专用发票电子化工作的通知》两个文件，制定市税务局增值税专用发票电子化试点任务清单、增值税专用发票电子化试点业务流程及岗责对照表、增值税专用发票电子化试点网格化服务和管理工作规范1.0版、增值税专用发票电子化试点服务保障工作实施方案、增值税专用发票电子化试点督导工作方案、增值税专用发票电子化试点稽查护航专项方案、增值税专用发票电子化试点工作宣传与舆情防控引导专项方案等具体办法。围绕电子发票公共服务平台及税务UKey操作，开展增值税电子发票公共服务平台及税务UKey操作师资培训，筑牢增值税专用发票电子化试点工作基础。培训面向全市税务系统，参训人员涉及市局师资，包括市局各职能组、市局二分局、各县市区局税政、征管、信息、纳服、税源管理、办税服务厅、各税务分局（所）等部门，共计293人。其次做好动态监控，对全市接受电子专票信息数据进行实时监控。再次继续加强风险监控，通过金三系统“电子专票网格化动态监控—风险监控”模块，完成风险监控信息的提醒和应对。1月份，接收领用发票（含电子专票）高风险信息9条，已通知有关单位进行应对，市局及时跟进处理情况。最后，加强增值税专用发票电子化试点工作督导。市局组织2个督导组，对各县市区局、市局第二税务分局和7个职能组增值税专用发票电子化试点工作落实情况开展实地督导。通过一系列的措施和办法，市税务局增值税专用发票电子化试点工作核定电子专票票种纳税人2191户，核定电子专票票种的纳税人占核定增值税专用发票纳税人的比例为97.05%，其中有4个地区的电子专票核定率超过益阳市平均水平，依次是沅江、安化、南县、赫山，其中沅江电子专票核定率达100%；有70户试点纳税人开具电子专票985份，试点纳税人开具电子专票户数占开具增值税专用发票户数的比例为0.09%。总局推送增值税发票快反任务46批，全省123户，益阳没有一户；省局推送快反任务53批477户，益阳仅1户；中央四部委下发打虚打骗案源中，益阳没有一户。市局对后阶段专票电子化整改作出如下明确要求：电子专票核定率100%（除批发、商务服务等行业中较高风险新办纳税人以外），电子专票户数开具率20%，电子专票份数开具率35%。

2022年7月，为贯彻落实国务院关于实施增值税专用发票电子化的决策部署，深入推进发票电子化改革，助力税收治理体系和治理能力现代化，市税务局发文成立市税务局发票电子化改革（金税四期）工作领导小组。从7月18日起，益阳市纳税人作为受票方，可接收由内蒙古自治区、上海市和广东省（不含深圳市）试点地区纳税人开具的全面数字化的电子发票（以下简称全电发票，全电发票是将纸质发票的票面信息全面数字化，是与纸质发票具有同等法律效力的全新发票。它实行全国统一赋码、自动流转交付，其开具后，发票数据文件自动发送至开票方和受票方的税务数字账户，纳税人可对全量发票数据进行自动归集，发票数据使用更高效便捷）。同年8月，市税务局开展全系统落实全电发票扩围试点工作的业务培训，发票电子化改革稳步实施，全电发票试点扩围顺利推进。

（五）发票印刷

1992年4月，省税务局制定颁发《湖南省发票定点承印厂管理办法》，明确发票定点承印厂应具备以下条件：必须是国营或县以上的集体印刷企业；内部管理制度健全，纳税积极，能自觉遵守税务机关的发票印制管理规定，维护国家利益；有印制发票良好的技术条件和设备，发票印刷质量高，供货及时，信誉可靠，并能严格遵守国家物价政策；有印制发票的专业人员、专门车间，有存放发票和发票专用纸及发票底纹纸的专门仓库；在印制发票过程中有严格的保密措施。省税务局同时要求各级税务机关认真选定发票定点承印厂并对其进行严格管理。通过各县市区局的反复筛选、论证，统一由地区税务局报省税务局审批。同年11月24日，省税务局下文明确：通过严格审核向益阳市8家印刷厂（益阳市人民印刷厂、益阳市春晖印刷厂、益阳县税务印刷厂、安化县新湘印刷厂、桃江县美桃彩印厂、南县印刷厂、沅江市印刷厂、大通湖彩色印刷厂）核发湖南省发票承印许可证，成为益阳市发票定点印刷厂。

1994年11月，市地税局印发《关于企业申请印制、购领发票的规定》，明确对企业申请印制衔头发票的程序及企业发票的领购程序。

1995年3月，市国税局转发省国税局《关于对长沙市人民印刷厂等108家印刷企业核发省国税局发票准印证的通知》，明确：益阳市人民印刷厂承印益阳市区发票，准印证号码：湘国税—0097；益阳市春晖印刷厂承印益阳市、桃江、沅江发票，准印证号码：湘国税—0098；益阳市赫山税务印刷厂承印益阳市发票，准印证号码：湘国税—0099；安化县新湘印刷厂承印安化县发票，准印证号码：湘国税—0100；南县税务亚峰印刷厂承印南县发票，准印证号码：湘国税—0101。

1996年9月，省国税局印发《关于对湖南茂源纸品有限公司等印刷企业核发省国税局发票准印证的通知》，明确：益阳市春晖印刷厂，准印证号码为湘国税—022；益阳市赫山印刷厂，准印证号码为湘国税—023；安化县新湘印刷厂，准印证号码为湘国税—024。3家印刷企业获经省国税局核发的发票准印证，承认其对益阳市指定区域的发票印制资格。

1996年10月，市国税局发函转发省国税局《普通发票承印厂管理办法》的通知。市国税局明确：安化新湘印刷厂委托安化国税局管理，南县亚峰印刷厂委托南县国税局管理，赫山印刷厂委托国税三分局管理，益阳春晖印刷厂由市局征管科直接管理，各管理单位对承印厂家的安全保管、印制价格、印制质量等要严格要求，经常检查。

1996年11月，省地税局印发《关于重新认定发票定点印刷厂的通知》，通知明确：湖南省益阳市赫山税务印刷厂、安化县新湘印刷厂负责益阳市发票的印刷。1996年，市地税局取消原4家定点发票承印厂家发票印制资格。

1996年12月，市地税局印发《关于统一益阳市普通发票审批印制程序和申请印制表式的通知》，规定：印制通用普通发票，由各县市、分局发票管理所填写申请表报市局发票管理所审批，市局发票管理所开具准印通知单到定点印刷厂印制；印制衔头发票，由企业填写申请表并附票样，税务专管理员签字，税务所（科）签字盖章，县市局发票管理所或分局综合业务科签字盖章后报市局发票管理所审批，市局发票管理所开具准印通知单到定点印刷厂印制；申请印制表由市局统一印制、一式四联，各发票管所、分局综合业务科到市局发票管理所统一购领。

2000年，市国税局组织力量对益阳市普通发票定点印刷厂按照省国税局发票承印厂的规定和要求进行了全面的检查，验收合格的才允许其继续印刷普通发票。

2000年10月，市地税局印发《益阳市饮食业、娱乐业衔头发票管理办法》的通知。规定：从11月1日起，申请印制和使用衔头发票的单位应符合以下条件：只能是从事饮食业、娱乐业的国有企业、集体企业、私营企业、联营企业、股份制企业；财务制度健全，能独立核算盈亏，按期编制财务会计报表；纳税意识强，一般年应纳地方税税额在50万元以上；发票管理制度完善，未出现发票违章处罚现象。

2009年4月，省地税局印发《关于调整规范发票印制有关问题的通知》，明确：安化县新湘印刷厂为唯一定点印制益阳市手工发票及定额发票的印刷企业。

（六）发票保证金

1996年，市国税局根据省国税局《关于对全省发票保证金管理清况进行检查的通知》精神，组织部署开展一次益阳市范围内对各县市分局收取发票保证金情况的检查。同年9月，市国税局印发《关于发票保证金检查情况的通报》，截至1996年6月底，益阳市各级国税机关共向4716户纳税人收取发票保证金688万元（其中1995年前收取的有582户，计52万元；1995年度收取的有1696户，计290万元；1996年上半年收取的有2438户，计346万元），共退还保证金220户，计17万元，以保证金作为补税罚款的有4户，计3万元，实际结存保证金668万元，账面保证金利息收入8.9万元，利息支出0.5万元，结存利息余额8.4万元；益阳市保证金清理前被占用近60万元（其中用于基建占用7万元，行政经费占用17万元，单位个人借款占用36万元）；检查发现发票保证金收取权限不统一、范围不统一、标准不统一、收据不统一、账务处理不统一以及被占用情况严重等问题。针对保证金管理松散、占用严重的现状，市局领导高度重视，明确要求各县、市、分局立即归还被占用的保证金，并对原税务所、征收分局所收保证金再进行一次更深入的清理，将保证金收取、保管的权限进一步明确到县、市、分局，由其专人、专账、专户进行统一管理。至年底，发票保证金清理工作告一段落，重新清理出征收分局、税务所发票保证金近30万元，落实收回被占用的保证金25万元。

1997年，市国税局继续开展发票保证金的清理、清退工作。至年底，益阳市共清理收取发票保证金5084户，收取金额753.14万元，退还企业266.76万元，国有企业按规定全部退完。

1997年2月，根据《中华人民共和国税收征收管理法》及其实施细则和《中华人民共和国发票管理办法》及其实施细则，市地税局印发《益阳市饮食业、娱乐业税收管理办法的通知》，通知明确：益阳市饮食业、娱乐业纳税人统一使用定额发票；原来收取的发票保证金统一转为纳税保证金。

1999年12月，市国税局印发《关于认真做好发票保证金清理清退工作的通知》，对应退的保证金，原则上要主动退清；对上门要求退款的，手续齐备，无条件退回；对现有的保证金和今后收取的保证金一律实行专款专用，不得挪用。

2000年，市国税局进一步明确发票保证金的收取、退还、账户处理等管理制度，发票保证金的收取、退还、账户处理等管理工作更加规范，达到上级对发票保证金管理的要求。

（七）发票库房

1994年12月25日晚，市国税局发票管理站增值税专用发票仓库发生特大增值税专用发票被盗案，丢失增值税专用发票91本2275份。

1995年1月，市国税局印发《关于进一步明确增值税专用发票安全保管工作的通知》，强调增值税专用发票库房必须24小时专人值班，进入库房必须双人开锁。当年，市国税局投入50多万元加强发票库房建设，进一步保障了增值税专用发票库房的安全。

1996年1月，市国税局印发《关于委托国税二分局管理市局增值税专用发票库房及发票发放的通知》，市国税局增值税专用发票库房设在二分局并委托二分局发票管理所负责值班保卫等管理工作和电脑版专用发票的发放。当年，市国税局投入20余万元，改造、拆迁和加固发票库房4个，制订《增值税专用发票保管、领用制度》等一系列管理办法，保证了发票的存储安全。

二、增值税一般纳税人管理

（一）增值税一般纳税人认定与年审

1993年11月，总局以明传电报形式发布《增值税一般纳税人申请认定办法》。同年12月，地区税务局开始按总局规定认定益阳地区范围内的增值税一般纳税人。

1994年3月，总局印发《增值税一般纳税人申请认定办法》。同年8月，地区税务局对益阳地区增值税一般纳税人进行重新审核。对符合增值税一般纳税人条件的企业，经过企业申请，税务所审核，县市局审批的程序，及时办理增值税一般纳税人手续。益阳地区先后认定一般纳税人3525户，其中工业1673户、商业1673户、其他179户；认定小规模纳税人22441户，其中工业6323户，商业15478户，其他640户。同时对认定的增值税一般纳税人的期初存货进行了盘底及分离已征税款工作。据统计、企业申报期初存货已征税额39580万元，税务机关核实35017万元，核减4563万元。

1995年，市国税局开展增值税一般纳税人清理和审核工作，对会计核算不健全、不能提供准确税务资料、增值税专用发票管理混乱、有代开虚开发票以及丢失发票造成骗税和偷税、流通领域企业无经营场地、无开户银行、无资金的取消一般纳税人资格。通过清理和审核，益阳市重新确定增值税一般纳税人2847户，取消403户纳税人一般纳税人资格，其中账务不健全的75户，虚开代开发票的23户，停办的17户，流通领域的“三无”企业288户。市国税局建立健全增值税一般纳税人认定办理制度，对被取消增值税一般纳税人资格的企业均收回原发放的税务登记证和增值税专用发票，并按规定的税率征税。

1996年，市国税局对益阳市增值税一般纳税人1995年度财务状况和纳税情况及增值税专用发票使用情况进行全面的审查。市局对2510户增值税一般纳税人进行审查，确定合格的1903户，取消资格的421户，限期整改的186户。在审查过程中，市国税局采取三级把关、三个结合以及六查六看的方法。三级把关是：年审必须经过征收分局（科所）初审，县市分局复审，市局税政一科终审。三个结合是：年审与组织收入相结合，即在审查中必须把纳税人的税源情况和欠税情况摸清楚；年审与增值税结算相结合，必须在增值税清算的基础上进行年审；年审与执行税收政策相结合，对在年审中发现与政策相抵触的问题，及时采取措施加以纠正。六查六看是：查企业的税务登记和营业执照，看是否按规定换验税务登记；查申报资料和会计报表，看企业生产经营是否正常，是否按规定申报入库税款；查发票抵扣联和存根联，看企业是否按规定取得，使用专用发票，抵扣联是否符合规定，有无代开虚开情况；查企业应交增值税明细账，看企业核算是否健全；查增值税结算表，看企业欠税情况；查年审报告表，看企业填表是否真实、准确。

1997年12月，市国税局印发《关于认真做好1997年度增值税一般纳税人资格审查工作的通知》，做好当年度增值税一般纳税人资格审查工作。资格审查做到四个结合：年审与组织收入相结合，即在审查中必须把纳税人的税源情况和欠税情况摸清楚；年审与增值税清算相结合，必须在增值税清算的基础上进行年审；年审与执行税收政策相结合，对在年审中发现与政策相抵触的问题，及时采取措施加以纠正；年审与分类管理办法相结合，必须在年审的基础上进行一般纳税人的分类管理。益阳市共审核一般纳税人2223户，其中工业1193户、商业988户、其他42户；审查合格的增值税一般纳税人1774户、取消资格381户、限期整改68户。通过年审，共计查补税款357万元，收缴入库欠税210万元。

1998年1月，市国税局印发《关于做好税务登记证换证及增值税一般纳税人年审工作的通知》，布置开展对益阳市国税系统增值税一般纳税人的年审工作。市局审查1762户增值税一般纳税人，认定年审合格户数为1379户，合格率78.26%，不合格户数为383户（其中限期整改户数为24户）。在年审过程中，市国税局采取“三级把关，四个结合”的办法，即征收分局（科、所）初审，县市分局复审、市局终审；年审与组织收入相结合，年审与增值税清算相结合，年审与执行税收政策相结合，年审与分类管理办法相结合。通过对增值税一般纳税人的年审，益阳市共收回欠税500多万元，查补增值税300多万元。

1999年，市国税局开展增值税一般纳税人年审和分类管理工作。全市初审增值税一般纳税人1623户（其中新开户209户、标准以上户635户、标准以下户779户），年审合格983户，取消资格640户（其中参加年审取消203户、未参加年审自动取消437户）。市国税局在年审和分类管理中采取年审与组织收入相结合、年审与增值税结算相结合、年审与执行税收政策相结合、年审与小规模商业企业划转相结合、年审与分类管理办法以及预储税款相结合的办法，有效地促进了增值税一般纳税人的规范管理。

2000年2月，市国税局印发《关于做好1999年增值税一般纳税人年审工作的通知》，继续做好增值税一般纳税人的年审工作。

2001年7月，市国税局贯彻执行《关于加强商贸企业增值税征收管理有关问题的通知》精神，加强对商贸企业增值税一般纳税人的认定管理。同年10月，市国税局印发《关于明确增值税管理有关问题的通知》，强调对益阳市所有商贸企业增值税一般纳税人的认定必须由县市区国税局调查、审核，报市国税局审批。同年11月，市国税局印发《关于商贸企业认定临时一般纳税人审批办法》，重申对商贸企业临时增值税一般纳税人的管理规定。

2002年，市国税局采取与纳税人信誉等级评定、与防伪税控系统推行相结合的办法搞好增值税一般纳税人的年审工作。同年2月，市国税局印发《关于认真做好2001年度增值税一般纳税人年审工作的通知》，规定：2001年12月31日以前已经认定的一般纳税人（包括认定的临时一般纳税人）必须通过年审。对年审不合格的增值税一般纳税人应按以下原则处理：年销售额在规定标准以上的一般纳税人停止其抵扣进项税额，按销售额依照增值税税率计算应纳税额；取消其专用发票使用权，并收缴结存的专用发票；待其完善会计核算，能保证向国税机关提供准确的税务资料后，方可准许抵扣进项税额、重新批准其专用发票使用权。年销售额在规定标准以下的一般纳税人取消增值税一般纳税人资格。对益阳市境内的加油站仍按《总局关于加油站一律按照增值税一般纳税人征税的通知》规定，改变以前的核定征税方式，暂保留其增值税一般纳税人资格，逐步按增值税一般纳税人的管理方式进行税收征收管理。2001年度益阳市增值税一般纳税人应审户数1096户，其中临时认定户165户，标准以上户578户，标准以下户353户；认定合格增值税一般纳税人户数895户，其中：临时认定户140户，标准以上户数481户，标准以下户数274户；取消资格或未年审的一般纳税人户数201户。

2004年，市国税局严格遵照税收政策确定的认定原则和条件，把住增值税一般纳税人年审关口。做到年审与组织收入相结合，把纳税人的税源情况和欠税情况摸清楚；年审与增值税结算相结合，在增值税清算的基础上进行年审，要特别注意审查企业对稽查查补税款是否作了调账，审查出口企业免、抵、退税款是否按规定的有关会计处理办法进行核算；年审与执行税收政策相结合，对年审中发现与税收政策相抵触的问题，及时采取措施加以纠正；年审与金税工程相结合，确保金税工程的运行质量，年审中发现涉嫌虚开增值税专用发票或有重大偷税嫌疑的应及时移送稽查部门查处。对利废企业增值税一般纳税人进行资格审查时，严格按照市国税局《关于废旧物资回收经营业务增值税管理办法》和《关于进一步加强废旧物资增值税管理的通知》，做好对废旧物资经营企业的免税资格核查，对不符合条件的一律取消免税资格。

2005年，市国税局加强主体税种的精细化管理，做好增值税一般纳税人年度审查工作。年审中，限期整改增值税一般纳税人45户，取消增值税一般纳税人资格109户，对税负异常和税负严重偏低的98户增值税一般纳税人列入重点监控或纳税评估名单。开展纳税评估发现有21户企业少计销售收入523万元，补税、罚款172万元。

2006年5月，市国税局印发《关于辅导期管理的商贸企业增值税一般纳税人到期按规定处理的通知》，要求各县市区局要切实加强纳入辅导期的商贸企业增值税一般纳税人的管理，对原审批认定的商贸企业增值税一般纳税人要逐一予以清理，辅导期结束后要按照总局文件要求及时分别作出转为正常增值税一般纳税人、延长纳税辅导期、取消增值税一般纳税人资格的处理。

2010年2月，总局发布第22号令，公布《增值税一般纳税人资格认定管理办法》，明确从3月20日起执行。办法规定：增值税纳税人年销售额超过财政部、总局规定的小规模纳税人标准的（工业年销售额50万元、商业年销售额80万元），应当向主管税务机关申请增值税一般纳税人资格认定；个体工商户以外的其他个人、选择按照小规模纳税人纳税的非企业性单位、选择按照小规模纳税人纳税的不经常发生应税行为的企业可以不办理一般纳税人资格认定；一般纳税人资格认定的权限在县市区国家税务局或者同级别的税务分局。

（二）增值税一般纳税人分类管理

1996年12月，市国税局印发《市国税局增值税一般纳税人分类管理暂行办法》和《市国税局增值税一般纳税人增值税专用发票代管监开管理办法》，开始对增值税一般纳税人进行分类管理，同时对增值税一般纳税人增值税专用发票实行代管监开。

1997年，市国税局贯彻省国税局《增值税一般纳税人分类管理办法》，按标准对全市增值税一般纳税人进行分类并进行严格管理。全市共划分一类一般纳税人201户，二类一般纳税人638户，三类一般纳税人935户。

1998年，市国税局耗时5个月对全市增值税一般纳税人1997年度财务状况和纳税情况以及增值税专用发票使用情况进行了全面的清查。按清查结果，划分为A类增值税一般纳税人146户；B类增值税一般纳税人503户；C类增值税一般纳税人636户。

1999年，市国税局在年审的基础上对一般纳税人进行分类管理。益阳市划为A类的增值税一般纳税人93户，B类的增值税一般纳税人327户，C类的增值税一般纳税人563户。

2000年，市国税局结合增值税一般纳税人分类管理办法，推行税款预储制度。对全市555户C类增值税一般纳税人实行税款预储。

2001年1月，市国税局贯彻省国税局《增值税一般纳税人纳税信誉等级分类实施办法》，在增值税一般纳税人资格年审工作中对其纳税信誉等级一并进行评定。纳税信誉等级分类管理是国税机关根据增值税一般纳税人履行纳税义务情况，包括纳税申报、税款缴纳、发票管理、会计核算等，对其纳税信誉进行的综合评价，评定为A、B、C三级，分别采取不同的税收管理办法进行征收管理。A级增值税一般纳税人每三年稽查一次，不实行税款预储，可优先办理涉税事宜；B级增值税一般纳税人每两年稽查一次，必须实行税款预储；C级增值税一般纳税人每年稽查一次，必须严格实行税款预储。

2002年，市国税局评定出A级增值税一般纳税人14户，B级增值税一般纳税人320户，C级增值税一般纳税人561户。分别按其信誉等级进行管理。

2004年，总局印发《纳税信用等级评定管理试行办法》，所有纳税人统一进行纳税信誉等级评定，不再单独对增值税一般纳税人进行纳税信誉等级评定。

三、个体集贸税收管理

1990年8月，地区税务局印发《益阳地区税务检查站实施细则》，加强和规范各税务检查站对个体零散税收的征管。1990年，地区税务局充分发动群众协税护税的积极性，建立纵横交错的群众性的协税护税网络，共建立协税护税组织76个，发展税收密报员600余人，收到群众检举偷税漏税的举报信500余封，补税罚款900余万元。单项考核的个体户税收完成3615万元。

1991年，地区税务局组织开展个体税收自查和专项检查工作。益阳地区共组织专项检查工作人员3323人，其中税务干部1003人，党政、司法部门2320人，召开专门会议200余场次，张贴宣传标语500余条，主办宣传报刊200期，利用广播、电视宣传12次，累计宣传84天，出动宣传车12台，累计宣传80天，各县市区政府印发专业检查通告6580份。益阳地区共有29800户个体工商户，在规定期限内进行自查的有28104户，自查面达94.31%；自查有问题的14619户，占自查户数的52.02%，自查补税78.2万元，户均自查补税53.49元；重点检查19095户，重点检查有问题的16592户，占重点检查户数的86.89%，重点检查补税697.33万元，罚款12.12万元，加收滞纳金2万元，户平补税420.28元；自查和专业检查两项合计补税、罚款、加收滞纳金789.65万元，已入库732.39万元，入库率为92.75%；在专项检查中移送司法机关处理的案件46件，已结案34件；清理出漏管户364户；个体双定征收户检查前户均月纳税额112.63元，专项检查中调整户数4029户，检查后户月纳税额150元/户；结合专项检查新建账户219户，其中个体工商户新建账户198户，私营企业新建账户21户。当年，益阳地区税务系统个体税收完成4009万元，比1990年同期增收394万元。

1992年，地区税务局采取推行定期定额征收、进行税法宣传增强个体户纳税的自觉性、依靠基层政权管税实行综合治理、依靠公安、工商、个协、银行、交通运输等部门齐抓共管、完善个体工商户定时定点上门缴税制度、勤征细管防止跑冒滴漏等行之有效的办法，结合推广个体户纳税手册、资料卡和裁剪发票、适时调整了税负等措施，对个体集贸税收进行征管。地区税务局对个体工商户采取经常性检查与税收专项检查相结合的手段，对7393户个体户征税定额做了调整，查补个体税收323.7万元。对地区税务局个体税收征管好的经验，省税务局进行了专题报道。

1993年4月，《湖南省个体生产经营者税收征收管理条例》实施。同年6月，地区税务局印发《个体税收定税征收管理办法》《承包租赁挂靠户税收征收管理办法》《个体工商户私营企业税收征收管理办法》《集市贸易税收征收管理办法》四个征收管理办法，对益阳地区境内个体集贸税收的征收管理进行了进一步规范。同年9月，地区税务局按照省税务局《关于加强个体大户、私营企业税收征管工作的通知》精神，规定益阳地区境内月营业额在5000元以上的各类业户，均作为个体大户进行税收征管。同年9月，地区税务局组织开展一次益阳地区个体工商户和私营企业税收专项检查。

1994年7月，省税务局转发《南县税务局转变观念大胆创新强化个体税收征管》经验材料，肯定南县税务局对个体税收征管实行的“认摊征收、分户建档、编号抽查、奖罚并举”征管措施。

1996年4月，市国税局组织人员对全市范围内个体工商业户的营业额核定情况进行调查，针对存在的营业额核定偏低，税负不均等问题拿出整改意见和措施。同年11月，市国税局印发《关于开展个体、私营企业税收专项检查的通知》，对有固定经营场地的个体工商业户，包括各类挂靠户、承包经营户、租赁经营户、私营企业开展税收专项检查。主要检查有偷漏税行为的纳税大户和某些行业、未办税务登记证的业户、长期领用发票且数量较多而未缴销的业户、长期经营而未进行纳税申报，或有申报而无税款入库的业户、有其他违法违章行为的业户等个体私营企业当年度的纳税情况。当年，益阳地区税务系统个体税收完成8880万元。

1997年1月，市国税局规定全市个体工商户统一使用益阳市个体工商业户纳税手册。同年4月，统一在全市范围内对23097户个体工商户开展定税评税和税负调整工作。调整户数占征收户数的95.6%，比1996年增加504户；月定税额257.4万元，户均税额112元，比1996年增长12.6%。同年7月，市国税局推进个体户建账建制工作。在调查摸底、确定建账对象、组织培训、宣传发动的基础上，适时适当推进。到年底，已有125户个体户建账，占首批应建账户的49.4%。当年，市国税局组织入库个体税收8826万元，占年计划的104.39%。个体税收征管模式日趋完善。在农村，初步形成“定时定点，送税上门”为基本特征的个体税收征管模式。在城镇，专业化管理初具规模，组织形式上，由“三权合一”向“三权分离”的转变；征收方式上，由单一的“双定征收”向“查账征收”的转变；办税形式上，由专管员上门收税向纳税人自行申报、自觉纳税的转变；征管手段上，由手工操作向计算机管理的转变。当年，城镇个体工商户送税率已达95%以上。

1998年7月，市国税局对个体工商业户两次进行税负调整。一年一度的定税评税及税负调整。调整税负的户数为18298户，调整以后的户均月税额为156元，比1997年增长20%以上。商业企业增值税小规模纳税人征收率下调以后，确保原核定税额不变所作的调整。调整后，个体户均月税额达到172元，在第一次调整的基础上又提高了10个百分点。同年8月，市国税局制定《市国税局个体私营经济建账建制、查账征收管理暂行办法》，开展对益阳市个体工商业户的建账建制工作。办法规定：凡在益阳市境内从事生产、经营活动的个体、私营业户，达到本办法规定建账标准的都必须建账，按规定设置、使用、保管账簿和凭证。符合下列情形之一的个体、私营业户应设置复式账：以缴纳增值税、消费税为主的私营企业、股份制合作企业；个人租赁、承包、挂靠企业；各类名为国有或集体实为个体或私营企业；注册资金达到10万元以上的个体工商户；从事应税劳务月营业额在15000元以上或月销售收入在30000元以上的个体工商户。从事应税劳务月营业额在10000—15000元或月销售收入在20000—30000元，以缴纳增值税、消费税为主的个体工商户应设置简易账。城镇尚不具备建账和查账条件的个体工商户，农村、边远地区零星、分散的个体小户仍继续实行定期定额征收管理，但应按照国税机关的规定，建立个体工商户销售收入登记簿、个体工商户购进货物登记簿、个体工商户票据粘贴簿及个体工商户商品盘存表，认真登记或粘贴，如实申报缴纳税款，并对“三簿一表”和申报内容的真实性承担相应的法律责任。《市国税局个体私营经济建账建制、查账征收管理暂行办法》自当年9月1日起执行。到年底，全市已建账的个体、私营业户达到324户，比年初增加143户；实行查账征收的106户，比年初增加29户。南县国税局对25户个体大户、私营企业实行建账建制、查账征收试点，全年共入库税款25.47万元，比原定税额增加15.8万元。市国税局在开展对个体工商业户建账建制工作的同时，对无照经营的个体工商户及私营业主按照省工商局、省公安厅、省国税局、省地税局印发的《关于对无照经营进行综合治理的通知》进行综合治理。同年8月，市国税局印发《关于发放使用个体工商户“三簿”的通知》，明确凡有一定经营规模和固定经营场所，经县市区局批准实行定期定额征收税款的个体工商户，都必须按规定使用“三簿”作为登记核算业务收支和应纳税款的凭据；对不需建账的个体户采用“个体工商户收支记录簿、个体工商户票据粘贴簿、个体工商户日销售登记簿”进行税收管理。到年底，益阳市已有3670户个体工商户使用了“三簿”，税收申报的真实率和税款入库数额都有明显提高。同年10月，市国税局按照省税务局的统一部署，组织力量对益阳市个体工商户和私营企业乱收费的现象进行了一次清理，规范对个体私营经济的乱收费现象。当年，市国税局大胆尝试个体零散税收委托代征管理方式。全市大部分县市分局都根据当地不同的税源结构，针对税收管理的薄弱环节，对砂石市场、肉食市场、煤炭市场、竹木市场的税收实行了委托代征。益阳市城区砂石税收委托市水利局河道砂石管理站代征，同年7月，会同河道砂石站，对城区17个砂石场进行专项税收清理，清理补税29万元。

1998年，市地税局加强对全市个体私营业主建账建制及查账征收工作。益阳市个体私营业主共建复式账320户，实行查账征收后，税收收入成倍增长。

1999年3月，市国税局印发《市国税局关于做好个体工商户“定期定额”管理和税负调整的通知》，统一时段、统一政策，继续做好个体工商户“定期定额”管理和税负调整工作。全市对18505户个体户进行了税款核定，占纳税个体户22057户的83.9%；对1418户个体户的定额进行了调整，共核定税额4222万元，户均年税额2282元，最高的年税额22400元，最低的540元；建账个体私营户达4014户。同年6月，市国税局印发《关于深化我市国税系统征管改革的意见》的通知，要求建立健全益阳市个体税收专业管理机构，明确了“专业管理，集中征收，分级稽查，微机监控”的基本框架。

1999年，市地税局继续加强个体户建制建账工作，建账总户数达640户，比1998年翻了一番。

2000年，市国税局完善个体私营企业税收征管制度，确保个体集贸税收任务完成。稳步推行个体税收专业化管理，各县市分局都设立了单独的个体集贸税收专业征收单位。全面开展评税定税和调整税负工作。建立健全行业税收征管制度，加强对肉食、煤炭、建材、成品油、竹木制品专业市场等行业的税收征管，针对不同的行业，建立起联合征收办公室，或者实行委托代征的管理形式，明确工作职责，完善操作程序。加强个体税收收入的计划管理，将个体税收收入计划的完成情况作为税收征管质量考核的一个独立指标，单独考核县市区局。

2000年4月，市地税局通过科学测算、民主评定，将益阳市28288户个体工商户重新核定和调整了营业额和纳税额。同年6月，市地税局组织对个体工商户的征税情况进行全面清理。共清查共管个体工商户12715户，纯管户3384户，查出有问题的4291户，补办税务登记3087户，查补税款354.5万元，罚款30.6万元。桃江县地税局专门抽调12名税务干部进行专项税收清理，在桃花江镇开展对共管户的专项清理，检查重点户68户，查补税款40余万元；对15户长期拖欠税款的“刁难户”采取强制执行措施，扣押摩托车14辆、价值10万元，其余物品5万元；对持刀威胁税务干部，阻挠执法的个体户刘某鸣，提请公安机关刑事拘留7天，并补税2584元；立案查处龙某荣偷税案件，补税罚款5万元，提请公安机关将龙某荣刑事拘留10天。

2001年，市国税局在加强个体税收征管方面作了大量工作：做好个体税收税源调查，全面掌握了益阳市个体税收的税源及其分布情况；改进个体税收管理模式，成立了评税定税科，负责益阳地区范围内个体户税负水平的测算及其核定税款的工作；建立民主评税、公开办税制度；充分利用《中华人民共和国税收征收管理法》赋予的征管手段打击偷税行为。全市各级国税部门严格按照合法的核定程序，在业户自行申报和税务部门典型调查的基础上，利用协税护税网络提出的各行业的经营状况，与个体户代表一起进行评税议税。国税资阳分局与个体户分批分次开会交流，采取各种活动形式宣传税法，融洽征纳双方的关系，充分发挥个体户的参与意识，在评税定税过程中大部分个体户主动申报提高核定税款，定额调整面达90%，税负调高达26%。全市各级国税部门通过询问、查封扣押商品货物、查询银行存款等手段，重点查处了那些长期不申报纳税、经营规范扩大不按实申报的个体户，查处346户，查补税款263万元。

2001年，市地税局加强个体私营企业税收征管，开展个体户的纳税定额调整工作，完善《个体工商户定期定额税收管理办法》，将全市个体工商户纳税定额平均提高20%。规范个体税收管理，城区个体工商户申报率达100%，农村达90%。对部分零散税收采取代征的形式，防止了税收的跑冒滴漏。

2002年6月，市国税局制定《个体税收征管质量考核办法》，明确全市个体税收征管质量考核统一按户籍管理、税务登记管理、评税、定税管理、建账管理、税款征收管理、发票管理、公开办税管理、档案资料管理、资料报送情况九大内容百分制标准进行。同年6月，市国税局印发《集贸市场整治方案的通知》，开展对资阳区马良市场、鹅羊池市场、朝阳区银城大市场、赫山区桥南市场、朝阳市场、南县综合集贸市场、茅草街市场、沅江湘北市场、桃江桃花江市场、安化梅城大市场和湘资农贸市场等11个集贸市场进行为期半年税收专项整治。整治重点是：集贸市场中不按规定办理税务登记，不履行纳税义务，逃避税务机关管理的散户；从事批发、批零兼营、前店后厂的所有业户；达到建账标准不建账或不按规定建账且日常检查中发现有偷税行为的大户；实行定期定额征收但实际应税经营额超过税务机关核定税额的应税经营额的20%，不向税务机关主动申报缴税的业户；违反发票管理办法的业户；地方政府出台的违背国家税收法律、法规的集贸市场减免税政策和文件。集贸市场中纳税户自查1961户，自查面达70%；组织检查组19个，清理漏征漏管户364户，补办税务登记868户，查补税款89.6万元，罚款12.3万元；对1948户纳税人调整了税负，平均调增幅度17.9%，增加税收42万元。有的县市区还开展对肉食市场、医药市场、成品油市场的清理整治工作。沅江市国税局琼湖税务所清理医药市场，补征税款5.64万元。当年，全市各级国税部门都建立起以国税机关为主导，地方政府、有关部门，个协、纳税户代表参与的评税小组，实行民主评税、公开办税；把固定个体户的评税、征税、处罚过程和结果等全面公开，实行“公开办税五公示”制度，即定税公示、调税公示、停复业公示、缴税公示、处罚公示；将公示由办税服务厅转换到城区及乡镇各主要街道；建立起广泛的协税护税组织，共同维护民主评税、公开办税成果。沅江市国税局实行定税公开、停复业公示和纳税公示制度，将公示由办税服务厅转换到城区及乡镇各主要街道；赫山区国税局分户钉阳光公示牌，定税结果公开，个体户纳税申报率得到极大的提高；南县国税局在原来城区实行“钉牌”管理的基础上总结经验，在全县各税务所推广，促进了个体税收的征管。

2003年，市国税局坚持做好个体户实行民主评税、定税和公开办税以及对集贸市场的税收专项整治工作。对经营额在起征点以上，但定税额在起征点以下的1802户纳税户调整了税额，共调增税额192万元，减少了因增值税起征点提高后带来的税款流失现象。

2004年，市国税局首先在资阳、朝阳、赫山3个城区区局试点推行个体户定位定税管理信息系统，采集门店户数14000多户，利用软件调整定税户数7371户，其中达到起征点以上户数2430户，709户个体工商户调高了税额，调增月定税额15.59万元。全市各级国税部门按照“抓住大户、搞好中户、规范小户”的个体税收征管原则推行个体工商户建账建制工作。沅江市国税局率先在金银首饰行业试点一个月取得良好效果。金银珠宝店共15家，原每户平均月定税2700元，建账后每户月申报税款就达12800元，是建账前的近五倍，促进了个体税收的增长，公平了税负。沅江市国税局在全省国税征管工作会议上作了典型经验发言,并被评为“全省个体税收征管先进典型单位”。

2004年4月，市地税局印发《市地税局关于开展集贸市场税收整治工作的通知》，明确整治的重点是未按规定办理税务登记，没有纳入税务机关管理的业主；实行定期定额征收，实际经营额超过税务机关核定定额20%以上，没有向税务机关主动申报的业主；擅自减免、乱开减免税口子的行为；税务部门还没有进行管理的市场。当年，市地税局严把“四关”，强化个体税收管理。严把税源底子关。各地按照市局澄清税源、推行户籍化管理、全面清理漏征漏管户的工作要求，采取“地毯式”清查、联合清理、分类管理等办法，澄清个体税收底子。全市共有个体工商户28163户，其中自管户7346户、共管户20817户。严把核税定税关。采取坐店观测、比对分析、集中定税等办法对个体税收的定额进行调整，落实娱乐业税收政策，对娱乐业经营户的税收定额进行较大幅度的调整，并对定税情况在报纸上和办税公开栏中进行公布，做到依法定税、公开办税，达到税负公平。桃江县地税局对个体税收实行“户籍星级”的管理办法得到省地税局的肯定。严把征收入库关。各单位对个体税收征管进行目标管理，把个体税收的征收入库情况同干部的奖金、补贴挂钩，按月考核，奖罚兑现。严把以票管税关。从10月1日起，在城区饮食娱乐行业全面推行“发票刮刮”奖活动，强化对建筑安装发票、货物运输发票和饮食娱乐发票的管理，“以票管税”工作得到了进一步加强。当年，益阳市地税系统入库个体税收13450万元，比2003年同期增收2125万元，增长18.76%。

2006年，市国税局提出开展税收征管质量效率管理年活动，2月征期起，全市统一使用对个体工商业户管理定位定税管理软件产生的定额征收税款，成为全省率先上线的4个市州之一。同年11月，市国税局印发《关于做好2007年度个体工商户税收定额调整工作的通知》《定位定税软件运行管理办法》，进一步强化对个体工商户定位定税软件运行的管理，定税面、定税额分别比2005年增长15%以上；定位定税系统产生定额数据导入率100%、个体税收比2005年同期增长的预期目标。截至12月征期，全市个体工商户定税户数4585户，月定税额152.88万元，分别比2005年底增长16.13%、22.8%。当年，全市累计入库个体税收13210万元，比2005年的9729万元增加3481万元，增长35.78%。

2007年，市国税局加强个体税收管理，利用定位定税管理软件强化对个体工商户的“双定”工作。年底，全市个体工商户定税户数达6960户，月定税额达228万元。全市纳入CTAIS征管的个体户20509户，比2005年初CTAIS上线时的6817户增加13692户，增长2.01倍；征税户为6960户，比2005年年初CTAIS上线时的3675户增加3285户，增长89.39%；个体“双定户”月户平均定税337.28元；2005—2007年，“双定户”分别入库税款1519.69万元、2087.17万元、3287.51万元，分别同比增长29.13%、37.34%、57.51%。

2007年，市地税局推行个体工商户电脑定税，全系统共对23730户个体工商户进行定额核定，其中定税10779户，月核定税额1200余万元。

2008年，市国税局印发《关于做好2008年个体工商户定额调整工作的通知》，明确定额调整原则：各地要在定额调整过程中始终坚持公开、公平、公正的原则，严格执行公开办税制度，所有定额调整都必须通过定位定税系统生成，再将定额导入综合征管软件。市国税局要求各地通过定额调整和加强建账户、零散税收征管，达到月定税额增长15%以上；全市个体工商户月平均定额达到350元以上；征税面即月定额户数增长3%以上；全年个体税收总额（含双定税收、建账户税收、零散税收）增长15%以上的目标。市国税局在年底对定额户月定税户数、月平均定税额、月征税额以及个体税收总额进行考核。全年完成个体税收6978.70万元，同比增加845.10万元，增长13.78%。

2008年，市地税局开展对个体工商户税收定额核定工作，成立领导小组，开展“明明白白征纳税”竞赛活动。同年5月，市地税局印发《个体工商户税收定额核定工作专项检查方案的通知》，对全市8个县市区局有个体税收征管任务的21个税务分局（所），51个税收管理员的个体工商户税收定额核定工作进行检查，实地抽查个体工商户2040户，检查8个县市区局的个体税收定额核定办法、计算机系（参）数定税管理办法、个体户税收定额核定资料以及1256份税（费）报缴辅导表和个体工商户税收定额核定专项工作总结。据检查统计：全市有32279户个体工商户进行了税收定额核定，比2007年同期增加13547户，增长72.32%。其中：核定达起征点以上的个体工商户12852户，比2007年同期增加7466户，增长138.62%；核定未达起征点的个体工商户19427户，与2007年同口径比较减少11%。全市月核定税额497.83万元，比2007年同期增加261.55万元，增长110.69%。其中：达起征点以上个体工商户月核定税额475.66万元，比2007年同期增加297.29万元，增长166.67%。全市达起征点以上个体工商户月户平均定税370元，比2007年同期增加39元，增长12.78%。其中：自管户月平均定税813元，比2007年同期增加178元，增长28.03%；共管户月平均定税149元，比2007年同期增加42元，增长39.25%。益阳市自管户最高月定税额75750元，共管户最高月定税额2700元。

2009年，市国税局印发《关于做好2009年个体工商户税收定额调整工作的通知》，要求全年个体工商户税收定额调整工作达到：征税户数达到2008年11月月定税户数×15%+2008年11月个体工商户建账户数；保证全年考核期内个体税收累计完成数实现正增长；个体建账户"零申报"比率低于30%；落实办税"八公开"制度，并逐月将个体户定额及缴税情况通过办税服务厅办税公告栏、办税服务厅触摸显示屏、主要街道、市场、纳税人集中场所或经营地等途径进行公开；所有定额调整需通过个体定额核定系统生成，2月征期，各地一律按调整后生成的新定额征税。同年5月，市国税局决定先在沅江国税局、安化国税局2个单位进行委托邮政部门代征农村乡镇零散个体税收的试点。6月，委托邮政部门代征农村乡镇零散个体税收的试点工作如期展开。同年8月，市国税局组织开展"个体税收执法监察实地查"活动，在检查中发现基层国税部门开具"飞机票"现象严重，全市国税系统共检查出"飞机票"2130份，涉及金额75.74万元。市国税局印发《关于加强个体税收征管，杜绝"飞机票"现象的紧急通知》，坚决杜绝"飞机票"现象的再度发生。当年，全市个体税收完成7154.28万元，在国家政策调低征收率近40%的情况下，全年仍保持增长4.16%的态势。

2010年，市国税局推广税控收款机，严格执行以票控税，强化户籍管理，累计入库个体税收9979.92万元，比2009年增收2825.64万元，增长39.50%。

2011年，市国税局印发《关于进一步加强基层税务分局税收征管工作的意见》，对个体税收管理提出了如下要求：个体户的定税，各征收单位要分不同行业、地段（市场）做好典型调查，充分搜集纳税人的生产经营情况、经营面积、所处路段等信息，科学合理地确定定税系数，按统一标准、统一方法生成定额，严格按个体工商户计算机定额核定管理系统要求，实行一年一定。各征收单位要及时在公开的场地公开个体工商户的定税信息，实行"阳光定税"。达到建账标准的个体工商户必须实行建账管理，对个体建账户连续3个月以上"零申报"或当年建账期内申报销售收入未达到建账标准的，必须进行纳税评估或税务检查，将"零申报"比率控制在5%以内；超过一般纳税人标准的，应督促其办理一般纳税人。自2011年1月1日起，所有报停的双定户均须经各县市区局分管征管的领导审批，市县两级征管科不定期进行抽查，确保双定户停歇业的真实性。加强流动商贩及农村边远地区个体零散税收的征收管理，各县市区局可根据实际情况采取直接征收或委托代征的管理方式。采取委托代征方式的，应报市局征管科备案。当年，市国税局认真落实增值税起征点提高政策的同时，加强个体税收户籍管理、制定五个有关个体税收管理的办法和规定，科学定税、动态管理，落实以票控税、抓好第三方信息的收集和定额户管理，落实部门协控税收等措施，保证个体税收增长，全年共入库个体税收18839万元，增收8859万元，增长88.78%。其中委托邮政部门代征农村乡镇个体零散税收和推行邮政代开发票工作，代征零散税收4060万元。委托代开、代征工作受到了省国税局表扬。

2012年3月，市地税局印发《关于加强个体工商业户地方税收核定管理的通知》，组织开展个体税收核定工作。要求全面清理个体漏征漏管户，清理工作面要达到100%；严格按程序进行个体工商业户税收核定，按照"自行申报、调查核实、核定定额、定额公示、定额核准、下达定额、公布定额"的工作程序，对个体工商户的地方税收进行依法核定；严格进行发票管理，对发票领用严格把关、对领用额度按税收核定定额控制，对发票开具超过定额的要上浮调整税收定额。截至5月底，共完成33148户个体工商户的税收核定，其中达起征点以上的户数为2742户，月核定税额609.32万元。

2016年，市地税局根据营业税改增值税后税收征管新形势的要求，联合国税部门科学开展个体工商户定税工作。5月1日“营改增”后，重新对17391户个体工商户进行核定，月核定税款133万元。

四、重点税源监控

1990年，地区税务局为掌握重点税源企业税源动态，对益阳地区年税额在100万元以上的33户企业建立定期报表制度。33户重点税源企业年税额达7800万元，约占全部税源的25%。

1991年，地区税务局重点对年税额在50万元以上的49户企业、年税额在100万元以上的11户企业进行定期调查走访，建立税源变动登记台账。

1992年，地区税务局组织两次大的税源调查，对电力、机械、纺织、商业等重点税源企业进行现状和前景专题调查，写出专题调查报告。对占全年收入1/3的年税额在50万元以上的59户重点纳税户，按季通报产值、销售、利润及纳税情况。

1995年，年纳税额在50万元以上的重点税源企业达到73户。市国税局实行专人负责制，按月通报其产、销、利、税四大经济指标的完成情况，实行全面监控，发现问题，及时帮助解决。对电力、建材产品、建筑安装、纺织品、商业零售等重点行业，要求县市分局实行行业监控管理，力保这些行业实现税收比1994年增长15%以上。

1996年4月，市地税局印发《关于建立企业所得税重点税源报表制度》的通知，要求各县、市地税局、市直各地方税务分局对辖区内企业所得税年纳税在50万元以上的企业和单位，按季填报重点税源报表报送市地税局，及时掌握全市地税系统重点税源企业所得税的变动情况。

1997年，市国税局深入年税额50万元以上的96户重点税源企业走访调查，摸清其三年来生产、销售、利润、入库税金等情况，保证税收计划的落实与执行。

1999年1月，市国税局对全市63户年税额50万元以上的重点税源户进行摸底调查。同年10月，对重点税源户的各项数据进行采集。为建立健全重点税源户数据库提供真实的数据支持。

2000年1月，市国税局对全市79户年税额50万元以上的重点税源户进行摸底调查，掌握了其生产发展情况，估测其未来发展趋势。同年9月，对重点税源户的各项数据进行全面采集，建立起重点税源户数据库。

2002年2月，市国税局印发《关于进一步加强税收分析和重点税源监控工作的通知》，提出及时报送重点税源数据、加强重点税源调研分析、搞好年终收入预测、严格重点税源监控考核等新要求。

2002年1月，市地税局印发《关于加强重点税源户管理的通知》，规定以2001年为基数，凡年缴纳地方各项收入在50万元以上（含50万元）的纳税户，纳入市局的重点税源管理，逐级建立重点税源户管理台账，并编制重点税源月报表上报市局。各县市区局相应建立本地重点税源管理体系。

2003年，市国税局按省国税局的要求重新明确各级重点监控的税源户，其中上报总局监控的有8户。市国税局对年纳税额50万元以上的95户重点企业的生产、销售、实现税收、入库税款等情况确定专人进行统计和分析，保证税收收入长期稳定增长。

2004年9月，市国税局印发《2004年重点税源监控管理考核计分办法》，强化对益阳市重点税源监控的管理工作。当年，全市国税系统纳入全国重点税源监控户的9户，纳入省局监控户的34户。市局监控年纳税额在50万元以上重点税源户99户，监控人员必须按月分析生产经营情况，预测税源形势。

2007年3月，市国税局印发《关于布置2007年重点税源监控工作的通知》，就2007年重点税源企业报表及数据采集等方面工作做出调整。重点税源企业省局监控标准为年纳税100万元以上企业（含国内增值税、国内消费税、企业所得税、涉外企业所得税），市局监控标准为年纳税50万元以上企业。当年纳税上500万元的企业达37户，其中上千万元的达15户，均比2006年增加5户。

2007年，市地税局对基层上报的重点税源户进行整理和审查，并实行专人管理。当年，益阳市重点税源监控户数为93户，监控总收入为13307万元，同比增加2305万元，增长20.95%。其中，纳税总收入位于前10名的重点税源户合计纳税7242万元，同比增加3181万元，增长78.77%。

2009年1月，市国税局明确当年全市重点税源监控管理的范围为2008年年纳税额在50万元以上或预计2009年纳税额将达到50万元以上的企业（含国内增值税、国内消费税、企业所得税）。对年纳税100万元以上的企业通过TRS系统上报，50万元以上的通过EXCEL表格上报。同年4月，为深入分析重点税源企业税收增减变化的原因及对全年组织收入工作的影响，建立健全益阳市重点税源行业（企业）税收动态监控和预警反馈机制，市局印发《关于开展重点税源企业调查分析的通知》，组织在全市范围内开展对重点税源企业的调查与分析工作。

2010年2月，市国税局发文明确，2010年重点税源监控管理的范围为2009年年纳税额在50万元以上或预计2010年纳税将达50万元以上的企业（含国内增值税、国内消费税、企业所得税）；省国税局2010年重点税源监控范围为2009年年纳税额在100万元以上或预计2010年纳税将达100万元以上的企业。对年纳税100万元以上的企业通过TRAS系统上报，50万元以上的通过EXCEL表格上报。同年5月，市国税局召开第一次税源与征管状况监控分析一体化工作会议。当年，市国税局对年纳税额在100万元以上的120户重点税源企业及新投产企业进行动态跟踪监控，为组织收入提供一手资料。

2013年1月，市地税局印发《市地税局重点税源管理制度》。规定从2013年1月1日起，市地税局负责益阳市范围内重点税源的确定和监控，县市区局负责本辖区重点税源的确定和监控。以2012年度实际缴纳税额为标准，缴纳地方各项税收（不含费）在1000万元以上（含1000万元）的纳税人，必须纳入市级重点税源监控范围，市级重点税源企业名册一年一定，在年初确定，年内一般不作调整。缴纳地方各项税收（不含费）在100万元以上（含100万元）1000万元以下的纳税人，必须纳入各县市区局重点税源监控范围。凡年缴纳地方各项税收（不含费）在10万元以上（含10万元）100万元以下的纳税人，必须纳入税务分局重点税源监控范围。凡年缴纳地方各项税收（不含费）在1万元以上（含1万元）10万元以下的纳税人，必须纳入税收管理员重点税源监控范围。

2014年，市国税局对重点税源企业分三类进行监管。对年纳税额100万元以上的279户纳税企业按月进行分析、形成月报表；对年纳税500万元以上的88户重点税源企业进行重点分析；对年纳税前100位的企业分户进行专项检查，形成专题分析报告。

2016年，市地税局确定年纳税额在100万元以上的394户纳税人为重点税源户，其中年纳税额在500万元以上的96户纳税人为市局重点监控对象。

2017年，市国税局印发《2017年益阳市重点税源监控工作考核标准》的通知，将重点税源监控工作纳入考核体系并对重点税源监控资料的上报时间、数据质量、数据完整性、上报分析报告等考核指标作了详细规定。

2018年4月，市国税局、市地税局联合印发《关于开展联合税收分析、税收调查和重点税源管理工作方案的通知》，通知明确联合下发重点税源监控制度；由市国税局建设重点税源监控数据网上报送模块，实现直接从金税三期系统抽取企业已申报数据；双方共享重点税源数据，并协同对重点税源监控报表进行审核、汇总后，由市国税局上报省局；双方利用重点税源数据建立行业监控指标体系，联合开展税收预测和税源质量分析。技术保障：依托金税三期应用系统和重点税源调查与分析系统（TRAS）完成重点税源数据采集、汇总、审核和上报。合作目标：实现税务总局重点税源监控企业的同户管理，做到重点税源数据“自动生成、一方采集、双方共享”。同年5月，市国税局、市地税局联合印发《关于联合开展2018年税收调查工作的通知》，对国地税双方确定的重点税源监控企业进行税收调查。

五、纳税评估与税源管理互动机制

2002年，市国税局以纳税评估为突破口，强化税收征收管理。规定凡使用10万元版以上增值税专用发票的商贸企业，必须按月进行纳税评估，当年，对全市20多家商贸企业进行了纳税评估。

2005年，市国税局全面落实税源监控机制，构筑起“税收分析—纳税评估—税务稽查”的良性互动机制。落实税收管理员制度，实施纳税评估与一般纳税人年审、所得税汇算清缴、税收分析相结合等方式来加强税收征管，帮助纳税人发现和纠正在履行纳税义务过程中出现的认知偏差，提高纳税人纳税意识和履行纳税义务的能力。

2006年6月，市国税局印发《纳税评估实施办法》，6月1日起执行。同年6月，为提高国税系统纳税评估工作水平，市国税局组织流转税科、所得税科、国际税收管理科、征管科等部门在县市区局的大力配合下开展分行业、分税种的纳税评估工作。经市国税局精选，确定益阳华微电子有限公司为企业所得税纳税评估典型案例，益阳鸿源稀土有限责任公司为涉外企业所得税纳税评估典型案例，朝阳金鑫酒类批发部、益阳市三联米业有限公司为个体工商户纳税评估典型案例。印发《关于印发纳税评估典型案例》的通知，要求各县市区局请认真组织学习，以典型案例为蓝本，认真组织开展各自辖区企业的纳税评估工作。同年8月，印发《市国税局开展宏观税负分析专项活动实施方案》，开展益阳市国税系统开展宏观税负分析和纳税评估专项活动。

2007年4月，市国税局按照“五个结合”的要求，积极开展企业所得税纳税评估取得明显效果。评估所得税纳税企业327户，发现有问题约谈的131户，调账52户，移送日常检查59户，移送税务稽查1户，加收滞纳金32户，收取滞纳金10.17万元，补缴入库企业所得税620.02万元，调账减亏91.47万元。市国税局配合沅江市国税局对某企业开展所得税纳税评估，企业已按规定调账并已补缴入库企业所得税200多万元；配合赫山区国税局对橡机集团公司的所得税进行纳税评估，查补入库企业所得税181万元；配合安化县国税局从纳税评估入手对某企业3年以来的所得税情况进行税务稽查，查补入库企业所得税（包括滞纳金）260多万元。当年，全市国税系统通过纳税评估入库税款5907万元。

2007年，市地税局共对129户纳税人进行了纳税评估。评估入库税款58.4万元，实现“以评促改、以评促管、以评促查、以评促收”的工作要求。

2008年6—8月，市国税局组织开展益阳市水泥生产企业增值税专项纳税评估工作。市国税局成立领导小组，组织相关人员并从部分县市区局抽调业务专干督导本次评估工作。市局同时要求各县市区局成立相应的领导小组，按照市局确定的评估对象和内容。有计划、分步骤地开展纳税评估工作，对发现存在偷税嫌疑的企业，要及时移送稽查部门查处。同年10—12月，市国税局组织开展对益阳市重点税源企业开展纳税评估工作。选定益阳市50户2007年年纳税额在100万元以上的重点税源企业实施纳税评估。同年11月，市国税局制定的《利废企业增值税纳税评估办法（试行）》开始实施。要求主管税务机关应运用销售收入变动、进项税额抵扣、废料抵扣比重、行业税负、期末存货及应收应付账款增幅比例等预警指标进行监控，对于预警指标偏离度较大的利废企业，应列入重点纳税评估对象。明确销售收入变动率较大，且与主管税务机关设定的预警指标偏离20%以上的；废料月购进金额在100万元以上，进项税额抵扣较大，且预警指标偏离度在20%以上的；废旧物资专用发票抵扣比重在50%以上的；实际税负率低于行业预警指标且明显低于同行业税负的；生产场所与仓储场地不在同一地方且期末存货变动较大、与主管税务机关设定的预警指标偏离20%以上的；应收应付账款包括其他应收应付账款增幅50%以上的；本期投入的废旧物资及其他购进货物占本期产成品成本比例高于80%的利废企业应列入此次纳税评估的重点名单逐一进行纳税评估。

2009年，市国税局抽调业务骨干组成若干纳税评估小组，开展纳税评估工作。同年2月，市国税局印发《关于下达2009年度市国税局纳税评估组工作任务的通知》，要求市局各纳税评估小组于9月底前完成市局抽取的湖南宇品机械实业有限公司、口味王槟榔有限公司、湖南省三益茶叶有限公司、益阳金能新材料有限责任公司、益阳湘芬纸业有阳公司、大利电子有限公司、益阳普华纺织有限公司、湖南林源纸业有限公司、南县德盛纺织有限公司、益阳东方水泥有限公司等10户重点纳税人的纳税评估工作，并建立3个纳税评估模型，制定3个行业税收的管理办法。市局各纳税评估小组还将完成对县市区局提请市局纳税评估小组评估的纳税人进行纳税评估。市国税局将检查、督导县市区局纳税评估工作的开展，对每个县市区局的评估成果抽取2户进行复查，主要检查税收政策的运用、评估质量与数据的真实性等。同年3月，市国税局印发《关于开展纳税评估典型案例演示竞赛活动》的通知，在全市国税系统开展纳税评估典型案例演示竞赛活动。竞赛按市局下发的纳税评估优秀案例编写的参考提纲、分县市区局初赛和市局决赛两个阶段进行。当年，市国税局通过推行税源管理“四级巡查”工作制度，开展纳税评估典型案例演示竞赛活动，取得互动成果11013万元，同比增加1250万元，增长12.8%，成果贡献率6.7%，同比增长0.69个百分点。

2012年4—9月，市国税局印发《关于组织开展2012年益阳市第一批疑点预警信息纳税评估工作的通知》《关于组织开展2012年益阳市第二批疑点预警信息纳税评估工作的通知》，分两次下达益阳市疑点预警信息纳税评估工作重点企业名单38户和42户。

2012年6月，市地税局印发《益阳市存量房交易纳税评估实施方案》，规定从7月1日起，将应用房地产评估技术，建立存量房交易纳税评估系统，借助房地产批量估价技术软件建立的估价模型，将待评估房地产就地理位置、建筑结构、朝向、楼层、层高、侧端、交易时点等主要因素修正，确定存量房交易计税价格评估值。发生存量房交易负有纳税义务的单位和个人，应当依法如实申报缴纳契税、营业税、城市维护建设税、个人所得税、企业所得税、土地增值税、印花税、教育费附加和地方教育附加等税费。纳税人申报的交易价格符合客观实际时，按纳税人申报的交易价格征税；纳税人申报价格明显偏低且无正当理由的，按存量房交易纳税评估系统生成的评估值征税。当年，市地税局实施存量房交易纳税评估，建立起益阳市存量房交易纳税评估基础信息数据库，实施税源信息的动态管理，提高房地产行业各项税收征管水平。

2013年3月，市国税印发《关于做好2013年度纳税评估模型建设与讲评工作的通知》，公开行业（产品）纳税评估模型模板，针对各县市区国税局地域及纳税企业特点，建立分行业（产品）的纳税评估模型。要求资阳区国税局建立电子元件制造业纳税评估模型、高新区国税局建立机械零部件制造业纳税评估模型、赫山区税务局建立电子元件制造业纳税评估模型、沅江市国税局建立造纸行业纳税评估模型、南县国税局建立面制品制造加工业纳税评估模型、大通湖区国税局建立棉纺织加工业纳税评估模型、桃江县国税局建立竹胶板加工业纳税评估模型、安化县国税局建立化学原料及化学制品制造业纳税评估模型。其中电子元件制造行业评估模型被评为全省优秀纳税评估模型。同年6月，市国税局制定《纳税评估主评和复核制度》，要求各类纳税评估参与人员在开展评估前必须填写纳税评估主评登记表，记录纳税评估相关事项，并将纳税评估主评机制纳入《益阳市国税局税收征管质量考核办法》，将工作实绩进行量化管理，确保主评制度落实；各类纳税评估必须实施纳税评估案件复核机制、省级重点税源税收风险预警信息应对和市级税收风险预警信息应对，由专职团队人员组织实施评估结束后，统一交由市局税收风险应对管理领导小组办公室复核；县级税收风险预警信息应对、日常评估和其他原因组织的评估，按案件数量15%的比例进行抽查复核，由市局税收风险应对管理领导小组办公室负责实施；纳税评估案件复核的主要内容包括评估资料是否完整，相关文书使用是否得当，评估程序是否规范，是否存在未经约谈直接进行实地核查或先进行实地核查后进行约谈的现象，评估方法是否科学、合理、实用，结果是否准确，风险预警揭示的疑点是否消除以及理由是否充分，评估税款是否及时、足额入库等；市局将对纳税评估案件主评和复核工作实绩进行量化管理，确保制度落实。同年9月，市国税局印发《益阳市国税系统2013年纳税评估模型讲评和培训工作方案》，对建立纳税评估模型人员进行培训、对各县市区局建立的纳税评估模型对照行业（产品）纳税评估模型模板进行讲评。当年，市国税局统筹制定纳税评估工作计划，明确税收风险管理工作领导小组及专职团队职责，建立纳税评估主评复评制度，组织纳税评估模型和案例培训、讲评，对8个行业税收模型进行演示评比，将全市国税系统纳税评估工作向纵深方面进行推进。

2014年，市国税局通过对大量纳税评估案例的分析，发现现行政策下一般纳税人的认定和“两头”在外的商贸企业、代开发票、关联企业交易等方面存在居多的税收风险点。经过深入调查写出专题调查报告向省国税局和总局反映，得到了上级税务部门的肯定。针对全市国税系统预警信息分析中疑点较为集中的纺织、造纸、茶叶精加工、汽车销售等行业制定税收管理措施，建立纳税评估模型，组织各县市区局开展了纳税评估模型与案例演示讲评，提高益阳市国税系统纳税评估和税收风险的管理水平。

2014年，市地税局大力开展“一评双清”活动，强力推进纳税评估、数据清理和欠税清查。完成纳税评估305户次，评估入库税款6675万元；清理异常数据15.78万条，修改完善4.38万户的基础数据；清理欠税户1611户次，对欠税去伪存真，并对欠税户和非正常户予以公告。

2015年1月，市地税局下文明确，自2015年1月1日起，益阳市存量房交易纳税评估系统的交易评估价格下浮比例统一由原来的20%下调至10%。

2016年，市国税局继续抓好纳税评估工作，组织开展纳税评估227户次，通过纳税评估入库税款3678万元。

2016年，市地税局加强对税源企业的日常巡查、调查，切实掌握税源的变动情况，对税源变动较大、申报异常的纳税人，认真开展纳税评估，采取案头资料分析、约谈、实地调查等手段，防范税源管理漏洞。通过日常评估，发现纳税人因不了解税收政策造成的漏申报税种情况589户次，提醒纳税人进行改正；发现纳税人资料报送不齐全439户次，提醒纳税人进行补报。2016年，益阳市地税系统共组织对669户纳税人进行了纳税评估，评估税款3820.3万元，入库3000余万元。

2017年3月，市地税局印发《关于进一步加强存量房交易税收服务和管理工作的通知》和《益阳市中心城区非住宅类存量房交易纳税评估工作实施方案》，通知要求：完善部门协作机制，主动与当地房管、国土、不动产登记等部门联系沟通，实现信息联网与数据共享，使存量房评估结果更加符合本地市场实际成交价格。通知规定：自2017年4月1日起，存量房交易纳税评估系统对评估价格不再下浮，恢复按系统实际评估价格计税。

2018—2019年，市税务局通过纳税评估入库税款4390.96万元。

2022年8月，市税务局组织市、县两级税收风险管理部门对益阳市食品制造行业开展一次交叉纳税评估。

第四节　税收风险及大企业管理

税收风险是指税务部门在征税过程中，由于制度方面的缺陷，政策、管理方面的失误，以及种种不可预知和控制的因素所引起的税源状况恶化、税收调节功能减弱、税收增长乏力、最终导致税收收入不能满足政府实现职能需要的一种可能性。税收风险管理，是税务机关运用风险管理理论和方法，在全面分析纳税人税法遵从状况的基础上，针对纳税人不同类型不同等级的税收风险，合理配置税收管理资源，通过风险提醒、纳税评估、税务审计、反避税调查、税务稽查等风险应对手段，防控税收风险，提高纳税人的税法遵从度，提升税务机关管理水平的税收管理活动。税收风险管理的基本内容包括目标规划、信息收集、风险识别、等级排序、风险应对、过程监控和评价反馈，以及通过评价成果应用于规划目标的修订校正，从而形成良性互动、持续改进的管理闭环。随着益阳市经济的飞速发展，大企业在益阳市的经济地位越来越凸显，成为益阳市经济发展的重要支柱和税收收入的主要来源。由于大企业规模庞大，内部组织结构和核算体系复杂，生产经营分散，内部决策集中等都容易导致它们面临较大的风险。风险导向管理已经成为大企业税收管理的必然趋势。因此，税务机关和大企业而言，税收风险管理已经成为大企业税收专业化管理的核心。

一、管理机构

2009年9月，根据《省国税局关于市国税局系统规范机构设置明确职责分工方案》的批复，市国税局成立大企业和国际税务管理科。大企业和国际税务管理科承担对大型企业提供纳税服务工作；承担对大型企业的税源管理、纳税评估和日常检查工作；承办汇总（合并）纳税企业税收日常检查的有关工作；承担有关税收法律法规和国家（地区）间税收协议、协定（安排）的具体执行工作；组织实施特别纳税调整工作，解释和处理具体业务问题。

2017年2月，经请示省国税局同意，市国税局成立大企业税收管理局。其职责是：负责承接总局、省局（大企业税收管理处）和市局（大企业和国际税务管理科）下发大企业税务风险管理工作；对口市局大企业和国际税务管理科，负责益阳高新技术产业开发区内的总局千户集团、省市两级定点联系企业的日常税收管理、全流程税收风险管理和个性化纳税服务工作；负责市局大企业和国际税务管理科交办的其他工作。

二、管理内容

2012年9月，市国税局印发《关于加强大企业税收管理的实施意见》，确定大企业的标准为：1.企业规模和税收收入大，在当地经济社会发展中有较大影响；2.企业集团管理决策相对集中，跨地域经营且成员单位较多；3.具有行业和所有制代表性。

2013年6月，市国税局印发《关于开展2013年大企业税收风险管理工作的通知》，决定对湖南艾华集团股份有限公司（赫山区局）、益阳橡胶塑料机械集团有限公司（赫山区局）、益阳科力远电池有限责任公司（高新区局）、纳爱斯益阳有限公司（高新区局）、湖南宇晶机器股份有限公司（资阳区局）、益阳鸿源稀土有限责任公司（资阳区局）、益阳市东方水泥有限公司（桃江县局）、湖南安化渣滓溪矿业有限公司（安化县局）、太阳鸟游艇有限公司（沅江市局）、南县德盛纺织有限公司（南县局）等10户企业2010—2012年所涉及的增值税、企业所得税开展税收风险排查。市国税局组成3个风险排查小组，对10户大企业的税收遵从度状况进行了风险排查，共排查出企业风险点50个，涉及税收金额736万元。同年9月，市国税局、市地税局联合制定《益阳市烟草行业风险测评工作联合实施方案》，决定对益阳市烟草行业有计划、分步骤地开展风险测评工作。当年，市国税局处理了省级、市级重点税源企业税收风险预警信息。其中省级第1批风险处理，入库税款390多万元，居全省第2名。

2014年，市国税局强化税收风险管理，开展风险管理调研分析、实施风险等级划分，制订风险管理办法，完成了省市两级风险预警任务177户次，消除涉税疑点117处。认真开展风险排查，针对农村信用社、房地产、小水电三大行业进行会审、排查、评估，补缴所得税8143万元。认真做好烟草行业风险测评工作，入库税收279万元，推行金融企业全流程风险管理，向企业提出了风险管理意见，达到了加强税收征管和帮助企业降低税收风险的目的。

2015年5月，市国税局税收风险管理工作领导小组办公室印发《关于开展2014年增值税纳税人风险核查、评估和稽查工作实施方案》的通知，组织开展2014年增值税纳税人风险核查、评估和稽查工作。本次风险核查工作主要针对在增值税方面存在较大风险的纳税人，具体包括：增值税申报表一中未开票金额为负数的纳税人；红字发票开具异常的纳税人；申报收入与应纳税额或注册资金相比异常的纳税人；福利企业申报开票异常的纳税人；免税项目金额较大的纳税人；开票收入大于申报收入的纳税人；运费进项发票取得异常的纳税人；使用收购发票异常的纳税人；电力公司等九类纳税人。通过核查、评估，达到了明确执法责任、规范执法行为、防范执法风险，严厉打击涉税违法行为的目的，实现了提高依法治税水平、提高纳税人遵从度、增加税收收入的终极目标。同年8月，市国税局制定《益阳市国税系统开展虚开虚抵涉税违法行为风险排查工作实施方案》，组织益阳市国税系统开展虚开虚抵涉税违法行为风险排查工作。市国税局成立8个督导组，由市局领导带队，开展对益阳市国税系统虚开虚抵涉税违法行为风险排查工作的督查。益阳市国税系统共排查企业677户次，稽查144户，移送公安59户，农产品企业虚开虚抵行为得到有效遏制。同年8月，市国税局印发《关于组织实施企业所得税风险管理专项工作》的通知，部署开展企业所得税风险管理专项工作。同年9月，市国税局组织开展对湖南凯特密欧服饰公司出口退（免）税情况进行全面风险排查和对益阳市赫山区智鹏竹制品加工厂、益阳市赫山宏达竹木制品有限公司进行重点风险排查的专项工作。当年，益阳市国税系统加强税收风险管理，在完成省局推送的风险预警任务外，主动查找疑点，完善管理措施，做好农产品企业增值税风险防控工作。全年共处置各类涉税风险1041个，入库税款1.5亿元。

2016年4月，市国税局印发《金税三期风险管理系统推广实施方案》的通知，决定从5月中旬开始，在益阳市国税系统全面推广金税三期风险管理系统。当年，市国税局通过加强风险应对共入库税款46085万元。

2016年，市地税局结合地税工作实际，有针对性、有重点地开展税收风险管理工作。特别是对总局、省局下发的“零申报”、申报异常等重点风险任务，逐户进行风险应对，共对136户“零申报”户、228户未申报户进行了催报催缴、纳税评估，进一步加强对税源的有效控管。同年4月，上报省局13项风险管理指标和模型，为全省建立统一的税收风险管理系统做出了贡献。同年10月底，金税三期风险管理系统正式上线后，市地税局先后承接了总局、省局下发的风险应对任务2批384户次；采取风险应对措施380户，其中，提示提醒1户，完成风险管理全流程306户。纳税人补缴入库税款332.05万元。

2017年5月，市国税局税收风险管理工作领导小组办公室印发《关于加强纳税申报中虚列农产品进项税额风险防范》的通知，要求各县市区国税局及国税系统基层各征收单位重点防范纳税人在纳税申报中虚列农产品进项税额的行为发生。同年7月，市国税局印发《关于开展千户集团成员企业税收风险分析工作》的通知，确定益阳市辖区内湖南益阳南方新材料科技有限公司、益阳昌华混凝土有限公司、安化建工混凝土有限公司、桃江县泰基混凝土有限公司、湖南沅江南方水泥有限公司、安化县明珠混凝土有限公司、湖南益阳南方水泥有限公司、湖南桃江南方水泥有限公司等8户企业为千户集团成员企业税收风险分析对象。同年9月，市国税局印发《关于进一步加强整治虚开虚抵税收违法行为专项工作》的通知，明确益阳市风险分析企业将在原有的纺织企业、服装企业、竹木企业、2016年新办的出口退税企业、2016年出口退税额增长较大的企业的基础上扩大范围。具体增加的企业范围为：农产品抵扣和出口供货企业，取得进项发票品目为“黄金”或“手机”的企业，“一户多证”“一址多证”等关联企业，新办“两头在外”的商贸企业，享受税收优惠政策的企业，取得案发地增值税进项发票的企业，申报抵扣其他扣税凭证进项税额的企业，出口函调企业，取得失控发票的企业。同时明确益阳市风险分析的重点行业为：农林牧渔业，木材加工和木、竹、藤、棕、草制品业，纺织服装、服饰业，家具制造业，农、林、牧产品批发业，医药及医疗器材批发、零售业，矿产品、建材及化工产品批发业，机械设备、五金产品及电子产品批发业等。市国税局开展2017年整治虚开虚抵税收违法行为专项工作，前阶段主要是对益阳市国税系统管辖的纺织、服装、竹木、新办或出口退税额增长较大的四类高风险行业的所有499户纳税人进行了全面核查；后阶段主要是按照省局要求对省局风管办推送的7批次34户风险纳税人、1批次14户虚开虚抵专项风险任务、总局推送的8件稽查案件、省局推送的19户海啸1号协查案件、省局安排的3户废旧物质企业采取了核查、评估、稽查等处理措施。益阳市国税系统相关责任单位都按照要求完成了风险处置，并及时做好了复核反馈工作。通过两个阶段的整治，益阳市国税系统虚开虚抵税收综合治理工作达到了预期目标，取得了发票用量与开票限额得到控制、农产品收购发票开具金额下降、窗口免费代开金额下降、出口退税金额下降等方面的明显成效，虚开虚抵税收违法行为得到了有效遏制。同年10月，市国税局税收风险管理工作领导小组印发《关于对赫山区伊菊印刷厂违法代开发票及偷漏税款开展风险评估的通知》，要求赫山区国税局组织力量对赫山区伊菊印刷厂违法代开发票及偷漏税款行为重点进行风险评估。2017年，市国税局成立大企业税收管理局，组建大企业风险管理专业团队，精心开展邮政速递业务、水泥混凝土行业税收风险分析，共查找风险点82个。在益阳市范围内开展虚开虚抵综合治理工作，取得新的成效：益阳市核查发票20969份，对209户纳税人采取核减发票措施，对124户纳税人采取降低发票开具限额措施；核查（评估）242户，其中移送稽查23户；益阳市农产品收购发票用量较2016年同期下降50.51%；窗口免税代开发票金额下降77.81%；出口退税在保证实体企业、重点企业退税的前提下，无基数增长。

2018年，市国税局和市地税局税收风险及大企业管理工作经历了合作、合并、融合的过程。年初，市国税局制定《开展2018年"税收风险管理提质年"活动实施方案》（以下简称《实施方案》），并以"一号文件"形式部署安排税收风险管理提质年各项工作。《实施方案》要求通过加强培训辅导、强化事中事后监管、建立闭环管理机制、压实主体和管理责任等25条具体措施，进一步提升风险管理质效，规范税收管理秩序。通过一年的实践，取得"一升六降"的成效，即风险处置成果贡献率明显提升，四部委交办案件数量下降72.41%、总局和省局推送风险处置任务数量分别下降41.18%和64.29%、稽查受托协查户数和发票数量及金额明显下降、出口退税函调数量下降53.43%、农产品收购发票开具金额下降24.67%及抵扣进项税额下降41.87%。同年3月，市国税局采取风险管理"任务集中统筹、项目团队管理、风险集中应对"的模式，推动大企业税收风险管理水平进一步提升。及时制定《2018年度千户集团税收风险分析计划》；对湘投控股集团公司成员企业进行风险分析，发现疑点4个，涉及增值税2.2万元、企业所得税753万元；落实对益阳市成品油行业的风险分析工作；组建4个风险应对专业团队，完成省局下达的对中国邮政集团公司、中国建筑材料集团公司、安徽海螺集团公司、轻工盐业集团的税收风险应对工作。其中益阳邮政公司确认4个涉税风险事项，涉及税款168.26万元，应补税款0.69万元；中国建筑材料集团益阳分公司确认14个涉税风险事项，涉及税款36.95万元，应补税款1.63万元；益阳盐业分公司确认19个涉税风险事项，调增应纳税所得额428.7万元，补缴税款24.1万元。同年7月，市国税局组织开展对开具苗木等免税增值税普通发票金额较大企业进行风险应对的工作，提出了对近3年内开具苗木等免税增值税普通发票金额较大的企业和大量取得免税增值税普通发票的建筑安装房地产企业及市政、行政事业单位等下游受票企业（单位）进行核查的要求。明确风险应对的主要内容为：核查开票企业是否具备与开具免税增值税普通发票金额相匹配的经营规模与生产能力，是否有真实的货物交易，是否存在虚开问题；核查受票企业是否存在套取资金、虚列成本费用、虚抵增值税进项税额问题。同年12月份起，市税务局组织开展对益阳市成品油零售加油站税收风险管理的专项行动。市税务局印发《关于开展成品油零售加油站税收风险管理工作的通知》，利用2个月的时间，组织益阳市共233户成品油零售加油站（含水上加油点）对2017—2018年度各自填报的纳税申报及缴税情况进行了自查自纠，查补入库税款130余万元，截至2019年7月共入库税款1309万元，取得了"收入增长、风险严控、市场规范"的初步成效。同年12月，市税务局还及时完成风险管理系统金三并库前期准备工作。市税务局全面梳理了国、地税金税三期风险管理系统中相关事项，共梳理出579条超期未完结的风险任务，及时督促基层单位加强应对处置、及时统筹处理遗留问题、迅速归档数据模型资产。当年，全市税务系统已采取应对措施户数1262户次。通过风险管理系统入库税款6681.59万元、入库滞纳金627.80万元、入库罚款78.10万元、增值税抵减留抵118.69万元、企业所得税调整应纳税所得额2905.70万元。充分展示益阳税收风险管理团队扎实的业务功底和风险应对能力。

2019年1月，市税务局正式出台《关于加强税收风险管理工作的意见》。在2018年"风险管理提质年"活动基础上，通过采取制定工作目标、强化组织领导、明确工作职责、建立工作制度、规范管理流程、把握分析重点、组建专业团队、建立税收风险管理工作台账、跟踪税收风险任务应对落实情况、严格考核考评等措施，进一步压实县市区局和市局机关各部门的主体责任和管理责任，建立上下联动、左右互动的税收风险联动管理机制，使税收风险得到全面可控，以落实税务系统机构改革和征管体制改革后税收风险管理工作的新要求。市税务局各部门业务骨干21人组成税务风险管理专业团队，明确工作职责，及时完成各级领导交办的税收风险管理工作任务。同年3月，市税务局下发《关于开展益阳市税务系统"智税

2019”大数据竞赛活动的通知》，部署在益阳市税务系统组织开展了“智税2019”大数据竞赛活动。此次竞赛活动分为风险分析识别竞赛和数据加工分析竞赛两大类，来自益阳市税务系统14个单位和部门的51名参赛选手参加了竞赛。同年3月，市税务局发文，成立以徐向阳任组长的税收风险管理工作领导小组，构建风险管理部门统筹、相关职能部门参加的“横向互动，纵向联动，整体协调，运转顺畅”的税收风险管理工作机制。领导小组办公室设在市局税收风险管理局，作为领导小组常设办事机构。2019年，市税务局连续2年以市局“一号文件”形式部署税收风险管理工作。两年多来，市税务局税收风险管理部门共接受和推送系统风险任务12105户次。通过风险管理系统入库税款及滞纳金30089.43万元；增值税抵减留抵135.32万元；企业所得税调整应纳税额2457.28万元，调整应纳税所得额16912.65万元。特别是2019年以来，益阳市税务系统开展行业税收风险管理5次，完成行业性风险应对任务298户次，入库税款及滞纳金13023.79万元；共建立行业税收风险扫描指标模型52个，最大化实现对行业涉税风险点的全覆盖。风险管理成果得到市政府主要领导肯定和批示。

2020年4—7月，市税务局发文部署开展风险应对任务复审工作。同年9月，市税务局认真开展成品油经销企业税收风险排查，整治和打击成品油流通市场“票油分离”、利用“富余油”虚开增值税专用发票等违法行为。市税务局印发《关于建立成品油流通市场税收监管长效机制的通知》，将益阳市成品油流通市场税收监管工作作为长效机制固定下来。当年，市税务局落实“信用+风险”和“双随机、一公开”监管机制，统筹风险任务管理，加强风险任务发起事前审核，全程跟踪风险任务应对落实，共接受和推送风险任务5120户次，准期完成率100%。建立52个风险扫描模型指标，对建筑业、精制茶行业开展专项税收风险分析。全年完成风险应对任务7635户，入库各项收入14000万元。

2021年，市税务局印发《税收风险应对操作指南》和《精准监管实施差异化管理的方案》等纲领性文件，印发《关于明确2021年税收风险管理重点工作任务》的通知，部署开展税收风险应对任务复审和重点税收风险排查工作；组织举办“智税2021”税收风险管理业务比武活动，扎实开展税收风险管理工作。当年，益阳市税务系统对9655户一般纳税人、18个风险指标开展涉税数据采集分析，实施风险应对532户次，入库税款5119.45万元；加强“常态化”风险防范，推动大数据智能化应用，共开展风险应对1422户次，查补入库12800万元；六部委推送案件连续两年为零；总局推送快反任务72批、益阳仅2户，省局推送76批、益阳仅1户，均已完成核查。

2022年1月，市税务局印发《关于进一步强化征管基础，助推高质量发展的意见》，提出强化税收风险管理应依托税收大数据优势，开展风险预判分析，将风险管理环节前移，实现事前服务提醒、事中更正提示业务阻断、事后快速响应的防控体系。提出采用团队式、集中式的方法对益阳市1—2个先进制造业企业开展风险管理，做到“一次分析全面体检，一次应对全面核查”，降低大企业的涉税风险以加强重点行业风险管理的先进理念。同年5月，印发《2022年益阳市税收风险管理重点工作任务》的通知，布置全市税务系统四大块11项税收风险管理重点工作任务。组织开展非税收入征管风险排查工作；组织开展以益阳两家房地产公司为验证对象的房地产行业税收风险建模验证工作，共扫描风险点30个，建立了房地产行业税收风险指标模型，入库税款8908万元；组织开展市县两级大企业税收风险管理专项排查工作，共排查岗位16人，风险管理项目101个；组织开展留抵退税相关税收风险的排查，梳理留抵退税相关风险6大类11小类，建立了4个风险分析模型，对44户纳税人进行了一户式风险分析，通过风险管理系统推送至稽查立案7户，通过下发风险应对任务提前阻断存在退税风险的纳税人5户；组织开展成品油市场“打非治违”税收管理百日活动，通过开展风险分析、风险推送、任务应对等一系列专项行动，建立11个风险分析模型，对百余户风险纳税人进行初步指标扫描，对12户涉税风险纳税人按照风险等级进行了相应处理；组建出口退税风险分析及应对团队，完成益阳市10户疑点纳税人税收风险分析报告；按照行业税收风险建立11个风险模型，共筛选20户疑点纳税人，18户推送基层部门进行风险应对（含1户纳税评估、17户税务核查）；下发上游企业确定虚开和涉嫌虚开风险任务40条。当年，市税务局通过风险管理系统入库税收29000万元，出口退税风险应对案例排名全省第一。

第五节 税收信息化建设

税收信息化建设是指利用现代信息技术手段对税务管理进行升级与改进。税收信息化建设可以提高税务管理效率，减少人为操作和误差，增强税收征管能力，推动税收征管的精细化、智能化、安全化和便民化发展。随着信息技术的飞速发展，益阳市税收征管也开始逐步向信息化建设迈进。这对于提高全市税收征管水平、促进税收收入增长、打击税收违法行为具有重要意义。

1996 年 9 月，市国税局印发《关于成立市国税局信息中心的通知》，成立市国税局信息中心，撤销原市国税局计算机管理站。

1997 年 4 月，市国税局印发《关于成立信息化工作领导小组的通知》，成立以郭志仁为组长的市国税局信息化工作领导小组。信息化工作领导小组作为益阳市国税系统信息化工作的议事机构，负责研究制定益阳市国税系统信息化工作的规划、监督、检查、协调、规划的实施，组织税收电子化重点工程项目的建设，协调制定有关技术和应用标准。

1998 年，根据省国税局《关于在县市分局成立信息管理站的通知》精神，市国税局成立信息管理站，挂靠业务科，单独开展业务。同时各县市分局均成立了信息站，举办培训班 17 期，培训人员 1048 人次。

1999 年，根据省国税局《关于重新明确信息管理站有关问题的通知》精神，市国税局信息管理站挂靠征收管理科，单独开展业务。市国税局加大计算机培训力度，实施“2780”计算机培训计划，至 11 月底，益阳市国税系统有 516 人参加了市局统一组织的计算机培训。同年 12 月，开展湖南税务征收管理系统（HNZG4.30 版）业务培训工作，推进利用计算机管税的进程。

2000 年，市国税局加大投入，进一步推进税收征管现代化和计算机网络建设进程，保证湖南税务征收管理系统（HNZG4.30 版）正常运行；加快网络与网络之间的联网建设，建成了统一的办公网络并在互联网上开通了“益阳国税网站”，各县市区局局域网建设也有了进一步的发展。

2001 年，市国税局根据省国税局关于开展全国计算机应用技术考试证书升级培训与考试实施方案的通知精神，部署实施益阳市国税系统的 NIT 培训及参考工作。市国税局对税收征管软件进行 3 次全面升级，确保湖南税务征收管理系统（HNZG4.30 版）的正常运行。当年，全市国税系统金税工程运行质量逐月提高，一般纳税人存根采集率达到了 100%，公文处理系统也投入试运行，机关工作人员基本掌握了与本职工作相适应的计算机公文处理技术。

2002 年 10 月，市地税局印发《关于成立信息化建设领导小组的通知》，成立以郑惠任组长的市地税局信息化建设领导小组。市地税局还加强信息化建设，采取“分步实施、区别对待、分类指导”的办法，搞好地税系统信息化建设工作。当年，开通省局至市局的广域网，建好市局机关和 5 个县市区局局域网；在资阳、朝阳、赫山、桃江、沅江、安化、南县等局的地税办税服务厅推广使用了税收征管软件，税务登记管理、税源管理、税款申报征收、发票管理、税收台账、各类报表等开始纳入微机进行管理。

2003 年 1 月，市地税局印发《关于进一步加强税收信息化建设工作》的通知，明确近期全市地税系统税收信息化建设目标：联通省市县三级网络，实行办公自动化，再逐步运用到税收征管中。要求各县市区局强化培训，抓好税收信息化建设的实际操作应用；健全制度，切实加强对税收信息网络运行的管理；及时制定实施方案，筹措资金、购置设备、培训人员，保障信息化建设有新的进展。当年，全市地税系统有 24 个基层征收单位使用了征管软件，在城区安装、使用税控收款机 208 台，纳入计算机管理的纳税户为 9921 户，纳入微机处理的税额为 16630 万元。

2006 年，市国税局推进金税工程建设、落实金税工程业务岗位职责、开展业务考核和岗位过错责任追究，保证金税工程增值税征管信息系统运行质量，一般纳税人专用发票存根联采集率达到了总局和省局的要求。

2006 年 3 月，市地税局发文，调整市地税局信息化工作领导小组成员，吴佑坤任组长。

2008 年 12 月，市国税局印发《市国税局税收信息化建设管理办法（试行）》，对人员、设备、机房、网络信息与安全、运行维护、责任追究等方面提出了严格的管理要求，从 2009 年 1 月 1 日起执行。

2013 年 11 月，市国税局举办计算机应用知识竞赛。竞赛分管理、技术和业务三类，采用笔试的方式进行，各县市区局由技术人员、业务人员、分管领导组队参加了竞赛。

2018 年 11 月，市税务局印发《关于成立相关议事协调机构的通知》，调整市税务局征管和信息化工作领导小组成员，胡跃生任组长。

2019 年 4 月，市税务局印发《关于成立税收网络安全和信息化领导小组的通知》，成立市税务局税收网络安全和信息化领导小组，市局主要负责人担任组长。

一、硬件建设

1991 年，地区税务局加强税收征管硬件建设，配备电脑 11 台，征管业务用车 24 台，摩托车 41 台，无线对讲机 42 台，微型录音机 20 台，照相机 8 台，价值达 200 万元。运用现代化的征管手段，大大提高了工作效率。

1997 年是市国税局从省国税局争取微机及配套设备最多的一年。全年共从省局领回微机近 58 台（套），服务器 4 台，大功率不间断电源 4 台，价值近 200 万元。市国税局通过对各县市分局基本情况的了解、计算机应用情况的调查及计算机操作人员配备情况的摸底，研究制定了机器设备的分配预案，将所有机器设备及时发放到各县市分局，初步满足了基层对微机等电子设备的需求。

1998 年，市国税局加大电子计算机的应用力度，保障全市直接用于税收征管的电子计算机达 83 台。

1999 年，市国税局全系统配备给各县市区局用于现代税收征管的电子计算机增加到 218 台（套）。投资 20 多万元建成全省一流的电化教学室。

2000 年，市国税局加大投资力度、推进税收征管现代化进程。当年，新配电脑 123 台，打印机 86 台，服务器 4 台，不间断电源 20 台，按照“向基层倾斜，向征管倾斜”的原则，全面用于改善基层现代税收征管配置的需要。

2001 年，市国税局所辖的 8 个县市分局，44 个基层征收单位已配备拥有计算机 254 台，服务器共 16 台，建立起多功能办税服务厅 10 个，办税服务室 30 个，市局和县市区局全部建立起局域网。一个以计算机网络为依托的基层税收征收管理体系已基本形成。

2002 年，市国税局采取争取省国税局支持、自筹资金两条腿走路的办法，解决限制益阳市税收信息化发展硬件需求“瓶颈”。当年新增计算机 140 台，打印机 10 台，全部下拨到基层各征收单位，极大程度地满足了基础国税部门对计算机等硬件设施的需求。

2003 年，市地税局新增投入 468 万元，购置配备各类微机 391 台、PC 服务器 13 个、路由器 9 个、UPS 装备 16 个、打印机 198 台用于全市地税系统的现代化税收征管。

2004 年，市国税局推进税收信息化建设。市局机关按照国际化标准，完成中心计算机机房的整体搬迁工作，建成千兆局域办公网络。全市国税系统近年来共投入资金 500 多万元，新购置电脑 200 台，加上省局拨入共配置 PC 机 600 多台、服务器 37 台、小型机 1 台再次投入税收征管。税收信息化建设取得较快进展。

2005 年，益阳市国税系统共购置 PC 机 297 台，购置打印机 169 台，实现了老旧设备的更新换代。

2007 年，市地税局按照大投入、大发展、大应用的要求，先后投入资金 400 多万元，添置硬件设施，实现老旧设备的更新换代。

2011 年，市地税局对机房 UPS 电源、精密空调、消防系统进行了改造升级。升级后，UPS 电源由原来的一台 20 千伏安扩容至 2 台 40 千伏安在线并机运行。新增 1 台 80 千伏安旁路隔离变压器，大大增加了 UPS 的可靠性和安全性。新增 1 台精密空调，实现 2 台精密空调冗余并联，确保机房温湿环境。改造后的消防系统满足了现有机房容积的消防需求，并实现温烟检测自动消防。

2014 年，市地税局对全市办公链路进行升级扩容，更新市局老旧的核心交换设备和核心路由设备各 1 台，将县市区局至市局的办公链路带宽由原来的 2M 扩容至 8M。优化改造视频会议室，改造市局一大一小两个高清视频会议室，满足不同会议规模的需要；建设 8 个区县局高清视频会议室。

2018 年，市税务局对中心机房的 UPS 电源、精密空调、消防系统进行了改造升级，上线模块化 UPS 稳压电源，增加了 UPS 的可靠性和安全性。通过采购流程，先后新增 236 台电脑主机、186 台显示器、49 台激光打印机、20 台针式打印机、2 台办税终端、2 台排队叫号机、1 台电子触摸屏、14 台签到机等计算机设备，极大地提高了硬件设施水平，保障了现代税收征管的需要。

2020 年，市税务局累计投入 300 余万元，采购了交换机、防火墙、准入控制设备、终端计算机、UPS、精密空调等一批信息设备，为信息系统的安全稳定运行提供了坚实的硬件基础。

2021 年，市税务局完成税务文化展厅的信息化建设相关工作，确保税务文化展厅的正常运转。完成了影音录音棚和 IP 广播系统的建设，提升了干部队伍活力，丰富了干部工作生活。

2022 年，市税务局在全省系统率先建成桌面云系统。该系统包含1268个终端，实现办公和办税“两个全覆盖”，达到安全性能、运维效率、智能水平“三个新提升”，得到省局高度认可，并在全省系统推广。市税务局突出智慧税务牵引作用，稳步推进应用系统安全监控与预警平台建设，对全市税务系统拥有金三岗位的账号和办税终端进行智能监控，网络安全工作受到省税务局的通报表扬。

二、软件开发与利用

1992年，地区税务局开始进行湖南税务征收管理系统（HNZG）软件的联网、推广和应用工作。

1993年，地区税务局与省税务局开通出口退税计算机网络系统，实现与海关、外汇管理局电子信息交换。当年，对湖南税务征收管理系统（HNZG）和湖南税收计会统管理系统（HNSP）进行全面维护，确保新税制自1994年1月1日实施之日起计算机软件的同步应用。

1997年，市地税局应用湖南地税开票软件，实现手工开票向电脑开票的转变。

1998年，市国税局全面推广湖南税务征收管理系统（HNZG）4.20版。10月1日，湖南税务征收管理系统（HNZG）4.20版在益阳市国税系统各办税服务厅正式上线运行。

1999年，湖南税务征收管理系统（HNZG）4.20版在益阳市得到推广。同年7月，省国税局组织对湖南税务征收管理系统（HNZG）4.20版进行全面修改升级，定版为湖南税务征收管理系统（HNZG）4.30版。新版本合并了出口退税管理子系统，增加了涉外版本。同年12月，省国税局印发关于启用湖南税务征收管理系统4.30版的通知，市国税局积极安装、调试，从2000年1月1日起，基层各征收单位、业务部门全面启用湖南税务征收管理系统（HNZG）4.30版进行税收征收管理，原湖南税务征收管理系统4.20版停止使用。

2000年，市国税局搞好系统维护、及时反映系统漏洞、解决系统运行故障，确保了湖南税务征收管理系统（HNZG）4.30版的正常运行；加快金税工程建设步伐，提供技术保障，及时传送出口货物专用缴款书电子信息，认真做好金税二期工程的前期准备工作；继续推广防伪税控系统，新装防伪税控系统60套。

2001年6月，市国税局统一安装、升级金税工程稽核、协查、认证、报税、发票发售、税务发行各子系统，进行金税工程模拟数据联网。7月1日零时，金税工程在益阳市国税系统全面开通，四大子系统上线运行。

2002年8月，市国税局探索推广多元化纳税申报方式，电子报税系统正式开通试运行。同年9月，市国税局信息中心配合征管科开展电子申报纳税试点工作，对益阳市工商银行、益阳市农业银行、益阳市建设银行在设施、技术、覆盖范围等方面进行考察，在极短的时间内建立起与益阳市农业银行联网的电子申报纳税网络，在资阳进行电话申报试点和朝阳进行点对点申报试点工作取得成功后，实现了纳税人“足不出户”进行申报纳税的愿景，初步建立起信息化的纳税服务体系。同年10月，顺利完成HNZG NET版的试点、升级工作。同年12月，湖南税务征收管理系统（HNZG）4.40版试点工作在全市国税系统铺开。市局信息中心认真组织各县市分局进行系统升级及基础资料整理，实现湖南税务征收管理系统（HNZG）4.40版数据在益阳市的集中。

2003年4月1日，益阳市国税系统全面实行湖南税务征收管理系统（HNZG）4.40版的推广应用。

2003年，益阳市地税系统24个基层征收单位使用了税收征收管理软件。

2004年，益阳市国税系统全部上线使用湖南省防伪税控系统网络版软件。

2004年，市地税局推进信息化建设，湖南地税综合软件首先在资阳区地税局试点，6月已全面推广到益阳市地税系统的8个县市区局。实行由人管税到机器管税的转变。

2005年1月1日，综合征管系统在全市国税系统成功上线。当年，市国税局加大信息化软件应用力度，实现出口退税信息管理系统、增值税发票信息管理系统和税务征管信息管理系统“三大系统”整合。

2006年4月，视频会议系统在市国税局及8个县市区局正式投入使用，全系统信息化建设迈上新台阶。同年11月，市国税局完成对公路、内河货物运输发票税控系统升级，更新扫描识别引擎，发票的扫描识别率提高。同年12月，市国税局按省国税局文件要求，决定自2007年月1日起停止使用湖南税务征收管理系统（HNZG）4.40版。当年，市国税局开展增值税防伪税控“一机多票”系统推广工作，完成推行户数659户，完成“一机多票”加载升级；完成综合征管软件9次升级，对用户组权限进行修改，优化设置；车辆购置税新管理软件系统上线。

2006年11月，市地税局制定《推广应用稽查管理软件实施方案》。2007年1月1日，益阳市地税系统稽查管理软件正式上线运行。

2007年是市国税局金税工程（三期）基础建设的一年。先后有税收管理员工作平台、金税二期桌面安全防护系统及安全审计系统、抵扣凭证审核检查管理信息系统、增值税发票稽核系统（V6.0）、固定资产清理系统等成功上线。各新软件的不断上线提高了信息资源的利用率，增加了办公办税的制度化与程序化，增强了网络安全的监督力度，逐步完善了国税系统信息化管理。

2007年，市地税局加大操作软件的应用力度，提高网上报税、公文处理、综合软件、货运税控系统以及税库银横向联网系统的应用，开展对各类软件现有数据信息清理、对垃圾数据删除、对不完整的信息补录工作。全市地税系统共清理垃圾数据5万余条。

2009年，市地税局全面推广应用省级数据大集中系统，完成三次大集中系统的升级工作。

2011年，市地税局针对业务需求，报请省局同意，成功开发了两大应用软件。税收协控完税证明单软件于3月22日正式上线运行；税收管理员工作日志管理系统11月初已完成模拟测试和操作指南编写，准备试点以后予以推广应用。

2012年9月，市国税局加强委托邮政代开代征工作，与邮政部门、艾博克公司共同开发委托代开代征管理系统，全年通过邮政代开征收税收4100余万元。

2013年6月，市地税局印发《益阳地税内部管理系统推广应用工作方案》，明确9月底前在益阳市地税系统全面推广应用内部管理系统，实现全市地税系统的税收管理员工作底稿制度电子化、考勤制度信息化、日常工作管理规范化。

2014年，市地税局开展“以地控税”软件项目开发。多次与市国土资源局对接，对系统建设所需要的地籍数据和电子地图数据提出具体数据接口需求，获取国土部门基础数据与大集中系统数据支持。当年“以地控税管理系统”成功上线运行。

2015年，湖南地税金税工程移动办公系统在市地税局成功上线，市局125个用户利用智能移动终端可以安全接入税收征管和税务办公信息网。

2016年，市国税局做好“营改增”技术支持工作。下发了《关于加强“营改增”所需软硬件环境准备工作的通知》，明确“营改增”技术小组成员，完成了数字证书系统、发票代开软件、金三核心系统、防伪税控系统的升级工作，提供国地税合作各种软件合并技术上的支持。当年，市国税局还开展了增值税发票新系统的推广工作。

2017年，市国税局完成“爱数”平台搭建；完成办税服务厅融合办税模式的系统推广；实现全市一窗通办国、地税涉税业务。

2018年7月，市税务局印发《益阳市自然人税收管理系统推广上线工作方案》，成立以市局联合党委副书记、副局长石洪波任组长的领导小组，加强对上线工作的领导、协调。通过各部门的协调作战，同年8月，扣缴义务人可以通过自然人税收管理系统扣缴客户端进行个人所得税扣缴申报，同年10月1日，益阳市自然人税收管理系统正式上线运行，网上税务局扣缴个人所得税申报功能停止使用。

2022年，湘税云平台大企业税收管理系统按时上线运行。

三、网络安全与维护

1992年，为提高微机使用效益，地区税务局对微机进行三次病毒清除、升档处理，由8088升为80286，其运算速度提高近十倍。同年，地区税务局运用已开发的软件开展产品税、营业税、增值税普查，人事档案管理等工作。

1997年3月，市国税局制定《加强计算机设备管理、使用、维护的规定》，加强对全系统计算机的保养与维护。

1999年，益阳市国税系统全力捕捉电脑“千年虫”。成立了以程亮东为组长的“2000年问题”解决领导小组，举办为期一周的培训班，采取五条措施，全力捕捉电脑“千年虫”。下发2000年问题检测盘，不漏一台电脑进行检测；自身解决有困难的，市局统一升级BIOS芯片，集中解决；针对每台电脑的配置不同采取不同的处理办法；对386型及以下的电脑全部实行淘汰；市局技术人员深入基层指导工作、检查督促。市国税局58台桌面电脑、3台服务器、1台笔记本的“2000年问题”得到全部解决。市国税局还加大网络建设力度，8个县市分局有7个建立了局域网，三分局、四分局、一分局还建立远程通信网，实现数据集中采集、整理和传送。

2000年，市国税局在确保湖南征管4.30版正常运行的同时，加快联网建设。建成统一的办公网络、开通“益阳国税网站”。

2001年3月，市国税局印发《关于进一步强化中心机房计算机网络设备安全措施的通知》，对中心机房计算机网络设备安全全面排查。

2002年，市地税局加强广域网建设工作，年底市局广域网与省地税局广域网联通。

2003年3月，市国税局印发《关于认真做好我市国税系统网络与信息安全工作的通知》，规定各单位内部局域网要严格做到与外部因特网物理隔离，内部科室购买各种软件，添置MODEM或交换机、HUB等通信互连网络设备须经信息中心同意并备案，严禁在未与内部局域网断开的情况下连接外部因特网；对运行环境的各类系统软件必须升级到最新的版本，在系统内制定有效的安全管理措施并实行，所有网站的系统软件及应用软件都应采用最新的升级版本，保证所有已知的系统漏洞均已得到修正；对网站、网页的有关内容要有专人管理，定时核查，不得发表有悖于党和国家大政方针的言论，不得发表人身攻击的言语或开政治性的玩笑，不得发表黄色内容；各地信息中心要认真规划和分配好本地的静态IP地址，并报市局信息中心备案，严禁采用规定范围以外的IP地址的计算机接入国税系统网络中，各单位未经当地信息中心同意，不得擅自改动IP地址，各类网络设备及关键主机的密码要有专人保管并有定期的变更机制；所有计算机并须安装正版防病毒软件和防火墙，信息中心要指定专人负责本地病毒防范产品的安装、定时升级及正常运行，所有外来软件或盘片，必须先进行病毒检查，才能安装和使用，不得在单位的计算机上安装、使用游戏软件；对湖南征管、公文处理等重要软件和数据要及时做好备份并异地存储。

2003年11月，市地税局印发《益阳市地税系统系统网络安全运行管理办法》，对加强益阳市地税系统系统网络安全运行提出新的要求。当年，市地税局网络系统建设取得阶段性成果。益阳市地税系统广域网、各机关局域网建设顺利完成；5个县（市）局各拥有1台华为S2630E路由器、1台3050交换机、1台DELL4600服务器；城区3个分局各拥有1台华为S2630路由器、1台3552交换机、1台以上DELL6600服务器；市局新增思科7206路由器、4507交换机各1台、DELL6600服务器2台；市局与县市区局以及县市区局机关之间采用2MG703方式实现高速数据通信；市局部分电脑能进行网上公文处理。此外，接地防雷、消防安全等工作通过省、市相关部门检测，实现了省、市、县三级互联互通和办公自动化；纳入计算机管理的纳税户为9921户，纳入微机处理的税额为16630万元。

2004年，市国税局加强税收信息化建设，加大网络建设投入力度，不断推进网络安全进一步完善。省局、市局、县局国税局三级广域网联网畅通，全系统已经形成纵横交错的金税工程网络、税收征、管、查网络，出口退税网络和办公自动化网络。现代化税收征管格局初具规模。

2004年，市地税局建成视频会议系统，实现网上开会，能与省局及其他所有兄弟市州通过网络面对面地进行交流。

2005年，市国税局制定《市国税局计算机信息安全管理办法》，采取层层签订计算机安全管理责任状的措施，完成市县两级防火墙、杀毒软件、网络安全监测系统和安全分析系统安装应用等工作，在全市范围内建立起一个自顶向下的网络与信息安全防护体系。撤除益阳市7条帧中继线路和4条电话线路，在市局到县市区增设了7条2M SDH中信备份网络线路，实现网络传输的可靠性、安全性和完整性。

2005年，市地税局对市局中心机房进行了全面的整改扩容。按照小型机的运行要求，完善了机房的环境、电力、消防、防雷等系统。对机房的配线柜、设备柜和网络配线进行了全面的整改。中心机房的改造为小型机等高端设备的正式运行准备了良好的工作环境，为加快全市系统信息化建设工作进程提供了良好的硬件平台。小型机投入正式使用，ORACLE数据库运行稳定，湖南地税综合软件系统安全稳定运行。

2006年，市国税局成立“财税库行”横向联网系统推广工作领导小组，开展“财税库行”横向联网系统的推广工作。7月1日，“财税库行”横向联网系统在益阳市全面上线运行。据统计，益阳市应转换2966户，成功转换2515户，转换率84.79%。同年9月，市国税局组织进行益阳市网络与信息安全检查工作。同年10月，市国税局印发《关于定期进行计算机机房设备巡检的通知》，每年四次定期对计算机机房设备进行巡检。同年11月，市国税局对前段全系统计算机病毒情况全面检查中发现存在的隐患进行通报，同时对计算机操作人员进行了安全培训。

2007年10月，市国税局印发《关于成立网络与信息安全领导小组及办公室的通知》，成立以袁世民任组长的市国税局网络与信息安全领导小组，全市国税系统网络与信息安全工作的督导与检查工作落到实处。

2007年5月，市地税局制定《主机管理制度》和《机房值班制度》，建立计算机机房无人值班的24小时监控机制，实施全天候实时监控。同年6月，市地税局印发《关于开展地税系统网络安全管理专项检查的通知》，决定开展为期2个月的以“查隐患、建制度、防事故、重管理”为主题的网络安全管理专项检查。

专项检查工作主题突出、效果明显，得到省地税局的通报表扬。当年，市地税局完成对综合软件的四次版本升级。制定《益阳地税广域网复线工程一期集成实施方案》和《复线工程区县局实施要求》，完成全市地税系统金税三期广域网复线工程一期工程建设。市局新增华为NE40与原有CISCO7206一起作骨干路由，新增华为S6506R与原有CISCO4507一起作骨干交换。区县节点新增华为AR4640与原有华为2630路由器一起作骨干路由，新增华为S3952P作骨干交换，原有华为3552交换机作为接入交换。市局节点作为省以下网络的骨干节点，通过155兆CPOS接口，采用5×2兆的10兆SDH链路上连省级中心原2兆SDH链路作为备用线路，通过多条2兆SDH链路分别下连各区县级节点。区县级节点上连市局的广域网线路均采用2兆的SDH链路。5月底完成了省局到市局10兆光纤主干线路和2兆复线的建设。8月份完成市局到各区、县（市）局的2兆备份线路的建设。

2008年7月，市国税局印发《关于开展税收信息系统安全检查工作的通知》，成立国税系统信息安全检查组，开始对各单位税收信息系统安全情况进行检查。检查内容包括安全管理检查、安全技术检查、终端和移动存储介质检查和加固、检查结果处理四部分，检查采取查阅文档、现场访谈和实地核查等方式进行，并实施渗透性测试。同年11月，由于人事变动，市局决定对网络与信息安全领导小组及办公室成员进行调整，明确傅淼河任组长。

2009年8月，为加强网络安全，保证国税系统各项网络软件系统的正常运行，市国税局制定了《加强涉密网络和移动存储介质管理的规定》。规定要求：各级国税部门内网要统一安装移动存储介质管理系统；对在内网使用的U盘、移动硬盘统一编号、造册登记，没有编号登记的移动存储介质一律不准在内网计算机设备上使用；连接互联网的计算机设备一律不准使用内网编号登记的移动存储介质，一律不准保存内网涉密信息；公用计算机设备的维保工作由各级信息中心统一管理，科室和个人不得擅自请人进行维护修理；内网及U盘内可能有秘密、机密、绝密文件，请当事人负责删除；外网不能有工作性的文件，更不能有秘密、机密、绝密文件。同年10月，市国税局开展信息安全教育宣传月活动。要求各级国税部门要以网络为依托，广泛宣传信息安全形势和政策；通过电子显示屏、电子触摸屏及内网专题网页进行多渠道、全方位的宣传工作；开展信息安全培训，进一步提高技术骨干的信息安全防护能力；签订信息安全责任状，明确信息安全责任。当年，市国税局通过加大税收征管信息化工作力度、加强涉密网络和移动存储介质的管理、加强网络和机房安全运行检查、开展信息安全教育宣传、做好网络硬件设备日常维护和各应用系统的技术保障工作，保障了整个税收信息系统没有出现任何安全事故。

2010年，市国税局做好湖南省国税系统集中运维平台的安装、调试、运行、应用等工作，保证了税收信息化系统的正常运行。

2010年，市地税局印发《市局机关涉密手提计算机及移动存储介质保密管理规定》的通知，对市局机关涉密手提计算机及移动存储介质保密管理提出新的要求，加强了全市地税系统的网络安全建设。

2011年，市地税局完成金税三期广域网复线二期工程建设。严格按照省局实施方案，积极配合省局项目组，顺利完成新老3条链路的割接。实现主业务链路市局到省局两条34兆、市局到区县局双4兆负载均衡、行政办公链路市局到省局10兆、市局到区县局2兆的建设目标，形成业务和行政办公链路互为备份的3链路并行完整广域网格局，解决了广域网链路带宽“瓶颈”。工程建设完成后，各县市区地税节点部署3台路由器（其中新增一台NE20-4，其余2台利旧），通过E1接口捆绑提供与市局双4兆SDH和2兆行政办公的SDH接入，区县所有出口路由器与核心交换机之间均部署1台防火墙。

2012年4月，市国税局印发《关于金税三期广域网项目网络实施工作安排的通知》，做好金税三期广域网项目网络实施前的各项工作。同年10月，市国税局再次印发《关于金税三期网络建设项目初验及进一步优化网络应用的通知》，加强金税三期网络建设项目的初验和优化网络应用的工作。

2012年6月，市地税局发文成立以刘新为组长的信息安全等级保护测评工作领导小组、成立以莫国云为组长的网络与信息安全领导小组，加强对全市地税系统网络信息安全的管理。同年8月，市地税局印发《关于开展网络及信息安全检查的通知》，检查了8个区县局机关、9个纳税服务厅、6个税务分局、4个政务中心的税务窗口、8个中心机房、2个税务分局机房、全部网络核心设备、安全设备、不间断电源，70台计算机终端。同年9月，市地税局印发《关于网络与信息安全检查情况的通报》，对各单位网络与信息安全工作都有所加强，网络与信息安全工作、制度建设、网络管理、机房建设和管理以及终端管理等方面采取的保障措施给予了充分肯定。市局对这次检查发现的问题和存在的隐患，拿出了整改意见和办法，督促各单位整改到位。

2013年3月，市国税局调整网络与信息安全领导小组及办公室人员，明确傅森河任组长。同年4月，市国税局制定《市国税系统网络与信息安全策略》《市国税系统信息安全事件应急预案》《市国税系统计算机应用知识学习和竞赛实施方案》《市国税系统网络安全管理实施细则》《市国税系统机关外网安全管理办法》《市国税系统移动存储介质管理办法（实行）》《市国税系统防伪税控加解密服务器安全管理办法》《市国税系统信息安全教育培训管理制度》《市国税系统病毒防范管理制度》《市国税系统信息系统安全审计制度》《市国税系统机房等重要区域第三方人员访问审批管理制度》等一系列策略、预案、方案、细则、办法、制度，做到严格按照设备安全制度要求做好设备变更用途、设备报废的处理工作；做到内网设备转为外网设备、外网设备转为内网设备均彻底格式化硬盘后重新安装操作系统，确保外网设备未安装VRV桌面安全防护系统客户端；做到桌面安全防护系统和瑞星网络版杀毒软件及时安装注册，并保证瑞星网络版杀毒软件的定期查杀；做到对全系统终端计算机进行一次统一的病毒清理，对全年病毒爆发数较大或病毒处理失败的客户端进行彻底地病毒的查杀，杜绝安装无线通信设备、违规外联的现象，构建起了益阳市国税系统网络与信息安全的立体网络格局。同年11月，市局组织全系统50岁以下的所有人员（含在编职工），参加计算机应用和安全知识的考试并趁热打铁组织计算机应用和安全知识竞赛活动。全市应考861人，实考837人，参考率97.21%，平均得分74分，其中85分以上的263人，优秀率31.42%。其中高新区国税局、沅江市国税局、赫山区国税局获评优胜单位。

2014年2月，由于人事变动，明确李建伟任市国税局网络与信息安全领导小组组长。同年2月，市国税局印发《市国税局机关外网安全管理暂行办法》，明确提出：为保障网络畅通和信息安全，在保证税收业务工作需要的前提下，市局机关实行外网上网用户审批制；机关外网连接原则上每间办公室开放一个端口，只允许一台计算机或终端设备接入外网；严禁未经批准擅自连接外网，一经发现除关闭其端口外还将追究当事人的相应责任；各县市区局和市局车辆购置税征收管理分局办税服务厅除自助服务区和“12366”业务受理岗外，一律不得开放外网连接。同年9月，市国税局印发《关于机关各部门设立兼职信息安全管理员的通知》，明确各部门兼职信息安全管理员负责落实本部门的网络与信息安全工作；负责本部门的一般性日常信息技术维护工作；参加由信息中心不定期组织有针对性的信息技术知识和安全的更新培训。

2014年8月，市地税局发文部署开展全市地税系统信息安全专项检查工作，要求各单位独立完成自查，市局再组织力量对部分单位进行抽查。当年，全市地税系统完成网络升级，实现省局与市局的自治域调整，纵向实现了税收业务和办公业务分流传输，横向将全市规划到独立的自治系统，防止其他市州单位网络故障和网络抖动对益阳网络的影响，有力提升了网络稳健性。

2015年8月，市国税局制定《益阳市国税系统防火墙安全配置及管理办法（试行）实施细则》并颁布实施。同年9月，印发《2015年网络安全检查工作方案》的通知，明确此次网络安全检查工作将以信息安全培训与信息安全宣传工作的开展，安全防护体系的建立，网络安全、物理安全、办税服务厅安全管理、IT服务外包管理等制度的落实，金税三期信息安全情况等方面为重点检查内容。

2015年10月，市地税局完成全市系统基层税务分局网络改造升级项目，基层税务分局首次实现了网络的“双流、分流”。同年11月，市地税局组织在全系统开展首届税务系统网络安全宣传周活动。活动主题：提升网络安全意识，保障税务信息安全。当年，市地税系统完成全市高清视频会议系统建设。以市局为中心、建立连接覆盖所属8个县市区局的全市地税系统高清视频会议系统，提供语音、高清图像和演示的交互，实现覆盖本系统内的远程培训等多种应用，形成省局、市局、区县局3级高清视频会议网络。完成市地税局一大一小两个视频会议室改造，建设会场中控系统，对会场的灯光、窗帘、电视机、投影仪、投影幕布、电视拼接屏、调音台等设备在会场内实现集中控制。

2016年8月，市国税局印发《2016年度网络安全检查工作方案》的通知，开展对全市国税系统的网络安全检查工作。

2016年7月，市地税局印发《关于做好网络终端安全管理软件推广实施工作》的通知。要求系统采取省局集中部署服务端、全系统办公计算机安装客户端的模式，实现病毒木马查杀、桌面安全管理、补丁分发、移动存储管理等安全防护功能。8月20日前，全系统所有内网计算机终端必须安装部署到位，用于病毒查杀与违规外连监控。同年8月，市地税局印发《系统网络与信息安全应急响应综合预案（V1.0）》，开启网络与信息安全应急响应。同年8月，市地税局布置开展2016年度全系统网络安全检查工作。市局印发《关于开展2016年度全系统网络安全检查的通知》，成立以莫国云为组长的领导小组，分自查、抽查、整改三个阶段，开展网络安全检查工作。同年9月，市地税局组织开展以提升网络安全意识、保障税务信息安全为主题的网络安全宣传周活动。当年，国地税合作网络实现安全互访。市地税局完成资阳区局、赫山区局、高新区局、大通湖区局联合办税大厅新增双链路建设项目，解决网络互访带宽不足，部分业务和平台无法访问的问题。

2017年5月，市国税局印发《2017年度网络安全检查工作方案》的通知，布置开展益阳市国税系统当年度网络安全检查工作。同年5月，市国税局调整网络与信息安全领导小组及办公室成员，明确徐向阳为市国税局网络与信息安全领导小组组长。同年11月，市国税局印发《网络安全事件综合应急预案》的通知，全面开启益阳市国税系统网络与信息安全应急响应。

2017年4月，市地税局印发《关于调整信息化工作领导小组成员和职责的通知》，明确李朝辉为市地税局信息化工作领导小组组长，副组长莫国云负责常务工作。同年5月，市地税局部署开展2017年度网络安全检查工作。明确检查的主要内容：网络安全管理制度及落实情况，应急响应制度及应急演练情况，网络终端安全防护情况，联合办税大厅安全情况，信息设备资产管理情况，信息安全教育培训情况，网络安全工作调研情况。

2018年1月，市国税局印发《关于进一步加强专用移动存储介质管理》的通知，通知明确专用移动存储介质应专人保管；专用移动存储介质，不得用于涉及国家秘密信息的存储和传递；专用移动存储介质不得用于拷出税务系统核心数据、敏感数据、受控数据；专用移动存储介质在拷出文件时，应记录拷出文件的时间、文件名、内容摘要等信息进行备案；保管人离岗、离职前，应将专用移动存储介质退还信息中心。同年1月，市国税局印发《关于开展益阳市国税系统网络安全检查工作》的通知，明确网络安全检查的重点内容为：是否严格落实上级要求对应用系统用户权限清理到位；是否严格落实省国税局关于进一步加强专用移动存储介质管理的有关要求；是否严格落实省国税局网络安全与系统运行维护日志管理制度所提出的要求；日常工作是否进行痕迹化管理，各种表证单书是否进行分类存档保管；360杀毒软件、百信源、终端安全策略、网安卫士、应用系统集中登录工作平台安装率是否达到100%。

2019年1月，市税务局印发《关于进一步加强移动存储介质管理》的通知，决定在益阳市税务系统继续使用北信源移动存储介质管理系统。通知明确规定：移动存储介质领用单位应提交专用移动存储介质安全责任承诺书；市税务局将移动介质管理工作纳入市局绩效管理进行考核。同年2月，市税务局按照省税务局网络安全和信息化领导小组办公室《关于建立征期信息系统工作机制的紧急通知》精神，及时建立起“大运维”工作机制、征期信息系统联合办公机制、问题半小时解决机制和日报告机制，组建由办公室、货物和劳务税科、所得税科、社会保险费和非税收入科、纳税服务科、征收管理科、纳税服务中心、信息中心等相关专业人员组成的征期快速反应团队并开展工作。为进一步加强对全市税收信息化建设和网络安全工作的组织领导，统筹信息化与税收业务管理，全面提升税收治理能力，市税务局成立税收网络安全和信息化领导小组，下设网络安全和信息化领导小组办公室。组长由市局主要负责人担任，副组长由市局分管征收管理科的局领导（负责常务工作）、分管办公室的局领导、分管货物和劳务税科的局领导、分管财务管理科的局领导担任。市局税收网络安全和信息化领导小组负责推进网络安全和信息化顶层设计，对重大税制改革、征管改革所需网络安全和信息化工作进行规划、决策；对网络安全和信息化涉及的政策调整、制度改革和管理优化等进行审核把关；审定网络安全和信息化建设规划、实施方案、建设资金的预算安排；批准网络安全和信息化建设重要项目；协调处置重大信息安全事件；研究决定网络安全和信息化重大事项；从信息化视角制定税收业务战略发展规划，协调税收业务在部门间的联动调整，推动业务部门与技术部门的一体化运作，组织税收大数据管理、应用及对外共享，实现信息化与税收业务的统筹管理。当年，市税务局按照省局《关于在全省税务系统内网推广网络安全准入控制系统》的文件精神，完成网络准入控制系统的建设，实现对全市在用的42个网络节点进行准入管控，形成全市税务系统整体的终端准入架构，实现市县两级监控管理全面推广应用省级数据大集中系统，完成了3次大集中系统的升级工作。

2020年，由于微软WINDOWS7操作系统从1月14日起停止技术支持服务，市税务局决定开展计算机终端软硬件兼容性改造工作。市税务局明确今后税务系统统一采购的计算机终端设备将配置国产化的LINUX操作系统。软硬件改造工作目标是在不改变各应用系统服务器端程序的基础上，针对各应用系统客户端进行改造，以实现对国产化LINUX桌面操作系统及其配套的FIREFOX国产化浏览器的各个长期稳定版本的兼容。益阳市税务系统计算机终端软硬件兼容性改造工作在2020年6月底基本完成。

2021年6月，市税务局组织一次对网络安全和保密工作的检查。从检查的情况来看，各单位内网专用计算机都已安装网络准入系统客户端、安全管理及补丁分发系统客户端（VRV）、防病毒软件客户端（360天擎），保证每台入网的内网计算机都符合安全规则后，才接入内网；各单位非涉密计算机均安装了移动存储介质管理系统，在内网计算机和互联网计算机之间使用专门移动存储介质实现信息交换，未发现违规外联的现象。通过这次检查也发现有的单位和计算机用户未对内网终端IP和MAC地址进行绑定；终端安全策略执行不够全面；外网接入管理制度不严格；仍有部分单位对互联网终端计算机未进行准入控制管理，对IP地址与人员未进行绑定，甚至有个别单位仍使用动态IP地址；忽视外网终端安全管理，对外网终端的基本安全策略未进行统一设置等问题。针对这些问题，市局提出了整改措施，要求有问题的单位和个人坚决整改到位，保证网络的绝对安全。

2022年5月，市税务局组织开展应用系统安全监控与预警平台测试验证工作；组织对全市419户成品油经销企业开票软件版本进行了升级；组织开展对计算机信息系统安全保密工作进行检查。同年7月，市税务局完成互联网终端计算机使用管理的落实整改工作。同年8月，市税务局组织全员大学习，举办为期2天的网络安全培训班，参训人员30余人；开展岗位大练兵，组织35名电税类人员进行线上和线下考试3次；举办业务大比武，全市25名信息技术类人才参加了市局组织的比武，根据考试成绩，选派了5名优秀选手进行集中培训，准备参加省局业务大比武。

四、办公自动化

2000年，市国税局加快联网建设，建成统一的办公网络。开通“益阳国税网站”。

2000年7月，市地税局在全系统开始统一推广办公自动化软件的运用。

2001年4月，市国税局向省局提出《关于在市局机关全面推行办公自动化的请示》，申请省局援助配备电脑56台、打印机40台、服务器2台等必需的硬件设备，帮助市局机关办公自动化工作以跟上全省国税系统的工作步伐。同年6月，完成办公楼局域网和宽带网的调试、安装工作，新增“通知发布系统”和“金税工程”模块，完善“益阳国税公告板”，所有信息都能通过网络及时迅速发布。同年10月，完成办公自动化—公文处理系统远程收发文联调，11月1日起正式启用远程收发，成为第一批推广办公自动化的7个市州局之一。市国税局印发《关于公文处理有关问题的通知》，制定《机关计算机公文处理规则》，举办一期全体机关人员参加的公文处理培训班，编写《办公自动化实例操作教程》等资料。至年底，市局机关处理各类收文463件，发文16件，均在公文处理系统中完成，没有出现任何差错。当年，市国税局机关办公自动化—公文处理系统全面开通，无纸化办公变为现实。

2002年4月，市国税局印发《机关计算机公文处理暂行办法（试行）》，要求机关工作人员每天查看个人信箱、科室文书人员查看本部门信箱，所有科室收发公文一律进入办公自动化—公文处理系统处理。同年5月，为使办公自动化—公文处理系统在全市8个县市区局全面推开，市国税局印发《关于全面推行使用办公自动化—公文处理系统的实施方案》，成立以皮本固为组长的市国税局办公自动化—公文处理系统工作领导小组，将省局分配给益阳市的95台计算机、47台打印机、9台服务器，全部下拨到基层用于办公自动化—公文处理系统。月底，全系统办公自动化—公文处理系统全面开通。同年6月，市国税局组织督导组下到各县市分局对使用办公自动化—公文处理系统的工作情况进行督查，现场办公解决问题。同年10月，市国税局组织举办一次办公自动化—公文处理系统的操作竞赛，对前4名进行表彰奖励。市国税局还将办公自动化—公文处理系统的工作纳入全年全面工作的检查考核范畴，对各县市分局进行考核。另外市国税系统还将计算机运用于系统内机关干部管理，实行电脑凭密码签到制度；建设局域网交流大厅及信息快报网络版，加强机关与基层的上传下达，领导与群众的交心通气、部门与单位的联系沟通、税收信息资源的反馈与共享。当年，计算机办公自动化—公文处理系统在益阳市各县市分局相继开通，实现省、市、县（分局）的远程收发文和网上公文处理，缩短了公文处理周期，推进了机关规范化建设，全系统实现无纸化办公。

2003年4月，市国税局印发《关于公文处理有关问题的通知》，决定自5月1日起，将使用计算机公文处理系统远程发送电子文件的范围进一步扩大，同时取消部分纸质文件。益国税发、益国税函、益国税办发、益国税办函、益国税任字、益国税党字、益阳国税信息调研、税收计划执行情况等秘密级及以下文件资料将列入远程发送电子文件的范围。当年，市国税局先后出台《关于明确公文发文处理有关问题的通知》《机关计算机公文处理规则》《公文处理暂行办法》等规范性文件，为进一步规范办公自动化—公文处理系统在全市国税系统的运用起到了指导作用。先后有常德、长沙市国税局到市局参观学习、交流经验。

2004年，全市国税系统已全面推广使用办公自动化—公文处理系统，所有公文全部进入办公自动化—公文处理系统处理。市局同时将办公自动化工作纳入岗责考核体系，实现岗责体系考核计算机化，实现所有税收信息的资源共享。当年，市国税局信息化建设和办公自动化工作得到了省国税局和市委、市政府的充分肯定。

2004年2月，市地税局印发《关于网上发送电子公文有关问题的通知》，决定3月1日起，正式运行办公自动化—公文处理系统。

2007年4月，市国税局印发《关于开展公文处理和档案管理工作检查》的通知，成立检查组，对市局机关及各县市区局贯彻落实《全国税务机关公文处理实施办法》《全国税务机关计算机公文处理操作规程（试行）》等文件精神，执行有关公文格式、行文规则、收发文办理规定、公文管理以及其他与公文处理相关的情况进行一次全面检查，以全面掌握前段国税系统办公自动化—公文处理系统的使用情况，更进一步推动办公自动化—公文处理系统的广泛、正确使用，达到真正意义上的无纸化办公效果。当年，全市国税系统通过办公自动化—公文处理系统共处理外收文2179个，发文604个，取得了公文处理“零差错”的佳绩。

2008年，益阳市国税系统通过办公自动化—公文处理系统共处理外收文2026个，发文606个，实现了公文处理“零差错”。

2012年1月，税务综合办公信息系统在市国税局全面上线运行。税务综合办公信息系统数据库省局集中，解决了数据服务器分散在市局和县市局，数据分散、安全隐患大、系统维护难的问题。同年3月，市国税局印发《益阳市国税系统综合办公信息系统文件管理暂行办法》，办法就税务综合办公信息系统的收文业务流程、正式发文流程、部门发文流程、内部发文流程、会签流程、档案管理流程、分岗位操作规范等内容作了详细的说明和具体的操作要求。同年4月，市国税局转发省局《关于进一步加强税务综合办公信息系统运行工作》的通知，对已启用的“文件管理”“信访管理”“督查督办”“信息采编”4大模块提出了运行要求，对未启用的“信息服务”“工作安排”“会议管理”“宣传管理”等4大模块，提出有条件的县市区局可以结合实际尝试启用。

2014年4月，市地税局印发《关于做好税务综合办公信息系统推广工作的通知》，成立以周本庆为组长的税务综合办公信息系统推广工作领导小组，开展推广工作。同年10月，市地税局税务综合办公信息系统正式上线运行。

2020年11月，新版的电子公文处理系统在国地两税合并后的市税务局上线运行。

第六节　减税降费

实施更大规模减税降费是党中央、国务院的重大部署，是深化供给侧结构性改革的重要举措，对减轻企业负担、激发微观主体活力、促进经济增长具有重要作用。益阳市各级税务部门落实国家出台的减税降费措施，为促进大众创业、万众创新，推动实体经济转型升级和增强社会创造力营造良好环境，做到在工作落实上细致扎实，在纳税服务上全面优化，在核算分析上精准高效，在信息反馈上及时主动，确保纳税人和缴费人在减税降费政策内容上“应知尽知”，业务办理上“应会尽会”；在享受政策优惠上“应享尽享”，让企业和人民群众有实实在在的获得感。

一、减税降费政策内容

益阳市减税降费具体内容及优惠期限表

表 3–4

税费种	减税降费主要政策内容	优惠期限
增值税	1.对小规模纳税人发生增值税应税销售行为，合计月销售额未超过 10 万元（以 1 个季度为 1 个纳税期的，季度销售额未超过 30 万元，下同）的，免征增值税；《中华人民共和国增值税暂行条例实施细则》第九条所称的其他个人，采取一次性收取租金形式出租不动产取得的租金收入，可在对应的租赁期内平均分摊，分摊后的月租金收入未超过 15 万元的，免征增值税	2019 年 1 月 1 日至 2021 年 3 月 31 日
	2.对小规模纳税人发生增值税应税销售行为，合计月销售额未超过 15 万元（以 1 个季度为 1 个纳税期的，季度销售额未超过 45 万元，下同）的，免征增值税；《中华人民共和国增值税暂行条例实施细则》第九条所称的其他个人，采取一次性收取租金形式出租不动产取得的租金收入，可在对应的租赁期内平均分摊，分摊后的月租金收入未超过 15 万元的，免征增值税	2021 年 4 月 1 日至 2022 年 12 月 31 日
	3.国家级、省级科技企业孵化器、大学科技园和国家备案众创空间，对其向在孵对象提供孵化服务取得的收入，免征增值税	2019 年 1 月 1 日至 2023 年 12 月 31 日
	4.对内资研发机构和外资研发中心采购国产设备全额退还增值税优惠政策	2019 年 1 月 1 日至 2020 年 12 月 31 日
	5.对经营公租房所取得的租金收入，免征增值税	2019 年 1 月 1 日至 2020 年 12 月 31 日
	6.对单位或者个体工商户将自产、委托加工或购买的货物通过公益性社会组织、县级及以上人民政府及其组成部门和直属机构，或直接无偿捐赠给目标脱贫地区的单位和个人，免征增值税。在政策执行期限内，目标脱贫地区实现脱贫的，可继续适用上述政策。在 2015 年 1 月 1 日至 2018 年 12 月 31 日已发生的符合上述条件的扶贫货物捐赠，可追溯执行上述增值税政策	2019 年 1 月 1 日至 2022 年 12 月 31 日
	7.疫情防控重点保障物资生产企业可以按月向主管税务机关申请全额退还增值税增量留抵税额；对纳税人提供公共交通运输服务、生活服务，以及为居民提供必需生活物资快递收派服务取得的收入，免征增值税	2020 年 1 月 1 日至 2021 年 3 月 31 日
	8.对增值税小规模纳税人，适用 3% 征收率的应税销售收入，减按 1% 征收率征收增值税；适用 3% 预征率的预缴增值税项目，减按 1% 预征率预缴增值税	2020 年 3 月 1 日至 2022 年 3 月 31 日
	9.对纳税人提供公共交通运输服务取得的收入，免征增值税	2022 年 1 月 1 日至 12 月 31 日
	10.对增值税小规模纳税人适用 3% 征收率的应税销售收入，免征增值税；适用 3% 预征率的预缴增值税项目，暂停预缴增值税	2022 年 4 月 1 日至 12 月 31 日
	11.对符合条件的小微企业，可以自 2022 年 4 月纳税申报期起向主管税务机关申请退还增量留抵税额；符合条件的微型企业，可以自 2022 年 4 月纳税申报期起向主管税务机关申请一次性退还存量留抵税额；符合条件的小型企业，可以自 2022 年 5 月纳税申报期起向主管税务机关申请一次性退还存量留抵税额	2022 年 4 月起
企业所得税	12．对符合条件的制造业等行业中型企业，可以自 2022 年 5 月纳税申报期起向主管税务机关申请一次性退还存量留抵税额；符合条件的制造业等行业大型企业，可以自 2022 年 6 月纳税申报期起向主管税务机关申请一次性退还存量留抵税额	2022 年 5 月起

续表 3-4

税费种	减税降费主要政策内容	优惠期限
企业所得税	1.对当年具备高新技术企业或科技型中小企业资格的企业，其具备资格年度之前5个年度发生的尚未弥补完的亏损，准许结转以后年度弥补，最长结转年限由5年延长至10年	2018年1月1日起
	2.对企业发生的研发费用，未形成无形资产的，在实际扣除的基础上再按实际发生额的75%在税前加计扣除；形成无形资产的按照无形资产成本的175%在税前摊销	2018年1月1日至2020年12月31日
	3.对企业期间新购进的设备、器具，单位价值不超过500万元的，允许一次性计入当期成本费用在计算应纳税所得额时扣除，不再分年度计算折旧	2018年1月1日至2020年12月31日
	4.小型微利企业年应纳税所得额上限由50万元提高到100万元，对符合条件的小型微利企业，无论采取查账征收方式还是核定征收方式，其低于100万元的所得额减按50%计入应纳税所得额，按20%的税率缴纳企业所得税	2018年1月1日至2018年12月31日
	5.对小型微利企业年应纳税所得额不超过100万元的部分，减按25%计入应纳税所得额，按20%的税率减半征收企业所得税	2021年1月1日至2022年12月31日
	6.对小型微利企业年应纳税所得额超过100万元但不超过300万元的部分，减按25%计入应纳税所得额，按20%的税率缴纳企业所得税	2022年1月1日至2024年12月31日
	7.对企业参加雇主责任险、公众责任险等责任保险，按照规定缴纳的保险费，准予在企业所得税税前扣除	2018年10月31日起
	8.企事业单位、社会团体以及其他组织捐赠住房作为公租房，符合税收法律法规规定的，对其公益性捐赠支出在年度利润总额12%以内的部分，准予在计算应纳税所得额时扣除，超过年度利润总额12%的部分，准予结转以后三年内在计算应纳税所得额时扣除	2019年1月1日至2020年12月31日
	9.对企业通过公益性社会组织或者县级（含县级）以上人民政府及其组成部门和直属机构，用于目标脱贫地区的扶贫捐赠支出，准予在计算企业所得税应纳税所得额时据实扣除。在政策执行期限内，目标脱贫地区实现脱贫的，可继续适用上述政策。企业在2015年1月1日至2018年12月31日已发生的符合上述条件的扶贫捐赠支出，尚未在计算企业所得税应纳税所得额时扣除的部分，可执行上述企业所得税政策	2019年1月1日至2022年12月31日
	10.对符合条件的从事污染防治的第三方企业减按15%的税率征收企业所得税	2019年1月1日至2023年12月31日
	11.对疫情防控重点保障物资生产企业为扩大产能新购置的相关设备，允许一次性计入当期成本费用在企业所得税税前扣除；受疫情影响较大的困难行业企业2020年度发生的亏损，最长结转年限由5年延长至8年［困难行业企业，包括交通运输、餐饮、住宿、旅游（指旅行社及相关服务、游览景区管理两类）四大类，具体判断标准按照现行《国民经济行业分类》执行。困难行业企业2020年度主营业务收入须占收入总额（剔除不征税收入和投资收益）的50%以上］	2020年1月1日至2021年3月31日

续表 3–4

税费种	减税降费主要政策内容	优惠期限
企业所得税	12．企业出资给非营利性科学技术研究开发机构（科学技术研究开发机构以下简称科研机构）、高等学校和政府性自然科学基金用于基础研究的支出，在计算应纳税所得额时可按实际发生额在税前扣除，并可按 100% 在税前加计扣除。对非营利性科研机构、高等学校接收企业、个人和其他组织机构基础研究资金收入，免征企业所得税	2022 年 1 月 1 日起
	13.对科技型中小企业开展研发活动中实际发生的研发费用，未形成无形资产计入当期损益的，在按规定据实扣除的基础上，再按照实际发生额的 100% 在税前加计扣除；形成无形资产的，按照无形资产成本的 200% 在税前摊销	2022 年 1 月 1 日起
	14.对中小微企业新购置的设备、器具，单位价值在 500 万元以上的，按照单位价值的一定比例自愿选择在企业所得税税前扣除。其中，企业所得税法实施条例规定最低折旧年限为 3 年的设备器具，单位价值的 100% 可在当年一次性税前扣除；最低折旧年限为 4 年、5 年、10 年的，单位价值的 50% 可在当年一次性税前扣除，其余 50% 按规定在剩余年度计算折旧进行税前扣除	2022 年 1 月 1 日至 12 月 31 日
	15.为支持高新技术企业创新发展，促进企业设备更新和技术升级，高新技术企业在创新发展期间新购置的设备、器具，允许当年一次性全额在计算应纳税所得额时扣除，并允许在税前实行 100% 加计扣除。凡在 2022 年第四季度内具有高新技术企业资格的企业，均可适用该项政策。企业选择适用该项政策当年不足扣除的，可结转至以后年度按现行有关规定执行	2022 年 10 月 1 日至 12 月 31 日
个人所得税	1.个人捐赠住房作为公租房，符合税收法律法规规定的，对其公益性捐赠支出未超过其申报的应纳税所得额 30% 的部分，准予从其应纳税所得额中扣除；对符合地方政府规定条件的城镇住房保障家庭从地方政府领取的住房租赁补贴，免征个人所得税	2019 年 1 月 1 日至 2020 年 12 月 31 日
	2.对参加疫情防控工作的医务人员和防疫工作者按照政府规定标准取得的临时性工作补助和奖金，免征个人所得税；单位发给个人用于预防新型冠状病毒感染的药品、医疗用品和防护用品等实物（不包括现金），不计入工资、薪金收入，免征个人所得税。已征的相关税款，可抵减纳税人以后月份应缴纳税款或予以退还	2020 年 1 月 1 日至 2023 年 12 月 31 日
	3.对个体工商户年应纳税所得额不超过 100 万元的部分，在现行优惠政策的基础上，减半征收个人所得税	2021 年 1 月 1 日至 2022 年 12 月 31 日
房产税	1.对去产能和调整结构政策要求停产停业、关闭的企业，自停产次月起，免征房产税，企业享受免税政策的期限累计不得超过两年	2018 年 10 月 1 日至 2020 年 12 月 31 日
	2.国家级、省级科技企业孵化器、大学科技园和国家备案众创空间自用以及无偿或通过出租等方式提供给在孵对象使用的房产、土地，免征房产税	2018 年 10 月 1 日至 2023 年 12 月 31 日
	3.对公租房免征房产税	2019 年 1 月 1 日至 2020 年 12 月 31 日
	4.对农产品批发市场、农贸市场（包括自有和承租，下同）专门用于经营农产品的房产、土地，暂免征收房产税	2019 年 1 月 1 日至 2021 年 12 月 31 日

续表 3-4

税费种	减税降费主要政策内容	优惠期限
房产税	5.对农产品批发市场、农贸市场（包括自有和承租）专门用于经营农产品的房产、土地，暂免征收房产税。对同时经营其他产品的农产品批发市场和农贸市场使用的房产、土地，按其他产品与农产品交易场地面积的比例确定征免房产税	2019年1月1日至2023年12月31日
	6.对高校学生公寓免征房产税	2019年1月1日至2023年12月31日
城镇土地使用税	1.对去产能和调整结构政策要求停产停业、关闭的企业，自停产次月起，免征城镇土地使用税，企业享受免税政策的期限累计不得超过两年	2018年10月1日至2020年12月31日
	2.国家级、省级科技企业孵化器、大学科技园和国家备案众创空间自用以及无偿或通过出租等方式提供给在孵对象使用的房产、土地，免征城镇土地使用税	2018年10月1日至2023年12月31日
	3.对公租房建设期间用地及公租房建成后占地，免征城镇土地使用税，在其他住房项目中配套建设公租房，按公租房建筑面积占总建筑面积的比例免征建设、管理公租房涉及的城镇土地使用税	2019年1月1日至2020年12月31日
	4.对农产品批发市场、农贸市场（包括自有和承租，下同）专门用于经营农产品的房产、土地，暂免征收城镇土地使用税	2019年1月1日至2021年12月31日
	5.对城市公交站场、道路客运站场、城市轨道交通系统运营用地，免征城镇土地使用税	2019年1月1日至2023年12月31日
	6.对农产品批发市场、农贸市场（包括自有和承租）专门用于经营农产品的房产、土地，暂免征收城镇土地使用税。对同时经营其他产品的农产品批发市场和农贸市场使用的房产、土地，按其他产品与农产品交易场地面积的比例确定征免城镇土地使用税	2019年1月1日至2023年12月31日
印花税	1.对公租房经营管理单位免征建设、管理公租房涉及的印花税，在其他住房项目中配套建设公租房，按公租房建筑面积占总建筑面积的比例免征建设、管理公租房涉及的印花税；对公租房经营管理单位购买住房作为公租房，免征印花税。对公租房租赁双方免征签订租赁协议涉及的印花税	2019年1月1日至2020年12月31日
	2.对与高校学生签订的高校学生公寓租赁合同，免征印花税	2019年1月1日至2023年12月31日
土地增值税	对企事业单位、社会团体以及其他组织转让旧房作为公租房房源，且增值额未超过扣除项目金额20%的，免征土地增值税	2019年1月1日至2020年12月31日
契税	对公租房经营管理单位购买住房作为公租房，免征契税	2019年1月1日至2020年12月31日
车辆购置税	1.对购置挂车减半征收车辆购置税	2018年7月1日至2021年6月30日

续表 3-4

税费种	减税降费主要政策内容	优惠期限
车辆购置税	2.对购置的新能源汽车免征车辆购置税	2021 年 1 月 1 日至 2022 年 12 月 31 日
	3.对单车价格（不含增值税）不超过 30 万元的 2.0 升及以下排量乘用车，减半征收车辆购置税	2022 年 6 月 1 日至 12 月 31 日
综合税收优惠	1.对易地扶贫搬迁贫困人口按规定取得的住房建设补助资金、折旧复垦奖励资金等与易地扶贫搬迁相关的货币化补偿和易地扶贫搬迁安置住房，免征个人所得税；对易地扶贫搬迁贫困人口按规定取得的安置住房，免征契税；对易地扶贫搬迁项目实施主体取得用于建设安置住房的土地，免征契税、印花税；对安置住房建设和分配过程中应由项目实施主体、项目单位缴纳的印花税，予以免征；对安置住房用地，免征城镇土地使用税；在商品住房等开发项目中配套建设安置住房的，按安置住房建筑面积占总建筑面积的比例，计算应予免征的安置住房用地相关的契税、城镇土地使用税，以及项目实施主体、项目单位相关的印花税；对项目实施主体购买商品住房或者回购保障性住房作为安置住房房源的，免征契税、印花税	2018 年 1 月 1 日至 2020 年 12 月 31 日
	2.对自主就业退役士兵从事个体经营的，自办理个体工商户登记当月起，在 3 年 (36 个月，下同) 内按每户每年 14400 元为限额依次扣减其当年实际应缴纳的增值税、城市维护建设税、教育费附加、地方教育附加和个人所得税；企业招用自主就业退役士兵，与其签订 1 年以上期限劳动合同并依法缴纳社会保险费的，自签订劳动合同并缴纳社会保险当月起，在 3 年内按实际招用人数予以定额依次扣减增值税、城市维护建设税、教育费附加、地方教育附加和企业所得税优惠，定额标准为每人每年 9000 元；城市维护建设税、教育费附加、地方教育附加的计税依据是享受本项税收优惠政策前的增值税应纳税额。纳税人在 2023 年 12 月 31 日享受税收优惠政策未满 3 年的，可继续享受至 3 年期满为止	2019 年 1 月 1 日至 2023 年 12 月 31 日
	3.对建档立卡贫困人口、持就业创业证（注明“自主创业税收政策”或“毕业年度内自主创业税收政策”）或就业失业登记证（注明“自主创业税收政策”）的人员，从事个体经营的，自办理个体工商户登记当月起，在 3 年内按每户每年 14400 元为限额依次扣减其当年实际应缴纳的增值税、城市维护建设税、教育费附加、地方教育附加和个人所得税；企业招用建档立卡贫困人口以及在人力资源社会保障部门公共就业服务机构登记失业半年以上且持就业创业证或就业失业登记证（注明“企业吸纳税收政策”）的人员，与其签订 1 年以上期限劳动合同并依法缴纳社会保险费的，自签订劳动合同并缴纳社会保险当月起，在 3 年内按实际招用人数予以定额依次扣减增值税、城市维护建设税、教育费附加、地方教育附加和企业所得税优惠。定额标准为每人每年 7800 元	2019 年 1 月 1 日至 2025 年 12 月 31 日
	4.对企业和个人通过公益性社会组织或者县级以上人民政府及其部门等国家机关，捐赠用于应对新型冠状病毒感染的现金和物品，允许在计算应纳税所得额时全额扣除；企业和个人直接向承担疫情防控任务的医院捐赠用于应对新型冠状病毒感染的物品，允许在计算应纳税所得额时全额扣除；单位和个体工商户将自产、委托加工或购买的货物，通过公益性社会组织和县级以上人民政府及其部门等国家机关，或者直接向承担疫情防控任务的医院，无偿捐赠用于应对新型冠状病毒感染的，免征增值税、消费税、城市维护建设税、教育费附加、地方教育附加	2020 年 1 月 1 日至 2022 年 3 月 31 日

续表 3-4

税费种	减税降费主要政策内容	优惠期限
综合税收优惠	5.对纳税人提供电影放映服务取得的收入免征增值税；对电影行业企业 2020 年度发生的亏损，最长结转年限由 5 年延长至 8 年；免征文化事业建设费	2020 年 1 月 1 日至 2021 年 12 月 31 日
	6.对小型微利企业年应纳税所得额不超过 100 万元的部分，在《财政部 税务总局关于实施小微企业普惠性税收减免政策的通知》(财税〔2019〕13 号)第二条规定的优惠政策基础上，再减半征收企业所得税；对个体工商户年应纳税所得额不超过 100 万元的部分，在现行优惠政策基础上，减半征收个人所得税	2021 年 1 月 1 日至 2022 年 12 月 31 日
	7.对制造业中小微企业(含个人独资企业、合伙企业、个体工商户)延缓缴纳 2021 年第四季度部分税费，延缓缴纳的税费包括所属期为 2021 年 10 月、11 月、12 月(按月缴纳)或者 2021 年第四季度(按季缴纳)的企业所得税、个人所得税(代扣代缴除外)、国内增值税、国内消费税及附征的城市维护建设税、教育费附加、地方教育附加，不包括向税务机关申请代开发票时缴纳的税费；制造业中型企业可以延缓缴纳各项税费金额的 50%。延缓的期限为 3 个月。延缓期限届满，纳税人依法缴纳缓缴的税费	2021 年 11 月 1 日起
	8.对增值税小规模纳税人、小型微利企业和个体工商户可以在 50% 的税额幅度内减征资源税、城市维护建设税、房产税、城镇土地使用税、印花税(不含证券交易印花税)、耕地占用税和教育费附加、地方教育附加	2022 年 1 月 1 日至 2024 年 12 月 31 日
	9.对小微企业实行普惠性税收减免政策。对月销售额 10 万元以下(含本数)的增值税小规模纳税人，免征增值税；对小型微利企业年应纳税所得额不超过 100 万元的部分，减按 25% 计入应纳税所得额，按 20% 的税率缴纳企业所得税；对年应纳税所得额超过 100 万元但不超过 300 万元的部分，减按 50% 计入应纳税所得额，按 20% 的税率缴纳企业所得税；对增值税小规模纳税人减按 50% 征收资源税、城市维护建设税、房产税、城镇土地使用税、印花税(不含证券交易印花税)、耕地占用税和教育费附加、地方教育附加；增值税小规模纳税人已依法享受资源税、城市维护建设税、房产税、城镇土地使用税、印花税、耕地占用税、教育费附加、地方教育附加其他优惠政策的，可叠加享受优惠政策；初创科技型企业条件中的“从业人数不超过 200 人”调整为“从业人数不超过 300 人”，“资产总额和年销售收入均不超过 3000 万元”调整为“资产总额和年销售收入均不超过 5000 万元”	2019 年 1 月 1 日至 2021 年 12 月 31 日
社保非税	1.对 2020 年社会保险个人缴费基数下限可继续执行 2019 年个人缴费基数下限标准，个人缴费基数上限按规定正常调整；以个人身份参加企业职工基本养老保险的个体工商户和各类灵活就业人员，2020 年缴纳基本养老保险费确有困难的，可自愿暂缓缴费。2021 年可继续缴费，缴费年限累计计算；对 2020 年未缴费月度，可于 2021 年底前进行补缴，缴费基数在 2021 年当地个人缴费基数上下限范围内自主选择	2020 年 1 月 1 日至 12 月 31 日
	2.实施阶段性减免企业基本养老保险、失业保险、工伤保险(以下简称三项社会保险)单位缴费部分。可根据受疫情影响情况和基金承受能力，免征中小微企业三项社会保险单位缴费部分，免征期限至 2020 年 12 月底；对大型企业等其他参保单位(不含机关事业单位)三项社会保险单位缴费部分可减半征收，减征期限至 2020 年 6 月底；受疫情影响生产经营出现严重困难的企业，可申请缓缴社会保险费，缓缴社会保险费至 2020 年 12 月底，缓缴期间免收滞纳金	2020 年 2 月起

续表 3–4

税费种	减税降费主要政策内容	优惠期限
社保 非税	3.实施阶段性缓缴企业社会保险费政策。对餐饮、零售、旅游、民航、公路水路铁路运输行业企业及扩围行业所属困难企业，养老保险费缓缴费款实施期限为2022年4—12月；失业、工伤保险费缓缴费款实施期限为2022年4月至2023年3月。受疫情影响较大、生产经营出现暂时困难的中小微企业（含以单位方式参保的个体工商户）三项社保费缓缴费款实施期限为2022年4—12月。缓缴期间免收滞纳金	2022年4月至2023年12月
	4.对中小微企业、以单位方式参保的个体工商户和社会团体、基金会、社会服务机构、律师事务所、会计师事务所等社会组织缓缴3个月职工医保费，缓缴期间免收滞纳金	2022年7月起
	5.对企业和个体工商户应申报缴纳的水土保持补偿费、城镇垃圾处理费，自应缴之日起缓缴一个季度，不收滞纳金	2022年10月1日至12月31日
	6.益阳市城镇职工基本养老保险（包括企业和机关事业单位），2019年1月1日至4月30日，单位缴费比例为19%，从2019年5月1日起，单位缴费比例降至16%。原已经审批备案实施费率过渡试点的企业，单位费率低于16%的，仍按费率过渡试点政策执行；单位费率高于16%的，一律降至16%，从2022年起，所有企业一律按16%的单位费率执行。职工（雇工）个人的缴费比例为8%	—
	7.市医疗保障局、市财政局、市税务局联合下发《关于阶段性减征及缓缴职工基本医疗保险费的实施方案》。从2020年2月1日起，按规定对益阳市企业职工医保单位缴费部分实行减半征收，机关事业单位不执行减征政策。统筹基金累计结存可支付月数大于6个月的统筹地区应实施减征，按分级负责制，市本级职工医保减征期限为5个月，各县市区根据本统筹职工医保基金运行情况，合理确定减征期限，报市政府备案后实施；统筹基金累计结存可支付月数小于6个月的县市区，原则上不可实施减征政策，确有必要减征的，由当地人民政府批准并报市政府备案后实施；从2020年2月1日起，受疫情影响连续3个月出现累计亏损的企业，可向参保地区医保部门申请缓缴职工医保单位缴费部分，缓缴政策执行时间为2020年年度内，不得延缴至2021年及以后年度缴纳，缓缴期限不超过6个月，缓缴期间免收滞纳金，减征期间不能同时享受缓缴政策	—

二、减税降费政策落实

2018年11月，为扎实推进减税政策和“放管服”改革措施落实，进一步促进地方经济健康发展，市税务局印发《减税政策和“放管服”改革措施落实情况督查发现问题整改工作方案》。

2019年1月，为深入贯彻党中央、国务院关于实施更大规模减税降费的重大决策部署，确保各项减税降费政策措施不折不扣落实到位，市税务局成立“实施减税降费工作领导小组”，下设政策落实组、社保非税组、征管信息化组、统计核算组、政策分析组、督察督办组、纪检监察组、纳税服务组、宣传咨询组、宣传舆情组共10个工作组。

2019年1月，为落实对易地扶贫搬迁贫困人口和项目实施主体等给予税收优惠，促进易地扶贫搬迁工作顺利推进，打好打赢脱贫攻坚战，市税务局下发《关于切实做好易地扶贫搬迁税收优惠政策落实工作的通知》。

2019年1月，市税务局召开2019年减税降费领导小组工作会议，听取各成员单位实施减税降费工作的情况汇报，各成员单位就当前减税降费的相关政策进行了解读，并现场进行政策辅导。会议认为，实施更大规模减税降费是党中央、国务院的重大部署，是深化供给侧结构性改革的重要举措，对减轻企业负担、激发微观主体活力、促进经济增长具有重要作用。各级税务机关、市局实施减税降费工作领导小组各成员单位要高度重视，把实施减税降费作为当前一项重要政治任务扛牢抓实，抓紧制定切实可行、简明易行、成效显著的落实方案，确保减税降费实打实、硬碰硬，让纳税人有实实在在的获得感。

2019年1月，全市税务系统分别组织全体干职工和部分纳税人开展减税降费培训，宣传普及减税降费政策，首批参训人数达1736人，实现税务系统干职工培训全覆盖。全市累计组织减税降费培训共45场次，对内干部职工培训7场次，组织开展面对面培训纳税人38场次，参训人数达4280人，确保符合条件的纳税人更好享受政策红利。

2019年2月，市税务局下发《市税务局贯彻落实减税降费政策工作实施方案暨六类重点工作任务分解》的通知。

2019年4月，为坚决贯彻落实党中央、国务院关于减税降费重大部署，以及税务总局提出的“四实四硬”要求，充分发挥各级党组织和广大党员干部战斗堡垒作用和先锋模范作用，中共市税务局印发《益阳市税务系统“减税降费党旗红、精准落实当先锋”主题实践活动实施方案》。主要活动内容：比政治意识，看是否顾全大局、承诺践诺，带头担当作为；比责任意识，看是否精准宣传、精准施策、精准统计、精准考核，带头狠抓落实；比服务意识，看是否服务对象全面覆盖、服务举措全面铺开、办税负担全面下降，带头接受监督；比业务意识，看是否熟悉政策、精通业务，带头认真学习；比先锋意识，看是否勤奋工作、务实作为，带头攻坚克难。

2019年4—5月，为认真贯彻李克强总理重要指示精神，按照《中共国家税务总局委员会 中央纪委国家监委驻总局纪检监察组关于加强第三方借减税降费服务巧立名目乱收费排查整治工作监督检查的通知》，全市税务系统开展为期2个月的第三方借减税降费服务巧立名目乱收费行为专项排查整治。

2019年4月，市税务局召开减税降费督察督办会议，会议对总局下发的8大类46项自查任务清单内容进行了认真梳理，要求结合益阳市实际情况，制定益阳市减税降费督察督办任务清单，并成立了督察督办小组，抽取部分税务机关对其减税降费政策落实情况进行督察。

2019年4月，市税务局开展“创响三湘——减税降费进园区”的宣讲周活动，由各级税务机关讲师根据省局统一制作的PPT进行宣讲，介绍国家出台的普惠性减税降费、高新技术企业认定、研发费用财政奖补等政策，并将政策宣传、咨询以及辅导的渠道告知纳税人，发放减税降费政策大礼包，同时开展普惠性减税降费政策知识抢答。

2019年4月，为了认真学习领会党中央、国务院、总局和省局减税降费精神，充分认识减税降费工作和深化增值税改革的重大意义，市税务局在益阳市税务系统开展减税降费全员考试，确保做到每个干部都要对减税降费政策人人应知应会，立足本职做好减税降费的相关工作。

2019年4月起，市税务局对小微企业普惠性税收减免政策多缴税款办理退税，采取“逐户核实、登记造册、集中填报、批量处理”方式办理，退税户数和退税额完成100%。

2019年5月，为进一步做好减税降费纳税服务工作，市税务局印发《市税务局减税降费纳税服务工作实施方案》。

2019年5月，市税务局印发《市税务局开展减税降费专项督导的实施方案》。以“查问题，补短板，提质量”为主题，以促进减税降费政策落地落实为主线，通过督查政治站位、宣传辅导、应享尽享、疑点核实、风险防控、效应分析、统计核算等方面，促进益阳市减税降费工作稳步推进，确保减税降费政策措施全面落实到位。

2019年5月，为进一步推进益阳市税务系统减税降费工作，市税务局建立定期考试制度、逐级上追制度、实名通报减分制度、工作落实考核制度、任务清单推送销号制度、联络督导员制度、减税降费工作纳入绩效考核加减分项目制度等7项工作制度。

2019年4—6月，市税务局税收风险管理局共接收和分发减税降费疑点数据7个批次122487条任务，对下阶段工作开展提出以下要求：进一步提高认识；进一步明确复核反馈要求；进一步加强组织协调，以确保减税降费疑点数据核实反馈工作落到实处。

2019年6月，益阳市人民政府成立益阳市实施减税降费工作领导小组，由市委常委、常务副市长彭建忠担任组长，市人民政府秘书长胡康平担任副组长，成员单位由宣传、财政、税务、人民银行、审计、医保等部门组成。

2019年6月，全市各级税务机关与当地纪委监委建立减税降费联系督导工作机制。

2019年8月，市税务局召开益阳市税务系统减税降费工作推进会议，对前阶段减税降费情况进行“回头看”，查找减税降费工作薄弱环节和主要问题，研究布置做好下一步工作的具体措施。

2019年7月，市税务局组织开展2019年减税降费自查工作，按照2019年减税降费专项督查重点项目责任分解表，开展自查，对排查发现的问题按要求整改到位。

2019年7月，市税务局组织减税降费政策业务第一次全员考试。

2020年3月，为贯彻党中央、国务院、省委、省政府和市委、市政府的决策部署，市医疗保障局、市财政局、市税务局联合下发《关于阶段性减征及缓缴职工基本医疗保险费的实施方案》。从2020年2月1日起，按规定对益阳市企业职工医保单位缴费部分实行减半征收，机关事业单位不执行减征政策。统筹基金累计结存可支付月数大于6个月的统筹地区应实施减征，按分级负责制，在市本级职工医保减征期限为5个月，各县市区根据本统筹职工医保基金运行情况，合理确定减征期限，报市政府备案后实施；统筹基金累计结存可支付月数小于6个月的县市区，原则上不可实施减征政策，确有必要减征的，由当地人民政府批准并报市政府备案后实施。从2020年2月1日起，连续3个月出现累计亏损的企业，可向参保地区医保部门申请缓缴职工医保单位缴费部分，缓缴政策执行时间为2020年年度内，缓缴期限不得超过6个月，缓缴期间免收滞纳金。减征期间不能同时享受缓缴政策。

2022年3月，为实施好2022年新的组合式税费支持政策，市税务局成立“退税减税政策落实工作领导小组”。负责实施退税减税降费缓费工作的统筹协调、整体推进、督促落实工作。

2022年3月，为进一步落实好对制造业中小微企业办理延缓缴纳部分税费工作，市税务局成立制造业中小微企业办理延缓缴纳部分税费专项工作领导小组。

2022年3月，市税务局成立退税减税政策落实工作领导小组办公室，印发《市税务局退税减税政策落实工作领导小组工作规则》《市税务局退税减税政策落实工作领导小组办公室工作规则》。

2022年3月，市税务局退税减税政策落实工作领导小组主要成员赴市财政局沟通协调，研讨保障退税所需库款余额，科学调整税收预期目标等工作。

2022年4月，市财政局、市税务局和市国库召开留抵退税专题会议，建立协调工作机制，共同研究推进退税工作，加强工作协同和信息共享，强化退税执行动态监测。

2022年4月，为深入贯彻落实党中央、国务院退税减税政策决策部署，推动政策落实提质增效，督促相关工作不断完善，最大限度释放政策红利，优化营商环境，市税务局退税减税政策落实工作领导小组办公室印发《退税减税政策落实督察督办工作方案》。

2022年4月，为及时有效解决退税减税政策落实过程中遇到的问题，确保新的组合式税费支持政策落地落细，市税务局退税减税政策落实工作领导小组办公室印发《落实退税减税政策问题快速反应机制实施方案》。

2022年4月，市税务局组建留抵退税专门工作团队，围绕“早退、快退、退稳、退好”的工作目标，负责益阳市留抵退税政策辅导与执行、风险筛查与分析、阶段性总结与“回头看”等相关工作。

第二章　税收法制与税务稽查

第一节　税收法制

税收法制是指国家通过制定和实施一系列的法律、法规和规章，对税收征收和管理进行规范和调整的制度体系。税收法制的基本要求是“有法可依、有法必依、执法必严、违法必究”，其核心是依法治税。税务部门依法行政，能最大限度地保障公民、法人和其他组织的合法权益。

2013年9月，市国税局印发《法治益阳建设工作实施方案》的通知，明确益阳市国税系统依法治税工作将以“聚财为国，执法严明”为宗旨，以降低执法风险，规范权力行使为导向，以努力打造“法治国税、阳光国税”为目标。通知要求全系统推行依法行政工作报告制度，年度内至少听取2次依法行政工作汇报，并以局务会议的形式专题部署依法治税及法制国税工作。

一、规范性文件审查

1993年，地区税务局组织开展规范性税收政策文件的审查工作。税务行政执法方面，对1992—1993年6月30日止的税务行政行为进行全面自查，地区税务局组织对南县、沅江市进行抽查。本次检查涉及税款征收的文件48672件，不当的47件；涉及发票管理的文件6749件，不当的14件；涉及税收保全措施的文件40件，不当的5件；涉及行政处罚的文件75件、强制执行措施的文件6件。

1997年，市国税局组织开展规范性税收政策文件审查工作。清查涉及税收政策业务性文件1186份，没有发现一份不符合审批程序，不符合上级精神及与有关文件相抵触的。

1999年，市地税局全面检查清理越权减免税行为，组织对涉及减免税的文件、纪要进行了全面清理，清理出1999年9月1日以前涉及税收减免的文件和纪要6个。分别是《益阳市鼓励外商在朝阳综合经济开发区投资的若干规定》《益阳市城镇安居工程实施办法》《益阳市人民政府关于扶持益阳长春工业小区加快发展的决定》《关于印发梓山苑国家安居小区建设减免税费项目的通知》《益阳市鼓励外商投资的暂行规定》《益阳市鼓励行政事业单位参与市本级财源建设的若干规定》。这6个文件涉及契税、企业所得税、城镇土地使用税的减免，不符合现行的税收政策。为维护税法的严肃性，市政府表示今后出台政策文件，一律不涉及税收减免。

2000年，市地税局继续清理越权减免税文件。凡涉及税收政策的规范性文件，都对照现行税收政策进行了核对。对不符合现行税收政策的文件，如果是自行行文的坚决予以废止；是政府行文的提出修改意见，建议政府修改或废止。当年向政府提出修改或废止意见4条：益府令〔1999〕4号公告第六条第一款、第十条不符合现行税收政策，应予修改；益政发〔2000〕9号文件第二条、第六条、第八条、第二十条第二款的涉税内容不符合现行税收政策，应予修改；市委益发〔1997〕4号文件第11条第3款“实行股份合作制企业中职工股份的红利收入2年内免征个人所得税，第三年起按扣除银行同期存款利率标准后的收益计征个人所得税”不符合个人所得税税收政策，应取消；益政发〔1996〕13号第12条应改为：企业为分流富余人员兴办的第三产业企业，符合有关规定条件的，按照有关税收政策减免或免征企业所得税。

2001年，市国税局组织对益阳市的税收政策执行情况进行清理，纠正与现行税收法律、法规、规定相抵触的文件。纠正当地政府对南县南州酒厂、益阳赫山区金秀啤酒厂、益阳啤酒厂的税收目标管理规定，清缴消费税1328万元。

2001年6月，市地税局在对南县地税局规范性公文检查中发现2000年12月至2001年4月，南县地税局所属稽查局制发的5份公文其主送机关称谓不规范。同年7月，市地税局印发《关于撤销南县地方税务局5份公文的决定》，要求南县地税局按照《湖南省地方税务机关公文处理办法（试行）》的有关规定和税收执法文书规范化的要求，重新制发公文。

2002年，市国税局在税收规范性文件清理审查中，清理涉税文件800余份，清查出地方政府、部门制定的违规涉税文件7起，纠正7起；税务处理决定书不规范2份，税务处罚不当1起，查补入库税款、滞纳金189万元。

2002年，市地税局以纠正涉税违规行为为重点，狠抓规范性文件审查工作，清出6个涉税文件的12条优惠政策与国家税法不符。市地税局向市政府提出《关于纠正益阳市自定的与国家税法不符的有关税收优惠政策的请示》，提请撤销。沅江市局清理出6份沅江市政府下发的违反国家税法的涉税文件，经沅江市政府下文，宣布废止，仅此一项就增加地方税收近百万元。

2007年3月，市地税局对市、县市区两级党委、政府在益阳市经济建设中出台的、仍然有效的文件当中涉税优惠政策的内容进行清理。共清理出27个（其中市级13个、县市区级14个）文件、会议纪要、协议中有违反现行税收法律、法规规定的涉税内容。同年4月，市地税局印发《关于请求废止有关文件中涉税内容的请示》，请求市委、市政府对这些文件中的违规涉税内容作出停止执行、废止的处理。市委、市政府相继作出了要求有关部门与市地税局会商依法进行处理的重要批示。当年，市地税局对市委、市政府下发的5个涉税文件，对照国家有关税收政策、法规，提出了11条修改意见。

2008年9月，市国税局对现行税收规范性文件进行全面清理。同年9月，印发《关于发布规范性文件清理结果的通知》，将清理结果进行公布。废止《市国税局核定征收企业所得税管理暂行办法》的通知；宣布下列等11件规范性文件失效（见表3–5）；确定下列等10件规范性文件继续有效（见表3–6）。

2008年益阳市国税局失效规范性文件目录表

表3–5

序号	制定机关	文号	文件标题
1	市国税局	益国税发〔2002〕76号	关于印发《市国税局核定征收企业所得税暂行办法》的通知
2	市国税局	益国税发〔2002〕100号	关于印发《益阳市增值税一般纳税人管理规程（范本）》的通知
3	市国税局	益国税发〔2004〕91号	关于印发《关于进一步加强废旧物资经营业务增值税管理》的通知
4	市国税局	益国税发〔2004〕70号	关于印发《关于进一步加强新办商贸企业增值税征收管理》的通知
5	市国税局	益国税发〔2004〕36号	市国税局《关于进一步加强商贸企业增值税征收管理》的通知
6	市国税局	益国税发〔2004〕4号	关于印发《关于加强货物运输业税收管理》的通知
7	市国税局	益国税发〔2003〕79号	关于印发《关于进一步加强废旧物资增值税管理》的通知
8	市国税局	益国税发〔2005〕76号	关于印发《关于进一步加强废旧物资增值税管理》的通知
9	市国税局	益国税发〔2003〕58号	市国税局关于印发《废旧物资回收经营增值税管理办法》的通知
10	市国税局	益国税发〔2007〕175号	关于印发《关于加强废旧物资经营业务增值税管理》的通知
11	市国税局	益国税发〔2006〕70号	关于印发《关于加强废旧物资增值税管理有关问题》的通知

2008年益阳市国税局继续有效规范性文件目录表

表3–6

序号	制定机关	文号	文件标题
1	市国税局	益国税发〔2008〕56号	关于印发《市国税局房地产开发企业所得税管理暂行办法》的通知
2	市国税局	益国税发〔2008〕55号	关于印发《市国税局企业所得税分类管理暂行办法》的通知
3	市国税局	益国税发〔2007〕44号	关于印发《市国税局小规模企业税收征收管理暂行办法》的通知
4	市国税局	益国税函〔2007〕194号	关于重申《普通发票管理有关规定》的通知
5	市国税局	益国税发〔2006〕38号	关于印发《关于加强资源性行业增值税征管》的通知
6	市国税局	益国税发〔2004〕8号	关于印发《市国税局农产品发票增值税抵扣管理试行办法》的通知
7	市国税局	益国税函〔2008〕130号	关于印发《市国税局网上认证推行方案》的通知

续表 3-6

序号	制定机关	文号	文件标题
8	市国税局	益国税函〔2008〕120 号	关于明确水泥生产企业所属石料厂有关增值税业务问题的通知
9	市国税局	益国税函〔2007〕164 号	关于加强摩托车农用运输车车辆购置税征收管理的通知
10	市国税局	益国税函〔2007〕178 号	关于做好增值税一般纳税人纳税申报“一窗式”管理操作规程推行等几项工作的通知

上述废止、宣布失效的规范性文件，自本通知发布之日起不再执行；上述确认继续有效的规范性文件，有效期与本通知发布前连续计算，规范性文件规定了有效期的，按其规定的有效期执行。市国税局于 2008 年 9 月 30 日以前制定的规范性文件，未列入继续有效和重新公布的规范性文件目录的，自 2008 年 10 月 1 日起不再执行。确需继续执行的，依照法定程序重新制定规范性文件。

2008 年 11 月，市地税局对现行税收规范性文件进行全面清理。同年 11 月，印发《关于发布规范性文件清理结果的通知》，将清理结果进行公布。废止下列 13 件规范性文件（见表 3-7）；确认下列等 7 件规范性文件失效（见表 3-8）；确认下列等 10 件规范性文件继续有效（见表 3-9）。

2008 年益阳市地税局废止规范性文件目录表

表 3-7

序号	文号	文件标题
1	益地税发〔1995〕23 号	关于加强交通运输行业税收征管的通知
2	益地税发〔1996〕68 号	关于明确益阳市个人所得税有关征收标准的通知
3	益地税发〔1997〕2 号	关于印发《益阳市饮食业、娱乐业税收管理暂行办法》的通知
4	益地税发〔1998〕17 号	关于调整交通运输行业税收征收标准的通知
5	益地税发〔1999〕25 号	关于印发《施工单位代扣代缴资源税实施办法》的通知
6	益地税发〔2001〕54 号	关于加强交通运输业税收征管的通知
7	益地税发〔2001〕91 号	关于印发《核定征收企业所得税操作办法》的通知
8	益地税发〔2002〕34 号	关于加强市区出租车税收征管的通知
9	益地税发〔2002〕66 号	关于印发《益阳市市管资江河道采运砂卵石资源税及相关地方税收统一征收实施办法》的通知
10	益地税函〔2004〕40 号	关于印发《所得税规范管理实施意见》的通知
11	益地税函〔2004〕135 号	关于印发《益阳市中心城区房屋出租税收核定税额标准》的通知
12	益地税发〔2005〕102 号	关于车辆税收标准有关问题的通知
13	益地税发〔2007〕52 号	关于印发《企业所得税涉税事项审批管理办法》的通知

2008 年益阳市地税局失效规范性文件目录表

表 3-8

序号	文号	文件标题
1	益地税发〔1999〕90 号	关于确定土地增值税预征比例的通知
2	益地税发〔1999〕93 号	关于印发市地税局《企业所得税税前审批管理办法》的通知
3	益地税发〔2000〕91 号	关于印发《益阳市中心城区个人所得税代扣代缴管理暂行办法》的通知
4	益地税发〔2001〕41 号	关于印发《益阳市中心城区个人所得税代扣代缴操作办法》的通知
5	益地税发〔2001〕105 号	关于印发《益阳市外商投资企业私营企业社会保险费征收管理办法》的通知
6	益地税发〔2002〕22 号	关于外商投资企业税收征收管理的若干规定
7	益地税发〔2004〕63 号	关于加强私有房地产税收征管工作的通知

2008 年益阳市地税局继续有效规范性文件目录表

表 3–9

序号	文号	文件标题
1	益地税发〔2001〕18 号	关于印发施工单位代扣代缴资源税实施办法的补充通知
2	益地税发〔2001〕40 号	关于统一城区个人所得税附征标准的通知
3	益地税发〔2001〕80 号	关于印发《益阳市个人所得税“双向申报”管理办法》的通知
4	益地税发〔2004〕15 号	关于统一城区税收综合征收率标准的通知
5	益地税发〔2004〕64 号	关于加强货物运输业税收征收管理的实施意见
6	益地税函〔2004〕134 号	关于中心城区和统一核算企业税收征管的暂行意见
7	益地税发〔2005〕36 号	关于印发《益阳市行政事业单位税收管理实施意见》的通知
8	益地税发〔2006〕44 号	关于下发《益阳市建筑安装工程项目税收管理暂行办法》的通知
9	益地税发〔2006〕100 号	关于印发《市地税局企业所得税纳税评估管理办法》的通知
10	益地税发〔2008〕49 号	关于印发《益阳市土地增值税预征管理暂行办法》的通知

市地税局于 2008 年 9 月 30 日以前制定的规范性文件，未列入上述继续有效和重新公布的规范性文件目录的，自 2008 年 10 月 1 日起不再执行。确需继续执行的，依照法定程序重新制定规范性文件。

2010 年，市国税局制定《益阳市国税系统税收规范性文件制定管理实施办法（试行）》，对规范性文件的起草、审查会签、备查备案等环节提出了具体要求，税收规范性文件制定的流程得以进一步规范。益阳市政府办、益阳市法制办组织对益阳市规范性文件审查管理工作督查中，市国税局获得了通报表扬。

2012 年 12 月，市国税局印发《关于发布规范性文件清理结果的通知》，将清理结果进行公布。明确继续有效的规范性文件（见表 3–10）。

2012 年益阳市国税局继续有效规范性文件目录表

表 3–10

序号	文号	文件标题
1	益政办发〔2007〕26 号	益阳市人民政府办公室关于加强车辆购置税征收管理的通知
2	益政通〔2007〕4 号	益阳市人民政府关于推广应用税控收款机的通告
3	益政发〔2009〕9 号	益阳市人民政府关于切实加强税收协控联管工作的通知
4	益政办发〔2010〕5 号	益阳市人民政府办公室关于加强建筑安装工程耗用材料增值税协控联管工作的通知
5	市国税局 2012 年第 1 号公告	市国税局关于发布益阳市药品与医疗器械购销增值税管理办法的公告

2012 年 12 月，市地税局印发《关于税收规范性文件清理结果的公告》，公告明确：市地税局现行有效的税收规范性文件目录：市地税局《关于调整核定征收纳税人生产经营所得个人所得税征收率的公告》（益地 2012 第 1 号公告）；市地税局全文废止或失效的税收规范性文件目录（见表 3–11）。

2012 年益阳市地税局废止或失效规范性文件目录表

表 3–11

序号	文号	文件标题
1	益地税发〔2001〕18 号	关于印发施工单位代扣代缴资源税实施办法的补充通知
2	益地税发〔2001〕40 号	关于统一城区个人所得税附征标准的通知
3	益地税发〔2001〕80 号	关于印发益阳市个人所得税双向申报管理办法的通知
4	益地税发〔2004〕15 号	关于统一城区税收综合征收率标准的通知

续表 3-11

序号	文号	文件标题
5	益地税发〔2004〕64 号	关于加强货物运输业税收征收管理的实施意见
6	益地税函〔2004〕134 号	关于中心城区和统一核算企业税收征管的暂行意见
7	益地税发〔2005〕36 号	关于印发《益阳市行政事业单位税收管理实施意见》的通知
8	益地税发〔2006〕44 号	关于印发《益阳市建筑安装工程项目税收管理暂行办法》的通知
9	益地税发〔2006〕100 号	关于印发《市地税局企业所得税纳税评估管理办法》的通知
10	益地税发〔2008〕49 号	关于印发《益阳市土地增值税预征管理暂行办法》的通知
11	益地税发〔2009〕56 号	关于适当调整载客汽车车辆税收征收标准的通知
12	益地税发〔2011〕27 号	关于车辆税收征管理有关问题的通知

2013 年 9 月，市国税局印发《关于废止部分增值税管理文件的通知》，决定废止表 3-12 中有关增值税管理的文件。

2013 年益阳市国税局废止部分增值税管理文件目录表

表 3-12

序号	文号	文件标题
1	益国税发〔2009〕21 号	市国税局关于印发《益阳市农业产品收购业务增值税管理办法（试行）》的通知
2	益国税函〔2010〕18 号	关于《益阳市农业产品收购业务增值税管理办法（试行）》的补充通知
3	益国税发〔2010〕42 号	市国税局关于加强农产品生产经营企业增值税管理的通知
4	益国税发〔2012〕30 号	市国税局关于切实加强增值税一般纳税人管理及出口退税管理的紧急通知
5	益国税发〔2011〕13 号	市国税局关于加强商贸企业增值税一般纳税人管理的通知

2014 年 4 月，市国税局印发《关于废止部分货物和劳务税文件的通知》。市局决定废止《市国税局关于货物和劳务税有关重大税务事项实行集体审批的通知》（益国税发〔2012〕74 号）和《市国税局关于印发〈货物和劳务税有关重大税务事项集体审批制度〉的通知》（益国税发〔2013〕4 号）两个文件。同年 8 月，市国税局对现行规范性文件进行了全面清理审查，同时印发《关于发布 2014 年规范性文件清理结果的通知》，明确清理结果：继续有效的规范性文件（见表 3-13）；重新公布的规范性文件：《益阳市人民政府关于切实加强税收协控联管工作的通知》（益政发〔2009〕9 号），该文件于 2009 年 8 月 12 日生效，2014 年 8 月 12 日到期，现重新公布，继续有效；废止的规范性文件：《益阳市人民政府办公室关于加强车辆购置税征收管理的通知》（益政办发〔2007〕26 号）。

2014 年益阳市国税局继续有效规范性文件目录表

表 3-13

序号	文号	文件标题
1	益政通〔2007〕4 号	益阳市人民政府关于推广应用税控收款机的通告
2	益政办发〔2010〕5 号	益阳市人民政府办公室《关于加强建筑安装工程耗用材料增值税协控联管工作》的通知
3	市国税局 2012 年第 1 号公告	市国税局《关于发布益阳市药品与医疗器械购销增值税管理办法》的公告

2014 年 3 月，市地税局印发《关于公布废止失效的规范性文件目录的公告》，明确废止下列失效的规范性文件（见表 3-14）。

2014 年益阳市地税局废止失效的规范性文件目录表

表 3–14

序号	文号	文件标题
1	益地税函〔2004〕129 号	市地税局关于做好已取消和下放管理的企业所得税审批项目后续管理有关问题的补充通知
2	益地税函〔2004〕138 号	市地税局关于印制常用发票工本费收费价格表的通知
3	益地税函〔2004〕140 号	市地税局关于印发家庭居室装修税收管理实施意见的通知
4	益地税发〔2005〕47 号	市地税局关于切实加强社保费征收工作的通知
5	益地税发〔2006〕35 号	市地税局关于加强资源型企业税收征管的通知
6	益地税发〔2006〕44 号	市地税局关于印发益阳市建筑安装工程项目税收管理暂行办法的通知
7	益地税发〔2006〕71 号	市地税局关于公路、内河货物运输发票税控系统代开发票采用抵扣定额税款办法的通知
8	益地税函〔2006〕103 号	市地税局关于建筑安装行业申请认定征税标准有关事项的通知
9	益地税发〔2008〕43 号	市地税局关于支持旅游产业发展的实施意见
10	益地税函〔2008〕50 号	市地税局转发省地税局《关于进一步加强饮食服务业税收征管工作》的通知
11	益地税函〔2009〕16 号	市地税局关于调整市区车辆税收标准的通知
12	益地税函〔2009〕24 号	市地税局关于调整市区载货汽车税收征收标准的补充通知
13	益地税发〔2009〕31 号	市地税局关于印发益阳市车辆税收核定征收标准的通知
14	益地税函〔2010〕10 号	市地税局关于明确益阳市房地产业完税审核表益阳市基本建设项目完税审核表操作流程及管理办法的通知
15	益地税函〔2010〕26 号	关于统一启用益阳市房地产业完税审核表、益阳市基本建设项目完税审核表的通知
16	益地税函〔2010〕35 号	市地税局关于印发益阳市车辆税收税务行政审批确认程序的通知
17	益地税函〔2012〕89 号	市地税局关于统一城区旅游业营业税征收标准的通知
18	益地税发〔2013〕6 号	市地税局关于进一步加强和规范建筑安装业所得税征收管理的通知

2015 年，市国税局开展规范性文件清理，共清理规范性文件 5 份，进一步规范了益阳市国税系统的税收执法行为。

2016 年，市国税局对现行规范性文件进行全面清理。同年 9 月，市国税局发布《2016 年规范性文件清理结果的公告》，公布清理结果：继续有效的规范性文件（见表 3–15）；待清理公布的涉税文件（见表 3–16），由益阳市人民政府统一清理，并公布清理结果。

2016 年益阳市国税局继续有效规范性文件目录表

表 3–15

序号	文号	文件标题
1	市国税局 2012 年第 1 号公告	市国税局关于发布《益阳市药品与医疗器械购销增值税管理办法》的公告
2	市国税局公告 2013 年第 2 号	市国税局关于发布《益阳市国税系统税务行政处罚裁量规则（试行）》和《益阳市国税系统税务行政处罚裁量权执行基准（试行）》的公告
3	市国税局 市地税局 公告 2016 年第 1 号	市国税局市地税局《关于调整益阳市房地产开发经营企业销售未完工开发产品计税毛利率和核定征收应税所得率》的公告

2016 年益阳市国税局待清理公布涉税文件目录表

表 3–16

序号	文号	文件标题
1	益政通〔2007〕4 号	益阳市人民政府《关于推广应用税控收款机》的通告
2	益政发〔2009〕9 号	益阳市人民政府《关于切实加强税收协控联管工作》的通知
3	益政办发〔2010〕5 号	益阳市人民政府办公室《关于加强建筑安装工程耗用材料增值税协控联管工作》的通知

2016 年 11 月，市地税局印发《关于废止相关征管制度办法的通知》，决定废止《市地税局关于印发〈税收管理员工作底稿制度（试行）〉的通知》（益地税发〔2009〕23 号）和《市地税局关于印发〈益阳市地税系统纳税人分类管理办法（试行）〉的通知》（益地税发〔2009〕24 号）两个文件。同年 12 月 9 日，市地税局印发《关于公布全文失效废止的税收规范性文件目录的公告》，公布下列税收规范性文件全文失效并废止（见表 3–17）。

2016 年益阳市地税局全文失效废止税收规范性文件目录表

表 3–17

序号	文号	文件标题
1	益阳地税 2014 年 5 号公告	市地税局关于发布《市地税局土地增值税管理办法》的公告
2	益地税函〔2014〕56 号	益阳市地方税务局《关于大通湖天泓渔业股份有限公司企业所得税有关政策问题》的批复
3	益地税函〔2013〕5 号	市地税局《关于益阳中燃城市燃气发展有限公司申请差额征收营业税》的批复
4	益地税函〔2012〕91 号	市地税局《关于沅江市九鼎小额贷款股份有限公司是否属于金融企业》的批复
5	益地税函〔2014〕3 号	市地税局转发省地税局《关于精简涉税资料和简化审批事项》的通知
6	益地税函〔2013〕108 号	市地税局《关于明确中心城区旅游业营业税有关事项》的通知
7	益地税函〔2013〕102 号	市地税局《关于进一步加强不动产和建筑业自开票纳税人税务管理事项》的通知
8	益地税函〔2013〕101 号	市地税局关于印发《益阳市地方税务机关内部发票管理办法》的通知
9	益地税函〔2013〕84 号	市地税局关于印发《企业所得税重点事项后续管理办法（试行）》的通知
10	益地税函〔2011〕25 号	市地税局关于进一步加强旅游业税收管理的通知
11	益地税函〔2011〕24 号	市地税局关于停止使用旧版发票的补充通知
12	益地税函〔2011〕23 号	市地税局关于停止使用旧版发票的紧急通知
13	益地税函〔2011〕9 号	市地税局关于调整益阳市房地产业完税审核表、益阳市基本建设项目完税审核表使用功能的通知
14	益地税函〔2011〕7 号	市地税局关于启用发票专用章有关事项的通知
15	益地税发〔2009〕34 号	市地税局关于印发《办税服务厅服务管理工作制度汇编（试行）》的通知
16	益地税发〔2008〕62 号	市地税局关于印发《推广应用税控收款机实施方案》的通知
17	益地税发〔2007〕58 号	市地税局关于印发《益阳市地税系统办税服务厅管理办法（试行）》的通知
18	益地税函〔2007〕34 号	市地税局转发省地税局《关于印发湖南省个体工商户地方税收定期定额管理实施办法》的通知
19	益地税函〔2007〕30 号	市地税局转发省地税局《关于使用新版不动产销售统一发票和新版建筑业统一发票有关问题》的通知

续表 3–17

序号	文号	文件标题
20	益地税函〔2006〕86 号	市地税局转发省地税局《关于加强发票保证金管理的通知》
21	益地税函〔2006〕65 号	市地税局转发省地税局《关于明确“双简”申报纳税管理办法》的补充意见
22	益地税发〔2006〕36 号	市地税局《关于开展对漏征漏管户专项清理工作》的通知
23	益地税函〔2006〕41 号	市地税局转发省地税局《关于进一步做好 IC 卡门票管理》的通知
24	益地税函〔2005〕82 号	市地税局转发省地税局《关于规范未达增值税营业税起征点的个体工商户税收征收管理》的通知
25	益地税函〔2005〕76 号	市地税局关于印发《关于发票管理软件推广应用工作的实施方案》的通知
26	益地税函〔2005〕28 号	市地税局转发省地税局《关于严格执行统一发票代码和发票号码》的通知
27	益地税函〔2005〕29 号	市地税局转发省地税局《关于进一步规范和完善个体税收征收管理工作》的意见
28	益地税函〔2005〕23 号	市地税局转发省地税局《关于推广对个体定期定额管理户实行计算机核定定额》的通知
29	益地税函〔2005〕16 号	市地税局转发省地税局湖南省劳动和社会保障厅《关于启用劳务派遣服务专用发票有关问题》的通知
30	益地税函〔2005〕21 号	市地税局转发省地税局《关于加强和规范税务机关代开普通发票工》的通知
31	益地税函〔2005〕20 号	市地税局转发省地税局《关于临岗公路、益阳至沅江一级公路和白沙大桥收取通行费使用地税发票有关问题》的通知
32	益地税函〔2004〕131 号	市地税局转发省地税局《关于使用公路、内河货物运输业统一发票有关问题》的通知
33	益地税函〔2004〕101 号	市地税局转发省局《关于进一步加强门票管理》的通知
34	益地税函〔2004〕102 号	市地税局转发省局《关于潭耒、益常高速公路收费票据纳入地税发票管理》的通知
35	益地税函〔2004〕14 号	市地税局转发总局《关于开展对纳税人欠税予以告知工作》的通知

2017 年，自营业税改增值税工作开展以来，益阳市部分地方政府和部门相继出台了一些涉税文件，在规范税收征管秩序、协税护税、减少税款流失等方面发挥了积极的作用，但同时也有个别涉税文件违反了税法的相关规定，损害了纳税人的合法权益，给税务干部带来了执法风险，需要予以纠正。同年 4 月，市国税局印发《关于清理政府涉税文件的通知》，决定在益阳市国税系统组织对地方党委、人大、政府、政协及相关部门制定的涉税文件进行清理。通知明确：2010 年以来，益阳市各县市区制定的全部涉税文件为本次清理的范围。涉税文件是否违反法律、法规、规章及国家相关税收政策为本次清理的内容。重点注意清理以下情形：采用多部门联合执法等形式，要求国税机关进行超出法律职权或违法的执法活动；在法律、法规、规章及上级规范性文件的基础上，违规增减办理业务所需的资料、条件，改变办理业务的工作流程；违反国家税收政策，擅自出台税收优惠政策；出台的税收征管措施违反税法规定；违反行政审批改革要求，违规设置行政审批事项或变相行政审批；以税收为手段，违反国家反垄断或不正当竞争的规定，限制排斥市场竞争；违规干预税收执法和税务稽查；其他违法违规的情形。

2017 年 12 月，市地税局印发《关于公布 2017 年全文失效废止的税收规范性文件目录的公告》，公布下列税收规范性文件全文失效并废止（见表 3–18）。

2017 年益阳市地税局全文失效并废止规范性文件目录表

表 3-18

序号	文号	文件标题
1	益地税 2012 年第 1 号公告	市地税局《关于调整核定征收纳税人生产经营所得个人所得税征收率》的公告
2	益地税 2013 年第 1 号公告	市地税局关于发布《益阳市自然人股东股权转让所得个人所得税征收管理办法》的公告
3	益地税 2013 年第 2 号公告	市地税局《关于进一步加强和规范建筑安装业所得税征收管理》的公告
4	益地税 2014 年第 3 号公告	市地税局关于发布《益阳市事业单位社会团体和其他取得收入的组织企业所得税征收管理办法》的公告
5	益地税函〔2012〕8 号	市地税局《关于重新明确我市不动产、建筑业自开票纳税人发票使用管理办法》的通知
6	益地税函〔2014〕44 号	市地税局关于印发《益阳市房地产开发经营业务企业所得税管理办法》的通知

2018 年 7 月，市税务局印发《关于公布继续执行的税收规范性文件目录的公告》，公告明确：2016 年 4 月，市国税局、市地税局联合发布的《关于调整益阳市房地产开发经营企业销售未完工开发产品计税毛利率和核定征收应税所得率的公告》继续执行。同年 10 月，市税务局印发《关于公布全文失效废止的税收规范性文件目录的公告》，将全文失效废止的税收规范性文件目录予以公布（见表 3-19）。同年 12 月，市税务局发布《关于公布全文失效废止的税收规范性文件目录的公告》，公告明确：将市税务局 2018 年 7 月 5 日发布的关于发布《税收协控联管控税证明管理办法》的公告全文废止。2018 年，市税务局清理合并前税收规范性文件 13 件、新制定规范性文件 6 件。

2018 年益阳市税务局全文失效废止税收规范性文件目录表

表 3-19

序号	文号	发文日期	文件标题
1	市国税局公告 2013 年第 2 号	2013 年 12 月 16 日	市国税局关于发布《益阳市国税系统税务行政处罚裁量规则（试行）》和《益阳市国税系统税务行政处罚裁量权执行基准（试行）》的公告
2	市国税局公告 2012 年第 1 号	2012 年 2 月 22 日	市国税局关于发布《益阳市药品与医疗器械购销增值税管理办法》的公告

2021 年 7 月，市税务局印发《关于开展 2021 年妨碍统一市场和公平竞争的政策措施清理工作》的函，决定对市以下（含本级）税务机关在 2021 年 6 月 30 日前制定的规范性文件和其他政策措施以及“一事一议”形式的具体政策措施，对照深化“放管服”改革、优化营商环境、建设现代化经济体系的要求，严格对照清理重点，逐项研究分析相关政策措施，认真做好清理工作。有关政策措施的主要内容与平等对待各类市场主体，促进商品和要素自由流动，建设统一开放、竞争有序的市场体系等要求相抵触的，按相关程序对有关内容予以了废止；部分内容相抵触的，按相关程序对有关内容予以了修订。确保妨碍统一市场和公平竞争的各种规定和做法应废尽废、应改尽改。

二、重大税务案件审理

1999 年 3 月，市地税局为了规范稽查工作程序、保证稽查执法的合法性、正确处理税务违法案件、健全税务稽查制约机制，印发《关于成立市地税局稽查案件审理委员会的通知》，决定成立市地税局稽查案件审理委员会，刘见曙任审理委员会主任。

2000 年 4 月，市地税局印发《关于调整税务稽查案件审理委员会成员的通知》。调整后的稽查案件审理委员会由郑惠任审理委员会主任。

2002年，市国税局成立了重大税务案件审理委员会，先后3次对益阳市涉税金额在100万元以上的重大税务案件进行集中审理，共审理案件23起，结案23起。审结案件中退回稽查部门重新调查的1起，维护原处理决定的3起，变更或部分变更原处理决定的19起。

2003年4月，市国税局印发《关于调整重大税务案件审理委员会成员的通知》，调整重大税务案件审理委员会成员，皮本固任主任。

2004年11月，市国税局印发《关于调整重大税务案件审理委员会成员的通知》，明确袁世民担任重大税务案件审理委员会主任。当年，重大税务案件审理委员会多次召集稽查、税政、法规等部门召开案情分析会议，慎重处理各类税务案件，对移送审理的3户税务稽查案件，经初审，2户已退回稽查局重新稽查，补充资料。

2004年11月，市地税局重新调整重大税务案件审理委员会成员。发文明确：吴佑坤任市地税局重大税务案件审理委员会主任。

2006年，市国税局重大税务案件审理委员审理重大税务案件10起。

2007年，市地税局在审理的程序和环节上进行优化。当年审理重大税务案件62件，通过对案件在执法程序认定上是否规范、事实认定上是否属实、适应的法律认定上是否适当、处理程度认定上是否适度等问题进行审理，审增税款110万元。

2008年10月，市国税局发文重新调整重大税务案件审理委员会成员，明确市局重大税务案件审理委员会由傅淼河任主任。

2008年7月，市地税局对重大税务案件审理委员会成员进行了调整，明确张晓飞任市地税局重大税务案件审理委员会主任。

2009年，市国税局实施重大案件审理8起，审理面10%。

2009年，市地税局统一全系统重大税务案件审理标准，开展全系统税收执法检查，对存在的问题有效整改；规范税务行政自由裁量权，对案件审查情况进行报备、回访。全系统共处罚173户，回访19户。

2011年10月，市国税局按照省国税局《重大税务案件审理工作规程》文件精神，明确市局稽查局、市局第一稽查局查处的涉税金额在100万元以上或拟处罚款20万元以上的税务稽查案件，应提请市国税局重大税务案件审理委员会审理；各县市区局稽查局查处的涉税金额在30万元以上的案件，应报请各县市区局重大税务案件审理委员会审理。

2012年，市国税局加大对重大税务案件逻辑性、程序性、合法性和真实性的审核，全年审理10户涉税案件，实现“零复议”“零诉讼”。

2013年8月，市国税局印发《关于调整市国税局重大税务案件审理委员会组成成员》的通知，明确重大税务案件审理委员会主任委员由李建伟担任。

2014年11月，市国税局印发《关于调整重大税务案件移送标准的通知》，重新明确移送标准：案件在当地有重大影响，需要提交重大税务案件审理委员会集体审理的；案情复杂，对违法事实认定、违法证据采信、处理处罚依据存在较大争议的；市局查补税款在100万元、县市区局查补税款在30万元以上的；税务行政处罚在二倍以上的，12月1日起执行。当年，市国税局把推行重案审理标准化作为创新项目来打造，通过全面规划案件审理的内容、完善案件审理的程序、统一案件审理的标准，采取计算机自动判断和人工审查相结合的方法，构建了标准化的审理模式。严把主体范围、程序权限、事实证据、案件数据计算、处理处罚五个审理关口，提高税收行政执法的公信力。

2016年3月，市国税局印发《关于调整重大案件审理委员会成员的通知》，明确重大税务案件审理委员会主任委员由徐向阳担任。当年，全市国税系统重大税务案件审理基本情况是：市局稽查局和第一稽查局共立案103件，其中市局受理重大税务案件11件，审结7件，结转下年4件，占同期稽查部门查结案件的10.68%；县市区局共立案稽查113件，其中受理重大税务案件14件，审结14件，占同期稽查部门查结案件12.39%。重案审理查补税款8761.74万元，罚款61.76万元。没有发生因纳税人提起行政复议而改变决定或行政诉讼败诉的情况，稽查办案质量得到明显提高。当年总局、省局督办案件办理情况为：市局稽查局已稽查审理14件，其中移送市局重大税务案件审理并受理7件，审结3件，结转下年4件；县市区局受理重大税务案件2件，已审结2件。

2017年，市局稽查局和第一稽查局共立案检查80件，审结59件，申请市局重大税务案件审理委员会审理案件11件，市局受理重大税务案件10件，不予受理1件，重大税务案件审理占稽查审结案件的比例达16.95%；5个县市区局稽查局共立案稽查89件，受理重大税务案件11件，审结11件，重大税务案件审理占同期稽查部门查结案件的12.39%。益阳市重大税务案件审理查补税款 936 万元，罚款 629 元。已审结的重大税务案件中没有出现纳税人申请行政复议和提请行政诉讼的情况。

2018 年，益阳市国税系统审理重大税务案件 27 件。

2019 年 3 月，市税务局发文成立市税务局税务稽查案件集中审理委员会，明确乔文光为税务稽查案件集中审理委员会主任。同年 7 月，市税务局税务稽查案件集中审理委员会印发《关于明确重大税务案件审理有关问题的通知》，通知明确规定：市局、县市区局税务稽查案件集中审理委员会受理所属稽查局查处的拟罚款金额分别为 100 万元、10 万元以上的税务行政处罚案件；受理上级部门批办、领导交办以及其他需要督办的案件；受理应司法、监察机关要求出具认定意见的案件；受理拟移送公安机关处理的案件；受理审理委员会成员单位认为案情重大、复杂，需要审理的案件；受理其他需要审理委员会审理的案件。市局稽查局集体审理委员会收到各稽查局提请审理的案件材料后，应当在 5 日内进行审核，10 日内提出受理与否的意见，报审理委员会主任或其授权的副主任批准；重大税务案件应当自批准受理之日起 30 日内作出审理决定；市局稽查局重大税务案件审理一般采用会议审理；各稽查局将市局稽查局审理委员会审理纪要连同按有关文件要求的相关资料一同报市税务局重大税务案件审理委员；各跨区稽查局和市局稽查局集体审理委员会与市局稽查局集体审理委员会的审理意见不同的，以市局稽查局集体审理委员会的审理意见为准。

三、行政复议与行政诉讼

1990 年 4 月，地区税务局成立税务行政复议委员会，刘见曙任主任，刘朗生任副主任，委员会下设办公室，刘朗生兼任办公室主任，办公室设征管科，负责办理日常事务。同年 5 月，地区税务局印发《关于认真组织学习行政诉讼法的通知》，组织全地区税务系统学习行政诉讼法并进行考试。同年 6 月，地区税务局组织全地区税务系统清理了本单位自 1985 年以来可能引起行政诉讼的、本级产生的文件和发生的行政或业务行为。年底，益阳地区各县市分局均已成立了行政复议机构，配备了专人，层层举办了税务行政法制培训班，并相应建立了有关行政复议的有关规章制度和业务办理的一整套手续和表格。全年全系统未受理一起行政复议案件。

1991 年，地区税务局组织全系统干部认真学习《省税务局税务行政复议应诉工作规程》并及时制定《地区税务局税务行政复议应诉工作规程》，税务行政复议工作得以有章可循。当年益阳地区税务行政复议办公室共收到申请复议案 8 件，已受理 6 件，不予受理 2 件，已作出裁决 6 件，其中维持原决定的 4 件，变更原决定的 2 件，变更退税 60 元。通过复议裁决，维持了税法的严肃性，保护了纳税人的合法权益。

1993 年 7 月，地区税务局发文调整地区税务局税务行政复议委员会成员，文件明确：彭忠阳任主任，陈韵清、甘志中任副主任。委员会下设办公室，甘志中兼任办公室主任，赖光辉任副主任，办公室设征管科，负责办理日常事务。同年 8 月，益阳县泉交河布匹经营个体户王某某不服益阳县税务局 1993 年 6 月 20 日作出的益县税罚〔1993〕1 号《违章处罚决定》和 1993 年 6 月 21 日作出的益县税扣〔1993〕1 号《扣押、查封商品、货物、其他财产决定》处罚和扣押商品决定，依法向地区税务局提出税务行政复议。地区税务局税务行政复议委员会经调查、审理，于 1993 年 9 月 18 日作出自复议委员会成立以来的第一份行政复议决定书，决定维持益阳县税务局作出的《违章处罚决定》和《扣押、查封商品、货物、其他财产决定》所作出的处罚决定和扣押商品决定，但多扣押申请人王某某价值 1441.88 元的商品予以退还。当年，地区税务局全年共受理行政复议案件 2 起，均已结案。

1994 年 12 月，市地税局印发《关于成立市地税局税务行政复议委员会及其办公室的通知》，通知明确：甘志中任复议委员会主任、赖光辉任复议委员办公室主任，办公室设征管科。当年，地区税务局受理税务行政复议案件 3 起，均已结案。

1995 年 11 月，市国税局成立税务行政复议委员会，主任委员：肖春生，副主任委员：胡华林。复委会下设办公室（与政策法规科合署办公），办公室主任：刘科赛（兼）。

1996 年 10 月，市国税局发文调整市国税局税务行政复议委员会，明确主任委员：胡华林，副主任委员：肖春生、程亮东、黎谷盈。

1997 年 5 月，市国税局印发《关于调整市国税局税务行政复议委员会的通知》，明确：主任委员由郭志仁担任，副主任委员有胡华林、黎谷盈、程亮东、凌奇等。复议委员会下设办公室，办公室与政策法规科合署办公，办公室主任由程金榜兼任。

2001 年 9 月，市国税局印发《关于对夏某某行政赔偿处理意见的复函》，复函称：赫山区国税局所属兰溪征收分局在采取为夏某某代开发票时，由于工作人员的失误，未在开具的发票上加盖税收查验章或征税专用章，也未告知纳税人加盖发票专用章，致使该票被涟源市工商局认定为无效发票，继而被涟源市工商局认为其违反了《投机倒把行政处罚暂行条例》，先扣押大米10500公斤，后对其拍卖，造成了纳税人的经济损失。根据《中华人民共和国国家赔偿法》第四条、第七条之规定，赫山区国税局应承担赔偿责任。根据《中华人民共和国国家赔偿法》第二十八条规定，行政赔偿只对直接损失进行赔偿。而对直接损失的界定，市国税局税务行政复议委员会认为应包括运输费、10500公斤大米的购进金额以及有关法律规定的费用。具体赔偿金额，由赫山区国税局审核后确定。

2001年12月，市地税局印发《关于调整税务行政复议委员会成员的通知》，通知明确调整后的市地税局税务行政复议委员由郑惠任主任，蒋栋才、甘志中、宋力华、袁斌任副主任。税务行政复议委员下设办公室，蒋栋才兼办公室主任。

2002年4月，市地税局行政复议委员会印发市地税局受理复议通知书。通知书称：资阳区四达自行车配件经营部不服资阳区地税局2001年5月30日作出的资地税稽字〔2001〕1号税务处理决定书内容，向省地税局提出复议申请。经省地税局审查，指定市地税局于2002年4月5日予以受理。同年5月，市地税局受理后，经调查核实及复议委员会研究决定，以益地税复决字〔2002〕1号税务行政复议决定书的形式答复资阳区四达自行车配件经营部，维持资阳区地税局作出的资地税稽字〔2001〕1号税务处理决定书的决定。同年8月，市地税局印发《税务行政复议工作规程》，明确自发布之日起执行。

2004年12月，由于人事变动，市国税局印发《关于调整税务行政复议委员会成员》的通知，通知明确市国税局税务行政复议委员会主任由袁世民担任，副主任由黎谷盈、陈其佑、胡跃生担任。复议委员会下设办公室（设政策法规科），石建军担任办公室主任。

2006年3月，由于人事变动，市地税局印发《关于调整税务行政复议委员会》的通知，明确市地税局税务行政复议委员会主任由吴佑坤担任，袁斌、宋力华、陈雁鸿任副主任。税务行政复议委员会办公室设政策法规科，丁力尧任办公室主任。

2008年7月，由于人事变动，市地税局印发《关于调整税务行政复议委员会》的通知，明确市地税局税务行政复议委员会主任由张晓飞担任，李昕、宋力华、陈雁鸿任副主任。税务行政复议委员会办公室设政策法规科，肖洁清任办公室主任。

2009年，市国税局受理行政复议案件1起，无行政诉讼案件发生。

2013年3月，市国税局制定《税务行政复议委员会工作规则》，对全市国税系统的税务行政复议工作进行规范。同年3月，印发《关于调整税务行政复议委员会成员》的通知，明确调整后的市国税局税务行政复议委员会由傅森河担任主任委员，副主任委员由汪清波、龚军、胡跃生、杨佳民、谌宪伟、曾国华等担任，部门委员由曹凌、姚普勋、李定和、刘科赛、黄物华、陈茂辉、罗广宇、李为民、陈赛纯等担任，专家委员由刘光回、谢云洲担任。复议委员会下设办公室（办公室设政策法规科），汪清波兼任办公室主任。同年8月，再次印发《关于调整税务行政复议委员会组成成员的通知》，明确调整后的市国税局税务行政复议委员会由李建伟担任主任委员，副主任委员由龚军、杨佳民、胡跃生、曾国华、谌宪伟、李晖、汪清波等担任，部门委员由罗广宇、曹凌、姚普勋、李定和、刘科赛、黄物华、陈茂辉、李为民、朱玉清等担任，专家委员由刘光回、谢元洲担任。税务行政复议委员会下设办公室（办公室设政策法规科），汪清波兼任办公室主任。同年9月，市国税局召开《益阳市国税系统规范税务行政处罚裁量权规则（征求意见稿）》及《执行基准（征求意见稿）》听证会，听证会在自愿报名者中随机抽取20名代表（其中企事业单位、基层组织代表10人，法律、财税、财会专业人士7名，公民3人），还特邀专业人士和新闻媒体记者参加。同年12月，市国税局发布《益阳市国税系统税务行政处罚裁量规则（试行）》和《益阳市国税系统税务行政处罚裁量权执行基准（试行）》的公告，自2014年2月1日起施行。同年11月，市国税局印发《税务行政复议工作规范化建设实施方案》，对益阳市国税系统税务行政复议工作按时间、分步骤提出了进一步的规范的内容和要求。

2016年6月，市国税局印发《关于调整税务行政复议委员会组成成员》的通知，明确调整后的市国税局税务行政复议委员会由徐向阳担任主任委员，副主任委员由邓宇峰、杨佳民、龚军、胡跃生、曾国华、汪清波、李晖等担任，部门委员由周孟贤、张建辉、李为民、胡绍元、姚普勋、周曙光、刘正、龚燕飞、朱玉清等担任，专家委员由桂培廷、李天寿担任。复议委员会下设办公室（办公室设政策法规科），邓宇峰兼任办公室主任。

2018年1月，市地税局印发《关于重新成立市地税局行政复议委员会》的通知，通知明确：石洪波任市地税局行政复议委员会主任，莫国云、郭光明、乔文光任副主任。

2018年11月20日，国地税合并后的市税务局印发《关于成立相关议事协调机构的通知》，通知明确：市税务局行政复议委员会主任由徐向阳担任，副主任由邓宇峰、郭光明担任。

2021年，市税务局做好对桃江长鑫石料有限公司行政诉讼案件和对北京恒宇天泽基金有限公司申请市局履行法定职责案的应对工作。

2022年，市税务局完成市税务局起诉桃江长鑫石料有限公司的诉讼案件。当年，市税务局还抓好当年执法资格考试的组织，完成行政复议案2件、办结行政诉讼1件；开展了行政复议应诉数据录入及行政执法信息公示平台信息维护更新工作。

四、税务检察与税务侦查

1990年，地区税务局税务检察室受理案件252件，查处221件，立案67件，结案66件，共挽回偷漏税和其他经济损失337.9万元。其中地区税务检察室直接立案1件，结案1件，追回经济损失1.6万元。

1991年，地区税务局税务检察室共受理偷抗税案件207件，立案侦查80件，同比增长19.4%，占益阳地区检察机关立案侦查经济犯罪案件346件的23.12%，逮捕犯罪嫌疑人16名，挽回经济损失336万元。地区税务局公安执勤室查处抗税案件8起，依法拘留8人，补税7300元、罚款550元。

1992年4月，益阳市税务局和益阳市人民检察院研究决定，建立税务检察联络员制度。聘请有关科、所、站、室业务负责人担任税务检察联络员，并将联络员的工作业绩与岗位责任制挂钩，联络员每提供一起偷抗税线索且经侦查达到立案标准的，奖1—3分给联络员所在单位，税检室每月召集一次联络员会议，收集情况，布置工作，交流信息。当年，益阳地区税务系统检察室共受理偷逃抗骗税案件150起，立案48起，占益阳地区经济案件的22.3%，其中大案26件，特大案1件，已结案47件，其中移送起诉2件2人、移送免诉的35件37人，为国家追回税款341.5万元，协助收回老欠税11.64万元。其中桃江、沅江、南县3个公安执勤室查处抗税案38起，依法拘留17人，收审5人，罚款1.9万元，追回税款45.76万元。

1993年，益阳地区税务系统税务检察室受理偷逃抗骗税案件49件，立案21件，为国家追回税款损失92.8万元。桃江、沅江、南县、益阳市4个公安执勤室查处税务治安案件59起，依法拘留18人，解决税务纠纷25起，收回税款14.7万元，协助收回新老欠税27万元。

1994年，益阳地区税务系统税务检察室受理偷逃抗骗税案件142件，初查120件，立案28件。其中偷税案11件，抗税案2件，发票案12件，其他案3件。结案20件，起诉6件，免诉13件，转办1件。查处32人，挽回经济损失223万余元，其中赃款124.7万余元，税款98.3万余元。

1995年8月，南县地税局和南县人民法院率先在湖南省成立第一个税务审判庭。当年受理涉税案件44起，依法强制追缴税款51万元，有力地打击了偷抗税犯罪，整顿了纳税秩序，改善了税收执法环境。南县地税局与南县人民法院成立税务审判庭的做法得到省高级人民法院的重视和肯定，在1996年全省行政审判工作经验交流会上推介了他们的经验。随即各县市区地税局相继与当地公安、法院联合成立“税务公安执勤室”“税务审判庭”“涉税犯罪侦查中队”等涉税办案机构，益阳市共成立税收司法保卫机构8个。当年，市地税局全年共查处偷抗税案件6起，为国家挽回税款损失24.3万元。

1996年，市国税局率先与益阳中级人民法院联系，成立执法联络室。对于探索税务机关如何与司法机关联合执法提供了宝贵的经验。执法联络室成立3个月来受理4起涉税案子，向法院移送2个案子，追回税款3万元，同时还扣押一批商品抵缴税款，收到了较好效果。

1997年2月，益阳市首例虚开、代开增值税发票案公开开庭审理。当年3月5日，刘某某、徐某某虚开代开增值税专用发票案在益阳市资阳区人民法院作出一审判决，被告刘某某被依法判处有期徒刑11年，剥夺政治权利一年，被告徐某某被判处有期徒刑5年。

1997年，益阳市地方税务系统全年共查出涉税违法户287户，办理涉税案件156件，追缴税款267.4万元，处以罚款32.5万元。

1998年上半年，根据群众举报，市地税局与公安机关配合，仅用18天时间一举抓获制贩假发票的犯罪嫌疑人孙某某，收缴饮食、娱乐业定额发票假发票50余本，查处使用假发票的单位和个人6户，罚款3万元，孙某某被处以一年零六个月的徒刑。同年11月，市地税局与市公安局联合成立涉税犯罪侦查支队。益阳市地税机关加大对暴力抗税案件的打击力度，对益阳市发生的9起暴力抗税案件在当地党政领导与公安部门支持下，已全部处理结案，13名抗税者有4名被拘留，其余都受到了补税与罚款处罚。益阳市各级地税机关加强同公安、法院等政法机关的协调配合，争取政法机关的支持，联合建立健全税收司法保卫机构，共同打击涉税犯罪。三年来，共处理涉税违法户387户，办理涉税案件256件，追缴税款867.4万元，处以罚款52.5万元，其中2人因偷税抗税被判有期徒刑，1人被判劳动教养。

1999年，市国税局稽查部门配合税侦部门查处各类偷税、虚开专用发票类案件35起，收取暂扣款68.5万元，入库税款18万元，办理了锑品助剂公司、粉末冶金厂等偷逃国家税款、虚开增值税专用发票一批大案要案，震慑了犯罪，净化了税收环境。

1999年，市地税局税务检察室加大对偷税犯罪的打击力度，将5名偷税犯罪嫌疑人送上了法庭。

2000年，市国税局各级稽查部门与公安税侦部门联手查处各种涉税犯罪，全年共立案38起，刑事处理5人，为国家挽回税款490万元。

2000年，市地税局与公安、检察机关配合，查处了刘某某暴力抗税案和龙某某偷税案。对持刀威胁税务干部，阻挠执法的个体户刘某某，提请公安机关刑事拘留7天，并补税2584元；立案查处龙某某偷税案件，补税罚款5万元，提请公安机关将龙某某刑事拘留10天。当年，市地税局稽查部门查处要案并移送公安机关作为涉税犯罪案件的27起，被公安部门行政拘留的10起，涉案人员12人，移送检察机关侦查起诉的12起，已被法院判刑的1起，判处犯罪的1人。

2001年，市地税局查处偷漏税要案并移送公安、检察机关立案查处的19起，行政拘留13人，移交检察机关侦查起诉的1起。当年，南县地税局与公安部门联手破获涉案成员达18人的制作假饮食娱乐业定额发票团伙案，抓获犯罪嫌疑人6人，其中已执行行政拘留4人，送劳动教养2人，其余嫌犯正在追逃之中。

2002年，市地税局移送公安机关作为涉税犯罪案件查处的4起，被公安部门行政拘留的2起，涉案人员14人，移送检察机关侦查起诉的1起，涉税犯罪判刑的2人。市地税局稽查局和公安税侦队历时半年，联合查处了一起出售非法印制发票的案件，市稽查局向税侦移送5人，公安局提请检察院批捕3人，检察院向法院起诉2人，判处郭某某有期徒刑四年半，处罚金5万元，判处付某某有期徒刑三年半，处罚金5万元。

2003年，市地税局查处偷漏税要案20起，移送公安机关作为偷税犯罪案件查处的5起，被处以行政拘留的4起、涉案人员8人；移送检察机关侦查起诉的1起。

2004年，安化县国税局稽查局查处安化县三洲竹业有限公司利用两套账进行虚假申报，偷税额达47.44万元。该案已于当年4月移送安化县公安机关处理。

2004年，市地税局查处偷漏税要案并移送司法机关作为偷税犯罪案件查处的5起，强制执行扣押财产物质委托拍卖机构进行拍卖的1起，法院追究刑事责任并宣判的1起。益阳汇丰房地产公司因偷税罪被赫山区人民法院判处罚金300万元，其董事长及总经理陈某被判处有期徒刑三年、缓刑五年，并处罚金110万元。南县地税局破获了一起贩卖假发票的案件，已移送检察机关起诉，处理16户使用假发票的纳税户，共处以罚款14万元。

2005年，市地税局查处偷漏税要案并移送司法机关作为偷税犯罪案件查处的1起，强制执行扣押财产物资委托拍卖机构进行拍卖的1起，对各类税务违法行为处以罚款423万元。

2006年，赫山区地税局查处一起暴力抗税案。2005年12月13日，赫山区王某、徐某、冷某等人，聚众堵塞国道319线，抢走被赫山地税局依法扣押的客运车辆，打砸押运车辆，打伤税务干部张某等人，其行为已构成抗税罪。三人分别被赫山法院判处有期徒刑8个月、6个月、6个月，并各处罚金5000元。

2007年，市地税局移送司法机关惩治的税收违法案件2起。

2013年，市国税局与公安部门配合，摧毁了制作假车辆购置税完税证明的犯罪团伙1个，查证涉案车辆120辆，涉案税金184万元。

2014年，市国税局积极开展对“已牌未税”车辆的车辆购置税款追缴工作，对255辆“已牌未税”车辆追缴135辆车的车辆购置税，其他未税车辆的车辆购置税还在进一步追缴之中。

2017年，市国税局加强与公安、检察机关的配合，从重从快打击虚开增值税发票、骗取国家出口退税案件取得重大突破。对黄金案、“8·10”专案、“7·03”案、总局一、二类案件等虚开骗税企业进行有效查处。共向公安部门移送案件68起，公安已立案38起，已抓获犯罪嫌疑人21名，已移送检察院起诉17人，法院已判处有期徒刑10人；三起虚开增值税专用发票案件依法判决，三案主犯李某高、张某军、林某以虚开增值税发票罪被益阳市中级人民法院判处有期徒刑十三年、十四年、三年；“8·10”专案中国炬等3起案件在省局和省公安厅指定查办后，取得了突破性进展，公安已对12人采取刑事强制措施。总局督办的二类案件取得重大突破。已查获并掌握5户出口企业骗取出口退税突破性证据；总局交办的1801案、1210案共6户案件取得重大突破；益阳汇盛电子有限公司增值税进项税转出388.82万元，查补所得税17.63万元，加收滞纳金6.6万元。全省第一起骗取出口退税案件告破。被告人毕某伟被依法判定骗取出口退税罪，判处有期徒刑3年，缓刑4年，并处罚金30万元，没收违法所得102.96万元，该案的最终宣判实现益阳市乃至全省以骗取出口退税罪量刑案件“零的突破”。查办的重点案件卓有成效。湖南诚意枚枚案是在商业制度改革之后出现的一起恶意虚开案，该案牵扯几十家企业，影响比较大，经移送公安，被公安部门定义为窝案，相关案情正在进一步深挖中；笔电锋案涉嫌虚开，并且有行政诉讼，通过与美国国税局国际情报交换，掌握了关键性的骗税证据，已将该案移送公安机关进一步处理。

2022年3月，市税务局与公安联合办案，税警联手查处一起具有代表性的典型虚开骗税案件，案件涉及上下游企业26家，虚开骗税金额2.89亿元。本案是全省开展虚开骗税常态化打击的第一案，也是益阳市当年的第一个大案。当年，市税务局与市公安局抓好成品油行业税收案件整治查办工作，抓获嫌疑人6名，刑拘3人，摸排出涉案上下游企业64家，涉及虚开金额7000余万元。

2018年以来，益阳市税务、公安部门累计协作查办虚开骗税案件171件，查实虚开骗税金额62.12亿元，挽回税款损失2.4亿元。抓获犯罪嫌疑人47人，判处有期徒刑26人。通过打早打小、从严从快，四部委交办案源数量占全省比例从过去的68%降至零，益阳市虚开骗税多发区成为历史。

第二节　税务稽查

税务稽查是指税务稽查部门依法对纳税人、扣缴义务人履行纳税义务、扣缴税款义务及其他税法义务的情况进行全面、综合地检查和处理的全部活动。随着社会经济的发展，税收在整个国民经济中的地位越来越重要，对税收管理工作的要求也不断提高，税务稽查则成为税收职能作用得以充分实现的一种手段，必然随着税收的发展而不断发展和完善。

一、涉税违法行为举报及管理

1997年11月，省国税局、省地税局联合印发《关于公民举报偷税、骗税案件的奖励规定（试行）》的通知，对公民举报偷税、骗税案件的奖励作了明确规定：查补入库税款50万元以下的，奖金额在5000元以内；50万元—100万元的，奖金额在5000元—1万元；100万元—500万元的，奖金额在8000元—2万元；500万元以上的，奖金额在1.5万元—3万元；最高奖励不超过3万元。奖金的支付由受理单位核实税款入库数后按比例发放。通知还要求为举报人保密，其获奖收入，属个人合法收入，免征个人所得税。市国税局和市地税局分别转发此文并严格按文件规定的奖励标准执行。

1999年3月，市国税局发文，成立市国税局税务违法案件举报中心，税务违法案件举报中心主任由市国税局稽查局局长高晓核兼任。发文之日起，启用“湖南省市国税局税务违法案件举报中心”印章。当年，市国税稽查局受理举报案件24起，其中自办14起，转办10起，查补税款120余万元，处罚款15万元。

1999年3月，市地税局印发《关于建立税收违法案件举报奖励基金的通知》，明确税务违法案件举报奖励基金按各级地税局稽查局查补入库收入的1%提取，其资金来源在各级财政拨付的稽查办案经费或财政拨给的收入提成中列支；税收违法案件举报奖励基金由设立在各级地税局稽查局的税务违法案件举报中心负责管理，单独建立账户，专款专用，并接受上级举报管理中心的监督和检查。当年节余的举报奖励基金自动结转下一年度使用。

2000年，市国税局税收违法案件举报中心共受理举报案件14起，其中自办10起，转办4起，查补税款206万元，处罚款30万元。在查处益阳市变压器厂偷税举报案件时，通过稽查人员的内查外调，深挖细究，一举挖出了涉及益阳某变压器厂、某邮电器材厂、益阳某链条厂及倪某某、罗某某等7户个体经营户的系列增值税专用发票虚开代开案，共查出虚开代开发票110份，涉案税款56万元，处罚款30万元。

2000年2月，市地税局印发《发票违章案件举报奖励办法》，办法明确：对举报饮食业、娱乐业发票违章案件的，实行实报实销制，即凭取得的违章票据到地税机关举报后，经查实由受理地税机关给予票面金额相等的奖金；对举报其他发票违章案件的，按查处违章案件取得的罚没收入的10%—30%的比例予以奖励：责令违章人开具合法发票给举报人：《发票违章案件举报奖励办法》自6月1日起实施。当年，市地税局稽查局举报中心热情接待群众来访24人次，接到举报电话58人次，收举报信件16封，完成省地税局税务违法案件举报中心交办案件一起，并将查处情况及时汇报，所有案情件件查实，将处理结果回复给举报人。通过查处举报案件，查补税款、罚款、滞纳金98万余元，全额入库。仅“石长铁路益阳段工程公司被举报偷税”一案，就查补税款46.45万元，罚款5万元。举报案件数量同比增长150%，查补金额同比增长240%。设立举报奖励基金专户，专款专用，奖励举报有功人员15人次，累计金额2.82万元，广大市民协税护税热情高涨，广大群众对税收工作的信赖和支持倍增。

2001年10月，市国税局印发《税务违法案件举报中心工作报告制度》，对全市国税系统税务违法案件举报中心的机构设置、人员配备和税务违法案件的受理、分析、查处、上报等工作内容进行规范。

2001年，市地税局税务违法案件举报中心接受举报税收违法案件60起，均已查结，查结率为100%。追缴税款120多万元，罚款20多万元。

2002年，市地税局税务违法案件举报中心受理举报37件，查处37起，办结率达100%。

2012年4月，市国税局印发《明确检举纳税人税收违法行为奖励有关规定的通知》，对检举奖励资金的设立、检举奖励资金的列支、检举奖励资金的管理、检举奖励资金的兑付、检举奖励的对象、检举奖励的标准等作了明确的说明和界定，同时明确检举纳税人税收违法行为奖励有关规定从当年1月1日起执行。

2019年8月，市税务局税收违法案件举报中心挂牌，新印章同时启用。

2020年，市税务局税收违法案件举报中心受理举报案件9起，全部立案查处。

二、税务稽查工作及案件查处情况

1990年，地区税务局认真组织开展税收大检查工作。据统计，益阳地区所属7个县市区局共组织2159人的检查队伍（其中县市分局机关136人、税务所853人、党政机关及有关部门1170人）投入大检查活动。益阳地区工商企业和个体户28388户全面进行自查，自查面100%，自查有问题的5983户，自查补税142万元；专业检查18421户，检查面为64%，检查有问题的15379户，占检查户的83.49%，检查补税1895万元，户均1028元。自查和专业检查共计补税2037万元，已入库1750万元，入库率为85.91%。一边查偷漏、一边收欠税，收回欠税1100万元。此次大检查查补偷漏税及入库欠税，增加入库税收2850万元，占全年完成税收总收入的9%。各县市分局稽查队，重点检查工商企业等纳税户324户，查增各项税收收入859.2万元；地区税务局稽查大队重点检查10户次，查增收入15万元。

1991年，地区税务局组织企业自查33563户，自查面达到了95%，自查有问题的20846户，自查应补税356.47万元；重点检查23044户，重点检查面达68.66%，重点检查应补税1847.57万元。两项合计应补税2204.04万元，当年已入库1475.64万元，入库率达66.95%，加收滞纳金7万元，罚款13.8万元。

1992年7月，地区税务局印发《益阳地区税务稽查队考核评比办法》，完善对益阳地区税务稽查队的考评考核工作。同年9月，地区税务局举办为期11天的稽查干部培训班。当年，益阳地区税务稽查系统共检查重点纳税人2024户，发现有问题的949户，结案949户，补税罚款1113万元，入库926万元，入库率83.2%。向司法机关移送案件8户，补税5万元。

1993年9月，地区税务局发文成立税收大检查工作领导小组。领导小组由刘见曙任组长、甘志中任副组长，领导小组下设大检查办公室（设征管科），甘志中兼任办公室主任。同年9月，地区税务局组织开展税收大检查。历时4个月，经过宣传发动、自查申报、专业检查、整改建制四阶段，组织召开大小动员会议324次，与会人员达10450人；发出检查文件、通告、公告11562份，自查申报表35808份，编印辅导提纲3230份，出动宣传车72台次，悬挂张贴横幅标语7063条，举办宣传栏、黑板报、墙报97期；组织参检人员3021人，编成了219个检查组。益阳地区总纳税户数35853户，自查申报29722户，为总户数的82.90%，其中企事业单位7196户，全部自查；个体、私营业主28657户，自查申报22527户，自查面为78.61%。自查有问题的11753户，为自查户的39.54%，其中自查有问题的企事业单位1221户，为自查户的16.97%；自查有问题的个体、私营业主10532户，为自查户的46.75%。共自查补缴税金304.5万元，均已解缴入库。安排重点检查户21563户，为总纳税户数的60.14%，有问题的18009户，其中检查企事业单位4789户，为单位总户数的66.55%，有问题的3347户，占被检查单位的69.89%；检查个体、私营业主16774户，检查面为58.53%，有问题的14662户，占被检查户的87.41%。共查出各税、附加和两金2121.4万元，其中，企事业单位1429.9万元，个体、私营业主691.5万元。已入库1767.7万元，入库率83.33%。自查和重点检查共查出各税、附加和两金2425.9万元，较1992年增加1921.3万元。入库金额2072.2万元，入库率为85.42%。另外地区税务局稽查队还组织力量对电力、邮电两系统进行重点稽查，查补各税及两金95.34万元。

1994年，地区税务局的税务稽查工作经历了地改市和国地两税分设两次机构改革的洗礼。

1994年，市国税局税务稽查工作完成以下内容。从各县市区局稽查队抽调人员组成重点行业检查组，对益阳市盐业系统等10户企业进行1993年度各项税收清理，历时26天，共查补各税17万多元。组织对益阳县纺织品公司、益阳县生资公司、沅江市棉麻公司进行专项检查，共查补入库增值税73万多元。派出检查组配合桃江、安化稽查局检查10户重点企业，查补入库税款40多万元。搞好所得税的汇算清缴工作，对2339户内资企业、38户涉外企业进行稽核、审查，净查增所得额717万元，查补所得税232.9万元，入库率达98%。当年，全市国税系统共查补"两税"2384万元，入库1921万元。机构分设后的3个月，共稽查纳税单位35户，查处1994年度以前偷逃欠税487万元，国税局入库202万元，其余地税局组织入库。

1994年，市地税局税务稽查工作完成以下内容。成立税收大检查办公室9个，组织工作组135个689人，专项检查组126个563人，组织参与专项检查的人数86人。加强对"慢慢游"纳税秩序的整顿工作，在益阳电视台播放关于加强城区机动三轮车税收征管的通告，同时铅印通告2500份发至车主，清补税款50万元。组织全市地税系统管辖纳税人开展自查和组织专业检查。当年，全市地税系统共组织纳税人自查16239户，自查面达100%；自查有问题477户，自查补税35.4万元；专业检查10757户，专业检查面达66.24%，查补税款1137.3万元，已入库918.6万元，入库率达80.77%。

1995年，市地税局组织全市3095户房产税纳税户进行自查申报，对其中的2736户进行专业重点检查，专业检查面达到了88.4%，查补税款503万元，入库497万元，入库率达到了98.81%，房地产税收的征收管理得到进一步规范。当年，市地税局组织全市地税系统税收大检查工作组45个，检查组157个，在全面宣传发动、动员自查申报的基础上，结合地税实际情况，把房产税、屠宰税、个人所得税、车船使用税、建筑安装营业税和固定资产投资方向调节税作为大检查的重点，采取边检查、边定案、边入库、边建制的办法，到年底止，重点检查4178户工商企业和个体工商户，重点检查面达到了47.9%。通过自查和重点检查，共查出违规金额747.4万元，经调账处理后，查补入库税款572.74万元。市地税局共稽查事业单位275户，查补税款1776万元，入库税款894.8万元。

1996年，市国税局各城市分局成立检查科，配备精干业务力量，有计划、有步骤地开展税务稽查工作，先后组织对商业、电力、物质系统和税源大户进行专项检查。市国税局稽查局加强对各县市区局稽查局和分局检查科的业务指导，加大对抗、骗税的打击力度，共受理偷抗骗税线索205起，初查197起，立案19起，直接挽回经济损失288.96万元，其中中央税收185.06万元，地方税收57.4万元，赃款46.5万元；拔除钉子户50余户，协助收回税款207.2万元，收缴专用发票638份。当年，全市国税稽查系统共检查企业户数472户，查补税款1155万元，入库税款795万元，滞纳金和罚款43万元，其中市国税稽查局审查企业60户，查补税款593万元，入库税款233万元，冲红收入360万元，罚款、滞纳金14万元，圆满完成1996年度国税稽查工作任务。

1996年，市地税局部署开展个人所得税专项检查工作。同年10月，市地税局印发《关于开展个人所得税专项检查》的通知，明确重点检查行业为邮电、电力、烟草、盐业、金融保险，行政事业单位(如文化娱乐、各类设计院、各类事务所、重点建设单位)，房地产开发经营单位、房地产交易部门，大型厂矿企业以及其他高收入行业或单位；明确重点检查项目为银行、邮电揽储奖、利息、股息、红利等。市地税局抽调80多名业务骨干，分成25个专业检查组，对个人所得税代扣代缴单位和个人1995年度的代扣代缴申报纳税情况进行了一次专项检查，查补个人所得税289.8万元，入库283.8万元。当年，市地税局认真开展行政事业单位税收专项检查工作。共有384户有应税收入的行政事业单位100%的进行了自查申报，自查申报入库税款54.8万元。到11月底止，重点检查258户，查补应入库税款468万元，入库302万元，超额完成省地税局分配给益阳市的征收任务。开展固定资产投资方向调节税政策执行情况的专项检查，共检查469个投资项目，补充完善183个投资项目的核税手续，纠正26个项目的核税偏差及12个越权核税行为，补征入库税收18.6万元。全市地税系统共重点检查纳税户 5242 户，查补税收 1909.32 万元，入库税款 1485.49 万元，入库率达 77.8%，有力地促进了地税收入任务的完成。

1997 年，市国税局不断强化税务稽查，严厉打击涉税犯罪。全市国税稽查系统当年共检查工商企业 1058 户，共查补各类税款 5377.4 万元，滞纳金和罚款 69.4 万元，其中一级稽查查补税款 3853.9 万元，二级稽查 1378.5 万元，罚款滞纳金 47 万元，三级稽查查补税款 145 万元，罚款滞纳金 22.4 万元。市国税局还加大对抗、骗税的打击力度，共受理和初查各类涉税犯罪案件线索 95 件，立案 9 件，直接追缴税款及罚没款 174.8 万元，协助各级税务机关拔掉“钉子户”“刁蛮户”“关系户”60 多户，追缴欠税 217.7 万元，有效地震慑了犯罪，维护了正常的税收秩序。

1997 年，市地税局认真做好土地增值税的专项检查工作。同年 6 月，印发《关于切实做好土地增值税专项检查的通知》，成立以刘见曙为组长的土地增值税专项检查工作领导小组，明确凡条例规定转让国有土地使用权，地上建筑物及附着物应缴纳土地增值税的企事业单位（包括外商投资企业、外国企业、私营房地产开发企业）、机关、社会团体为这次检查的主要对象；要求对 1995 年 1 月 1 日以来纳税人应缴纳的土地增值税进行全面检查。检查的内容包括：纳税人房地产转让收入和扣除项目金额申报是否属实；有无少报收入和多报扣除项目的情况；扣除项目的分摊是否合理；是否享受减免税优惠；土地增值税的缴纳情况；以及各县市分局认为需要检查的其他问题。当年，益阳市地税稽查系统共稽查纳税户 505 户，结案 485 户，查补地方各税 1450 万元，入库 1348 万元，完成年度计划的 123%。

1998 年 4 月，市国税局制定新的稽查工作考核办法，首次提出按“五率”即案件稽查率、税款入库率、罚款入库率、政策差错率和结案率来考核稽查工作的好坏，实行工资津补贴与稽查成果挂钩，收到较好效果。同年 5 月，市国税局成立以郭志仁为组长的纳税检查工作领导小组，决定在全市国税系统开展以促收入为主的纳税检查工作。同年 9 月，市国税局印发《关于开展税收交叉稽查的通知》，历时一个月，在益阳市范围内对 1997 年 1 月至 1998 年 8 月的纳税情况进行一次交叉检查。当年，全市国税系统共稽查补税 5085 万元，收回欠税 1600 多万元，清理各类纳税人 2 万余户，查出漏征户 2602 户，漏管户 457 户，补办税务登记证 2367 户，查补税款 510 万元。

1998 年 8 月，市地税局印发《关于开展 1998 年地方税收大检查的通知》，成立以刘见曙为组长的领导小组，明确邮电、电力、银行、烟草、报社等行业以及从事娱乐业、个体行医的纳税人为此次大检查的重点，要求从 9 月 1 日起，各县市区局要组织 70% 的征收、稽查人员，对重点检查纳税人进行税收大检查，做到边检查、边定案、边入库、边调账、边提出整改意见。当年，全市地税系统共检查 6602 户，查补税款 2313 万元，入库税款 1852 万元。

1999 年 3 月，根据《省国税局税务稽查管理办法》，市国税局在市国税局稽查局内增设审理科，机构级别为副科级。同年 8 月，市国税局印发《关于对金融、保险、邮政、电信、医药、酒类批发等行业进行专项检查的通知》，明确专项检查应检查 1998 年、1999 年度的税收、财务问题，重大问题可按规定追溯到以前年度并要求以增值税、营业税、中央企业所得税为重点检查内容。同年 10 月，印发《关于开展税务稽查处理决定执行情况专项检查的通知》，明确专项检查范围主要是 1998 年 10 月至 1999 年 9 月各级稽查、检查部门所作税务稽查、检查处理决定的执行情况。全市共检查已作出税务稽查处理决定的企业 599 户，其中决定补税 427 户，应补税额 2455 万元，已补税 307 户，入库税款（包括冲红）2117 万元，未入库税款 338 万元；其中决定行政处罚 197 户，决定罚款 172 万元，已入罚款 123 万元，未入罚款 49 万元。当年，8 个县市区局配齐了专业稽查队伍，市局稽查局制定和完善了 12 项内部管理制度，市国税局与公安系统协调配合，成立税务侦查专门机构。全市国税稽查系统检查纳税人 1200 户，查补税款 4100 万元，滞纳金罚款 310 万元，入库税款 3410 万元；其中市局稽查局检查重点纳税人 53 户，查补税款 666 万元，滞纳金罚款 68 万元，入库税款 544 万元。

1999 年 4 月，市地税局印发《关于进一步加强税务稽查工作的通知》，配足稽查队伍力量，税务稽查人员达到全局总人数的 10%；配齐稽查工作必需的计算机、通信工作和稽查专业车辆；保证稽查办案经费；设立举报专业电话；实行重大税务违法案件公告制度，税务稽查工作得到加强。同年 6 月，市地税局印发《关于开展地方税收专项检查的通知》，决定从 6 月开始，对有关行业的地方税收进行专项检查。证券公司地方各税的缴纳情况；各类会计师事务所，律师事务所的地方各税缴纳情况；电信、烟草、电力行业的所有地方税收缴纳情况。房地产开发企业（含房改办）的土地增值税、固定资产投资方向调节税、营业税的缴纳情况为专项检查的范围和重点。同年 8

月，市地税局印发《关于开展个人所得税专项检查的通知》，成立以宋力华为组长的个人所得税专项检查工作领导小组，开展个人所得税专项检查工作。高收入行业，包括邮电、电力、烟草、金融、保险；社会关注的焦点单位和个人，主要是行政事业单位和党政领导干部，特别是执法执纪部门和单位；以前年度履行纳税义务和扣缴义务存在问题较多的行业、单位和个人，包括石油、医疗卫生、广播电视、交通运输、酒店娱乐业以及个体行医，个体加油站、私人办学等为专项检查的重点。工资薪金所得、承包承租经营所得、劳务报酬所得、财产租赁所得以及利息，股息、红利所得等为专项检查的重点内容。经过近半年的专项检查，共检查21000户纳税人，查补入库个人所得税1209万元,同比增长20%。其中工薪所得180万元，承包承租经营所得232万元，劳务报酬所得80万元，偶然所得78万元，检查入库率达98%。当年，全市地税稽查系统查补县市级地方税收2550万元，同口径比较，同比增长21.4%；入库税款2550万元，同比增长27.55%。全市稽查系统人员由原来的64人增加到102人，达到了总人数的11.2%。全市地税系统检查面达10.2%，稽查结案率达97%。当年，市地税稽查局查办了市电信局、市电力局、滨湖柴油机总厂、益阳齿轮股份有限公司等20多家年纳税额较大的企业，查补税款达100万元以上的大案5起，结束了益阳市地税系统稽查无100万元补税大案的历史。

2000年5月，市国税局开展对中国农业银行系统进行企业所得税和流转税的专项检查工作，检查范围包括益阳市分行、各县市支行、办事处及其所属分别核算、统一并表的分支机构。当年，益阳市国税稽查部门改变稽查职能，由收入型稽查向执法型稽查转变。市国税稽查系统对税法遵从度较差的个体私营企业进行税收执法稽查。稽查个体私营企业623户，查补入库税款775万元，同比分别增长54.98%和140.7%，入库罚款155万元，同比增长573.9%。当年，全市国税稽查部门机构和人员得到充实，打击偷漏税力度得到加大，内部选案、检查、审理、执行流程通畅。当年，全市国税稽查部门开展摩托车经营、医疗、医药等行业专项检查,检查纳税人135户,查补税款141.59万元，处罚款15.03万元。全年，全市国税稽查系统共检查纳税企业1333户，查补税款3321万元，罚款滞纳金433万元，入库税款2759万元，入库罚款326万元。其中,市局稽查局检查企业34户,查补税款346万元，滞纳金罚款59万元，入库税款346万元，滞纳金罚款59万元。执法型稽查职能作用得以充分发挥。

2000年，市地税局避免重复稽查、减轻了纳税人的负担，推行一级稽查制，稽查收入大幅度增长。查补地方各税3681万元，同比增长44.35%；入库税收3353万元，入库率达91.09%。其中市局稽查局查补地方各税1047万元，同比增长151.08%；实际入库税款1017万元，入库率达97.13%，入库税款首次突破千万元大关，创历史最高纪录。全市地税稽查系统查处大案要案37起，其中查补税款在50万元以上的7起，查补税款100万元以上的4起。当年，全市地税稽查系统工作质量明显提高，检查纳税人502户，占全市缴纳地方税收固定纳税企业的10.5%，结案的491户，审结率达97.81%。对各种税务违法行为依法作行政处罚并收缴罚款174万元，占入库税款的5.19%。其中市地税稽查局本身收缴罚款92万元。

2001年2月，市国税局印发《关于进一步明确税务稽查部门查补收入入库实行下查上收的通知》，要求各级国税稽查部门查补的收入除本级和上级预算收入仍按原预算级次入库外，下级预算收入均归查补的国税稽查部门的同级财政。市局稽查局对各县市国税局及市直各国税分局已稽查的企业进行复查、群众举报、总局及省国税局、市局领导交办的协查案件、举报案件，市局稽查局与市公安局税侦支队联合办理案件的查补税款实行“下查上收”。市局稽查局、各县市国税局稽查局必须开设“税务稽查收入”专户。稽查部门查补的收入由稽查部门直接组织入库。

2001年5月，市地税局下达当年稽查计划，对益阳市移动通信分公司等220个单位进行税务稽查。同年9月，下达第二批税收稽查计划，对益阳市桃花夜总会等30家纳税单位或个人列第二批税务稽查对象。当年，市地税局推进稽查转型和一级稽查体制实施，将稽查工作从收入型向执法型转变。在具体工作中做到不下达稽查收入计划、不组织对稽查收入单独考核、不把查补收入的多少作为衡量一个单位工作优劣的唯一标准。当年，市地税稽查系统查补地方各税3710万元，比2000年增加129万元，同比增长3.6%；实际入库地方各税3656万元,比2000年增加303万元，同比增长9.04%,入库率达98.54%,比2000年高出5.96个百分点。其中,市局稽查局查补地方各税1800万元，比2000年增加355万元，同比增长31%；实际入库税款1450万元，比2000年增加525万元，同比增长56.76%。查处大案要案37起，其中，查补税款50万元以上的15起，查补税款100万元以上的3起。检查纳税单位和个人547户，已结案的537户，审结率达98.17%；对各种税务违法行为依法作出行政处罚，收缴罚款263万元。其中市地税稽查局本身收缴罚款210万元。全年未发生一起错案，未发生一起败诉和行政赔偿案件。

2002年，市国税局规范税务稽查，实行纳税信誉等级制，对于A级纳税人，享受三年免予稽查的优待。同年4月，市国税稽查局开展对全市应缴增值税体现红字较多的企业进行为期3个月的专项稽查，稽查棉麻、烟草两大行业24户重点企业，查补增值税9797万元、所得税458万元。当年，全市国税稽查部门检查纳税户432户，查补税款12189万元、滞纳金罚款158万元，入库税款2746万元、滞纳金罚款50万元，调账冲红抵减预交和留抵税金9367万元。其中安化县国税稽查局对全县农村信用社进行全面检查，查补入库税款25万元；市局稽查局对市工商银行的专项检查补税罚款204万元。

2002年4月，市地税局发文明确实行重大税务违法案件督办制度，文件明确具有下列情形的列入市局督办的重大税收违法案件范围：单位偷税、逃避追缴欠税数额在50万元以上，个人（包括个体工商户）偷税、逃避追缴欠税数额在20万元以上或者个人所得税单个税种金额在10万元以上的；抗税数额在20万元以上，或者聚众抗税，或者冲击、打砸税务机关，或者围攻、殴打税务人员，或者暴力抗税致人重伤死亡的；非法出具其他发票，或者伪造、擅自制造其他发票，或者出具伪造、擅自制造的其他发票，份数在200份以上的；违法数额、数量不足本条前列相关规定的标准，但已经造成税款损失在30万元以上或者具有其他严重情节的；违法数额、数量不足本条前列相关规定的标准，但涉及税务人员徇私舞弊问题并且已经造成税款损失在20万元以上或者具有其他严重情节的；总局、省局、市委、市政府批办、督办的案件。同年6月，市地税局下达2002年稽查计划，对益阳市移动通信分公司等155个单位进行税务稽查。同年9—11月，市地税局对市中心城区房地产经营业务开展税收专项检查。当年，市地税局稽查系统检查固定纳税单位513户，结案503户，查补地方各税4209万元，入库3990万元，入库率达94.8%。查处大要案件23起，其中查补税款在50万元以上的19起，100万元以上的10起。对各种税务违章行为依法处以罚款404万元，处罚率达11%。

2003年3月，市国税局稽查局布置对电力、电信、银行、保险等10家企业进行企业所得税专项检查。同年5月，对城区3个征收分局的25户一般纳税人进行重点检查。同年5月，市国税局印发《2003年度专项检查计划及实施方案》的通知，布置当年度税收专项检查工作。重点开展化妆品、护肤护发品行业消费税专项检查；生产企业出口货物免、抵、退税收专项检查；预提所得税企业专项检查；汽车修理修配行业增值税专项检查；加油站增值税专项检查。同年6月，市国税局印发《2003年度汽车修理行业、加油站税收专项检查实施方案》，采取交叉检查与属地检查、重点检查与全面检查相结合的形式，检查汽车修理行业、加油站2002年1月至2003年5月的税收情况。同年7月，市国税稽查局在益阳市国税稽查系统开展稽查办案质量竞赛活动。全市国税稽查系统所有在职税务工作人员均参加这次竞赛活动。当年，全市国税稽查系统严格税收执法，加强税务稽查，稽查纳税人517户，查补税款14186万元，其中调账冲红抵减预交税金和留抵税金9930万元，入库税款4256万元、滞纳金及罚款143万元，罚款150万元。其中：市国税局稽查局检查纳税户106户，查补税款10455万元、滞纳金及罚款65万元，调账冲红8049万元，入库税款2406万元、滞纳金及罚款65万元。另外，市国税稽查系统在查处大案要案上有新的突破，市局稽查局查出益阳市远洋五金矿产有限公司抵扣虚假发票17份，税额23万元；查出益阳铁路管理处采用两套账少申报，偷税300多万元；大通湖分局稽查部门以大通湖糖厂账面应缴税金连续几年红字为突破口，组织力量对其进行彻底解剖，查出该厂利用虚假抵扣、收入转移等手段偷漏国家税收，查补偷逃税款608万元；桃江县局稽查局查处桃江湘联锑品冶炼厂代开增值税专用发票案，挽回国家税款52万元，该案已移送法院。这些案件的查处，有效地震慑了涉税违法犯罪的嚣张气焰。

2003年2月，市地税局下达2003年度税务检查计划，确定益阳橡胶塑料机械集团有限公司等183户企业为计划内容。同年3月，市地税局确定加油站、汽车修理修配两个行业中的70户重点企业为稽查对象，研究制定周密的检查实施方案，从县市区地税稽查局抽调18名业务骨干，组成一支28人的专项检查稽查队伍，分若干小组开始进行为期一个月的稽查。同年4月，市地税局组织力量对电力、电信、银行、保险等10家企业进行了企业所得税的专项检查。当年，市地税局不断强化税务稽查，实行“三不”工作方法（不下达稽查任务计划、不组织对稽查收入单独考核、不把查补收入的多少作为认定稽查部门工作优劣的重要条件），严格实行对结案率、处罚率、入库率、公告率、查案率等“五率”的考核，抓好稽查建议、涉税案件分析、违法案件公告、检查计划、税务协查、税务案件复查、稽查人才库管理等办法的落实，坚持实行一级稽查，实现由收入型稽查向执法型稽查的转变。当年，稽查固定纳税单位482户，结案482户，查结率达100%，查补地方各税3357万元，入库3104万元，入库率为92.46%；查处大要案20起，其中查补税款50万元以上的12起，查补税款100万元以上的2起；查处各种税务违法行为并处以罚款351万元，处罚率达11%。

2004年2月，市国税局印发《关于确定2004年市局稽查局重点检查纳税人名单》的通知，确定湖南洞庭食品有限责任公司、湖南特种电机有限责任公司、岳阳纸业集团沅江纸业有限公司、沅江市金太阳纸业有限公司、湖南省宏远水泥有限公司、湖南省益阳市天达建材有限责任公司、益阳益祥水泥有限公司、益阳裕民工业建筑材料有限公司、湖南省南县八百弓造纸一厂、湖南省南县八百弓长春造纸厂、湖南橡胶密封件厂、南县德兴纺织有限公司、湖南省益阳市华通纺织有限公司、湖南建玲竹业有限公司、湖南省柘溪水电站、益阳拓溪宝安电力开发有限责任公司、安化晨州钨矿等17户纳税人为市国税稽查局重点检查对象。同年7月，市国税局印发《市国税局关于市区税收专项检查的实施意见》，布置具体行动方案，开展市区税收专项检查行动。当年，市国税局树立办大案、办要案、办铁案、办精品案的指导思想，检查纳税户512户，查补税款3032万元，加收滞纳金1万元，罚款107万元。坚持有案必查、查处从严的方针，查出某水泥生产企业向购货方收取的价外费用不入账，补缴增值税14.25万元，虚开运输发票扩大运输费抵扣进项税额，补缴增值税30.3万元；查出湖南飞龙游艇制造有限公司做假账、假申报偷逃增值税108.48万元，查补所得税116.43万元；查出安化县金太阳商业贸易有限公司建立两套财务账偷税，偷漏增值税135.52万元。

2004年2月，市地税局下达2004年度税务检查计划，批准朝阳驾校等87户企业为当年度检查计划内容。当年，市地税局充分发挥税务稽查的职能作用，大力整顿税收秩序，加大对偷抗税案件和发票违章案件的查处与打击力度；狠抓计划内的日常检查，组织对驾校等各类培训学校、房地产业、个人所得税和交通运输业的税收专项检查。全年共检查企事业单位369户，查补地方各税（费）2951万元，入库2705万元，其中市地税局稽查局检查55户，查补地方各税（费）1189万元，入库1170万元。其中查补税款在50万元以上的10起，100万元以上的5起。

2005年3月，市地税局下达2005年度税务检查计划，批准益阳爱丽丝连锁有限公司等169户企业为当年度检查计划内容。当年，市地税局强化日常稽查，共检查企、事业单位400户，查补地方各税（费）4159万元，入库3844万元，计划完成率为95%、结案率达95%、入库率为92.42%、处罚率为11.1%、违法案件公告率为10%。其中市地税稽查局检查51户，查补地方各税（费）1829万元，入库1729万元。益阳市地税稽查系统查补税款在50万元以上的8起，查补税款在100万元以上的6起，对各类税务违法行为处以罚款423万元。

2006年，市国税局开展对房地产及建筑业、邮电、金融、超市零售和享受税收优惠政策的生产性民政福利企业等五大行业的专项检查；实施对竹木加工、造纸业、纺织业等十大行业的区域整治，取得明显成效。益阳市国税稽查系统共检查结案509户，查补收入1451万元，其中税款1132万元，罚款248万元，滞纳金71万元；共入库收入1332万元，其中税款1036万元、罚款227万元、滞纳金69万元；同比增收622万元。

2006年3月，市地税局下达2006年度税务检查计划，批准湖南移动通信有限责任公司益阳分公司等205户企业为当年度检查计划内容。

2007年，市国税局把税收专项检查和大要案查处作为全年稽查工作的重中之重。以房地产业及建筑安装业、食品药品生产加工企业、金融保险业、石油石化行业、废旧物资回收经营企业和用废企业以及农产品为主要原料的生产加工企业、各类商品总代理和总经销、电力企业等八大行业为重点，采取灵活多样、行之有效、深挖细究，举一反三的稽查手段，从中发现重大线索，查处大要案。当年，市国税稽查局在税收专项检查中共检查71户，查结65户，查出有问题的纳税户70户，查补收入1914.2万元，其中增值税1498.5万元、所得税225.5万元、滞纳金13.5万元、罚款176.7万元；共查处偷税额在100万元以上有较大影响的案件有7起，查处偷逃税额上千万元的案件一起。当年，市国税稽查系统查补入库稽查收入4849万元，同比增收3823万元，同比增长372.61%，创历史新高；入库查补收入4038万元，其中税款3127万元、罚款339万元、滞纳金572万元，另抵减留抵税额290万元；入库数是2006年的3.8倍，是益阳国税稽查系统近年来最多的一年。

2007年3月，市地税局成立以吴佑坤为组长的房地产业、建筑安装业及相关行业税收专项清理整顿工作领导小组，印发《开展房地产业、建筑安装业及相关行业税收专项清理整顿实施方案》的通知，分四个阶段开展专项清理整顿工作。同年4月，市地税局下达2007年度税务检查计划，批准益阳湘运集团有限公司等95户企业为当年度检查计划内容，同时明确本税收检查计划不包括益阳市中心城区所有从事房地产开发和从事建筑安装业务的纳税对象，上述纳税对象将纳入当年度税收专项检查计划另行安排。同年4—9月，市地税局在全市范围内开展房地产建筑业税收专项检查（代号“蓝剑行动”），全年共计检查房地产企业90户，建筑安装项目213个，查补地方各税9910万元，入库6096万元。当年，市地税局全力抓好稽查计划、有序开展税务稽查。全年共实施稽查287户，结案271户，查补地方各税5143万元，其中税款4666万元，罚款477万元；入库税款4985万元，结案率达94.42%，处罚率达9%，入库率达96.93%，公告率达10%。圆满完成省、市地税局的各项稽查考核指标。全年共查处大案要案34起，查补地方各税3703万元，其中50万元—100万元的15起，100万元—200万元的12起，200万元以上的7起。

2008年12月，市国税局印发《税收违法案件一案双查办法（试行）》的通知，要求国税稽查部门在查处纳税人、扣缴义务人税收违法案件中，对涉案税务机关或税务人员违法违纪行为进行调查，并依照有关规定追究税务机关或税务人员的责任。当年，益阳市国税稽查系统查补入库税款4600多万元，稽查收入占益阳市国税收入的比重为3.16%。

2008年3月，市地税局下达当年税务检查计划，对益阳湘运集团有限公司等87家单位分别进行税收日常检查，对市中心城区所有从事房地产开发和从事建筑安装业务的纳税人以及从事饮食、娱乐业的纳税人，纳入当年度税收专项检查计划另行安排。同年4月，市地税局决定，开展以房地产业、建筑安装业及饮食娱乐业为重点，代号为“2008蓝剑行动”的税收专项检查工作。实施“蓝剑行动”半年来，全市地税稽查系统共查补地方各税4859.59万元，入库4573.59万元，加收滞纳金6.3万元，罚款504.5万元。自查补报期内，部分房地产纳税人主动自行申报入库税款3000多万元。

2009年9月，经省国税局批复，成立市国税局第一稽查局。第一稽查局负责组织、指导、协调和监督本辖区内的税收检查工作；负责对年度计划确定的本辖区内除重点税源企业以外的一般纳税人、小规模纳税人、个体工商户的税务违法案件的查处、审理、执行工作；组织贯彻税务稽查规章制度，拟定具体实施办法；负责税收案件举报的受理；负责交办、督办、协查案件的查处；负责与公安、检察、审判机关协调税务稽查中的司法工作；负责金税工程发票协查工作和发票打假工作；负责组织税收专项检查工作。第一稽查局设4个内设机构，级别为正股级，分别是办公室、综合选案科、检查科、案件审理执行科。

2009年9月，市地税局成立以张晓飞为组长的行政事业单位和房地产、建筑安装行业税收专项清查工作领导小组，印发《行政事业单位和房地产、建筑安装行业税收专项清查实施方案》，明确从事房地产开发、建设、销售及物业管理的各类企业；从事建筑安装的各类企业和项目承包人；凡有应税收入项目和负有个人所得税代扣代缴义务的所有行政事业单位及社会团体为税收专项清查的重点单位；税收专项清查原则上检查2007年、2008年至2009年6月的税费缴纳情况和发票使用情况，发现有重大税收违法行为的可追溯到以前年度。

2010年6月，市国税局部署开展税收百日清查专项行动。同年7月，部署开展城区建筑安装工程耗用材料增值税专项清查工作。截至当年9月，全市国税系统税收专项清查工作共清查各类纳税人2987户，查补各项税收收入12752.32万元，其中建筑安装工程耗用材料增值税清查税收1059.67万元、房地产企业清查税收1230.21万元、农副产品收购企业清查税收2219.52万元、个体税收3903.92万元、砂石行业清查税收1089万元、食品加工企业清查税收1450万元；入库各项税收收入9280.77万元，其中清查建筑安装工程耗用材料增值税入库税收843.37万元、房地产企业入库930.21万元、农副产品收购企业入库2217.73万元、个体税收入库3903.92万元、砂石行业清查入库税收41.41万元、食品加工企业入库税收1344.13万元；限期改正278户次，处罚106户次。当年，市国税局制订《益阳市国税系统稽查业务规程》，对税务稽查选案、检查、审理、执行四环节流程进行规范，做到科学选案、规范检查、依法审理、严格执行，使每个稽查案件查处过程程序合法、数字准确、证据确凿、处理恰当。做好沈阳“5·04”案的发票协查和上海“黄金案”的发票专项检查工作，相继查办沅江造纸厂、柘溪电站、惠同新材料等大要案。全年通过稽查入库税款5210.87万元，滞纳金269万元，罚款205.26万元。

2010年3月，市地税局成立以张晓飞为组长的2010年税收专项检查领导小组，印发《关于开展2010年税收专项检查的通知》，开展当年税收专项检查工作。通知明确税收专项检查工作以药品经营行业、房地产与建筑安装行业、交通运输行业、餐饮、旅店及娱乐行业、各级电力系统的农电经营公司（站）、2009年竣工的省重点工程建设项目为重点行业和重点项目。

2011年7月，市国税局成立以傅森河为组长的2011年税收专项清理工作领导小组，印发《关于开展2011年税收专项清查工作的通知》，部署在全市范围内开展当年度税收专项清查工作。通知明确税收专项清理工作以药品和医疗器械行业、品牌总经销及分销商、食品行业（包括槟榔生产商及槟榔品牌经销商、黑茶生产企业、面条生产企业及作坊、海鲜产品供应商、生猪屠宰厂家及屠宰场）、房地产企业和房地产工程项目为重点。同年10月，市国税局印发《税收违法案件一案双查实施办法（试行）》的通知，对益阳市国税系统税收违法案件实现一案双查，对外查纳税人的偷漏税行为，对内查税务干部徇私舞弊的违纪行为。

2011年3月，市地税局成立以周本庆为组长的税收专项检查工作领导小组，印发《关于开展2011年税收专项检查工作的通知》，部署开展2011年税收专项检查工作。通知明确：资本交易项目、广告业、办理电子、服装类产品出口退（免）税的企业、自收自支行政事业单位所得税、“三私”税收为指令性检查项目；房地产业、建筑安装业、高收入者个人所得税、金融行业非居民企业为指导性检查项目。同年11月，市地税局成立以邓杏仁为组长的河道采砂、水上运输和水上餐饮税收专项整治工作领导小组，印发《关于开展河道采砂、水上运输和水上餐饮税收专项整治工作》的通知，部署开展河道采砂、水上运输和水上餐饮税收专项整治工作。通知明确：凡在益阳市境内从事河道采砂、水上运输和水上餐饮行业，按照税法规定应当缴纳地方各税的各类企业、行政事业单位、社会团体、其他单位和个人，均属此次专项整治的范围。

2012年2月，市国税局制定《2012年医疗卫生行业专项整治实施方案》，部署开展针对医疗卫生单位，药品、医疗器械供应商纳税情况的专项整治工作。同年4月，市国税局成立了以傅森河为组长的税收专项清理检查工作领导小组，印发《开展2012年税收专项检查工作的通知》，部署开展当年税收专项检查工作。通知明确：接受成品油增值税专用发票的企业、商贸行业、教育培训出版行业、资本交易项目、办理电子、服装、家具类产品出口退（免）税的企业及承接出口货物业务的货代公司为指令性检查项目；房地产业、建筑安装业、地方商业银行、地方股份制银行、金融行业非居民企业、农副产品收购发票用票企业为指导性检查项目；各级国税部门要对辖区内税收秩序相对混乱、税收违法行为比较集中的行业组织开展区域税收专项整治。同年6月，市国税局发函明确在全市国税稽查系统推行廉政回访制度，该制度明确：由市局稽查局办公室组织专人对检查部门查结的案件逐一深入被查单位进行廉政回访，充分听取被查单位对稽查人员在规范执法、廉洁自律、服务态度、工作效率及其他方面的总体评价和对稽查部门的各种意见和建议，并做好详细的回访记录；回访结束后，由被查单位填写廉政回访单，经被查单位签字盖章和回访人员签名后，与稽查案卷一并存档。该制度同时要求回访人员按季将廉政回访的情况进行汇总，出具廉政回访报告，对于被查单位提出的具有典型性、代表性的意见和建议以及需要税务稽查部门作出答复的请示性问题，稽查局必须在一定时限内用书面形式反馈给被查单位。同年6月，市国税局发函明确在益阳市国税稽查系统推行检查办案限时制度，该制度明确：年纳税额20万元（含）以上50万元以下的案件检查时限为3个工作日；年纳税额50万元（含）以上100万元以下的案件检查时限为5个工作日；年纳税额100万元（含）以上500万元以下的案件检查时限为7个工作日；年纳税额500万元（含）以上的案件检查时限为15个工作日，特殊案件（上级交办案件、有关部门转办案件、各类举报案件、重大和疑难案件）经稽查局局长批准后可方适当延长工作时限，但一般不得超过30个工作日。同年7月，市国税局、益阳市公安局联合印发《关于开展打击骗取出口退（免）税违法犯罪专项行动方案》的通知，决定于当年7—9月在全市范围内联合开展打击骗取出口退（免）税违法犯罪专项行动。当年，市国税局各级稽查部门通过对行业重点企业、医疗卫生等单位进行专项检查以及加强虚假发票买方市场整治，共查补税款1825万元，滞纳金56万元，罚款318万元；积极配合公安部门开展虚假发票卖方市场的打击整治工作，协助查处非法出售发票案件5件；充分发挥税务稽查以查促管的职能作用，认真开展专项检查和区域整治，共入库稽查收入4233.75万元。

2012年3月，市地税局成立以周本庆为组长的2012年税收专项检查工作领导小组，印发《关于开展2012年税收专项检查工作的通知》，明确资本交易项目、各类中介机构、交通运输业和行政事业单位为指令性税收专项检查项目；房地产业、建筑安装业、高收入者个人所得税、其他项目为指导性税收专项检查项目。当年，市地税局着力完善稽查系统管理机制，大力推行计划检查、专项检查和发票整治，全系统共组织检查各类纳税人405户，查补地方各税9493万元，入库8764万元。查处100万元以上的大要案2起，查补地方各税513万元。

2013年3月，市地税局印发《关于开展2013年税收专项检查工作》的通知，决定分摸底调查、开展自查、入户检查、总结整改四个阶段开展当年税收专项检查工作。明确成品油批发、零售企业、办理电子、家具、服装类等产品出口退（免）税企业、证券、基金公司、培训服务机构、城市商业银行、农村信用社为指令性行业税收专项检查项目；房地产、建筑安装业、资本交易、高收入者个人所得税、其他行业为指导性行业税收专项检查项目；各地根据本地实际，选择一个区域开展专项整治；市局将视情况选择问题较多、影响面较广，当地查处难度大的重点地区进行督办或直接查办。同年6月，市地税局印发《益阳市地税系统税收违法案件"一案双查"办法》的通知，要求全市地税稽查系统干部在查处纳税人、扣缴义务人税收违法案件时，对涉案地税机关或地税人员违法违纪行为进行调查，并将线索及时移送地税纪检监察部门。一案双查由稽查部门和纪检监察部门按照职责，分工实施，稽查部门负责检查纳税人税收违法行为，纪检监察部门负责调查地税机关和地税人员违法违纪问题。《益阳市地税系统税收违法案件"一案双查"办法》自当年1月起执行。

2014年4月，市地税局印发《2014年益阳市地税系统税收专项检查工作实施方案》的通知，成立以周本庆为组长的2014年益阳市地税系统税收专项检查工作领导小组，明确当年税收专项检查的工作目标要以整顿和规范行业秩序为重点，依法查处和打击涉税违法行为，做到查处一个行业的税收违法行为，规范一个行业的税收征管秩序，通过加大案件查处力度，公告、曝光一批有影响的税收违法行为当事人，扩大稽查震慑力，提高纳税人的税法遵从度，保障税收收入的稳步增长。通知还对行业税收专项检查、区域税收专项整治及检查期限和工作步骤提出了具体要求。同年9月，市地税局印发《税务稽查一案双查双报告工作操作办法》《一案双查案件税务管理责任追究办法（试行）》，要求地税稽查部门工作人员在实施税务稽查工作中，既要严格检查纳税人、扣缴义务人可能存在的涉税违法问题，又要深入核查主管地税机关或地税人员在税收征管、税收政策执行及遵守廉政规定等方面的情况，并分别制作相关报告文书移交相应职能部门。稽查部门查办的税收违法案件都应按户实行"一案双查双报告"制度。当年，市地税局加强税务稽查，全年检查重点纳税人491户，查补入库税费9742万元，同比增长6.12%；查办百万元以上大要案2起；推行廉政回访制度，促进阳光稽查；发挥以查促收促管促廉作用，形成"一案双查双报告"典型案例17件。

2015年4月，市国税局印发《关于开展2015年税收专项检查工作》的通知，部署开展当年税收专项检查工作。通知明确出口退（免）税企业、黄金交易企业、资本交易、纺织、服装生产、经销及出口企业为指令性检查项目；房地产及建筑安装业、营利性教育培训机构、品牌代理等为指导性检查项目；区域税收专项整治以全力配合省国税局对益阳组织开展虚开虚抵和骗取出口退税区域税收专项整治工作为重点。同年5月，市国税局印发《2015年区域税收专项整治工作方案》，方案明确当年开展打击虚开虚抵和骗取出口退税区域税收专项整治工作，重点是检查整治益阳市农副产品收购生产加工及出口企业和出口退（免）税企业税收秩序。同年6月，市国税局、益阳市公安局联合印发《益阳市打击利用黄金交易虚开增值税专用发票违法犯罪专项行动工作方案》，成立以杨佳民为组长的打击利用黄金交易虚开增值税专用发票违法犯罪专项行动工作领导小组，积极争取公安部门的有力支持，扎实有效地开展打击利用黄金交易虚开增值税专用发票违法犯罪的专项工作。同年9月，市国税局印发《关于开展打击虚开虚抵涉税违法犯罪行为专项行动》的通知，通知要求对省国税局下发的利用黄金交易虚开增值税专用发票的企业、市国税局出口骗税专项检查明确的重点检查企业、省国税局风管办和市国税局风管办下发的虚开虚抵风险企业进行重点稽查。在案件查处过程中要加强部门配合，形成打击合力。对内要加强与税政、征管等部门的协调，对外要加强与公安、海关、银行等部门的合作。需要公安部门配合的，要提请公安部门提前介入。纳税人涉嫌犯罪的，应依法及时移送司法机关。当年，益阳市国税稽查系统查补入库税款1.5亿元，移送公安查处的有虚开虚抵重大嫌疑的纳税人59户。有效地打击了虚开虚抵涉税违法行为在益阳的嚣张气焰。

2015年4月，市地税局组织对益阳市范围内房地产开发企业税收异地稽查。各县市区局确定一户规模较大、纳税遵从度不高的房地产开发企业，由市局从各县市区局抽调专业人员组成检查组进行异地稽查，再由市地税稽查局统一下达税务稽查通知书，同时提交“一案双查双报告”。通过4个月的专业稽查和内查外调，对益阳市7户规模较大的房地产开发企业查补税费1911万元，入库502万元，加收滞纳金34.75万元，罚款193万元。同年4月，市地税局印发《益阳地税系统开展2015年税收专项检查工作实施方案》的通知，决定分组织部署、检查实施、总结整改三个步骤开展益阳市地税系统当年税收专项检查工作。通知对工作目标、检查项目、区域税收专项整治等方面提出了具体要求。当年，益阳市地税稽查系统共检查纳税户321户，查补地方各税10094万元，入库10087万元，入库率近100%。

2016年4月，市国税局印发《2016年度区域税收专项整治工作方案》，决定在益阳市范围内组织开展农产品收购发票专项整治活动，整治对象为益阳市范围内领购使用农产品收购发票的所有纳税人。同年6月，市国税局、市地税局联合印发《税务稽查合作方案》的通知，国、地税务稽查局共同下发案源39户，共同制发进户审批单和税务检查通知书17户次，国地两税联合稽查逐步走上正轨。2016年，市国税局稽查系统制定《税务稽查随机抽查的实施方案》、《2016年度重点稽查对象随机抽查工作方案》、印发《关于开展益阳市稽查集中选案》的通知，全面加强税务稽查选案工作取得显著效果。当年，益阳市国税稽查系统清理漏征漏管111户次、限期改正23户次；成立12个专案组，扎实开展区域税收专项整治，遏制农产品收购发票领购使用乱象；开展税务稽查127户次，查补入库税收收入12537万元。

2016年，市地税局稽查系统查结了益阳三农房地产开发公司偷税案，联合市国税局、市公安局查处了省局督办的景天药业虚开增值税发票案；严格执行“一案双查双报告”工作制度，共收到提交的一案双查情况报告书86份；深化异地稽查、重点税源检查和区域税收专项整治，共检查各类纳税户159户、查补入库税款8264万元，查结千万元以上案件1起、百万元以上案件14起，公告276户纳税人欠税情况，曝光4起税收违法案件。

2017年5月，市国税局印发《2017年整治虚开虚抵税收违法行为专项工作实施方案》，周密部署全面开展益阳市整治虚开虚抵税收违法行为专项工作。市国税局决定对纺织企业、服装企业、竹木企业、2016年新办的出口退税企业、2016年出口退税额增长较大的企业开展整治虚开虚抵税收违法行为的专项工作。同年5月，市国税局印发《2017年查处虚开增值税专用发票违法活动专项工作方案》的通知，通知要求分案件对接、组织部署、初步核查、深入调查、定性处理、总结考核等6个阶段按部就班地开展查处虚开增值税专用发票违法活动专项工作。通知确定资阳区、沅江市为当年打击虚开增值税专用发票重点整治区域；确定有黄金票、海关完税凭证、农产品发票、成品油发票使用的行业为重点整治行业；明确总局向湖南省下发的42户虚开案源和37户出口骗税上游案源中，涉及益阳市的2户虚开案源，由省国税稽查局组织指挥，重点督办，市局稽查局、大通湖国税稽查局直接立案查处。同年5月，市国税局印发《2017年查处骗取出口退（免）税案源专项行动工作方案》的通知，通知要求：协助、配合省国税局统一组织，查处总局下发的“1801”串案，通过对骗税链条上涉案的票源企业、中间企业、供货企业和出口企业实施全链条式立体式打击，净化社会税收征管环境；同时对省国税局下发的17户骗税案源中，涉及益阳市的1户出口骗税案源，组织力量查处，进行重点打击。同年7月，市国税局印发《2017年废旧物资行业税收专项整治工作方案》的通知，成立以徐向阳为组长的废旧物资行业税收专项整治工作领导小组，扎实开展当年废旧物资行业税收专项整治工作。通知要求各级稽查部门全力查处一批废旧物资行业虚开增值税专用发票违法犯罪案件，坚决遏制废旧物资行业虚开增值税专用发票违法犯罪活动势头，掌握新形势下废旧物资行业涉税违法犯罪活动规律，有效整顿和规范该行业税收秩序，切实降低税收管理风险，努力维护行业税收秩序，全力挽回税款损失。同年8月，为了使整治虚开虚抵税收违法行为专项工作全面扎实开展，各项指标落到实处，市国税局印发《2017年整治虚开虚抵专项工作考核办法》，将整治虚开虚抵专项工作纳入全局全年主要工作进行考核。同年9月，市国税局再次印发《关于进一步加强整治虚开虚抵税收违法行为专项工作》的通知，通知明确：在《2017年整治虚开虚抵税收违法行为专项工作实施方案》中明确的重点整治企业中增加农产品抵扣和出口供货企业、取得进项发票品目为“黄金”或“手机”的企业、一户多证、一址多证等关联企业、新办“两头在外”的商贸企业、享受税收优惠企业、取得案发地增值税进项发票企业、申报抵扣其他扣税凭证进项税额企业、出口函调企业、取得失控发票企业等作为重点企业开展整治虚开虚抵税收违法行为的专项工作；同时确定农林牧渔业、木材加工和木、竹、藤、棕、皮草制品业、纺织服装、服饰业、家具制造业、农、林、牧产品批发业、医药及医疗器材批发业、零售业、矿产品、建材及化工产品批发业、机械设备、五金产品及电子产品批发业等行业作为风险分析的重点行业。通过8个月时间的集中治理，益阳市国税稽查系统对高风险重点行业、企业的所有499户纳税人进行了全面核查，虚开虚抵税收综合治理工作取得明显成效，主要反映在发票用量与开票限额得到控制、农产品收购发票开具金额下降、窗口免费代开金额下降、出口退税金额下降。当年，益阳市国税稽查系统通过举办稽查案例讲评竞赛活动，重点围绕总局、省局下发虚开案源及骗税案源进行案头分析及检查，积极开展交叉检查、协查及行业专项检查，开展对整治虚开虚抵税收违法行为专项工作，以及深入推进国地税联合稽查，加强与公安、海关及人民银行联系，加强信息共享与合作，共检查各类纳税人165户，结案142户，查补入库各项收入10172万元。黄金案、“1210”案、“1801”案、“7·03”案、“8·10”专案等均取得了重大突破。

2017年，市国税局稽查局、市地税局稽查局全面贯彻国地税征管体制改革要求，全力推进国地税联合稽查工作，取得较大的合作成果。建立合作机制。国地税稽查部门共同制定国地税联合稽查工作实施方案，成立联合稽查工作领导小组，定期召开联席会议，负责对联合稽查工作的统筹规划、协调督导。协力查办案件。在自查合作方面，国地税稽查部门联合组织对总局2016年度重点税源随机抽查的44户企业召开自查动员大会，开展联合督导自查工作，自查查补入库税款148.66万元（其中国税31.09万元，地税117.57万元）；在联合选案方面，落实好上级下达的有关国地税联合稽查任务，联合开展随机抽查，协商确定联合稽查22户（地税统计为23户，因中国平安财产地税由市局检查，国税为省局检查），查补入库税费6231.09元（其中国税1968.15万元，地税4262.94万元）；在联合检查方面，共同制定检查方案并实现了共同入户实施检查，避免出现多头执法、重复检查等问题，减轻纳税人和税务机关负担。信息共享互通。国地税稽查部门每季度进行交换案源信息、推送案件线索和上报省局联合稽查报表总结；当年共交换案源信息16次，利用案源信息立案检查11户，查补地方各税2901.2万元；推送案件线索进行立案检查1起，查补国税50.32万元，地税16.2万元；相互查询涉税信息15次，开展案情探讨3次，做到涉税信息互通有无。扩大成果利用。地税稽查部门以国税部门处理决定作为地方相关税费的计征依据，组织地方税费自查和征管风险评估，督促未列入地税检查计划的纳税单位同步入库附征地方税费，扩大对国税部门稽查成果的利用；当年，地税稽查部门利用国税稽查成果，组织自查16户，入库地方各税25万余元；与征管部门联合组织开展纳税风险评估17户，入库地方各税277万元，加收滞纳金38万元。

2018年，益阳市国税系统在机构改革中建立跨区稽查机制，成立第二稽查局，负责资阳区、高新区、桃江县、安化县的税务稽查工作。益阳市国税稽查系统积极开展交叉检查、协查及行业专项检查。全年立案检查165户，清理积案24件；查补税款3.45亿元，入库1.59亿元，罚款1887.93万元，滞纳金2298.97万元。当年，市国税局、市地税局在深化国地税稽查合作方面取得重大进展。根据国地税稽查力量配比的实际情况，尽最大可能扩大稽查合作案源的覆盖面，以“金三”系统为平台，共同维护“双随机”抽查名录库。明确科室间对口联系，每月开展案源资料、执法文书、案件情报等信息的交换。建立定期通报协调机制，每季度定期召开国、地税稽查合作工作推进会议，通报工作进度及完成情况，及时协调解决合作稽查工作中出现的问题，全面统筹督导各环节稽查工作。进一步强化对国税稽查成果的利用效率。共同开展“一案双查”，彰显稽查部门以查促管的职能作用，全面促进国地征管水平的提升。明确对口科室联系，实现国地日常稽查税收违法线索的无缝情报交流，实施联合稽查、统一处罚标准，形成对重大税收违法案件的稽查合力，进一步提升税务稽查的威慑力。

2019年7月，网络版查账软件在市税务局正式启用。当年，市税务局稽查系统查处总局“鹰击二号”、省局“鹰击三号”等系列打虚打骗联动案源，打虚打骗专项行动持续深化。跨区稽查机制不断完善、积案清理工作赢得主动、网络版查账软件充分利用，全年检查纳税人218户、入库税款2.07亿元。

2020年3月，为加强对税务稽查工作的领导，市税务局发文成立税务稽查工作领导小组，下设领导小组办公室，徐向阳任领导小组组长，乔文光兼任领导小组办公室主任。同年3月，市税务局印发关于落实《进一步完善税务稽查工作意见的实施办法》，调整益阳市税务稽查系统在岗人数，达到益阳市税务干部实际人数的8%；增强稽查案件查办力量，使跨区域稽查局检查和审理人员比例应当达到本单位稽查人员总数的2/3。当年，市税务局加强对稽查工作的领导、进一步完善稽查工作机制、增强稽查办案力量、积极清理积压案件、持续深化打虚打骗专项行动，全年稽查立案67户、结案143户（含办结积案），查补入库各项税收收入 1.7 亿元。

2021 年 2 月，市税务局印发《关于进一步完善益阳市税务稽查管理体系的意见》，文件明确：统一选案权。市局稽查局负责案源统筹和归口管理，负责“双随机、一公开”监管工作；跨区域稽查局按照市局稽查局推送的案源立案。下放检查权。集中审理权。在市局稽查局成立一般案件审理办公室，负责审理一般性案件；成立大要案件审理委员会，负责审理大要案、应提交市局重案审理委员会审理的案件。强化执行权。跨区域稽查局根据谁检查、谁执行的原则，负责本单位查办案件的执行工作。提升案件查处效率。坚决清理久拖不结的执行案件，严格落实黑名单制度，用好联合惩戒手段。同年 10 月，市税务局抽调 286 名业务骨干联合市场监管、公安等部门，组成 58 个检查组，对益阳市 254 个加油站进行“抄表”式的突击检查，查补入库增值税及滞纳金 4711 万元，同比增长 63.08%，整治效果显著。当年，全市稽查系统共组织入库 21723 万元，结案 153 户；发出协查涉及税额 3767 万元，全部为确定虚开发函；接受协查案件涉及税额 2998 万元；连续 3 年实现案件分拣率、回复率均为 100%，按期完成省局考核目标。

2022 年 4 月，市税务局印发《关于开展打击骗取留抵退税违法行为专项工作》的通知，成立以谢剑为组长的打击骗取留抵退税专项工作领导小组，组建稽查工作专班，部署开展当年打击骗取留抵退税违法行为专项工作。同年 5 月，市税务局、市公安局联合印发《益阳市警税协作工作暂行办法》，成立益阳市警税协作工作领导小组，由市税务局局长担任组长，市公安局、市税务局分管领导担任副组长，市公安局经侦支队，市税务局稽查局和跨区域稽查局主要负责人任成员；建立联络工作机制，设立益阳市公安局派驻市税务局联络机制办公室，办公地点设市税务局稽查局；建立信息交换机制、建立协调互动机制、建立线索移送机制、建立联合办案机制、建立联合督导机制、建立联合宣传机制、建立交流互训机制。同年 7 月，市税务局、市公安局、市检察院、益阳海关、人民银行市中心支行、国家外汇管理局市中心支局联合印发《关于做好常态化打击虚开骗取违法犯罪工作的指导意见》，成立益阳市打击虚开骗税工作领导小组，负责六部门联合打击虚开骗税工作的组织、协调、督导、评价工作；成立益阳市打击虚开骗税工作领导小组办公室，领导小组办公室设在市税务局稽查局，负责做好日常工作。当年，益阳市税务稽查系统做到选案准、检查实、审理严、执行强，组织打击骗取留抵退税专项工作，采取加强稽查欠税后续管理，持续开展积案清理工作，督促企业缴纳税款等有力措施，共立案 51 件、结案 60 件，入库税款及滞纳金 2.48 亿元。考核积案仅剩 2 户，积案清理率达 91.86%。打虚打骗案例入选全省优秀案例。

三、黑名单公布及联合惩戒

黑名单，是指税务机关依法归集严重违法失信纳税人信息并向社会公示其严重违法失信行为的清单或名录。黑名单制度是税务机关对违法失信行为实施信用联合惩戒，形成社会各界共同制约，为营造诚信税收征管环境奠定基础的一种形式，是社会信用体系建设的基础性措施之一。

1999 年 8 月，市地税局发出《税务稽查违法案件公告》，具体内容如下：阻碍税务执法，被行政拘留。被查者：君莲酒家。该酒家系个体工商户，位于资阳区长春镇白鹿铺村国道 319 线，由钟某君、段某莲、钟某红一家经营。自 1998 年 1 月以来，该酒家共拖欠税款 4406 元。资阳区地税局稽查后多次发催缴税款通知书催缴税款，均遭其拒绝。当年 6 月 26 日，资阳区地税局再次组织人员上门催缴未果，准备依据税法规定扣押相关物资。此时，段某莲破口大骂税务人员，钟某君指使其女钟某红打电话纠集人员围攻税务执法人员。长春镇党委书记杨建新出面阻止时，钟某红扭住其衣领不放，并踢伤前来解围的派出所干警。钟某红的男友因围攻起哄被干警带离现场后，钟某红大肆耍泼，先后踢打税务执法干部 3 人。根据《中华人民共和国治安管理处罚条例》的有关规定，益阳市公安局当天即对钟某红进行留置，并处以 10 天行政拘留；对钟某君、段某莲分别给予治安警告处分。根据《中华人民共和国税收征收管理法》有关规定，追缴全部欠税 4406 元，处以罚款 2000 元，责令钟某君写出检讨书 1000 份予以张贴。乱摊乱挤成本，偷逃企业所得税。被查单位：赫山区某电力局综合经营公司。该公司系国有企业，驻地益阳赫山区朝阳路。1998 年该公司违反现行政策将超过计税标准的工资、奖金、福利费、招待费等费用列入生产成本共计 384013.88 元。同时，1998 年年末账面利润 40430.07 元，也未按规定申报缴纳企业所得税。赫山地税稽查局依法对该公司进行了查处，依照《中华人民共和国税收征收管理法》及《中华人民共和国企业所得税暂行条例》之规定，作出补缴企业所得税 137657.20 元，并处以罚款 10000 元的处理决定。该处理决定 6 月 29 日依法执行。隐匿企业收入，有意偷逃税款。被查单位：湖南某电机厂。该厂系省属监狱工业企业，主要生产电机产品，位于沅江市南咀镇。1998 年 1—12 月，该企业将下属三产业单位承包给个人，收取承包费 197169.88 元，未入收入账。另外该厂将所属的集贸市场门面摊位出租，取得租金收入 335500 元，未入收入账。以上两项共偷税 16138.79 元。沅江地税稽查局依法对该厂进行查处，作出追缴所偷税款 16138.79 元，对所偷税款处以罚款 10000 元的处理决定。该处理决定于当年 6 月 30 日前依法执行。少报收入、偷逃税款。被查人：陈某华。陈某华系益阳市某实业投资公司基建施工员，住益阳市朝阳区。1994—1998 年，陈某华承包益阳市实业投资公司简易门面、宿舍等基建业务。修建简易门面时，用材料发票代替建筑安装发票，少报营业收入 310307.75 元，另外宿舍工程已付工程款 792744 元，未申报纳税。市地税局朝阳分局检查科依法对陈某华进行查处，作出追缴所偷地方各税 58815.85 元，并处以罚款 12240.16 元的处理决定。该处理决定和处罚决定于当年 7 月 19 日前依法执行。收入摆账外，建房变用途，有意偷逃税款。被查单位：安化县电信局。该局系国有制企业，位于安化县城关镇。该局 1996—1997 年度收取各种基金 7973879.35 元，代收劳务公司门面出租收入 170000 元，收取有关部门手机款 19780 元，共计 8163659.38 元，偷逃营业税 241707.38 元、城建税 12085.37 元、教育费附加 7251.22 元、房产税 18204 元、个人所得税 1542.62 元。同时将原适用固定资产投资方向调节税零税率的电信大楼部分楼层改变用途，作为办公楼使用，偷逃固定资产投资方向调节税 122571.76 元。安化县地税稽查局依法对该局进行了查处，作出补缴地方各税 403362.35 元的处理决定。该处理决定于当年 6 月 15 日前依法执行。非法印制出售假发票，被判处有期徒刑。被查人：孙某君。孙某君系资阳区无业人员，住汽车路 52 号。1997 年 5 月至 1998 年 2 月，孙某君先后非法印制假饮食发票 150 本，销售给个体饮食店和其他人员，获赃款 3000 多元。依照《中华人民共和国刑法》的有关规定，赫山区人民法院 1998 年 7 月判处孙志君有期徒刑一年零六个月，缓刑二年，并处罚金 15000 元，上缴国库。

2000 年 6 月，市地税局发出《税务稽查违法案件通告》，具体内容如下：隐瞒销售收入，多报经营亏损偷税。被查单位：桃江县某竹胶板厂。该厂系国有企业，位于桃江县城关镇。桃江县地税稽查局于 1999 年 11 月对其进行税务稽查，发现该厂于 1998 年 7 月至 1999 年 10 月，采取少计产成品、库存产品数量的方法，隐瞒产品销售收入共计 455260 元，并将销售产品所得计入“短期借款”账户平账，从而多报亏损，偷逃企业所得税，桃江县地税局稽查局除依法全额追补所偷税款外，根据《中华人民共和国税收征收管理法》和《中华人民共和国企业所得税暂行条例》及实施细则的规定，对所偷税款处以罚款 60000 元，税务处理决定和行政处罚决定于 1999 年 11 月 25 日强制执行完毕。以收抵支，少列收入偷税。被查单位：湖南某电机厂。该厂系国有企业，位于沅江市南咀镇。沅江市地税稽查局于当年 3 月对其进行税务稽查，发现该厂下属第三产业单位承包给个人，承包人应上缴的承包费 479095.40 元，未列入“其他业务收入”，而是以收抵支冲减“应付工资”“应付福利费”“其他应付款—工会经费”，偷逃营业税 23954.78 元，城建税 1197.73 元，教育费附加 718.64 元。另外，该厂集资新建 7 栋宿舍楼。投资总额 6480203.39 元，其中集资额为 5760000 元，未申报纳税，偷逃固定资产投资方向调节税 28411.85 元。沅江市地税稽查局依照有关税收法规除对该企业作出全额补缴偷税款的处理决定外，并根据《中华人民共和国税收征收管理法》，对未按规定申报纳税的行为处以 5000 元罚款。税款、罚款合计 59283 元，于当年 3 月 28 日全部强制缴入国库。未按规定申报纳税，有意偷逃税款。被查单位：沅江市某化学厂。该厂系国有企业，位于沅江市南咀镇。沅江市地税稽查局于 1999 年 3 月对其进行税务稽查，发现该企业 1999 年门面销售收入 768814 元，未按规定申报纳税，逃营业税 38440.70 元，城建税 1922.04 元，教育费附加 1153.22 元。另外该厂签订销售合同 6059 万元，采购合同 3896 万元，均未按规定申报纳税，偷逃印花税 29865 元。沅江市地税稽查局对该企业除依据有关税收法规作出了全额补缴税款处理的决定外，并根据《中华人民共和国税收征收管理法》的规定，处以 10000 元罚款。税款、罚款合计 81380.96 元，强制于当年 3 月 20 日全部缴入国库。桃江查处一偷税“黑户”。被查单位：桃江县某机电经营部。该经营部系股份制企业，位于桃江县城关镇。根据群众举报，桃江县地税稽查局于 2000 年 4 月对该经营部 1999 年 1—12 月地方税收缴纳情况进行税务稽查。经查实，该单位以机电经营部的名义承租了桃花江水库发电厂，上交水库发电厂租金 42.8 万元，全年发电量为 541290 万千瓦时，收入为 936830.52 元，承租期间既未办理税务登记证，又未申报纳税，偷逃个人所得税 17899.86 元、企业所得税 44081.74 元、印花税 433 元、城建税 2654.40 元、教育附加 1562.10

元。桃江地税稽查局依照有关税收法规对该企业作出了全额补缴税款的处理，同时，依照《中华人民共和国税收征收管理法》的规定，处以罚款8000元，税款、罚款于当年5月1日前全部强制缴入国库。多列支出，虚报亏损偷税。被查单位：益阳某电业局招待所。该所系国有企业，位于益阳市桥南。市地税局稽查局于当年5月对该单位1999年度地方税缴纳情况进行税务稽查。稽查中发现该所在营业成本中以红字冲返回笼餐票等应税收入95061.05元，未申报缴税，应补营业税4753元、城建税331.71元、教育费附加142.59元，少扣缴个人所得税6066元。1999年账面亏损118848.38元，会龙山地税所审增应纳税所得额260446.29元，应补缴企业所得税46727.31元，已入库。这次稽查中又审增应纳税所得额17226.65元，应补企业所得税5684.79元，合计应补地方各税16978.09元。根据《中华人民共和国税收征管法》的有关规定，对虚报亏损应补企业所得税39219.96元，处以一倍的罚款。税款、罚款于当年6月15日前强制缴入国库。

2001年8月，市地税局发出《税务稽查案件公告》，公布市地税稽查系统2001年以来已经生效的部分税务稽查案件。两屠户抗税被公安机关治安拘留。被查个人：夏某清、刘某凡。当年5月27日，安化县梅城镇个体屠户夏某清、刘某凡因不缴纳税款，妨碍税务人员执法，被公安机关分别给予拘留7天和10天。拖欠税款，被依法查封财产。被查个人：李某成。南县人民法院对茅草街镇个体工程项目建筑总承包人李某成开发承建的茅草街桥南大市场拖欠税款14万余元的问题，依法采取财产保全措施，查封其营业铺面6间，价值18万余元。少记不记收入，偷逃地方各税。被查单位：南县某客运公司。南县客运公司是益阳汽车运输公司下属的非独立核算的单位，经营客运业务。南县地税稽查局根据群众举报，对该公司缴纳地方各税的情况进行稽查。经查实，该公司于1997年至2000年10月采取不记、少记收入的手段偷逃国家税收。对该企业的偷税行为，已移送南县公安部门立案侦查，公安部门对该公司经理和财计股股长给予了行政拘留。非法印制门票，被查处。被查单位：某竹海管理处。经查实，1999年11月该管理处未经税务机关批准擅自印制门票，并使用这种非法票据收取门票收入偷逃国家税收，先后共非法印制4万张门票，偷逃国家税收2.1万元，当年5月，桃江县地税局对这一偷税案，依法作出处理决定：责成该管理处补缴1999—2000年少缴和偷逃的税款共计4.2万元；对偷税行为处以罚款1.1万元；对尚未使用的非法门票（200多张）全部没收销毁，并责成管理处按规定到地税机关指定印刷厂印制正规门票，对其非法印制门票行为，处以罚款2.1万元。所有税款、罚款已于5月30日前强制追缴入库。

2015年7月，市国税局印发《关于落实对重大税收违法案件当事人实施联合惩戒的合作备忘录有关事项》的通知，明确了各县市区局公布“黑名单”的数量，要求对外提供的重大税收违法案件信息要公布及时、准确无误；提出对重大税收违法案件公布及联合惩戒工作实行分档考核。

2015年7月，市国税局和市地税局分别转发省发展改革委、省国税局、省地税局、省文明办、省高级人民法院、省公安边防总队、省财政厅、省交通厅、省商务局、省工商局、省质监局、省互联网信息办公室、省药监局、人民银行长沙支行、中行业监委湖南监管局、中国证券监督管理委员会湖南监管局、中保监委湖南监管局、省总工会、长沙海关、中国民用航空湖南安全监督管理局、广铁（集团）公司等21家部门联合印发的《关于对重大税收违法案件当事人实施联合惩戒措施的合作备忘录》，对重大税收违法案件当事人实施联合惩戒并明确具体措施。公布的重大税收违法案件信息中所列明的当事人为自然人的，惩戒的对象为当事人本人；当事人为企业的，惩戒的对象为企业及其法定代表人以及负有直接责任的财务负责人；当事人为其他经济组织的，惩戒的对象为其他经济组织及其负责人以及负有直接责任的财务负责人；当事人为负有直接责任的中介机构及从业人员的，惩戒的对象为中介机构及其法定代表人或负责人以及相关从业人员。惩戒主要措施包括：强化税务管理、通报有关部门；阻止出境；限制担任相关职务；金融机构融资授信重要参考依据；禁止部分高消费行为；通过企业信用信息公示系统向社会公示；强化检验检疫监督管理；限制参加政府采购活动；禁止适用海关认证企业管理；限制证券期货市场部分经营行为；限制保险市场部分经营业务；禁止受让收费公路权益；限制政府性资金支持；限制企业债券发行；限制进口关税配额分配；通过主要新闻网站向社会公布；其他行政许可和强制性认证、授予荣誉等方面进行必要的限制或禁止。

四、扫黑除恶

2018年1月，中央政法委召开全国扫黑除恶专项斗争电视电话会议，全国扫黑除恶专项斗争拉开序幕。省税务局随即部署税务系统开展扫黑除恶工作。市税务局党委专题研究扫黑除恶工作，及时成立以徐向阳为组长的扫黑除恶专项斗争工作领导小组，并第一时间印发《市税务局开展扫黑除恶专项斗争实施方案》，对全系统扫黑除恶斗争工作作出具体部署，提出对108户企业进行摸排，发现涉黑涉恶线索及时移送进行打击。

2018年11月，市税务局专题向益阳市扫黑除恶专项斗争领导小组办公室汇报全市税务系统开展打击涉黑涉恶势力涉税犯罪的情况。市扫黑办对税务系统在打击对涉税领域涉黑涉恶违法犯罪摸排整治方面发挥的共管作用进行了肯定性批示。同年12月，根据沅江市税务局接到由益阳市扫黑办提供的沅江市同兴建材举报聂某昌欺行霸市、非法监禁、强揽工程、强迫交易等的黑恶违法犯罪线索，市税务稽查局立即将涉案企业在金三系统中做举报案源登记并立案，随即进入稽查环节进行查处。该案资料为益阳市纪委进一步查案提供了有力佐证。

2019年，市税务局通过制定、发放扫黑除恶应知应会知识宣传手册、人人签订扫黑除恶承诺书、开展谈心谈话，制作扫黑除恶宣传视频、编辑扫黑除恶宣传简报，开展扫黑除恶专项斗争，营造了扫黑除恶全员参与、全员发动、人人有责的氛围。同年4月，市税务局印发《关于开展扫黑除恶专项斗争工作督导的通知》《关于开展扫黑除恶专项斗争工作督导情况的通报》，部署对扫黑除恶专项斗争工作的督导工作；对各县市区局第一时间成立扫黑除恶专项斗争工作领导小组、充分利用办税服务大厅人流量较大的阵地优势，在醒目位置开辟专栏、张贴横幅标语、向纳税人发放扫黑除恶应知应会知识宣传手册、发挥职能优势，加强与当地党委政府扫黑办等有关部门配合、切实承担线索摸排责任并做好交办案件取证工作等好的方面给予肯定，对存在的问题要求及时整改。同年4月，市税务局印发《2019年益阳市税务系统扫黑除恶专项斗争线索摸排工作方案》，成立以乔文光为组长的扫黑除恶专项斗争线索摸排工作领导小组，对税务稽查查处的涉税案件投诉、举报、涉嫌偷税、抗税、打虚打骗等案件进行深入摸排，排查是否有组织犯罪、团伙作案，是否有大额资金回流，深入挖掘涉黑涉恶线索；设立扫黑除恶举报电话、信箱、邮箱，完善有奖举报制度，广泛发动人民群众检举揭发黑恶势力违法犯罪线索；对涉砂涉矿、物业管理、环保等重点行业和领域开展集中排查，严格按照法定程序和证据标准全面收集固定证据，依法对黑恶势力犯罪线索的税务问题进行立案查处。上半年，市税务局共接收市扫黑办移送的要求对其涉税问题进行稽查的涉黑涉恶案件5起，并已全部在金三系统中做举报案源登记、立案。所有案件都处于检查环节，其中有2起案件资料已被益阳市纪委调取，处于中止检查状态，另外3起处于检查和进一步核实中。

2020年，市税务局稽查部门收到群众匿名举报，安化烟溪新码头附近经常有3个操外地口音和本地的一些无业人员出没，疑似一个地下发票印制作坊。市税务局及安化县税务局稽查部门经过前期的大量暗中走访调查，当年5月21日，确定本案为“521”专案，正式立案查处。在市县公安部门的密切配合下，当场抓获犯罪嫌疑人3人，缴获假发票200万份及发票模板若干。随着案件的深入，17名涉案犯罪嫌疑人落网并移送检察机关起诉；缴获涉及全国28个省、自治区直辖市，249万份可填开金额超过78亿元的假发票。此案件的查处情况被中央电视台作为扫黑除恶专案进行了报道。当年，市税务局深入开展扫黑除恶专项斗争，共检查涉黑涉恶案件9件，接收涉黑涉恶线索1条并及时移送公安机关。

2021年6月，市税务局印发《关于调整扫黑除恶领导小组及其办公室和工作组》的通知，明确陈有权任益阳市税务系统扫黑除恶专项斗争工作领导小组组长。领导小组下设综合协调组、资料简报组、宣传教育组、督查督办组、信访维稳组、后勤安保组、执纪问责组，并明确专人负责。

第三章　税收计划、统计、会计及票证

1990—2022年，益阳市各级税务机关始终坚持以组织为中心，以服务地方经济发展为核心，深化税制改革，强化税收征管，优化纳税服务，实现了税费收入的高速增长，为支持益阳市经济和各项事业的健康发展提供了可靠的财力保障。

第一节　税收计划

益阳市税收计划管理体制坚持以国家税法为基础，按照适应财政管理体制需要的原则，实行统一领导，分级管理，其主要内容包括：计划的编制、分配落实、计划执行情况分析、收入计划考核和税源管理等。1998年以前，税收计划编制采用“基数法”，即以基期税收入库数或预计入库数作为基数，参照历年税收增长水平及计划期有关经济指标增长幅度，确定增长系数，以此计算出计划期的税收计划数。1998年开始，在计划分配方式上改变了传统基数加增长比例的方法，充分考虑经济状况和税源变化情况，遵循经济决定税收的规律，按照实事求是的原则，按税种、级次分配到各基层单位。2001年后，在以前计划编制基础上，把经济增长指标作为重要参考依据，遵循从经济到税收的原则，同时对计划期影响收入的重大特殊因素（如税收的开征、停征、减税降费等）进行充分考虑，对计划进行相应调整，使税收计划与各地的经济状况与实有税源基本符合。2018年后，按照预算法的规定，益阳市取消了税收计划编制和分配。益阳市1990—2017年税费收入计划执行统计表（见表3-20）。

益阳市1990—2017年税费收入计划执行统计表

表3-20　　单位：万元

年度	国税			地税			合计		
	计划数	完成数	完成比例	计划数	完成数	完成比例	计划数	完成数	完成比例
1990年	—	—	—	—	—	—	33860	32435	95.79%
1991年	—	—	—	—	—	—	32900	33502	101.83%
1992年	—	—	—	—	—	—	34075	31296	91.84%
1993年	—	—	—	—	—	—	32620	43702	133.97%
1994年	—	—	—	—	—	—	45890	46445	101.21%
1995年	35115	36299	103.37%	15420	17034	110.47%	50535	53333	105.54%
1996年	39600	34569	87.30%	18360	18118	98.68%	57960	52687	90.90%
1997年	34590	32606	94.26%	20060	19595	97.68%	54650	52201	95.52%
1998年	33142	33142	100.00%	22115	20664	93.44%	55257	53806	97.37%
1999年	30200	30538	101.12%	22665	22171	97.82%	52865	52709	99.70%
2000年	34430	32043	93.07%	22610	23821	105.36%	57040	55864	97.94%
2001年	32890	35385	107.59%	24390	32544	133.43%	57280	67929	118.59%
2002年	43255	46340	107.13%	32892	35504	107.94%	76147	81844	107.48%

续表 3-20

年度	国税			地税			合计		
	计划数	完成数	完成比例	计划数	完成数	完成比例	计划数	完成数	完成比例
2003 年	49260	47307	96.04%	32500	37916	116.66%	81760	85223	104.24%
2004 年	48900	59258	121.18%	40854	40854	100.00%	89754	100112	111.54%
2005 年	62280	78957	126.78%	43200	47535	110.03%	105480	126492	119.92%
2006 年	91660	103929	113.39%	53052	59058	111.32%	144712	162987	112.63%
2007 年	126720	131954	104.13%	74000	85911	116.10%	200720	217865	108.54%
2008 年	149020	145536	97.66%	93500	106809	114.23%	242520	252345	104.05%
2009 年	153450	178708	116.46%	118000	124157	105.22%	271450	302865	111.57%
2010 年	195860	230600	117.74%	142500	156626	109.91%	338360	387226	114.44%
2011 年	256720	274936	107.10%	179000	211743	118.29%	435720	486679	111.70%
2012 年	304100	315282	103.68%	276000	315858	114.44%	580100	631140	108.80%
2013 年	346500	347286	100.23%	352000	379052	107.69%	698500	726338	103.99%
2014 年	379500	372013	98.03%	418000	410670	98.25%	797500	782683	98.14%
2015 年	357000	334424	93.68%	448000	439720	98.15%	805000	774144	96.17%
2016 年	360600	428408	118.80%	412000	389960	94.65%	772600	818368	105.92%
2017 年	558080	576438	103.29%	341000	366553	107.49%	899080	942991	104.88%

注：表内税收计划为各年年初下达计划，调整计划没有进行统计。

第二节　税收统计

一、总体情况

1990—2022 年，益阳市税务机关累计征收各项税费收入 1715 亿元，其中：税收 1331 亿元，社保非税收入 384 亿元。税费总收入从 1990 年的 3.24 亿元跃升至 2022 年的 272.88 亿元，年均增长 14.86%。2004 年收入突破 10 亿元大关，达 10.03 亿元；2017 年收入突破 100 亿元大关，达 100.58 亿元；到 2022 年底达到 272.88 亿元。益阳市 1990—2022 年税费收入完成统计表（见表 3-21）。益阳市 1990—2022 年税费收入走势图（见图）。

1990—2022 年益阳市税费收入完成统计表

表 3-21　　　　单位：万元

年度	税费总收入	增收	同比增长 %	其中：									
				税收收入					社保非税收入				
				国税	地税	合计	增收	同比增长 %	国税	地税	合计	增收	同比增长 %
1990 年	32435	—	—	—	—	30031	—	—	—	—	2404	—	—
1991 年	33502	1067	3.29	—	—	31112	1081	3.60	—	—	2390	-14	-0.58
1992 年	31296	-2206	-6.58	—	—	29850	-1262	-4.06	—	—	1446	-944	-39.50
1993 年	43702	12406	39.64	—	—	42708	12858	43.08	—	—	994	-452	-31.26

续表 3-21

年度	税费总收入	增收	同比增长 %	其中:									
				税收收入					社保非税收入				
				国税	地税	合计	增收	同比增长 %	国税	地税	合计	增收	同比增长 %
1994 年	46445	2743	6.28	—	—	45812	3104	7.27	—	—	633	-361	-36.32
1995 年	53330	6885	14.82	36076	16468	52544	6732	14.69	223	563	786	153	24.17
1996 年	52687	-643	-1.21	34465	17309	51774	-770	-1.47	104	809	913	127	16.16
1997 年	54681	1994	3.78	35067	18737	53804	2030	3.92	19	858	877	-36	-3.94
1998 年	54959	278	0.51	34283	19933	54216	412	0.77	12	731	743	-134	-15.28
1999 年	53458	-1501	-2.73	31282	21459	52741	-1475	-2.72	—	717	717	-26	-3.50
2000 年	56442	2984	5.58	32621	23091	55712	2971	5.63	—	730	730	13	1.81
2001 年	71609	15167	26.87	38846	31658	70504	14792	26.55	219	886	1105	375	51.37
2002 年	81921	10312	14.40	46125	34373	80498	9994	14.18	115	1308	1423	318	28.78
2003 年	85526	3605	4.40	47307	36717	84024	3526	4.38	110	1392	1502	79	5.55
2004 年	100303	14777	17.28	59258	39560	98818	14794	17.61	—	1485	1485	-17	-1.13
2005 年	130965	30662	30.57	83048	45603	128651	29833	30.19	139	2175	2314	829	55.82
2006 年	164687	33722	25.75	103929	56587	160516	31865	24.77	119	4052	4171	1860	80.25
2007 年	220232	55545	33.73	131954	82500	214454	53938	33.60	95	5683	5778	1607	38.53
2008 年	253513	33281	15.11	145535	101155	246690	32236	15.03	69	6754	6823	1045	18.09
2009 年	308105	54592	21.53	178708	119244	297952	51262	20.78	74	10079	10153	3330	48.81
2010 年	393674	85569	27.77	230600	150617	381217	83265	27.95	73	12384	12457	2304	22.69
2011 年	496779	103105	26.19	274936	203449	478385	97168	25.49	79	18315	18394	5937	47.66
2012 年	643368	146589	29.51	315282	305927	621209	142824	29.86	17	22142	22159	3765	20.47
2013 年	740604	97236	15.11	347285	368846	716131	94922	15.28	85	24388	24473	2314	10.44
2014 年	797870	57266	7.73	372013	400009	772022	55891	7.80	271	25577	25848	1375	5.62
2015 年	835347	37477	4.70	377728	427825	805553	33531	4.34	441	29353	29794	3946	15.27
2016 年	869917	34570	4.14	469886	368163	838049	32496	4.03	945	30923	31868	2074	6.96
2017 年	1005808	135891	15.62	639299	326530	965829	127780	15.25	1453	38526	39979	8111	25.45
2018 年	1140283	134475	13.37	725431	370679	1096110	130281	13.49	1658	42515	44173	4194	10.49
2019 年	1556422	416139	36.49	—	—	1157527	61417	5.60	—	—	398895	354722	803.03
2020 年	1701205	144783	9.30	—	—	1190252	32725	2.83	—	—	510953	112058	28.09
2021 年	2314979	613774	36.08	—	—	1289878	99626	8.37	—	—	1025101	514148	100.63
2022 年	2728824	413845	17.88	—	—	1113139	-176739	-13.70	—	—	1615685	590584	57.61

注:1994 年 9 月,根据《国务院关于组建国家税务总局在各地的直属税务机构和地方税务局有关问题的通知》,益阳市税务局分设为益阳市国家税务局和益阳市地方税务局。2018 年 7 月,根据中共中央《深化党和国家机构改革方案》,省级和省级以下国税地税机构合并,益阳市国税局和益阳市地税局合并为国家税务总局益阳市税务局。上表中,1990—1994 年,以益阳市税务局为单位实行税收统计,1995—2018 年,益阳市国税局和益阳市地税局分别实行税收统计,从 2019 年起,以国家税务总局益阳市税务局为单位实行税收统计。

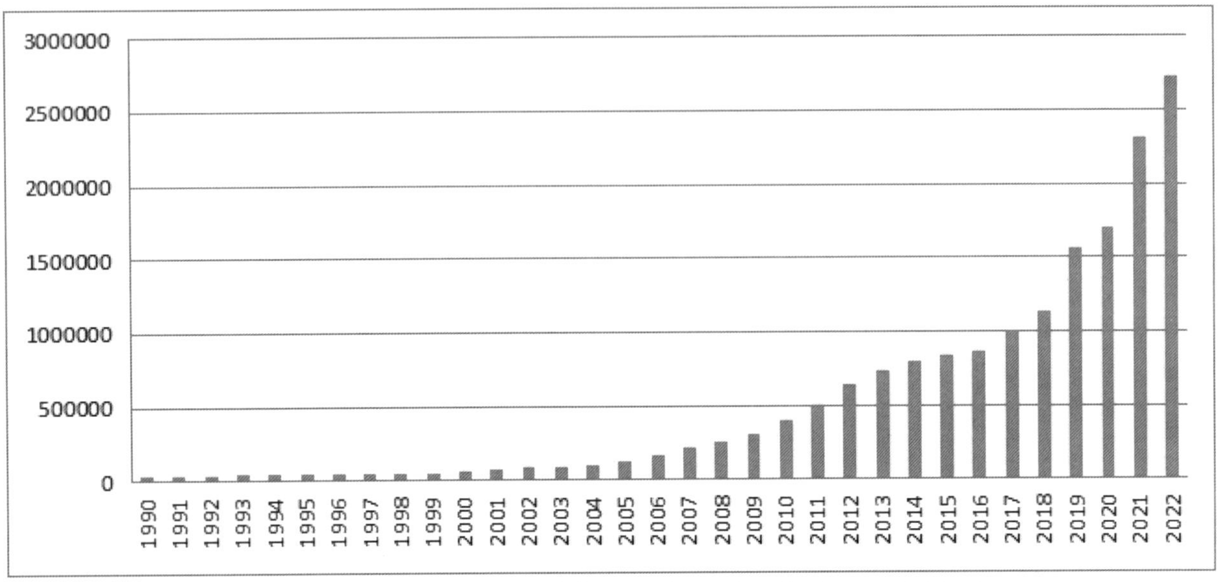

益阳市 1990–2022 年税费收入走势图（单位：万元 / 年）

二、税收收入分级次

1990—2022 年，益阳市累计入库中央级税收收入 591.44 亿元，省级税收收入 115.94 亿元，市县级税收收入 621.87 亿元。益阳市 1990—2022 年税收收入分级次统计表（见表 3–22）。

益阳市 1990—2022 税收收入分级次统计表

表 3–22　　单位：万元

年度	中央收入			省级收入			地市县级收入		
	国税收入	地税收入	合计	国税收入	地税收入	合计	国税收入	地税收入	合计
1990 年	—	—	2098	—	—	3191	—	—	24742
1991 年	—	—	2845	—	—	3125	—	—	25141
1992 年	—	—	2139	—	—	2466	—	—	25245
1993 年	—	—	2658	—	—	3199	—	—	36851
1994 年	—	—	24010	—	—	3225	—	—	18577
1995 年	26137	—	26137	1127	2260	3387	8813	11978	20791
1996 年	24408	—	24408	782	2156	2938	9275	15153	24428
1997 年	24990	—	24990	820	2397	3217	9258	16340	25598
1998 年	24744	—	24744	904	2813	3717	8635	17120	25755
1999 年	23157	—	23157	744	2899	3643	7381	18560	25941
2000 年	24882	—	24882	876	2840	3716	6863	20251	27114
2001 年	30294	—	30294	911	3404	4315	7641	28254	35895
2002 年	33759	6654	40413	1594	4674	6268	10772	23045	33817

续表 3-22

年度	中央收入			省级收入			地市县级收入		
	国税收入	地税收入	合计	国税收入	地税收入	合计	国税收入	地税收入	合计
2003 年	34892	6859	41751	1932	4159	6091	10483	25699	36182
2004 年	38308	6993	45301	1847	4695	6542	19103	27872	46975
2005 年	61456	7133	68589	3841	5758	9599	17752	32712	50464
2006 年	77375	9450	86825	4964	8949	13913	21590	38188	59778
2007 年	98113	16902	115015	5798	13209	19007	28042	52389	80431
2008 年	108533	18297	126830	4832	16538	21370	32169	66319	98488
2009 年	122047	18022	140069	4445	18776	23221	37154	82446	119600
2010 年	177610	23872	201482	13685	25907	39592	39305	100836	140141
2011 年	209587	31778	241365	17085	35057	52142	48264	136613	184877
2012 年	238604	36214	274818	20250	41988	62238	56431	227725	284156
2013 年	263194	42056	305250	22098	46904	69002	61993	279887	341880
2014 年	270506	42497	313003	26880	57918	84798	74627	299594	374221
2015 年	282790	44223	327013	25073	59885	84958	69865	323718	393583
2016 年	303957	50231	354188	45479	44593	90072	120450	273339	393789
2017 年	380176	59212	439388	68876	25796	94672	187144	241522	428666
2018 年	431644	72461	504105	77770	29319	107089	216016	268898	484914
2019 年	—	—	523413	—	—	108925	—	—	525189
2020 年	—	—	533796	—	—	107098	—	—	549359
2021 年	—	—	569487	—	—	114901	—	—	608072
2022 年	—	—	449956	—	—	-2202	—	—	668048

三、市本级税收收入

2001 年之前，益阳市市级财税收入对资阳、赫山两区实行：上缴区“定额上交、递增包干”，补助区“定额补助、一定三年”的办法，并对部分市、区两级税收收入级次进行了明确。2001 年 1 月，为进一步理顺财税征管体制，加强财税征管，益阳市人民政府印发《关于加强市级财税收入征管的通知》，文件就市级收入范围、征管、入库等内容进行了明确，益阳市正式开始建立市本级财税征管体制，下达市本级税收计划。2020 年 10 月 18 日，为进一步理顺市、区财政体制，建立权责清晰、财力协调、区域均衡的市与区财政关系，益阳市委、市人民政府印发《关于调整优化市与资阳区、赫山区、高新区财政体制的通知》，从 2021 年 1 月 1 日起，对市与三区财政体制进行了调整优化，在确保市、区既得利益的同时，实行市和区分税制，以税种分享为主、部分收入独享为辅合理划分市、区收入范围，市级财政适度集中中心城区新增财力，并对市级固定收入、区级固定收入和市区共享收入进行了确定。市本级税收收入完成由原按全口径计算变为按市本级地方税收收入确定。益阳市 2001—2022 年市本级税收收入完成统计表（见表 3-23）。

2001—2022年益阳市市本级税收收入完成统计表

表3-23　　单位：万元

年度	国税	地税	合计
2001年	—	1505	1505
2002年	5023	1903	6926
2003年	6713	2515	9228
2004年	12078	2830	14908
2005年	16937	3335	20272
2006年	17380	4274	21654
2007年	20868	5238	26106
2008年	21288	6293	27581
2009年	30064	9058	39122
2010年	38502	19263	57765
2011年	41810	31859	73669
2012年	52701	39758	92459
2013年	60616	47537	108153
2014年	66670	46920	113590
2015年	92663	64612	157275
2016年	108884	55979	164863
2017年	118340	54110	172450
2018年	—	—	179039
2019年	—	—	185526
2020年	—	—	202844
2021年	—	—	230856
2022年	—	—	250702

注：表内数据2001—2020年市本级税收收入为全口径统计数，2021—2022年市本级税收收入为市本级地方税收收入统计数。

四、税收收入分企业类型

益阳市1994—2022税收收入分企业类型统计表（见表3-24）。

1994—2022年益阳市税收收入分企业类型统计表

表3-24　　单位：万元

年度	国有企业	集体企业	有限公司和股份制企业	私营企业	其他企业	涉外企业	个体经营
1994年	27465	16568	8	93	—	707	6036
1995年	28436	14094	51	36	—	874	13487
1996年	24974	14813	80	71	—	765	11071

续表 3-24

年度	国有企业	集体企业	有限公司和股份制企业	私营企业	其他企业	涉外企业	个体经营
1997 年	25649	13390	599	69	—	976	13121
1998 年	23586	13509	1518	80	—	1011	14512
1999 年	19122	12763	4463	130	3	1253	15027
2000 年	17826	11255	4756	681	54	1416	19724
2001 年	22311	10002	16883	1009	200	1819	18280
2002 年	22167	9387	21551	1267	3424	1955	20747
2003 年	24635	8863	20826	2677	3765	2651	20607
2004 年	30684	9993	24539	9282	4456	451	19413
2005 年	33610	4973	42017	13824	2874	5095	22165
2006 年	41404	4830	52394	18958	2111	7817	27360
2007 年	44132	5413	78764	28573	2437	13186	33061
2008 年	42651	5995	93148	42431	3912	15521	43030
2009 年	51192	5590	113166	57294	8643	15773	46293
2010 年	68779	5198	139970	85563	9621	18454	53631
2011 年	87381	7142	192418	96838	10310	23011	61292
2012 年	110269	7675	268421	105349	74847	24336	35036
2013 年	119760	55881	349344	115265	22595	24305	99907
2014 年	130240	9343	385154	97417	26795	33056	115666
2015 年	161062	10674	381040	87920	36826	31546	123218
2016 年	179333	6362	360131	131901	22866	30480	106974
2017 年	158144	2663	346590	266282	29063	34504	125479
2018 年	140571	-634	357755	406531	27930	18165	145789
2019 年	135838	3089	408900	436899	19932	21432	131473
2020 年	127973	5551	452751	443934	16105	16480	127499
2021 年	124205	2190	516265	492250	304	16096	6477
2022 年	127415	1706	489666	374850	1462	15128	5773

注：表中有限公司和股份制企业包括有限责任公司、股份有限公司、股份合作企业。

五、税收收入分行业

益阳市2001年之前无统计数据，2001年起税收收入分行业统计项目为12项：采矿业、制造业、电力热力燃气及水的生产和供应业、建筑业、批发和零售业、交通运输仓储邮政、信息传输软件信息技术服务业、金融业、房地产业、租赁和商务服务业、居民服务修理和其他服务业、其他行业。2005年起增设住宿和餐饮业、文化体育和娱乐业；2006年起增设教育；2007年起增设卫生和社会工作；2008年起增设公共管理社会保障和社会组织；2012年起增设科学研究和技术服务业；2017年起增设水利环境和公共设施管理业。益阳市2001—2022年税收收入分行业入库情况表（见表3-25）。

益阳市 2001—2022 年税收收入分行业入库情况统计表

表 3-25　　　　单位：万元

项目	2001	2002	2003	2004	2005	2006	2007	2008	2009	2010	2011
一、第一产业	296	1381	1	—	16	23	263	5605	775	1158	1289
二、第二产业	33818	38938	39772	51839	72902	91451	127345	142845	153163	182210	252362
(一)采矿业	745	504	946	1164	2710	5443	8433	10111	7365	8960	13660
(二)制造业	24657	23365	20470	28516	40116	49417	74582	82495	81791	100705	144041
(三)电力、热力、燃气及水的生产和供应业	4201	9492	10571	14522	20550	25173	27699	26865	33373	35488	38742
(四)建筑业	4215	5577	7786	7637	9525	11417	16630	23374	30634	37056	55918
三、第三产业	36390	40179	44251	46979	51641	63404	77958	98239	144015	197847	224734
(一)批发和零售业	13600	13427	16559	18426	22273	25755	30582	37217	63694	95665	94699
(二)交通运输、仓储和邮政业	4607	3209	2140	2686	3347	3928	3907	4642	4916	8431	9580
(三)住宿和餐饮业	—	—	—	—	2989	3213	3995	5132	4858	6562	9248
(四)信息传输、软件和信息技术服务业	—	—	1968	2468	3873	4280	4979	4654	4862	5564	6041
(五)金融业	2928	3087	2240	2755	4037	6694	8314	11335	14498	19530	22582
(六)房地产业	491	773	2070	1587	2993	5104	10396	16004	21274	27712	44728
(七)租赁和商务服务业	4733	9946	10380	9850	1423	1699	2409	2800	5070	5071	5652
(八)科学研究和技术服务业	—	—	—	—	—	—	—	—	—	—	—
(九)水利、环境和公共设施管理业	—	—	—	—	—	—	—	—	—	—	—
(十)居民服务、修理和其他服务业	—	—	—	—	—	—	3487	4815	5902	7619	9127
(十一)教育	—	—	—	—	—	474	412	419	921	1102	749
(十二)卫生和社会工作	—	—	—	—	—	—	219	395	379	661	634
(十三)文化、体育和娱乐业	—	—	—	—	422	440	610	539	662	790	961
(十四)公共管理、社会保障和社会组织	—	—	—	—	—	—	—	1170	1444	2110	1757
(十五)其他行业	13029	9738	8894	9207	10282	11815	8648	9113	15531	17027	18970

续表 3-25

项目	2012	2013	2014	2015	2016	2017	2018	2019	2020	2021	2022
一、第一产业	2702	3429	1901	1582	1525	1164	10313	11856	3412	4843	5673
二、第二产业	313488	349330	348112	334698	355641	302157	451973	469896	524562	577444	463573
(一)采矿业	13252	12763	9074	3463	3012	105913	2397	8808	15253	36539	39248
(二)制造业	176889	174497	177060	158008	168099	176633	243975	244642	277216	303516	250902
(三)电力、热力、燃气及水的生产和供应业	45596	58304	60750	67036	62105	81260	50535	63932	64295	57664	37017
(四)建筑业	77749	104767	101230	106191	122424	92778	155066	152514	167797	179725	136406
三、第三产业	194434	363372	385385	469274	480882	561045	633823	675776	662279	707586	643897
(一)批发和零售业	97186	97182	100483	157249	149462	165461	178086	183547	185173	193531	192927
(二)交通运输、仓储和邮政业	8628	6845	8493	9220	11427	11093	13077	9506	7751	6089	4096
(三)住宿和餐饮业	112	9608	8313	8041	6724	5807	5544	4322	1604	1741	1766
(四)信息传输、软件和信息技术服务业	6797	7269	9289	9458	8591	8821	8040	4811	5040	5683	5344
(五)金融业	30898	45505	52950	60421	71069	80906	75326	75262	93764	101314	123068
(六)房地产业	100862	124599	152540	141822	104643	132967	181504	235816	202669	209508	120114
(七)租赁和商务服务业	7821	9526	9915	18076	21648	25182	38634	37876	48133	50880	72237
(八)科学研究和技术服务业	1845	1868	2746	2653	4082	5416	7773	7085	7060	10578	7283
(九)水利、环境和公共设施管理业	—	—	—	—	—	300	9132	14294	9121	11997	20098
(十)居民服务、修理和其他服务业	11246	11574	15152	14100	10675	10019	9564	5983	5989	6802	8315
(十一)教育	706	474	962	1081	178	373	2800	2547	1873	2959	6168
(十二)卫生和社会工作	493	509	1613	1791	265	70	5194	3265	3465	4559	9156
(十三)文化、体育和娱乐业	857	1044	963	850	233	488	1271	1611	1057	–57	–800
(十四)公共管理、社会保障和社会组织	3797	5164	6961	19631	28020	319	45219	39458	38865	56073	42777
(十五)其他行业	24276	42202	15005	22589	63750	113824	52659	50393	50715	45929	31348

六、税费收入完成与特点

1990年，益阳市税务系统征收各项税费收入3.24亿元，其中税收收入3亿元，非税收入0.24亿元。当年组织收入措施与特点：1.各级党政领导深入税务系统开展现场办公，解决问题1000多个，帮助收回欠税1000多万元；2.建立协税护税组织76个，收集群众举报信500多封，补税罚款900余万元；3.开展税收大检查，自查28388户，自查补税142万元，检查15379户，补税1895万元。

1991年，益阳市税务系统征收各项税费收入3.35亿元，同比增收0.11亿元，同比增长3.29%。其中税收收入3.11亿元,同比增收0.11亿元,同比增长3.6%；非税收入0.24亿元，同比增长-0.58%。当年组织收入措施与特点：1.争取党政支持，加强部门配合，内外协同一齐抓收入；2.完善重点税源报告制度和重点税源的信息管理，对经济税源发展变化开展多层次、全方位调查分析；3.采取“四包干”措施，即局领导包片、股室包所、所长包线、专管员包户，大力组织收入。

1992年,益阳市税务系统征收各项税费收入3.13亿元，同比增收-0.22亿元，同比增长-6.58%。其中税收收入2.99亿元，同比增收-0.13亿元，同比增长-4.06%；非税收入0.15亿元,同比增长-39.5%。当年组织收入措施与特点：1.统一认识，振奋精神，确立组织收入的中心地位，坚定难中取胜的信心；2.加强计划调度，实行分类指导，及时掌握税款入库动态，加强督促检查；3.广泛宣传，做好固定资产投资方向调节税开征，当年共核税725户，审核投资额2955亿元，入库投资方向调节税808万元。

1993年，益阳市税务系统征收各项税费收入4.37亿元，同比增收1.24亿元，同比增长39.64%。其中税收收入4.27亿元，同比增收1.29亿元，同比增长43.08%；非税收入0.1亿元，同比增长-31.26%。当年组织收入措施与特点：1.全体税务人员把完成收入作为保平安保稳定的政治任务，全力以赴抓收入；2.开展整顿税收秩序、清理越权减免税的自查和清理，检查2万多户，清缴入库2072万元。

1994年，益阳市税务系统征收各项税费收入4.64亿元，同比增收0.27亿元，同比增长6.28%。其中税收收入4.58亿元,同比增收0.31亿元,同比增长7.27%；非税收入0.06亿元，同比增长-36.32%。1994年开始实行分税制财政管理体制，当年9月益阳市税务机关分设为国税局与地税局，当年组织收入措施与特点：1.层层动员，统一思想，集中精力抓收入；2.抓好重点税源管理；3.完善措施，查偷堵漏；4.抓紧清理欠税和压库工作。

1995年，益阳市税务系统征收各项税费收入5.33亿元，同比增收0.69亿元，同比增长14.82%。其中税收收入5.25亿元，同比增收0.67亿元，同比增长14.69%；非税收入0.08亿元，同比增长24.17%。当年组织收入措施与特点：1.国地两税强化计划目标管理，做到以旬保月、以月保季、以季保年；2.国税局对年税额在10万元以上的企业列为重点税源企业，实行重点税源管理；3.地税局对税源开展普查，摸清机构分设后的税源家底，探索征管新路，促进收入增长。

1996年，益阳市税务系统征收各项税费收入5.27亿元，同比增收-0.06亿元，同比增长-1.21%。其中税收收入5.18亿元，同比增收-0.08亿元，同比增长-1.47%；非税收入0.09亿元，同比增长16.16%。当年组织收入措施与特点：1.继续坚持收入计划指导征收不动摇；2.国税局因特大洪灾造成税源损失7500万元后，狠抓灾后组织收入，全面摸清税源损失情况，澄清税源底数，做好均衡入库；3.地税局执行应征数核算，实现均衡入库。

1997年，益阳市税务系统征收各项税费收入5.47亿元，同比增收0.2亿元，同比增长3.78%。其中税收收入5.38亿元,同比增收0.2亿元,同比增长3.92%；非税收入0.09亿元，同比增长-3.94%。当年组织收入措施与特点：1.加强个体税收征管，逐步推行建账建制新措施；2.清理整顿，国税局重点稽查了760多个个体工商户，入库增值税2000多万元；3.地税局突出重点难点，开展专项检查，对个人所得税实行“三单”管理（单独计划、单独考核、单独奖罚），查补个人所得税489.6万元；查处各类发票违章207起，查补税款127.5万元。

1998年，益阳市税务系统征收各项税费收入5.5亿元，同比增收0.03亿元，同比增长0.51%。其中税收收入5.42亿元,同比增收0.04亿元,同比增长0.77%；非税收入0.07亿元，同比增长-15.28%。当年组织收入措施与特点：1.国税局建立以局长包片、科室包县市分局的收入责任制，大力清理欠税，共收回欠税1600多万元；2.国税局清查漏征漏管户，查漏补税800多万元；3.地税局大力推进个体户建账，促进了个体税收增长，全年个体税收增长518万元；4.地税局开展税收大检查，共检查6602户，入库税收1852万元。

1999年，益阳市税务系统征收各项税费收入5.35亿元，同比增收-015亿元，同比增长-2.73%。其中税收收入5.27亿元，同比增收-0.15亿元，同比增长-2.72%；非税收入0.07亿元，同比增长-3.05%。当年组织收入措施与特点：1.加大对重点税源户的监控力度，及时掌握了解收入情况变化；2.国税局对益阳市纳税企业和个体户开展税源调查，对重点户实行年度审查，进一步摸清税源底子；3.地税局加强所得税的汇算清缴及投资方向调节税等税种的检查，查补税收2500多万元。

2000年，益阳市税务系统征收各项税费收入5.64亿元，同比增收0.3亿元，同比增长5.58%。其中税收收入5.57亿元，同比增收0.3亿元，同比增长5.63%；非税收入0.07亿元，同比增长1.81%。当年组织收入措施与特点：1.狠抓征管薄弱环节，以"征管十率"为重心，严格考核，着力提高征管质量；2.国税局对收入任务早安排，完善收入目标管理制度，层层签订收入目标责任书，实行收入任务完成与下拨经费挂钩，收入完成情况与干部个人收入挂钩；3.为确保税收收入均衡入库，地税局制定收入任务单项目标管理考核奖罚办法，对各县市区局、稽查局和省级征收分局实行收入任务完成与奖罚挂钩办法，按季考核，奖罚兑现。

2001年，益阳市税务系统征收各项税费收入7.16亿元，同比增收1.52亿元，同比增长26.87%。其中税收收入7.05亿元，同比增收1.48亿元，同比增长26.55%；非税收入0.11亿元，同比增长51.37%。当年组织收入措施与特点：1.国税局坚决执行关于组织收入工作的"五个严禁"，实现依法征收，应收尽收；2.市政府改善投资环境，招商引资出现经济增长点；3.地税局强化征管和稽查，稽查查补税款4000多万元。

2002年，益阳市税务系统征收各项税费收入8.19亿元，同比增收1.03亿元，同比增长14.4%。其中税收收入8.05亿元，同比增收1亿元，同比增长14.18%；非税收入0.14亿元，同比增长28.78%。当年组织收入措施与特点：1.国税局下发《益阳市国税系统收入组织管理工作考核办法》，并与各县市分局签订税收收入目标管理责任书，实行奖罚兑现；2.国税局加大稽查和清欠力度，查补入库税款2745万元；3.地税局坚持"重点税源，重点管理"的原则，抓好重点行业、重点工程、重点税种管理，推出了新的出租车管理办法，增加车辆税收收入105万元，狠抓事业单位税收专项检查，查补税款460万元，落实个人所得税双向申报管理制度，共征收个人所得税6787万元，比2001年增收1734万元。

2003年，益阳市税务系统征收各项税费收入8.55亿元，同比增收0.36亿元，同比增长4.4%。其中税收收入8.4亿元，同比增收0.35亿元，同比增长4.38%；非税收入0.15亿元，同比增长5.55%。当年组织收入措施与特点：1.国税局对105户重点税源企业直接监控，年税额达2800万元；2.地税局征收的主体税种营业税增幅较大，增幅在20%以上，同时加强了城镇土地使用税、土地增值税、资源税的管理。

2004年，益阳市税务系统征收各项税费收入10.03亿元，同比增收1.48亿元，同比增长17.28%。其中税收收入9.88亿元，同比增收1.48亿元，同比增长17.61%；非税收入0.15亿元，同比增长-1.13%。当年组织收入措施与特点：1.国税局加快信息化建设，CTAIS上线为税收增长提供了可靠保证；2.国税局全年收缴老欠税3223万元，汇算清缴所得税3586万元，查补税款3025万元；3.地税局税收征管按个体税收、企业税收设置征收分局，实行税收专业化管理；4.地税局探索行业税收征管办法，在益阳市建立了车辆税收、竹木制品税收、农副产品税收、建筑安装行业税收、行政事业单位个人所得税、房地产税收"六大代征体系"。

2005年，益阳市税务系统征收各项税费收入13.1亿元，同比增收3.07亿元，同比增长30.57%。其中税收收入12.87亿元，同比增收2.98亿元，同比增长30.19%；非税收入0.23亿元，同比增长55.82%。当年组织收入措施与特点：1.国税局大力实施科学化、精细化管理，强化组织收入各项措施促进了税收增长；2.国税局不断推广电子缴税方式，充分运用高科技手段规范税收征纳双方行为，有效提高了税收征管质量；3.地税局制定了《家居装修税收管理办法》《中心城区税收管理办法》《货物运输行业税收管理办法》《建筑安装行业税收管理办法》《统一核算企业税收管理办法》等5个行业税收管理办法，新增税收900多万元；4.益阳市开征车辆购置税。

2006年，益阳市税务系统征收各项税费收入16.47亿元，同比增收3.37亿元，同比增长25.75%。其中税收收入16.05亿元，同比增收3.19亿元，同比增长24.77%；非税收入0.42亿元，同比增长80.25%。当年组织收入措施与特点：1.国税局与地税局认真开展税务登记证换发工作的同时，澄清纳税户数，及时清缴税款；2.国税局开展"征管质量效率管理年"活动，提高了征管的质量和效率，实现了税收的及时足额入库；3.地税局加强对营业税、企业所得税、个人所得税等重点税种管理的同时，"抓大不放小"，加强对小税种的管理。

2007年，益阳市税务系统征收各项税费收入

22.02 亿元，同比增收 5.55 亿元，同比增长 33.73%。其中税收收入 21.45 亿元，同比增收 5.39 亿元，同比增长 33.6%；非税收入 0.58 亿元，同比增长 38.53%。当年组织收入措施与特点：1.地税局开展为期 100 天的“蓝剑行动”，依法整治益阳市房地产业、建筑业及相关行业的税收秩序，检查纳税单位 313 户，查补入库地方各税 6096 万元；2.地税重点开展年所得 12 万元以上的纳税人自行纳税申报工作，补缴个人所得税 185 万元；3.国税局重点开展评估分析和约谈，评估入库税款 5907 万元。

2008 年，益阳市税务系统征收各项税费收入 25.35 亿元，同比增收 3.33 亿元，同比增长 15.11%。其中税收收入 24.67 亿元，同比增收 3.22 亿元，同比增长 15.03%；非税收入 0.68 亿元，同比增长 18.09%。当年组织收入措施与特点：1.国税局启动市县两级纳税评估，查补入库税款 6200 多万元；2.地税局推行房地产税收一体化管理，房地产业相关税收各环节有效衔接；地税积极探索以房源控税源、以预征控项目、以审核控清算的土地增值税征管模式，土地增值税同比增长 200%。

2009 年，益阳市税务系统征收各项税费收入 30.81 亿元，同比增收 5.46 亿元，同比增长 21.53%。其中税收收入 29.8 亿元，同比增收 5.13 亿元，同比增长 20.78%；非税收入 1.01 亿元，同比增长 48.81%。当年组织收入措施与特点：1.国税局加强行业税收管理，制定《农业产品收购业务增值税管理办法》《木竹加工行业税收管理办法》《船舶行业税收管理办法》；2.国税局推行税源管理“四级巡查”工作制度，开展纳税评估典型案例演示活动，互动成果 11013 万元，同比增加 1250 万元；3.地税局以强征管提质效为重点，实施税收协控联管新机制，获取涉税信息 8000 余条，控管入库税收 18034 万元。探索并实施先税后费、先税后检的车辆税收“五控”长效机制，车辆税收入库 4162 万元，同比增长 32.9%。

2010 年，益阳市税务系统征收各项税费收入 39.37 亿元，同比增收 8.56 亿元，同比增长 27.77%。其中税收收入 38.12 亿元，同比增收 8.33 亿元，同比增长 27.95%；非税收入 1.25 亿元，同比增长 22.69%。当年组织收入措施与特点：1.国税局从纳税评估、税务稽查、专项清理三个方面大力挖掘税收潜力，评估税款 6157 万元，专项清查及稽查查补税款 5210 万元；2.地税局开展“五比五看强征管活动”和对药品、建筑安装房地产、交通运输、重点工程项目开展专项检查，查补税费 9660 万元；3.契税、耕地占用税划转地税机关征收。

2011 年，益阳市税务系统征收各项税费收入 49.68 亿元，同比增收 10.31 亿元，同比增长 26.19%。其中税收收入 47.84 亿元，同比增收 9.72 亿元，同比增长 25.49%；非税收入 1.84 亿元,同比增收 0.6 亿元，同比增长 47.66%。当年组织收入措施与特点：1.国税局加强和巩固建筑安装耗材、船舶工业企业和医药行业等的税收协控联管，入库税收 12937 万元；2.地税局坚持“依法治税、应收尽收，坚决不收过头税”的原则，严格税收收入级次管理，杜绝税收收入混级混库现象发生。

2012 年，益阳市税务系统征收各项税费收入 64.34 亿元，同比增收 14.66 亿元，同比增长 29.51%。其中税收收入 62.12 亿元，同比增收 14.28 亿元，同比增长 29.86%；非税收入 2.22 亿元，同比增收 0.38 亿元，同比增长 20.47%。当年组织收入措施与特点：1.国税局开展各税种月度收入分析，加强税收综合征管软件数据监控，定期发布相关数据，指导基层组织收入；2.国税局建立邮政代开发票代征税款机制，征收税款 4100 多万元；3.地税局加强和规范存量房交易税收征管，应用房地产评估技术，借助房地产批量估价技术软件建立的估价模型，建立存量房交易纳税评估系统，纳税人申报价格明显偏低且无正当理由的，按存量房交易纳税评估系统生成的评估值征税。

2013 年，益阳市税务系统征收各项税费收入 74.06 亿元，同比增收 9.72 亿元，同比增长 15.11%。其中税收收入 71.61 亿元，同比增收 9.49 亿元，同比增长 15.28%；非税收入 2.44 亿元,同比增收 0.23 亿元,同比增长 10.44%。当年组织收入措施与特点：1.对交通运输以及部分现代服务业实施“营改增”改革，累计入库增值税 1926 万元，与改革前营业税相比，税负平均减少 30%；2.国税局通过税收协控联管取得成果达 3 亿元；3.地税系统规范建筑安装房地产业税收征管，增收 4.9 亿元。

2014 年，益阳市税务系统征收各项税费收入 79.79 亿元，同比增收 57.27 亿元，同比增长 7.73%。其中税收收入 77.2 亿元，同比增收 5.59 亿元，同比增长 7.8%；非税收入 2.58 亿元，同比增收 0.14 亿元，同比增长 5.62%。当年组织收入措施与特点：1.依法征管，深化税源与征管状况监控分析，加强大企业、重点行业税收专项管理，形成税收征管合力；2.支持省委、省政府“三量齐升”“四化两型”战略的实施，助力企业转型升级，减免退税 4 亿多元；3.国税局对 589 户实施风险应对，入库税收 9946 万元；4.地税局以国土部门地理信息系统以及房管部门房屋产权信息系统为依托，建立城镇土地使用税及其相关税收的税源数据库，实行“以地控税”，城镇土地使用税增收3000多万元。

2015年，益阳市税务系统征收各项税费收入83.53亿元，同比增收3.75亿元，同比增长4.7%。其中税收收入80.56亿元，同比增收3.35亿元，同比增长4.34%；非税收入2.98亿元，同比增收0.39亿元，同比增长15.27%。当年组织收入措施与特点：1.益阳市税务系统持续加大税收征管力度，通过开展税务稽查、纳税评估、税收协控联管等措施，形成税收征管合力；2.国税系统开展虚开虚抵和骗取出口退税区域税收专项整治，有力打击了涉税违法行为，稽查查补税款12757万元；3.地税系统开展土地增值税集中交叉审核，共清算27个房地产开发项目，清算入库土地增值税7745万元。

2016年，益阳市税务系统征收各项税费收入86.99亿元，同比增收3.46亿元，同比增长4.14%。其中税收收入83.8亿元，同比增收3.25亿元，同比增长4.03%；非税收入3.19亿元,同比增收0.21亿元，同比增长6.96%。当年组织收入措施与特点：1.国税地税深度合作。建立健全国地税合作工作机制，打开了宣传共促、业务共办、人员共训、信息共享、稽查共推的良好局面，推广“一窗一人办税”新模式等国地税合作51个事项。2.全面实施“营改增”。5月1日起四大行业实施“营改增”，国税收入大幅增长，地税收入开始下降，“营改增”纳税人达9151户，累计减税18610万元。3.强化税务稽查。通过纳税评估、税务稽查等措施积极防范风险堵漏挖潜，国地税共查补入库税费收入20801万元。4.地税局开展房产税和城镇土地使用税“五比五查”专项行动，摸清益阳市生产经营性房产和土地的税源状况，核实“两税”计税依据，夯实“两税”征管基础，堵塞“两税”征管漏洞。

2017年，益阳市税务系统征收各项税费收入100.58亿元，同比增收13.59亿元，同比增长15.62%。其中税收收入96.58亿元，同比增收12.78亿元，同比增长15.25%；非税收入4亿元，同比增收0.81亿元，同比增长25.45%。当年组织收入措施与特点：1.国税系统以落实“四个坚决”为重点，强化堵漏增收，深化税收分析，建立常态化的风险应对机制，推送各类风险任务647户，入库税收16298万元；2.地税系统加大土地增值税清算和城镇土地使用税欠税清缴力度，土地增值税与城镇土地使用税分别增长354.22%和28.22%；3.个人所得税全员全额申报扩围，个人所得税增长28.39%；4.规模以上工业企业利润总额同比增长11.1%，房地产市场交易持续走高带来企业所得税高幅增长，同比增加1.67亿元。

2018年，益阳市税务系统征收各项税费收入114.03亿元，同比增收13.45亿元，同比增长13.37%。其中税收收入109.61亿元，同比增收13.03亿元，同比增长13.49%；非税收入4.42亿元，同比增收0.42亿元，同比增长10.49%。当年组织收入措施与特点：1.抓好机构合并、“三定”落实，坚持组织收入为中心不动摇；2.深入推进供给侧结构性改革，大力实施创新引领、开放崛起战略，经济运行总体保持稳中有进、稳中向好、转型升级的良好态势，为税收增长提供有力支撑；3.不折不扣地落实每一项税收优惠政策，简化规范审批、备案程序，及时提醒纳税人申报办理，全面跟踪督导政策落实，持续释放改革红利；4.增值税、消费税、企业所得税、个人所得税四大主体税种实现全面增收，税收占比达到71.48%，并开征了环境保护税。

2019年，益阳市税务系统征收各项税费收入155.64亿元，同比增收41.61亿元，同比增长36.49%。其中税收收入115.75亿元，同比增收6.14亿元，同比增长5.6%；社会保险费征收35.4亿元；非税收入4.43亿元。当年组织收入措施与特点：1.多措并举依法征收应收尽收。通过加强风险管理，推送任务8526户次，查补税收1.16亿元，加强税收协控联管共治，入库各类税收14.38亿元，加强行业管理，机动车燃油清理入库税款0.13亿元，加强财行税清理，入库以前年度税款3.1亿元，加大稽查力度，查补税收2.39亿元，加强欠税清理，入库欠税0.9亿元。2.优化服务推动税收营商环境持续改善。进一步深化“放管服”改革，落实12条深化“放管服”举措，实现566项优惠事项快速查询、143项涉税事项即时办结、172项“最多跑一次”和159项“全程网上办”，对口帮扶136家重点企业，促进实体经济健康发展。3.房地产业税收支柱作用明显，益阳市第三产业税收完成67.58亿元，同比增长6.62%，增收贡献率为68.3%。其中房地产业完成23.58亿元，同比增长29.92%，增收贡献率为88.42%，远高于第二产业和第三产业的整体贡献。4.机关事业单位基本养老保险费、基本医疗保险费和城乡居民基本养老保险费、基本医疗保险费开始划转至税务机关征收。

2020年，益阳市税务系统征收各项税费收入

170.12亿元，同比增收14.48亿元，同比增长9.3%。其中税收收入完成119.03亿元，同比增收3.27亿元，同比增长2.83%，社会保险费（含职业年金）完成46.47亿元，同比增收11.07亿元，同比增长31.29%，非税收入完成4.58亿元，同比增收0.15万元，同比增长1.03%。当年组织收入措施与特点：1.各级党委政府高度重视税收征管工作，亲自推动、亲自部署堵漏增收工作，构建了“党政领导、税务主责、部门协同、司法保障、纪检监督、社会参与”的综合治税体系；2.强化税费征管促进收入增长，坚持每月分析经济税收形势，服务领导决策、指导基层促收，坚持“以旬保月、以月保季、以季保年”，坚持一手稳存量、抓增量，清算入库土地增值税5263万元、同比增长100.5%，核查新增房产和土地税源登记490笔、应纳税额4915万元，坚持一手清欠税、打虚骗，稽查查补入库1.05亿元；3.搞好税收服务、涵养经济税源，益阳市累计新增减税降费5.23亿元，益阳市累计办理出口退税4.69亿元，同比增长13.66%；4.企业职工基本养老保险费、基本医疗保险费开始划转至税务机关征收。

2021年，益阳市税务系统征收各项税费收入231.50亿元，同比增收61.38亿元，同比增长36.08%。其中税收收入128.99亿元，同比增收9.96亿元，同比增长8.37%；社会保险费（含职业年金）90.51亿元，同比增收44.04亿元，同比增长94.47%，非税收入11.99亿元，同比增收7.4亿元，同比增长161.58%。当年组织收入措施与特点：1.加强收入管理。充分发挥以税资政作用，坚持每月分析经济税收形势、跟踪调研重点行业与企业动态、利用税收大数据反映经济运行情况，服务领导决策、指导基层促收。2.推进精诚共治。紧紧依靠地方党委政府，充分发挥税费协控联管机制优势，依托税收共治控税系统和第三方数据，累计入库税费28.25亿元。扎实推动财源建设，深挖增收潜力，河道砂石、交通运输、建筑安装房地产领域财源建设进度明显加快。3.坚持精细服务。推行财产行为税合并申报，整合增值税、消费税等主附加税费申报表，进一步精简申报质量、减少申报次数，推出助力重点+企业加快发展20条精细服务措施。4.强化税收监管。改革重塑3个稽查局，完善稽查管理体系，加大积案清理力度，全年共结案153起，查补入库税款2.22亿元。加强常态化风险防范，推动大数据智能化应用，全年共开展风险应对1422户次，查补入库税款1.38亿元。5.机关事业单位职业年金、矿产资源专项收入、水土保持补偿费、防空地下室易地建设费、城镇垃圾处理费、排污权出让收入、土地闲置费、河道砂石经营收益、生态环境损害赔偿资金征管职责划转至税务机关征收。

2022年，益阳市税务系统征收各项税费收入272.88亿元，同比增收41.38亿元，同比增长17.88%。其中，税收收入完成111.31亿元，同比增收-17.67亿元，同比增长-13.7%，全年累计办理增值税留抵退税25.9亿元，扣除留抵退税因素还原后，完成税收收入137.21亿元，同比增长6.37%；社会保险费（含职业年金）96.22亿元，同比增收5.71亿元，同比增长6.31%；非税收入65.32亿元，同比增收53.34亿元，同比增长445.01%。当年组织收入措施与特点：1.益阳市税务系统始终坚持依法征收、谋早谋实，将组织收入工作牢牢植根于益阳市发展大局，收入规模“稳步提升”，财力保障能力增强。2.坚持精准发力，科学开展收入管理。建立健全税费收入质量监控和分析机制，实施收入质量动态监测和管理。3.聚焦减税降费，认真落实优惠政策。坚持“快退税款、狠打骗退、严查内错、欢迎外督、持续宣传”五措并举，确保各项优惠政策特别是增值税大规模留抵退税落实落地。4.提升服务水平，持续优化营商环境。聚焦纳税人缴费人急难愁盼问题，深入开展“便民办税春风行动”。持续拓展“非接触式”办税缴费。5.益阳市税务系统始终坚持依法征收、谋早谋实，将组织收入工作牢牢植根于益阳市发展大局，收入规模“稳步提升”，财力保障能力增强。6.国有土地使用权出让收入、土地及地面建筑资产处置、非土地及地面建筑资产处置、破损公路及设施补偿费和占用费征管职责划转至税务机关征收。

第三节　税收会计

税收会计是反映和核算税务机关税款征解业务的一种专业会计。它通过记账、算账、结账等手段核算、反映、监督税收资金的运动全过程，是国家预算会计的组成部分。税收会计的主要任务是贯彻执行《中华人民共和国会计法》和国家税收政策，正确核算和及时反映税收收入情况，监督税款及时足额入库，严格退库手续，保护国家税款安全。税收会计为税收征收管理提供了系统、完整的征解信息。

1992年，为了更好地发挥税收会计在税收工作中的反映监督职能，地区税务局从4月份起全面推行税收会计改革、实行税收会计新办法。其主要内容：扩大核算范围，由原税收会计反映的“征收—入库”过程扩大到反映“实现—征收—入库”的全过程，以全面反映税收资金的运动及分布情况；理顺税收会计核算单位的关系，把税收会计核算分为上解单位与入库单位两级核算和双重业务单位的一级核算；改“收付记账法”为“借贷记账法”。同年9月，地区税务局进行税收会计改革达标验收工作。同年11月，地区税务局印发《关于益阳地区税收会计改革工作达标验收情况的通报》。当年，地区税务局先后进行税收会计改革的试点和举办骨干培训班等工作，共办试点7个，培训班8期，培训税收会计人员263人。

1995年11月，市国税局印发《关于成立税收会计改革领导小组的通知》，成立由李树卿任组长，胡华林、肖春生、黎谷盈任副组长的税收会计改革领导小组。领导小组办公室设计财科，由王晓琪兼任办公室主任。

1995年11月，市地税局印发《关于成立税收会计改革领导小组的通知》，成立市地税局税收会计改革领导小组。刘见曙任组长，甘志中、宋力华、蔡灵芝任副组长。领导小组办公室设计会科，周霞林兼办公室主任。

1997年，市国税局部署开展1996年税收会计核算达标升级考核验收工作。请省局领导和部分县市分局税收会计核算工作有经验的职工，对益阳市11个文明单位的税收会计核算工作进行重点辅导，对益阳市各县市分局及征收分局的税收会计核算工作进行达标升级前的预备验收。当年，全市国税系统所有核算单位税收会计工作都达标，20个单位升为三级税收会计核算单位。

1998年8月，市地税局印发《关于执行税收计会工作考核评比办法的通知》，从综合工作、税收计划、税收票证、税收会计和税务统计、经费工作、基建装备、计算机应用及管理等7个方面按百分制量化进行税收计会工作考核评比。

1999年12月，市国税局印发《益阳市国税系统税收会计核算考核细则及要求的通知》，开展益阳市国税系统税收会计核算考核工作。

2017年11月，市国税局印发《益阳市国税系统税收会计监督管理办法》，明确益阳市各级国税机关收入核算部门应当设置税收会计监督岗位，实施税收会计监督工作；益阳市各级国税机关应对税收资金和税收资金运动相关的凭证、账簿、报表、业务处理过程及结果的真实性、完整性、合法性和准确性进行监督；益阳市各级国税机关应当做好税收会计监督管理资料的收集、整理、归档和移交工作，保障税收会计监督管理工作的连续性、完整性；益阳市各级国税机关收入核算部门应当对本级税收会计实施事前、事中、事后监督，对所属国税机关实施事前、事后监督；益阳市各级国税机关应当制定税收会计监督工作考核办法，并将考核评价结果纳入各级绩效管理。本办法从发文之日起执行。

第四节　税收票证

税收票证亦称税票，是税务机关征收税款所使用的各种专用凭证的统称。其特点是可据此无偿地收取各种税款。同时，使用后的税收票证是税收会计核算的原始凭证和税务统计的原始资料，也是纳税人已纳税款的完税凭证，具有法律效力。税收票证包括：印花税票、税收完税证、税收专用缴款书、涉外税收完税证（代缴款书）、国营企业所得税缴款书、汇总缴款书、罚款收据、税票调换证以及列入票证管理的其他凭证。

1990年3月，地区税务局印发《关于开展第二个税收票证检查月的通知》，组织全系统的税收票证检查工作。通过对税收票证和库房安全的检查，发现有的县市区局存在票证库房安全隐患，及时加固票证库房25处；发现遗失、损坏税收票证情况，及时追查，全系统共发生税收票证遗损案件7起，有3起40份票证得以追回，全年实际遗损票证48份，较上年减少10份。当年，地区税务局印制《税收票证管理工作实用手册》发放到全体税务干部及代征员手中，税收票证安全观念得以加强；开展填票能手竞赛活动，对连续开票500份以上无差错的个人颁发填票能手荣誉证书和奖金，益阳地区评出8位填票能手，比上年增加1人。开展填票能手竞赛活动以来填写税收票证质量明显提高，差错率由上年的5%下降为2.6%，为税收计划、会计、统计工作打下了坚实的基础。

1991年5月，地区税务局组织开展第三个税收票证检查月活动，检查的重点是检查局所之间、所与专管员之间、专管员与代征员（代征单位）之间，有关税收票证领发，账务处理等规章制度的执行情况；检查票款结报的及时与准确，税干擅自压票压库、挪用税款，将税款存入私人账户或借与他人或企业，造成税款长期拖欠不入库的现象；检查开票不收款或收款不开票，大头小尾等贪污税款现象；检查违反规定，滥发税票，擅自扩大税票发放范围，保管不善，严重失职，丢票丢款现象；检查各类税收票证资料的整理归档，以及各级税票会计人员履行职责情况。同年6月，地区税务局组织开展税收票证知识竞赛活动，参赛人员包括分管计会工作的局领导、计会股股长、全局所有票证专职人员、全体专管员和代征员。当年，益阳地区税务系统发生遗失税收票证案件6起，损失税收票证39份，较1990年减少1起，减少9份；开展填票能手竞赛活动，出现连续填票500份以上无差错的能手9人，其中1000份以上无差错的能手1人，益阳地区票证填写差错率由1990年的2.6%降至2.5%。

1992年4月，地区税务局印发《关于进一步加强税收票证管理的暂行规定》，对税收票证、章戳的印（刻）制，票证的领发，票证、章戳的使用，票证的缴销，票证的保管，各类票证报表的报送等六个方面提出新的要求。同年6月，地区税务局部署开展第四个税收票证检查月活动。46个税务所、554名征收人员对224738份税收票证进行了自查。地区税务局组成2个检查组分赴益阳地区各县市区局对自查情况进行抽查，历时半个月，共检查21个税务所，235名征收人员（其中代征员87人）的税票领用存、税款征解等执行情况，发现其中有问题的25人，占10.64%，检查税收票证76572份（其中调换纳税联12份），查出有问题的税票405份，占0.53%。当年，地区税务局还推广南县局加强税收票证管理、实现连续四年无税收票证及税款遗损案件的经验，得到了省局的肯定；树立农垦分局填票能手刘彦霞连续填开税票1000份以上无差错的好典型，受到省税务局的通报表扬。

1993年，地区税务局开展了税收票证检查月活动。

1994年，地区税务局组织力量对税收票证进行了为期2个月的复查。共复查58个税务所，41个代征单位，831名征收人员，114名代征员（不包括各乡镇的屠宰税代征员），检查各种税票154045份，合计税款1864152.01元。发现税票遗损案件4起，涉及税票52份，查出积压税票205份，共计税款114734元。当年，地区税务局举办各种形式的税收票证业务培训班37期，印发学习资料2120份，把税收票证的安全教育贯穿于税收票证管理的全过程。

1995年5月，市国税局印发《关于在益阳市国税系统开展税收票证检查月活动的通知》，明确当年益阳市国税系统税收票证的检查以各地国税、地税两局税收票证移交工作，是否彻底移交清楚，手续是否完备，有无因人员变动或票证工作移交不清，而造成票证管理失误的现象；是否重新明确了专人、专库、专房、专柜和制订、落实了“六防”“十不准”的措施；是否严格执行票款报解手续，对发现的不按规定报解票款、贪污、挪用税款、无故积压税款以及将税款私存的问题是否及时作出了严肃处理；票证的填写是否符合填写票证的基本要求，是否存在违反税款征解入库规定和不按规定的预算级次入库，将中央税收转入地方税收或将地方税收转入中央税收的混库现象；需销毁的票证是否已销毁，销毁时是否派专人监毁等内容为重点。

1996年，市国税局组织对益阳市国税系统税收票证进行全面认真地清理检查。组织清查29个征收单位，187位专管员或代征员，查核各类税收票证146836份，涉及税款金额达2577246.83元。在税收票证检查月中，重点加强对各专管员填写质量的检查，益阳市当年票证填写差错率低于3%。当年，益阳市国税系统没有发生一起丢失专用缴款书的事件。

1997年，市国税局先后三次对全市国税系统的税收票证进行检查，全年没有发生一起丢失税收票款的现象，票证填写质量比1996年有所提高。

1998年，市国税局确定为税收票证管理年。市国税局下发通知，要求各县市分局对所辖区域内的税收票证管理进行自查、自纠。同年5月，对8个县市分局的票证进行了交叉检查，处理了一部分历史遗留问题。同年7月，接受张家界市国家税务局代表省局对益阳市税收票证管理工作的检查，检查中没有发现大的问题，赢得省局的好评。

1998年，市地税局印发《税收票证填写标准》等文件，开展税收票证填写无差错的竞赛活动。

1999年5月，市国税局组织对8个县市分局的税收票证全面检查。同年8月，市国税局组织一次复查，处理了一部分违法乱纪现象，给各级税务干部敲响必须加强税收票证管理的警钟。同年12月，市国税局制定《益阳市国税系统税收票证管理实施细则》，对税收票证的各种违章行为制定详细的处罚措施。

1999年5月，市地税局组织力量，对各县市区分局和36个基层征收单位1998年6月以来的各种税收票证进行为期2个月的全面检查。共检查税收票证保管、使用人员429人，其中专管员298人，代征员131人，检查税票69387份，其中已填开42332份，库存27055份。发现有问题的9人，其中专管员3人，代征员6人。其中有积压税款行为的5人，贪污的1人，挪用的1人，丢失票款的2人。对检查发现的问题，在分析原因和分清责任的基础上，制定整改措施并督促各单位及时整改。

2000年，市国税局组织力量对8个县市分局的税收票证进行检查。检查征收分局（科、所）38个，被抽查的专管员266人，代征员41人，发现税收票证管理方面的一些问题，并及时行文在益阳市国税系统进行通报，按照《益阳市国税系统税收票证管理实施细则》的规定，责令限期改正并严格考核兑现。

2000年，市地税局开展税收票证的检查工作。明确重点检查税收完税证的使用、结报、缴销等情况。

2001年，市地税局配合全省地税系统税收票证检查月活动，开展税收票证检查工作。检查组共检查各类填开的税收票证190167份。其中自查票证172836份，自查面达90%。抽查票证17331份，占自查票证的10.03%。在这次票证检查月活动中，赫山区地税局尤为重视，采取七大措施对票证工作进行整改，并认真清理历史上遗留下来的一些代征单位、代征员遗失税票、积压票款的问题，采取边清理边整改的办法，一件件进行定案处理。

2002年，市国税局决定由市局计财、征管、监审等部门组成检查组，检查各县市分局税收入库、税收票证使用情况。同年4月，市国税局印发《关于开展税收入库及税收票证检查工作》的通知，明确具体检查内容包括：应征未征、少征、多征、虚征税款情况；有无混淆税款入库级次和变更税种入库的情况；有无借税引税情况；有无压票压款现象；有无开“统票”虚征入库问题；税收包袱的消化等情况。检查组抽查了22个征收单位（包括7个农村税务所），29户一般纳税人的相关资料，发现以税务部门名义贷款（借款）缴税的现象已经杜绝，其他形式的预缴税款逐渐减少，税收历史包袱、特别是自身包袱在逐步消化。当年上半年收缴老欠税2700多万元（其中收回益阳纳爱斯和益阳发电厂老欠税2500万元），消化税收历史包袱近1500万元。收入质量有了明显提高，组织收入工作慢慢步入良性循环。

2002年，市地税局抽调纪检、监察、计财、征管、审计等科室的职工组成2个检查组，开展税收票证检查。重点抽查17个征收单位以及124名专管员、7名代征员的税票领用、填开、保管、税款的结报解缴情况，税款过渡账户使用情况以及17个征收单位的建筑安装发票、临时经营发票和饮食娱乐定额发票的领用、填开、保管情况。

2003年，市地税局采取查结报手册，看结存票证是否账实相符；查异动人员，看是否办理了票证移交手续；查停止使用的税票，看是否及时作了处理；查票证保管状况及相关制度，看是否做到了“三专”“六防”；查一个月的税收票证填开情况，看是否按规定要求填开；每个县市区局查一个城市分局和一个农村分局，并在每个征收单位至少抽查3户企业和10户个体经营户的纳税凭证进行换票核对，看是否有大头小尾等现象的方法，扎实开展税收票证专项检查。专项检查共清点盘查税票965072份，重点抽查23个征收单位，核对105名专管员的票款，对14户企业和71户个体经营户的税票进行检查核对。

2004年4月，市国税局在全市国税系统部署开展税收票证大检查工作。检查采取实地听、看、询、查、核等方法，共抽查24个科、所、办税大厅（其中8个农村税务所），调换了68份税收票证纳税联，核对了征收一线的税务干部近200人次手中的票款，重点查阅了2003年4月、7月、10月及2004年1月的税收相关入库资料与税收票证。

2004年，市地税局组织征管、计财、审计、监察等部门对2003年7月至2004年6月益阳市税收票证管理情况进行了全面检查。检查的重点是税收票证的领用、填开、保管、税款的结报、解缴情况、税款过渡账户使用情况以及税收票证软件的运行情况。此次检查涉及8个县市区局，检查税务分局、所和稽查分局共27个，盘点税票993601份，涉及税务人员226人。

2005年，市地税局由纪检监察牵头，计财、征管、法规等科室的职工配合组成2个检查组，对2004年7月至2005年6月益阳市税收票证、建筑安装发票、法规执法以及湖南地税—税收票证模块软件运行等情况进行了全面检查。重点抽查26个征收单位，共清点盘查税票576416份，核对70名专管员税票领、用、存、填开、保管、税款的结报、解缴情况。

2006年8月，市国税局组织开展对全市国税系统数据质量、会计凭证、税收票证的检查。同年9月，对检查发现的问题提出了整改意见。同年10月，组织对各县市区局的整改情况进行了复查，并对各单位的整改情况进行了通报。

2006年6月，市地税局局领导带队，由计财、监察等科室的职工组成督查组，对全市地税系统税收票证的领、用、存、填开、保管以及税收票证的解缴情况和税收过渡账户的开设、使用情况进行了重点督查。同年11月，组织计财、监察、法规等科室人员组成2个检查组，对全市税收票证的领、用、存、填开、保管、税款的解缴和税收过渡账户的开设、使用以及湖南地税—税收票证模块软件应用情况和6月份税收票证督查整改情况进行全面复查。

2007年3月，市国税局印发《2007年实现组织收入零新欠、征管数据零差错、票证案件零发生、账务处理零退回目标奖励办法》，首次将税收票证的管理工作作为考核基层税务部门综合工作的四大重要指标之一。当年，沅江国税局和桃江国税局获税收票证管理一等奖，市国税局给予了通报表扬和奖励。

2007年6月，市地税局部署开展2007年的税收票证检查工作。由局领导带队，抽调监察、审计、计财、征管等科室职工组成2个检查组，对8个县市区局和3个直属单位2006年1月至2007年6月税收票证的领、用、存、填开、保管、税款的缴库、税收过渡账户的使用和税务代保管资金的管理以及代征代扣单位税款缴库情况，进行了全面检查。共清点盘底税票543845份，重点抽查了16个征收单位和11个代征单位，核对了62名票证使用人员的票款。

2008年9月，市国税局转发《省国税局关于开展2008年度税收票证及税款入库专项检查工作的通知》，决定开展2008年度益阳市国税系统税收票证及税款入库的专项检查工作。市国税局要求各县市区局在9月上旬自查完毕，市局9月下旬组织复查。同年10月，市局发出对南县局、大通湖局、沅江局税收票证及税款缴库检查复查情况的通报。当年，市局完成对包括市局办税服务厅在内的9个用票单位的税收票证和税款入库工作检查，检查面达到了100%。

2008年11月，根据《市地税局税收票证管理操作规程的要求》，市地税局印发《关于停止使用和销毁老版税收票证》的通知，决定停止使用并作废（98）湘地益退税收收入退还书，要求对作废的税收收入退还书要严格按照《税收票证管理办法》和《税收票证管理实施细则》的有关规定进行清理、销毁，并会同纪检监察部门将销毁情况上报市局备查，同时要做好销毁后的票证账务处理和报表的编报工作。

2009年3月，市国税局制定并实施《2009年税收票证管理工作考核实施办法》。同年8月，下文部署开展2009年税收票证及税款缴库的专项检查工作，对全市国税系统2008年6月至2009年6月的税收票证管理、税款入纪律、税务代保管资金及车辆购置税过渡账户使用情况进行专项大检查。

2010年6月，市国税局部署开展2010年税收票证及税款缴库专项检查工作，对全市国税系统2009年6月至2010年6月的税收票证管理、税款入纪律、税务代保管资金及车辆购置税过渡账户使用情况进行专项大检查。同年8月，市国税局发出通报，指出专项检查中发现的问题，提出下一步的整改措施和建议。

2010年10月，市地税局印发《关于进一步加强资金和税收票证安全管理的紧急通知》，要求各县市区局及各征收单位先行自查，市局再由局领导带队、组织力量进行复查。自查的内容包括：清查单位银行账户开设情况，包括经费账户、基建账户、发票保证金账户、发票管理所账户、待报解税款账户、工会账户等所有资金账户以及各账户发生额、结余是否账账相符、账实相符；逐笔核对记账凭证与附件数额是否相符；清查单位网上资金发生情况、结余情况、密码分岗设置情况；清查印鉴及支票保管使用和制度、规定的执行情况；核对出纳现金，查清是否账实相符；逐人核对税票、税款，查清有无违法违纪违规行为；检查资金及税收票款管理制度的执行情况；检查直接从事资金及税收票款管理岗位人员的素质和现实表现情况；排查其他可能带来资金和税收票款安全隐患的情况。

2011年3月，市国税局收入核算科组织人员对大通湖区局、南县局2010年6月以来的税收票证使用及税款缴库情况进行了抽查，同时对南县局邮政代扣、代征、代缴税款票证的管理情况进行检查。同年7月，市局部署开展当年税收票证检查工作，先后对安化县局、桃江县局、赫山区局、高新区局、市局车购税征收管理分局、沅江市局、资阳区局当年1月以来的税收票证使用、税款缴库情况及委托代征管理的税款征收情况进行了检查。同年11月，市地税局印发《2011年税收票证检查情况的通报》，对各单位税收票证管理存在的问题提出了整改意见。

2012年5月，市国税局正式启用税收票证管理模块。同年11月，市国税局部署开展全市税收票证的日常检查工作，市局分别对大通湖局、南县局、沅江局、资阳局、车购局、安化局和桃江局，当年1月至2012年11月税收票证的领发、保管、填用、结报缴销、作废、损失处理和核算等工作情况以及各类税款的征收、解缴、入库、退库等环节进行了检查。

2012年4月，市地税局印发《关于开展税收票证和税款缴库专项检查工作》的通知，部署开展全市地税系统税收票证和税款缴库专项检查工作。同年9月，市地税局印发《关于2012年税收票证和税款缴库专项检查情况的通报》。此次检查，共检查14种税票，详细抽查税票37000多份，检查开票人员58人次。通过综合评比，赫山区地税局、资阳区地税局、桃江县地税局获得税收票证和税款缴库工作前三名的佳绩。

2013年9月，市国税局印发《关于领用新版税收票证有关事项的通知》，明确：总局颁发的新版《税收票证管理办法》于2014年1月1日正式实施，旧版税收票证同时全部停用。全市各级国税部门用票单位应于当年10月31日前将各地所需的税收票证从市局领取完毕；各单位应于9月20日前上报2014年税收票证领用计划，填报EXCEL格式的2014年税收票证领用计划表上报市局；各单位应于12月31日前将新版税收票证下发到每个税收票证使用点，以保证2014年1月1日新税收票证的顺利启用。同年10月，市国税局组织开展了2013年度税收票证及税款缴库专项检查工作并发出对检查工作情况的通报。

2013年3月，市地税局开展全市地税系统税收票证和税款缴库的专项检查工作。同年7月，市地税局印发《关于2013年税收票证和税款缴库专项检查情况的通报》。此次检查共计核对外调票证224份，走访调查纳税人36户和6个房地产管理部门、15个代征单位，检查开票人员81人次，做到发放出库的票证份份检查到位；检查通用完税证等12种票种，详细抽查税票64996份，5元印花税票10352枚，核算税款金额约4.14亿元，保管款项约3845万元。通过综合评比，高新区地税局、南县地税局、沅江市地税局取得税收票证和税款缴库工作前三名的佳绩。

2014年4月，市国税局印发《关于做好旧版税收票证销毁有关工作》的通知，明确：2014年1月1日起全面实施国家税务总局的《税收票证管理办法》并启用新版税收票证；市国税局要求各县市区国税局于4月17日、18日两天内集中将纸质税收票证上缴到市局，再由市局统一进行销毁。同年9月，市国税局印发《关于开展2014年税收票证和税款缴库专项检查工作》的通知，开展全市国税系统的2014年度的税收票证和税款缴库专项检查工作。

2014年3月，市地税局印发《益阳市地税系统税收票证管理制度》，对全市地税系统税收票证的领发、填用、结报缴销、作废、停用、盘点、保管、损失处理、损失处罚、损失核销、销毁、装订、报表、审核、检查等方面作了详细的规定和要求，明确《益阳市地税系统税收票证管理制度》自2014年1月1日起执行，原《益阳市地税系统税收票证管理操作规程》同时废止。同年4月，市地税局开展税收票证和税收资金账户专项检查工作，对益阳市地税系统各单位的自查情况进行督查，重点督查税收票证管理办法及相关制度的落实。

2015年10月，市国税局印发《关于开展2015年度税收票证及税款缴库专项检查工作的通知》。通知明确当年税收票证及税款缴库专项检查工作重点：总局《税收票证管理办法》和《省国税局税收票证管理实施办法》的执行情况；综合征管系统内票证模块的使用情况；委托代征税款的缴库情况；现金税款的开票与征收缴库情况，特别是开票人员通过在CTAIS把以前开具的大金额发票作废，然后利用该发票对应的税票再开具一张或多张发票的情况等内容。

2016年，市国税局采取分山区和湖区两个片组交叉检查的方法开展税收票证及税款缴库专项检查工作。

2017年5月，市国税局开展税收票证专项检查工作，要求各县市区局对照市局下发的《税收票证专项检查提纲》，对2014年1月总局《税收票证管理办法》实施以来，各类税收票证、税收票证专用章戳、税收票证管理表证单书以及参考总局《税收票证管理办法》管理的其他票据等使用管理情况先行组织开展全面自查。市局根据各单位的自查情况，以问题为导向筛选抽查对象，制定重点抽查方案，组织开展抽查工作，抽查覆盖面要求不低于50%。

2017年5月，市地税局开展2017年的税收票证和税收资金账户及税款缴库专项检查工作。同年7月，市地税局印发《关于2017年税收票证和税收资金账户专项检查情况的通报》。专项检查共核查开票员146人次，审核税务收现专用税收缴款书4726份，金额1.56亿元；审核税收收入退还书664份，金额6618万元；审核作废票证1728份；核对税务代保管资金收据84份，金额1.29亿元；检查待缴库税款专户9个；逐份核对非现金类票证36000多份；检查各县市区局票证管理制度以及票证的自查情况。

第四章　纳税服务

纳税服务是税务部门和社会组织根据税收法律、行政法规的规定，在纳税人依法履行纳税义务和行使权利的过程中，为纳税人提供的规范、全面、便捷、经济的各项服务措施的总称。纳税服务包括税法宣传和纳税咨询辅导服务、办税服务和优化税收营商环境、纳税人分类管理和解决重点纳税人特殊需求的个性化服务。益阳市税务系统纳税服务工作依据上级税务部门的总体要求，结合益阳市的具体实际有序开展。

第一节　税法宣传和纳税咨询辅导服务

税法宣传和纳税咨询辅导服务，是纳税人的基本需要，也是纳税服务中最基本内容和税务机关的义务，它贯穿于税收征管工作的全过程。税法宣传是税务工作的重要组成部分，是征管法赋予税务部门的义务和职责，也是新的形势下税务部门面临的一项长期而又紧迫的工作任务，它自始至终贯穿于税收工作的全过程。在新的发展时期，加强税法宣传工作对于普及公民税法意识，提高纳税人纳税意识，密切征纳关系，优化税收环境，推进依法治税，提高税收征管质量和效率，增强税务人员素质，提升税务形象，推动税务事业的和谐发展都具有十分重要的意义。纳税咨询辅导服务的对象特定是纳税人，其内容应该具体且明确，税务机关的答复和辅导应当及时、准确和权威，其作用在于直接指导纳税人办理涉税事项，减轻纳税人因不了解有关政策而带来的负担。

一、税法宣传

益阳市税务系统始终把税法宣传工作作为主要工作任务，按照总局的要求，结合当年的宣传主题，结合益阳市的实际情况，利用各种形式、各种媒体，在不同场所进行。

1990 年 12 月，地区税务局、地委宣传部、地区总工会、共青团益阳地委、妇联益阳地区办事处、地区司法局、地区工商行政管理局 7 家单位联合印发《关于开展益阳地区税法宣传教育活动的通知》，成立以行署副专员李纯臣任组长，地区税务局局长李树卿、副局长刘见曙任副组长的开展益阳地区税法宣传教育活动领导小组，决定从 1991 年 1 月起到 1991 年底，在全区范围内集中开展一次税法宣传教育活动。要求各单位认真贯彻落实《关于开展益阳地区税法宣传教育活动的通知》精神，以法定代表人、财务人员、党、工、团、妇、宣传、司法、工商组织负责人为学习教育重点并对本单位全体人员进行遵守税收法规、增强全民纳税意识的教育；各级活动领导小组及其办事机构，要充分利用广播、电视、报刊等大众传播媒体，采取宣传月、大型咨询活动、知识竞赛、文艺演出等形式，全面普及国家税收政策法规。地区税务局坚持经常性的纳税辅导、五公开办税制度和利用一切宣传阵地广泛开展税收政策宣传外，重点开展对个体工商业户的税法普教工作。益阳地区有 18500 户个体工商业户参加这一活动，普及率达 95%，有 1.8 万户个体工商业户参加税法普及考试，合格率达 94.5%。

1991 年 1 月，益阳地区行政公署办公室印发《关于成立税法宣传教育活动领导小组的通知》，成立由行署副专员李纯臣任组长，地区税务局李树卿任副组长，刘见曙、程亮东、高德润、刘朗生为成员的税法宣传教育活动领导小组。领导小组下设办公室，办公室主任由程亮东兼任。同年 2 月，益阳地区行政公署组织召开全地区开展税法宣传教育活动动员大会，地区税务局局长李树卿、副局长肖春生、地委宣传部副部长周宪新、地区总工会副主席谢再英、共青团益阳地委副书记邓德林、地区妇联副主任陈玉兰、地区司法局王青云、地区工商局副局长龚晓帆分别讲话。同年 2 月，上述七家单位联合以益阳地区税法宣传教育领导小组办公室名义印发《益阳地区税法宣传教育活动目标管理考核办法的通知》，对各县市区税法宣传教育领导小组及办公室的税法宣传教育工作提出了全面要求和考核计分细则。同年 2 月，地区税务局和总工会组织市民开展“大闹元宵、宣传税法”活动，益阳市数百辆彩车同演一台税法宣传大戏。同年3月，益阳地区税法宣传教育办公室和益阳地区体委联合举办益阳市迎春税法宣传长跑赛。来自市区机关、工厂、学校的500多名长跑爱好者参加这一活动，运动员身披“依法纳税光荣，偷税抗税违法”“协税护税，人人有责”的彩色绶带，从东门口出发，绕老市区一周，到达终点体育场，行程8千米。赛后，税法宣传教育办公室、体委领导为取得名次的运动员颁发了奖状和奖品。同年8月，由益阳地区税法宣传活动领导小组举办的“益阳地区税法知识电视大奖赛”在益阳地区工人文化宫举行，行署副秘书长王章汉、财委副主任欧阳金榜，税法宣传教育活动领导小组副组长、地区税务局局长李树卿等领导给获奖代表队和优秀选手颁发了奖杯、奖品和证书。当年，地区税务局采取形式与内容、声势与效果、农村与城市、经常性与突击性、自我教育与辅导学习相结合的办法，在益阳地区范围内组织开展形式多样的税法宣传教育活动，全地区共有近10万人直接参与税法宣传教育活动，其中县级干部150人，科级干部900人，中小学生5万人。各级各部门共组织大规模游行队伍上街宣传税法65次，出动宣传车780台次，张贴宣传标语和横幅6万余条，悬挂税法宣传“万国旗”1.8万套，设置永久性固定宣传标语牌450多块，开辟税法宣传橱窗和板报4000多个（块），设立税法宣传咨询服务点（站）82个，为群众释疑解难5000多个，印发宣传辅导资料10万余册（份），编撰1992年《税收知识台历》，文艺宣传演出110多场，开办电视专栏2个，广播电台开辟长期宣传专栏10个，举办各类税法知识竞赛50场，举办各类培训班150期次，受训人员达2万余人，全地区在报纸刊登的有关税法知识和税法宣传方面的文章210篇，其中中央报刊4篇，省级报刊52篇，录制专题电视片15部，创作反映税务工作者或有关税收题材的文艺作品20篇。全地区有5500多个纳税单位的法人代表、财务人员，1.7万名党、政、工、团、妇的职工参加了湖南省的税法知识考试，参考率达99%，考试合格率达99.5%。全地区各县市区国营农场、各乡镇、街道办事处以及大中型企业成立由本单位党政领导任组长的“税法宣传教育活动领导小组”387个。参加全省税法知识电视大赛益阳地区荣获第三名，选手张必书作为湖南省队三名主力队员之一，参加全国税法知识电视大赛，获国家税务总局等单位颁发的优秀选手奖。地区税务局获中华全国总工会、共青团中央、全国妇联、国家税务总局四家单位授予的全国税法宣传教育活动红旗单位，地区税务局宣教科干部刘志华获全国税法宣传教育活动先进个人称号。

1992年4月，国家税务总局确定为全国第一个税法宣传月，税法宣传以“税收与发展”为主题。地区税务局围绕“税收与发展”的主题，以“人民税收为人民，税收带来祖国美”为主要内容开展税法宣传活动。开展税收咨询活动。4月19日，地区税务局组织全区各级税务机关统一上街开展咨询活动，在益阳城乡繁华地段设立咨询点83个，出动咨询服务人员500余人，接待咨询群众1800人，解答各类业务问题1300多个，发放宣传资料4500份，解答税收问题600个。市税务局在益阳大厦前坪设立税收咨询点，把咨询服务与有奖答题紧密结合起来，吸引了成千上万名群众参与。举办税收知识讲座。各县市区税务局、教育局联合印发文件，在中小学校开设税法知识讲座课。益阳地区有232所学校开设税收知识讲座，授课教师916人，发放《税收知识教育教学参考》《税收知识问答》等辅导资料15000本，接受教育的中小学生达10.5万名；全区23所中小学开展每一个班上一堂税收知识课、每一个小学生写一篇学税法的作文、每个年级出一期税收知识宣传墙报、每个学校举办一场学税法、守税法的演讲活动。组织税法宣传文艺演出。益阳市、南县与有关单位等联合举办文艺演出，上演了《女税官》；益阳地区局举办了首届“税务杯”卡拉OK通俗歌手电视大奖赛；南县局创作并演出的花鼓戏《收税姑娘》代表益阳地区参加省局税法宣传文艺会演，获得二等奖。为营造税法宣传月活动声势，各县市还开展了一系列活动。南县、沅江市在电台、电视台开辟“人民税收”专题节目，播放税教宣传片《发票忧思录》；益阳县局举办了税法宣传有奖征文；益阳市局精心组织全市中小学生税收知识演讲比赛，并制成录像带500盘发给有关单位。益阳地区发行《工商税收纳税指南》录像带146套，税法宣传年历8000本，税务报刊14806份。

1993年，《中华人民共和国税收征收管理法》和《湖南省个体生产经营者税收征收管理条例》颁布实施，地区税务局税法宣传工作围绕全国第二个税法宣传月“税收与改革”的主题，以宣传一法一条例为重点有序开展。当年4月起，益阳地区相继成立税法宣传领导小组84个，参加人员612人，出动干部878人次、宣传车19台，设税务咨询服务点70个，接受群众咨询3488人次，解答各种税收政策和问题1501个，印发征管法宣传资料和册子11980本，制作张贴宣传标语4352份，悬挂横幅582条。

1994年，地区税务局围绕全国第三个税法宣传月活动“税收与改革”的主题，开展税法宣传活动。搞好咨询服务。在宣传月活动中，全地区各税务机关在城市、城镇繁华地段共设立咨询点48个，出动咨询服务人员918人，接待咨询群众3600人次，解答税收业务问题260多个；出动宣传车160台次，张贴宣传标语5万多张，印发宣传资料18种25000多份。开展新税制业务培训。对内先后分三批次举办学习班44期，集中全体税干学习新税制，参加学习的人员必须经过考试合格后方能上岗；对外先后为各类企业的厂长、经理、财会人员、供销人员举办学习班84期，参加人数达35000多人。利用广播、电视、报纸宣传税收知识。在益阳广播电视台和《益阳日报》《银城晚报》等阵地开辟专栏宣传新税制；利用电视开设了新税制专题讲座，广播电视宣传15次，有线广播举办专题讲座24次，各电影院映前宣传税收知识110场。

1995年4月，市国税局围绕第四个税法宣传月“税收与改革”的主题，开展税法宣传月活动。全方位开展税法咨询。4月8日，全市各级国税机关在城乡设立咨询点40个，出动咨询服务人员300多人，接受咨询群众近3000人次，解答税收业务问题1500多个，发放宣传资料8100册（份），张贴悬挂横幅6000多张（条）。市局组织一、二、三分局宣传车辆6台在市区范围内巡回宣传一天。多方位开展宣传活动。税法宣传月期间，三分局组织辖区年税额100万元以上的6户企业进行税法知识竞赛；二分局开展一次咨询活动，一次企业厂长、经理、财会人员联系会活动，一次征文活动，一期信息简报宣传税法的“四个 ·”活动；桃江县局利用当地广播电视开展多种形式的税法宣传活动。

1995年，市地税局组织丰富多彩的税法宣传活动。市局和3个直属分局出动宣传车15台次，税务干部100多名在市区各主要街道进行巡回宣传，营造税法宣传月税务咨询活动氛围；在流动人口较多的城镇繁华地段设立了咨询点48个，400多名地税干部热情解答过往群众提出的各种涉税问题，前后接待咨询群众6000多人，解答各种问题500多个。发动各级地税机关和纳税单位书写张贴宣传地税的各种标语6万多张，制作悬挂永久性标牌、横幅70多条（块），印发各种税法宣传资料2万多份。开展税收知识竞赛活动，在市局和各县市分局层层举办地税知识抢答赛的同时，赫山分局还在区内组织各工商企业开展地税知识竞赛，充分调动了广大地税干部和企业职工学习地税知识的积极性。组织税法宣传文艺演出，资阳分局把丰富的税收知识寓于精彩的文艺表演之中，在益阳大厦前坪举办有奖抽签税收知识问答及文艺表演，吸引上千名群众围观、参与，被省局评为税法宣传优秀项目。搞好宣传报道，市局组织编写税法宣传信息263期，撰写综合材料和新闻稿件39篇，被省局采纳19篇，被《湖南日报》《益阳日报》和益阳快讯采用68篇。组织开展益阳市地税系统“爱地税、兴地税”的演讲比赛。

1996年3月，市国税局印发《关于开展1996年税法宣传月活动的通知》，明确当年税法宣传工作将围绕全国税法宣传月“税收征管与市场经济”的主题，重点在全体公民中进行税收基本知识、新税制知识、税收征管法知识的宣传教育，不断增强公民的自觉纳税意识。4月的税法宣传月活动中，全市共出动宣传车40余台次，设立咨询点29个，接受咨询近1000人，悬挂、张贴标语近千条，发放宣传资料3000多份。当年，市国税局组织开展的百城万户纳税人学税法、考税法、用税法活动，获得省国税局1996年税法宣传月活动项目评比优秀奖。

1996年4月，市地税局扎实开展税法宣传月活动，组织800多名地税干部奔赴益阳市98个咨询点，接待咨询群众8640多人次，解答税收政策513个；组织中小学生上街游行，12所中小学近万名学生8次走上街头宣传税法。当年，市地税局举办税收知识图片展览和演讲比赛，组织纳税人上台演讲，现身说法；举办沾韵赋诗唱税收活动，安化局的“诗词吟谷雨，赋税唱春风”被评为全省优秀活动项目；积极参与省局与《湖南经济报》举办的“地税杯征文”竞赛，益阳市共在征文专栏上稿18篇，市地税局获组织奖。另外，市地税局利用广播讲座、开辟电视专栏，先后举办各类地税业务知识培训班26期，共培训地税干部726人，纳税人6294名。

1997年，市国税局紧紧围绕全国税法宣传月“税收与文明”的主题，深入开展税法宣传活动。宣传月期间，全市国税系统出动宣传车、摩托车30余辆，设立咨询点48个，解答咨询近千人，悬挂书写横幅标语3000余条。同年5月，市国税局举办一期征管、稽查业务培训班，70多人接受培训；分发《国税政策汇编》8000余册，供广大纳税人学习掌握新的税收政策。当年，市国税局组织在全市国税系统内开展“税务干部与纳税人手拉手、心连心”活动，各单位组织百人讲解团，向万名纳税户讲解宣传纳税知识，评选优质纳税申报户，由纳税人评选最满意的税务干部，这一活动得到了广大税务干部、纳税人的响应和参与。

1997年3月，市地税局成立以刘见曙为组长的税法宣传工作领导小组，设立了领导小组办公室，印发《市地税局关于认真开展1997年税法宣传月活动的通知》，对税法宣传活动周密安排。3月30日拉开宣传月活动序幕，各县市区局地税部门600多名干部奔赴各地设置的46个咨询点，接待咨询群众6500多人次，解答各种税收政策问题1246个次；开设税法宣传一条街，资阳分局与国税一分局、赫山分局与国税三分局携手合作主办税法宣传一条街活动，吸引了700多家工商企业和6000多名群众参加，安化县地税局与文化局联合在该县闻名的文物景点东坪镇东桥开设了一条税法宣传走廊，将安化县地税的基本概貌、征管范围、税收法规、纳税光荣榜、偷逃税曝光点等方面的内容，制成60多块图文并茂的宣传板块，以漫画、小品等形式展现出来，中央电视台进行了报道；举办图片展览，开辟税收图片展览室，下发并张贴《湖南地税宣传挂图》3000套，供纳税人观看；组织税法宣传车队下乡巡回宣传，46台汽车张灯结彩，组成8支宣传车队，深入43个乡镇1200多个村宣传税法。当年，市地税局组织开展纳税人学税法、考税法活动，沅江市局组织全市2000多名企业法人代表、财务负责人、办税员、个体大户、私营企业主参加税法知识考试；举办税收业务培训班，益阳市先后举办各类地税业务培训班26期，共培训地税干部526人、纳税人6294名；抓好税务报刊和税法宣传品的发行工作，益阳市发行税务报刊7000余份，其中《湖南地税》6726份、《湖南地税宣传挂图》3000份，《税收法规汇编》1000本、《税收执法公开手册》2500本，较好地完成了税务报刊和税法宣传品的发行任务。

1998年，市国税局围绕“税收管理与依法治国”主题，在全国第七个税法宣传月活动中开展“五个一”活动，掀起税法宣传高潮。将4月1日定为全市的税法宣传日，表彰一批模范纳税户，办好一条税法宣传街，设立一批税法咨询服务台，开展一次税法有奖知识抢答赛，在电视台开辟一个税法宣传栏。

1998年，市地税局运用多种形式开展税法宣传。组织“八千五长”（市长、县区长、科局长、乡镇长、厂长）学税法活动，组织市县两级四大家领导、县市区属科局长、乡镇党委书记与乡镇长、工商企业厂长、经理共8000多人在当地分别集中学税法，增强各级领导的纳税意识。4月初，全市地税系统在益阳城区、集镇、车站码头等地设置税收咨询点29个，接待咨询群众10960人，散发宣传资料20450份，解答各种税收政策问题3680个次。赫山区局与国税三分局联合、沅江市局提请有关部门配合，分别在益阳市最繁华的赫山大道与沅江市银光路悬挂彩色大气球、跨街大横幅、各种税法宣传牌、宣传标语，营造宣传氛围，开展税法宣传一条街活动。创办税收广播电视讲座与电视报刊专栏，南县、沅江、桃江、安化、农垦等局在当地广播电台、电视台、报纸上举办税收讲座或专栏56期，扩大了宣传覆盖面。组织税收业务培训，举办各类税收业务培训班13期，培训地税干部460人，纳税人1120人。资阳、南县、桃江等局推出了表彰模范纳税户活动，资阳局将模范纳税人请上讲台、登上报纸、搬上银幕，展示模范纳税人的风采。组织宣传车队巡回宣传，全系统出动43台车辆，张灯结彩，组成11支宣传车队，深入城区主要街道、乡村、田间、屋场进行巡回宣传。开展“小小宣传员”活动，朝阳、沅江局与当地学校配合，为中小学生上税法课，广大师生和学生家长反响良好。发行税务报刊近9000份，发行税收法规汇编1000套。

1999年，市地税局围绕“依法治国、强国富民”这一主题，认真开展第八个税法宣传月活动。3月22日召开税法宣传专题会议，学习省地税局关于开展税法宣传月活动的内容和要求，成立领导小组、设立领导小组办公室，印发《关于开展1999年益阳市地方税法宣传月活动的通知》，制定具体方案，决定分三个阶段开展当年的税法宣传活动。当年，市地税局组织10万名中小学生学税法，挑选近200名干部当老师，走进学校巡回授课，参加听课的学生达10万人。4月8日，在各城区设立30多个咨询点开展税法咨询活动，800多名地税干部走上街头宣传税法，接待群众13210人次，举办税收知识有奖问答，解答各种税收业务问题2800个次，发放税法宣传资料50000多份，有的地方还进行了文艺表演。在电视、报刊开辟《地税纵横》《地税风采》《地税系万家》《以案说法》等栏目，宣传税法。组织税法宣传游行活动。举办税收业务培训班14期，培训地方干部562人次、纳税人830名。在办税大厅建立了5个税务违法案件公告栏。

2000年，市国税局抓好4月的税法宣传月活动，组织向各级党委、政府、人大、政协赠送《中国税务》《湖南税务》300多份，赠送《领导干部税收知识读本》400多本；组织征订《中国税务》4230份，《中国税务报》585份，《税务研究》145份，《湖南税务》3135份。

2001年，市国税局围绕“税收与公民”主题，抓好4月份的全国税法宣传月活动。沅江市局在深入开展税法宣传的基础上，开展个体税收大清查，查补个体税收近百万元。全市国税系统还将总局编印的税法宣传画册送到纳税人手中；各县市分局向各级党委、政府、人大、政协赠送《中国税务》等税法宣传资料。市国税局还做好新《中华人民共和国税收征收管理法》的宣传以及税务报刊的发行工作。

2001年，市地税局组织益阳市城镇初高中学校开展税法宣传教育活动，主要宣传《中华人民共和国个人所得税法》及其实施条例和有关个人所得税征收的热门话题。市局派出政治过硬、业务熟悉的地税干部到学校、班级授课，要求每个学生听一堂税法知识课，写一篇学习税法心得，做一名小小税法宣传员。全市共派送宣传资料20000余份，张贴标语2000多张，横幅400多条，墙报、黑板报800余期，地税干部上税法知识课800多堂，参加税法宣传的初高中学生21000人次，收到学生作文9000余篇。市地税局对税法宣传教育工作扎实的单位和个人，给予了奖励。

2003年，市地税局围绕“依法诚信纳税，共建小康社会”这一宣传主题开展税法宣传活动。同年3月，市地税局印发《关于认真开展税法宣传月活动的通知》，部署开展第12个税法宣传月活动。精心组织名人谈税收专访活动。邀请熊倪、唐九红、龚智超等奥运冠军和世界冠军就税收与共建小康社会的关系、名人纳税、个人所得税、税收信息化建设以及地方政府如何支持税收工作等社会普遍关心的热点问题，采取答记者问的形式，制作奥运冠军谈税收专访节目，在省市主要新闻媒体刊播。开设税法宣传大家谈专栏。邀请益阳部分知名作家，组织系统内部分干部，撰写一批反映地税工作、宣传税收政策的文章，在《益阳日报》刊出；与益阳电视台合作，深入社会摄制一批反映纳税人依法诚信纳税的新闻片，在益阳电视台黄金段播放。开展税法宣传“六进六入”活动。邀请部分文艺工作者，精心编排一批税收知识小品、民间戏曲，组织一批税法宣传小分队，在全市地税系统开展税法宣传进机关、入部门；进街道、入居委；进农村、入农户；进学校、入教室；进商店、入柜台；进企业、入车间活动，以演艺节目和税法宣传资料为载体，将税收知识送到厂矿企业、大街小巷和田间地头。组织大型税法宣传咨询活动。各地编印一批税法宣传资料送发给纳税人，同时运用群众喜闻乐见的文艺演出和现场答题等形式，于4月上旬在市区和各县市城镇的繁华地段认真开展税法宣传，确保宣传月活动取得实效。

2004年，市国税局以宣传贯彻《中华人民共和国税收征收管理法》为契机开展税法宣传工作。通过新闻媒体开展全方位宣传。印发告纳税人书等专题资料1000多份，在《益阳日报》开辟了税法宣传栏目，局领导亲自答记者问，阐述应用综合征管软件的意义，营造良好的推广氛围；在局域网开发推广工作专题网页网站，进行疑难解答和政策宣传、情况通报，发挥了网络宣传的良好作用。

2004年，市地税局牵头组织一次全市公务员学税法活动，举办一次税法宣传歌咏比赛活动，组织一次地税杯税法知识抢答赛，利用广播电视媒体宣传车辆营运、私有房产出租、家居装修等行业如何征收个人所得税的政策，全市市民自觉纳税的意识得到提高。各县市区局税法宣传活动异彩纷呈，安化国税、地税两局，县总工会联合举办了“税务之光”大型歌咏比赛，全县20多个单位参赛；赫山区地税局举办了“赫山地税”杯税法知识电视抢答赛。

2005年，市国税局开展了形式多样的税法宣传活动。其中桃江县局的税法宣传进校园、大通湖区局的税法知识电视讲座、南县局的税法宣传“四个走向”等活动宣传效果尤为突出。

2005年，市地税局成立以蒋栋才为组长的税法宣传工作领导小组，制定《2005年税法宣传活动方案》，扎实开展以“依法诚信纳税，共建小康社会”为主题的第十四个税法宣传月活动。印发5000余份税法宣传资料发至社会各界，开展发票“刮刮奖”活动。与市交警支队联合，出动宣传车10台在中心城区巡回宣传，张贴市政府关于加强车辆税收征收管理的通告，开展车辆税收宣传工作。进社区、进家庭发放宣传《加强私房出租税收管理》资料，开展私房出租税收宣传工作。进企业、想点子、出对策，帮助纳税人解决企业发展实际问题，开展“万名税干进企业，服务经济促发展”活动。邀请部分市人大代表、政协委员、纳税人、系统内的老干部进行座谈，以座谈会形式宣传税收政策。开展打造了税法宣传一条街、建立了办税服务示范窗口、组织税法知识竞赛、送税法进校园、利用短信平台进行税法宣传等活动。

2006年，市国税局紧扣“依法诚信纳税，共建小康社会”主题，开展第15个税法宣传月活动。同年3月，市国税局印发《关于开展2006年税法宣传月活动的通知》《2006年税法宣传实施方案》。同年4月，市国税局与市地税局联合开展“广征良言促税收、诚信纳税促发展”的税法宣传活动。在《益阳日报》、益阳电视台连续刊登公告，在全市动员1万名以上纳税人对税务机关执行国家税收政策、加强税收征管的措施办法以及为纳税人服务、为地方经济发展服务等方面提意见、建议，共收集纳税人意见建议500条，对征集的意见和建议进行综合评奖，受到广大纳税人的普遍赞扬。4月28日下午，市国税局邀请100名纳税人代表在益阳市广播电视局演播厅举办征纳“零距离”——为纳税人解难释疑电视现场会，市政府领导、国地两局负责人对纳税人所提的意见与建议面对面进行回答与解释，并为纳税人颁奖。同年6月，市国税局举办“税收与益阳经济发展”征文活动，收到论文58篇，并将获奖作品汇编成集。当年，市国税局还组织、参与税务总局举办的全国税收FLASH动漫作品比赛、税收漫画大赛；开展税法知识进校园宣传活动；开展开门纳谏促税收、诚信纳税促发展活动。各县市区局还举办了税法宣传游行、上街咨询、发送宣传短信、开通宣传彩铃、散发宣传资料等形式多样的宣传活动。

2006年4月，市地税局在《益阳日报》开设《税政之窗》《纳税人风采》《税人税事》《解难答疑》《税收曝光台》等五个专栏开展税法宣传。税法宣传月期间，益阳市地税系统近2000名税务干部和群众参加了税法宣传游行，出动宣传车辆40台，制作彩旗200面、宣传横幅50条，散发宣传传单15000份；市地税局还组织1000多台出租车在车身上张贴税法宣传标语，流动在大街小巷，成为一道税法宣传的风景线。同年5月，市地税局开展“我与税收征文”活动，收到主题征文稿件1000篇。当年，市地税局还组织开展了税法宣传进校园活动，共上税法课15次，8000余名学生参与学习。

2007年，市国税局税法宣传月活动紧扣“依法诚信纳税，共建和谐社会”的主题，以税收工作的成就和先进典型以及曝光涉税违法案件为宣传重点，采取多种形式和手段，强化宣传效果。先后组织各县市区局在所辖繁华地段设立税法宣传咨询台，发放宣传资料，普及税收知识；充分利用各种新闻媒体开展税法宣传，在《益阳日报》开辟《关注益阳税收，共建和谐社会》专版，形成强大的宣传氛围；与市地税局联合举办关注益阳税收大型新闻发布会，邀请市委、市政府、市税务学会和省、市媒体记者以及纳税人代表150余人参加，发布2006年度益阳市十件税收大事、29户诚信纳税人名单和10强纳税人名单，新闻发布会活动将税法宣传活动推向了高潮，荣获省国税局税法宣传优秀项目奖；积极参加总局、省局组织的税收短信大赛，税法动漫大赛，税法普及走进校园、走进机关、走进社区活动；利用局域网对益阳电厂、华天酒店等32家依法经营、诚信纳税、贡献突出的纳税人进行“诚信纳税人巡礼”系列报道，对基层优秀国税工作者的先进事迹进行跟踪系列报道，在系统内外引起了良好的反响。

2007年，市地税局努力创新税法宣传形式，开展税法宣传活动。年初，市地税局制定《益阳市地税系统税法宣传工作目标管理办法》，各县市区局抓住宣传地税工作和税收政策两个重点，形成了“大宣传”的格局。当年，全市地税系统通过《益阳日报》《阳光地税》专栏，发布税收政策、新闻稿件40余篇次，“阳光地税”的品牌效用得到深化。税法宣传月期间，市地税局与市国税局联合举办关注益阳税收大型新闻发布会，取得成功。

2008年，市国税局紧紧围绕“税收 发展 民生”的主题，利用各类媒体，开展灵活多样的税法宣传活动。参加总局组织的税收公益广告、税收动漫FLASH、税收短信作品征集和以税收发展民生为主题的有奖征文活动以及省国税局组织的以“蓝猫”为主人公宣传税收知识的动漫剧本征集和以税法宣传为主题的文艺作品征集活动。利用网络、报纸、电视等各种新闻媒体开展税法宣传活动，与新闻媒体之间保持良好的沟通联系，完成当年重大活动的宣传报道；撰写新闻通稿、组织专题采访，在《湖南经济报》《益阳日报》开辟税法宣传专题栏目，通过各类新闻媒介实时报道国税工作重点、热点信息，反映国税工作，展示国税形象。召开“税企诚信，征纳和谐，共谋发展”的主题座谈会，以县市区局为单位，组织辖区纳税人代表座谈，听取纳税人的意见建议，改进工作。举行“国税局长在线日”活动，确定4月8日为全市国税局长在线日，各县市区局长在办税大厅接听纳税人电话，现场为纳税人解难释疑。开展“税收关注民生—税收优惠政策入万家”活动，各单位将各项税收优惠政策编印整理，由税收管理员分送至纳税人。组织开展主题摄影采风活动，由市局新境界摄影协会牵头，组织部分摄影骨干，分赴各县市区局采风，镜头对准明星纳税人、税务干部、税法宣传活动，优秀作品在市局局域网上公布。

2008年，市地税局税法宣传工作围绕“明明白白征纳税”主题开展。4月8日在益阳秀峰公园举办了“明明白白征纳税”的大型启动仪式，印发致纳税人公开信，收集困扰纳税人申报缴税热点问题，印发资料集中答复。同年5月，举办税收知识抢答赛；召开税企恳谈会。当年，市地税局还配合省地税局开展了“和谐地税三湘行”电视专栏的系列报道工作。

2009年，市国税局在税法宣传月专题活动中，采取积极宣传税收政策、悬挂宣传标语、张贴宣传画、发放税法宣传资料、赠送税法宣传动漫作品《蓝猫菲菲探税历险记》光碟等方法，受到广大纳税人和市民的称赞。当年，市国税局还组织开展“十百千万三进三送”、“我与税收”征文、“万户纳税人评国税”等税法宣传活动，进一步融洽了征纳关系。

2009年，市地税局税法宣传活动丰富多彩。举行新闻发布会、组织“税企携手，共克时艰”大走访活动、开展“税收服务民生”宣传活动、举办感动十五年——地税人与事征文，共收到稿件130余篇。编印税收、收费政策宣传手册，免费发给广大纳税人；制作“税收与环保同行”无纺布袋，印上税法宣传月主题、“12366”服务热线号码以及“服务促和谐 满意在地税”字样，发至广大纳税人及市民手中，扩大税法宣传影响。利用各大媒介开展“扩内需、促就业税收优惠政策”系列报道；开通益阳地税网站，开辟税法宣传新阵地，展示地税风貌，社会反响良好。

2010年，市国税局围绕“税收 发展 民生”的主题开展多形式的宣传活动。4月初，税法宣传月活动启动仪式上向益阳市“纳税十强”及“模范纳税户”授牌；宣传月期间利用《益阳日报》、益阳电视台等主要媒体对纳税典型和税法宣传活动进行宣传报道；组织短信宣传进万户，直邮税法到万家，税企同心、共促发展座谈会等税法宣传活动。

2010年，市地税局开展四大主题税法宣传活动。举行全国第19个税法宣传月启动仪式，市委常委、常务副市长周再华致辞，市政府表彰2009年度“纳税十强”和“模范纳税户”。开展税法宣传从娃娃抓起活动，赠送《税收小故事》500本、税法宣传纸杯10万个、税收知识宣传光盘200个。开展税收政策万家邮活动，与市邮政局联系，以邮政部门的《直邮快讯》为载体，制作税法宣传海报，刊印有关税收政策，免费向党政领导、行政事业单位、企业负责人、财务人员邮寄。开展税收优惠政策进万家活动。在《益阳日报》开设《地税之窗》，宣传税收优惠政策。

2011年，市国税局举办税法宣传月活动启动仪式，多方式开展税法宣传月活动；在报社、电台、电视台等媒体开辟了《税收发展民生》栏目；在外网开展了“坚持依法行政，维护纳税人合法权益”的在线访谈；开展税法宣传进校园、进企业、进社区等活动。

2011年，市地税局采取召集税法宣传月启动仪式，邀请市委、市政府领导到场讲话，表彰益阳市纳税信誉A级单位；开展“品读”征文活动；开通税法宣传月手机报；聘请10名特邀税法宣传员；组织“流动税校”活动，成立6支专业宣传队，深入企业赠送税收优惠政策汇编等宣传资料，宣讲税收优惠政策；开展“向纳税人致敬”活动等形式，使税法宣传活动丰富多彩。

2012年3月，市国税局印发《2012年税法宣传方案》，统筹安排益阳市国税系统的税法宣传活动。市局在完成总局、省国税局税法宣传规定动作的同时，在湖南城市学院举行税法宣传月启动仪式，开展“情系民生、关注税收”主题签名活动和税收政策咨询服务活动，市国税局局长傅淼河主讲一场以“就业、创业、税收”为主题的税法宣传讲座，向大学生宣传税收基本常识，为大学生们解读有关就业、创业的税收优惠政策。当年，市国税局还开展直邮税法到万家的活动，将10000多份税收政策宣传资料通过邮政快递方式直接送到益阳市万户纳税人和机关公务员手中。

2012年，市地税局以“真情送税法、地税在行动”为主题，开展以下活动：开办纳税人学校，向纳税人宣传地税政策。开通税收直通车，结合“走基层惠民生、解难题促发展”活动，联合市地税局直属局、城区3个局，开通税收服务直通车8台，安排24名业务骨干，根据纳税人需要，上门进行纳税辅导，宣传税法。开展“春满银城助创业，税收导航促发展”活动，编印《鼓励和促进全民创业地方税收优惠政策指南》，组织人员到市人力资源市场设立咨询点，发放有关宣传资料。开展“短信搭建连心桥”活动，通过短信平台，向辖区纳税人和社会各界发送税法宣传公益短信，构建温馨和谐税收情谊。开展爱心送税法宣传活动，制作一批带有税法宣传标语的雨伞、纸杯、笔记本等税法宣传用品，赠送给纳税人。在《益阳日报》开设地税宣传专栏，集中宣传地税政策和税收优惠政策。召开一次特邀税法宣传员座谈会。

2013年，市国税局突出全国第22个税法宣传月活动“税收 发展 民生”主题，重点宣传推介“公正型国税”“服务型国税”“和谐型国税”品牌，开展税法宣传活动。首先，多形式开展税法宣传月活动。印发《市国税局关于开展2013年税法宣传方案的通知》，全面开展全国第22个税法宣传月工作。市国税系统完成全市统一安排的向纳税人述职述廉、税企恳谈会、送税法上门、税法宣传进社区、邮送税收政策、纳税服务模拟场景比赛、采访报道优秀纳税人典型、优秀国税人物、国税工作亮点等规定活动外，市局和各县市区局还策划组织了一些其他税法宣传活动，如市局组织的向大学生和创业者赠送《创业与税收》资料活动，其他县市区局组织的热线访谈、制作发送税收政策电子书等宣传活动，营造了良好的税收法治环境。其次，结合作风建设主题开展税法宣传月活动。市国税局印发《关于走基层、访税情、送服务、树形象活动方案》的通知，在宣传月期间，市局领导分别下到各自的工作联系点开展宣传，益阳电视台、益阳电台、益阳日报社派出6名记者全程深入基层税务机关和纳税人进行采访报道，保证了采访报道的效果；市国税局与纳税人面对面交流，深入到企业走访，“零距离”为纳税人排忧解难，组织税企座谈会 9 场，收集意见 100 余条，解决实际问题 17 个。最后，创新宣传形式，做好形象宣传工作。税法宣传月期间，益阳市国税系统采取多种宣传形式，营造税法宣传氛围。与《益阳日报》合作设立《税收发展民生》专栏，刊发图文报道 13 篇；在益阳电视台新闻综合频道每天 19: 35 新闻联播前播出 15 秒的税收公益宣传片；在《益阳新闻联播》开辟专栏，每天播出一期采访报道；在益阳电台 FM88.1 频道《新闻 360》节目每天播出 1—2 期专题采访报道；在益阳广播电视在线、益阳门户网、益阳新闻网等网络媒体转载相关报道，做到电视里有图像、电台里有声音、报纸上有文章，打造出全方位立体式的宣传阵地。以邮送广告的形式将 2 万余份税法宣传资料分寄到了纳税人和益阳市党政机关领导、人大代表、政协委员、行风评议员手中，向他们宣传“12366”、网上纳税人学校、网上办税服务厅、同城通办等服务举措、“营改增”政策和益阳国税的发展与成就。

2013 年，市地税局印发《关于做好 2013 年度税法宣传工作》的通知，开展对《湖南省税收保障办法》系列宣传、诚信纳税网上签名、镜头里的税收优秀摄影作品评选、税法宣传进影院、“贴近民生优服务、深入社区办实事”等税法宣传专题活动。市地税局利用纳税人学校平台，组织一期专题讲座；采取在《益阳日报》开设《地税之窗》专栏，定期宣传税收政策的方法，扩大税法宣传的广度。市地税局还组织机关干部深入街道社区，通过召开座谈会、慰问特困户，进行义务劳动，赠送税收政策，开展问卷调查，建立帮扶对象，办好几件实事等活动形式，进行税收政策的深度宣传。

2014 年，市国税局采取保持传统、开拓创新的形式开展税法宣传活动，营造了良好的征纳关系。多形式开展税法宣传月活动。印发《市国税局关于开展 2014 年税法宣传方案的通知》，以税收法规宣传、税收工作宣传、国税形象宣传为重点，完成向纳税人述职述廉、税企恳谈、送税法上门、邮送税收政策等活动后，组织益阳市广播电视台、《益阳日报》社记者深入到市局和县市区局进行采访，在《益阳日报》设立《我纳税、我发展》和《寻找最美国税人》子栏目，在益阳市广播电视台新闻频道《益阳新闻联播》中开辟“记者走基层、益阳国税行”专栏，重点宣传诚信纳税企业、国税干部先进典型和国税工作的新成就、新经验和新举措；市国税局还在《益阳日报》刊发主要领导署名文章，并结合党的群众路线教育实践活动和便民办税春风行动，由局领导带队上门走访纳税人、召开纳税人恳谈会、向纳税人问计、问需、问效，及时宣传税收政策。新措施开展税收新闻宣传。召开全市国税系统税收新闻宣传工作会议，成立市国税局新闻宣传中心，充实了宣传队伍，将税法宣传情况纳入绩效考核，建立与《湖南日报》、《益阳日报》、益阳电视台等主流媒体的合作宣传机制，围绕税收中心工作、绩效管理、“营改增”、便民办税春风行动、税法宣传月活动等宣传重点，开展大规模的税收新闻宣传；当年召开一次新闻发布会，向媒体介绍了有关电信业“营改增”政策情况；在《湖南日报》、红网、湖南新闻网，省局内外网等省级以上媒体发表新闻稿件 91 篇；在《益阳日报》、益阳电视台、益阳市政府门户网等市级媒体发表通信 126 篇；有 70 余篇通信被中国税务网、新浪网、东方网、网易等网站转载，较好地宣传了益阳国税的正面形象。多渠道开展税收政策宣传。市国税局积极打造内外网政务公开平台，以政策公开、决策公开、程序公开和结果公开四个方面的工作为重点，当年共更新各类信息、政策、公告等 3007 篇，其中回复纳税人来信 22 件；加强市政府信息公开平台管理维护工作，一年来共更新信息 254 篇，当年市国税局门户网站被评为市政府优秀网站；通过国税网站、办税服务厅显示屏、短信等形式，以最快的速度、最广的范围、最简洁的方式宣传税收政策，让纳税人及时了解税收政策，运用政策；市国税局还组织志愿者服务队逐户上门宣传辅导，发放优惠政策宣传资料 2500 余份，落实小型微利企业优惠政策。当年，市国税局举办“创业益阳、有我同行”大型税收咨询活动，通过召开创业税收政策咨询会、开展“税收服务、创业走访”活动，在益阳创业网和市国税局门户网发布创业税收政策指南、开展以落实创业、就业税收优惠政策为重点的税收执法检查，加强就业、创企方面税收政策的宣传，全力服务于税法宣传和创建省级创业型城市工作。创新纳税人学校培训模式，聘请业务专家组成讲师团深入基层巡回授课，整合授课资源，实现同城办学，及时宣传税收政策。

2014 年 4 月，市地税局组织各县市区局在益阳市地税系统办税服务厅开展以“明白便捷伴您纳税、诚信益民促您发展”为主题的税法宣传活动日主题活动。活动内容包括开展“局长接待日”活动，活动当天，各单位负责人到办税服务厅接待纳税人，开展面对面咨询活动，其他参加活动的人员到办税服务厅直接负责接待纳税人，集中受理、处理纳税人有关涉税需求事项，能当场答复纳税人的，当场答复，不能当场答复的，限期回复纳税人；在办税服务厅免费向纳税人发放《纳税服务手册》；开展向纳税人涉税问卷调查活动，收集、汇总和分析纳税人涉税需求事项，研究改进措施；做好税收政策公开工作，全系统办税服务厅通过公示公告栏、QQ 群发送税收政策宣传资料，让纳税人及时知晓税收政策。当年，市地税局还组织开展“千名税干大走访、服务税户心连心”活动，开展“晒审批清单、亮办税程序”等活动，举办一期房地产税收专题培训班，全年在《益阳日报》开设的《地税之窗》宣传税收政策50余次，在益阳电视台开设的“税法税事”栏目介绍特色亮点工作19期次，印发《纳税服务手册》6万份，通过“12366”平台发送短信近9万条，开办纳税人培训班16期，实现了税法宣传全天候、政策推送“零时差”、办税辅导多元化的目标。

2015年3月，市国税局印发《2015年税法宣传方案》，明确全市国税系统第二十四个税法宣传月以做好税收新政策的宣传与解读，向社会推介国税部门服务纳税人的好经验、好做法，宣传国税部门服务地方经济、优化税收服务和干部队伍建设等工作中的亮点和成效，开展税收法治宣传等内容为重点进行。4月1日，市国税局与市政府新闻办联合举办新闻发布会，宣布全国第24个税法宣传月启动，组织开展税法宣传月领导专访活动，在《益阳日报》、益阳电视台刊发、播出市局领导专题（访）文章，围绕第二十四个税法宣传月主题，介绍益阳国税服务地方经济发展、服务纳税人的举措，展现益阳国税的新成就、新亮点。4月中旬，市国税局开展“税法宣传基层行”活动，特邀《益阳日报》、益阳电视台等媒体记者深入基层采访，在《益阳日报》开辟《益阳国税之窗》专栏，在益阳电视台开辟“走进国税”栏目，持续宣传市国税局及基层局2015年工作成就、益阳市“国税标兵”。当年，市国税局还组织举办了体现益阳国税文化特色的图片展和展现益阳经济社会发展和益阳国税干部形象的摄影展，把税法宣传工作推向高潮。

2015年，市地税局联合市国税局举行“新常态、新税风”新闻发布会，曝光2起偷税案；开展“税收服务，创业创新”税法宣传活动；开展“税收与发展”在线访谈活动；开展“征纳互动、快乐出行”的税法宣传活动；组织“税收知识有奖竞猜”“涉税知识问与答”活动；开展益阳市地税系统微视频作品征集活动；开展“诚信税收、幸福你我”主题税法宣传活动；开展税费公益广告宣传活动；开展“便民办税春风行动”和“纳税服务日”活动，当年，税法宣传工作开展得有声有色。

2016年4月5日，市国税局党组书记、局长徐向阳在《益阳日报》刊发题为《聚焦“营改增”试点，助力供给侧结构性改革》的署名文章，拉开了益阳市国税系统第二十五个税法宣传月活动的序幕。在税法宣传月期间，市国税局开展了形式多样的税法宣传活动。4月初，市国税局与市地税局联合举办税法宣传月启动仪式暨新闻发布会、联合印发给纳税人的一封信、联合召开“国地携手共进、服务创新创业”纳税人座谈会。4月8日，市国税局、市地税局和益阳邮储银行签订税银互动战略框架合作协议，共同支持企业以税收信用换取银行信用，服务中小企业发展，100家中小企业参加了活动。活动现场，5家B级纳税信用企业，当场与益阳邮储银行签订了贷款意向协议，涉及贷款金额1000万元。4月9日，市国税局与市地税局联合组织在市级扶贫点桃江县武潭镇汤家塅村开展“税收助力，精准扶贫”宣传活动，在活动现场设立4个咨询台，用税收知识讲座和知识抢答的形式，为村内民办幼儿园、木板厂、养殖企业等送出“营改增”、小微企业、农民种植养殖业及农产品加工等行业的税收政策，活动吸引240名村民参加，发放宣传资料300多份，接受村民咨询30余人次。4月26日，市国税局召开金融业“营改增”纳税人恳谈会，有针对性地开展“营改增”纳税人政策宣传及服务工作，听取意见建议，益阳市25户银行、保险企业代表参加了会议，共提出相关问题19个，均得到了满意回复。当年，市国税局广泛征集税法宣传微电影剧本、组织拍摄税法宣传微电影和公益广告，收到剧本14个，制作完成一期“聚焦‘营改增’试点助力供给侧结构性改革”主题平面广告，在《益阳日报》刊出，制作完成9个税收公益广告视频，在系统内进行评选，高新区局《税收圆我创业梦》、大通湖区局《绿色环保健康税收》、南县局《聚沙成塔涓水成河——共和国基石里有你有我也有他》被评为一等奖；沅江市局《服务架起连心桥，税企共赢奔小康》、赫山区局《情系华夏千秋业，网联万家纳税户》、安化局《学税懂税不分年龄，协税护税你我同行》被评为二等奖；桃江县局《税收扶贫兴产业，征纳和谐惠民生》、资阳区局《悠悠税月、感谢有你，漫漫征途、税情永恒》被评为三等奖，这些公益广告作品在益阳电视台进行展播的同时，报送到总局参加评选，市国税局的税收公益广告《税收圆我创业梦》，在总局税收公益广告评选中获鼓励奖，是湖南唯一获奖作品。市国税局开展“需求大征集，服务大走访”活动，市县两级局领导和中层干部负责走访任务包干，重点走访重点税源企业和“营改增”纳税人，共发放调查问卷1.3万份，答复和反馈“营改增”纳税人遇到的热点和难点问题100多个。市国税局联合主流媒体开展税法宣传，在《益阳日报》开辟《“营改增”进行时》宣传专栏，在益阳电视台设立“走进国税”专栏，深入解读“营改增”政策和宣传“营改增”工作进展情况。

2016年，市地税局开展“便民办税春风行动”宣传、开展税（费）法规系列宣传、开展“千名税干进企业”活动、开展“两学一做”学习教育宣传等一系列税法宣传活动。还利用纳税人学校实施办班辅导，突出“营改增”、土地增值税清算等税收政策，突出大企业、拟上市公司面对面的培训辅导，举办各类业务培训班37期，培训2480户次，较好地服务了纳税人。还利用电视、报纸、网站、短信、微信、QQ等宣传载体，将地税政策第一时间推送给纳税人。

2017年3月，市国税局印发《2017年税法宣传方案》，开展第二十六个税法宣传月活动。市国税局与市地税局联合举办“深化税收改革、助力企业发展”新闻发布会，向新闻媒体发布2016年税收改革、优化服务情况及当年实施减税降负工作安排，拉开了税法宣传月序幕。3月30日，市国税局与市地税局联合发文，决定在益阳市税务系统开展“问需求、优服务、促改革”的税法宣传活动。活动期间，共走访纳税人14216户，发放调查问卷14216份，共收回13087份，征集意见建议1701条。同年4月，市国税局印发《益阳市国税系统征管业务微信宣传工作方案》，提出充分依托微信平台，积极借助系统内各部门资源，采用分头采集、联合制作、统一发布的形式，适时发布益阳市国税系统与税收征管工作相关新闻资讯、信息报道、工作动态、业务热点等消息的工作方案，继续扩大税收政策信息的宣传面。当年，市国税局通过加强政策辅导，助力企业发展，举办“税收支持军民融合”税收政策服务座谈会、高新技术企业座谈会，组织“互联网+农业”的税收调研，同时将税法宣传活动办进南县花海罗文村，走进南县双节活动现场和安化云上茶园春茶开园活动现场；开展税收涂鸦、纳税人现场采访、现场答疑、税收政策宣传辅导、税收与茶产业发展、走访黑茶企业等活动。市国税局还通过纳税人学校举办纳税人培训班40期，培训6293人次，向省局推荐网上纳税人学校学堂课件4个。

2017年，市地税局单独开展“纳税服务日”宣传活动、开展“便民办税春风行动”系列宣传报道、开展“诚信税收”主题宣传、开展“税收优惠助推企业发展”专题宣传活动、开展残保金新政策宣传、开展税收法律知识普及宣传、开展“两学一做”学习教育及创优争先宣传等税法宣传活动。

2018年3月，市国税局、市地税局联合印发《关于开展第二十七个税法宣传月活动》的通知，在益阳市税务系统开展以“优化税收营商环境，助力经济高质量发展”为主题的税法宣传月活动。宣传月活动期间，市国税局和市地税局联合开展一系列活动：举办税法宣传月启动仪式暨新闻发布会，公布“办税事项最多跑一次清单”，联合各媒体开展税法宣传；开展“问症于企、问需于企、问税于企”的专项活动，开展“创响三湘、税励园区、税收助跑”“大众创业、万众创新”政策宣讲活动，开展“一十百千万”走访活动；开展了税法宣传进校园系列活动，举办“我和税收”演讲比赛，开展“纳税服务日——大学生税收课堂”活动；开展“税收新时代、税务新青年”座谈活动，开展了“电子办税‘零距离’体验”宣传周活动；组织绿色税制改革集中宣传，开展了税收公益广告和税收微电影宣传、评选、展播活动；开展了对人大代表、政协委员的大走访活动，主办“两会代表话春风”活动和“政协委员看税收”活动。

2019年是国地两税合并后第一次联合开展税法宣传活动的第一年，也是市税务局作风建设、营商环境、绩效考核三项工作指标的提升年。益阳市税务系统紧紧围绕全国第二十八个税法宣传月“落实减税降费政策、促进经济高质量发展”的主题，聚焦主题、主业、主线，充分依托各种宣传载体，扎实做好税法宣传工作。4月2日，市税务局在市人民政府新闻发布厅举行全国第二十八个税法宣传月启动仪式，邀请益阳市主流媒体及驻益阳国家级、省级媒体参加，发布国家减税降费税收政策及益阳税务服务益阳经济高质量发展所采取的措施。在益阳主流媒体全年开辟《税收之窗》专栏，宣传国家减税降费政策。从4月上旬，在《益阳日报》等新闻媒体连续刊发《落实减税降费政策，促进经济高质量发展》为内容的局长署名文章，在益阳电台FM88.1频道制作《琴姐说税》系列节目。组织“减税降费党旗红、精准落实当先锋”主题实践活动。4月13日，组织参与“资江毅行”公益环保活动，市税务局组织近百名干部参加长跑，还制作减税降费、个税新政、扫黑除恶展板，在路途及半程补给点设立税法宣传台，向参赛选手和沿途市民发放宣传资料，宣传最新政策，回答涉税咨询，接受各类涉税咨询超过200人次，发放税法宣传资料1000余份。8月9日，组织“税惠银城—减税降费”媒体开放日活动，当天，召开了2019年税收新闻宣传工作座谈会，邀请益阳市委宣传部新闻主管部门相关领导、益阳市主流新闻媒体代表、组织市局和各县市区局分管税收新闻宣传工作的领导、市局办公室、纳税服务科、减税办、纳税服务中心等部门相关负责人和工作人员参加了媒体开放日活动，编辑了以“减税降费在行动”为主要内容的《税法宣传》专刊。

2020 年 3 月，市税务局印发《2020 年税法宣传绩效考核实施细则》的通知，明确将税法宣传工作纳入税务系统全年主要工作，纳入绩效考核模式进行考核。当年，市税务局紧扣全国第二十九个税法宣传月活动“减税费、优服务，助复产、促发展”主题，开展一系列税法宣传活动。4 月 2 日，市税务局在市政府信息公开平台，以图文信息的形式发布第二十九个税法宣传月启动的信息。举办一场税法宣传月情况通报会。组织撰写主要领导的署名文章，刊发了税收政策专刊。组织一次“减税费、优服务，助复产、促发展”的系列报道，推出系列报道 10 篇。组织“便民办税春风行动”“用心用力用真情，全员全程全覆盖”“税银互动”等税收政策服务宣传活动。组织“潇湘杯”税收公益宣传作品和税务歌曲征集活动。落实“互联网 + 发票有奖”和“互联网 + 有奖答题”活动。开展优化税收营商环境法治宣传活动。

2021 年是中国共产党成立 100 周年，也是全面建设社会主义现代化国家新征程开启之年。市税务局紧扣“税收惠民办实事、深化改革开新局”这一主题，在全国第三十个税法宣传月期间，组织开展了以下活动：举办第三十个税法宣传月活动启动仪式。在市区福中福广场，举行“情暖潇湘、与税同行——益税志愿者服务在行动”税法咨询活动和税务局局长答记者问活动。在市政府信息公开平台、内外网站、微信公众号等媒体，以图文信息的形式发布第三十个税法宣传月启动标语、播发新闻通稿、播放主题微视频等。开展“税惠民生、与税同行——专家服务团队进企业”活动，全市税务系统组织 7 个精英税收专家服务团，由市局领导带队，深入益阳市 30 户重点企业，为纳税人宣传税收政策、解决实际问题。组织撰写主要领导署名文章，编发了税收政策专刊。进行“税收惠民办实事、深化改革开新局”系列报道，编辑一期税法宣传月活动专刊。组织“税法宣传进校园，上好一堂税法课”的活动。组织“红心向党、见证税月”图文物件征集活动和“税收与我——税宣走过三十年”影视文艺作品征集活动。协同参与“永远跟党走、奋进新征程”益阳市第三届职工健步行暨“学党史、感党恩、跟党走”知识竞答活动。组织“税惠民生、与你同行”税收知识有奖答题活动。组织开展精准监管差异化管理和服务活动。

2022 年，市税务局紧扣“税费优惠促发展，惠企利民向未来”主题，一方面将税收宣传月活动作为喜迎党的二十大、落实“十四五”规划的有力举措；另一方面，将税收宣传月活动打造成普及税法和减税降费相关知识、展示益阳税务部门工作成果、提升纳税人缴费人社会满意度的重要窗口。第三十一个税收宣传月期间，全市税务系统组织开展以下活动：举办税法宣传月线上启动仪式。组织“我为纳税人、缴费人办实事暨便民办税春风行动”系列活动，邀请主流媒体记者深入企业、基层税务一线开展“沉浸式”办税体验活动，宣传税务部门智慧办税、精细服务、公正执法等方面的创新举措，聚焦纳税人、缴费人急难愁盼问题，解决纳税人、缴费人实际困难。举办“聚焦高新产业、服务科技创新”高新技术产业线上座谈会。开展“退税缓税送福利、减税降费添动力”系列媒体宣传。组织开展“益税微课堂”活动。组织开展“税费政策下乡、助力乡村振兴”专题辅导会。组织开展“雷锋家乡学雷锋”税收志愿者服务活动。组织开展“税法进校园、知识助成才”青少年普法系列活动和“百校万生听税课”活动，将青少年税法普及同组合式税费支持政策宣传结合起来，帮助青少年早日成才。组织开展“税收绘就家乡美、喜迎党的二十大”公益随手拍活动。组织开展“牢记革命历史、传承红色基因”涉税文物史料征集活动。

二、纳税咨询辅导服务

2000 年 7 月，市地税局印发《益阳市地税系统进一步推行政务公开工作的实施意见》，成立以郑慧任组长的政务公开工作领导小组，对纳税人和社会采取“两有”（有举报箱、有举报电话）、“三挂牌”（办公室挂牌办公、工作人员挂牌上岗、收费单位挂牌收费）、“四上墙”（办公机构示意图上墙、办事程序上墙、各项办事依据上墙、工作人员的行为规范上墙）的办法公开税收法规政策、税收征管程序、个体工商户定额征收的税额、减税、免税、税务行政处罚及行政复议程序、税务登记办理程序、税务稽查程序、税务换证、验证、发票工本费等三项收费标准和依据、发票保证金的收取和管理、税务机关各岗位的职责、税务人员的工作纪律等内容。要求有条件的县市区局要争取将政务公开的内容和信息上网、上屏；市局机关将逐步实行政务公开信息上网；充分利用当地的电视、报刊等新闻媒体，及时报道政务公开的信息。当年，市地税局机关、城市税务所、农村征收分局都制作了政务公开专栏，将规定公开的项目进行公开；市稽查局在城区还设立5个稽查案件公告栏，及时公开偷漏税案件查处情况。

2003年，市地税局印发《关于加强纳税服务工作的通知》，开展当年益阳市地税系统纳税服务工作。市地税局要求各级地税部门明确专门机构、专人负责纳税服务工作；各县市区地税局及市局直属征收单位要制定纳税服务工作总体规划和纳税服务质量考核评价体系，将纳税服务工作纳入征管责任追究制进行考核；建立与纳税人的定期联系制度，各征收单位每年至少要召开一次纳税人座谈会，定期开展问卷调查。要求各县市区局要分行业选择50户纳税人，直属局选择25户纳税人，涉外分局选择5户企业进行问卷调查，以便及时掌握各层次纳税人的需求。

2005年，市地税局根据省地税局关于组织在全省开展“万名税干进企业、服务经济促发展”活动的通知精神，在益阳市地税系统开展促进企业发展、服务地方经济的“金点子”“金对策”评比活动，深受广大纳税人的欢迎。

2005年，市国税局认真落实纳税服务有关工作要求，开展纳税人满意度问卷调查工作。当年，纳税人投诉率为0，纳税人满意率达90%以上。

2008年4月，市国税局印发《关于加强纳税服务工作的实施意见》，对纳税服务工作提出了具体要求。同年8月，市国税局组建、创办纳税人学校，明确傅淼河任校长、曾国华任副校长。纳税人学校以“始于纳税人需求，终于纳税人满意”为准则，坚持免费办学和自愿参加的原则，努力将纳税人学校办成纳税咨询辅导服务的园地、新办企业的摇篮、税企交流的平台、社会监督的窗口。

2008年4月，市地税局印发《开展“服务促发展、满意在地税”活动实施方案》，开展纳税咨询辅导服务工作。当年，市地税局认真落实税收优惠政策、加强“12366”服务热线建设、建立和落实联系和走访制度、开展“纳税服务需求调查”和“地税服务好不好 纳税人来测评”以及“优质服务零差错、争创模范样板机关”等活动，切实减轻了纳税人负担，获得广大纳税人的一致好评。

2009年，市国税局制定《2009年纳税服务工作意见》，把纳税服务工作落实到实处。以网上办税、“12366”服务热线、纳税人学校等相关工作为载体，落实“两个减负”，推行“一站式”服务，推行税收管理员纳税服务工作联系卡制度，组织开展“十百千万三进三送”、“我与税收”征文、“万户纳税人评国税”等活动，进一步融洽了征纳关系。

2009年，市地税局制定《益阳市地税系统“增强服务意识、改进服务态度、提高服务质量”主题活动实施方案》，重点整治全市地税系统办事拖拉、程序繁杂、相互推诿、效率低下等慢作为问题。

2010年，市国税局制定《2010年纳税服务工作思路》和《2010年纳税服务考核办法》，为基层纳税服务工作提供组织和制度保障。市县两级均成立纳税服务专门机构，组织开展纳税咨询辅导服务工作。益阳市各办税服务厅均设立了“12366”远程坐席电话；市国税局纳税人学校共授课111课时，参加培训纳税人达2595户，还举办纳税人学校教师讲课竞赛活动。市国税局对全市国税系统内的行政审批和服务性项目进行清理，下放农产品发票使用资格审批权限，将部分车购税征收业务延伸到县市局办理，减轻了纳税人负担，提高了办税效率。市国税局还向益阳市“纳税十强”及“模范纳税户”授牌，宣传报道纳税典型，组织“短信宣传进万户”“直邮税法到万家”“税企同心、共促发展”座谈会等活动。

2010年，市地税局开展税收服务“零距离”活动。制定益阳市地税系统税收服务团服务情况登记表、成立税收服务团，在市局网站上将服务团成员向社会公开，方便纳税人进行针对性的咨询。各县市区局相应成立税收服务团，与市局服务团一起负责全市50多户重点纳税企业。

2011年，市国税局按照免费和自愿参加的原则办好纳税人学校。学校采取教学讲座、座谈交流、特别辅导、纳税咨询等形式进行针对性的实施教学。纳税人学校共组织40期面授培训，培训纳税人2819人。市国税局开展多形式的纳税咨询辅导服务，建立纳税人咨询QQ群和短信平台，及时解答纳税人的咨询。赫山、安化国税局开展了“联手帮扶、共渡难关”纳税咨询辅导服务专项活动。

2011年，市地税局印发《益阳市地税系统“税收征管和纳税服务”竞赛活动方案》的通知，在全系统开展“税收征管和纳税服务”竞赛活动。

2012年5月开始，市国税局联合交通银行湖南省分行推出“税融通”业务服务。5月4日，印发《市国税局关于做好“税融通”服务工作的通知》，成立由傅淼河任组长，谌宪伟任副组长的“税融通”服务工作领导小组，由市局纳税服务科负责牵头落实，办公室、征收管理科等有关部门通力协作，开展“税融通”办理服务工作。同年6月，市国税局组织开展纳税咨询辅导服务综合业务培训工作。共举办5期纳税咨询辅导服务综合业务培训班，县市区局分管纳税服务的局领导，纳税服务科科长，征管科、税源管理科数据管理员，办税服务厅全体人员145人次参加了培训班的学习，培训涵盖了税务登记类、申报征收类、发票管理类、待批文书类、税控收款机、网上办税、电子申报、“12366”热点咨询问题、综合查询、绩效考核等方面内容，培训结束时组织纳税咨询辅导服务综合业务、综合征管软件操作和税收基础三大块业务知识和操作的考试，对培训合格人员颁发岗位培训合格证。同年7月，市国税局印发《关于开展“优化纳税服务、和谐征纳关系”大讨论活动实施方案》，在全系统开展“优化纳税服务、和谐征纳关系”大讨论。当年，市国税局还组织编印了《创业税收优惠政策指南》，编写出版了《创业与税收》一书，极大地方便了新办企业及时掌握税收优惠政策；开发了“新型网络政务公开触摸查询系统”并投入应用。全市国税系统的纳税服务工作逐步渗透税收征收管理的各个环节。

2012年7月，市地税局印发《涉税事项“同城通办”实施方案》，8月1日起在益阳市城区范围内推行涉税事项“同城通办”工作。同年9月，市地税局创办的“纳税人学校”正式开班。当年，市地税局还开展了以“问需、问计、问效”为主题的纳税人需求走访活动，解决了纳税人反映强烈的房地产一体化软件开票的问题；与交通银行益阳分行联合推出“税融通”业务，帮助中小企业获得贷款2860万元。

2013年，市国税局深入贯彻总局出台的《关于转变职能、改进作风，更好为广大纳税人服务的公告》和《关于转变职能、改进作风，更好为基层服务》的通知精神，更新纳税服务理念，制定十条具体措施，为基层纳税人服务。

2013年，市地税局开展了“纳税服务需求网上调查”活动。

2014年3月，市国税局部署开展2014年全市国税系统“便民办税春风行动”。同年9月，为贯彻总局制定的《全国县级税务机关纳税服务规范》，市国税局制定《全面实行〈全国县级税务机关纳税服务规范〉工作方案》，要求《全国县级税务机关纳税服务规范》1.0版本从10月1日起在全市国税系统县级税务机关试运行，从2015年1月1日起试行2.0版本，2016年年底前形成3.0版本，于2017年1月1日起在益阳市全面实施。

2014年，市地税局对接便民办税春风行动，大力推行明白缴税、便利缴税和满意缴税三项工程，推动全市地税系统纳税服务工作在服务内容、服务标准、服务标识、功能划分、业务流程、窗口建设上实现“六个”统一。

2015年，市国税局落实《关于贯彻落实〈全国税务机关纳税服务规范〉的实施方案》、开展“下企业、送服务、稳增长”惠企服务活动、打造银、税、企互动平台，推广“税易贷”项目、创新纳税人学校建设、为纳税人打造专家团队提供“量身定制”服务等活动，全方位开展纳税咨询辅导服务工作。当年，各县市区局由分管领导带队，对本辖区1—2户企业的税收政策落实、税收执法及政策执行存在的问题进行调研与剖析，形成了文字报告；市国税局帮助6家新办企业获取税收信用贷款1390万元；在纳税人学校传统集中授课的基础上开设流动课堂，开展课堂进企业、进社区活动，传统课堂举办企业所得税、新办纳税人等培训48期，培训纳税人6678人次，流动课堂共组织10余次，培训150余人次，发放宣传资料800余份；通过开通当地“12366”热线，建立税企QQ群、微信群、微信公众号，创建专家服务团队为纳税人提供个性化服务等方式，打造了多层次、成体系的纳税服务平台，得到了《人民日报》、人民网、新华网等主流媒体的报道。

2015年，市地税局采取认真贯彻落实总局颁发的《全国税务机关纳税服务规范》、推广《办税服务厅综合管理系统》、开展“诚信税收 幸福你我”主题活动、开展“便民办税春风行动”活动，规范“12366”纳税服务热线、办好网上和实体纳税人学校等方法，全面深化纳税咨询辅导服务工作。

2016年3月，市国税局与市地税局联合印发《合作开展纳税服务工作方案的通知》，通知明确从发文之日起，国地税在纳税服务方面逐步融合，最大程度地方便纳税人，确保纳税服务工作向更深层次发展。通知提出国地税合作的内容包括：联合培训辅导、联合开展以需求为导向的满意度调查、联合维护纳税人权益、联合纳税信用评价、联合推进银税互动等。同年3月，市国税局与市地税局联合印发《益阳市税务系统开展“需求大征集、服务大走访”活动实施方案》，历时3个半月，分动员部署、具体实施、需求分析、自查自纠、督查整改、评价验收等六个阶段在全市税务系统开展“需求大征集、服务大走访”活动。全市税务系统共走访纳税人12970多户，收集意见建议131条。同年6月，市国税局印发《“帮扶企业，国税部门在行动”活动实施方案》，把帮扶实体经济厚植税源作为战略任务，开展拟上市企业税务辅导、互联网＋农业税收调研、千户集团成员企业恳谈会、高新技术企业座谈会、“营改增”四行业纳税人座谈会等一系列活动，帮助企业发展，得到企业点赞和市直机关工委的充分肯定。同年 8 月，市国税局根据《2016 年湖南省国税系统纳税人满意度调查报告—益阳市》，益阳市国税系统纳税人满意度评价为 93.54 分，较 2015 年提升 5.84 分，全省排第 10 名，评价最高的是廉洁自律，为 95.21 分。当年，市国税局还在为纳税人提供优质的纳税服务方面做了如下工作：在纳税人学校举办培训班 71 期，培训纳税人 17202 人次；与银行合作推出“银税互动”金融产品 3 个，助力诚信企业发展；探索大企业个性化服务模式，切实做好“走出去”企业税收服务与管理；大力推进电子税务局建设，开发“税务助手”APP；推行网上办税、掌上办税、自助办税，缩短窗口办税等待时间；推出提前预约、错峰申报、绿色通道等服务手段应对“营改增”办税高峰。

2016 年，市地税局在开展纳税咨询辅导服务方面做了大量工作。认真落实《纳税服务规范》，推广办税二维码、一次性告知等制度。开展便民办税春风行动，着力提高纳税满意度，组织召开各成员单位主要负责人工作推进会、制定《益阳地税系统便民办税春风行动工作实施方案》，把 10 大类 29 项具体的纳税服务工作，分解到各牵头单位和配合单位，明确了完成任务的具体时间节点，强化了工作目标任务的考核。与国税部门联合，扎实开展纳税人需求调查，每个局领导带领所分管的科室到联点的县市局区局走访 6 户重点纳税户，特别是“营改增”纳税户；每个县市区局班子成员到联点分局走访 10 户纳税户；所有正常纳税户各征收分局都已走访到位；在纳税人需求调查中，共发出调查问卷 6880 份，收回 6577 份，走访纳税户 3785 户，召开座谈会 11 次，收集纳税人问题意见建议 115 条。创新服务方式，突出益阳春风行动亮点，特别是在开展银税互动、助力小微企业发展方面取得了很好的成效。当年，在市政府的大力支持下，开发了税贷通金融产品，邮政储蓄银行依据税务部门提供的纳税人纳税信用评价情况，为纳税信用较好的 17 家中小微企业提供了 5380 万元的税贷通贷款。

2017 年 2 月，市国税局与市地税局联合发文，成立益阳市纳税服务中心。益阳市纳税服务中心负责益阳市国税、地税联合办税工作整体规划、决策部署和重大问题研究；负责国地税联合办税流程和纳税服务规范、清理、更新、发布；负责国地税联合办税制度的制定；负责益阳市国地税联合办税的指导、培训、督导、检查、评比等工作；负责国地税联合办税工作的落实情况宣传报道、情况通报等；负责研究解决国地税联合办税推行过程中出现的相关问题；负责国地税联合办税其他工作。益阳市纳税服务中心主任由胡跃生、莫国云担任。同年 2 月，由市国税局、市地税局联合制定《益阳市办税服务厅管理办法（试行）》。同年 3 月，市国税局、市地税局联合印发《关于在益阳市税务系统开展“问需求、优服务、促改革”活动实施方案》，明确开展“纳税服务日”主题活动，主要形式包括：组织召开纳税人座谈会；联合组建“纳税服务”专家团队，集中受理纳税人咨询，宣讲税收优惠政策和税制改革举措，为纳税人答疑解惑；联合开展“诚信纳税”宣传；联合开展纳税人课堂培训，至少开展一堂国地税联合实体纳税人学堂培训。明确开展“问需求”调研走访活动。明确开展“优服务”改革创新活动。明确开展“促改革”政策落实活动。当年，市国税局在全省纳税人满意度调查中，连续 3 年实现名次进位，进入全省第 2 梯队，其中大通湖区局排名全省第一，资阳区局排名全省第 18；通过“银企互动”为 29 户企业争取银行信用贷款 5074 万元。

2017 年，市地税局连续 3 年开展了便民办税春风行动，获得了广大纳税人的好评。

2018 年 2 月，市国税局做好行政审批和行政处罚等信用信息公开工作，将全市国税系统行政审批和行政处罚等信用信息在益阳市国税系统各办税服务厅通过上墙、电子屏幕等形式予以公开。同年 2 月，市国税局部署开展 2017 年全国纳税人满意度专项调查整改工作。同年 3 月，与市地税局联合开展 2018 年便民办税春风行动，分主题开展了两会代表话春风、纳税人开放日、媒体记者体验行、春风亮点展示交流等系列活动。同年 4 月，与市地税局联合开展益阳市税务系统“问症于企、问需于企、问税于企”专题活动，通过分主题开展纳税服务日、“一十百千万”走访活动、创响三湘、税励园区等专题活动，税企关系进一步融洽。同年 7 月，国地税合并后的市税务局纳税咨询辅导服务工作依照国家税务总局省税务局印发的《湖南省“12366”纳税服务业务流程（暂行）》和《湖南省“12366”纳税服务标准（暂行）》的规定开展，将纳税服务工作进一步深化。同年 11 月，市税务局印发《关于开展“问需求、查短板、帮发展”大调研、大走访活动的通知》，深入民营企业开展大调研、大走访活动，广泛听取民营企业的诉求，深入查找税收管理服务中的短板，切实解决民营企业反映的问题，从民营企业最需要的地方做起，从民营企业最不满意的地方改起，解决民营企业最关心、最直接、最现实的问题，以更大力度、更惠政策、更优服务，助力民营企业走向更加广阔的舞台等办法，围绕纳税人需求找短板、围绕政策落地找不足、围绕服务效果找弱项，受到广大民营企业的一致好评。同年12月，市税务局组织两次召开纳税人座谈会，对纳税人反映强烈的征管系统及电子办税方面、增值税及发票办理业务方面、出口退税政策方面、房产税政策方面、所得税政策方面、社保政策方面、服务质效和宣传方面的20个热点问题以发函的形式予以书面答复。当年,市税务局通过“银税互动”共为18户纳税人发放贷款922.2万元。

2019年2月，市税务局成立湖南省“12366”纳税服务热线远程座席，负责全市社会保险费和非税收入征管咨询工作。同年2月，市税务局印发《“12366”业务工单处理办法（试行）》和《“12366”咨询服务管理办法(试行)》。通过“12366”纳税服务热线、官方网站、市长热线等渠道收集到反馈纳税人诉求的信息，不能及时答复的，应将其信息分成咨询工单、涉税举报工单、投诉工单、意见建议工单四种类型分别交税务局相关科室进行处理，再将处理信息及时反馈给纳税人。同年4月，市税务局印发《关于认真做好在益人大代表、政协委员沟通联络工作的通知》，市局领导亲自走访工商界、经济界特别是民营的经济代表、委员，面对面解决代表、委员关心的税费问题，主动为代表、委员提供更具针对性、个性化的税收服务。同年5月，市税务局印发《“便民办税、提高纳税人满意度”工作实施方案》，以“新税务、新服务”为主题，实施减税降费、开展便民办税春风行动，切实提升纳税人获得感，提高纳税人满意度。市税务局将提升纳税人满意度作为“一把手”工程来抓，纳税服务部门统筹发力，市局、县市区局上下联动，在湖南省纳税人满意度调查中，益阳市平均得分为92.73分，排名全省第六。其中高新区局得分93.69分，排名益阳市第一，全省第二十四，桃江县税务局在全国纳税人满意度调查中居全省6个被抽查单位第一名。当年，市税务局认真落实便民办税春风行动各项措施，做到“用心用力用真情，全员全程全覆盖”支持企业发展，加大对光伏扶贫项目的税收政策支持力度，对益阳市34家村级光伏扶贫公司将税收优惠政策宣传、辅导到位，16家有自开票需求的公司100%地实现自开票和发票免费邮寄。成立以徐向阳为组长的转变税收征管方式和深化“放管服”改革领导小组，制定《益阳市税务系统深化“放管服”改革五年工作方案》，提出以“三简”（简事项、简资料、简表单）促“放”为抓手，以“三强”（强风险、强信用、强监督）促“管”，以“三通”（通标准、通信息、通渠道）促“服”奠定基础的纳税服务新理念，确保电子税务局等办税信息系统安全稳定运转、推进纳税人业务办理逐渐向便捷化、智能化的转变。拓宽“线上”服务渠道，提升“线下”服务质效，开展便民办税春风行动，推广“非接触式”办税，发票线上开，线上领，提供“网上申请、邮寄配送”业务，涉税事项网上办、自助办，足不出户可以体验便捷办税体验；通过电子税务局、“12366”热线等方式，税务机关在线辅导，纳税人在线申报，帮助办理涉税问题。随着复工复产的推进，办税需求明显增加，市税务局及时与相关管理部门、企业进行线上沟通，掌握开复工企业情况，以短信、微信等“云服务”方式为企业送上新政策，帮助企业及时了解、用足用好相关优惠政策，助力企业恢复生产。市税务局积极主动提供各项纳税服务，帮助企业把停工耽误的时间“抢”回来，第一时间处理和解决企业问题，延时申报、网上申领发票等政策和操作第一时间推送，容缺受理部分办税资料，纳税服务更有温度。提供“预约办、错峰办、延时办”等服务措施，确保办税安全便捷，将税收温暖和发展信心传递给每一位纳税人。市税务局对136家重点企业实行对口帮扶,“银税互动”助力48户纳税人获得贷款2.55亿元。市税务局落实深化“放管服”改革12项举措、加大电子税务局推广力度、强化“互联网＋政务服务”、开展便民办税春风行动,“12366”服务热线畅通高效，构建起以办税便利化为重点的纳税服务体系。

2020年，市税务局及时将纳税服务工作的重点向支持企业恢复生产方向转移。同年2月，市税务局采取拓宽“银税互动”范围、创新“银税互动”方式，将申请“银税互动”贷款的受惠企业由纳税信用A级和B级企业扩大到A级、B级、M级（新设立企业）企业，实施“无还本续贷”政策，推广运用“湖南省线上银税互动平台”，提高贷款办理效率，为纳税人办实事。市税务局认真落实税收优惠政策，助力企业复产扩能，深入拓展“非接触式”办税缴费，大力优化现场办税缴费服务，营造安全高效便捷的办理环境；积极调整税收管理措施，制定帮助企业纾困解难等4大类18项内容的措施，明确责任清单，逐条落实。市税务局制定重点保障企业名单，将湖南雅康生物科技有限公司、湖南湘易康制药有限公司、湖南威盛聚酯塑料制品有限公司、湖南恒瑞祥包装有限责任公司、益均达医疗器械有限公司、湖南锦林科技有限公司、湖南得琪电子科技有限公司、纳爱斯益阳有限公司、湖南友宏医疗科技有限公司、益阳市华发包装材料有限公司、湖南省宇润医疗器械有限公司、湖南马王堆制药有限公司、湖南汉森制药股份有限公司、湖南科仁医疗科技有限公司、益阳星河家纺有限公司等企业列入重点保障企业。同年3月，市税务局印发《关于成立大企业税收服务小分队的通知》，成立大企业税收服务小分队，服务小分队下设三个小组主要负责“千户”集团成员单位及省税务局列名企业税收宣传辅导、解疑答惑等工作。3月10日，印发《益阳税务系统落实便民办税春风行动，“用心用力用真情、全员全程全覆盖”支持企业发展工作方案》，动员全市1979名税务干部，采取网格化服务，把优质高效服务贯穿到政策宣传、纳税辅导、优惠办理、操作执行、政策落地等各个流程、各个环节，实现所有纳税人“应享尽享、应享快享”的要求，帮扶企业渡过经济萧条难关。3月16日，印发《市税务局关于成立后援支持小分队的通知》，成立8个后援支持小分队，从全面推动精准政策辅导、快速响应纳税人诉求、全力加强分析服务决策、及时做好解疑释惑等4个方面做好纳税服务工作。3月20日，印发《关于开展2020年“便民办税春风行动”实施方案的通知》，按照优惠政策落实要给力，非接触式办税要添力，数据服务大局要尽力的要求，全面实施“春风行动”各项措施。同年6月，市税务局印发《关于开展“用心用力用真情、全员全程全覆盖”政策服务落实情况“回头看”的通知》，将税收优惠政策、纳税服务措施落实情况“回头看”工作逐一分解、制成表格，落实到各科室和单位。同年9月，市税务局印发《关于2020年实施市局领导联系重点企业制度的通知》，对年纳税1000万元以上纳税重点企业实施市局领导联系制度，每月由局领导带队深入企业，全面了解企业需求、认真落实减税降费政策、优化税收营商环境、推广“银税互动”，帮企业解决燃眉之急。同年12月，市税务局开展“践初心、担使命，送温暖、促产业”的专项活动。当年，市税务局通过制定各项制度、办法和措施，开展专项活动，使纳税服务工作更具特色。益阳市建立电子税务局辅导群249个，安排进群辅导人员526名，确保纳税人、缴费人有问必答、有需必应；成立100个先锋服务小分队，12个大企业服务小分队，19个后援支持小分队，9个政策解答小分队，9个巡查督查小分队，为企业解决具体问题170多个，助推全市15家重点保障企业满负荷生产，1426家规模以上企业复工复产；将益阳市划为112个网格模块，把1979名在职干部编入5类服务小分队，采取“网格管理+微信调度+定期通报+跟踪问效”的方式，与52452户纳税人通过组建起三级微信群，精准推送分类税收优惠政策二维码、收集纳税人涉税需求，助力企业复工复产，让纳税人最大程度享受政策红利；建立电子税务局，纳税人通过电子税务局办理涉税事项80多万笔，网上申报率达到98.19%，涉税业务平均网上办理率达到75.23%，手机APP缴纳社保费畅通无阻；通过与邮政合作，对2019年度被评为A、B、M级的25505户纳税人的法定代表人和财务负责人，以邮政快递的方式进行一次优惠政策再推送；扩大银税互动成果，帮助纳税人获得贷款210笔、金额17.75亿元。

2021年2月，市税务局印发《关于推行精细服务、助力重点企业加快发展若干措施的通知》，选择纳税遵从度高的30户企业作为益阳市首批重点服务企业，采取提供“专业化”服务，推动减税降费政策直达快享；提供“便利化”服务，推动纳税缴费事项办理提速；提供“规范化”服务，推动税务执法方式改进优化；提供“增值化”服务，推动税企合作共赢提质增效等措施，落实税收优惠政策、排查税收风险、提供个性化服务，营造税务部门和重点企业精诚合作、和谐共治的良好税收环境。2月24日，印发《关于成立重点企业精细服务专家团队的通知》，成立2个重点企业精细服务专家团队，负责服务益阳市30户重点企业。同年4月，印发《2021年“我为纳税人、缴费人办实事暨便民办税春风行动”工作方案》，从群众诉求快响应、优惠政策直达享、便捷办理优体验、分类服务解难题、执法维权显温度、规范执法提质效、信息互通减资料、部门协作促联办、国际合作求共赢、诚信纳税予激励等十个方面推出37项121条便民服务措施。同年6月，印发《关于开展纳税服务体验师活动的通知》。纳税服务体验师是纳税服务工作的质检员与宣传员。市局决定从关心和支持益阳税务工作，熟悉相关涉税服务渠道，愿意为办税服务提升和涉税业务的优化提出意见和建议的人群中（包括企业纳税人、个体工商户、涉税中介和财税专家）招募纳税服务体验师100名。让纳税服务体验师有更多的机会感受税务部门推出的各项便民办税服务、体验涉税业务的服务触点和业务流程，借助广大纳税服务体验师的多元视角和创新思维，为益阳市纳税服务工作提出建设性意见和建议，助力税务部门攻克办税难点、堵点、痛点等问题，提高纳税服务水平和纳税人满意度。同年6月，印发《2021年益阳市税务系统提升纳税人、缴费人满意度工作实施方案》《市税务局提升纳税人、缴费人满意度专项工作绩效考评办法》，将提升纳税人、缴费人满意度专项工作纳入绩效考评系统进行综合考核。同年7月，印发《纳税服务科关于建立联点基层工作机制的通知》，市局纳税服务科与县市区局建立联点工作机制，指导督促联点单位贯彻落实优化营商环境、开展“便民办税春风行动”以及纳税人、缴费人满意度问题整改；加强与联点单位“一把手”的沟通协调，解决联点单位为纳税人、缴费人办税、缴费过程中遇到的痛点、难点、堵点问题；深入调查研究，帮助分析诊断影响纳税人、缴费人满意度的突出问题；总结推介联点单位纳税服务工作的亮点、经验。7月20日印发《益阳市“12366”纳税服务热线与“12345”政务服务便民热线归并工作方案》，以“12366”分中心形式平级对接当地“12345”热线，全面承担益阳市税费问题的热线咨询任务，为纳税人、缴费人提供更加便捷、高效、规范的“7×24小时”人工热线服务。接受省中心及本级“12345”热线的双线考核；11月，按照归并工作要求，益阳市“12345”政务便民热线“12366”热线分中心挂牌成立。当年全年热线来电总量为9282通，人工接听量为5739通，人工接通率为98.88%。同年11月，印发《关于建立“12366”热线咨询问题双向反馈常态化工作机制的通知》，明确热点问题，通过“12366”热点难点问题双向反馈工作群推送；难点问题和意见建议，通过总局“12366”纳税服务热线系统以工单的形式流转，特殊情况通过纸质件推送；最新政策文件及涉税系统信息，通过“12366”热点难点问题双向反馈工作群推送，按规定不能通过互联网发布的，上传至爱数，并告知纳税服务中心经办人。市税务局决定将“12366”热线咨询问题双向反馈工作纳入《市税务局机关绩效考评共性指标》“行政效能—工作配合”指标中进行考核。

2022年2月，市税务局制定《2021年度纳税人满意度调查整改方案》，督促各县市区局就2021年度纳税人满意度调查中反馈出来的问题立行整改。同年3月，印发《关于做好2022年“我为纳税人、缴费人办实事暨便民办税春风行动”工作的通知》，将涉及市州层面的“我为纳税人、缴费人办实事暨便民办税春风行动”的31条举措，逐条落实到了牵头科室、配合科室，并制作成《2022年“我为纳税人缴费人办实事暨便办税春风行动”工作任务落实台账》逐条加以落实；实行“提醒制”和“销号制”，持续跟踪工作落实情况。4月，市税务局又出台三批次落实措施，更新制作成《市税务局2022年“我为纳税人、缴费人办实事暨便民办税春风行动2.0版”工作任务落实台账》，要求各实施部门推动各项措施落实到位。3月21日，市税务局成立制造业中小微企业延缓缴纳税费专项工作小组，明确陈有权任组长，开展制造业中小微企业延缓缴纳税费和落实留抵退税新政的专项工作。同年4月，印发《关于深入开展工业企业“纾困增效”专项行动的通知》，开展对存在困难的产业链龙头骨干企业、专精特新中小企业、当地影响较大的企业以及落实的在建的重大项目，“一对一、点对点”的精准帮扶。采取精准落实税费优惠政策、优化办税缴费服务、优化税务执法方式、深入实施税银互动、组织开展志愿者服务等办法，发挥税务部门优势，努力帮助企业解决急难愁盼的涉税、涉费问题，助力企业脱危解困，增强内生动力，提升企业经营效益。同年5月，印发《关于深入开展税收志愿服务活动的通知》，围绕“我为纳税人缴费人办实事暨便民办税春风行动”主线，“相税行”志愿者将走进办税大厅为纳税人做现场辅导及咨询工作，努力提升广大纳税人和缴费人的获得感和满意度。同年9月，市税务局、益阳市工商业联合会联合印发《2022年助力小微市场主体发展“春雨润苗”专项行动方案》，全市税务系统对照“政策暖心”“服务省心”“解难舒心”“护助可心”4大类主题活动内容，切实开展助力小微市场主体发展的各种活动。9月22日，市税务局举办税收遵从合作协议签约仪式暨大企业税收座谈会，与大企业代表进行面对面沟通交流，了解大企业的涉税需求，收集大企业对税务部门的意见和建议。会上，市税务局与湖南艾华集团股份有限公司、湖南口味王集团有限责任公司、奥士康科技股份有限公司、克明食品股份有限公司、湖南金博碳素股份有限公司、湖南汉森制药股份有限公司、长安益阳发电有限公司共7家大企业签订税收遵从合作协议。当年，市税务局不断加强“12366”纳税缴费服务热线管理、提高话务质量，落实工单管理制度，施行半封闭值班方案，确保了益阳分中心咨询热线“7×24小时”人工服务不掉档、不断线，全年，“12366”热线来电总量为37119通，人工接听量为26220通，人工接通率为99.19%；各级办税大厅及时做好征纳互动的点对点线上咨询工作，缩短了处理时长，实现了30秒接通率达98%，及时答复率达100%的好成绩。在“湘税通”推广应用过程中做到精确定位、精准服务。为纳税人量身打造“网格化预先服务”“点对点精准服务”“进驻式随票服务”等三项服务，全程提供跟踪式辅导，全力保障纳税人业务办理“零差错”。银税互动帮助企业获贷503笔13.94亿元。在全国纳税人满意度调查中，南县税务局排名湖南省第3。

第二节　办税服务和优化税收营商环境

办税服务是指税务机关采取优化办税方式、简化办税流程、提供热情周到服务的一种受理纳税人办理涉税事项的方式；办税服务包括提供纳税人办理涉税事项的硬环境和税收营商环境得到优化的软环境。办税服务和优化营商环境是纳税服务的核心内容。办税服务和优化营商环境工作的好坏决定着这个地域税务机关纳税服务工作水平的高低。

一、办税服务

1997年，税收征管模式逐渐向自行申报、微机管理，集中征收、重点稽查转移。当年，全市8个县市区局国税局全部建立办税服务厅，面积达1100平方米。其中，新建办税服务厅2个，新增面积240平方米，配置微机及服务器113台（套）。

1998年4月，各县市区局办税服务厅的全面运行。安化、桃江、南县局在离县城较远的征收分局还设立了办税场所，当年办税服务厅和场所累计达到17个。市国税局一分局率先将办税服务厅设在信用社储蓄所，对城区1400户个体工商户，实行由税务机关“核定税款、催报催缴、重点稽查”，纳税人“自行申报、自行纳税、自行建账”，信用社“集中办税、汇总缴库”的征管办法，提高了税款入库的及时性和票款的安全性。

1999年，益阳市国税系统建成办税服务厅8个，办税服务室16个，面积分别为1034平方米和667平方米，进入办税服务厅（室）申报的纳税人占到总纳税户数的60%以上，直接征收到的税款占75%以上。

2000年，市地税局在城区与各县城设立8个办税服务厅，对纳税人实行“一站式”服务。纳税人到税务机关办理的各项涉税事务都能方便地在办税服务厅内集中统一办理。

2003年，市地税局印发《关于加强纳税服务工作的通知》，要求各县市区局加强办税服务厅建设，制定详细的办税服务厅工作职责、工作流程，规范、创新服务方式，不断提高办税服务厅人员的素质；加快信息化建设的进程，拓宽纳税申报缴税方式，有条件的单位，要实现文书审批电子化，推行IC卡申报、电话语音申报、网络传输申报等多元申报缴税方式。

2004年，市国税局全面推行“一站式”办税服务，在办税服务厅内增添必要的服务设施；全面推进政务公开，利用公示板、电子屏等公开文明办税“八公开”内容；全面实行“全程服务”和“一窗式管理”；完善“一窗一人一机”管理模式、加快出口退税进度、全面落实税收优惠政策。

2004年，市地税局完成6个办税服务厅的规范化建设，开展“依法办事示范窗口”的创建活动。各办税服务厅（窗口）落实公开办税、限时服务、延时服务和“一窗式”服务制度，为纳税人提供了优质、高效、便捷的服务。

2005年，市国税局加强办税服务厅建设，全面落实“一站式”服务，“一窗式”管理，“一户式”查询，办税服务工作出现新的特点。市国税局在全系统全面推广“四办”“三时”服务（四办：符合政策的坚决办、手续齐全的立即办、往返不便的预约办、一个部门解决不了的协调办；三时：准时、限时、延时）；沅江市局的提示警醒及限时服务、资阳区局的办税厅规范管理、高新区局的办税公开等办税服务措施受到纳税人好评。同年11月，市国税局组织随机抽查走访的80户纳税人，90%以上对办税服务工作评价为“好”。

2006年，市国税局制定税收管理员工作服务联系卡制度，在办税服务厅推出“共产党员示范岗”“行政效能投诉窗口”，办税服务质量获得提升。

2007年，市国税局通过规范办税服务“八公开”的55项具体内容、规范办税服务厅的软硬件设置、评比“十佳办税服务之星”、实行局长值班制、首问责任制、限时办结制、开展明查暗访、问卷调查，实现“一站式”服务、“一窗式”管理的要求。

2007年，市地税局印发《益阳市地税系统办税服务厅管理办法（试行）》，开展星级办税服务厅创建和星级办税服务员的评定工作。全系统投入350万元用于办税服务厅的硬件建设，制定各种管理制度，规范和强化办税服务、内部管理。当年，益阳市地税系统新创四星级办税服务厅3个、三星级办税服务2个、保留1个，市地税局被省地税局评为星级办税服务厅创建活动先进单位，全市地税系统评选出三星级办税服务员54名，四星级办税服务员10名。当年，市地税局全面推广税库银横向联网工作，8个县市区局和2个直属单位联网成功，90户纳税企业实现了电子申报；办税服务厅实现“一站式”服务和“绿色通道”服务，极大程度地方便了纳税人。

2008年，市国税局在办税服务厅新设立纳税人自助服务区，安排专门的导税员，规定文明服务用语30句。同年5月，取得城区4个局试点经验后，“全职能、全天候”办税服务模式在益阳市国税系统全面铺开。当年，市国税局在线上积极推行网上办税系统，纳税人足不出户就可以办理相关涉税业务；在办税服务厅开展“依法征收零减免，业务操作零缺陷，服务流程零障碍，纳税服务零投诉，数据质量零差错”的竞赛活动，提高办税厅人员的业务和修养。

2009年，市地税局开展了四星级办税服务员的评定工作；收集了各级办税服务厅服务管理工作制度，汇编成《办税服务厅服务管理工作制度汇编》，作为纲领性文件下发，要求全市各级办税服务厅遵照执行。

2010年，市国税局印发《办税服务厅窗口职能整合工作实施方案》和《办税服务厅服务规范手册》，统一办税服务厅标识设置，规范各办税服务厅的窗口设置、人员着装、设备配备、内部流转、限时办结、软件安装、权限设置等内容，办税服务厅成为为纳税人提供纳税服务主要场所。当年，市国税局还积极推广网上办税服务平台，全市一般纳税人的网上申报率达95%以上，新办一般纳税人的电子申报率达到了100%。

2011年，市国税局开展创建星级办税服务厅活动，沅江市国税局办税服务厅被评为湖南省国税系统五星级办税服务厅，南县国税局办税服务厅被评为湖南省国税系统四星级办税服务厅，安化、桃江、大通湖国税局办税服务厅被评为湖南省国税系统三星级办税服务厅。推广网上办税取得新进展，年底，全市注册用户33786户，累计办理涉税事项28万多笔，通过电子渠道缴纳税款16.2亿元。制定《涉税事项“一站式”服务方案》及内部考核办法，在推行首问责任制、“一站式”服务、限时服务、全程服务、提醒服务、预约服务等多元化服务方式的基础上，主动走出去，有针对性地了解、满足个体纳税人比较关心的起征点、定税方式及其标准、税负公平与否等方面的需要，最大限度地落实办税“八公开”（公开纳税人的权利与义务、公开税收政策法规、公开管理服务工作规范、公开稽查工作规范、公开税务违法违章处罚标准、公开税务干部廉洁自律有关规定、公开受理纳税人投诉部门和监督举报电话、公开违反规定的责任追究）内容。加强办税服务软、硬件建设，办税服务新机制初步形成。

2012年，市国税局印发《关于明确办税服务厅管理有关事项的通知》，提出严格执行局领导值班制度、做好应急预案、做好沟通与疏导、严格执行首问责任制的工作要求。推行免填单服务，开发、应用新型网络政务公开触摸查询系统，利用局域网络终端对办税服务厅窗口办税情况进行实时监控，推行纳税人停车位服务和率先在全省启动同城通办服务等服务措施，推动办税服务工作向纵深发展。

2012年，市地税局开展办税服务厅“创星”工程，推广“一窗受理、内部流转、限时审批、一站办结”模式，明确功能分区，优化岗位配置，规范办税流程，办税服务厅的服务效能明显提高。

2013年2月，市国税局印发《关于实行申报期领导干部值班制度的通知》，在申报期，要求各县市区局领导必须在办税服务厅值班，及时解决办税服务厅可能发生的任何问题。2月25日，市国税局印发《关于举行益阳市国税系统纳税服务模拟场景表演赛的通知》，在第二十二个全国税法宣传月期间举行益阳市国税系统纳税服务模拟场景表演赛。当年，市国税局通过组织人员参观学习、制定办税服务日常考核办法、开展星级办税厅和依法办事示范窗口创建活动、实施一次性告知服务和免填单服务、实行“一窗通办”“同城通办”、推行纳税人自助服务和网上办税，全年实现了办税服务“零投诉”，在全省办税服务和纳税人满意度调查测评中，名列第3。

2013年1月，市地税局印发《益阳市地方系统办税服务厅日清日结工作制度》，明确办税服务厅前台工作人员每日对外办理的包括税款征收、发票管理、信息录入三大类工作，从每天下午4时30分开始，逐岗位进行日清日结；清查比对后，前台工作人员填写办税服务厅日清日结情况核对表，由稽核人员、办税员、办税厅值班主任三方签字确认。同年6月，市地税局印发《关于做好“免填单”服务推行工作的通知》，制定统一的“免填单”服务标准，从8月1日在全市地税系统推行。当年，市地税局采取精简合并涉税资料的办法，提高办税效能，将过去要求填报的34种常用涉税表格，停用15种，将剩余19种涉税申报表合并为地方税（费、金）综合申报表一张表格，减轻了纳税人办税负担；实行规范审批和限时办结措施，将三级税务机关共18项审批事项的受理和办结时限公开，缩短了纳税人办税时间。市地税局还开展了办税服务之星的评选活动。

2014年5月，市国税局制定《第二届三星级办税服务厅评定计分标准》，开展第二届星级办税服务厅评定验收工作。同年6月，市国税局举办一期办税服务厅全体人员参加的办税业务培训班，进行第二届星级办税服务厅评定验收业务知识考试，人人过关。同年8月，市国税局印发《关于重新明确“同城通办”工作有关事项的通知》，重新规范“同城通办”办税服务工作。8月28日，市国税局印发《首问责任制实施办法》，进一步推行首问责任制、加强办税服务工作。

同年9月，市国税局就《全国县级税务机关纳税服务规范》的学习和贯彻，举办一期办税服务厅全体人员参加的专题培训班。当年，市国税局取消市级税务行政审批项目6项、合并4项，取消进户执法事项39项，取消和简化合并涉税文书26项，清理废止规范性文件2个，减少纳税人的资料报送和表单填写，全面推行“一站式”服务、“同城通办”、限时办结等服务措施，涉税业务办理提速40%以上；开展星级办税大厅创建工作，全市9个办税服务厅安装了音视频监控系统，配齐网络版触摸屏，运行办税服务绩效考核管理系统，全天候、全过程、全时段进行实时记录和监管；在抓硬件建设的基础上重视办税服务大厅软件建设，落实《纳税服务规范》，推行首问责任制、导税服务、免填单服务、延时服务等，保证了服务质量“零投诉”。市国税局在省国税局组织的办税服务厅业务考试和满意度调查中均取得较好成绩，在省国税局星级办税服务厅评选活动中，有3个办税大厅总体评分在96分以上，有3个办税大厅获评五星级办税大厅。

2014年，市地税局重点抓好明明白白征税、便利缴税、满意办税工程，落实《县级纳税服务规范》，大力推行简政放权、优化流程、提速增效，采取减少审批流程、精简表证单书、提供“免填单”服务等措施，进一步优化办税服务工作。当年，市地税局网上办税厅上线运行，“同城通办”范围拓宽，“12366”短信服务平台、自助办税终端顺利推广应用。

2015年2月，市国税局印发《关于开展“红顶中介”乱象专项核查工作的紧急通知》，对“红顶中介”的服务乱象进行了专项清理，并要求各级办税服务厅大力提倡纳税人实名制办税，并为纳税人办税提供更快捷、更优质的服务。当年，市国税局积极落实纳税服务规范2.0至2.3版要求，更新表证单书，升级相关业务软件，落实33项“免填单”业务，提升了办税服务的整体质效；在办税厅实行征期领导值班制度、安排专人进行办税辅导、分流办税业务，升级排队叫号系统，安装办税服务厅音视频监控系统，加强了对办税服务行为监督检查；完善首问责任制、落实好“一窗式”服务、“一站式”服务、限时办结制、一次性告知信息化管理、“同城通办”等各项制度，加强办税服务厅软、硬件建设，缩短窗口办税的时间，提高了办税效率；积极开展预约服务、延时服务、提醒服务、全程服务、绿色通道服务等个性化服务项目，最大程度地方便了纳税人；探索互联网+服务模式，加大网上办税一体化平台推广力度，积极推广了纳税人网上办税，办税服务工作跃上了新的台阶，《人民日报》予以了报道。

2015年4月，市地税局印发《关于服务大众创业、万众创新工作的实施意见》，将市级审批的项目，除保留3项外，其余11项全部下放到县市区局并改为报备制，简化了纳税人的办税流程。

2016年3月，市国税局与市地税局联合印发《合作开展纳税服务工作方案》，明确国地两税要整合办税服务资源，统一服务标准，联合开展办税服务工作，实现纳税人“进一家门，办两家事”，解决纳税人办税“两头跑”的问题。同年3月，市国税局印发《关于深入开展2016年“便民办税春风行动”实施方案的通知》，通知在提高办税服务效率上推出落实国地税合作规范，国地税业务一厅办理；实行二维码一次性告知、免费提供申报软件；落实首问责任制度，大力推行全省通办等措施来优化办税服务效能。在简化发票领购和管理方面推出取消增值税发票认证的办税环节，提供发票网上申领服务；引入现代物流服务配送纸质发票，推行发票掌上开具、发票验旧信息自动上传，推行电子发票等措施来缩短纳税人办税时间。同年12月，市国税局、市地税局联合印发《联合办税服务厅实行“一窗一人办税”服务模式工作实施方案的通知》，共建联合办税大厅2个，同驻区政府政务大厅2个，采取互派人员实现联合办税服务厅8个，互设服务窗口21个，互派窗口人员21人，共建联合办税服务室2个，完成了总局提出的“走进一家门，办完两家事”的办税服务工作目标，朝办税服务厅全面实现“一窗一机一人双系统”工作目标迈出了坚实的步伐。当年，市国税局取消行政审批事项11项，下放行政审批事项4项，清理规范性文件3份；推出提前预约、错峰申报、绿色通道等服务手段；开通11大类37项可通过电子税务局办理的涉税业务；与地税局建立改革互动、办税互通、业务互联、资源互享的合作运行机制来全面整合办税服务资源，在全省率先探索完成了“共建、共驻、互设”三种办税服务模式；8个县市区局全部实现联合办税，有320余户纳税人在国地税办税服务厅完成了一站式的登记注册、税种核定、发票核定、发票领购等一系列涉税事项的办理，办税服务效能得以进一步提升。

2016年3月，市地税局印发《关于开展2016年“便民办税春风行动”实施方案的通知》，明确还提出了办税服务深度融合的4大类18项措施。4月22日，南县国地税联合办税服务厅在南县国税局举行揭牌仪式，这是益阳市首家互设窗口、互派人员深度融合的国地税联合办税服务厅，标志着南县国、地税办税业务深度融合模式正式启动。南县联合办税服务厅分别在国税局办税服务厅、地税局办税服务厅设置了联合办税服务一厅、二厅，共设置4个联合服务窗口，国、地税办税服务人员联合集中受理税务登记、行政审批、纳税咨询、纳税申报、发票发售、发票代开等涉税业务。同时，该联合办税服务厅优化办税事项、办税流程，整合功能区划、统一叫号系统，优化窗口配置，按照“一窗受理、涉税同办、限时办结”的服务模式，将所有纳税人办理的涉税事项全程涵盖、全程优化，实现一次叫号、一窗受理、一次办结，最大限度地节约纳税人时间、降低纳税成本，实现了国税、地税、纳税人三方共赢。当年，市地税局从10月1日起，对3大类18个服务事项实行全省通办，对3大类14种办税事项实行无纸化免填单服务。

2017年2月，市国税局在全市各办税服务厅开展“简事快办、实名速办、网上多办、一窗全办”的办税服务提速活动，缩短纳税人办税等候时间。同年3月，针对推行“一窗一人”办税服务模式后出现的业务软件多、操作复杂、电脑接插辅助设备多、系统运行不稳、维护困难等问题导致纳税人投诉日益增多的情况，市国税局胡跃生、张琦撰写调研文章在《税收参考》上发表，省国税局刘明权局长高度重视并作出批示。受省局委托，市国税局、市地税局联合成立办税服务厅标准化技术规范实施工作小组，制定工作方案，集中力量，加班加点，在省局的指导下，制定了《湖南省办税服务厅标准化技术规范》，研发出“一套方案，一本手册，五套软件”为主要内容的一揽子解决方案。8月30日，研发成果顺利通过省局验收，同年10月在全省推广应用。刘明权局长再次批示给予高度评价并上报总局。当年，市国税局为29720户纳税人开通了电子税务局，电子税务局税务端共接受纳税人申请事项4181笔；使用电子税务局免税申报模块40242户次，使用发票验旧、发票领用、发票代开等模块31212户次；实行首问责任1265人次，提供预约办税2569次、延时服务43950.31分钟；办理“同城通办”业务14710笔；对33项“免填单”服务事项为纳税人提供各项免填单业务。

2018年4月，市国税局、市地税局联合印发《关于推进国地税业务“一厅通办”实施方案的通知》，成立国税、地税联合办税工作组，组长由徐向阳和石洪波共同担任，通知要求各县市区国税、地税部门均实行“一把手”负责制，在4月25日前，所有的办税服务场所都要实行“一窗一人双系统”联合办税服务模式，即纳税人到任何一个办税服务厅的任何一个窗口，一个办税人员就可以办理好国税、地税所有业务；调整办税服务厅排队叫号系统，实现统一叫号，在叫号系统中不再区分国税业务和地税业务。同年7月，国税、地税合并，合并后的市税务局印发《办税服务厅整合工作实施方案》，部署安排全市税务系统办税服务厅的整合工作。7月底，线上线下整合完毕，一个服务标识、设置、流程、标准、平台等方面规范统一的办税服务大厅呈现在纳税人面前，实现了纳税人、扣缴义务人、缴费人进一个厅、排一次队、到一个窗口，办理所有税费事项的目标；益阳市8个办税服务厅均实现一厅通办，同时，实现50个事项省内通办、91个事项全程网上办、152项事项享受“最多跑一次”服务。纳税人还可以选择一厅通办、一网通办、一套资料、一次申请、一键咨询、主税附加税一次办等多种办税方式，办税服务工作有了质的提升。同年8月，湖南税务网上税务局新办纳税人套餐式服务模块正式上线，益阳市范围内新办纳税人按省局服务模块实行套餐式服务，办税效能再次提高。同年8月，市税务局印发《关于开展“新机构、新服务、新形象”服务建设提升专项活动方案》，提出以便利纳税人办税为落脚点，推出解决导致办税服务拥堵、办税效率下降等重点难点问题的措施，全面提升“一门进、一网办、一键答、一次成”办税服务水平，提升纳税人的获得感和满意度。当年，全市税务系统办税服务厅共取票号281014个，业务总量840881件，日均工作量571.25件，业务量同比增长25.8%；平均办理时间1.81分钟，同比平均业务办理时间缩短13.44分钟；全市税务系统共发放2158万份发票，办理112.5万件业务，单笔业务办理时间缩短30%以上。益阳市纳税人满意度有较大提升，南县局在2018年全国纳税人满意度抽样调查中位列全省第4。

2019年5月，市税务局印发《办税服务内控制度》，对各办税服务厅业务流程进行全面梳理，重点对票、款、减免退等环节加强内控，使各项办税制度得以落实。同年6月，市税务局开展了以“新税务 新服务”为主题的便民办税春风行动，全面推行“一门、一窗、一次”服务，落实“最多跑一次”“全程网上办”清单，对新办纳税人推出10项“套餐式服务”，从开户到发票领用只取1次号、只排1次队、2小时内办结；加强电子税务局运用，积极推进24小时自助办税，1—5月网上申报320352笔、网上申报率达99.08%。当年，市税务局提倡“非接触”办税缴费，引导纳税人、缴费人选择电子税务局、手机APP、自助办税终端、邮寄发票等渠道办理业务；开展预约办税、入户办税、实现辖区内管户分流、分批办税；落实12条深化“放管服”举措，取消1107项资料报送、15项税务证明，实现566项优惠事项快速查询、143项涉税事项即时办结、172项“最多跑一次”和159项“全程网上办”，优质、高效的办税服务工作逐步融入税务征收管理工作各环节。

2020年1月，湖南省办税服务综合管理系统率先在沅江市税务局上线运行，3月，该系统在益阳市全面上线运行。同年2月，市税务局印发《支持企业恢复生产工作方案》，积极拓展“非接触式”办税缴费服务，按照尽可能网上办的原则，引导纳税人、缴费人通过电子税务局、手机APP、自助办税终端等渠道线上办理；对确有困难不能按期缴纳税款的，可申请延期缴纳税款，不加收滞纳金，最长期限为3个月。当年，市税务局积极推广“非接触式”办税服务，加强电子税务局推广应用，落实“网上办、自助办、邮寄送、线上答”等新举措，办税缴费平均用时较2019年缩短30%，新办纳税人从登记到领用发票50分钟内可办结，办理出口退税平均用时3.4天，比总局规定的6个工作日缩短2.6天；大力推进容缺办理，准予70余户企业延期缴税1.2亿元。市税务局在全市15个办税服务厅配置28台自助办税终端，针对发票领用、发票代开等业务，引导纳税人在网上提交申请后直接前往自助办税终端进行领取；与中国邮政联合推出免费发票邮寄便民服务，通过“电子税务申请+邮寄”方式办理发票领用和发票代开6324笔；全市受理44户企业延期缴纳税款申请，涉及税款1762.54万元；加快退税办理进度，缓解企业资金急需，为48家企业办理退税5480万元。全市税务系统办税业务总量达到118万件，日均工作量从2018年的571件增加到3234件，增长466.37%，平均办理时间从2018年的13.44分钟缩短到3.21分钟。

2021年3月，市税务局印发《关于全力做好降低进厅业务量有关工作的通知》，将不必在窗口办的125项办税事项，采取正列举法的方式，汇制成网上办税功能事项清单，分送给纳税人，引导纳税人网上办理上述涉税事项。同年5月，市税务局印发办税服务厅常见业务事项归类分析表，要求各县市区局坚持“非必须、不窗口”的原则，大力推行“非接触式”办税缴费；将沅江市税务局把52项常见办税事项划分为必须线上类、窗口业务类、引导线上类、自行选择类，并说明了归类理由和异常情况处理，编制成办税服务厅常见业务事项归类分析表的经验在益阳市推广。同年9月，市税务局二分局办税服务厅由益阳大道办公区一楼搬迁至新的市民服务中心，税务服务窗口增设至12个，配备工作人员26名，自助办税区配备8台互联网计算机、4台自主办税终端设备，为纳税人自助办税提供良好的硬件环境。当年，市税务局办税服务达到新的标准：出口退税平均用时2天，较2020年缩短1.4天、比总局规定的6个工作日减少4天；办税厅排队等候平均时长3分16秒，较2020年减少5分53秒；网上办税占比84.39%，较2020年提升34个百分点；预约办税95%以上，好评率达到99.99%；财行十税合并申报顺利实施，不动产交易实现“一窗受理、并行办理”；“12366”热线电话实现全满意、“零差评”。市税务局作为唯一无纸化申报率100%的单位，排名全省第一。

2022年1月，市税务局印发《关于做好进一步优化税源管理方式有关纳税服务工作的通知》，全市各办税服务厅做好了以下办税服务工作：设立咨询受理专岗、即时受理。各县市区局、市局二分局办税服务厅均新设置咨询导税台，摆放“涉税（费）诉求咨询受理”牌子，指定专人，统一受理纳税人（缴费人）各类涉税（费）需求。建立受理台账、即时登记。各县市区局、市局二分局在办税服务厅建立包含有受理时间、受理人员、咨询对象、联系电话、咨询内容、答复情况、抽查反馈等主要内容的受理台账，详细登记不能即时办理或当场答复事项，推动涉税诉求第一时间受理、解决、反馈。压实工作责任、即时办理。明确专人负责流转事项的跟踪反馈，决不能出现涉税事项办理逾期。注重解惑释疑、准确答复。明确业务精、作风优，特别是全面深入掌握优化税源管理方式文件精神的人员，负责咨询受理岗位，值守公开电话，准确答复纳税人、缴费人的涉税诉求，不允许将自己可答复的问题推给“12366”纳税服务热线答复。当年，市税务局通过开展星级办税服务厅创建工作，做到了线下服务无死角、线上服务不打烊、定制服务广覆盖；落实了首问责任制、一次性告知制、领导值班制等常规办税制度；有序推行了导税服务、全程服务、限时服务、延时服务、提醒服务等举措；继续实施承诺办税、预约办税、非接触式办税，大大提高办税质效。市税务局办税业务平均办理时长与平均等候时长均低于全省平均水平，网上办税率不低于全省平均水平；出口退税平均办理只用时0.77天，居全省前列；益阳市“互联网+不动产交易纳税平台”顺利上线；预约办税率90%，非接触式办税率93.45%，高于全省平均。

二、优化税收营商环境

1999年6月，市国税局下文成立软环境建设领导小组，明确组长由郭志仁担任，谢勇民任副组长。领导小组办公室设监审室，贺梓交任办公室主任。6月16日，印发《关于贯彻市委、市政府治理经济发展环境重大决策，规范税收执法，优化税收环境的通知》，要求全市国税系统严禁税外收费行为，从发文之日起，一般纳税人的年审收费和代开、代管监开发票的收费，一律停止；税务代理必须坚持自愿原则；严格按规定清退和收取保证金，不得以任何借口拖延清退保证金。税务专业报刊发行必须坚持自愿的原则，严禁强制发行、搭车发行；严禁向纳税人推销有关部门单位发行的报刊、读物和推销个人发行的书籍。严禁以税法宣传的名义向纳税人拉赞助。进一步规范纳税检查，除有举报或重大偷税嫌疑外，对同一企业在同一纳税期限已经进行过检查的，原则上不得再进行检查；日常检查原则上不采取大规模检查的办法；对涉外企业和单位的日常检查由涉外税务部门进行，对涉外企业和单位的举报案件和重大违法案件，经县以上国税局局长批准，由同级稽查局负责稽查，稽查时，税务人员必须持涉外税务检查证方能进入涉外企业稽查，其他部门和人员不得进入涉外企业进行纳税检查，同时，稽查局与主管涉外税务部门要加强配合协作，互通信息；对市委、市政府于6月9日公布的城区重点扶持的13家工业企业进行大规模的税收清理检查和采取强制措施，必须先经市优化软环境领导小组的批准方可执行；国税机关采取税收保全或强制措施等具体行政行为必须要有法定的依据并符合法定的程序。严格依法进行行政处罚。明确税务行政审批及涉税事项办理时限，提高办事效率。进一步推行办税公开，强化优质纳税服务。同年9月，市国税局发文成立治理经济发展环境工作领导小组，明确组长由郭志仁担任，副组长由黎谷盈、程亮东、王如林、谢勇民担任。领导小组下设办公室，与税政法规科合署办公，办公室主任由胡跃生担任。文件还公布了举报电话。同年11月，市国税局印发《贯彻市委、市政府优化经济建设软环境暂行规定的实施细则》，并规定实施细则中所有条款从发布之日起执行。

2000年10月，市地税局颁布《关于优化经济建设软环境暂行规定》，成立以郑惠为组长的优化经济建设软环境工作领导小组。要求全市地税系统坚决做到“十个严禁”，即严禁寅吃卯粮；严禁贷款交税；严禁转引买卖税款；严禁税务人员担保贷款缴税；严禁用税务经费垫交税款；严禁集资缴税；严禁混库、截留省级收入；严禁擅自减免税收；严禁以税抵费；严禁以税谋私、收人情税、关系税。要求全市地税系统坚持文明收税、持证上岗，在各办税服务厅公开办税程序及税收执法程序，及时处理群众来信来访，力争“零投诉”。

2002年3月，市国税局向社会公开四项承诺。1.坚持执法人员着装、持证上岗，禁止着便装和不亮证进行执法，禁止临时人员和协税、护税人员执法。2.坚持办税公开制度和服务承诺制度。3.坚持依法征税，文明征税，不违反法律法规规定征税，不乱罚款、乱收费、乱摊派。4.坚持廉洁从税，切实维护纳税人的合法权益。3月31日，市国税局印发《关于开展文明征税、优化服务活动的通知》，决定从4月1日起在益阳市国税系统开展“文明征税，优化服务”活动。坚决实行“税收制度公开制度”“局长值班制度”“一个窗口到底，全程规范服务制度”“服务承诺制度”“纳税人信用等级制度”“监督制度和责任追究制度”等六项制度来优化益阳营商环境。3月31日，市国税局局长办公会议决定，在益阳市国税系统开展“实施内部行风评议，让社会公众满意”“改善服务方式，让纳税人满意”“推行岗责体系，让干部群众满意”的“三个满意”活动。旨在切实转变益阳市各级国税机关和国税干部的工作作风，优化益阳营商环境，为地方经济的发展提供优质服务。同年4月，市国税局发文成立优化经济建设软环境领导小组，皮本固任组长，黎谷盈、程亮东、周智平、陈其佑、胡顺昌、胡跃生任副组长，领导小组下设办公室，办公室设政策法规科，石建军任办公室主任。当年，市国税局为优化营商环境还做了大量工作：开展多次明察暗访，对照检查中发现的问题及时整改。分三次召开高新技术企业、乡镇企业、个体私营股份制企业代表参加的优化税收环境纳税人恳谈会，认真听取纳税人的想法和意见共48条，及时为纳税人解决实际问题18个。出台《益阳市国税系统税容风纪管理办法》，对全市8个县市分局及市局稽查局、涉外分局国税人员的岗位职责、岗位纪律、工作程序、办事效率及税容风纪等做出明确规定，并严格实行着装、挂牌上岗，公开接受纳税人及社会的广泛监督，方便纳税人办理涉税事项。对纳税人实行纳税信用等级管理，将一般纳税人分为A、B、C三级，A级纳税人实行享受三年免予稽查的优待。在4月份的全国税法宣传月中，市局在《益阳日报》公布了9户诚信纳税的A级企业及市局确定的14户免检企业名单，这些企业还向益阳市全体纳税人发出了诚信纳税倡议书，推崇诚信纳税，合法经营。清理执法队伍，对没有独立执法资格的税收代征员进行清理，全市共清理辞退税收代征员236人，纯洁了税收执法队伍。市国税局优化税收营商环境工作受到了纳税人和社会各界的广泛好评以及市委、市政府的高度赞扬，《益阳日报》以专栏的形式进行了报道。

2002年3月，市地税局印发《优化经济税收环境工作方案》，开展进一步规范执法行为、规范收费行为、规范服务行为、规范稽查行为的检查监督工作。3月26日，市地税局向社会公开发出六项承诺：1.坚持依法行政；2.坚持公开办税；3.实行优质服务。4.禁止“四乱”现象；5.规范税务稽查行为；6.严查税务人员违法乱纪行为。3月30日，市地税局发文向全社会公开四点承诺：1.规范执法行为；2.规范收费行为；3.规范稽查行为；4.规范服务行为。对税收服务和管理过程中的工作态度、服务时限、收费标准、税收检查等具体事项作出严格规定。市地税局还向社会公开承诺，在纳税人资料齐全，交足应缴税（费）的前提下，税务登记证、领购发票、申报缴税等涉税事宜，在30分钟内办结；受理审核待批文书在5分钟内办结。同年4月，市地税局向广大纳税人印发关于征求对市地税局优化经济建设软环境意见建议的函，广泛征求纳税人、缴费人意见，同时开展以克服部门利益驱动为重点的专项治理，进行发票工本费和保证金的专项治理，如数清退了所有单位多收的费用。

2003年，市国税局通过加强纳税服务、加强国税系统税容风纪管理、全力推进“一窗式”服务、简化办税手续和环节、实行政务公开、实行首问责任制、实行征期局长值班制等办法，全面优化税收营商环境，赢得了纳税人的广泛称赞。

2004年，市地税局实行“三零”服务（办税服务“零距离”，为税不廉“零出现”，税务检查“零投诉”）、优化办税环境、贯彻《中华人民共和国行政许可法》、规范审批行为、开展行政效能监察、重处违规行为等办法和措施来优化税收营商环境。

2005年3月，市国税局制定《贯彻落实益阳市优化经济发展环境七项制度实施办法》，对国税部门行政执法行为和行政管理行为进行进一步规范。税务稽查与日常检查。在征管过程中，对纳税人、扣缴义务人履行纳税义务的日常检查由基层征收管理机构负责；税收违法案件的查处（包括选案、检查、审理、执行）由稽查局负责；专项检查部署由稽查局负责牵头统一组织。在稽查组织实施中，要加强稽查计划管理和协调，避免上、下级稽查部门重复、多头检查（协查和举报除外），对涉外企业的检查除了上级部署的专项稽查、举报稽查和通过主管机关审计发现重大问题移交稽查外，其日常检查由主管国税机关负责；税务部门对纳税人全面的税务稽查（协查和举报除外）原则上一年内不超过一次，对A类纳税人三年内不超过一次；同时严禁在检查时搭车收费、搭车征订报刊，严禁税务人员帮助社会中介机构向企业强行服务和收费。实施行政审批限时办结制度。实施首查先行责令改正制度。对企业的首次轻微违法违规行为，以教育和限期改正为主，原则上不予行政处罚。实行首问负责制。实行挂牌上岗制度。实行市国税局设立税收环境热线制度。实行典型案例通报和责任追究制度。当年，市国税局通过严格执行政策、严格税收执法、严格执法监督，采取政策引资、招商引资、服务引资三大引资措施，建立和规范税法公告制度，审批限时办结制度，税收环境热线等制度，加强办税服务厅建设，全面落实一站式服务，一窗式管理，一户式查询，税收营商环境得到了进一步的优化。

2005年，市地税局制定《贯彻落实益阳市优化经济发展环境七项制度实施方案》，提出在益阳市地税系统严格实施以下七项制度：同市一家检查制度、行政审批限时办理制度、首查先行责令改正制度、首问责任制度、挂牌上岗制度、经济环境110制度、典型案件通报和黄牌警告制度。

2006年，市国税局推行税收管理员工作服务联系卡制度，开展“行政效能投诉窗口”建设，落实好文明办税“八公开”制度，深入开展“依法办事示范窗口”创建活动，税收营商环境得到进一步优化。

2008年，市国税局制定《关于贯彻落实益阳市优化发展环境“十不准”的实施意见》，召开“税企诚信，征纳和谐，共谋发展”主题座谈会，开展“国税局局长在线日”和“税收关注民生——税收优惠政策入万家”活动，融洽了征纳关系，优化了营商环境。

2009年5月，市国税局组织开展了2009年纳税人满意度网上调查工作。

2009年5月，市地税局向益阳市优化经济建设软环境办公室上报了2009年度83户税务检查计划。

2011年，益阳市国税系统扎实开展“做群众满意执法服务单位”活动，得到了纳税人的高度评价和省国税局、市纪委的充分肯定。市国税局在市委、市政府2011年度绩效目标考核中列中央、省属单位第2名，其中公众评议满意度名列益阳市市直单位前列。

2014年，市国税局采取创建“依法行政示范窗口”，推行标准化审理模式，对规范性文件进行清理，减少纳税人资料报送和表单填写，扩大即时办结的范围，全面推行“一站式”服务，“同城通办”等措施，取消市级税务行政审批项目6项，合并4项，取消进户执法事项39项，取消和简并涉税文书26项，清理废止规范性文件2个，涉税业务办理提速40%以上。

2014年，市地税局印发《关于贯彻落实益阳市2014年机关作风效能建设和优化经济发展环境监督测评实施方案的意见的通知》，开展“访基层群众、问干部作风”大走访活动。当年，市地税局为营造益阳优质的税收营商环境，采取了规范征收管理，严格依法征税；规范检查行为，严格稽查计划报备管理、推行阳光检查、实行“一案双查”、杜绝重复检查和多头检查；深化政务公开，落实好文明办税“八公开”制度；优化服务举措，推行“大厅受理、内部流转、限时办结、窗口出件”工作流程，推出“一站式”办理、严格落实服务承诺制和限时办结制等举措，开展“依法办事示范窗口”“依法行政示范单位”和“星级办税厅”“星级办税员”创建活动。

2015年，市国税局开展规范性文件、行政审批事项、行政权力清理，共清理规范性文件5份，取消市级税务行政审批项目7项，合并3项，清理行政权力35项，推行权力清单和责任清单，统一公开，自觉接受社会监督。

2016年，市国税局共取消行政审批事项11项，下放行政审批事项4项，清理规范性文件3份，并将权力清单、责任清单向社会公告。

2018年2月，市国税局组织县市区局征收部门领导对2017年纳税额10万元以上的单位纳税人逐户上门开展税收营商环境调查工作。同年3月，市国税局组织各单位以推进“放管服”改革为主线，以压缩“申报准备时间”“申报缴款时间”为重点，有针对性地在简化流程、优化服务、精简资料、落实政策、创新监管等方面提出有效措施，切实解决纳税人“痛点”“堵点”和“难点”问题，做好优化税收营商环境工作。同年4月，市国税局机关联合人大、政协、地税等其他部门一起开展对全国和全省人大代表、政协委员的走访工作。同年10月，市税务局印发《益阳市税务系统进一步优化税收营商环境行动实施方案（2018—2022年）》，成立了以徐向阳为组长的优化税收营商环境工作领导小组，提出到2018年底，着力推进“一网、一门、一站、一次、一窗”改革的落实，实现纳税人平均办税缴费时长缩短1/3；到2020年底，落实主要涉税服务事项90%网上办理，纳税基本信息80%可共享，纳税人平均办税缴费时长缩短50%；到2022年底，落实主要涉税服务事项100%网上办理，纳税基本信息100%共享，纳税人办税缴费全程网上办、一次不用跑的目标。

2018年3月，市地税局印发了《“优化税收营商环境、提升纳税人满意度”实施方案》。

2019年3月，市税务局印发《开展“益阳市税务系统税收营商环境提升年”专项活动实施方案》，提出以改善办税环境、落实减税降费政策、提高办事效率、规范税务稽查行为四个方面为突破口，将税收营商环境提升一个档次，力争在当年税收营商环境调查中主要指标达到先进水平。同年7月，市税务局印发《关于做好优化经济发展环境工作的通知》，对市政府优化经济发展环境工作中有关税务部门的7项工作任务进行责任分解，制定贯彻落实湘政办发〔2019〕18号文件工作任务分解表，将有关优化经济发展环境工作落实到有关责任部门并督导其落到实处。7月29日，市税务局印发《益阳市税务系统优化税务执法方式全面推行“三项制度”实施方案》，明确要求益阳市税务系统全面推行行政执法公示、执法全过程记录、重大执法决定法治审核等三项制度。同年9月，市税务局下发落实“优化营商环境执行年”重点改革事项责任分解表、落实“优化营商环境执行年”痛点堵点问题整改责任分解表，要求各责任单位和部门结合各自职能职责，认真研究，逐项解决。同年12月，市税务局组织开展与《优化营商环境条例》不符的政府规章、规范性文件和其他政策文件的清理工作。对主要内容违反《优化营商环境条例》的条款，予以废止，个别条款与《优化营商环境条例》不一致的，进行修订。年底，市税务局成立了以徐向阳为组长的营商环境专项督查行动工作领导小组，对2019年落实全市税务系统税收营商环境提升年部署的各项工作进行督导，确保益阳市税务系统优化税收营商环境工作的有效提升。当年，围绕税收营商环境提升年活动，市税务局还做了如下工作：1.全面推行“一门”“一窗”“一次”服务。加强与自然资源、住建、财政等部门的工作协作和信息共享，简化不动产登记和房屋交易的税费缴纳手续，全面实现不动产登记、房屋交易、税费缴纳“一窗受理、一站办结”，纳税人只需“进一扇门、交一套材料、一次性缴税（费）、领一次证”。2.加大电子税务局推广力度。将网上申报率纳入绩效考核，2019年7月前，单位纳税人网上申报率就达95%以上。3.整合各类涉税情况证明。纳税人因在各类经济社会活动中需取得和使用自身涉税情况有关证明资料的，不再向税务机关提出申请，可直接通过湖南省电子税务局、自助办税终端自行查询自身涉税资格、信用级别、备案事项、税费缴纳、税收违法等信息，自助打印出涉税证明资料标准文本。4.规范办税服务厅标准化建设，推行自助办税服务。因地制宜设立独立的自助办税服务厅，并向银行、社区街道等延伸，建立了7×24小时的自助办税服务厅。5.简化纳税人省内跨区迁移办理手续，优化办理企业税务注销程序，推行无纸化退税申报，提速出口退税进度，推行网上申请代开发票等措施。6.强化纳税信用管理，快速响应纳税人投诉，规范涉税事项行政处罚，加强税收风险管理，开展扫黑除恶专项斗争。市税务局稽查局在“黑名单”发布后及时将有关信息传递给市局纳税服务科实施联合惩戒。7.扶持实体经济，聚力先进制造业、高新技术企业和园区经济发展。市局班子成员和机关党支部书记对口帮扶重点企业，扶持实体经济发展，编制《民营企业税收优惠政策指南》，围绕“新税务，新服务”主题，开展便民办税春风行动。

2020年，国务院颁布《优化营商环境条例》，从1月1日起执行。市国税局相继出台《关于做好优化营商环境条例贯彻落实工作的通知》《营商环境大优化政策落地见效行动工作方案》，根据税务部门的特点，从继续落实中小微企业普惠性减税政策，开展惠企政策落实情况专项督查和检查，巩固拓展减税降费成效；深化增值税改革措施；简化办税手续，压缩办税时间；落实各项社会保险费征收及减免政策等方面，制定具体细则加以落实。同年4月，市税务局印发《优化营商环境纳税人满意度工作专项绩效考评办法》和《关于明确益阳市优化营商环境“1+X”考核评价方案责任分解的通知》，将“优化税收营商环境”和“纳税人满意度”两个指标，按照县市区局和市局各责任部门两个类别，作为考核全局工作的综合性指标，实施专项考评。同年5月，印发《益阳市税务系统“促进作风建设大提升、助推税收营商环境大优化”活动实施方案》和《营商环境大优化行动方案》，重点整治2019年以来减税降费政策措施和税费优惠政策宣传落实不到位、工作存在“最后一公里”，在政策落实过程中搞截留、打折扣、设障碍、搞选择等问题。重点整治“放管服”改革力度不够，“三集中、三到位”不落实；服务意识不强，“一次性告知”“一件事一次办”不到位；税务注销办理时间长，延期缴纳税款核准慢；线上线下咨询渠道不够畅通、答复不够准确；审核程序环节多、涉及部门多、重复提交资料多，纳税人、缴费人多头跑、重复跑等问题。重点整治“双随机、一公开”监管落实不到位，税收检查和税务稽查不规范、多头重复检查（稽查）和无法定依据检查（稽查）；滥用自由裁量权，随意执法、选择性执法；执法过程中着装、示证、告知不规范；在税源管理、发票开具、涉税审批、出口退（免）税、房地产税收管理等重点领域、关键岗位管理不规范等问题。重点整治漠视纳税人、缴费人诉求，对优化税收营商环境的合理诉求消极应付，只表态不落实、只承诺不跟踪；涉企参观调研过多，要求企业负责人陪同、准备各种资料过多等问题。重点整治税务干部违反市委“十个不准”要求；违规经营办企业、配偶子女入股参股；向管理服务对象收受红包礼金、索拿卡要报以及其他慢作为、不作为、乱作为行为；八小时外涉赌、涉毒、酒驾、醉驾等问题。彻底解决税务部门行政执法、行政管理、工作生活作风等方面存在的有碍税收营商环境大优化的顽疾问题。达到办税服务标准化、便利化；税务检查规范化、公正化；政策执行公开化、透明化；行政管理程序化、人性化的目标，促使全市税务系统税收营商环境大优化。当年，市税务局取得纳税人满意度调查排名全省第六、优化营商环境评价中纳税指标排全省第二的好成绩。其中沅江市税务局创新引进第三方评估机构参与纳税人满意度调查，取得全省各县市区局中排名第二十二、益阳市第一的好成绩。

2021年3月，市税务局印发《关于开展与优化营商环境条例不符的规章、规范性文件和其他政策文件清理工作的通知》，对现行有效的涉税文件中与《优化营商环境条例》（以下简称《条例》）不符的内容进行清理。对主要内容违反《条例》的条款，予以废止；个别条款与《条例》不一致的，予以及时修订。同年7月，市税务局印发《关于贯彻落实纳税缴费便利化改革、优化税收营商环境若干措施》的通知，制定推进纳税缴费便利化改革、优化税收营商环境若干措施任务分工表，要求全市税务系统各责任单位逐条落实，坚决执行。分工表包括持续推进减税降费政策直达快享、不断提升纳税缴费事项办理便利度、稳步推进发票电子化改革促进办税提速增效降负、优化税务执法方式维护市场主体合法权益、强化跟踪问效确保各项措施落实落细等五大改革内容和45项具体改革措施，各单位必须制定具体落实措施，建立工作台账，倒排工期、挂图作战，对标对表抓好落实，完成一项、销号一项，确保各项任务落实落地。同年8月，市税务局印发《关于贯彻落实益阳市优化营商环境2021年攻坚行动方案》的通知，编制优化营商环境攻坚行动方案责任分解表，要求各责任单位对照分解表，结合工作实际，明确目标、细化举措、压实责任，确保各项要求落细落准。同年9月，为迎接全省营商环境评价工作，市税务局对各单位前段落实市局一系列优化营商所布置的各项工作落实情况开展交叉检查，对照优化营商环境攻坚行动方案责任分解表内容逐一落实，发现问题，拿出整改措施，逐一整改。当年，市税务局顺利实现财行十税合并申报以及增值税、消费税分别与附加税费整合申报，表单数量减少 2/3，十税合并申报项目减少 1/3，附加税费申报数据自动预填量超过 70%；出口退税平均用时 1.6 天，比总局规定时间少 4.4 天；第二、三季度网上办税占比，分别排全省第二、第一；非接触式办税、预约办税占比以及平均办税时长等 9 类指标，均好于全省平均；“12366”热线归并工作圆满完成，服务满意率达 99.98%；市税务局二分局办税大厅顺利进驻市民服务中心，不动产交易办税实现一窗办理；办理首违不罚事项 1112 件，办理告知承诺事项 320 件次；优化不动产司法拍卖涉税事项办理入围总局创新项目评选。全市税务系统税收营商环境稳步提升。

2022 年 1 月，市税务局成立以陈有权任组长的优化税收营商环境工作领导小组，印发《关于优化税源管理方式有关事项的通告》，明确自 2022 年 1 月 1 日起优化税源管理方式，改革税收管理员制度，确定税务机关全面取消税收管理员固定管户关系。纳税人、缴费人办理涉税事项按照涉税事项的办理频次、难易程度等，将税源管理职责划分为日常管理、调查核实、风险应对等三大类，组建相应税源管理团队，实行分类管事、团队协作的专业化管理，由“管户”向“管事”转变；纳税人、缴费人办理所有涉税（费）事项均不再需由税收管理员进行事前审核，一律按“自主遵从、自享权利、自负责任”原则通过办税服务厅或电子税务局、移动端、自助终端等渠道依法自行办理；纳税人（缴费人）如有个性化服务需求或其他涉税（费）诉求，可向主管税务机关办税服务厅咨询服务专岗提交或拨打办税服务厅电话咨询。同年 3 月，市税务局制定优化营商环境专项绩效考评方案和责任分解表，将优化税收营商环境工作纳入绩效考评内容，对一批 80 条优化税收营商环境工作任务进行了细化、分解、落实。同年 4 月，市税务局成立优化税收营商环境，促进市场主体高质量发展工作领导小组，明确领导小组主要工作职责为贯彻落实《优化营商环境条例》《湖南省优化营商环境规定》；协调解决纳税人、缴费人办税缴费过程中的痛点、难点、堵点问题；统筹推进“放管服”改革、优化税收营商环境、便民办税春风行动等各项便利化措施的落实，促进市场主体持续健康发展，促进税收营商环境不断优化。同年 5 月，市税务局部署开展益阳市优化税收营商环境暨身在湖南办事不难专项工作，通过每月召开工作推进会、做好全省优化营商环境测评和身在湖南办事不难专项考评两项重点工作，益阳市税收营商环境进一步优化，主要表现在涉税业务办理大幅提速、排队等候时长大幅压缩、逾期办结事项加速清零、限时办结事项明显提速、业务办理逐步规范、非接触式办税稳定提升、优惠政策落实持续发力等方面。同年 6 月，市税务局印发《关于认真做好 2022 年优化税收营商环境重点工作的通知》，结合科室工作职责，将上级明确的重点工作进行分解，并制作贯彻落实湖南省优化营商环境三年行动计划重点任务分工表、贯彻落实湖南省优化营商环境三年行动计划 2022 年重点任务责任分解表、贯彻落实益阳市 2022 年营商环境大优化行动方案责任分解表，强调各责任部门要按照任务分工，明确专门责任人员，细化工作举措，压实工作责任，确保各项任务落到实处、优化税收营商环境工作取得实效。同年 11 月，市税务局联合益阳市优办、市工商联召开优化营商环境联席会议，商讨优化税收营商环境有关数据共享、对接的相关问题。当年，市税务局通过深入开展便民办税春风行动、万名干部联万企、“一把手”走流程等活动，大力推广非接触式办税缴费，擦亮了身在湖南办事不难优化营商环境品牌。在全省营商环境评价中，南县纳税指标排名全省第二。

第三节　个性化纳税服务

个性化纳税服务，是纳税服务中更深层次的内容。如果税务部门不考虑不同层次纳税人的特殊需求，对纳税人只提供按照统一服务标准的规范服务，不便于对重点税源企业提供精准的点对点服务，不便于纳税遵从度较高的纳税企业享受更多的税收优惠政策，也不利于税务机关合理配置税收征管资源对纳税人进行管理。所以税务部门应当整合纳税人的个性化信息，针对其不同的纳税服务需求，在税收管理中动态地予以体现。

一、纳税人分类管理及信用等级评定

1999 年，市国税局对增值税一般纳税人实行分

类管理。在对增值税一般纳税人年审和分类管理工作中各征收单位采取“五结合”的办法，对益阳市1623户增值税一般纳税人进行年审，确定年审合格983户，取消640户增值税一般纳税人资格，并将已通过年审的983户增值税一般纳税人分为A类93户、B类327户、C类563户。

2001年12月，省国税局印发《关于明确湖南省A级增值税一般纳税人名单的通知》，益阳市辖区的湖南省柘溪水电站、岳阳纸业集团沅江纸业有限公司、中国石化公司益阳市石油分公司、湖南省国营大通湖糖厂、益阳市鸿源稀土有限责任公司、益阳大利电子有限公司、湖南滨湖柴油机股份有电公司、湖南省烟草公司益阳市公司、益阳市蚊香总厂等9户企业为A级增值税一般纳税人。

2002年10月，省国税局印发《关于印发2002年度A级增值税一般纳税人名单的通知》，益阳市辖区湖南省柘溪水电站、中石化湖南益阳石油分公司、湖南滨湖柴油机股份公司、湖南益阳市蚊香总厂有限公司、湖南省国营大通湖糖厂、湖南省盐业集团有限责任公司南县支公司、湖南嘉利香料有限公司、岳纸集团沅江纸业有限责任公司、湖南益鑫泰纺织印染公司、湖南益阳齿轮股份有限公司、核工业湖南无纺布厂、益阳铁路冶炼厂、益阳大利电子有限公司等13户企业为A级增值税一般纳税人。

2002年12月，市地税局印发《关于授予湖南益阳发电有限责任公司等11家单位“A级纳税信誉单位”称号的通知》，授予湖南益阳发电有限责任公司、湖南省柘溪水电站、湖南益阳汽车运输总公司、湖南省国营大通湖糖厂、桃江新兴管件有限责任公司、益阳气缸垫有限责任公司、湖南省烟草公司益阳市公司、湖南省益阳电业局赫山供电局、南县茅草街船闸管理所、湖南省电信公司益阳农村电信局、益阳汽车运输总公司沅江客运公司等单位获“A级纳税信誉单位”称号。

2004年7月，省国税局印发《关于做好A级纳税信用等级单位公示工作的通知》，对2002—2003年A级纳税信用等级单位（共管户）名单进行全面公示。益阳市辖区内有湖南洞庭食品有限责任公司沅江食品厂、沅江纸业有限责任公司、桃江新兴管件有限责任公司、益阳大利电子有限公司、益阳益神橡胶机械有限公司、益阳电业局、益阳嘉利有限责任公司、益阳市电器设备厂、湖南省轻工盐业集团有限责任公司益阳分公司、湖南烟草公司桃江县公司等10家单位为A级纳税信用等级单位。

2004年10月，省国税局、省地税局联合印发《湖南省2002—2003年度纳税信用等级A级单位名单的通知》，益阳市辖区湖南洞庭食品有限责任公司沅江食品厂、湖南省益阳市电器设备厂、沅江纸业有限责任公司、湖南省轻工盐业集团有限责任公司益阳分公司、桃江新兴管件有限责任公司、湖南省烟草公司桃江县公司、益阳大利电子有限公司、湖南省益阳电业局、益阳益神橡胶机械有限公司、益阳市公共交通总公司等10家单位被评为湖南省2002—2003年度纳税信用等级A级单位。

2006年11月，省地税局、省国税局联合印发《关于确认2004—2005年度纳税信用等级A级单位的通知》，确定共管户益阳大利电子有限公司、益阳资江电子元件有限公司、益阳市须江双氧水制造有限公司、湖南省烟草公司益阳市公司桃江营销部、桃江新兴管件有限责任公司、湖南兴马电力实业股份有限公司、湖南省柘溪水电站、纯管户湖南益阳阳光实业有限公司、华天大酒店为益阳市2004—2005年度纳税信用等级A级单位。

2008年11月，省国税局印发《关于做好2006—2007年度纳税信用等级A级单位公示工作的通知》，对益阳市辖区内的中国农业发展银行桃江县支行、湖南省烟草公司益阳市公司桃江县分公司、湖南省电力公司益阳朝阳供电局、中国移动通信集团湖南有限公司益阳分公司、益阳龙源纺织有限公司、益阳资江电子元件有限公司、益阳益神橡胶机械有限公司、益阳市须江双氧水制造有限公司、益阳泰源工贸有限公司、湖南宇晶机器实业有限公司、湖南安化湘安钨业有限责任公司等11家单位进行全面公示。同年12月，经省局确认，益阳市辖区上述11家单位全部合格。年底，市国税局联合市地税局为上述11家单位上门授牌。

2009年1月，市国税局印发《关于A级纳税信用单位实施动态管理的通知》，明确全面落实A级纳税信用单位的激励措施，对2006—2007年度湖南省益阳市纳税信用A级单位实施动态管理。A级纳税信用单位原则上两年内免除税务检查，特殊情况（专项、专案检查及金税协查等）需上门检查的，须报经市局局长批准。对A级纳税信用单位可适当放宽发票领购限量。在符合出口货物退（免）税规定的前提下，简化出口退（免）税申报手续。对A级纳税信用单位，办税服务厅可提供绿色服务通道，优先办理各项涉税业务。2006—2007年度湖南省益阳市纳税信用A级单位名单：湖南宇晶机器实业有限公司、湖南省电力公司益阳朝阳供电局、中国移动通信集团湖南有限公司益阳分公司、益阳龙源纺织有限公司、益阳资江电子元件有限公司、益阳益神橡胶机械有限公司、益阳市须江双氧水制造有限公司、益阳泰源工贸有限公司、中国农业发展银行桃江县支行、湖南省烟草公司益阳市公司桃江县分公司、湖南安化湘安钨业有限责任公司。

2010年5月，省地税局、省国税局联合部署开展2008—2009年度纳税信用等级评定工作。同年11月，发文对益阳市8家拟评为2008—2009年纳税信用等级A级的单位进行了全面公示。同年12月，省地税局、省国税局联合印发《关于印发2008—2009年度A级纳税信用单位名单的通知》，益阳市辖区中国联合网络通信有限公司益阳市分公司、湖南嘉利香料有限公司、益阳中燃城市燃气发展有限公司、湖南汉森制药股份有限公司、益阳市须江双氧水制造有限公司、湖南艾华集团股份有限公司、湖南省电力公司柘溪水力发电厂、湖南省烟草公司益阳市公司等8家单位被确定为2008—2009年度A级纳税信用单位。

2012年11月，省国税局、省地税局联合印发《关于表彰2010—2011年度"湖南省纳税信用A级单位"的通报》，明确受表彰的益阳市辖区国税、地税共管户20户：湖南省烟草公司益阳市公司、湖南汉森制药股份有限公司、益阳橡胶塑料机械集团有限公司、益阳蓝天集团汽车城有限公司、中国移动通信集团湖南有限公司益阳分公司、中国农业银行股份有限公司益阳分行、中国电信股份有限公司益阳分公司、大通湖天泓渔业股份有限公司、太阳鸟游艇股份有限公司、中联重科股份有限公司沅江分公司、辣妹子食品股份有限公司、南县兆丰纺织有限公司、湖南南州酒业有限公司、克明面业股份有限公司、益阳市东方水泥有限公司、桃江久通锑业有限责任公司、湖南省桃江建信村镇银行股份有限公司、湖南省电力公司柘溪水力发电厂、湖南安化湘安钨业有限责任公司、湖南安化渣滓溪矿业有限公司。受表彰的地税纯管户2户：益阳市水利水电勘察设计研究院、益阳市城市规划设计院。

2015年2月，市国税局、市地税局联合发文，开展2014年度纳税信用评价工作。同年4月，在益阳市国地税办税服务厅、主管税务机关公告栏发布纳税信用等级A级名单，并为纳税人提供纳税信用评价结果自我查询服务。纳税人凭税务登记证件及经办人有效身份证件可打印纳税信用报告。当年，市国税局、市地税局联合对3334户纳税人纳税信用等级情况进行了综合评价，共计评出A级纳税人87户，B级纳税人916户，C级纳税人1692户，D级纳税人654户。评定过程中共对938户纳税人纳税信用等级进行了调整。

2016年，金税三期纳税信用管理系统上线运行。市国税局、市地税局按照省局工作部署，密切配合、协同合作，通过金税三期纳税信用管理系统，实施全过程电子化联合评价纳税人信用等级工作。同年4月底，全面完成2015年度纳税信用评价工作，共对2975户符合条件的企业进行了纳税信用评价，评出A级纳税人72户。同年5—10月份，通过补评和复评，增加A级纳税人15户。2016年，益阳市国地两税把纳税信用评价结果运用到益阳市各级2000多位党代表、人大代表、政协委员候选资格审查、15家新认定农业产业化省级龙头企业资格认定、67家著名商标企业的资格审定、4户纳税企业退税审批中。由于纳税信用评价情况不好，有14人被取消两代表一委员候选资格，有一家企业被取消著名商标评选资格，有一家企业退税审批未获批准。益阳市国地两税还把纳税信用评价结果运用到"银税互动"工作之中，邮政储蓄银行依据税务部门提供的纳税人纳税信用评价情况，为纳税信用较好的17家中小微企业提供5380万元的税贷通贷款。

2021年，市税务局强化信用评价管理，益阳市良好信用等级以上（A级、B级、M级）纳税人共30354户，占参评总户数的89.57%。其中A级纳税人2278户，同比增加1049户。

二、投诉与反馈

1995年7月30日，市地税局以益地税办（提）字〔1995〕1号（B类）文件的形式对益阳市政协一届二次会议第85号提案，梁志强等三位委员提出的《关于防止个体私营经济税收流失的问题》给予书面答复并抄报市政协。同日，市地税局以益地税办（提）字〔1995〕2号（B类）文件的形式对益阳市政协一届二次会议第89号提案，杨树勋等三位委员提出的《税收流失严重，必须引起高度重视》给予书面答复并抄报市政协。同日，市地税局以益地税办（提）字〔1995〕3号（A类）文件的形式对益阳市政协一届二次会议第92号提案，贺伏秋委员提出的《关于减免勤工俭学企业税收的提案》给予书面答复并抄报市政协。

1996年7月3日，市国税局以益国税函〔1996〕51号B类文件的形式对政协资阳区第八届四次会议第63号提案，潘明其委员提出的《市属单位用砂必须统一使用砂石专业发票》给予书面答复并抄报资阳区政协。

1997年6月24日，市地税局以益地税办（提）字〔1997〕1号（B类）文件的形式对益阳市政协一届四次会议第29号提案，梁志强委员提出的《加强益阳市门面房租税收的征管》给予书面答复并抄报市政协。6月25日，市地税局以益地税办（提）字〔1997〕2号（B类）文件的形式对益阳市政协一届四次会议第 71 号提案，陶国安委员提出的《建议税务部门抓紧装修队伍的税收管理，防止漏税》给予书面答复并抄报市政协。

1999 年 5 月 17 日，市国税局以益国税发〔1999〕26 号文件的形式对益阳市人大第二届一次会议第 36 号和第 117 号建议，桂藲生、黄电兵 2 位代表提出的《没有按行政区划设置税务机构，难免出现征管漏洞，造成税款流失》给予书面答复并抄报市人大。5 月 19 日，市国税局以益国税发〔1999〕27 号文件的形式对益阳市政协第二届一次会议第 60 号提案，何寄详、盛永初、向勇民、田建华 4 位委员提出的《益阳市农机总公司税收问题》给予书面答复并抄报市政协。

1999 年 6 月 11 日，市地税局对政协委员贺向明反映的《加强三陪人员管理》的来信给予书面答复并抄报市政协。6 月 30 日，市地税局以益地税办（提）字〔1999〕1 号（C 类）文件的形式对益阳市人大二届一次会议第 36 号 117 号建议，桂藲生、黄电兵 2 位代表提出的《以办事处为征管单位设立国税所、地税所的建议》给予书面答复并抄报市人大。7 月 14 日，市地税局以益地税办（提）字〔1999〕2 号（C 类）文件的形式对益阳市政协二届一次会议第 26 号提案，陈放南委员提出的《大力培植新的经济增长点，奋力拉动经济全面快速发展》给予书面答复并抄报市政协。7 月 20 日，市地税局以益地税办（提）字〔1999〕3 号（C 类）文件的形式对益阳市政协二届一次会议第 72 号提案，彭玉元委员提出的《加大招商引资力度，尽快搞活死困企业》给予书面答复并抄报市政协。

2000 年 4 月 3 日，市国税局对益阳市政协第二届二次会议第 116 号提案，吴子良委员提出的《对我市当前税收工作的意见》进行了书面答复并抄报市政协。

2000 年 5 月 24 日，市地税局对益阳市政协二届二次会议第 166 号（经济类 26 号）提案，胡子良委员提出的《对我市当前税收工作的意见》进行了书面答复并抄报市政协。5 月 24 日，市地税局对市政协二届二次会议第 173 号（经济类 76 号）提案，夏星辉委员提出的《亟待规范的房地产开发市场》进行了书面答复并抄报市政协。

2001 年 4 月 12 日，市国税局对益阳市政协第二届三次会议关于《改变职能部门的征收观念，提高私营企业的税费意识》提案中涉及国税部门内容复函。复函对提案中提到的“要加强税法宣传，提高个体私营业主的纳税意识”“征收部门和干部要改变工作态度，做到艰苦深入，细致调查，经常宣传，注意工作方法，严格征收”“提高征管人员的自身素质，注意形象，明确工作责任”“加大民主监督，把单位和干部的考核向地方政府、人大代表和政协委员征求意见”的建议给予了充分肯定，复函表示，对上述建议，市国税局将采纳到实际工作中予以切实改进。4 月 16 日，市地税局对涉及地税部门的内容也给予了书面答复。4 月 12 日，市国税局对益阳市政协二届三次会议第 129 号提案，李威宏、周敬佩 2 位委员提出的《完善税收征管措施是稳定税源的聚宝盆》中涉及国税部门内容给予了书面复函答复，并以益国税办函〔2001〕2 号文件的形式抄报市政协。4 月 16 日，市地税局对涉及地税部门的内容也给予了书面答复。4 月 12 日，市国税局对益阳市政协第二届三次会议第 258 号提案，徐建勋委员提出的《自己开办公司，预缴税款 4.5 万元》的问题进行了调查处理，将处理结果告知了徐建勋委员，随即，市国税局以益国税函〔2001〕38 号文件的形式给予书面答复并抄报市政协。4 月 17 日，市国税局对益阳市人民代表大会有关代表提出的第 141 号关于《整顿投资环境，搞好招商引资》建议中涉及国税部门的内容给予了书面答复并抄报市人大。4 月 16 日，市地税局对涉及地税部门的内容也给予了书面答复。4 月 17 日，市国税局对益阳市政协二届三次会议第 126 号提案《关于进一步加强我市税收工作的建议》中涉及国税部门的内容给予了书面答复并抄报市政协。

2001 年 4 月 16 日，市地税局对民盟益阳市委有关委员提出的《关于进一步加强我市税收工作的建议》给予了书面答复并抄报民盟益阳市委。

2002 年 6 月 27 日，市国税局以益国税函〔2002〕4 号文件的形式对益阳市政协二届四次会议第 252 号（经科类 153 号）提案《改革税费征收办法、发挥执法主体作用》涉及国税部门的问题给予了书面答复并抄报市政协。8 月，受理了一起个体户投诉并作出了处理，将处理情况及时反馈到个体户。

2002 年 6 月 20 日，市地税局对益阳市人民政府督查室反馈益阳市政协二届四次会议李可才、李雁保 2 位委员提出的《改革税费征收办法、发挥执法主体责任》的提案予以书面回复。

2003 年 5 月 21 日，市国税局对益阳市政协二届五次会议第 170 号提案，舒四平委员提出的《让步行街为益阳商业领航》给予了书面答复并抄报市政协。

2004 年 5 月 27 日，市国税局以益国税函〔2004〕92 号文件的形式对益阳市政协三届委员会第 182 号提案，艾立华委员提出的《重点扶持重点民营生产型企业、使其做大做强、振兴益阳经济》给予了书面答复并抄报市政协。5 月 15 日，市地税局对涉及地税部门的内容也给予了书面答复。2004年5月27日，市国税局以益国税函〔2004〕93号文件的形式对益阳市政协三届委员会第185号提案，李德芳、张泰然2位委员提出的《关于设立益阳市旅游发展基金的提案》给予了书面答复并抄报市政协。5月16日，市地税局对涉及地税部门的内容也给予了书面答复。

2004年5月16日，市地税局对益阳市政协三届委员会第一次会议第164号提案，罗华里委员提出的《优化地方税收政策、支持旅游景区项目建设、发展益阳旅游产业》给予了书面答复并抄报市政协。2004年6月14日，市地税局对益阳市政协三届委员会第一次会议第47号提案，何德荣委员提出的《关于加大城市维护建设税征收力度的建议》给予了书面答复并抄报市政协。

2005年3月31日，市地税局接到市长热线反馈的《市民反映益阳市的士发票管理混乱，有待规范》的问题，积极应对，采取有力措施，制定《益阳市的士发票管理办法》加以改进，堵塞了税收流失漏洞。

2007年4月18日，市国税局以益国税函〔2007〕74号文件的形式，对益阳市人大第三届四次会议的86号建议，上官学苏代表提出的《关于尽快界定谷壳“身份”的建议》给予了书面答复并抄报市人大。

2009年5月26日，市地税局书面答复益阳市政协委员郭安邦提出的《振兴益阳地方酒类产业，促进区域经济大发展》的提案。6月6日，市地税局以益地税函〔2009〕30号C类文件的形式书面答复益阳市人大四届一次会议第100号建议，李云代表提出的《建议益阳市人民政府制定内资与外资相同政策，同等对待与减免有关税费的优惠政策》。6月29日，市地税局以益地税函〔2009〕31号B类文件的形式书面答复益阳市人大四届一次会议第10号建议，李红霞等4位代表提出的《关于适当使用工业企业“城镇土地使用税”征收额的建议》。

2010年1月，总局印发《纳税服务投诉管理办法（试行）》，市国税局、市地税局相继制定实施细则，加强对税务投诉工作的管理。

2011年4月19日，市地税局以益地税办函〔2011〕8号文件的形式书面答复对益阳市政协第四届委员会第111号提案，艾立华委员提交的《关于对拟上市公司规范上市时补缴前期税收，地方税收部分返还，支持上市公司的提案》。益阳市财政局协助答复。

2012年4月13日，市国税局、市地税局分别书面答复益阳市政协四届四次会议第251号提案，李志凌委员提出的《关于规范我市国税和地税行政自由裁量权的建议》。

2013年4月25日，市地税局以益地税函〔2013〕43号文件的形式，书面答复益阳市政协第一次全会的244号提案，李志凌委员提出的《关于我市地税部门应以人为本、真正尊重纳税人》的建议。

2016年5月14日，市地税局书面答复益阳市第五届人大五次会议第35号建议，彭万程代表提出的《关于缓解企业办事难的建议》。6月15日，市地税局书面答复益阳市第五届人大五次会议第84号建议，李国安代表提出的《帮助城区困难人群脱贫的建议》。6月23日，市地税局书面答复益阳市第五届政协四次会议第43号提案，冷智峰、袁新球2位委员提出的《关于进一步推进我市创新创业工作的建议》。

2021年，市税务局按照总局《纳税服务投诉管理办法》的要求，认真处理税务投诉，投诉问题按时办结率达到100%。

三、税务代理

1995年2月，省国税局与地税局联合转发总局《关于开展税务代理试点工作的通知》，要求各地州市税务部门按照税收征管改革的要求，建立具有现代技术支持的征收、管理、检查相互制约，促进申报、代理、稽查相互监督、配合，科学的税收征管体系，积极开展税务代理的试点工作。税务代理的主要职能：按照税法进行税务咨询、税务代理、资产评估、财务审计、税收财务业务培训等。

1997年4月，市地税局印发《关于成立益阳市银城税务师事务所的通知》，成立由市地税局为主管部门、独立核算、自负盈亏的益阳市银城税务师事务所，所长为周霞林。同年6月，湖南省税务师资格审查委员会发文批复，同意设立益阳市银城税务师事务所。

1998年2月，湖南省税务师资格审查委员会发文批复，同意市国税局设立益阳市鑫瑞税务师事务所。同年4月，市国税局印发《关于成立税务师事务所和全面推行税务代理工作的通知》，正式成立益阳市鑫瑞税务师事务所。同时，在市国税局所辖的一、二、三、四分局范围内分别成立益阳市鑫瑞税务师事务所的4个分所，在南县、沅江、桃江、安化四个县（市）分别成立单独的税务师事务所。益阳市鑫瑞税务师事务所负责对各县（市）的税务师事务所和城市各国税分局范围内的税务师事务分所进行业务管理、监督、协调，指导其开展代理业务，统一规范益阳市税务代理行为，并接受湖南省注册税务师管理中心的管理。7月22日，益阳市首家税务代理机构——益阳市鑫瑞税务师事务所在益阳挂牌。

1999年10月，省国税局、省地税局联合转发总局关于印发《清理整顿税务代理行业实施方案》的通知。税务总局提出的“彻底脱钩，全面整顿、规范管理、健康发展”的总体要求，税务部门和税务师事务所在规定的时间节点必须实行人员脱钩、财务脱钩。包括：1.由税务机关派往税务代理机构工作的原税务机关公职人员，愿意留在代理机构继续从事税务代理业务的，必须在当年12月31日（脱钩基准日）前到税务机关办理离职手续，愿意返回税务机关工作的，由原机关接收并安排适当工作；凡使用行政事业编制，专门调入、接收从事税务代理工作的人员，一律与税务机关解除关系，人事档案可转至当地人才交流中心，或当地人事部门认可的单位；已办理离退休手续的返聘人员，其人事档案由税务机关继续保管，税务代理机构按国家聘请离退休人员有关规定进行管理。2.以当年10月31日为基准日，按照国家有关规定对税务代理机构进行清产核资。本着“谁投资、谁所有”的原则，正确处理国家、集体、个人利益，确保国有资产不流失。要兼顾发起、挂靠单位资本投入与税务代理人员智力劳动形成税务代理机构资产积累的特点，按照国家有关规定界定产权。产权界定后，采取租赁、出售等方式，妥善处理税务代理机构的存量资产。同年11月，省国税局、省地税局联合颁布《湖南省税务系统税务代理机构脱钩改制实施方案》，益阳市国地税所办的税务师事务所开始与税务机关脱钩。

2000年4月，经总局注册税务师管理中心批复，同意成立益阳市鑫瑞税务师事务所有限责任公司。同年5月，市国税局、市地税局联合发文，成立益阳市注册税务师管理中心。同年9月，益阳市鑫瑞税务师事务所有限责任公司正式挂牌成立，公司由发起人文腊梅、陶伟平、卢新邦组建，下设8个营业部。同年11月，公司组建完毕并开展工作，公司员工达67人。同年12月，益阳市税务系统全面完成税务代理脱钩改制工作。

2001年4月，成立益阳市银城税务师事务所有限责任公司。同年7月，市国税局印发《关于加强税务代理管理工作的通知》，税务师事务所税务代理业务按要求规范进行。同年8月，益阳市所有税务师事务所统一使用代理发票按规定计价收费。

2002年7月，市国税局印发《关于对税务代理机构脱钩改制的意见》（以下简称《意见》），决定对原益阳市鑫瑞税务师事务所有限责任公司进行脱钩改制。撤销益阳市鑫瑞税务师事务所，办理有关撤销手续，按照国家有关规定重新开办税务师事务所，新办的税务师事务所必须在编制、人员、财务、职能、名称五个方面与税务机关彻底脱钩，核心是人员、财务的彻底脱钩；新办税务师事务所要依照《中华人民共和国公司法》拟定公司章程，成立董事会，产生董事长，严格按照公司法的规定操作运行；税务师事务所的性质为独立的有限责任社会中介组织，具有独立的法人资格、独立核算、自负盈亏、自收自支、依法纳税。发起人将由在职干部和提前离岗的税务人员中具有注册税务师资格的人中选定，采取申请报名，由市局注册税务师管理中心审查并报市局党组审定；在职税务干部自愿申请成为发起人的，采取停职留薪的办法与原单位签订停职留薪合同，一定三年不变。根据省国税局、省地税局《关于在税收工作中进一步发挥注册税务师作用若干问题的通知》精神，结合益阳市实际情况，市局明确下列业务由税务师事务所有限责任公司代为纳税人办理：代办税务登记、变更税务登记、注销税务登记、验证税务登记、换证手续；代办除增值税发票以外的发票领购、保管及印制发票的报批手续；代办纳税申报或扣缴税款报告；代为缴纳税款和代办申请减税、免税、缓缴税款、退税手续；代办一般纳税人资格认定和年检手续，一般纳税人纳税信誉等级评估事务；根据总局《企业所得税税前扣除办法》的规定，对需经税务机构审核批准后在税前扣除的财产损失、弥补亏损、技术开发、固定资产设备投资抵免等事项，税务机关必须要求纳税人在上报税务机关审核批准时，附送中国注册税务师的审核证明；代理建制建账有关业务；代理税务咨询、受聘税务顾问、税收筹划、税法宣传、涉税业务培训；代理申请税务行政复议。新办税务师事务所必须严格执行总局印发的《税务师事务所财务管理办法》和《税务师事务所会计核算办法》，严格按照《税务代理业务规程》操作、执业。对违规行为严格按照《税务代理机构和从业人员处理办法》处置。对原益阳市鑫瑞税务师事务所财产进行清产核资，确定清产核资基准日为当年6月30日。

2002年10月，益阳市鑫瑞税务师事务所有限责任公司通过益阳市注册税务师管理中心向湖南省注册税务师管理中心提出书面请示，称根据总局有关税务代理必须“彻底脱钩、全面改制、规范管理、健康发展”的要求，在原有税务代理子弟已基本安置后，益阳市注册税务师管理中心对益阳市鑫瑞税务师事务所有限责任公司进行了彻底脱钩、改制和重组，重组后的税务代理与国税部门人、财、物全面脱离，独立承担经济责任；为便于税务代理的健康发展，特申请将原“益阳市鑫瑞税务师事务所有限责任公司”变更为“益阳市安平税务师事务所有限责任公司”。同年11月，湖南省注册税务师管理中心以《关于转发总局注册税务师管理中心关于同意湘潭市阳光税务师事务所有限公司等机构更名的批复的通知》予以批复，同意“益阳市鑫瑞税务师事务所有限责任公司”更名为“益阳市安平税务师事务所有限责任公司”。同年11月，益阳市安平税务师事务所有限责任公司取得企业法人营业执照。标志着税务代理与税务机关彻底脱钩，税务代理成为单独的社会中介机构。

2006年12月，经市国税局和市地税局研究决定，委托益阳市安平税务师事务所有限责任公司和银城税务师事务所有限责任公司在益阳市范围内举办新的企业所得税纳税申报表业务培训班，益阳市范围内由国税系统和地税系统负责管理的所有企业所得税纳税人(包括汇总纳税企业)，均应参加培训。对应参加而拒不参加本次培训的纳税人将纳入企业所得税汇算清缴重点检查范围。

2017年11月，市地税局、市国税局联合印发《关于成立益阳市税务师行业管理领导小组的通知》，成立益阳市税务师行业管理领导小组。领导小组的主要职责是不定期听取益阳市涉税专业服务社会组织和行业协会的工作情况汇报，研究和解决益阳市涉税专业服务社会组织和行业协会发展、服务和监管中的重大问题，负责益阳市三方沟通机制的组织与协调工作。组长由赖光辉担任。

四、促产增收

1990年7月，国家税务总局发出关于税务促产增收工作的指示，要求各级税务部门根据税收工作特点，充分发挥税务部门联系面广、信息灵通、了解企业生产经营情况、熟悉财务管理的优势和长处，帮助企业沟通信息，增产适销对路产品，疏通产、供、销渠道，融通资金，清理债务，完善经营管理制度，提高财务管理水平，参与企业经营决策等。税务部门加强促产增收工作既不能单靠减免税去促产，也不能离开本职工作去给企业当“采购员”“推销员”，必须结合税收工作政策熟悉、信息灵通的特点，为企业生产经营出点子、找销路，搞好促产增收。同年8月，益阳地市两级都设立单独的促产增收办公室、配备专门的促产专干、明确一名副局长分管全局的促产增收工作、并确定促产办为科、股级机构。地区税务局还印发《促产增收办公室工作制度》《促产增收工作评比计分办法》《促产周转金清理检查评比计分办法》等制度，加强对益阳地区促产增收工作的管理。同年10月，地区税务局印发《益阳地区税务系统1990年促产增收工作评比积分办法》，对各县市区局的促产增收工作进行全面检查。同年11月，印发《益阳地区税务系统促产周转金检查清理评比计分办法》，对各县市区局促产周转金的使用情况进行检查评比，促使各单位用活用好促产周转金。1990年，益阳地区税务系统多层次、全方位的开展促产增收活动，扶植企业397户，新办各类促产项目406个，投放生产扶植周转金566万元，为企业提供各种经济信息853条，提出合理化建议766条，其中被企业采用的信息和建议有1048条次，采用率为64.73%。通过促产，被促产企业实现产值、销售、利润、税金，分别同比增长12.24%、11.65%、11.28%、11.39%。

1991年11月，地区税务局转发《湖南省税务系统1991年促产增收工作考核评比办法》，强调地区税务局不另行制定考核评比办法，按省局办法执行。当年，地区税务局通过找上面要一点，向财政、银行借一点，从自己的行政经费中挤一点的办法，筹措到促产周转金1030.7万元，益阳地区促产周转金总额达1289.7万元，较年初的871.3万元增加418.4万元，增长48%，比1990年的560万元增加729.7万元，增长1.3倍。地区税务局通过兴办促产基地、促产项目的办法重点扶植促产企业和促产项目，全年新办促产基地80个、促产项目30个，向80余户企业投放生产周转金1289.7万元。地区税务局通过为企业疏通产供销信息渠道，为被促产企业提供各类经济信息800余条，被采纳的有450余条，转化为生产力和产生效益的有110多条，为企业增添了活力。地区税务局还先后5次召开经济信息发布会，着重通报了以新发明、新工艺、新产品为主要内容的经济信息81条，被采纳的有6条，发挥经济效益的有4条。当年通过促产增收，新增加税金1000多万元，初步形成了局抓行业、所办基地，人促项目的促产增收大氛围。地区税务局在省局组织的促产周转金及促产增收工作交叉检查中，被评为全省促产周转金管理工作先进单位。

1992年，地区税务局通过重点抓朝阳开发区“百里黄金带”的建设；制定符合益阳地区经济发展的25条税收优惠政策；制定“3581”目标，狠抓梯级税源建设；开展减免税效益目标管理，批准30户企业纳入目标管理之中等行之有效的促产增收办法，增加入库税收237万元，超目标减免税金308万元。

1993年5月，地区税务局印发关于《促产增收办公室定位正科级机构的通知》，决定将地区税务局促产增收办公室由原副科级单位升格为正科级单位。

第四篇

内部管理

第一章　财务管理

第一节　税务经费管理

1990年1月至1994年9月国、地两税机构分设前，益阳地区（市）税务经费开支实行由省局垂直管理；1994年9月至2018年7月机构分设后，国税系统实行全国垂直管理，地税系统由省地税局实行垂直管理；2018年7月，国、地两套税务机构合并，税务系统实行以国家税务总局为主与省（自治区、直辖市）政府双重领导管理体制。

一、经费管理体制

（一）机构分设前的经费管理体制

1990年，全省税务机构、人员编制、干部管理和经费开支实行由省局垂直管理。《湖南省税务事业费管理试行办法》规定地、市、县局为经费预算单位，税务分局、税务所为经费报账单位。人员经费实行“按人包干，年终结算，节余留用，超支不补”的办法。

税务事业费由各级税务局的计会部门负责管理。各级税务局的行政部门，负责对本级局机关税务事业费的管理，并建立健全会计制度，配备会计出纳人员，各级税务局在上级核定的经费指标内按照开支范围和开支标准，从严掌握，合理使用。

1990年12月，地区税务局转发省局《关于进一步加强全省税务系统经费管理的暂行规定》，将各预算单位的资金都纳入预算管理。税务事业费实行下达支出控制指标（控制指标包括包干经费部分和自有预算外资金弥补事业费不足部分）的管理办法。报经省局批准立项的建房投资项目，按地区税务局自筹60%、省局补助40%的原则安排。

1993年起，地区税务局对系统经费管理进行改革。对预算内外资金的管理，完善税务事业费的分配。根据省局人事部门核定人员编制、离退休人数，确定税务事业费拨款指标，每年年初一次审定，按季预拨。扩大预算外资金开支的审批权限。凡单项开支（不包括建房费和购车费）5万元以下的，由地区税务局审批；在5万元以上（含5万元）的，报省局审批。县、市局（含分局）的审批权限由地区（市）局决定。4月，省局下达给地区税务局的税务事业费预算指标，按1992年末实有人数，在编人员人均3400元，超编人员人均2000元，离休人员人均3000元，退休人员人均2350元计算。

1994年，国、地税机构分设后，市国税局、市地税局按照新的管理体制，执行国税系统、地税系统经费管理办法。

（二）国税系统经费管理体制

1995年省国税局确定“经费与两税挂钩，基数加增量”分配体制和经费方案。

1997年，省国税局对经济欠发达地区，按经费分配体制，人均不足1.5万元的补足到1.5万元。

2000年，省国税局对经费方案再次进行调整，补足到1.75万元。

2002年，实行多年的“经费与两税挂钩”的分配格局被打破。按照人员核定人头经费和公用支出，通过项目评审核定项目支出。1月，市国税局结合省国税局规定：人员经费，在职人员按1.56万元/年，离休人员按1.58万元/年，退休人员按1.31万元/年。公用经费到县（分）局的最低保障线为第三档6000元/（人·年）。基建全部上收省局，车辆实行控编管理，由省国税局集中采购。

2007年7月，按照《国家税务局系统预算编制规程》，全市国税系统执行“二上二下”经费预算编制管理模式。经费预算收入来源由中财拨款和地方财政补助构成。经费预算支出由人员经费、日常公用经费、项目经费加预备费组成。

（三）地税系统经费管理体制

地税系统的经费由各级地税局的计会部门负责，省地税局为主管会计单位，市州局为二级会计单位，县、市分局、省级税收征收分局、市局稽查局为基层会计单位，农村征收分局和城市税务所为报账单位。计会部门负责本级预算编制和下级单位的预算审核，并对其进行监督、检查、指导，以及编制经费分配计划，办理拨款和汇编经费会计报表。编报本单位的预算经费和用款计划，按照财务会计制度和有关开支标准执行。

地税系统经费收入分预算内经费收入、预算外经费收入。预算内经费是省财政厅拨入的税务事业费，主要包括上级拨入经费(按人员编制拨入的人员经费)、专项经费(包括培训费、设备购置费、基本建设经费等)。预算外经费，指按有关政策规定，从各级财政取得的收入以及其他收入，包括提取的各种手续费和奖金，地方财政补助及超(增)收分成收入，税务稽查分成收入和其他预算外资金。

地税系统税务经费的支出包括税务事业费支出(人员支出、日常公用支出、对个人和家庭的补助支出、专项支出)，行政单位离退休经费支出，税务部门基建支出。

市地税系统的预算内经费，由省地税局根据单位人数确定基数定额下拨。1994 年 9 月至 1995 年 12 月，年人均 1.1 万元；1996 年 1 月至 1998 年 12 月，年人均 1.2 万元；1999 年 1—12 月，年人均 1.3 万元；2000 年 1 月至 2003 年 12 月，年人均 1.5 万元。其中：2003 年，省地税局为解决部分地税收入基数小，经费来源少的县市局的经费困难，对部分困难县市局实行定额补助，最高为每年 50 万元。益阳市有 4 个县市局享受省局的定额困难补助。其中南县 40 万元，沅江 40 万元，资阳 40 万元，大通湖 30 万元。从 2004 年 1 月起，省拨包干经费基数从原来年人均 1.5 万元提高到人均包干经费 1.6 万元。以后至机构合并逐年有所增加。

(四)机构合并后的经费管理体制

2018 年合并后的益阳市税务系统，采取了和双重领导管理体制相适应的经费保障体制，即以中央财政为主，地方财政为辅的新经费保障体制。按照《税务部门经费保障实施办法》规定，中央财政保障人员经费中国家统一制定标准的工资项目和相关计提缴费，以及日常公用经费，履行税收征管职责所需项目支出；地方财政保障人员经费中按照国家政策执行属地标准的工资项目和相关计提缴费，以及地方党委政府交办工作所需项目支出和其他必要的项目支出。市及以下税务部门经费按照现行财政管理体制，由各级财政分级保障。

二、财务管理情况

(一)制度建设

20 世纪 80 年代末，地区(市)税务局在财务制度建设方面先后转发了省局制定的《湖南省税务事业费管理试行办法》《湖南省税务经费会计制度》《湖南省税务系统预算外资金管理试行办法》《湖南省关于代征手续费提支管理的规定》《关于进一步加强全省税务系统经费管理的暂行规定》《湖南省税务系统经费和车辆购置管理办法》等文件，结合本局实际研究制定了一系列实施办法和具体措施，建立起了一整套管理办法和规章制度。

1992 年，地区税务局先后制定印发了《关于进一步加强全区税务系统经费管理的暂行规定》《关于加强全区税务系统基建审批的暂行规定》《关于进一步加强税收票证管理的暂行规定》和《益阳地区税务系统计会工作评比竞赛计分办法》。

1994 年税务机构分设后，国、地两税在财务制度建设方面的主要工作：

1. 制定财务管理制度、经费管理办法

1995 年 12 月，市国税局转发《湖南省国税系统经费管理办法(试行)》，通知全市国税系统遵照执行。

1996 年年初，市地税局制定《局机关四项经费包干办法》。

1997 年 9 月，市地税局转发《湖南省地方税务局关于加强经费管理的通知》。

1997 年 10 月，市国税局按照"保证重点照顾一般，采取集中管理，以统为主、统分结合"的原则制定了《机关经费管理及接待暂行规定》。

1999 年 12 月，市国税局转发省国税局《湖南省国税局系统行政单位财务管理实施办法》(试行)，规范国税系统的财务行为，理顺财务体制上的不顺，实行备用金制度。规定县市分局机关不设财务室且不准开设银行账户。

2002 年 12 月，市国税局下发《关于加强内部经费管理若干问题的通知》。重申"7 个严禁"：严禁设置账外账、严禁税款与经费混存、严禁以拨代支、严禁出借账户、严禁以收支余额入账、严禁用支付金融部门的手续费和下拨给基层征收单位的经费直接冲减其他收入、严禁设置"小金库"。经费审批严格执行"一证三签"，坚决杜绝不规范、不合理、不合法的原始单据作收支凭证，特别是用国税裁剪纸发票和窗口发票自开自用或作餐饮支出凭证的现象。

2003 年，市国税局制定下发《益阳市国税系统财务管理办法》和《益阳市国税系统财务预算管理暂行办法》。优化支出结构，确保基层税务机构的正常运转，规定市局机关及各县（市）分局的公用经费原则上控制在基本支出经费总额的40%以内（分别比2001年、2002年降低2.96个百分点、5.33个百分点）。市局机关人均基本支出经费，不得超过全市人均基本支出经费的1.5倍。各县（市）分局机关人均基本支出经费不得超过本局人均基本支出经费的1.2倍。2003年各税务所的人均公用经费最低保障线为5000—6000元（其中农村所6000元，城镇所5000元）。

2003年11月，市地税局下发《进一步规范和加强机关行政管理工作的通知》。一是规范机关接待制度。公务接待原则上在内定的消费场所接待，不上高档酒、不装整包烟、不上高档菜、不安排公费开支的休闲娱乐活动。区县（市）局来客原则上在机关食堂就餐，按每人每餐30元的标准接待，住宿可由市局办公室安排，但费用由住宿人员自行结账。上级领导和当地党政领导，由市局领导作陪，其余来客按对口接待原则，由分管领导和有关科室负责人作陪。二是完善经费审批程序。各种报销凭证必须先经会计审核后再呈主管领导审批，做到一票“五章”，即发票单位公章、经手人签章、证明人签章、会计审核签章、审批人签章，非正规发票和不符合一票“五章”要求的，出纳员不得报销。12月，市地税局转发省地税局《湖南省地税系统经费管理办法》，全省地税系统按统一领导的原则实行垂直管理、分级核算的财务管理体制。省局计财处负责管理全省地税系统的财务工作，各级地方税务局的财务活动由各级计财部门实行归口管理。市、州局为二级预算单位，县（市）局、城市分局、省局直属局和稽查局、省局和市、州局机关以及独立核算的直属单位为基层预算单位，农村征收分局和城市税务所为报账制单位。

2007年9月，市国税局遵照省国税局统一安排，撤销稽查局与车购税办税服务厅原独立核算预算单位身份，财务归口到市局财务科进行管理，撤销原银行账户，采用报账制，统一到市局机关核算。

2008年12月，市地税局印发《益阳市地税系统财务管理办法》，共9章48条，包括“总则、预算管理、收入和账户管理、支出管理、专项经费（基金）管理、资产管理、审批权限、监督处罚和附则”。

2009年4月，市地税局贯彻省局关于厉行节约加强财务管理的精神，对全系统提出四点要求：一是继续坚持和严格执行百元税收成本率的考核，加强管理，降低成本。二是按照“保重点、保运转”和“向基层倾斜、向困难地区倾斜”的“两保两倾斜”原则，合理统筹安排资金，着力优化支出结构。三是对违规发放津补贴的单位，按照“谁批准、谁负责”的原则，追究有关领导和相关人员的责任。四是2009—2010年，原则上不再批准办公楼、培训中心等新基建项目。6月，制定并下发了《关于加强市局机关财务管理的意见》。规定市局机关财务按照“集中收入、核定支出、超支不补、节余留用”的原则，由市局办公室负责管理。局内各单位（除省级税收征收分局、稽查局、征管科、工会外）不准单独在银行开设账户，不准设立小金库，所有收支全部纳入机关经费账户管理。并就机关公用经费接待费用、会议及培训费用、车辆费用、节假日加班费、包干经费和科室专项经费的管理做出了明确规定。

2010年11月，市国税局下发《关于切实加强益阳市国税系统货币资金管理的通知》（简称《通知》）。重申货币资金管理工作要求：执行《益阳市国税局系统财务管理办法》和《湖南省国家税务局系统财务管理岗位职责规范》文件精神。按照文件精神设置财务负责人、预算管理、稽核、会计、出纳、基本建设管理、固定资产财务管理、政府采购、内部审计等岗位。履行好各财务岗位责任人的岗位职责。严格执行收入和支出环节的内部控制制度。严禁会计、出纳一人兼，既管钱又管账；严禁出纳、保管一人兼，既管钱又管物；严禁全部印鉴一人保管等违规操作。

2011年12月，市国税局对财务报销发票监管进行规范，要求各单位进行财务报销时，应严格执行发票先查询真伪、后报销入账的程序。经查验为有效发票的按财务管理程序进行账务处理；经查验为虚假发票的一律不得作为有效凭证报销入账，受票单位需重新索取有效发票或申请代开发票后方可报销入账。对2010年度及2011年度入账发票的真实性和合法性进行自查自纠：单张金额在2000元（含）以上的发票须逐份查验，其他发票采取重点检查与抽查相结合的方式查验，对自查自纠中发现的问题按照《通知》要求进行整改。

2012年9月，市国税局根据省国税局有关系统财务管理内部控制制度的要求，对“机构和人员、预算控制、收入控制、支出控制、银行存款控制、现金控制、评价及报告”进行了制度性的规定。印发《益阳市国税局系统财务支出内部审核审批制度》，规范财务事项支出审核责任、审核内容、审批程序、审批权限等。

2013年12月，市国税局印发《益阳市国税局机关财务管理制度》，共9章41条。对2008年12月31日印发的《益阳市国税局机关2009年财务管理暂行办法》和2011年3月29日印发的《益阳市国税局机关2011年财务预算管理办法补充规定》进行了修改。对“预算编制管理、收入管理、支出管理、流动资产管理、固定资产管理、财务报告和财务分析、财务监督”等方面进行了详细规范。每次经费开支1万元（含1万元）以上但不包括属于日常开支的水电费、燃气动力费、电话通信费、网络运行费的经费支出，事先须由经办科（室）提出书面申请，填制大额经费支出预算呈报表，经办人和经办科（室）负责人签字后报分管局领导（3个报账单位报本单位主要负责人）进行审签，财务管理科科长审核，主管财务的局领导审批（1—5万元的由主管财务的局领导报告局长后再审批；5万元及5万元以上经局长办公会议批准后再审批）后方可支出。属于公务卡强制结算目录单笔支出200元以上的公务支出，原则上必须由经办人通过公务卡划卡支付，然后凭发票、持卡人存根及其他相关单据办理报账手续。流动资产管理要求市局机关库存现金限额一般为3—5天的零星开支，过夜库存现金限额为5000元，超过限额的现金要及时存入银行。不得以个人名义在银行开户存款，也不得以“储蓄存款”存取款项，不得出租出借、转让银行账户，不得为个人或其他单位提供信用担保。

2014年7月，市地税局转发《湖南省地税系统财务管理办法》。对“财务基础管理、预算管理、收入管理、支出管理、资金管理、固定资产管理、政府采购管理”分项做出明确规定。有关基建维修费用的审批权限，预算造价5万元以下（不含5万元）的维修工程项目由区县（市）局审批；预算造价5万元以上（含5万元），30万元以下（不含30万元）的维修工程项目由市局审批，30万元以上（含30万元）的维修工程项目由省局审批。

2018年7月，机构合并后的市税务局印发《国家税务总局益阳市税务局过渡期间财务报账暂行办法》，规定：过渡期间（2018年7月5日至2018年12月31日），市税务局机关继续执行已批复的年度预算，保留两套核算体系，使用原银行账户、印鉴。预算执行、会计核算、决算编制等仍以原国税、地税预算单位为主体开展。2018年7月5日前发生的支出，按照原预算和报账程序报账，各负其责。2018年7月5日至“三定”落地，挂牌前已经审定的各项财务事项及决定继续执行，按照原预算和报账程序报账，各负其责。并就“收入管理、预算调整、支出管理、审批程序和权限、报账要求”等内容进行了明确。

2019年，制定《国家税务总局益阳市税务局机关财务管理制度》《国家税务总局益阳市税务局办公室关于进一步规范市局机关差旅费管理的通知》《国家税务总局益阳市税务局办公室关于进一步规范市局机关公务活动用餐有关事项的通知》《维修改造项目管理实施办法（试行）》等相关办法及文件。5月，与市财政局联合下文《益阳市财政局 市税务局关于印发〈益阳市税务部门经费保障实施办法〉的通知》，确定地方财政保障范围，构建“稳中有进”的经费保障体系。

2. 制定机关差旅费管理办法

1996年7月，市地税局制定了《机关差旅费管理规定》。

2014年4月，市国税局依据财政部《中央和国家机关差旅费管理办法》和省国税局相关文件，制定全市国税系统差旅费管理办法：出差审批制度。全市各级国税机关出差人员在出差之前必须填制公务出差审批单，按规定报经单位领导批准后方能出差。住宿费。经组织批准参加不脱产学历教育，学员集中学习期间原则上住学生公寓，每人每天不超过100元。不报销伙食补助费和市内交通费，只报销往返城市间交通费（含学历教育脱产学习人员）。出差人员应当在对应的住宿费标准限额内，选择安全、经济、便捷的宾馆住宿，住宿地点不受定点酒店限制。伙食补助费。出差人员应当自行用餐，凡由接待单位统一安排用餐的，必须向接待单位交纳伙食费。市内交通费。在取消一般公务用车前，出差人员由本单位或接待单位提供交通工具的不得报销市内交通费。外地工作。离开本地城区的实（见）习、借调（含临时性抽调一周以上的）、挂职锻炼（含下基层挂职与到上级机关挂职）、支援工作以及参加工作队等人员，在途期间交通费、伙食费、住宿费和市内交通费等按差旅费管理办法回原单位报销。工作期间发放伙食补助费，补助标准为：挂职锻炼人员每人每天补助4元，以上其他人员每人每天补助8元，上述人员长期驻村的每人每天补助12元。

2016年10月，市国税局明确市局机关常驻地范围为中心城区规划区以内，东至沧水铺镇，西南至谢林港镇，北至迎风桥镇。要求各县市区国家税务局结合当地政府部门的规定确定本单位常驻地范围。规定工作人员在常驻地范围内的普通公务出行由公务交通补助保障，不再报销交通费用，超出常驻地范围的出行，按照差旅费相关规定执行。

2021年12月，印发《国家税务总局益阳市税务局办公室关于进一步规范差旅费住宿相关问题的通知》《国家税务总局益阳市税务局办公室关于明确派出机构及纳服中心等单位办公经费相关事项的通知》等相关文件，严格遵守中央八项规定和各项廉政纪律。

2022 年 1 月，市局与益阳市各县市区相关定点酒店签订协议。市局机关工作人员到益阳市各县市区出差住宿，原则上应凭税务工作证或税务检查证入住相关协议酒店。以公务卡进行结算，在协议价范围内，凭正式发票、酒店住宿清单及公务卡刷卡小票据实报销。

3. 防治“小金库”

2009 年 5 月，市国税局实施《湖南省国家税务局系统开展“小金库”专项治理工作实施方案》。

2009 年 6 月，市地税局遵照省地税局关于开展全系统“小金库”专项治理工作的要求，组织全市地税系统开展“小金库”专项治理。

2011 年 3 月，市国税局遵照国家税务总局有关防治“小金库”长效机制的要求，坚持标本兼治的原则，将“小金库”专项治理与制度建设结合起来，认真总结日常管理和专项治理工作中的好经验、好做法，积极推进防治“小金库”长效机制建设。对“小金库”问题进行处理、处罚，对相关责任人及相关领导进行责任追责。5 月，实施省国税系统 2011 年“小金库”专项治理工作方案。

2014 年 8 月，市国税局贯彻执行中央八项规定严肃财经纪律，组织 8 个独立预算单位、3 个报账制单位（车辆购置税征收分局、稽查局、第一稽查局），机关内设 16 个科室和税务学会开展“小金库”自查自纠工作。

4. 统发工资

2002 年，市地税局执行省财政厅、省人事厅、省机构编制委员会办公室批准的《湖南省地税系统财政统发工资方案》。自 2002 年 7 月 1 日起，实行系统统发工资，其基本原则是“一改二不变”。即工资资金的核拨由省局核拨到各核算单位改为由省局直接核拨到统一的代发工资银行（全省统一定为湖南省农业银行）；工资预算安排渠道不变；单位基本账户开户行不变。

5. 规范公务卡使用管理

2011 年 9 月，转发省国税局《湖南省国家税务局系统深化公务卡改革实施方案》的通知，根据《国家税务局系统公务卡改革管理暂行办法》的要求，城区局必须推行，县（市）局视条件推行。

2012 年 3 月，市国税局执行财政部关于实施中央财政预算单位公务卡强制结算目录。6 月，转发《湖南省国家税务局系统进一步深化公务卡改革实施方案》，在 12 月 1 日前正式启动公务卡。执行公务卡强制结算目录，对明确要求使用公务卡结算的差旅费等 16 类支出事项，一律按规定使用报销，减少现金提取和使用。

6. 建立财务管理目标责任制考核体系

2007 年 6 月，市国税局根据《湖南省国家税务局关于转发〈国家税务总局系统财务管理目标考核办法〉的通知》文件，并结合益阳市实际情况制定了国税系统财务管理目标责任制考核指标。

2012 年 6 月，市国税局发文，对财务管理目标责任制考核指标进行了修正（见表 4–1）。

益阳市国家税务局系统财务管理目标责任制考核指标一览表

表 4–1

考核项目	考核内容	考核标准	考核依据	标准分
一、综合管理				100
（一）财务机构及人员	是否按规定设置财务机构；是否任命会计主管；是否配齐财务人员	未按规定配备专职岗位人员的每缺一岗位扣 10 分	《国家税务总局关于加强国家税务局系统内部审计工作的实施意见》（国税发〔2003〕166 号）；《国家税务总局关于印发〈国家税务局系统财务管理岗位职责规范〉的通知》（国税发〔2004〕163 号）等	

续表 4-1

考核项目	考核内容	考核标准	考核依据	标准分
（二）岗责规范	是否建立财务岗位责任制度；是否实现不相容岗位分离、制约	无岗责制度的扣 20 分，不落实岗责的扣 10 分；未按规定落实不相容岗位进行分离、互相制约的；银行对账单未经会计主管、会计、出纳三方审签的；印鉴管理未实现“三分离”的，扣 100 分	《国家税务总局关于加强国家税务局系统基层财务管理工作的实施办法》（国税发〔2004〕164 号）；《国家税务总局关于印发〈国家税务局系统财务管理岗位职责规范〉的通知》（国税发〔2004〕163 号）等	100
（三）财务综合事务	是否按规定报送财务综合事务资料；是否按规定转发和制定措施落实各项制度和文件；是否按规定要求进行财务公开	未及时报送财务综合工作资料的，每次扣 5 分；报送财务综合资料存在严重错误的，每次扣 10 分；未按要求转发市局或省局文件的，每次扣 5 分；未根据需要制定和落实财务制度的，扣 20 分；财务公开内容及方式不符合要求的每次扣 10 分；财务工作受到省局或总局通报批评的，扣 100 分	各项制度、文件	
二、预算管理指标				
（一）报表及数据质量考核				
1. 报表及数据报送及时性、完整性和准确性	是否按规定时间上报；报表及数据是否完整、口径是否正确	未按时上报扣 5 分；每发现一项错误，扣 5 分	根据有关文件要求	
（二）预算编制指标				
1. 预备费预留比例	省局当年预算批复数与各市州局对下批复数（中财拨款）是否按要求执行	各市本级预算安排中未分配经费高于 3% 的，扣 20 分	市局当年预算批复文件与各市对下批复数	
2. 市本级的基本支出水平占全市平均水平比例	决算中市局机关基本支出与全市平均基本支出比较	市局机关本级基本支出超过全市平均基本支出 2 倍的，扣 20 分	预算年度批复文件与该年度决算情况	

续表 4-1

考核项目	考核内容	考核标准	考核依据	标准分
3. 预算执行率	市局当年预算批复数与区、县（市）实际执行数	中财基本支出按季进行均衡进度考核，低于进度 10%—20% 的扣 10 分，低于 20% 以上的扣 20 分；全年基本支出总额高于年度预算 10%—20% 的扣 10 分，高于年度预算 20% 的扣 20 分；项目支出按半年度预算执行率达到 40%、全年预算执行率达到 100% 的目标进行考核，低于进度 10%—20% 的扣 10 分，低于 20% 以上的扣 20 分	市局当年预算批复数与各区、县（市）预算执行情况和决算数	100
4.“三公经费”支出	市局当年预算批复数与区、县（市）实际执行数	超过“三公经费”预算控制数的扣 20 分	市局当年预算批复数与区、县（市）预算执行情况和决算数	
三、支出管理指标				
（一）银行账户合法性	是否违规开设银行账户	每发现 1 个违规账户扣 30 分	《国家税务局系统预算单位银行账户管理办法（暂行）》及相关规定	
（二）部门决算			年度部门决算文件	
1. 部门决算报送的及时性	是否按规定时间上报决算材料；总局会审期间或财政部会审后，是否按要求时间修改并上报有关材料	未按时完成的，扣 5 分；每缺 1 项材料的，扣 5 分		
2. 部门决算编报的规范性	格式是否规范，程序是否齐全	每发现一个问题扣 5 分		
3. 数据的真实性、完整性和准确性	基层单位决算数据与会计账簿、凭证等记录数据是否保持一致，与期初数是否一致，纸质报表与电子数据是否一致	每发现一个问题扣 5 分		
4. 填报说明完整性	是否按总局模板编制填报说明	每发现一个问题扣 5 分		
（三）国库集中支付			国库集中支付相关制度	
1. 指标拆分	指标拆分数据的及时性、准确性	未按时完成的，每次扣 5 分；每出现一个错误扣 5 分		

续表 4-1

考核项目	考核内容	考核标准	考核依据	标准分
2. 范围划分	范围划分工作及时性、准确性	未按时完成的，每次扣 5 分；每出现一个错误扣 5 分		100
3. 用款计划报送情况	用款计划报送及时性、准确性，数据完整性	未按时完成的，每次扣 5 分；每出现一个错误扣 5 分		
4. 直接支付申请报送	报送直接支付申请的相关信息的准确性	是否按规定填写直接支付申请书，每次扣 5 分；支付金额电子数据与纸质资料是否一致，出错一次扣 5 分		
5. 对账	对账情况反馈及时性和数据准确性	未按时完成每次扣 5 分，每出现一个错误扣 5 分		
（四）收入收缴	收入收缴程序和票据使用是否符合规定	未按照规定程序收取和上缴收入并使用专用票据的，每发现一个问题扣 20 分	《国家税务局系统行政单位国有资产收入收缴管理暂行办法》	
（五）公务卡	是否严格执行公务卡强制结算目录	公务卡强制结算目录执行率达 60% 以上的不扣分，60%—50% 的扣 5 分，50%—40% 的扣 10 分	《财政部关于实施中央预算单位公务卡强制结算目录的通知》	
（六）会计基础工作	会计基础工作是否规范	因不规范操作导致网络版软件出现异常，需要省局或总局通过后台处理的，每出现一笔扣 5 分；会计档案管理不规范的，每发现一个问题扣 5 分	网络版软件操作规范及《国家税务局系统会计档案管理暂行办法》	
四、固定资产管理				
（一）资料报送	是否及时报送各类固定资产报表资料	未及时报送的，每次扣 5 分；报送资料每次出现 2 处以上明显错误的，扣 5 分		
（二）资产配置	是否按规定程序办理固定资产购置审批手续；是否超标准、超编制配置固定资产	未及时办理资产购置手续的，每项扣 15 分；超标准、超编制配置资产的，每项扣 20 分	《湖南省国家税务局关于印发〈湖南省国家税务局系统行政单位固定资产管理实施办法〉的通知》（湘国税发〔2012〕11 号）	
（三）资产日常管理	是否按规定落实固定资产岗位职责；是否进行固定资产保管和维护；是否按规定程序办理固定资产出租、出借审批手续；是否按规定程序办理固定资产移交手续；是否建立固定资产清查制度或按年盘点；固定资产账、卡、物是否存在不相符且未作调整的	未按规定落实固定资产岗位职责的，扣 20 分；未按规定进行固定资产保管、维护、出租、出借、移交、清查等日常管理工作的，每项扣 10 分；固定资产账、卡、物不相符，且未在当年年度决算前作出调整处理的，扣 20 分		

续表 4-1

考核项目	考核内容	考核标准	考核依据	标准分
(四)资产处置	固定资产处置是否符合规定	固定资产处置未按规定程序报批，擅自处置的，扣 15 分		100
五、基建管理				
(一)基建决算				
1. 报表数据准确性	报表数据是否真实、准确、完整	每出现一个错误扣 5 分	年度基建决算文件	
2. 报表说明完整性	是否做了基建决算报表分析	未做决算报表分析的扣 10 分；仅列出决算数据来源但未进行分析的扣 5 分	年度基建决算文件	
(二)项目管理				
1. 项目建设	是否经过审批管理部门立项审批	每出现一个项目未经审批进行建设的，扣 100 分	项目立项审批文件	
2. 项目开工	是否经过审批管理部门开工审批	每出现一个项目未经审批擅自开工的，扣 100 分	项目开工审批文件	
3. 项目建筑面积	是否在开工审批核定的建筑面积以内	每出现一个项目超开工审批建筑面积的，扣 100 分	项目竣工决算建筑面积	
4. 项目投资总额	是否在开工审批核定的投资总额以内	每出现一个项目超开工审批投资总额的，扣 100 分	项目竣工决算投资总额	
5. 项目责任状	是否按规定签订了基本建设管理责任状	每出现一个项目未签责任状的，扣 20 分	项目基本建设责任状	
6. 项目结算及决算审核	是否及时申请办理工程结算和竣工财务决算审核，工程结算、财务决算资料是否完整	每出现一个未及时办理的项目，扣 10 分；每出现一个资料不完整的项目，扣 10 分	项目审核申请文件、项目审核相关资料	
7. 项目竣工财务决算				
(1) 及时性	工程竣工财务决算审核后是否及时上报审批管理部门进行竣工财务决算批复	每出现一个未及时上报的项目，扣 20 分	项目竣工财务决算批复申请文件	
(2) 完整性	申请竣工财务决算批复的相关资料是否完整	每缺报一项资料的，扣 5 分	项目竣工财务决算批复申请文件	
(3) 一致性	是否及时、一致地按审批管理部门	每出现一个项目的，扣 20 分	审批管理部门批复文件与项目单位结转固定资产的相关资料	

续表 4-1

考核项目	考核内容	考核标准	考核依据	标准分
六、政府采购管理				
（一）资料报送	是否及时准确地报送各类政府采购资料	未及时报送的，每次扣 25 分；报送资料每次出现 2 处以上明显错误的，扣 15 分	《国家税务总局关于贯彻执行〈中央预算单位 2011—2012 年政府集中采购目录及标准〉等有关问题的通知》（国税函〔2011〕156 号）；《湖南省国家税务局关于规范政府采购合同专用章使用管理的通知》湘国税函〔2012〕51 号；国家税务局《国家税务局系统政府采购管理办法（试行）》国税发〔2005〕210 号	100
（二）日常管理	是否按要求将政府采购职能归口财务部门管理；是否落实政府采购岗位职责；应纳入政府采购范围实施政府采购管理的采购是否全部实施了合法合规的政府采购程序；应保存留档的政府采购资料是否按要求进行了归档；是否存在无计划自行采购的行为；是否按规定使用政府采购合同专用章	日常管理的考核内容未按要求的每项扣 10 分		

（二）主要工作及成果

1990年地区税务局建立经费包干制度。科（股）室、税务所分项包干。预算及实际支出严密审查。不合理的预算取消或修改。不合理的支出核退。

1991 年随着工作量的扩大、人员的增加，税务经费也相应增加。全年预算内外收支达 2000 万元。实行年度支出总额控制。按单位、分项定额包干。主要是会议费、差旅费、办公费、医药费包干。按计划分期拨款。定期审核各项支出，包括报表和原始凭证。全年共审减支出 80 余万元，节约开支 15 万元。

1992 年试行复式预算，把经常性收支预算和建设性收支预算分开编制，多渠道筹集资金，分析近两年来收支情况，撰写专题报告。开展税收会计改革的试点和举办了骨干培训班，办试点 7 个，培训班 8 期，培训税收会计人员 268 人，还组织到娄底、临湘、湘阴实地参观学习达 190 人。通过验收评比，南县局：南洲一税务所、浪拔湖税务所；沅江市局：黄茅洲税务所；农垦分局：千山红税务所；益阳市局：第三税务所、第五税务所；益阳县局：泉交河税务所；桃江县局：桃花江税务所；安化县局：东坪一税务所、东坪二税务所，这些单位会计改革工作做得扎实，核算水平较高。5 月，为加强对集贸市场税收分成，代征代扣税款手续费和工商税收超收分成等收入的管理，各县、市、分局开展“自查、自清、自纠“的“三自”清查工作。在此基础上，7—9 月，地区税务局组织专门班子重点审计了所属派出机构 1991 年各项税收分成中存在的违纪问题，包括在国家原有分成规定基础上提高分成比例，扩大分成范围，多提分成收入；在国家规定之外自立章法多提分成收入；采取退库挖挤财政收入的办法，提取税收超收分成；违反国家规定，用分成收入滥发奖金、补贴、实物，违反控购规定乱购商品。对所有查证的问题按相关审计规定进行了处理。

1993 年，税务事业需要与资金供给的矛盾突出。经费开支提出保工资，保工作运转，保干部福利的原则。制定经费包干办法，压缩不合理开支，控制车辆使用，控制招待费、会议费、电话费等公用经费。办公用品做到统一购买、统一分发、定量供应。机关支出 162.69 万元，其中公用部分 85.4 万元，比 1992 年减少支出 5.8 万元。县市局都制定经费包干办法，在个人部分增长的情况下，公用经费特别是招待费、电话费、会议费明显下降。在 12 月份开展“8 个查一查”。即查一查经费预算执行情况；查一查集贸税收和其他款项提退情况；查一查各项分成收入上缴情况；查一查各项补贴、奖金、补助发放情况；查一查基建投资的使用效益情况；查一查预外收入使用情况；查一查物质冲减变动是否按权限审批；查一查决算收支审核情况。不但实现了各县市分局上交分成收入是几年来最多的一年，最好的一年，上交省局分成收入也是几年来最多的一年，达到460万元，欠账比较少的一年，尚欠约250万元，比上年减少约70万元，地区税务局本级收支实现基本平衡。除欠省局的外，地区税务局机关其他欠账基本还清。

1994年，市人民政府决定从1月1日起，在全市范围内实行分税制财政管理体制。如果某一年区、县（市）净上划中央、省、市税收收入达不到上年实际完成数，则相应扣减区、县（市）的税收返还数额，同时调减区、县（市）的税收返还基数。2月，遵照李鹏总理“关于实行公费医疗经费包干，并适当与个人挂钩”的指示精神，制定了机关干职工医疗费包干办法（见表4–2）。

益阳市税务局市局机关医疗费标准的划分和住院费的报销比例

表4–2

工 龄	包干标准（元）	住院费报销比例（%）
1—9年	300	75
10—19年	350	80
20—29年	400	85
30年以上者	450	90

3月，地区税务局机关各科室经费支出包干指标本着紧缩开支的原则，分级管理的办法，经局务会研究，确定对各科室的会议费、差旅费、电话费实行包干使用。会议费基数每个科室1000元，人均150元，差旅费人均800元，电话费人均300元，每部电话机增加300元，座机费除外（包干经费按科室实有人数计算，每季核算一次，超支自理）。8月，根据省局和省财政厅、省纪委、省监察厅《关于开展全省行政事业性收费收支情况检查的通知》精神，地改市以后的市税务局在8月份对7个县市分局有关行政事业性收支情况进行了一次重点清理。收费项目和收费标准：多联式发票每份0.003元，单联式发票每份0.002元，税务登记证、正副本表格每套40元。使用发票的总户数29950户，其中全民2734户，集体3970户，私营169户，个体户22731户，其他346户，全年使用发票量在6000万份左右。据清理，1994年1—6月份全市发票管理费收入7.4万元，税务登记证工本费收入61.7万元，两项合计收入共69.1万元。1994年1—6月份两项共支出51.8万元，其中人员经费2.2万元（其中超编人员经费1.7万元），设备购置16.1万元（包括购置汽车5万元），工本费19.6万元，上交省局4.1万元，用于其他9.8万元。结余17.3万元。9月5—6日，市税务局先后两次召开局务会，就组建国税、地税两套税务机构机关财产分配的有关问题进行了认真研究和讨论。在明确“财产随人走”的分配总原则下，确定了机构分设机关财产分配的比例为6 ∶ 4，即市国税局分得财产总额的60%，市地税局分得财产总额的40%，并在清理结果的前提下确定了财产分配的范围为机关所有财产，主要包括机关经费，机关房地产及财产实物，局属公司债权债务和促产周转金四个方面，对机关财产进行了全面、认真的清理，做到了底子清楚、账实相符，并在此基础上制订了《益阳市税务局机关机构分设财产分配处理方案》。

1994年9月16日，市地税局挂牌成立，9月28日搬出市局机关大院借用原市局招待所的10间招待房办公。

1995年5月，市地税局收到省局《转发人事部、财政部、国家税务总局关于国家税务部门工作人员实行税务征收津贴的通知》，从7月起县级及以下地方税务部门工作人员每人每月60元；地级地方税务部门工作人员每人每月45元，省地税局机关工作人员每人每月30元。按出勤天数计算，按月发放。调离地方税务部门的人员，停发税务征收津贴。

1996年，是“九五”计划实施第一年，同时也是税务部门实施新税收会计核算办法的第一年。10月，市国税局根据省国税局安排，对全市8个县市分局经费、基建（包括固定资产）进行了两次调查和摸底，基本上掌握各县市分局经费开支动向、税收成本以及基本建设的大体情况，并及时上报省局，为安排好经费和基建项目打下了基础。

市地税局对经费支出严把“三关”，即使用关、审批关、报销关。尽量压缩支出，精打细算，少花钱，多办事。局机关在当年个人经费支出比上年增长35.87%，差旅费比上年增长47.96%的情况下，机关经费支出只比上年增长了1.78%。其他公用经费支出都比上年下降，贯彻了党组提出的“两保一压”的方针，即保基建支出和个人福利，压缩公用支出。年中，党组先后3次开会研究作出了《地税系统大哥大配置使用的决定》，清理收缴了27台不符合规定配置的“大哥大”。并对23台私费配置的“大哥大”进行了登记，要求其话费收据报市局监察科备案。

1997年9月，市地税局要求全系统认真把好各种资金的收入关口。凡属各级政府或财政部门返还给地税部门的超收分成、增收分成、有关税种的提成、奖金、各种专项经费等，都要缴入计会部门的账户，纳入预算内经费管理，统筹使用，不得转入有关科股(室)、所的小钱柜。否则，一经发现，按私设“小金库”论处，并追究有关人员的责任。严格加强各种资金的使用管理。上述各种资金应主要用于弥补人头经费、税务业务经费和建房费的不足，或解决部分集体福利事业，不得用来滥发奖金、补贴。严格加强财产物资的管理。凡属单位或个人使用的公共财产物资，不管其资金来源渠道如何，都要进行登记入账，纳入财务核算。已经竣工的基建项目，基建审计结束后，要按实际造价及时登记入账，不能长期挂在账外，对已经达到报废期限或需要核销的财产物资，要按规定程序报上级局审核同意后才能进行处理，其残余价值要入经费账户。

1998年3月，为充分调动各级地税部门组织省级收入的积极性，实现收入的均衡入库，保证地税系统经费的正常需要，市地税局转发了《湖南省地方税务局关于实行人头经费与收入任务挂钩问题的通知》，从当年起对地税系统的人头经费实行“收支挂钩，进度拨款，平时预拨，年终结算”的原则，即人头经费与实际组织的省级税收收入挂钩，挂钩比例为46%，平时按组织收入的进度预拨，年终予以结算。对超额完成省级税收收入任务的单位适当增拨经费。

1999年，为促进税收均衡入库，税收收入逐步步入良性循环，确保税收任务圆满完成，市国税局研究决定，从4月起实行税收入库进度与下拨经费挂钩的考核办法，分月考核兑现，没有完成月计划的，按所差比例扣拨经费，并且下月或全年不予结算追补，完成了本月或全年计划的，给予适当奖励。7月，组织进行了全市国税系统银行账户的清理工作，其中，撤销银行账户19个，合并银行账户2个。11月，为适应经费会计电算化要求，对10个核算单位的会计、出纳进行了经费会计电算化软件培训，为以后的经费会计工作电算化打下了良好的基础。12月初，遵照总局、省局要求，对税务代理脱钩改制的财产进行界定及划分。

2002年，全市国税系统招待费开支按照“分线包干，对口接待，核算到科，三级审批”的原则实行总额控制，由各分管局领导掌握和审批。来客必须先由经办人提出申请，科室签署意见，报分管局领导同意后才能接待，原则上在机关招待所安排食宿。财务室根据来客接待预算审批表分线、分科室进行核算，并对单据的合法性、真实性、准确性进行审核。

2003年，市国税局安排到县市分局的基本支出经费人均2.79万元，与上年持平；全系统公用经费占基本支出的37.17%，比上年降低7.37个百分点，其中，车辆费、会议费、招待费比上年分别减少36万元、150万元、163万元，下降7.69%、28.41%、36.30%；人员经费占基本支出的62.83%，比上年同期增加7.37个百分点。总收支实现了平衡。根据总局和省局的部署，扎扎实实地组织开展了银行账户清理、资产清理和其他收入清理。通过银行账户清理，共撤销账户13个，申请保留账户23个。在全系统真正做到了只有财务科开设基本账户、基建账户，计征科开设电子申报税款账户，其他科室再没有银行账户和财务收支事宜。

2004年6月，市地税局抽调计财、办公室、审计、监察等部门人员组成检查组，对系统内凡有经费收支的部门2003年1月1日至2004年3月31日的全部经费收支情况和固定资产管理情况进行了为期近1个月的检查。对检查中发现的问题，市局及时发出通报提出了限期整改的意见。确定了“监控收入、核定支出、鼓励增收、超支审批”的原则，推出了对基层预算单位实行基本支出费用总额包干，严格控制会议费、接待费、协税护税费、车辆费以及个人经济待遇，统一全系统干部福利，基本平衡奖金的管理办法；明确了按单位、税收收入和在职人数确定“四项”费用开支标准的具体包干指标；统一了固定资产管理和政府采购的具体操作规程，严格了审批程序，改进了固定资产台账和卡片。7月，印发《益阳市地方税务局关于明确基本支出费用指标有关事项的通知》。要求大力压缩公用支出，全市单位待遇基本平衡，福利一致，个人奖金与工作业绩挂钩，允许拉开距离。所有费用支出，上要封顶，下不保底。

2005年4月29日至6月13日，市地税局从监察、审计和计财等科室抽调4人组成检查组，对8个区、县局和2个直属单位2004年度支出指标落实、制度建设、会计基础工作规范、收入管理、支出管理、资产管理、往来款管理、银行账户管理等13个方面的49项内容进行了一次全面、彻底的专项检查。共查看经费和税收账户93个，其中经费账户66个，税收过渡账户27个，核对了382名专管员的票款情况。针对查出的问题出台三个文件:《关于2004年有关费用指标执行情况的通报》，对8个区、县局和2个直属单位2004年基本支出费用总额指标执行情况、分项控制指标的执行情况在全市地税系统进行了通报，并责成基本费用总额超支的单位的主要领导和主管领导向市局写出了书面检查;《关于财务管理检查情况的通报》，对部分单位2004年度在财务管理方面存在的固定资产管理不到位、往来账款清理不及时、财务基础工作薄弱等问题在全市地税系统进行了通报，并逐单位开具整改意见通知书，市局安排专人跟踪指导、监督进行了整改;《关于进一步加强系统财务管理工作的通知》，对全系统银行账户的开设、财务印鉴预留和管理、备用金管理等工作提出了明确、具体的要求，进一步严格了制度和办法，督促进行了落实。

2007年3月13日起至6月，市地税局组织计财、监察、审计的职工，对各区、县(市)局及市局各直属单位2006年度经费管理情况进行了检查。重点检查了收入来源是否合法，费用指标是否进行了分解落实、开支是否合理，开支审批手续是否完备。对被查单位的所有预算外收入进行了全面了解，对往来款项进行了清理，对基本支出费用以及个人待遇、会议费、车辆费用、招待费、协税护税费进行了全面统计，同时对各单位的账户设置情况、财务印鉴保管情况、有关财务制度制定及落实情况、资产管理情况等会计基础工作进行了全面检查，并盘点了出纳员的库存现金。从检查的情况来看，各基层预算单位的财务管理水平都有了较大提高，基本上能按照财务会计制度，省、市局经费管理办法的要求去执行，尤其在加强收入监控、控制支出等方面都采取了一定的措施，做了大量的工作，取得了一定的成效。

2010年11月，市国税局机关15个科室及3个报账单位、8个预算单位在2009年开展“小金库”治理工作自查的基础上进行了“回头看”，及时向市局报告了“回头看”复查结果，上报了自查材料，复查面达100%。通过自查，市局机关财务室将2006—2008年明瑞酒店的承包费(系个人承包)55.2万元收支并账，市局信息中心、南县局信息中心将处置设备残值1300元、1280元上缴本单位财务核算中心。在自查的基础上，市局治理“小金库”领导小组组成3个督查组，于9月19—30日对各区、县(市)局、市局系统工会、益阳市税务学会进行了全面督查，督查面达100%。对系统银行账户34个，其中：财务部门20个(分别是基本存款账户9个、“零余额”账户9个、其他存款账户1个、房改类账户1个)；工会账户9个；计统部门保证金账户5个进行专项检查。以上账户均经过财专办审批开设，并每年按时进行年检，未发现违规使用银行账户行为。

2011年1月，根据湖南省国税局《关于开展财政资金安全监督自查工作的通知》精神，市国税局在组织全系统各基层核算单位开展财政资金安全监督自查工作的同时，抽调全市各单位财务战线的业务骨干组成9个检查组，对全系统9个基层核算单位开展了财政资金安全监督的突击检查，内容涉及制度建设、岗位设置、银行印鉴管理、银行对账、现金管理等5个方面。在检查中，发现了一些单位财政资金安全管理方面存在的问题以及操作不规范的行为，对此，向各基层核算单位提出了整改意见，并就检查情况专门下发了通报。

2012年，市地税局按省局指标下达了2012年度全市系统三级预算单位百元税收成本比率和总额双控指标。制定了《关于进一步规范全市地税系统经费支出的意见》，对系统个人支出按照“工资按标准、津补贴按规定、地方政府奖励有审批依据”的原则七年后再一次进一步规范。制定了《2012年度全市地税系统公用支出分配方案》，按照可比口径零增长的要求对公用支出分总额和重点分配了控制性指标。结算了2011年度市本级税收征管经费，理顺了征管经费预拨机制。申报市人民政府调整了2010年和2011年度税收协控联管市级收入手续费比例，大幅降低了控管税收成本。

2013年，市地税局对可能分流公务接待开支的接待费、会议费、培训费、协税护税费及征收管理费等“五费”实行重点费用备案备查制度，防止此消彼长。对2011年以来法定和委托代扣代征代缴税收的手续费按照“及时结算，不得拖欠”的原则进行了认真清查。自9月起历时一个半月时间，采取自查与重点检查相结合，以重点检查为主的方式，对全市系统三级预算单位以及工会、征管系统包括基本建设项目和食堂财务的2012年度财务管理执行情况开展了“防风险、堵漏洞、促规范”的财务管理专项检查。专项检查内容涉及财务基础工作、经费收支管理、个人收入情况、资金安全管理、政府采购及资产管理等7个大项38个分项，同步组织了银行账户、费金手续费、消费签单的清理清查和地方财政补助的审查核实。

2014 年 6 月，市地税局严密防控财务管理风险，出台加强经费收支管理的“五项规定”，进一步规范经费收入管理、公用支出管理、个人支出管理、其他支出管理并列明 21 项督查问责内容，让制度真正成为通电的“高压线”。1—5 月，全系统“三公”经费、协税护税费、征收管理费均大幅下降。省局在财务审计中通报下属单位的问题已整改到位，政府奖金的超额部分全部收缴到位，对系统干部职工津补贴和奖金等福利待遇已严格按省局规定标准执行。

2015 年，市地税局重新开设了省财政资金 8 个单位的“零余额”账户（直属、稽查、赫山、高新、资阳、桃江、安化、南县）；根据省财政厅、省地税局的工作要求，完成了全系统账户清理工作，全市共撤销了 4 个基建专用账户（市局、高新、安化、大通湖）。

2016 年，市地税局重点对食堂管理、公车管理、财务管理、津补贴发放进行了规范，尤其是对省局反馈的整治意见，3 次召开党组会研究部署，各项整改全部到位。全市系统一般性支出同比下降 2.4%，其中，“三公”经费支出同比下降 24.7%。

2018 年，机构改革过渡期，继续执行中央财政和地方财政已批复的原国税局、原地税局年度部门预算，保留了两套核算体系，使用原银行账户。预算执行、会计核算、决算编制等仍以原国税局、地税局预算单位为主体开展。同时加强了与地方财政部门的沟通，实现地方财政保障力度不减、政策性增支因素足额安排。

2019 年年底，市局考虑部分基层单位存在经费困难问题，向省局申请困难补助金 1450 万元。其中赫山区局 650 万元、安化县局 500 万元、资阳区局 200 万元、高新区局 100 万元。

2020 年，落实总局、省局过紧日子的规定。大力压减公用经费支出，严控全市税务系统五项经费支出规模。全市税务系统 2020 年总支出规模，较 2019 年同期支出规模减少 10%，预算执行率 94%。其中：市局机关总支出规模较 2019 年同期支出规模减少 22%，预算执行率 76%。

2021 年底，考虑基层单位存在经费困难问题，通过积极努力与省局沟通，益阳市税务系统获得税收事业补助经费共计 340 万元。其中：资阳区局 120 万元，赫山区局 120 万元，安化县局 100 万元。

第二节　基本建设管理

一、制度建设

（一）基本建设项目审批权限

1993 年 3 月，地区税务局遵照《湖南省税务局关于改革经费和车辆购置管理办法的意见》，对经费管理进行了几项改革：一是基建资金的安排，资金分“地、县(市)税务局机关建设资金”和“基层税务所建设资金”两个控制指标下达。地、县(市)税务局机关建设资金落实到建设单位后，由地区税务局上报省税务局审批，以正式文件下达执行；基层税务所建设资金落实到建设单位后，抄报省税务局备案，由地区税务局正式行文下达执行。二是基层税务所新建项目，由地区税务局批准立项，并办理立项手续。个别需要省税务局立项的，由省税务局办理立项手续。三是地、县（市）税务局机关的新建项目，报省税务局审批立项。

1997 年 7 月，市地税局贯彻落实党政机关厉行节约制止奢侈浪费行为有关规定精神，对系统内基本建设有关问题进行明确，规定现有办公楼已基本达到规定建筑面积、能够使用的，三年内不准改扩建、新建或购买办公楼。现有办公楼未达到规定建筑面积指标的，三年内原则上也不准新建或购买办公楼；因危房或新增机构办公用房确实困难，需要新建或购买办公楼的，须按国务院发布的《楼堂馆所建设管理暂行条例》中的规定程序报批；已经批准新建或购买办公楼的，要严格执行规定标准。新建或购买办公楼一律不准贷款或挪用其他资金。不得以其他名义新建办公楼；除正常维修外，现有办公楼三年内不准进行装修。正常维修不得提高原装修标准；已立项尚未动工兴建的办公楼，一律暂停，经重新审查后，根据不同情况作出处理。

2003 年 9 月，市国税局规定投资的基建项目，坚持先审批，后立项，再建设的原则。其中特别规定基建项目的审批实行统一领导、总额控制、分级审批的办法。市级投资总额在 3000 万元以上(含 3000 万元，含征地费，下同)的基建项目，上报省局后，由省局报国家税务总局审批；市级投资总额在 3000 万元以下以及县级及以下的基建项目，由省局审批；县级(含县级)以下投资总额在 3000 万元以上的项目，报国家税务总局备案。审批后因特殊原因需扩大面积、追加投资的基建项目，以累计投资总额为准，按上述管理权限上报审批主管部门审核批准。

2004年8月，市地税局规定各种建筑物的维修和装修项目须经审批后方可进行。具体审批权限：预算金额低于50万元(不含50万元)的报市局审批；预算金额高于50万元(含50万元)的报省局审批。

2007年6月，市地税局对基本建设管理工作进行规范，明确除特殊情况外，停止审批办公楼新建项目。原已批准立项，尚未开工建设的项目，暂缓开工建设，由市局重新上报省局审核后确定处理意见。因特殊情况确需建设办公用房的，严格按规定程序报省局审批，经省局批准后，向当地发展改革委申报建设计划。禁止新建各类培训中心(基地)。不准新建包括培训中心在内的各类具有住宿、会议、餐饮等接待功能的设施或场所建设项目。对经批准的建设项目，要在落实资金来源的基础上，严格按批准的建筑面积和投资总额进行施工设计，超过批准面积和投资总额的，其设计方案一律不予审批。对经批准的维修项目，要从严控制维修标准，不得突破投资预算，不得借维修之名对办公楼进行高档装修和配置高档办公设备。各单位要切实加强基建资金的管理与核算，按国家规定设账、记账，项目竣工及时办理财务决算。

2010年8月，市国税局对行政单位国有资产管理进行强调：处置汽车、土地和房屋建筑物等固定资产，一律报省局审批。处置其他固定资产单位价值或批量价值超过200万元(含200万元)的报省局审批；不满200万元的，由市局确定审批权限。处置情况按季度逐级上报省局。货币性资产损失的核销，超过50万元(含50万元)的报省局审批，不满50万元的，由市局审批。

2021年4月，转发省局财务管理处《关于落实过紧日子要求进一步严格基本建设管理的通知》。2年内不再审批项目立项，不审批项目初步设计和投资概算。对已审批立项3年以上，或者已经批复初步设计和投资概算1年以上，由于主观原因尚未取得实质性进展的项目，予以撤销，项目库作自动出库处理。

（二）基本建设项目建设标准

2000年11月，市国税局执行国家税务总局制定的《国税局系统综合业务办公用房建设标准暂行规定》。

2007年5月，市国税局根据《国家税务总局关于印发〈国税局系统综合业务办公用房建设标准〉的通知》精神，规定市局办公业务用房，编制定员人均使用面积为10—12平方米。县（区）及以下国税局办公业务用房，编制定员人均使用面积为8—10平方米。各级工作人员办公室的使用面积，市局机关正处级每人使用面积20平方米；副处级每人使用面积12平方米。县（区）局机关正科级每人使用面积15平方米；副科级每人使用面积10平方米；科级以下每人使用面积5平方米。

2013年9月，市国税局落实省国税局精神，开展国税系统停止新建楼堂馆所和清理办公用房及基本建设情况检查，根据检查发现的问题，对超面积领导干部办公室，坚决按照中央办公厅、国务院办公厅《关于党政机关停止新建楼堂馆所和清理办公用房的通知》文件的要求腾退，对现有办公室进行适当调整和分隔。基层预算单位也相应要求上报处置方案并执行。对出租办公用房坚决按照中央办公厅国务院办公厅《关于党政机关停止新建楼堂馆所和清理办公用房的通知》文件的要求，属于不予出租范围的到期后收回，不予续租。

2018年3月，市地税局根据《中共益阳市委办公室关于开展全市党政机关办公用房专项督查工作的通知》的要求，由局办公室总牵头，市局机关后勤服务中心、市局监察室等相关科室配合，通过会议学习布置、实地摸底测算等方法，对市局机关办公用房逐一进行了清理，逐条进行了核实，市局办公用房使用状况均符合相关规定。

（三）基建项目竣工决算和财务决算管理办法

1993年3月，地区税务局规定地、县(市)税务局机关及基层税务所的建设项目的图纸设计，在同等条件下，原则上交湖南税务设计室设计。所有竣工项目的预(结)算审核一律由湖南税务设计室派人审核。

2008年9月，市国税局根据总局、省局关于基本建设项目竣工财务决算的要求，规定项目建设单位须在项目竣工后3个月内完成竣工财务决算的编制工作，并按照规定的审批权限，申请竣工财务决算审批。审核重点：项目是否按规定程序和权限进行立项和开工审批，项目建设中是否存在超标准、超规模、超概算投资等问题，项目建设过程中存在主要问题是否进行整改等。

2016年市地税局转发《湖南省省直行政事业单位2016—2017年国有资产配置预算限额标准》，杜绝基建维修项目超面积、超范围、超投资额现象。贯彻落实湖南省地税系统基本建设管理责任状制度，强化拟建项目的预算审核、已批项目的跟踪管理和基建财务的核算管理。

2019年8月，市税务局执行国家税务总局《税务系统基本建设管理办法》。

2021年，市税务局下发《规范全市税务系统房产管理的实施细则》和《全市税务系统国有资产处置管理办法》。

2022年8月，根据国家税务总局《关于完善基本建设项目工程价款结算有关事项的通知》要求，调整基本建设项目进度款支付比例，项目工程进度款根据确定的工程计量结果，按不低于工程价款的80%，不高于工程价款的90%支付。关于工程进度款不低于70%支付的原规定停止执行。

（四）基本建设项目招标办法

1999年8月，市国税局对基建项目招标管理进行规定：凡经省、市局批准立项，列入年度基建计划，建筑面积在1000平方米以上或投资额在50万元以上的建设工程项目，根据公开、公正、公平的原则，统一纳入当地的建筑市场，按照《湖南省建设工程招标投标管理条例》实行招标办法（公开招标、邀请招标、议标）。各级国税部门要成立招标组织管理机构，机构负责人由纪检组组长担任，由纪检、监察、计财等有关部门负责组织实施。招标组织实行分级管理的办法，凡投资额在500万元（含）以上的建设工程项目必须上报省局，由省局派员指导监督招标；凡投资额在50万—500万元的建设工程项目必须上报市局，由市局派员指导监督招标。各建设单位按照《湖南省建设工程招标投标管理条例》的规定，必须实行专家打分、群众评议的办法，不得搞行政干预和长官意志。凡未经招标投标的建设工程项目（除特殊情况报经主管部门批准外），要进行通报并追究有关领导人的责任。各建设单位应组织专业技术人员对标底进行严格审查并予以保密。凡向投标企业泄露标底的，根据《湖南省建设工程招标投标管理条例》从严处理。按照分级管理的权限，相应签订廉政责任书。

（五）日常零星维修办法

2015年1月，市国税局对全市系统日常零星维修，以及不申报立项不申请使用中央财政基建专项资金的，自筹不超过100万元（含）的房屋及设施设备的维修，依照《湖南省国家税务局系统基本建设维修改造项目标准化管理暂行办法》规定，结合益阳国税实际，制定《益阳市国税系统维修改造项目管理实施办法（试行）》。

二、市局机关本级基本建设

（一）益阳地区（市）税务局

20世纪80年代，地区税务局机关所在地址是益阳市大渡口，有地17亩，征收用房二栋，建筑面积2055.6平方米，宿舍建筑面积3678.8平方米。由于人员不断增加，征收用房及宿舍均不够用。因整体布局不合理，且越来越不适用税收征管，特向省局申请易地重建。

1986年经省局立项批准，1989年在新址益阳市朝阳路边，即现址益阳大道益阳日报社路口征地建征收用房、综合楼各一栋，建筑面积4000平方米，宿舍建筑面积4000平方米；附属用房3000平方米，合计新建面积11000平方米，预算建房投资300万元，总投资金735万元。1990年完成2268平方米新办公楼的主体工程和2100平方米的住宅楼的大部分主体工程。

1991年，办公楼和住宅楼竣工。该院落占地29.39亩，办公楼一栋2650平方米，综合楼一栋（含锅炉房）1764平方米，住宅楼5栋72套6146.59平方米，以及水塔、车库、门卫、挡土墙等配套设施，总投资863万元。

1992年年初，局机关搬迁新址。新上六层宿舍楼一栋、车库一栋、杂层12间，篮球场、门球场各一个、临街挡土墙、暖气设备安装、花园及机关绿化工程、门楼及土方工程共10个项目。年终除门楼和临街挡土墙两项工程因天气原因没竣工外，其余8项都竣工到位，并通过验收。

（二）益阳市国家税务局

1994年9月，按《益阳市税务局机关机构分设财产分配处理方案》，市国税局继承原市局机关大院，在原市局机关大院办公。

2001年9月，经市人民政府、省国税局批准，同意市国税局机关随朝阳分局整体搬迁至朝阳开发区康富南路东侧、玉南路南侧、大桃路西侧，即现址益阳市赫山区康富南路28号。总征用地71.5亩，建设净用地面积34500平方米（51.5亩），其中办公区20亩、住宅区31.5亩，兴建办公楼和住宅区（干部集资）。

2002年4月11日，综合办公楼开工建设。工程由中国有色金属长沙勘探院勘察，湖南省建筑设计院设计，益阳工程公司等单位施工，湖南中建监理公司监理。工程为框架结构，最高7层，总建筑面积9579平方米，总造价3800万元。

干部集资住宅9栋188套，建筑面积31822平方米，与办公楼一起报建。

2002年7月，为盘活存量资产，筹集康复南路新院建设资金，经请示省国税局同意，市国税局将位于益阳大道的旧院落整体出售给益阳市人民政府，出售金为1050万元。

2003年12月12日综合办公楼基建完工，由建设单位牵头，勘察、设计、施工、监理等单位组成验收组，对工程实体、工程资料检查验收。

（三）益阳市地方税务局

1994年9月16日，市地税局挂牌成立，9月28日搬出原市局机关大院，借用原市局招待所10间招待房办公。

1996年4月，市计委益计基〔1996〕59号下达市地税局基本建设计划批准立项。5月，省地税局〔1996〕湘地税计基字第15号批复，同意建机关办公综合楼，总建筑面积8200平方米。其中：综合用房4000平方米；住宅3200平方米(二类住宅20套、三类住宅20套),附属设施1000平方米。

2000年6月,局机关办公综合楼动工兴建,地址：益阳大道西105号。综合楼11层，钢混结构，2002年3月竣工，5月投入使用。由综合楼14848平方米、车库907.06平方米、地下车库、配电间998.06平方米、门卫室301平方米组成。2002—2011年，综合楼部分楼层（1—4楼和8—11楼总面积约10000平方米）租赁给益阳市华尔美食广场（五洲大酒店）经营。收回租赁权后，由于原酒店布局与办公要求不相适应，报请省地税局同意进行大型维修，于2014年7月完工。

（四）国家税务总局益阳市税务局

2018年8月，国地两税机构合并。原市国税局机关大院改为市税务局康富路办公区；原市地税局机关大院改为市税务局益阳大道办公区。

2019年5月，经省局批复同意，市局对康富路办公区综合业务办公用房总体维修。

2022年5月，经省局批复同意，市局对益阳大道办公区综合业务办公用房总体维修。

3个家属院落申报纳入益阳市老旧小区维修改造。

三、县市区局基本建设

益阳市税务系统所辖县市区局基本建设一览表

表4–3

县市区局	资产编号	房产/土地卡片名	坐落位置	面积（平方米）	原值（元）	建筑物取得时间	建筑物楼层
资阳区局	221002000000002	机关食堂（马良南路办公区）	益阳市资阳区马良路11号	288.00	337959.15	2003年4月20日	2
	221002000000004	马良路宿舍1号楼	益阳市资阳区马良路2号	171.96（实测15.2）	41464.28	1988年9月1日	5
	221002000000005	马良路宿舍3号楼	益阳市资阳区马良路2号	257.94（实测15.2）	63419.50	1989年5月1日	5
	221002000000006	鲁肃路办公楼（致富南路办公区）	益阳市资阳区鲁肃路4号（致富南路112号）	842.00	343103.39	1990年3月1日	4
	221002000000007	鲁肃路宿舍西栋（致富南路西栋宿舍24套）	益阳市资阳区鲁肃路4号（致富南路112号）	1400.60	223873.41	1986年1月31日	6
	221002000000008	车库及供电设施	益阳市资阳区马良路11号	134.26	953072.44	2000年10月1日	1

续表 4-3

县市区局	资产编号	房产 / 土地卡片名	坐落位置	面积（平方米）	原值（元）	建筑物	
						取得时间	楼层
资阳区局	221002000000010	五一东路办公楼	益阳市资阳区五一东路 225 号（472 号）	221.11	254489.49	1998 年 1 月 1 日	1
	221002000000012	鲁肃路宿舍东栋（致富南路东栋宿舍 2 套）	益阳市资阳区鲁肃路 4 号（致富南路 112 号）	125.18	34580.72	1990 年 3 月 1 日	6
	221002000000013	鲁肃路宿舍南栋	益阳市资阳区鲁肃路 4 号	351.06	198873.06	1985 年 1 月 1 日	6
	221002000000014	资阳国税办税大楼（马良南路办公区）	益阳市资阳区马良路 11 号（马良南路 48 号）	4956.12	7261712.75	2000 年 10 月 1 日	7
	221002000000437	机关大院小综合楼（马良南路办公区）	益阳市资阳区马良路 11 号	666.00	1061766.22	2003 年 4 月 2 日	2
	DS0064678912371010001	行政单位用地（马良北路办公区）	益阳市资阳区马良北路东侧	5718.35	1380000.00	1999 年 12 月 31 日	土地
	DS0064678912371020002	办公用房（马良北路办公区）	益阳市马良路 66 号	3605.20	4106137.48	2006 年 6 月 29 日	7
赫山区局	221004000000002	综合楼	益阳市赫山区罗溪路 326 号	831.30	1170827.53	1999 年 4 月 1 日	2
	221004000000006	沧水铺税务分局办公楼	益阳市赫山区沧水铺镇	613.61	306147.50	1998 年 12 月 1 日	3
	221004000000007	办公用房	益阳市赫山区罗溪路 326 号	2371.00	5452430.00	1995 年 12 月 1 日	5
	221004000000016	职工宿舍	益阳市赫山区罗溪路 326 号	88.09	36997.00	1994 年 4 月 30 日	5(仅 1 间公用)
	221004000000003	食堂车库	益阳市赫山区罗溪路 326 号	430.44	480011.00	1994 年 4 月 30 日	1
	221004000000001	食堂杂屋	益阳市赫山区沧水铺镇	152.64	40000.00	1989 年 12 月 1 日	1
	221004000000005	职工宿舍	益阳市赫山区沧水铺镇	1850.00	448500.00	2001 年 9 月 1 日	5(仅 1 间公用)

续表 4–3

县市区局	资产编号	房产 / 土地卡片名	坐落位置	面积（平方米）	原值（元）	建筑物	
						取得时间	楼层
赫山区局	221004000000004	职工宿舍	益阳市赫山区沧水铺镇	1572.28	823134.62	2001 年 9 月 1 日	5(仅 1 间公用)
	DS2381020012	洪家村社区赫山所四层	益阳市赫山区赫山办事处洪家村社区	947.99	126000.00	1985 年 12 月 1 日	4
	DS2381020013	原县房地产公司建造的商品住宅	益阳市赫山区沧水铺云峰路	520.42	15000.00	2003 年 12 月 1 日	1
	DS2381020022	其他用房	益阳市赫山区原六所职工用房	900.00	700000.00	1985 年 12 月 1 日	3
	DS2381020001	青年路 199 号办公用房	益阳市赫山区青年路 199 号	818.24	120000.00	1990 年 6 月 30 日	4
	DS2381020008	沧水铺云峰路（原沧水铺税务所办公楼）	益阳市赫山区沧水铺云峰路	2200.00	564836.95	1990 年 12 月 30 日	4
	DS2381020009	青年路 38 号（原印刷厂厂房）	益阳市赫山区赫山办事处洪家村社区	703.90	7059203.40	1992 年 1 月 31 日	2
	DS2381020010	十洲路 45 号办公楼	益阳市赫山区十洲路 45 号	4140.88	2058235.26	2006 年 7 月	6
	DS2381020011	行政用房	益阳市赫山区原六所办公楼	1200.00	750000.00	1985 年 12 月 1 日	3
	221004000000017	职工宿舍	湖南省益阳市赫山区罗溪路 326 号	88.09	31786.00	2001 年 9 月 1 日	5(仅 1 间公用)
	DS2381010001	黄泥湖乡甘家仑村用地	益阳市赫山区黄泥湖乡甘家仑村	2334.00	165000.00	2003 年 12 月 1 日	土地
	DS2381010002	青年路原印刷厂用地	益阳市赫山区青年路	1318.00	20000.00	1992 年 1 月 31 日	土地
	DS2381010003	沧水铺镇云峰路原沧水铺税务所院用地	益阳市赫山区沧水铺云峰路	2680.00	400000.00	2003 年 12 月 1 日	土地
	DS2381010005	青年路 199 号用地	益阳市赫山区青年路 199 号	4313.00	60000.00	2003 年 12 月 1 日	土地
	DS2381010006	十洲路 45 号用地	益阳市赫山区十洲路 45 号	8722.03	1615000.00	2003 年 12 月 1 日	土地

续表 4–3

县市区局	资产编号	房产 / 土地卡片名	坐落位置	面积（平方米）	原值（元）	建筑物	
						取得时间	楼层
赫山区局	DS2381010008	青年路原印刷厂用地	益阳市赫山区青年路	2000.00	30000.00	1992 年 1 月 31 日	土地
高新区局	DS2361020002	办公用房	朝阳区朝阳办事处江金社区 101、201 等 6 套	3794.70	15452769.45	2007 年 11 月 1 日	6
	DS2361010001	土地使用权	高新区江金社区	9934.05	6735318.02	2005 年 3 月 1 日	土地
大通湖区局	DS0064678752391020006	新办公楼	湖南省益阳市大通湖区河坝镇人民路 490 号	2326.00	5177369.03	2007 年 1 月 1 日	5
	221005000000234	大通湖区国家税务局综合业务办公用房	湖南省益阳市大通湖区河坝镇大通湖大道 215 号	2023.98	8692855.81	2011 年 12 月 6 日	5
	DS0064678752391020005	附属楼	湖南省益阳市大通湖区河坝镇人民路 490 号	838.00	886928.10	2007 年 1 月 1 日	3
	DS0064678752391020003	宿舍楼	湖南省益阳市大通湖区河坝镇迎宾路 13–2 号	1428.00	1699309.12	2000 年 11 月 30 日	4
	DS0064678752391020001	旧职工宿舍（第二、三层）	湖南省益阳市大通湖区河坝镇迎宾路 13–1 号第二、三层	588.00	143125.00	2003 年 12 月 30 日	4
	DS0064678752391020002	职工宿舍（机关综合楼）	湖南省益阳市大通湖区河坝镇迎宾路 13–1 号第一层	194.00	19552.28	2000 年 11 月 30 日	3
	139221005000000 0FW2009000001	职工宿舍 302	湖南省益阳市大通湖区河坝镇大通湖大道 211 号 2 栋第一单元	172.08	150000.00	2009 年 2 月 18 日	位于第 3 层总体 5 层
	1392210050000000FW2009000002	职工宿舍 402	湖南省益阳市大通湖区河坝镇大通湖大道 211 号 2 栋第一单元	172.08	150000.00	2009 年 2 月 18 日	位于第 4 层总体 5 层

续表 4–3

县市区局	资产编号	房产 / 土地卡片名	坐落位置	面积（平方米）	原值（元）	建筑物	
						取得时间	楼层
大通湖区局	139221005000000FW2009000003	职工宿舍 502	湖南省益阳市大通湖区河坝镇大通湖大道 211 号 2 栋第一单元	172.08	150000.00	2009 年 2 月 18 日	位于第 5 层总体 5 层
	DS0064678752391010001	征用土地	湖南省益阳市大通湖区河坝镇迎宾路 13 号	3117.50	60000.00	1994 年 10 月 12 日	土地
	DS0064678752391010002	土地	湖南省益阳市大通湖区河坝镇人民路 490 号	4948.00	328000.00	2013 年 12 月 24 日	土地
沅江市局	DS0064784192431020026	税征信息楼	沅江市银光南路 319 号	5525.00	22763343.83	2013 年 1 月 4 日	7
	DS0064784192431020003	机关办公用房	沅江市银光南路 319 号	2893.78	7529563.10	2000 年 12 月 29 日	7
	221006000000022	综合业务办公楼	湖南省益阳市沅江市银光路税务巷 19 号	2161.47	5313069.05	2006 年 12 月 14 日	4
	221006000000014	综合办公楼	湖南省益阳市沅江市银光路税务巷 19 号	1601.00	3556363.86	1989 年 12 月 12 日	5
	DS0064784192431020001	草尾综合楼	湖南省沅江市草尾镇振兴街	1021.00	1266206.43	2006 年 10 月 31 日	4
	221006000000013	办公楼	湖南省益阳市沅江市草尾镇	1000.49	740108.65	1985 年 1 月 1 日	4
	DS0064784192431020002	草尾综合楼公用房屋	湖南省沅江市草尾镇振兴街	287.95	660027.29	2003 年 12 月 31 日	1
	DS0064784192431020006	琼湖办公用房	湖南省沅江市凌云塔办事处大桥路	1190.00	600000.00	2007 年 11 月 30 日	4
	DS0064784192431020005	庆云山办公用房	湖南省沅江市庆云山办事处庆云山路	822.28	288000.00	2007 年 11 月 30 日	2
	DS0064784192431020004	庆云山办公用房	湖南省沅江市庆云山办事处庆云山路	899.50	237000.00	2002 年 12 月 31 日	4
	221006000000021	办公房	湖南省益阳市沅江市南大镇	106.42	46531.00	2006 年 12 月 5 日	5(仅 1 套房子)

续表 4-3

县市区局	资产编号	房产 / 土地卡片名	坐落位置	面积（平方米）	原值（元）	建筑物 取得时间	建筑物 楼层
沅江市局	221006000000015	职工宿舍旧楼	湖南省益阳市沅江市草尾镇	1555.27	261800.00	1983 年 1 月 1 日	3
	221006000000039	职工宿舍新楼	湖南省益阳市沅江市草尾镇	620.00	236240.00	1992 年 1 月 1 日	5(仅 8 套房子)
	221006000000040	2 号楼	湖南省益阳市沅江市银光路税务巷 19 号	82.44	18983.00	1989 年 1 月 1 日	5(仅 1 套房子)
	221006000000508	围墙道路绿化	沅江市新源路税务巷 19 号	1267.00	1870494.90	2006 年 12 月 1 日	实际为围墙，已转为构筑物
	221006000000506	机关招待所	沅江市新源路税务巷 19 号	438.00	699046.33	1989 年 1 月 1 日	4
	DS0064784192431020014	黄茅洲职工宿舍	沅江市黄茅洲镇	1179.68	453000.00	2007 年 11 月 30 日	4(现以会计差错下账)
	221006000000507	草尾招待所	湖南省沅江市草尾镇振兴街	100.00	196469.71	1998 年 5 月 1 日	2
	DS0064784192431020020	庆云山职工宿舍	湖南省沅江市庆云山办事处庆云山路	400.00	144740.74	2007 年 11 月 30 日	4(仅 8 间杂屋)
	221006000000023	配电间	湖南省益阳市沅江市银光路税务巷 19 号	125.00	122031.12	2006 年 12 月 31 日	2
	221006000000024	门楼	湖南省益阳市沅江市银光路税务巷 19 号	12.00	116661.10	2006 年 12 月 31 日	实际为围墙，已转为构筑物
	DS0064784192431020022	石矾湖职工宿舍	湖南省沅江市凌云塔办事处大桥路	50.00	83000.00	2004 年 12 月 31 日	以房改房出售下账

续表 4–3

县市区局	资产编号	房产 / 土地卡片名	坐落位置	面积（平方米）	原值（元）	建筑物	
						取得时间	楼层
沅江市局	221006000000018	门卫室	沅江市新源路税务巷 19 号	64.00	61260.72	1985 年 1 月 1 日	1
	DS0064784192431020028	草尾地税家属区 501	湖南省沅江市草尾镇振兴街	150.00	39334.82	2013 年 1 月 4 日	5(仅 1 套房子)
	DS0064784192431020029	草尾地税家属区 502	湖南省沅江市草尾镇振兴街	150.00	39334.82	2013 年 1 月 4 日	5(仅 1 套房子)
	221006000000604	山巷口税务分局围墙	湖南省沅江市山巷口税务分局	100.00	38430.85	2011 年 12 月 31 日	实际为围墙，已转为构筑物
	DS0064784192431020023	石矶湖其他用房	湖南省沅江市凌云塔办事处大桥路	30.00	25000.00	2007 年 11 月 30 日	1
	DS0064784192431020021	庆云山职工宿舍	沅江市庆云山路	40.00	21050.00	2007 年 11 月 30 日	1
	DS0064784192431010006	新征土地	沅江市山巷口街道办事处新和社区	4804.80	1345359.57	2013 年 1 月 4 日	土地
	DS0064784192431010002	机关土地	沅江市银光路	6780.26	1111000.00	2002 年 8 月 31 日	土地
	DS0064784192431010004	庆云山土地	沅江市琼湖办事处大桥路北侧	3888.60	474000.00	2002 年 12 月 31 日	土地
	DS0064784192431010005	石矶湖土地	沅江市琼湖办事处庆云山路	6350.90	450000.00	2007 年 11 月 30 日	土地
	DS0064784192431010001	黄茅洲土地	沅江市黄茅洲	1525.10	80500.00	2007 年 11 月 30 日	以会计差错下账
	DS0064784192431010003	南大土地	沅江市南大膳镇	1795.00	80500.00	2007 年 12 月 30 日	以会计差错下账
南县县局	221007000000148	职工宿舍	益阳市南县茅草街朝阳社区	1063.80	269830.40	1987 年 12 月 31 日	4
	221007000000141	办公用房	益阳市南县茅草街朝阳社区	818.43	308000.00	1988 年 12 月 30 日	4

续表 4–3

县市区局	资产编号	房产 / 土地卡片名	坐落位置	面积（平方米）	原值（元）	建筑物	
						取得时间	楼层
南县县局	221007000000149	职工宿舍	益阳市南县南洲镇宝塔社区	62.00	50796.94	1995 年 1 月 23 日	5(仅 1 套公有)
	221007000000132	其他用房	益阳市南县南洲镇宝塔社区	160.00	62832.10	1990 年 12 月 30 日	1
	221007000000150	职工宿舍	益阳市南县南洲镇南华南路	1958.00	1353970.00	1990 年 12 月 30 日	4
	DS2401020001	南县税务局林荫路办公区	益阳市南县南洲镇林荫路	2041.22	3284693.00	2003 年 12 月 31 日	6
	DS2401020007	南县税务局林荫路办公区综合楼	益阳市南县南洲镇林荫路	1103.34	899588.00	2003 年 12 月 31 日	3
	221007000000130	办公用房	益阳市南县南洲镇荷花社区	792.24	202596.00	1991 年 12 月 30 日	3
	221007000000142	办公用房	益阳市南县南洲镇沿湖路 738 号	2653.30	5221322.90	1998 年 4 月 1 日	6
	221007000000153	办公用房	益阳市南县沿湖路 738 号	3501.66	9851876.54	2006 年 12 月 31 日	7
	DS2401020002	南县税务局茅草街税务所办公楼	益阳市南县茅草街镇沱江路	1524.43	1168715.91	2003 年 12 月 31 日	4
	DS2401020008	南县税务局茅草街税务所住宿楼	益阳市南县茅草街镇沱江路	2159.14	1044034.27	2003 年 12 月 31 日	6
	DS2401020006	南县税务局南华路办公区	益阳市南县南洲镇南华路	1641.96	278000.00	2011 年 7 月 11 日	4
桃江县局	DS0064900552411020016	原修山税务所	桃江县修山镇	622.80	183171.00	2002 年 12 月 17 日	4
	DS0064900552411020004	灰山港分局办公楼	桃江县灰山港镇	1221.00	1908794.65	2010 年 7 月 31 日	5
	DS0064900552411020010	县局商住楼	桃花江镇休闲广场桃益公路旁	2924.00	2261222.54	2007 年 11 月 30 日	3
	DS0064900552411020007	县局办公楼及传达室	桃花江镇休闲广场桃益公路旁	3848.00	7771550.01	2007 年 11 月 30 日	7
	DS0064900552411020006	石牛江分局办公楼	桃江县石牛江镇九家塅	1205.00	1398980.37	2007 年 11 月 30 日	5

续表 4-3

县市区局	资产编号	房产 / 土地卡片名	坐落位置	面积（平方米）	原值（元）	建筑物	
						取得时间	楼层
桃江县局	DS0064900552411020005	马迹塘分局办公楼	桃江县马迹塘镇	1072.00	1625312.51	2007 年 11 月 30 日	4
	221008000000015	办公楼	湖南省益阳市桃江县资江路 30 号	2637.00	8032452.37	2004 年 1 月 1 日	3
	221008000000017	居民住房	湖南省益阳市桃江县马迹塘镇	829.99	109788.00	1987 年 12 月 12 日	4
	DS0064900552411020009	城关分局办公楼（地坪）	桃花江镇建设中路	700.45	54626.00	2002 年 12 月 17 日	3
	DS0064900552411020003	城关分局办公楼 2	桃花江镇建设中路	1236.00	449332.00	2002 年 12 月 17 日	4
	DS0064900552411020001	城关分局商住楼	桃花江镇建设中路	300.00	177691.00	2002 年 12 月 17 日	2
	221008000000014	门面	湖南省益阳市桃江县城关镇	330.51	302724.32	2001 年 7 月 1 日	1
	221008000000010	食堂杂屋	湖南省益阳市桃江县城关镇	200.00	30000.00	1986 年 4 月 15 日	2
	221008000000006	办公用房	湖南省益阳市桃江县马迹塘镇	1500.00	1546633.11	1986 年 7 月 8 日	4
	221008000000013	门面	湖南省益阳市桃江县桃花江镇	1033.00	252367.00	1997 年 12 月 31 日	1
	221008000000005	办公用房	湖南省益阳市桃江县桃谷山镇	1200.00	319000.00	1987 年 10 月 12 日	3
	221008000000008	综合办公用房	湖南省益阳市桃江县桃花江镇	1716.00	1848564.17	1991 年 5 月 2 日	4
	221008000000009	办公用房	湖南省益阳市桃江县桃花江镇	1795.00	2008965.68	1991 年 3 月 4 日	5
	221008000000012	食堂杂屋	湖南省益阳市桃江县城关镇	105.00	91319.00	1997 年 8 月 9 日	2
	221008000000007	办公用房	湖南省益阳市桃江县灰山港镇	1485.00	1676825.44	1998 年 10 月 12 日	5
	221008000000011	食堂杂屋	湖南省益阳市桃江县马迹塘镇	253.00	50000.00	1978 年 12 月 31 日	2
安化县局	DS00649489X2427010001	南区办公楼地皮	安化县东坪镇南区	6666.67	6915333.21	2018 年 12 月 31 日	土地
	FW2002000001	织布厂商服、住宅	安化县东坪镇建设路	773.54	818258.86	2002 年 7 月 23 日	2
	221009000000006	局机关综合楼	安化县东坪镇柏杨路	943.82	517000.00	1990 年 12 月 30 日	3

续表 4–3

县市区局	资产编号	房产 / 土地卡片名	坐落位置	面积（平方米）	原值（元）	建筑物	
						取得时间	楼层
安化县局	221009000000009	东坪分局宿舍	安化县南区陶澍路	1107.00	361771.20	1991 年 12 月 31 日	已拆
	221009000000007	东坪分局办公楼	安化县南区陶澍路	1500.00	300000.00	1993 年 12 月 31 日	已拆
	DS00649489X2421020006	税务村房屋、地皮	安化县东坪镇吴合新村	3424.38	470000.00	2003 年 6 月 2 日	6
	221009000000005	局机关办公楼	安化县东坪镇柏杨路	2081.00	3152796.00	1990 年 12 月 30 日	6
	221009000000010	梅城老干所	安化县梅城镇西街	1156.78	132000.00	1983 年 12 月 31 日	3
	221009000000012	国税局旧宿舍	安化县东坪镇柏杨路	2150.00	850000.00	1991 年 12 月 30 日	7
	221009000000454	梅城分局综合楼	安化县梅城镇紫云村	616.03	1135767.09	1998 年 12 月 31 日	3
	DS00649489X2421020014	分局综合楼	安化县东坪镇迎春路	1267.53	1543389.00	2013 年 5 月 31 日	4
	DS00649489X2421020001	家属楼	安化县东坪镇萸江路 22 号	114	129800.00	2005 年 12 月 30 日	6
	DS00649489X2421020011	局机关办公楼 01、02 栋	安化县东坪镇萸江路 22 号	2990.10	3606800.00	1999 年 4 月 1 日	4/6（2 栋楼）
	DS00649489X2421020010	江南镇办公楼	安化县江南镇日新街	1661.86	380000.00	2002 年 12 月 1 日	1/2/6(3 栋楼)
	DS00649489X2421020002	烟溪镇办公楼	安化县烟溪镇车站路	1796.77	250000.00	2004 年 12 月 31 日	5/2(2 栋楼)
	DS00649489X2421020008	坪口办公楼	安化县平口镇西南开发区	612.08	510000.00	2005 年 12 月 30 日	3
	DS00649489X2421020012	大福镇办公楼	安化县大福镇和平街	1681.33	360201.48	2002 年 12 月 1 日	4
	DS00649489X2421020003	三分局梅城 01 幢（办公楼）	安化县梅城镇东街 01 幢	1034.15	695000.00	2004 年 10 月 29 日	5
	DS00649489X2421020007	三分局梅城 03 幢（原劳司房）	安化县梅城镇东街 03 幢	1114.72	310000.00	2004 年 12 月 31 日	4
	DS00649489X2421020004	三分局梅城 02 幢（纳税厅食堂）	安化县梅城镇东街 02 幢	284.09	230000.00	2005 年 12 月 30 日	1

续表 4-3

<table>
<tr><th rowspan="2">县市区局</th><th rowspan="2">资产编号</th><th rowspan="2">房产 / 土地卡片名</th><th rowspan="2">坐落位置</th><th rowspan="2">面积（平方米）</th><th rowspan="2">原值（元）</th><th colspan="2">建筑物</th></tr>
<tr><th>取得时间</th><th>楼层</th></tr>
<tr><td rowspan="3">安化县局</td><td>221009000000177</td><td>梅城分局办公楼</td><td>安化县梅城镇紫云村</td><td>511.2</td><td>1134292.91</td><td>1998 年 12 月 31 日</td><td>3</td></tr>
<tr><td>221009000000008</td><td>坪口分局综合楼</td><td>安化县坪口镇车站路</td><td>1191.98</td><td>208000.00</td><td>1982 年 12 月 31 日</td><td>4</td></tr>
<tr><td>—</td><td>原国税平口家属区 702 号房</td><td>安化县平口镇兴旺街</td><td>100.87</td><td>—</td><td>1998 年 12 月 31 日</td><td>7</td></tr>
</table>

第三节　资产管理

一、车辆管理

（一）购买和处置

1990 年，地区税务局购置汽车 8 部。其中卡车 1 部，小车 7 部。

1993 年 3 月，地区税务局按省局要求修改了固定资产管理办法，其中关于车辆购置管理下放购车的审批权限。地区税务局机关购置新车，报省税务局审批。县（市）税务局机关及基层税务所购置新车，报地区税务局审批，不再转报省税务局审批。县（市）税务局机关配置小车的规格不得超过桑塔纳。购车资金一律由单位自筹解决，不再给予专项补助资金。

1998 年 7 月，贯彻落实全省反腐败工作会议和国家税务总局党风廉政建设工作会议精神。市国税局对小汽车的购置、配备、变卖、报废明确规定：不准购置进口车，不准购置超标车，购置、配备标准以排气量为准，市局 2.0 升以下，县市分局、稽查局、机关科室 1.8 升以下。凡金额在 15 万元（含 15 万元）以上的小汽车（含吉普车）购置一律要报经省局计财处批准，15 万元以下的，一律报市局计财科批准。所有小汽车（含吉普车）的变卖、报废一律要先报市局计财科批准，方可变卖或者报废。

1999 年 7 月，市国税局对车辆配置、管理进行规定：不准购置进口车、超标车、走私车。车辆配置标准以排气量为准，市、县局以及城市分局使用排气量在 2.0 升（含 2.0 升，下同）以下、价格在 20 万元以下的小轿车（或其他小汽车，下同）。各单位现有超标的旧车仍由各单位继续使用，凡发现新购超标车一律收缴处理。基层征收分局（所）因工作需要并且条件成熟的可按程序报经省局批准后购置一台标准内汽车。现有车辆超过一台的，由上一级机关统一调配。局机关除直属分局和票证部门等可以配置专用车辆外，其他科室一律不得配置，已配备的由各级局机关统一调配使用；城市分局根据征管工作实际需要从严控制。

2003 年 11 月，市地税局规定系统车辆划分为公务用车和业务用车，配置标准：公务用车，配置排气量 2.0 升（含 2.0 升）以下，价格 25 万元人民币以内的小轿车；业务用车，配置排气量 2.0 升（含 2.0 升）以下，价格 20 万元人民币以内的小轿车。吉普车、越野车、旅行车价格在 25 万元人民币以内。按照适度从紧、统一标准的原则核定各级地税机关用车数量标准，实行一车一证，不得交叉使用，不得转让。没有配发车辆定编证的，不得办理购车手续，财务不得列支。凡纳入管理范围内的车辆均占单位的编制数量且不得超过规定的配置标准。

2005 年 12 月，市地税局上报省局批准同意处置的车辆 6 台，已处置 3 台。另外赫山区局 3 台桑塔纳，报省局变卖处理，公开拍卖。

2008 年 10 月，市地税局就规范车辆管理补充规定：从严审批、从紧控制向省局提出车辆购买、处置申请。县市区局越野车的配置标准由原来的“一般按价格 30 万元以内配置”调整为“一般按价格 25 万元以内配置”。县市区局越野车、商务车、大客车的购置均由省局统一组织采购。各级地税部门购置车辆均需列入年度预算，未通过年度预算的车辆，不能购买。

2011 年，市地税局购置 7 台车辆，处置 5 台车辆。

2013年，市地税局根据省局确定的公务用车编制数对全市系统的在用公务车辆进行了性质确认，适应公车管理和“三公”经费控制要求，对新成立机构车辆和2012年底前申报处置车辆的更新配置做好了报批审查，同步跟进了当年待处置车辆的清理和报批工作。

2015年，市地税局对各单位的一般公务用车和执法执勤用车进行了摸底调研，掌握了车辆现状与使用需求情况，为严格执行车改方案，保障符合规定的一线执法执勤岗位车辆，依规依程序妥善处置参改车辆打下基础。

2019年，机构合并后组织完成车辆处置申报27台，车辆原值477.48万元。

2021年，向省局申报了全市税务系统10台车辆的处置（其中市局机关4台）。

（二）定编和调配

1991年3月，地区税务局遵照省局《湖南省税务系统车辆配置暂行办法》，要求各县（市）局可在配备征管、票证、生活用车各一辆的基础上另按机关干部人数（含离退休干部），每30人增配汽车一辆；县（市）、分局机关，可配业务、生活用车各一辆。年度各项收入超过8000万元的县（市）局，可增配一辆业务用车。各级税务机关在规定的编制内购车实行定额补助的办法，即按照购车单位的级别和规定配车的规格，确定购车金额，购车单位自筹一半，省局补助一半。对超规格购车的资金，超标准部分，一律由购车单位自理。当年，全区征管业务用汽车共24辆，摩托车41辆。

1995年，市国税局规定，城市分局有条件的可配备3—6台汽车，县市局允许配备2—3台汽车，由局机关办公室统一管理。

2005年12月，市地税局对全市地税系统8个区、县（市）局，2个直属单位及市局机关车辆进行全面检查和清理。全系统共有车辆67台（包括省局已批准暂未处置的车辆3台），其中：公务用车12台，业务用车55台；编内车辆66台，市局机关不占编车辆1台（省局2005年配拨的票证专用车）。未发现隐瞒未上报的车辆；无超标准购车；无未经批准擅自购车现象；无未经批准接受赠送和奖励车辆情况；无公车上私牌和异地上牌现象；无占用下属单位车辆编制的行为。各单位均按照规定的程序购买和处置车辆。

2007年5月，省国税局调整全省国税系统车辆编制。市国税局原编制数85台，增加机动编制数3台，编制总数88台。

2008年7月，省国税局下发全省国税系统公务用车编制核定表，核定市国税局机关（含稽查局、车购办）编制数24台，县（市、区）局编制数87台，合计编制总数111台。规定凡车辆超编单位一律不准新购置车辆。对未按规定购买的超编车辆，一律收缴处理。严禁占用下属行政事业单位、社会团体车辆编制购买车辆，严禁借用下属单位车辆使用。

（三）公务用车制度改革

2016年7月，为贯彻全省公务用车制度改革精神，根据垂管系统车改按照属地原则、与驻在地同步推进的政策。市地税局要求市局机关、稽查局、直属局与市政府车改封车时间同步，7月底前统一实施。县市区局封车时间等省局另行通知。原一般公务用车，市局机关暂保留3辆，市局稽查局、直属局不保留；一般执法执勤用车，市局机关、稽查局、直属局暂按原编制数60%保留。暂保留车辆以外的一律封存，使用“益阳市地方税务局封”字样并加盖市局公章的封条集中封存在单位内部车库或停车场。

2017年4月，市国税局公务用车制度改革按照属地化原则，与益阳市公务用车制度改革同步推进。根据国家税务总局和益阳市公务用车制度改革方案，市国税局系统各单位均属于公务用车制度改革范围。截至2016年12月31日，全市国税系统在职实有人数1111人。参改的在编在岗人员1102人，其中：处级12人，科级266人，科员及以下824人。车辆分布见表4–4。

2016年益阳市国税系统公务用车统计表

表4–4　　　　单位：辆

单位	现有公务用车编制	实有车辆	按车辆用途		按车辆类型		
			一般公务	执法执勤	小轿车	越野车	小客车
益阳市国税局机关	20	16	3	13	11	3	2
益阳市资阳区国家税务局	7	6	—	6	5	1	—

续表 4-4

单位	现有公务用车编制	实有车辆	按车辆用途		按车辆类型		
			一般公务	执法执勤	小轿车	越野车	小客车
益阳市高新区国家税务局	6	5	—	5	5	—	—
益阳市赫山区国家税务局	12	11	—	11	9	1	1
益阳市大通湖区国家税务局	3	3	—	3	3	—	—
益阳市沅江市国税局	8	4	—	4	2	2	—
益阳市南县国家税务局	6	3	—	3	2	1	—
益阳市桃江县国家税务局	10	10	—	10	8	2	—
益阳市安化县国家税务局	11	10	—	10	9	1	—
合计	83	68	3	65	54	11	3

系统各单位共有司勤人员 67 人。此次公务用车制度改革涉改司勤人员 61 人，57 人为劳务派遣人员，4 人为长期聘用合同工（退伍兵安置）。改革方案申请保留车辆 42 辆，取消封存公务用车 26 辆，具体情况见表 4-5。

2017 年益阳市国税系统公务用车改革情况表

表 4-5 单位：辆

单位	申请保留车辆			取消封存
	机要通信	应急用车	执法执勤	
益阳市国税局机关	1	1	8	6
益阳市资阳区国家税务局	—	—	3	3
益阳市高新区国家税务局	—	—	4	1
益阳市赫山区国家税务局	—	—	4	7
益阳市大通湖区国家税务局	—	—	2	1
益阳市沅江市国税局	—	—	4	0
益阳市南县国家税务局	—	—	3	0
益阳市桃江县国家税务局	—	—	7	3
益阳市安化县国家税务局	—	—	5	5
合计	1	1	40	26

对 57 名劳务派遣人员，全部依法解除劳动关系，并依照《中华人民共和国劳动合同法》有关规定给予经济补偿。对 4 名长期聘用合同工，实行内部转岗，不再担任司勤人员。委托人力资源服务公司按照用工标准招聘录用 10 名司勤人员。6 月 12 日，改革方案获省国税局批准执行。

2018 年 4 月，市地税局系统公务车辆情况见表 4-6。

2018 年益阳市地税系统公务用车统计表

表 4–6　　单位：辆

公车情况	编制总数	一般公务用车	执法执勤用车	实有总数	一般公务用车	执法执勤用车
全市系统	65	11	54	63	11	52
市局机关	9	3	6	9	3	6

（四）使用和维修

1997 年 10 月，市国税局对机关车辆使用作出规定：局领导原则上不固定车，由服务中心统一调度。局机关各科室（无车科室）特殊情况需要用车时，必须认真填写车辆使用申请单并由科室负责人签名。保证会议用车。省局领导来局或到县市分局检查工作保证用车。老干部用车由人教科填写车辆使用申请单，由服务中心根据有关规定酌情派车。局机关干部职工原则上不安排因私用车，特殊情况酌情安排用车，如办理婚丧或重病住院就医（含父母、子女），可由服务中心派车，不收费，其他私事用车按规定收费，其收费标准为：市区一趟 10 元，市区以外按每公里 0.5 元收费，依往返里程计算，路桥费自理。

1999 年 7 月，市国税局对使用车辆做出规定：各级国税机关领导均不得固定专车和司机，用车统一由车管部门安排。严禁动用公车参加各种商业性娱乐活动。未经领导批准，不得用公费、公车学习驾车，擅自学车造成的一切后果一律自负。各级国税机关不得找下级单位或纳税人维修车辆和报销车辆费用。

2001 年 11 月，市地税局制定《益阳市地方税务局机关驾驶员及车辆管理使用规定》，就“驾驶员、车辆、用车范围、车辆维修”等事项管理进行了规范。

2008 年 7 月，市国税局严格车辆使用管理，严禁公车私用，实行公务用车节假日封存停驶制度。严格实行公务用车定点加油和“一车一卡”加油制度，落实单车核算制度及公务用车油耗、运行费用支出统计报告和公示制度。

二、其他资产管理

（一）主要工作落实情况

1990 年地区税务局购置计算机 1 台，全区累计已配备计算机 10 台。其中地区税务局 3 台，县市局 7 台。由于计算机的利用率低，仅限于汇总计会统报表，为扩大使用范围，开发了 3 个新软件：用税票汇编报表；人事档案；工资发放清册。此外还运用了汉字处理软件，打印文件资料。

1991 年，全地区税务系统配备计算机 11 台，专干 9 人，当年又培训兼职人员 12 人，人员和计算机基本适应工作需要。配备无线电对讲机 42 台，微型录音机 20 台，照相机 8 部，征管装备总值达到 200 多万元。

1992 年，在计算机管理方面，注重提高微机使用效率，凡已开发的软件，在有条件的情况下，力争做到运用，如运用已开发的软件进行了产品税、营业税、增值税普查，人事档案管理等，微机的应用程度得到了提高，对微机进行升级处理，由 8088 升为 80286，其运算速度提高了 10 倍。

1993 年，地区税务局在计算机管理上一方面重视了队伍建设，稳定了计算机专业人员，加强了业务培训。另一方面加强了设备的维修改造，多次派人下去帮助县市分局维修老旧计算机，做到能用则用，废物不废。从省局争取了 9 台新型 386 型计算机，经费管理软件、计划管理软件、人事管理软件、应征数核算软件等都在全地区得到了推广运用。

1995 年，市国税局规定县市分局有经济条件的局长、副局长可配备一个移动电话，科、股、所长一律不准配用。

1996 年 10 月，市国税局分三组，历时一个多月对全局系统的经费和财产全面检查，对各县市分局财务收支中存在的问题提出改进意见，摸清全市国税系统整个固定资产的家底，对漏记和减少的固定资产及时进行了调账处理。

1997 年 8 月，市地税局要求从下到上开展地税系统财产物资等固定资产的清理，办公室和计会科对此进行了督促和检查、各单位都进行了清查，登记造册，建账建卡，做到账实相符，心中有数。清查全系统共有固定资产总额 37438875.97 元，（不含市局机关新址），其中市局共有财产物资 1532404.07 元（不含市局机关新址）。通过清理查增财产物资 219500 元。

1998 年，市地税局全面清理通信工具，清理移动电话 14 台，折价 29500 元，BP 机 56 台，折价 6400 元，住宅电话 3 台，折价 1500 元。对符合规定配备的通信工具全部折价收款入账，并对符合规定使用手机者到当地廉政办办理了准用证。明确通信工具公费报销对象与标准，建立健全招待、用车、经费审批等制度。

2003 年，全市国税系统通过资产清理共盘盈房产两栋，增加原值 41 万元，盘亏房产 13 万元（大通湖分局未将分给地税局的住房减少原值），并发现个别单位未一物建一卡、未进行图片扫锚。资产清理后，盘盈（亏）的资产均已进行账务处理，卡片不详细的已重新建卡，图片未扫描的进行了扫描。真正做到了账账相符、账实相符、账卡相符。

2003 年 5 月，市地税局委托朝阳分局代管原省级税收征收分局院内财产物资。原省级税收征收分局院内的所有财产物资所有权归市局。整个院子由市局委托朝阳分局进行管理。朝阳分局按照计财部门清产核资的要求，就代管范围内的财产物资认真搞好清理、登记、造册，对各项财物加强管理。房租、水电费由朝阳分局按市局界定的范围和标准计收。所收房租，按“以房养房”的原则由朝阳分局用于对房屋的维修，但必须将收支情况报告市局后勤服务中心。楼院的正常维护，小修小补由朝阳分局负责，大型维修项目，朝阳分局可先造出预算报市局后勤服务中心审核，再提请市局办公会议认定，并明确相关费用的处理意见。

2004 年 1 月，全市地税新增投入 468 万元，累计配备各类微机 391 台、PC 服务器 13 个、路由器 9 个、UPS 装备 16 个、打印机 198 台、计算机管理人员 28 人，全市地税系统广域网、各机关局域网建设顺利完成，省、市、县三级互联互通和办公自动化；24 个基层征收单位使用了征管软件，城区安装、使用税控收款机 208 台，纳入计算机管理的纳税户为 9921 户，纳入微机处理的税额为 16630 万元。

2005 年 11 月，对全市国税系统固定资产状况进行了一次全面清理。8 个县市区局，包括市局机关共计 9 个单位。2004 年年末固定资产总额 125838244.60 元，其中：房屋及建筑物 91230830.20 元；一般设备 31873418.29 元；其他固定资产 2733996.11 元。市局机关 2004 年整体搬迁，原有的房屋及建筑物 2003 年已处置。新院落因基建财务竣工审计未完工而不能转固定资产。此次清理，市局机关新的固定资产暂未列入。

2010 年 8 月，市国税局明确要求：固定资产的实物管理部门要将资产管理职责落实到使用部门和使用人，建立固定资产的购置、领用、保管、回收和责任追究制度。凡因个人原因导致公物被盗、丢失、损坏的，应予以赔偿并追究相关人员的责任。

2012 年 2 月，市国税局明确全市国税系统资产管理部门和职责：财务部门负责固定资产的财务管理，人事部门配合有关部门办理资产清交工作，机关服务中心（办公室）负责非计算机类固定资产的实物管理，信息中心负责计算机类固定资产的实物管理，使用部门负责对本部门使用的固定资产进行日常管理。12 月，通过固定资产专项清理工作查实，全市国税系统资产有 1.6 亿元，其中房屋建筑物账面价值 1.1 亿元，占总资产数的 69%。通过专项清理，清理出沅江市国税局附属楼盘盈面积 487 平方米；安化县国家税务局有需要下账的房改房面积 3893 平方米；桃江县国家税务局有需要下账的房改房面积 3763 平方米；同时，清理出全市盘盈资产 30.9 万元、待审核审批处置资产 113.1 万元。

2013 年 3 月，市国税局印发《益阳市国税局计算机类，固定资产安全管理制度（试行）》的通知，就计算机等设备的“管理、保管、报废”作出规定。

2015 年 1 月，印发《益阳市国税局系统固定资产管理实施办法（试行）》。

2016 年 5 月，按照《湖南省国家税务局财务管理处关于开展办公用房清理整改自查自纠工作的通知》要求，全系统 8 个基层单位和市局机关都在原有清理基础上对现有在用办公用房进行了再一次清理自查“回头看”，全面检查清理了本单位特别是领导干部占用和使用办公用房的情况，整改超面积占用、使用办公用房等问题。

2018 年 3 月，市地税局根据《中共益阳市委办公室关于开展全市党政机关办公用房专项督查工作的通知》要求，对照通知逐条进行了核实、清理，办公用房使用状况均符合相关规定。

2019 年，在资产清查基础上，组织完成全市原国税、原地税系统资产划转和移交工作，并在税务系统资产管理信息系统中并账入库；完成资产管理系统基础信息维护和固定资产折旧初始化工作。

2020 年，完成资产划转后续数据整理工作；完成新增资产录入；逐步推进固定资产处置，向区县局调拨固定资产和无形资产 593 件，报废处置固定资产 189 件。

2021 年，编制下发《益阳市税务系统资产清查实施方案》，各单位开展了资产清查，厘清资产家底，完善资产卡片信息，重构二维码资产管理体系。对 1484 件资产进行处置，涉及账面价值 299.80 万元。

2022 年 5 月，处置 633 件资产，涉及账面价值 123.89 万元。

（二）抗洪抢险 保卫财产

1995 年 6 月，益阳市辖区连降大雨，特别是 7 月

1—2 日连降暴雨，江河水位猛升。市国税系统下设 8 个县市分局，所辖 68 个所级征收单位，其中受水灾危害有 52 个，占 76.5%。其中桃江县国家税务局和市局直属二分局的办公楼和宿舍楼被水淹至三楼，二分局在水中浸泡长达 11 天。有宿舍和办公房 106336 平方米，受水灾危害的有 66992 平方米，占 63%。其中桃江县国家税务局有宿舍办公房 12175 平方米，受灾面积 9983 平方米，占 82%。全市国税系统共有汽车 69 台，有 46 台淹在水中(包括抢险中被水淹的车辆)占 66.7%，需大修或报废的有 12 台，其中桃江县国家税务局 11 台车辆中受水灾损害的有 10 台，占 90.9%。全市国税系统有摩托车 115 台，被水淹的有 56 台，占 48.7%，其中桃江县国家税务局 18 台中，有 16 台被洪水损坏，占 88.9%。共有家具、用具 8000 余件，约有 4000 件被淹在水中，占 50% 左右。其中桃江县局有 1200 件，有 800 余件被淹在水中，约占 2/3。全市有计算机 29 台(含四通打字机)，其中被水灾损坏 17 台，占 58.6%。造成基建在建工程材料等其他物资损失 180 万元。全市国税系统包括离退休人员共有 1374 人，直接遭受水灾的有 615 人，占 44.7%，其中桃江县国家税务局有 204 人，直接受灾的有 116 人，占 56.8%。不完全统计损失金额达 1500 万元。

地税系统 58 个税务所有 28 个受灾。由于山洪暴发和渍水浸漫基脚，有的甚至漫过二楼，渍水浸泡时间较长，房屋的损坏十分严重，有的所办公楼、综合楼房屋出现裂缝。有 8 个所围墙倒塌，基础设施遭到严重破坏。受灾的税务所有，桃江：大栗港、桃谷山、武潭、马迹塘、三堂街、修山、桃花江、城关、县局机关；安化：小淹、烟溪、大福；沅江：泗湖山、阳罗、共华、琼湖、南大、草尾；南县：武圣宫、厂窖、茅草街、三仙湖；资阳：沙头、新桥河；赫山：兰溪、泉交河、新市渡；农垦：金盆、茶盘洲。受灾税务干部 128 户，尤其是桃江、安化，由于洪水陡涨措手不及，资江沿线 11 个税务所冲垮和毁损房屋财产严重，有 74 户被洪水淹没。桃江县局计会股长吴佳群全家 7 口人一年口粮和部分财物被洪水卷走。全市地税系统内公共财产损失 280 多万元，干部家庭财产损失 20 多万元。

1996 年，继 1995 年又一次遭受更大洪灾。全市国税 8 个县（市）分局有 6 个分局和 22 个征收分局相继被洪水或渍水淹没，因灾直接经济损失高达 1048.98 万元。

全市地税有 8 个县市分局 73 个征收科所受灾，其中桃江、安化、沅江、资阳、朝阳受灾严重，到 7 月 20 日已造成直接经济损失 682 万元。全市 8 个县市分局 73 个税务科所，有桃江、安化、沅江、朝阳等 4 个县市分局和 27 个税务科所进水受渍。其中桃江县局、安化县局、沅江市局和小淹、江南、东坪、武潭、修山、大栗港、桃谷山、马迹塘、三堂街、泗湖山、共华、琼湖、黄泥湖等 12 个基层税务所进水 2—3 米，最深的 5—6 米，有 30 多处、18000 多米围墙被洪水冲垮。桃江县城关一所地税征收大厅，仅装修就花了 20 多万元，在这次洪灾中毁于一旦。灰山港地税所一栋生活用房被洪水冲倒。全系统房屋的直接经济损失 301 万元。办公用具和机械设备损失惨重，经济损失 76 万元。基建材料损失大。当年全市地税系统有市局、安化县局、桃江县局、朝阳分局、沅江市局、南县局、赫山分局等 7 个单位正在新建住房，大量基建材料无法转移而被洪水冲走或淹没报废，共冲走木材 48 立方米，石灰 173 吨，砂石 520 吨，493 吨水泥被洪水浸泡而报废。造成直接经济损失 85 万元。用于防汛抗灾的消耗巨大。一方面有 156 名地税干部被洪水围困，断粮、断路、断电、断水，必须天天送粮、送水、送菜、送药；另一方面在参与紧急处险时，购买了部分防汛物资。到 7 月 20 日，全系统用于上述两个方面的防汛经费已达 65 万元。干部职工家庭财产损失惨重。在抗洪抢险中绝大多数地税干部舍小家，为大家，为转移公共财物特别是税收票证和征管资料而来不及转移自己的家产。全市地税系统有 227 名干部职工的家庭财产受损，损失金额达 155 万元。特别是一部分家住农村的“半边户”地税干部，有的家庭财产全部被洪水吞没，半生心血顿成泡影，成为了困难灾民。

洪灾发生后，市地税局党组向全市地税干部发出了“立即投入抗洪抢险战斗的紧急动员令”，指出“洪水就是敌人，灾情就是命令”，“要求把抗洪救灾作为当前压倒一切的中心任务”，不开一切与防汛无关的会议，不搞一切与防汛无关的活动，领导和干部一律不准外出，实行全员待命，全力以赴投入这场战斗。市局成立了全市地税系统抗洪救灾工作领导小组，总揽全局，负责组织、指挥、协调全市地税系统的抗洪救灾工作。各县市分局也成立了相应的机构。市局和各县市分局都将机关人员合理分工，成立了 2—3 个抢险突击队、1 个综合协调组、1 个后勤保障组，明确要求：领导干部当队长，共产党员打冲锋，男士全部上一线，妇女留守抓后勤。并坚持 4 小时轮流值班制度。随时应付各种突发事变。桃江县七星桥防洪大堤溃决、县城被淹后，市局局长刘见曙身先士卒，立即带领机关抢险队赶赴灾区，参与抗洪抢险战斗，并不顾疲劳，连续作战，亲自带队为桃江县地方税务局被洪水围困的干部职工送去了蔬菜、干粮、蜡烛、矿泉水等救灾物资。7 月 19 日沅江目平湖防洪大堤溃决后，下午 2 点市局副局长廖国扬、甘志中带领第一支抗洪抢险队，赶到沅江三眼塘抢修第二道防线，廖国扬既当指挥员，又当战斗员，自己亲自扛草包，肩上磨出了道道血痕也不休息。副局长甘志中的老家在沅江，家里 70 多岁的老父亲被洪水逼到了五层楼上，他也无暇顾及，仍旧坚守在抗洪抢险第一线。当晚 9 点，局长刘见曙、副局长宋力华又率领市局机关第二支抢险突击队奔赴沅江，参与抢修第二道防线，刘见曙、宋力华不顾天黑路滑，和突击队员一起取土垒堤，一身泥、一身水，一干就是一个通宵，直到完成抢修任务后才撤离现场。市局机关的领导每人带头捐款 100 元、干部每人捐款 50 元，共 4300 元。并发动机关干部捐衣、捐物，尽自己的努力，缓解特困灾民的燃眉之急。据统计至 7 月 20 日，全市地税系统捐款 1.7 万元，捐衣服等物资价值 2.6 万元，送到了当地民政部门，帮助灾民渡难关。在洪灾到来之前，市局局长刘见曙给各县市分局局长打电话，要求做好抗洪准备，特别是对有可能被洪水淹没的地税所，税收票证要及早地转移出来，确保万无一失。与此同时，市局计会科还组织各县市分局在汛期到来之前，对税收票证进行了检查，加强了干部税收票证安全防范知识教育。各基层地税所按照市局要求，在抓好双过半的同时，对税务专管员、税收代征员的票款都进行了结报、盘底、清点。洪灾到来之后，税务干部视国家税收票证、税款为生命，在紧急关头，广大地税干部想的和做的第一件事就是赶快转移税收票证和税收征管资料。洪灾到来之前，大家根本没有想到大栗港、武潭、修山、三堂街、东坪、黄泥湖、泗湖山等地税所会被洪水淹没，这些地方的税收票证都是在洪水到来之时抢救出来的。黄泥湖防汛大堤在 7 月 17 日下午 4 时被漫溃了，地处黄泥湖内的地税所形势极为严峻，闻信后，朝阳分局局长杜兆平，不顾久病初愈，带领 4 名机关干部冒雨前行、蹚水过去，抢在洪峰到来之前赶到了地税所，黄泥湖地税所的 5 名干部也丢下自己家里的财产不管，全力抢救税收票证和征管资料，直到把税收票证和资料全部转移到分局才去抢救自己家里的财产。据统计，在这场洪灾中干部职工家庭财产遭受损失达 155 万元，而税收票证和税收征管资料却完整无损、未丢一份。

第四节　政府采购管理

2000 年 6 月 1 日，国家税务总局印发《关于国家税务局系统实行政府采购制度的通知》，省国税局在当年的 8 月印发《湖南省国家税务局系统政府采购办法》。9 月，市国税局转发省国税局文件，政府采购在全市税务系统开始推进。

一、制度建设

（一）建立领导机构

全市税务系统推进政府采购后，无论是在国、地两局分设时期，还是在机构合并后，历届领导班子均成立或调整政府采购领导小组，由局长任组长，分管政府采购工作和分管计财、纪检监察的副局长任副组长，相关科室负责人为领导小组成员。政府采购领导小组职责：按照采购计划和使用单位的具体要求，制定采购方案报省政府采购主管部门审批；调查市场状况，掌握价格信息，了解技术发展趋势，为制定采购方案提供依据；负责招标文件审定，根据中标通知书负责同供应商进行合同签订；根据采购项目的规模，政府采购小组视具体情况可要求使用单位派人参加，使用单位应指派专员作为小组采购成员，参加具体招标全过程，并负责采购物品的质量验收。日常工作由计财科（财务科）负责。

（二）落实政府采购政策

2000 年 9 月，市国税局明确市、县局一次性集中采购分别在 5 万元、1 万元以上的纳入政府采购渠道。政府采购工作遵循公开、公平、公正和效益优先原则。政府采购应当通过公开招标方式进行，询价采购必须对比三家以上的供应商价格择优选定。

2004 年 3 月，市地税局遵照省地税局、省财政厅有关“集中采购目录”及“政府采购限额标准和公开招标数额标准”的要求。明确“货物类”“工程类”“服务类”地税系统政府采购限额标准。5 月，决定从 2005 年起，经省局审批同意购置的车辆，市局机关（含直属单位）统一由省局按政府采购程序集中采购；市局以下单位统一由市局按政府采购程序集中采购；没有车辆采购权的单位，一律不得采购。

2009年5月，市地税局按照《全省地税系统政府采购工作规程》，规范政府采购的申请和审批、采购方式和流程、验收、质量保证与资产登记、采购纪律与监督。

2013年2月，市地税局根据省地税局关于政府采购项目开展专家评审论证工作的精神，规定重大项目政府采购，原则上要组织事前专家评审论证。符合事前专家评审论证范围的项目，由财务管理部门和使用单位组织有关专家对项目的可行性及预算进行论证，据此上报局领导审批政府采购计划和预算。

2013年3月，市国税局印发《关于明确政府采购工作几项问题的通知》，规定：一是政府采购范围，凡目录列举的货物、服务或工程，不管采购多少均属于政府采购范畴，应按照政府采购程序实施采购。目录没有列举的，一次性采购5万元以上的货物、10万元以上的服务和工程也须按照政府采购程序实施采购。货物或服务采购金额一次性达到120万元以上，工程项目达到200万元以上的，采取公开招标的方式实施采购。二是政府采购工作归口财务部门，市局机关政府采购项目由市局财务科把关，各县市区国家税务局政府采购项目由各单位财务科把关，市局财务科对基层单位政府采购业务进行指导。三是政府采购审批和审核程序。四是除批量集中采购的货物以外的采购均必须制作《政府采购实施纪要》，并由采购参与人员在《政府采购实施纪要》上签字确认。五是所有政府采购合同必须按照《湖南省国家税务局关于规范政府采购合同专用章使用管理的通知》文件要求，由单位法定代表人或其授权代表在合同上签字后，加盖政府采购合同专用章。六是所有政府采购项目都必须按照国家税务总局转发《财政部关于做好2013年中央单位政府采购计划和执行情况编报工作的通知》文件的要求，按季度填报政府采购计划及政府采购执行情况表。

2014年5月，市国税局印发《关于建立政府采购合同专用章用印登记簿的通知》，进一步规范政府采购合同专用章的使用，确保政府采购合同专用章的安全及规范使用：一是必须由各单位财务科委派专人保管和使用，杜绝政府采购合同专用章随意出借，不经批准使用的情况；二是建立政府采购合同专用章用印登记簿，登记簿内页格式市局将在日常及专项检查中对政府采购合同专用章用印登记簿的建立情况及使用情况进行督查。

2015年1月，市国税局印发《益阳市国税局系统政府采购管理实施办法(试行)》，进一步规范政府采购行为，提高政府采购工作效率。

2016年，市地税局编制印发《益阳市地方税务局政府采购工作规程》，贯彻落实《政府采购法》《政府采购非招标采购方式管理办法》及实施细则等文件要求，推进政府采购规范化、程序化管理。全面推行政府采购预算管理，严格执行“无预算不采购”，按照“应采尽采”的原则准确、翔实编报年度政府采购计划，确因改革、政策等原因需新增、变更的政府采购项目追加预算须报省局审核后执行。督促系统各单位完善政府采购资料存档制度，要求采购实施单位上报采购资料到审批单位备存，做到流程合法、程序到位、资料完备。

2018年7月，明确税务系统信息化设备政府采购业务指引。加强部门沟通协调，提前做好采购立项、预算、计划、实施等工作，严格依法依规组织政府采购，杜绝未经政府采购而提前新增、租赁或借用信息化设备，后履行政府采购程序的行为。

2020年3月，印发《国家税务总局益阳市税务局系统政府采购目录外标准下采购事项管理实施办法(试行)》。

二、主要工作

2011年，市地税局进一步归集政府采购相关政策，理顺政府采购组织机构，明确政府采购审批程序，规范政府采购操作流程。全年共审批政府采购计划17批次，金额360余万元；自行组织采购1次，金额138万元。

2012年底，市地税局系统政府采购纸质行政审批和流程管理已基本规范，为积极应对全省政府采购电子行政审批和国库集中支付制度改革的要求打下了基础。

2015年，市地税局强化政府采购预算控制，在市局各单位中强力推行“无预算不立项、无预算不采购、无预算不支出”，严格把控政府采购流程管理，加强区、县(市)局就地采购项目的行政审批；并到县市区局检查政府采购执行情况，指导开展政府采购。市局机关组织五批次政府采购，预算总金额2204290元。

2016年，市国税系统政府采购预算775.28万元，实际采购金额623.07万元，预算执行率80.37%。其中2016年服务类政府采购预算141.38万元，实际采购金额132.09万元，预算执行率93.43%。市局机关2016年采购预算215.13万元，实际采购金额161.61

万元，预算执行率75.12%。其中2016年服务类政府采购预算76.85万元，实际采购金额72.34万元：预算执行率93.43%。沅江市国税局2016年采购预算221.73万元，实际采购金额211.34万元，预算执行率95.32%。其中2016年服务类政府采购预算43.28万元，实际采购金额40.67万元，预算执行率93.96%。大通湖区国税局2016年采购预算22万元，实际采购金额13.79万元，预算执行率62.68%。其中2016年服务类政府采购预算1.5万元，实际采购金额1.37万元，预算执行率91.33%。

2017年，市地税局引入了多家采购代理机构。一方面，通过甄选、比较、竞争，筛选出更优秀更规范的采购代理机构；另一方面，汲取各代理机构政府采购方面的先进经验，提升自身政府采购管理水平。市地税局按采购权限组织完成了8项政府采购，预算总金额542.27万元。

2018年，纳入市税务系统政府采购信息统计报表范围的共有包括市局机关本级在内的9个预算单位。全年政府采购预算共计268.57万元，其中货物类130.57万元，工程类88万元，服务类50万元。实际采购金额250.14073万元，其中货物类118.54073万元，工程类88万元，服务类43.6万元。节约资金18.42927万元，节约率达6.86%。

2019年全年政府采购预算共计1184.725万元，其中货物类493.225万元，工程类486.500万元，服务类205.000万元。实际采购金额1173.959万元，其中货物类483.059万元，工程类486.500万元，服务类204.400万元。节约资金10.766万元，节约率达0.909%。其中，通过竞争性谈判、竞争性磋商和公开招标等方式组织实施了23次重大项目采购，为项目有序顺利开展提供了保障。稳妥推进网上采购。积极推进了税务采购网应用工作，全面推行线上批量集中采购，做好目录内产品的协议批量和在线竞价采购，市局机关共计实施协议采购20次，总金额460.586万元；完成批量集中采购11次，总金额79.125万元；实施在线竞价采购3次，总金额30.75万元，做到了集中采购目录内商品100%线上采购；在市局机关和全市系统逐步推广网上超市采购工作，市局机关组织实施了44次网上超市采购，总金额174.384万元；同时引导各县市区局树立网上采购新观念，培养网上采购好习惯。

2020年，全年政府采购预算共计889.447万元，其中货物类322.447万元，工程类230.000万元，服务类337.000万元。实际采购金额881.233万元，其中货物类316.631万元，工程类230.000万元，服务类334.603万元。节约资金8.214万元，节约率达0.923%。

2021年，益阳市税务系统税务采购网上超市模块采购任务为410万元。截至网超执行考核时间11月30日，完成网超采购569.23万元，以138.84%的比例超额完成网超采购任务。线下组织实施政府采购、分散采购项目17个，合计金额542.86万元。

2022年，市局机关线下组织实施政府采购、分散采购项目17个，合计金额542.86万元。

第二章 行政管理

第一节 督察与内部审计

一、税务内部控制机制

国家税务总局局长肖捷在2008年首次提出：要把内控机制建设作为税收体制机制建设的重要内容。2009年起，总局以廉政风险防控为切入点，探索推行内部控制建设。2016年，总局党组将深入推进内部控制建设作为落实中央专项巡视整改重要举措之一。2017年2月17日，总局印发《全国税务系统内部控制基本制度（试行）》，进一步深化税务系统内部控制机制，为有效防控税务工作风险提供制度保障。

2012年7月，市国税局印发《关于明确内控机制六项制度落实要求的通知》，包括《益阳市国税系统行政问责办法》《益阳市国税系统重大事项会议纪要制度》《益阳市国税系统议事决策制度》《益阳市国税系统内控机制监督检查办法》《益阳市国税系统廉政风险预警制度》《益阳市国税系统廉政谈话制度》。

2018年，成立市税务局内控机制建设工作领导小组，由市局党委书记、局长任组长，市局其他局领导任副组长，局内各单位主要负责人为成员。领导小组下设办公室，办公室主任由分管督察内审工作的局领导兼任，副主任为督察内审科主要负责人，局内各单位内部控制管理岗人员为办公室成员。配备1名干部专职负责内控工作。8个县市区局也成立领导小组、配备1—2名专职内控工作人员，明确工作分工。根据《国家税务总局益阳市税务局关于明确市局领导工作分工和工作联系点的通知》确定党组成员分工，领导班子成员实行AB岗、联系点制度、分管工作轮换制和绩效考核等制度，确保党组授权充分、各负其责、权责清晰、运行规范；根据《中共国家税务总局益阳市税务局联合委员会会议议事决策暂行规则》决策制度办法，坚持依法决策、民主集中制、重大事项集体决策、严格遵守保密纪律等原则进行决策，对决策事项、范围、形式等以会议记录、纪要、决定等形式存档备查，确保科学决策。按照内部监督机构设置相关要求，设置纪检组、督察内审、系统党建等部门，通过纪检监察、内部督察审计、巡察等多种手段进行有效的内部监督。11月，督察内审科牵头组织市局机关27个局内单位开展内控自我评估，在税务系统内部控制监督平台录入自我评估报告。8个县市区相应开展自我评估工作。

2019年，对原国税内控平台系统中36091条数据、原地税内控平台系统内7293条数据，与合并后内控平台的52052条数据进行了核对，并对各单位人员进行岗位权限设置，完成内控平台系统初始化。市局机关27个单位开展2019年度内部控制自我评估工作，在税务系统内控监督平台内部控制管理系统中录入了内控自我评估报告。撰写了科室《2019年度内部控制自我评估报告》，填写《2020年度益阳市局科室重点内部风险防控计划》。上报2020年重点内部风险防控计划64条。8个县市区局均按市局要求，组织区县局各科室开展了2019年度内部控制自我评估工作，8个县市区局共组织119个科室录入内控平台系统自我评估报告119份。上报2020年重点内部风险防控计划149条。

2020年，市局机关27个单位均开展2020年度内部控制自我评估工作，在税务系统内控监督平台内部控制管理系统中录入内控自我评估报告。撰写了科室《2020年度内部控制自我评估报告》，填写了《2021年度益阳市局科室重点内部风险防控计划》，上报2021年重点内部风险防控计划59条。8个县市区局均按市局要求，组织区县局各科室开展了2020年度内部控制自我评估工作，112个科室录入内控平台系统自我评估报告112份。上报2021年重点内部风险防控计划160条。通过内控平台疑点筛选，接收并组织核查疑点685条，其中接收总局下发的3批次疑点381条、接收省局推送的5批次疑点共计194条、市局下发疑点1批次共计110条，各县市区局对以上疑点逐一开展了核查、核实，共计发现问题263条，发现问题占比38.39%，其中涉及税款疑点数40条，市局督促、指导各县市区局整改，同时予以执法责任追究8人次。

2021年，全系统在内控平台录入部门内控自我评估报告139份（其中县市区局112份、市局27份），各县市区局、市局局内各单位均提交了2021年度内控自我评估报告（35份）和2022年重点内部风险防控计划表（303份）。全系统针对内部风险完善修改相关制度办法26个，其中市局机关10个，大通湖区局3个，沅江市局1个，南县局9个，桃江县局3个。全年共收到省局下发的增值税发票管理内部风险快速反应疑点数据21批次，疑点明细条数47条。发现问题14条，其中不存在执法过错5条、存在执法过错9条；对存在执法过错予以追责4条，免予追责5条，共计追责12人次，免予追责9人次；向被核查单位提出内控建议120条，向主责部门提出内控建议2条，向省局提出内控建议3条。

2022年，全市系统共计制定了2022年重点内部风险防控计划303条，其中市局机关27科（室、中心、局、组）65条，8个县市区局238条。重点在专票电子化管理、注销管理、土地增值税管理等方面开展内部风险防控。全年共收到省局下发的增值税发票管理内部风险快速反应疑点数据24条，涉及8个县市区局的5类问题。未发现问题19条，不存在执法过错1条（涉及赫山区局的涉嫌少征车购税税款疑点1条），同时予以执法过错责任追究3条（涉及5人次），其中免予责任追究1条。涉及少征车购税2637.17元，已补缴。共提出内控建议62条，其中向县市区局提出内控建议60条，向上级税务机关提出内控建议2条。

二、执法督察

税务系统执法督察源于执法检查，源头是1988年国务院开展的“税收财务物价”三大检查。全国税务系统内部最早开展的执法检查是1995年对新税制执法检查。2000年、2004年总局先后发布、修订《税收执法检查规则》，职责由政策法规部门承担。2008年，总局成立负责内部财务监督和税收执法监督的专门机构——督察内审司，原属于法规部门的执法监督检查职能调整到督察内审部门。此后，全国各省国税局和部分地方税务局相应成立督察内审处。2013年2月25日总局令第29号公布《税收执法督察规则》。该规则分总则、执法督察的组织管理、执法督察的内容和形式、执法督察实施程序、责任追究及奖惩、附则共6章55条，自2013年4月1日起施行。《税收执法检查规则》予以废止。

2010年9月，由于湖南省市州局未设督察内审机构，省国税局发文《关于明确市州国税局督察内审职能的通知》将其职能的归口明确：市州局政策法规科（处）组织实施税收法律法规、部门规章及规范性文件执行情况的监督检查，组织落实税收执法责任制、税收执法过错责任追究制度，承担税收执法质量考核，办理信访及相关部门转办、上级机关或局领导交办的税收执法专案督察，督察落实各项税收执法检查结论。市州局财务管理科（处）组织实施财务管理、基本建设项目、大宗物品采购审计，领导干部经济责任审计，督察落实各项审计结论。市国税局截至12月底，执法管理信息系统累计对综合征管软件中的483311笔税收执法业务自动考核，全年发生执法过错540笔（申辩调整前4575笔），全市平均执法正确率申辩调整前为99.05%、申辩调整后为99.89%。按照《税收执法过错责任追究办法》的规定，对相关责任人员进行责任追究。批评教育176人次，通报批评3人次，累计经济惩戒197人次，经济惩戒8000元。

2012年10月，市国税局制定《益阳市国税局2011年度税收执法疑点核查工作实施方案》，成立疑点核查工作小组，负责疑点核查工作的统筹协调以及任务的接收、组织调查核实、汇总报送核查结果、整理、收集、解答、反馈各类疑点问题。核查工作小组从市局法规科、征管科、货物劳务科、所得税科等业务科室抽调8名业务骨干，对113笔疑点信息逐一核查。其中45笔存在执法过错，占疑点信息总数的39.8%。发生过错的疑点项包括不应认定而认定为未达起征点、超标准核定企业所得税应税所得率、预征税款（年底集中延期申报、年底多次申报）。发生过错主要原因是执法人员对纳税人经营监管不力，税收管理员未开展未达起征点户的定期巡查，无巡查记录；执法人员未及时了解新的文件政策，未及时调整纳税人相关数据；个别单位为完成收入任务，要求纳税人预交税款。核查组对违反法律、行政法规所规定的行为，责令其改正，并按相关规定进行了处理。

2013年8月，市地税局组织8个督查组，深入各区、县（市）局及市局直属局，通过听取汇报、调阅档案、组织访谈、查看系统数据等方式，对全市地税系统2011—2012年的“贯彻组织收入原则、税收规范性文件管理、减免税政策落实、重点税种的税收管理、重点行业的税收管理、企业注销清算税收管理、税务稽查、纳税评估、税务师事务所税务管理”9项税收执法内容交叉督察。分别形成《税收执法督察报告》。

2014年，9月9—30日市国税局抽调市局政策法规科、监察室、征收管理科、货物和劳务税科、所得税科等科室7名干部成立检查小组，对全系统8个县市区国税局开展全面执法督察，重点对集贸市场个体税收和零散税收管理情况、发票管理情况、注销清算税收管理情况、税收优惠政策落实情况、企业所得税汇算清缴工作情况进行执法督察。对资阳区国税局、南县国家税务局、安化县国家税务局3个单位重点督察。发现违规税收执法行为问题105个，涉及少缴(多退)税款83.8万元，补缴滞纳金1.4万元。核查执法系统疑点信息101条，其中疑点成立97条，核查有过错疑点指标12类25个，占核查总数的4.75%，共补缴税款6867.19元，加收滞纳金408元。对核查有过错的疑点项均已通报到本单位，督促其整改到位，对核查有过错的疑点项，按照《国家税务总局关于印发税收执法责任制“两个办法”和“两个范本”的通知》规定，对相关责任人员给予责任追究，批评教育25人次。

2015年7月，市地税局研究制定《益阳市地方税务局2015年税收执法督察工作内容及标准》，针对“加强执法监督，支持小型微利企业发展的税收政策的贯彻落实，以创新支撑引领经济结构优化升级的税收政策，扶持弱势群体促进就业，再就业的税收政策，“营改增”试点税收管理，土地增值税征收管理，所得税征收管理，费金征管情况，推进简政放权落实税务行政审批改革情况，组织收入原则执行情况，其他税收优惠政策执行情况，严格税收执法的其他情况，发票管理情况，欠税管理情况”14个方面进行执法督察。7—8月，市地税局抽调6名业务骨干对2个区局进行督察，查出问题13个。

2015年，8月上旬至9月底，市国税局实地督察8个县市区国税局，对赫山区国税局、沅江市国税局、桃江县国税局重点督察，同时各延伸检查1个税务分局。此次实地督察内容包括推进简政放权落实税务行政审批改革的情况，税收优惠政策执行的情况，“营改增”试点税收管理的情况，股权转让所得税管理的情况，税务管理的情况，《重大税务案件审理办法》《税务稽查工作规程》《税收个案批复工作规程(试行)》执行的情况，总局通报北京市密云区国税局执法不规范问题的情况。通过督察，发现违规税收执法行为问题46个，涉及税额33.8万元。其中：税收优惠政策落实情况问题2个，涉及税额6.3万元；增值税税收管理问题8个；股权转让所得税管理问题2个；发票管理问题29个，涉及金额27.5万元；重大税务案件审理、稽查、个案批复执行情况等问题5个。核查省局下发疑点14类256条。核实数据中有154条存在过错，占核实数的60.01%。本次疑点核查共补缴税款5064.2元，文化事业建设费2850元，罚款40元。按照《国家税务总局关于印发税收执法责任制“两个办法”和“两个范本”的通知》规定，对核查中发现的执法过错进行责任追究，追究154人次，批评教育154人次，经济惩戒7700元。

2016年，8月1—12日，由市国税局政策法规科牵头，抽调收入核算科、货物和劳务税科、征收管理科、所得税科等业务部门人员成立了税收执法督察组对高新区国家税务局、安化县国家税务局2个单位进行了重点督察，并延伸检查了1个税务分局、1个税源管理科。同时按照谁主管、谁负责、谁管理、谁整改的原则，实行分工协作，并逐一实施核对检查。实地督察的内容：一是国务院重大政策措施落实情况：“三证合一、一照一码”登记制度改革相关配套文件执行情况。二是组织收入原则执行情况：征收“过头税”情况、“营改增”试点推行后可能出现的虚增虚收税收收入情况。三是切实加强征收机关事中事后管理情况：代开增值税专用发票和普通发票管理情况、出口退(免)税管理情况、税收个案批复管理情况。

2017年，市国税局按照《益阳市国税系统2017年日常税收执法督察工作方案》规定，重点督察2016—2017年(重大问题追溯到以前年度)全面推开“营改增”试点落实情况、发票管理情况、重点行业及重点事项税收管理情况、供给侧结构性改革相关税收优惠政策落实、贯彻落实组织收入原则和税务稽查等相关内容。从整个督察情况来看，被督察单位执法整体情况较好，但督察发现全市违规税收执法行为问题14个，涉及税额37030.4万元，其中少征税款2.2万元、违规征收税款37028.2万元(以前年度历史税收收入包袱36572万元，2016年以来无新增数据)。对在督察中发现的问题，要求各单位逐一进行整改落实，对相关责任人员开展执法过错责任追究。

2017年1月，市地税局对全市系统内有关所得税管理工作进行政策督察，提出了在小型微利企业所得税优惠政策的落实上，要做到政策落实要到位；服务优化要到位；申报审核要到位。在房地产开发企业所得税管理上，要做到加强税收政策的落实；加强征收方式的认定；加强专用申报的管理的整改措施。4月17—30日，落实总局、省局税收执法大督察的工作部署，按照《益阳市地方税务局税收执法大督察实施方案》的要求，对8个区、县（市）地方税务局和市局2个直属单位开展的税收执法大督察工作进行了重点督查。督查由市局督察内审科牵头，成立3个督查组，分别由监察室、所得税科、督察内审科的负责人担任督查组组长，收规科、征管科、流转税科、财行税科、所得税科、稽查局、督审科的12位干部为督查组成员，主要督查各单位落实“四个坚决”（坚决依法收好税、坚决不收“过头税”、坚决落实减免税、坚决打击偷骗税），全面推开“营改增”试点贯彻落实情况以及内外部门监督发现问题整改落实情况等。针对督查出的问题，提出五项整改意见，一是加强税收深度分析促征管。二是提高税收收入质量保任务。三是完善风险管理机制推转型。四是确保税收优惠落地助发展。五是落实执法责任追究严问责。9月，为迎接国家税务总局2017年第三次实地督察，全市地税系统按省局要求进行了书面督察。督察的重点内容包括国务院6项减税政策及股权激励和技术入股优惠政策、增值税发票管理工作情况、《深化国税地税征管体制改革方案》、税收违法“黑名单”和联合惩戒制度、“营改增”和“放管服”督查发现共性问题整改、政务公开和网站建设等6项政策落实和工作开展情况。

2018年1月10日，市地税局收到《湖南省地方税务局关于做好总局执法督察反馈问题整改工作的通知》及《国家税务总局对湖南省地方税务局部分税收执法事项的督察处理意见》文件后，立即召集市局局内相关单位、直属单位和区县（市）局召开整改工作部署会议，对照上级要求和问题清单“责任到户”，逐条逐项整改到位。截至1月22日，本次推送的15类问题523条数据已整改149条，正在核实整改的29条，无须整改进行情况说明的202条，因已注销找不到纳税人、纳税人主动放弃享受优惠政策等原因无法整改11条、注销办理时间超过法定时限无法整改132条，追缴欠税2001430.35元，加收滞纳金13961.24元，处罚4户纳税人共1000元。

2019年5月6日至6月11日，根据市局党委安排，对资阳局等6个县市区局及市局第二税务分局开展重点工作督察督办，重点检查减税降费工作推进、减税降费政策落实、纳税服务、社保和非税收入征管等内容，对存在问题分单位进行通报，同时向7个单位推送问题整改台账，明确整改要求和整改时限，确保减税降费工作落实到位。9月派出督察审计组，对安化县税务局深化税收领域“放管服”改革和提升税收营商环境落实情况进行了专项督察审计，重点督察审计了优化企业税务注销程序情况、提升纳税人满意度情况、推行自助办税服务情况、代开发票管理情况及纳税人实名认证等情况。对该局存在的代开发票程序不合规、“三证合一”“五证合一”后续监管不到位等问题进行了督促整改。收到省局督察内审处交办的国家税务总局湖南省税务局纳税服务中心（税收宣传中心）重大事项转办单2起“12366”专案，成立了调查组，对举报事项开展了实地调查，与市、区两级税控联管办沟通协调，充分听取纳税人意见及建议，并将处理结果向投诉人及时进行反馈，纳税人对处理结果较为满意。

2020年，按照省市局统一部署，组织开展个税汇算清缴和异议申诉处理的督察督导。市县两级均成立个税汇算清缴工作领导小组与工作团队，多次召开专题会议部署落实。督审科会同风管局组织开展个税汇算异议申诉处理情况专项督导，全市受理并办结自然人异议申诉任务3756条。组织到市局第二税务分局、高新区税务局、赫山区税务局、沅江市税务局、桃江县税务局、安化县税务局等局进行实地督察和业务指导，督促各单位对照问题加以整改，确保了个税汇算清缴工作的有序开展和圆满完成。全市个税申报人数145522人，其中，实际补退税人数62113人。实际申报补税人数6699人，实际申报退税人数59416人，放弃退税人数1602人。8月督审科与货劳科组成联合督察组，对沅江皮草行业的税收管理情况进行了督察，提出了督察工作意见。9月，针对省局督察组对市局专项督察和专项审计中指出的问题，积极进行督察整改，坚决落实组织收入原则，强化发票风险管理，严格落实财务制度规范，并将整改情况及时上报省局。组织对各县市区局及相关单位落实“三用三全”支持企业发展情况、纳税人满意度和“最多跑一次”问题整改情况进行3次实地督察，并对相关情况进行通报。10月组织对南县税务局组织收入原则落实情况、出口退税管理情况进行了专项执法督察，发现问题点3个，均已整改。组织开展对税收政策落实风险排查工作（国务院大督查）的督察和指导，对涉及的14类33个指标13752条疑点数据，已累计核查11281条，发现问题3975条，整改问题1309条。为促进各项税费优惠政策全面落实，将相关的14个疑点指标共计7979条疑点数据信息推送至各县市区局，督促和指导其开展核查工作。经调查核实，本次疑点成立425条，不成立7554条。全市73户重点保障物资企业中，已经退税或抵扣的有6户，金额1254.21万元；放弃退还增值税增量留抵12户；无新增留抵43户；小规模纳税人不应享受12户。全市共申请房产税减免90户，减征税额 507.22 万元，共申请城镇土地使用税减免 149 户，减征税额 315.09 万元。

2021 年，计划内外督察审计项目 21 个，同时统筹其他督审项目开展税收执法专项督察项目 2 个，发现问题 17 个，涉及纳税人 170 户次，涉及税费金额 845082.62 元。其中组织收入方面发现问题 4 个，涉及纳税人 41 户次，涉及税（费）金额 727309.32 元，现已整改或进行情况说明 5 个，合计整改金额 79417.1 元，其中退（抵）金额 70070.06 元，其他整改金额 9347.04 元；减税降费方面发现问题 5 个，均已整改到位。涉及纳税人 41 户次，涉及税（费）金额 79417.1 元。

总局和省局通过税收风险管理系统共下发了 878 条风险排查任务。经复核和梳理，发现政策落实应对不到位造成纳税人应享未享、风险应对不到位造成纳税人不应享而享受政策、风险应对后整改不到位等三类应对质量问题共 42 条，针对发现问题逐条提出整改要求，并梳理相关税费政策，制作《部分减税降费政策指引》，同时将问题情况清册一并下发至各县市区局，要求各县市区局立即组织人员重新应对，直到问题整改落实到位。

2022 年，开展退税减税政策落实情况的督察督办，按工作职责开展了日常督办和重点督察。一是对省市局领导重要指示批示和督察督办工作方案内容开展日常督办，紧紧围绕“一册三表”“两个指引”及督察工作重点开展抽查督导和实地督察。二是对总局驻广州特办和省局推送的 54 条留抵退税风险疑点组织核查和复核督导，发现疑点成立 30 条，已全部整改，补退税额 14.19 万元、补缴税额 1142.74 万元；开展 2021 年度个人所得税综合所得汇算清缴督导。对各县市区局及办税服务厅实时开展远程督导，同时对资阳区税务局、高新区税务局开展了实地督导，重点查看了个人敏感信息岗位申请表和安全责任告知书、四分引导台账、退税审核、征纳互动、异议申诉、运维等相关资料，同时抽查退税审核、异议申诉等 156 条，拨打“12366”纳税服务热线 3 条，实地走访纳税人 6 户次，暗访办税服务厅 2 个，询问税务干部 5 人，电话查访扣缴义务人 3 人次，搜集意见建议 4 条，即查即改工作 3 项，有效保障了 2021 年度个人所得税综合所得汇算清缴工作的顺利完成；根据省局督察内审处《关于做好政策落实风险应对抽查工作的通知》要求，对省局推送的 4 批次政策落实风险应对任务及时开展应对质量的抽查督导，重点监督“无问题”应对情形，并适时通报抽查复核情况，提升全市抽查质效，本年度累计抽查发现问题 52 笔次，已督促应对单位全部整改落实到位；按照《国家税务总局湖南省税务局督察内审处关于开展 2022 年现金税费征缴疑点核查和以前年度专项整治情况“回头看”的通知》和《国家税务总局关于现金税费征缴相关风险防控长效机制的通知》文件精神，组织开展现金税费征缴风险排查工作，按时按质按量完成了省局下发的各批次现金税费征缴风险疑点的核查，同时以查促改、以查促控，严抓整改落实。2022 年现金税费征缴疑点核查我局共涉及 10 个指标 237 条疑点数据，经复核复查，全市共回退核查单 79 个，补充证据资料 53 份，解答并统一政策问题 9 个，全部按期完成核查任务，其中疑点不成立 227 条，疑点成立 10 条，补缴税款 180393.08 元。运用内控平台执法过错预警功能和责任追究监控指标，严格开展责任追究，全年税收执法应追究人次 57 人次，已在内控平台录入追究结果 57 人次，其中批评教育 53 人次，责令书面检查 4 人次。

三、财务审计

1990 年全区 7 个县市分局对 26 个税务所进行经费审计。审出违纪金额 13300 元，对 156 人进行了异动审计。查出 8 个违纪行为。违纪金额 7654 元。如南县局对 12 名中层骨干进行审计，收回财产物资 3 件，价值 700 元。结清往来账 3 起，金额 4000 多元。

1992 年 5 月，地区税务局遵照省局《关于加强全省税务系统内部审计工作的通知》，把内审工作列入各级税收工作的议事日程。成立内部审计领导小组，明确一名局领导负责。县、市局、城市分局不单独设立内审机构，其内审工作由地区税务局计会部门负责。明确内审工作职责：依照国家法律、法规、政策和上级机关及本级机关的有关规定，对系统内一切有经济活动，并在银行开设账户的单位（包括独立核算和非独立核算单位）的经费收支和财产物资核算管理进行内部审计监督；独立行使内部审计监督职权，对同级审计机关、上级税务机关和本单位领导负责并报告工作；负责拟定和实施本级机关的内部审计项目计划，制定内部审计工作的管理制度、办法，向有关部门和领导提出修改财经规章制度的建议；负责对被审单位的有关文件资料及凭证、账表、财产进行查阅，对审计中发现的问题进行调查，索取有效的证明材料；负责对管辖范围内审计的违纪违规问题进行解释，对被审单位作出审计结论和提出处理意见；负责对本单位领导交办或受同级国家审计机关委托的重大事项以及群众反映强烈的经济问题的直接审计，对涉嫌个人经济问题的，向有关部门做好移送工作，同时一并移送查处的有关审计资料和调查取证材料；负责做好本级内部审计人员的政治思想工作；组织本系统内部审计人员进行业务培训；负责建立和管理本级审计档案。

1996 年 9 月，市地税局审计科正式挂牌成立。经过近 2 个月的准备，制定了第四季度桃江县局审计项目计划、审计实施方案，发出了第一号审计通知书。在桃江县局审查计会股、办公室、工会、征管股、发票站、稽查局以及桃谷山、城关、大票港、灰山港 4 个税务所。采用看记账凭证查原始票据，稽核账表，查对实物，逐笔进行审查。审计了该局 1995 年财务决算和 1996 年 1—9 月经费会计账务以及税收会计账务，核实 2 个年度账表，查看会计凭证 60 多本，审查会计报表 10 多套，摘审计工作记录 70 多张，会计业务 100 多笔，重点清理 4 个税务所的预算外收支账务。查出违纪金额 121240 元，违规金额 953091 元，其中违控金额 513240 元。帮助基层纠正在记账中存在的错误和预算内外资金账户混淆不清、现金管理不严等问题。

1998 年 7—10 月，市国税局派出审计组对安化、桃江、一分局、三分局、四分局、沅江、南县 7 个县市区国家税务局 1997 年度的经费收支、财务管理情况进行了现场审计。

1998 年 10 月，配合省地税局审计处对沅江市地税局 1997 年度和 1998 年 1—6 月的财务收支情况进行了现场审计。市地税局对沅江市地税局、资阳区地方税务局进行了全面的财务工作审计，对它们的 11 个征收分局进行了全面的审计，审计面 100%。尤其是对撤所建分局前后的经费支出情况及成立征收分局时的经费移交情况重点审计。

1999 年，市国税局派出审计组对安化、桃江、南县、一分局、二分局、三分局 6 个县、区国家税务局 1998 年度的经费收支、财务管理情况进行了现场审计。

1999 年，5 月 10 日至 6 月 2 日，市地税局审计科派出审计组对南县地方税务局 1997—1998 年的财务收支情况进行了现场审计。11 月 1—5 日，对地税农垦分局 1998 年度和 1999 年 1—9 月的财务收支情况现场审计。

2000 年 11 月，市地税局组织审计人员对安化、桃江、沅江、南县、朝阳、农垦 6 个县市局 1999 年度财务收支情况进行了现场审计。审计总金额 4552 万元，查出问题资金 86.7 万元，主要是账务处理错误、白条报账、公款转储、违规处理固定资产、私人借款过期不还等方面的问题。

2001 年 12 月，市地税局根据省局的要求，在对所辖纳税人的纳税状况进行总体评价后，选择了 4 户外商投资企业进行了涉外税务审计工作试点。审计 4 户企业共入库税收 35 万元，较上年增长 40.21%，其中个人所得税入库 17 万元，较上年增长 65.33%。

2002 年上半年，市国税局对 5 个县市分局和市局征管科 2001 年度的经费收支情况进行了审计。审计经费收入 6209.4 万元，经费支出 6233.8 万元，发现问题 25 个，提出整改意见和审计建议 22 条，对全市国税系统的财务规范化管理起到了明显的促进作用。特别是沅江市国税局改原来的事后审计为事前审计，并由财务科、监察室组成经费联审小组，对经费支出先审核、后报账，不符合规定的坚决不予报销，确保了经费管理的规范。

2002 年 10 月，市地税局先后对大通湖、南县、安化、桃江 4 个区、县地方税务局 2001 年度财务收支进行了审计。发现存在会计基础工作较薄弱，如账务处理不规范，白条报账，报账手续不齐全，凭证装订不及时、不规范，出纳没有及时登记现金日记账和银行日记账等。私人借款手续不全、过期不还的现象较为严重，有的借款甚至已超过一年。购置的固定资产没有及时计入固定资产科目，而是列入有关费用科目，造成资产流失。为杜绝上述现象的发生，市局要求各单位在财务管理工作中进一步规范财务基础工作，加强会计人员的培训，加强会计、出纳账务与银行账、现金账彼此之间的核对及与银行的账务核对，加强往来账的清理，必须做到“日清月结”。充分利用金蝶财务软件，取消手工记账，采用电脑记账，按时打印、装订记账凭证、账页、报表，使之趋于规范化、标准化。预算外收入（发票站除外）一律并入区、县（市）局经费总账，统一核算，统一管理。加强暂付款的清理，对超过借款期限的借条要进行全面盘查，并限期归还。

2003 年 4 月，按照上级规定，市国税局将内部审计职能进行调整，统一划归计财部门负责，计划财务科配备相应的专职内审人员。市局监察审计室更名为监察室。县（市、区）局不直接负责内部审计工作。对领导干部任期经济责任的审计工作，由计财部门组织实施，人事、监察等部门参加。至此，原来分别设人事科、监审室、计财科的审计业务，集中起来在计财科成立内审组实行“三审合一”。

2004 年 5 月，市地税局转发省地税局《湖南省地税系统审计工作规范》，审计工作规范在全市地税系统实施。审计组对安化、南县、沅江 3 个局的财务收支进行了审计。

2005 年，针对省地税局在 7 月对市地税局重点督查出在经费管理等方面存在的问题，市地税局制定了整改措施并进行改进。从监察、审计和计财等科室抽调 4 人组成检查组，对 8 个区、县局和 2 个直属单位 2004 年度支出指标落实、制度建设、会计基础工作规范、收入管理、支出管理、资产管理、往来款管理、银行账户管理等 13 个方面的 49 项内容进行了一次全面、彻底的专项检查。市局分管纪检监察的领导带队，组织监察、计财的职工采取不打招呼、不听汇报的形式对全系统资金管理情况进行了专项督查。共查看经费和税收账户 93 个，其中经费账户 66 个，税收过渡账户 27 个，核对了 382 名专管员的票款情况。

2006 年，市国税局对资阳区国家税务局等 5 个基层局进行了财务收支审计、赫山区国家税务局进行了为自然人代开发票及代征税款的“双代”专项审计、资阳区国家税务局和沅江市国税局进行了预算执行情况审计。

2006 年 4 月 25 日至 5 月 8 日，市地税局组织计财、监察、审计的干部，对各区、县（市）局及市局各直属单位 2005 年度经费管理情况进行了检查。重点检查了收入来源是否合法、费用开支是否合理、支出审批手续是否完备、费用指标是否进行了有效控制；同时对各单位的账户设置、财务印鉴保管、财务制度制定、落实、资产管理等会计基础工作进行了全面检查；并对被查单位的预算外收入进行了全面统计，对取消从乡镇获取征收经费的政策落实情况进行了全面了解，对往来款项进行了清理，盘点了出纳员的库存现金。对 5 项费用支出超过市局核定指标的资阳、安化、大通湖、南县、沅江 5 个单位，按分项超支金额处以 50% 的罚款，上缴市局计财科列入发展基金。对基本支出总额或分项支出超支的资阳、大通湖、南县、沅江、安化 5 个单位给予通报批评，并按照《益阳市地税系统行政工作监督处罚办法》的规定，责令单位主要领导、主管领导写出书面检查，于 2006 年 6 月 20 日之前上报市局监察科和计财科。对 2004—2005 年连续 2 年基本支出总额或 5 项费用支出超支的资阳、大通湖、南县、沅江、安化 5 个单位，由市局领导对其局长进行诫勉谈话。

2007 年 11 月，市地税局派出审计组对赫山区地方税务局、桃江县地方税务局、高新区地方税务局 2005—2006 年度的财务收支和南县地方税务局 2004—2006 年度的财务收支进行了审计。共审计收入 9782 万元，审计支出 10106 万元，提出合理化建议 10 条。

2008 年，市国税局对高新区国家税务局、沅江市国税局进行了财务收支审计。2008 年 10 月 30 日市国税局财务科内审组对沅江市国税局 2007 年度财务预（决）算，各项收入（包括拨入经费及其他收入），支出的合法性、合规性、合理性，核算的及时性、完整性、准确性，以及固定资产的核算，专项经费使用情况，银行账户及现金管理情况等进行了现场审计。

2009 年，市国税局对赫山区局进行了财务收支审计。

2009 年 3 月，市地税局转发了省地税局关于印发《湖南省地税系统内部审计工作实施办法》《湖南省地税系统财务收支审计实施办法》。

2010 年，市国税局对赫山区局、沅江市局、南县局进行了财务收支审计。

2011 年 4 月，市地税局印发《益阳市地方税务局关于加强县级内审工作的意见》。要求重点对税务分局（所）、发票管理所、工会的经费收支活动，包括预算制定、预算执行、经费列支的真实性和合理性进行审计。要求每年对本单位所属税务分局（所）、发票管理所、工会的上年度经费收支情况进行审计，并于次年 6 月底前将审计报告报市局审计科。

2012 年 4 月，市国税局成立经济责任审计工作领导小组。负责研究制定有关贯彻落实经济责任审计政策的制度和办法，监督检查、交流通报经济责任审计工作开展情况，协调解决工作中出现的问题。市局分管内审工作的局领导任组长，财务管理科、人事教育科、监察室、征管科、政策法规科主要负责人为成员。5 月，对南县国家税务局 2010 年 7 月至 2011 年财务收支进行了审计；9 月，对益阳高新区国家税务局 2010 年 7 月至 2011 年财务收支进行了审计；10 月，对赫山区国税局 2010 年 7 月至 2011 年财务收支进行了审计。

2013 年 4 月，市国税局派出审计组，对安化县国家税务局 2012 年度财务管理情况进行现场审计；5 月，市局派出审计组，对大通湖区国家税务局 2010—2012 年度财务管理情况进行现场审计；9 月，市局派出审计组，对赫山区国家税务局 2012 年度财务管理情况进行了现场审计。

2013 年 4 月，市地税局印发《益阳市地税系统内部审计工作实施办法》等 3 个管理办法的通知。

2014 年，市国税局对沅江市国税局 2012—2014 年 3 月财务管理情况、南县国家税务局 2012—2014 年 6 月财务管理情况、赫山区国家税务局和安化县国家税务局 2013—2014 年 3 月财务管理情况进行了财务收支审计。审计面达 50%。根据中央八项规定，切实贯彻党的群众路线教育实践活动的要求，对赫山区国家税务局、资阳区国家税务局和南县国家税务局进行了以公务接待费、公务车辆运行维护费、公务出国费、会议费、专项资金为重点的“三审”专项审计，审计面达到 37.5%。全年通过对 4 个预算单位开展经济责任审计和财务收支审计，对 3 个预算单位进行“三审”专项审计。共查出问题 46 个，其中：内部控制问题 4 个；预算管理问题 5 个，涉及金额 3141 万元；财务收支问题 19 个，涉及金额 151.6 万元；固定资产问题 8 个，涉及金额 79.2 万元；政府采购问题 3 个，涉及金额 4.9 万元；办案费问题 1 个，涉及金额 7.4 万元；税收管理问题 6 个，涉及金额 4520.7 万元。内部审计组提出整改意见建议 30 条，制定整改措施 18 项。落实整改金额 3635.8 万元，其中被审计单位调账处理 15.6 万元，归还原渠道资金 3464.5 万元，纠正金额占审计查出问题金额 46%。

2015 年，市国税局对资阳区国税局、大通湖区国税局和桃江县国家税务局 2013—2014 年财务管理情况进行了审计，审计面达到 37.5%。审计项目共查出管理不规范问题 41 个，涉及金额 368.6 万元。提出整改意见建议 21 条，制定整改措施 12 项。根据审计报告提出的处理意见，被审计单位落实整改金额为 368.6 万元，其中被审计单位调账处理 278 万元，其他方式 90.6 万元，纠正金额占审计查出问题金额的 100%。

2016 年，按照省局要求 3 月 21—25 日对市局机关 2014—2015 年因公出国（境）费用和金税运行费以及自行购买和开发（非税务总局统一购买或开发）的信息系统（软件）建设开展专项审计。同时对市国税局机关 2014 年办税服务厅音视频采集系统专用设备及安装采购项目、市国税局机关院落物业管理服务采购项目、沅江市国税局附属楼维修项目和沅江市国税局物业管理服务采购项目进行了政府采购专项审计。5 月 23—27 日、9 月 12—18 日对益阳高新区国家税务局、沅江市国税局 2014—2015 年财务收支进行了审计。共查出财务收支管理不规范问题 28 个，涉及金额 775.76 万元。全年共完成 8 个审计项目，共查出管理不规范问题 41 个，涉及金额 7279.71 万元。提出整改意见建议 13 条，制定整改措施 17 项，完善规章制度 1 项。根据审计报告提出的处理意见，被审计单位落实整改金额为 4832.71 万元，其中被审计单位调账处理 744.7 万元，归还原渠道 4024 万元，其他方式 64.01 万元，纠正金额占审计查出问题金额的 66.39%。

2017 年，市国税局对大通湖区国家税务局、安化县国家税务局进行了 2015—2016 年财务收支审计；对市国税局机关和 30% 以上的县（市、区）国家税务局（资阳区国税局、沅江市国税局和大通湖区国家税务局）2016 年度公务接待费、会议费的管理和使用情况进行了现场专题审计。审计过程中发现了公务接待费、会议费支出存在需要纠正和进一步规范的问题。审计组提出整改意见建议 31 条，制定整改措施 28 项，完善规章制度 2 项。依据责任追究相关规定，对服务中心、办公室和财务管理科相关人员进行了批评教育，并给予绩效考核扣分。

2019 年，督察内审科会同财务科对 2018 年度原地税、国税财务管理进行了专项检查审计；对基层单位资金安全情况进行了全面检查，形成了检查报告，提出了相关整改意见和要求。7 月 29 日至 9 月 27 日，分别对市局机关、赫山区税务局、沅江市税务局 2018 年度“三公”经费和会议费、扶贫资金进行了专项审计。

2020 年 9 月 14—25 日，对桃江县税务局、高新区税务局 2019 年“三公”经费、会议费和培训费、扶贫资金分配使用、管理情况及资产管理进行了专项审计，对 2018 年 8 月至 2019 年 12 月财务管理情况进行了审计。

2021 年 3 月 22 日至 7 月 2 日，分别对桃江县税务局、南县税务局、大通湖区税务局、沅江市税务局、赫山区税务局、安化县税务局 2018 年 7 月至 2020 年 12 月财务管理情况进行了审计。9 月 22—30 日，对资阳区税务局 2018 年 7 月至 2021 年 8 月财务管理情况进行了审计。10 月 11—22 日，对高新区税务局 2020 年 1 月至 2021 年 4 月财务管理情况进行了审计。

2022 年 10 月，对沅江市税务局和大通湖区税务局两个单位统筹开展内部财务审计和专项财务审计。发现问题 28 个，涉及金额 498.23 万元，提出整改建议 28 条，完成问题整改 28 个，整改金额 498.23 万元。

四、经济责任审计

1995 年开始，部分地区对县以下党政机关领导班子主要负责人进行了任期经济责任审计试点。1999 年 5 月，中共中央办公厅、国务院办公厅印发《县级以下党政领导干部任期经济责任审计暂行规定》，对县级以下党政领导干部经济责任审计的主要内容做出了原则规定，各级审计机关对县级以上党政领导干部的经济责任审计基本参照此规定执行。国家税务总局 2009 年 6 月下发《国家税务局系统领导干部经济责任审计办法》。

2000 年，市地税局审计组对朝阳区地方税务局局长胡焰高、桃江县地方税务局局长邓杏仁进行了离任经济责任审计。划分了任期内的经济责任，盘清了家底。

2001 年 10 月 13—14 日，市地税局对赫山区地方税务局局长赖光辉进行了离任审计；11 月 6—9 日，对沅江市地税局局长颜建宏进行了离任审计。

2004 年 8 月，市国税局由市局计财科、人事科、监察室联合组成审计小组，对沅江市国税局局长张诗东进行了经济责任审计，审计内容包括税收计划完成情况、税收政策执行情况、财务管理情况以及个人廉政自律情况等方面。9 月，结合各县市区局税务所的拆并，对 38 个税务所所长和 4 个县局的稽查局局长进行了离任审计。

2004 年 3 月，省地税局派出王辰燕为组长，张进劲、潘健、谭力、齐煦蕾、陈敏为成员的审计组，对市地税局局长郑惠 2000 年 2 月至 2004 年 3 月的任期经济责任进行审计。

2007 年 2 月，市地税局派出审计组对赫山区地方税务局的行政负责人张友良进行离任审计。审计内容既包括了合规、合法性审查，又包括经济性、效率性、效果性的评价。

2008 年 5 月 26—30 日，市地税局审计组对肖洁清自 2004 年度至 2008 年 5 月任南县地方税务局局长期间的税收任务完成、财务收支、国有资产管理及基本建设等方面的情况进行了离任审计。

2009 年 3 月，市地税局转发了省地税局关于印发《湖南省地税系统内部审计工作实施办法》《湖南省地税系统行政事业单位负责人任期经济责任审计实施办法》。

2010 年 4 月，市国税局根据国家税务总局《国家税务局系统领导干部经济责任审计办法》的规定：各区、县(市)国税局局长的任期经济责任审计由省局授权给市州国税局财务部门进行。5 月 24—28 日，对沅江市国税局党组书记、局长罗广宇进行了领导干部离任经济责任审计。对赫山区国家税务局党组书记、局长邓宇峰自 2003 年 4 月至 2010 年 5 月任职期间的经济责任履行情况进行了审计。6 月，市国税局印发《领导干部经济责任审计联席会议制度的通知》，由市局总会计师李晖领导，市局财务科、人事科、监察室、法规科、征管科、收入核算科为领导干部经济责任审计联席会议成员单位，市局财务科为牵头单位。其总体职能是沟通、协调、合作，审议经济责任审计审理报告。7 月 19—22 日，对南县国家税务局党组书记、局长龙建新进行了领导干部离任经济责任审计。

2011 年 8 月 10—16 日，对罗安林 2008 年 10 月至 2010 年任桃江县国家税务局局长期间经济责任履行情况进行了审计。

2013 年 4 月 22—26 日，市国税局派出审计组，对安化县国家税务局党组书记、局长贺建华进行了领导干部任中经济责任审计。9 月 23—26 日，市局派出审计组，对周梦贤 2010 年 7 月至 2012 年任赫山区国家税务局局长期间的经济责任进行了现场审计。

2013 年 4 月，市地税局印发《益阳市地税系统任期经济责任审计实施办法》等 3 个管理办法的通知。

2014 年，市国税局对沅江市国税局局长龙建新、南县国家税务局局长刘正、赫山区国家税务局局长周梦贤和安化县国家税务局局长贺建华进行了离任经济责任审计。

2015 年，市国税局对大通湖区国税局局长唐志康和桃江县国家税务局局长罗安林进行了任中经济责任审计。

2015 年 10 月，市地税局根据《湖南省地方税务局关于领导干部经济责任审计实施规定》，规定对市州局及直属机构主要领导干部任期 5 年以上、县市区局主要领导干部任期 3 年以上的一般要进行任中审计一次，离任必审。

2016 年，市国税局派出审计组，分别于 5 月 23—27 日，对益阳高新技术产业开发区国家税务局党组书记、局长喻德坤 2014 年 1 月至 2015 年 12 月任职期间履行经济责任的情况进行了审计；10 月 19—21 日，对南县国家税务局党组书记、局长陈茂辉 2014 年 7 月至 2016 年 9 月任职期间履行经济责任的情况进行了审计；10 月 19—20 日，对桃江县国家税务局党组书记、局长罗安林进行了任期经济责任审计(2011 年 8 月、2015 年 9 月对其进行了任中经济责任审计)。9 月，印发《益阳市国税局关于建立经济责任审计联席会议制度的通知》，明确了联席会议组成成员及主要职责、下设办公室人员及职责和有关各部门主要职责，用以指导全市国税系统领导干部经济责任审计工作。

2017 年，市国税局对沅江市国税局党组书记、局长胡闵 2015 年 1 月至 2016 年 12 月任职期间履行经济责任的情况和安化县国家税务局党组书记、局长曹凌实施了领导干部任期经济责任审计；南县国家税务局陈茂辉、桃江县国家税务局罗安林和大通湖区国家税务局唐志康进行了经济责任离任审计。

2017 年 11 月，省地税局派出以蒋为众为组长，刘之为主审的审计组，对原局长李朝晖 2015 年 3 月至2017年9月任期经济责任进行了审计。

2018年，对赫山区国家税务局局长龙建新2016—2017年任职经济责任进行了审计。

2021年3月22日至7月2日，对桃江县税务局局长肖志芳、南县局税务局局长金志雄、大通湖区税务局局长王庆尧、沅江市税务局局长罗松柏、赫山区税务局局长龙建新、安化县税务局局长曹凌2018年7月至2020年11月任职期间履行经济责任的情况进行了领导干部任期经济责任审计。9月22—30日，对资阳区税务局局长陈茂辉2018年7月至2021年8月任职期间履行经济责任的情况进行了领导干部任期经济责任审计。10月11—22日，对高新区税务局局长颜建宏2018年7月至2021年4月任职期间履行经济责任的情况进行了领导干部任期经济责任审计。

第二节　其他管理

一、后勤管理

（一）制度建设

1992年，地区税务局先后建立健全了环境卫生、安全保卫、财产管理、经费包干、接待用餐、车辆管理、机关学习等八项制度，招待所也对舞厅管理、开水供应、食堂管理等方面进行了规定。办公室和机关支部对环境卫生情况定期检查、定期讲评、定期通报，促进了制度的落实。

1994年，修订完善10项制度，其中后勤管理方面有接待用餐制度、车辆管理使用制度、机关水电管理制度、财产物资管理制度、卫生制度、安全保卫制度、液化气管理规定、复印机管理规定、宿舍楼梯走道管理规定。

1997年，市地税局建立健全车辆管理制度、出车登记制度。

1998年，市地税局工会关心下一代健康成长，鼓励子女求学成才，对税务干部职工子女按国家规定考上中专以上学校，出台奖励措施实施奖励。具体标准：考上中专学校的奖励400元，考上大专院校的奖励600元，考上大学本科的奖励800元，考上研究生的奖励1000元。

2001年，市国税局进一步加机关车辆、招待费用和财产物资管理，修改完善了《车辆管理制度》《接待制度》《费用审批报制度》等。特别加强对车辆的维修和招待费用等制度的修改和完善。健全单车台账制。车辆单台损耗指标核算、车辆维修管理办法，维修费用超过1000元，必须经过服务中心正、副主任、分管经费的局领导现场察看，作出专门维修预算，经有关部门和有关领导审批后，方可维修，否则一律不予报销。建立了单车日运行登记，行车安全奖励办法等。

（二）后勤保障

1992年，年初地区税务局机关搬迁至新址，按照绿化、美化、净化的要求，新建花园、花坛、橘园，共栽种花木果树19852棵，55个品种。新建1厅3室2场，即舞厅、阅鉴室、娱乐室、荣誉室、篮球、门球场，还安装了暖气和有线电视。车辆管理方面，保证机关工作、生活用车。7台车当年安全行车10万公里没有出事故。

1994年，在后勤服务方面，重点抓了临街挡土墙、煤棚子的新建；门楼子和4栋住房的改建和扩建；办公楼、暖气设备和大小锅炉的维修与保养。发动干职工开展义务劳动，开垦荒地，种植黄豆、蔬菜，自己动手，丰富了干职工的菜篮子。

1996年9月，市国税局组织办公室、计财等科室负责人到基层建设搞得好的株洲市国税局进行参观考察，提出了“以点带面学株洲经验”的方案，南县茅草街征收分局建成了花园式的征收分局，三分局兰溪征收分局工会组织干职工利用本地粮食市场优势，大力发展生猪生产，两年共出栏生猪80多头。

1997年，市地税局努力做好房屋维修、水电维修、液化气钢瓶维修、办公用品供应等各项服务工作，全年装运液化气15次，为干部职工供应液化气477瓶。

2002年，市国税局对干部的医疗、就餐环境进行改革和改善。为了争取最高限额的医疗补助，多次与地方财政联系，并与医保处、财政结算中心进行衔接，最终获得了全额补助；9月开始对食堂进行目标管理，签订合同实行责任承包，服务中心负责督促搞好卫生，调剂好伙食，制定合理的饭菜价格。

2003年，市国税局修改和完善机关经费预算管理和车辆管理等制度。对食堂管理提出更高要求，规定来客一律由服务中心统一接待、统一安排，原则上安排机关食堂就餐，需要到外面就餐用酒招待的需经分管服务中心的局领导以及纪检组组长同意，明确规定招待费用、车辆费用使用情况需经监察科审核。基层单位到市局办事需就餐的，由服务中心印制餐票发给各个科室，按每人每餐 4 元标准统一在食堂就餐，从源头上控制招待费用超标和违纪的发生。自 2002 年市局机关实行医疗保险制度改革以来，沉积了若干个需与医保处协商解决的问题，机关服务中心从考虑干部切身利益出发，多次与医保处、财政结算中心进行衔接，最终问题获得了解决。特别是市局机关老干部多，年龄大，看病后报销不方便，服务中心主动担负起这个工作，及时与医保处联系，帮助老干部到医保处办理报销结算。

2004 年，市地税局完善机关办文办会办事制度，包括文书处理、公文撰核、会议组织、调研、信息、协调、督查、办理人大代表建议和政协委员提案、信访、档案、宣传、保密、日常工作报告和重大事项报告、办公自动化、财务管理、后勤保障、安全保卫、环境卫生、食堂管理等 20 项规章制度；对车辆实行“四定一单”管理，即车辆定编、费用定指标、定点加油、定点维修，实行单车核算；规范了接待工作，接待工作在“热情、得体、节约”的原则下有序开展，全系统接待费用同比明显下降。

2009 年 9 月，益阳市金山北路 170 号市地税局金山院家属区，由于原设计隔热层高度过低（仅 700 平方米），隔热效果不是很明显，同时由于使用年头较久局部地方有漏水的情况，影响住户正常居住生活。市地税局制定了对次屋面进行保温隔热及防水的改造计划，20 天完成。

2022 年，按照市委政法委及公安部门的要求，将市局机关、益阳大道办公区、金山路办公区等 3 个院落全面接入“天眼”系统，按照需要增配和安装了摄像监控装置，全面实施监控。机关服务中心对 3 个办公院落进行了全方位的水电气和消防改造。尤其是益阳大道办公区的节水改造和“两季”热水供应模式的运用，全年节约燃气费 14 万余元，节约水费 12 万余元。4 月，市局成立了由胡闵总经济师担任组长，肖炜主任担任副组长的“益阳市税务局安全生产工作领导小组”。按照“全覆盖、零容忍”的原则明确了 6 大类 25 小项检查项目，对市县两级税务机关消防安全、水电气设备安全、食堂卫生安全、公务车辆安全、自然灾害安全等实施了全面检查。针对 6 大项 25 小项检查项目，发现 6 大类 27 个问题及安全隐患，并制定和落实整改措施 15 项，已全部整改到位。2022 年度，市局获得国家机关事务管理局、中共中央机关事务管理局、国家发展和改革委员会、财政部联合授予的“国家节约型机关”荣誉称号。被市卫生健康委评为“健康促进场所示范单位”，被益阳市爱国卫生运动委员会授予“无烟机关”称号。

（三）疫情防控

2003 年，2 月中下旬，“非典”（SARS）疫情在广东局部地区流行，3 月上旬在华北地区传播和蔓延，4 月中下旬波及全国 26 个省、自治区、直辖市。为贯彻省局、市政府关于“非典”防治工作的文件精神，市国税局成立防治“非典”领导小组，皮本固局长任组长，下设办公室，程金榜任办公室主任。安排专人值班。从 5 月 1 日至 6 月 16 日，安排干部坐班 54 人次，明确规定值班干部严守值班纪律，履行值班职责。为确保院内安全，严禁外来车辆进入院内，外来人员须登记后方可进入院内。实行报告制度。服务中心每日下午 3 时和 5 时将反馈来的“外出回乡人员情况登记”“疫情发生情况”等信息分别向江金社区和市政府“非典”防治办报告，无一漏报。组织卫生大扫除。服务中心督促全体机关干部每天上班前用一刻钟时间打扫办公室卫生，保持办公场所通风换气，每周星期五下午进行一次大扫除，对卫生死角进行清理，同时落实专人打扫和消毒保洁，传达室对机关院落每天打扫两次，购买消毒药水每天对办公楼、招待所、宿舍、食堂进行一次消毒保洁，并响应市政府爱卫周活动的要求，发出通告，及时清除了院内饲养的家禽、宠物，减少了传染途径。分发防非药物。服务中心购买防治药物和消毒药水，发放防治“非典”中药 600 余服、口罩 400 余个、消毒液 120 余瓶、防“非典”知识宣传单 150 份。

（四）物业管理

2015 年 6 月，市国税局通过政府采购，将机关院落物业管理服务与供应商深圳北方物业管理有限公司签订政府采购合同协议书，服务期限 3 年。采购项目内容为机关院落的保安、保洁、房屋建筑物构筑物及公共设施的保养维护、水电管理、报刊收发、办公楼的会议服务、绿化养护。9 月，为进一步加强市局机关食堂管理，健全食堂管理制度，规范食堂财务收支，严肃财经纪律。市国税局印发《益阳市国税局机关食堂财务管理制度》(试行)，对 2012 年 6 月 18 日印发的《益阳市国税局机关食堂财务管理制度》内容进行了修改和完善。

2017 年 4 月，市地税局经报请省局同意将当年机关院落物业管理按政府采购方式向社会公开购买。10 月，省局下发《关于益阳市局机关 2018—2019 年物业管理服务项目申请就地采购的批复》，同意物业管理服务项目就地采购。下发《关于益阳市局机关食堂劳务用工服务项目申请政府采购的批复》，同意市地税局机关食堂采用自主经营、劳务外包的管理方式。

2019年2月，市税务局通过政府采购，将市局机关院落康复路办公区办公楼11800平方米、绿化面积13320平方米、道路面积9900平方米、外墙面积30252平方米，益阳大道办公区（含金山路院落）办公楼14325.43平方米、绿化面积1411.5平方米、道路面积6371平方米，市局二稽查局桃江办公区办公楼4000平方米、绿化面积5330平方米、道路面积1000平方米区域范围内的物业委托湖南创佳物业有限公司管理。合同签订服务期限3年。

2021年8月，市税务局经过政府采购，将康复路办公区食堂、益阳大道办公区食堂劳务项目委托中标商益阳三益有机农业发展有限公司经营，提供早、中、晚3餐和接待用餐服务，合同期限2年。

二、扶贫济困与乡村振兴

（一）精准扶贫 结对帮困

1997年，市国税局与安化县大福镇上泉村建立对口扶贫点。6月，市国税局郭志仁局长、黎谷盈副局长带领机关干部和市政府扶贫办丁主任一道前往该村扶贫。市国税局在经费紧张的情况下，一次性拿出4万元扶贫资金，帮助上泉村修通公路和筹建学校。

1999—2004年，市地税局与安化县东山乡高星村和渠江镇城坪村建立对口扶贫点，共投入资金16万元，帮助2个村发展经济，脱贫致富。

2014年，市国税局与安化县清塘铺镇罗峒村建立对口扶贫点；市地税局与南县长胜村建立对口扶贫点。

2016年2月，市国税局在市委、市政府统一安排下，抽调马迹塘分局副局长何伟建驻桃江县武潭镇汤家塅村帮扶工作组工作，3月14日正式进驻，吃住在村里。进驻后，以贫困村脱帽、贫困户脱贫为总目标。先后召开了村干部会议、党员大会、村民代表大会、座谈会等各种会议10余次。通过实地走访，按照精准扶贫贫困户界定范围统计，有贫困户109户361人。汤家塅村以农业生产为主导产业，主要进行水稻种植，少数人进行小规模畜禽养殖。全村外出务工人员205人，外出经商人员21人，较大养殖户11户(养猪户7户、养羊户4户)。汤家塅村的村容村貌一般，住房大部分是砖混结构，仍有不少全木屋住房，年久失修，破烂不堪。村内主干道大部分已硬化，但岔路支道大部分没有硬化。村委会办公楼、村卫生室和小学较为简陋，功能不全。据此情况，工作组制定了《汤家塅村精准扶贫2016—2017年两年工作规划》《2016年精准扶贫工作计划》和《2017年精准扶贫工作计划》，为每一户贫困户制定脱贫计划。工作组经常走访慰问贫困户，为贫困村贫困户解决实际困难，在人力、物力、财力上对扶贫联系点给予大力支持。4月12日市委政法委、市国税局联合人社、司法、农委等部门，在汤家塅村开展“税收助力，精准扶贫”为主题的全国第25个税收宣传月活动，市委政法委常务副书记郭顺德、市国税局局长徐向阳出席讲话，并走访了6户贫困户，给他们送上了慰问金和慰问物资。4月18日，徐向阳在《汤家塅村精准扶贫2016—2017年两年工作规划》上批示：“请局领导传阅，请驻村扶贫的国税干部在扶贫工作组的领导下切实做好扶贫工作，8户贫困户，我和佳民局长每人包4户，因户施策，帮助如期脱贫。”11月，市国税局拨付帮扶资金40万元，工作经费2万元。

2016—2017年各单位共安排帮扶资金160万元，大力支持汤家塅村各项基础设施和公共服务设施建设。2017年脱贫的47户贫困户中，危房改造10户33人；易地搬迁13户47人；产业发展33户39人；救助救济15户27人；教育助学15户22人；兜底保障8户13人。

2016年6月，益阳市地税局印发《精准扶贫南县诰封嘴村特困救助实施办法》。市地税局成立诰封嘴村特困救助工作领导小组，由市局局长担任组长，其他党组成员任副组长，市局政工科、财务科、后勤服务中心、监察室、审计科等部门主要负责人为成员，市局政工科牵头负责特困救助资金的筹集、使用和管理的日常工作。每年预算安排特困救助资金5万元—10万元，动员扶贫责任单位干部职工自愿捐助一部分。对贫困家庭遭受重大自然灾害，造成重大经济损失并导致家庭基本生活出现严重困难的贫困家庭；贫困家庭因成员死亡或重大疾病、久病不愈且无力承担较重医药费负担，导致家庭基本生活出现严重困难的贫困家庭；因其他原因(因违章违纪、超生等造成的损失不在范围内)造成家庭基本生活出现严重困难的贫困家庭等困难情况进行求助。救助标准根据实际困难程度，分别按一、二、三类给予特困救助。其中，一类救助标准：因自然灾害等造成唯一住宅、家具、电器等生活必需品一次性直接经济损失在3万元以上(不包括汽车等高档消费品，下同)，或因大病在上一个年度内自费承担医药费用在3万元以上(凭医疗机构有效证明，下同)，导致家庭经济生活特别困难的，酌情予以0.4万元—0.5万元的特困救助。二类救助标准：因自然灾害等造成一次性直接经济损失在1.5万元—3万元，或因大病在上一个年度内自费承担医药费用在1.5万元—3万元，导致家庭经济生活严重困难的，酌情予以0.2万元—0.3万元的特困救助。三类救助标准：因自然灾害等造成直接经济损失在1万元—1.5万元，或因大病在上一个年度内自费承担医药费用在1万元—1.5万元，或因慢性疾病长期服药治疗，丧失或基本丧失劳动能力，或家庭人均年纯收入在2800元以下，导致家庭经济生活比较困难的，酌情给予0.1万元的特困救助。执行时间从2016年6月1日起至2017年12月31日止。

2017年5月19日上午，结对帮扶责任人莫卫平走访慰问周建国家时，周建国向其反映孙子入学困难的问题。2017年9月初其孙周天赐已就读于汤家塅小学一年级。

2018年3月，益阳市委常委、市委政法委书记董岚指示，由市委政法委牵头，市信访局、市税务局为后盾单位对安化县清塘铺镇罗峒村实施帮扶，抽调3人组建驻村帮扶工作队专职扶贫。3家帮扶单位按月召开专题会议，研究帮扶方案，多次召开联席部署会和座谈会，落实帮扶措施，形成合力开展帮扶工作。罗峒村有建档立卡贫困户114户472人（2014—2017年已脱贫61户266人），共有结对帮扶责任人74名。市税务局帮扶责任人30名。按照每月不少于一次的要求进行走访（7月10日至10月20日，益阳市开展了“百日会战”，要求每月入户开展不少于1次，每次时间不少于2天）。走访内容具体包括动态了解掌握贫困户最新生产与生活状况、制定帮扶计划、落实帮扶措施、向农户宣传扶贫政策、为农户解决相关具体问题等内容。市局指派娄文谦驻村工作，每月驻村不少于20天。2018年底脱贫48户193人，兜底保障32户93人，其中兜底一类5户11人，兜底二类和三类27户82人。低保户1户1人，残疾人45人，孤儿1人，农村特困供养人员23人。

2018年4月，扎实开展好安化县清塘铺镇罗峒村的脱贫攻坚工作，成立市国税局脱贫攻坚工作领导小组，党组书记、局长徐向阳担任组长；党组成员、副局长杨佳民，曾国华，党组成员、纪检组组长李晖任副组长；喻德坤，刘志华，唐志康，肖炜，袁晓燕等任成员。领导小组办公室设市局机关党委办，喻德坤任领导小组办公室主任。

2018年，市税务局向南县南洲镇长胜村和安化清塘铺镇罗峒村派出2名扶贫工作队员，37名帮扶责任人与69户贫困户结成帮扶对子，达到“两个确保”和“两个完善”目标。为2个村建设路基5公里，硬化道路12公里，维修加固山塘4处。升级改造全村电网，建设2个信号基站，电信网线进家入户，实现网络覆盖100%。

南县税务局7名帮扶责任人，结对南县长胜村帮扶31户贫困户（其中11户已脱贫）95人，2018年底有8户顺利脱贫。

2018年11月13日，湖南省委副书记乌兰率队深入益阳市税务局脱贫攻坚联系点南县南洲镇长胜村察看该村脱贫攻坚情况，走访多家贫困户，并对该村的脱贫攻坚工作充分肯定。

2019年，市税务局党委先后两次召开党委会，专题研究帮扶资金、扶贫工作经费、驻村干部人选、脱贫攻坚计划等内容。共组织开展走访慰问4次，了解扶贫户诉求，制定帮扶工作计划，宣传脱贫攻坚政策。驻村帮扶工作队帮助制定村规民约，加强村党支部建设，根据2个村实际，帮助发展壮大茶叶、养殖等产业。

2018—2020年3年市税务局和其他帮扶单位共计向长胜村和罗峒村投入扶贫资金417.2万元，其中2018年投入144.4万元，2019年投入134.3万元，2020年投入138.5万元；对69户贫困户慰问15次，送上慰问金13.08万元（罗峒村贫困户5.7万元，长胜村贫困户7.38万元）。2个扶贫村困难户已全部脱贫，工作队被评为先进工作队，蔡明锋、刘宇伟和娄文谦3人均被评为脱贫攻坚先进个人。

（二）设立基金 奉献爱心

1996年，市地税局根据省地税工会文件，建立特困扶持基金，全系统干职工每人每2年交纳一次特困基金，每次50元。用于扶助本系统遇有天灾人祸、重大疾病等特殊困难的干部职工。

2002年11月，市国税局设立机关爱心基金，全系统干职工每人每年交纳一次爱心基金，副科以上领导干部每次100元，副科以下普通干部每次50元。对确实有困难并申请济助的家庭进行济困救助，原则上每年进行一次。

2018年国、地税机构合并后，爱心基金来源于个人自愿捐赠、行政经费拨入、按规定提取的福利费等。关爱对象为机关职工。由局领导以及人事科、党委办、计财科、监审室、服务中心等部门负责人组成评议委员会，对确实有困难并申请济助的家庭进行审核评议，原则上每半年进行一次。重点照顾家庭人口多、从业人员少、收入低、基本生活确有困难；由于自然灾害和其他原因，在经济上损失很大；因长期患病住院，带来经济上很大困难；工作人员去世后，其遗属生活上确有较大困难；子女辍学等遇到特殊情况难以解决的单位职工。基金委托机关财会管理，设立单独账户，专户储存，并定期公布基金的使用情况。

税务工会不仅关爱本系统的特困职工，而且面向社会，积极承担社会责任，扶助弱势群体。

1997 年 6 月，市国税局局长郭志仁、副局长黎谷盈带领机关干部和市政府扶贫办丁主任一道前往安化清塘煤矿访贫问苦，慰问特困职工。局长郭志仁对分配给国税局的 10 户特困职工说："清塘煤矿的职工们过去为社会主义建设事业作出了贡献，现在，由于客观条件的变化而难以维护基本生活，今天我们带着市国税局机关全体干职工用爱心捐赠的 10000 元现金和 500 斤大米，给予你们每户 1000 元现金和 50 斤大米的资助，希望你们在矿区领导的带领下，尽快恢复生产，走上正常的生产道路。"之后走访了 10 户特困职工中的 3 户。10 月，市地税局局长刘见曙带领机关干部前往安化清塘煤矿访贫问苦，慰问特困职工。将带去的 1000 斤大米、10000 元捐款分发给 10 名特困职工。

1999 年益阳遭遇特大洪灾，资阳区民主垸溃堤倒垸，10 万名灾民处于水深火热之中。市地税局工会发动机关干部每人捐献一个月工资，捐献棉被衣服等 500 余件支援灾区人民。

2000—2003 年，市地税局每年走访慰问双联单位（单位联系特困企业、干部联系特困职工）市南郊选厂，分发特困金 1.5 万元，并争取省局为该厂支援 10 万元，帮助企业盘活资产、走出困境。

2004 年 6 月，根据省局工会部署，成立"益阳市地税系统志愿者协会"，全系统 680 名干部职工自愿报名参加。积极开展"学雷锋，助人为乐""文明劝导""无偿献血""植树""税法宣传"等公益活动，用实际行动践行"奉献、友爱、互助、进步"的志愿服务精神，让这个世界充满温暖和爱。

（三）群策群力 振兴乡村

2021 年 4 月，市税务局成立乡村振兴工作领导小组。市局党委书记、局长任组长，市局党委委员、副局长、纪检组组长、总经济师及局内各单位、局直各单位主要负责人为成员。领导小组下设办公室，承担日常工作。办公室设在市局机关党委，机关党委专职副书记为第一责任人，具体承接上级工作任务，组织实施安化县江南镇庆阳村的乡村振兴工作。5 月 7 日，按照《益阳市市本级 2021—2023 年乡村振兴驻村帮扶工作实施方案》，市局抽调蒋杰为安化县江南镇庆阳村乡村振兴帮扶工作队员正式驻村。工作队 3 名队员实地调查该村主要河流玉带溪河堤状况，研究河堤加固、夏季防洪等事项；实地走访该村黑茶加工厂、葡萄种植园、茶园、渔业养殖场等产业基地，听取致富带头人对产业发展的意见建议。为贯彻落实市委常委、市委政法委书记黄道安对庆阳村提出的"乡村振兴，规划先行"指示精神，工作队到湖南城市学院规划建筑设计研究院学习乡村振兴规划先进经验，听取专家建议；为打造"平安庆阳"基层治理品牌，工作队两次赴安化县龙塘乡茶乡花海社区考察学习；为推动庆阳村产业发展，工作队先后到赫山区泥江口镇、泉交河镇考察桑葚种植产业、现代农业与蔬菜大棚种植技术，到安化县小淹镇考察油茶种植产业，到江南镇黄石村等地考察乡村旅游产业，在交流学习中寻找适合庆阳村的产业项目。制定《市驻安化县江南镇庆阳村乡村振兴帮扶工作队工作规划（2021—2023）》，增加拨付乡村振兴帮扶资金 50 万元，工作经费 4 万元，全力支持庆阳村产业发展。

2022 年，党委会全年专题研究乡村振兴工作 4 次，到帮扶村召开乡村振兴现场会 2 次，主动跟市委政法委汇报会商乡村振兴工作 2 次。市局主要负责人亲自部署推进乡村振兴工作，4 次深入市局帮扶村进行乡村振兴工作调查研究。年初，市局法制科党支部到村开展送法下乡活动，邀请市局业务骨干与法律顾问开展税费知识与民法典知识讲座，有效助力了农村普法工作与社保费、医保费收缴工作。7 月，市税务学会连续到村开展税收助力乡村振兴课题调研，以召开座谈会、深入产业合作社走访等多种形式开展调查研究，为涉农企业提供涉税涉费方面的专业辅导，当好涉农企业税费业务的"服务员"。市局党委书记陈有权到庆阳村开展了党的二十大精神宣讲活动，以屋场会的形式传达会议精神，提振村民振兴信心。为该村购买乒乓球台等体育用品，丰富村民业余生活。8 月，市税务局主要负责人带领驻村干部到花垣县十八洞村、紫薇村等地进行实地交流学习，有效提升了驻村干部履职尽责能力。市局落实拨付乡村振兴帮扶资金 55 万元，工作经费 4 万元，全力支持庆阳村因地制宜发展特色产业项目，推动产业项目落地实施，当好产业发展兴旺的"推动者"。机关党委书记全年 4 次带队到帮扶村进行走访调研，年底迎国检期间更是连续 7 天到村进行蹲点督导。市局工会积极落实助力乡村振兴工作要求，动员全局工会会员购买大米、菜籽油、鸡蛋等乡村振兴产品共计 271500 元，人均消费 600 元。该年年底，市税务局、驻村工作队、驻村队员蒋杰均在市驻村办年度乡村振兴考核工作中被评为“优秀”等次。

三、督查督办

2004年，市地税局建立了一支专业督查队伍，修改完善了《益阳市地方税务局督查工作制度》，确定了一级督查一级、一级对一级负责的工作机制。制定了《全市地税系统督查工作考核办法》。全年共编发《益阳地税督查》20期，被省局《湖南地税督查》采用12篇，其中局长吴佑坤的《规范地税管理的实践与思考》和副局长蒋栋才的《强化督查督办，促进工作落实》分别被省局刊发。督查工作获得省局的好评。根据征管质量考核办法，由监审室、征管科为主按季进行了征管质量的检查考核。全年共对426人次进行责任追究，处以罚款39808元。

2006年5月11日至6月5日，由市地税局调研员刘见曙、助理调研员甘志中带队，计财、监察等科室的职工组成督查组，对全市地税系统税收票证的领、用、存、填开、保管以及税收票证的解缴情况和税收过渡账户的开设、使用情况进行了重点督查。督查发现的主要问题是票证填开质量不高，存在压票、压款、税款解缴不及时甚至税款私存的问题。检查组要求有关单位针对存在的问题认真整改，限期完成。

2007年5月，益阳市地税局印发《全市地税系统督查工作实施办法》。对2005年制定的《全市地税系统督查工作实施办法》进行了修订与完善。8月15日市地税局召开了局长办公会议，通报了7月31日之前的清理情况。9月，根据省地税局开展全系统办公楼等建设项目督查的文件要求，明确了督查范围和内容等要求。成立了督查领导小组，由市局局长吴佑坤任组长，副局长赖光辉、纪检组组长邓杏仁任副组长。组成2个督查小组，市局监察室、审计科、计财科有关人员负责具体的督查工作。2005年1月1日以来，益阳市地税系统共有8个基建项目属于此次督查范围，其中5个已完工，分别是赫山区地方税务局综合办公楼、沅江市地税局第四分局综合楼、桃江县地方税务局三分局办公楼、桃江县地方税务局四分局办公楼、大通湖区地方税务局综合办公楼及附属楼；2个项目已征地未开工，分别是赫山区地方税务局新院扩建和安化县地方税务局一、二、四分局办公综合用房及住宅及配套生活设施；1个项目已做好了“三通一平”，为沅江市地税局机关综合楼。

2011年3月，市国税局印发《益阳市国税局督促检查工作实施办法》。市局成立市国税局督查督办工作领导小组，由局长任组长，分管办公室的局领导任副组长，局务会人员为成员，领导小组下设办公室，市局办公室主任任主任，负责督查督办的日常工作。5月9—13日对各区、县(市)局的个体税收征收管理、信息调研、网站建设工作情况进行了监督检查。12月，对各区、县(市)局2011年商贸企业增值税一般纳税人管理、纳税服务、创先争优工作情况进行了监督检查。

2012年，为进一步规范税收执法，市国税局召开执法系统现场点评会议，制定《益阳市国税局执法管理信息系统考核奖惩办法》，统一建立“执法信息系统监控预警按日登记台账”，利用系统预警提示，对各执法行为进行跟踪管理；加强对重大税务案件逻辑性、程序性、合法性和真实性的审核，1—7月审理9户涉税案件，实现了“零复议”“零诉讼”。利用新的税务综合办公信息系统，制发督办通知单、督查登记簿等账册、表单，定期对督查事项进行跟踪催办、检查督办；按时在局域网督查工作专栏上公开督办事项、承办单位、限办时间、办结时间等；按季对督办事项的落实情况进行通报，全年共发出督查事项通知单78份，落实党组会、局长办公会、局务会以及局领导交代督办事项91项，做到了项项有跟踪、有反馈、有通报，有效推动了工作。

2013年，市国税局严格督查督办，强化工作执行。认真做好各项会议记录，及时整理会议纪要，2013年整理各类会议纪要38份。制发《益阳市国税局关于开展2013年度制度执行和工作落实情况实地督促检查工作的通知》，开展了2013年制度执行和工作落实情况实地督促检查，进一步加大督查督办事项落实情况的反馈力度，确保督查督办工作取得实效。使用税务综合办公信息系统督查督办模块，开展督查督办工作，制发了督办通知单、督查登记簿等账册、表单，定期对督查事项进行跟踪催办、检查督办；按时在局域网督查工作专栏上公开督办事项承办单位、限办时间、办结时间等；按季对督办事项的落实情况进行通报，公开实行全员监督。全年发出督办通知单32份，落实党组会、局长办公会、局务会以及局领导交代督办事项99项，项项有跟踪、有反馈、有通报，有效推动了工作。

2014年，市国税局共组织全局性实地督查4次，累计发出电子督办通知单40份，交代督办事项110件，按季度对督办情况进行汇总通报，有效促进了工作落实。

2015年，市国税局认真开展督查督办工作，对基层局实地开展了绩效管理、信息安全、出口退税、收入管理等工作的督促检查，上半年共发出督办通知单24件，交办需承办事项89项，促进了工作落实。

2016年，市国税局强化督查督办，实行督考合一，围绕“绩效管理”“营改增”“国地税合作”“便民办税春风行动”等工作对8个县市区局进行实地督查3次，对市局机关和直属单位发出督办通知44项。

2017年6月，市国税局由局领导带队，深入联系点县市区局及税务分局，就组织收入双过半、执法督察发现问题整改、整治虚开虚抵、增值税发票管理新系统推广、实名办税和电子税务局推广、“两学一做”学习教育等6项重点工作落实情况开展督导调研，强力推动基层工作落实。

2018年3月，市地税局印发《重点工作督查督办工作办法》。明确督查督办由市局办公室负责组织协调，督察内审科 、监察室以及相关科室参加 。规定了督查督办流程为督查立项、实施准备 、实地督查 、反馈意见 、督促整改、总结汇报等环节。

2018年，市国税局接受省局督查7次，对县市区局开展专项督查2次，发出督办通知单56份，为落实领导决策、确保政令畅通发挥了积极作用。

2019年，落实习近平总书记关于“办公厅（室）要狠抓落实”的重要指示精神，坚持日常工作定期督、重点工作跟踪督、领导交办事项全程督。全年牵头迎接了省局对减税降费政策措施落实情况的实地督查；对县市区局开展重点督查督办2次、重点工作督办15项次；召开3次重点工作落实调度例会、28项次重点工作督办。

2020—2022年，制定退税减税、小微企业税收优惠政策落实、企业所得税固定资产加速折旧扣除、办税服务厅便民惠民政策落实、数字人事考核等专项督查督办方案，组建多科室多部门联合督查组，聚焦政策执行、责任落实等5方面内容，开展定期与不定期日常督办、强化重点督查。

四、档案管理

（一）加强领导

1998年3月，市国税局决定成立保密、档案工作领导小组。由王如林、钟润保、龙建新、陈其佑、石建军、曹莉莉、杨佳民、胡跃生、贺梓交、罗申明、程金榜、周复春、高晓核、徐丹等组成。王如林任组长，钟润保任副组长。领导小组下设办公室，龙建新任办公室主任，徐丹任办公室秘书。

1998年10月，市地税局成立机关档案工作领导小组，建立局机关综合档案室，实行由主管局长分管，办公室主任兼档案室主任，科室内勤人员为兼职档案员，办公室专职档案员具体负责的机关档案工作管理体制。档案工作领导小组由甘志中、陈进田、莫国云、舒志毅、严奉友、杜兆平、周霞林、徐敬华、郭雨仁、张友良、文合荣、蔡灵芝、陈慧丽等组成，甘志中任组长，陈进田任副组长。综合档案室由陈进田任综合档案室主任（兼），郭光明任综合档案室副主任，雷萍为专职档案员。科室兼职档案员夏雪春、邹洁华、文平、李朝华、胡腊辉、谢剑、王跃华、李静、王军、刘燕秋。

2007年，市国税局调整保密、档案工作领导小组，组长：袁世民，副组长：胡跃生，成员：李晖、冯建夫、石建军、高晓核、周复春、阳长春、龚燕飞、陈赛纯、李定和、姚普勋、莫卫平、罗安林、贺建华、肖炜、刘志华，领导小组下设办公室，肖炜任主任，陈凌、周梦群为成员。

2007年7月，市地税局档案工作领导小组成员调整如下：组长：吴佑坤，副组长：蒋栋才、宋力华、袁斌、赖光辉、张冰、邓杏仁、莫国云、陈雁鸿，成员：何学军、龚学军、杜兆平、舒志毅、冷世平、徐敬华、谢剑、邱平、张友良、陈玲、丁力尧、严奉友、廖泰龙、胡放明、文合荣、胡焰高。

2012年2月，市国税局下发《关于成立益阳市国税局档案保密工作领导小组的通知》，决定成立档案、保密工作领导小组，组长：傅森河，副组长：龚军、杨佳民、胡跃生、曾国华、谌宪伟、李晖 、汪清波，成员：肖炜、周复春、金志雄、陈赛纯、王晓琦、周凤鸣、龚燕飞、刘志华、陈茂辉、李定和、姚普勋、刘科赛、曹凌、黄物华、莫卫平、陈建波、李晓红、蔡敏、罗广宇、李为民、冯建夫。领导小组下设办公室，主任：肖炜，成员：周梦群、彭程、刘晶、向阳、刘新奇、樊四平、陈立霞、杨梅、蒋玲、候威、熊慧敏、吴清、肖美群、伍赛花、王敬超、卫静、徐帅、高翔、高燕、曾海燕。档案、保密工作领导小组主要负责档案、保密工作的组织、协调、指导、督查工作。负责档案、保密工作制度建设和督导落实工作。协调和解决档案、保密工作中遇到的困难和问题。档案、保密工作领导小组办公室成员负责在每年3月底对上一年纸质文件、会计凭证、业务档案、声像、实物等重要资料的收集、整理、打印、移交工作。按照《益阳市国税局办公室关于印发益阳市国税局机关档案工作有关制度的通知》文件的要求，负责在每年5月底对上一年电子档案（税务综合办公系统）的预归档工作。严格遵守《国税系统保密工作规则》；严格规范文件打印、存储介质使用等行为，严格控制涉密信息系统的信息输出，做好所在单位和部门的保密工作。

2013 年 9 月，市国税局决定调整档案工作领导小组人员，调整后的领导小组成员由下列人员组成：组长：李建伟，副组长：龚 军、杨佳民、胡跃生、曾国华、谌宪伟、李 晖、汪清波，成员：肖 炜、金志雄、陈赛纯、王晓琦、朱玉清、龚燕飞、刘志华、陈茂辉、李定和、姚普勋、刘科赛、曹凌、黄物华、莫卫平、陈建波、李晓红、蔡敏、罗广宇、李为民、冯建夫。领导小组下设办公室，主任：肖炜，成员：周梦群、彭程、李敏、向阳、刘新奇、樊四平、陈立霞、杨梅、蒋玲、侯威、熊慧敏、吴清、肖美群、伍赛花、王敬超、卫静、徐帅、高翔、高燕、曾海燕。

2022 年 6 月，市局决定对档案工作领导小组和档案鉴定小组作调整。由市局党委委员、副局长谢剑任组长，市局办公室（党委办公室）主要负责人任副组长，各科室主要负责人为成员。档案工作领导小组下设办公室，市局办公室（党委办公室），主要负责人为办公室主任，成员为局内各成员单位兼职档案员（部门岗）。档案鉴定小组下设办公室，市局办公室（党委办公室）主要负责人为办公室主任，成员为办公室（党委办公室）、党委纪检组、法制科、货物和劳务税科、财产和行为税科、所得税科、征收管理科、财务管理科、督察内审科、组织人事科、机关党委、信息中心、服务中心、稽查局兼职档案员。8 月，成立市税务局档案管理灾害应急处置领导小组。分管局领导任组长，办公室主任副组长，各科室（单位）负责人为成员。领导小组主要负责本局机关档案灾害事件处置指导工作，决定启动、终止本预案、提出重大决策建议。领导小组下设办公室，由专职档案管理人员、局内各科室兼职档案管理人员组成。领导小组办公室主要负责日常档案安全信息监测，定期隐患排查，提出预警及预案启动的建议，参与处置应急事件；跟踪了解事件的进展情况和处置情况，及时向上级税务机关和本级档案行政管理部门报告工作情况负责协调处理相关具体工作。

（二）建立制度

1995 年 5 月，市国税局对于机构分设后税务机关档案工作问题进行明确：各地自分设 2 个税务机构之日起，各级国家税务局和地方税务局分别建立新的档案全宗；原各级税务机关的档案应当按规定向各级档案馆移交；各级国家税务局和地方税务局的档案工作由上级税务机关和同级档案行政管理部门共同进行业务指导、检查和监督。各级国家税务局的档案工作以上级国家税务局进行业务指导、检查和监督为主。

1996 年 7 月，市国税局转发省国税局《关于税务机关档案管理办法的通知》，全面贯彻执行国家税务总局、国家档案局印发的《全国税务机关档案管理办法》。

2000 年 4 月，市地税局印发《益阳市地方税务局关于规范征管档案资料的通知》，将征管资料归档内容统一明确。7 月，印发《益阳市地方税务局关于建立健全领导干部廉政档案的通知》，规定：市局在职副处级以上干部，各县市区地方税务局、市直各地方税务分局在职正副局长、征收分局局长、税务所所长建立健全领导干部廉政档案。按照干部管理权限，由有管辖权的纪检组（监察科）建立和保管。

2009 年 5 月，市国税局印发《益阳市国税局关于进一步规范人事档案管理制度的通知》，规定因工作需要查阅和借阅干部档案，应遵守下列规定：查阅单位应填写查阅干部档案审批表，并加盖单位党组章，经主管干部档案工作的部门负责人批准，才可查阅；查阅干部档案，查阅单位必须是 2 名党员干部，并在保管单位阅档室查阅；干部档案一般不外借。如必须借出使用时，由借出单位填写借阅干部档案审批表，并加盖单位党组章，经主管干部档案工作的部门负责人批准后，方可借出；任何个人不得查阅或借用本人及其亲属的档案；不得用电话索取有关干部的全部情况和涉及干部的政治历史或其他重要情况；查阅干部档案，必须严格遵守保密制度和阅档规定，严禁涂改、圈划、抽取、撤换档案材料，不得擅自拍摄复制档案内容。

2011 年 9 月，市地税局印发《机关文件材料归档范围和文书档案保管期限规定》的通知，按照国家档案局第 8 号令《机关文件材料归档范围和文书档案保管期限规定》和国家税务总局《关于印发〈全国税务机关文件材料归档范围和文书档案保管期限规定〉的通知》的要求，进一步规范档案管理工作，提升档案管理水平，做出明确规定。

2002 年 1 月，根据《中华人民共和国档案法》《档案工作规范化建设评价规范（DB43）》《国家税务总局湖南省税务系统档案管理工作实用手册（试行）》等法律法规及规章制度，结合全市税务系统工作实际，特制定《益阳市税务系统机关档案管理规定》，共 10 章 52 条。

益阳市税务系统文书档案保管期限表

表 4-7

序号	内容	保管期限
1	会议文件材料	
1.1	本机关党组会议和局长办公会议、局务会议、局领导专题会议的纪要、记录	永久
1.2	本机关召开的工作会议和党风廉政建设工作会议文件材料	
1.2.1	请示、批复、通知、名单、日程、局领导讲话、声像材料	永久
1.2.2	会议讨论文件、典型材料、代表发言、会议简报	30 年
1.2.3	小组会议记录、参考材料	10 年
1.3	本机关召开的专业会议、工作会议、专题会议文件材料	
1.3.1	请示、批复、通知、日程、报告、局领导讲话、决定、纪要	永久
1.3.2	会议讨论材料、典型材料、代表发言	30 年
1.3.3	其他文件	10 年
1.4	本机关党委、纪委、工会、共青团、妇委会代表大会的文件材料	
1.4.1	请示、批复、通知、名单、议程、报告、领导人讲话、选举结果、会议讨论通过的文件、纪要、会议记录等	永久
1.4.2	其他文件	10 年
1.5	机关联合召开会议的文件材料	
1.5.1	本机关主办的	
1.5.1.1	请示、批复、通知、名单、日程、报告和领导讲话、纪要	永久
1.5.1.2	会议讨论文件、会议简报、典型材料、代表发言	30 年
1.5.1.3	其他材料	10 年
1.5.2	本机关协办的	
1.5.2.1	请示、批复、通知、名单、日程、报告和领导讲话、纪要的复制件或副本	30 年
1.5.2.2	典型材料、代表发言材料、交流材料、简报的复制件或副本	10 年
2	上级机关、同级机关、下级机关文件材料	
2.1	上级机关制发的关于本机关机构、职能、编制规定和领导人的任免通知	永久
2.2	上级机关制发的税收业务文件材料	
2.2.1	法规政策性的	永久
2.2.2	重要业务问题的	30 年
2.2.3	其他文件材料	10 年
2.3	上级机关、上级领导视察、检查本机关工作时形成的文件材料	
2.3.1	上级机关领导的讲话、题词、重要声像材料等	永久
2.3.2	上级机关的通知、部门领导的讲话，本机关汇报材料	30 年
2.3.3	其他材料	10 年
2.4	上级机关、同级机关制发的非本机关主管业务但要贯彻执行的文件材料	10 年
2.5	下级机关报送的文件材料	
2.5.1	重大问题的专题报告	30 年
2.5.2	年度以上的计划、总结、统计材料	10 年
2.6	下级机关报送的税收政策性备案文件	10 年
3	本机关文件材料	
3.1	综合税收业务	

续表 4–7

序号	内容	保管期限
3.1.1	本机关税收业务工作计划、规划和总结材料	
3.1.1.1	年度和年度以上的	永久
3.1.1.2	年度以下的	10 年
3.1.2	本机关报上级机关的税收业务工作综合报告和重要专题报告	永久
3.1.3	本机关报上级机关的税收业务工作一般专题报告	30 年
3.1.4	本机关制发的规范性文件、代拟的地方性税收政策	永久
3.1.5	本机关制发的税收征管工作制度	永久
3.1.6	本机关布置税收业务工作的文件	
3.1.6.1	重要的	永久
3.1.6.2	一般的	30 年
3.1.6.3	日常事务性的	10 年
3.1.7	本机关制发的税收业务工作情况通报	
3.1.7.1	综合工作情况、重要专项工作情况	永久
3.1.7.2	一般单项工作开展情况	30 年
3.1.7.3	日常事务性工作开展情况	10 年
3.1.8	本机关的请示和上级机关的批复、批示；本级机关的批复、批示和下级机关的请示；本机关内部各单位向机关领导的请示、报告及领导的批示	
3.1.8.1	政策性的、普遍适用的、重要业务问题的	永久
3.1.8.2	长期适用具体纳税人的	30 年
3.1.8.3	其他文件	10 年
3.1.9	本机关的统计报表、统计分析资料	
3.1.9.1	汇总的、年度和年度以上的、重要专题的	永久
3.1.9.2	年度以下的、一般专题的	10 年
3.1.10	本机关大事记	永久
3.1.11	本级机关代上级机关起草的文件最后草稿和正本	
3.1.11.1	被上级机关采用的	30 年
3.1.11.2	未被上级机关采用的	10 年
3.1.12	本机关与其他单位相互征求意见、协商工作来往的函件	
3.1.12.1	重要的	30 年
3.1.12.2	一般的	10 年
3.1.13	机关联合行文的文件材料	
3.1.13.1	本机关主办的	
	重要业务问题的	永久
	一般业务问题的	30 年
3.1.13.2	本机关协办的	
	重要业务问题的	30 年
	一般业务问题的	10 年
3.2	税务行政复议的案件材料	
3.2.1	重要案件	永久
3.2.2	一般案件	30 年
3.2.3	撤诉的	10 年

续表 4–7

序号	内容	保管期限
3.3	税务稽查工作	
3.3.1	本机关布置税务稽查、检查工作的文件材料	
3.3.1.1	综合性和重点检查工作安排	永久
3.3.1.2	一般专项检查工作安排	30 年
3.3.1.3	日常事务性的	10 年
3.3.2	本机关税务稽查的案件材料	
3.3.2.1	重要案件	永久
3.3.2.2	一般案件	30 年
3.3.2.3	没有处理结果的	10 年
3.4	信息化建设	
3.4.1	本机关制发的管理制度	永久
3.4.2	本机关制发的工作计划	30 年
3.4.3	本机关制发的技术标准和规范	永久
3.4.4	信息化建设项目的文件材料	
3.4.4.1	立项请示和批复、实施方案、项目合同、验收报告等重要材料	永久
3.4.4.2	业务需求、技术需求和有关技术文档	30 年
3.4.4.3	安排事务性工作的文件材料	10 年
3.5	财务管理	
3.5.1	本机关制发的管理制度	永久
3.5.2	本机关布置财务管理工作的文件材料	
3.5.2.1	财务处理方面	30 年
3.5.2.2	日常事务性的	10 年
3.5.3	本机关编制预算方面的文件材料	30 年
3.5.4	本机关编制决算方面的文件材料	永久
3.5.5	申请经费的文件材料	30 年
3.5.6	临时性经费划拨的文件材料	30 年
3.5.7	基建立项的文件材料	永久
3.6	审计工作	
3.6.1	审计结论性文件材料	永久
3.6.2	本机关对审计问题的整改措施	永久
3.6.3	本机关制发的审计工作制度	永久
3.6.4	本机关布置审计工作的文件材料	
3.6.4.1	年度审计工作计划、审计工作方案、有关政策解释等方面的	30 年
3.6.4.2	日常事务性的	10 年
3.7	集中采购	
3.7.1	本机关制发的管理制度	永久
3.7.2	本机关办理采购形成的文件材料	30 年

续表 4-7

序号	内容	保管期限
3.7.3	本机关布置采购工作的文件材料	
3.7.3.1	定点采购、采购目录、采购方式等方面的	30 年
3.7.3.2	日常事务性的	10 年
3.8	人事管理	
3.8.1	本机关成立、更改名称、撤并、启用印章以及机构、职能、编制等方面的文件	永久
3.8.2	本机关干部、职工名册	永久
3.8.3	本机关的人事任免文件材料	永久
3.8.4	本机关干部、职工录用、转正、定级、调资、离退休、聘任、辞职、抚恤、死亡等方面的文件	永久
3.8.5	本机关对有关人员的行政处分文件材料	
3.8.5.1	受到警告以上（不含警告）处分的	永久
3.8.5.2	受到警告处分的	30 年
3.8.6	本机关制发的人事管理制度	永久
3.8.7	本机关布置的人事事务性工作的文件材料	10 年
3.9	精神文明建设	
3.9.1	本机关制发的思想政治工作、精神文明建设工作制度	永久
3.9.2	本机关先进单位、劳动模范、先进工作者的文件材料	
3.9.2.1	受县级以上（含县级）表彰、奖励的	永久
3.9.2.2	受县级以下表彰、奖励的	30 年
3.9.3	本机关布置精神文明建设有关工作的文件材料	
3.9.3.1	开展有关活动、组织评选先进方面的	30 年
3.9.3.2	日常事务性的	10 年
3.10	督查工作	
3.10.1	本机关制发的督查工作制度	永久
3.10.2	本机关布置督查工作的文件材料	
3.10.2.1	督查工作计划、方案等方面的	30 年
3.10.2.2	日常事务性的	10 年
3.10.3	督查工作报告、整改意见、整改措施、汇报材料等文件材料	永久
3.11	教育培训	
3.11.1	本机关制发的教育培训工作制度	永久
3.11.2	本机关布置教育培训工作的文件材料	
3.11.2.1	工作计划、方案等方面的	30 年
3.11.2.2	日常事务性的	10 年
3.11.3	本机关制发的培训通知	10 年
3.11.4	本机关有关院校、培训中心管理的文件材料	30 年
3.12	纪检、监察工作	
3.12.1	本机关制发的纪检、监察工作制度	永久
3.12.2	本机关布置税务纪检、监察工作的文件材料	
3.12.2.1	工作计划、组织学习等方面的	30 年
3.12.2.2	日常事务性的	10 年

续表 4–7

序号	内容	保管期限
3.12.3	本机关纪检、监察的案件材料	
3.12.3.1	问题严重、影响大的	永久
3.12.3.2	一般的	30 年
3.12.3.3	没有处理结果的	10 年
3.13	行政、文秘工作	
3.13.1	本机关工作计划、规划和总结材料	
3.13.1.1	年度和年度以上的	永久
3.13.1.2	年度以下的	10 年
3.13.2	本机关报上级机关的综合报告和重要专题报告	永久
3.13.3	本机关报上级机关的一般专题报告	30 年
3.13.4	本机关制发的行政、文秘工作制度	永久
3.13.5	本机关征用土地、基建投资、工程施工、房产等方面的文件材料	永久
3.13.6	本机关布置信息、宣传、公文、档案、信访、保密、保卫、后勤工作的文件材料	
3.13.6.1	重要的	30 年
3.13.6.2	一般的	10 年
3.13.7	本机关处理人民来信来访的文件材料	
3.13.7.1	有领导重要批示和处理结果的	永久
3.13.7.2	其他有处理结果的	30 年
3.13.8	本机关对人民代表大会代表的建议（议案）和政协委员提案的答复（意见）	
3.13.8.1	本机关主办并且重要的	永久
3.13.8.2	其他的	10 年
3.13.9	本机关印发的局领导讲话	永久
3.13.10	本机关编印的《益阳地税信息》、《益阳地税专报》、汇编资料、编研资料	10 年
3.14	党委、纪委、团委、工会、妇委会工作	
3.14.1	本机关党委、纪委、团委、工会、妇委会制发的工作制度	永久
3.14.2	本机关党委、纪委、团委、工会、妇委会布置有关工作的文件材料	10 年
3.14.3	本机关编报的党组织、党员、团员、工会会员统计年报表、名册	永久
3.14.4	本机关有关党员的奖励、处分材料	
3.14.4.1	重要的	永久
3.14.4.2	一般的	30 年
3.14.5	本机关党委、纪委、工会、团委、妇委会的工作计划、总结、报告	30 年
3.14.6	本机关党委、纪委、工会、团委、妇委会在有关专项政治活动中形成的文件材料	
3.14.6.1	重要的	30 年
3.14.6.2	一般的	10 年

（三）分类管理

1990 年至 2022 年，市税务系统档案分类不断完善，先后建立起了“文书档案、专业档案、会计档案、科技档案、实物档案、音像档案、人事档案”等，门类如下。

益阳市税务局档案分类表

表 4–8

序号	分类	门类	保管期限
1	文书档案	文书档案	永久 长期 / 30 年 10 年
2	专业档案	政府采购档案	
3		督察内审档案	
4		稽查档案	
5		巡察工作档案	
6		征管档案	
7		契税档案	
8		纪检监察档案	
9		车购税档案	
10		税务行政案件档案	
11		税政档案	
12		所得税档案	
13		审计档案	
14		监审档案	
15		减免税档案	
16	会计档案	凭证、报表、账本	
17	科技档案	基本建设档案	
18		设备档案	
19		建设维护档案	
20		产权登记档案	
21		办公配套设施档案	
22	实物档案	印章档案	
23		荣誉品	
24		纪念品	
25	音像档案	磁盘、光盘	
26		照片、底片	
27	人事档案	人事档案	

（四）库房建设

1990 年以来，税务系统注重档案管理建设，提升档案室等级。

1992 年 1 月，益阳地区档案局印发《关于档案工作定级升级复查结果的通知》，对照《湖南省档案馆室定级升级标准》，经定级升级复查综合评定，认定地区税务局档案工作符合地直机关档案管理二级标准。

1998 年 3 月，市国税局印发《益阳市国税局档案工作规划》。市局机关综合档案室及 8 个县市分局档案室三年内全部达到省一级标准。南县国家税务局、桃江县国家税务局、沅江市国税局、一分局要保持省一级；市局机关档案室 1998 年达到省一级标准；二分局、安化县国家税务局 1999 年要达到省一级标准；三分局、四分局 2000 年达到省一级标准。

1998 年 6 月，市地税局机关搬入新址办公，加强档案硬件建设，安排档案专用库房，添置了地毯、空调、吸尘器、去湿机、复印机等档案专用设备，补充、完善了检索工具、编研资料和其他档案资料。

1998 年 12 月，市地税局机关通过省档案局“省一级”验收，批准晋升“省一级”档案室。

1999 年 11 月，赫山区地方税局通过省档案局“省一级”验收，12 月批准晋升“省一级”档案室。至 2007 年底，全市地税系统 8 个县市区局档案室都晋升到了“省一级”。

2007 年，市国税局按照市档案局的要求对市局机关档案室进行了改造，实现了库房、阅档室、档案员办公室“三分开”，档案室安装了铁门、铁窗，添置了温湿度自控仪和防磁柜，营造了美观、舒适、安全的档案管理工作环境。不仅档案室的硬件建设迈上了新的台阶，而且在档案软件建设方面，建立健全了档案管理制度，成立了档案鉴定小组，对归存与销毁的文件资料严格把关，力求规范化。邀请市档案局专门技术人员指导，经过为期 2 个月的整理，补充完善了 2000—2006 年的编研资料，编制了全宗介绍、机构沿革、案卷目录、专题目录等检索工具，建立档案管理基本情况统计台账，晋升省特级档案室打下坚实的基础。

2007 年 6 月，市地税局印发《2007 年度益阳市地方税务局创建省特级档案室工作方案》，为全面加强全市地税系统档案工作规范化建设，提高档案管理应用水平，更好地发挥档案工作服务税收管理的功能，决定在全市地税系统开展“省特级”档案室创建活动，力争在 2009 年底以前全部达到“省特级”档案室标准。

2008 年 6 月，市地税局机关档案室晋升为“省特级”档案室。至 2012 年底，全市地税系统 8 个县市区局都晋升为“省特级”档案室。

2012 年，市国税局制定了《益阳市国税局办公室关于在全市国税系统开展档案室升级达标活动的通知》，进一步规范档案管理工作，推进《档案工作规范化管理》评估标准，加大投入，加强对档案室的建设，强化各门类档案的收集、整理和保管工作。市局机关创建“省特级”档案室，力争 2013 年达标。要求资阳区国家税务局、赫山区国家税务局、沅江市国税局、南县国家税务局、桃江县国家税务局和安化县国家税务局在 2015 年底达到“省特级”档案室标准，其余区县市局在 2016 年底达到“省特级”档案室标准，进一步推动全市档案工作再上新台阶。

2013 年 12 月，市国税局机关成功创建“省特级”档案室。

2015 年 1 月，湖南省档案局下发《关于 2014 年度档案工作规范化管理评估认定情况的通报》，赫山区国家税务局、沅江市国税局、南县国家税务局、桃江县国家税务局经评估认定为“省特级”档案室。

2016 年，市国税局督促资阳区国税局、大通湖区国税局、高新区国税局和安化县国税局按时完成档案规范化管理“省特级”达标工作，率先在全省国税系统实现档案规范化管理“省特级”“满堂红”目标，得到了《湖南日报》《益阳日报》中国档案网等媒体的推广报道和省局局长丁永安的肯定。

（五）主要工作

2000 年，市国税局机关综合档案室为机关和基层职工们提供了近 60 人次的档案资料查阅。完成上年档案资料的整理归档工作，整理并分类立卷 133 卷，其中：文书 68 卷，会计档案 51 卷（册），搜集整理资料 14 套，做好每卷的立卷索引和卷面制作工作。档案工作被授予全市档案管理工作先进单位称号。

2007 年，市国税局机关档案室整理文书档案共 156 卷，其中永久 60 卷、长期 33 卷、短期 26 卷、文件汇编 35 卷，会计凭证归档 86 册，基建档案归档 52 卷。接待查档人员 40 人次，提供案卷 60 余卷，为固定资产清理、人事档案清理和编写税务志工作提供了大量档案资料依据。市局机关档案室通过省一级档案室复查验收，市局还对各县区局的档案管理工作进行了有效的指导和督促检查。

2008 年，市国税局在档案工作上，加大档案软硬件建设和资源建设，力求档案管理精细化。继续完善档案资料的收集和档案管理基本情况统计台账管理，为系统各单位、各部门查档提供方便，为晋升“省特级”档案室打下坚实的基础。整理文书档案共 148 卷，其中永久 58 卷、长期 31 卷、短期 31 卷、文件汇编 37 卷，会计凭证归档 105 册，基建档案归档 85 卷。接待查档人员 60 人次，提供案卷 60 余卷。市局机关在 2006—2008 年连续三年被市档案局评为“市直单位档案工作先进单位”。

2012 年，市国税局机关档案室全年整理文书档案共 129 卷，其中永久 49 卷、30 年期限 42 卷、10 年期限 38 卷，文件汇编 39 卷，会计凭证归档 159 册。接待查档人员 30 次，提供案卷 60 余卷。年终机关档案室被益阳市档案局评为年度登记工作优秀单位。

2013 年，市国税局机关档案室整理文书档案共 155 卷，其中永久 51 卷、30 年期限 27 卷、10 年期限 38 卷。文件汇编 26 卷，特殊载体 13 盒，实物档案 26 件，奖状奖杯 26 件。全年接待查档人员 30 次，提供案卷 50 余卷。

2014 年 1 月，市国税局印发《关于 2013 年人事档案改版及清理工作情况的通报》：从 2013 年 7 月 1 日起至 2013 年 11 月 22 日，历时 5 个月，市局人教科组织各单位对全市系统所有在职人员的档案进行了改版、清理。为了检验这次档案改版、清理工作质量，市局人教科组织相关人员抽查了63个档案，发现了一些问题：一是有的干部履历表审核机关未盖章，主要是新进人员在建档时存在此类问题。二是大部分单位都存在干部任免考察材料未入档，有的甚至缺干部任免审批表。三是有的工资异动审批表中呈报单位未填时间，未盖章；有的甚至缺少工资异动审批表。四是有的干部职务变动登记表（有职务变动的）未进行变更登记。五是有个别单位在档案资料打孔后未将资料固定装入档案盒内，而是散放在盒中，容易造成资料遗失。六是有的未按时间顺序进行整理，有的误将入党志愿书放在入团志愿之前，有的将目录时间先后顺序填错。七是有的公务员年度考核表未填时间、未盖章。要求各单位在2014年一季度，安排时间开展自查自纠、自行完善，并在今后的日常工作中，注意收集整理本单位在职人员的有关档案资料，做到资料完整齐全、符合要求。

2018年6月，市国税局印发《益阳市国税局人事教育科关于开展干部人事档案复查整改工作的通知》，根据国家税务总局转发中共中央组织部等3部门《关于在干部人事档案审核工作中做好干部出生日期更正有关工作的通知》等文件要求，对已认定完毕的档案信息认真进行复查，复查中发现的问题及时进行整改，并将档案整理到位。

2019年10月，市税务局将原市国税局、原市地税局2018年之前永久、长期、30年保管期限的文书档案全部移交进市档案馆，并委托市档案馆完成移交进馆文书档案的数字化扫描工作。

2020年9—10月，市税务局办公室和信息中心联合对全市税务系统网络安全、保密和档案管理工作开展了全面检查。国地税机构合并以来，各单位都成立档案工作领导机构包括成立档案工作领导小组，将档案管理工作纳入本单位发展规划，同时明确一名档案管理员，内设机构和派出机构均明确了兼职档案管理员。大部分单位都能按要求开展档案日常管理工作，部分单位重新修订完善了基本管理制度，布置了专门档案室，对一些历史档案进行了移交，对近年度档案进行了整理归档上架。发现普遍存在档案库房未与办公用房、整理用房、阅览用房集中设置问题。对档案的统一保管和安全利用存在隐患。个别单位档案甚至缺年度、缺门类、缺单位，未按要求向当地档案馆移交历史档案。

2021年8月，市税务局办公室为做好应对灾害引起危害的应急处理措施准备，预防重大自然灾害和突发性事故的发生，按照“事前预防、事中控制、事后改进”的基本要求，制定《机关档案管理应急预案》。

2022年1月，市税务局办公室根据《档案工作规范化建设评价规范（DB43）》《国家税务总局湖南省税务系统档案管理工作实用手册（试行）》等法律法规及规章制度，结合全市税务系统工作实际，制定《益阳市税务系统机关档案管理规定》。机关档案工作实现“三纳入”“三同步”，即纳入机关整体规划、纳入工作计划、纳入考核体系；与业务工作同步部署、同步实施、同步发展。7月，为进一步提升档案整理的规范化、标准化、科学化水平，市税务局制定《立卷归档制度》《档案管理制度》《档案保密制度》《档案利用制度》《档案库房管理制度》《档案安全防火制度》《档案室计算机管理制度》《档案统计工作制度》《档案鉴定、销毁制度》《档案室职责》《档案人员岗位职责》共11项档案工作制度。

五、制服管理

（一）着装范围

1989年，地区税务局遵照财政部《税务人员着装暂行规定》，明确税务系统着装范围仅限于基层税务所、检查站、稽查队的国家正式工作人员，在县（市）税务局，地区税务局直接从事征税的国家正式工作人员。

1999年6月，市国税局遵照省国税局《关于国税系统着装上岗有关规定的通知》，决定从当年7月1日起国税人员全部着装上岗。

2002年10月，市国税局印发《益阳市国税局关于着装上岗亮证执法的通告》，凡国税工作人员在税收征管工作中，一律着装上岗。

2004年2月，市国税局遵照省国税局办公室《关于重申国税系统着装上岗有关规定的通知》，明确着装范围为县市分局及基层税务所的正式工作人员（其中工勤人员除大型活动需要统一着装外，一般不着装），市局直接从事征收、稽查和退税的正式工作人员。

2004年7月，市地税局遵照《湖南省地方税务局关于认真做好整顿统一着装工作的通知》，明确地税人员的着装范围要严格执行国家税务总局《关于加强着装管理的通知》规定。各级地税机关要认真对照检查，对不属于着装岗位的人员，一律不得着装上岗。对应着装上岗人员，应按规定着装上岗。

2008年10月，市国税局依据省国税局新式税务制服着装上岗的有关规定，明确国税工作人员着装范围，凡直接从事税收征收、管理[包括办税服务厅（室）]和稽查的人员在执行公务时必须着装上岗。

2010 年 8 月，市国税局依据省国税局关于进一步加强着装管理的通知，明确国税工作人员着装范围：县（市、区）局及所辖税务分局、税务所所有在职人员一律着装上岗。市局稽查局、第一稽查局的所有在职人员一律着装上岗。其他直接从事征收、管理和稽查等工作的人员下企业执法时必须着装上岗。

（二）着装规定

税务着装人员必须严格遵守着装风纪，执行公务时必须按规定穿着税务制服。服装穿着要整洁适体，扣好衣扣，不得披衣、敞怀、挽袖、卷裤腿；标志要完整清新，佩戴端正，保持良好的税收执法形象。

税务人员着装要统一规范。服装必须成套穿着，不准制服、便服混穿，不准不同季节的制服混穿；春秋装要与夏装长袖衬衣配穿，系税务领带；帽子与衣服的穿戴要一致；鞋子颜色式样与衣服的搭配要协调；着冬装、春秋装时佩戴硬肩章，着夏装时佩软肩章，硬、软肩章不得混戴，帽徽佩戴要端正。

税务人员在公共场所要自觉维护税务人员的形象和荣誉。着装执行公务时，不准吃零食、吸烟、酗酒；不准勾肩搭背、嬉戏打闹。除工作时间和执行公务外，严禁着税务制服。

2010 年 8 月，市国税局对着装进行明确：着装人员必须衣裤（裙）成套穿戴整齐，包括胸章、肩章、肩徽、肩杠、领花、领带等配套标志；对帽子是否佩戴不作硬性规定，但戴帽时必须佩戴帽徽。夏装上衣佩戴树脂胸章、软肩章（含软肩徽、肩杠）；春秋装及冬装上衣佩戴硬肩章、金属胸章及金属肩徽、肩杠、领花。着春秋装时，必须配内穿衬衣，不得制服、便服混穿。着装必须衣冠整洁，不得有披衣、敞怀、挽袖、卷裤腿等衣冠不整行为；着装人员要仪表端庄，举止大方，讲文明，讲礼貌；严禁着装人员在办公（办税）场所或公共场所吃零食、喝酒、勾肩搭背、嬉戏打闹；严禁着装参加娱乐和外出餐饮等与工作无关的活动。各单位成立由分管局领导负责，教育、党办、财务、监察等部门参与的监督管理领导小组，加强对着装风纪的监督管理。

（三）供给标准

冬服：首次着装发两套。使用 4 年，到期换发 1 套。

春秋服：首次着装发 2 套（女工裤、裙各一套），使用 3—4 年，到期换发 1 套。

夏服：包括长袖衬衣、短袖上衣、裤或裙（女工裤、裙各 1 套）。首次着装发 2 套，使用 2 年，到期换发 1 套。

防寒服：使用年限 4 年以上，到期换发。

帽子：春秋装和夏装分别配发帽子，每 4 年换发 1 顶。

领带：每 2 年换发黑色、红色领带各 1 条。

标志：帽徽、领花、肩章、肩徽分别随帽子和制服发放，到期以旧换新；胸章每人发 1 枚到期以旧换新。税务标志丢失、损坏的，应向服装管理部门申请给予补发。

（四）着装经费

2007 年 6 月，国家税务总局、财政部《税务工作人员制式服装管理办法》规定，服装制作所需经费，由着装个人负担服装工本费的 30%，其余经费分别由中央财政和地方财政予以安排解决。

2021 年 7 月，市局转发《财政部司法部关于免除统一着装经费个人负担部分的通知》（税总财务函〔2021〕220 号）。从 2022 年起，免除着装经费个人负担 30% 部分的规定，由各级政府纳入本级预算管理。

第五篇

人物和荣誉

第一章　人物简介与名录

第一节　全国、省部级先进工作者简介

一、全国先进工作者简介

李芝兰（1954—2004），女，1954年4月出生，回族，湖南省桃江县鲊埠回族乡人，中共党员。1979年12月参加工作，先后担任农村税务所炊事员、税收专管员、副主任科员。她干一行爱一行，干好一行。1984年起先后安排在桃江县木材检查站、集贸市场，负责税收稽查和征收管理，工作非常出色。1990年，她主动要求去交通闭塞、地方偏僻、经济落后、情况复杂，并且已经连续三年完不成任务的回族贫困山区——桃江县鲊埠回族乡工作。第一年就完成了108.5%的收入任务，打了一个翻身仗。以后年年超额完成税收任务，其中1997年完成当年税收任务的253.9%，超收20万元，创历史最高水平，受到地方党委、政府领导及群众的极高评价。

李芝兰长年累月在条件艰苦的农村工作生活，染上了风湿性关节炎、胃病、妇科病、神经衰弱等多种疾病。一次在工作中病倒，送往医院治疗，第三天病还未好，自己就偷偷地拔掉吊针，跑回了税收征管第一线。她的家是农村的“半边户”，爱人是农民，还有年迈的父亲和2个年幼的孩子，可从未请过一天假。她在20多年农村税收征管中，亲手填开完税凭证有数万份，入库国家税款有数百万元。她廉洁正直，坚持原则，从不徇私情，坚决同违法犯罪分子作斗争，多次挨揍、被辱致伤也不妥协，为国家税收事业忠于职守、埋头苦干、默默奉献。

李芝兰自1988年起，相继荣获县、地区（市）和省级“青年标兵”“优秀专管员”“先进工作者”等称号并获“记功”和“记大功”奖励，1998年4月被中华全国总工会授予“五一劳动奖章”，2000年4月被国务院授予“全国先进工作者”称号。

2004年5月7日，李芝兰因病在桃江逝世，终年51岁。

二、省部级先进工作者简介

乔湘林（1966—2005），男，1966年10月出生，汉族，吉林省榆树县人，大学文化，中共党员。1984年参加税务工作，任益阳地区税务局稽查队队员。1993年2月，经省、市医院确诊为中期鼻咽癌患者，3月住院治疗。1994年8月，病情好转出院。9月，税务机构分设，分配到益阳市地方税务局朝阳分局任税收专管员。报到后，分局领导劝他在家养病休息，他再三向领导申请，要求上班工作。当时，由于严重的后遗症，他的口腔唾液腺功能丧失，不能正常咽吞食物，经常头痛头晕，耳闭眼胀，鼻子出血，每天上班必须“三带”，即茶水、药棉、去痛片。

1995年3月，他在某企业查账时，查出应纳税30多万元未缴。企业负责人拿出1000元现金红包对他说：“你身患重病，只要自己过得好，何必那么认真。”他当场拒绝，坚持按规定查收了这笔税款。4月，他组织28户企业进行所得税汇算清缴，共入库税款185万元，是年荣立二等功。1997年被人事部、国家税务总局授予“全国税务系统先进工作者”称号。

2005年2月11日，乔湘林医治无效在益阳市病逝，终年39岁。

曹友才，男，1965年1月出生，汉族，桃江县人，大学文化，中共党员。1982年7月参加工作，1994年9月任桃江县地方税务局城关税务所副所长。1998年2月，任桃江县地方税务局第一征收分局副局长，1999年3月任第一征收分局局长。

2000年，他与全分局干部职工一道，加强重点工程税收征管，对国家重点工程“岗长”“凌桃益”输电线路工程，长石铁路，益阳电厂进厂铁路，实行项目管理。通过上长沙、下汉寿、上北京、下广州调查了解，共征收入库税款280万元。对辖区内78户企事业单位进行税收专项稽查，共查补税收

180 万元。11 月 14 日，他出差衡阳追缴一笔 25 万元税款时，患白血病的 8 岁女儿病危在桃江县人民医院抢救。第二天他赶回桃江，守候在重症病房。当天，女儿不幸去世。他安排好女儿的后事后，第二天又投入工作。在他带领下，当年分局入库税收 2014 万元，创历史新高。经湖南省总工会推荐，中华全国总工会授予他领导的征收分局“全国模范职工之家”的光荣称号。

2001 年 12 月被人事部、国家税务总局授予“全国税务系统先进工作者”称号。

严奉友，男，1958 年 1 月出生，汉族，益阳南县人，大学文化，中共党员，1980 年 7 月参加工作，先后担任益阳地区税务局地方税科副科长、益阳市地方税务局一科科长、朝阳分局局长、办公室主任、大通湖分局局长、收费科科长等职务。1985—1997 年，他参加并担任了 12 年的“税收、财务、物价”三大检查组组长，查实并收缴违纪金额 1200 多万元，是全省时间最长、收缴违纪金额最多的“三大检查”专干。受到湖南省人民政府记三等功一次的奖励。在朝阳分局任局长时，面对税收规模严重不足，年税收只有几百万元的困境，他坚持培植税源，落实好税收优惠政策，至 2004 年他调离时分局年税收规模超亿元。他在担任大通湖分局局长期间，热心招商引资，为地方经济出谋划策。经他推介，成功引进一家私企全额垫资建成大通湖生态公园，成为当地老百姓休闲娱乐、锻炼身体的一处好场所。他担任收费科科长后，创新办法，为代收工会经费率先提出“工会经费一体化”的管理办法，得到省总工会、省地方税务局的高度肯定和表扬，至 2010 年，征收工会经费 1500 万元，增加 500%。

2010 年被省人民政府授予“湖南省先进工作者”称号。

贺胜安，男，1978 年 12 月出生，1997 年 7 月参加工作，2003 年 6 月加入中国共产党，任国家税务总局益阳市税务局第一税务分局服务和管理一组组长。从税 20 多年来，他一直奋战在税收征管一线，勤学肯干成长为一名能征善管、德才兼备的专家型干部，受到各级领导、同事和服务对象的一致好评。11 次被评为优岗，3 次荣立三等功，先后荣获全省税务系统“优秀税收管理员”“税收业务能手”“益阳市先进工作者”等殊荣。

贺胜安是全省“金三”系统研发团队成员，也是全市地税纳税人课堂、专家服务团队的带头人。2017 年，他在金融系统、供电系统、保险行业作辅导讲课，讲授个人所得税代扣代缴、工会经费代征、残保金征收、地方税费纳税申报、车船税代收代缴等内容。2018 年他走上了大企业税收服务和管理新岗位，每年坚持为十几户千户集团企业制定个性化服务方案，从政策推送、税收优惠、办税服务、内控测试、纳税遵从、重大税收事项确认、跨地区跨部门涉税事项协调等方面详细规划，提供税收服务保障。在企业复工复产的关键时期，他主动对接企业，为企业提供“24 小时线上服务”，解决税收疑难问题。

2020 年 11 月被湖南省总工会授予“湖南省先进工作者”称号。

胡志勇，男，1970 年 6 月出生，回族，中共党员，中南大学软件工程硕士、高级程序员，现任国家税务总局益阳市资阳区税务局第二税务所所长。曾荣获全省供销社系统学校电脑操作比赛优秀领队、原湖南省国税系统计算机应用竞赛技术能手，多次受到益阳市税务系统嘉奖。

2019 年下半年，他组织对 3 家房地产企业土地增值税清算，清算税款达 1500 万元，2020 年通过系统申报数据比对，查补入库某房地产企业尾盘销售应交土地增值税等税款 650 余万元。在工作中他秉承依法治税的理念，创新管理模式，以纳税人分类管理为基础，对企业采取“抓住税源大户，重点监控；把握中户，实施行业管理；管住小户，堵塞漏洞”的工作思路，确保管理到位，年年超额完成税收任务。

对纳税人的服务，他总是尽心尽力，不厌其烦，尤其是对新办纳税人，第一时间对其进行纳税辅导。2019 年全市采取弹性上班的情况下，他仍然坚守自己的岗位，及时告知辖区 450 户纳税人国家的税收优惠政策以及征管政策的变化，提醒纳税人采用非接触式办税，以电话微信等方式为纳税人排忧解难。

2021 年 4 月被湖南省总工会表彰，获得“湖南省五一劳动奖章”。

第二节　市局领导名录

一、益阳地区（市）税务局历任领导名录

益阳地区（市）税务局历任领导名录一览表

表 5-1

班子任期	姓名	职务	任职时间
益阳地区税务局 1990 年 1 月至 1994 年 7 月	岳锡登	党组书记、局长	1990 年 1 月至 1990 年 3 月
	李树卿	党组书记、局长	1990 年 3 月至 1994 年 7 月
	刘见曙	党组副书记、副局长	1990 年 3 月至 1994 年 7 月
		党组成员、副局长	1990 年 1 月至 1990 年 3 月
	肖春生	党组成员、副局长	1990 年 1 月至 1994 年 7 月
	杜润清	党组成员、纪检组组长（正处级）	1990 年 1 月至 1992 年 3 月
	谢芝光	党组成员、副局长	1990 年 3 月至 1992 年 1 月
	彭忠阳	党组成员、副局长	1992 年 5 月至 1993 年 1 月
	廖国扬	党组成员、纪检组组长	1993 年 2 月至 1994 年 7 月
益阳市税务局 1994 年 7 月至 1994 年 9 月	李树卿	党组书记、局长	1994 年 7 月至 1994 年 9 月
	刘见曙	党组副书记、副局长	1994 年 7 月至 1994 年 9 月
	肖春生	党组成员、副局长	1994 年 7 月至 1994 年 9 月
	廖国扬	党组成员、纪检组组长	1994 年 7 月至 1994 年 9 月

二、益阳市国家税务局历任领导名录

益阳市国家税务局历任领导名录一览表

表 5-2

班子任期	姓名	职务	任职时间
益阳市国家税务局 1994 年 9 月至 1996 年 5 月	李树卿	党组书记、局长	1994 年 9 月至 1996 年 5 月
	肖春生	党组成员、副局长	1994 年 9 月至 1996 年 5 月
	胡华林	党组成员、副局长	1994 年 12 月至 1996 年 5 月
		党组成员	1994 年 10 月至 1994 年 12 月
	黎谷盈	系统工会主任（兼）	1996 年 1 月至 1996 年 5 月
		党组成员、副局长	1995 年 10 月至 1996 年 5 月
		党组成员、总经济师	1994 年 12 月至 1995 年 10 月
		党组成员	1994 年 10 月至 1994 年 12 月
	程亮东	党组成员、副局长	1995 年 11 月至 1996 年 5 月
益阳市国家税务局 1996 年 5 月至 1997 年 2 月	胡华林	党组副书记、副局长（主持工作）	1996 年 5 月至 1997 年 2 月
	肖春生	党组成员、副局长	1996 年 5 月至 1997 年 2 月
	黎谷盈	党组成员、副局长 系统工会主任（兼）	1996 年 5 月至 1997 年 2 月
	程亮东	党组成员、副局长	1996 年 5 月至 1997 年 2 月

续表 5–2

班子任期	姓名	职务	任职时间
益阳市国家税务局 1997 年 2 月至 2000 年 11 月	郭志仁	党组书记、局长	1997 年 2 月至 2000 年 11 月
	胡华林	直属机关党委书记（兼）	1998 年 11 月至 1999 年 3 月
		党组副书记、副局长	1997 年 2 月至 1999 年 3 月
	黎谷盈	党组成员、副局长	1997 年 2 月至 2000 年 11 月
		系统工会主任（兼）	
	程亮东	党组成员、副局长	1997 年 2 月至 2000 年 11 月
	凌奇	党组成员、副局长	1997 年 2 月至 1997 年 10 月
	王如林	党组成员、副局长	1998 年 9 月至 2000 年 8 月
	谢勇民	党组成员、副局长	1999 年 3 月至 2000 年 11 月
	胡顺昌	总经济师	2000 年 2 月至 2000 年 11 月
	肖春生	调研员	1997 年 2 月至 2000 年 11 月
	曾正元	助理调研员	2000 年 2 月至 2000 年 11 月
益阳市国家税务局 2000 年 11 月至 2001 年 8 月	刘建福	党组书记、局长	2000 年 11 月至 2001 年 8 月
	黎谷盈	党组成员、副局长	2000 年 11 月至 2001 年 8 月
		系统工会主任（兼）	
	程亮东	党组成员、副局长	2000 年 11 月至 2001 年 8 月
	周智平	党组成员、副局长	2000 年 12 月至 2001 年 8 月
	陈其佑	党组成员、纪检组组长	2001 年 5 月至 2001 年 8 月
	胡顺昌	党组成员、总经济师	2001 年 5 月至 2001 年 8 月
		总经济师	2000 年 11 月至 2001 年 5 月
	胡跃生	党组成员、总会计师	2001 年 5 月至 2001 年 8 月
	肖春生	调研员	2000 年 11 月至 2001 年 3 月
	曾正元	助理调研员	2000 年 11 月至 2001 年 8 月
	程金榜	助理调研员	2001 年 5 月至 2001 年 8 月
益阳市国家税务局 2001 年 8 月至 2004 年 4 月	皮本固	党组书记、局长	2001 年 8 月至 2004 年 4 月
	黎谷盈	党组成员、副局长	2001 年 8 月至 2004 年 4 月
		系统工会主任（兼）	
	程亮东	党组成员、副局长	2001 年 8 月至 2004 年 4 月
	周智平	党组成员、副局长	2001 年 8 月至 2004 年 4 月
	张敏	党组成员、副局长（挂职）	2004 年 2 月至 2004 年 4 月
	陈其佑	直属机关党委书记（兼）	2002 年 6 月至 2004 年 4 月
		党组成员、纪检组组长	2001 年 8 月至 2004 年 4 月

续表 5-2

班子任期	姓名	职务	任职时间
益阳市国家税务局 2001 年 8 月至 2004 年 4 月	胡顺昌	党组成员、总经济师	2001 年 8 月至 2002 年 8 月
	胡跃生	党组成员、总会计师	2001 年 8 月至 2004 年 4 月
	杨佳民	党组成员、总经济师	2003 年 4 月至 2004 年 4 月
	曾正元	助理调研员	2001 年 8 月至 2004 年 4 月
	程金榜	助理调研员	2001 年 8 月至 2004 年 4 月
	杨慨然	助理调研员	2002 年 5 月至 2004 年 4 月
益阳市国家税务局 2004 年 4 月至 2008 年 8 月	袁世民	党组书记、局长	2004 年 4 月至 2008 年 8 月
	李立平	党组副书记、副局长	2007 年 10 月至 2008 年 8 月
	黎谷盈	调研员	2005 年 3 月至 2008 年 8 月
		系统工会主任	2005 年 3 月至 2006 年 8 月
		党组成员、副局长	2004 年 4 月至 2005 年 3 月
		系统工会主任（兼）	
	程亮东	党组成员、副局长	2004 年 4 月至 2008 年 8 月
	周智平	党组成员、副局长	2004 年 4 月至 2007 年 10 月
	张敏	党组成员、副局长	2004 年 4 月至 2005 年 2 月
	杨佳民	党组成员、副局长	2004 年 9 月至 2008 年 8 月
		党组成员、总经济师	2004 年 4 月至 2004 年 9 月
	陈其佑	直属机关党委书记（兼）	2004 年 4 月至 2008 年 8 月
		党组成员、纪检组组长	2004 年 4 月至 2008 年 8 月
	胡跃生	党组成员、总会计师	2004 年 4 月至 2008 年 8 月
	曾国华	党组成员、总经济师	2004 年 9 月至 2008 年 8 月
	张汉高	系统工会主任	2006 年 8 月至 2008 年 8 月
	曾正元	助理调研员（副调研员）	2004 年 4 月至 2007 年 3 月
	程金榜	助理调研员（副调研员）	2004 年 4 月至 2008 年 8 月
	杨慨然	助理调研员（副调研员）	2004 年 4 月至 2008 年 8 月
	曹莉莉	助理调研员（副调研员）	2005 年 3 月至 2008 年 8 月
益阳市国家税务局 2008 年 8 月至 2013 年 7 月	傅淼河	党组书记、局长	2008 年 8 月至 2013 年 7 月
	龚军	党组成员、副局长	2008 年 8 月至 2013 年 7 月
	陈其佑	调研员	2011 年 5 月至 2013 年 7 月
		直属机关党委书记（兼）	2008 年 8 月至 2013 年 7 月
		党组成员、副局长	2009 年 12 月至 2011 年 5 月
		党组成员、纪检组组长	2008 年 8 月至 2009 年 12 月
	杨佳民	党组成员、副局长	2008 年 8 月至 2013 年 7 月
	胡跃生	党组成员、副局长	2008 年 8 月至 2013 年 7 月
	曾国华	党组成员、纪检组组长	2009 年 12 月至 2013 年 7 月
		党组成员、总经济师	2008 年 8 月至 2009 年 12 月

续表 5–2

班子任期	姓名	职务	任职时间
益阳市国家税务局 2008 年 8 月至 2013 年 7 月	谌宪伟	党组成员、副局长	2012 年 2 月至 2013 年 7 月
	李军	党组成员、副局长（挂职）	2009 年 7 月至 2010 年 8 月
	李晖	党组成员、总会计师	2008 年 8 月至 2013 年 7 月
	汪清波	党组成员、总经济师	2010 年 3 月至 2013 年 7 月
	张汉高	系统工会主任	2008 年 8 月至 2013 年 1 月
	周复春	系统工会主任	2013 年 1 月至 2013 年 7 月
	黎谷盈	调研员	2008 年 8 月至 2009 年 9 月
	程亮东	调研员	2008 年 8 月至 2012 年 4 月
	程金榜	副调研员	2008 年 8 月至 2013 年 7 月
	杨慨然	副调研员	2008 年 8 月至 2013 年 7 月
	曹莉莉	副调研员	2008 年 8 月至 2013 年 7 月
	龙建新	副调研员	2012 年 7 月至 2013 年 7 月
	阳长春	副调研员	2013 年 1 月至 2013 年 7 月
益阳市国家税务局 2013 年 7 月至 2016 年 3 月	李建伟	党组书记、局长	2013 年 7 月至 2016 年 3 月
	龚军	党组成员、副局长	2013 年 7 月至 2016 年 3 月
	杨佳民	直属机关党委书记（兼）	2015 年 12 月至 2016 年 3 月
		党组成员、副局长	2013 年 7 月至 2016 年 3 月
	胡跃生	党组成员、副局长	2013 年 7 月至 2016 年 3 月
	曾国华	党组成员、副局长	2013 年 10 月至 2016 年 3 月
		党组成员、纪检组组长	2013 年 7 月至 2013 年 10 月
	谌宪伟	党组成员、副局长	2013 年 7 月至 2014 年 1 月
	李晖	党组成员、纪检组组长	2013 年 10 月至 2016 年 3 月
		党组成员、总会计师	2013 年 7 月至 2013 年 10 月
	汪清波	党组成员、总经济师	2013 年 7 月至 2016 年 3 月
	邓宇峰	党组成员、总会计师	2013 年 10 月至 2016 年 3 月
	周复春	系统工会主任	2013 年 7 月至 2016 年 3 月
	陈其佑	调研员	2013 年 7 月至 2015 年 3 月
		直属机关党委书记	2013 年 7 月至 2015 年 12 月
	程金榜	副调研员	2013 年 7 月至 2015 年 7 月
	杨慨然	副调研员	2013 年 7 月至 2014 年 7 月
	曹莉莉	副调研员	2013 年 7 月至 2016 年 3 月
	龙建新	副调研员	2013 年 7 月至 2016 年 3 月
	阳长春	副调研员	2013 年 7 月至 2014 年 2 月
	王晓琦	副调研员	2015 年 6 月至 2015 年 9 月
益阳市国家税务局 2016 年 3 月至 2018 年 7 月	徐向阳	党组书记、局长	2016 年 3 月至 2018 年 7 月
	龚军	党组成员、副局长	2016 年 3 月至 2018 年 7 月
	杨佳民	直属机关党委书记（兼）	2016 年 3 月至 2018 年 7 月
		党组成员、副局长	2016 年 3 月至 2018 年 7 月
	胡跃生	党组成员、副局长	2016 年 3 月至 2018 年 7 月

续表 5-2

班子任期	姓名	职务	任职时间
益阳市国家税务局 2016 年 3 月至 2018 年 7 月	曾国华	党组成员、副局长	2016 年 3 月至 2018 年 7 月
	李晖	党组成员、纪检组组长	2016 年 3 月至 2018 年 7 月
	汪清波	党组成员、总经济师	2016 年 3 月至 2018 年 7 月
	邓宇峰	党组成员、总会计师	2016 年 3 月至 2018 年 7 月
	周复春	系统工会主任	2016 年 3 月至 2018 年 7 月
	曹莉莉	副调研员	2016 年 3 月至 2018 年 7 月
	龙建新	副调研员	2016 年 3 月至 2017 年 1 月

三、益阳市地方税务局历任领导名录

益阳市地方税务局历任领导名录一览表

表 5-3

班子任期	姓名	职务	任职时间
益阳市地方税务局 1994 年 9 月至 2000 年 1 月	刘见曙	党组书记、局长	1994 年 9 月至 2000 年 1 月
	廖国扬	直属机关党委书记（兼）	1995 年 2 月至 1998 年 7 月
		兼纪检组组长	1995 年 12 月至 1997 年 4 月
		党组成员、副局长	1994 年 9 月至 2000 年 1 月
	甘志中	党组成员、副局长	1994 年 11 月至 2000 年 1 月
	宋力华	党组成员、副局长	1995 年 7 月至 2000 年 1 月
		系统工会主任（兼）	1996 年 1 月至 2000 年 1 月
	方志平	党组成员、副局长	1998 年 12 月至 2000 年 1 月
	高德润	直属机关党委书记（兼）	1998 年 7 月至 2000 年 1 月
		党组成员、纪检组组长	1997 年 4 月至 2000 年 1 月
	蔡灵芝	总经济师	1995 年 7 月至 2000 年 1 月
	蒋栋才	助理调研员	1998 年 5 月至 1998 年 11 月
	刘祝英	助理调研员	1998 年 12 月至 2000 年 1 月
益阳市地方税务局 2000 年 1 月至 2004 年 3 月	郑惠	党组书记、局长	2000 年 1 月至 2004 年 3 月
	蒋栋才	直属机关党委书记（兼）	2003 年 7 月至 2004 年 3 月
		党组成员、副局长（列一）	2000 年 1 月至 2004 年 3 月
	甘志中	党组成员、副局长	2000 年 1 月至 2004 年 3 月
	廖国扬	党组成员、副局长兼纪检组组长	2000 年 1 月至 2004 年 3 月
	宋力华	党组成员、副局长	2000 年 1 月至 2004 年 3 月
	方志平	党组成员、副局长	2000 年 1 月至 2000 年 9 月
	袁斌	党组成员、副局长	2001 年 10 月至 2004 年 3 月
	赖光辉	总会计师	2001 年 10 月至 2004 年 3 月
	高德润	直属机关党委书记（兼）	2001 年 10 月至 2003 年 7 月
		助理调研员	2001 年 10 月至 2004 年 3 月
		系统工会主任	2000 年 1 月至 2001 年 10 月
	陈进田	系统工会主任	2001 年 10 月至 2004 年 3 月
	刘见曙	调研员	2001 年 4 月至 2004 年 3 月

续表 5-3

班子任期	姓名	职务	任职时间
益阳市地方税务局 2000 年 1 月至 2004 年 3 月	蔡灵芝	助理调研员	2000 年 1 月至 2000 年 9 月
	刘祝英	助理调研员	2000 年 1 月至 2000 年 9 月
	周霞林	助理调研员	2001 年 4 月至 2004 年 3 月
	黎正华	助理调研员	2001 年 4 月至 2004 年 3 月
益阳市地方税务局 2004 年 3 月至 2008 年 5 月	吴佑坤	党组副书记、局长	2005 年 1 月至 2008 年 5 月
		党组书记、局长	2004 年 3 月至 2005 年 1 月
	蒋栋才	党组书记、副局长	2005 年 1 月至 2008 年 5 月
		党组副书记、副局长	2004 年 3 月至 2005 年 1 月
		直属机关党委书记（兼）	2004 年 3 月至 2008 年 5 月
	甘志中	助理调研员（正处级干部）	2005 年 8 月至 2008 年 2 月
		党组成员、副局长	2004 年 3 月至 2005 年 8 月
	廖国扬	调研员	2006 年 3 月至 2008 年 5 月
		党组成员、副局长兼纪检组组长	2004 年 3 月至 2006 年 3 月
	宋力华	党组成员、副局长	2004 年 3 月至 2008 年 5 月
	袁斌	党组成员、副局长	2004 年 3 月至 2008 年 5 月
	赖光辉	党组成员、副局长	2005 年 8 月至 2008 年 5 月
		总会计师	2004 年 3 月至 2005 年 8 月
	张冰	党组成员、副局长	2006 年 10 月至 2008 年 5 月
	邓杏仁	党组成员、纪检组组长	2006 年 11 月至 2008 年 5 月
	莫国云	党组成员、总会计师	2006 年 12 月至 2008 年 5 月
		总会计师	2005 年 11 月至 2006 年 12 月
	陈雁鸿	党组成员、总经济师	2006 年 12 月至 2008 年 5 月
		总经济师	2005 年 11 月至 2006 年 12 月
	陈进田	系统工会主任	2004 年 3 月至 2008 年 5 月
	刘见曙	调研员	2004 年 3 月至 2007 年 4 月
	周霞林	助理调研员（副调研员）	2004 年 3 月至 2008 年 5 月
	黎正华	助理调研员（副调研员）	2004 年 3 月至 2008 年 2 月
	高德润	助理调研员（副调研员）	2004 年 3 月至 2008 年 2 月
益阳市地方税务局 2008 年 5 月至 2010 年 12 月	张晓飞	党组书记、局长	2009 年 3 月至 2010 年 12 月
		党组副书记、局长	2008 年 5 月至 2009 年 3 月
	蒋栋才	调研员	2009 年 3 月至 2010 年 2 月
		党组书记、副局长	2008 年 5 月至 2009 年 3 月
		直属机关党委书记（兼）	2008 年 5 月至 2009 年 3 月
		直属机关党委书记	2009 年 3 月至 2010 年 12 月
	宋力华	调研员	2010 年 3 月至 2010 年 12 月
		党组成员、副局长	2008 年 5 月至 2010 年 3 月
	赖光辉	党组成员、副局长	2008 年 5 月至 2010 年 12 月
	邓杏仁	党组成员、纪检组组长	2008 年 5 月至 2010 年 12 月
	莫国云	党组成员、副局长	2010 年 11 月至 2010 年 12 月
		党组成员、总会计师	2008 年 5 月至 2010 年 11 月

续表 5-3

班子任期	姓名	职务	任职时间
益阳市地方税务局 2008 年 5 月至 2010 年 12 月	陈雁鸿	党组成员、总经济师	2008 年 5 月至 2010 年 12 月
	李昕	党组成员、副局长	2008 年 5 月至 2010 年 4 月
	刘新	党组成员、副局长	2010 年 4 月至 2010 年 12 月
	黎萍	党组成员、总会计师	2010 年 11 月至 2010 年 12 月
	陈进田	副调研员	2008 年 10 月至 2010 年 12 月
		系统工会主任	2008 年 5 月至 2008 年 10 月
	徐敬华	系统工会主任	2010 年 11 月至 2010 年 12 月
	廖国扬	调研员	2008 年 5 月至 2010 年 7 月
	周霞林	副调研员	2008 年 5 月至 2009 年 12 月
	王佑典	副调研员	2009 年 2 月至 2010 年 12 月
	严奉友	副调研员	2010 年 11 月至 2010 年 12 月
	胡焰高	副调研员	2010 年 11 月至 2010 年 12 月
益阳市地方税务局 2010 年 12 月至 2015 年 3 月	周本庆	党组书记、局长	2010 年 12 月至 2015 年 3 月
	赖光辉	党组副书记、副局长	2010 年 12 月至 2015 年 3 月
	邓杏仁	党组成员、纪检组组长	2010 年 12 月至 2015 年 3 月
	莫国云	党组成员、副局长	2010 年 12 月至 2015 年 3 月
		直属机关党委书记（兼）	2012 年 7 月至 2015 年 3 月
	陈雁鸿	党组成员、总经济师	2010 年 12 月至 2015 年 3 月
	刘新	党组成员、副局长	2010 年 12 月至 2012 年 8 月
	郭光明	党组成员、总会计师	2012 年 9 月至 2015 年 3 月
	黎萍	党组成员、总会计师	2010 年 12 月至 2012 年 9 月
	李莉	党组成员、副局长	2012 年 8 月至 2013 年 8 月
	徐敬华	系统工会主任	2010 年 12 月至 2015 年 3 月
	宋力华	调研员	2010 年 12 月至 2013 年 12 月
	陈进田	副调研员	2010 年 12 月至 2011 年 8 月
	王佑典	副调研员	2010 年 12 月至 2014 年 4 月
	严奉友	副调研员	2010 年 12 月至 2015 年 3 月
	胡焰高	副调研员	2010 年 12 月至 2015 年 3 月
益阳市地方税务局 2015 年 3 月至 2017 年 10 月	李朝晖	党组书记、局长	2015 年 3 月至 2017 年 10 月
	赖光辉	党组副书记、副局长	2015 年 3 月至 2017 年 10 月
	邓杏仁	党组成员、纪检组组长	2015 年 3 月至 2015 年 9 月
	莫国云	党组成员、副局长	2015 年 3 月至 2017 年 10 月
		直属机关党委书记（兼）	
	陈雁鸿	党组成员、副局长	2015 年 9 月至 2017 年 10 月
		党组成员、总经济师	2015 年 3 月至 2015 年 9 月
	郭光明	党组成员、总会计师	2015 年 3 月至 2017 年 10 月

续表 5-3

班子任期	姓名	职务	任职时间
益阳市地方税务局 2015 年 3 月至 2017 年 10 月	谢剑	党组成员、纪检组组长	2015 年 9 月至 2017 年 10 月
	何东彪	党组成员、总经济师	2016 年 2 月至 2017 年 10 月
	徐敬华	系统工会主任	2015 年 3 月至 2017 年 10 月
	邓杏仁	调研员	2015 年 9 月至 2016 年 3 月
	严奉友	副调研员	2015 年 3 月至 2017 年 10 月
	胡焰高	副调研员	2015 年 3 月至 2017 年 10 月
	舒志毅	副调研员	2015 年 9 月至 2017 年 10 月
益阳市地方税务局 2017 年 10 月至 2018 年 7 月	石洪波	党组书记、局长	2017 年 10 月至 2018 年 7 月
	赖光辉	党组副书记、副局长	2017 年 10 月至 2018 年 7 月
	莫国云	党组成员、副局长 直属机关党委书记（兼）	2017 年 10 月至 2018 年 7 月
	陈雁鸿	党组成员、副局长	2017 年 10 月至 2018 年 7 月
	郭光明	党组成员、总会计师	2017 年 10 月至 2018 年 7 月
	谢剑	党组成员、纪检组组长	2017 年 10 月至 2018 年 7 月
	何东彪	党组成员、总经济师	2017 年 10 月至 2017 年 11 月
	乔文光	党组成员、总经济师	2017 年 11 月至 2018 年 7 月
	徐敬华	系统工会主任	2017 年 10 月至 2018 年 7 月
	严奉友	副调研员	2017 年 10 月至 2018 年 3 月
	胡焰高	副调研员	2017 年 10 月至 2018 年 3 月
	舒志毅	副调研员	2017 年 10 月至 2018 年 7 月

四、国家税务总局益阳市税务局历任领导名录

国家税务总局益阳市税务局历任领导名录一览表

表 5-4

班子任期	姓名	职务	任职时间
国家税务总局益阳市税务局 2018 年 7 月至 2020 年 9 月	徐向阳	一级高级主办	2020 年 5 月至 2020 年 9 月
		党委书记、局长	2018 年 8 月至 2020 年 9 月
		联合党委书记、局长	2018 年 7 月至 2018 年 8 月
	石洪波	党委副书记、副局长（正处长级）	2018 年 8 月至 2020 年 9 月
		联合党委副书记、副局长	2018 年 7 月至 2018 年 8 月
		机关党委书记（兼）	2018 年 9 月至 2020 年 9 月
	赖光辉	二级高级主办	2020 年 7 月至 2020 年 9 月
		党委副书记、副局长	2018 年 8 月至 2020 年 9 月
		联合党委副书记、副局长	2018 年 7 月至 2018 年 8 月
	龚军	二级高级主办	2020 年 7 月至 2020 年 9 月
		党委委员、副局长	2018 年 8 月至 2020 年 9 月
		联合党委委员、副局长	2018 年 7 月至 2018 年 8 月
	杨佳民	党委委员、副局长	2018 年 8 月至 2020 年 9 月
		联合党委委员、副局长	2018 年 7 月至 2018 年 8 月

续表 5-4

班子任期	姓名	职务	任职时间
国家税务总局益阳市税务局 2018 年 7 月至 2020 年 9 月	胡跃生	二级高级主办	2020 年 7 月至 2020 年 9 月
		党委委员、副局长	2018 年 8 月至 2020 年 9 月
		联合党委委员、副局长	2018 年 7 月至 2018 年 8 月
	曾国华	二级高级主办	2020 年 7 月至 2020 年 9 月
		党委委员、副局长	2018 年 8 月至 2020 年 9 月
		联合党委委员、副局长	2018 年 7 月至 2018 年 8 月
	莫国云	三级高级主办	2020 年 5 月至 2020 年 9 月
		党委委员、副局长	2018 年 8 月至 2020 年 9 月
		联合党委委员、副局长	2018 年 7 月至 2018 年 8 月
	陈雁鸿	二级高级主办	2020 年 7 月至 2020 年 9 月
		党委委员、副局长	2018 年 8 月至 2020 年 9 月
		联合党委委员、副局长	2018 年 7 月至 2018 年 8 月
	李晖	二级高级主办	2020 年 7 月至 2020 年 9 月
		党委委员、副局长	2018 年 8 月至 2020 年 9 月
		联合党委委员、副局长	2018 年 7 月至 2018 年 8 月
	罗广宇	党委委员、副局长	2019 年 4 月至 2020 年 9 月
		联合党委委员、副局长	2018 年 7 月至 2018 年 8 月
	谢剑	三级高级主办	2020 年 5 月至 2020 年 9 月
		党委委员、纪检组组长	2018 年 8 月至 2020 年 9 月
		联合党委委员、纪检组组长	2018 年 7 月至 2018 年 8 月
	汪清波	二级高级主办	2020 年 7 月至 2020 年 9 月
		党委委员、总经济师	2018 年 8 月至 2020 年 9 月
		联合党委委员、总经济师	2018 年 7 月至 2018 年 8 月
	邓宇峰	二级高级主办	2020 年 7 月至 2020 年 9 月
		党委委员、总会计师	2018 年 8 月至 2020 年 9 月
		联合党委委员、总会计师	2018 年 7 月至 2018 年 8 月
	郭光明	二级高级主办	2020 年 7 月至 2020 年 9 月
		党委委员、总会计师	2018 年 8 月至 2020 年 9 月
		联合党委委员、总会计师	2018 年 7 月至 2018 年 8 月
	乔文光	党委委员、总经济师	2018 年 8 月至 2020 年 9 月
		联合党委委员、总经济师	2018 年 7 月至 2018 年 8 月
	徐敬华	二级高级主办	2020 年 8 月至 2020 年 9 月
		系统工会主任	2018 年 8 月至 2020 年 9 月
	周复春	三级高级主办	2020 年 5 月至 2020 年 9 月
		机关工会主席（副处级）	2018 年 10 月至 2020 年 9 月
	刘正	三级高级主办	2020 年 5 月至 2020 年 9 月
	舒志毅	副调研员	2018 年 8 月至 2019 年 2 月

续表 5-4

班子任期	姓名	职务	任职时间
国家税务总局益阳市税务局 2020 年 9 月至 2022 年 12 月	陈有权	一级高级主办	2021 年 6 月起
		党委书记、局长	2020 年 9 月起
	曾国华	二级高级主办	2020 年 9 月起
		党委委员、副局长	2020 年 9 月至 2021 年 1 月
	莫国云	三级高级主办	2020 年 9 月起
		党委委员、副局长	2020 年 9 月起
		机关党委书记（兼）	2020 年 12 月起
	罗广宇	三级高级主办	2021 年 7 月起
		党委委员、副局长	2020 年 9 月起
	谢剑	三级高级主办	2020 年 9 月起
		党委委员、副局长	2020 年 12 月起
		党委委员、纪检组组长	2020 年 9 月至 2020 年 12 月
	汪清波	二级高级主办	2020 年 9 月起
		党委委员、副局长	2021 年 3 月至 2021 年 3 月
		党委委员、总经济师	2020 年 9 月至 2021 年 3 月
	邓宇峰	二级高级主办	2020 年 9 起
		党委委员、总会计师	2020 年 9 月至 2020 年 11 月
	乔文光	党委委员、纪检组组长	2020 年 12 月至 2021 年 7 月
		党委委员、总经济师	2020 年 9 月至 2020 年 12 月
	刘正	三级高级主办	2020 年 9 月起
		党委委员、副局长	2020 年 12 月起
	任冀蓉	党委委员、纪检组组长	2021 年 7 月起
	胡闵	党委委员、总经济师	2021 年 7 月起
	李出	党委委员、总会计师	2021 年 11 月起
	徐敬华	二级高级主办	2020 年 9 月至 2021 年 1 月
		系统工会主任	
	丁力尧	二级高级主办	2021 年 6 月起
		系统工会主任	2021 年 1 月至 2021 年 11 月
	赖光辉	二级高级主办	2020 年 7 月起
	龚军	二级高级主办	2020 年 7 月起
	胡跃生	二级高级主办	2020 年 9 月至 2021 年 9 月
	陈雁鸿	二级高级主办	2020 年 7 月起
	李晖	二级高级主办	2020 年 9 月至 2022 年 11 月
	郭光明	二级高级主办	2020 年 9 月至 2022 年 8 月
	周复春	机关工会主席（副处级）	2020 年 9 月至 2020 年 11 月
		三级高级主办	2020 年 9 月起

第三节 市局机关和派出（直属）机构正科实职以上领导干部名录

一、益阳地区（市）税务局机关和派出（直属）机构正科实职以上领导干部名录

益阳地区（市）税务局机关和派出（直属）机构正科实职以上领导干部名录一览表

表 5–5

单位名称	姓名	职务	任职时间
办公室 1990 年 1 月至 1994 年 9 月	程亮东	主任	1990 年 1 月至 1992 年 3 月
	廖国扬	主任	1992 年 3 月至 1993 年 2 月
	陈韵清	主任	1993 年 1 月至 1994 年 9 月
人事科 1990 年 1 月至 1994 年 9 月	廖国扬	科长	1990 年 1 月至 1992 年 3 月
宣教科 1990 年 1 月至 1994 年 9 月	高德润	科长	1990 年 1 月至 1992 年 3 月
		科长	1992 年 12 月至 1994 年 9 月
	戴水林	科长	1992 年 3 月至 1992 年 12 月
监察科 1990 年 1 月至 1994 年 9 月	刘德美	科长	1990 年 1 月至 1992 年 3 月
	高德润	科长	1992 年 3 月至 1992 年 12 月
	周霞林	科长	1992 年 12 月至 1994 年 9 月
计会科 1990 年 1 月至 1994 年 9 月	谢伟伦	科长	1990 年 1 月至 1992 年 3 月
	程亮东	科长	1992 年 3 月至 1994 年 9 月
征收管理科 1990 年 1 月至 1994 年 9 月	刘朗生	科长	1990 年 1 月至 1992 年 1 月
	甘志中	科长	1992 年 1 月至 1994 年 7 月
	邓宇峰	科长	1994 年 7 月至 1994 年 9 月
流转税科 1990 年 1 月至 1994 年 9 月	蔡灵芝	科长	1990 年 1 月至 1994 年 9 月
所得税科 1990 年 1 月至 1994 年 9 月	龚崇礼	科长	1990 年 1 月至 1993 年 11 月
	杜兆平	科长	1993 年 11 月至 1994 年 9 月
地方税科 1990 年 1 月至 1994 年 9 月	马希骏	科长	1990 年 1 月至 1993 年 3 月
	宋力华	科长	1993 年 3 月至 1994 年 9 月
对外税科 1990 年 1 月至 1992 年 8 月	甘志中	科长	1990 年 12 月至 1991 年 12 月
涉外税务分局 1992 年 8 月至 1994 年 9 月	曹莉莉	局长	1992 年 12 月至 1994 年 9 月
促产增收办公室 1992 年 2 月至 1994 年 9 月	陶伯洲	主任	1993 年 5 月至 1993 年 10 月
	文合荣	主任	1993 年 10 月至 1994 年 8 月
农垦分局 1990 年 1 月至 1994 年 10 月	潘定祥	党组书记、局长	1990 年 1 月至 1994 年 10 月
益阳地区税务工会工作委员会 1990 年 1 月至 1994 年 9 月	陈勋南	副主任（正科级）	1990 年 1 月至 1993 年 3 月

二、益阳市国家税务局机关和派出（直属）机构正科实职以上领导干部名录

益阳市国家税务局机关和派出（直属）机构正科实职以上领导干部名录一览表

表 5–6

单位名称	姓名	职务	任职时间
办公室 1994 年 9 月至 2018 年 7 月	程金榜	主任	1994 年 10 月至 1996 年 1 月
	钟润保	主任	1996 年 1 月至 2001 年 7 月
	龙建新	主任	2001 年 5 月至 2005 年 5 月
	肖炜	主任	2005 年 5 月至 2015 年 11 月
	刘志华	主任	2015 年 11 月至 2018 年 7 月
税政管理一科 1994 年 9 月至 1997 年 9 月 税政法规科 1997 年 9 月至 2001 年 5 月 税政科 2001 年 5 月至 2002 年 12 月 税政一科 2002 年 12 月至 2005 年 3 月 流转税管理科 2005 年 3 月至 2009 年 10 月 货物和劳务税科 2009 年 10 月至 2018 年 7 月	胡跃生	科长	1994 年 10 月至 2001 年 5 月
	姚普勋	科长	2001 年 5 月至 2015 年 11 月
	张建辉	科长	2015 年 11 月至 2018 年 7 月
税政管理二科 1994 年 9 月至 1997 年 9 月 税政二科 2002 年 12 月至 2005 年 4 月 所得税科 2005 年 4 月至 2018 年 7 月	罗坤明	科长	1994 年 10 月至 1997 年 9 月
	罗广宇	科长	2002 年 12 月至 2004 年 9 月
	曹莉莉	科长	2004 年 9 月至 2005 年 5 月
	龙建新	科长	2005 年 5 月至 2006 年 1 月
	李定和	科长	2006 年 1 月至 2015 年 11 月
	李为民	科长	2015 年 11 月至 2018 年 7 月
涉外税务分局 1994 年 9 月至 2004 年 3 月 国际税务管理科 2004 年 3 月至 2007 年 3 月 大企业和国际税收管理科 2007 年 3 月至 2018 年 7 月	曹莉莉	局长	1994 年 10 月至 2001 年 5 月
	高晓核	局长	2001 年 5 月至 2004 年 3 月
		科长	2004 年 3 月至 2009 年 10 月
	黄物华	科长	2009 年 10 月至 2015 年 11 月
	姚普勋	科长	2015 年 11 月至 2018 年 7 月
征收管理科 1994 年 9 月至 2018 年 7 月	邓宇峰	科长	1994 年 10 月至 1996 年 9 月
	周复春	科长	1996 年 9 月至 2000 年 6 月
	杨慨然	科长	2000 年 6 月至 2005 年 5 月
	贺建华	科长	2005 年 5 月至 2009 年 10 月
	陈茂辉	科长	2009 年 10 月至 2014 年 7 月
	周曙光	科长	2015 年 11 月至 2017 年 8 月
	鄢跃武	科长	2017 年 8 月至 2018 年 7 月
计划财务科 1994 年 9 月至 2005 年 5 月 财务管理科 2006 年 4 月至 2018 年 7 月	程亮东	科长	1994 年 10 月至 1995 年 12 月
	杨佳民	科长	1995 年 12 月至 2001 年 5 月
	周复春	科长	2001 年 5 月至 2005 年 3 月
	龚燕飞	科长	2006 年 7 月至 2015 年 11 月
	肖炜	科长	2015 年 11 月至 2018 年 7 月

续表 5-6

单位名称	姓名	职务	任职时间
计划统计科 2005 年 5 月至 2009 年 9 月 收入核算科 2009 年 9 月至 2018 年 7 月	龚燕飞	科长	2005 年 3 月至 2006 年 7 月
	刘志华	科长	2007 年 5 月至 2015 年 11 月
	王凯波	科长	2015 年 11 月至 2017 年 8 月
	蔡敏	科长	2017 年 8 月至 2018 年 7 月
人事教育科 1994 年 9 月至 2001 年 5 月 人事科 2001 年 5 月至 2005 年 3 月 人事教育科 2005 年 3 月至 2018 年 7 月	周智平	科长	1994 年 10 月至 1998 年 10 月
	陈其佑	科长	1998 年 10 月至 2001 年 5 月
	刘科赛	科长	2001 年 5 月至 2003 年 4 月
	曾国华	科长	2003 年 4 月至 2005 年 3 月
	周复春	科长	2005 年 3 月至 2013 年 5 月
	陈赛纯	科长	2013 年 5 月至 2016 年 12 月
	胡闵	科长	2017 年 8 月至 2018 年 7 月
监察审计室 1994 年 9 月至 2003 年 4 月 监察室 2003 年 4 月至 2018 年 7 月	贺梓交	主任	1994 年 10 月至 2001 年 7 月
	曹莉莉	纪检组副组长、主任	2001 年 5 月至 2005 年 9 月
	陈赛纯	纪检组副组长、主任	2005 年 9 月至 2013 年 5 月
	朱玉清	纪检组副组长、主任	2013 年 5 月至 2017 年 8 月
	唐志康	纪检组副组长、主任	2017 年 8 月至 2018 年 7 月
政策法规科 1995 年 4 月至 1997 年 9 月 2001 年 5 月至 2018 年 7 月	程金榜	科长	1996 年 1 月至 1997 年 9 月
	石建军	科长	2001 年 5 月至 2011 年 11 月
	曹凌	科长	2012 年 8 月至 2014 年 3 月
	周梦贤	科长	2014 年 3 月至 2018 年 7 月
宣传教育科 1996 年 1 月至 1997 年 9 月 思想政治工作办公室 1997 年 9 月至 1998 年 8 月 思想政治工作科 1998 年 8 月至 2001 年 5 月 宣传教育科 2001 年 5 月至 2005 年 3 月	陈其佑	科长	1996 年 2 月至 1997 年 9 月
	石建军	主任（科长）	1997 年 9 月至 2001 年 5 月
	陈赛纯	科长	2001 年 5 月至 2005 年 3 月
离退休干部科 2009 年 9 月至 2018 年 7 月	金志雄	科长	2009 年 10 月至 2013 年 6 月
	王晓琦	科长	2013 年 6 月至 2015 年 9 月
	陈建波	科长	2015 年 11 月至 2018 年 7 月
纳税服务科 2009 年 9 月至 2018 年 7 月	刘科赛	科长	2009 年 10 月至 2014 年 7 月
	胡绍元	科长	2015 年 11 月至 2018 年 7 月
车辆购置税征收管理办公室 2004 年 12 月至 2006 年 7 月 益阳市国家税务局 办税服务厅（车辆购置税） 2006 年 7 月至 2009 年 10 月 车辆购置税征收管理分局 2009 年 10 月至 2018 年 7 月	张汉高	主任	2005 年 4 月至 2007 年 3 月
	冯建夫	局长	2009 年 10 月至 2014 年 7 月
		主任	2007 年 3 月至 2009 年 10 月
	李定和	局长	2015 年 11 月至 2018 年 7 月

续表 5-6

单位名称	姓名	职务	任职时间
计算机管理站 1995 年 3 月至 1996 年 9 月 信息中心 1996 年 9 月至 2018 年 7 月	汪清波	主任	1996 年 9 月至 2000 年 6 月
	莫卫平	主任	2001 年 5 月至 2015 年 11 月
	黄物华	主任	2015 年 11 月至 2018 年 7 月
机关服务中心 1997 年 8 月至 2018 年 7 月	陈其佑	主任（兼）	1997 年 9 月至 1998 年 10 月
	程金榜	主任（兼）	2001 年 5 月至 2005 年 5 月
		主任	1998 年 10 月至 2001 年 5 月
	罗安林	主任	2005 年 5 月至 2008 年 9 月
	陈剑波	主任	2009 年 10 月至 2018 年 7 月
注册税务师管理中心 2000 年 5 月至 2005 年 3 月	李定和	主任	2000 年 5 月至 2002 年 7 月
	喻德坤	主任	2002 年 7 月至 2005 年 3 月
稽查局 1994 年 9 月至 2008 年 8 月（正科级） 2008 年 8 月至 2018 年 7 月（副处级）	高晓核	局长	1994 年 10 月至 2001 年 5 月
	李晖	局长	2001 年 5 月至 2008 年 8 月
	周才华	局长（副处级领导干部）	2008 年 8 月至 2009 年 12 月
	汪清波	局长（副处级领导干部）	2009 年 12 月至 2010 年 4 月
	罗广宇	局长（副处级领导干部）	2010 年 4 月至 2014 年 5 月
	刘正	局长（副处级领导干部）	2014 年 6 月至 2018 年 7 月
	王槐庭	副局长	1998 年 11 月至 2009 年 10 月
	蔡卫兵	副局长	2001 年 5 月至 2018 年 8 月
	李晓红	副局长	2004 年 9 月至 2009 年 10 月
	张建辉	副局长	2000 年 6 月至 2012 年 7 月
	周梦贤	副局长	2009 年 10 月至 2010 年 8 月
	汤朝晖	副局长	2010 年 8 月至 2018 年 9 月
	胡闵	副局长	2010 年 8 月至 2014 年 3 月
	龚亚杰	副局长	2015 年 11 月至 2018 年 9 月
第一稽查局 2009 年 10 月至 2018 年 7 月	李为民	局长	2009 年 10 月至 2015 年 11 月
	龚燕飞	局长	2015 年 11 月至 2018 年 7 月
机关党委办公室 （直属机关党委） 1994 年 9 月至 2018 年 7 月	陈韵清	主任（兼）	1995 年 1 月至 2001 年 6 月
	阳长春	主任	2001 年 6 月至 2009 年 10 月
	王晓琦	主任	2009 年 10 月至 2013 年 6 月
	金志雄	主任	2013 年 6 月至 2016 年 10 月
	喻德坤	主任	2016 年 10 月至 2018 年 8 月
	袁晓艳	专职副书记	2015 年 11 月至 2018 年 7 月
益阳市国家税务工会工作委员会 1996 年 1 月至 2018 年 7 月	黎谷盈	主任（兼）	1996 年 1 月至 2006 年 8 月
	张汉高	主任（副处级）	2006 年 9 月至 2013 年 1 月
	周复春	主任（副处级）	2013 年 1 月至 2018 年 7 月
	宋玉兰	副主任	1995 年 12 月至 1999 年 11 月
	周凤鸣	副主任（兼）	2007 年 3 月至 2013 年 3 月
	王晓琦	副主任（兼）	2012 年 12 月至 2013 年 3 月
	朱玉清	副主任（兼）	2013 年 3 月至 2014 年 3 月
	贺建华	副主任（兼）	2014 年 3 月至 2018 年 7 月

续表 5–6

单位名称	姓名	职务	任职时间
机关工会 1994 年 10 月至 2018 年 7 月	宋玉兰	主席	1994 年 10 月至 1999 年 11 月
	周凤鸣	主席	2001 年 6 月至 2012 年 12 月
	朱玉清	主席	2012 年 12 月至 2013 年 6 月
	贺建华	主席	2013 年 6 月至 2018 年 7 月
共青团益阳市国家税务局委员会 1994 年 9 月至 2018 年 7 月	肖炜	书记	2002 年 9 月至 2005 年 10 月
	蔡敏	书记	2005 年 10 月至 2018 年 7 月
妇委会 2010 年 9 月至 2018 年 7 月	李晓红	主任	2010 年 9 月至 2018 年 7 月

三、益阳市地方税务局机关和派出（直属）机构正科实职以上领导干部名录

益阳市地方税务局机关和派出（直属）机构正科实职以上领导干部名录一览表

表 5–7

单位名称	姓名	职务	任职时间
办公室 1994 年 9 月至 2018 年 7 月	陈进田	主任	1994 年 11 月至 2001 年 10 月
	郭光明	主任	2001 年 10 月至 2003 年 4 月
	严奉友	主任	2003 年 4 月至 2003 年 11 月
	何学军	主任	2004 年 1 月至 2008 年 6 月
	丁力尧	主任	2008 年 6 月至 2009 年 5 月
	徐敬华	主任	2009 年 5 月至 2011 年 8 月
	彭乐仁	主任	2011 年 8 月至 2018 年 2 月
	李跃华	主任	2018 年 2 月至 2018 年 7 月
税政管理一科 1994 年 9 月至 2011 年 8 月 流转税科 2011 年 8 月至 2018 年 7 月	严奉友	科长	1994 年 11 月至 1998 年 1 月
	舒志毅	科长	1998 年 1 月至 2001 年 10 月
		兼涉外税务分局局长	2009 年 5 月至 2011 年 8 月
		科长	2009 年 5 月至 2018 年 2 月
	杜兆平	兼涉外税务分局局长	2003 年 4 月至 2006 年 1 月
		科长	2001 年 10 月至 2006 年 1 月
	龚学军	兼涉外税务分局局长	2006 年 1 月至 2009 年 5 月
		科长	
	聂劲松	科长	2018 年 2 月至 2018 年 7 月
税政管理二科 1994 年 9 月至 2011 年 8 月 财产和行为税科 2011 年 8 月至 2018 年 7 月	宋力华	科长	1994 年 11 月至 1995 年 8 月
	严奉友	科长	1998 年 1 月至 2000 年 3 月
	肖洁清	科长	2011 年 8 月至 2018 年 7 月
		科长	2000 年 3 月至 2004 年 2 月
	冷世平	科长	2004 年 2 月至 2006 年 1 月
	杜兆平	科长	2006 年 1 月至 2011 年 8 月

续表 5-7

单位名称	姓名	职务	任职时间
税政管理三科 1994 年 9 月至 2011 年 8 月 所得税科 2011 年 8 月至 2018 年 7 月	文合荣	科长	1994 年 11 月至 1998 年 1 月
	杜兆平	科长	1998 年 1 月至 2001 年 10 月
	舒志毅	科长	2001 年 10 月至 2009 年 5 月
	成大春	科长	2009 年 5 月至 2011 年 8 月
	夏秋良	科长	2011 年 8 月至 2014 年 5 月
	周雷奕	科长	2014 年 5 月至 2018 年 7 月
征收管理科 1994 年 11 月至 2011 年 8 月 征管和科技发展科 2011 年 8 月至 2018 年 7 月	赖光辉	科长	1994 年 11 月至 1998 年 1 月
	莫国云	科长	1999 年 1 月至 2001 年 10 月
	郭雨仁	科长	2001 年 10 月至 2006 年 1 月
	冷世平	科长	2006 年 1 月至 2011 年 1 月
	颜建宏	科长	2011 年 8 月至 2018 年 2 月
	秦宾	科长	2018 年 2 月至 2018 年 7 月
纳税服务科 2012 年 4 月至 2018 年 7 月	肖志芳	科长	2012 年 4 月至 2018 年 1 月
	夏秋良	科长	2018 年 1 月至 2018 年 7 月
监察科 1994 年 11 月至 2001 年 11 月 监察室 2001 年 11 月至 2018 年 7 月	郭雨仁	科长	1994 年 11 月至 2001 年 11 月
	颜建宏	主任、纪检组副组长	2001 年 11 月至 2007 年 3 月
	张友良	主任、纪检组副组长	2007 年 3 月至 2011 年 5 月
	邱平	主任、纪检组副组长	2011 年 8 月至 2018 年 2 月
	雷萍	主任、纪检组副组长	2018 年 2 月至 2018 年 7 月
审计科 1996 年 9 月至 2018 年 2 月 督察内审科 2018 年 2 月至 2018 年 7 月	文合荣	科长	1998 年 1 月至 2001 年 10 月
	陈玲	科长	2001 年 11 月至 2009 年 7 月
	肖洁清	科长	2009 年 7 月至 2011 年 8 月
	夏胜阳	科长	2011 年 8 月至 2018 年 2 月
	周权	科长	2018 年 2 月至 2018 年 7 月
人事教育科 1994 年 10 月至 2018 年 7 月	高德润	科长	1994 年 11 月至 1997 年 4 月
	徐敬华	科长	1998 年 3 月至 2001 年 11 月
	莫国云	科长	2001 年 11 月至 2006 年 2 月
	谢剑	科长	2006 年 2 月至 2011 年 8 月
	何学军	科长	2011 年 8 月至 2018 年 2 月
	何琳	科长	2018 年 2 月至 2018 年 7 月
离退休人员管理科 2018 年 1 月至 2018 年 7 月	邱平	科长	2018 年 2 月至 2018 年 7 月
计划会计科 1994 年 11 月至 2001 年 10 月 计划财务科 2001 年 10 月至 2011 年 8 月 收入规划核算科 2011 年 8 月至 2018 年 7 月	周霞林	科长	1994 年 11 月至 2001 年 4 月
	徐敬华	科长	2001 年 11 月至 2009 年 5 月
	胡焰高	科长	2009 年 5 月至 2011 年 4 月
	夏胜阳	科长	2018 年 2 月至 2018 年 7 月
	刘平南	科长	2011 年 8 月至 2017 年 12 月

续表 5-7

单位名称	姓名	职务	任职时间
财务管理科 2011 年 8 月至 2018 年 7 月	罗松柏	科长	2012 年 3 月至 2018 年 1 月
	龚学军	科长	2018 年 1 月至 2018 年 7 月
政工科 （直属机关党委） 1997 年 6 月至 2018 年 7 月	张友良	科长 直属机关党委副书记（兼）	1997 年 6 月至 2001 年 10 月
	文合荣	科长 直属机关党委副书记（兼）	2001 年 10 月至 2006 年 1 月
	邱平	科长 直属机关党委副书记（兼）	2006 年 2 月至 2011 年 8 月
	李跃华	科长 直属机关党委副书记（兼）	2011 年 8 月至 2018 年 2 月
	宋壮波	科长 直属机关党委副书记（兼）	2018 年 2 月至 2018 年 7 月
政策法规科 2003 年 5 月至 2018 年 7 月	何学军	科长	2003 年 5 月至 2004 年 1 月
	谢剑	科长	2004 年 2 月至 2006 年 2 月
	丁力尧	科长	2006 年 2 月至 2008 年 6 月
	肖洁清	科长	2008 年 6 月至 2009 年 5 月
	周雷奕	科长	2009 年 5 月至 2011 年 8 月
	廖泰龙	科长	2011 年 8 月至 2018 年 7 月
收费科 2006 年 8 月至 2011 年 8 月	严奉友	科长	2006 年 8 月至 2011 年 8 月
规费科 2011 年 8 月至 2018 年 7 月	杜兆平	科长	2011 年 8 月至 2018 年 7 月
机关后勤服务中心 2003 年 5 月至 2018 年 7 月	胡放明	主任	2003 年 5 月至 2006 年 1 月
	田力军	主任	2011 年 8 月至 2018 年 2 月
	成大春	主任	2018 年 2 月至 2018 年 7 月
信息中心 2001 年 8 月至 2018 年 7 月	胡放明	主任	2001 年 10 月至 2003 年 5 月
	廖泰龙	主任	2006 年 2 月至 2011 年 8 月
	汤常青	主任	2011 年 8 月至 2018 年 7 月
注册税务师管理中心 2001 年 5 月至 2018 年 7 月	胡放明	主任	2006 年 1 月至 2009 年 5 月
	李朝华	主任	2009 年 5 月至 2011 年 8 月
	陈玲	主任	2011 年 8 月至 2018 年 1 月
	陈伟民	主任	2018 年 1 月至 2018 年 7 月
省级税收征收分局（副处级） 1998 年 11 月至 2011 年 7 月 直属局（副处级） （大企业税收管理局） 2011 年 7 月至 2018 年 7 月	蒋栋才	局长	1998 年 11 月至 2000 年 1 月
	宋力华	局长	2000 年 1 月至 2001 年 10 月
	邓杏仁	局长	2001 年 10 月至 2009 年 2 月
		副局长	2000 年 3 月至 2001 年 10 月
	郭光明	局长	2009 年 2 月至 2010 年 11 月
	谢剑	局长	2010 年 11 月至 2015 年 9 月
	丁力尧	局长	2015 年 9 月至 2018 年 7 月

续表 5-7

单位名称	姓名	职务	任职时间
省级税收征收分局（副处级） 1998 年 11 月至 2011 年 7 月 直属局（副处级） （大企业税收管理局） 2011 年 7 月至 2018 年 7 月	王佑典	副局长（列一）	2001 年 11 月至 2004 年 1 月
	陈伟民	副局长	2001 年 10 月至 2006 年 1 月
	高淑群	副局长	2004 年 1 月至 2018 年 7 月
	刘一军	副局长	2004 年 2 月至 2009 年 5 月
	李静	副局长	2009 年 5 月至 2011 年 8 月
	黄荣龙	副局长	2006 年 1 月至 2011 年 8 月
	李朝华	副局长	2011 年 8 月至 2018 年 7 月
	黄荣龙	省级税收征收分局检查科科长	2000 年 4 月至 2006 年 1 月
		省级税收征收分局综合科科长	1998 年 12 月至 2000 年 4 月
	李朝华	省级税收征收分局综合科科长	2006 年 2 月至 2009 年 5 月
	李跃华	省级税收征收分局综合科科长	2009 年 5 月至 2011 年 8 月
	文平	直属局综合业务科科长	2011 年 8 月至 2018 年 7 月
		省级税收征收分局征收二科科长	2006 年 1 月至 2011 年 8 月
		省级税收征收分局综合科科长	2001 年 10 月至 2006 年 1 月
	陈建军	省级税收征收分局征收检查科科长	1998 年 12 月至 2000 年 4 月
	田力军	省级税收征收分局系统管理科科长	2006 年 2 月至 2011 年 8 月
	刘建安	直属局管理检查科科长	2018 年 2 月至 2018 年 7 月
		直属局计划征收科科长	2011 年 8 月至 2018 年 2 月
		省级税收征收分局检查科科长	2006 年 1 月至 2011 年 8 月
		省级税收征收分局征收一科科长	2001 年 10 月至 2006 年 1 月
	赵建安	直属局办公室主任	2018 年 2 月至 2018 年 7 月
		直属局系统管理科科长	2011 年 8 月至 2018 年 2 月
		省级税收征收分局征收一科科长	2006 年 1 月至 2011 年 8 月
		省级税收征收分局征收二科科长	2001 年 10 月至 2006 年 1 月
	王庆尧	办公室主任	2011 年 8 月至 2018 年 2 月
	彭润	直属局管理检查科科长	2011 年 8 月至 2018 年 2 月
	王军	直属局计划征收科科长	2018 年 2 月至 2018 年 7 月
	李宁	直属局系统管理科科长	2018 年 2 月至 2018 年 7 月
税务稽查局 （税务违法案件举报中心） 1994 年 8 月至 2011 年 7 月 （正科级） 2011 年 7 月至 2018 年 7 月 （副处级）	蔡灵芝	局长	1994 年 11 月至 1999 年 1 月
	肖洁清	局长	1999 年 1 月至 2000 年 3 月
	胡焰高	局长	2000 年 3 月至 2009 年 5 月
	颜建宏	局长	2009 年 5 月至 2011 年 8 月
	丁力尧	局长	2011 年 7 月至 2015 年 9 月
	何学军	局长	2015 年 9 月至 2018 年 7 月
	黄荣龙	副局长	2011 年 8 月至 2018 年 7 月
	李静	副局长	2011 年 8 月至 2018 年 7 月
益阳市地方税务工会工作委员会 1995 年 10 月至 2018 年 7 月	宋力华	主任	1995 年 10 月至 2000 年 2 月

续表 5–7

单位名称	姓名	职务	任职时间
益阳市地方税务工会工作委员会 1995 年 10 月至 2018 年 7 月	高德润	主任	2000 年 1 月至 2001 年 1 月
	陈进田	主任	2001 年 10 月至 2008 年 10 月
	徐敬华	主任	2010 年 11 月至 2018 年 8 月
	陈慧丽	副主任	1995 年 10 月至 2001 年 4 月
	曾光明	副主任	2003 年 5 月至 2006 年 1 月
	曹再华	副主任	2003 年 5 月至 2006 年 1 月
	文合荣	副主任	2006 年 1 月至 2009 年 5 月
	陈玲	副主任	2009 年 7 月至 2011 年 8 月
机关工会 1994 年 10 月至 2018 年 7 月	陈慧丽	主席	1994 年 11 月至 2001 年 4 月
	曾光明	主席	2001 年 10 月至 2006 年 1 月
	文合荣	主席	2006 年 1 月至 2009 年 7 月
	陈玲	主席	2009 年 7 月至 2018 年 6 月
	刘芳	主席	2018 年 6 月至 2018 年 7 月

四、国家税务总局益阳市税务局机关和派出（直属）机构正科实职以上领导干部名录

国家税务总局益阳市税务局机关和派出（直属）机构正科实职以上领导干部名录一览表

表 5–8

单位名称	姓名	职务	任职时间
办公室 2018 年 7 月至 2022 年 12 月	李跃华	主任	2018 年 9 月至 2021 年 9 月
	李宁	副主任（正科长级）	2020 年 11 月至 2021 年 9 月
	陈波	（党委办公室）主任	2021 年 9 月起
法制科 2018 年 7 月至 2022 年 12 月	廖泰龙	科长	2018 年 8 月至 2021 年 9 月
	李宁	科长	2021 年 9 月起
货物和劳务科 2018 年 7 月至 2022 年 12 月	张建辉	科长	2018 年 9 月至 2020 年 11 月
	赵政	科长	2021 年 2 月起
所得税科 2018 年 7 月至 2022 年 12 月	李为民	科长	2018 年 9 月至 2020 年 11 月
	罗松柏	科长	2020 年 11 月起
财产和行为税科 2018 年 7 月至 2022 年 12 月	陈伟民	科长	2018 年 9 月至 2020 年 11 月
	周国兵	科长	2020 年 11 月至 2022 年 10 月
	宋壮波	副科长（正科长级）	2018 年 9 月至 2020 年 11 月
	唐艳	科长	2022 年 11 月起
社会保险费和非税收入科 2018 年 7 月至 2022 年 12 月	聂劲松	科长	2018 年 9 月至 2020 年 11 月
	肖芳志	科长	2020 年 11 月起
	杜兆平	副科长（副处级）	2018 年 9 月至 2019 年 2 月
纳税服务科 2018 年 7 月至 2022 年 12 月	雷萍	科长	2018 年 9 月至 2020 年 11 月
	宋壮波	科长	2020 年 11 月起
纳税服务中心（税收宣传中心） 2018 年 7 月至 2022 年 12 月	汤常青	主任	2018 年 9 月至 2022 年 10 月
	杨桂平	主任	2022 年 11 月起

续表 5–8

单位名称	姓名	职务	任职时间
征收管理科 2018 年 7 月至 2022 年 12 月	鄢跃武	科长	2018 年 9 月至 2020 年 11 月
	陈明霞	科长	2021 年 2 月起
收入核算和税收经济分析科 2018 年 7 月至 2022 年 12 月	蔡敏	科长	2018 年 9 月至 2020 年 11 月
	周权	科长	2020 年 11 月至 2021 年 8 月
	李立辉	科长	2021 年 9 月起
财务管理科 2018 年 7 月至 2022 年 12 月	龚学军	科长	2018 年 9 月至 2020 年 11 月
	朱玉清	科长	2020 年 11 月起
党委纪检组 2018 年 7 月至 2022 年 12 月	唐志康	副组长（正科长级，负责日常工作）	2018 年 9 月至 2020 年 11 月
	鄢跃武	副组长（正科长级，负责日常工作）	2020 年 11 月至 2021 年 8 月
	周权	副组长（正科长级，负责日常工作）	2021 年 8 月起
	何琳	副组长（正科长级）	2018 年 9 月至 2020 年 11 月
督察内审科 2018 年 7 月至 2022 年 12 月	夏胜阳	科长	2018 年 9 月至 2021 年 8 月
	李跃华	科长	2021 年 9 月至 2022 年 1 月
	柳志权	科长	2022 年 11 月起
	周权	副科长（正科长级）	2018 年 9 月至 2020 年 11 月
组织人事科 2018 年 7 月至 2022 年 12 月	胡闵	科长（兼）	2018 年 9 月至 2021 年 8 月
	彭润	科长	2021 年 8 月起
考核考评科 2018 年 7 月至 2022 年 12 月	刘志华	科长	2018 年 9 月至 2020 年 11 月
	雷萍	科长	2020 年 11 月起
教育科 2018 年 8 月至 2022 年 12 月	贺建华	科长	2018 年 9 月至 2020 年 11 月
	唐志康	科长	2020 年 11 月至 2021 年 8 月
	徐丹	科长	2021 年 9 月起
老干部科 2018 年 7 月至 2022 年 12 月	邱平	科长	2018 年 9 月至 2020 年 6 月
	胡绍元	副科长（正科长级）	2018 年 9 月至 2019 年 1 月
	孟春华	科长	2021 年 2 月起
系统党建工作科 2018 年 7 月至 2022 年 12 月	肖炜	科长	2018 年 9 月至 2020 年 11 月
	彭乐仁	科长	2020 年 11 月起
	李晓红	副科长（正科长级）	2018 年 9 月起
信息中心 2018 年 8 月至 2022 年 12 月	黄物华	主任（兼）	2018 年 9 月至 2020 年 11 月
	唐艳	主任	2021 年 2 月至 2022 年 11 月
	李敏	主任	2022 年 11 月起
机关服务中心 2018 年 8 月至 2022 年 12 月	莫卫平	主任（兼）	2018 年 9 月至 2020 年 11 月
	肖炜	主任（兼）	2020 年 11 月起

续表 5-8

单位名称	姓名	职务	任职时间
第一税务分局（重点税源企业税收服务和管理局）2018 年 8 月至 2022 年 12 月	丁力尧	局长（副处长级）	2018 年 9 月至 2021 年 1 月
	雷兰花	局长	2021 年 2 月起
	肖洁清	副局长（正科长级）	2018 年 9 月至 2019 年 2 月
	高淑群	副局长（正科长级）	2018 年 9 月至 2019 年 2 月
	蔡卫兵	副局长（正科长级）	2018 年 9 月至 2022 年 10 月
	夏秋良	副局长（正科长级）	2018 年 9 月至 2020 年 11 月
第二税务分局 2018 年 8 月至 2022 年 12 月	李定和	局长	2018 年 9 月至 2020 年 10 月
	刘正	局长（副处长级）	2020 年 11 月至 2020 年 12 月
	李朝华	局长	2020 年 12 月起
		副局长（正科长级）	2018 年 9 月至 2020 年 12 月
第三税务分局 2021 年 5 月至 2022 年 12 月（税收风险管理局）2018 年 9 月至 2021 年 5 月	姚普勋	局长	2018 年 9 月至 2020 年 11 月
	秦宾	局长	2020 年 11 月至 2021 年 8 月
		副局长（正科长级）	2018 年 9 月至 2020 年 11 月
	唐志康	局长	2021 年 8 月起
稽查局 2018 年 8 月至 2022 年 12 月	刘正	局长（副处长级）	2018 年 9 月至 2020 年 11 月
	何学军	局长（副处长级）	2020 年 11 月至 2021 年 8 月
	秦宾	局长	2021 年 8 月起
	黄荣龙	副局长（正科长级）	2018 年 9 月至 2021 年 6 月
	喻德坤	副局长（正科长级）	2018 年 9 月至 2020 年 11 月
	汤朝晖	副局长（正科长级）	2018 年 9 月至 2020 年 11 月
	龚亚杰	副局长（正科长级）	2018 年 9 月起
第一稽查局 2018 年 8 月至 2022 年 12 月	龚燕飞	局长	2018 年 9 月至 2020 年 11 月
	龙建新	局长	2020 年 11 月起
第二稽查局 2018 年 8 月至 2022 年 12 月	何学军	局长（副处长级）	2018 年 9 月至 2020 年 11 月
	汤朝晖	局长	2020 年 11 月起
	李静	副局长（正科长级）	2018 年 9 月至 2019 年 5 月
	周梦贤	副局长（正科长级）	2018 年 9 月至 2020 年 11 月
机关党委 2018 年 9 月至 2022 年 12 月	石洪波	书记（兼）	2018 年 9 月至 2020 年 9 月
	莫国云	书记（兼）	2020 年 12 月起
	周雷奕	专职副书记	2018 年 10 月至 2020 年 12 月
	袁晓艳	副书记	2018 年 10 月至 2021 年 1 月
	何琳	专职副书记	2020 年 12 月起

第四节　县市区税务机构班子成员名录

一、资阳区税务机构历任领导班子成员名录

资阳区税务机构历任领导班子成员名录一览表

表 5–9

单位名称	姓名	职务	任职时间
益阳市税务局 1990 年 1 月至 1994 年 7 月 益阳市税务局资阳税务分局 1994 年 7 月至 1994 年 9 月	谢芝光	党组书记、局长	1990 年 1 月至 1990 年 5 月
	李先董	党组书记、局长	1990 年 5 月至 1992 年 12 月
		党组成员、副局长	1990 年 1 月至 1990 年 5 月
	张新成	党组书记、局长	1992 年 12 月至 1994 年 9 月
		党组成员、副局长	1990 年 6 月至 1992 年 12 月
	陈韵清	党组成员、副局长	1990 年 1 月至 1992 年 12 月
	詹桂花	党组成员、副局长	1994 年 7 月至 1994 年 9 月
		党组成员、纪检组组长	1990 年 1 月至 1994 年 7 月
	周复春	党组成员、副局长	1992 年 1 月至 1994 年 9 月
	黎正华	党组成员、副局长	1992 年 12 月至 1994 年 9 月
	孟招华	党组成员、副局长	1992 年 12 月至 1994 年 9 月
	徐涤秋	党组成员、纪检组组长	1994 年 7 月至 1994 年 9 月
益阳市国家税务局一分局 1994 年 9 月至 2001 年 6 月 湖南省益阳市 国家税务局资阳分局 2001 年 6 月至 2004 年 3 月 益阳市资阳区国家税务局 2004 年 3 月至 2018 年 7 月	张新成	党总支书记、局长	1994 年 9 月至 1998 年 2 月
	邓宇峰	党总支书记、局长	1998 年 2 月至 2003 年 4 月
	刘科赛	党总支书记（党组书记）、局长	2003 年 4 月至 2009 年 10 月
	陈茂辉	党组书记、局长	2016 年 10 月至 2018 年 7 月
	周复春	党总支委员、副局长	1994 年 10 月至 1996 年 8 月
	詹桂花	党总支委员、副局长兼纪检组组长	1994 年 10 月至 2001 年 7 月
	孟招华	党总支委员、副局长	1998 年 2 月至 2001 年 7 月
	吴敬生	党总支委员、副局长	1994 年 10 月至 1994 年 12 月
	李沪庆	党总支委员、副局长	1994 年 12 月至 1998 年 2 月
	夏焰民	党总支委员、副局长	1997 年 9 月至 2001 年 7 月
	陈国良	党组成员、副局长	2016 年 10 月至 2018 年 7 月
		党组成员、副局长（主持工作）	2016 年 8 月至 2016 年 10 月
		党总支委员（党组成员）、副局长	2001 年 6 月至 2016 年 8 月
	崔青	党总支委员、副局长	2001 年 6 月至 2004 年 3 月
	张必书	党总支委员、副局长	2001 年 6 月至 2003 年 12 月
	刘世清	党总支委员、副局长	2001 年 12 月至 2006 年 7 月
	盛小念	党总支委员（党组成员）、副局长	2004 年 3 月至 2018 年 6 月
	项智洪	党总支委员（党组成员）、副局长	2006 年 2 月至 2009 年 9 月

续表 5-9

单位名称	姓名	职务	任职时间
益阳市国家税务局一分局 1994 年 9 月至 2001 年 6 月 湖南省益阳市 国家税务局资阳分局 2001 年 6 月至 2004 年 3 月 益阳市资阳区国家税务局 2004 年 3 月至 2018 年 7 月	臧智凡	党组成员、副局长兼纪检组组长	2010 年 1 月至 2013 年 4 月
		党总支委员（党组成员）、副局长	2007 年 5 月至 2018 年 7 月
	李晓余	党组成员、副局长	2009 年 10 月至 2010 年 2 月
	杨敏	党组成员、副局长	2010 年 1 月至 2013 年 4 月
	王界华	党组成员、副局长兼纪检组组长	2013 年 4 月至 2017 年 8 月
	蔡敏	党组成员、副局长	2013 年 5 月至 2015 年 5 月
	雷最丰	党组成员、副局长	2017 年 8 月至 2018 年 7 月
益阳市地方税务局资阳分局 1994 年 9 月至 1998 年 2 月 益阳市资阳区地方税务局 1998 年 2 月至 2018 年 7 月	黎正华	党组书记、局长	1994 年 10 月至 2001 年 4 月
	龚学军	党组书记、局长	2001 年 4 月至 2006 年 1 月
	陈伟民	党组书记、局长	2006 年 1 月至 2011 年 8 月
	刘一军	党组书记、局长	2011 年 8 月至 2018 年 1 月
	周国兵	党组书记、局长	2018 年 1 月至 2018 年 7 月
	刘文钦	党组成员、副局长	1994 年 10 月至 2001 年 4 月
	舒宗尧	党组成员、副局长兼纪检组组长	1998 年 2 月至 2001 年 4 月
		党组成员、副局长	1994 年 9 月至 1998 年 2 月
	陈德凡	党组成员、副局长	1994 年 9 月至 2006 年 3 月
	王佑典	党组副书记、副局长（正处级）	1999 年 3 月至 2001 年 10 月
	缪建华	党组成员、副局长	2001 年 4 月至 2018 年 7 月
	姚定坤	党组成员、副局长	2018 年 3 月至 2018 年 7 月
		党组成员、副局长兼纪检组组长	2006 年 3 月至 2018 年 3 月
		党组成员、副局长	2001 年 10 月至 2006 年 3 月
		副局长	2001 年 4 月至 2001 年 10 月
	张远征	党组成员、副局长	2006 年 3 月至 2011 年 8 月
	贺铁辉	党组成员、副局长	2011 年 8 月至 2018 年 7 月
	晏激扬	党组成员、副局长	2011 年 8 月至 2018 年 7 月
	张欣	党组成员、纪检组组长（挂职）	2018 年 3 月至 2018 年 7 月
国家税务总局益阳市 资阳区税务局 2018 年 7 月至 2022 年 12 月	陈茂辉	党委书记、局长	2018 年 10 月至 2021 年 8 月
		联合党委书记、局长（正科级）	2018 年 7 月至 2018 年 10 月
	夏胜阳	党委书记、局长	2021 年 8 月起
		党委副书记、副局长（正科级）	2020 年 11 月至 2021 年 8 月
	周国兵	党委副书记、副局长（正科级）	2018 年 10 月至 2020 年 11 月
		联合党委副书记、副局长（正科级）	2018 年 7 月至 2018 年 10 月
	贺铁辉	党委委员、副局长	2018 年 10 月至 2018 年 12 月
		联合党委委员、副局长	2018 年 7 月至 2018 年 10 月
	雷最丰	党委委员、副局长	2018 年 10 月至 2020 年 12 月
		联合党委委员、副局长	2018 年 7 月至 2018 年 10 月
	缪建华	党委委员、副局长	2018 年 10 月至 2020 年 12 月
		联合党委委员、副局长	2018 年 7 月至 2018 年 10 月

续表 5-9

单位名称	姓名	职务	任职时间
国家税务总局益阳市资阳区税务局 2018 年 7 月至 2022 年 12 月	姚定坤	党委委员、副局长	2018 年 10 月至 2020 年 9 月
		联合党委委员、副局长	2018 年 7 月至 2018 年 10 月
	陈国良	党委委员、副局长	2018 年 10 月至 2020 年 12 月
		联合党委委员、副局长	2018 年 7 月至 2018 年 10 月
	晏激扬	党委委员、副局长	2018 年 10 月至 2021 年 9 月
		联合党委委员、副局长	2018 年 7 月至 2018 年 10 月
	张欣	党委委员、副局长	2020 年 12 月起
		党委委员、纪检组组长	2018 年 10 月至 2020 年 12 月
		联合党委委员、纪检组组长	2018 年 7 月至 2018 年 10 月
	臧智凡	党委委员、副局长	2018 年 10 月起
		联合党委委员、副局长	2018 年 7 月至 2018 年 10 月
	刘笑丰	党委委员、纪检组组长	2020 年 12 月起
	邹剑	党委委员、副局长	2021 年 4 月起
	林耿	党委委员、副局长	2021 年 7 月起
	戴启元	党委委员、副局长	2022 年 8 月至 2022 年 11 月

二、高新技术产业开发区税务机构历任领导班子成员名录

高新技术产业开发区税务机构历任领导班子成员名录一览表

表 5-10

单位名称	姓名	职务	任职时间
益阳市税务局朝阳税务分局 1994 年 7 月至 1994 年 9 月	甘志中	党组书记、局长	1994 年 7 月至 1994 年 10 月
	孟招华	党组成员、副局长	1994 年 7 月至 1994 年 10 月
	夏焰明	党组成员、副局长	1994 年 7 月至 1994 年 10 月
益阳市国家税务局二分局 1994 年 9 月至 2001 年 6 月 益阳市国家税务局朝阳分局 2001 年 6 月至 2004 年 3 月 益阳市朝阳开发区国家税务局 2004 年 3 月至 2005 年 4 月 益阳高新技术产业开发区国家税务局 2005 年 4 月至 2018 年 7 月	王兆辉	党总支书记	1996 年 1 月至 1996 年 4 月
		党总支书记、局长	1994 年 10 月至 1996 年 1 月
	汪清波	党总支书记	1996 年 4 月至 1996 年 9 月
		党总支书记、局长	1996 年 4 月至 1996 年 8 月
		党总支委员、局长	1996 年 1 月至 1996 年 4 月
		党总支委员、副局长	1994 年 10 月至 1996 年 1 月
	邓宇峰	党总支书记、局长	1996 年 9 月至 1998 年 2 月
		局长	1996 年 8 月至 1996 年 9 月
	黄物华	党总支书记（党组书记）局长	1998 年 2 月至 2009 年 10 月
	喻德坤	党组书记、局长	2009 年 10 月至 2016 年 10 月
	罗安林	党组书记、局长	2016 年 10 月至 2018 年 7 月
	孟招华	副局长兼纪检组组长	1995 年 5 月至 1998 年 2 月
		党总支委员、副局长	1994 年 10 月至 1995 年 5 月
	夏焰明	党总支委员、副局长	1994 年 10 月至 1994 年 12 月
	吴敬生	党总支委员、副局长	1994 年 12 月至 1998 年 7 月
	谌燕云	党总支委员、副局长	1995 年 2 月至 1998 年 2 月
	刘志华	党总支委员、副局长	1996 年 1 月至 1999 年 5 月

续表 5–10

单位名称	姓名	职务	任职时间
益阳市国家税务局二分局 1994 年 9 月至 2001 年 6 月 益阳市国家税务局朝阳分局 2001 年 6 月至 2004 年 3 月 益阳市朝阳开发区国家税务局 2004 年 3 月至 2005 年 4 月 益阳高新技术产业开发区 国家税务局 2005 年 4 月至 2018 年 7 月	谢玉兰	党总支委员、副局长	1998 年 2 月至 2001 年 7 月
	李沪庆	党总支委员、副局长	1998 年 2 月至 2018 年 7 月
	雷最丰	党组成员、副局长兼纪检组组长	2017 年 4 月至 2017 年 8 月
		党总支委员（党组成员）、副局长	1999 年 5 月至 2017 年 4 月
	程果田	党总支部副书记、副局长	2001 年 7 月至 2005 年 3 月
	贾忠连	党总支委员（党组成员）、副局长	2002 年 10 月至 2009 年 10 月
	崔青	党总支委员（党组成员）、副局长	2004 年 3 月至 2017 年 12 月
	吴湘丰	党总支委员（党组成员）、副局长（列一）	2006 年 6 月至 2008 年 2 月
	陈凌	党组成员、副局长	2017 年 4 月至 2018 年 7 月
		党组成员、副局长兼纪检组组长	2008 年 2 月至 2017 年 4 月
	周志强	党组成员、副局长	2011 年 12 月至 2018 年 7 月
	高志强	党组成员、纪检组组长	2017 年 8 月至 2018 年 7 月
益阳市地方税务局朝阳分局 1994 年 9 月至 2006 年 10 月 益阳高新技术产业开发区 地方税务局 2006 年 10 月至 2018 年 7 月 （2018 年 2 月升格副处级）	甘志中	党组书记、局长	1994 年 10 月至 1994 年 11 月
	杜兆平	党组书记、局长	1994 年 11 月至 1998 年 2 月
	赖光辉	党组书记、局长	1998 年 2 月至 1999 年 1 月
		局长	1998 年 1 月至 1998 年 1 月
	胡焰高	党组书记、局长	1999 年 1 月至 2000 年 3 月
	严奉友	党组书记、局长	2000 年 3 月至 2003 年 4 月
	陈雁鸿	党组书记、局长	2003 年 4 月至 2006 年 1 月
	聂劲松	党组书记、局长	2006 年 1 月至 2017 年 11 月
	颜建宏	党组书记、局长	2017 年 11 月至 2018 年 7 月
	陈照林	党组成员、副局长	1994 年 10 月至 1996 年 2 月
	陈斌	党组成员、副局长	1994 年 10 月至 2001 年 11 月
	徐涤秋	党组成员、副局长	1994 年 10 月至 1996 年 2 月
	曾小燕	党组成员、副局长	1999 年 1 月至 2010 年 12 月
		党组成员、副局长	1997 年 9 月至 1998 年 2 月
		党组成员、纪检组组长	1996 年 2 月至 1997 年 9 月
	胡辉红	党组成员、副局长	1996 年 2 月至 1997 年 9 月
	胡放明	党组成员、副局长、纪检组组长	1999 年 1 月至 2001 年 11 月
		党组成员、纪检组组长	1998 年 2 月至 1999 年 1 月
	刘一军	党组成员、副局长	2001 年 11 月至 2004 年 2 月
	蔡翔	党组成员、副局长	2004 年 2 月至 2018 年 7 月
	孙志学	党组成员、副局长	2011 年 9 月至 2018 年 3 月
		党组成员、副局长、纪检组组长	2006 年 3 月至 2011 年 9 月
		党组成员、纪检组组长	2001 年 11 月至 2006 年 3 月
	邹苏萍	党组成员、纪检组组长	2011 年 9 月至 2018 年 3 月
	胡必佳	党组成员、副局长	2011 年 9 月至 2018 年 7 月
	彭乐仁	党组成员、副局长	2018 年 2 月至 2018 年 7 月
	田力军	党组成员、纪检组组长	2018 年 2 月至 2018 年 7 月

续表 5-10

单位名称	姓名	职务	任职时间
国家税务总局益阳高新技术产业开发区税务局 2018 年 7 月至 2022 年 12 月	颜建宏	党委书记、局长（副处长级）	2018 年 10 月至 2021 年 4 月
		联合党委书记、局长（副处长级）	2018 年 7 月至 2018 年 10 月
	何学军	负责人（副处长级）	2021 年 9 月起
	罗安林	党委副书记、副局长（正科长级）	2018 年 10 月至 2020 年 11 月
		联合党委副书记、副局长（正科长级）	2018 年 7 月至 2018 年 10 月
	刘平南	党委副书记、副局长（正科长级）	2020 年 11 月起
	田力军	党委委员、纪检组组长（正科长级）	2018 年 10 月至 2020 年 11 月
		联合党委委员、纪检组组长（正科长级）	2018 年 7 月至 2018 年 10 月
	蔡翔	党委委员、副局长（正科长级）	2018 年 10 月起
		联合党委委员、副局长（正科长级）	2018 年 7 月至 2018 年 10 月
	胡必佳	党委委员、副局长（正科长级）	2018 年 10 月至 2021 年 5 月
		联合党委委员、副局长（正科长级）	2018 年 7 月至 2018 年 10 月
	彭乐仁	党委委员、副局长（正科长级）	2018 年 10 月至 2020 年 11 月
		联合党委委员、副局长（正科长级）	2018 年 7 月至 2018 年 10 月
	李沪庆	党委委员、副局长（副科长级）	2018 年 10 月至 2020 年 12 月
		联合党委委员、副局长（副科长级）	2018 年 7 月至 2018 年 10 月
	周志强	党委委员、副局长（副科长级）	2018 年 10 月起
		联合党委委员、副局长（副科长级）	2018 年 7 月至 2018 年 10 月
	高志强	党委委员、副局长（副科长级）	2018 年 10 月至 2022 年 8 月
		联合党委委员、副局长（副科长级）	2018 年 7 月至 2018 年 10 月
	陈凌	党委委员、纪检组组长	2020 年 12 月起
		党委委员、副局长（副科长级）	2018 年 10 月至 2020 年 12 月
		联合党委委员、副局长（副科长级）	2018 年 7 月至 2018 年 10 月
	唐艳	党委委员、副局长（正科长级）	2021 年 1 月至 2022 年 11 月
	戴启元	党委委员、纪检组组长	2022 年 11 月起

三、赫山区税务机构历任领导班子成员名录

赫山区税务机构历任领导班子成员名录一览表

表 5-11

单位名称	姓名	职务	任职时间
益阳县税务局 1990 年 1 月至 1994 年 7 月 益阳市税务局 赫山税务分局 1994 年 7 月至 1994 年 9 月	李森庄	党组书记、局长	1990 年 1 月至 1992 年 11 月
	黎谷盈	党组书记、局长	1992 年 11 月至 1994 年 9 月
		党组成员、副局长（正科级）	1990 年 3 月至 1992 年 11 月
	杜兆平	党组成员、副局长	1990 年 11 月至 1993 年 11 月
	胡顺昌	党组成员、副局长（副处级）	1992 年 9 月至 1994 年 9 月
	钟文斌	党组成员、副局长	1992 年 11 月至 1994 年 9 月
	钟润保	党组成员、副局长	1992 年 11 月至 1994 年 9 月

续表 5–11

单位名称	姓名	职务	任职时间
益阳市国家税务局三分局 1994 年 9 月至 2001 年 6 月 湖南省益阳市 国家税务局赫山分局 2001 年 6 月至 2004 年 3 月 益阳市赫山区国家税务局 2004 年 3 月至 2018 年 7 月	黎谷盈	党总支书记、局长	1994 年 10 月至 1995 年 1 月
	钟润保	党总支书记	1996 年 1 月至 1996 年 4 月
		党总支书记、局长	1995 年 1 月至 1996 年 1 月
		总支委员、副局长	1994 年 10 月至 1994 年 12 月
	李晖	党总支书记、局长	1996 年 4 月至 2000 年 6 月
		党总支委员、局长	1996 年 1 月至 1996 年 4 月
		党总支委员、副局长	1994 年 12 月至 1996 年 1 月
	周复春	党总支书记、局长	2000 年 6 月至 2001 年 6 月
	杨佳民	党总支书记、局长	2001 年 6 月至 2003 年 4 月
	邓宇峰	党总支（党组）书记、局长	2003 年 4 月至 2010 年 7 月
	周梦贤	党组书记、局长	2010 年 7 月至 2014 年 3 月
	龙建新	党组书记、局长	2014 年 3 月至 2018 年 7 月
	陈训阶	党总支委员、副局长	1994 年 10 月至 1995 年 5 月
	谭吉松	党总支委员（副书记）、副局长	1994 年 10 月至 1999 年 3 月
	谢玉兰	党总支委员、副局长、纪检组组长	1995 年 5 月至 1998 年 2 月
	陈占明	党总支委员、副局长	1995 年 5 月至 1998 年 10 月
	姚普勋	党总支委员、副局长	1996 年 1 月至 2000 年 6 月
	谌燕云	党总支委员、副局长	1998 年 2 月至 2001 年 6 月
	李泽群	党总支委员、副局长	1999 年 3 月至 2012 年 12 月
	龚燕飞	党总支委员、副局长	1999 年 3 月至 2001 年 6 月
	曾智佳	党总支委员、副局长	2000 年 6 月至 2001 年 11 月
	张岱军	党组成员、副局长	2017 年 8 月至 2018 年 7 月
		党组成员、副局长兼纪检组组长	2013 年 9 月至 2017 年 8 月
		党组成员、副局长	2008 年 1 月至 2013 年 9 月
		党总支委员、副局长	2001 年 7 月至 2008 年 1 月
	贺建华	党总支委员、副局长	2001 年 12 月至 2005 年 5 月
	高志强	党总支委员（党组成员）、副局长	2002 年 6 月至 2017 年 8 月
	彭志扬	党总支委员、副局长	2004 年 7 月至 2005 年 7 月
	孙东山	党总支委员（党组成员）、副局长	2005 年 3 月至 2018 年 7 月
	刘世清	党组成员、副局长	2013 年 9 月至 2018 年 7 月
		党组成员、副局长兼纪检组组长	2010 年 1 月至 2013 年 9 月
		党总支委员（党组成员）、副局长	2006 年 7 月至 2010 年 1 月
	贺建军	党组成员、副局长	2013 年 1 月至 2018 年 7 月
	王界华	党组成员、纪检组组长	2017 年 8 月至 2018 年 7 月

续表 5-11

单位名称	姓名	职务	任职时间
益阳市地方税务赫山税务分局 1994 年 9 月至 1998 年 2 月 益阳市赫山区地方税务局 1998 年 2 月至 2018 年 7 月	钟文斌	党组书记、局长	1994 年 10 月至 1999 年 1 月
	赖光辉	党组书记、局长	1999 年 1 月至 2001 年 11 月
	张友良	党组书记、局长	2001 年 11 月至 2007 年 2 月
	颜建宏	党组书记、局长	2007 年 2 月至 2009 年 5 月
	肖志芳	党组书记、局长	2009 年 5 月至 2011 年 1 月
	冷世平	党组书记、局长	2011 年 1 月至 2018 年 1 月
	刘一军	党组书记、局长	2018 年 1 月至 2018 年 7 月
	胡乐群	党组成员、副局长	1994 年 10 月至 1996 年 2 月
	李忠孝	党组成员、副局长	1994 年 10 月至 1998 年 2 月
	胡可大	党组成员、副局长兼纪检组组长	1998 年 2 月至 2001 年 11 月
		党组成员、副局长	1994 年 10 月至 1998 年 2 月
	龚学军	党组成员、副局长	1996 年 2 月至 2001 年 4 月
	傅国安	党组成员、副局长	1998 年 2 月至 2003 年 4 月
		党组成员、纪检组组长	1997 年 2 月至 1998 年 2 月
	曾小燕	党组成员、副局长	1998 年 2 月至 1999 年 1 月
	龚星星	党组成员、副局长	1999 年 1 月至 2011 年 8 月
	贺铁辉	党组成员、副局长兼纪检组组长	2001 年 11 月至 2011 年 8 月
		党组成员、副局长	1999 年 1 月至 2001 年 11 月
	蔡翔	党组成员、副局长	2001 年 11 月至 2004 年 2 月
	周雷奕	党组成员、副局长	2003 年 4 月至 2009 年 5 月
	李学锋	党组成员、副局长	2004 年 2 月至 2018 年 7 月
	彭泽宇	党组成员、副局长	2011 年 8 月至 2018 年 7 月
	张远征	党组成员、副局长	2011 年 8 月至 2018 年 7 月
	黄臻	党组成员、纪检组组长（挂职）	2018 年 3 月至 2018 年 7 月
	徐立辉	党组成员、副局长	2018 年 3 月至 2018 年 7 月
		党组成员、纪检组组长	2011 年 9 月至 2018 年 3 月
国家税务总局 益阳市赫山区税务局 2018 年 7 月至 2022 年 12 月	龙建新	党委书记、局长（正科长级）	2018 年 10 月至 2020 年 11 月
		联合党委书记、局长（正科长级）	2018 年 7 月至 2018 年 10 月
	周曙光	党委书记、局长（正科长级）	2020 年 11 月至 2022 年 1 月
	王凯波	党委书记、局长（正科长级）	2022 年 1 月起
	刘一军	党委副书记、副局长（正科长级）	2018 年 10 月至 2020 年 11 月
		联合党委副书记、副局长（正科长级）	2018 年 7 月至 2018 年 10 月
	刘世清	党委委员、副局长	2018 年 10 月至 2020 年 12 月
		联合党委委员、副局长	2018 年 7 月至 2018 年 10 月
	张岱军	党委委员、副局长	2018 年 10 月起
		联合党委委员、副局长	2018 年 7 月至 2018 年 10 月
	李学锋	党委委员、副局长	2018 年 10 月至 2020 年 12 月
		联合党委委员、副局长	2018 年 7 月至 2018 年 10 月

续表 5-11

单位名称	姓名	职务	任职时间
国家税务总局益阳市赫山区税务局2018年7月至2022年12月	彭泽宇	党委委员、副局长	2018年10月至2020年12月
		联合党委委员、副局长	2018年7月至2018年10月
	张远征	党委委员、副局长	2018年10月至2018年11月
		联合党委委员、副局长	2018年7月至2018年10月
	孙东山	党委委员、副局长	2018年10月起
		联合党委委员、副局长	2018年7月至2018年10月
	黄臻	党委委员、副局长	2018年10月起
		联合党委委员、副局长	2018年7月至2018年10月
	徐立辉	党委委员、副局长	2018年10月起
		联合党委委员、副局长	2018年7月至2018年10月
	王界华	党委委员、纪检组组长	2018年10月起
		联合党委委员、纪检组组长	2018年7月至2018年10月
	晏鹤高	党委委员、副局长	2021年4月起
	刘芳	党委委员、副局长（挂职）	2021年7月起

四、大通湖区税务机构历任领导班子成员名录

大通湖区税务机构历任领导班子成员名录一览表

表 5-12

单位名称	姓名	职务	任职时间
益阳地区税务局农垦分局1990年1月至1994年7月益阳市税务局农垦分局1994年7月至1994年9月	潘定祥	党组书记、局长	1990年1月至1994年9月
	刘希贤	党组成员、副局长	1990年1月至1994年9月
	梁长贵	党组成员、副局长	1992年7月至1994年9月
		党组成员、副局长兼纪检组组长	1992年6月至1992年7月
	杜建辉	党组成员、纪检组组长	1992年7月至1994年9月
益阳市国家税务局四分局1994年9月至2001年6月益阳市国家税务局大通湖分局2001年6月至2004年3月益阳市大通湖区国家税务局2004年3月至2018年7月	潘定祥	党总支书记、局长	1994年10月至1995年5月
	黄物华	党总支书记、局长	1995年8月至1998年2月
		党总支委员、副局长（主持工作）	1995年5月至1995年8月
	黄培安	党总支书记、局长	1998年2月至2001年6月
	龚燕飞	党总支书记、局长	2001年6月至2005年3月
	喻德坤	党总支书记（党组书记）、局长	2005年3月至2009年10月
	唐志康	党组书记、局长	2009年10月至2017年8月
	王凯波	党组书记、局长	2017年8月至2018年7月
	周正威	党总支副书记、副局长	1994年10月至2004年9月
	梁长贵	党总支委员、纪检组组长	1995年5月至1998年2月
		党总支委员、副局长	1994年10月至1995年5月
	侯明亮	党总支委员、副局长	1998年3月至2001年6月

续表 5-12

单位名称	姓名	职务	任职时间
益阳市国家税务局四分局 1994 年 9 月至 2001 年 6 月 益阳市国家税务局大通湖分局 2001 年 6 月至 2004 年 3 月 益阳市大通湖区国家税务局 2004 年 3 月至 2018 年 7 月	程果田	党总支委员、副局长（正科级）	1999 年 11 月至 2001 年 7 月
	杨首清	党总支委员、副局长	2001 年 7 月至 2004 年 3 月
	胡文胜	党总支委员（党组成员）、副局长	2001 年 7 月至 2018 年 7 月
	黄沙沙	党总支委员、副局长	2004 年 3 月至 2006 年 2 月
	吴建坤	党总支委员（党组成员）、副局长	2005 年 5 月至 2018 年 7 月
	龚亚杰	党总支委员（党组成员）、副局长	2007 年 5 月至 2009 年 10 月
	万新飞	党组成员、副局长	2010 年 8 月至 2018 年 7 月
		党组成员、副局长兼纪检组组长	2010 年 2 月至 2010 年 8 月
		党总支委员（党组成员）、副局长	2007 年 5 月至 2010 年 2 月
	李仲	党组成员、纪检组组长	2010 年 8 月至 2018 年 7 月
益阳市地方税务局农垦分局 1994 年 9 月至 1998 年 2 月 益阳市大通湖区地方税务局 1998 年 2 月至 2018 年 7 月	杜建辉	党组书记、局长	1994 年 10 月至 2000 年 6 月
	高淑群	党组书记、局长	2000 年 6 月至 2003 年 11 月
		党组成员、副局长	1995 年 7 月至 2000 年 6 月
	严奉友	党组书记、局长	2003 年 11 月至 2006 年 8 月
	罗松柏	党组书记、局长	2006 年 8 月至 2009 年 5 月
		党组成员、副局长	1996 年 6 月至 2006 年 8 月
	刘一军	党组书记、局长	2009 年 5 月至 2011 年 8 月
	周国兵	党组书记、局长	2011 年 8 月至 2018 年 1 月
		党组成员、副局长	2000 年 6 月至 2011 年 8 月
	王庆尧	党组书记、局长	2018 年 2 月至 2018 年 7 月
	刘希贤	党组成员、副局长	1994 年 10 月至 1996 年 6 月
	龚德坤	党组成员、副局长	1994 年 10 月至 1995 年 7 月
	成大春	党组成员、副局长	2003 年 5 月至 2006 年 3 月
	祝成辉	党组成员、副局长	2011 年 9 月至 2018 年 7 月
		党组成员、纪检组组长	2006 年 4 月至 2011 年 9 月
	陈建新	党组成员、副局长	2018 年 3 月至 2018 年 7 月
		党组成员、纪检组组长	2011 年 9 月至 2018 年 3 月
	张欣	党组成员、副局长	2011 年 8 月至 2018 年 3 月
	陈彬	党组成员、纪检组组长	2018 年 3 月至 2018 年 7 月
国家税务总局益阳市 大通湖区税务局 2018 年 7 月至 2022 年 12 月	王庆尧	党委书记、局长	2018 年 10 月至 2020 年 11 月
		联合党委书记、局长	2018 年 7 月至 2018 年 10 月
	王凯波	党委副书记、副局长（正科长级）	2018 年 10 月至 2020 年 11 月
		联合党委副书记、副局长（正科长级）	2018 年 7 月至 2018 年 10 月
	蔡敏	党委书记、局长	2020 年 11 月起
	胡文胜	党委委员、副局长	2018 年 10 月起
		联合党委委员、副局长	2018 年 7 月至 2018 年 10 月
	吴建坤	党委委员、副局长	2018 年 10 月至 2020 年 12 月
		联合党委委员、副局长	2018 年 7 月至 2018 年 10 月

续表 5–12

单位名称	姓名	职务	任职时间
国家税务总局益阳市大通湖区税务局 2018 年 7 月至 2022 年 12 月	祝成辉	党委委员、副局长	2018 年 10 月至 2020 年 12 月
		联合党委委员、副局长	2018 年 7 月至 2018 年 10 月
	万新飞	党委委员、副局长	2018 年 10 月至 2022 年 8 月
		联合党委委员、副局长	2018 年 7 月至 2018 年 10 月
	李仲	党委委员、副局长	2018 年 10 月至 2021 年 7 月
		联合党委委员、副局长	2018 年 7 月至 2018 年 10 月
	陈建新	党委委员、副局长	2018 年 10 月至 2021 年 4 月
		联合党委委员、副局长	2018 年 7 月至 2018 年 10 月
	陈彬	党委委员、副局长	2021 年 7 月起
		党委委员、纪检组组长	2018 年 10 月至 2021 年 7 月
		联合党委委员、纪检组组长	2018 年 7 月至 2018 年 10 月
	彭程	党委委员、纪检组组长	2021 年 7 月起
	严红球	党委委员、副局长	2022 年 8 月起

五、南县税务机构历任领导班子成员名录

南县税务机构历任领导班子成员名录一览表

表 5–13

单位名称	姓名	职务	任职时间
南县税务局 1990 年 1 月至 1994 年 9 月	彭忠阳	党组书记、局长	1990 年 1 月至 1992 年 5 月
	彭怀德	党组书记、局长	1992 年 6 月至 1994 年 9 月
	胡焰高	党组成员、副局长	1992 年 6 月至 1994 年 9 月
	曾国华	党组成员、副局长	1992 年 6 月至 1994 年 9 月
	杜建辉	党组成员、纪检组组长	1990 年 1 月至 1990 年 9 月
	薛文奇	党组成员、纪检组组长	1990 年 9 月至 1995 年 12 月
	陶岚平	党组成员、副局长	1992 年 9 月至 1994 年 9 月
南县国家税务局 1994 年 9 月至 2018 年 7 月	彭怀德	党组书记、局长	1994 年 10 月至 1996 年 1 月
	陶岚平	党组书记、局长	1996 年 1 月至 2002 年 7 月
		党组成员、副局长、纪检组组长	1994 年 10 月至 1996 年 1 月
	李定和	党组书记、局长	2002 年 7 月至 2005 年 12 月
	龙建新	党组书记、局长	2005 年 12 月至 2010 年 7 月
	刘正	党组书记、局长	2010 年 7 月至 2014 年 6 月
	陈茂辉	党组书记、局长	2014 年 7 月至 2016 年 10 月
	金志雄	党组书记、局长	2016 年 10 月至 2018 年 7 月
	曾国华	党组成员、副局长	1994 年 10 月至 1998 年 2 月
	程果田	党组成员、副局长	1994 年 12 月至 1999 年 11 月
	唐正凯	党组成员、副局长、纪检组组长	1996 年 1 月至 2004 年 2 月

续表 5-13

单位名称	姓名	职务	任职时间
南县国家税务局 1994 年 9 月至 2018 年 7 月	邓辉	党组成员、副局长	1999 年 12 月至 2006 年 5 月
	杨首清	党组成员、副局长	2004 年 3 月至 2018 年 7 月
	周志强	党组成员、副局长	2003 年 4 月至 2005 年 3 月
	刘学华	党组成员、副局长兼纪检组组长	2006 年 2 月至 2009 年 10 月
		党组成员、副局长	2004 年 3 月至 2006 年 2 月
	项智洪	党组成员、纪检组组长	2004 年 3 月至 2006 年 2 月
	黄沙沙	党组成员、副局长	2006 年 2 月至 2011 年 11 月
	贺志峰	党组成员、副局长	2000 年 5 月至 2004 年 4 月
	谭志军	党组成员、副局长	2006 年 5 月至 2008 年 2 月
	柳志权	党组成员、副局长	2008 年 2 月至 2009 年 1 月
	朝罡	党组成员、副局长	2012 年 6 月至 2018 年 10 月
		党组成员、纪检组组长	2009 年 10 月至 2012 年 6 月
	严红球	党组成员、副局长	2012 年 7 月至 2018 年 10 月
	陈定国	党组成员、纪检组组长	2012 年 8 月至 2013 年 3 月
	饶波	党组成员、纪检组组长	2013 年 3 月至 2018 年 10 月
南县地方税务局 1994 年 9 月至 2018 年 7 月	胡焰高	党组书记、局长	1994 年 10 月至 1999 年 1 月
		局长	1994 年 9 月至 1994 年 10 月
	冷世平	党组书记、局长	1999 年 1 月至 2004 年 2 月
		党组成员、副局长	1994 年 10 月至 1999 年 1 月
	肖洁清	党组书记、局长	2004 年 2 月至 2008 年 6 月
	何学军	党组书记、局长	2008 年 6 月至 2011 年 8 月
	周雷奕	党组书记、局长	2011 年 8 月至 2014 年 5 月
	夏秋良	党组书记、局长	2014 年 5 月至 2018 年 1 月
		党组成员、副局长	1999 年 1 月至 2008 年 6 月
	彭润	党组书记、局长	2018 年 1 月至 2018 年 10 月
		党组成员、副局长	2008 年 6 月至 2011 年 8 月
	张柏海	党组成员、副局长	1994 年 10 月至 2001 年 11 月
	陈家富	党组成员、副局长	1994 年 10 月至 2001 年 11 月
	陈博林	党组成员、副局长	2001 年 11 月至 2010 年 12 月
	尹志新	党组成员、副局长	2011 年 9 月至 2018 年 10 月
		党组成员、副局长、纪检组组长	2006 年 3 月至 2011 年 9 月
		党组成员、纪检组组长	2001 年 11 月至 2006 年 3 月
	陈博林	党组成员、副局长	2001 年 11 月至 2010 年 12 月
	焦旭	党组成员、副局长	2011 年 9 月至 2018 年 10 月
	曾卫娥	党组成员、纪检组组长	2011 年 9 月至 2018 年 3 月
	周权	党组成员、副局长	2011 年 9 月至 2018 年 2 月
	孟小平	党组成员、副局长	2018 年 3 月至 2018 年 10 月
	王宁平	党组成员、纪检组组长	2018 年 3 月至 2018 年 10 月

续表 5-13

单位名称	姓名	职务	任职时间
国家税务总局南县税务局 2018 年 7 月至 2022 年 12 月	金志雄	党委书记、局长	2018 年 10 月至 2020 年 11 月
	王庆尧	党委书记、局长	2020 年 11 月起
	彭润	党委副书记、副局长（正科长级）	2018 年 10 月至 2020 年 11 月
	杨首清	党委委员、副局长	2018 年 10 月至 2020 年 12 月
	尹志新	党委委员、副局长	2018 年 10 月至 2020 年 12 月
	刘学华	党委委员、副局长	2018 年 10 月至 2021 年 4 月
	朝罡	党委委员、副局长	2018 年 10 月起
	焦旭	党委委员、副局长	2018 年 10 月至 2020 年 12 月
	严红球	党委委员、副局长	2018 年 10 月至 2022 年 8 月
	饶波	党委委员、副局长	2018 年 10 月起
	孟小平	党委委员、副局长	2018 年 10 月起
	王宁平	党委委员、纪检组组长	2018 年 10 月起
	方刚	党委委员、副局长（挂职）	2021 年 10 月起
	万新飞	副局长	2022 年 8 月起

六、沅江市税务机构历任领导班子成员名录

沅江市税务机构历任领导班子成员名录一览表

表 5-14

单位名称	姓名	职务	任职时间
沅江市税务局 1990 年 1 月至 1994 年 9 月	甘志中	党组书记、局长	1990 年 1 月至 1990 年 12 月
	杨炯明	党组书记、局长	1990 年 12 月至 1992 年 11 月
	曾正元	党组书记、局长	1992 年 11 月至 1994 年 9 月
		副局长（正科级）	1991 年 12 月至 1992 年 11 月
	熊钧	党组成员、副局长	1990 年 7 月至 1994 年 9 月
	杨佳民	党组成员、副局长	1992 年 11 月至 1994 年 9 月
	何迈群	党组成员、副局长	1992 年 11 月至 1994 年 9 月
沅江市国家税务局 1994 年 9 月至 2018 年 7 月	曾正元	党组书记、局长	1994 年 10 月至 2000 年 2 月
	曾国华	党组书记、局长	2000 年 2 月至 2003 年 3 月
	张诗东	党组书记、局长	2003 年 3 月至 2004 年 9 月
	罗广宇	党组书记、局长	2004 年 9 月至 2010 年 7 月
	龙建新	党组书记、局长	2010 年 7 月至 2014 年 3 月
	胡闵	党组书记、局长	2014 年 3 月至 2017 年 8 月
	周曙光	党组书记、局长	2017 年 8 月至 2018 年 7 月
	熊钧	党组成员、副局长	1994 年 9 月至 2001 年 2 月
	何迈群	党组成员、副局长兼纪检组组长	1996 年 1 月至 1998 年 2 月
		党组成员、副局长	1994 年 10 月至 1996 年 1 月
	杨佳民	党组成员、副局长兼纪检组组长	1995 年 10 月至 1995 年 12 月
		党组成员、副局长	1994 年 10 月至 1995 年 10 月

续表 5–14

单位名称	姓名	职务	任职时间
沅江市国家税务局 1994 年 9 月至 2018 年 7 月	徐德和	党组成员、副局长	1994 年 10 月至 2004 年 9 月
	陈茂辉	党组成员、副局长	1995 年 12 月至 2009 年 10 月
	向安乐	党组成员、副局长	1997 年 10 月至 2003 年 9 月
	江卫凯	党组成员、纪检组组长	2001 年 6 月至 2002 年 7 月
	肖炜	党组副书记、副局长	2002 年 2 月至 2005 年 5 月
	曹凌	党组成员、副局长	2004 年 3 月至 2011 年 11 月
	于翔	党组成员、副局长	2005 年 5 月至 2018 年 7 月
		党组成员、纪检组组长	2004 年 3 月至 2005 年 5 月
	刘正	党组成员、副局长	2005 年 3 月至 2007 年 3 月
	毛伟峰	党组成员、副局长	2011 年 11 月至 2018 年 7 月
		党组成员、纪检组组长	2005 年 5 月至 2011 年 11 月
	朱玉清	党组成员、副局长	2007 年 3 月至 2009 年 10 月
	柳志权	党组成员、副局长	2009 年 10 月至 2018 年 7 月
	徐丹	党组成员、副局长	2009 年 10 月至 2012 年 12 月
	鄢跃武	党组成员、副局长	2013 年 3 月至 2015 年 6 月
		党组成员、纪检组组长	2011 年 12 月至 2013 年 3 月
	陈定国	党组成员、副局长	2013 年 3 月至 2018 年 7 月
	彭宏权	党组成员、纪检组组长	2013 年 4 月至 2018 年 7 月
沅江市地方税务局 1994 年 9 月至 2018 年 7 月	李敬儒	党组书记、局长	2013 年 4 月至 2018 年 7 月
	颜建宏	党组书记、局长	1994 年 10 月至 1998 年 10 月
		党组成员、纪检组组长	1998 年 10 月至 2001 年 11 月
	聂劲松	党组书记、局长	1996 年 2 月至 1998 年 10 月
		党组成员、副局长兼纪检组组长	2001 年 11 月至 2006 年 1 月
	肖志芳	党组书记、局长	1998 年 10 月至 2001 年 11 月
		党组成员、副局长	2001 年 11 月至 2006 年 2 月
	龚学军	党组书记、局长	2009 年 5 月至 2018 年 1 月
	罗松柏	党组书记、局长	2018 年 1 月至 2018 年 7 月
	李德先	党组成员、副局长	1994 年 10 月至 1996 年 2 月
	黄国良	党组成员、副局长	1994 年 10 月至 1996 年 2 月
	张政先	党组成员、副局长	1994 年 10 月至 2001 年 11 月
	汤秋生	党组成员、副局长	1996 年 2 月至 2006 年 3 月
	刘一军	党组成员、副局长	1998 年 10 月至 2001 年 11 月
	彭志斌	党组成员、副局长	2006 年 3 月至 2018 年 7 月
		党组成员、纪检组组长	2001 年 11 月至 2006 年 3 月
	黄臻	党组成员、副局长	2011 年 9 月至 2018 年 3 月
		党组成员、副局长兼纪检组组长	2006 年 3 月至 2011 年 9 月
	樊跃波	党组成员、副局长	2006 年 3 月至 2018 年 7 月
	刘宗武	党组成员、副局长	2018 年 3 月至 2018 年 7 月
		党组成员、纪检组组长	2011 年 9 月至 2018 年 3 月
	曾卫娥	党组成员、纪检组组长	2018 年 3 月至 2018 年 7 月

续表 5-14

单位名称	姓名	职务	任职时间
国家税务总局沅江市税务局 2018 年 7 月至 2022 年 12 月	罗松柏	党委书记、局长	2018 年 10 月至 2020 年 11 月
		联合党委书记、局长	2018 年 7 月至 2018 年 10 月
	金志雄	党委书记、局长	2020 年 11 月起
	周曙光	党委副书记、副局长（正科长级）	2018 年 10 月至 2020 年 11 月
		联合党委副书记、副局长（正科长级）	2018 年 7 月至 2018 年 10 月
	彭智斌	党委委员、副局长	2018 年 10 月至 2020 年 12 月
		联合党委委员、副局长	2018 年 7 月至 2018 年 10 月
	于翔	党委委员、副局长	2018 年 10 月起
		联合党委委员、副局长	2018 年 7 月至 2018 年 10 月
	陈雪宇	党委委员、副局长（挂职）	2021 年 7 月起
	毛伟峰	党委委员、副局长	2018 年 10 月至 2020 年 12 月
		联合党委委员、副局长	2018 年 7 月至 2018 年 10 月
	樊跃波	党委委员、副局长	2018 年 10 月至 2020 年 12 月
		联合党委委员、副局长	2018 年 7 月至 2018 年 10 月
	柳志权	党委委员、副局长	2018 年 10 月至 2020 年 11 月
		联合党委委员、副局长	2018 年 7 月至 2018 年 10 月
	刘宗武	党委委员、副局长	2018 年 10 月起
		联合党委委员、副局长	2018 年 7 月至 2018 年 10 月
	曾卫娥	党委委员、副局长	2018 年 10 月起
		联合党委委员、副局长	2018 年 7 月至 2018 年 10 月
	陈定国	党委委员、副局长	2018 年 10 月起
		联合党委委员、副局长	2018 年 7 月至 2018 年 10 月
	彭宏权	党组成员、副局长	2020 年 12 月起
		党委委员、纪检组组长	2018 年 10 月至 2020 年 11 月
		联合党委委员、纪检组组长	2018 年 7 月至 2018 年 10 月
	曾华	党委委员、纪检组组长	2020 年 12 月至 2023 年 4 月

七、桃江县税务机构历任领导班子成员名录

桃江县税务机构历任领导班子成员名录一览表

表 5-15

单位名称	姓名	职务	任职时间
桃江县税务局 1990 年 1 月至 1994 年 9 月	胡华林	党组书记、局长	1990 年 1 月至 1994 年 9 月
	凌细修	党组成员、副局长	1990 年 5 月至 1994 年 9 月
	杨慨然	党组成员、副局长	1990 年 5 月至 1992 年 12 月
	邓杏仁	党组成员、副局长	1992 年 6 月至 1994 年 9 月
	吴季苏	党组成员、纪检组组长	1993 年 11 月至 1994 年 9 月

续表 5-15

单位名称	姓名	职务	任职时间
桃江县国家税务局 1994 年 9 月至 2018 年 7 月	胡华林	党组书记、局长	1994 年 10 月至 1994 年 12 月
	杨慨然	党组书记、局长	1995 年 1 月至 2000 年 6 月
		党组成员、副局长	1994 年 10 月至 1995 年 1 月
	汪清波	党组书记、局长	2000 年 6 月至 2008 年 9 月
	罗安林	党组书记、局长	2008 年 9 月至 2016 年 10 月
	王建斌	主持工作	2016 年 10 月至 2017 年 8 月
		党组成员、副局长兼纪检组组长	1996 年 3 月至 2018 年 7 月
		党组成员、副局长	1996 年 1 月至 1996 年 3 月
	朱玉清	党组书记、局长	2017 年 8 月至 2018 年 7 月
	凌细修	党组成员、副局长	1994 年 10 月至 1996 年 1 月
	吴季苏	纪检组组长	1996 年 1 月至 1996 年 3 月
		党组成员、副局长兼纪检组组长	1994 年 10 月至 1996 年 1 月
	文腊梅	党组成员、副局长	1994 年 10 月至 2000 年 7 月
	曾智佳	党组成员、副局长	1996 年 1 月至 2000 年 6 月
	汪文革	党组成员、纪检组组长	2001 年 6 月至 2018 年 7 月
	周小江	党组成员、纪检组组长	2008 年 3 月至 2009 年 8 月
	刘建新	党组成员、副局长	2000 年 7 月至 2009 年 8 月
	周梦贤	党组成员、副局长	2000 年 7 月至 2009 年 10 月
	李海波	党组成员、副局长	2003 年 3 月至 2003 年 12 月
		党组成员、局长助理	2001 年 11 月至 2003 年 3 月
	唐军	党组成员、副局长	2009 年 7 月至 2011 年 11 月
	郭吉祥	党组成员、副局长	2004 年 2 月至 2007 年 3 月
	袁晓燕	党组成员、副局长	2006 年 5 月至 2008 年 2 月
	龚先进	党组成员、副局长	2009 年 10 月至 2012 年 12 月
	周宇	副局长（挂职两年）	2011 年 12 月至 2014 年 1 月
	周曙光	党组成员、副局长	2009 年 10 月至 2015 年 11 月
	何学军	党组成员、副局长	2013 年 1 月至 2018 年 7 月
		党组成员、纪检组组长	2009 年 10 月至 2013 年 1 月
	戴启元	党组成员、纪检组组长	2013 年 5 月至 2018 年 7 月
	刘义忠	党组成员、副局长	2016 年 5 月至 2018 年 7 月
桃江县地方税务局 1994 年 9 月至 2018 年 7 月	邓杏仁	党组书记、局长	1994 年 10 月至 2000 年 3 月
	陈雁鸿	党组书记、局长	2000 年 3 月至 2003 年 4 月
		党组成员、副局长	1999 年 1 月至 2000 年 3 月
	郭光明	党组书记、局长	2003 年 4 月至 2009 年 5 月
	丁力尧	党组书记、局长	2009 年 5 月至 2011 年 8 月
		党组成员、副局长	2000 年 3 月至 2006 年 3 月
	陈伟民	党组书记、局长	2011 年 8 月至 2018 年 1 月
	肖志芳	党组书记、局长	2018 年 1 月至 2018 年 7 月
	钟胜凡	党组成员、副局长	1994 年 10 月至 2006 年 3 月

续表 5-15

单位名称	姓名	职务	任职时间
桃江县地方税务局 1994 年 9 月至 2018 年 7 月	颜定成	党组成员、副局长	1994 年 10 月至 1999 年 1 月
	李世庆	党组成员、副局长	1994 年 10 月至 2006 年 3 月
	周雷奕	党组成员、副局长	2000 年 3 月至 2003 年 4 月
	龙洋	党组成员、副局长	2003 年 5 月至 2018 年 7 月
	成大春	党组成员、副局长兼纪检组组长	2006 年 3 月至 2009 年 5 月
	雷萍	党组成员、副局长	2006 年 3 月至 2018 年 2 月
	李文辉	党组成员、副局长	2006 年 3 月至 2018 年 7 月
	刘铁新	党组成员、副局长	2018 年 3 月至 2018 年 7 月
		党组成员、纪检组组长	2011 年 9 月至 2018 年 3 月
	刘笑丰	党组成员、纪检组组长	2018 年 3 月至 2018 年 7 月
国家税务总局桃江县税务局 2018 年 7 月至 2022 年 12 月	肖志芳	党委书记、局长	2018 年 10 月至 2020 年 11 月
		联合党委书记、局长	2018 年 7 月至 2018 年 10 月
	彭润	党委书记、局长	2020 年 11 月至 2021 年 8 月
	鄢跃武	党委书记、局长	2021 年 8 月起
	朱玉清	党委副书记、副局长（正科长级）	2018 年 10 月至 2020 年 11 月
		联合党委副书记、副局长（正科长级）	2018 年 7 月至 2018 年 10 月
	王建斌	党委委员、副局长	2018 年 10 月至 2020 年 12 月
		联合党委委员、副局长	2018 年 7 月至 2018 年 10 月
	汪文革	党委委员、副局长	2018 年 10 月至 2021 年 6 月
		联合党委委员、副局长	2018 年 7 月至 2018 年 10 月
	龙洋	党委委员、副局长	2018 年 10 月至 2020 年 12 月
		联合党委委员、副局长	2018 年 7 月至 2018 年 10 月
	李文辉	党委委员、副局长	2018 年 10 月至 2021 年 5 月
		联合党委委员、副局长	2018 年 7 月至 2018 年 10 月
	何学军	党委委员、副局长	2018 年 10 月起
		联合党委委员、副局长	2018 年 7 月至 2018 年 10 月
	刘铁新	党委委员、副局长	2018 年 10 月起
		联合党委委员、副局长	2018 年 7 月至 2018 年 10 月
	戴启元	党委委员、副局长	2018 年 10 月至 2022 年 8 月
		联合党委委员、副局长	2018 年 7 月至 2018 年 10 月
	刘义忠	党委委员、副局长	2018 年 10 月起
		联合党委委员、副局长	2018 年 7 月至 2018 年 10 月
	刘笑丰	党委委员、纪检组组长	2018 年 10 月至 2020 年 12 月
		联合党委委员、纪检组组长	2018 年 7 月至 2018 年 10 月
	贺先红	党委委员、纪检组组长	2020 年 12 月起

八、安化县税务机构历任领导班子成员名录

安化县税务机构历任领导班子成员名录一览表

表 5–16

单位名称	姓名	职务	任职时间
安化县税务局 1990 年 1 月至 1994 年 9 月	魏文斌	党组书记、局长	1990 年 1 月至 1991 年 3 月
	王兆辉	党组书记、局长	1991 年 3 月至 1994 年 9 月
	陶伯洲	党组成员、副局长	1990 年 1 月至 1993 年 5 月
	彭加初	党组成员、副局长	1991 年 1 月至 1994 年 9 月
	禹东光	党组成员、副局长	1993 年 6 月至 1994 年 9 月
	李为民	党组成员、副局长	1993 年 6 月至 1994 年 9 月
安化县国家税务局 1994 年 9 月至 2018 年 7 月	禹东光	党组书记、局长	1994 年 10 月至 1997 年 9 月
	胡顺昌	市局直属机关党委书记	1995 年 1 月至 1998 年 11 月
		党组书记、局长	1997 年 9 月至 2000 年 2 月
	李为民	党组书记、局长	2000 年 2 月至 2009 年 10 月
		党组副书记、副局长	1999 年 11 月至 2000 年 2 月
		党组成员、副局长	1994 年 12 月至 1999 年 11 月
	贺建华	党组书记、局长	2009 年 10 月至 2014 年 3 月
	曹凌	党组书记、局长	2014 年 3 月至 2018 年 7 月
	夏克猷	党组成员、副局长	1994 年 10 月至 2001 年 7 月
	姚景星	党组成员、副局长兼纪检组组长	1996 年 3 月至 1998 年 2 月
		党组成员、副局长	1994 年 10 月至 1996 年 3 月
	肖尽忠	党组成员、纪检组组长	1996 年 1 月至 1996 年 3 月
		党组成员、副局长兼纪检组组长	1995 年 5 月至 1996 年 1 月
		党组成员、副局长	1994 年 10 月至 1995 年 5 月
	魏晓东	党组成员、副局长	1996 年 1 月至 2018 年 7 月
	黄尚松	党组成员、副局长	2009 年 10 月至 2018 年 7 月
		党组成员、纪检组组长	2004 年 3 月至 2009 年 10 月
	李晓余	党组成员、副局长	2008 年 2 月至 2009 年 10 月
	邱玉军	党组成员、副局长	1999 年 11 月至 2015 年 5 月
	匡爱君	党组成员、副局长	2000 年 5 月至 2011 年 12 月
	胡闵	党组成员、副局长	2003 年 4 月至 2005 年 3 月
	罗执政	党组成员、副局长	2006 年 5 月至 2008 年 2 月
	戴迪安	党组成员、副局长	2013 年 3 月至 2018 年 7 月
		党组成员、纪检组组长	2009 年 10 月至 2013 年 3 月
	胡飞跃	党组成员、纪检组组长	2001 年 7 月至 2003 年 9 月
	唐岳峰	党组成员、纪检组组长	2013 年 4 月至 2018 年 7 月
	王凯波	党组成员、副局长	2011 年 12 月至 2015 年 6 月
	彭军	党组成员、副局长	2016 年 5 月至 2018 年 7 月

续表 5-16

单位名称	姓名	职务	任职时间
安化县地方税务局 1994 年 9 月至 2018 年 7 月	蒋栋才	党组书记、局长	1994 年 10 月至 1999 年 1 月
	刘树元	党组书记、局长	1999 年 1 月至 2004 年 1 月
		党组成员、副局长	1994 年 10 月至 1999 年 1 月
	王佑典	党组书记、局长	2004 年 1 月至 2009 年 5 月
	罗松柏	党组书记、局长	2009 年 5 月至 2010 年 12 月
	成大春	党组书记、局长	2011 年 8 月至 2017 年 12 月
	刘平南	党组书记、局长	2017 年 12 月至 2018 年 7 月
	彭加初	党组成员、副局长	1994 年 10 月至 1999 年 7 月
	邱平	党组成员、副局长	1999 年 1 月至 2001 年 10 月
		党组成员、纪检组组长	1996 年 9 月至 1999 年 1 月
	吴湘如	党组成员、副局长	1999 年 1 月至 2006 年 3 月
	李学锋	党组成员、副局长	2001 年 11 月至 2004 年 2 月
	刘步潮	党组成员、副局长	2001 年 11 月至 2018 年 7 月
	王亚伟	党组成员、副局长兼纪检组组长	2001 年 4 月至 2006 年 3 月
		党组成员、纪检组组长	1999 年 1 月至 2001 年 4 月
	王庆尧	党组成员、副局长	2004 年 3 月至 2011 年 8 月
	晏激扬	党组成员、副局长	2006 年 3 月至 2011 年 8 月
	刘建明	党组成员、副局长	2011 年 9 月至 2018 年 7 月
		党组成员、副局长兼纪检组组长	2006 年 3 月至 2011 年 9 月
	晏鹤高	党组成员、副局长	2011 年 9 月至 2018 年 7 月
	邹剑	党组成员、纪检组组长	2011 年 9 月至 2018 年 7 月
国家税务总局安化县税务局 2018 年 7 月至 2022 年 12 月	曹凌	党组书记、局长（正科长级）	2018 年 10 月至 2020 年 11 月
		联合党组书记、局长（正科长级）	2018 年 7 月至 2018 年 10 月
	王凯波	党委书记、局长	2020 年 11 月至 2022 年 1 月
	李跃华	党委书记、局长	2022 年 1 月起
		党委副书记、副局长（正科长级）	2021 年 9 月至 2022 年 1 月
	刘平南	党组成员、副局长（正科长级）	2018 年 10 月至 2020 年 11 月
		联合党组成员、副局长（正科长级）	2018 年 7 月至 2018 年 10 月
	魏晓东	党组成员、副局长	2018 年 10 月至 2020 年 12 月
		联合党组成员、副局长	2018 年 7 月至 2018 年 10 月
	刘步潮	党组成员、副局长	2018 年 10 月至 2020 年 12 月
		联合党组成员、副局长	2018 年 7 月至 2018 年 10 月
	黄尚松	党组成员、副局长	2018 年 10 月至 2020 年 12 月
		联合党组成员、副局长	2018 年 7 月至 2018 年 10 月

续表 5-16

单位名称	姓名	职务	任职时间
国家税务总局安化县税务局 2018 年 7 月至 2022 年 12 月	刘建明	党组成员、副局长	2018 年 10 月至 2020 年 12 月
		联合党组成员、副局长	2018 年 7 月至 2018 年 10 月
	戴迪安	党组成员、副局长	2018 年 10 月至 2020 年 12 月
		联合党组成员、副局长	2018 年 7 月至 2018 年 10 月
	晏鹤高	党组成员、副局长	2018 年 10 月至 2021 年 4 月
		联合党组成员、副局长	2018 年 7 月至 2018 年 10 月
	邹剑	党组成员、副局长	2018 年 10 月至 2021 年 4 月
		联合党组成员、副局长	2018 年 7 月至 2018 年 10 月
	唐岳峰	党委委员、副局长	2020 年 12 月起
		党委委员、纪检组组长	2018 年 10 月至 2020 年 12 月
		联合党组成员、纪检组组长	2018 年 7 月至 2018 年 10 月
	彭军	党委委员、副局长	2018 年 10 月起
		联合党组成员、副局长	2018 年 7 月至 2018 年 10 月
	陈波	党委委员、纪检组组长	2020 年 12 月至 2021 年 7 月
	陈靖辉	党委委员、副局长	2021 年 7 月起
	刘勇	党委委员、副局长	2021 年 7 月起
	陈鑫磊	党委委员、纪检组组长	2021 年 7 月起

第五节　党代表、人大代表、政协委员名录

一、市以上党代表

益阳市税务系统市以上党代表一览表

表 5-17

姓名	工作单位及职务	级别	届别	起止时间
邓杏仁	桃江县地方税务局党组书记、局长	益阳市	第二次	1998 年 11 月至 2003 年 11 月
皮本固	益阳市国家税务局党组书记、局长	益阳市	第三次	2003 年 11 月至 2006 年 9 月
郑　惠	益阳市地方税务局党组书记、局长	益阳市	第三次	2003 年 11 月至 2006 年 9 月
郭光明	桃江县地方税务局党组书记、局长	益阳市	第三次	2003 年 11 月至 2006 年 9 月
袁世民	益阳市国家税务局党组书记、局长	益阳市	第四次	2006 年 9 月至 2008 年 8 月
吴佑坤	益阳市地方税务局党组书记、局长	益阳市	第四次	2006 年 9 月至 2008 年 5 月
徐向阳	益阳市国税局（国家税务总局益阳市税务局）党组（党委）书记、局长	益阳市	第六次	2016 年 9 月至 2021 年 9 月
陈有权	国家税务总局益阳市税务局党委书记、局长	益阳市	第七次	2021 年 9 月起
彭　润	国家税务总局桃江县税务局党委书记、局长	益阳市	第七次	2021 年 9 月起

二、市以上人大代表

益阳市税务系统市以上人大代表一览表

表 5-18

姓名	工作单位及职务	级别	届别	起止时间
刘见曙	益阳市地方税务局局长	益阳市	第一届	1995 年 2 月至 1998 年 5 月
		益阳市	第二届	1999 年 1 月至 2003 年 12 月
匡爱军	安化县国家税务局副局长	益阳市	第二届	1999 年 1 月至 2003 年 12 月
张岱军	益阳市国家税务局赫山分局副局长	益阳市	第三届	2004 年 1 月至 2007 年 1 月
	益阳市国税三分局副局长	益阳市	第四届	2007 年 1 月至 2012 年 1 月
	益阳市赫山区国税局副局长	益阳市	第五届	2012 年 12 月至 2017 年 1 月
汪清波	桃江县国家税务局局长	益阳市	第三届	2004 年 1 月至 2007 年 1 月
吴佑坤	益阳市地方税务局局长	益阳市	第三届	2004 年 1 月至 2007 年 1 月
袁世民	益阳市国家税务局局长	益阳市	第三届	2004 年 1 月至 2007 年 1 月
周本庆	益阳市地方税务局局长	益阳市	第五届	2012 年 12 月至 2017 年 1 月
刘　正	南县国家税务局局长	益阳市	第五届	2012 年 12 月至 2017 年 1 月
李建伟	益阳市国家税务局局长	益阳市	第五届	2012 年 12 月至 2017 年 1 月
陈茂辉	南县国家税务局局长	益阳市	第五届	2012 年 12 月至 2017 年 1 月
陈　平	南县国家税务局科员	益阳市	第六届	2017 年 1 月至 2021 年 12 月
徐向阳	益阳市国家税务局局长	益阳市	第六届	2017 年 1 月至 2021 年 12 月
陈有权	国家税务总局益阳市税务局党委书记、局长	益阳市	第七届	2021 年 12 月起
王庆尧	国家税务总局南县税务局党委书记、局长	益阳市	第七届	2021 年 12 月起

三、市以上政协委员

益阳市税务系统市以上政协委员一览表

表 5-19

姓名	工作单位及职务	界别	届别	起止时间
宋海翔	益阳市地方税务局副科长	无党派	第二届	1999 年 1 月至 2003 年 12 月
蒋栋才	益阳市地方税务局党组书记、副局长	特别邀请	第三届	2004 年 12 月至 2008 年 12 月
黎谷盈	益阳市国家税务局副局长	特别邀请	第三届	2004 年 12 月至 2008 年 12 月
刘　亚	益阳市国家税务局干部	民主党派	第三届	2004 年 12 月至 2008 年 12 月
			第四届	2008 年 12 月至 2012 年 11 月
			第五届	2012 年 11 月至 2016 年 12 月
陈其佑	益阳市国家税务局副局长	特别邀请	第四届	2008 年 12 月至 2012 年 11 月
赖光辉	益阳市地方税务局副局长	特别邀请	第四届	2008 年 12 月至 2012 年 11 月
			第五届	2012 年 11 月至 2016 年 12 月
龚　军	益阳市国家税务局副局长	特别邀请	第五届	2012 年 11 月至 2016 年 12 月
			第六届	2016 年 12 月至 2020 年 12 月
李晓余	益阳市国税局所得税科副科长	少数民族	第五届	2012 年 11 月至 2016 年 12 月
李嘉欣	国家税务总局益阳市税务局所得税科干部	特别邀请	第六届	2021 年 12 月起

第二章　先进集体、先进个人

第一节　先进集体

一、总局以上表彰的先进集体

益阳市税务系统获总局以上表彰的先进集体一览表

表 5-20

年份	获奖单位	荣誉名称	授奖单位
1991 年	益阳地区税务局	全国税法宣传教育活动红旗单位	中华全国总工会、共青团中央、全国妇联和国家税务局
	益阳市税务局	全国税法宣传教育活动先进单位	中华全国总工会、共青团中央、全国妇联和国家税务局
	益阳县税务局	全国税法宣传教育活动先进单位	中华全国总工会、共青团中央、全国妇联和国家税务局
	南县税务局	全国税法宣传教育活动先进单位	中华全国总工会、共青团中央、全国妇联和国家税务局
	沅江市税务局	全国税法宣传教育活动先进单位	中华全国总工会、共青团中央、全国妇联和国家税务局
	桃江县税务局	全国税法宣传教育活动先进单位	中华全国总工会、共青团中央、全国妇联和国家税务局
	安化县税务局	全国税法宣传教育活动先进单位	中华全国总工会、共青团中央、全国妇联和国家税务局
	农垦税务分局	全国税法宣传教育活动先进单位	中华全国总工会、共青团中央、全国妇联和国家税务局
1996 年	南县国家税务局茅草街征收分局	全国税务系统文明税务所	国家税务总局
1997 年	益阳市桃江县地方税务局城关税务所	新命名的“全国青年文明号”	全国创建青年文明号活动组委会
1998 年	益阳市地方税务局	全国青年文明号	国家税务总局、共青团中央
	桃江县地方税务局第一税务分局	全国青年文明号	国家税务总局、共青团中央
	赫山区地方税务局第四征收分局	全国模范职工小家	中华全国总工会
1999 年	桃江县地方税务局第一税务分局	全国模范职工之家	中华全国总工会
2002 年	南县国家税务局茅草街税务所	全国税务系统文明税务所	国家税务总局、共青团中央委员会
	桃江县国家税务局直属征收分局	全国巾帼文明示范岗	全国城镇妇女“巾帼建功”活动领导小组
2003 年	安化县国税局仙溪税务所	全国青年文明号	团中央、国税总局

续表 5-20

年份	获奖单位	荣誉名称	授奖单位
2004 年	桃江县地方税务局	全国税务系统文明单位	团中央、国税总局
	沅江市地税局第二税务分局工会小组	全国模范职工小家	团中央、国税总局
2005 年	益阳市国家税务局	全国精神文明建设工作先进单位	中央精神文明建设指导委员会
2007 年	益阳高新区地税局第二税务所	全国巾帼文明岗	中华全国妇女联合会
2008 年	桃江县地方税务局工会委员会	全国模范职工之家	中华全国总工会
2009 年	益阳市国家税务局	工人先锋号	中华全国总工会
	沅江市国家税务局	全国税务系统先进集体	人力资源和社会保障部、国家税务总局
2011 年	沅江市地方税务局工会委员会	全国模范职工之家	中华全国总工会
	大通湖区地方税务局工会委员会	全国模范职工之家	中华全国总工会
	桃江县地税局工会	全国工会职工书屋示范点达标单位	中华全国总工会
	益阳市赫山区地方税务局	全国五一巾帼标兵岗	中华全国总工会
2012 年	益阳市地方税务局	2009—2012 年全国群众体育先进单位	国家体育总局
	益阳市地方税务局	全国巾帼文明岗	全国妇联
	益阳市地方税务局	全国模范职工小家	中华全国总工会
2013 年	沅江市国家税务局	全国模范职工之家	中华全国总工会
	益阳市赫山区地方税务局	巾帼文明岗	中华全国妇女联合会全国妇女“巾帼建功”活动领导小组
2014 年	桃江县地税局办税服务中心	全国巾帼文明岗	全国城镇妇女联合会
2015 年	益阳市国家税务局	全国文明单位	中央精神文明建设指导委员会
	益阳市地方税务局	模范职工之家	中华全国总工会
	益阳市税务学会	全国先进社科组织	全国大中城市社科联工作会议主席团
2017 年	益阳市国家税务局	复查合格，继续保留“全国文明单位”荣誉称号	中央精神文明建设指导委员会
	益阳市地方税务局	全国学雷锋活动示范点	中共中央宣传部
2019 年	国家税务总局益阳市税务局	节约型公共机构示范单位	国家机关事务管理局 国家发展改革委、财政部
	第二税务分局	巾帼文明岗	中华全国妇女联合会
2020 年	国家税务总局益阳市税务局	复查合格，继续保留全国文明单位荣誉称号	中央精神文明建设指导委员会
	国家税务总局南县税务局	第六届全国文明单位	中央精神文明建设指导委员会
	国家税务总局南县税务局	全国模范职工之家	中华全国总工会
	国家税务总局南县税务局	全国职工书屋	中华全国总工会
2022 年	国家税务总局安化县税务局梅城税务分局	一星级全国青年文明号	全国创建青年文明号活动组委会
	桃江县税务局第二税务分局	一星级全国青年文明号	全国创建青年文明号活动组委会
	益阳市税务学会	全国先进社科组织	全国大中城市社科联工作会议主席团

二、省局以上表彰的先进集体

益阳市税务系统获省局以上表彰的先进集体一览表

表 5-21

年份	获奖单位	荣誉名称	授奖单位
1990 年	益阳市局第三税务所	1990 年度全省税务系统文明税务所	湖南省税务局
	益阳市局第二税务所	1990 年度全省税务系统文明税务所	湖南省税务局
	益阳市局第一税务所	1990 年度全省税务系统文明税务所	湖南省税务局
	益阳县局沧水铺税务所	1990 年度全省税务系统文明税务所	湖南省税务局
	益阳县局泉交河税务所	1990 年度全省税务系统文明税务所	湖南省税务局
	益阳县局新市渡税务所	1990 年度全省税务系统文明税务所	湖南省税务局
	桃江县局桃谷山税务所	1990 年度全省税务系统文明税务所	湖南省税务局
	桃江县局城关税务所	1990 年度全省税务系统文明税务所	湖南省税务局
	桃江县局大栗港税务所	1990 年度全省税务系统文明税务所	湖南省税务局
	桃江县局松木塘税务所	1990 年度全省税务系统文明税务所	湖南省税务局
	桃江县局三堂街税务所	1990 年度全省税务系统文明税务所	湖南省税务局
	安化县局东坪税务所	1990 年度全省税务系统文明税务所	湖南省税务局
	安化县局中砥税务所	1990 年度全省税务系统文明税务所	湖南省税务局
	安化县局仙溪税务所	1990 年度全省税务系统文明税务所	湖南省税务局
	安化县局小淹税务所	1990 年度全省税务系统文明税务所	湖南省税务局
	沅江市局赤山税务所	1990 年度全省税务系统文明税务所	湖南省税务局
	沅江市局草尾税务所	1990 年度全省税务系统文明税务所	湖南省税务局
	沅江市局城关税务所	1990 年度全省税务系统文明税务所	湖南省税务局
	沅江市局泗湖山税务所	1990 年度全省税务系统文明税务所	湖南省税务局
	沅江市局阳罗税务所	1990 年度全省税务系统文明税务所	湖南省税务局
	南县局武圣宫税务所	1990 年度全省税务系统文明税务所	湖南省税务局
	南县局浪拔湖税务所	1990 年度全省税务系统文明税务所	湖南省税务局
	南县局华阁税务所	1990 年度全省税务系统文明税务所	湖南省税务局
	南县局南洲二税务所	1990 年度全省税务系统文明税务所	湖南省税务局
	南县局三仙湖税务所	1990 年度全省税务系统文明税务所	湖南省税务局
	农垦分局茶盘洲税务所	1990 年度全省税务系统文明税务所	湖南省税务局
	益阳市第二税务所	1988—1990 年连续三年全省税务系统文明税务所	湖南省税务局
	桃江县大栗港税务所	1988—1990 年连续三年全省税务系统文明税务所	湖南省税务局
	沅江市城关税务所	1988—1990 年连续三年全省税务系统文明税务所	湖南省税务局
	南县浪拔湖税务所	1988—1990 年连续三年全省税务系统文明税务所	湖南省税务局
	桃江县税务局监察股	全省税务系统监察先进单位	湖南省税务局
	南县税务局	全省税务系统廉政先进单位	湖南省税务局
	益阳市第三税务所	全省税务系统廉政先进单位	湖南省税务局
	益阳地区税务局	集体企业所得税汇算清缴工作先进单位	湖南省税务局

续表 5-21

年份	获奖单位	荣誉名称	授奖单位
1991年	益阳地区税务局	全省先进助学单位	湖南省教育委员会 湖南省高等教育 自学考试委员会
	益阳市税务局	全省先进助学单位	湖南省教育委员会 湖南省高等教育自 学考试委员会
	南县税务局	全省税务系统文明单位	湖南省税务局
	益阳县沧水铺税务所	全省税务系统模范税务所	湖南省税务局
	益阳县沧水铺税务所	1991 年度文明税务所	湖南省税务局
	益阳县新市渡税务所	1991 年度文明税务所	湖南省税务局
	益阳县泉交河税务所	1991 年度文明税务所	湖南省税务局
	益阳市第一税务所	1991 年度文明税务所	湖南省税务局
	益阳市第二税务所	1991 年度文明税务所	湖南省税务局
	益阳市第三税务所	1991 年度文明税务所	湖南省税务局
	桃江县桃谷山税务所	1991 年度文明税务所	湖南省税务局
	桃江县三堂街税务所	1991 年度文明税务所	湖南省税务局
	桃江县松木塘税务所	1991 年度文明税务所	湖南省税务局
	桃江县城关税务一所	1991 年度文明税务所	湖南省税务局
	沅江市赤山税务所	1991 年度文明税务所	湖南省税务局
	沅江市草尾税务所	1991 年度文明税务所	湖南省税务局
	沅江市城关税务所	1991 年度文明税务所	湖南省税务局
	沅江市泗湖山税务所	1991 年度文明税务所	湖南省税务局
	沅江市南大税务所	1991 年度文明税务所	湖南省税务局
	沅江市共华税务所	1991 年度文明税务所	湖南省税务局
	南县华阁税务所	1991 年度文明税务所	湖南省税务局
	南县武圣宫税务所	1991 年度文明税务所	湖南省税务局
	南县浪拔湖税务所	1991 年度文明税务所	湖南省税务局
	南县三仙湖税务	1991 年度文明税务所	湖南省税务局
	南县茅草街税务所	1991 年度文明税务所	湖南省税务局
	安化县仙溪税务所	1991 年度文明税务所	湖南省税务局
	安化县小淹税务所	1991 年度文明税务所	湖南省税务局
	安化县中砥税务所	1991 年度文明税务所	湖南省税务局
	益阳县沧水铺税务所	1989—1991 年连续三年全省税务系统文明税务所	湖南省税务局
	益阳县新市渡税务所	1989—1991 年连续三年全省税务系统文明税务所	湖南省税务局
	益阳市第三税务所	1989—1991 年连续三年全省税务系统文明税务所	湖南省税务局
	桃江县桃谷山税务所	1989—1991 年连续三年全省税务系统文明税务所	湖南省税务局
	桃江县三堂街税务所	1989—1991 年连续三年全省税务系统文明税务所	湖南省税务局
	桃江县松木塘税务所	1989—1991 年连续三年全省税务系统文明税务所	湖南省税务局
	沅江市赤山税务所	1989—1991 年连续三年全省税务系统文明税务所	湖南省税务局
	安化县仙溪税务所	1989—1991 年连续三年全省税务系统文明税务所	湖南省税务局
	南县华阁税务所	1989—1991 年连续三年全省税务系统文明税务所	湖南省税务局

续表 5-21

年份	获奖单位	荣誉名称	授奖单位
1992 年	桃江县国家税务局	湖南省文明单位	中共湖南省委、省人民政府
	桃江县地方税务局	湖南省文明单位	中共湖南省委、省人民政府
	益阳地区税务局	集体企业所得税汇算清缴工作先进单位 第一名	湖南省税务局
	益阳市税务局地方税征收站	地方税专业管理三等奖	湖南省税务局
	桃江县税务局城关税务所	地方税特别税查征竞赛先进单位（样板单位）	湖南省税务局
	安化县税务局东坪税务所	地方税特别税查征竞赛先进单位（优胜单位）	湖南省税务局
	沅江县税务局城关税务所	地方税特别税查征竞赛先进单位（优胜单位）	湖南省税务局
	南县税务局	全省税务系统文明单位	湖南省税务局
	益阳县沧水铺税务所	全省税务系统模范税务所	湖南省税务局
	益阳市第一税务所	1992 年度文明税务所	湖南省税务局
	益阳市第二税务所	1992 年度文明税务所	湖南省税务局
	益阳市第三税务所	1992 年度文明税务所	湖南省税务局
	益阳市第七税务所	1992 年度文明税务所	湖南省税务局
	益阳县泉交河税务所	1992 年度文明税务所	湖南省税务局
	益阳县新市渡税务所	1992 年度文明税务所	湖南省税务局
	益阳县沙头税务所	1992 年度文明税务所	湖南省税务局
	桃江县桃谷山税务所	1992 年度文明税务所	湖南省税务局
	桃江县灰山港税务所	1992 年度文明税务所	湖南省税务局
	桃江县城关第二税务所	1992 年度文明税务所	湖南省税务局
	桃江县松木塘税务所	1992 年度文明税务所	湖南省税务局
	沅江市赤山税务所	1992 年度文明税务所	湖南省税务局
	沅江市草尾税务所	1992 年度文明税务所	湖南省税务局
	沅江市城关第一税务所	1992 年度文明税务所	湖南省税务局
	沅江市泗湖山税务所	1992 年度文明税务所	湖南省税务局
	沅江市南大税务所	1992 年度文明税务所	湖南省税务局
	沅江市共华税务所	1992 年度文明税务所	湖南省税务局
	南县三仙湖税务所	1992 年度文明税务所	湖南省税务局
	南县浪拨湖税务所	1992 年度文明税务所	湖南省税务局
	南县华阁税务所	1992 年度文明税务所	湖南省税务局
	南县武圣宫税务所	1992 年度文明税务所	湖南省税务局
	南县茅草街税务所	1992 年度文明税务所	湖南省税务局
	安化县中砥税务所	1992 年度文明税务所	湖南省税务局
	安化县仙溪税务所	1992 年度文明税务所	湖南省税务局
	农垦分局千山红税务所	1992 年度文明税务所	湖南省税务局
	益阳县泉交河税务所	1990—1992 年连续三年文明税务所	湖南省税务局
	益阳市第一税务所	1990—1992 年连续三年文明税务所	湖南省税务局
	沅江市草尾税务所	1990—1992 年连续三年文明税务所	湖南省税务局
	沅江市泗湖山税务所	1990—1992 年连续三年文明税务所	湖南省税务局
	南县武圣宫税务所	1990—1992 年连续三年文明税务所	湖南省税务局
	南县三仙湖税务所	1990—1992 年连续三年文明税务所	湖南省税务局
	安化县中砥税务所	1990—1992 年连续三年文明税务所	湖南省税务局

续表 5-21

年份	获奖单位	荣誉名称	授奖单位
1993 年	益阳市第二税务所	1993 年度全省税务系统文明税务所	湖南省税务局
	益阳市第三税务所	1993 年度全省税务系统文明税务所	湖南省税务局
	益阳市第七税务所	1993 年度全省税务系统文明税务所	湖南省税务局
	益阳县泉交河税务所	1993 年度全省税务系统文明税务所	湖南省税务局
	益阳县新市渡税务所	1993 年度全省税务系统文明税务所	湖南省税务局
	益阳县沙头税务所	1993 年度全省税务系统文明税务所	湖南省税务局
	安化县坪口税务所	1993 年度全省税务系统文明税务所	湖南省税务局
	安化县中砥税务所	1993 年度全省税务系统文明税务所	湖南省税务局
	安化县仙溪税务所	1993 年度全省税务系统文明税务所	湖南省税务局
	桃江县灰山港税务所	1993 年度全省税务系统文明税务所	湖南省税务局
	桃江县城关第二税务所	1993 年度全省税务系统文明税务所	湖南省税务局
	桃江县松木塘税务所	1993 年度全省税务系统文明税务所	湖南省税务局
	沅江市赤山税务所	1993 年度全省税务系统文明税务所	湖南省税务局
	沅江市草尾税务所	1993 年度全省税务系统文明税务所	湖南省税务局
	沅江市第一税务所	1993 年度全省税务系统文明税务所	湖南省税务局
	沅江市南大税务所	1993 年度全省税务系统文明税务所	湖南省税务局
	沅江市共华税务所	1993 年度全省税务系统文明税务所	湖南省税务局
	南县南洲第二税务所	1993 年度全省税务系统文明税务所	湖南省税务局
	南县浪拔湖税务所	1993 年度全省税务系统文明税务所	湖南省税务局
	南县华阁税务所	1993 年度全省税务系统文明税务所	湖南省税务局
	农垦分局千山红税务所	1993 年度全省税务系统文明税务所	湖南省税务局
	益阳市第二税务所	1991—1993 年连续三年全省税务系统文明税务所	湖南省税务局
	沅江市第一税务所	1991—1993 年连续三年全省税务系统文明税务所	湖南省税务局
	沅江市南大税务所	1991—1993 年连续三年全省税务系统文明税务所	湖南省税务局
	沅江市共华税务所	1991—1993 年连续三年全省税务系统文明税务所	湖南省税务局
	南县浪拔湖税务所	1991—1993 年连续三年全省税务系统文明税务所	湖南省税务局
1994 年	安化县税务局	廉政先进集体	湖南省税务局
1995 年	沅江市地方税务局	全省文明单位	中共湖南省委、湖南省人民政府
	南县国家税务局	文明单位	湖南省税务局
	沅江市国家税务局计财科	青年文明号	湖南省国税局、共青团湖南省委
	益阳市地方税务局赫山分局泉交河税务所	1995 年度全省地税系统省局级文明税务所	湖南省地方税务局
	桃江县地方税务局城关税务所	1995 年度全省地税系统省局级文明税务所	湖南省地方税务局
	桃江县地方税务局马迹塘税务所	1995 年度全省地税系统省局级文明税务所	湖南省地方税务局
	南县地方税务局三仙湖税务所	1995 年度全省地税系统省局级文明税务所	湖南省地方税务局

续表 5–21

年份	获奖单位	荣誉名称	授奖单位
1995 年	南县地方税务局 南洲税务所	1995 年度全省地税系统省局级文明税务所	湖南省地方税务局
	益阳市地方税务局资阳分局 郊区税务所	1995 年度全省地税系统省局级文明税务所	湖南省地方税务局
	沅江市地方税务局 第一税务所	1995 年度全省地税系统省局级文明税务所	湖南省地方税务局
	安化县地方税务局 梅城税务所	1995 年度全省地税系统省局级文明税务所	湖南省地方税务局
	益阳市国家税务局二分局	全省国税局“1512”创先争优活动组织奖	湖南省国家税务局
	益阳市国家税务局一分局	全省国税局“2123”创先争优活动组织奖	湖南省国家税务局
	沅江市国家税务局	全省国税局“2123”创先争优活动组织奖	湖南省国家税务局
1996 年	桃江县国家税务局 三堂街征收分局	青年文明号	湖南省国税局、 共青团湖南省委
	益阳市国税三分局 沧水铺征收分局	文明征收分局（税务所）	湖南省国税局
	益阳市国税三分局 兰溪征收分局	文明征收分局（税务所）	湖南省国税局
	益阳市国税四分局 千山红税务所	文明征收分局（税务所）	湖南省国税局
	益阳市国税一分局个体集贸所	文明征收分局（税务所）	湖南省国税局
	沅江市国家税务局 新湾征收分局	文明征收分局（税务所）	湖南省国税局
	南县国税局 茅草街征收分局	文明征收分局（税务所）	湖南省国税局
	南县国税局华阁征收分局	文明征收分局（税务所）	湖南省国税局
	桃江县国家税务局 灰山港征收分局	文明征收分局（税务所）	湖南省国税局
	桃江县国家税务局 石牛江征收分局	文明征收分局（税务所）	湖南省国税局
	安化县国税局仙溪征收分局	文明征收分局（税务所）	湖南省国税局
	安化县国税局梅城征收分局	文明征收分局（税务所）	湖南省国税局
	益阳市国家税务局 一分局工会委员会	先进职工之家	湖南省国家税务局 工会工作委员会
	南县国税局茅草街征收分局 工会小组	先进职工小家	湖南省国家税务局 工会工作委员会
	益阳市国税三分局 兰溪征收分局工会小组	全省模范职工小家	湖南省总工会
	益阳市赫山区地方税务局	全省模范职工小家	湖南省总工会
	益阳市地方税务局	全省地税系统信息工作先进单位	湖南省地方税务局
	益阳市地税局资阳分局 郊区税务所	1996 年度全省地税系统省局级文明税务所	湖南省地方税务局

续表 5-21

年份	获奖单位	荣誉名称	授奖单位
1996 年	益阳市地税局赫山分局泉交河税务所	1996 年度全省地税系统省局级文明税务所	湖南省地方税务局
	沅江市地税局南大税务所	1996 年度全省地税系统省局级文明税务所	湖南省地方税务局
	南县地税局南洲税务所	1996 年度全省地税系统省局级文明税务所	湖南省地方税务局
	桃江县地税局城关税务所	1996 年度全省地税系统省局级文明税务所	湖南省地方税务局
	桃江县地税局城关税务所	1996 年度全省地税系统省级“青年文明号”	湖南省地方税务局、共青团湖南省委
	桃江县地税局第一征收分局	1996 年度省局级文明单位	湖南省地方税务局
	安化县地税局梅城税务所	1996 年度全省地税系统省局级文明税务所	湖南省地方税务局
1997 年	益阳市国家税务局	1997 年度个体税收征管先进单位	湖南省国税局
	益阳市国家税务局纪检组监察审计室	办案先进集体	湖南省国税局
	益阳市国税三分局监察室	全省国税系统纪检监察先进集体	湖南省国税局
	益阳市国家税务局	1997 年度税务报刊、图书征订发行工作先进单位	湖南省国税局
	沅江市国家税务局	1997 年度优秀信息联系点	湖南省国税局
	益阳市国税兰溪征收分局	省模范职工小家	湖南省总工会
	益阳市国税一分局个体集贸所	文明征收分局（税务所）	湖南省国税局
	益阳市国税三分局沧水铺税务所	文明征收分局（税务所）	湖南省国税局
	益阳市国税三分局兰溪征收分局	文明征收分局（税务所）	湖南省国税局
	益阳市国税四分局千山红税务所	文明征收分局（税务所）	湖南省国税局
	沅江市国税局新湾征收分局	文明征收分局（税务所）	湖南省国税局
	南县国税局茅草街征收分局	文明征收分局（税务所）	湖南省国税局
	南县国税局华阁征收分局	文明征收分局（税务所）	湖南省国税局
	桃江县国税局灰山港征收分局	文明征收分局（税务所）	湖南省国税局
	桃江县国税局石牛江征收分局	文明征收分局（税务所）	湖南省国税局
	安化县国税局仙溪征收分局	文明征收分局（税务所）	湖南省国税局
	安化县国税局梅城征收分局	文明征收分局（税务所）	湖南省国税局
	沅江市国家税务局南大征收分局	文明征收分局（税务所）	湖南省国税局
	益阳市国税三分局办税服务厅	文明办税服务厅	湖南省国税局
	益阳市国税局四分局征收科	湖南省省级青年文明号	湖南省青年职工工作委员会
	益阳市地方税务局	1997 年度全省地税系统信息工作先进单位	湖南省地方税务局
	益阳市地方税务局资阳分局	1997 年度省地税局信息联系点先进单位	湖南省地方税务局
	赫山区地方税务局第四征收分局	文明税务所	湖南省地方税务局
	赫山区地方税务局第四征收分局	全省模范职工小家	湖南省总工会
	桃江县地税局第一征收分局	1997 年度省局级文明单位	湖南省地方税务局
	益阳市桃江县地方税务局城关税务所	历年省级“青年文明号”重新认定	湖南省地税局、共青团湖南省委

续表 5–21

年份	获奖单位	荣誉名称	授奖单位
1998 年	益阳市地方税务局	全省文明单位	中共湖南省委、湖南省人民政府
	益阳市国家税务局	1998 年度税务报刊、图书征订发行工作先进单位	湖南省国税局
	南县国税局茅草街征收分局	全省国税系统抗洪抢险先进集体	湖南省国税局
	沅江市国税局南大征收分局	全省国税系统抗洪抢险先进集体	湖南省国税局
	南县地方税务局第一征收分局	1998 年度湖南省青年文明号	湖南省青年职工工作委员会
	桃江县地方税务局第一征收分局	历年省级“青年文明号”重新认定	湖南省青年职工工作委员会
	益阳市地方税务局	1998 年度信息工作先进单位(第二名)	湖南省地方税务局
	益阳市地方税务局办公室	全省地税系统办公室目标管理先进单位	湖南省地方税务局
	益阳市地方税务局	1998 年度全省地税系统个人所得税征收管理工作先进单位(三等奖)	湖南省地方税务局
	益阳市地方税务局办公室	1998 年档案室达省一级标准单位	湖南省地方税务局
	益阳市国税局一分局第一所	文明单位	湖南省国家税务局
	沅江市国税局庆云山征收分局	文明单位	湖南省国家税务局
	桃江县国税局桃花江征收分局	文明单位	湖南省国家税务局
	安化县国税局仙溪征收分局	文明单位	湖南省国家税务局
	安化县国税局仙溪征收分局工会小组	先进职工之(小)家	湖南省国家税务局
	赫山区地税局第四征收分局	1998 年度省局级文明单位	湖南省地方税务局
	桃江县地税局第一征收分局	1998 年度省局级文明单位	湖南省地方税务局
	沅江市地税局第二征收分局	1998 年度省局级文明单位	湖南省地方税务局
	益阳市地方税务局	省级文明单位	湖南省省委、省政府
	桃江县国家税务局灰山港征收分局	省级文明单位	湖南省省委、省政府
	安化县国家税务局柘溪征收分局	湖南省青年文明号	省青年职工工作委员会命名
1999 年	安化县地方税务局第五征收分局	1999 年度湖南省青年文明号	湖南省青年职工工作委员会
	桃江县地税局第一征收分局	1999 年度省局级文明单位	湖南省地方税务局
	赫山区地方税务局第四征收分局	文明税务所	湖南省地方税务局
2000 年	南县地方税务局	省级文明单位	湖南省省委、省政府
	益阳市国家税务局	全省个体私营税收征管先进单位	湖南省国税局
	益阳市国家税务局	加油机税控计量器安装工作先进单位	湖南省国税局
	益阳市地方税务局	2000 年度全省地税系统督查工作先进单位	湖南省地方税务局
	益阳市地方税务局	2000 年度地方“八税一费”目标考核三等奖	湖南省地方税务局
	桃江县地税局第一征收分局	2000 年度省局级文明单位	湖南省地方税务局

续表 5–21

年份	获奖单位	荣誉名称	授奖单位
2001 年	益阳市地方税务局	2000 年度全省地税系统督查督办工作先进单位	湖南省地方税务局
	桃江县地方税务局	2001 年度省局信息联系点先进单位	湖南省地方税务局
	桃江县地税局第一征收分局	2001 年度省局级文明单位	湖南省地方税务局
2002 年	益阳市国家税务局	湖南省文明单位	湖南省委、省政府
	益阳市国家税务局资阳分局	湖南省文明单位	湖南省委、省政府
	沅江市国家税务局	湖南省文明单位	湖南省委、省政府
	桃江县国家税务局	湖南省文明单位	湖南省委、省政府
	桃江县国家税务局灰山港税务所	湖南省文明单位	湖南省委、省政府
	益阳市地方税务局	湖南省文明单位	湖南省委、省政府
	桃江县地方税务局第四征收分局	2002 年度“湖南省青年文明号”	共青团湖南省委
	益阳市国税局资阳分局管理二科	湖南省青年文明号	湖南省青年职工工作委员会
	益阳市国税局大通湖分局计征科	湖南省青年文明号	湖南省青年职工工作委员会
	桃江县国家税务局三堂街税务所	湖南省青年文明号	湖南省青年职工工作委员会
	沅江市国税局计财科	湖南省青年文明号	湖南省青年职工工作委员会
	安化县国税局计征科	湖南省青年文明号	湖南省青年职工工作委员会
	桃江县国家税务局直属征收分局	湖南省巾帼文明示范岗	湖南省城镇妇女“巾帼建功”活动领导小组
	益阳市国税局资阳分局办税服务厅	全省国税系统 2002 年度“四优”办税服务厅	湖南省国税局
	益阳市国税局资阳分局长春税务所	全省国税系统“四优”税务所	湖南省国税局
	桃江县国家税务局灰山港税务所	全省国税系统“四优”税务所	湖南省国税局
	安化县国税局梅城税务所	全省国税系统“四优”税务所	湖南省国税局
	安化县地税局第二征收分局	省青年工作委员会授予的青年文明号	湖南省地方税务局
	桃江县地税局第一征收分局	2002 年度省局级文明单位	湖南省地方税务局
	益阳市地方税务局	全省地税系统预防职务犯罪知识竞赛三等奖	省纪委驻湖南省地方税务局纪律检查组
2003 年	桃江县国税局直属征收分局	湖南省巾帼文明示范岗	湖南省妇联、湖南省国税局、湖南省地税局
	益阳市地方税务局朝阳分局第二税务所	湖南省巾帼文明示范岗	湖南省妇联、湖南省国税局、湖南省地税局

续表 5-21

年份	获奖单位	荣誉名称	授奖单位
2003 年	大通湖区地方税务局	1999—2002 年度治安模范单位	湖南省社会治安综合治理委员会、湖南省人事厅
	桃江县国家税务局	学雷锋先进单位	湖南省雷锋精神研究会
	沅江市地税工会委员会	湖南省模范职工之家	湖南省地方税务工会工作委员会
	桃江县地税工会委员会	湖南省模范职工之家	湖南省地方税务工会工作委员会
	桃江县地税局第一征收分局	2003 年度省局级文明单位	湖南省地方税务局
	南县地方税务局	全省地税系统十佳思想政治工作先进单位	湖南省地方税务局
	桃江县地税局第四征收分局工会小组	湖南省模范职工小家	湖南省地方税务工会工作委员会
	益阳市地方税务局纪检组、监察室	2003 年全省地税系统纪检监察工作先进单位	湖南省地方税务局党组纪检组
2004 年	益阳市资阳区国家税务局	文明单位	中共湖南省委、湖南省人民政府
	桃江县国家税务局三堂街税务所	湖南青年文明号十年成就奖	共青团湖南省委
	益阳市朝阳区国税局办税大厅	2004 年度全省国税系统“四优”文明单位	湖南省国税局
	益阳市赫山区国税局办税大厅	2004 年度全省国税系统“四优”文明单位	湖南省国税局
	南县国家税务局茅草街税务所	2004 年度全省国税系统“四优”文明单位	湖南省国税局
	沅江市国家税务局	湖南省国税系统 2004 年度学习型示范单位	湖南省国税局
	桃江县国家税务局	湖南省国税系统 2004 年度学习型示范领导班子	湖南省国税局
	沅江市国家税务局办税服务厅	湖南省国税系统依法办事示范窗口单位	湖南省国税局
	桃江县国家税务局灰山港税务所	湖南省国税系统依法办事示范窗口单位	湖南省国税局
	桃江县国家税务局办税服务厅	2004 年度湖南省青年文明号	湖南省青年职工工作委员会
	南县地方税务局	全省地税系统征管基础工作优秀单位	湖南省地方税务局
	桃江县地方税务局	全省地税系统征管基础工作先进单位	湖南省地方税务局
	南县地方税务局	全省地税系统十佳思想政治工作先进集体	湖南省地方税务局
	益阳市地方税务局稽查局	全省打击涉税违法犯罪专项行动先进集体	省公安厅、省国税局、省地税局
	益阳市地方税务局	2004 年度全省地税系统督查督办工作先进单位	湖南省地方税务局
	益阳市地方税务局	2004 年度全省地税系统税收调研先进单位	湖南省地方税务局

续表 5-21

年份	获奖单位	荣誉名称	授奖单位
2005 年	沅江市国家税务局	文明窗口单位	湖南省文明委
	沅江市地方税务局办税服务厅	文明窗口单位	湖南省文明委
	益阳市国家税务局	三大系统整合推广应用工作先进集体	湖南省国税局
	益阳市国家税务局	湖南省国税系统综合征管软件操作竞赛第三名（二等奖）	湖南省国税局
	益阳市赫山区国家税务局	湖南省国税系统综合征管软件推广应用工作先进单位	湖南省国税局
	益阳市资阳区国家税务局	湖南省国税系统金税工程工作先进单位	湖南省国税局
	桃江县国家税务局	湖南省国税系统金税工程工作先进单位	湖南省国税局
	益阳市地方税务局	调研先进单位	湖南省地方税务局
	益阳市地方税务局	全省“万名税干进企业，服务经济促发展”活动优秀组织单位	湖南省地方税务局
	益阳市地方税务局	2005 年度信息调研工作先进单位第三名	湖南省地方税务局
	益阳市地方税务局	2005 年度全省地税系统督查督办工作先进单位	湖南省地方税务局
	安化县地方税务局工会	湖南省模范职工之家	湖南省总工会
	沅江市地方税务局第三税务分局工会小组	湖南省模范职工小家	湖南省总工会
2006 年	益阳市地方税务局	2006 届全省文明标兵单位	中共湖南省委、湖南省人民政府
	桃江县国家税务局	2006 届全省文明标兵单位	中共湖南省委、湖南省人民政府
	益阳市赫山区地方税务局	2006 届全省文明标兵单位	中共湖南省委、湖南省人民政府
	沅江市国家税务局	2006 年度县市区国家税务局“优秀领导班子”	湖南省国税局党组
	桃江县国家税务局	2006 年度县市区国家税务局“优秀领导班子”	湖南省国税局党组
	桃江县国家税务局马迹塘税务分局	全省国税系统“四优”文明单位	湖南省国税局
	沅江市国家税务局办税服务厅	全省国税系统“四优”文明单位	湖南省国税局
	益阳市赫山区国家税务局兰溪税务分局	全省国税系统“四优”文明单位	湖南省国税局
	益阳市资阳区国家税务局长春税务分局	全省国税系统“四优”文明单位	湖南省国税局
	桃江县国家税务局	2006 届湖南省文明单位	湖南省文明委
	桃江县国家税务局	湖南省“四五”普法依法治理工作先进单位	中共湖南省委办公厅、湖南省人民政府办公厅
	益阳市地方税务局	计算机知识及应用竞赛组织奖	湖南省地方税务局
	益阳市地方税务局	1996 年度全省地税系统信息工作先进单位	湖南省地方税务局
	益阳市地方税务局	2006 年度全省地税系统督查督办工作先进单位	湖南省地方税务局
	益阳市地方税务局	2006 年度税收宣传工作先进单位	湖南省地方税务局

续表 5-21

年份	获奖单位	荣誉名称	授奖单位
2007 年	桃江县国家税务局	湖南省文明单位（2006 届）	中共湖南省委、湖南省人民政府
	南县地方税务局	湖南省青年文明号	湖南省青年职工工作委员会
	资阳区国税局征收管理二科	湖南省青年文明号	湖南省青年职工工作委员会
	益阳市地方税务局	2007 年度全省地税系统党风廉政建设优秀单位	中共湖南省地方税务局党组
	益阳市地方税务局	2005—2007 年全省内部审计工作先进单位	湖南省审计厅
	沅江市地方税务局第四税务分局	全省第二批依法办事示范窗口	湖南省地方税务局
	桃江县地方税务局第四税务分局	全省第二批依法办事示范窗口	湖南省地方税务局
	益阳市地方税务局	税务登记工作先进单位	湖南省地方税务局
	益阳市大通湖区地方税务局工会	2007 年度湖南省模范职工之家	湖南省地方税务工会工作委员会
	沅江市地方税务局办税服务厅	2007 年度湖南省芙蓉标兵岗	湖南省地方税务工会工作委员会
	沅江市地方税务局	2007 年度土地增值税先进单位	湖南省地方税务局
	益阳市税务学会	2007 年度先进学会	湖南省税务学会、湖南省国际税收研究会
2008 年	大通湖区地方税务局	湖南省 2008 届文明单位	中共湖南省委、湖南省人民政府
	大通湖区地方税务局	湖南省档案工作规范化管理省特级	湖南省档案局
	大通湖区地方税务局	湖南省模范职工之家	湖南省总工会
	益阳市国家税务局	全省工人先锋号	湖南省总工会
	益阳市地方税务局档案室	湖南省档案工作优秀集体	湖南省档案局
	沅江市国家税务局	2008 年度县市区国家税务局优秀领导班子	湖南省国税局
	益阳市赫山区国家税务局	2008 年度县市区国家税务局优秀领导班子	湖南省国税局
	益阳市地方税务局	2008 年度税收征管工作先进单位	湖南省地方税务局
	益阳市地方税务局	全省地税系统网络安全检查优秀组织单位	湖南省地方税务局
	益阳市大通湖区地方税务局	全省地税系统十佳思想政治工作先进集体	湖南省地方税务局
	益阳市赫山区地方税务局	全省地税系统十佳地税文化建设先进集体	湖南省地方税务局
	益阳市赫山区地方税务局	2008 年度土地增值税管理先进单位	湖南省地方税务局
	益阳市地方税务局	全省地税系统三个“十佳”优秀组织奖	湖南省地方税务局
	赫山区地方税务局	2008 年度县市区局信息工作先进单位	湖南省地方税务局
	益阳市地方税务局	2008 年度全省地税系统督查督办工作先进单位	湖南省地方税务局

续表 5–21

年份	获奖单位	荣誉名称	授奖单位
2009 年	益阳市国家税务局	全省国税系统党风廉政建设先进单位	湖南省国税局党组
	益阳市国家税务局	全省廉政文化建设示范点	中共湖南省纪律检查委员会
	大通湖区地方税务局	青年文明号	湖南省青年职工工作委员会
	益阳市赫山区地方税务局	青年文明号	湖南省青年职工工作委员会
	桃江县地方税务局	“服务促和谐、满意在地税”活动县市区局优质服务先进单位	湖南省地方税务局
	益阳高新技术产业开发区地方税务局	（2009 年 10 月）省一级档案室	湖南省档案局
	益阳高新技术产业开发区地方税务局第一税务所	2009—2010 年全省地税系统依法办事示范窗口单位	湖南省地方税务局
	沅江市地方税务局	2009—2011 年全省依法办事示范窗口单位	湖南省地方税务局
	益阳市赫山区地方税务局	土地增值税管理先进单位	湖南省地方税务局
	益阳市赫山区地方税务局	芙蓉标兵岗	湖南省总工会
	桃江县地税局团总支	五四红旗团总支	共青团湖南省委
	益阳市地方税务局稽查局	2009 年度全省打击发票违法犯罪工作先进单位	湖南省人民政府办公厅
	益阳市地方税务局	2009 年度调研工作先进单位	湖南省地方税务局
	南县地方税务局	2009 年度县市区局信息工作先进单位	湖南省地方税务局
	高新区地方税务局	2009 年度县市区局信息工作先进单位	湖南省地方税务局
	益阳市地方税务局	2009 年度全省地税系统文档工作先进单位	湖南省地方税务局
	益阳市地方税务局	2009 年度收费工作先进单位	湖南省地方税务局
	益阳市地方税务局	全省地税系统督查督办工作先进单位	湖南省地方税务局
2010 年	益阳市国家税务局	全省文明单位	中共湖南省委、湖南省人民政府
	资阳区地方税务局	全省文明单位	中共湖南省委、湖南省人民政府
	益阳市国家税务局	业务运维支持工作先进单位	湖南省国家税务局
	益阳市地方税务局稽查局	全省打击发票违法犯罪工作先进单位	湖南省人民政府办公厅
	益阳市沅江市地方税务局办税服务厅	晋升五星级办税服务厅	湖南省地方税务局
	益阳市南县地方税务局办税服务厅	保持四星级办税服务厅	湖南省地方税务局
	益阳市桃江县地方税务局办税服务厅	保持四星级办税服务厅	湖南省地方税务局
	益阳市赫山区地方税务局办税服务厅	保持三星级办税服务厅	湖南省地方税务局

续表 5–21

年份	获奖单位	荣誉名称	授奖单位
2010 年	益阳市资阳区地方税务局办税服务厅	保持三星级办税服务厅	湖南省地方税务局
	益阳市安化县地方税务局办税服务厅	晋升三星级办税服务厅	湖南省地方税务局
	益阳市大通湖区地方税务局办税服务厅	晋升三星级办税服务厅	湖南省地方税务局
	沅江市地方税务局工会委员会	模范职工之家	湖南省地方税务工会工作委员会
	益阳市地方税务局	湖南省 2010 年全民健身日活动先进单位	湖南省体育局
2011 年	沅江市国家税务局纪检组监察室	全省国税系统纪检监察先进集体	湖南省国税局
	中共沅江市国家税务局退休干部支部	湖南省国税系统离退休干部“五好”党支部	湖南省国税局党组
	益阳市赫山区地方税务局	湖南省模范职工小家	湖南省总工会
	益阳市国家税务局	参与税收征管信息系统业务运维支持工作先进单位	湖南省国税局
2012 年	益阳市国家税务局	湖南省 2012 年文明标兵单位	中共湖南省委、湖南省人民政府
	资阳区国家税务局	全省文明单位	中共湖南省委、湖南省人民政府
	桃江县国家税务局	全省文明单位	中共湖南省委、湖南省人民政府
	益阳市国家税务局	2011—2012 年湖南省作风建设主题活动先进单位	湖南省作风建设领导小组
	桃江县地方税务局	2011—2012 年湖南省依法办事示范窗口	湖南省依法治省领导小组
	桃江县地税局工会	2012 年度全省“安康杯”劳动竞赛优胜单位	湖南省总工会
	桃江县国家税务局团总支	湖南省五四红旗团支部（总支）	共青团湖南省委
	桃江县地方税务局团总支	湖南省五四红旗团支部（总支）	共青团湖南省委
	益阳市地方税务局	全省存量房交易纳税评估工作先进单位（三等奖）	湖南省财政厅、湖南省地方税务局
	益阳市大通湖区地方税务局办税服务厅	巾帼文明岗	省妇女巾帼建功活动领导小组
	益阳市地方税务局	全省地税系统学习型党组织建设先进单位	湖南省地方税务局
	益阳市大通湖区地方税务局	全省地税系统学习型党组织建设先进单位	湖南省地方税务局
	桃江县地方税务局	2012 年度县市区局信息调研工作先进单位	湖南省地方税务局
	益阳市地方税务局	2012 年度规费工作先进单位	湖南省地方税务局
	益阳市地方税务局	2012 年度税收调查工作先进单位	湖南省地方税务局
	益阳市地方税务局	2012 年度全省地税系统反腐倡廉建设合格单位	中共湖南省地方税务局党组
	益阳市地方税务局	2012 年度全省地税系统数据质量管理工作先进单位	湖南省地方税务局

续表 5-21

年份	获奖单位	荣誉名称	授奖单位
2012 年	益阳市地方税务局大企业税收管理局	2012 年度交通重点建设工程税收征收管理工作先进单位	湖南省地方税务局
	沅江市国家税务局	“四优”文明单位	湖南省国税局
	益阳市资阳区国家税务局长春税务分局	“四优”文明单位	湖南省国税局
	桃江县国家税务局灰山港税务分局	“四优”文明单位	湖南省国税局
2013 年	益阳市地方税务局	2013 年市州局领导班子年度争先创优奖	中共湖南省地方税务局党组
	大通湖地方税务局办税服务厅	文明窗口单位	湖南省文明委
	南县地方税务局办税服务厅	全省地税系统五星级办税服务厅	湖南省地方税务局
	赫山区地方税务局办税服务厅	全省地税系统五星级办税服务厅	湖南省地方税务局
	沅江市地方税务局办税服务厅	全省地税系统五星级办税服务厅	湖南省地方税务局
	桃江县地方税务局办税服务厅	全省地税系统四星级办税服务厅	湖南省地方税务局
	益阳高新区地方税务局办税服务厅	全省地税系统四星级办税服务厅	湖南省地方税务局
	益阳市地方税务局直属局办税服务厅	全省地税系统三星级办税服务厅	湖南省地方税务局
	大通湖区地方税务局办税服务厅	全省地税系统三星级办税服务厅	湖南省地方税务局
	安化县地方税务局办税服务厅	全省地税系统三星级办税服务厅	湖南省地方税务局
	南县地方税务局	全省地税系统先进单位	湖南省地方税务局
	益阳高新区地方税务局	湖南地税系统地税文化建设工作先进单位	湖南省地方税务局
	沅江市地方税务局	湖南地税系统地税文化建设工作先进单位	湖南省地方税务局
	益阳市地方税务局	全省地税系统第七届稽查能手竞赛集体组织奖	湖南省地方税务局
	益阳市地方税务局	全省地税系统首届气排球锦标赛二等奖	湖南省地方税务工会工作委员会
2014 年	益阳市地方税务局	湖南省文明单位	中共湖南省委、湖南省人民政府
	资阳区地方税务局	湖南省文明标兵单位	湖南省文明委
	大通湖区地方税务局	湖南省文明单位	湖南省文明委
	益阳高新区地税局办税服务中心	湖南省芙蓉标兵岗	湖南省总工会女职工委员会
	益阳市国家税务局	全省国税系统税收调查工作先进单位	湖南省国税局
	益阳市地方税务局	全省地税系统税收业务能手知识竞赛优秀组织奖	湖南省地方税务局
2015 年	益阳市国家税务局	湖南省文明窗口单位	湖南省文明委
	益阳市国税局车购税分局	湖南省文明窗口单位	湖南省文明委
	益阳市赫山区地方税务局	2013—2015 年全省依法办事示范窗口单位	中共湖南省委法治湖南建设领导小组
	益阳市地方税务局	全省地税系统金税三期工程推广上线工作先进单位	湖南省地方税务局

续表 5-21

年份	获奖单位	荣誉名称	授奖单位
2016 年	南县国家税务局	省级文明标兵单位	湖南省文明委
	桃江县国家税务局	省级文明标兵单位	湖南省文明委
	益阳市大通湖区国税局	省级文明单位	湖南省文明委
	益阳市赫山区地方税务局	湖南省 2016 届文明单位	湖南省文明委
	沅江市地方税务局	湖南省 2016 届文明单位	湖南省文明委
	大通湖区国家税务局	湖南省 2016 届文明单位	湖南省文明委
	益阳市国家税务局	2016 年全省国税系统税收调查先进单位	湖南省国税局
	南县国家税务局	全省国税系统绩效管理工作标杆单位	湖南省国税局
	益阳市地方税务局直属局	全省地税系统先进单位	湖南省地方税务局
	益阳市税务学会	2015—2016 年先进学会	湖南省税务学会
	沅江市国家税务局办税服务厅	湖南省巾帼文明岗	湖南省妇联
	益阳市地方税务局代表队	全省地税系统第一届职工运动会道德风尚奖	湖南省地方税务工会工作委员会
	益阳市地方税务局代表队	全省地税系统第一届职工运动会气排球比赛第四名	湖南省地方税务工会工作委员会
	益阳市地方税务局代表队	全省地税系统第一届职工运动会象棋比赛和谐奋进奖	湖南省地方税务工会工作委员会
	益阳市地方税务局代表队	全省地税系统第一届职工运动会围棋比赛道德风尚奖	湖南省地方税务工会工作委员会
	益阳市地方税务局代表队	全省地税系统第一届职工运动会围棋比赛和谐奋进奖	湖南省地方税务工会工作委员会
2017 年	南县国家税务局	2017 年全面推开“营改增”工作先进区县单位	湖南省国税局
	沅江市国家税务局	2017 年全面推开“营改增”工作先进区县单位	湖南省国税局
	益阳市地方税务局	全省地税系统“两学一做”学习教育先进单位	湖南省地税党建工作领导小组
	益阳市地方税务局	全省地税系统税收风险应对优秀案例（二等奖）	湖南省地方税务局
	益阳市国税局车购税分局税源管理科	湖南省巾帼文明岗	湖南省妇女联合会
	桃江县国家税务局纳税服务科	湖南省巾帼文明岗	湖南省妇女联合会
	沅江市地税局收入规划核算科	湖南省巾帼文明岗	湖南省妇女联合会
	沅江市国税局办税服务厅	湖南省巾帼文明岗	湖南省妇女联合会
	益阳市资阳区国税局纳税服务科	湖南省巾帼文明岗	湖南省妇女联合会
	益阳市地方税务局	舞蹈专业奖项（综合）三等奖	湖南省地方税务工会工作委员会
	益阳市地方税务局	湖南省地税系统第一届职工运动会团体三等奖	湖南省地方税务工会工作委员会

续表 5-21

年份	获奖单位	荣誉名称	授奖单位
2018 年	国家税务总局沅江市税务局	湖南省 2018 届文明单位	湖南省文明委
	国家税务总局益阳高新区税务局	湖南省 2018 届文明单位	湖南省文明委
	沅江市国家税务局办税服务厅	2016—2018 年全省依法办事示范窗口单位	湖南省法治办
	南县国家税务局纳税服务科	2016—2018 年全省依法办事示范窗口单位	湖南省法治办
	国家税务总局益阳市大通湖区税务局	湖南省模范职工之家	湖南省总工会
	车辆购置税征收管理分局	湖南省巾帼文明岗	湖南省妇女联合会
	益阳市赫山区地方税务局	全省地税系统先进单位	湖南省地方税务局
	桃江县地方税务局第三税务分局	全省地税系统先进基层税务分局	湖南省地方税务局
2019 年	国家税务总局沅江市税务局办税服务厅	湖南省芙蓉标兵岗	湖南省总工会
	国家税务总局南县税务局	全省税务系统“四合”示范单位	国家税务总局湖南省税务局
	国家税务总局益阳市税务局机关第二党支部	全省税务系统“五化”先进党支部	中共国家税务总局湖南省税务局委员会
2020 年	国家税务总局资阳区税务局	湖南省 2020 届文明单位	湖南省文明委
	国家税务总局安化县税务局	湖南省 2020 届文明单位	湖南省文明委
	国家税务总局沅江市税务局第一税务分局	湖南省文明窗口单位	湖南省文明委
	国家税务总局沅江市税务局财务管理股	湖南省巾帼文明岗	湖南省妇女联合会
	国家税务总局益阳市大通湖区税务局第一税务所	2020 年度湖南省巾帼文明岗	湖南省妇女联合会
	国家税务总局南县税务局第一税务分局	湖南省工人先锋号	湖南省总工会
2021 年	中共国家税务总局益阳市税务局机关第二支部委员会	全省税务系统先进基层党组织	中共国家税务总局湖南省税务局委员会
	中共国家税务总局桃江县税务局马迹塘税务所支部委员会	全省税务系统先进基层党组织	中共国家税务总局湖南省税务局委员会
	中共国家税务总局安化县税务局梅城税务分局支部委员会	全省税务系统先进基层党组织	中共国家税务总局湖南省税务局委员会
	中共益阳市税务局离退休干部第一党支部	全省示范离退休干部党支部	中共湖南省离退休干部工作委员会
	国家税务总局安化县税务局	全省税务系统社保费征收体制改革先进单位	国家税务总局湖南省税务局
	国家税务总局沅江市税务局	全省税务系统社保费征收体制改革先进单位	国家税务总局湖南省税务局
	国家税务总局桃江县税务局	全省税务系统社保费征收体制改革先进单位	国家税务总局湖南省税务局

续表 5-21

年份	获奖单位	荣誉名称	授奖单位
2021 年	国家税务总局南县税务局	全省税务系统个人所得税改革先进单位	国家税务总局 湖南省税务局
	国家税务总局桃江县税务局	全省税务系统个人所得税改革先进单位	国家税务总局 湖南省税务局
	国家税务总局益阳市税务局	全省税务系统第二届“十佳文秘” 评选活动优秀组织奖	国家税务总局 湖南省税务局
	国家税务总局益阳市税务局	2021 年度全省税务系统绩效管理先进单位	国家税务总局 湖南省税务局
	南县税务局团委	湖南省五四红旗团支部	共青团湖南省委
2022 年	国家税务总局桃江县税务局	湖南省文明标兵单位	湖南省文明委
	国家税务总局沅江市税务局	湖南省文明标兵单位	湖南省文明委
	国家税务总局 益阳高新区税务局	湖南省文明标兵单位	湖南省文明委
	国家税务总局安化县税务局	湖南省文明标兵单位	湖南省文明委
	国家税务总局 益阳市大通湖区税务局	湖南省文明单位	湖南省文明委
	国家税务总局 益阳市赫山区税务局	湖南省文明单位	湖南省文明委
	国家税务总局 益阳高新区税务局	湖南省文明窗口单位	湖南省文明委
	第二税务分局	湖南省文明窗口单位	湖南省文明委
	国家税务总局益阳市税务局 第一税务分局	2021—2022 年度全省税务系统先进单位	国家税务总局 湖南省税务局
	国家税务总局益阳市 赫山区税务局第二税务分局	2021—2022 年度全省税务系统先进单位	国家税务总局 湖南省税务局
	国家税务总局桃江县税务局 第二税务分局	2021—2022 年度全省税务系统先进单位	国家税务总局 湖南省税务局
	国家税务总局安化县税务局 第一税务分局	2021 年度巾帼文明岗	国家税务总局 湖南省税务局党建 工作领导小组
	南县税务局财务管理股	湖南省巾帼文明岗	湖南省妇女联合会
	国家税务总局沅江市税务局 第一税务分局	湖南省模范职工小家	湖南省总工会
	国家税务总局沅江市税务局第 一税务分局	湖南省巾帼文明岗	湖南省妇女联合会
	国家税务总局益阳市 大通湖区税务局第一税务所	湖南省文明窗口单位	湖南省文明委
	国家税务总局沅江市税务局第 一税务分局	2022 年评定五星级	国家税务总局 湖南省税务局
	国家税务总局益阳市赫山区税 务局第一税务分局	2022 年评定四星级	国家税务总局 湖南省税务局

三、市级以上表彰的先进集体

益阳市税务系统获市级以上表彰的先进集体一览表

表 5–22

年份	获奖单位	荣誉名称	授奖单位
1996 年	桃江县地税局第一征收分局	青年文明号	共青团益阳市委
1997 年	南县地方税务局	1996—1997 年度文明建设标兵单位	中共益阳市委、益阳市人民政府
	益阳市地方税务局	1996—1997 年度文明建设先进单位	中共益阳市委、益阳市人民政府
	益阳市赫山区地方税务局	1996—1997 年度文明建设先进单位	中共益阳市委、益阳市人民政府
	桃江县国税局桃花江分局	1996—1997 年度文明建设先进单位	中共益阳市委、益阳市人民政府
1998 年	安化县地税局第五征收分局	1998 年度青年文明号	共青团益阳市委
	安化县地税局第六征收分局	1998 年度青年文明号	共青团益阳市委
	南县地税局第一征收分局	1998 年度青年文明号	共青团益阳市委
	益阳市地税局赫山分局第一征收分局	1998 年度青年文明号	共青团益阳市委
	沅江市地税局稽查局	1998 年度青年文明号	共青团益阳市委
	益阳市地税局朝阳分局	1998 年度青年文明号	共青团益阳市委
1999 年	益阳市地方税务局	全市政府法制工作和行政执法工作先进单位	益阳市人民政府
2002 年	益阳市国税局资阳分局沙头税务所	益阳市青年文明号	共青团益阳市委
	安化县国税局仙溪税务所	益阳市青年文明号	共青团益阳市委
	桃江县国税局直属征收分局	益阳市青年文明号	共青团益阳市委
	益阳市国税局朝阳分局计征科	益阳市青年文明号	共青团益阳市委
	沅江市国税局稽查局	益阳市青年文明号	共青团益阳市委
2003 年	大通湖区地方税务局	益阳市模范职工之家	益阳市总工会
	南县国税局武圣宫税务所	益阳市青年文明号	共青团益阳市委
	赫山地税一分局	益阳市“十佳市级青年文明号”	共青团益阳市委
	安化国税仙溪税务所	益阳市“十佳市级青年文明号”	共青团益阳市委
	南县地税二分局	新评选的益阳市市级“青年文明号”	共青团益阳市委
	资阳地税二分局	新评选的益阳市市级“青年文明号”	共青团益阳市委
	安化地税三分局	新评选的益阳市市级“青年文明号”	共青团益阳市委
	资阳国税管理一科	新评选的益阳市市级“青年文明号”	共青团益阳市委
	安化国税坪口税务所	新评选的益阳市市级“青年文明号”	共青团益阳市委
	赫山地税一分局	继续认定的市级“青年文明号”	共青团益阳市委
	赫山地税金银山税务所	继续认定的市级“青年文明号”	共青团益阳市委
	朝阳地税局	继续认定的市级“青年文明号”	共青团益阳市委
	安化县地税六分局	继续认定的市级“青年文明号”	共青团益阳市委
	桃江县地税四分局	继续认定的市级“青年文明号”	共青团益阳市委
	资阳国税沙头税务所	继续认定的市级“青年文明号”	共青团益阳市委
	朝阳国税分局计征科	继续认定的市级“青年文明号”	共青团益阳市委
	沅江市国税局稽查局	继续认定的市级“青年文明号”	共青团益阳市委

续表 5-22

年份	获奖单位	荣誉名称	授奖单位
2003	安化县国税局仙溪税务所	继续认定的市级“青年文明号”	共青团益阳市委
	桃江县国税局三堂街税务所	继续认定的市级“青年文明号”	共青团益阳市委
	桃江县国税局计征科	继续认定的市级“青年文明号”	共青团益阳市委
	益阳市地方税务局	2003 年度税收任务完成出色全市通报表彰	益阳市人民政府
	益阳市地方税务局	2003 年度全市农村基层组织建设和扶贫开发工作先进工作组	中共益阳市委、益阳市人民政府
	益阳市国家税务局	2003 年度全市农村基层组织建设和扶贫开发工作先进包村单位	中共益阳市委、益阳市人民政府
2005 年	益阳市国税局赫山分局	花园式单位	益阳市人民政府
	益阳市地方税务局朝阳分局	市级模范职工之家	益阳市总工会
	沅江市地方税务局第四税务分局工会小组	市级模范职工小家	益阳市总工会
	安化县地方税务局第一税务分局工会小组	市级模范职工小家	益阳市总工会
	安化县地方税务局第四税务分局工会小组	市级模范职工小家	益阳市总工会
	赫山区地方税务局第三税务所工会小组	市级模范职工小家	益阳市总工会
	益阳市国家税务局工会	益阳市市直基层工会目标管理先进单位	益阳市总工会
	益阳市地方税务局工会	益阳市市直（片组）系统目标管理先进单位	益阳市总工会
	沅江市地方税务局稽查局工会小组	益阳市模范职工小家	益阳市总工会
2007 年	大通湖区地方税务局办税服务厅	益阳市青年文明号	共青团益阳市委
2008 年	益阳市国家税务局办税服务厅（车辆购置税）	工人先锋号	益阳市总工会
2010 年	大通湖区地方税务局	2008—2009 年度文明标兵单位	中共益阳市委、益阳市人民政府
	车辆购置税征收管理分局	青年文明号	共青团益阳市委
2012 年	中共益阳市地方税务局直属机关委员会	创先争优、凝聚力工程先进基层党组织	中共益阳市委
	大通湖区国家税务局	2010—2011 年度文明单位	中共益阳市委、市人民政府
2014 年	大通湖区地方税务局办税服务厅	芙蓉标兵岗	益阳市总工会
2015 年	益阳市地方税务系统	2014—2015 年度文明行业	中共益阳市委、益阳市人民政府
	益阳市赫山区地方税务局	2014—2015 年度文明单位	中共益阳市委、益阳市人民政府
	市国税局妇委会	2015 年度市直单位先进妇委会	益阳市妇女联合会
	市地税局妇委会	2015 年度市直单位先进妇委会	益阳市妇女联合会
	益阳市地税局直属局办税服务中心	益阳市三八红旗集体	益阳市妇女联合会

续表 5-22

年份	获奖单位	荣誉名称	授奖单位
2015 年	桃江县国家税务局办税服务厅	益阳市巾帼文明岗	益阳市妇女联合会
	益阳市资阳区国家税务局纳税服务科	益阳市巾帼文明岗	益阳市妇女联合会
	益阳市国家税务局车购税分局税源管理科	益阳市巾帼文明岗	益阳市妇女联合会
2016 年	桃江县国家税务局办税服务厅	2015—2016 年度益阳市青年文明号	共青团益阳市委
	南县国家税务局办税服务厅	2015—2016 年度益阳市青年文明号	共青团益阳市委
	益阳市国税局车购税分局税源管理科	益阳市“巾帼文明岗”	益阳市妇女联合会
	资阳市资阳区国税局纳税服务科	益阳市“巾帼文明岗”	益阳市妇女联合会
	桃江县国家税务局办税服务厅	益阳市“巾帼文明岗”	益阳市妇女联合会
	益阳市地税局直属局办税服务中心	益阳市三八红旗集体	益阳市妇女联合会
	益阳市国家税务局工会	2016 年度全市工会工作目标管理考核先进单位	益阳市总工会
	益阳市地方税务局工会	2016 年度全市工会工作目标管理考核先进单位	益阳市总工会
	益阳市大通湖区国家税务局	市级模范职工之家	益阳市总工会
	大通湖区国家税务局办税服务厅	2016 年度市级芙蓉标兵岗	益阳市总工会
	益阳市国税局车辆购置税征收管理分局税源管理科	2016 年度市级芙蓉标兵岗	益阳市总工会
2017 年	益阳市国税系统	2016—2017 年度文明行业	益阳市精神文明建设指导委员会
	益阳高新技术产业开发区国家税务局	2016—2017 年度文明单位	益阳市精神文明建设指导委员会
	益阳市地方税务局	2016—2017 年度文明标兵单位	益阳市精神文明建设指导委员会
2019 年	益阳市税务局团委	2019 年益阳市五四红旗团支部（总支）	共青团益阳市委
	安化县税务局机关团支部	2019 年益阳市五四红旗团支部（总支）	共青团益阳市委
	国家税务总局益阳市大通湖区税务局	2019 年益阳市五四红旗团支部（总支）	共青团益阳市委
	国家税务总局益阳市大通湖区税务局第一税务所	芙蓉标兵岗	益阳市总工会
	国家税务总局安化县税务局第一税务分局	芙蓉标兵岗	益阳市总工会
	第二税务分局	模范职工小家	益阳市总工会
	第二税务分局	芙蓉标兵岗	益阳市总工会
2020—2021 年	大通湖区税务局第一税务所	2019—2020 年度益阳市青年文明号	共青团益阳市委、市社保局
	沅江市税务局第一税务分局	2019—2020 年度益阳市青年文明号	共青团益阳市委、市社保局
	中共益阳市税务局离退休干部第一党支部	2020 年度全市“五好”离退休干部党支部	中共益阳市离退休干部工作委员会

续表 5-22

年份	获奖单位	荣誉名称	授奖单位
2020—2021 年	中共益阳市税务局离退休干部第二党支部	2021 年度全市“五好”离退休干部党支部	中共益阳市离退休干部工作委员会
	安化县税务局离退休干部第一党支部	2020 年度全市“五好”离退休干部党支部	中共益阳市离退休干部工作委员会
	益阳市税务局龚胜兰家庭	2020—2021 年度市级文明家庭	益阳市精神文明建设指导委员会
	第二税务分局	2020 年度职工职业道德标兵单位	益阳市总工会
	国家税务总局安化县税务局第一税务分局	2021 年度益阳市巾帼文明岗	益阳市妇女联合会
	益阳市税务局团委	2020 年全市红旗单位	共青团益阳市委
	国家税务总局益阳市税务局机关党委	2021 年全市先进基层党组织	中共益阳市委
2022 年	第二税务分局	益阳市五一劳动奖章	益阳市总工会
	国家税务总局安化县税务局第一税务分局（办税服务厅）	2021—2022 年度益阳市青年文明号	共青团益阳市委

第二节 先进个人

一、总局以上表彰的先进个人

益阳市税务系统获总局以上表彰的先进个人一览表

表 5-23

年份	获奖人（工作单位）	荣誉名称	授奖单位
1991 年	刘志华（益阳地区税务局）	全国税法宣传教育活动先进个人	中华全国总工会、共青团中央、全国妇联和国家税务局
	江卫凯（沅江市税务局）	全国税务系统三八红旗手	全国妇联、国家税务局
	张必书（益阳市税务局）	全国税法和税收知识电视大赛优秀选手奖	全国税法宣传教育活动领导小组
1995 年	曾国华（益阳市国家税务局）	1994 年全国打击伪造倒卖盗窃发票违法犯罪活动嘉奖	最高人民法院、最高人民检察院、公安部、国家税务总局
1996 年	肖志芳（益阳市地方税务局）	全国税务系统征管能手	国家税务总局
1997 年	乔湘林（益阳市地方税务局朝阳分局）	全国税务系统先进工作者	人事部、国家税务总局
1998 年	李芝兰（桃江县国家税务局）	全国五一劳动奖章	中华全国总工会
2000 年	李芝兰（桃江县国家税务局）	全国先进工作者	国务院
2001 年	曹友才（益阳市朝阳区地方税务局）	全国税务系统先进工作者	人事部、国家税务总局

续表 5-23

年份	获奖人（工作单位）	荣誉名称	授奖单位
2007 年	邹苏平（益阳市高新区地方税务局第二税务所）	全国税务系统精神文明建设先进工作者	国家税务总局
2009 年	胡萍（桃江县地方税务局）	全国女职工建功立业标兵	中华全国总工会
2012 年	彭颖辉（益阳市地税局）	全国工会系统先进工作者	中华全国总工会
2013 年	张激光（益阳市国家税务局）	全国优秀工会积极分子	中华全国总工会
2016 年	唐蔚（益阳市赫山区国家税务局）	全国税务系统先进工作者	国家税务总局
2017 年	钟征（益阳市地方税务局）	全国巾帼建功标兵	国家税务总局
2021 年	蔡明锋（国家税务总局南县税务局）	全国税务系统精神文明建设先进工作者	国家税务总局
	胡世泉（国家税务总局益阳市资阳区税务局）	三等功	国家税务总局

二、省局以上表彰的先进个人

益阳市税务系统获省局以上表彰的先进个人一览表

表 5-24

年份	获奖人	荣誉名称	授奖单位
1990 年	李芝兰 桃江县武潭税务所专管员	青年标兵	共青团湖南省委、湖南省税务局
	邓宇峰 益阳市第三税务所副所长	先进青年	共青团湖南省委、湖南省税务局
	赵红泉 南县浪拔湖税务所专管员	先进青年	共青团湖南省委、湖南省税务局
	江卫凯	湖南省三八红旗手	湖南省妇女联合会
	江卫凯	湖南省税务系统三八红旗手	湖南省税务局、湖南省妇联
	谢玉兰	湖南省税务系统三八红旗手	湖南省税务局、湖南省妇联
	何爵文	先进工作者	湖南省税务局
	刘世平	先进工作者	湖南省税务局
	杨滨湖	先进工作者	湖南省税务局
	陈跃林	优秀专管员	湖南省税务局
	刘爱清	优秀专管员	湖南省税务局
	龚昌省	优秀专管员	湖南省税务局
1993 年	张三喜	离退休干部先进个人	湖南省税务局
	曾纪纯	离退休干部先进个人	湖南省税务局
	曹青云	离退休干部先进个人	湖南省税务局

续表 5-24

年份	获奖人	荣誉名称	授奖单位
1993 年	文定湘	离退休干部先进个人	湖南省税务局
	严钦登	离退休干部先进个人	湖南省税务局
	熊第盘	离退休干部先进个人	湖南省税务局
1994 年	曾小燕	廉政先进个人	湖南省税务局
	杨滨湖	廉政先进个人	湖南省税务局
1995 年	杨概然 桃江县国家税务局	优秀国税局长	湖南省国家税务局
	莫岳苏 桃江县国家税务局	优秀国税所长	湖南省国家税务局
	吴建坤 益阳市国税四分局	优秀国税所长	湖南省国家税务局
	陈茂辉 沅江市国家税务局	优秀国税所长	湖南省国家税务局
	廖熔峰（女） 益阳市国税一分局	会统能手	湖南省国家税务局
	彭霞（女） 桃江县国家税务局	会统能手	湖南省国家税务局
	崔青（女） 益阳市国税二分局	稽查能手	湖南省国家税务局
	李谨（女） 益阳市国税二分局	稽查能手	湖南省国家税务局
	罗安林 安化县国家税务局	稽查能手	湖南省国家税务局
	柳志权 沅江市国家税务局	填票能手	湖南省国家税务局
	朱翠君（女） 安化县国家税务局	填票能手	湖南省国家税务局
	李红娟（女） 益阳市国税三分局	优秀专管员	湖南省国家税务局
	盛丽（女） 益阳市国税二分局	优秀专管员	湖南省国家税务局
	聂丽芳（女） 益阳市国税一分局	优秀专管员	湖南省国家税务局
	李金兰 益阳市国税三分局	优秀专管员	湖南省国家税务局
	万新飞 益阳市国税四分局	优秀专管员	湖南省国家税务局
	林宏 南县国家税务局	优秀专管员	湖南省国家税务局
	程平 南县国家税务局	优秀专管员	湖南省国家税务局

续表 5-24

年份	获奖人	荣誉名称	授奖单位
1995年	王迎秋 沅江市国家税务局	优秀专管员	湖南省国家税务局
	赵政 沅江市国家税务局	优秀专管员	湖南省国家税务局
	吴清（女） 桃江县国家税务局	优秀专管员	湖南省国家税务局
	谭设光 安化县国家税务局	优秀专管员	湖南省国家税务局
	王志刚 安化县国家税务局	优秀专管员	湖南省国家税务局
	冷世平 市地税局	记二等功	湖南省地方税务局
	邓杏仁 市地税局	记二等功	湖南省地方税务局
	殷跃辉 市地税局	记二等功	湖南省地方税务局
	刘树元 市地税局	记二等功	湖南省地方税务局
	冷世林 市地税局	记二等功	湖南省地方税务局
	李敬儒 市地税局	记二等功	湖南省地方税务局
	乔湘林 市地税局	记二等功	湖南省地方税务局
	蔡灵芝 市地税局	记三等功	湖南省地方税务局
	杨慨然 桃江县国税局	记二等功	湖南省国家税务局
	江卫凯 沅江市国税局	记二等功	湖南省国家税务局
1996年	黄强 南县国家税务局茅草街征收分局	优秀国税征收分局（所）长	湖南省国家税务局
	陈国良 益阳市国税一分局效区税务所	优秀国税征收分局（所）长	湖南省国家税务局
	邱玉军 安化县国家税务局仙溪征收分局	优秀国税征收分局（所）长	湖南省国家税务局
	吴建坤 益阳市国税四分局千山红税务所	优秀国税征收分局（所）长	湖南省国家税务局
	郭吉祥 益阳市国税一分局综合业务科	岗位能手	湖南省国家税务局
	陈虹 益阳市国税二分局计财科	岗位能手	湖南省国家税务局
	雷宗孟 益阳市国税三分局赫山征收分局	岗位能手	湖南省国家税务局

续表 5-24

年份	获奖人	荣誉名称	授奖单位
1996年	肖建清 沅江市国税局办公室	岗位能手	湖南省国家税务局
	姚卫平 南县国税局稽查局	岗位能手	湖南省国家税务局
	李惠莲 桃江县国税局石牛江征收分局	岗位能手	湖南省国家税务局
	王志刚 安化县国税局梅城征收分局	岗位能手	湖南省国家税务局
	刘彪 益阳市国税一分局稽查一科	优秀专管员	湖南省国家税务局
	刘尚明 益阳市国税二分局稽查二科	优秀专管员	湖南省国家税务局
	石晶晶 益阳市国税三分局沧水铺征收分局	优秀专管员	湖南省国家税务局
	杨滨湖 益阳市国税三分局稽查二科	优秀专管员	湖南省国家税务局
	赵政 沅江市国税局新湾征收分局	优秀专管员	湖南省国家税务局
	于文丽 沅江市国税局庆云山征收分局	优秀专管员	湖南省国家税务局
	严红球 南县国税局武圣宫征收分局	优秀专管员	湖南省国家税务局
	王瑞林 南县国税局南洲征收分局	优秀专管员	湖南省国家税务局
	汪群峰 桃江县国税局桃花江征收分局	优秀专管员	湖南省国家税务局
	李芝兰 桃江县国税局马迹塘征收分局	优秀专管员	湖南省国家税务局
	戴迪安 安化县国税局东坪征收分局	优秀专管员	湖南省国家税务局
	张先羊 安化县国税局冷市征收分局	优秀专管员	湖南省国家税务局
	黎正华 益阳资阳区地方税务局	二等功	湖南省地方税务局
	莫国云 益阳市地方税务局	湖南省地税系统 十佳稽查能手	湖南省地方税务局
	徐亚平 益阳资阳区地方税务局	1996年度全省地税系统 十佳填票能手	湖南省地方税务局

续表 5–24

年份	获奖人	荣誉名称	授奖单位
1997 年	李芝兰 桃江县国家税务局	湖南省先进工作者	湖南省人民政府
	汪文革 桃江县国家税务局 石牛江征收分局局长	湖南省杰出青年卫士	共青团湖南省委 湖南省国税局
	汪文革 桃江县国家税务局 石牛江征收分局局长	全省窗口行业推行文明用语杜绝服务忌语先进个人	湖南省委宣传部
	莫毅波	优秀征收分局（税务所）长	湖南省国税局
	曹凌	优秀征收分局（税务所）长	湖南省国税局
	汪文革	优秀征收分局（税务所）长	湖南省国税局
	张绍宏	稽查能手	湖南省国税局
	王槐庭	稽查能手	湖南省国税局
	胡敏	稽查能手	湖南省国税局
	周炳生	岗位能手	湖南省国税局
	陈虹	岗位能手	湖南省国税局
	龚辉	岗位能手	湖南省国税局
	胡文胜	岗位能手	湖南省国税局
	赵正	岗位能手	湖南省国税局
	喻觉华	岗位能手	湖南省国税局
	严红球	岗位能手	湖南省国税局
	黄爱玉	岗位能手	湖南省国税局
	文国光	岗位能手	湖南省国税局
	汪群峰	岗位能手	湖南省国税局
	戴迪安	岗位能手	湖南省国税局
	谭设光	岗位能手	湖南省国税局
	龚毅强	湖南省青年岗位能手	湖南省青年职工工作委员会
	石一农	办案先进个人	湖南省国家税务局
	肖志芳 益阳市沅江市地税局稽查局副局长	1997 年度省级 青年岗位能手	湖南省地税局 共青团湖南省委
	郭光明	1997 年度优秀信息员	湖南省地方税务局
1998 年	陶岚萍	湖南省国税系统 抗洪抢险先进个人	湖南省国家税务局
	胡建宇	湖南省国税系统 抗洪抢险先进个人	湖南省国家税务局
	侯明亮	湖南省国税系统 抗洪抢险先进个人	湖南省国家税务局
	王振球	湖南省国税系统 抗洪抢险先进个人	湖南省国家税务局

续表 5-24

年份	获奖人	荣誉名称	授奖单位
1998 年	阳达毛	湖南省国税系统 抗洪抢险先进个人	湖南省国家税务局
	胡志勇	湖南省国税系统 计算机应用技术能手	湖南省国家税务局
	黎鸣	湖南省国税系统 计算机应用操作能手	湖南省国家税务局
	谢辉	五好文明家庭	湖南省国家税务局
	徐建明	优秀国税工作者	湖南省国家税务局
	项智洪	优秀国税工作者	湖南省国家税务局
	陈佑斌	优秀国税工作者	湖南省国家税务局
	廖帅夫	优秀国税工作者	湖南省国家税务局
	舒刚	优秀国税工作者	湖南省国家税务局
	刘卫红	优秀国税工作者	湖南省国家税务局
	高峰	优秀国税工作者	湖南省国家税务局
	周复春	优秀国税工作者	湖南省国家税务局
	孙东山	优秀国税工作者	湖南省国家税务局
	严红球	优秀国税工作者	湖南省国家税务局
	李芝兰	优秀国税工作者	湖南省国家税务局
	文腊梅	优秀国税工作者	湖南省国家税务局
	胡顺昌	优秀国税工作者	湖南省国家税务局
	丁龙辉	优秀国税工作者	湖南省国家税务局
	王振球	优秀国税工作者	湖南省国家税务局
	曹凌	优秀国税工作者	湖南省国家税务局
	王敬超	湖南省青年岗位能手	湖南省青年职工工作委员会
	项智洪	从事税收财务物价 大检查工作满十年	湖南省人民政府税收 财务物价大检查办公室
	乔文光	1998 年度优秀信息员	湖南省地方税务局
	郭光明	1998 年度优秀信息员	湖南省地方税务局
	刘平南	1998 年度优秀信息员	湖南省地方税务局
1999 年	张欣	1999 年湖南省 青年岗位能手	湖南省青年职工工作委员会
2000 年	郭光明	2000 年度信息工作优秀信息员	湖南省地方税务局
	莫国荣	2000 年度税法宣传先进个人	湖南省地方税务局
2001 年	郭光明	2001 年度优秀信息员	湖南省地方税务局

续表 5-24

年份	获奖人	荣誉名称	授奖单位
2002年	陈德辉 益阳市国家税务局资阳分局计征科	优秀女税务工作者	湖南省妇联、湖南省国税局、湖南省地税局
	王艳 桃江县国家税务局稽查局	优秀女税务工作者	湖南省妇联、湖南省国税局、湖南省地税局
	于翔 沅江市国家税务局税政科	优秀女税务工作者	湖南省妇联、湖南省国税局、湖南省地税局
	贾跃宏 益阳市地税局稽查局干部	优秀女税务工作者	湖南省妇联、湖南省国税局、湖南省地税局
	曾敏 沅江市地税局计会科科长	优秀女税务工作者	湖南省妇联、湖南省国税局、湖南省地税局
	陈红军 安化县国家税务局计征科	青年岗位能手	湖南省青年职工工作委员会
	周志强 益阳市国家税务局计财科	优秀国税工作者	湖南省国家税务局
	孟春华 益阳市国家税务局服务中心	优秀国税工作者	湖南省国家税务局
	李晓红 益阳市国家税务局稽查局	优秀国税工作者	湖南省国家税务局
	陈建良 益阳市国家税务局资阳分局综合科	优秀国税工作者	湖南省国家税务局
	李沪庆 益阳市国家税务局朝阳分局	优秀国税工作者	湖南省国家税务局
	何积辉 益阳市国家税务局 赫山分局沧水铺税务所	优秀国税工作者	湖南省国家税务局
	肖国华 益阳市国家税务局 赫山分局管理一科	优秀国税工作者	湖南省国家税务局
	谢建光 益阳市国家税务局 大通湖分局计征科	优秀国税工作者	湖南省国家税务局
	向安乐 沅江市国家税务局	优秀国税工作者	湖南省国家税务局
	谢展辉 南县国家税务局管理二科	优秀国税工作者	湖南省国家税务局
	汪清波 桃江县国家税务局	优秀国税工作者	湖南省国家税务局
	彭军 安化县国家税务局管理一科	优秀国税工作者	湖南省国家税务局
2003年	刘义忠 桃江县国家税务局三堂街税务所	湖南省优秀青年卫士	共青团湖南省委、湖南省国税局

续表 5–24

年份	获奖人	荣誉名称	授奖单位
2004 年	皮本固 益阳市国税局局长	湖南省国税系统“艰苦奋斗、勤廉为民”优秀领导干部	湖南省国税局党组
	赵政 益阳市国家税务局科员	湖南省税务系统 2004 年度学习型人才	湖南省国家税务局
	龙辉 益阳市赫山区国家税务局科员	湖南省税务系统 2005 年度学习型人才	湖南省国家税务局
	藏智环 益阳市资阳区国家税务局税源管理三科科长	湖南省税务系统 2004 年度学习型家庭	湖南省国家税务局
	张正芳 安化县国家税务局信息中心主任	湖南省税务系统 2004 年度学习型家庭	湖南省国家税务局
	汪清波 桃江县国家税务局局长	湖南省税务系统 2004 年度优秀国税工作者	湖南省国家税务局
	方刚 安化县国家税务局科员	湖南省税务系统 2004 年度优秀国税工作者	湖南省国家税务局
	彭志扬 益阳市赫山区国家税务局副局长	湖南省税务系统 2004 年度优秀国税工作者	湖南省国家税务局
	韦晓红 南县国家税务局计征科副科长	湖南省税务系统 2004 年度优秀国税工作者	湖南省国家税务局
	陈伟强 益阳市赫山区地税局 第二税务所所长	2004 年度 湖南省青年岗位能手	湖南省青年职工工作委员会
	黄维益 沅江市国税局税政法规科副科长	2004 年度 湖南省青年岗位能手	湖南省青年职工工作委员会
	贵飞翔 益阳市地税局稽查局	全省地税系统 第四届十佳稽查能手	湖南省地方税务局
	邹苏萍 益阳市地方税务局 朝阳分局第二税务所	全省地税系统 十佳优秀税务分局（所）长	湖南省地方税务局
	陈雁鸿 益阳市地税局朝阳分局	全省地税系统“艰苦奋斗、勤廉为民”优秀领导干部	湖南省地方税务局党组
	贵飞翔 南县地方税务局	全省地税系统征管标兵	湖南省地方税务局
	王立刚 安化县地方税务局	全省地税系统征管标兵	湖南省地方税务局
	王宁平 沅江市地方税务局	全省地税系统征管能手	湖南省地方税务局
	刘建安 益阳市地方税务局 省级税收征收分局	全省地税系统征管能手	湖南省地方税务局
	孟小平 南县地方税务局	全省地税系统征管能手	湖南省地方税务局

续表 5–24

年份	获奖人	荣誉名称	授奖单位
2005 年	郭光明 桃江县地税局局长	二等功	湖南省人事厅、 湖南省文明委办公室
	刘建民	践行湖南地税精神先进工作者	湖南省地方税务局
	贺建华 益阳市国家税务局征管科科长	湖南省优秀国税工作者	湖南省国家税务局
	甘石坚 益阳市国家税务局稽查局副科长	湖南省优秀国税工作者	湖南省国家税务局
	向阳 益阳市国家税务局办税服务厅科员	湖南省优秀国税工作者	湖南省国家税务局
	罗广宇 沅江市国家税务局局长	湖南省优秀国税工作者	湖南省国家税务局
	周梦贤 桃江县国家税务局副局长	湖南省优秀国税工作者	湖南省国家税务局
	王荣锦 安化县国家税务局综合业务科科长	湖南省优秀国税工作者	湖南省国家税务局
	彭芳 益阳市高新区国家税务局 综合业务科科员	湖南省优秀国税工作者	湖南省国家税务局
	郭希范 益阳市赫山区国家税务局 沧水铺税务分局科员	湖南省优秀国税工作者	湖南省国家税务局
	李雪辉 益阳市赫山区国家税务局 办税服务厅科员	湖南省优秀国税工作者	湖南省国家税务局
	刘佳 益阳市资阳区国家税务局 办税服务厅科员	湖南省优秀国税工作者	湖南省国家税务局
	吴建坤 益阳市大通湖区国家税务局副局长	湖南省优秀国税工作者	湖南省国家税务局
	饶波 南县国家税务局办公室副主任	湖南省优秀国税工作者	湖南省国家税务局
	卢了英 益阳市大通湖区国家税务局 综合业务科副科长	湖南省国税系统 优秀岗位能手	湖南省国家税务局
	詹腊兰 桃江县国家税务局计划统计科科员	湖南省国税系统 优秀岗位能手	湖南省国家税务局
	刘洪 沅江市国家税务局科员	湖南省国税系统 优秀岗位能手	湖南省国家税务局
	甘石坚 益阳市国家税务局稽查局副科长	湖南省国税系统 优秀岗位能手	湖南省国家税务局
	王界华 益阳市资阳区国家税务局 综合业务科科长	湖南省国税系统 优秀岗位能手	湖南省国家税务局
	刘宗武 益阳市地方税务局	全省地税系统十佳 优秀税务分局（所）长	湖南省地方税务局

续表 5-24

年份	获奖人	荣誉名称	授奖单位
2006 年	甘石坚 益阳市国家税务局稽查局副科长	全省国税系统 稽查工作先进个人	湖南省国家税务局
	周莹	2006 年度信息调研工作先进个人	湖南省地方税务局
2007 年	雷兰花 益阳市地方税务局	2005—2007 年 全省内部审计先进工作者	湖南省审计厅
	宋壮波 益阳市地方税务局	全省地税系统首届十佳秘书	湖南省地方税务局
	贵飞翔 益阳市地税局稽查局	第五届十佳稽查能手	湖南省地方税务局
	陈国荣 益阳市地税局	第五届十佳稽查优胜奖	湖南省地方税务局
	夏宇 益阳市地税局	第五届十佳稽查优胜奖	湖南省地方税务局
	胡萍	2007 年度湖南省 芙蓉百岗明星	湖南省地方税务 工会工作委员会
2008 年	刘亚 益阳市国家税务局 稽查局综合选案科科长	记二等功	湖南省人事厅、中国农工 民主党湖南省委员会
	刘灿 南县国家税务局	记二等功	湖南省国家税务局人事处
	孟小平 益阳市地税局	全省地税系统 优秀税收管理员	湖南省地方税务局
	张前锋 益阳市地税局	全省地税系统 优秀税收管理员	湖南省地方税务局
2009 年	罗广宇 沅江市国家税务局局长	全省国税系统 勤廉为税优秀领导干部	中共湖南省国家税务局党组
	李倩	2009 年度湖南省青年岗位能手	湖南省青年职工工作委员会
2010 年	严奉友 益阳市地方税务局收费科科长	2010 年度 湖南省先进工作者	湖南省人民政府
	曾卫娥 沅江市地税局办税服务厅	湖南省三八红旗手	湖南省妇女联合会
	曾卫娥 沅江市地税局办税服务厅	全省地税系统优秀税务工作者	湖南省地方税务局
	陈伟民	二等功	湖南省人力资源和社会 保障厅、湖南省文明办
	洪 茜	优秀税务工作者	湖南省地方税务局
2011 年	匡建芳 益阳市国家税务局	2011 年度稽查大要案件 查办工作先进个人	湖南省国家税务局
	陈吉 益阳市国家税务局	2011 年度稽查大要案件 查办工作先进个人	湖南省国家税务局
	陈赛纯 益阳市国家税务局监察室主任	全省国税系统纪检监察 先进工作者	湖南省国家税务局
	李芝初 安化县国家税务局退休干部	湖南省国税系统 “四个好”老干部	中共湖南省国家税务局党组
	郭丽	2010—2011 年度 湖南省青年岗位能手	湖南省青年职工工作委员会

续表 5–24

年份	获奖人	荣誉名称	授奖单位
2012 年	赵正 益阳市国家税务局货物和劳务税科副科长	优秀国税工作者	湖南省国家税务局
	卢善山 益阳市国家税务局稽查局办公室主任	优秀国税工作者	湖南省国家税务局
	莫毅波 益阳市国家税务局车购税征管分局副局长	优秀国税工作者	湖南省国家税务局
	邓正奇 益阳市国家税务局第一稽查局检查科科长	优秀国税工作者	湖南省国家税务局
	王界华 资阳区国家税务局长春税务分局局长	优秀国税工作者	湖南省国家税务局
	王洪波 安化县国家税务局工会主席	优秀国税工作者	湖南省国家税务局
	周曙光 桃江县国家税务局副局长	优秀国税工作者	湖南省国家税务局
	龙建新 沅江市国家税务局局长	优秀国税工作者	湖南省国家税务局
	张岱军 赫山区国家税务局副局长	优秀国税工作者	湖南省国家税务局
	张和生 南县国家税务局税源管理科科员	优秀国税工作者	湖南省国家税务局
	杨盛惠 高新区国家税务局办公室科员	优秀国税工作者	湖南省国家税务局
	吕兵 益阳市国家税务局信息中心副主任科员	岗位能手	湖南省国家税务局
	罗炜 益阳市国家税务局稽查局检查科科员	岗位能手	湖南省国家税务局
	邹湘红 赫山区国家税务局纳税服务科副科长	岗位能手	湖南省国家税务局
	熊景红 安化县国家税务局团总支书记	岗位能手	湖南省国家税务局
	黄萍 江县国家税务局办税服务厅副主任	岗位能手	湖南省国家税务局
	胡志明 大通湖区国家税务局税源管理科副科长	岗位能手	湖南省国家税务局
	赵建安	湖南省五一先锋奖	湖南省总工会

续表 5-24

年份	获奖人	荣誉名称	授奖单位
2012 年	李宁 益阳市地方税务局	全省地税系统第三届十佳文秘	湖南省地方税务局
	文志红 益阳市南县地方税务局	全省地税系统第三届优秀办税员	湖南省地方税务局
	贺胜安 益阳市地方税务局直属局	全省地税系统第三届 优秀税收管理员	湖南省地方税务局
	汪小春 益阳桃江县地税局第三分局副局长	全省地税系统 人民满意税务工作者	湖南省地方税务局
	聂劲松 益阳市高新区地税局局长	全省地税系统优秀税务工作者	湖南省地方税务局
	罗茂华 益阳市资阳区地税局四分局局长	全省地税系统优秀税务工作者	湖南省地方税务局
	曹阳 益阳市大通湖区地税局科员	全省地税系统优秀税务工作者	湖南省地方税务局
	肖慧 益阳市高新区地税局稽查局	全省地税系统第七届稽查能手	湖南省地方税务局
	李颖俐 益阳市地税局稽查局	全省地税系统第七届稽查能手	湖南省地方税务局
2014 年	钟征 益阳市地方税务局	全省地税系统税收业务能手	湖南省地方税务局
	贺胜安 益阳市地方税务局直属局	全省地税系统税收业务能手	湖南省地方税务局
	罗瑛 益阳市地方税务局	全省地税系统税收业务能手	湖南省地方税务局
2015 年	唐蔚 益阳市赫山区国税局 纳税服务科科员	2014—2015 年度 湖南省青年岗位能手	湖南省青年职工 工作委员会办公室
2016 年	唐蔚 益阳市赫山区国税局	雷锋式人民公仆	湖南省精神文明建设指导、 湖南省学雷锋志愿服务 工作委员会
2017 年	陈茂辉	优秀县市区局局长	中共湖南省国家税务局党组
	周曙光 益阳市国家税务局征管科	全面推开“营改增”工作记二等功	湖南省国家税务局
	彭程 益阳市国家税务局办公室	全面推开“营改增”工作记嘉奖	湖南省国家税务局
	黎鸣 益阳市国家税务局人事科	湖南好人（敬业奉献类）	湖南省文明办
	周智敏 益阳市赫山区地方税务局	全省地税系统优秀税务工作者	湖南省地方税务局
	符卫 益阳市大通湖区地方税务局	全省地税系统优秀税务工作者	湖南省地方税务局

续表 5–24

年份	获奖人	荣誉名称	授奖单位
2017 年	王宁平 沅江市地方税务局	全省地税系统优秀税务工作者	湖南省地方税务局
	邓文明 安化县地方税务局	全省地税系统优秀税务工作者	湖南省地方税务局
	杨佳好 益阳市地方税务局	全省地税系统第五届省级 优秀办税服务员	湖南省地方税务局
	舒浩波 益阳市地方税务局稽查局	全省地税系统第八届稽查能手	湖南省地方税务局
	杨淑娟 益阳市赫山区地方税务局稽查局	全省地税系统第八届稽查能手	湖南省地方税务局
	雷兰花 益阳市地方税务局	全省地税系统第一届 十佳督查内审员	湖南省地方税务局
	王湘疆	全省地税系统第五届十佳文秘	湖南省地方税务局
2018 年	舒浩波 益阳市地方税务局稽查局	全省地税系统优秀税务工作者	湖南省地方税务局
	沈利国 南县地方税务局	全省地税系统优秀税务工作者	湖南省地方税务局
	刘放兴 安化县地方税务局	全省地税系统优秀税务工作者	湖南省地方税务局
	周国兵 益阳市资阳区地方税务局	全省地税系统十佳县市区局局长	湖南省地方税务局
	龚伟 益阳市高新区地方税务局	全省地税系统十佳地税青年	湖南省地方税务局
2019 年	周中华 沅江市税务局征管股	湖南好人（敬业奉献类）	湖南省文明办
	郭光明	全省税务系统优秀共产党员	中共国家税务总局 湖南省税务局委员会
	李定和	全省税务系统优秀共产党员	中共国家税务总局 湖南省税务局委员会
	彭程	全省税务系统优秀共产党员	中共国家税务总局 湖南省税务局委员会
	臧智凡	全省税务系统优秀共产党员	中共国家税务总局 湖南省税务局委员会
	李微	全省税务系统优秀共产党员	中共国家税务总局 湖南省税务局委员会
	张小红	全省税务系统优秀共产党员	中共国家税务总局 湖南省税务局委员会
	高芸	全省税务系统优秀共产党员	中共国家税务总局 湖南省税务局委员会
	王学超	全省税务系统优秀共产党员	中共国家税务总局 湖南省税务局委员会
	周曙光	全省税务系统优秀共产党员	中共国家税务总局 湖南省税务局委员会

续表 5-24

年份	获奖人	荣誉名称	授奖单位
2019 年	金志雄	全省税务系统优秀共产党员	中共国家税务总局 湖南省税务局委员会
	舒学斌	全省税务系统优秀共产党员	中共国家税务总局 湖南省税务局委员会
	刘平南	全省税务系统优秀共产党员	中共国家税务总局 湖南省税务局委员会
	刘亮	全省税务系统 优秀党务工作者	中共国家税务总局 湖南省税务局委员会
	刘东利	全省税务系统 优秀党务工作者	中共国家税务总局 湖南省税务局委员会
	陈文举	全省税务系统 优秀党务工作者	中共国家税务总局 湖南省税务局委员会
	贾跃宏	全省税务系统记三等功	国家税务总局湖南省税务局
	钟向晖	全省税务系统记三等功	国家税务总局湖南省税务局
	陈卡	全省税务系统记三等功	国家税务总局湖南省税务局
	陈凯	全省税务系统记三等功	国家税务总局湖南省税务局
	张虹	全省税务系统记三等功	国家税务总局湖南省税务局
	夏晓君	全省税务系统记三等功	国家税务总局湖南省税务局
	彭毅	全省税务系统记三等功	国家税务总局湖南省税务局
	颜斌	全省税务系统记三等功	国家税务总局湖南省税务局
	胡文胜	全省税务系统记三等功	国家税务总局湖南省税务局
	彭辈	全省税务系统记三等功	国家税务总局湖南省税务局
	喻铁群	全省税务系统记三等功	国家税务总局湖南省税务局
	谢正兵	全省税务系统记三等功	国家税务总局湖南省税务局
	周曙光	全省税务系统记三等功	国家税务总局湖南省税务局
	周丽慧	全省税务系统记三等功	国家税务总局湖南省税务局
	龙洋	全省税务系统记三等功	国家税务总局湖南省税务局
	胡末军	全省税务系统记三等功	国家税务总局湖南省税务局
	刘平南	全省税务系统记三等功	国家税务总局湖南省税务局
	彭军	全省税务系统记三等功	国家税务总局湖南省税务局
	陈欣	全省税务系统十佳文秘	国家税务总局湖南省税务局
	胡钊坤	岗位大练兵业务大比武 活动三等功	国家税务总局湖南省税务局
2020 年	贺胜安	湖南省先进工作者	中共湖南省委、 湖南省人民政府
	蒋明辉 国家税务总局益阳市赫山区税务局	最美文明实践志愿者	湖南省精神文明委、省学雷锋 志愿服务工作委员会
	刘 波	2022 年湖南省 “学习强国”学习达人	中共湖南省委党史学习教育 领导小组办公室、 中共湖南省委宣传部

续表 5-24

年份	获奖人	荣誉名称	授奖单位
2020年	邓兰琳 国家税务总局安化县税务局	2020年度湘税党建云平台 十佳通讯员	国家税务总局湖南省税务局
	温建军 国家税务总局益阳市赫山区税务局	2020年度湘税党建云平台 优秀通讯员	国家税务总局湖南省税务局
	王湘疆 国家税务总局益阳市高新区税务局	2020年度湘税党建云平台 优秀通讯员	国家税务总局湖南省税务局
2021年	胡志勇	湖南省五一劳动奖章	湖南省总工会
	蒋明辉	优秀志愿者	湖南省志愿服务联合会
	王勇	纳税服务专项工作表现突出个人	国家税务总局纳税服务司
	杨婧	全省税务系统优秀共产党员	中共国家税务总局 湖南省税务局委员会
	陈茂辉	全省税务系统优秀共产党员	中共国家税务总局 湖南省税务局委员会
	郭震威	全省税务系统优秀共产党员	中共国家税务总局 湖南省税务局委员会
	罗小华	全省税务系统优秀共产党员	中共国家税务总局 湖南省税务局委员会
	陈建才	全省税务系统优秀共产党员	中共国家税务总局 湖南省税务局委员会
	左俊杰 南县税务局	全省税务系统优秀共产党员	中共国家税务总局 湖南省税务局委员会
	何琳	全省税务系统 优秀党务工作者	中共国家税务总局 湖南省税务局委员会
	崔益	全省税务系统 优秀党务工作者	中共国家税务总局 湖南省税务局委员会
	梁伟	全省税务系统 优秀党务工作者	中共国家税务总局 湖南省税务局委员会
	孙思	全省税务系统 优秀党务工作者	中共国家税务总局 湖南省税务局委员会
	周中华	全省税务系统 优秀党务工作者	中共国家税务总局 湖南省税务局委员会
	张文倩	全省税务系统 优秀党务工作者	中共国家税务总局 湖南省税务局委员会
	周曙光	全省税务系统 优秀县税务局长（书记）	中共国家税务总局 湖南省税务局委员会
	陈勇	全省税务系统 优秀税务所长（书记）	中共国家税务总局 湖南省税务局委员会
	赵民	全省税务系统社保费征收体制 改革记三等功	国家税务总局湖南省税务局
	夏玲	全省税务系统社保费征收体制 改革记三等功	国家税务总局湖南省税务局

续表 5–24

年份	获奖人	荣誉名称	授奖单位
2021 年	刘勇	全省税务系统社保费征收体制改革记三等功	国家税务总局湖南省税务局
	周质欣	全省税务系统个人所得税改革记三等功	国家税务总局湖南省税务局
2022 年	张激光 国家税务总局益阳市税务局货劳科副科长、系统团委副书记	2021—2022 年度全省税务系统优秀税务工作者	国家税务总局湖南省税务局
	龙小辉 国家税务总局益阳市资阳区税务局税源管理股股长	2021—2022 年度全省税务系统优秀税务工作者	国家税务总局湖南省税务局
	胡 静 国家税务总局南县税务局机关党委（党建工作股）副股长	2021—2022 年度全省税务系统优秀税务工作者	国家税务总局湖南省税务局
	袁文光 国家税务总局益阳市大通湖区税务局税政股三级主办	2021—2022 年度全省税务系统优秀税务工作者	国家税务总局湖南省税务局
	雷曙明 国家税务总局沅江市税务局办公室主任	2021—2022 年度全省税务系统优秀税务工作者	国家税务总局湖南省税务局
	陈立霞 国家税务总局益阳市税务局	2022 年度全省税务系统优秀党务工作者	中共国家税务总局湖南省税务局委员会
	龚胜兰家庭 国家税务总局益阳市税务局	2022 年度全省税务系统“最美家庭”“文明家庭”	国家税务总局湖南省税务局
	付韵忠	芙蓉百岗明星	湖南省总工会
	朱慧琴 国家税务总局安化县税务局	最美志愿者	湖南省文明办

三、市级以上表彰的先进个人

益阳市税务系统获市级以上表彰的先进个人一览表

表 5–25

年份	获奖人	荣誉名称	授奖单位
1990 年	杨景勋	向上浮动一级工资	益阳地区行政公署
	冷世平	向上浮动一级工资	益阳地区行政公署
	姚景星	向上浮动一级工资	益阳地区行政公署
	李定和	向上浮动一级工资	益阳地区行政公署
	曾建成	向上浮动一级工资	益阳地区行政公署
	徐德和	向上浮动一级工资	益阳地区行政公署
	李云辉	向上浮动一级工资	益阳地区行政公署
	李绍俊	记大功	益阳地区行政公署
	马希骏	记大功	益阳地区行政公署
	张介平	记大功	益阳地区行政公署

续表 5-25

年份	获奖人	荣誉名称	授奖单位
1990 年	刘建新	记大功	益阳地区行政公署
	丁力尧	记大功	益阳地区行政公署
	曾国华	记大功	益阳地区行政公署
	张柏海	记大功	益阳地区行政公署
	程果田	记大功	益阳地区行政公署
	陈湖广	记大功	益阳地区行政公署
	何桂元	记大功	益阳地区行政公署
	谢 辉	记大功	益阳地区行政公署
	崔 青	记大功	益阳地区行政公署
	徐子军	记大功	益阳地区行政公署
	李忠孝	记大功	益阳地区行政公署
	陈南田	记大功	益阳地区行政公署
	熊 钧	记大功	益阳地区行政公署
	曹 凌	记大功	益阳地区行政公署
	李继光	记大功	益阳地区行政公署
1991 年	李年丰	支帮促先进个人	益阳地区行政公署
	冷建勋	支帮促先进个人	益阳地区行政公署
1994 年	王兆辉 国税局	记二等功	益阳市人民政府
	李泽群 国税局	记二等功	益阳市人民政府
	禹东光 国税局	记二等功	益阳市人民政府
	谌友初 国税局	记二等功	益阳市人民政府
	杨慨然 国税局	记二等功	益阳市人民政府
	汪菊生 国税局	记二等功	益阳市人民政府
	徐佑春 国税局	记二等功	益阳市人民政府
	王辉先 国税局	记二等功	益阳市人民政府
	赵国良 国税局	记二等功	益阳市人民政府
	彭怀德 国税局	记二等功	益阳市人民政府
	谢春华 国税局	记二等功	益阳市人民政府
	李树卿 市国税局	记三等功	益阳市人民政府
	胡焰高 市地税局	记二等功	益阳市人民政府
	黎正华 市地税局	记二等功	益阳市人民政府
	钟胜凡 市地税局	记二等功	益阳市人民政府
	杨一平 市地税局	记二等功	益阳市人民政府
	曾小燕 市地税局	记二等功	益阳市人民政府
	徐东亚 市地税局	记二等功	益阳市人民政府
	曾复昌 市地税局	记二等功	益阳市人民政府
	刘见曙 市地税局	记三等功	益阳市人民政府

续表 5-25

年份	获奖人	荣誉名称	授奖单位
1998 年	胡定贵 沅江市地方税务局第二征收分局副局长	益阳市地税系统 青年岗位能手	共青团益阳市委
	刘铁新 桃江县地方税务局第五征收分局副局长	益阳市地税系统 青年岗位能手	共青团益阳市委
	徐志高 赫山区地方税务局第五征收分局干部	益阳市地税系统 青年岗位能手	共青团益阳市委
	陈勇 益阳市地方税务局朝阳分局征收管理科干部	益阳市地税系统 青年岗位能手	共青团益阳市委
	李捐 资阳区地方税务局第一征收分局干部	益阳市地税系统 青年岗位能手	共青团益阳市委
	黎谷盈	记三等功	益阳市人民政府
2001 年	李赛华	青年岗位能手	共青团益阳市委
2002 年	彭润 益阳市地税局省级税收征收分局	青年岗位能手	共青团益阳市委
	陈勇 朝阳地税分局第一税务所	青年岗位能手	共青团益阳市委
	温雅 安化县地税三分局	青年岗位能手	共青团益阳市委
	李跃华 大通湖区地税局	青年岗位能手	共青团益阳市委
	刘威 益阳市国家税务局资阳分局沙头税务所	青年岗位能手	共青团益阳市委
	陈明霞 益阳市国家税务局朝阳分局计征科	青年岗位能手	共青团益阳市委
	黎慧 益阳市国家税务局赫山分局政工科	青年岗位能手	共青团益阳市委
	柳志权 沅江市国家税务局办公室	青年岗位能手	共青团益阳市委
2003 年	陈凯 益阳市资阳区国家税务局	益阳市青年岗位能手	共青团益阳市委、 益阳市国税局
	陈明 益阳市朝阳区国家税务局	益阳市青年岗位能手	共青团益阳市委、 益阳市国税局
	李锋 益阳市朝阳区国家税务局	益阳市青年岗位能手	共青团益阳市委、 益阳市国税局
	黄维益 沅江市国家税务局	益阳市青年岗位能手	共青团益阳市委、 益阳市国税局
	刘立新 南县国家税务局	益阳市青年岗位能手	共青团益阳市委、 益阳市国税局
	李海波 桃江县国家税务局局长助理	优秀青年干部	中共益阳市委组织部、 中共益阳市委宣传部、 益阳市人事局、 共青团益阳市委、 益阳市青年联合会

续表 5–25

年份	获奖人	荣誉名称	授奖单位
2003 年	张欣 市地税局办公室干部	优秀青年宣传工作者	中共益阳市委组织部、 中共益阳市委宣传部、 益阳市人事局、 共青团益阳市委、 益阳市青年联合会
	易桂辉 南县国税局政工科干部	优秀青年服务标兵	中共益阳市委组织部、 中共益阳市委宣传部、 益阳市人事局、 共青团益阳市委、 益阳市青年联合会
	臧智环 资阳国税分局管理一科科长	优秀青年服务标兵	中共益阳市委组织部、 中共益阳市委宣传部、 益阳市人事局、 共青团益阳市委、 益阳市青年联合会
2006 年	郭光明 桃江县地税局局长	二等功	益阳市人民政府
2007 年	郭光明 桃江县地税局局长	二等功	益阳市人民政府
2008 年	陈立霞 益阳市国家税务局工会	益阳市优秀工会工作者	益阳市总工会
	周梦武 桃江县地税局一分局副局长	益阳市优秀工会积极分子	益阳市总工会
2012 年	李国英	创先争优活动优秀共产党员	中共益阳市委
	朱钦钦	益阳市芙蓉白岗明星	益阳市总工会
2015 年	黎鸣 益阳市国家税务局人事教育科科员	益阳市三八红旗手	益阳市妇女联合会
	郭小平家庭 市国税局第一稽查局	和谐家庭	益阳市妇女联合会
2016 年	唐蔚 益阳市赫山区国税局	2016 年益阳市优秀共产党员	中共益阳市委员会
	涂艳球 南县国税局	益阳市最美湘女	益阳市妇女联合会
	黎鸣 益阳市国家税务局人事教育科科员	益阳市三八红旗手 2016 年度 入选“湖南好人”	益阳市妇女联合会
	张激光 益阳市国家税务局稽查局办公室副主任	2015—2016 年 益阳市青年岗位能手	共青团益阳市委
	吴勇 桃江县国家税务局稽查局副局长、团支部书记	2015—2016 年 益阳市青年岗位能手	共青团益阳市委

续表 5-25

年份	获奖人	荣誉名称	授奖单位
2018 年	贺胜安	益阳市先进工作者	中共益阳市委、益阳市人民政府
2018 年	彭程 国家税务总局益阳市税务局 机关团委副书记	益阳青年五四奖章	共青团益阳市委、益阳市青年联合会
2019 年	杨盛惠	2019 年益阳市芙蓉百岗明星	益阳市总工会
2019 年	肖云天	2019 年益阳市五一劳动奖章	益阳市总工会
2019 年	肖琳	2019 年益阳市五一劳动奖章	益阳市总工会
2019 年	曾璇 赫山区税务局科员	2019 年度优秀共青团员	共青团益阳市委
2019 年	许文彬 资阳区税务局税政股科员	2019 年度优秀共青团员	共青团益阳市委
2019 年	何曼婕 大通湖区税务局科员	2019 年度优秀共青团员	共青团益阳市委
2019 年	杨婧 第二税务分局一级执法员	2019 年度优秀共青团员	共青团益阳市委
2020 年	赵丹 南县税务局科员	2019—2020 年度 益阳市青年岗位能手	团市委、人社局
2020 年	王浪红 沅江市税务局科员	2019—2020 年度 益阳市青年岗位能手	团市委、人社局
2020 年	蔡舟 高新区税务局科员	2019—2020 年度 益阳市青年岗位能手	团市委、人社局
2021 年	益阳市税务局　龚胜兰家庭	2020—2021 年度市级文明家庭	益阳市精神文明建设指导委员会办公室
2021 年	何灿宇	2021 年益阳市优秀工会工作者	益阳市总工会
2021 年	王必武家庭	2021 年度益阳市“最美家庭”	益阳市妇女联合会
2021 年	彭程	“十三五”时期保密工作 成绩突出个人	中共益阳市委保密委员会
2021 年	蒋思量	2021 年度优秀共青团员	共青团益阳市委
2022 年	刘亮	优秀党务工作者	中共益阳市直属机关工作委员会

附录

益阳市重点税源企业选录 文章精选

一、益阳市重点税源企业选录

益阳农村商业银行股份有限公司

益阳农村商业银行股份有限公司，于2011年由原益阳市赫山区农村信用合作联社、原益阳市资阳区农村信用合作联社合并组建而成。2013年12月20日，挂牌开业。在益阳市中心城区以及赫山、资阳、高新区有80个营业网点。

益阳农商银行始终坚持立足“三农”、服务“三农”，落实金融普惠政策，助力辖区乡村振兴。至2022年12月末，全行各项存款余额210.48亿元，各项贷款余额136.92亿元，存、贷款总额分别占市辖区11家金融机构的16.17%、13.07%，分别居第二位、第三位。自2014年成立以来累计缴纳税费7.95亿元。

湖南口味王集团有限责任公司

湖南口味王集团有限责任公司，始创于2000年6月，集团总部注册地址位于益阳市资阳区资阳东路68号。主导产品为“口味王”系列青果槟榔与“和成天下”系列青果精制槟榔。

湖南口味王集团始终坚持“守正，积善，利他”的核心价值观，经过20多年的发展，先后获得中国驰名商标、国家高新技术企业、省级企业技术中心、湖南省就业扶贫基地、最具爱心捐赠企业、乡村振兴特别贡献品牌企业、湖南企业100强、湖南省知名品牌等荣誉称号。

2022年度，资产总额合计57.25亿元，实现销售收入50.86亿元，利润总额1.98亿元，2022年上缴各项税费2.59亿元，年度共投入研发费用1.61亿元。

奥士康科技股份有限公司

奥士康科技股份有限公司成立于2008年5月，总部位于湖南益阳，在广东省肇庆市设有制造基地。拥有奥士康科技（香港）有限公司、奥士康国际有限公司两大贸易公司。公司主要生产高密度互连电路板、多层挠性板等，产品广泛应用于5G通信、云计算、新能源汽车、工控安防等领域。

公司注册资本3.2亿元，总资产77亿元，全球PCB百强企业、国家高新技术企业。2019年被评为全国模范劳动关系和谐企业，2021年获新湖南贡献奖先进集体，获第22届湖南省企业管理现代化创新成果二等奖，获益阳市市长质量奖等荣誉。2017年12月1日在深交所A股成功上市（股票代码：002913）。拥有员工5400余人。

2022年，集团营业收入45.67亿元，上缴税费3.08亿元，净利润3.06亿元。

湖南宇晶机器股份有限公司

湖南宇晶机器股份有限公司成立于1998年6月，主要经营电子专用设备、光伏设备及元器件、半导体器件专用设备、集成电路等产品研发、制造、销售。2018年11月29日在深圳证券交易所上市（股票代码：002943）。

公司紧跟“碳达峰”“碳中和”，加快第三代半导体发展的国家战略，以研磨、抛光、多线切割等高精密数控机床设备、金刚石线、热场系统系列产品研发、生产、销售为依托，延伸公司产业链，形成“设备+耗材+切片加工”的产业布局。通过资源整合、技术工艺融合，持续进行新产品、新技术的开发与应用，增强公司盈利能力、提高公司综合发展水平，把公司打造成服务于光伏、消费电子、半导体行业领域具有竞争力的供应商。

2022年总资产为18.84亿元，销售收入为5.44亿元，研发费用投入为0.26亿元，利润总额为0.93亿元，上缴税费总额为0.18亿元。

湖南三一中阳机械有限公司

湖南三一中阳机械有限公司成立于2011年1月，为三一重工全资子公司，占地面积33万平方米，厂房面积10.4万平方米，产品有直缝焊管、耐磨输送管、弯锥管、S形管、眼镜板、切割环、油箱、路机结构件。

公司打造一流的筑路机械品牌、成为世界最大泵送易损件供应商、建设最先进车桥“灯塔工厂”，新建三号厂房，新增2.8万平方米的智能制造生产车间、“车桥灯塔工厂”“路机灯塔工厂”、升级改造15条自动化生产线，产能翻番，将中阳产业园打造成50亿元级智能、高效、数字化园区。

公司2022年度资产总额11.66亿元，全年销售收入10.83亿元，研发费用投入1.37亿元，利润总额1.59亿元，上缴税费总额3.08亿元。

湖南金博碳素股份有限公司

湖南金博碳素股份有限公司于2005年6月注册成立，注册地址在益阳市鱼形山路588号。从事先进碳基复合材料及产品的研发、生产和销售，服务于光伏、半导体、锂电、氢能、汽车等国家战略性新兴产业，是一家具有自主研发能力和持续创新能力的高新技术企业。

公司于2020年5月18日在上海证券交易所科创板上市。荣获“全国模范职工之家”“全国五一劳动奖状”“中国造隐形冠军”。设计开发的产品获评“国家重点新产品”，碳基复合材料热场部件被工信部评为“制造业单项冠军产品”。

公司2022年总资产68.37亿元，营业收入14.5亿元，利润总额6.2亿元，研发投入1.54亿元，上缴税费总额5.07亿元、规费0.11亿元。

湖南惠同新材料股份有限公司

湖南惠同新材料股份有限公司成立于2002年1月，从事金属纤维及制品、织物、金属纤维毡、导电塑料、电磁屏蔽材料、金属材料制品、化工等新材料、新技术的研究、开发、生产、销售。经多年持续发展，已成为国内金属纤维行业的龙头企业。

2023年7月17日于北京证券交易所上市交易，股票代码：833751。未来几年，公司将在高强超细金属纤维、高温导电塑料、环保高效燃烧器、金属纤维特种纺织品、高孔隙率高精度过滤材料及过滤器等五个主要方向进一步开展关键技术与生产系统的研究与开发。

2022年度，公司资产总额3.06亿元，销售收入1.87亿元、研发费用投入0.12亿元，利润总额0.37亿元，上缴税费总额0.18亿元。

长安益阳发电有限公司

长安益阳发电有限公司成立于1996年1月，从事电力、热力、新能源、分布新能源、电力配网、电动汽车充电基础设施项目建设及运营等电厂生产经营管理。公司加快建设三期2×100万千瓦扩能升级改造项目，全力建设“世界一流”发电企业。

公司以“兴能强国、智领未来”为企业使命，充分发挥文化育人作用，全面展示干部职工健康向上的精神面貌和靓丽风采，进一步促进企业文化入脑入心、落地根植，让每一个益电人自觉汇入自己企业文化的洪流，用不屈不挠的奋斗、舍我其谁的担当、创一流的豪情，推动建设世界一流电力企业。

2022年度，公司资产总额60.21亿元、销售收入42.13亿万元，利润总额6.06亿元，上缴税费总额3.62亿元。

湖南艾华集团股份有限公司

湖南艾华集团股份有限公司是一家以设计、开发、制造及销售铝电解电容器为核心，集电极箔与设备制造于一体的科技型企业集团。成立于1985年，集团总部位于湖南益阳，公司在湖南、四川、新疆以及江苏设有7家制造工厂，在美国、韩国、日本等地设有25个营销据点，服务于全球2000多家客户。2015年5月在上海证券交易所成功上市（证券代码：603989），产品被广泛应用于工业控制、光伏、车载、智能机器人、5G通信、数据处理中心、电源、照明等多维度应用市场。

2022年度，公司资产总额53.85亿元，销售收入34.45亿元，研发费用投入1.92亿元，利润总额5.07亿元，上缴税费总额1.77亿元。

湖南汉森制药股份有限公司

湖南汉森制药股份有限公司于2010年5月在深交所中小板上市，是益阳市第一家上市的本土企业，湖南省医药行业协会会长单位，连续5年荣登中国中药企业百强企业榜。公司于1998年1月21日注册，下辖汉森健康产业（湖南）有限公司、湖南汉森医药研究有限公司、云南永孜堂制药有限公司。

公司拥有17项发明专利，“汉森”商标为“中国驰名商标”，四磨汤口服液科研项目入选国家“973”计划，拥有湖南省企业技术中心、湖南省消化道药物工程技术研究中心、湖南省高校“创新药物研究与开发”产学研合作示范基地等研发平台。

2022年，公司营业收入9.16亿元，利润总额1.82亿元。其中母公司汉森制药资产总额24.02亿元，研发费用投入0.41亿元，销售收入7.16亿元，利润总额2.15亿元，全年共上缴税费总额1.01亿元。

国网湖南省电力有限公司柘溪水电厂

国网湖南省电力有限公司柘溪水电厂，是中华人民共和国成立后湖南省兴建的第一座大型水力发电厂，水库总库容38.81亿立方米。电厂于1958年7月23日正式动工，1962年1月28日第1台机组正式并网发电，至2023年完成了2、3号机增容改造工作，现总装机容量95.75万千瓦。

电厂以安全生产为重点，以建设国内一流水电企业为目标，获全国五一劳动奖状、全国文明单位、全国模范职工之家、全国精神文明建设工作先进单位，入选国家电网公司“百年电力”20项首批文化遗产名录，被三湘人民誉为“湖南红宝石”“资水明珠”。

2022年，电厂资产总额5.62亿元，上缴税费总额1.09亿元。

湖南沅江赤蜂农化有限公司

湖南沅江赤蜂农化有限公司位于沅江市南咀镇，是一家专门从事农药研发生产销售的企业。主导产品乙酰甲胺磷、精酰胺等。拥有国家发明专利1项，实用新型专利8项。

公司一直致力于技术研发和科技创新，2020年被认定为省级高新技术企业，具备较强的核心竞争力和良好的国际及国内市场前景，产品远销巴西、南美、印度、美国及东南亚地区，占有重要的市场份额，年创汇超过1亿美元。

公司近几年形势较好，销售收入、利润、税收有较大的增长，2022年销售收入9.9亿元，利润2.8亿元，上缴税金0.65亿元。

亚光集团股份有限公司

亚光集团股份有限公司于2003年在湖南沅江创立，并于2010年在深圳交易所上市，股票代码为300123。亚光科技致力于高性能微波电子、航海装备及其产品的研发设计与制造，是航天、航空、航海，“三航”系统解决方案服务配套商，产品覆盖航天通信、航空雷达、航海船艇三大领域。公司注册资本10亿元，拥有湖南长沙、益阳，广东珠海和四川成都4个工业园区，公司员工人数2000人。

经过数十年发展，是国内品种结构最齐全的军工电子与智能平台，湖南省制造业100强企业。太阳鸟屡获亚洲最佳船艇品牌、中国最佳船艇品牌金帆桨、中国工业设计十佳创新型企业等殊荣。

2022年度，公司资产总额68.06亿元，销售收入16.86亿元，研发费用投入1.11亿元，上缴税费总额0.47亿元。

桃江久通锑业有限责任公司

桃江久通锑业有限责任公司2006年3月改制成立。矿山始创于清光绪二十一年（1895），从1965年复矿起历经创业、成长、转型、发展、升级5个阶段，到如今已经成为注册资本1.01亿元，年生产精锑能力4000吨，一家集采、选、冶于一体的矿业联合企业。公司生产的“久通”牌锑锭是湖南省名牌产品，“久通”牌商标为湖南省著名商标，产品畅销国内外。

公司以“百年老矿，再创百年辉煌”为企业愿景，以“忠诚感恩、责任担当、爱岗敬业、务实创新”的企业价值观为宗旨，以构建“环境优、机制新、员工富”的“新久通”为目标，致力于把久通锑业建设成为一流的现代化绿色矿山企业。

2022年度，公司资产总额2.36亿元，销售收入2.54亿元，研发费用投入0.15亿元，利润总额1.10亿元，上缴税费总额0.60亿元。

陈克明食品股份有限公司

陈克明食品股份有限公司成立于1997年6月，从1984年开始从事挂面生产研究，经过30多年来的奋力拼搏，现已发展成为国内挂面行业领先的民营食品高科技企业。公司在河南遂平、延津，湖北武汉，湖南长沙、益阳南县等地建设有大规模的标准化生产加工基地。2012年3月16日在深圳证券交易所挂牌上市。

克明面业先后荣获“农业产业化国家重点龙头企业”“全国食品安全示范单位”“国家科学技术进步二等奖”“农业产业化国家重点龙头企业”“国家火炬计划重点高新技术企业”等众多殊荣。未来，陈克明食品将以“打造百亿企业，传承百年美食”为目标，励精图治，以崭新的形象开创中国挂面产业现代化新局面。

2022年度，公司资产总额40.47亿元，销售收入9.48亿元，研发费用0.28亿元，利润总额0.35亿元，上缴税费总额0.10亿元。

湖南湘易康制药有限公司

湖南湘易康制药有限公司是湖南尔康制药股份有限公司吸收合并的全资子公司。公司位于南洞庭湖益阳大通湖区，车间厂房严格按照GMP要求设计建造，现已建成具有国内高水平的原辅料药生产厂房、检验中心、仓库等硬件设施，并于2013年通过2010版GMP认证。

2014年，湖南湘易康制药有限公司通过湖南省“高新技术企业”认定复审，“湘易康＋字母”商标获得湖南省著名商标称号，荣获湖南省“纳税信用A级单位”及“湖南省质量信用AAA级企业”等荣誉称号。公司信奉“和谐、忠诚、勤奋、绩效”的文化理念，坚持以质量求生存，以客户为中心，竭诚为广大客户提供优质产品与服务。

2022年度，公司资产总额10.17亿元，销售收入2.39亿元，研发费用投入0.07亿元，利润总额0.12亿元、上缴税费0.20亿元。

益阳市东方水泥有限公司

益阳市东方水泥有限公司成立于2002年7月，公司坚持自主创新，调整产品结构，做水泥“产品全、质量优”的文章。通过深谋远虑的战略制定、系统全面的战略部署、严格高效的实施控制，成功实施了远近结合的“三步走”策略，步入了持续、健康发展的良性之路。

公司“虎劲”品牌多次荣获湖南省著名商标、湖南名牌产品，连续10多年荣获湖南省“守合同重信用”单位称号，还获得纳税信用A级单位、诚信建设示范单位、质量服务信誉AAA级单位、价格诚信示范单位等众多荣誉称号，树立了“虎劲”牌水泥在众多客户心目中的良好形象。

2022年度，公司资产总额5.79亿元，销售收入2.90亿元，上缴税费总额0.23亿元。

湖南省白沙溪茶厂股份有限公司

湖南省白沙溪茶厂股份有限公司始创于1939年，前身为湖南省白沙溪茶厂（国有），2007年改制重组，至今已有84年历史。曾创造了中国紧压茶史上的数个第一。1956年被评为全国5个优秀茶厂之一。

公司注册资本0.81亿元，资产总额逾3.6亿元，厂房占地8万余平方米，茶园基地12000亩。拥有员工350人，累计获得国家专利90余项，国家科技进步奖1项，省技术发明奖1项，省专利奖1项，省科技成果登记11个，多项技术处于国内同行业领先地位。连续12年荣获中国国际茶业博览会金奖。

2022年，资产总额3.4亿元，销售收入0.80亿元，研发费用投入0.04亿元，利润总额0.16亿元，上缴税费总额0.11亿元。

顺祥食品有限公司

顺祥食品有限公司成立于2000年9月，是一家以洞庭湖丰富自然资源为依托，以小龙虾产业为特色，以淡水渔业健康食品为主业，集良种繁育、健康养殖、精深加工、冷链物流、中央厨房、科技研发、内外贸易于一体的中国淡水渔业全价值链生物科技产业公司。

公司稳居中国水产食品加工先进行列，小龙虾全价值链开发居世界领先水平，是“中国农业产业化重点龙头企业”“中国小龙虾养殖加工研发中心”中国小龙虾产业十强加工企业”“全国农产品加工出口示范企业”“全国农产品加工业示范企业”“全国主食加工示范企业”，虾蟹健康养殖及加工湖南省工程研究中心和新农村建设领头企业。

2022年度，公司资产额达5.74亿元，销售收入2.09亿元，研发费用投入0.08亿元，上缴税费总额0.04亿元。

二、文章精选

1. 1991 年 7 月，湖南省高等教育自学考试社会助学工作会议经验材料。

狠抓自学教育　鼓励岗位成才

益阳地区税务局

我们益阳地区税务局，共有 6 个县、市税务局，一个农垦税务分局，现有干部职工 1402 人中，具有中专以上文化 718 人，占总人数 51.2%。近几年，我们按照国务院关于改革和发展成人教育的决定，根据上级教育培训规划，结合本局实际，狠抓以高教税收专业自学考试为主的自学成才，经过努力，取得了明显效果，近几年全区参加各类大专课程自修学习 293 人，获得大学文凭的 143 人，已获得 7 科以上大专单科合格证的 33 人，7 科以下 91 人。1989 年、1990 年均被评为全省税务系统自学考试先进单位。我们主要抓了以下几项工作。

一、抓认识，加强自学组织领导

成人自学教育是我国社会主义教育事业的一个重要组成部分，是提高职工队伍文化素质的一条重要途径。搞好自学不仅具有现实意义，而且具有深远的战略意义。但是，也有些同志对此存在不同的认识：一是由于世俗偏见，有的同志认为自学文凭不“正规”；二是觉得自考边工作边学习，难度太大拿不到文凭“白费劲”；三是有的个别领导担心同志们自学影响工作等。为此，我们组织大家认真学习和领会中央关于加强成人教育的指示精神，总结历史的经验教训，引导开展“四看”，即从职工队伍文化结构的现状看人才培训的重要性；从现代科学技术的发展看培养人才的紧迫性；从经济改革的形势看加速人才培养的必要性；从国内外教育史册中看自学教育的可靠性。

通过学习大家充分认识到，自学教育，既是在职教育的好措施，处理工、学矛盾的好方法，又是培养人才的好渠道。在提高认识的基础上局党组把自学考试工作列入重要议程，成立了以政工局长为站长的自考工作站，各县市局分别成立了自考工作分站，并把自学考试的报考率、参考率和合格率等主要指标列入局长、科、股、所长的任期目标，纳入岗位责任制考核，坚持定期研究分析，加强检查督促，实行奖罚兑现，从而形成了“一把手亲自抓，分管局长具体抓，人教部门归口抓，科所领导配合抓”的齐抓共管局面。

二、抓落实，调动自学积极性

为了搞好自考工作，调动大家自学的积极性，我们在加强组织领导，广泛发动的基础上坚持做到经费、时间、待遇三落实。一是落实经费。在财力相当紧张的情况下，地、县局都很重视智力投资，积极压缩会议，节省办公费用，保证自学经费开支。全区近几年先后共开支自学经费 5 万余元，益阳市税务局 1990 年仅用于辅导就开支 1500 多元，从资金上保证了自学的需要。二是落实时间。为了保证自学时间，各单位不管任务多重，工作多忙，每次考试前，各县市除了积极参加地区局集中 10 天辅导外，并另行安排 7—10 天时间让考生自己复习。1990 年下半年临考，正值税收三大检查。1991 年上半年又遇税收汇算清缴，不少参加考试的干部职工都是业务骨干，在这种情况下，各单位仍坚持合理安排，调剂人员，保证了考生的复习时间。益阳县、安化县税务局，局领导和人教部门为了考生搞好复习，积极与所领导和业务部门协商做工作，几次调整清缴与检查小组人员，有的科股、所安排其他干部职工帮助考生收税，做报表，较好地保证了考生学习和考前复习。三是落实待遇。为了鼓励自学成才，调动大家自学积极性，地区局对有关自考的待遇几次专门行文明确，1990 年又专门印发了《关于重新明确税收专业高教自考助学及奖励措施》文件。我们除了按上级有关规定奖励外，并把自学效果纳入干部使用提拔、评聘专业技术职称的条件，对思想政治较好，工作成绩突出，自学成绩优异的干部职工，优先评聘技术职称和大胆提拔使用。益阳市、益阳县税务局近几年分别相继提拔了6—7位自学成才的干部职工到科、所领导岗位。益阳市局评聘自学成才经济师2人，助理经济师11人。

三、抓措施，提高自学合格率

搞好自考工作，一是要加强组织领导，二是要措施得力。为提高自考合格率，我们着重采取了三条措施。一是抓辅导。辅导对提高自考合格率具有积极的促进作用。地区局每次考试前分别对全区报考集中的科目组织考生进行为期7—10天的集中辅导。全区近2年先后辅导4次，授课400多课时。益阳市税务局还利用每周一、三、五晚上业余时间对考生进行辅导，共授课160多课时。益阳县、地区局机关的考生也参加了该局的辅导。有的考生行程10多里，不管刮风下雨坚持听课。1990年上半年，地区集中辅导，由于财经学院老师临时变更时间，安化县税务局星期六下午接到地区局电话后，克服电话难打通、交通不便的困难，千方百计想办法通知考生，10多名考生接到通知后都没有休息，按时赶到了地区局听课。为使考生搞好复习，近几年地县局分别编印复习资料800余份下发给考生。同时，还采取了分组讨论，互解难题的办法，考生将自己不懂不会做的难题提出来，大家都来互相解答，弄懂弄通，增强记忆。益阳市、益阳县、桃江县、安化县税务局还专门组织自学考试的干部职工进行演讲比赛，座谈讨论，交流学习经验和学习体会，激发了大家的自学热情，全区自学蔚然成风。二是抓典型。为了引导干部搞好自学，我们采取抓典型，以典型带动大家的方法，推动自学教育的发展。益阳市税务局从局到科、所各级领导都很重视自考工作，他们舍得花钱，舍得花时间，舍得花精力，自考工作抓得有声有色，每次考试及格率都在65%以上，连续几年被益阳市自考办评为自考工作先进单位。益阳县、桃江县、安化县税务局领导十分重视，局领导亲自动手抓，每次报考人员多考生及格率高。地区局及时推广了他们的经验，在全区表扬了他们的事迹。各县市局并积极推广宣扬了自学中的个人典型。益阳市局地方稽征站专管员张继香，是一位只有初中文化程度的中年干部，1988年10月税收专业刚开考时，自告奋勇报考了两门课程。在自学中，他妻子见老张年纪大，基础差，白天忙于工作，晚上还要自学到深夜，便主动承担起辅导孩子的学习和全部家务活，一心一意地支持和鼓励丈夫的学习，老张在组织和家庭的热情支持和鼓励下，勤奋努力，不仅工作任务完成出色，年年被评为先进工作者，而且在学习上的成绩也很显著，报考的九门课程均取得了单科合格证。人教科舒宗尧同志是一名部队转业干部，1988年转业他就参加了税收专业自学考试，现已有8个单科合格。一次他为了弄清一道工业会计题，先后请教了5—6名老师、会计和业务骨干，直至将题弄懂罢手。他刻苦学习，锲而不舍的精神，该局都及时在全局进行了广泛宣传；五四青年节组织召开青年干部大会请税政科干部叶辉登台向大家介绍他自学的成功经验。小叶1982年高考落榜，通过几年的勤奋自学，不仅完成了本职工作任务，而且分别获得了会计专业大学专科和本科毕业文凭，通过他的经验介绍，大家获益匪浅，从而增强了大家自学的信心，鼓舞了自学成才的勇气，全局掀起了自学的热潮。地区局计会科干部徐建安和爱人同时参加了自学考试，小孩没人带，就把母亲接到家里照看小孩，两人常常学习到深夜。三是抓奖罚。对参加自学考试的干部通过自学考试获得单科结业证者按规定每科奖励40元，获得大专毕业证书者，给予一次奖金300元，获得本科毕业证书者另补奖金200元；凡不参加考试，中途退学或放弃工作者，一律个人负担报考费和全部学费。同时我们坚持实行岗位责任制，自学情况、工作业绩与干部使用提拔挂钩。地区局对县市局，县、市局对股（科）所把自学纳入了岗位责任制，将自考的内容分解成小指标进行考核，实行奖罚兑现。

四、学习效果

俗话说“功夫不负有心人”。的确，我局系统自学考试，在上级的正确指导和各级领导精心组织下，通过采取各种有效的措施，收到了较好的效果，每次全区考试合格率，平均都在50%以上，如1989年5月参考124人次，及格64科次，及格率51.6%；1989年10月参考176人次，及格92科次，及格率52.3%；1990年5月参考182人次，及格94科次，及格率68.8%，其中，会计原理及格50人，及格率94.3%；1990年10月参考175人次，及格91科次，及格率52%；1991年5月参考185人次，及格97科次，及格率52.4%。

2.1991 年 8 月 24 日，湖南省财税工作会议经验交流材料。

用实践检验税利分流

益阳市税务局

益阳市经省政府领导批准，从 1988 年起至 1990 年止，在 24 家市属预算内工业企业进行由全额利润承包转向税利分流试点。3 年来，在各级政府和上级主管部门的关怀下，试点方案逐步完善，加强了企业的管理核算，促进了生产的发展，理顺了分配关系，兼顾了国家与企业的利益，取得了良好的效果。现将试点情况总结报告如下。

一、试点前的基本情况

益阳市是一个县级计划单列市，共有预算内国营企业 37 家，拥有固定资产 2.2 亿元，职工 2 万人。产业结构以轻工为主，占工业产值的 54%；行业结构以纺织、化工、轻工为主，分别占工业产值的 36%、23%、22%；产品结构基本上属最终产品，缺乏工业材料和农业原料，从 1987 年起，37 家预算内工业企业均已实行不同形式的承包经营责任制，三年累计承包利润 6540 万元，上缴利润 1682.9 万元。在承包的当年共完成工业产值 24434 万元，销售收入 28972 万元，实现利润 2126 万元，上缴所得税 429.5 万元，取得了一定的成效。然而，在企业实行承包后，随着价格体制和劳动工资制度的深化改革，财政、金融紧缩方针的实施，国家产业政策的调整，市场周期变化的加快，使静态的承包基数适应不了动态的环境变化，一定数年不变的税利上缴形式受到冲击，出现了一些始料未及的问题。一是原创利水平高，上缴任务大的骨干企业，效益大幅度滑坡，要求修改承包合同，调整承包基数。二是部分原来效益差、亏损大，无上缴任务或上缴甚微的企业，由于市场因素和政策因素的影响，一跃而成为盈利大户，这些企业的利润无法进行必要的调节。三是财政收入与实现利润不同步。1989 年实行承包的企业与上年比，产值增长 9.8%，销售增长 19%，利润增长 15%，而上缴利润却下降 22.6%。四是负盈不负亏的现象较为普遍，承包合同兑现难度大。以上问题的存在，不利于经济的正常运转和效益的稳步提高。如何在承包的基础上，进一步理顺国家和企业的分配关系，是摆在我们面前的重要课题。通过对七届人大政府工作报告的学习，我们认为，实行税利分流，以实现利润为课税对象，能实事求是地解决好体制改革及市场变化对企业的影响，能较好地理顺国家和企业的分配关系，增强企业自我积累，自我发展，自我制约的能力，并有利于加强国家对整个经济的宏观调控和监督。为此，我们决定争取在益阳市进行税利分流试点，得到了市政府的支持，上级财税机关的指导，有关部门的合作，多数企业的拥护。

二、试点方案的制定及基本内容

为了迅速改变我市在分配方面的被动局面，1988 年 1 月，我们向省税务局提出了在益阳市进行税利分流试点的要求；2 月份，省税务局领导来我市考察，走访了市政府领导，召开了部门座谈会和重点企业座谈会，认为我市试行税利分流初具条件，同意开展调查测算工作，研究实施方案。

税利分流是在理顺国家与企业的分配关系方面所作的一项改革，它牵涉到一些部门的权力和利益，在试点过程中，难免出现一些不协调的意见和问题，各有关部门——特别是财政、税务、经委、体改委如何在深化改革的大前提下，统一认识，协商办事，是推动税利分流试点工作的关键一环。一开始，我们就主动向有关部门阐明，税利分流不是取代承包，而是完善和巩固承包；不是权力再分配，而是围绕转变企业经营机制进行配套改革；不是"红眼病"而是公平税负，促进竞争，体现产业政策，从而统一了指导思想，打消了各种疑虑。财政、税务、经委、体改委四家，自始至终，同心同德，有商有量地投入了试点工作，我们参照财政部《关于在重庆市进一步改革国家同企业利润分配关系试点的初步意见》结合我市的经济特征，充分考虑由全面承包转向税利分流这一实际，在省税务局的指导下、在广泛征求主管部门和企业意见的基础上，通过反复测算，几经修订，最后制定了《益阳市税利分流试点初步方案》(以下简称《试点方案》)，经市委、市政府、人大、政协四家领导及市委常委扩大会议审定，报省政府领导批准后，市政府召开了专门会议，由市长颁布试点方案，宣布从 1988 年 1 月 10 日起，对 24 家市属预算内工业企业进行税利分流试点。

我市税利分流试点方案基本内容如下。

（一）降低所得税率。不分大、中、小型企业，一律按五级超额累进税率计征所得税。最低一级年利润在1万元以下，税率为10%；最高一级年利润在20万元以上，税率为35%，税后利润不再缴纳国营企业调节税。但对少数企业的税后利润，在减除核定的留利基数和还贷基数后仍有余额的，视情况在20%的幅度内上缴财政一定数额的利润。

（二）改进专项借款还款办法。对企业1987年末账面专用借款余额，采用税前归还60%，税后归还40%的措施，企业1988年以后贷入的专用借款，全部用自有资金归还，同时采取三项优惠政策，经财政批准的重点改造项目可加速折旧；在借款期内支付的专项借款利息计入固定资产造价，用税后利润归还专项借款免征能源交通重点建设基金和预算调节基金。

（三）妥善处理税利分流和承包的衔接关系。我市税利分流是在全面实行承包的基础上开展的，为了正确处理两者之间的衔接关系，除上缴财政收入按《试点方案》计算外，其他经济指标一律按承包方案考核，如果按税利分流计算，应缴所得税低于承包数的，不再补缴差额，但承包人应按承包合同承担经济责任。应缴所得税高于承包数的，其高于部分减半征收所得税，承包人亦按承包合同享受奖励。承包期满后，超上缴减半征税的优惠政策自然终止。

少数企业一时不能适应调整期间的经济形势而发生亏损的，报经核实后，允许用以后三年的盈余弥补，按弥补后的利润计征所得税。

三、税利分流三年试点的基本成效

益阳市税利分流试点已三年届满。在各级政府、各上级主管部门的关怀和支持下，在市级各主管局，各有关企业的理解和配合下，试点方案逐步完善，并取得了一定成效。

（一）实现了国家多收，企业多留。24家试点企业3年试点期间，共实现利润6015.8万元，共缴纳所得税1415.4万元，平均税负23.5%。税负率按年递增，1988年为21%，1989年为25.1%，1990年已达26.6%，比1987年的19.7%净增6.9个百分点。突破了税负率长期徘徊在20%左右的局限，保证了财政收入稳定增长。

在企业留利方面。试点企业税后利润在提留“两金”后，净留利2241.3万元，为实现利润的37.3%，比1987年增长13.1个百分点，加强了企业自我积累，自我改造，自我发展的能力，促进了生产稳定增长。

（二）公平了税负，理顺了分配关系。当前我国的经济运行机制还很不完善，影响企业利润升降的因素增多，导致企业效益呈波浪式发展。特别是在1990年，益阳市经济受大气候的影响，加上产业结构不合理，生产效益急剧滑坡，试点企业与1989年比较，产值下降6.4%、销售下降13.6%，利润下降50.5%，很多企业难以为继，如果按照原定承包额度来处理国家与企业的分配关系，势必影响部分企业的稳定与生存。实行税利分流后，所得税以企业实现利润为课税对象，国家以统一的标准参与利润分配，从而公平了税负。如益阳市达人袜厂是我国南方大型袜厂之一，一直是益阳市的重要财政支柱，近年来，由于材料价格猛涨，产品严重滞销，能源严重不足，生产处于半停工状态，加之近年为发展集体经济采取了一些优惠政策，小型针织厂的发展如雨后春笋，形成以小挤大，以落后挤先进的局面，致使该厂效益急速滑坡，三年实际亏损237.8万元，按承包合同应上缴利润243.1万元，按税利分流计算，仅在1988年上缴所得税32.8万元，比承包少缴210.3万元，有力地支助了该厂的技术改造和新产品开发。

再如益阳农药厂过去生产一直不景气，试点以来，该厂通过正确决策，强化管理，使企业出现新的生机。加之近年来国家控制农药进口，市场供不应求，销售价格上升1.1倍，同时从1988年7月起，国家对部分农药免征产品税，使该厂多方受益，迅速扭亏为盈；三年来获利579.7万元，按承包合同应缴利润97.9万元，按税利分流，应缴所得税126.3万元，多缴28.4万元。合理调节了该厂由于价格因素和政策因素增加的部分利润。

（三）优化了投资导向，加速了信贷回笼。前几年由于实行税前还贷政策，益阳市出现经济过热，企业争相贷款，盲目贷款，投入产出很不理想，以致背上沉重的包袱不能自拔。实行“新贷新办法，老贷老办法”的还款制度后，投资主体逐步发生转移，由上新项目为主转化为技改为主。近几年盲目贷款的现象有所改变，但并未出现投资萎缩，试点企业在试点期间共借入专项贷款4732.9万元，占市属“预内五业”企业全部贷款的83.5%，试点企业1990年的贷款余额比1987年增长了13.6%，在投资、扩产和开发新产品方面，企业采取了前所未有的慎重态度。如市化肥厂拟投资200万元，使硫酸产量再翻一番。当为此而组织的专门班子在社会调查中，了解到硫酸产量在相当一个时期将呈饱和状态的可靠信息后，该厂自动取消了这一已经立项的计划；市农药厂在拟定上1000吨氧化乐果生产线时，找专家、学者、经济界权威几次论证，反复调查，然后果断决策，在一年的时间内，完成了试车投产任务，预计 1991 年能生产氧化乐果 800 吨，创税利 240 万元。

在还贷方面同样出现了新的趋向。1987 年末，试点企业账面专项借款余额 3134.3 万元，试点期内重新贷入 4732.9 万元，贷款发生额共 7867.2 万元，由于采用了以利还贷，不征“两金”的措施，调动了企业还贷的积极性。试点以来，共归还专用借款 3750.5 万元，占发生额的 47.67%。其中税前归还 1165.9 万元，占 25.7%；税后归还 1132.9 万元，占 25%；折旧还贷 493.7 万元，占 10.9%；其他资金还贷 1748 万元，占 38.4%，有效地促进了货币回笼。

四、试点工作存在的问题及完善的意见

益阳市税利分流 3 年试点工作虽然取得了一定的成绩。但仍存在一些薄弱环节和问题，一是由于近几年益阳市经济不景气，企业效益欠佳，资金调度不灵，以致税后承包有名无实，基本上未兑现。二是试点面太窄，引起试点户与非试点户之间的相互攀比。以 1990 年为例，试点户税负率已达 26.6%，而非试点户基本上未上缴利润，造成新的税负不均。三是试点户与非试点户执行政策口径不一，宽严不一，如非试点企业“八五”期间仍可享受税前还贷的优惠，而试点企业则不能，影响点面之间的平等竞争。四是税利分流这种分配方式尚未形成多数人的共识，处境还较孤立，有的领导在公开场合发表讲话说，“税利分流是财政部变着法子抽企业的血”，有的金融部门的负责人宣布，“实行税利分流的企业缺乏宽松的投资环境、要从严控制专项贷款”。一些报刊对此也横加褒贬，造成思想一派混乱。

毋庸讳言，目前税利分流试点工作举步艰难，除了政治的、经济的外部因素外，其本身也还存在一些有待改进，完善的问题。

（一）宣传问题。舆论是行动的先导。当前必须从中国式社会主义道路的大前提出发，确立税利分流的正确观点与在分配领域的主体地位。并运用多种宣传媒体，采取多种宣传手段，从国家宏观管理，深化体制改革，健全法律制度，理顺分配关系的高度来阐述实行税利分流的必要性与可行性，提高人们的共识，减少推行的阻力，打好从承包经营逐步转向税利分流的思想理论基础。

（二）税率问题。益阳市经济基础以中、小型企业为主，全国亦然，这些企业一般都生产手段落后，科技水平不高，劳动呈密集型，资金严重不足，但却是县市一级财政的主要收入来源。如果不能稳定发展，不但影响地方财政收入，而且存在不安定的社会因素。过去中、小型企业的所得税税负一般都偏低，如果税率定得过高，在目前仍然强调承包经营的情况下，税利分流很难推行，为了进一步扩大试点面，增强中、小企业自我积累，自我发展、自我改造的能力，对它们拟仍采用超额累进税率为宜。

（三）还贷问题。为了控制过热的投资规模，增强企业自我制约机制，采取“老贷老办法，新贷新办法”是完全必要的。但对批准重点改造的项目，其用专项贷款增加的固定资产，报经主管财政部门同意，应适当提高折旧标准，为了体现产业政策，引导投资方向，对基础工业的投资改造，导致纳税发生困难的，按税收管理体制报经批准，可给予适当的减免税照顾。为了稳定还贷来源，促进信贷回笼，对用于还贷的利润和折旧免征能源交通建设基金和预算调节基金；同时，建立一定比例的税后还贷基金制度，并给以免征“两金”的照顾。

（四）税后利润分配问题。税后承包仍是一个非常复杂的系统工程，在目前的经济状况下，企业效益很难预测，1990 年全市预算内工业企业与 1989 年相比，利润下降 50.5%，亏损企业成倍增加，而且还有继续扩大的趋势。因此，对税后上缴宜采用固定的比例，对号入座为好。拟对企业税后利润在减除“两项基金”和还贷后，按人均净留利比例定率上缴，经济效益相对稳定的企业，经协商批准，也可实行税后承包。

（五）税利分流与承包经营的关系问题。税利分流是围绕转变企业经营机制这一中心进行的一项配套改革，目的是运用税收杠杆进行宏观调控，正确处理国家和企业的分配关系问题。承包经济是在保持国家所有制形式不变的前提下，通过两权分离的操作，明确资产所有者和经营者的权、责、利，用以确立企业主体地位的问题。两者应该并存，相互不能替代。从辩证的观点看，承包经营的不断完善，为税利分流提供了物质基础，税利分流的正确开展、为巩固和发展承包增添了动力。因此，两者之间应该相辅相成，在对承包经营者的制约方面，除上缴按税利分流计算外，其他各项指标一律按承包合同检查兑现。

通过 3 年试点，我们从感性和理性上认识到税利分流确系当前正确处理国家与企业分配关系的一种较好的形式，是财税体制改革比较理想的途径。益阳市的税利分流试点，得到了国家体改委、财政部、国家税务局以及各级领导的重视与支持，从 1991 年起，已纳入了财政部的试点规范，尽管困难重重，我们将坚持朝着既定方针走下去，争取取得更大的成功，为全国的财税体制改革作贡献。

3.2012 年 7 月，中共湖南省委主办的机关刊《新湘评论》19 期发表。

主动融入绿色益阳建设

益阳市国家税务局局长　傅森河

建设绿色益阳，是引领益阳科学发展、后发赶超、绿色崛起的重大引擎。国税机关作为重要的经济执法部门，应充分发挥税收的职能作用，主动融入，全力促进绿色益阳建设。

加强绿色理念宣传。生态环境的恶化和资源的日益枯竭已成为困扰经济发展和人类生存的重要问题，只有大力发展绿色经济才能有效突破资源环境瓶颈制约，在经济社会长远发展中占据主动和有利位置。建设绿色益阳是益阳落实科学发展，实现后发赶超的现实需要。建设绿色益阳，首先必须加强绿色理念的宣传推广，引导大家坚定建设生态文明、发展绿色经济的信心和决心。作为国税部门，一方面开展“税企共建绿色益阳”的宣传，使广大纳税人都能了解促进绿色产业发展，建设绿色生态的相关税收优惠政策，从而坚定不移地走科技含量高、经济效益好、资源消耗低、环境污染少、人力资源得到充分发挥的新型工业化发展道路；另一方面，深入宣传绿色生活、绿色办公的理念，将资源综合利用、绿化、节水、节能、节纸、节约资源等环保措施落实到日常办公和生活当中，打造资源节约型、环境友好型机关。

夯实绿色建设财力。在推进绿色益阳建设过程中，无论是完善社会保障体系，解决广大人民群众医疗、济困、教育等突出问题，还是完善基础设施、优化生态环境、创建文明城市，无不需要有强大的财力做后盾。益阳市财政收入增速较快，但总量相对偏低，财政支出压力较大。作为地方政府的主要聚财职能部门，必须把全力以赴组织各项税收收入作为工作的重中之重。加强对组织收入工作的管理调度，加快建立符合益阳实际的税收征管制度机制，加强对税收收入变化的科学预测和分析，强化重点税源监控，提高征管质量和效率，努力挖潜增收，为建设绿色益阳尽职尽责。

支持绿色经济发展。用足用好国家鼓励发展循环经济、高新技术经济、低碳经济的税收优惠政策，引导产业优化升级转型，吸引相关“绿色产业”落户益阳。通过落实税收优惠政策，鼓励资源综合利用、节能减排、保护生态环境，保护益阳的青山绿水，推动区域生态与经济的协调发展。一是支持传统产业的升级改造。落实好固定资产购进抵扣和加速折旧、研发费加计扣除等税收政策，降低企业设备更新和技术研发的负担，支持冶金、化工、造纸、纺织、建材、食品等支柱企业优化升级、环保达标。二是支持绿色农业发展。积极落实和争取有关惠农税收政策，鼓励农业龙头企业实现集约化、规模化经营，突出发展高效安全的生态农业。三是支持高新技术产业发展。认真落实高新技术产业税收优惠政策，重点抓好新能源、新材料、先进制造、生物医药、电子信息等五大高新技术产业的培植。四是促进低碳经济发展。重点是落实有关企业生产环保设备、节能节水设备、为实现低排放而购置设备或进行更新改造的税收政策扶持；落实好国家出台的取消部分商品出口退税的政策，支持节能减排，治理环境。五是鼓励发展循环经济。落实好国家对环保产业税收优惠政策，全力支持园区企业开展循环经济试点，推动重点产业资源节约和循环利用。

开通绿色服务通道。以满足纳税人需求为导向，开通绿色经济纳税服务“直通车”，积极推行多元化、人性化的服务措施，切实优化纳税服务功能；充分利用纳税人学校平台，加强绿色经济税收优惠政策的咨询和辅导，让纳税人及时了解和掌握有关税收优惠政策，力求在财税政策允许范围内最大限度地帮助企业用足、用好、用活各项税收优惠政策；严格按市局的审批工作流程和备案办法办理税收优惠，不断优化具体办理各项税收优惠政策的程序，简化步骤，提高政策执行的效率；加强税收政策执行情况的跟踪问效，健全税收政策执行反馈机制，动态掌握有关税收优惠政策执行情况，及时解决税收政策落实过程中存在的问题，确保各项税收政策全面、准确落实到位。结合宏观经济形势发展变化，开展绿色益阳建设税收政策效应分析评估，及时向地方政府提出发展经济、调整结构、培植税源的建设性意见，充分发挥税收调控经济、促进发展的杠杆作用。

4.2015年5月10日，国家税务总局、国土资源部在青岛召开城镇土地使用税以地控税、以税节地试点推进工作会议，作为试点省市的湖南省地税局和益阳市地税局参会代表在会上介绍了益阳试点工作经验作法，得到高度肯定。

勇于先行先试　推进以地控税

益阳市地方税务局

2013年，益阳被定为湖南省城镇土地使用税以地控税试点市以来，我们在省局、市政府的高度重视和国土、保密等部门的大力支持下，在“以地控税、以税节地”方面，做了很多务实的工作。主要集中在以下三点。

一、凝聚三股劲，创新手段推试点

承接试点任务后，我们把试点范围定在中心城区的三个区。同时，着眼三方，增强共识、凝聚合力、共同推进。

首先是对内部，激发先行先试的闯劲。站位于壮大地方税体系的先手棋、推进征管现代化的关键招、贯彻“两强一优”部署的主动仗这“三个高度”，提升思想认识，定好实施方案。“一把手”常促推，分管领导紧跟进，专班专人勤落实，做到决不因收入任务重而放松试点、决不因试点事项多而降低标准、决不因时间要求紧而忽视质量。

其次是对政府，争取支持支援的推动。把开展试点有利增加财政收入、有利提高税收质量、有利节约集约用地这“三个意义”汇报清楚，使试点纳入了政府财税工作重大事项，构建起市级领导牵头、市区一体调度和财政经费支持的保障机制。

最后是对国土，汇聚同心同向的干劲。把开展试点是两个部门的共同任务、是利税利地的双赢举措、是创新管理的特色品牌“三个定位”宣讲明白，切实遵循国土法规要求、换位思考对方利益关切、尽已所能提供各种便利，化解了国土部门的种种顾虑，实现了顺畅合作。

二、跨越四道坎，创新方法破难题

以地控税之难，难在协调跨部门、数据跨系统、权限跨层级。一年多来，我们把困难预计足、把预案设计全、把措施落实好，破解了四个难题。

一是运用方案引领、任务倒排的组织方法，破解工作“不同步”的难题。以地控税是系统工程，涉及政府多部门、地税多单位，如组织不当很难协同推进。为此，我们立足市情局情，组织专人专班，提请市政府制定了实施方案，明确了每个部门、每个步骤的实施时间、工作任务、质量要求，编制试点“路线图”和“任务表”并与之精准匹配。试点中，我们及时做好业务需求、信息协查、软件开发等子方案，为参与各方提供工作路径,使试点工作由“不同步”变为“同推进”。

二是运用国土牵头、联合建库的协作方法，破解信息“不对称”的难题。针对国土宗地信息与地税征管信息要素不匹配的问题，提请市政府协调决定，由国土部门承担地籍基础数据库建设维护主体责任，由地税部门提出以地控税系统建设对国土数据的标准和要求，委托国土测绘院开发建设符合以地控税的地籍数据接口，从而为以地控税实现与适用提供了国土数据支撑。

三是运用多方论证、分线申报的科学方法，破解开发“不自主”的难题。开发软件一度面临审批多、流程繁、不自主的问题，我们遵循有关规定，打破习惯思维，引入多方技术，确定业务需求和软件建设框架，分线报批，及时获取软件开发的“准生证”，保证了软件开发既符合信息化建设规范又缩短周期。

四是采取专线加密、单向传输的技术方法，破解网络“不相融”的难题。由于国土与地税部门的工作内网加密级别不同，难以实现系统对接与数据共享。我们切实加强与保密、国土部门的沟通，采取筛选隐藏敏感信息、偏移加密宗地矢量数据、加密封装数据专线传输、设置摆渡区、缓冲对接、签署保密协议等措施，完成系统数据对接专线建设，破解了国土与地税网络对接的瓶颈。

三、着力五突破，创新管理建系统

2014年12月，省局授权我局开发的湖南省地税局以地控税管理系统上线试运行。该系统有七大模块、五大功能。与传统的管理模式比较，取得了“五化”突破，一是在信息获取上有“及时化”的突破。过去，我们无法及时获取土地信息或是获取信息不权威，对不实和虚假申报无计可施，对征纳涉地数据争议无力应对，对土地权属变更无法可控。管理系统建成后，掌握了中心城区2.07万户权利人共2.3万宗土地信息，拥有了地籍发证数据、宗地矢量数据等核心信息。从长远看，我们依托地籍数据库、大集中税源数据库、以地控税核实数据库“三位一体”的数据共享平台，可进一步做好应税土地的税源核实、税收征管；国土可通过核实数据应用反馈，优化各项数据、加强土地管理，达到“以税节地”目的；国土与地税的数据及时共享，也为房地产税改革，不动产统一登记数据共享创造了有利条件。

二是在税源确认上有“无缝化”的突破。过去，我们对土地信息的录入与确认的核实手段不强，录多录少、录与不录的考核标准不严，极易造成税收流失。管理系统建成后，一方面，我们依据国土的“全覆盖”数据和开发的电子地图进行以图控税，可以精准地分区域、分行业、分宗地、分应税和非应税以及减免税情况，对每宗土地开展无缝化核查；另一方面，管理系统设定了税源核查的规范流程，从市局推送、区局分解、分局落实到税管员核查，环环相扣、轨迹可循、责任到人，对各征收单位和税管员的核税征税情况实施监控和延伸管理。系统试运行1个月来，市局组织筛选工商企业用地、推送首批核查任务1505户3329宗土地，中心城区16个征收单位145名税管员开展税源核查，已查出71户漏征漏管户、125宗应税土地。目前，土地税源核实和税款清缴正在有条不紊地进行。

三是在数据分析上有“专业化”的突破。过去，大集中系统对土地税源登记、税收申报、税款征收之间约束性不强，城镇土地使用税计税依据不实，存在征收漏洞和执法风险。管理系统建成后，外接国土发证库，内联大集中系统，可对大集中系统的登记、申报、入库信息，同根据国土地籍信息计算预测的土地理论税源信息和经以地控税管理系统核实后税源信息进行多方数据比对分析。既可分户明细比对、也可分行业汇总比对，既能反映国土登记数据与大集中数据的不一致，也可比对红字预警来找漏洞排风险，使内外监督更加便利、更为得力。

四是在税源监控上有“可视化”的突破。过去，我们只能根据纳税人提供的土地权证进行税务管理，常有“有证则收，无证难管”的尴尬。在建成的管理系统中，利用国土地理信息电子系统开发的“以地控税电子地图”，具有宗地查询、多图层显示、信息关联、面积量算等功能，实现了国土信息与税源信息的高度融合。通过清晰的图示和完整的数据，土地税收管理业务实现可视化转变。基层税管员可以按图索骥，有效开展土地税源核实和漏征漏管清查，而且省市区局也可应用该系统进行税源分析、税源监控和决策管理。

五是在绩效考核上有“自动化”的突破。过去，我们缺乏城镇土地使用税管理系统，绩效考核的人为因素影响大、干预多、难到位。建成的管理系统具备“绩效考核”功能，可跟踪记录每个征收单位、税管员核实土地税源的时点、工作流程的处理过程和每个环节的工作绩效，实时反映各级税务机关、税务人员对国土信息关联匹配、税源核查工作的推进情况，自动计算工作完成效率。

前段试点工作虽然取得了一些成绩，但也存在许多不足。我们将紧紧依靠省局的坚强领导，紧紧依靠试点各方的紧密协作，进一步做好以地控税、以税节地工作，确保交出一份满意的答卷。

5.2022 年 11 月，中共湖南省委主办的宣传期刊《湖南工作》第 11 期发表。

推动差异化高质量发展　打造洞庭湖畔璀璨明珠

——益阳经济与税收发展路径探析

国家税务总局益阳市税务局党委书记、局长　陈有权

2022 年国务院批复的《长江中游城市群发展“十四五”实施方案》，赋予益阳“推动差异化发展、努力形成新增长点”的任务。本文基于益阳的区位特点、资源禀赋和经济税收发展现状，选取益阳及周边 A 类、B 类地区中的岳阳、常德、娄底和邵阳、永州共 6 个市（以下简称六市），以 2019—2021 年为区间进行大数据比较分析，寻优势、找差距、谋未来，以期对益阳经济与税收发展路径提出相关建议。

一、寻优势，“六个稳”反映高质量发展成效

数据表明，2019—2021 年，益阳在区域竞争激烈、周边强市环绕、虹吸效应强烈等挑战下，坚持真抓实干、奋勇赶超，各项指标稳中有进，发展成效可圈可点。

（一）经济规模与税收收入“稳增”。2019—2021 年，益阳地区生产总值从 1792.46 亿元增长至 2019.27 亿元，突破 2000 亿元关口，年均增长 6.14%，增幅低于全省平均水平（7.65%）1.51 个百分点，高于永州、常德、娄底，排六市第 3 位、B 类地区第 2 位。税收收入（不含社保费与非税收入）从 115.73 亿元增长至 128.99 亿元，年均增长 5.57%，增幅高出全省平均水平（4.59%）0.98 个百分点，高于永州、岳阳、常德，排六市第 3 位、B 类地区第 2 位。

2019—2021 年六市地区生产总值与税收收入增长一览表

表 1

指标	益阳	岳阳	常德	邵阳	永州	娄底
2019 年 GDP（亿元）	1792.46	3780.41	3624.2	2152.48	2016.86	1640.58
2021 年 GDP（亿元）	2019.27	4402.98	4054.1	2461.53	2261.08	1825.76
年均增长（%）	6.14	7.92	5.76	6.94	5.88	5.50
2019 年税收收入（亿元）	115.73	292.60	227.75	137.54	156.73	124.25
2021 年税收收入（亿元）	128.99	311.38	237.63	159.07	173.07	140.57
年均增长（%）	5.57	3.16	2.14	7.54	5.08	6.36

（二）地方财力与税收占比“稳升”。2019—2021 年，益阳地方一般公共预算收入从 74.83 亿元增长至 90.60 亿元，年均增长 10.03%，增幅高出全省平均水平（3.97%）6.06 个百分点，排六市第 1 位。市、县级地方税收从 52.53 亿元增长至 60.81 亿元，年均增长 7.59%，增幅低于全省平均水平（10.25%）2.66 个百分点，高于岳阳、常德，排六市第 4 位。

2021 年，益阳市、县级地方税收占地方一般公共预算收入的 67.12%，比重高出全省平均水平（63.12%）4 个百分点，高于邵阳、常德，排六市第 4 位、B 类地区第 2 位。市、县级地方税收占全部税收的 47.14%，比重高出全省平均水平（45.52%）1.62 个百分点，高于娄底、岳阳，排六市第 4 位。

2019—2021 年六市地方财力与地方税收收入增长一览表

表 2

指标	益阳	岳阳	常德	邵阳	永州	娄底
2019 年地方一般公共预算收入（亿元）	74.83	150.18	183.5	102.94	125.27	76.7

续表 2

指标	益阳	岳阳	常德	邵阳	永州	娄底
2021 年地方一般公共预算收入（亿元）	90.60	171.14	203.4	118.50	143.95	90.77
年均增长（%）	10.03	6.75	5.28	7.29	7.20	8.79
2019 年市、县地方级税收收入（亿元）	52.53	99.84	120.73	63.43	85.24	52.29
2021 年市、县地方级税收收入（亿元）	60.81	115.45	131.57	77.16	100.30	63.32
年均增长（%）	7.59	7.53	4.39	10.29	8.47	10.04
2021 年市、县地方级税收收入占地方一般公共预算比重（%）	67.12	67.46	64.69	65.11	69.68	69.76
2021 年市、县地方级税收收入占全部税收的比重（%）	47.14	37.08	55.37	48.51	57.96	45.05

（三）产业结构与税收份额“稳调”。2019—2021 年，益阳努力优化产业结构，三次产业结构比例从 15.6 ∶ 42.6 ∶ 41.8 调整为 16.1 ∶ 44.2 ∶ 39.7，“二三一”的特征更加明显，其中二产业（采矿业、制造业、电热气水生产供应业和建筑业）增加值比重排六市第 1 位。

2021 年，益阳二产业税收 57.74 亿元，占全部税收的 44.77%，比重低于全省平均水平（45.07%）0.3 个百分点，高于常德、邵阳、永州，排六市第 3 位、B 类地区首位。三产业税收 70.76 亿元，占全部税收的 54.85%，比重高出全省平均水平（54.77%）0.08 个百分点，高于娄底、岳阳，排六市第 4 位。

从支柱行业看，2021 年益阳制造业、房地产业、批发零售业、建筑业、金融业、电力业实现的税收，分别占全部税收的 23.53%、16.24%、15.00%、13.93%、7.58%、4.47%，合计实现税收 104.53 亿元，占全部税收的 81.04%。值得关注的是，建筑业与房地产业合计实现税收 38.92 亿元，占全部税收的 30.17%，尽管比重较 2019 年（33.56%）下降了 3.39 个百分点，但仍然是十分重要的税收支撑力量。

2021 年六市产业结构与税收结构一览表

表 3

指标	益阳	岳阳	常德	邵阳	永州	娄底
产业结构比例	16.1 : 44.2 : 39.7	10.5 : 41.7 : 47.8	11.5 : 41.6 : 46.9	16.6 : 31.9 : 51.5	17.6 : 32.9 : 49.5	11.2 : 39.6 : 49.2
税收结构比例	0.37 : 44.77 : 54.85	0.25 : 60.45 : 39.29	0.31 : 44.35 : 55.34	0.26 : 37.20 : 62.53	0.8 : 30.83 : 68.37	0.17 : 68.86 : 50.83
一产业税收（亿元）	0.48	0.8	0.73	0.42	1.39	0.24
二产业税收（亿元）	57.74	188.22	105.38	59.19	53.35	68.86
三产业税收（亿元）	70.76	122.36	131.51	99.47	118.33	71.46
制造业税收（亿元）	30.35	148.93	66.59	27.92	24.33	42.96
建安房地产业税收（亿元）	38.92	62.94	75.39	56.97	53.72	40.32
批发零售业税收（亿元）	19.35	38.60	28.94	23.54	32.24	20.49
金融业税收（亿元）	10.13	14.28	18.76	14.35	12.81	9.03

（四）工业崛起与税收产出“稳强”。2019—2021年，益阳累计实现工业增加值2063亿元，高于娄底、永州、邵阳，排六市第3位、B类地区首位。累计实现工业税收107.12亿元，高于邵阳、永州，排六市第4位、B类地区首位。累计实现制造业税收82.47亿元，高于邵阳、永州，排六市第4位、B类地区首位。如剔除岳阳炼油、常德制烟、娄底炼钢等因素，益阳制造业税收产出更为亮眼。

2021年，在制造业31个细分门类中，益阳税收过亿元的行业有13个，数量排六市第1位。从制造业优势行业看，益阳工程机械业实现税收5.42亿元，规模仅次于长沙、常德，排全省第3位、六市第2位；食品制造业实现税收3.29亿元，规模仅次于长沙，排全省第2位、六市第1位；电子信息业实现税收2.97亿元，规模仅次于长沙、株洲，排全省第3位、六市第1位。

2019—2021年六市工业增加值、工业税收和制造业税收一览表

表4

指标	益阳	岳阳	常德	邵阳	永州	娄底
工业3年增加值（亿元）	2063	4195	3739	1580	1610	1611
工业3年税收收入（亿元）	107.12	463.24	216.73	87.78	87.60	144.01
制造业3年税收收入（亿元）	82.47	438.17	190.30	70.85	65.58	124
2021年税收过亿元的制造行业（个）	13	12	11	10	7	6
其中：工程机械业税收（亿元）	5.42	1.30	7.24	0.32	0.27	1.71
食品制造业税收（亿元）	3.29	0.77	0.74	1.04	0.15	0.06
电子信息业税收（亿元）	2.97	0.65	1.70	0.28	0.78	0.33

（五）创新开放与税收表现“稳进”。从创新引领看，2021年益阳拥有国家级专精特新“小巨人”企业19家，拥有省级“小巨人”企业90家，数量多于娄底、邵阳、永州，排六市第3位、B类地区首位。高新技术企业实现销售收入463.7亿元，年均增长20.04%，盈利面达到65.71%。从开放崛起看，2021年益阳拥有上市公司7家，数量仅次于长沙、株洲、岳阳排全省第4位，实现税收4.21亿元，同比增长16.05%。全年有106户企业申请出口退税，退税500万元以上的有12户，出口退税总额5.29亿元，规模大于常德、岳阳、娄底，排六市第4位。

（六）经济运行与税收指征“稳健”。2021年，从最能反映经济活跃程度和经营成果的增值税、企业所得税、个人所得税三个税种来看，益阳合计实现税收83.76亿元，占全部税收的64.94%，比重高出全省平均水平（55.99%）8.95个百分点，高于邵阳、常德、永州、岳阳，排六市第2位、B类地区首位。从最能反映土地财政依赖程度的“涉土四税”（土地增值税、城镇土地使用税、耕地占用税、契税）来看，合计实现税收21.67亿元，占全部税收的16.80%，比重与全省平均水平（16.72%）相当，低于永州、邵阳、常德；占市、县地方级税收的35.64%，比重低于全省平均水平（36.72%）1.08个百分点，低于永州、邵阳。

二、找差距，“四个量”折射高质量发展短板

近三年，六市纷纷抢抓国省重大战略机遇，立足自身资源禀赋，加快转换发展动能，全力推动高质量发展。横向比较，益阳的发展也还存在短板和不足。

（一）从总量看，增长势头有待进一步提升。2021年，益阳地区生产总值比B类地区的邵阳、永州分别低441.73亿元、241.81亿元，比A类地区的娄底高193.51亿元，面临不进则退、慢进亦退的压力。要达到市委、市政府提出“到2026年地区生产总值突破3000亿元、力争用5—10年区域经济综合实力进入全省一类地区”的要求，未来5年益阳地区生产总值年均增幅须达到8.2%以上。同时，在投资、销售、出口等拉动经济增长的重要领域，益阳同样需跑出“加速度”。投资方面，2019—2021年，益阳工业投资、技改投资年均增速分别为14.16%、8.4%，分别排全省第10位、第11位。销售方面，2019—2021年，益阳增值税销售收入总额5828.91亿元，低于岳阳、常德、娄底、邵阳，略高于永州。出口方面，2019—2021年，益阳企业申报出口总额116.35亿元，低于邵阳、永州。

（二）从存量看，产业结构有待进一步调优。结构比例不优，益阳一产业增加值占比（16.1%）偏高，与永州（17.6%）、邵阳（16.6%）处在相近区间；而A类地区的占比则处在3%—12%的区间，最低的是长沙（3.2%）、最高的是衡阳（11.6%）。益阳三产业增加值占比（39.7%）则为全省最低，其他13个市州占比均在40%以上，最低的是湘潭（41.7%）、最高的是张家界（71.7%），反映了服务业发展相对落后、城市活力有所欠缺。创税能力不强，益阳一产业的产品附加值不高、税收产出率较低。三产业的税收规模排全省第12位、六市末位，三产业中的批发零售业、交通运输及仓储邮政业、软件和信息技术服务业、居民服务业税收产出率，均在六市靠后，其中批发零售业税收产出差距最大，比娄底低6.63亿元、比岳阳低19.25亿元。此外，建安房地产业近三年发展比较低迷、税收支撑能力削弱。行业排位不高，虽然近年来益阳制造业发展迅猛、门类更全、潜力巨大，但目前年税收过5亿元的行业仅有工程机械业，其余行业税收规模在全省排位还不高。与岳阳炼油（105亿元）、常德制烟（24亿元）、娄底炼钢（22亿元）等“大块头”行业比较，益阳培育优势产业集群任重道远。

（三）从质量看，市场主体有待进一步培强。从整体情况看，2021年益阳存续的市场主体中，企业（含农民专业合作社）仅占48.03%，低于全省平均水平（50.2%）；市场主体存续时间相对较短，2021年新办1.34户纳税人就有1户注销，存续5年以上的纳税人占比为32.14%，而存续10年以上的占比仅为6.42%、低于全省平均水平（7.2%）。头部企业不多，2021年益阳纳税过亿元的企业12户，实现税收25.63亿元，占全部税收的19.87%，无论户数、税收规模还是份额均在六市靠后。如娄底15户、税收43.20亿元、份额为30.73%，邵阳11户、税收32.34亿元、份额为20.31%，永州22户、税收39.47亿元、份额为22.78%。税收贡献不大，在2021年全省企业税收贡献“四张榜”上，“全省纳税百强企业”（按集团口径统计）益阳仅有1户，“高新技术企业纳税百强”（按企业口径统计）益阳有6户，“专精特新‘小巨人’企业纳税50强”益阳仅有1户，“现代服务企业纳税50强”益阳没有。

（四）从均量看，区域经济有待进一步壮大。县域税收不强，益阳中心城区以外的县市区数量（5个）比娄底（4个）多，比岳阳（6个）、常德（8个）、邵阳（9个）、永州（9个）少，2021年益阳5个县市区实现税收收入54.39亿元，县均税收收入10.88亿元，低于岳阳（14.94亿元）、娄底（14.24亿元）、永州（12.70亿元）、常德（11.78亿元）。同时，从全省154个县市区征收单位看，2021年益阳没有一家进入税收收入前30强，仅赫山区、高新区排在前50名，其他县市区均排在70名之后。亩均税收不高，2021年，益阳8个园区亩均税收为11.09万元/亩，最高的为益阳高新区18.38万元/亩，最低的为3.29万元/亩。与相邻的娄底（12.48万元/亩）有差距，较省委提出的国家级高新区25万元/亩以上、省级高新区15万元/亩以上的目标差距还不小。

三、谋未来，“五兴五强”促进差异化高质量发展

综合当前形势和上述分析，从六市乃至全省来看，益阳高质量发展的优势主要在于制造强市基础好、新兴产业发展快、现代农业改革早、绿色转型包袱轻；短板主要在于一产业大而不强、二产业精而不壮、三产业发展不足，企业、园区和县域实力偏弱。根据省委明确益阳“十四五”发展的重大使命和《长江中游城市群发展“十四五”实施方案》对益阳的要求，税务部门建议，把“差异化”和“高质量”紧密结合起来，在壮大经济规模、改善产业结构、优化营商环境中做好人无我有、人有我优、人优我新的文章，全力推动差异化高质量发展。具体建议是“五兴五强”，

（一）兴产业、强企业。突出先进制造业这个战略重点，大力实施“产业强市”战略和产业发展“千百十”工程，全力打造电子信息、新材料、食品加工、高端装备制造、文旅康体5个千亿元级产业，努力将高端电容器、电子线路板、碳基复合材料打造成国家级产业集群，做大做强华为生态合作伙伴及配备企业等，不断扩大经济税源规模。突出延链补链强链这个关键抓手，全力建好“一个中心”“两个基地”“三个产业园”，提质升级十大工业新兴优势产业链，强化产业链招商引资，签订税收产出协定，积极引进央企、行业龙头、“三类500强”企业、“小巨人”企业，不断提高头部企业创税能力。突出扶持本地企业这个长远之计，落实新的组合式税费支持政策及各项助企纾困政策，助力中小微企业成长，留得青山、赢得未来，持续推进县市区企业上市“破零倍增”计划，下更大气力推进“个转企、小升规、规改股、股上市”，不断打造更多的税收“亿元户”。

（二）兴园区、强县域。以建设“五好”园区为目标，全力培育主导产业、优势产业、特色产业、未来产业，支持益阳高新区、龙岭开发区、长春经开区打造千亿元级园区，以及龙岭开发区、长春经开区创建国家级园区；加快清理“僵尸企业”和闲置土地，完善亩均税收、融资创新等评价机制，增强园区发展活力，提

高亩均税收水平。以强化科技创新为牵引，精准落实支持科技研发、创业创新等税收优惠政策，加大高端人才引进力度，切实办好个人所得税奖励、住房、医疗、子女就学等“关键小事”，激发科技人才创新活力。以壮大县域经济为重点，坚持湖区、山区两翼联动发展，提高城镇集聚度和产城融合度，加快建设经济强县、生态大县、特色名县，把县域特色资源转化为优势财源和新兴税源，完善税收分享机制，保障县域财源建设利益，促进县域经济与税收实力双提升。

（三）兴三产、强活力。把现代服务业与先进制造业融合起来，优先发展共享制造、检验检测、供应链管理等生产性服务业，重点培育现代金融、服务外包、总部经济等新型服务业，提质升级健康、家政、商贸等生活服务业，催生更多富税产业。把全面促进消费和改善人民生活品质结合起来，提档升级汽车、家电、家居等实物消费，大力发展夜间经济、假日经济、“网红”经济和新型消费、服务消费、农村消费，依托消费激活税源。把房地产业和上下游行业发展联合起来，运用优惠政策促进房地产市场健康发展，带动建筑、建材销售、中介服务业持续增长，巩固强化重点税源。把擦亮城市名片和提升城市活力聚合起来，借鉴争取中国作协在清溪村举办“新时代山乡巨变创作计划”启动仪式的成功做法，大力发展会展经济，让更多具有重大影响力的会议、展览、展销活动在益阳举办，不断提升羽毛球之乡、黑茶之乡、竹子之乡的知名度、美誉度，推动文旅康体一体化发展，增强城市文化实力，充分释放税源潜力。

（四）兴乡村、强生态。扛牢使命职责，落实省委关于益阳“在推进农业农村现代化中当领头雁、奋力谱写新时代的山乡巨变、加快打造洞庭湖畔璀璨明珠”等要求，精准落实支持乡村振兴、现代农业产业示范区建设的税收优惠政策，服务农业增效、农民增收。建强兴农产业，建设现代农业“131千亿元级产业”升级版，培育壮大新型农业经营主体，擦亮“中国淡水渔都”新名片，再创“鱼米之乡”新优势，将南县稻虾米等优质农产品打造成全国知名品牌，提升农副产品附加值和税收转化率。守护绿水青山，落实洞庭湖生态经济区发展战略，坚持生态优先绿色发展，推动美丽与发展同行，发挥资源税、环保税杠杆作用，持续打好蓝天、碧水、净土保卫战，不断提升“益山益水 益美益阳”境界。

（五）兴开放、强循环。以高铁开通为契机，加快通用航空、千吨级航道、高速公路网建设，积极引进大型物流企业和冷链物流企业，打造区域现代综合交通运输枢纽城市和重要物流中心，努力成为渝厦高铁经济带的重要节点，重塑区位新优势，实现税源大增长。以东接东进为方向，切实发挥自身优势，主动对接和融入长株潭经济圈、湖南自贸试验区长沙及岳阳片区、长江中游城市群的产业链建设，分享产业红利，壮大优质税源。以畅通“双循环”为重点，积极培育外贸企业，用好出口退税政策，推动更多优势产业、优秀企业、优质产品进入“双循环”的中高端，加速推进“益品出湘”“益商出海”，提升经济开放活力，实现税收跨越增长。

益阳市税务志

（1990—2022）

益阳市税务志编纂委员会　编

（下册）

方志出版社
Publishing House of Local Records

图述税志 照见未来

20世纪90年代到2022年是新中国税收史上不断改革、飞速发展的30年，也是益阳税务从成长进步到变革飞跃的30年。在干好税务、带好队伍的征途上，益阳税务从不断探索到改革突破，从稳步发展到追求卓越，从艰难跋涉到共享和谐，凝聚了广大税务人的汗水和智慧。《益阳市税务志（1990—2022）》除了以文字记录1990—2022年这33年的税收历史，还以图片和视频的方式“以图述税”，既增加了税务志书的可读性和时代感，更是益阳税务精神文明建设的丰硕成果。

税月缱绻，葳蕤生香。益阳税务三十年聚沙成塔，益阳税务人三十年砥砺前行。《益阳市税务志（1990—2022）》下册用历任领导、组织关怀、党的建设、队伍建设、税收业务、征收管理、纳税服务、税收宣传、税务文化、工会活动、志愿帮扶、创先争优、机构挂牌、税月寻影、扫码影像15个篇章再现税务工作、税务人的珍贵画面，定格温暖坚定的蓝色身影，重温激情奋斗的税务时光，每一帧都是回忆，每一刻都是永恒。

新故相推，日生不滞。画册镌刻的是历史的记忆，回眸过去，是为了更好地展望未来。在习近平新时代中国特色社会主义思想指导下，益阳税务人始终秉承“忠诚担当，崇法守纪，兴税强国”的中国税务精神，上下同欲，众志成城，坚定不移走兴税之路，绘就一幅幅欣欣向荣的崭新画卷：智慧税务在应时应势中不断优化升级，税务执法在宽严相济中更加科学精准，税费服务在倾心倾力中更加智能高效，税收共治在共建共享中不断开创新局，税务队伍在严管厚爱中更显担当。潮平两岸阔，风正一帆悬。在税收现代化的征程上，益阳税务人正以党的二十大精神为指引，豪情满怀，顺势而为，以更加坚实的步伐、更加昂扬的姿态，奋楫逐浪，向着更高更远的目标迈进。

目 录

（下 册）

历任领导

壮阔征程，需要领航的力量。益阳税务部门领导班子始终坚持党管税收政治站位，不断提高政治判断力、政治领悟力、政治执行力，不折不扣落实总局党委、省局党委、市委市政府各项决策部署，从政治上、能力上、廉洁作风上建强领导班子，带领全体益阳税务人秉承艰苦奋斗、创新发展、团结进取、廉洁正派的优良作风，不断激发队伍活力，不断刷新税务业绩。1990—2022年，共有19人先后在益阳地区税务局、益阳市税务局、益阳市国家税务局、益阳市地方税务局、国家税务总局益阳市税务局担任主要负责人（或担任党组副书记主持工作），共有51人担任市局（地区局）领导班子成员。

岳锡登

1990年1月至1990年3月任益阳地区税务局党组书记、局长

李树卿

1990年3月至1994年7月任益阳地区税务局党组书记、局长
1994年7月至1994年9月任益阳市税务局党组书记、局长
1994年9月至1996年5月任益阳市国家税务局党组书记、局长

胡华林

1996年5月至1997年2月任益阳市国家税务局党组副书记、副局长（主持工作）

郭志仁

1997年2月至2000年11月任益阳市国家税务局党组书记、局长

刘建福

2000年11月至2001年8月任益阳市国家税务局党组书记、局长

皮本固

2001年8月至2004年4月任益阳市国家税务局党组书记、局长

袁世民

2004年4月至2008年8月任益阳市国家税务局党组书记、局长

傅淼河

2008年8月至2013年7月任益阳市国家税务局党组书记、局长

李建伟

2013年7月至2016年3月任益阳市国家税务局党组书记、局长

徐向阳

2016年3月至2018年7月任益阳市国家税务局党组书记、局长
2018年7月至2018年8月任益阳市国家税务局、益阳市地方税务局联合党委书记、局长
2018年8月至2020年9月任国家税务总局益阳市税务局党委书记、局长

刘见曙

1994年9月至2001年1月任益阳市地方税务局党组书记、局长

郑惠

2001年1月至2004年3月任益阳市地方税务局党组书记、局长

吴佑坤

2004年3月至2005年1月任益阳市地方税务局党组书记、局长
2005年1月至2008年5月任益阳市地方税务局党组副书记、局长

蒋栋才

2005年1月至2009年2月任益阳市地方税务局党组书记、副局长

张晓飞

2008年5月至2009年2月任益阳市地方税务局党组副书记、局长
2009年2月至2010年12月任益阳市地方税务局党组书记、局长

周本庆

2010年12月至2015年3月任益阳市地方税务局党组书记、局长

李朝晖

2015年3月至2017年10月任益阳市地方税务局党组书记、局长

石洪波

2017年10月至2018年7月任益阳市地方税务局党组书记、局长
2018年7月至2018年8月任益阳市国家税务局、益阳市地方税务局联合党委副书记、副局长（正转副）
2018年8月至2020年9月任国家税务总局益阳市税务局党委副书记、副局长（正转副）

陈有权

2020年9月起任国家税务总局益阳市税务局党委书记、局长

2022年12月在任的国家税务总局益阳市税务局党委班子成员（从左至右依次为：党委委员、总经济师胡闵，党委委员、副局长刘正，党委委员、副局长罗广宇，党委书记、局长陈有权，党委委员、副局长莫国云，党委委员、副局长谢剑，党委委员、纪检组组长任冀蓉，党委委员、总会计师李出）

2022年12月在任的国家税务总局益阳市税务局副科长以上领导干部

2022年12月在任的国家税务总局益阳市资阳区税务局党委班子成员（从左至右依次为：党委委员、副局长林耿，党委委员、副局长藏智凡，党委书记、局长夏胜阳，党委委员、副局长张欣，党委委员、副局长邹剑，党委委员、纪检组组长刘笑丰）

2022年12月在任的国家税务总局益阳高新技术产业开发区税务局党委班子成员（从左至右依次为：党委委员、副局长陈凌，党委委员、副局长蔡翔，主要负责人何学军，党委副书记、副局长刘平南，党委委员、副局长周志强，党委委员、纪检组组长戴启元）

2022年12月在任的国家税务总局益阳市赫山区税务局党委班子成员（从左至右依次为：党委委员、纪检组组长王界华，党委委员、副局长晏鹤高，党委委员、副局长黄臻，党委书记、局长王凯波，党委委员、副局长孙东山，党委委员、副局长刘芳，党委委员、副局长徐立辉）

2022年12月在任的国家税务总局益阳市大通湖区税务局党委班子成员（从左至右依次为：党委委员、副局长陈彬，党委委员、副局长胡文胜，党委书记、局长蔡敏，党委委员、副局长严红球，党委委员、纪检组组长彭程）

2022年12月在任的国家税务总局南县税务局党委班子成员（从左至右依次为：党委委员、纪检组组长王宁平，党委委员、副局长饶波，党委委员、副局长朝罡，党委书记、局长王庆尧，党委委员、副局长万新飞，党委委员、副局长方刚，党委委员、副局长孟小平）

2022年12月在任的国家税务总局沅江市税务局党委班子成员（从左至右依次为：党委委员、纪检组组长曾华，党委委员、副局长陈定国，党委委员、副局长刘宗武，党委书记、局长金志雄，党委委员、副局长陈雪宇，党委委员、副局长曾卫娥，党委委员、副局长彭宏权）

2022年12月在任的国家税务总局桃江县税务局党委班子成员（从左至右依次为：党委委员、纪检组组长贺先红，党委委员、副局长刘铁新，党委书记、局长鄢跃武，党委委员、副局长何学军，党委委员、副局长刘义忠）

2022年12月在任的国家税务总局安化县税务局党委班子成员（从左至右依次为：党委委员、纪检组组长陈鑫磊，党委委员、副局长唐岳峰，党委委员、副局长彭军，党委书记、局长李跃华，党委委员、副局长陈靖辉，党委委员、副局长刘勇）

组织关怀

上级关注，组织关怀，领导重视，是益阳税务加速成长的强大动力。一直以来，益阳税务重视加强工作汇报，积极争取上级税务党委，特别是地方党政部门领导对益阳税务工作的重视支持，在组织收入、机构改革、税收改革、文明创建、信息化建设、办税服务、办公楼建设等方面给予指导。国家税务总局领导、省税务部门（湖南省税务局、湖南省国家税务局、湖南省地方税务局、国家税务总局湖南省税务局）部分主要领导、省委省政府有关部门领导、市委市政府多位主要领导都曾对益阳税务部门倾注了很多关心，并到益阳税务实地调研，为益阳税务的发展指明方向、鼓劲加油、保驾护航。

1.2003年12月12日，益阳市国家税务局新办公楼竣工庆典上，湖南省国家税务局党组书记、局长胡金亮（右三）和益阳市委副书记、常务副市长谢超英（左一）为益阳市国家税务局揭幕

2.2003年12月12日，湖南省国家税务局、益阳市委市政府相关领导参加益阳市国家税务局办公楼整体搬迁仪式

3.2018年4月10日，全国、省、市人大代表视察益阳税务工作汇报会

1.2007年3月1日，湖南省地方税务局党组书记、局长卿渐伟（右一）在益阳调研时，到办税服务大厅体验为纳税人开具货运发票和税票

2.2008年10月16日，湖南省国家税务局党组书记、局长程安亭在益阳市奥林匹克公园体育场举行的全省国税系统羽毛球友谊赛（决赛）开幕式上致辞

3.2008年2月29日，益阳市委书记蒋作斌（左三）在益阳市国家税务局调研

1	2
3	4

1.2010年6月23日，湖南省地方税务局党组书记、局长吕兴胜（左一）在益阳市赫山区地方税务局办税大厅调研

2.2011年10月9日，益阳市委副书记、市人民政府市长胡忠雄（右三）在益阳市国家税务局调研

3.2012年8月2日，湖南省国家税务局党组书记、局长丁永安（左四）在沅江市国家税务局办税服务厅调研

4.2012年10月9日，益阳市委副书记、市人民政府市长胡忠雄（右三）在益阳市地方税务局调研

1

2 3

1.2005年春节，益阳市委副书记、市人民政府市长刘国湘（左二）到益阳市国家税务局家属院明瑞小区送节日祝福

2.2010年2月8日，益阳市委副书记、市人民政府市长胡衡华（左二）在益阳市国家税务局调研

3.2009年3月4日，益阳市委副书记、市人民政府市长胡衡华（右三）在益阳市地方税务局调研

1

1.2012年10月17日，国家税务总局党组成员、副局长邱小雄（中）在益阳市国家税务局调研

1　2
3

1.2014年6月23日，益阳市委书记魏旋君（左二）在益阳市国家税务局调研
2.2014年6月23日，益阳市委书记魏旋君（右二）在益阳市地方税务局调研
3.2012年10月17日，国家税务总局党组成员、副局长邱小雄（左一）在益阳市地方税务局调研

1.2014年11月25日，湖南省地方税务局党组书记、局长张云英（右三）在赫山区地方税务局调研

2.2018年5月22日，湖南省地方税务局党组书记、局长周巧艺（前排中）在益阳市地方税务局调研

3.2018年7月17日，国家税务总局机构改革第18联络（督导）组常务副组长蔡宇（右四）在赫山区办税服务大厅调研

1.2019年7月30日，益阳市委书记瞿海（左）看望国家税务总局益阳市税务局退休干部、一等功获得者徐子军

2.2018年12月6日，益阳市委副书记、市人民政府市长张值恒（前一）在国家税务总局益阳市税务局调研

3.2021年9月30日，益阳市委副书记、市人民政府代市长陈竞（左二）在市政务中心税务窗口调研

4.2022年5月19日，国家税务总局湖南省税务局党委书记、局长刘明权（前排中）在国家税务总局沅江市税务局调研

党的建设

益阳税务系统始终坚持党的领导，以“抓好党务、干好税务、带好队伍”为路径，着力加强政治机关建设，用党建铸魂强根基，以党旗引领兴税路，保障益阳税收事业高质量发展。坚持聚焦思想建设，夯实信仰根基。通过坚持第一议题、第一主题、第一内容学习，举办庆祝建党活动、主题教育、党建知识竞赛、主题党日等狠抓党员思想教育，切实增强“四个意识”、坚定“四个自信”、做到“两个维护”，在真学真悟中筑牢信仰根基；通过中心组学习、青年理论研讨、书记讲党课等方式推动党建纵合横通，在强党建、兴党业、促融合上深入思考探索，促进学思用结合、知信行统一，凝心聚力，创新发展。坚持聚焦支部建设，建强党的基层组织。狠抓基层党支部规范化建设，注重发挥党组织战斗堡垒作用和党员先锋模范作用，通过“党员示范岗”“五化党支部”“税企支部联建”“党员承诺践诺”“益心向党 税务担当”等党建品牌建设，培养出一大批先进基层党组织和优秀党员，推动党建与税收事业发展同频共振，融会贯通，相互促进。坚持聚焦管党治党，纯洁党员队伍。通过狠抓党建工作述职评比、党内监督检查、党员民主评议、廉政谈话以及干部“六必谈”、党风家风联建互促等加强党组织和党员作风建设，强化“两个责任”落实，锻造了忠诚、干净、有担当的党员干部队伍。

1	2
3	4

1.1997年6月11日，益阳市直机关实施党建先锋工程现场经验交流会在益阳市国家税务局召开，市委副书记蒯冰清（左）、市国税局局长郭志仁到会讲话，市国税局机关党委等7个单位作经验介绍，会后还实地参观市国税三分局、市国税一分局个体集贸税务所的党建先锋工程建设情况

2.2003年6月26日，湖南省国家税务局党组书记、局长胡金亮（前排右四）在益阳市国家税务局上党课并和市局领导班子成员及部分县市区局局长、市局机关科长合影

3.2008年3月27日，益阳市国家税务局召开全市国税系统党风廉政建设工作会议，党组书记、局长傅淼河（右一）与市局机关科长和直属单位主要负责人签订党风廉政建设目标责任状

4.2011年2月21日，益阳市地方税务局召开全市地税工作暨思想政治工作会议

1	3
	4
2	5

1.2008年7月12日，益阳市国家税务局机关党员在革命老区井冈山黄洋界重温入党誓词

2.2010年7月1日，益阳市地方税务局举行“争先创优庆七一 岳麓名胜激豪情”党建活动

3.2010年2月8日，益阳市地方税务局召开全市地税系统领导干部家属助廉工作会议

4.2010年4月21日，益阳市地方税务局召开全市地税系统党风廉政建设和反腐败工作会议

5.2010年5月5日，益阳市地方税务局召开传承五四精神成长成才建功座谈会

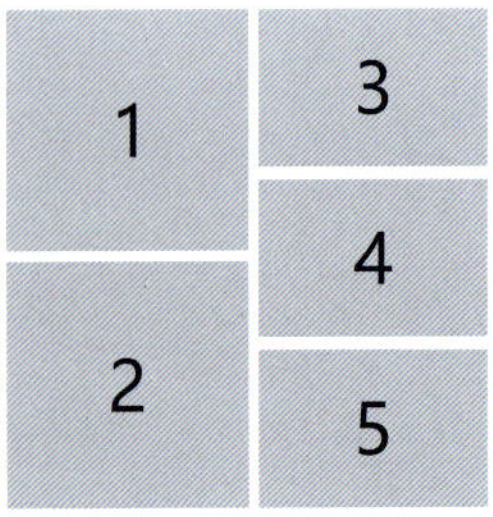

1.2011年6月23日，益阳市委常委、市委组织部部长彭爱华（左二）在益阳市国家税务局调研党务公开工作情况，充分肯定国税局党务公开工作并指示在全市推广

2.2011年11月17日，湖南省国家税务局巡视组在益阳市国家税务局召开巡视检查工作动员大会，省局党组成员、副局长胡荣桂（前排左二）作动员报告

3.2011年6月8日，益阳市纪委组织的全市效能监察工作座谈会在益阳市国家税务局召开，市国家税务局作经验介绍

4.2011年6月28日，益阳市地税系统庆祝中国共产党成立90周年党史知识抢答赛现场

5.2011年6月30日，益阳市地税系统庆祝中国共产党成立90周年红歌会在赫山大剧院举行

1.2011年11月21日，益阳市国家税务局机关干部职工在市委、市政府门前高唱《没有共产党就没有新中国》

2.2013年7月30日，益阳市地方税务局举行全市地税系统“贯彻十八大　传递正能量”诗歌朗诵选拔赛

3.2014年2月21日，益阳市地方税务局召开全市地税系统党的群众路线教育实践活动动员大会

4.2014年6月4日，益阳市地方税务局召开全市地税系统教育实践活动查摆问题开展批评环节工作部署会议

1.2014年6月17日，湖南省国税系统践行党的群众路线先进事迹巡回报告会在益阳大剧院召开

2.2014年7月18日，益阳市地方税务局召开党组专题民主生活会

3.2014年8月26日，全省地税系统党的群众路线教育实践活动先进人物优秀事迹报告会在益阳大剧院召开

4.2016年6月15日，益阳市地方税务局举行全市地税系统党纪条规知识抢答赛

5.2016年9月1日，湖南省地方税务局“我身边的优秀共产党员”报告会在益阳大剧院召开

1	2
3	4

1.2016年12月24日，湖南省国家税务局党组成员、总会计师方吉杰（左）在向益阳市国家税务局领导班子宣讲党的十八大和省党代会精神

2.2017年1月23日，益阳市国家税务局党组书记、局长徐向阳（左）在全市国税工作会议上与市局党组成员、副局长曾国华（右）签订主体责任书

3.2017年6月26日，湖南省国家税务局第三巡察组巡察益阳市国家税务局反馈意见会议现场

4.2017年8月8日，湖南省国家税务局党组成员、总会计师方吉杰（左三）在益阳市国家税务局听取巡察整改督导汇报

1	3
2	4

1.2016年11月22日，中共益阳市地方税务局直属机关委员会第六次党员代表大会召开

2.2017年11月30日，益阳市地方税务局召开全市地税系统党支部“五化”建设暨基层工作现场推进会

3.2018年4月27日，沅江市国家税务局离退休党支部的党员在进行学习贯彻党的十九大精神知识测试

4.2018年9月19日，国家税务总局益阳市税务局党委组织开展2018年理论学习中心组第六次集中学习

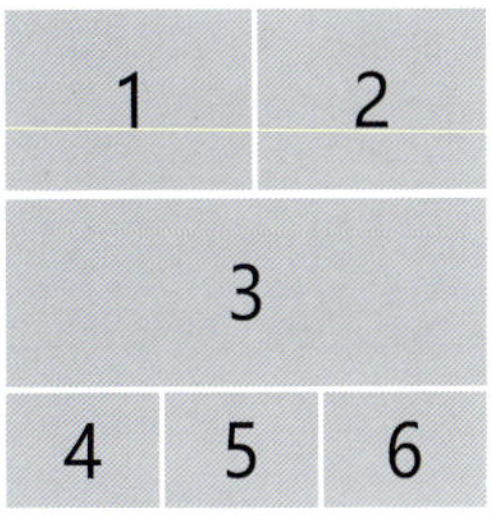

1.2018年9月30日，国家税务总局益阳市税务局召开机关第一次党员大会，选举产生机关党委委员

2.2018年11月21日，国家税务总局湖南省税务局大数据风险管理局党支部深入资阳区税务局基层党建联系点讲党课

3.2018年7月5日，益阳市国家税务局、益阳市地方税务局联合党委召开第一次扩大会议

4.2018年11月28日，国家税务总局湖南省税务局党委第一巡察组召开专项巡察益阳市税务局党委工作动员视频会

5.2018年12月20日，中共国家税务总局益阳市税务局委员会召开2018年度党委书记抓基层党建述职评议会

6.2019年7月17日，国家税务总局益阳市税务局系统党建工作科科长肖炜在党建工作联系点国家税务总局桃江县税务局桃花江税务分局上党课

1.2019年4月2日，国家税务总局益阳市税务局在国家税务总局安化县税务局梅城税务分局召开基层支部“五化”建设现场会

2.2019年6月26日，国家税务总局益阳市税务局党委书记、局长徐向阳（主席台左一）在国家税务总局益阳高新技术产业开发区税务局上党课

3.2019年11月22日，国家税务总局益阳市税务局召开全市税务系统妇女代表大会暨系统妇女联合会成立大会

4.2019年5月28日，国家税务总局益阳市税务局离退休第二党支部组织开展爱国主义教育活动

5.2019年11月8日，中共国家税务总局益阳市税务局机关第六支部委员会在湘西十八洞村开展“不忘初心、牢记使命”主题党日活动

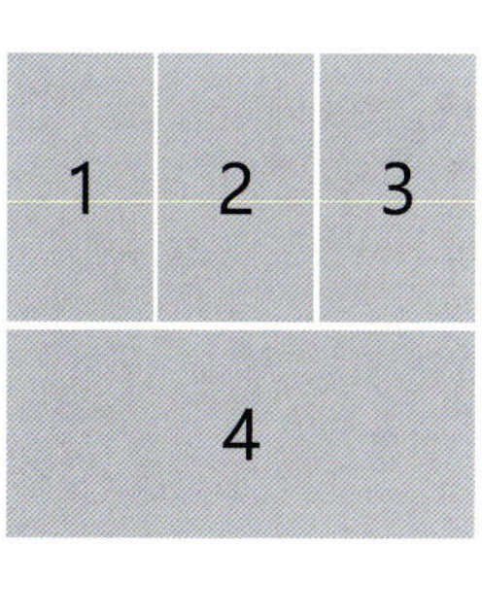

1.2019年12月6日，国家税务总局湖南省税务局党委委员、总审计师王宏伟（右三）参加资阳区税务局长春税务分局党支部“不忘初心、牢记使命”主题教育专题组织生活会暨民主评议党员会议

2.2020年3月29日，中国共产主义青年团国家税务总局益阳市税务局机关团员大会现场

3.2021年5月27日，国家税务总局益阳市税务局举行全市税务系统庆祝中国共产党成立100周年文艺汇演

4.2021年6月18日，国家税务总局益阳市税务局机关合唱团在益阳大剧院前列队候场参加全市合唱比赛

1	2
3	4

1.2021年6月29日，国家税务总局益阳市税务局召开庆祝中国共产党成立100周年大会，图为市局党委书记、局长陈有权为退休老干部刘德美佩戴“光荣在党50年”纪念章

2.2021年6月29日，在国家税务总局益阳市税务局庆祝中国共产党成立100周年大会前，工作人员为退休老干部黎谷盈整理“光荣在党50年”绶带

3.2020年7月10日，国家税务总局益阳市税务局离退休第一党支部组织开展主题党日活动

4.2022年9月24日，国家税务总局益阳市税务局办公室、党委纪检组、督察内审科党支部在安化县仙溪镇芙蓉村开展党建活动

1.2021年6月29日，国家税务总局益阳市税务局参加庆祝中国共产党成立100周年大会的“光荣在党50年”老党员和在职优秀党员代表合影

2.2021年12月8日，国家税务总局益阳市税务局党委与党委纪检组2021年下半年专题会商会召开

3.2022年11月22日，国家税务总局益阳市税务局“学习二十大 声声入人心”广播栏目正在广播

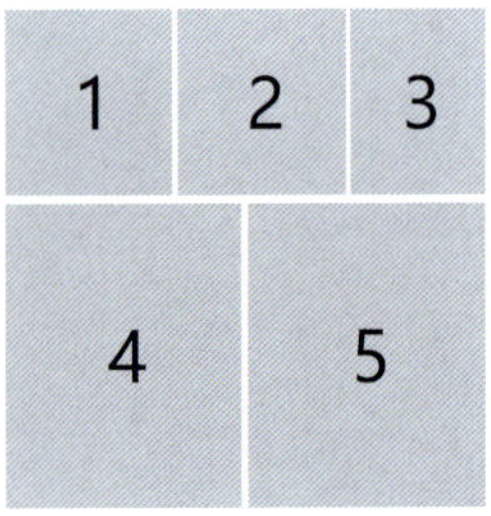

1.2022年8月16日，国家税务总局益阳市税务局举行“党风家风联建互促 纪律规矩烙在心中”党史·纪法知识竞赛

2.2022年5月4日，国家税务总局益阳市税务局机关团委召开庆祝中国共产主义青年团成立100周年青年代表座谈会

3.2022年1月24日，国家税务总局益阳市税务局党委书记、局长陈有权听取下一级纪检机构主要负责人工作汇报

4.2022年7月4日，国家税务总局益阳市税务局机关党委组织青年党员赴安化开展庆“七一”主题党日活动，重温革命历史，共过“政治生日”

5.2022年1月17日，国家税务总局湖南省税务局党委委员、副局长王宏伟（左四）参加国家税务总局益阳市税务局党委党史学习教育专题民主生活会

2021年9月29日，国家税务总局益阳市税务局党委书记、局长陈有权
参加中国共产党益阳市第七次代表大会

队伍建设

带好队伍、完成任务是税务部门长期以来坚持的工作总目标。益阳税务深入践行新时代组织路线，抓住新时代干部队伍建设的关键点和着力点，锻造政治坚定，作风过硬，业务精湛的干部队伍。开展文明创建提素质。以开展文明城市建设、文明行业、文明窗口单位、文明单位、文明标兵单位、巾帼文明岗等文明创建工作为契机，全方位提升政治工作水平，物质文明成效，依法治税能力，政务服务效率，干部队伍素质明显提升。运用绩效手段抓管理。以绩效管理为指挥棒，结合工作实际制定组织绩效和个人绩效考核办法，奖勤罚懒，奖优罚劣，培养团队意识、创新能力，形成创先争优的积极竞争氛围，全过程激励干部成长。加强练兵比武育英才。加强税收业务研讨，建立专业人才库，鼓励干部报考“三师”，开展业务条线比武竞赛，积极培养青年英才、业务尖兵、岗位能手，树立选贤任能导向，营造风清气正政治生态。落实严管厚爱强作风。举办先进典型表彰会、先进事迹报告会、干部思想座谈会、新春茶话会、谈心谈话会、廉政建设工作会、警示教育会，开展正风肃纪常态化教育，锻造出一支特别能战斗的税务“铁军”。益阳税务部门年年在市直单位绩效评比中评为“优秀单位”，2018年国地税合并后，益阳市税务局连年在市直单位绩效评比中名列前茅。2021年、2022年，益阳市税务局连续2年获评全省税务系统绩效先进单位。

1 2
3 4

1.1990年7月18日，益阳地区税务工作会议参会人员合影

2.1994年10月27日，桃江县国家税务局召开首次干部职工大会

3.1995年4月19日，湖南省国税系统优秀国税干部事迹巡回报告会在益阳市召开

4.1998年2月26日，益阳市国家税务局召开全市国税工作会议

1	3
2	4

1.2000年1月28日，益阳市国家税务局机关全体干部21世纪第一个春节团拜留影

2.2003年2月20日，益阳市地方税务局党组书记、局长郑惠（右一）在益阳地税工作暨思想政治工作会议上为获奖先进颁奖

3.2004年9月16日，中国羽毛球队在益阳与市委市政府领导、市国税局干部、明瑞酒店员工合影纪念

4.2005年3月3日，益阳市国家税务局召开全市国税系统机构人事改革工作动员大会

1.2005年1月14日，益阳市地方税务局党组书记、副局长蒋栋才（左二）在桃江地方税务局调研

2.2005年4月26日，大通湖地方税务局组织干部职工开展集中军训

3.2005年8月11日，益阳市国家税务局机关副科级空缺职位面试考场

4.2007年6月2日，益阳市资阳区地方税务局举办“兴税杯”辩论赛

1.2007年11月15日，益阳市国家税务局召开全市国税系统干部作风整顿专项活动动员大会

2.2010年4月28日，益阳市地方税务局召开“只为加快发展想办法　不为发展缓慢找理由”讨论会

3.2011年5月26日，益阳市国家税务局在赫山区国家税务局召开全市国税系统“做群众满意执法服务单位”工作汇报会

4.2011年5月27日，全省地税系统先进人物优秀事迹巡回报告会在益阳召开

1

2 3

1.2011年6月30日，益阳市地方税务局党组书记、局长周本庆（左）为全市地税系统庆祝中国共产党成立90周年歌咏会一等奖颁奖

2.2011年7月15日，益阳市地方税务局召开全市地税系统机构改革动员大会

3.2011年8月9日，益阳市国家税务局特邀监察员在桃江县国家税务局办税服务厅走访纳税人

1	2
3	4

1.2011年9月22日，益阳市国家税务局召开全市国税系统内控机制建设工作会议

2.2012年7月13日，益阳市地税系统科级以上领导干部“领导力”专题研修班在国家行政学院开班

3.2012年7月6日，益阳市地方税务局召开全市地税系统2010—2012年创先争优表彰大会

4.2016年11月17日，益阳市地方税务局召开全市地税系统深化“两学一做”暨践行“一调两转”先进典型宣讲报告会

1.2012年10月15日，益阳市地方税务局召开科级领导干部转正述职测评大会

2.2012年11月13日，益阳市地方税务局召开全市地税系统加强执法与廉政风险防范工作会议

3.2013年2月17日，益阳市地方税务局召开新春团拜会

4.2013年10月16日，益阳市地税系统举办“建设责任地税”主题巡讲活动现场

1.2014年1月23日，益阳市国家税务局机关召开回味2013畅想2014年终总结暨迎春茶话会

2.2014年6月13日，益阳市国家税务局召开全市国税系统绩效管理工作会议

3.2014年9月26日，益阳市地方税务局召开益阳地税成立20周年暨建设“三个地税”活动座谈会

4.2015年3月18日，湖南省地方税务局在益阳市地方税务局召开主要领导干部工作交接会

1	2
3	4

1.2015年5月25日，大通湖区国家税务局干部职工开展“劳动体验转风换位”特色纪检日活动

2.2015年10月21日，益阳市国家税务局召开离退休老干部重阳节座谈会

3.2015年11月12日，益阳市国家税务局召开全市国税系统2015年亮点工作评审现场会议，图为大通湖区国家税务局会场

4.2015年12月3日，益阳市国家税务局召开2015年市局局内、局直各单位亮点工作项目评审会议

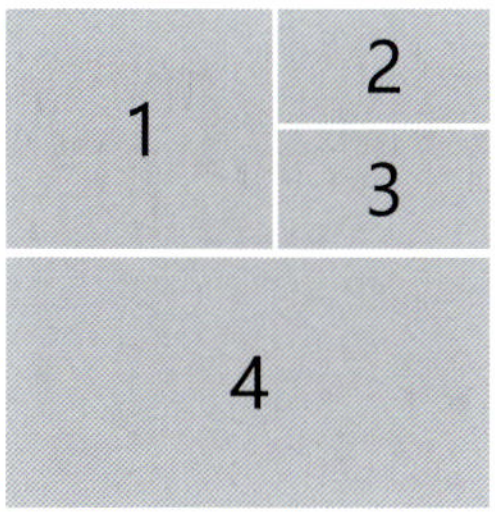

1.2016年5月4日，益阳市地方税务局召开全市地税系统青年干部代表座谈暨十佳学习标兵表彰会议

2.2016年12月2日，益阳市地方税务局创建全国文明城市工作推进会会场

3.2017年6月12日，益阳市国家税务局巡察组在沅江市国家税务局召开巡察动员大会

4.2017年8月24日，益阳市地方税务局举行全市地税系统“喜迎十九大 爱税爱国家”演讲选拔比赛

1	2
3	4

1.2017年9月5日，湖南省文明办领导到益阳市国家税务局进行全国文明单位复查

2.2018年1月5日，益阳市国家税务局召开全市国税系统基层工作会议

3.2018年1月29日，益阳市地方税务局机关干部职工在清扫办公楼前坪的积雪

4.2018年3月19日，益阳市地方税务局召开全市地税系统区县（市）局长会议

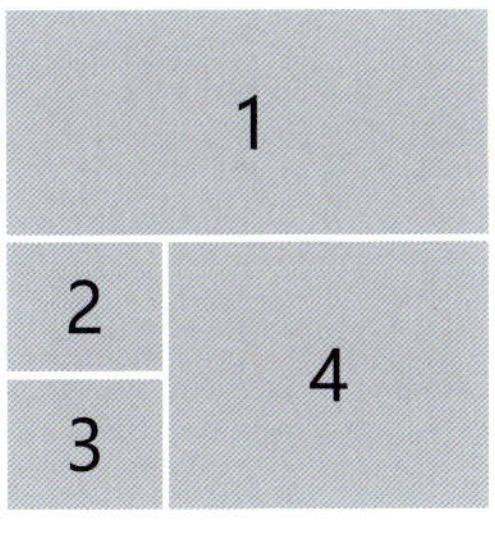

1.2019年10月14日，国家税务总局湖南省税务局党委委员、总审计师王宏伟（主席台左二）在国家税务总局益阳市资阳区税务局调研

2.2018年7月10日，国家税务总局益阳市税务局召开全市税务系统机构改革动员会暨县市区税务局机构改革培训

3.2019年9月28日，国家税务总局益阳市税务局合唱团参加益阳市庆祝中华人民共和国成立70周年合唱比赛

4.2018年5月4日，益阳市地方税务局召开脱贫攻坚暨作风建设年动员培训会

1	2
3	4

1.2019年11月15日，益阳市税务系统“不忘初心、牢记使命”主题教育先进典型巡讲首场报告会召开

2.2021年5月10日，国家税务总局益阳市税务局、国家税务总局沅江市税务局热烈欢迎全省税务系统先进典型巡回宣讲团成员

3.2021年7月26日，国家税务总局益阳市税务系统“十佳文秘”竞赛举行

4.2021年9月16日，国家税务总局大通湖区税务局和河坝镇新秀村联合举办2021年平安建设扫黑除恶知识抢答赛

1	2
3	4

1.2021年7月16日，国家税务总局益阳市税务局党委书记、局长陈有权（左一）到沅江市慰问百岁离休老税干高成周

2.2021年8月20日，国家税务总局益阳市税务局召开2021年新录用公务员宪法宣誓暨青年干部座谈会

3.2021年10月11日，沅江市委、市政府领导为国家税务总局沅江市税务局离休干部高成周送百岁寿星牌匾

4.2022年1月18日，国家税务总局益阳市税务局召开全市税务工作会议

1.2021年10月8日，国家税务总局益阳市税务局举行升国旗仪式

2.2022年2月7日，国家税务总局益阳市税务局党委书记、局长陈有权（左一）在市局春节后上班第一天的升旗仪式上讲话

3.2022年3月21日，国家税务总局益阳市税务局党委班子集体工作照

4.2022年5月13日，国家税务总局益阳市税务局党委书记、局长陈有权（主席台右二）在湖南省税务系统副处级领导干部任职培训班上作领导经验分享

5.2022年5月16日，国家税务总局益阳市税务局召开2022年遴选工作人员座谈会

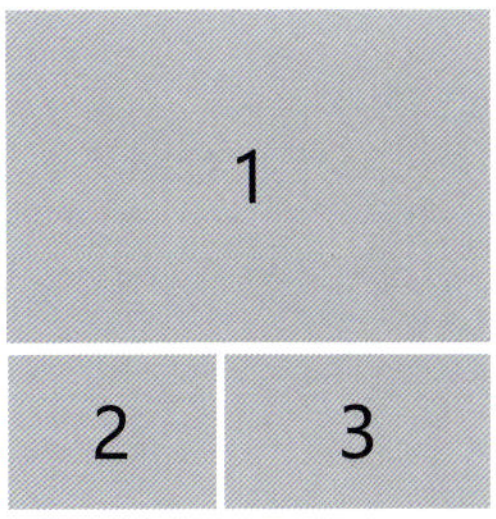

1.2022年6月1日，国家税务总局沅江市税务局举行2022年以师带徒结对仪式

2.2022年7月8日，国家税务总局益阳市税务局举行暑假亲子活动，市局党委书记、局长陈有权（右一）参加

3.2022年7月15日，国家税务总局益阳市税务局机关“以师带徒”签约仪式

税收业务

伴随社会经济发展，税收制度不断改革完善，从20世纪90年代到2022年，税制主要经历了两次重要改革，税收支柱性、基础性、保障性作用日益凸显。益阳市税务部门顺应改革浪潮，坚决落实改革措施和税收政策，1994年起实行了以增值税为主体，消费税、营业税并行，内外统一的货物和劳务税制，改革了所得税，实行了国地税分设；2006年，取消了延续千年的农业税；2009年，生产型增值税改革为消费型增值税；2016年实施营业税改增值税，完善了所得税制、财产税制；2018年，国税、地税机构合并，益阳社保费和非税收入划转到税务部门征收。从20世纪90年代以来，税务信息化从无到有，从弱到强，湖南税收征管系统、CTAIS、金三系统、金四系统到大数据应用，信息化手段不断升级，在征收管理、办税服务、税收统计核算、风险防控、评估稽核等方面发挥着巨大作用，推动税收管理服务不断向精细化、精准化迈进。在这些重大的改革进程中，益阳税务各级党委（党组）运筹帷幄，扎实、科学落实改革措施，各级税务部门、广大税务干部拥护改革，投身改革，攻坚克难，闯关拔寨，各项税收业务平稳过渡，所有改革任务顺利完成。

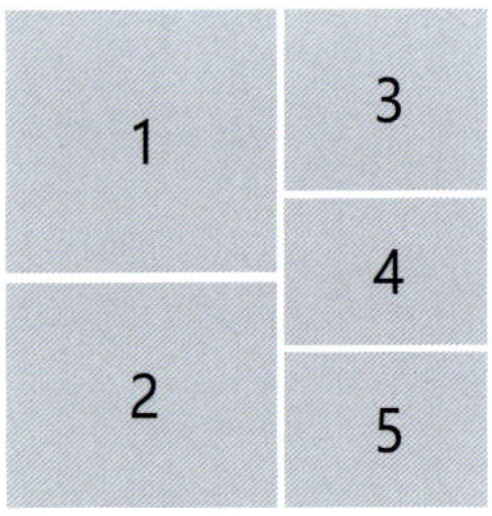

1.1991年7月20日，益阳县人民政府举行全县税法知识考试

2.1995年8月18日，益阳市地方税务局领导为全市地税系统税收业务知识抢答赛优胜集体颁奖

3.1996年5月21日，益阳市国家税务局举行全市国税系统微机培训班开学典礼

4.1997年7月14日，益阳市国税系统法纪培训班在桃江县桃花宾馆举行开学典礼

5.1998年7月8日，益阳市国家税务局鑫瑞税务师事务所召开成立大会，图为会议人员合影

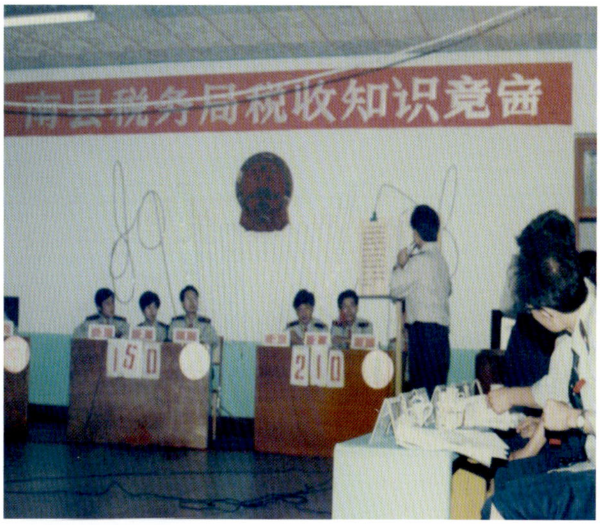

1	2
3	4

1.1991年7月18日，在湖南省税法和税收知识竞赛中，益阳地区代表队获得第三名，益阳选手张必书作为湖南省代表队三名主力队员之一参加全国税法和税收知识电视大赛。图为湖南省税务局党组成员、副局长李立（中）宣布竞赛结果

2.1992年4月3日，南县税务局举办税收知识竞赛

3.1995年4月22日，益阳市国家税务局第二期骨干培训班全体人员合影留念

4.1996年10月15日，益阳市国家税务局在安化县国家税务局举办全市国税系统稽查业务培训

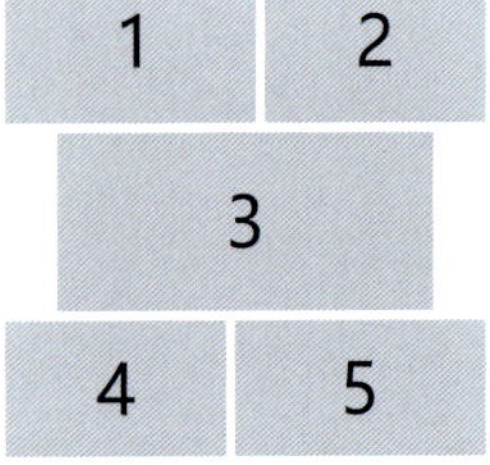

1.2001年7月21日，湖南省国税系统税收业务知识考试沅江市国家税务局考场
2.2005年5月10日，益阳市地方税务局组织全市地税系统税收业务知识考试
3.2010年11月2日，湖南省国家税务局在益阳市召开国家税务总局发票管理办法及实施细则业务需求研讨会
4.2011年12月7日，湖南省国家税务局在益阳市召开全省税收收入电子缴库横向联网系统运行工作座谈暨培训会议
5.2011年12月21日，湖南省国家税务局在益阳市召开湖南省个体税收社会化管理工作研讨（论证）会议

1	2
3	4

1.2002年7月18日，益阳市国家税务局党组书记、局长皮本固（左一）和党组成员、副局长黎谷盈（右一）在沅江市国家税务局三项业务知识考场巡考

2.2004年9月8日，益阳市地税系统2004年业务工作会议合影

3.2004年10月12日，益阳市国家税务局举办全市国税系统综合征管软件操作培训班

4.2008年7月25日，益阳市地方税务局举办中心城区涉外企业地税业务培训班

1	2
3	4

1.2005年6月9日，益阳市国家税务局召开三大应用系统整合暨电子申报缴税工作动员大会

2.2005年7月28日，益阳市国税系统综合征管软件稽查岗位业务竞赛现场

3.2009年10月12日，益阳市地方税务局召开税收协控联管及专项清查现场会议

4.2010年5月18日，益阳市地方税务局在益阳职业技术学院举行2010年成品油税费改革录用人员初任培训班开学典礼

1.2012年5月8日，益阳市地方税务局召开全市地税系统代收工会经费暨规费工作会议，市委常委、市委组织部部长、市总工会主席彭爱华（主席台左二）出席并讲话

2.2012年7月31日，益阳市国家税务局同城通办启动仪式现场

3.2013年8月29日，益阳市地方税务局召开以地控税业务培训会议

4.2014年6月3日，益阳市地方税务局举行税收业务知识考试

5.2014年7月21日，益阳市地税系统首届税收业务能手选拔赛举行

1	2
3	4

1.2014年8月28日，益阳市地方税务局举办全市地税系统税收业务知识抢答赛

2.2014年12月8日，益阳市人民政府召开益阳市车辆购置税管理工作联席会议

3.2016年3月18日，益阳市国家税务局、益阳市地方税务局联合举办国地税合作大企业税收业务第一期培训班

4.2016年3月21日，益阳市国家税务局、益阳市地方税务局举行益阳市营业税改征增值税试点纳税人信息交接仪式

1.2016年3月21日，益阳市国家税务局、益阳市地方税务局国地税合作领导小组联席会议召开

2.2016年3月31日，益阳市国家税务局召开税收风险管理工作领导小组2016年第一次工作会议

3.2016年4月15日，益阳市地方税务局召开全市地税系统营改增工作专题推进会议

4.2017年8月30日，湖南省国家税务局和湖南省地方税务局在益阳市举行湖南省办税服务厅应用系统技术标准工作验收会议

1	2
3	4

1.2018年5月18日，益阳市地方税务局机关举办国税业务知识培训

2.2018年6月20日，益阳市国家税务局、益阳市地方税务局举办处级领导干部税收规费业务培训

3.2018年6月21日，益阳市地方税务局召开税收形势分析会

4.2019年4月11日，国家税务总局南县税务局举办南县行政事业单位社会保险费征缴业务培训

1	2
3	4

1.2021年3月4日，国家税务总局湖南省税务局社保处在国家税务总局沅江市税务局召开企业社保费调研工作座谈会议

2.2021年7月28日，国家税务总局财务司在益阳市税务局开展财务管理内控工作专题调研

3.2021年9月16日，国家税务总局益阳市税务局举行全市税务系统2021年企业所得税业务岗位大比武

4.2022年4月16日，国家税务总局益阳市税务局在国家税务总局沅江市税务局开展税收执法督察、内部财务、专项财务审计工作

征收管理

20世纪90年代，益阳税务紧随经济社会发展步伐，税收征管开始探索由专管员管户模式向职能分工模式转变，初步实现各征收环节的相互制约。1997年税务机关推行“以申报纳税和优化服务为基础，以计算机网络为依托，集中征收，重点稽查”30字征管新模式，税收征管由强制性向服务型转变。进入21世纪，税收征管模式不断向信息化、科学化、精细化管理迈进，征管体制改革成为税收工作的重点，通过推行纳税评估、大企业管理、税收风险管理、首违不罚等体现为宽严相济的管理方式。益阳税务顺时应势，主动作为，不断探索扩大新的征管方式带来的改革成效。2007年实行征、管、查三分离，益阳在全省率先推行工会经费代收“一体化”管理；2014年，益阳在全省率先推行事业单位所得税规范性管理；在信息共享基础上发挥主观能动性，不断探索税收协控联管、房地产开发企业重点税收管理、建筑安装企业税收管理等方面的新机制、新办法，形成了很多可供借鉴的征管经验。1990年，益阳地区税务系统组织税费收入3.24亿元；2022年，益阳市税务系统组织税费收入272.88亿元，年均增长14.86%，有效服务了益阳社会经济发展。

1	2
3	4

1.1990年7月11日，益阳市召开陈某暴力抗税刑事拘留宣布大会，检察机关宣布对陈某刑事拘留

2.1991年4月1日，益阳县人民政府在县剧院召开益阳县企业税收工作大会

3.1992年3月12日，安化县税务局冷市税务所全体干部整装待发，准备下乡开展农村税收清理工作

4.1992年5月6日，桃江县税务局局长张若生（右一）在县局部署税收征管工作

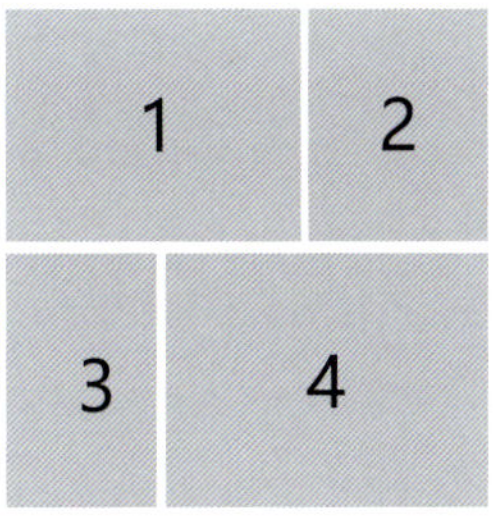

1.1997年5月28日，益阳市国家税务局召开全市国税工作暨“双过半”紧急动员大会。主席台前排领导从左到右依次为：市国税局副局长胡华林、市政协副主席赵炳坤、市政府常务副市长陆国柱、省国税局副局长程安亭、市人大常委会副主任李德耀、市国税局局长郭志仁、市财政局副局长曹德炎

2.1997年6月25日，益阳市国家税务局涉外分局干部在用计算机开具上半年税收收入过半的最后一张税票

3.1997年7月8日，纳税人在益阳市赫山区地方税务局办税服务厅申报纳税

4.1997年6月25日，安化县国家税务局局长禹东光（中）向益阳市国家税务局党组报喜：截至6月23日，安化县国家税务局完成全年税收任务的55.2%（图右为市局局长郭志仁，图左为市局副局长胡华林）

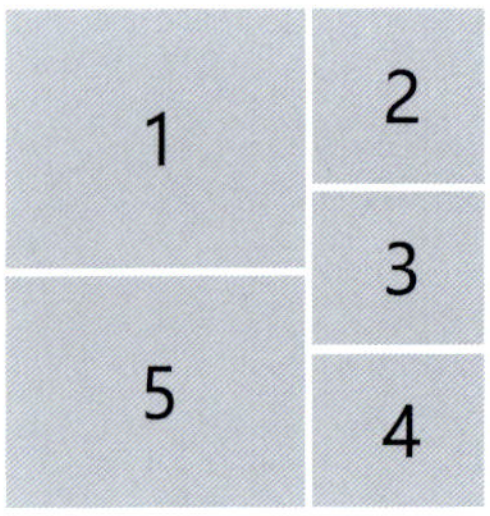

1.2007年5月12日，益阳市国家税务局、益阳市地方税务局预防职务犯罪工作联络室成立大会现场

2.2004年5月24日，益阳市赫山区地方税务局干部下户开展税收检查

3.2009年8月13日，益阳市地方税务局召开全市地税系统加强税收征管暨作风建设工作会议

4.2009年9月9日，益阳市地方税务局召开全市地方税收协控联管暨专项清理动员会

5.2010年3月19日，益阳市人民政府召开省交通重点工程税收征收管理探讨会议

1.2010年5月28日，桃江县地方税务局召开《桃江县地方税务局建筑用材料资源税征收管理暂行办法》听证会

2.2010年9月14日，沅江市国家税务局干部上门对纳税人下达税收催缴入库通知书

3.2011年4月20日，益阳市国家税务局举行“强化税收征管　优化纳税服务”在线访谈（左三为市局副局长胡跃生）

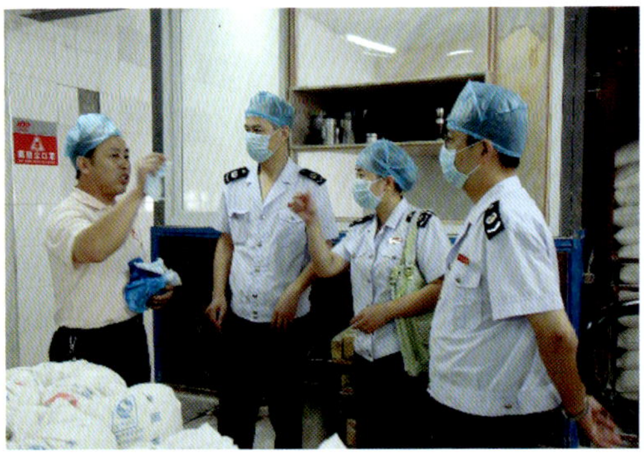

1.2011年5月27日，益阳市资阳区国家税务局干部下户开展税收检查
2.2011年8月12日，湖南省地方税务局在益阳市召开湖南省税收保障办法（草案）研讨会议
3.2011年9月7日，南县国家税务局干部在克明面业了解生产经营情况
4.2012年1月15日，安化县国家税务局梅城分局干部冒雪征税

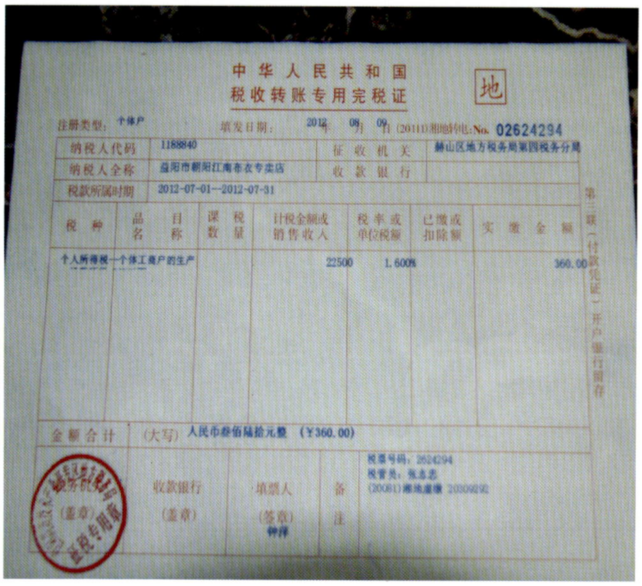

中华人民共和国
税收转账专用完税证 地

注册类型：个体户 填发日期：2012 年 08 月 09 日 (2011)湘地转电：No. 02624294

纳税人代码	1188840	征收机关	赫山区地方税务局第四税务分局
纳税人全称	益阳市朝阳江南布衣专卖店	收款银行	
税款所属时期	2012-07-01--2012-07-31		

税种	品目名称	课税数量	计税金额或销售收入	税率或单位税额	已缴或扣除额	实缴金额
个人所得税	个体工商户的生产		22500	1.600%		360.00

金额合计 (大写) 人民币叁佰陆拾元整 (¥360.00)

(盖章)	收款银行 (盖章)	填票人 (签章) 钟萍	备注

第二联（付款凭证）开户银行留存

1 2
3 4

1.2012年6月20日，桃江县国家税务局干部在企业核实单位时间内单台设备生产产品数量

2.2012年6月29日，益阳市人民政府召开益阳市存量房交易纳税评估系统项目评审会议

3.2012年7月6日，益阳市人民政府召开贯彻落实市政府建筑安装工程耗用材料增值税管理办法动员会

4.2012年8月9日，益阳市地方税务局税收业务同城通办开具的第一张税票

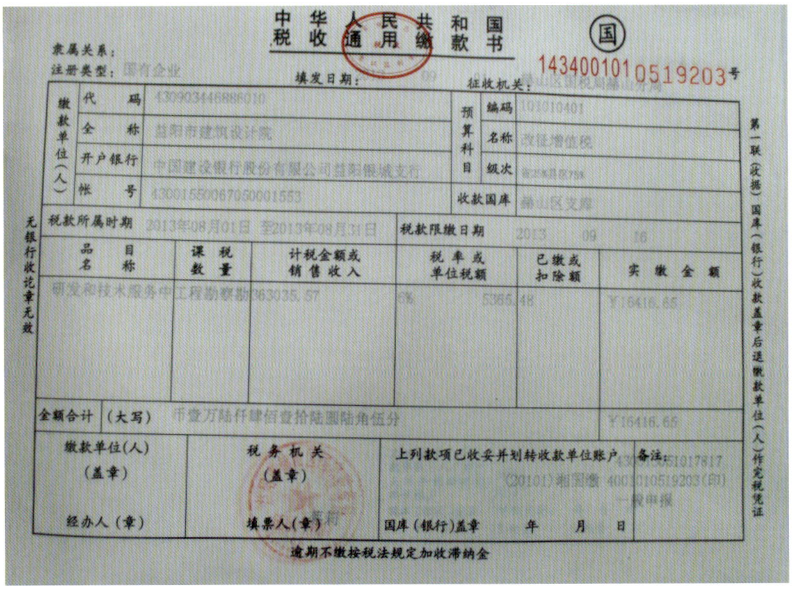

中华人民共和国
税收通用缴款书

国

隶属关系：
注册类型：国有企业
填发日期：　09
征收机关：赫山区国税局赫山分局
1434001010519203号

缴款单位（人）	代码	430903446886010	预算科目	编码	101010401
	全称	益阳市建筑设计院		名称	改征增值税
	开户银行	中国建设银行股份有限公司益阳银城支行		级次	
	帐号	43001550067050001553	收款国库		赫山区支库
税款所属时期	2013年08月01日 至2013年08月31日		税款限缴日期	2013　09　16	

品目名称	课税数量	计税金额或销售收入	税率或单位税额	已缴或扣除额	实缴金额
研发和技术服务中工程勘察勘		363035.57	6%	5366.48	￥16416.65
金额合计（大写）	币壹万陆仟肆佰壹拾陆圆陆角伍分				￥16416.65

缴款单位(人)（盖章） 经办人（章）	税务机关（盖章） 填票人（章）	上列款项已收妥并划转收款单位账户 国库（银行）盖章　年　月　日	备注：(20101)湘国缴 4001010519203(01) 一般申报

逾期不缴按税法规定加收滞纳金

无银行收讫章无效

第一联（收据）国库（银行）收款盖章后退缴款单位（人）作完税凭证

1.2012年12月20日，安化县国家税务局干部在企业开展五大行业税收清理工作

2.2013年6月12日，安化县国家税务局干部在柘溪电站实地了解企业生产经营情况

3.2013年9月1日，益阳市赫山区国家税务局办税大厅成功接受“营改增”首月纳税申报

4.2013年9月1日，益阳市国家税务局营改增开具的第一张税票

1.2013年12月3日，益阳市国家税务局干部在安化县白沙溪茶厂实地了解企业生产经营情况

2.2014年2月28日，益阳市地方税务局稽查局税收自查动员大会

3.2014年4月2日，沅江市国家税务局党组书记、局长胡闵（中）在沅江太阳鸟游艇公司了解企业生产经营情况

4.2015年3月9日，益阳市人民政府在市地方税务局召开全市城镇土地使用税地段等级税额标准调整工作会议

1.2015年4月2日，安化县召开房地产、建筑安装行业税收专项清理整治动员大会
2.2015年9月25日，桃江县国家税务局在办税服务厅举行CTAIS成功下线仪式并合影留念
3.2015年10月13日，桃江县国家税务局干部在竹制品企业进行税务检查
4.2016年9月22日，益阳市地方税务局召开全市地税系统征管转型培训暨推进会议

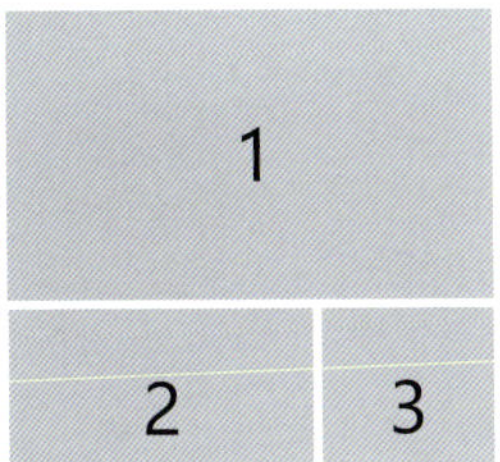

1.2016年11月18日，益阳市地方税务局召开全市地税系统“决战40天　坚决打赢组织收入攻坚战”视频会议

2.2017年7月20日，益阳市人民政府召开市本级残疾人就业保障金征收工作会议

3.2017年8月29日，益阳市地方税务局召开全市房地产企业重点税种管理工作推进会议

1 2
3

1.2017年10月10日，沅江市国家税务局工作人员在企业进行纳税评估

2.2018年1月11日，桃江县国家税务局工作人员在销毁发票

3.2018年7月10日，益阳市人民政府召开全市国税地税征管体制改革座谈会议

1.2021年9月16日，国家税务总局益阳市税务局党委书记、局长陈有权在落实《关于进一步深化征管改革的意见》专题培训班上讲课

2.2021年11月3日，国家税务总局益阳市赫山区税务局干部在企业了解生产经营情况

3.2022年5月19日，国家税务总局湖南省税务局党委书记、局长刘明权（前排中）在国家税务总局益阳市高新区税务局办税大厅开展“一把手”走流程工作，亲自体验受理、初审、复审、核准、发放文书、开具收入退还书等流程

1.国家税务总局益阳市税务局机房

2.国家税务总局益阳市资阳区税务局机房

3.国家税务总局益阳高新技术产业开发区税务局机房

4.国家税务总局益阳市赫山区税务局机房

5.国家税务总局益阳市大通湖区税务局机房

6.国家税务总局南县税务局机房

7.国家税务总局沅江市税务局机房

8.国家税务总局桃江县税务局机房

9.国家税务总局安化县税务局机房

纳税服务

2009年，益阳市国家税务局设立纳税服务科，2012年益阳市地方税务局设立纳税服务科，2018年益阳国地税合并建立纳税服务科和纳税服务中心（税收宣传中心）。按照加快建设服务型税务机关的要求，围绕最大限度便利纳税人，益阳税务持续优化办税服务，服务水平和服务质量朝着现代化水平不断迈进。搭建规范化标准化服务平台。从国税、地税分设办税服务厅到互设办税窗口，再到合并服务全面进驻政府政务中心，逐步实现了一窗通办，各税统办，预约办税，纳税人、缴费人办事更省时。办税信息化水平不断提高。随着信息共享程度不断提升，逐步完善“互联网+税务”办税服务，税收业务从市内通办到全省通办，电子税务局应用不断升级；办税方式从自助办税、网上办税到移动办税等非接触式办税，纳税人、缴费人办事更方便。多渠道提供咨询帮扶服务。开通了“12366”人工坐席服务，提供专业化咨询辅导；开展纳税信用评定，加强银税互动支持企业发展；建设纳税人学校，定期开班送政策、送服务；开通“益阳税务”微信公众号，推出掌上办税；连续10年开展“便民办税春风行动”进企业问需解难，精准落实减税降费，纳税人、缴费人更有获得感。

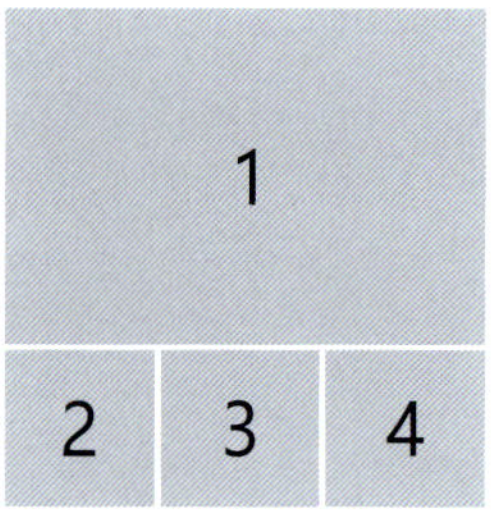

1.1999年2月8日，益阳市人民政府常务副市长李皋（左二）和益阳市地方税务局党组书记、局长刘见曙（右三）陪同湖南省地方税务局党组书记、局长李长庚（左四）到企业开展问需调研

2.2001年8月23日，益阳市赫山区地方税务局办税厅工作人员在为纳税人办税

3.2008年9月1日，益阳市国家税务局召开纳税人学校成立大会

4.2011年7月29日，沅江市国家税务局举办家电下乡税收政策培训班

1.2011年4月28日，湖南省地方税务局党组书记、局长吕兴胜（右）在益阳科力远电池有限责任公司现场办公

2.2011年9月7日，南县国家税务局党组书记、局长刘正（右）在办税服务大厅接待纳税人

3.2010年4月20日，益阳市人民政府副市长徐云波（右五）在市国家税务局参加出口退税企业座谈会

4.2012年4月24日，南县财政、国税、地税三局联合召开税企恳谈会，听取企业的意见和建议，县委常委、常务副县长童琼英（右四）参加

1.2012年4月25日，赫山区人民政府和益阳市国家税务局联合举办创业与税收—资源综合利用税收优惠政策恳谈会

2.2013年3月7日，市民正在益阳市政务中心市地方税务局二手房交易纳税窗口办理业务

3.2013年4月8日，南县国家税务局召开税收管理员向纳税人述职述廉报告会

4.2013年4月25日，益阳市国家税务局举行全市国税系统纳税服务模拟场景表演赛

1	2
3	4

1.2013年5月19日，益阳市民在福中福广场周末电影院观看税收宣传影片
2.2014年4月2日，沅江市国家税务局干部走进企业现场辅导办税人员
3.2015年4月17日，大通湖区国家税务局召开小微企业税收优惠政策咨询会
4.2016年4月8日，益阳市人民政府举行益阳市2016年邮储银行银税互动银企对接活动仪式

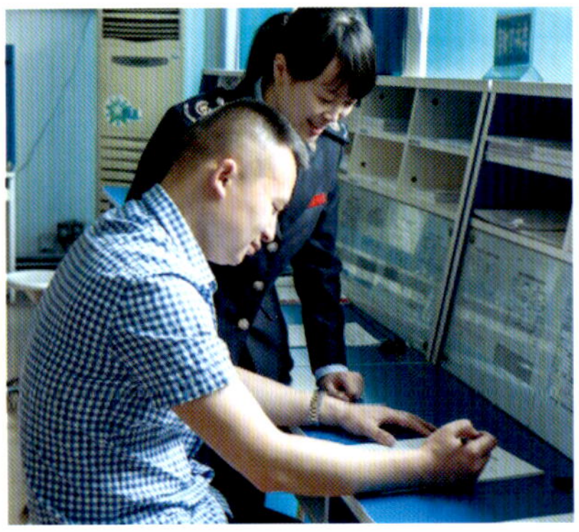

1.2016年4月29日，益阳市大通湖区国税地税合作共建联合办税服务厅揭牌

2.2016年6月15日，益阳市国家税务局召开高新技术企业座谈会

3.2016年4月29日，益阳市资阳区国家税务局办税服务厅税务干部为纳税人进行纳税辅导

4.2016年6月14日，益阳市地方税务局召开全市地税系统帮扶企业工作会议

5.2016年12月5日，益阳市国家税务局举行电子税务局暨发票和涉税文书寄递服务启动仪式

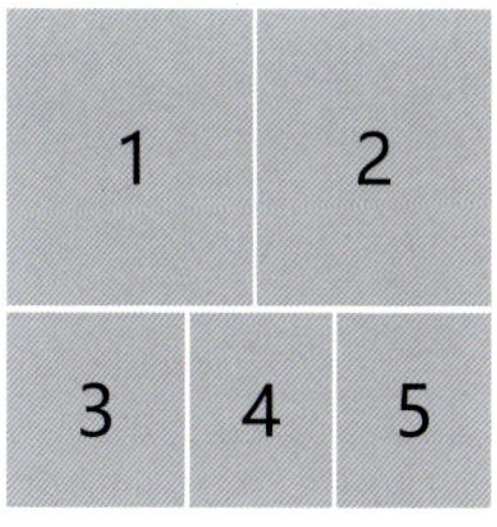

1.2016年12月29日，益阳市人民政府召开全市税务系统优化办税服务工作推进会议

2.2018年5月22日，湖南省地方税务局党组书记、局长周巧艺（前排右二）到安化白沙溪茶厂送税收政策

3.2017年4月1日，益阳市国家税务局召开“税收支持军民融合”政策服务座谈会

4.2018年4月2日，益阳市国家税务局和益阳市地方税务局共同举办益阳市“创响三湘税励园区”宣传活动启动仪式

5.2018年4月12日，南县国家税务局邀请纳税人参加电子税务局“零距离”体验活动

1.2018年6月14日，益阳市大通湖区国家税务局党组书记、局长王凯波（右）在办税服务大厅值班

2.2018年6月15日，南县政务中心税务窗口

3.2019年7月19日，国家税务总局安化县税务局干部到企业宣传税收政策

4.2019年7月19日，国家税务总局桃江县税务局党委委员、副局长王建斌（右一）送减税政策到纳税企业

1	2
3	4

1.2020年1月6日，国家税务总局湖南省税务局党委委员、总审计师王宏伟（左二）在益阳金博碳素股份有限公司现场办公

2.2018年9月20日，国家税务总局湖南省税务局党委委员、副局长方志平（右二）在沅江太阳鸟游艇有限公司调研

3.2020年3月27日，国家税务总局益阳市赫山区税务局开展发票邮寄服务

4.2020年5月19日，国家税务总局益阳市赫山区税务局办税服务大厅的税务人员正在向纳税人宣讲减税降费优惠政策

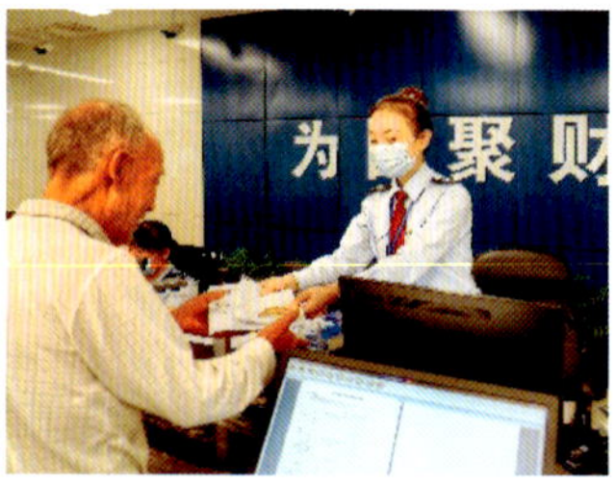

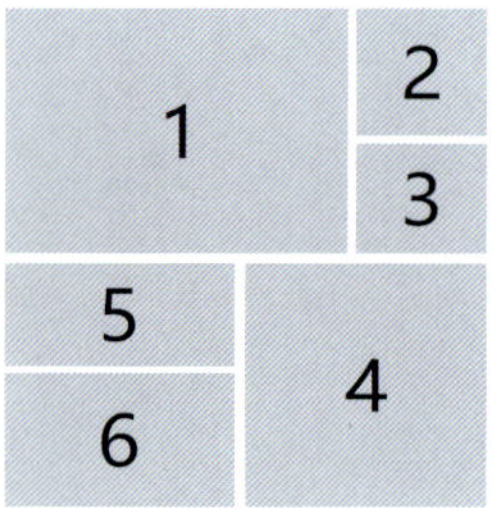

1.2020年11月9日，国家税务总局益阳市税务局党委副书记、副局长赖光辉（右三）在沅江市走访人大代表，宣传减税降费政策

2.2020年5月19日，国家税务总局益阳市赫山区税务局办税服务大厅办税场景

3.2021年4月29日，国家税务总局益阳高新技术产业开发区税务局和中铁上海工程局集团常益长铁路项目经理部开展税企交流

4.2021年11月25日，国家税务总局益阳市税务局党委书记、局长陈有权（中）在益阳科力远公司现场办公

5.2021年7月19日，国家税务总局益阳高新技术开发区税务局办税服务大厅召开工作人员晨会

6.2022年1月19日，国家税务总局资阳区税务局政务中心税务窗口被资阳区政务中心授予2021年度明星窗口

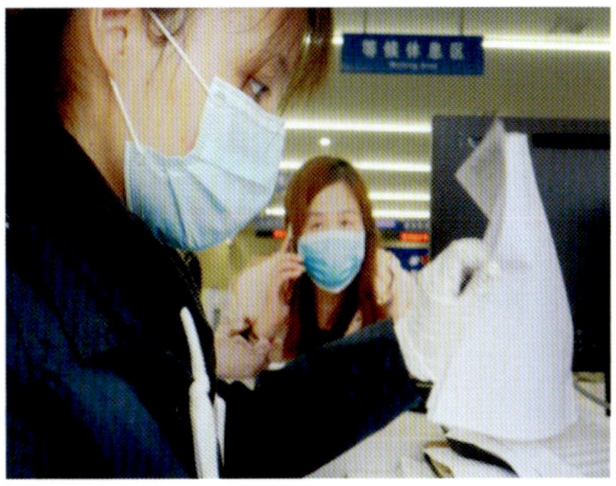

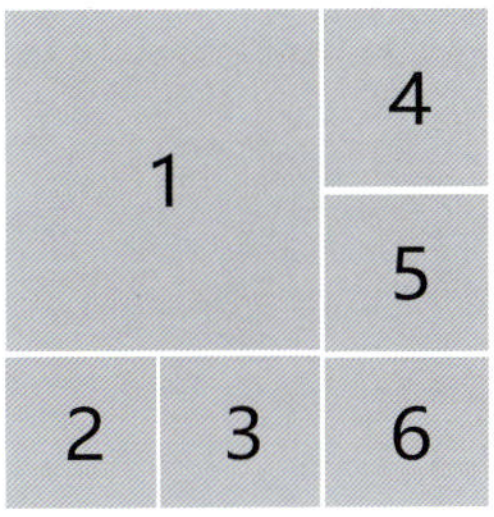

1.2020年3月24日，国家税务总局湖南省税务局党委委员、总审计师王宏伟（右三）到国家税务总局益阳市资阳区税务局办税服务大厅调研

2.2022年9月22日，国家税务总局益阳市税务局党委书记、局长陈有权与湖南艾华集团股份有限公司董事长艾立华签订税收遵从合作协议书

3.2021年11月12日，益阳市“12345”政务便民热线“12366”热线分中心成立合影

4.2020年2月24日，国家税务总局益阳市资阳区税务局办税大厅工作人员为纳税人服务

5.2022年4月11日，增值税留抵退税8小时内到账，来自深圳市的湖南桃江达实智慧医养有限公司在桃江感受到了“深圳速度”，公司负责人为桃江县税务局赠送锦旗

6.2022年4月18日，国家税务总局益阳市资阳区税务局召开高新技术产业座谈会

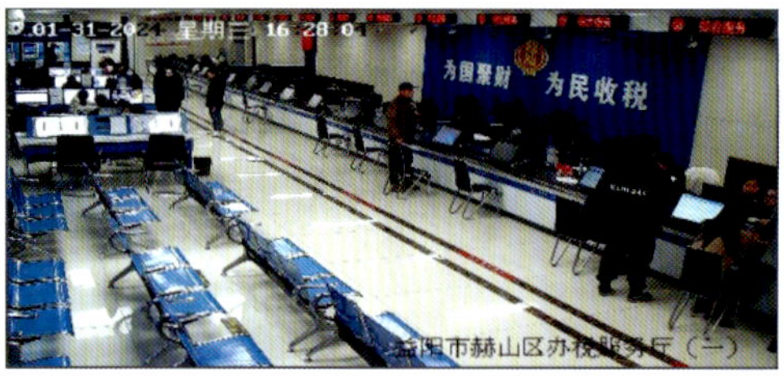

1.国家税务总局益阳市税务局在益阳市政务中心的办税服务区

2.国家税务总局益阳市资阳区税务局在资阳区政务中心的办税服务区

3.国家税务总局益阳高新技术产业开发区税务局在高新技术产业开发区政务中心的办税服务区

4.国家税务总局益阳市赫山区税务局在赫山区政务中心的办税服务区

5.国家税务总局益阳市大通湖区税务局办税服务厅

6.国家税务总局南县税务局在南县政务中心的办税服务区
7.国家税务总局沅江市税务局在沅江市政务中心的办税服务区
8.国家税务总局桃江县税务局在桃江县政务中心的办税服务区
9.国家税务总局安化县税务局在安化县政务中心的办税服务区

税收宣传

为了增强全民纳税意识，1992年，国家税务总局将每年的4月确定为税收宣传月，到2022年4月，已是第31个税收宣传月。益阳税务高度重视税收宣传工作，专门研究，专门部署，全员参与，大张旗鼓开展税收宣传活动。宣传内容从重点宣传税收的强制性向重点宣传税收政策、税务形象等转变，宣传方式从标语、游行、传单，到政策咨询辅导、曝光偷逃税、表彰纳税人、举办文艺活动、开展多媒体宣传，再到微信、短视频宣传，呈现出多形式、全方位、全媒体宣传态势。宣传队伍进企业、进街道、进园区、进学校、进农村，宣传的内容更加丰富，宣传影响力不断扩大。通过扎实、深入、持久地开展税收宣传，公民税收意识得到普遍提高，依法纳税深入人心。如今，上门征收早已被主动申报代替，纳税光荣、逃税可耻已经成为全社会的普遍共识和道德标准，由国家向公民依法征税的强制性转化为公民向国家依法纳税的自觉性，税收宣传功不可没。

1.1991年4月10日，沅江市委、市政府在沅江剧院召开沅江市税法宣传教育活动动员大会

2.1991年4月12日，益阳市税法宣传活动领导小组召开税法宣传教育活动月表彰大会，对先进单位和个人进行表彰奖励

3.1991年4月27日，沅江市草尾镇召开税法宣传教育动员大会

1.1992年4月1日，沅江市在全国第1个税收宣传月中举行声势浩大的税法宣传活动，市四大家领导全部参加上街宣传

2.1992年4月1日，益阳市税务局第七税务所在全国第1个税收宣传月活动中开展税法咨询活动

3.1992年4月1日，益阳市税务局在全国第1个税收宣传月活动中开展税收有奖答题活动

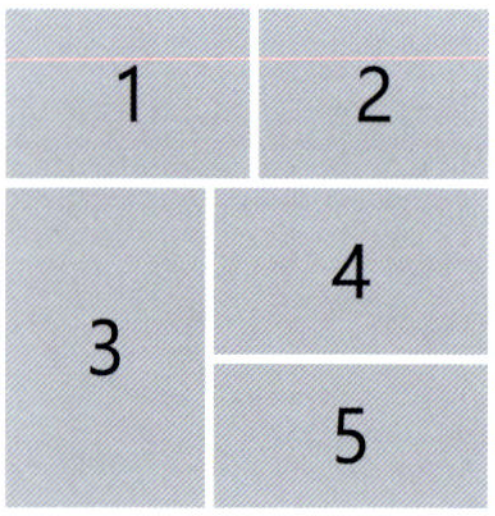

1.1992年4月1日，全国第1个税收宣传月沅江市的税收宣传活动现场

2.1992年4月1日，益阳县在全国第1个税收宣传月中开展声势浩大的税法宣传活动

3.1992年4月1日，南县税务局茅草街税务所在茅草街镇开展全国第1个税收宣传月税法宣传活动

4.1992年4月1日，益阳县在全国第1个税收宣传月活动中，用群众喜闻乐见的花鼓戏宣传税法

5.1992年4月1日，南县税务局厂窖税务所在厂窖镇开展税法宣传

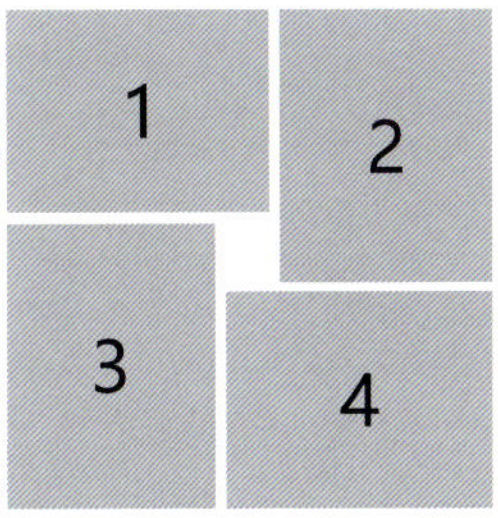

1.1992年4月1日，益阳市税务局在全国第1个税收宣传月活动中开展声势浩大的税法宣传

2.1992年4月1日，在全国第1个税收宣传月活动中，益阳县开展声势浩大的税法宣传

3.1992年4月1日，在全国第1个税收宣传月活动中，益阳市税务局第五税务所在街头开展税收知识有奖抢答和税收咨询服务

4.1992年4月1日，在全国第1个税收宣传月活动中，益阳县开展声势浩大的税法宣传

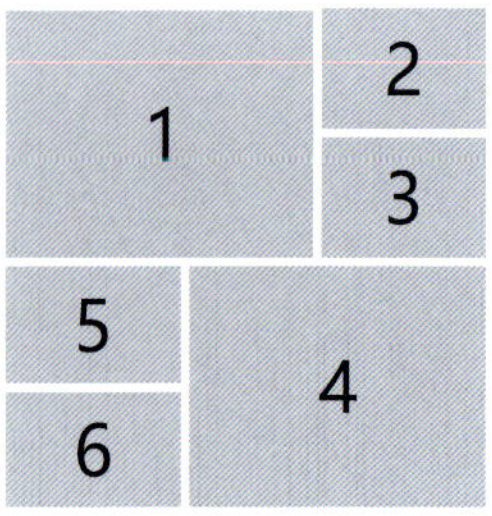

1.1992年4月10日，沅江市举行全市税法知识竞赛，沅江市麻纺厂代表队在答题
2.1992年4月18日，在全国第1个税收宣传月活动中，益阳市人民印刷厂组织开展税法知识抢答赛
3.1992年4月20日，在全国第1个税收宣传月活动中，益阳市组织开展全市税法知识抢答赛
4.1992年4月12日，在全国第1个税收宣传月活动中，益阳县组织开展全县税法知识竞赛
5.1992年4月28日，益阳市普及税法知识考试在益阳市第六中学举行
6.1992年4月30日，益阳地区税法宣传领导小组在益阳地区电视台举办全区税法知识电视大赛

1.1992年7月20日，沅江市税务局干部在书写税收宣传标语

2.1994年1月23日，桃江县开展新税制税法宣传

3.1995年4月6日，桃江县国家税务局办公室主任文国光在桃江县桃花江镇桃花路拍摄的《我也学点税法》在《人民日报》发表

4.1996年4月1日，大通湖区国家税务局和地方税务局联合开展第5个全国税收宣传月税法宣传活动

1.1996年4月8日，安化县地方税务局大福税务所在大福镇开展税收宣传月税法宣传
2.1996年4月8日，桃江县委副书记、县人民政府副县长符定安（左）和桃江县国家税务局局长杨慨然（右）在税收宣传月税务局局长接待日活动现场
3.2005年4月14日，益阳市朝阳区国家税务局开展税收进校园活动
4.2006年4月1日，安化县地方税务局在安化萸江实验中学召开“争当义务税法宣传员”动员大会

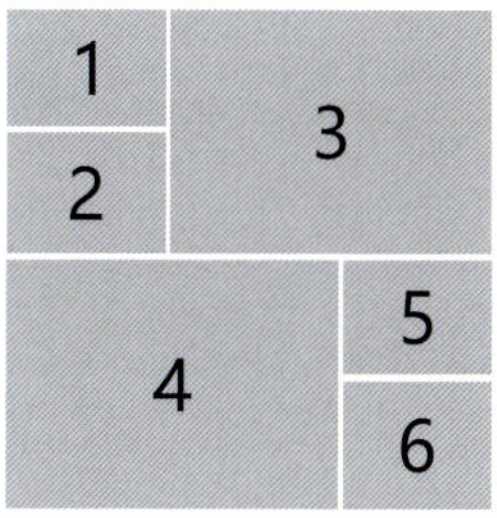

1.2001年4月2日，益阳市赫山区地方税务局党组书记、局长赖光辉（中）在桃花仑参加税法宣传

2.2008年4月8日，益阳市地方税务局“明明白白征税”活动启动仪式在秀峰公园举行

3.2006年4月28日，益阳市人民政府在益阳电视台开展广征良言促税收，诚信纳税促发展—税务局局长解难答题活动，市委副书记、常务副市长谢超英（左一）致辞，市国税局局长袁世民（右一）、市地税局局长胡佑坤（右二）现场解答纳税人的问题

4.2007年4月20日，益阳市国家税务局、益阳市地方税务局联合举办“关注益阳税收”活动新闻发布会

5.2002年6月9日，南县人民政府召开纳税人表彰大会

6.2006年6月15日，益阳市资阳区地方税务局干部为小学生讲授税收知识

1.2010年4月16日，益阳市地方税务局在益阳市朝阳国际实验学校开展税法宣传进校园活动

2.2010年12月24日，南县地方税务局组织学生开展“学税法 说税事 话税情”演讲比赛

3.2011年4月1日，益阳市人民政府在益阳大剧院举办益阳市A级纳税信用企业授牌暨第20个税收宣传月启动仪式

4.2012年4月24日，桃江县举办“东方杯”税收宣传暨预防职务犯罪男子篮球友谊赛

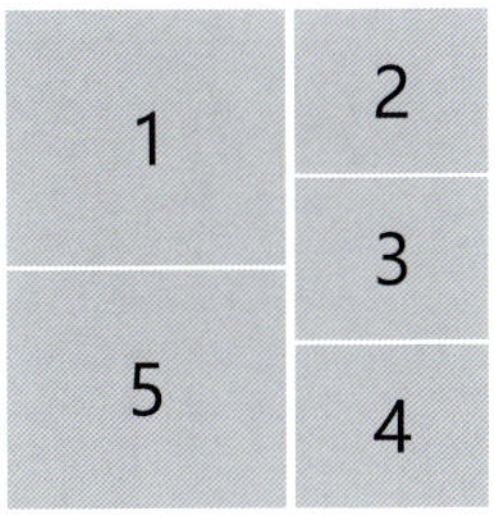

1.2010年4月1日，南县克明面业董事长陈克明（中）参加益阳市人民政府模范纳税户表彰大会

2.2010年4月14日，安化县地方税务局在江英实验学校开展税收知识进校园活动

3.2010年4月14日，益阳市赫山区地方税务局干部在校园税收宣传时发放税收宣传资料

4.2011年5月17日，益阳市地方税务局召开特邀税收宣传员座谈会

5.2012年4月1日，益阳市国家税务局在湖南城市学院为在校大学生举行“就业 创业 税收”宣讲会

1.2013年4月11日，安化县地方税务局开展纳税人税收有奖答题活动

2.2016年4月9日，益阳市国家税务局和益阳市地方税务局在桃江县武潭镇汤家塅村举办税收宣传月活动

3.2017年4月1日，益阳市资阳区国家税务局和资阳区地方税务局在资阳区鹅羊池举行全国第26个税收宣传月活动启动仪式

4.2018年4月12日，益阳市国家税务局和益阳市地方税务局联合开展大学生走进办税服务厅体验税收活动

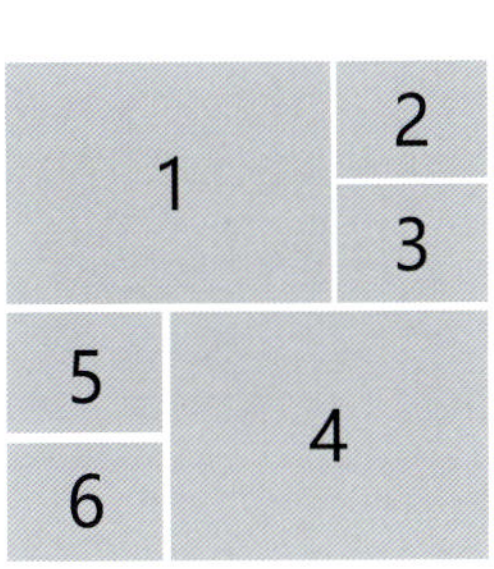

1.2015年4月2日，益阳市国家税务局党组书记、局长李建伟（左三）到沅江辣妹子食品有限公司宣传税收政策

2.2015年4月2日，沅江市国家税务局在桔园学校开展税法宣传

3.2015年4月2日，沅江市开展税收宣传月启动仪式暨书法家税收宣传活动

4.2016年4月19日，在全国第25个税收宣传月活动中，益阳市人民政府召开新闻发布会，发布益阳市财政税收工作情况。主席台从左至右依次为：市国税局局长徐向阳、市政府副秘书长杨光辉、市财政局局长胡康平、市地税局局长李朝辉

5.2016年4月9日，益阳市国家税务局干部到桃江县武潭镇汤家塅村向农民宣传税收政策

6.2017年12月7日，沅江市国家税务局党组书记、局长周曙光在沅江高新区纺织服装园给纳税人上税法知识课

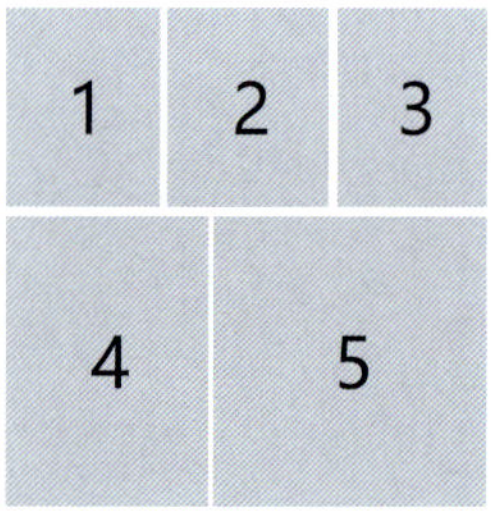

1.2019年4月19日，国家税务总局沅江市税务局干部上门向纳税人宣传税收政策

2.2019年5月9日，国家税务总局桃江县税务局组织小学生在办税服务大厅学习税法和体验办税

3.2020年6月22日，“我来答”—税收宣传活动走进益阳市赫山区双语艺术幼稚园

4.2020年6月28日，国家税务总局益阳市赫山区税务局开展税费政策宣传，一位老人正在认真阅读养老保险政策

5.2022年4月16日，国家税务总局益阳市赫山区税务局干部在赫山区万源学校上“澎湃税动力，一起向未来”主题税课

1.2019年5月16日，国家税务总局益阳市资阳区税务局在益阳职业技术学院开展“减税降费进校园”活动

2.2019年12月10日，国家税务总局益阳市赫山区税务局干部在益阳电台交通频道进行税法宣传

3.2020年5月20日，国家税务总局益阳市赫山区税务局工作人员下乡镇街道开展税费政策宣传

4.2021年4月16日，国家税务总局安化县税务局开展“税收宣传进校园”活动

5.2022年4月19日，国家税务总局桃江县税务局在桃江县七中开展税收宣传活动

税务文化

益阳税务坚持以人为本，把税务文化建设作为单位文明建设、思想政治工作的重要内容和带队强兵的助推器，促进干部队伍持续焕发新活力，展现新风采。大力建设税务文化阵地造氛围。在税务文化建设中将工作性质、地域特点和税收特色紧密结合，高标准建设税收廉政文化展厅、税务文化展厅、职工图书馆，集中展示队伍建设新思路，税收发展新成效，受到社会各界的高度评价；坚持连续多年编辑《益阳税务》杂志，成为全省系统办刊时间最长、影响最大的内刊之一；坚持办好益阳税务学会、益阳国际税收研究会，开展经济与税收课题研究和培养税收科研人才，税收理论成果有效服务了党政领导决策。大力开展税务文化互动促和谐。积极组织开展文艺体育活动，支持鼓励声乐、摄影、书法、羽毛球、气排球等兴趣小组开展活动，倡导积极健康的生活方式，营造和谐向上向善的工作氛围。大力促进税务专业文化创新强素质。积极提炼单位精神文化，通过建设“益美益阳 税务担当”文化品牌，树立益阳税务形象，让税务文化滋养税务事业发展；积极探索益阳税务党建文化、益阳税务绩效文化、益阳税务廉政文化、益阳税收服务文化、益阳税收宣传文化等工作文化，通过创作税务歌曲、舞台剧、宣传短视频，举办征文、演讲、摄影、书法作品展、文艺会演等活动，干部队伍素质显著提升。

1.2010年5月20日，湖南省国家税务局党组成员、纪检组组长胡荣桂（中）在益阳市国家税务局廉政文化展厅参观

2.2011年3月21日，湖南省国家税务局党组成员、副局长姜锋（右一）在益阳市国家税务局廉政文化展厅参观

3.2017年4月20日，湖南省国家税务局党组书记、局长刘明权（右一）在桃江县国家税务局廉政文化展厅参观

1	2
3	4

1.2008年9月8日，益阳市国税系统廉政文化建设成果展在市国家税务局办公楼一楼大厅开展

2.2008年9月8日，益阳市国家税务局举行益阳市国税系统廉政文化建设成果展开展仪式

3.2010年8月17日，益阳市直部门负责人在市国家税务局参观廉政文化建设基地

4.2013年3月5日，益阳市纪委组织全市市直单位纪检组组长和监察室主任参观益阳市国家税务局廉政文化展厅

1.2022年11月24日，国家税务总局湖南省税务局党委委员、纪检组组长蔺轩（右三）在国家税务总局桃江县税务局廉政文化厅参观

2.2021年8月10日，益阳市委常委、常务副市长贺辉（右二）在国家税务总局益阳市税务局文化展厅参观

3.2022年9月1日，益阳市委常委、市纪委书记欧阳艳（右二）在国家税务总局益阳市税务局文化展厅参观

| 1 | 2 |
| 3 | 4 |

1.2005年11月16日，益阳市税务学会成立大会暨第一届会员代表大会在益阳召开

2.2010年3月2日，益阳市税务学会在益阳召开第二届会员代表大会

3.2014年2月14日，益阳市税务学会在益阳召开第三届会员代表大会

4.2021年9月26日，益阳市税务学会在益阳召开第四届会员代表大会

1	2
3	4

1.2012年6月15日，益阳市国际税收研究会成立大会暨第一届会员代表大会在益阳召开

2.2021年9月26日，益阳市国际税收研究会在益阳召开第二次会员代表大会

3.2021年11月18日，益阳市税务学会、益阳市国际税收研究会在安化县召开税收科研培训暨2021年度重点课题研讨会

4.2022年2月23日，益阳市税务学会、益阳市国际税收研究会在益阳召开2022年度工作会议

1	2
3	4

1.2005年7月5日，湖南省税务学会在益阳召开全省“促进经济社会全面发展的税收政策研究”研讨会

2.2006年12月1日，益阳市税务学会在益阳召开第二次理事会暨“税收与经济发展”研讨会

3.2008年3月7日，益阳市税务学会在益阳召开第三次理事会暨税企恳谈会

4.2011年3月31日，益阳市税务学会在益阳召开工作会议暨建设绿色益阳发展县域经济研讨会

1 2 3

1.2012年5月4日，益阳市税务学会在沅江召开2012年工作会议

2.2015年7月2日，益阳市税务学会在益阳召开“新常态下基层税收工作思路”座谈会

3.2016年12月8日，益阳市税务学会在益阳召开2016年重点课题改稿会

1.益阳地区税务学会出版发行的《益阳税务》杂志1983年第6期
2.益阳地区税务学会出版发行的《益阳税务》1988年第1期
3.1988年12月，财政部国家税务总局副局长赵昭为益阳税务创刊发行50期题词
4.益阳市税务学会编印的《益阳税务》2008年调研文集
5.益阳市税务学会编印的《益阳税务》2008年专刊
6.益阳市税务学会在《益阳税务》内刊停办后于2015年1月重新创刊
7.益阳市税务学会、益阳市国际税收研究会编印的《益阳税务》2022年第4期

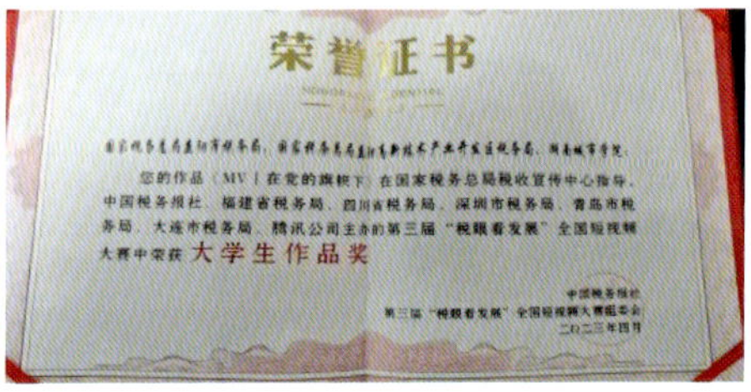

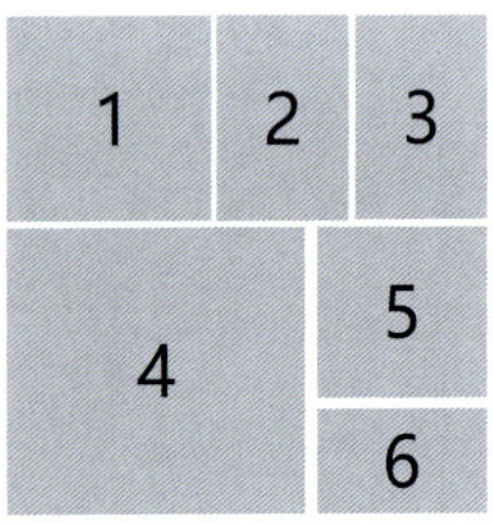

1.湖南国税新镜界摄影协会益阳分会2012年5月编辑制作的《西藏行》摄影画册
2.湖南国税新镜界摄影协会益阳分会2009年3月1日编辑制作的《新视野》
3.湖南国税新镜界摄影协会益阳分会2015年3月18日编辑制作的《益阳新镜界》2014年刊
4.湖南国税新镜界摄影协会益阳分会编辑制作的《税收宣传—2012摄影比赛专辑》摄影画册
5.湖南国税新镜界摄影协会益阳分会2012年10月编辑制作的《边城印象》摄影画册
6.国家税务总局益阳市税务局、国家税务总局益阳高新技术产业开发区税务局、湖南城市学院2022年5月创作的《在党的旗帜下》MV荣获第三届“税眼看发展”全国短视频大赛“大学生作品奖”

1	2	3	4
5	6	7	8

1.2012年6月，益阳市国家税务局编印的创建省级文明标兵单位图片资料汇编《掠影》

2.2016年10月，由谢之光(原益阳地区税务局副局长）执笔，蔡灵芝(原益阳市地方税务局总经济师)、薛文奇（原南县税务局纪检组组长）、李明武（原南县税务局征管股股长）、代立春（原南县税务局人教股股长）4位老干部参与著作的《南县老税务》出版发行

3.2018年5月，益阳市地方税务局编印的税收宣传月活动资料

4.2021年5月，国家税务总局益阳市税务局编印的益阳税务学习兴税比武图文汇编《鹰击》

5.2021年7月，国家税务总局益阳市税务局编印的《益阳税务文化》

6.2022年1月，国家税务总局益阳市税务局编印的《身边的榜样》

7.2022年4月，国家税务总局益阳市税务局编印的《巡察这五年》

8.2022年12月，国家税务总局益阳市税务局编印的《党风家风联建互促专项工作纪实》

1.2008年6月5日，益阳市地方税务局档案工作规范化管理省特级评估会召开

2.1995年10月26日，桃江县档案局在桃江县国家税务局召开桃江县机关档案室上等级工作现场会，桃江县国家税务局办公室主任文国光作经验介绍

3.2015年11月6日，益阳市档案局和益阳市国家税务局在安化县国家税务局召开档案工作规范化管理省特级评估会议

1	2
3	4

1.2012年1月30日，农历正月初八，安化县舞龙队伍在安化县国家税务局办税服务厅门前舞龙送新春祝福

2.2020年12月15日，南县图书馆在国家税务总局南县税务局为南县图书馆税务分馆授牌

3.2022年1月20日，益阳市图书馆益阳市税务局分馆开馆

4.2022年1月26日，国家税务总局益阳市税务局举办新春楹联送祝福活动

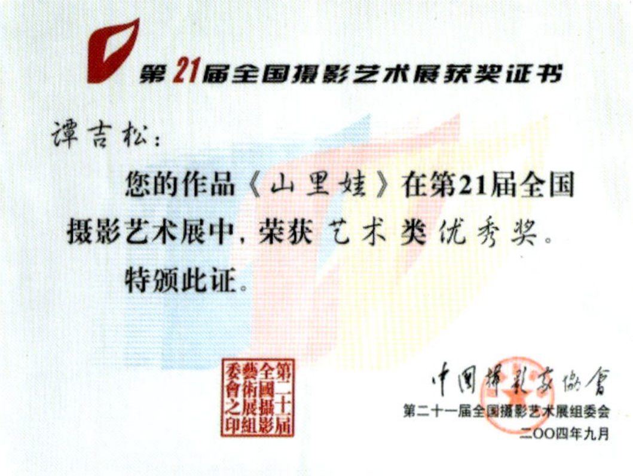
第21届全国摄影艺术展获奖证书

谭吉松：

您的作品《山里娃》在第21届全国摄影艺术展中，荣获艺术类优秀奖。

特颁此证。

中国摄影家协会

第二十一届全国摄影艺术展组委会

二○○四年九月

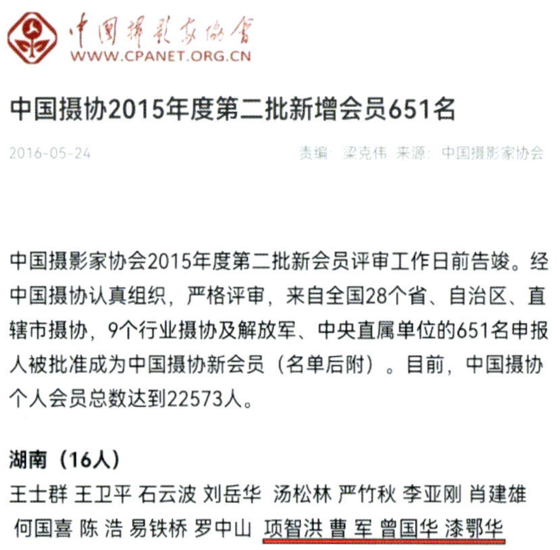
中国摄影家协会 WWW.CPANET.ORG.CN

中国摄协2015年度第二批新增会员651名

2016-05-24 责编：梁克伟 来源：中国摄影家协会

中国摄影家协会2015年度第二批新会员评审工作日前告竣。经中国摄协认真组织，严格评审，来自全国28个省、自治区、直辖市摄协，9个行业摄协及解放军、中央直属单位的651名申报人被批准成为中国摄协新会员（名单后附）。目前，中国摄协个人会员总数达到22573人。

湖南（16人）

王士群 王卫平 石云波 刘岳华 汤松林 严竹秋 李亚刚 肖建雄 何国喜 陈 浩 易铁桥 罗中山 项智洪 曹 军 曾国华 漆鄂华

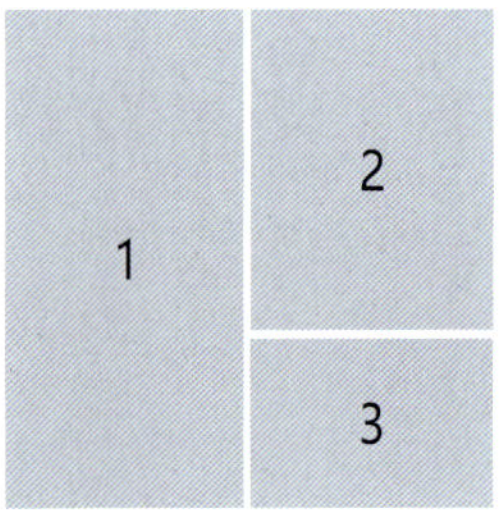

1.2004年9月，益阳市国家税务局谭吉松拍摄的《山里娃》作品荣获第21届全国摄影艺术展优秀奖

2.谭吉松摄影作品《山里娃》获奖证书

3.2016年5月24日，益阳市国家税务局项智洪、曹军、曾国华、漆鄂华4人被中国摄影家协会批准成为中国摄协新会员

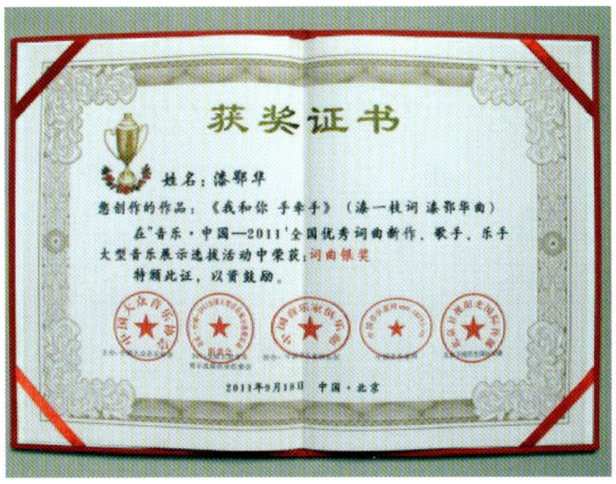

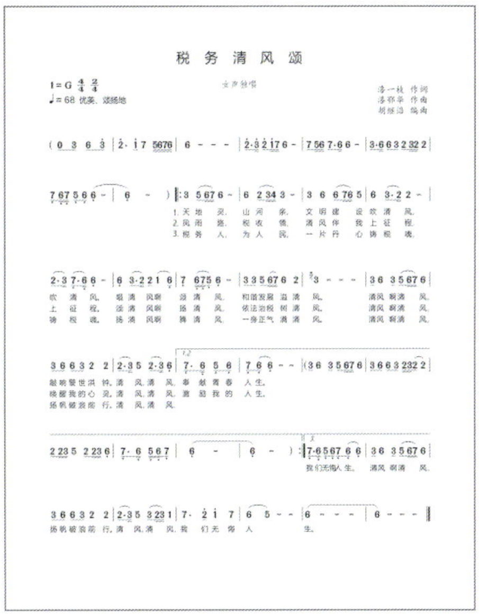

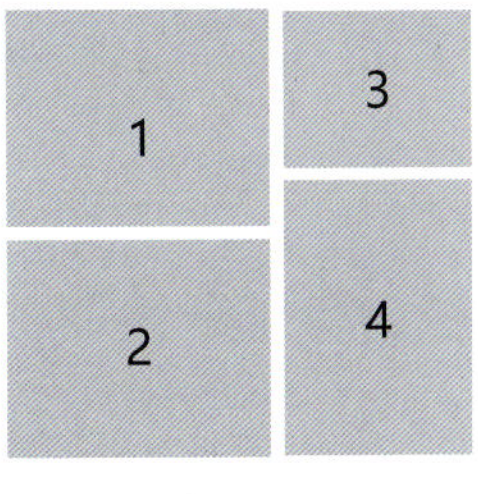

1.2011年9月18日，资阳区国家税务局漆鄂华及女儿漆一枝作词作曲的《我和你 手牵手》音乐作品在“音乐·中国—2011全国优秀词曲新作、歌手、乐手大型音乐展示选拔活动”中荣获词曲银奖，图为漆鄂华（左三）在领奖

2.2013年12月，资阳区国家税务局漆鄂华及女儿漆一枝创作的音乐作品《税务清风颂》由湖南省国家税务局、益阳市国家税务局、湖南广播电视台公共频道录制成MV，被国家税务总局评为廉政歌曲一等奖并选送中纪委参加廉政文化作品评选。图为扮演母子的主要演员益阳市国家税务局刘艳（左）、唐云龙（右）

3.资阳区国家税务局漆鄂华音乐作品《我和你 手牵手》获奖证书

4.资阳区国家税务局漆鄂华及女儿漆一枝在2013年5月创作的音乐作品《税务清风颂》

1	2
3	4

1.2006年5月12日，益阳市国家税务局摄影爱好者在听取益阳市摄影家协会的老师对摄影作品进行点评

2.2009年6月27日，益阳市国家税务局摄影兴趣小组在葡萄园采风

3.2010年6月12日，益阳市国家税务局摄影兴趣小组在安化县采风

4.2013年7月26日，益阳市地方税务局举办摄影培训班，图为益阳市艺术摄影学会会长彭国兴在上课

1	2
3	4
5	6

1.2014年1月14日，湖南国税“新镜界”摄影协会秘书长阳光(中)和益阳市国家税务局党组书记、局长李建伟(左二)与湖南国税“新镜界”摄影协会益阳国税分会三届会长合影

2.2014年1月14日，湖南国税“新镜界”摄影协会益阳国税分会召开第三届会员代表大会

3.2014年4月18日，湖南国税“新镜界”摄影协会益阳国税分会举办摄影培训与交流活动

4.2014年6月24日，益阳市地方税务局举办“镜头里的税收”摄影作品展

5.2015年4月3日，湖南国税“新镜界”摄影协会益阳国税分会组织会员在沅江市参加税收宣传月活动拍摄并举办摄影作品赏评会

6.2021年6月24日，国家税务总局益阳市税务局退休老干部谭吉松在布置市局庆祝中国共产党成立100周年老干部摄影展展板

工会活动

益阳市税务部门高度重视工会工作，坚持贯彻《中华人民共和国工会法》，严格按程序召开工会会员大会，选举工会委员会，建强建好干部职工“娘家”，发挥了工会联系干部职工、服务干部职工、团结激励干部职工的重要作用。工会委员会在市局党委的坚强领导下，围绕中心工作，积极履职，主动作为，参与组织税收业务比武，服务税务干部成长；成立兴趣小组，开展各种文体竞赛、文艺会演活动，丰富干部职工精神文化生活；建设机关干部职工活动中心，建立图书室，设立工间操时间，成立“养正暖心”心理辅导工作室，定期组织干部职工健康体检，服务干部职工身心健康；开展研学助学奖学活动，关心干部职工子女成长；建立困难职工帮扶基金，关怀关爱困难职工生活等，营造了团结奋发、健康和谐的单位氛围。

1.2004年7月2日，益阳市国家税务局欢迎国家羽毛球队入住益阳明瑞酒店备战雅典奥运会

2.1997年6月12日，安化县地方税务局冷市税务所举行“地税杯”乒乓球邀请赛

3.2006年4月4日，第四届湘鄂边毗邻县市区“地税杯”球类运动会在沅江市举行，图为开幕式现场

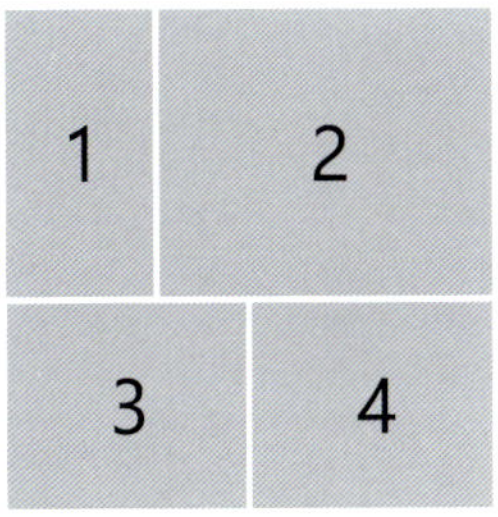

1.2011年8月26日，益阳市地方税务局工会组织开展钓鱼比赛
2.2014年9月12日，益阳市地方税务局工会组织干部职工开展抓鱼比赛
3.2011年10月19日，益阳市地方税务局工会组织干部职工包饺子
4.2012年5月16日，益阳市地方税务局举办全市地税系统第三届乒乓球锦标赛

1	2
3	4

1.2016年8月10日，益阳市地方税务局举办全市地税系统首届职工运动会围棋比赛
2.2016年8月10日，益阳市地税系统举办首届职工运动会象棋比赛
3.2018年4月27日，沅江市国家税务局97岁离休老干部高成周参加工会活动
4.2019年1月23日，国家税务总局南县税务局首届趣味运动会举行

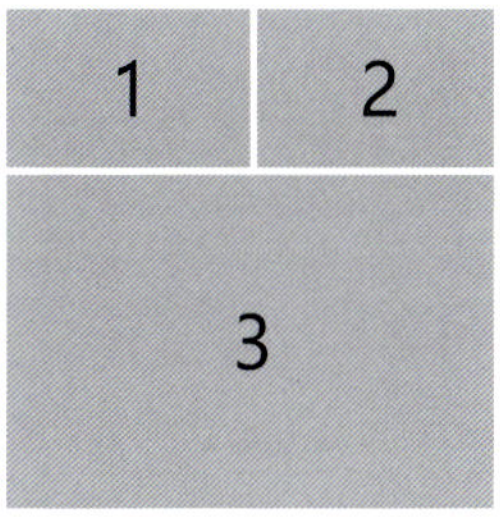

1.2020年4月7日，国家税务总局益阳市税务局机关青年干部开展户外活动
2.2021年2月22日，国家税务总局沅江市税务局组织开展工会活动
3.2021年4月30日，国家税务总局益阳市税务局举行五四青年节团建活动

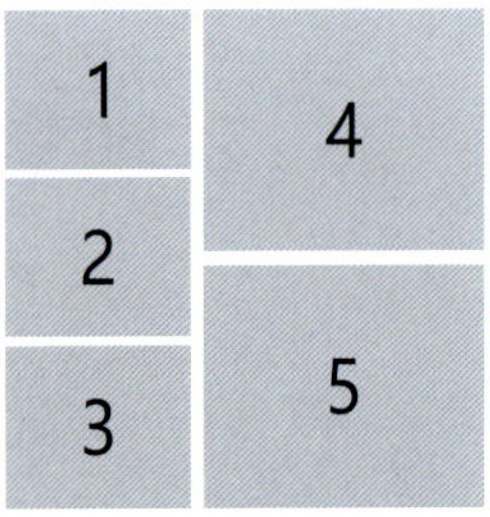

1.2021年10月14日，国家税务总局益阳市税务局机关离退休老干部参加重阳节活动
2.2021年10月14日，国家税务总局益阳市税务局组织离退休老干部开展重阳节活动
3.2022年4月13日，国家税务总局沅江市税务局干部参加义务植树活动
4.2022年7月8日，国家税务总局益阳市税务局机关工会组织开展“亲子游”系列活动
5.2022年7月8日，国家税务总局益阳市税务局机关工会组织干部职工子弟开展暑假活动

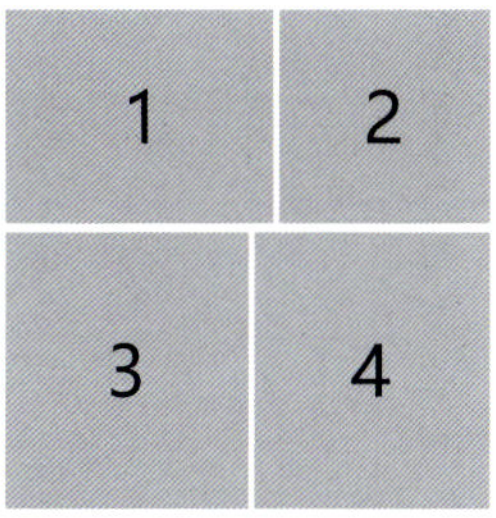

1.2015年2月10日，益阳市国家税务局机关工会举行春节干部职工工会活动

2.2017年2月9日，沅江市国家税务局工会组织干部职工开展工会活动

3.2022年2月15日，国家税务总局益阳市税务局组织开展工会活动

4.2022年2月15日，国家税务总局益阳市税务局组织开展迎新春工会活动

1.2005年1月31日，益阳市国家税务局机关干部在春节联欢晚会上表演节目

2.2013年1月30日，益阳市地方税务局工会组织干部职工在儿童福利院开展“送温暖献爱心”慰问演出

3.2013年7月1日，益阳市国家税务局机关举行“七一”红歌比赛

4.2014年1月21日，益阳市地方税务局工会组织干部职工在高新区敬老院开展“送温暖献爱心”慰问演出

1	3
2	4

1.2014年5月30日，益阳市地方税务局举行全市地税系统广场舞比赛

2.2017年1月24日，益阳市国家税务局机关举行春节联欢晚会，办公室干部在表演“三句半”

3.2017年1月24日，益阳市国家税务局机关举行春节联欢晚会，征管科干部在演唱花鼓戏

4.2017年1月24日，益阳市国家税务局信息中心干部在机关迎春联欢晚会上表演节目

1.2013年3月8日，益阳市地方税务局机关女干部参加市妇联组织的三八妇女节跳绳比赛

2.2017年3月8日，益阳市国家税务局机关工会组织女干部开展三八妇女节活动

3.2019年3月8日，国家税务总局益阳高新技术产业开发区税务局组织女干部开展三八妇女节活动

1	2
3	4
5	6

1.2003年9月28日，安化县地方税务局夺得安化县政府办国庆拔河比赛第一名
2.2005年5月5日，益阳市国家税务局机关干部在参加工会举办的拔河比赛
3.2014年1月23日，益阳市国家税务局工会举行迎新春拔河比赛（拔河队员右二为市局党组书记、局长李建伟）
4.2014年11月4日，益阳市地方税务局工会组织机关干部职工开展拔河比赛
5.2015年2月10日，益阳市国家税务局工会组织开展拔河比赛
6.2018年3月7日，益阳市地方税务局工会组织开展拔河比赛

1.2021年11月4日，国家税务总局益阳市税务局党委书记、局长陈有权（左一）和市局机关干部一起参加登山比赛

2.2006年5月26日，益阳市地方税务局工会组织机关干部职工参加践行"湖南地税精神"登山比赛

3.2021年11月4日，国家税务总局益阳市税务局组织机关干部职工开展"永远跟党走奋力攀高峰"登山比赛

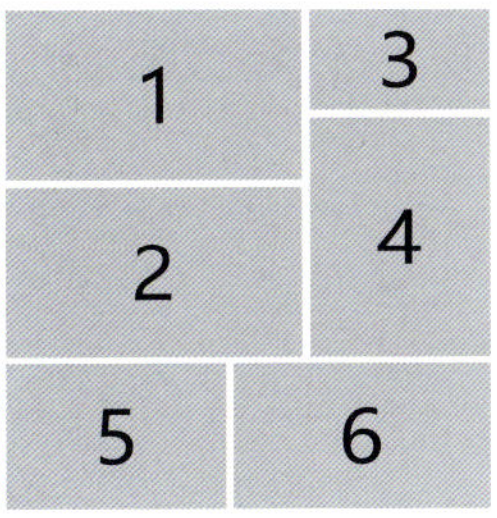

1.2011年10月18日，益阳市国税系统2011年度气排球友谊赛开幕式

2.2018年10月12日，国家税务总局益阳市税务局举办税务机构合并后全市税务系统首届气排球比赛

3.2021年10月22日，国家税务总局益阳市税务局代表队参加益阳市大众运动会气排球比赛

4.2021年10月22日，国家税务总局益阳市税务局代表队参加益阳市大众运动会气排球比赛

5.2021年10月22日，国家税务总局益阳市税务局代表队参加益阳市大众运动会气排球比赛

6.2022年8月26日，国家税务总局益阳市税务局气排球队和国家税务总局湘西自治州税务局气排球队比赛交流

1	2
3	4

1.2008年10月16日，全省国税系统羽毛球友谊赛(决赛)在益阳市奥林匹克公园体育场举行，益阳市委副书记、市人民政府市长胡衡华（左），湖南省国家税务局党组书记、局长程安亭（中）参加开幕式

2.2007年9月24日，全省地税系统首届羽毛球锦标赛在益阳奥林匹克公园体育馆举行

3.2008年10月16—20日，全省国税系统羽毛球友谊赛（决赛）在益阳奥林匹克公园体育场举行，图为益阳市局队员金志雄（左）和蔡敏（右）在比赛

4.2010年10月19日，益阳市地税系统羽毛球锦标赛开赛（前方选手为市地税局党组成员、副局长陈雁鸿）

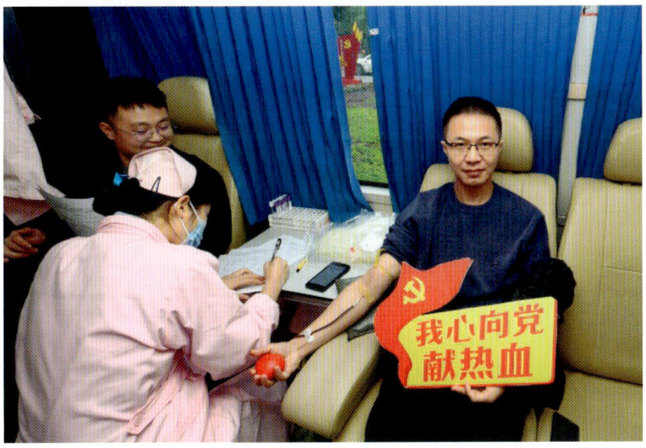

1	2
3	4

1.2022年7月21日，国家税务总局益阳市资阳区税务局党委书记、局长夏胜阳（左）在无偿献血

2.2013年4月10日，益阳市国家税务局干部吕冰（左）在无偿献血

3.2021年12月13日，国家税务总局益阳市税务局机关干部蔡泽平（右）在无偿献血

4.2013年5月17日，益阳市地方税务局干部职工无偿献血

志愿帮扶

长期以来，益阳税务人始终坚持党建引领，胸怀“国之大者”，结合主责主业积极践行志愿服务精神，在服务益阳物质文明、精神文明建设大局上，体现了积极的社会担当。抗洪抢险冲在前。税务部门坚定不移支持配合各级党委政府开展防汛抗洪工作，党员、领导带头巡堤护堤，组织干部捐物捐款帮助受灾群众；在非典期间，市局系统妇联、系统团工委组织志愿者进企业、进社区送防疫物资，慰问困难家庭，送减税降费政策，彰显了税务干部的大爱情怀。扶贫救困显担当。从1997年到2022年，市税务部门先后对接安化县大福镇上泉村、资阳区张家塞乡乌龙堤村、桃江县武潭镇汤家塅村、南县南洲镇长胜村、安化县清塘铺镇罗峒村、安化县江南镇庆阳村等贫困村开展对口扶贫和乡村振兴工作，在修桥修路、电路改造、扶贫开发、助学慰问等方面共投入帮扶资金1000万元以上，特别是在习近平总书记倡导的精准扶贫号召下，派驻驻点扶贫人员，领导干部带头结对帮扶，为如期实现全民脱贫目标贡献了税务力量。志愿服务有作为。机关爱心基金、志愿服务队长期坚持扶贫助学、关爱老人，献血献爱心，青年志愿者积极投入创文创卫志愿服务，用凡人善举践行社会主义核心价值观，树立了良好的社会形象，得到社会各界的高度评价。2016年以来，益阳税务系统4名干部先后被授予“湖南省最美文明实践志愿者”“湖南省最美志愿者”“湖南好人”等荣誉称号。2022年全市税务系统共有在册志愿者1300多人。

1.1995年7月4日，湖南省国家税务局党组成员、副局长李立（前二）前往桃江县国家税务局慰问遭受洪灾的干部职工

2.1995年7月8日，桃江县国家税务局党组书记、局长杨慨然（右二）带领干部职工在洪水退后打扫卫生

3.1996年7月5日，遭受洪灾的沅江市国家税务局泗湖山税务所

4.1996年7月8日，益阳市资阳区国家税务局遭受洪灾后，干部职工划船上下班

5.1996年7月15日，桃江县遭受了百年难遇的洪水灾害，桃江县国家税务局院内一片汪洋，办公楼一楼全部被淹

1.1996年7月24日，桃江县遭受了百年难遇的洪灾，桃江县国家税务局院内一片汪洋

2.1996年7月，桃江县遭受百年难遇的特大洪灾，图为县城全部被淹，桃江县地方税务局7月24日场景

3.1996年7月30日，溃垸后的南县国家税务局华阁税务分局水深2.8米

1
2 3 4

1.1996年7月24日，湖南省国家税务局党组成员、副局长黄呈刚（右四）在桃江县国家税务局慰问受灾的国税干部

2.1996年7月24日，湖南省国家税务局党组成员、副局长黄呈刚（右一）一行到桃江县国家税务局慰问遭受洪灾的国税干部

3.1996年7月24日，湖南省国家税务局党组成员、副局长黄呈刚（右二）在桃江县国家税务局慰问遭受洪灾的国税干部

4.1996年7月24日，湖南省国家税务局党组成员、副局长黄呈刚（右二）到益阳市国家税务局救灾慰问

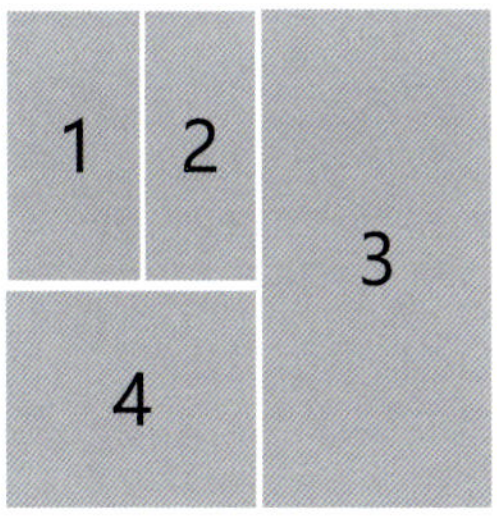

1.1996年7月16日，益阳市国家税务局主持工作的党组副书记、副局长胡华林（中）率领科室负责人前往桃江县国家税务局救灾慰问

2.1996年7月17日，益阳市国家税务局党组成员、副局长黎谷盈（左）在二分局查看灾情

3.1996年7月24日，益阳市国家税务局主持工作的党组副书记、副局长胡华林（左一）、党组成员、副局长肖春生（右一），党组成员、副局长黎谷盈（右二）前往桃江县国家税务局救灾慰问

4.1996年7月30日，南县国家税务局党组书记、局长陶岚平（左）前往因溃垸被淹的华阁税务分局救灾

1.1996年7月15日，桃江县遭受了百年难遇的洪水灾害，桃江县国家税务局办公楼一楼全部被淹，值班人员在二楼走廊准备午餐

2.1996年7月19日，桃江县遭受百年难遇的洪灾，桃江县国家税务局办公楼一楼发票仓库被淹，发票紧急转移到三楼会议室，县局征管科长莫岳苏（右）和发票专干胡凤娥（左）在清点发票

3.1996年7月16日，益阳市国家税务局为遭受洪灾的桃江县国家税务局送去救生船

1.1996年7月16日，益阳市国家税务局向桃江县国家税务局运送救灾物资

2.2017年7月9日，沅江市国家税务局干部在防洪大堤上排查险情

3.2017年7月8日，益阳市资阳区国家税务局干部在资阳区防洪大堤上排查险情

1	2
3	

1.2016年7月5日，桃江县国家税务局党组成员、副局长戴启元（右）带队在防洪大堤上巡逻

2.2016年7月5日，益阳市国家税务局党组成员、副局长曾国华（左三）看望慰问桃江县国家税务局防汛大堤上的干部职工

3.2016年7月5日，桃江县国家税务局防汛干部在防洪大堤上

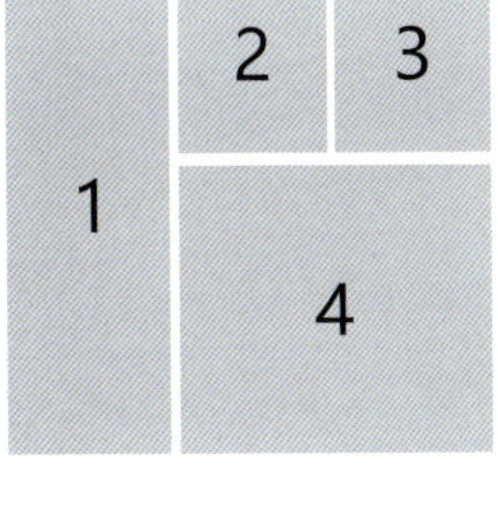

1.2017年7月3日凌晨2点，南县国家税务局党组书记、局长金志雄（右）和党组成员、副局长刘学华（左）在中鱼口镇的防洪大堤上巡逻

2.2017年7月8日，资阳区国家税务局防汛干部在防洪大堤上交接班

3.2017年7月9日，资阳区国家税务局党组书记、局长陈茂辉（左二）带领国税干部在资江大堤上防洪巡堤

4.2020年7月24日，国家税务总局益阳市资阳区税务局干部在防洪大堤上巡逻

1	2
3	4
5	6

1.2017年7月4日，益阳市国家税务局党组书记、局长徐向阳（左二）到赫山区防洪大堤上慰问赫山区国家税务局防汛的干部

2.2017年7月9日，益阳市国家税务局机关干部和赫山区国家税务局干部在赫山区防洪大堤上捐款

3.2017年7月9日，资阳区国家税务局干部在防洪大堤上重温入党誓词

4.2017年7月9日，益阳市国家税务局机关第一党支部和沅江市国家税务局机关支部的党员在防洪大堤上捐款

5.2017年7月9日，益阳市国家税务局机关第一党支部和沅江市国家税务局机关党支部在防洪大堤上重温入党誓词

6.2017年7月11日，益阳市地方税务局党组书记、局长李朝晖（中）在大通湖防洪大堤上看望慰问大通湖区地方税务局防汛人员

1.1997年6月4日，益阳市国家税务局党组书记、局长郭志仁（右二）一行前往市局对口扶贫点安化县大福镇上泉村，实地考察扶贫工作进展情况，共同探讨脱贫致富工作思路

2.1997年6月4日，益阳市国家税务局党组书记、局长郭志仁（右二）在市局对口扶贫点安化县大福镇上泉村察看市局捐款新建的第三桥

3.1997年6月4日，益阳市国家税务局党组书记、局长郭志仁（右三）代表市局为市局对口扶贫点安化县大福镇上泉村捐款4万元

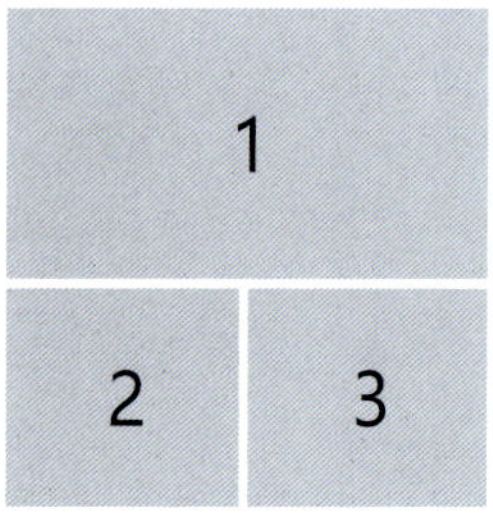

1.2013年11月28日，益阳市国家税务局党组书记、局长李建伟（右四）和资阳区委副书记、区长罗讯（右三）在资阳区张家塞乡乌龙堤村听取群众意见建议

2.2013年8月23日，益阳市国家税务局党组书记、局长李建伟（中）到资阳区张家塞乡乌龙堤村看望慰问驻村“三访三化”国税干部

3.2014年9月3日，益阳市国家税务局党组书记、局长李建伟（左七）在资阳区张家塞乡乌龙堤村察看益阳市国家税务局出资修建的村级公路

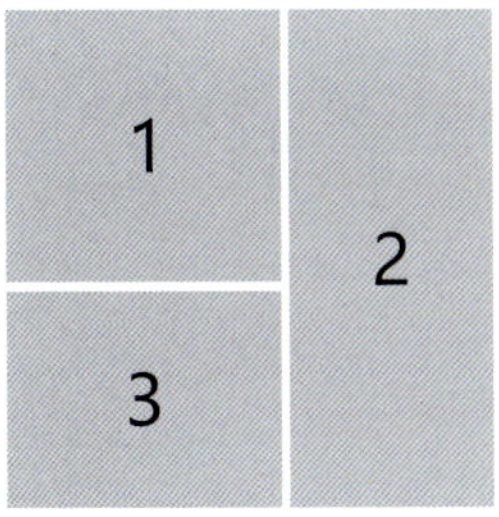

1.2016年7月28日，益阳市国家税务局党组成员、副局长曾国华（左）在桃江县武潭镇汤家塅村走访贫困户

2.2016年12月22日，益阳市国家税务局党组书记、局长徐向阳（前一）到桃江县武潭镇汤家塅村走访慰问贫困户

3.2020年3月10日，益阳市高新区朝阳街道碧桂园社区领导到国家税务总局益阳市税务局为税务志愿者支持社区工作送感谢信

1.2014年9月3日，益阳市国家税务局向资阳区张家塞乡乌龙堤村小学捐赠电脑30台

2.2013年11月7日，益阳市国家税务局机关干部到资阳区张家塞乡乌龙堤村帮助贫困户收割晚稻

3.2017年8月22日，湖南省文明办、湖南省国家税务局机关党委、湖南省皇爷食品有限公司联合在安化县开展扶贫助学主题活动

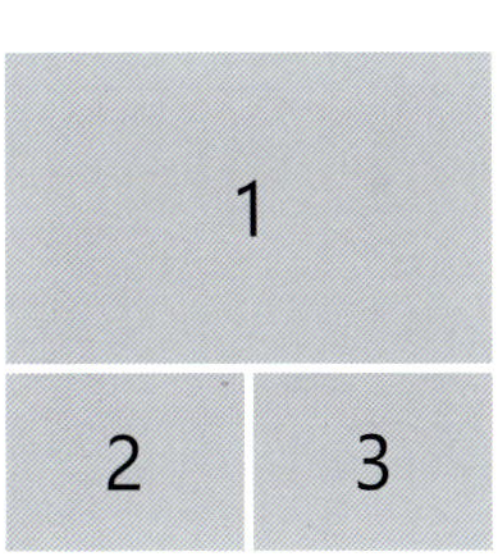

1.2014年12月8日，资阳区张家塞乡乌龙堤村的村民代表向益阳市国家税务局赠送“三访三化下乡村，捐资修路帮扶贫，为民兴改水电路，情系城乡党群心”锦旗

2.2014年9月3日，益阳市国家税务局党组书记、局长李建伟（左二）在资阳区张家塞乡乌龙堤村走访贫困户

3.2018年3月27日，益阳市地方税务局党组书记、局长石洪波（左七）率队在南县南洲镇长胜村开展扶贫工作

1.2017年8月17日，沅江市国家税务局扶贫干部走访贫困户

2.2018年2月6日，资阳区国家税务局党组书记、局长陈茂辉（右一）在资阳区新桥河镇八一村走访贫困户

3.2018年4月10日，沅江市国家税务局党组书记、局长周曙光（左一）在安化县扶贫点走访扶贫户

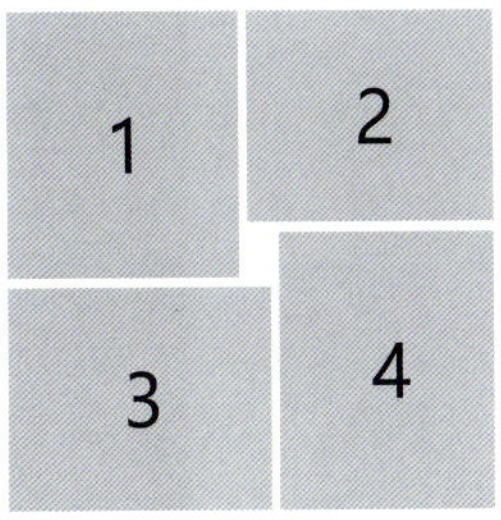

1.2019年10月19日，国家税务总局益阳市赫山区税务局扶贫干部在高粱坪村开展扶贫工作

2.2019年10月21日，国家税务总局益阳市赫山区税务局党委书记、局长龙建新（右三）在扶贫村扶贫

3.2021年8月24日，益阳市委政法委、益阳市信访局、益阳市税务局在安化县江南镇庆阳村召开乡村振兴工作联席会议

4.2022年12月27日，国家税务总局益阳市大通湖区税务局召开乡村振兴工作专题会议

1.2008年4月10日，桃江县地方税务局志愿者活动启动仪式

2.2012年5月8日，益阳市国家税务局召开纪念建团九十周年暨益阳国税志愿者服务队成立大会

3.2014年10月16日，益阳市地方税务局志愿者在帮助老人过马路

4.2016年12月15日，益阳市地方税务局志愿者在七一五矿家属区开展志愿者服务

5.2016年1月28日，益阳市国家税务局志愿者到安化县抗战老兵罗后中家慰问

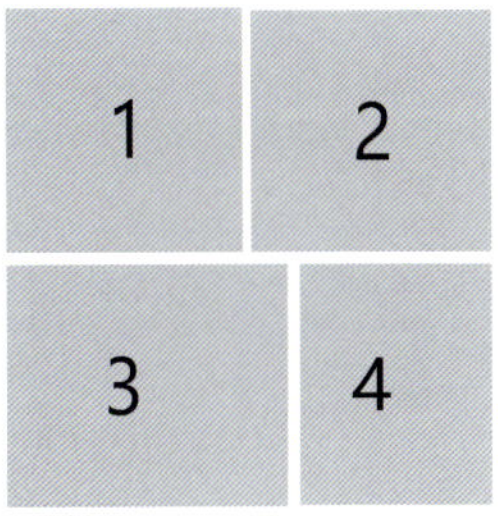

1.2016年1月28日，益阳市国家税务局志愿者到安化县抗战老兵刘又生家慰问

2. 2018年4月9日，沅江市国家税务局志愿者在沅江市蓼叶湖公园清理垃圾

3.2019年1月31日，国家税务总局益阳市税务局机关干部到海棠社区为弱势群体和未成年人开展志愿服务系列活动

4.2022年4月27日，国家税务总局益阳市税务局青年突击队成立

创先争优

益阳税务部门高度重视创先争优工作，积极培树先进典型，激发干部队伍的工作积极性，推动各项工作高质量开展，树立了良好的社会形象。坚持以创促升。紧盯目标荣誉，一边积极向上级部门、地方党政部门、新闻媒体宣传和推介先进工作经验和干部先进典型，一边完善管理，创新工作，落实先进标准，在推先进创先进的过程中集中时间和精力提升工作品质。坚持以赛培优。组织开展各种业务竞赛和比武，大力表彰先进，举办先进典型宣讲会，营造比学赶超的氛围。坚持以绩定位。充分利用绩效管理这根指挥棒，狠抓组织绩效和个人绩效，凝聚合力推进重点工作落实，促进各部门创新开展工作，实现争先进位目标。通过大力开展创先争优工作，1990—2022年，益阳税务系统共获得全国文明单位、全国青年文明号、全国巾帼文明岗、全国职工书屋示范点、国家节约型机关等总局以上省部级先进集体荣誉47项（次），省局先进集体荣誉485项（次）。有1名干部被评为全国先进典型、劳动模范，有20名干部被评为省部级先进典型。

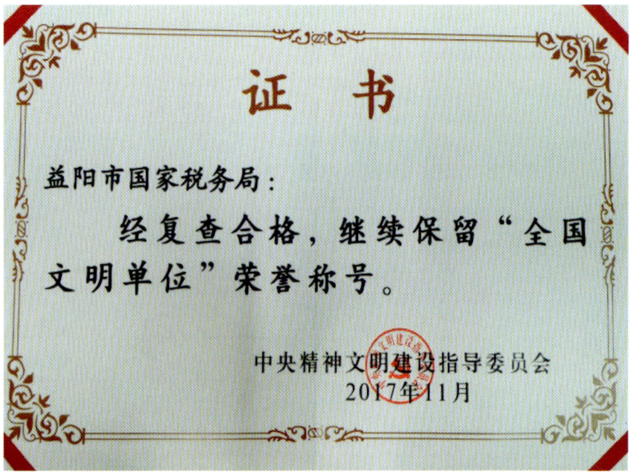

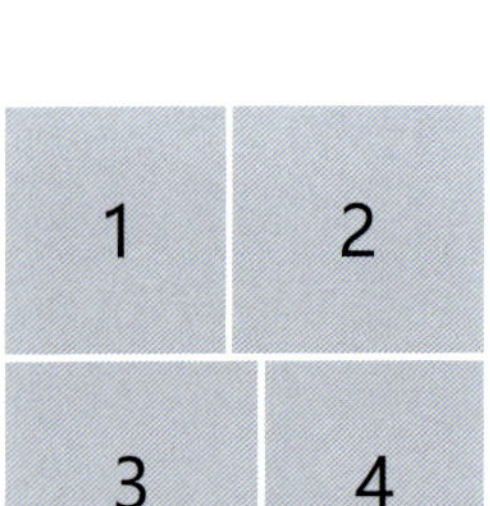

1.2015年2月，中央精神文明建设指导委员会授予益阳市国家税务局“全国文明单位”荣誉称号

2.2017年11月，经复查合格，中央精神文明建设指导委员会继续保留益阳市国家税务局“全国文明单位”荣誉称号

3.2020年11月，经复查合格，中央精神文明建设指导委员会继续保留国家税务总局益阳市税务局“全国文明单位”荣誉称号

4.2020年11月，中央精神文明建设指导委员会授予国家税务总局南县税务局“全国文明单位”荣誉称号

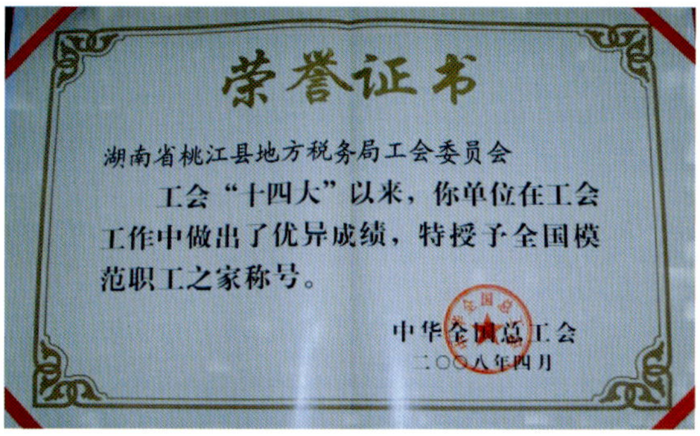

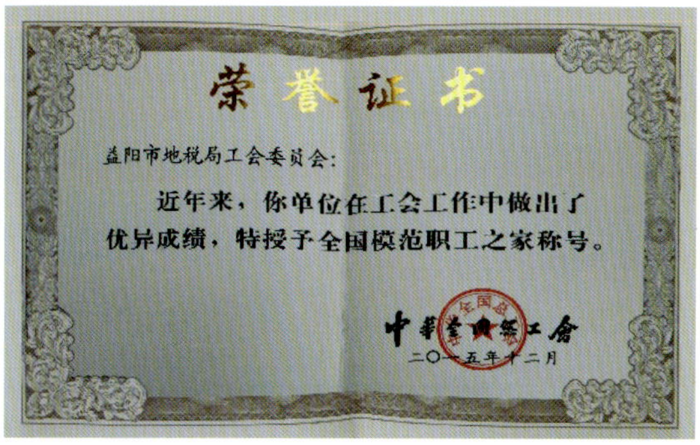

1	4
2	5
3	6

1.1998年12月，国家税务总局、共青团中央授予益阳市地方税务局“青年文明号”称号

2.2008年4月，中华全国总工会授予桃江县地方税务局工会委员会“全国模范职工之家”称号

3.2013年8月，国家体育总局授予益阳市地方税务局2009—2012年度“全国群众体育先进单位”称号

4.2013年8月，中华全国总工会授予沅江市国家税务局工会委员会“全国模范职工之家”称号

5.2015年12月，中华全国总工会授予益阳市地方税务局工会委员会“全国模范职工之家”称号

6.2017年3月，中共中央宣传部授予益阳市地方税务局“全国学雷锋活动示范点”称号

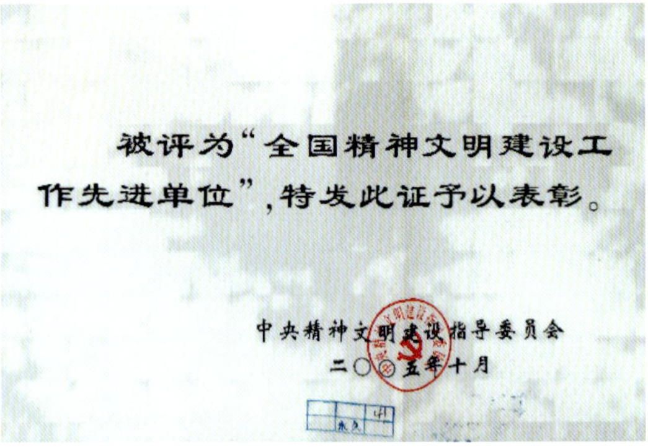

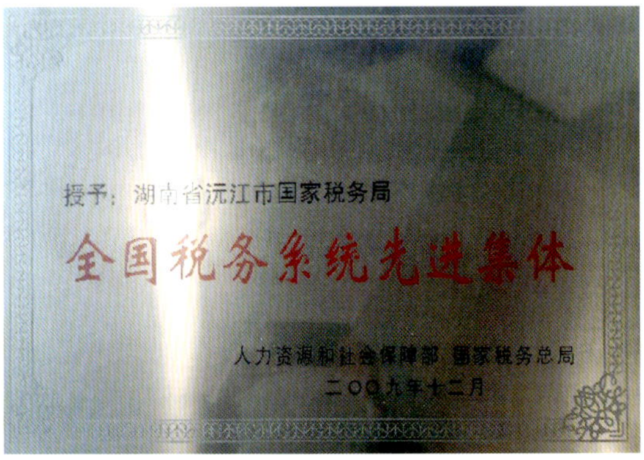

1	2
3	4
5	6

1.2005年10月，中央精神文明建设指导委员会授予益阳市国家税务局“全国精神文明建设工作先进单位”荣誉称号

2.2005年10月，益阳市国家税务局被评为“全国精神文明建设工作先进单位”

3.2009年4月，中华全国总工会授予益阳市国家税务局“全国工人先锋号”荣誉称号

4.2009年12月，人力资源和社会保障部、国家税务总局授予沅江市国家税务局“全国税务系统先进集体”称号

5.2013年8月，中华全国总工会授予益阳市地方税务局工会委员会“全国模范职工之家”称号

6.2015年10月，益阳市税务学会被评为“全国先进社科组织”称号

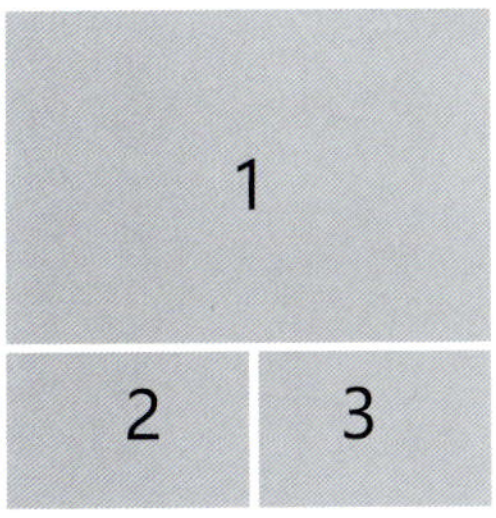

1.2019年2月，国家机关事务管理局、国家发展改革委、财政部授予国家税务总局益阳市税务局“节约型公共机构示范单位”称号

2.2020年12月，中华全国总工会授予国家税务总局南县税务局全国“职工书屋”称号

3.2022年12月，益阳市税务学会被授予“全国社科组织先进单位”称号

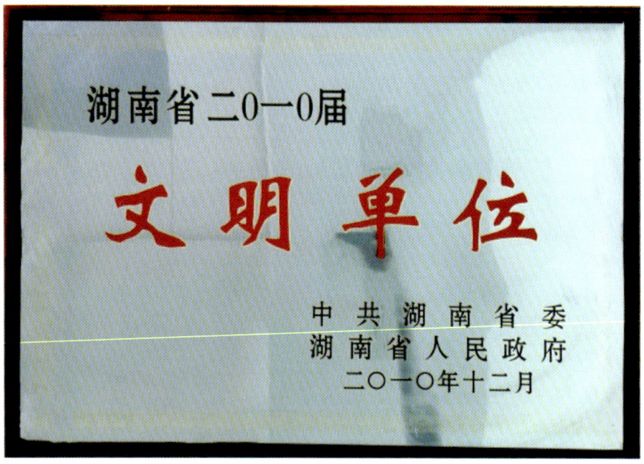

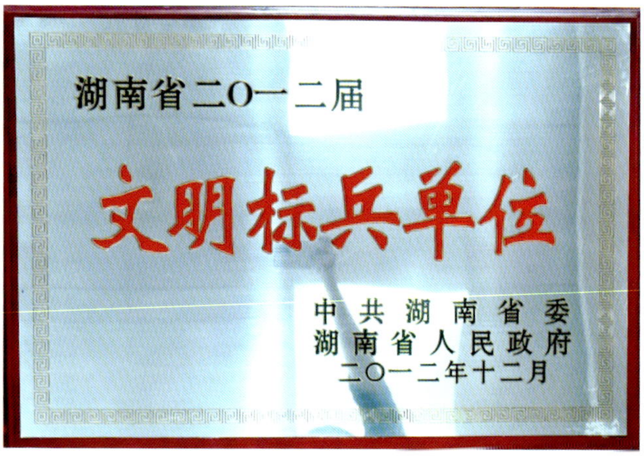

1	2
3	4

1.2008年4月，湖南省总工会授予益阳市国家税务局全省“工人先锋号”称号

2.2002年9月，中共湖南省委、湖南省人民政府授予益阳市国家税务局全省“文明单位”称号

3.2010年12月，中共湖南省委、湖南省人民政府授予益阳市国家税务局“湖南省二〇一〇届文明单位”称号

4.2012年12月，中共湖南省委、湖南省人民政府授予益阳市国家税务局“湖南省二〇一二届文明标兵单位”称号

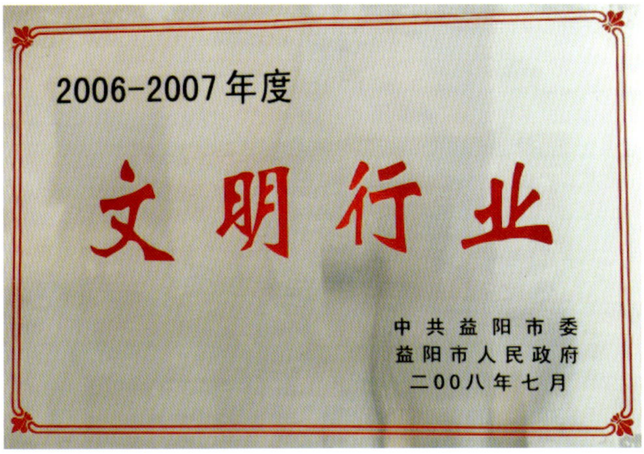

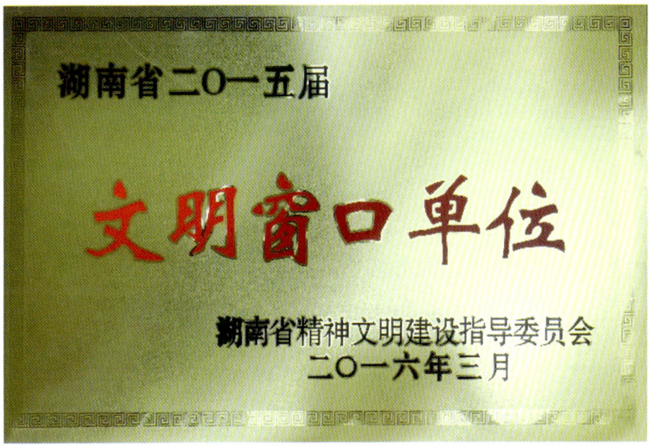

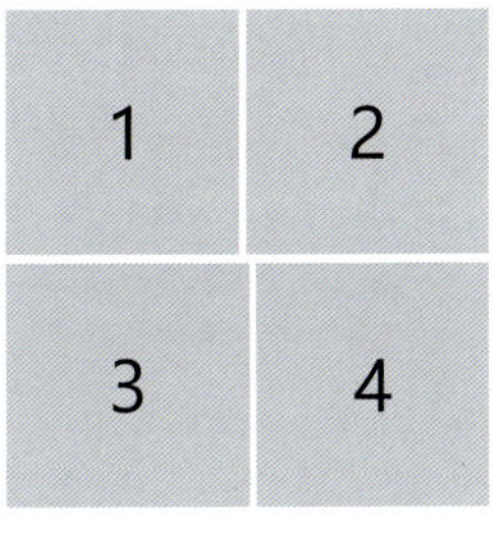

1.2008年7月，中共益阳市委、益阳市人民政府授予益阳市国税系统“2006—2007年度文明行业”称号

2.2013年3月，益阳市国家税务局被湖南省作风建设领导小组评为“2011年、2012年湖南省作风建设主题活动先进单位”称号

3.2016年3月，湖南省精神文明建设指导委员会授予益阳市国家税务局“湖南省二〇一五届文明窗口单位”称号

4.2018年6月，益阳市精神文明建设指导委员会授予益阳市国家税务系统“益阳市2016—2017年度文明行业”称号

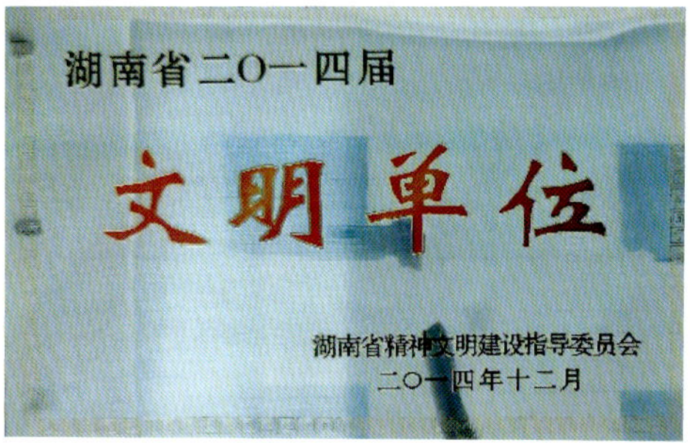

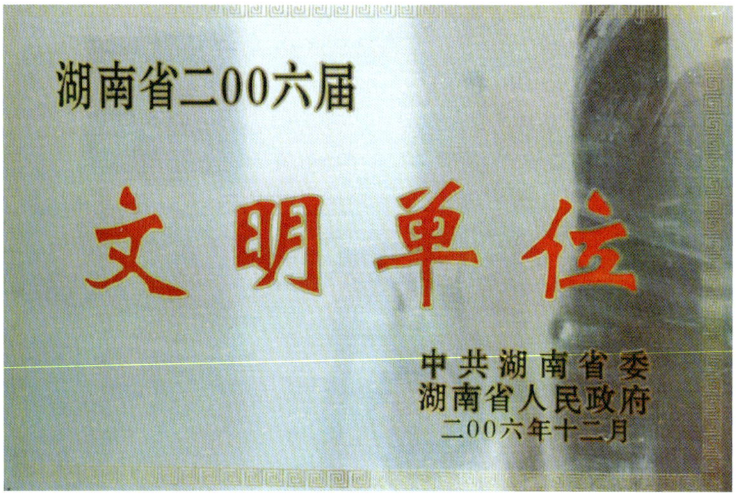

1.1998年12月，中共湖南省委、湖南省人民政府授予益阳市地方税务局全省“文明单位”称号
2.2006年12月，中共湖南省委、湖南省人民政府授予益阳市地方税务局全省“文明单位”称号
3.2014年12月，湖南省精神文明建设指导委员会授予益阳市地方税务局“湖南省二〇一四届文明单位”称号
4.2016年6月，中共益阳市委、益阳市人民政府授予益阳市地方税务系统“2014—2015年度文明行业”称号
5.2018年6月，益阳市精神文明建设指导委员会授予益阳市地方税务局“益阳市2016—2017年度文明标兵单位”称号

1	2
3	4

1.2007年12月14日，益阳市高新区地方税务局邹苏平荣获全国税务系统先进个人，南县地方税务局荣获省级“青年文明号”称号

2.2013年12月13日，益阳市国家税务局综合档案室被湖南省档案局评为“湖南省档案工作规范化管理省特级”单位

3.2015年6月2日，益阳市国家税务局党组书记、局长李建伟（右）接受“全国文明单位”牌匾

4.2021年7月28日，国家税务总局南县税务局党委书记、局长王庆尧（左四）接受“全国文明单位”牌匾

1	3
2	4

1.2008年6月5日，益阳市地方税务局综合档案室被湖南省档案局评为“湖南省档案工作规范化管理省特级”单位

2.2016年2月16日，益阳市地方税务局工会委员会被中华全国总工会授予“全国模范职工之家”称号（右四为益阳市委常委、市委宣传部部长胡立安）

3.2021年4月29日，国家税务总局南县税务局第一税务分局荣获“湖南省工人先锋号”

4.2012年5月4日，益阳市地方税务局直属局赵建安荣获“湖南省五一先锋”称号

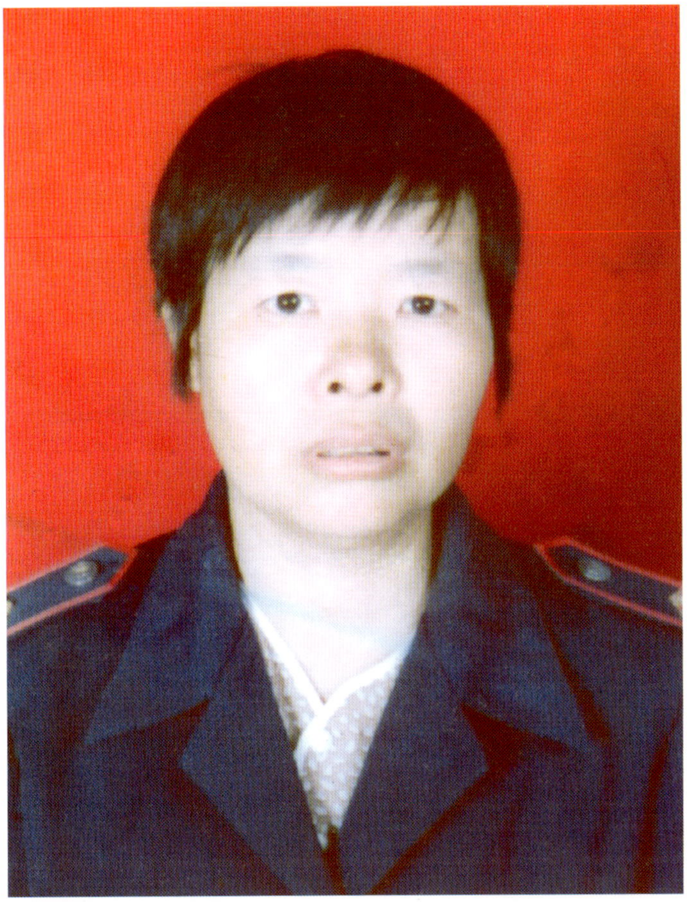

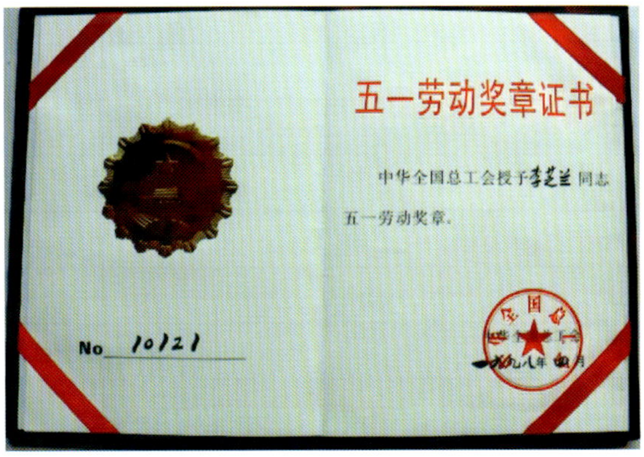

李芝兰

桃江县国家税务局武潭税务所干部，1998年4月荣获湖南省先进工作者称号、全国五一劳动奖章；2000年4月，荣获全国先进工作者称号

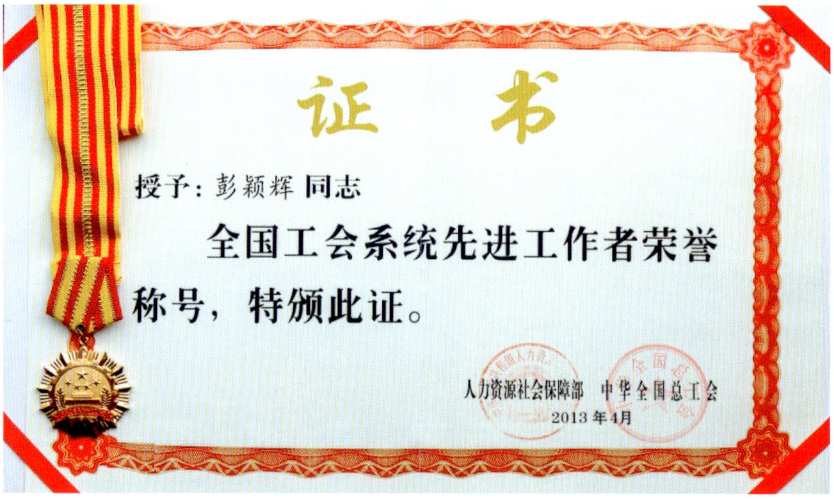

证书

授予：彭颖辉 同志

全国工会系统先进工作者荣誉称号，特颁此证。

人力资源社会保障部 中华全国总工会

2013年4月

彭颖辉

益阳市高新区地方税务局干部，2013年4月荣获全国工会系统先进工作者称号

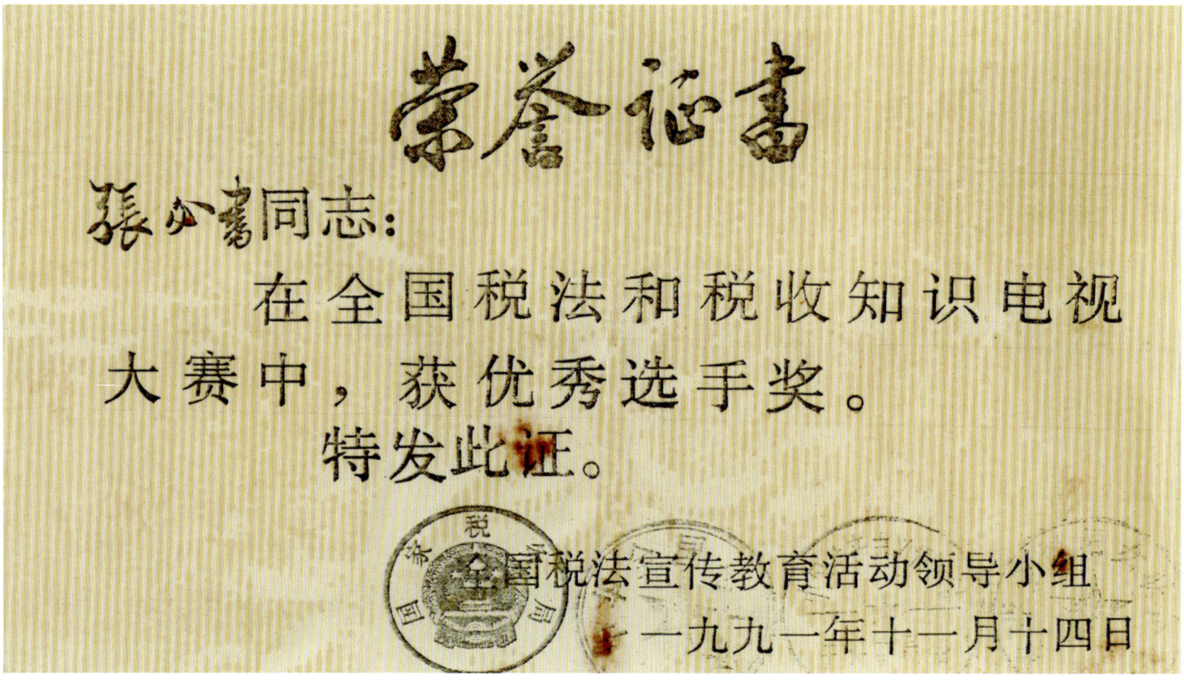

荣誉證書

張必書同志：

在全国税法和税收知识电视大赛中，获优秀选手奖。

特发此证。

全国税法宣传教育活动领导小组

一九九一年十一月十四日

张必书

益阳市税务局干部，1991年11月荣获全国税法和税收知识电视大赛优秀选手奖

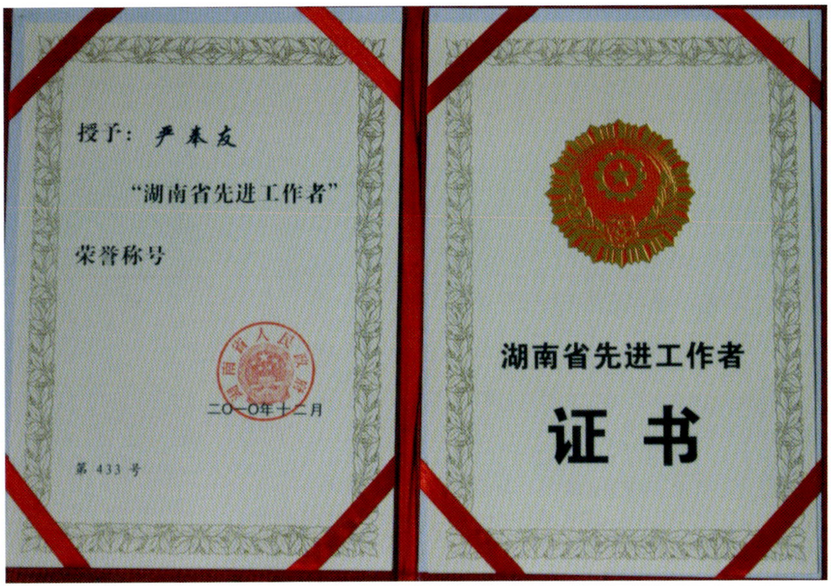

严奉友

益阳市地方税务局干部，2010年12月荣获湖南省先进工作者称号

贺胜安

国家税务总局益阳市税务局干部，2020年11月荣获湖南省先进工作者称号

授予曹友才 同志

全国税务系统先进工作者称号。

人事部

国家税务总局

二〇〇一年十二月十一日

曹友才

益阳市朝阳区地方税务局干部，2001年12月荣获全国税务系统先进工作者称号

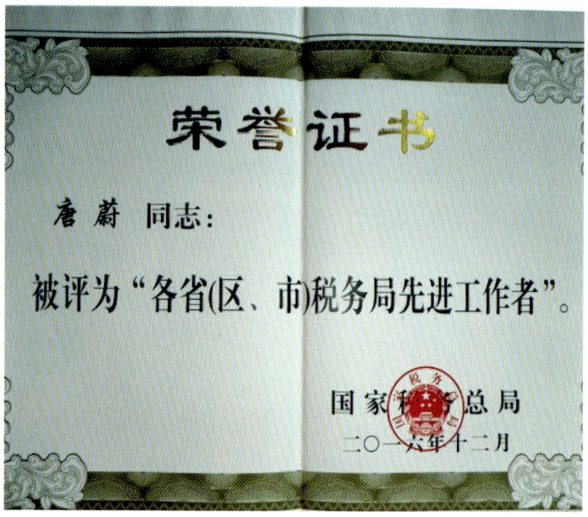

荣誉证书

唐蔚 同志：

被评为“各省(区、市)税务局先进工作者”。

国家税务总局

二〇一六年十二月

唐蔚

益阳市赫山区国家税务局干部，2016年荣获全国税务系统先进工作者称号

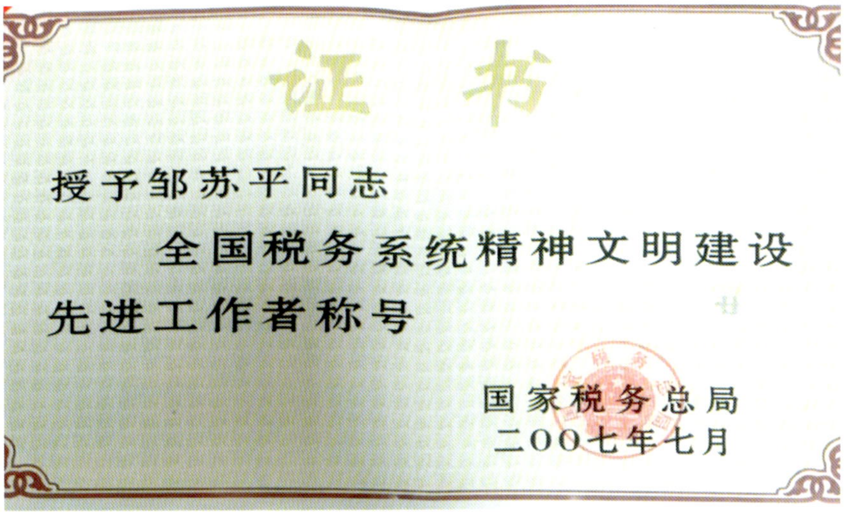

邹苏平

益阳市高新区地方税务局干部，2007年7月荣获全国税务系统精神文明建设先进工作者称号

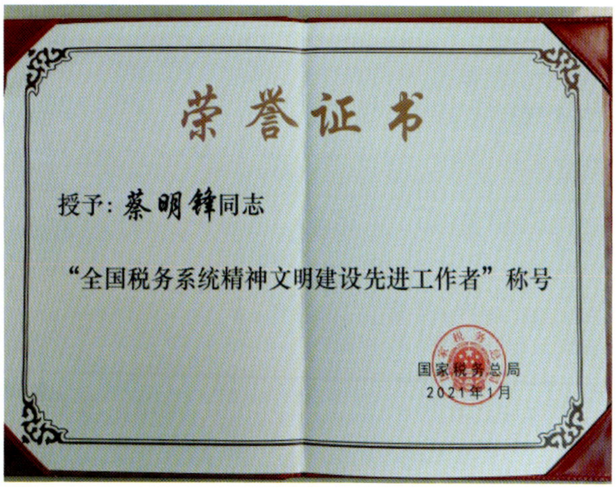

蔡明锋

国家税务总局南县税务局干部，2021年1月荣获全国税务系统精神文明建设先进工作者称号

胡志勇

国家税务总局益阳市资阳区税务局干部，2021年4月荣获湖南省五一劳动奖章

江卫凯

沅江市税务局干部，1991年7月荣获全国税务系统三八红旗手称号

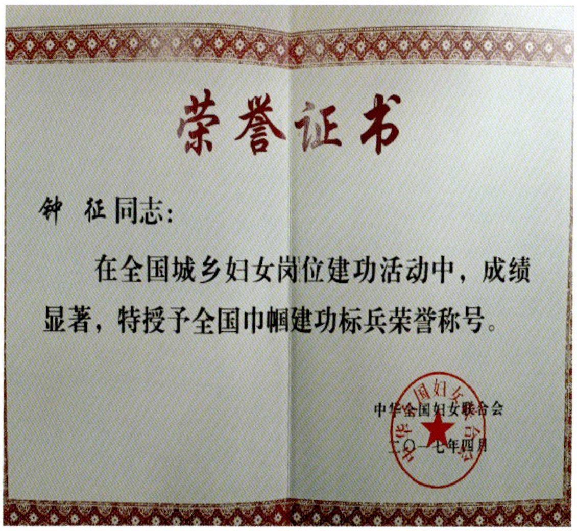

钟征

益阳市地方税务局干部，2017年4月荣获全国巾帼建功标兵荣誉称号

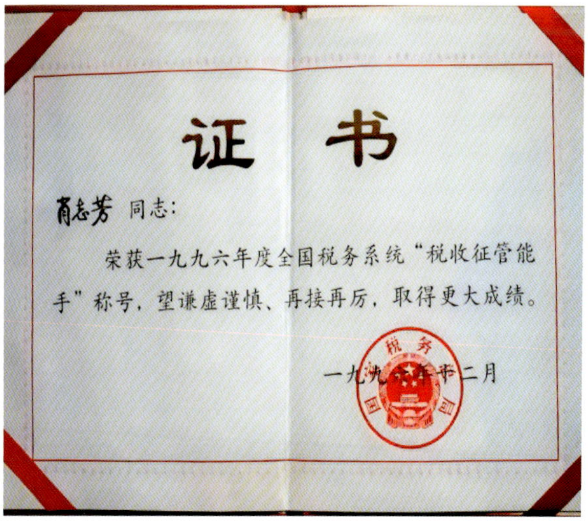

肖志芳

益阳市地方税务局干部，1996年12月荣获全国税务系统税收征管能手称号

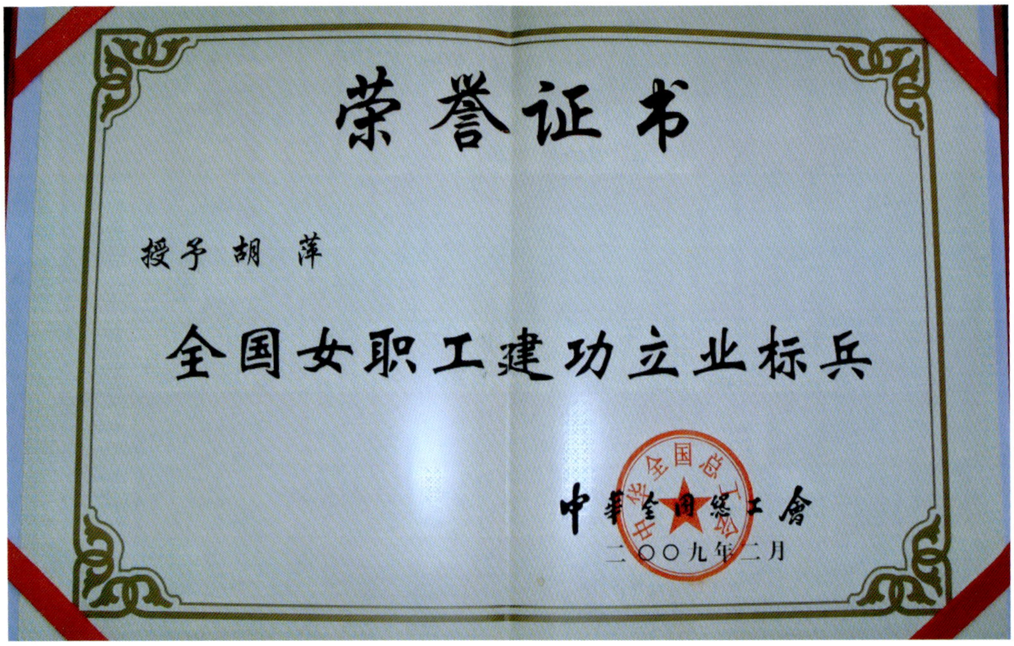

胡萍

桃江县地方税务局干部，2009年2月荣获全国女职工建功立业标兵称号

贾容霞

国家税务总局益阳市赫山区税务局退休干部，2019年9月荣获中华人民共和国成立70周年纪念章

赵建安

益阳地方税务局直属局干部，2012年2月荣获湖南省五一先锋称号

机构挂牌

在浩浩荡荡的历史大潮中，改革永远是最浓墨重彩的那一笔。1994年，国家为提升宏观调控能力，实行了分税制财政管理体制改革，益阳市税务局由此划分为益阳市国家税务局和益阳市地方税务局，人员一分为二，资产一分为二，分别负责本地区中央税收和地方税收的征收。2018年，国家为优化税收征管体系，实行国税地税征管体制改革，益阳国税、地税系统同心同向，按照上级部署蹄疾步稳抓落实，从合作、合并到合成，最后实现益阳税务人合、事合、力合、心合，顺利完成历史性改革任务。2018年7月5日，国家税务总局益阳市税务局挂牌成立，7月20日，益阳市8个县市区税务局挂牌成立，标志着24年国税地税分设的历史成为税务人共同的回忆，新时代益阳新税务扬帆起航！历史值得铭记，未来更可期待。那些挂在门楣上烙在心里的牌匾，无论是旧的还是新的，都是益阳税务人永远的信仰；那些在岗位上奔忙的身影，无论是旧面孔还是新同事，奔赴的都是为国聚财、为民收税的方向。站在新的历史起点上，聚焦税收现代化的远景目标，益阳税务人正以策马扬鞭的豪迈，精细服务、精准监管、精确执法、精诚共治，在新的历史征程上，努力以新业绩续写新辉煌。

1.1990年12月5日，桃江县税务局城关税务二所成立

2.1992年7月8日，沅江市公安局税务公安执勤室成立

3.1994年5月20日，益阳市资阳区人民检察院税务检察室挂牌成立

4.1994年7月1日，税务机构分设，益阳市税务局农垦分局分设为益阳市国家税务局四分局、益阳市地方税务局农垦分局

5.1994年9月12日，益阳市公安局资阳税务执勤室挂牌成立

6.1994年9月25日，益阳市税务局资阳税务分局征管一科二科挂牌成立

7.1994年9月22日，益阳市税务局资阳税务分局挂牌成立

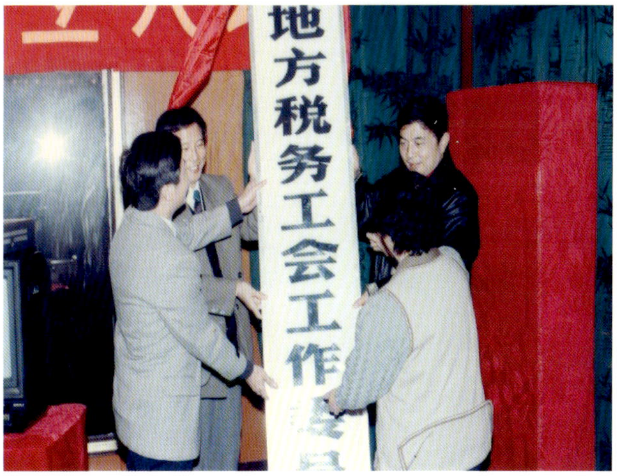

1 2
3 4 5
6 7

1.1994年9月26日，安化县仙溪国税所、地税所挂牌成立

2.1994年9月24日，安化县人民政府主持召开会议，宣布安化县国家税务局、安化县地方税务局成立，安化县国家税务局和安化县地方税务局领导班子成员合影

3.1994年9月24日，安化县国家税务局挂牌成立

4.1994年9月26日，安化县仙溪国税所、地税所挂牌成立，原仙溪税务所干部职工合影

5.1994年9月25日，桃江县国家税务局成立，举行挂牌典礼

6.1994年9月25日，桃江县地方税务局成立，举行挂牌典礼

7.1994年11月10日，益阳市地方税务局工会工作委员会挂牌成立

1	2
3	4

1.2004年12月31日，益阳市国家税务局党组书记、局长袁世民（左）和益阳市交通运输局党组书记、局长王卓传（右）为益阳市国家税务局车辆购置税征收管理办公室揭牌

2.2009年5月18日，益阳市国家税务局车辆购置税征收管理分局挂牌成立

3.2010年1月20日，益阳市国家税务局第一稽查局挂牌成立

4.2016年5月25日，沅江市委常委、常务副市长蔡光辉（右）为沅江市国税地税联合办税服务厅揭牌

1	2
3	4

1.2018年7月5日，国家税务总局益阳市税务局挂牌成立大会并举行升国旗仪式

2.2018年7月5日，国家税务总局益阳市税务局挂牌成立大会并举行升国旗仪式

3.2018年7月5日，国家税务总局益阳市税务局挂牌成立

4.2018年7月5日，益阳市委常委、常务副市长彭建忠（前排左五）和国家税务总局湖南省税务局党委委员、副局长方志平（前排左四）参加国家税务总局益阳市税务局挂牌成立大会并与国家税务总局益阳市税务局领导班子成员合影

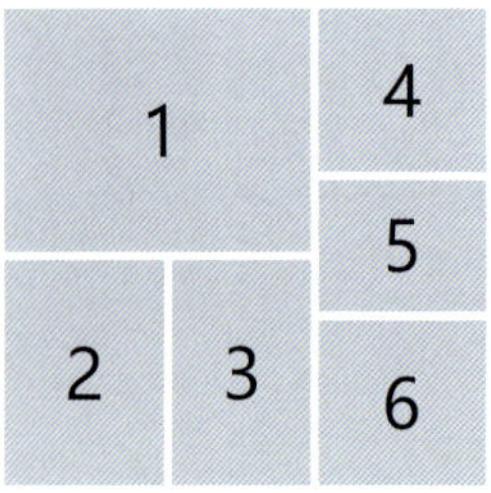

1.2018年7月20日，国家税务总局益阳市资阳区税务局挂牌成立
2.2018年7月20日，国家税务总局益阳市资阳区税务局挂牌成立
3.2018年7月20日，国家税务总局益阳高新技术产业开发区税务局挂牌成立
4.2018年7月20日，国家税务总局益阳市赫山区税务局挂牌成立
5.2018年7月20日，国家税务总局益阳市大通湖区税务局挂牌成立
6.2018年7月20日，国家税务总局南县税务局挂牌成立

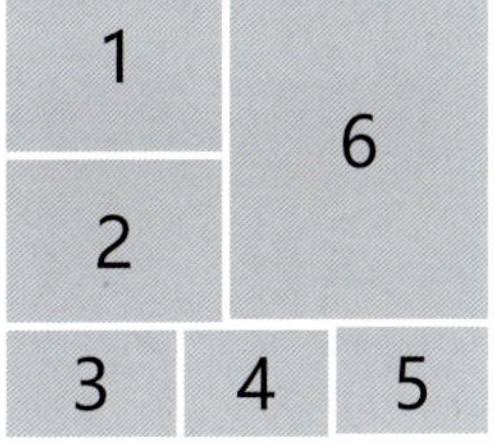

1.2018年7月20日，国家税务总局桃江县税务局挂牌成立

2.2018年7月20日，国家税务总局安化县税务局挂牌成立

3.2018年7月20日，国家税务总局湖南省税务局党委委员、副局长方志平（前排左五）参加国家税务总局桃江县税务局挂牌成立大会并与县局领导班子成员合影

4.2018年7月20日，沅江市政府领导和益阳市税务局领导参加国家税务总局沅江市税务局挂牌成立大会并与沅江市税务局领导班子成员合影

5.2019年3月29日，国家税务总局安化县税务局江南税务所挂牌成立

6.2021年8月6日，国家税务总局益阳市税务局第三税务分局挂牌成立

税月寻影

流年似水，税月如歌。一张张装满记忆的照片，是青春，是信仰，是繁忙里的浪漫，是事业里的光芒，是奋斗里的诗篇。在这些照片里，看到时代奔腾的浪花，看到初心如磐的坚守，看到税月长河的风霜，看到青春迸发的激情，看到接续奋斗的力量。“定格昨天的画面，叫历史，回眸奋斗的历程，是情结。”益阳税务人怀揣税月美好，继承和发扬前辈优良作风，奋力书写新时代益阳税务崭新篇章！

1.民国时期的财政部湘赣区长沙分区益阳安化税务分所铜质琅彩印章
2.民国时期，南县清文田亩处税务专题银章
3.20世纪50年代的安化县税务局铜制证章
4.湖南省益阳专区安化县人民政府税务局印章
5.益阳市人民政府税务局20世纪50年代颁发的协税模范奖章
6.益阳税务部门在20世纪80—90年代的通信设备

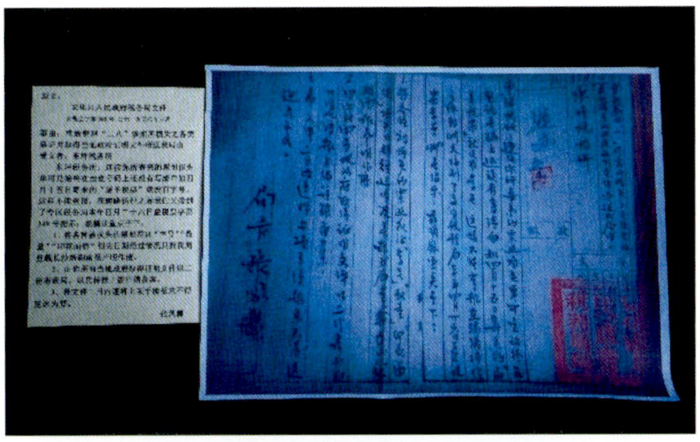

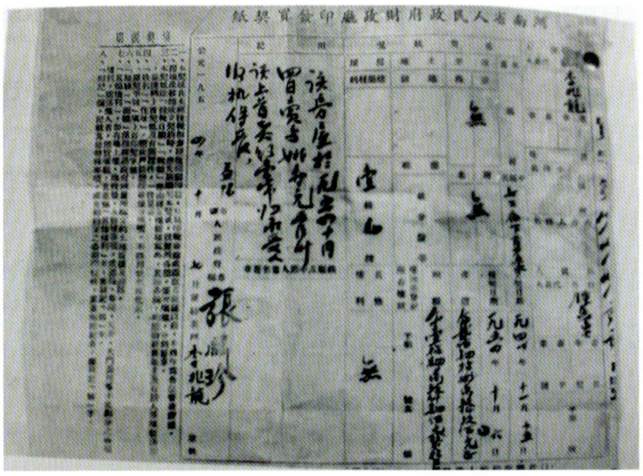

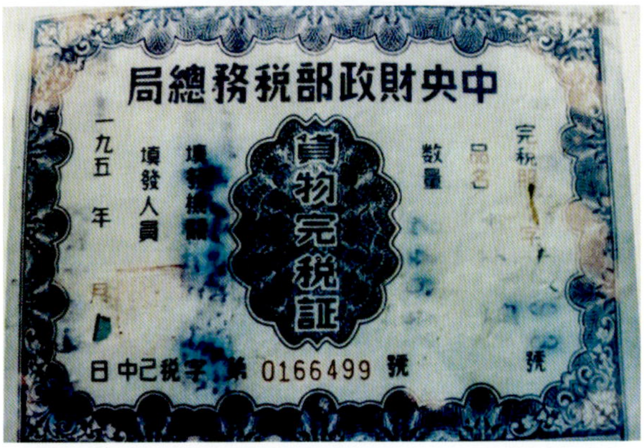

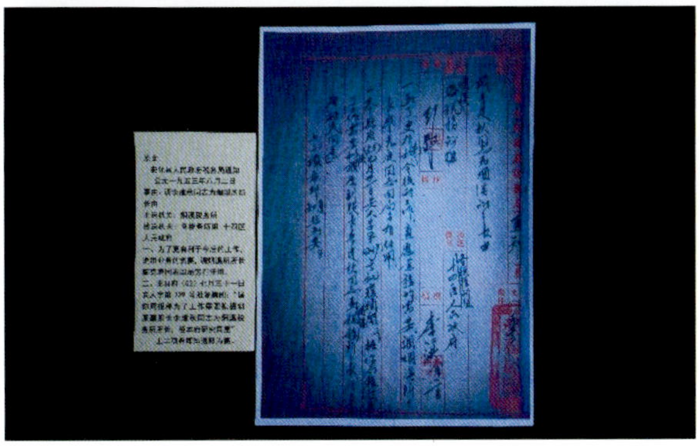

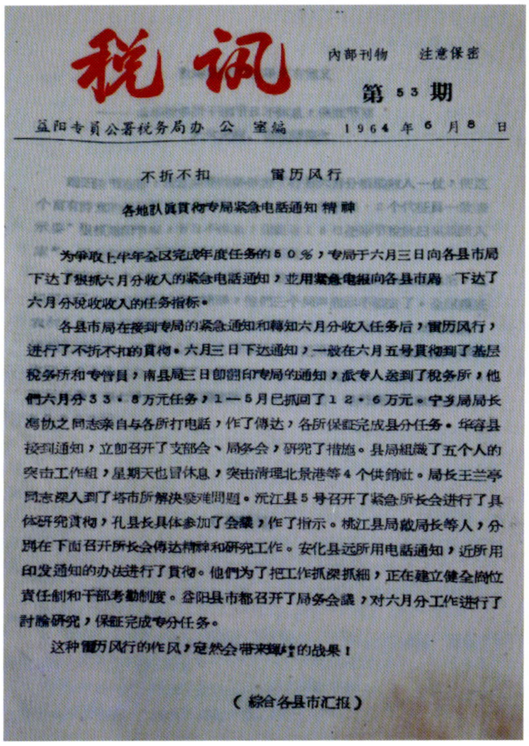

税讯

内部刊物　注意保密

第 53 期

益阳专員公署税务局办 公 室编　1964 年 6 月 8 日

不折不扣　雷历风行

各地訫眞貫徹专局紧急电話通知精神

为爭取上半年全区完成年度任务的５０％，专局于六月三日向各县市局下达了狠抓六月分收入的紧急电話通知，並用紧急电報向各县市局下达了六月分税收收入的任务指标。

各县市局在接到专局的紧急通知和轉知六月分收入任务后，雷历风行，进行了不折不扣的貫徹。六月三日下达通知，一般在六月五号貫徹到了基层税务所和专管員，南县局三日卽翻印专局的通知，派专人送到了税务所，他們六月分３３．８万元任务，１—５月已抓回了１２．６万元。宁乡局局長馮协之同志亲自与各所打电話，作了傳达，各所保証完成县分任务。华容县接到通知，立卽召开了支部会、局务会，研究了措施。县局組織了五个人的突击工作組，星期天也冒休息，突击清理北景港等４个供銷社。局長王兰亭同志深入到了塔市所解决疑难問題。沅江县５号召开了紧急所長会进行了具体研究貫徹，孔县長具体参加了会議，作了指示。桃江县局敝局長等人，分別在下面召开所長会傳达精神和研究工作。安化县远所用电話通知，近所用印发通知的办法进行了貫徹。他們为了把工作抓深抓細，正在建立健全崗位責任制和干部考勤制度。益阳县市都召开了局务会議，对六月分工作进行了討論研究，保証完成专分任务。

这种雷厉风行的作风，定然会带来輝煌的战果！

（綜合各县市汇报）

1	4
2	5
3	

1.1950年3月，安化县人民政府税务局下发的文件
2.1951年6月1日，益阳市税务局东关税务所填用的中央财政部税务总局货物完税证
3.1953年8月2日，安化县人民政府税务局下发的通知
4.1954年10月7日开具的契税凭证
5.1964年6月8日，益阳专员公署税务局办公室编印的《税讯》

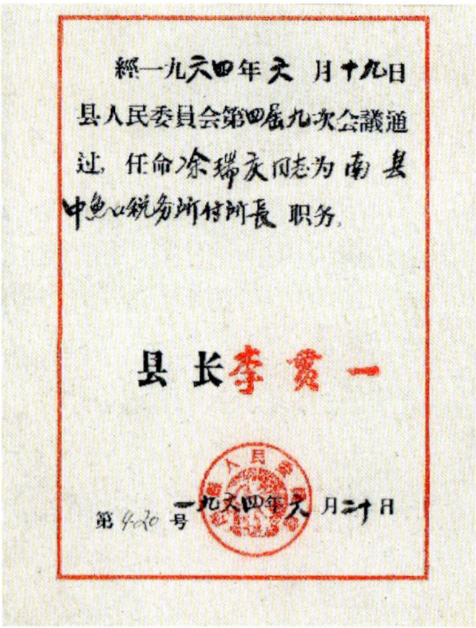

經一九六四年六月十九日
县人民委员会第四届九次会議通
过，任命涂瑞庆同志为南县
中鱼口税务所付所長职务。

县长李贯一

第4030号　一九六四年六月二十日

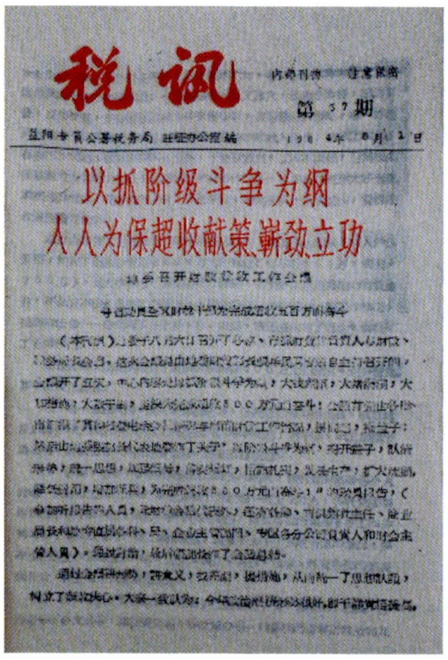

税讯　第37期

以抓阶级斗争为纲
人人为保超收献策崭劲立功

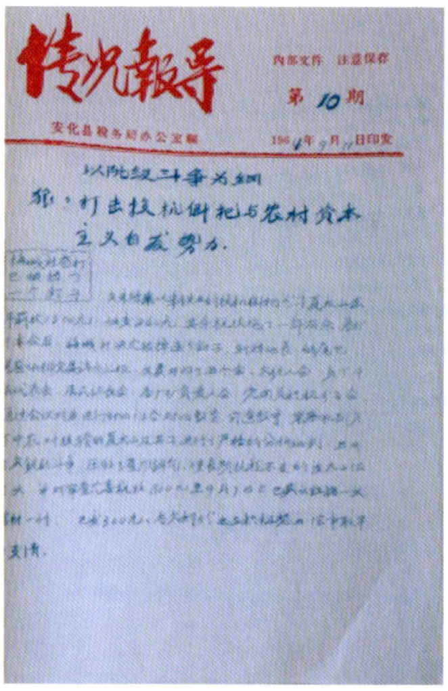

情况報导　内部文件　注意保存　第10期

安化县税务局办公室编

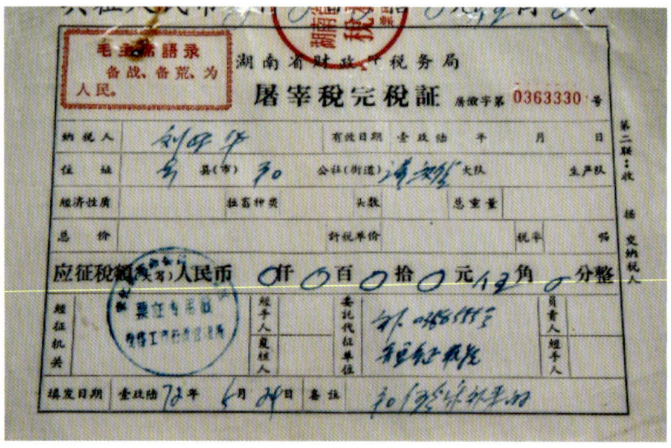

毛主席語录　备战、备荒、为人民。

湖南省财政厅税务局

居宰税完税証　0363330号

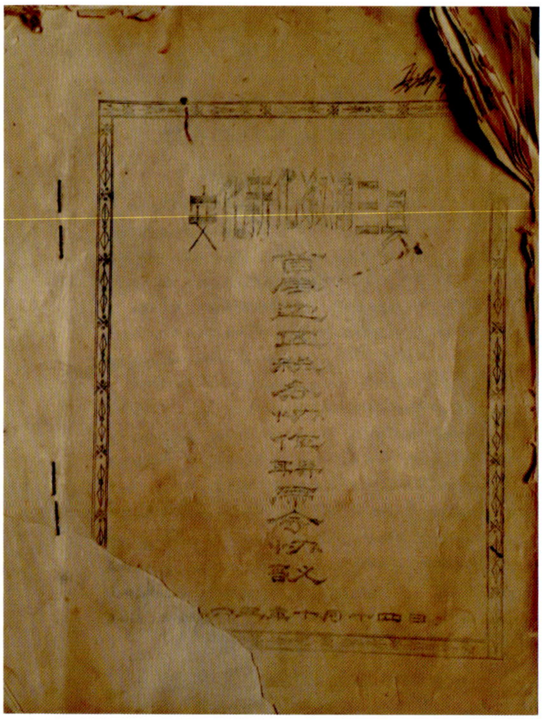

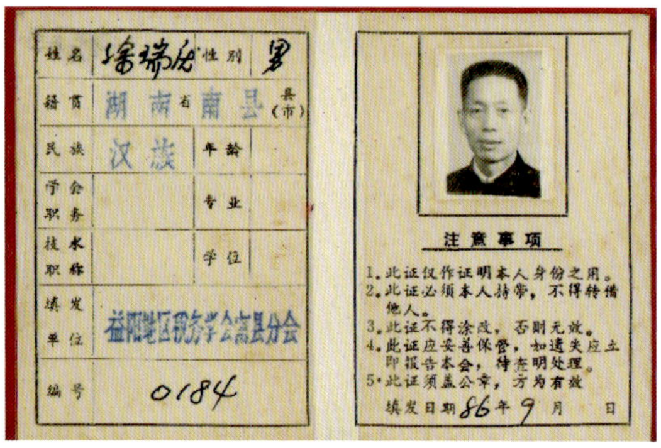

姓名	涂瑞庆	性别	男
籍贯	湖南省南县（市）		
民族	汉族	年龄	
学会职务		专业	
技术职称		学位	
填发单位	益阳地区税务学会南县分会		
编号	0184		

注意事项

1.此证仅作证明本人身份之用。
2.此证必须本人持带，不得转借他人。
3.此证不得涂改，否则无效。
4.此证应妥善保管，如遗失应立即报告本会，特声明处理。
5.此证须盖公章，方为有效。

填发日期86年9月　日

1.1964年6月20日，南县人民委员会第四届九次会议通过，县长李贯一下发的任命涂瑞庆为南县中鱼口税务所副所长的任命书

2.1964年8月1日，益阳专员公署税务局旺征办公室编印的《税讯》

3.1964年9月11日，安化县税务局办公室编印的《情况报导》

4.安化县革命委员会烟溪区税务工商行政管理所1972年5月24日开具的屠宰税完税证

5.1986年9月，益阳地区税务学会南县分会下发的税务学会会员证

6.1960—1989年，相邻县市区税务局经常召开边界税收联席会议。图为安化县、新化县、溆浦县1965年10月14日召开的首届税收联席会议协议

1.20世纪80年代的沅江县税务局草尾税务所
2.20世纪80年代的沅江县赤山区税务所
3.20世纪80年代的益阳地区税务局办公楼
4.20世纪80年代的沅江县税务局琼湖税务所
5.20世纪80年代的桃江县松木塘区税务检查站
6.20世纪80年代的沅江县财政局、税务局办公楼
7.20世纪60—70年代益阳地区税务局的办公楼
8.20世纪80年代的沅江县黄茅洲区税务所

1	2	3
4	5	6
7	8	

1.20世纪80年代的沅江县泗湖山区税务所
2.20世纪80年代的沅江县共华区税务所
3.20世纪90年代的益阳地区税务局（益阳市国家税务局）办公楼
4.20世纪80年代的桃江县桃花江税务所
5.20世纪80年代的桃江县税务局修山税务所
6.20世纪80年代的沅江市税务局阳罗税务所
7.20世纪90年代的桃江县税务局马迹塘税务所
8.20世纪80年代的桃江县税务局桃谷山税务所

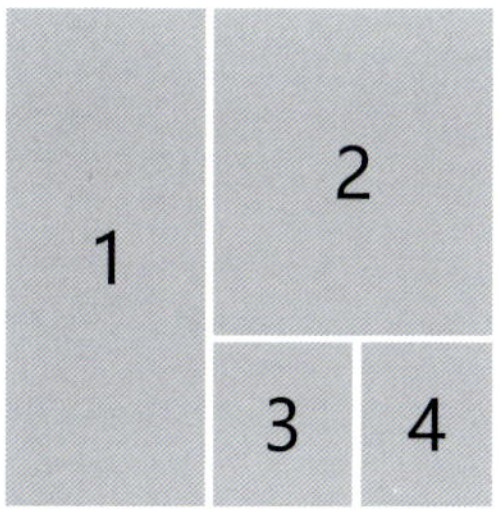

1.1950年的益阳市税务干部

2.1951年3月18日，益阳专区税务局首届表彰大会留影

3.1951年3月28日，益阳县首届工商税务座谈会摄影纪念

4.1951年10月1日，益阳专署税务局税训班学员合影

1.1952年7月，益阳市国家税务局老干部李绍俊当年收税的老照片
2.1952年3月25日，湖南省安化县人民政府税务局第一届计检专业会议合影
3.1952年12月6日，安化县人民政府税务局大福坪税务所全体干部合影
4.1952年8月1日，益阳市税务局东关税务所全体干部“八一”合影

1	2
3	4

1.1953年1月7日，益阳市税务局全体党员合影
2.1953年5月，安化县烟溪税务所增产节约会议合影
3.1955年3月16日，安化县税务局工商税专业会议合影
4.1955年4月，益阳县税务局会票专叶会议合影，

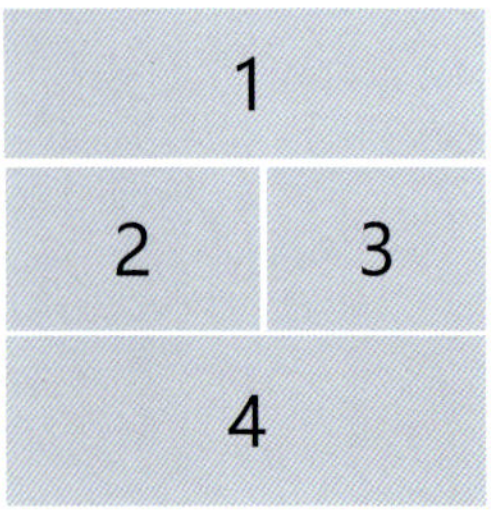

1.1961年8月14日，安化县税务局小淹税务所干部合影

2.1956年5月24日，益阳市税务局欢迎欢送会合影

3.1968年10月，益阳专署税务局工代会组织干部职工到韶山参观毛主席旧居合影留念

4.1964年1月30日，南县税务局全体干部合影

1	2
3	4

1.1969年12月24日，安化县税务局烟溪税务所欢送戴作成（前排左一）、姜英齐（前排左二）、孙经武（前排左三）、戴隆善（前排左四）荣调留念合影

2.1978年12月，欢送谢益民（前排左五）荣调益阳合影留念

3.1980年2月25日，安化县税务局欢送副局长陈桂球（前排左五）、所长陈映章（前排左六）荣调留念

4.1981年5月，安化县税务局清塘税务所欢送喻进贤（前排左三）荣调县局合影留念

1.1983年11月11日，沅江县税务局召开全县税务志编纂工作座谈会议人员合影
2.1984年1月，安化县税务局东坪税务所全体干部职工首次着装合影
3.1986年2月4日，南县税务局1985年年终总结大会合影

1.1984年1月，安化县税务局云台税务所干部职工首次着装合影
2.1984年1月，安化县税务局烟溪税务所干部职工首次着装合影
3.1984年10月14日，益阳地区税务局税务所所长会议合影

1 2
3

1.1984年10月20日，益阳地区税务局农垦分局成立时全体干部职工合影

2.1984年1月，益阳县税务局新桥河税务所干部职工首次着装合影

3.1984年10月22日，益阳地区税务学会常务理事扩大会议参会人员合影

1.1985年2月12日，益阳地区税务局农垦分局成立后召开第一个年终总结大会，大通湖农场领导与全局干部职工合影

2.1984年3月，安化县税务局机关女干部首次着装后合影

3.1984年3月11日，益阳地区税务局机关第一次着装合影

1 2
3

1.1984年4月12日，南县税务局组织税务所所长到韶山参观学习合影

2.1985年10月，安化县税务局部分领导干部在安化税务学会门前合影

3.1985年12月，安化县税务局全体干部职工在年度总结表彰大会上身着新税务制服合影

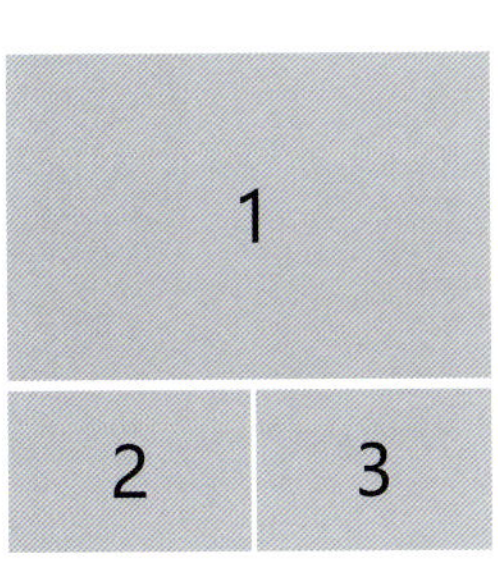

1.1985年3月6日，桃江县税务局税务干部大会合影

2.1985年2月3日，沅江县税务局1984年度离退休人员座谈会合影

3.1985年3月，益阳地区税务局领导与参加益阳地区税务工作会议的安化县税务局代表合影留念

1.1985年3月，安化县税务局征管股装备的三轮摩托车

2.1985年5月，参加益阳地区税务系统中层骨干会议的安化县税务局代表和地区税务局领导合影

3.1985年4月20日，沅江县税务局全体税务干部职工合影

1.1985年5月，益阳地区税务学会召开理事大会，桃江县、南县、沅江县代表合影

2.1986年4月10日，桃江县税务局稽查队成立时税政宣传队伍在马迹塘镇宣传，个体户放鞭炮欢迎税收宣传队伍

3.1986年5月21日，益阳县税务局稽查局干部在企业查账

1985年4月1日，湖南省税务学会成立大会全体代表合影

1.1986年4月10日，桃江县税务局稽查队成立，税政宣传队伍在马迹塘镇开展税收宣传

2.1986年4月10日，桃江县税务局稽查队成立时税政宣传队伍在县城宣传

3.1986年4月10日，桃江县税务局稽查队成立时税政宣传队伍在桃江县大栗港区老街宣传

1.1986年5月20日，南县税务局召开集体企业经济活动分析会议，帮助集体企业促产增收

2.1987年2月10日，沅江县税务局召开全体干部职工大会

3.1989年5月22日，桃江县人民检察院税务检察室成立

1	2
3	4

1.1989年5月22日，桃江县人民检察院成立税务检察室

2.1989年6月22日，南县税务局召开促产增收工作会议，党组书记、局长彭忠阳作工作报告

3.1989年9月25日，桃江县召开打击偷税抗税犯罪兑现大会

4.1989年12月14日，益阳地区税务局在南县税务局茅草街税务所召开益阳地区税务系统创建文明税务所现场会议，主席台从左到右依次为：地区税务局纪检组组长杜润清、省税务局局长陈本力、地区税务局局长岳锡登、地区税务局副局长肖春生

1.益阳县人民检察院税务检察室成立时配备的交通工具

2.20世纪80年代末益阳县税务局稽查局稽查用车

扫码影像

益阳税务不断创新宣传形式，注重发挥新媒体作用，以比武展演、文艺会演、廉政教育、政策宣传、税务歌曲等为内容制作了大批质量优、影响大、效果好的宣传短视频，取得了丰硕的精神文明建设成果，充分展现出益阳税务开拓进取的精神风貌和税务干部多才多艺的个人素质。其中，由益阳市税务局、高新区税务局、湖南城市学院联合制作的《在党的旗帜下》MV荣获第三届“税眼看发展”全国短视频大赛“大学生作品奖”。为了丰富税务志内容，编纂人员积极探索，运用二维码技术装载了23个优秀视频资料，供读者学习鉴赏。

《税务清风颂》

《在党的旗帜下》

《减降之间　美满万千》

《便民办税春风常吹常新》

《人民对美好生活的向往
就是我们的奋斗目标》

《严禁酒驾醉驾》

《换购房屋个税退税政策小故事》

《拒绝赌博》

《共享税惠春风 共创甜蜜生活》

《一心向党 税务担当》

《拒绝毒品 远离毒祸》

《退役不褪色》

《名人家书——叶剑英家书》

《名人家书——刘少奇家书》

《名人家书——焦裕禄家书》

《名人家书——诸葛亮家书》

《名人家书——陶澍家书》

《名人家书——胡林翼家书》

《清风家书——高新区局王湘疆》

《名人家书——宋任穷家书》

《清风家书——资阳区局胡世泉》

《清风家书——沅江市局涂梦珏》

《清风家书——安化县局杨再顺》

后 记

2022年1月，市税务局党委书记、局长陈有权代表市税务局党委找我谈话，想由我牵头承担起《益阳市税务志（1990—2022）》的编纂工作。我考虑自己从事税收工作40多年，能承担修志这么一项重要而有意义的工作，是组织和领导的高度信任，便欣然接受了这项重要任务。在广泛征求意见的基础上，市税务局确定由周雷奕、项智洪、漆鄂华、我4名老同志和市税务局办公室杨婧5人组成志书编纂小组。2022年3月，我们向局党委提交了益阳市税务志编纂工作方案。5月，局党委会批准了编纂方案，决定委托益阳市税务学会负责编纂《益阳市税务志（1990—2022）》。

按照编纂计划，《益阳市税务志（1990—2022）》分为上、下两册，上册主要是以文字记述为主，下册则用图片和视频（二维码）补充记述，目的是更全面、更客观、更生动地反映33年来的益阳税收历史。编纂志书的第一步，是收集整理甄别资料。33年的益阳税收工作，机构从合到分，从分到合，资料存放于多处，仅仅坐在市税务局档案室查阅是远远不够的。2022年5月至2023年6月，我们用一年多的时间，到市税务局档案室、8个县市区税务局档案室、市档案馆、8个县市区档案馆查阅档案和拍摄、扫描照片，并在全市税务系统干部职工中征集文书、照片，开展访问，从中筛选、整理出250余万字的文字资料和7000多张（帧）照片或视频资料。2023年7—12月，我们开始志书主要内容的编写和照片影像的整理、制作，形成了由150万字、800幅照片、20多个视频（二维码）组成的志书初稿，交由初稿评审组审阅。2024年1—5月，根据初稿评审组的意见，编纂小组在志书体例、内容、表述上进一步修改、统一、完善，形成了志书第二稿。2024年6月，市税务局领导、机关科室和直属单位、市税务局机关老干支部、县市区税务局对志书进行审核再修改。2024年7—10月，益阳市地方志编纂室对志书进行了审核，方志出版社对志书进行了三审三校，编纂小组进行了7次集中修改。2024年11月，浸透我们心血和汗水，包含134.7万字、788张照片和23个视频（二维码）的《益阳市税务志（1990—2022）》（上、下册）终于付梓出版，共印制1000套。

两年多来，市税务局党委非常重视税务志编纂，多次开会研究相关工作，特别是党委书记、局长陈有权多次听取税务志编纂工作情况汇报，过问指导编纂工作，帮助解决具体困难；市税务局机关各科室和县市区税务局给予了大力支持和帮助，提供了大量资料和图片，提出了很多修改意见，特别是市税务局办公室在档案查阅、资料提供等方面给予了很大的支持；全市税务系统的干部职工包括离退休老干部也十分关心志书编纂，为我们提供了许多资料和照片。在编纂过程中，我们还得到了市地方志编纂室领导和专家的指导、支持、帮助，得到了湖南省税务局胡荣桂、阳光两位老领导和益阳市委党史研究室原主任张运秋的指导帮助。在此，表示衷心的感谢！

修志是一项烦琐、寂寞、辛劳的巨大工程，更是个“坐冷板凳的活儿”。两年多时间，我们秉持“存税史、咨税政、育税人”的修志情怀，用心整理、精心甄别、精准描述、精细校对，既分工又合作，互相学习，互相鼓励，加班加点，为志书的出版付出了很大的努力和心血。志书上册共五篇十九章，由周雷奕、项智洪、漆鄂华和杨婧负责收集、整理和编写。其中，杨婧负责“大事记”及“第一篇 机构党群队伍”共四章；周雷奕负责“第二篇 税费种类”共七章；项智洪负责“第三篇 税收管理”共四章；漆鄂华负责“第四篇 内部管理”共二章、“第五篇 人物和荣誉”共二章和“附录”。志书下册共十五篇，由我负责拍摄、收集、整理、制作图片和视频，漆鄂华负责版面设计，夏艳红负责文字撰写。全书由市税务局党委书记、局长陈有权作序，戴强撰写“概述”，方刚和夏艳红进行初审和总校对。

修志问道，以启未来。虽经历时倍感艰辛，但经历后却满是欣慰和骄傲。《益阳市税务志（1990—2022》是税务文化的重要内容，我们相信，益阳税务必将在不忘前路的征程中砥砺前行，继承发展，创造出更加灿烂辉煌的税收业绩。

《益阳市税务志（1990—2022）》下册部分照片作者不详，由我在档案室翻拍或扫描后制作。请作者在看到照片后及时与益阳市税务学会联系，益阳市税务学会将在核实后按规定支付稿酬。

由于水平有限，志书编纂可能仍有疏漏瑕疵，敬请读者海涵。

曾国华

2024年11月

益阳市税务系统
税务志工作推进会

益阳市税务局　资阳区税务局
税志编纂研讨会
不忘初心

国家税务总局
益阳市税务局

摄　　影：文国光　李　微　李聪敏　周慧慧　项智洪　胡　卫　莫卫平　夏艳红
黄　球　黄菊香　曹　军　曾国华　谢　琳　漆鄂华　谭吉松

老照片提供：吕　冰　刘志华　杨　婧　肖春生　吴一兵　张　琦　陈国良　周雷奕
涂艳球　彭怀德　韩　健　潘定祥

编　　审：曾国华

撰　　稿：夏艳红

版面设计：漆鄂华